تاريخ الأتراك العثمانيين

تاريخ الأتراك العثمانيين

إدوارد شيفرد كريسي

ترجمة : د . أحمد سالم سالم

دار جامعة حمد بن خليفة للنشر
HAMAD BIN KHALIFA UNIVERSITY PRESS

الطبعة العربية الأولى عام ٢٠١٩

دار جامعة حمد بن خليفة للنشر
صندوق بريد ٥٨٢٥
الدوحة، دولة قطر

www.hbkupress.com

History Of The Ottoman Turks From The Beginning Of Their Empire To The Present Time
First published in New York in 1878 by Henry Holt And Company

Text Copyright © Sir Edward S. Creasy, 1878

حقوق الترجمة © د. أحمد سالم سالم، ٢٠١٩
الحقوق الفكرية للمؤلف محفوظة.

جميع الحقوق محفوظة.
لا يجوز استخدام أو إعادة طباعة أي جزء من هذا الكتاب بأي طريقة بدون الحصول
على الموافقة الخطية من الناشر باستثناء في حالة الاقتباسات المختصرة التي تتجسد
في الدراسات النقدية أو المراجعات.

الترقيم الدولي: ٩٧٨٩٩٢٧١٢٩٦١٢

تمت الطباعة في بيروت-لبنان بمعرفة Byblos Printing S.A.L.

مكتبة قطر الوطنية بيانات الفهرسة- أثناء- النشر (فان)

كريسي، إدوارد شيفرد، 1812-1878، مؤلف.

[History of the Ottoman Turks]. Arabic

تاريخ الأتراك العثمانيين / تأليف إدوارد شيفرد كريسي؛ ترجمة د. أحمد سالم سالم. – الطبعة العربية الأولى. – الدوحة: دار جامعة حمد خليفة للنشر، 2019.

صفحة؛ سم

تدمك: 978-9927-129-61-2

ترجمة كتاب: History of the Ottoman Turks.

1. تركيا -- تاريخ – الدولة العثمانية – 1288-1918. 2. تركيا -- السياسة والحكومة. 3. تركيا – العلاقات الخارجية. ب. سالم، أحمد سالم، مترجم. ج. العنوان.

DR440. C74 2019

956.101– dc23

201827159024

إهداء

إلى...

أُمَّة الإسلام...

الأُمَّة الواحدة... التاريخ الواحد... المصير الواحد.

المترجم

المحتويات

مقدمة المترجم 13

مقدمة المؤلف 23

الفصل الأول 25

أول ظهور للأتراك العثمانيين في آسيا الصغرى ومآثرهم في ظل أرطغرل - استيطانهم في سلطان سيني - عهد عثمان الأول - منامه - فتوحاته - وفاته وشخصيته.

الفصل الثاني 41

تولي أورخان السُّلطة - تشريعات وزيره علاء الدين - الإنكشارية - الاستيلاء على نيس ونيقوميديا - الدخول إلى أوروبا - فتح سليمان باشا - وفاته ووفاة أورخان.

الفصل الثالث 55

مراد الأول - الاستيلاء على أدرنة - معركة ماريتزا - الفتوحات في أوروبا وآسيا - انتصار كوسوفا - وفاة مراد - تولي بايزيد العرش - الفتوحات - فساد الأخلاق - انتصار نيقوبوليس - تيمور - هزيمة بايزيد في أنقرة.

الفصل الرابع 91

شغور العرش والحرب الأهلية - محمد الأول يوحد الإمبراطورية - عهده الناجح - وفاته وشخصيته - تولي مراد الثاني - حصار القسطنطينية - الحرب الأهلية في آسيا - الحرب مع الصرب والمجر ودول أخرى - انتصارات هونيادي - معاهدة سِجدين - الانكسار على يد الصليبيين - معركة فارنا - إسكندر بك - معركة كوسوفا الثانية - وفاة مراد.

الفصل الخامس 117

عهد محمد الثاني وشخصيته - حصار القسطنطينية وفتحها - فتوحات أخرى في أوروبا وآسيا - الإخفاق أمام بلجراد - فتح القِرْم - الهجوم الفاشل على رودس - الاستيلاء على أوترانتو - وفاة محمد.

الفصل السادس 145

قوانين محمد الثاني - الحكومة التركية - الجيوش - حيازة الأرض - المؤسسات - التعليم - العلماء - الرَّعايا - الرِّق - المُرتدُّون - الشخصية التركية - الحرب التركية.

الفصل السابع 171

بايزيد الثاني - الأمير جم - الحرب الأهلية - مغامرات جم في العالم المسيحي ووفاته - الحرب الأولى مع مصر - خلع بايزيد على يد ابنه، سليم.

الفصل الثامن 189

سليم الأول - شخصيته - مذبحة الشيعة - الحرب على فارس - الفتوحات في صعيد آسيا - الحرب على المماليك - فتح الشام ومصر - التحضيرات البحرية - موت سليم - تأثير المفتي جمالي عليه.

الفصل التاسع 225

أهمية عهد سليمان - شخصيته - الابتهاج باعتلائه العرش - فتح بلجراد ورودس - معركة موهاج - حصار فيينا - الارتداد المحرج للأتراك.

الفصل العاشر 245

الحروب والمعاهدات مع النمسا - الانتصارات على فارس - النمسا تدفع الجزية للباب العالي - مآثر أمراء البحر الأتراك - برباروسا - بيري ريس - سيدي علي - تُرجوت - بياله - مآسي سليمان العائلية - موت الأمير مصطفى والأمير بايزيد - حصار مالطة - حصار سكتوار - وفاة سليمان - اتساع الإمبراطورية تحت حكمه - الجيش - الإدارة الداخلية - القوانين - التجارة - التشييد - الأدب.

الفصل الحادي عشر 295

سليم الثاني - انحلاله - السلام مع النمسا - الصراع الأول بين الأتراك والروس - فتح قبرص - معركة ليبانتو - نشاط أولوج علي - وفاة سليم.

الفصل الثاني عشر 311

مراد الثالث - التقهقر السريع للإمبراطورية - فتوحات فارس - السير نحو الفساد والتمرد العسكري - الحرب مع النمسا - محمد الثالث - معركة كرزتش - أحمد الأول - سلام سيتفاتوروك - الحروب غير الناجحة مع فارس - الثورات - خلع مصطفى الأول - عثمان الأول - عنف القوات - مقتل عثمان - عودة مصطفى وخلعه مرَّة أخرى - الحالة المزرية للإمبراطورية.

الفصل الثالث عشر 337

الحالة المزرية للإمبراطورية عند تولي مراد الرابع - الثورات العسكرية - مراد يُمسك بزمام السُلطة ويستعيد النظام - شدته وقسوته - إعادة فتح بغداد - وفاته.

الفصل الرابع عشر 351

ملامح العهد الأخير من التاريخ التركي - تولي السُلطان إبراهيم - حماقة وسوء حكمه - الثورة - عزل إبراهيم وإعدامه - الأحداث الخارجية أثناء عهد إبراهيم - الحرب ضد القوزاق - بداية حرب كريت - اعتلاء محمد الرابع العرش في سن السابعة - تواصل الاضطراب والمعاناة - أول وزير من عائلة كُبرولي.

الفصل الخامس عشر 367

محمد كُبرولي - صرامة وزارته ونجاحها - ابنه أحمد كُبرولي يخلفه في الوزارة - الصفات العظيمة لأحمد كُبرولي - ضعف السُلطان محمد الرابع - الحرب مع النمسا - الهزيمة الكبيرة للأتراك على يد مونتيكوكولي في سان جوثارد - الهدنة مع النمسا - أحمد كُبرولي يستولي على كريت - الحرب مع روسيا وبولندا - سوبيسكي يهزم الأتراك في خوتين وليمبرج - سلام زوراونا - وفاة أحمد كُبرولي وشخصيته.

الفصل السادس عشر

387 ....

الوزير قره مصطفى - الحرب غير الناجحة مع روسيا - الحرب مع النمسا - حصار فيينا - إنقاذ المدينة وهزيمة الأتراك هزيمة تامة على يد سوبيسكي - خسائر العثمانيين الجسيمة - عزل محمد الرابع - شخصيته - التغير الحادث لقوات الإنكشارية - الأقاليم المغربية - المسيح الزائف سبطاي - رعاية محمد الرابع للأدب.

الفصل السابع عشر

401 ....

سليمان الثاني - التمرد والهزائم - النجاحات أمام روسيا - كُبرولي زاده مصطفى يتولى الوزارة العظمى - شخصيته وتدابيره - السياسة الحكيمة تجاه الرعايا - حملة ناجحة - وفاة سليمان الثاني - السُلطان أحمد الثاني - هزيمة كُبرولي وقتله في سلانكمان - العهد الكارثي لأحمد الثاني - خلافة مصطفى الثاني للحكم وتزعمه الجيش - الانتصار المبدئي، ثم تلقي الهزيمة على يد يوجين في زانتا - الوزير الأعظم حسين كُبرولي - فتوحات بطرس الأكبر الروسي على حساب الأتراك - الاستيلاء على آزوف - مفاوضات السلام - معاهدة كارلويتز.

الفصل الثامن عشر

425 ....

وفاة حسين كُبرولي - تنازل مصطفى الثاني عن الحكم - تولي أحمد الثالث - شارل الثاني عشر في تركيا - الحرب مع روسيا - نجاح الأتراك ومعاهدة بروت - الحرب مع البندقية - استعادة المورة - الحرب مع النمسا - نكبات الأتراك - سلام باسارويتز - التحالف مع روسيا ضد فارس - خلع أحمد الثالث - الهسبودار - الفناريون.

الفصل التاسع عشر

455 ....

محمود الأول - طوبال عثمان - السلام مع فارس - روسيا والنمسا تهاجمان تركيا - الغزو الروسي للقِرْم - نجاحات الأتراك أمام النمساويين - استعادة بلجراد - معاهدة بلجراد - السياسة السلمية لتركيا - وفاة السُلطان محمود - العهد السلمي القصير لعثمان الثالث.

10

الفصل العشرون 487

الهجوم الروسي على بولندا - الاحتجاجات التركية - الحرب مع روسيا - وجهات النظر الأوروبية - هزائم الجيش التركي - الأسطول الروسي في البحر المتوسط - معركة تشيسمي - مآثر حسن جزايرلي - فقدان القِرْم - المفاوضات - تجدد الحرب - دفاع سلستره وشُملى - وفاة مصطفى الثالث - السُلطان عبد الحميد - معاهدة قينارجه.

الفصل الحادي والعشرون 525

محاولات غازي حسن إحياء الإمبراطورية - انتهاكات جديدة لروسيا - اتفاقية عام 1779م - روسيا تضم القِرْم - محاولات فرنسا العقيمة لحث إنجلترا على العمل معها ضد روسيا - اتفاقية عام 1783م - مخططات النمسا وروسيا لتقطيع أوصال تركيا - حرب - مقاومة الأتراك للنمسا - النمسا تصنع السلام - الكوارث التي تكبدها الأتراك في الحرب مع روسيا - تولي السُلطان سليم الثالث - تدخل إنجلترا وبروسيا - معاهدة جاسي.

الفصل الثاني والعشرون 557

إطلالة على الإمبراطورية العثمانية قبل بدء إصلاحات سليم الثالث - التقسيم الإقليمي، إيالات، لواءات، أقضية - تعيينات الباشوات - الأعيان - امتداد الإمبراطورية - اضطرابها ومعاناتها - ضعف سلطة السُلطان - الوهابيون، الدروز، المماليك، السوليوت - ثورات الباشوات - إساءة استخدام النظام الإقطاعي - طغيان ملتزمي الدخل - الضعف العسكري للإمبراطورية - الإنكشارية وغيرهم من القوات - البيت العثماني في أسوأ حالاته.

الفصل الثالث والعشرون 571

إصلاحات سليم - القوات الجديدة - نابليون يهاجم مصر - الحرب بين تركيا وفرنسا - التحالف بين روسيا وإنجلترا - الدفاع عن عكا - جلاء الفرنسيين عن مصر - السلام العام - اضطرابات في الصرب - الدّايات - قره جورج - الحرب مع روسيا وإنجلترا - عبور الدردنيل - الهدنة مع روسيا - سليم الثالث، وعَزْله من قبل الإنكشارية - السُلطان مصطفى الرابع - عَزْله من قبل مصطفى بيرقدار - محمود الثاني - وفاة بيرقدار - انتصار

11

الإنكشارية، والنهاية الظاهرية للإصلاحات - استمرار الحرب الروسية - معاهدة بوخارست.

الفصل الرابع والعشرون 607

شخصية محمود الثاني - محمد علي - الإطاحة بالمماليك والوهابيين - اضطرابات جديدة في الصرب - ميلوش أوبرينوفيتش - اضطراب عام بين الرعايا - الهيتاريا - الثورة اليونانية - محمود يقضي على الإنكشارية - روسيا تحت حكم نيكولاس الأول، فرض معاهدة آقرمان على تركيا - فرنسا وإنجلترا وروسيا تتدخل لصالح اليونانيين - معركة نافارين - الحرب مع روسيا - معاهدة أدرنة - تمرد محمد علي - معركة قونية - القوات الروسية تحمي السُلطان - معاهدة هُنكيار إسكله سي - حرب جديدة مع محمد علي - وفاة محمود - هزيمة الأتراك - مساعدة إنجلترا للسلطان عبد المجيد ضد محمد علي - تسوية النزاعات مع مصر.

الفصل الخامس والعشرون 643

إصلاحات السُلطان محمود الثاني والسُلطان عبد المجيد - إلغاء محكمة المصادرة - نزْع صلاحية الحياة والموت من الباشوات - الأوقاف - إلغاء التيمار والزعامت - الإطاحة بالدّره بكوات - الإصلاحات المالية - مراسيم في صالح الرعايا - إصلاح الإدارة المركزية - تولي عبد المجيد - إصلاحات الجيش - التنظيمات - الاعتداءات الروسية - حرب القِرْم - معاهدة باريس - خط همايون - تولي السُلطان عبد العزيز - حرب كريت - رومانيا والصرب دولتان مستقلتان - السُلطان يزور إنجلترا - روسيا ترفض الاعتراف بمعاهدة باريس فيما يخص البحر الأسود - اضطرابات في الهرسك - إفلاس قومي - خلع عبد العزيز ووفاته - مراد الخامس يصير سلطانًا، عزله - عبد الحميد الثاني، السُلطان الحالي - الحرب الصربية - تهديدات الحرب مع روسيا - آمال السلام لا تنطفئ.

مصادر ومراجع التحقيق 669

نبذة عن المترجم 687

مقدمة المترجم

ساد الجدل وتباينت أقوال المؤرخين الشرقيين والغربيين عن الدولة العثمانية وتاريخها، ذلك الكيان السياسي الهائل الذي امتد على ثلاثة أرباع محيط البحر المتوسط شاغلًا أهم مناطق العالم القديم لمدة تجاوزت خمسة قرون؛ لكن قد يُطرَح سؤال عن أسباب احتدام هذا الجدل الذي ما زال يُثار عن هذه الدولة خصوصًا من بين دول التاريخ الإسلامي. إن الناظر إلى هذا الاختلاف الكبير المطروح في الآراء على الساحة باعتباره من القضايا المعاصرة، لا يرى إلا تأكيدًا على الأهمية العظمى التي حَظِيَت بها تلك الدولة، والمكانة الفائقة، والدور الكبير الذي لعبته على مسرح التاريخ العالمي، بغض النظر عن كل ما يمكن أن يقال عن سلبياتها؛ فما الذي يجعل مسألة تاريخية بحتة تنال هذا النصيب الكبير من الجدل على الساحة الثقافية المعاصرة، غير التأثير الكبير الذي خَلَّفَته بشكل أو بآخر في واقعنا المعاصر. إذ لا يمكن لأي كائن أن يُنكر ما خَلَّفَه سقوط هذه الدولة من دوي عالمي تغيَّر على إثره الواقع السياسي والاجتماعي لجزء كبير من العالم، خصوصًا في منطقتنا، منطقة الشرق الأوسط، وأن الوحدة التي استطاعت هذه الدولة خلقها بين شعوب هذه المنطقة على مدار قرون العصر الحديث شَكَّلت سدًّا منيعًا أمام الطامعين، ما لبث أن أدى انهياره إلى تفسُّخ وانحلال سَهَّلا المهمة على المتربصين من قوى الاستعمار الغربي.

ليست أحداث التاريخ العثماني مجرد جزء من التاريخ الإسلامي، بل هي ركيزة أساسية نفهم من خلالها واقعنا المعاصر وجذور صراعاته وأسس علاقاته الدولية؛ فلا شك أن المتفحص في مجمل أحداث التاريخ الإسلامي سيرى أن هذه الدولة ما هي إلا حلقة من حلقات صراع طويل بين مكونين رئيسيين: القوى الإسلامية على اختلافها من جهة، والقوى الأوروبية بجميع أطيافها من جهة أخرى. صراع ما لبث أن بدأت ملامحه الأولى في التشكُّل مع أول صدام لجيوش الفتح الإسلامي مع بيزنطة في القرن السابع الميلادي، وتواترت أحداثه منذ ذلك الحين، وتشكلت حلقاته حلقة تلو الأخرى؛ وعلى الرغم من توقف موجة الفتح الإسلامي العاتية في القرن الثامن الميلادي، فإن الصراع لم يتوقف، وبلغ ذروته حين قرر الغرب في القرن الحادي عشر النفاذ إلى أراضي المشرق الإسلامي لأول مرَّة. ولم يكن انتهاء الحروب

الصليبية بخروج آخر جنودها من عكا عام 1291م، سوى ختام فصل من فصول الصراع بين العالمين، والذي ما لبث أن تجدد بملامح أخرى في أرض جديدة، منتقلًا هذه المرَّة بمركزه إلى الشمال حيث آسيا الصغرى وبحر إيجة.

لقد ظهر غزاة البحر الأتراك وازدادت تحركاتهم ناحية الغرب، بعد أن قاموا بفتح غربي الأناضول واستولوا على الأراضي البيزنطية في النصف الثاني من القرن الثالث عشر؛ إلا إن ذلك لم يتسبب في إنذار حقيقي للغرب الذي انصرف بكل اهتمامه حينذاك إلى آخر بقايا الإمارات الصليبية على سواحل الشام، فضلًا عن استعادة الإمبراطورية البيزنطية اللاتينية في القسطنطينية. لكن الأمر اختلف مع أوائل القرن الرابع عشر عندما بدأ الغزاة التركمان في الهجوم على المراكز اللاتينية المهمة، فضلًا عن تهديد الحركة التجارية في بحر إيجة؛ فحتى منتصف القرن الرابع عشر ظل البحر الإيجي مسرحًا للصراع، لملء الفراغ الناجم عن انهيار الحكم البيزنطي، وكان هذا الصراع بين الدول البحرية الإيطالية ومصالحها التجارية المهيمنة، فضلًا عن الإقطاعيين اللاتين الوارثين لتقاليد فترة الحروب الصليبية الكلاسيكية من جهة، ومن جهة أخرى بين الأتراك الذين برزوا في المشهد مؤخرًا؛ وقد ساهم هذا التنافس في الانهيار الاقتصادي والسياسي لبيزنطة، ومَهَّد للتوسع التركي في العالم الإيجي. ومع هذا التحدي السافر من قِبَل المسلمين للقوى الأوروبية في البحر، بدأ واقع جديد يتشكَّل، أخذ شكل صراع طويل بين العالمين الإسلامي والمسيحي، ما لبثت إمارة آل عثمان الصاعدة أن أصبحت هي الدولة المحورية فيه، خصوصًا بعد أن بدأت تتبوأ المكانة الأسمى في العالم الإسلامي عقب فتح القسطنطينية عام 1453م، ثم أراضي الدول الإسلامية الأولى عام 1517م.

يساعدنا إدراك جذور الصراع الغربي مع العثمانيين، بلا ريب، في فهم أعمق للتاريخ الحديث برُمَّته، على اعتبار أن الدولة العثمانية مَثَّلت محور ذلك الصراع العتيد بين الشرق والغرب لقرون عديدة، فضلًا عن كونها فاعلًا لا غنى عنه في معادلة توازن القوى الدولية؛ لكن في خضم ذلك يجب النظر بعين الرِّيبة إلى كل ما وصل إلينا من تفسير أو تحليل لتاريخ الدولة العثمانية، لأن الغرب قد نجح، مع الأسف، في رسم صورة مزرية لآخر ممثلي الحضارة الإسلامية حتى لدى المسلمين أنفسهم، وذلك راجع بالطبع إلى ما كان يمثله العثماني المسلم في البداية من خطر على العنصر الأوروبي المسيحي، ثم ظهور ما يُسمى بـ«المسألة الشرقية» بعد ضعف الدولة ومحاولة الإجهاز عليها بشتى الطرق؛ فيقول «هنري لورنس» (Henry Lawrence) على سبيل المثال: «مِن الواضح أن العقبة التي كانت تقف في وجه التوسُّع الأوروبي هي الإسلام، ومن

ثَمَّ فإن هذا الأخير سوف يكون هو الخصم، ليس من حيث كونه ديانة، على الرغم من اللهجة المسيحية المستخدمة، بل من حيث كونه عنصر تلاحم الإمبراطورية التي يراد القضاء عليها. والواقع أنه مع إسقاط العنصر الديني، بما أن الشرعية العثمانية لا تستند إلا إلى القوة، فإنه من الممكن أن تحل محلها شرعية من النوع نفسه، وتلك هي النتيجة المنطقية لنظرية الغزوات التي طوَّرها المستشرقون». مع ذلك يجب الاعتراف بأن بعضًا من هؤلاء المستشرقين أو المؤرخين الغربيين قد سَلَّطوا الضوء في أعمالهم على الكثير من الحقائق التي حاول البعض طمسها أو إخفاءها في وقت من الأوقات.

لقد حاز التاريخ العثماني اهتمام الغرب منذ وقت مبكر من عُمْرِ الدولة، خصوصًا عندما بدأت تشكل جزءًا لا يتجزأ من الصورة الأوروبية، لكن لم يكن هذا الاهتمام سوى من وجهة نظر منحازة تحاول إبراز العيوب ونقاط الضعف، وتحليل أسباب القوة لإجهاضها والتغلب عليها؛ فعلى سبيل المثال قام «جيمس بورتر» (James Porter)، الذي عمل سفيرًا لإنجلترا في إستانبول بين عامَي 1747 و1762م، بتصنيف كتابه «ملاحظات حول ديانة الترك وقوانينهم وحكمهم وعاداتهم»، الذي قال فيه: «من الثابت أن هذه الإمبراطورية، على الرغم من كل عيوب الحكم التركي، مبنية بشكل راسخ على أساس الدِّين المُجْتَمِع مع القانون، وأنها تجد دعمًا قويًّا من جانب حماسة واهتمام وتفاخر جميع الأفراد، بحيث إنها بعد أن صمدت لامتحان قرون عديدة، يبدو أنها تصمد في وجه تعديات الزمن، وفي وجه قانون التقلبات البشرية». وهناك كتاب «لويجي مارسيلي» (Luigi Marsigli) المنشور عام 1732م بالإيطالية والفرنسية تحت عنوان: «الوضع العسكري للإمبراطورية العثمانية»، والذي لم يكن سوى تقرير عن التقهقر العثماني ودعوة للدول الأوروبية إلى الاتحاد من أجل اقتسام الإمبراطورية التي تمضي نحو الهلاك. أما «جين أنطوني جير» (Jean-Antoine Guer) في كتابه «أعراف وعادات الترك وديانتهم وحكمهم المدني والعسكري والسياسي مع موجز للتاريخ العثماني»، الذي طُبع في باريس بين عامَي 1747 و1748م، فيقول: «إن أيامهم الجميلة قد انقضت، ومجدهم آخذ في الأفول... إن هذا العملاق المتكبر الذي تشكل من حطام كثير من التيجان، وتَضَخَّم من أسلاب كثير من الأمم، ووجد لُحْمَته في دماء ودموع إخوتنا، هذا الحكم الاستبدادي الذي يكذب بريقه واستمراره كل أعراف السياسة الصالحة، والذي يبدو أن الرب قد ترك له عَظَمَة الأرض كي يختبر إيمان المختارين، هذه الإمبراطورية البربرية، بعد أن وصلت إلى حدها الأخير، تتهاوى أخيرًا، وتسمح بتصور أن بالإمكان يومًا ما أن تَرْجِع إلى العَدَم الذي انبثقت منه».

إن اللهجة والعداء الفكري والأيديولوجي تجاه الإسلام عامة كانا يشتدان كلما اشتد الخطر على أمم أوروبا بسبب زحف العثمانيين، بوصفهم ممثليه في تلك الفترة، وهو ما أثّر بطبيعة الحال تأثيرًا مباشرًا على المصادر والحوليات التاريخية الأوروبية التي رصدت تاريخ الصراع معهم. أما عندما ترتخي القبضة العثمانية وتتراجع جيوشها عسكريًّا، فنرى نوعًا من التصالح الحضاري، حتى إن القرن الثامن عشر صار قرنًا للموضة التركية في عموم أوروبا، في الأزياء ومظاهر الحياة، فضلًا عن العمارة والديكور، لكن في الوقت نفسه مع عداء فكري واضح في كتابات مفكريها. ويمكننا أن نرى هذين الاتجاهين نفسيهما بشكل واضح في غالبية أعمال المؤرخين الأوروبيين اللاحقين التي تناولت التاريخ العثماني العام؛ ففي الفترة المبكرة تأثرت كتاباتهم بما رسخ في الوجدان والعقل الجمعي الأوروبي عن العثمانيين من بربرية ووحشية وغطرسة غير مسبوقة، وحكايات هي أقرب إلى الأساطير، بينما نجد تَغيُّرًا يميل إلى الاعتدال في لهجة هؤلاء المؤرخين أنفسهم عند تناولهم التاريخ التالي لفترة التفوق العسكري للأتراك.

***

الكتاب الذي نطالع ترجمته العربية الآن، هو أحد أهم الأعمال الاستشراقية التي تناولت التاريخ العثماني من منظور عام. ألَّفه المؤرخ الإنجليزي السير «إدوارد شيفرد كريسي» (Edward Shepherd Creasy) (12 سبتمبر 1812–17 يناير 1878م)، الذي أتم تعليمه في القانون بجامعة «كامبريدج» (Cambridge) عام 1831م، ثم عُيِّن في السِّلك القضائي عام 1837م، وإضافةً إلى اشتغاله بالقانون كان مؤرخًا، وحصل على درجة الماجستير في الدراسات التاريخية من الجامعة نفسها عام 1838م، وفي عام 1840م أصبح أستاذًا للتاريخ في جامعة لندن. قضى عقدًا ونصف العقد (1860–1875م) في «سيلان» (Ceylon) (سريلانكا حاليًّا) حيث عُين رئيسًا لقضاتها، وعمل كذلك رئيسًا لفرع «الجمعية الملكية الآسيوية» (Royal Asiatic Society) هناك، ثم عاد إلى إنجلترا مُعْتَل الصِّحة، وتُوفِّي في لندن في 17 يناير عام 1878م.

كتب عددًا من الكتب التاريخية المهمة يتعلق معظمها بالتاريخ الإنجليزي، منها: «خمس عشرة معركة حاسمة في تاريخ العالم» (The Fifteen Decisive Battles of the World) (1851م)، و«نشأة وتطور الدستور الإنجليزي» (The Rise and Progress of the English Constitution) (1855م)، و«تاريخ إنجلترا من البداية حتى الوقت الحاضر» (History of England from the Earliest to the Present Time) (1869–1870م)، و«النُّظُم الإمبريالية والاستعمارية للإمبراطورية البريطانية، بما في ذلك النُّظُم الهندية» (Imperial and Colonial Institutions of the Britannic

Empire, Including Indian Institutions (1872م)، وأخيرًا الكتاب الذي بين أيدينا: «تاريخ الأتراك العثمانيين: من بداية دولتهم حتى الوقت الحاضر» (History of the Ottoman Turks: from the beginning of their empire to the present time)، الذي طُبعت طبعته الإنجليزية الأولى في مجلدين (لندن، 1854م)، وطبعته الأمريكية الأولى في مجلد واحد (نيويورك، 1878م)، وهي الطبعة التي وقع عليها الاختيار لنقلها هنا إلى العربية نظرًا لأنها مزيدة ببعض أحداث حرب القِرْم وما تلاها.

ينقسم الكتاب إلى خمسة وعشرين فصلًا، تتبع أغلبها الترتيب الزمني للأحداث، عدا بعض الفصول التي سُلِّط فيها الضوء على تفاصيل معينة تختص بالأنظمة الإدارية أو الحربية للدولة وتطورها. يتناول الفصل الأول ظهور العثمانيين في آسيا الصغرى حتى وفاة عثمان مؤسس الدولة عام 1326م. ويتناول الفصل الثاني عهد أورخان بن عثمان الممتد حتى عام 1359م. ويتناول الفصل الثالث عهدَي مراد الأول وبايزيد الأول حتى أسر الأخير في معركة «أنقرة» ووفاته عام 1403م. ويتناول الفصل الرابع الحرب الأهلية التي تلت ذلك، ثم عهدَي محمد الأول ومراد الثاني حتى وفاته عام 1451م. ويتناول الفصل الخامس عهد محمد الثاني (الفاتح) الممتد حتى عام 1481م. أما الفصل السادس فيتطرق إلى القوانين التي سُنَّت في عهده. ويتناول الفصل السابع عهد بايزيد الثاني حتى تنازله عن العرش ثم وفاته عام 1512م. ويتضمن الفصل الثامن عهد سليم الأول الحافل على الرغم من قِصره. أما الفصل التاسع فيُسلِّط الضوء على مستهل عهد سليمان الأول (القانوني) الذي تولَّى عام 1520م وأهميته، حتى الحصار الأول لفيينا عام 1529م. ويتناول الفصل العاشر بقية عهد سليمان حتى وفاته عام 1566م، فضلًا عن قوانينه وأنظمته. ويتناول الفصل الحادي عشر عهد سليم الثاني حتى وفاته عام 1574م. ويتناول الفصل الثاني عشر عهود كلٍّ من مراد الثالث ومحمد الثالث وأحمد الأول ثم مصطفى الأول وعثمان الأول حتى عام 1623م. ويتضمن الفصل الثالث عشر عهد مراد الرابع حتى وفاته عام 1640م. ويتناول الفصل الرابع عشر عهد السُّلطان إبراهيم، ومستهل عهد محمد الرابع حتى تولى محمد كُبرولي الوزارة عام 1656م. ويتناول الفصل الخامس عشر سيطرة محمد ثم ابنه أحمد كُبرولي على أمور الحكم، وحروب الدولة مع النمسا وروسيا وبولندا حتى وفاة أحمد كُبرولي عام 1676م. ويتناول الفصل السادس عشر وزارة قره مصطفى، وبقية عهد محمد الرابع حتى عزله عام 1687م. ويتناول الفصل السابع عشر عهود كلٍّ من سليمان الثاني وأحمد الثاني ومصطفى الثاني حتى معاهدة «كارلويتز» عام 1699م. ويتناول الفصل الثامن عشر بقية عهد مصطفى الثاني حتى تنازله، ثم

عهد أحمد الثالث حتى عزله عام 1730م. ويتناول الفصل التاسع عشر عهد محمود الأول والعهد القصير لعثمان الثالث الذي استمر لثلاث سنوات حتى عام 1757م. ويتناول الفصل العشرون عهدَي مصطفى الثالث وعبد الحميد الأول حتى معاهدة «قينارجه» عام 1774م. ويتناول الفصل الحادي والعشرون بقية عهد عبد الحميد الأول وتولِّي سليم الثالث حتى عام 1796م. أما الفصل الثاني والعشرون فيعطي إطلالة على الدولة قبل بدء إصلاحات سليم الثالث. ويتناول الفصل الثالث والعشرون إصلاحات سليم وبقية عهده، والعهد القصير لمصطفى الرابع، ثم تولي محمود الثاني حتى معاهدة «بوخارست» عام 1812م. ويتناول الفصل الرابع والعشرون بقية عهد محمود الثاني، ثم تولي عبد المجيد حتى معاهدة لندن عام 1841م. ويتناول الفصل الخامس والعشرون والأخير إصلاحات كلٍّ من محمود الثاني وعبد المجيد، وعهد السُّلطان عبد العزيز حتى تولِّي السُّلطان عبد الحميد الثاني العرش عام 1876م، ونبذة عن أهم الأحداث في مستهل عهده.

اعتمد «إدوارد كريسي» بشكل رئيسي في كتابه على «فون هامر»، أو بتعبير آخر سار على دربه في كتابة التاريخ العثماني حتى عام 1774م، لكنه من ناحية أخرى - كما نوَّه هو نفسه - لا يُعدُّ كتابه اختصارًا لما جاء في عمل «هامر» على اعتبار أنه لم يُترجم إلى الإنجليزية، وإنما اعتمد على كثير من المصادر الأوروبية المعاصرة للأحداث، ومذكرات وتقارير القادة والدبلوماسيين والرحَّالة التي غلب عليها الانحياز، فضلًا عن بعض الدراسات الجزئية التي تناولت الموضوع من أبعاد سياسية أو اقتصادية أو اجتماعية، وزاد على ذلك تحليلاته ومقارناته وقَوْلَبَته الخاصة للأحداث التي تطل من بين ثناياها في كثير من الأحيان خلفية أيديولوجية ولهجة عدائية تنتمي إلى رهبان العصور الوسطى أكثر من انتمائها إلى مؤرخي العصر الحديث. أما الفترة التالية لعام 1774م وحتى فترة ما بعد حرب القِرْم (1853-1856م)، التي انتهى إليها كتابه، فتُعَد بلا شك من أهم أجزاء الكتاب، نظرًا إلى معاصرتها من قِبَل المؤلف واطلاعه الكامل على ملابسات أحداثها، مع الوضع في الاعتبار رؤيته المنحازة للدور الإنجليزي بشكل عام.

***

أما المستشرق والمؤرخ والدبلوماسي النمساوي، «جوزيف فون هامر» (Joseph von Hammer) (9 يونيو 1774-23 نوفمبر 1856م)، الذي يُعدُّ المرجع الرئيسي لهذا الكتاب، فهو رائد مدرسة الاستشراق الألمانية. تلقى تعليمه في أكاديمية اللغات الشرقية بفيينا فأجاد العربية والفارسية والتركية إلى جانب بعض اللغات الأوروبية القديمة والحديثة مثل اللاتينية والفرنسية

واليونانية والإيطالية إلى جانب الألمانية لغته الأم. دخل الخدمة الدبلوماسية كسكرتير في وزارة الخارجية النمساوية عام 1796م، ثم عُين عام 1799م مترجمًا في السفارة النمساوية بإستانبول. جاء إلى مصر ترجمانًا مصاحبًا للحملة التي أخرجت الفرنسيين من مصر، فمكث بها عامين حيث أتقن التخاطب بالعربية، ثم عاد إلى وطنه عام 1807م مستقرًّا في فيينا مستشارًا وترجمانًا للبلاط. وفي عام 1847م صار رئيسًا للأكاديمية النمساوية للعلوم في فيينا التي جرى إنشاؤها في ذلك الوقت بناءً على مجهوداته. نشط بشكل كبير في حقل الدراسات الاستشراقية، ونشر على مدار خمسين عامًا العديد من النصوص والترجمات لمؤلفات عربية وفارسية وتركية، وأصدر مجلة «كنوز الشرق» (Fundgruben des Orients) في فيينا بين عامَي 1808 و1818م، وجعل شعارها على الغلاف الآية القرآنية: «**قُلْ لِلهِ الْمَشْرِقُ وَالْمَغْرِبُ**» [البقرة: 142]، وخصصها لكل ما يتعلَّق بالشرق من دراسات، أو ما يتعلَّق بنصوص اللغات الثلاث العربية والفارسية والتركية، فكتب بها أساطين الاستشراق من أمثال «دي ساسي» (De Sacy) و«كاترمير» (Quatremère). ومن أهم مؤلفاته غير التحقيقات والترجمات الوفيرة للنصوص المشرقية: «نظام الحُكْم وإدارة الدولة في الإمبراطورية العثمانية» في مجلدين (فيينا: 1814م)، و«تاريخ خانات القِرْم» (فيينا: 1856م)، و«تاريخ الشِّعر العثماني» في أربعة مجلدات (بيسته: 1836-1838م)، و«تاريخ الأدب العربي» في سبعة مجلدات (فيينا: 1850-1857م).

أما أهم أعماله على الإطلاق فهو كتاب: «تاريخ الإمبراطورية العثمانية» (Geschichte des osmanischen Reiches) في عشرة مجلدات (بيسته: 1827-1834م)، ذلك المؤلَّف الذي أرسى قواعد كتابة التاريخ العثماني لدى الأوروبيين، بتناوله لأول مرَّة ذلك التاريخ مفصلًا منذ بدايته وحتى معاهدة «قينارجه» عام 1774م من خلال المصادر والوثائق المعتبرة، وليس من خلال الأساطير والحكايات الشعبية والأهواء التي سادت عن العثمانيين في أوروبا منذ أواخر العصور الوسطى؛ فقد استفاد مؤلفه من عمله دبلوماسيًّا في الاطلاع على الوثائق السرية، لا سيما النمساوية والتركية والإيطالية، لذا صار عمله عن جدارة عمدة الكتب الأوروبية وأشملها في مجاله، وتُرجم إلى عدة لغات منها الفرنسية والتركية، على الرغم من عدم ترجمته إلى الإنجليزية. غير أن تلك الوثائق التي اعتمد عليها «هامر» لم تكن لتغطي الفترة المبكرة من تاريخ الدولة، وهو ما جعله في كثير من الأحيان يعتمد على المصادر الأوروبية المعاصرة للأحداث على الرغم من تحيُّزها وتجنيها البيِّن؛ فنراه على سبيل المثال يعتمد رواية المؤرخ البيزنطي «دوكاس» (Ducas) عن فتح القسطنطينية، مع ما يشوبها من تلفيق وتضارب واضحين، وهو ما يرجع على الأرجح إلى انتساب صاحبها إلى البلاط البيزنطي. ويُقَسِّم «فون هامر» كتابه

إلى سبع فترات: تشتمل أُولاها على المائة والخمسين عامًا الأولى من عمر الدولة حتى فتح القسطنطينية عام 1453م، والثانية تمتد حتى تولِّي سيلمان القانوني عام 1520م، والثالثة تُمثِّل ذروة الدولة في عهد سليمان وسليم الثاني حتى عام 1574م، والرابعة تمتد حتى نهاية عهد مراد الرابع عام 1640م، والخامسة هي فترة الفوضى التي استمرت حتى تولى الوزارة الأول من عائلة كُبرولي عام 1656م، والسادسة حتى توقيع معاهدة «كارلويتز» عام 1688م، والسابعة والأخيرة التي تسارعت فيها الكوارث حتى معاهدة «قينارجه» 1774م.

***

كان لنقل هذا الكتاب إلى العربية أهمية بالغة، على الرغم من صعوبة ذلك نظرًا إلى تركيباته اللغوية شديدة التعقيد، وأسلوبه الأدبي الإنشائي البليغ، وتعابيره ومصطلحاته القديمة قِدَم لغته الإنجليزية المستخدمة، وهو ما احتاج إلى جهد ووقت للوصول بصياغته إلى روح المعنى، فضلًا عن وفرة أسماء الأماكن التي أدرجها المؤلف وتسميتها أحيانًا بغير مسمياتها الدارجة، مستخدمًا الأسماء الألمانية التي استعملها «فون هامر» أحيانًا، وأحيانًا أخرى الأسماء القديمة اليونانية منها أو اللاتينية، وهو ما استلزم إفراد تعريفات بأهم هذه الأماكن في الهوامش، هذا بالطبع غير ما وقع فيه المؤلف من زلل مقصود أو غير مقصود، وما خامر بعض معلوماته من شبهة هوى ولهجة عدائية تُفْصِح عن تجنيه وابتعاده عن الموضوعية، خصوصًا إذا عَلِمْنا أن هذه المعلومات شَكَّلت مصدرًا رئيسيًّا رجع إليه معظم من كتب في التاريخ العثماني بشتى اللغات. لكن ما يهمنا هنا هو أنه شَكَّل مصدرًا أساسيًّا موثوقًا للكثير من المؤلفات التي صدرت باللغة العربية في هذا المجال لمؤرخين عرب موثوقين، مما أدى بدوره إلى وصول هذه المعلومات مُصَدَّقًا بها إلى الباحثين وغيرهم من المهتمين بالتاريخ العثماني، وهو ما استلزم جهدًا إضافيًّا في الهوامش يكاد يفوق ذلك المبذول في الترجمة، لوضع بعض هذه المعلومات في نصابها، خصوصًا ما لم يُوَثَّق منها، أو ما استند على مصادر أوروبية منحازة، وتحقيق البعض الآخر وتوضيح ما التبس منه، والرجوع في ذلك إلى ما استطعت من المصادر والمراجع القديمة والحديثة.

وفي النهاية، أحمد الله تعالى على توفيقه ومدده، وأرجو منه سبحانه أن يكون هذا العمل خطوة مرجوة في سبيل تطور الدراسات العثمانية العربية التي لم تَستوفِ حقها بعدُ، أسوة بباقي حقب التاريخ الإسلامي. وألا يكون العرق والجهد والنصَب المبذول إلا في سبيل وجهه الكريم خالصًا، وأن ينفع به عموم المسلمين، وأن يجعله شفيعًا يوم اللقاء العظيم لكل من

ساهم فيه ولو بحرف أو تَذْكِرة، إنه وليُّ ذلك والقادر عليه، ولله الفضل والمِنَّة وإليه المصير وعليه التكلان، وصلى الله على سيدنا ونبينا محمد وجميع أنبيائه الكرام ومرسَليه العظام ومَن تبعهم بإحسان.

أحمد سالم سالم
غَفَرَ اللهُ لَه
الإسكندرية
جمادى الأولى، 1439هـ/ فبراير، 2018م

مقدمة المؤلف

بعد أن طُلب مني إعداد طبعة ثانية من هذا العمل، الذي ظهر للنور منذ فترة طويلة، قمت بإجراء الكثير من التصويبات وبعض الاختصارات، وأضفت بضع صفحات إلى الأحداث التي أعقبت حرب القِرْم، كُتبت بإيجاز مدروس.

يَعتمِدُ هذا الكتاب (كما ذكرت حين ظهر أول مرَّة) بشكل أساسي على «فون هامر» (Von Hammer). كما قمت بعناية بالتماس معلومات من «نولز» (Knolles)، و«ريكوت» (Rycaut)، و«مونتيكوكولي» (Montecuculi)، و«رو» (Roe)، و«هانواي» (Hanway)، و«مانشتاين» (Manstein)، و«دوسُّون» (D'Ohsson)، و«ثورنتون» (Thornton)، و«إتون» (Eton)، و«أوبيسيني» (Ubicini)، و«بورتر» (Porter)، و«مارمونت» (Marmont)، و«سير ف. سميث» (Sir F. Smith)، و«الكولونيل شيسني» (Col. Chesney)، و«أوركهارت» (Urquhart)، و«مولتك» (Moltke)، و«هامل» (Hamel)، و«سيسموندي» (Sismondi)، و«رانك» (Ranke)، و«فينلي» (Finlay)، و«تريكوبي» (Tricoupi)، و«كامبل» (Campbell)، و«بوسورث سميث» (Bosworth Smith)، وغيرهم. واستفدت أيضًا من تلك الثروة المتفرقة الموجودة في الأعداد السابقة من دورياتنا المطبوعة. وتشير فهارس كلٍّ من «Quarterly» و«Edinburgh» إلى كثير من المقالات المتعلقة بالشؤون التركية، التي تَبَصَّرْتُ من خلالها، وحصلت على الأمثلة مرارًا. وقد رجعت أيضًا إلى بعض الأبحاث المثيرة للإعجاب، التي تحمل عنوان «فصول في التاريخ التركي» (Chapters on Turkish History)، التي شارك بها الراحل «السيد هولم» (Mr. Hulme) منذ ثلاثين عامًا في «Blackwood». وهو باحث استشراقي متعمق، وكاتب لمثل هذه الكتابات المتَّسِمَة بالقوة والمذاق؛ إذ لو كان قد عاش لإكمال هذا العمل وأجزائه التي خطط لها، فإن ذلك التاريخ الكامل والدقيق والبارع للأتراك كان سيصبح واحدًا من موادنا الأدبية المرْجُوَّة.

سيظل دائمًا عمل «فون هامر»: «تاريخ الإمبراطورية العثمانية»، الكتاب الأوروبي الرئيسي حول هذا الموضوع؛ حيث كان هذا العمل التاريخي ثمرة مجهود استمر لثلاثين عامًا، سبر خلالها «فون هامر» أغوار الكثير من أعمال الكُتَّاب الأتراك وغيرهم من الكُتَّاب المشرقيين،

فيما يتعلق بالتاريخ العثماني، إضافةً إلى المصادر التي استخدمها أسلافه، وغير ذلك من مصادر المعلومات الغنية التي يمكن العثور عليها في أرشيف البندقية والنمسا، وغيرهما من الدول التي انخرطت في علاقات صداقة أو عداء مع الباب العالي. وقد أَضْفَت إقامة «فون هامر» الطويلة في المشرق، وإلمامه بالمؤسسات والعادات، وكذلك باللغة والأدب التركي، جاذبية وقيمة إضافية على أجزاء عمله. وتميزت دراسته بالدقة كما تميزت بالتنوع، وغير مشكوك في صدقها وصحتها؛ فتاريخه هو بالتأكيد واحد من أفضل ما جرى إخراجه في النصف الأول من هذا القرن.

لم يُتَرْجَم هذا العمل العظيم إلى الإنجليزية، وربما تسبب طوله في أن يصير مهملًا بهذا الشكل، بينما تُرجمت الأعمال التاريخية للكُتَّاب الألمان الآخرين بشغف، وقُرِئت على نطاق واسع في هذا البلد، وإن كانت أقل أهمية. تتكون الطبعة الأولى لـ«فون هامر» (نُشرت في بيسته) من عشرة مجلدات سميكة مطبوعة بعناية. أما الطبعة الثانية الصغيرة فتتكون من أربعة مجلدات، محذوفة الهوامش والملاحظات، مع أن الكثير منها مفيد وقَيِّم للغاية. هذا ولم يتناول «فون هامر» التاريخ التركي بعد معاهدة «قينارجه»، عام 1774م. إن ترجمة عمله بالكامل على نحو مماثل من الاستفاضة، ستُشكِّل ما لا يقل عن عشرين مجلدًا ثُمْنِي القطع (octavo)، على مثال ما يُطبع عادة في بلدنا هذا؛ لذا فمن الواضح أن كلًّا من الكُتَّاب والناشرين لديهم خشية من أن يفتقر عمل كهذا إلى القُرَّاء من بين قطاعات جماهيرنا العَمَلِيَّة المُنْشَغِلَة.

لم يكن عملي هذا مجرد اختصار لـ«فون هامر»؛ فقد سعيت إلى كتابة عمل مستقل يمدني فيه كتابه بأكبر إمداد من المواد. وقمت في استخدامه بالترتيب والإطناب والحذف والإضافة وفقًا للتقدير، وذلك لتحمل المسؤولية بشكل عام عن التعليقات والآراء. وحينما كنت أعتمد في ذلك على «فون هامر»، كنت أشير إليه عامة باعتباره صاحبها؛ وقصدي دائمًا كان القيام بذلك، لكن قد تكون هناك بعض الحالات التي جرى إغفالها.

الإشارات إلى صفحات فون هامر في الملاحظات، تنطبق على الطبعة الألمانية الثانية.

إ. ش. كريسي

«نادي أثينايوم» (Athenaeum)

10 مارس، 1877م

الفصل الأول

أول ظهور للأتراك العثمانيين في آسيا الصغرى ومآثرهم في ظل أرطغرل - استيطانهم في سلطان سيني - عهد عثمان الأول - منامه - فتوحاته - وفاته وشخصيته.

الفصل الأول[1]

قبل نحو ستة قرون، سافرت جماعة رعوية من أربعمائة عائلة تركية ناحية الغرب عبر المجاري العليا لنهر الفرات. كانت قواتهم المسَلَّحة تتألف من أربعمائة وأربعة وأربعين فارسًا، واسم زعيمهم أرطغرل، ويعني: «الرجل نقي القلب». وبسفرهم عن طريق آسيا الصغرى، دخلوا في مجال ميدان إحدى المعارك، حيث كان هناك جيشان غير متكافئين في العدد يجاهدان من أجل الغلبة. ومن دون أن يعلم شيئًا عن المتحاربين، أخذ الرجل نقي القلب على الفور قراره الشهم بمساعدة الطرف الأضعف، فحمل بشدة وظفر على الحشد الأكبر، وكان له تقرير مصير ذلك اليوم. كان ذلك - وفقًا للمؤرخ المشرقي «نِشري» (Neschiri)[2] - أول مأثرة تُسجَّل لهذا الفرع من العنصر التركي الذي سُمي بـ«الأتراك العثمانيين» نسبة إلى ابن أرطغرل، عثمان[3].

كانت الجماعة الصغيرة التابعة لأرطغرل جزءًا من عشيرة «أتراك الأُوغُوز» (Oghouz Turks)، الذين تركوا مستوطناتهم في خراسان في ظل والد أرطغرل، سليمان شاه[4]، ومكثوا لبعض الوقت في أرمينية، ثم غادروا هذا البلد أيضًا بعد بضع سنين، متابعين مسار نهر الفرات

---

(1) See Von Hammer, books 1 and 2.

(2) أوضح «نِشري» أن هذا على عهدة مولانا أياس، الذي سمع رواية المعركة من صاحب ركاب حفيد أرطغرل، أورخان، الذي سمعها من أرطغرل نفسه، وأخبر أتباعه بها. انظر: فون هامر، هامش صفحة 62 بالجزء الأول.

(3) «عثمان» (Osman) هو الاسم الشرقي الحقيقي للبطل «إبونيموس» (Eponymus)، والمشتق من صيغته نفسها «عثمانليون» (Osmanlis)، لكنَّ الصيغتين المحرفتين: «Othman»، و«Ottoman»، صارتا راسختين جدًّا في لغتنا وأدبنا؛ لذا سيكون من قبيل الحذلقة كتابة الأصول الصحيحة. وقد اتبعت مبدأ الإبقاء على «Amurath» للدلالة على «مراد» (Murad)، و«Bajazed» لـ«بايزيد» (Bayazid)، و«سباهي» (Spahi) لـ«سيباهي» (Sipahi)، إلخ.

(4) اختلفت الآراء حول والد أرطغرل، ففي حين تؤكد الروايات القديمة أنه سليمان شاه، اكتُشفت مؤخرًا عملة مسكوكة كُتب عليها: «عثمان بن أرطغرل بن كوندوز آلب»، لذا من المحتمل أن اسم سليمان شاه، الذي يُعدُّ المؤسس لدولة السلاجقة وأول سلطان لها، قد انتقل إلى العثمانيين كرمز من الرموز التاريخية للأتراك، ولا يمت بصلة نسب إلى أرطغرل. انظر: أحمد آق كوندز وسعيد أوزتورك، الدولة العثمانية المجهولة (إستانبول: وقف البحوث العثمانية، 2008م): 49؛ يلماز أوزتونا، تاريخ الدولة العثمانية، مج.1، ترجمة عدنان محمود سليمان (إستانبول: مؤسسة فيصل للتمويل، 1988م): 84. (المترجم).

نحو سوريا، حين غرق زعيمهم خطأً في هذا النهر. تفرق الجزء الأكبر من العشيرة بعد ذلك، لكن البقية الباقية منها رافقت اثنين من أبناء سليمان، هما أرطغرل ودوندار، اللذان عزما على إيجاد مأوى لهما في آسيا الصغرى في ظل سلطان قونية التركي السلجوقي، علاء الدين. وشاء القدر أن يكون علاء الدين نفسه هو قائد الجيش الذي عاونه أرطغرل ومحاربوه في ميدان المعركة، حيث قابلهم عرضًا أثناء السير. أما الأعداء الذين قام بالهجوم عليهم من أصحاب القوة المتفوقة، فكانوا من المغول، ألد أعداء الجنس التركي.

أصبحت السهول الغنية لـ«ساجوتا» (Saguta) على طول الضفة اليسرى لنهر «سقاريا» (Sakaria)، والمناطق المرتفعة على سفوح جبال «أرمني» (Ermeni)، المراعي الخاصة بوالد عثمان، وكذلك كانت بلدة ساجوتا أو سوجوت تابعة له[1]. فأقام على هذه الأرض هو والمحاربون الرعاة الذين ساروا معه من خراسان وأرمينية. جرى تجنيد المحاربين ضمن قوات أرطغرل بصورة كبيرة، من بين أفضل وأشجع قدامى المواطنين، الذين ما لبثوا أن أصبحوا رعاياه، وظلت المنفعة الأكبر تأتي من جانب العديد من المتطوعين من ذوي الأصل الواحد الذي يعود إلى بلدته. وقد انتشر العنصر التركي[2] على نطاق واسع على طول آسيا السفلى قبل فترة طويلة من زمن أرطغرل، حيث قاموا بترك مقارهم البدائية في السهوب العليا للقارة الآسيوية، وتدفقوا عشيرة إثر عشيرة من تلك العائلة القتالية نحو الأسفل على الأراضي الغنية والثروة المغرية للمناطق الجنوبية والغربية، وذلك حين اضمحلت سلطة الخلفاء الأوائل، مثلما حدث مع الأباطرة البيزنطيين. فقد قام فرع من فروع الأتراك يُدعى «السلاجقة»، نسبة إلى مؤسسهم الأول سلجوق خان، بتأسيس إمبراطورية قوية وتوحيدها، قبل أن يُسمع اسم العثمانيين بأكثر من قرنين من الزمان.

---

(1) اشتهرت بلدة سُوجوت أو سُكود بأنها كانت مهد آل عثمان وأول مقارهم؛ حيث كانت أول مدينة يعطيها سلطان قونية السلجوقي علاء الدين كَيْقُباد الأول (حَكَمَ: 617-634هـ/ 1220-1237م) لأرطغرل، وصارت «قصبة قضاء» تحمل نفس الاسم في لواء أرطغرل من أعمال ولاية خداوندكار في آسيا الصغرى، تقع إلى الجنوب من سقاريا بين لفكه وأسكي شهر. انظر: شمس الدين سامي، قاموس الأعلام (إستانبول، 1306-1316هـ)، مج.4: 2587؛ س. موستراس، المعجم الجغرافي للإمبراطورية العثمانية، ترجمة وتعليق عصام الشحادات (بيروت: دار ابن حزم، 2002م): 299-300. (المترجم).

(2) انظر عن «أجناس» (ethnology) الأتراك، عمل الدكتور «لاثام» (Latham) عن روسيا. ووفقًا لذلك، كان أوائل الفاتحين الآسيويين العظام جميعًا من الأنحاء الواقعة شمالي نهر «جيحون» (Oxus) ينتمون إلى العنصر التركي، عدا جنكيز خان ونسله، وعدا «المانكو» (The Mantchoo) فاتحي الصين.

كان الأتراك السلاجقة في وقت من الأوقات سادة ما يقرب من كامل آسيا الصغرى وسوريا وبلاد الرافدين وأرمينية وجزء من بلاد فارس وغرب تركستان. ويُعد سلاطينهم العظام طغرل بك وألب أرسلان ومِلكشاه، من بين أشهر الفاتحين الذين حَوَّلوا مجرى التاريخ الشرقي والبيزنطي[1]. لكن بحلول منتصف القرن الثالث عشر الميلادي، عندما ظهر أرطغرل في ميدان المعركة في آسيا الصغرى، كان قد جرى خرق النسيج الكبير للسيادة السلجوقية من قِبَل هجمات الغزاة المغول، وساعد على ذلك الفساد الداخلي والنزاع الأهلي.

حَكَم السُلطان السلجوقي علاء الدين بأبهة غابرة في قونية، أو «أيقونيوم» (Iconium) القديمة، لكن لم تمتد سلطته الفعلية إلا لمساحة ضيقة، بالمقارنة مع الأنحاء الواسعة التي فرض أسلافه الطاعة عليها. قام المغول بخرق الأجزاء الجنوبية والشرقية من الممتلكات التابعة للسلاجقة، أما في وسط وجنوب آسيا الصغرى فحكم قادة آخرون كأمراء مستقلِّين[2]، هذا غير أباطرة القسطنطينية البيزنطيين الذين استعادوا جزءًا كبيرًا من الأقاليم الرومانية القديمة في شمال وشرق شبه الجزيرة. وفي خضم الاضطرابات العامة للحدود الحربية، والخطر الدوري

---

(1) لمع نجم الأتراك السلاجقة أولًا في أواسط آسيا عند هزيمتهم للغزنويين بالقرب من مرو عام 432هـ/ 1040م، ومن ثَمَّ تحرك زعيمهم طغرل بك على رأس جيش كبير من أجل السيطرة على العراق وفارس، واستطاع بالفعل الوصول إلى بغداد في زمن الخليفة القائم بأمر الله العباسي عام 447هـ/ 1057م، فرحب به الخليفة بعد أن استطاع تخليصه من الشيعة من بني بويه، وبسط النفوذ السُني من جديد على حاضرة الخلافة. ومنذ ذلك الحين بدأت السلطنة السلجوقية في رسم سياسة توسعية باتجاه العالم النصراني لنشر الإسلام، وقد انتصروا في الصراع مع بيزنطة، ودخل الإسلام على أيديهم في آسيا الصغرى، التي بدأت تتأسلم بشكل فعلي بعد معركة «ملاذكرد» الشهيرة بين السُلطان السلجوقي ألب أرسلان والإمبراطور البيزنطي رومانوس الرابع عام 463هـ/ 1071م، التي عَدَّها المؤرخون أكبر كارثة حلَّت بالإمبراطورية البيزنطية، فكانت دليلًا على نهاية دورها في حماية المسيحية من ضغط الإسلام، ومهدت لإنهاء النفوذ البيزنطي على الجانب الآسيوي، لتحل محله سلطنة سلاجقة الروم الإسلامية. انظر: البنداري، تاريخ دولة آل سلجوق (القاهرة: مطبعة الموسوعات بمصر، 1318هـ/ 1900م)؛ فايز نجيب إسكندر، البيزنطيون والأتراك السلاجقة في موقعة ملاذكرد (الإسكندرية، 1983م)؛ محمد سهيل طقوش، تاريخ سلاجقة الروم في آسيا الصغرى (بيروت: دار النفائس، 2002م). (المترجم).

(2) كان الغزو المغولي في القرن الثالث عشر الميلادي هو أكبر الحوادث التاريخية في آسيا الصغرى، وقد ظهر هذا الخطر على حدودها في زمن علاء الدين كَيْقُباد الأول، ثم ازداد على نحو لا يمكن تجنبه. وكان لهذه الأحداث أثر حاسم في تاريخ الدولة السلجوقية، إذ أصبح المغول الحكام الفعليين للبلاد، وضعفت السُلطة المركزية للسلاجقة، وهو ما قاد إلى ظهور واقع سياسي جديد تمثَّل في ظهور كيانات سياسية جديدة كان من بينها إمارة آل عثمان. انظر: أيرين بيلديسينو، «عثمان وأورخان»، في: تاريخ الدولة العثمانية، الجزء الأول، إشراف روبير مانتران، ترجمة بشير السباعي (القاهرة، 1999م): 23. (المترجم).

للجيوش المغولية المتَجَوِّلة التي ضغطت على علاء الدين، كان استيطان زعيم مخلص وعشيرة قوية - مثل أرطغرل وأتباعه - ضمن سيادته موضع ترحيب كبير، لا سيما أن الوافدين الجُدد كانوا كالسلاجقة أتباعًا متحمسين للعقيدة الإسلامية. وكان الهلال هو الشعار الذي وضعه علاء الدين على رايته. وبوصفه نائبًا لعلاء الدين اتخذ أرطغرل الشعار نفسه؛ إذ كان الهلال بالنسبة إلى قومه سببًا في إرهاب العالم المسيحي لقرون، كرمز للهجوم الإسلامي، وكشعار مختار للقوة العثمانية الفاتحة.

لم يَسُد السلام إلا قليلًا على الحدود أيام أرطغرل بالقرب من أولى الأراضي التي مُنحت له، فقد كانت لديه فرص عاجلة ومتواترة لزيادة شهرته العسكرية، وإدخال السرور على أتباعه بغنائم الغزوات والهجمات الناجحة. فتوافد أشجع المغامرين الأتراك تحت راية ذلك الزعيم الناجح الجديد من بني جنسهم، واعترف علاء الدين، بكل سرور، بقيمة خدماته الإقطاعية، عن طريق امتيازات جديدة وعلامات الثقة وزيادة العطايا من الأرض.

في إحدى المعارك التي حارب فيها أرطغرل بوصفه نائبًا لعلاء الدين، أمام جيش مختلط من اليونانيين[1] والمغول، بين بورصةويني شهر، قام بصفِّ قواته بحيث يُطلَق حشد من الخيَّالة الخفيفة، التي تسمى «آقنجي» (Akindji)، قُدُمًا على العدو، وبالتالي يجري إخفاء مركز الجيش الرئيسي تمامًا، الذي - باعتباره موضع التقدير - كان يُطلق عليه «مركز السُّلطان». أحكم أرطغرل قبضته على المركز بنفسه على رأس أربعمائة وأربعة وأربعين فارسًا، أتباعه الأصليين، الذين حازت سيوفهم النصر في هذا اليوم لصالح علاء الدين. كان النظام الذي اعتمده أرطغرل نظامًا مُنْهِكًا للعدو من خلال الصدام مع كتلة من القوات غير النظامية، ومن ثَمَّ الضغط عليه باحتياطي من أفضل الجنود، فكان ذلك هو التكتيك المفضَّل لسلالته لعدة قرون. بدت تلك المعركة التي خدم فيها طويلة وصعبة، لكن كان النصر الكامل في النهاية حليفًا للقائد التركي. وفور عِلْم علاء الدين بذلك الإنجاز الذي تحقق على يد تابعه الباسل الماهر، مَنح له أراضي إضافية من «أسكي شهر» (Eskischeer). واحتفاءً بالطريقة التي نظم بها أرطغرل جيشه، أطلق علاء الدين على إمارته اسم «سلطان سيني» ويعني: «سلطان الجبهة».

---

(1) يقصد المؤلف عند ذكره لـ«اليونانيين» (Greeks) في غالب الأوقات «البيزنطيين»، أو الدولة البيزنطية التي سيطرت على الأراضي التي غلب عليها العِرْق والثقافة اليونانيان في شرق أوروبا وآسيا الصغرى، فضلًا عن اعتناق المذهب الأرثوذكسي، تمييزًا لهم عن اللاتين الذين سيطروا على الغرب الأوروبي بثقافتهم اللاتينية ومذهبهم الكاثوليكي. (المترجم).

ما زال الإقليم الذي حظي بهذا الاسم يحمله بوصفه واحدًا من السناجق، أو إدارات الحكم الثانوية للإمبراطورية العثمانية، المتماثلة تقريبًا مع «فريجيا أبكتيتوس» (Phrygia Epictetos) القديمة. كان ذلك الإقليم غنيًّا بالمراعي، سواء في مروجه الغرينية أو على طول منحدراته الجبلية، واشتمل أيضًا على كثير من مزارع الذرة والكروم الخصبة. ولا يزال الجمال الرومانسي الذي يظهر من كل جزء من أجزاء أشجاره الكثيفة وينابيع مياهه المرتفعة يجذب إعجاب المسافر[1].

اشتمل الإقليم في زمن أرطغرل - إلى جانب العديد من القرى - على معاقل: «قره جه حصار» (Karadjahissar)، و«بيله جك» (Biledjik)[2]، و«إين أوني» (Inaeni)[3]، وغيرها. ومدن أو بلدات: «أسكي شهر»[4] (عُرفت في تاريخ الحروب الصليبية باسمها القديم، «دوريلايوم» (Dorylaeum)، و«سيدي غازي» (Seid-e-ghazi)[5]، و«لفكه» (Lefke)[6]، و«سُوجوت» بالقرب من قبة ضريح أرطغرل، ذلك الموضع الذي لا يزال يحظى بتقدير عميق من الزوَّار المتوافدين من جميع أنحاء الإمبراطورية. حين قام علاء الدين - بوصفه صاحب سيادة اسمية - بمنح كثير من تلك الأماكن السابق ذكرها لأرطغرل، كانت في قبضة زعماء العشائر المستقلين من الناحية العملية، الذين لم يعيروا اهتمامًا كبيرًا فيما يتعلق بنقل ملكية أراضيهم ومدنهم. ولم تُستغل إلا بعد سنوات طويلة من الحرب، من قِبَل أرطغرل، وابنه الأكثر شهرة عثمان، حيث أصبحت سلطان سيني، ملكية مستقرة لعائلتهم.

يُعدُّ «عُثمان» (Othman) - أو وفقًا لقواعد الإملاء الشرقية «Osman» - هو مؤسس

---

(1) "Anadol," p. 274.

(2) تقع على مسافة خمسة وثمانين كيلومترًا جنوب شرق بورصة. انظر: شمس الدين سامي، قاموس الأعلام، مج.2: 1444. (المترجم).

(3) كانت تُكتب بالعثماني «إين أَوكي»، وحاليًّا تُكتب «إينونو» (Inonu)، وتقع على بُعد نحو خمسين كيلومترًا جنوب شرق بورصة، واثنين وثلاثين كيلومترًا جنوبي بيله جك. انظر: المرجع السابق، مج.2: 1165؛ موستراس، القاموس الجغرافي: 132. (المترجم).

(4) تعني: «المدينة القديمة»، وتقع على مسافة مائه وخمسة عشر كيلومترًا جنوب شرق بورصة. انظر: شمس الدين سامي، قاموس الأعلام، مج.2: 937؛ موستراس، القاموس الجغرافي: 70. (المترجم).

(5) كانت تُسمى «ناكولايا» (Nakoleia)، تقع على مسافة خمسة وثلاثين كيلومترًا جنوب شرق أسكي شهر. انظر: شمس الدين سامي، قاموس الأعلام، مج.4: 2743؛ موستراس، القاموس الجغرافي: 312. (المترجم).

(6) تقع على مسافة ستة وثلاثين كيلومترًا شمال بيله جك، تقريبًا في موقع مدينة عثمانلي اليوم التي تقع شرق بحيرة إزنيق. انظر: شمس الدين سامي، قاموس الأعلام، مج.5: 3995؛ موستراس، القاموس الجغرافي: 446. (المترجم).

الإمبراطورية العثمانية[1]. ونسبة إليه يُطلِق الأتراك الذين يعيشون فيها على أنفسهم «عثمانليين»، وهو اللقب القومي الوحيد الذي يعرفونه[2]. لم يتصرف أرطغرل قَطُّ إلا كونه تابعًا ووكيلًا لسلطان قونية. لكن عثمان، قام بعد وفاة علاء الدين الأخير عام 1307م، بشن الحروب وحيازة الممتلكات تلو الممتلكات باعتباره عاهلًا مستقلًّا. لقد أصبح زعيمًا لقومه قبل اثني عشر عامًا من وفاة أرطغرل عام 1288م. بلغ عثمان من العمر عند خلافته أربعة وعشرين عامًا، حيث أثبت بشكل فعلي مهارته كزعيم، واختبر براعته كمقاتل. كانت مآثره وما واجهه في مقتبل حياته هي الموضوعات المفضَّلة لدى الكُتَّاب المشرقيين، خصوصًا مغامرات حبه في التودد والفوز بالجميلة «مال خاتون» (Malkhatoon). ربما جرى إضفاء بريق على هذه الأساطير عن طريق أقلام الشعراء التي سجَّلتها في سنوات لاحقة، لكن يُحتمل أنها قد بُنيت على حقيقة عدم وجود موروث مماثل لا بدَّ أنه انتقل عن طريق الأطفال، أو عن طريق أتباع زعيم بلغ شهرة كبيرة كمؤسس الإمبراطورية العثمانية.

جاء الشيخ «أده بالي» (Edebali)[3]، الذي اشتهر بتقواه وعلمه، حينما كان عثمان صغيرًا، إلى «إتبوروني» (Itbourouni)، وهي قرية بالقرب من أسكي شهر. فاعتاد عثمان زيارة الرجل احترامًا لورعه وعلمه، وأصبحت زيارة الأمير الشاب أكثر تواترًا بعد أن ألقى نظرة ذات ليلة عن طريق المصادفة على بنت الشيخ الجميلة، مال خاتون، ويعني اسمها: «كنز امرأة». ما لبث عثمان أن اعترف بحبه، لكن الرجل المُسِن كان يعتقد أن التفاوت في المركز يجعل الزواج لونًا من ألوان الطيش، فرفض طلبه؛ مما حدا بعثمان أن يلتمس المواساة لخيبة أمله في مجتمع أصدقائه وجيرانه ليصف لهم بإلهام محب، جمال مال خاتون. وتحدَّث ببلاغة حول هذا الموضوع مع

---

(1) آثرت تعريب مصلح «Ottoman empir» إلى «الإمبراطورية العثمانية»، مع أن استخدام كلمة «الدولة» أفضل من الناحية الاصطلاحية، إلا إن تعبير «الدولة» قد حظي بمفهوم مختلف في العصر الحاضر يتعلق غالبًا بالدول القومية. أما مصطلح «إمبراطورية» فيُستخدم منذ القدم للدلالة على الدولة التوسعية التي تشتمل على بلاد وشعوب تتسم بالاختلاف والتنوع. (المترجم).

(2) وهم يعتبرون أن اسم تركي يوحي ضمنًا بالفظاظة والهمجية.

(3) هو عماد الدين مصطفى بن إبراهيم بن إناج القرشهري، ولد بمدينة قرمان، ورحل إلى الشام ودرس بها الفقه والعلم، وبعد رجوعه تفرغ للتصوف منتسبًا إلى الطريقة الوفائية المتفرعة من الشاذلية، حيث أنشأ له زاوية في مدينة بيله جك، وأصبح من رؤساء الآخيين في الأناضول. ويُقال إنه أول قاضٍ ومفتٍ في الدولة العثمانية. تُوفِّي بجوار زاويته عام 726هـ/ 1326م. انظر: أحمد بن مصطفى طاشكبري زاده، الشقائق النعمانية في علماء الدولة العثمانية (بيروت: دار الكتاب العربي، 1975م): 6-7؛ كوندز وأوزتورك، الدولة العثمانية: 62-63. (المترجم).

الحاكم الشاب لأسكي شهر، فوقع المستمع في حب مال خاتون بناءً على ما سمعه، فذهب إلى والدها وطلب يدها لنفسه، فرفضه كذلك أده بالي، ولكن خوفًا من انتقامه أكثر من انتقام عثمان، انتقل الرجل المُسِن من جوار أسكي شهر إلى مأوى قريب من أرطغرل؛ فأصبح حاكم أسكي شهر يبغض عثمان كخصم له. وذات يوم، بينما عثمان وأخوه كندوز آلب في قلعة جارهما حاكم إين أَوني، ظهرت فجأة قوة مسلحة عند البوابة بقيادة حاكم أسكي شهر وحليفه «ميخال ذي اللحية الهزيلة» (Michael of the Peaked Beard)[1]، الحاكم البيزنطي لمدينة «خرنكيا» (Khirenkia)[2] المحصنة على سفح «الأوليمب» (Olympus) في فريجيا. وطالبا بتسليم عثمان لهما. لكن حاكم إين أَوني رفض ارتكاب مثل هذا الانتهاك لقواعد الضيافة. وبينما توانى العدو حول سور القلعة، انتهز عثمان وأخوه لحظة مواتية لهجوم مباغت على رأس عدد قليل من المرافقين، وقاموا بمطاردة حاكم أسكي شهر إلى خارج الميدان يصاحبه الخزي، آخذين ميخال ذا اللحية الهزيلة أسيرًا، لكن ما لبث أن أصبح الأسير صديقًا مخلصًا لخاطفيه. وبعد مرور فترة من الزمن، عندما حكم عثمان كأمير مستقل، ترك ميخال النصرانية واعتنق العقيدة الإسلامية من أجل الانضمام إليه، وصار منذ ذلك الحين واحدًا من أقوى الداعمين للسُّلطة العثمانية[3].

انتصر عثمان على خصمه في هذه المواجهة التي حدثت بإين أَوني، وحصل على صديق قَيِّم، لكنه لم يستطع حتى ذلك الوقت الحصول على عذراء قلبه. ولمدة عامين آخرين سار سبيل حبه الحقيقي عبر الرفض والقلق حتى بلغ المدى، فلمس أده بالي المُسِن ثبات الأمير الشاب، وفَسَّر منامه التالي على أنه إعلان من السماء تأييدها لذلك الزواج المراد منذ وقت طويل. فذات ليلة، عندما كان عثمان يستريح في منزل أده بالي (لا يمكن لدار الضيافة أن ترفض استضافة حتى الخاطب الذي رُفضت خِطْبَته)، بعد تفكير طويل وحزن على من أحبها، تآلفت نفس الأمير الشاب مع الأسى في استسلام وصبر، وهو ما يُعَدُّ - وفقًا للعرب - مفتاح السعادة كلها. وفي ظل هذا المزاج سقط نائمًا، فرأى، فيما يرى النائم، نفسه ومضيفه مضطجعَين بالقرب من بعضهما

(1) ذُكر في المصادر العثمانية «كوسه ميخال». انظر على سبيل المثال: منجم باشي أحمد ده ده، جامع الدول، دراسة وتحقيق غسان بن علي الرملي، رسالة دكتوراه غير منشورة (مكة المكرمة: كلية الشريعة والدراسات الإسلامية - جامعة أم القرى، 1996-1997م): مج.1: 219؛ نامق كمال، عثمانلي تاريخي (إستانبول، 1326هـ/ 1908م): مج.1: 64. (المترجم).

(2) هي «خَرمَنْجِك» (Kharmandjik)، الواقعة جنوبي بورصة. انظر: موستراس، القاموس الجغرافي: 258. (المترجم).

(3) Von Hammer, vol. i. p. 66.

البعض، حيث صعد من صدر أده بالي بدر كامل (يرمز إلى مال خاتون الجميلة)، ومال نحو صدر عثمان ليستقر فيه، وتنقطع رؤيته. ومن ثَمَّ نبتت شجرة حسنة إلى الأعلى، واستمرت في النمو بقوتها وجمالها أكثر فأكثر، ولا تزال تلقي بخضرة فروعها وأغصانها ظلالًا أوفر فأوفر، حتى غشيت الأفق القصي لثلاثة أجزاء من العالم. وانتصبت تحت الشجرة أربعة جبال، أدرك أنها جبال القوقاز وأطلس وطوروس و«هايموس» (Haemus)[1]. وكانت هذه الجبال تمثل الأعمدة الأربعة التي بدت أنها تُدَعِّم قبة ورق وغصون الشجرة المقدسة، التي صارت الآن تخيم على الأرض. ومن جذور الشجرة تفجرت أربعة أنهار، هي دجلة والفرات والدانوب والنيل، تسير على مياهها السفن العالية والمراكب التي لا تُعد ولا تُحصى، والحقول الغزيرة في موسم الحصاد، وسفوح الجبال مغطاة بالغابات. ومن هناك تنبع في خضم تهلُّل وخصوبة وفيرة ينابيع وجداول يتصاعد خرير مائها من خلال غابة من أشجار السرو والورد. وفي الوديان تتلألأ المدن الفخمة بقبابها وقبيباتها، وأهراماتها ومسلاتها، ومآذنها وأبراجها، ويتألق الهلال على قممها، ومن شرفاتها انطلقت أصوات الأذان، مختلطة بأصوات حلوة لتغريد آلاف البلابل وثرثرة الببغاوات التي لا تُعد ولا تُحصى من كل لون، وكل أنواع الطيور المغردة. وصدحت تلك الأسراب المجنحة وحَلَّقت تدور تحت سقف العيش الجديد من الأغصان المتشابكة لتلك الشجرة المهيمنة على كل شيء. واستحالت كل ورقة من أوراق هذه الشجرة سيفًا. وفجأة هبت رياح عظيمة حَوَّلَت حدود سيوف هذه الأوراق نحو مدن مختلفة من العالم، لكن كانت بصفة خاصة تتجه ناحية القسطنطينية. وقعت تلك المدينة عند ملتقى بحرين وبرين، فبدت كأنها جوهرة بين ياقوتتين زرقاوين وزمردتين، لتشكل أثمن حجر في خاتم إمبراطورية عالمية. واعتقد عثمان أنه كان يَضَع هذا الخاتم المتَخَيَّل في إصبعه حينما استيقظ[2].

روى عثمان لمضيفه هذا المنام، ويبدو أن الرؤيا بدت لأده بالي أنها تُنبئ بجلاء عن

---

(1) هي جبال البلقان، تلك السلسلة الجبلية التي تبدأ من مقدونيا العليا، وتمتد شرقًا حتى البحر الأسود، فاصلة بلغاريا عن منطقة تراقيا القديمة. انظر: موستراس، القاموس الجغرافي: 142. (المترجم).

(2) انظر: Von Hammer, vol. i., p. 49. يروي مؤلف «أناضول» (Anadol) هذا المنام، ويُبدي ملاحظات حول الجزء المتعلق بالقسطنطينية: «هذه الحلقة، القسطنطينية، قد سقطت في يد حفيد عثمان بك، السُّلطان محمد الثاني؛ ووضعت أساس الإمبراطورية العثمانية. وهي في الواقع تُعدُّ مكانًا لتجمع العديد من الأمم، فالرمز التنبؤي لأسراب الطيور الأجنبية المتجمعة تحت الخيمة العثمانية قد تم إدراكه تمامًا. وبالنسبة لعدد سكانها البالغ خمسة وثلاثين مليون نسمة، كان هناك ما يزيد على سبعة ملايين سلافي، وأربعة ملايين ادَّعَوا الأصل الروماني، ومليونين يؤكدون أصولهم اليونانية، وما يقرب من خمسة ملايين عربي، ومليونين ونصف المليون من الأرمن، وخمسمائة ألف ألباني، ومليون من الأكراد» - "Anadol," p. 45.

الشرف والقوة والمجد التي سيحظى بها نسل عثمان ومال خاتون[1]، وعليه لم يعد الشيخ المُسِن يعارض زواجهما. فتزوجا على يد الدرويش الورع «طورود» (Touroud)، أحد مريدي أده بالي. تعهد عثمان بإعطاء الشيخ المسؤول مسكنًا بالقرب من المسجد، على ضفة النهر. وعندما أصبح عثمان أميرًا مستقلًّا، بنى تكية للدرويش، وأنعم عليه بسخاء بالقرى والأراضي التي ظلت لقرون في حوزة عائلة «طورود».

يُولي الكُتَّاب العثمانيون اهتمامًا كبيرًا لهذا المنام الذي رآه مؤسس إمبراطوريتهم. ويُمعِنُون أيضًا في الأهمية التنبؤية لاسمه، الذي يدل على مقدرة لا تقاوم ضرب بها هو وسلالته أمم الأرض؛ إذ يعني اسم «عثمان»: «كاسر العظام» (Bone-Breaker)، وهو أيضًا الاسم الذي يُطلق على الأنواع الكبيرة من النسور، المعروف باسم «النسر الملكي» (Royal Vulture)، والذي يُعد في الشرق رمزًا للسيادة والقوة الحربية، مثل «النسر» (eagle) بالنسبة إلى شعوب الغرب.

يُحتفى بعثمان من قِبَل الكُتَّاب المشرقيين لجماله الشخصي، ولـ«طوله العجيب وقوة ذراعه». ومثله مثل «إردشير لونجيمانوس» (Artaxerxes Longimanus)، من السلالة القديمة لملوك الفرس، ومثل «زعيم المرتفعات» (Highland chieftain) الذي أنشد له «وردزوورث» (Wordsworth)، كان بإمكان عثمان لمس رُكبتيه وهو يقف منتصبًا. كان فارسًا غير مسبوق في مهارته وركوبه الرشيق. وأضفى عليه شعره الأسود فاحم اللون، إضافةً إلى لحيته وحاجبيه، لقب «قره» (Kara)، ويعني: عثمان «الأسود». ولقب «قره» - الذي كثيرًا ما سنجده في التاريخ التركي[2] - عندما يُطلق على شخص، فهو يشير إلى أقصى درجات الوسامة بالنسبة إلى الرجل. وكان زيه بسيطًا كمحاربي الإسلام الأوائل، فمثلهم ارتدى عمامة من الكتان الأبيض الوافر، ملفوف حول مركز أحمر. وكان قفطانه الأبيض الفضفاض ذا لون واحد، وله أكمام متدلية طويلة ومفتوحة. هكذا كان المظهر الخارجي لذلك المحب الناجح لمال خاتون، والذي لا يزال سليله المباشر يحكم الإمبراطورية حتى الآن.

سرعان ما امتدت فتوحات عثمان خارج حدود سلطان سيني، فكانت إلى حدٍّ ما على حساب زعماء أتراك منافسين، لكنها امتدت في الأساس عن طريق انتزاع حصن بعد حصن ومنطقة بعد أخرى من الإمبراطورية البيزنطية. وفي نهاية القرن الثالث عشر الميلادي، تقدم القادة

---

(1) أطلق عليها بعض المؤرخين العثمانيين «قميرية» (Kameriye)، وتعني: «القمر الجميل».

(2) على سبيل المثال: «قره حصار» (Karadhissar): «القلعة السوداء». «قره دينيس» (Kara-Denis): «البحر الأسود». قره مصطفى: «مصطفى الأسود». «قره داغ» (Karadagh): «الجبل الأسود». «قره سو» (Kara-Su): «مياه سوداء».

العثمانيون للإمبراطورية ناحية الشمال الغربي وصولًا إلى مدينة «يني شهر» (Yenischeer)[1]، في إطار زحف قصير على المدينتين البيزنطيتين المهمتين، بورصة ونيقية، اللتين شكَّلتا في ذلك الوقت هدفين مميزين للطموح التركي.

مع ذلك سيكون مجحفًا استعراض شخصية عثمان على أنه مجرد مغامر عسكري طموح، أو افتراض أن حياته كلها اتسمت بجشع لا يهدأ وعنفٍ معادٍ للبلدان المجاورة. فقد كان منذ عام 1291م وحتى عام 1298م في سلام، أعقبته في البداية حرب دفاعية من جانبه نجمت عن اعتداءات الأمراء الأتراك الآخرين الذين شعروا بالغيرة منه وحقدوا على تألقه، وكانوا يتلقون المساعدة من بعض القادة البيزنطيين في المنطقة المجاورة؛ وبالتالي دُفع إلى التحرك، فأظهر قوته التي تعززت ولم تفسدها الراحة، وقام بالضرب على أيدي أعدائه في كل اتجاه. كان تأثير قوته في الفوز برعايا جدد لسُلطته، مساعدة جوهرية للمكانة التي حازها بصورة مشرفة، باعتباره مُشَرِّعًا وقاضيًا عادلًا في أراضيه اليونانية والتركية والمسيحية والإسلامية التي تمتعت بحماية متساوية للممتلكات والأشخاص. وقد قام عام 1299م تقريبًا بسك عملته الخاصة، وذِكْر اسمه في الخُطْبة، وهو ما يُعد بمنزلة علامات دالة على السيادة بين أمم الشرق[2]. في تلك الآونة، كان الأمير الأخير من عائلة علاء الدين، الذي دان له عثمان بتأسيس أول قاعدة له في آسيا الصغرى، قد تُوفِّي. ولم يكن هناك آخرون من بين مختلف أمراء هذا البلد يمكن أن ينافسوا عثمان على زعامة الشعب التركي بأكمله، والسيادة على كامل شبه الجزيرة، سوى أمير «قرمانيا» (Caramania)[3][4]. فقد نشب صراع طويل وشرس بين العثمانيين والأمراء القِرْمانيين

---

(1) تعني: «المدينة الجديدة»، كانت تُسمى «سيجوم» (Sigeum)، وتُكتب بالعثماني «يكي شهر»، وتقع شمال غرب بورصة بالقرب من بحر مرمرة. انظر: موستراس، القاموس الجغرافي: 498-499. (المترجم).

(2) يناقش فون هامر (vol. i. pp. 75, and 593) مسألة ما إذا كانت علامات السيادة تلك قد مورست بواسطة عثمان أم ابنه أورخان. وهو يصل إلى نتيجة مختلفة حسب ما ذُكر أعلاه.

(3) Von Hammer, vol. i. p. 72.

(4) كانت إمارة قرمان أو قرامان هي أكبر الإمارات التركمانية في آسيا الصغرى، وسُميت بذلك نسبة إلى القبيلة التركمانية التي أسستها، وقاعدتها مدينة لارنده التي قيل لها قرمان أيضًا، وقد بسطت هذه الإمارة سيطرتها على مدينة قونية دار مُلْك السلاجقة، وهذا ما جعلهم يَدَّعون حقهم في أراضي الدولة السلجوقية، وعندما امتد النفوذ العثماني صار الصدام حتميًّا مع القِرْمانيين الذين ظلوا يقضُّون مضجع الدولة العثمانية حتى القضاء النهائي على الإمارة عام 1487م. انظر: كي لسترنج، بلدان الخلافة الشرقية، ترجمة بشير فرنسيس وكوركيس عواد (بيروت: مؤسسة الرسالة، 1985م): 180-181؛ Claude Cahen, *Pre-Ottoman Turkey: a general survey of the material and spiritual culture and history, 1071-1330*, Translated from the French by: J. Jones Williams (New York: Taplinger, 1968), pp. 281-282. (المترجم).

على السيادة، بدأ في حياة عثمان، وطال أمده أثناء عهود كثير من خلفائه. وكان عثمان نفسه قد حقق بعض التقدم على منافسه القِرْماني، ولكن كانت الممتلكات الضعيفة والغنية للإمبراطور البيزنطي الواقعة شمال غرب آسيا الصغرى أكثر إغراءً لطموحه من السهول القِرْمانية. لقد تحقق في الأعوام الستة والعشرين الأخيرة من حياة عثمان ما يزيد على الانتصارات الرئيسية على المدن والجيوش البيزنطية.

تردد بعض مستشاري عثمان في سلوك ذلك المسْلَك الجريء للفتوحات الذي سار فيه زعيمهم بثبات كبير. لكن عثمان أسكت كل احتجاج، وقَمَعَ أي احتمال للفتنة والتمرد بتحرك شرس وسريع، مما أظهر أن الجد الأكبر للسلاطين العثمانيين كان لديه إلى جانب صفاته من مشاعر النُّبل والشهامة التي ذكرناها، نصيب كبير من القسوة الغاشمة التي تُعد سمة مظلمة للبيت المالك التركي. كان عم عثمان، المُسِن دوندار، الذي سار مع أرطغرل من نهر الفرات قبل سبعين عامًا، لا يزال على قيد الحياة، عندما قام عثمان عام 1299م باستدعاء المجلس المكوَّن من أتباعه الرئيسيين، ليُعلن لهم عن نيته مهاجمة قائد الحصن اليوناني المهم، «كوبري حصار» (Koeprihissar)[1]، فما كان من عمه المُسِن إلا أن عارض هذه المغامرة، وحَذَّر من خطر الاستفزاز الذي يُشكِّله مثل هذا الطموح الزائد لكل القادة المجاورين، الأتراك منهم فضلًا عن البيزنطيين، فيقومون بالتحالف ضدهم لتدمير عشيرتهم. غضب عثمان من التحذير المثبط للرجل الأشيب، وربما قام بمراقبة الآخرين الذين بدأوا المشاركة في ذلك، وقابل سهام اللسان بسهام القوس. هكذا لم يجب عثمان بكلمة واحدة، وإنما قام برمي عمه المُسِن الذي تُوفِّي في الحال، مُلقِّنًا درسًا دمويًا لكل من يحمل أفكارًا تتناقض مع الإرادة الراسخة للزعيم الصارم. لاحظ جيدًا المؤرخ الألماني الحديث الذي يروي هذا المشهد، أن «قتل هذا العم يحدد بالخوف بداية السيادة العثمانية، مثل قتل الأخ فيما يتعلق بروما، إلا إن الأول يستند على أدلة تاريخية بصورة أفضل. ويعلن إدريس - الذي يُعد المؤرخ الأكثر قيمة من بين الأتراك - صراحة في بداية عمله أنه يمر مرور الكرام على كل ما هو مستهجن، وأنه لن ينقل للأجيال القادمة سوى المآثر الجليله لسلالة عثمان الحاكمة، راويًا ضمن كلامه الأخير هذا مقتل دوندار بكل الملابسات المفصَّلة أعلاه. ومن ثَمَّ إذا كان مثل هذا القتل الذي يُنْزِله القتلة بأقاربهم يُحسب من قبل المادحين العثمانيين

(1) تعني: «قلعة الجسر»، وتقع جنوبي إزنيق (نيقيه). انظر: شمس الدين سامي، قاموس الأعلام، مج.5: 3906؛ يلماز أوزتونا، تاريخ الدولة العثمانية، مج.1: 663. (المترجم).

ضمن أفعالهم الجديرة بالثناء، فما بالنا بتلك الأعمال التي لا يمكن الإشادة بها، وبالتالي تلك التي سكت عنها تاريخهم؟»[1].

هُوجم حصن كوبري حصار وأُسقط، وسرعان ما تقاسم المصير نفسه كثير من المعاقل الأخرى في المنطقة المجاورة لـ«نيس» (Nice). وفي عام 1301م واجه عثمان لأول مرّة جيشًا بيزنطيًا نظاميًا، يقوده «موزاروس» (Muzaros)، قائد حرس الإمبراطور البيزنطي. وقعت هذه المعركة المهمة عند «قيون حصار» (Koyounhissar) (يُطلَق عليها «بافويوم» (Baphoeum) من قِبَل اليونانيين) في محيط «نيقوميديا» (Nicomedia)[2]؛ حيث حقق عثمان نصرًا حاسمًا. وفي الحملات الناجحة التي وقعت في السنوات الست التالية حمل سلاحه وصولًا إلى البحر الأسود، يُؤَمِّن الحصن بعد الحصن، ويعمل على تطويق المدن القوية: بورصة ونيس ونيقوميديا (التي كانت لا تزال حتى ذلك الوقت في حوزة البيزنطيين)، فضلًا عن سلسلة من النقاط الحصينة، حيث كانت حامياته - في ظل قادة من أصحاب المهارة والجسارة - في ترقب دائم لمواجهة أي مفاجأة أو ما يستلزم الغزو. وعبثًا سعى البلاط البيزنطي إلى تجنب ضغط هذا العدو المفعم بالنشاط الدائم، عن طريق شراء جيش المغول لمهاجمة ممتلكات عثمان الجنوبية. فقام عثمان بإرسال ابنه أورخان لمقابلة الغزاة؛ حيث استطاع هذا الأمير الشاب هزيمتهم هزيمة ساحقة. وفي تلك الآونة بدأ تقدُّم العمر والوهن في الضغط على عثمان، لكن ابنه الباسل شغل مكانه على رأس القوات بالفعالية والنجاح نفسهما. وفي عام 1326م استسلمت مدينة بورصة العظيمة للعثمانيين. وبينما كان عثمان على فراش الموت في سوجوت، أول مدينة يحوزها والده أرطغرل، كان أورخان يحرز هذا الفتح المهم، لكنه عاش فترة كافية لسماع البشرى والترحيب بالبطل الشاب.

يروي الكُتَّاب المشرقيون المشهد الأخير من حياة عثمان، والدعوة لتسجيل نصيحة وفاته لخليفته. لقد سبقته الجميلة مال خاتون إلى القبر، في حين حضر عند فراش موته ابناها الشجاعان اللذان أنجبتهما له، أورخان وعلاء الدين، وعدد قليل من قادته المخضرمين والحكماء، حيث قال عثمان لأورخان: «يا بُني، أنا أُحتَضَر، وأموت غير آسف لأنني أترك خليفة مثلك. كن عادلًا،

---

(1) Von Hammer, vol. i. p. 78.

(2) هي «إزميد» (Izmid) أو «إزميت» (izmit)، وتقع في عمق خليج يحمل الاسم نفسه على بحر مرمرة شمال غرب الأناضول. انظر: شمس الدين سامي، قاموس الأعلام، مج.2: 851؛ موستراس، المعجم الجغرافي: 51-52. (المترجم).

وأحب الخير، وأظهر الرحمة. امنح الحماية لرعيتك على قدم المساواة، وانشر شريعة النبي صلى الله عليه وسلم. فهذه هي واجبات الأمراء على الأرض، وهي التي تُدِر عليهم بركات السماء»[1]. بعد ذلك، كما لو كان راغبًا في تَسلُّم حيازة بورصة فعليًا، والمشاركة بنفسه في المجد الذي حققه ابنه، أصدر أمرًا بدفنه هناك، ناصحًا ابنه أن يجعل هذه المدينة مقرًّا للإمبراطورية[2]. وقد جرى الإذعان بإخلاص إلى رغباته الأخيرة. ويشير الضريح الفخم الذي انتصب في بورصة حتى أتت عليه النيران في العصر الحالي، إلى مكان الراحة الأبدية لعثمان، ويبرهن على توقير ذريته العظيم. وما زالت رايته وسيفه محفوظين في خزانة الإمبراطورية؛ إذ تُعد المراسم العسكرية لتقلُّد ذلك السيف بمنزلة واجب مقدس، وهي تماثل التتويج في العالم المسيحي، وبموجبها تُفوَّض السُلطة السيادية إلى السلاطين الأتراك.

شاع وصف عثمان بأنه أول سلطان لقومه، لكن لا هو ولا خليفتاه المباشران حازوا أكثر من لقب أمير. لقد حكم حتى وفاته كأمير مستقل لسبعة وعشرين عامًا، وزعيمًا لعشيرته لتسعة وثلاثين عامًا من حياته البالغة ثمانية وستين عامًا. وتعكس مسيرته بالكامل الشجاعة والنشاط، واليقظة البارعة، والقرار الحازم، وقوة الحس السليم، والقدرة على الانتصار، والسيطرة على وجدان وطاقات الرجال، وهي السمات المعتادة لمؤسسي الإمبراطوريات. وبصرف النظر عن إثم الدم الذي ارتكبه في وفاة عمه، يجب علينا أن نُصدِّق أنه كان فائق التسامح كريمًا بالنسبة إلى عاهل شرقي، من الموروث المتناقل الذي لا تزال ذكراه عالقة في ذاكرة أمته، والذي يُعبَّر عنه عند ارتقاء كل سلطان جديد إلى العرش، من خلال صيغة الدعاء الذي يدعوه الناس: «نسأل الله أن يكون صالحًا مثل عثمان».

---

(1) وفي رواية أخرى: «يا بُني، عليك بتقوى الله العظيم، واتباع الشريعة المحمدية، وإجراء الرفق والعدل بالرعية، .. ومجالسة أهل العلم، والانقياد لأوامر الله، وكُن مثلي؛ لا تجتهد في الدنيا وحبها، ليكون جهادك واجتهادك خالصًا لوجه الله الكريم، ومخلصًا لإعلاء كلمة الدين والعمل بسُنة سيد المرسلين». انظر: حسين خوجه بن علي بن سليمان، بشائر أهل الإيمان بفتوحات آل عثمان، تحقيق محمد أسامة زيد، مج.1 (القاهرة: دار ابن رجب - دار الفؤاد، 1435هـ/ 2014م): 111. (المترجم).

(2) Von Hammer, vol. i. p. 86.

الفصل الثاني

تولي أورخان السُّلطة - تشريعات وزيره علاء الدين - الإنكشارية - الاستيلاء على نيس ونيقوميديا - الدخول إلى أوروبا - فتح سليمان باشا - وفاته ووفاة أورخان.

الفصل الثاني[1]

كان الأمير عثمان يرقد في بورصة آنذاك، حيث تولى الأمير أورخان الحكم خلفًا له. لم يكن قتل الإخوة بعدُ معتبرًا كحماية ضرورية للعرش؛ فقد طلب أورخان بجدية من أخيه علاء الدين أن يقاسمه سُلطته وثروته، إلا إن علاء الدين رفض بحزم أي تقسيم للإمبراطورية، مما يعارض تمامًا إرادة والدهما الذي كان قد عَيَّن أورخان وحده خلفًا له. وكذلك لم يقبل علاء الدين أكثر ممتلكات والده، عدا إيرادات قرية واحدة بالقرب من بورصة. فقال له أورخان حينذاك: «بما أنك يا أخي تتجنب أخذ ما أقدمه لك من القطعان والماشية، فكُن أنت الراعي لشعبي، كُن لي وزيرًا». وكلمة «وزير» تعني في اللغة العثمانية: «حامل العبء». وبقبول علاء الدين للمنصب، وفقًا للمؤرخين المشرقيين، ألقى عليه أخوه عبء سُلطته. لم يكن علاء الدين على غرار كثير ممن خلفه في ذلك المنصب؛ يقوم كثيرًا بقيادة جيوش قومه بشكل شخصي، لكنه عمل بنفسه، وبأكبر قدر من الكفاءة، على تأسيس وإدارة المؤسسات المدنية والعسكرية لبلاده.

وفقًا لبعض المراجع، جرى في عصره وبناءً على مشورته، إيقاف مظاهر التبعية لحاكم قونية، وهي: سك العملة بطابعه، وذكر اسمه في الخطبة. ويُشار من قِبَل آخرين إلى أن هذه التغييرات ترجع إلى عثمان نفسه. لكن الكُتّاب المشرقيين جميعهم اتفقوا على أن علاء الدين هو الذي يُعزى إليه سن القوانين التي استمرت لعدة قرون، ومنها: احترام أعراف مختلف رعايا الإمبراطورية، والقوانين التي أوجدت جيشًا مستديمًا من القوات النظامية، فضلًا عن الأموال المقدمة لدعمه. وفوق كل ذلك تأسست بناءً على مشورته وبصفته رجل دولة تركيًا معاصرًا، قوات الإنكشارية الشهيرة، ذلك التأسيس الذي يُرجعه الكُتّاب الأوروبيون خطأً إلى وقت لاحق، وينسبونه إلى مراد الأول.

يمكن القول حقًا إن علاء الدين استطاع من خلال تشريعاته العسكرية أن يضع النصر في صف العثمانيين؛ فقد أنشأ للأتراك جيشًا دائمًا من المشاة النظاميين والفرسان، يتلقى راتبًا منتظمًا. وقَبْل قرن كامل من ملك فرنسا «شارل السابع» (Charles VII)، أسَّس خمس

---

(1) See Von Hammer, books 3, 4.

عشرة فرقة مستديمة من الرجال المسلحين، والتي تُعد عمومًا أول جيش نظامي معروف في التاريخ الحديث. لقد اعتمد سَلَفا أورخان، أرطغرل وعثمان، في حروبهما على المتطوعين والإقطاعيين المسلحين، الذين يحتشدون على ظهور الخيل تحت راية أميرهم حينما يجري استدعاؤهم عند كل حملة، وبمجرد انتهاء تلك الحملة يُسرَّحون. قرر علاء الدين من أجل ضمان وتطوير نجاحات المستقبل، أن يُشكِّل فِرقًا من المشاة مدفوعة الأجر، التي لا بدَّ أن تكون على استعداد دائم للخدمة. أُطلق على هذه القوات: «يايا» (Yaya)، أو «بياده» (Piade)، وقُسمت إلى عشرات ومئات وألوف، تحت قيادة «مقدمي عشرات» (decurions)، و«مقدمي مئات» (centurions)، و«مقدمي ألوف» (colonels). كانت رواتبهم عالية، وسرعان ما أودى بهم غرورهم إلى القلق على سيادتهم. أراد أورخان التحقق منهم، لذلك أخذ مشورة أخيه علاء الدين، و«جندرلي قره خليل» (Kara Khalil Tschendereli)[1]، الذي كان مرتبطًا بالبيت المالك عن طريق المصاهرة. وضع جندرلي مشروعًا قبل سيده والوزير، من خلاله نهضت فيالق الإنكشارية الشهيرة، التي أذاقت العالم المسيحي الويلات لفترة طويلة، ولفترة طويلة أيضًا ساد الخوف من نفوذها الخاص، الذي جرى استئصاله مؤخرًا في عصرنا الحالي من قِبَل السُلطان نفسه. فقد اقترح جندرلي على أورخان إنشاء جيش يتألف بالكامل من الأطفال النصارى، وحملهم على اعتناق الدين الإسلامي. هكذا قال خليل الأسود: «المغلوب هو مِلْك للفاتح، الذي يُعتبر السيد الشرعي له ولأراضيه وبضائعه وزوجاته وأولاده. لدينا الحق في أن نفعل ما سنفعل بما نملكه، والمعاملة التي أقترحها ليست مشروعة فحسب، بل وخيرية أيضًا. فمن خلال إلزام تحويل هؤلاء الصغار الأسرى إلى العقيدة الحقة، وإلحاقهم بصفوف جيش المؤمنين الصادقين، نستهدف كلتا المصلحتين، الدنيوية والأخروية. أليس مذكورًا في القرآن أن كل مولود يولد على الإسلام؟». وزعم أيضًا أن تشكيل جيش إسلامي من الأطفال النصارى من شأنه أن يحمل النصارى الآخرين على اعتناق العقيدة الإسلامية، بحيث تُجند قوة جديدة، ليس فقط من أبناء الشعوب المغلوبة، لكن أيضًا من زمرة رفقائهم وأقربائهم النصارى الذين سيأتون كمتطوعين للانضمام إلى الصفوف العثمانية.

(1) هو القاضي خير الدين جندرلي، أو جندارلو، من أقرباء الشيخ أده بالي، أول قاضٍ من قضاة العسكر في زمن أورخان، ويُقال إنه كان قاضيًا في أواخر زمن عثمان في بيله جك، ولما فتح أورخان إزنيق نصَّبه قاضيًا بها، ثم جعله قاضيًا بمدينة بورصة، ثم أصبح قاضيًا للعسكر في زمن مراد بن أورخان، الذي استوزره عام 770هـ/ 1368-1369م، إلى أن تُوفِّي عام 788هـ/ 1386-1387م. انظر: طاشكبري، الشقائق النعمانية: 10؛ منجم باشي، جامع الدول، مج.1: 314؛ حسين خوجه، بشائر أهل الإيمان، مج.1: 143. (المترجم).

بناءً على هذه النصيحة، اختار أورخان من عائلات النصارى الذين تم غزوهم، آلافًا من خيرة الفتيان، وازداد هذا العدد في العام التالي. واستمر هذا التجنيد السنوي لآلاف الأطفال النصارى لمدة ثلاثة قرون، حتى عهد السُّلطان محمد الرابع عام 1648م. وعندما لا يُوفَّر آلاف الفتيان للخدمة من خلال أسرى حملة ذلك العام، يُستكمل العدد عن طريق فرض ضريبة على عائلات الرعايا النصارى للسلطان. وقد حدث ذلك في زمن مراد الرابع؛ إذ جرى تجنيد القوات منذ ذلك الحين من بين أطفال الإنكشارية والأتراك الأصليين. لكن أثناء فترة الفتوحات العثمانية احتفظت مؤسسة الإنكشارية بحيويتها الكاملة، كما أَعَدَّها علاء الدين وجندرلي.

أَطلق الدرويش «حاجي بكتاش» (Hadji Beytarch)، على فرق الصغار الخاصة بأورخان، اسم «يني جري» (Yeni Tscheri)، ويعني: «الجيش الجديد»، والذي حوله الكُتَّاب الأوروبيون إلى «الإنكشارية» (Janissaries). كان هذا الدرويش يشتهر بورعه؛ فبعد أن جنَّد أورخان فرقته الأولى من الصبيان المتحولين لاإراديًّا إلى الإسلام، قادهم إلى حيث يقطن هذا الولي، وطلب منه أن يمنحهم بركته ويضفي عليهم اسمًا. وضع الدرويش كُم ردائه فوق رأس أحدهم ممن كانوا يقفون في الصف الأول، ثم قال للسلطان: «إن الجيش الذي اصطنعته أنت يُدعى «يني جري». ستكون وجوههم بيضاء مشرقة، وسواعدهم اليمنى قوية، وسيوفهم بتارة، وسهامهم نافذة. سيحالفهم الظفر في المعارك، وستُعقد لهم ألوية الفتح في ساحات القتال». في ذكرى منح تلك البركة، ظل الإنكشارية يرتدون - كجزء من زيهم الرسمي - غطاء رأس من اللباد الأبيض، مثل ذلك الخاص بالدرويش، بشريط صوفي يتدلى من الخلف، يرمز إلى كُم رداء ذلك الرجل المبارك، الذي كان قد وضعه على رقبة رفيقهم[1].

كان يجري عادةً اختيار الأطفال النصارى ممن سيتم تدريبهم كإنكشارية، في سن مبكرة، حيث يتم انتزاعهم من أبويهم ليدربوا على نبذ الدِّين الذي وُلدوا فيه وعُمِّدوا، واعتناق العقيدة

---

(1) كان جنود الإنكشارية يُدعون «عَسكَر البكتاشية»، و«حاجي بكتاش أوغلاري»، أي: أولاد الحاج بكتاش. مع ذلك لا توجد هناك علاقة مباشرة للحاجي بكتاش مؤسس الطريقة البكتاشية بتأسيس الجيش الإنكشاري، لأنه تُوفِّي قبل ذلك بنحو قرن من الزمان، وتصبح هذه الروايات مجرد أساطير ابتُدعت في وقت متأخر؛ حيث كان أول ظهورها في أعمال طاشكبري زاده وعالي اللذين تُوفِّيا في النصف الثاني من القرن السادس عشر. أما غطاء رأس الإنكشارية فمأخوذ من نظام الآخية الذي تأثروا به كثيرًا، وهذا لا ينفي أن الفتوحات العثمانية الأولى تأثرت كثيرًا بدعوات ومجهودات دراويش الطريقة البكتاشية. انظر: هاميلتون غب وهارولد بوون، المجتمع الإسلامي والغرب، ترجمة ودراسة أحمد إيبش، مج.1 (أبو ظبي: هيئة أبو ظبي للسياحة، 2012م): 122-125. (المترجم).

الإسلامية. جرى تعليمهم حياة الجندية بعناية، وتأديبهم تأديبًا شديدًا، حيث تعلموا أقصى درجات الطاعة العمياء، واعتادوا التحمل من دون إعياء أو تبرم، ومن دون ألم أو جوع. لكن التكريم الوافر والترقية السريعة كانا ثمرتين مؤكدتين للانقياد والشجاعة. وكان قَطْع كل الروابط بالبلد والأهل والأقارب، يقابله أجور عالية وامتيازات، مع فرص وافرة للترقي العسكري، وإشباع العنف والشهوة الجسدية، والأهواء الدونية للطبيعة الحيوانية، في خضم الفظائع المعتادة للحرب الناجحة. نمت هذه الأخوة العسكرية حتى صارت أقوى وأشرس أداة للطموح الإمبريالي المتعصب القاسي، المدفوع بأكثر الطرق براعة في الحكم التي ابتُكرت على وجه الأرض.

أطرى المؤرخون العثمانيون بشكل متوافق على حصافة وورع منشئي هذه المؤسسة. وقاموا بتقدير عدد الغزاة الذين منحتهم المؤسسة إلى الأرض، وورثة الجنة الذين منحتهم إلى السماء، على اعتبار أن العدد المذكور لآلاف الأطفال النصارى خلال ثلاثة قرون، لم يكن سوى للذين تمت جبايتهم وتبديل دينهم وتجنيدهم. وهم يتباهون وفقًا لذلك، بأن ثلاثمائة ألف طفل جرى إنقاذهم من عذاب النار بجعلهم إنكشارية. لكن «فون هامر» يعتقد من خلال زيادة عدد هذه القوات تحت حكم السلاطين اللاحقين، أن ما لا يقل عن نصف مليون من صغار النصارى قد تم إنتاجهم، أولًا كضحايا عاجزين، ثم وزراء قساة للسُّلطة الإسلامية[1].

(1) ضعف القوة البشرية للعثمانيين هو الذي دفعهم إلى إلحاق الأطفال غير المسلمين بقوتهم الحربية، خصوصًا في بداية عهد دولتهم، وهو ما استغله البعض بشكل غير صحيح للدعاية السيِّئة التي شنوها على الدولة، وأغفلوا تمامًا حقائق مهمة يمكن من خلالها تبين كنه هذا النظام بشكل أكثر وضوحًا. ومن أهم هذه الحقائق ما عمدت إليه الدولة من جمع لأولئك الأطفال الذين فقدوا ذويهم نتيجة للحروب الدائمة التي كانت مشتعلة على الجبهة الأوروبية، فمن ناحية كانت تحميهم وتؤمن لهم حاجاتهم، ومن ناحية أخرى كانت تعزز بهم طاقتها البشرية. وقد اعترف بعض المستشرقين أنفسهم بأن الخراب الذي كان يحدث جراء الحروب كان يُعرض الكثير للهلاك جوعًا، وأنه لولا تبني هؤلاء الأطفال لتعرضوا للهلاك. وسيتضح لنا هذا النظام أكثر إذا علمنا أن الأتراك أطلقوا عليه لفظ «دفشرمة» أو «دوشرمة»، وهو لفظ ينسحب على كل لقيط أو مشرد أو من لا أهل له، مما يدلنا على أن أصل هذا النظام ليس «ضريبة غلمان» كما يتحدث عنها المؤلف وغيره. وستتبينه أكثر إذا علمنا أن الكثير من أهالي الأطفال المسيحيين كانوا يتسابقون في إلحاق أبنائهم بالخدمة لدى العثمانيين، وهذا يعني أنه لم يكن هناك إجبار لذوي هؤلاء الأطفال على التخلي عن أبنائهم، بل كان الآباء مشوقين في الغالب إلى إدخال أبنائهم في خدمة تهيِّئ لهم في كثير من الأحيان حياة سعيدة وعيشة كريمة؛ حيث كان هؤلاء الصغار يُنشَّأون ويثقفون كما لو كانوا أولاد السُّلطان نفسه، ليرتقي الكثير منهم بعد ذلك أعلى المناصب، ووصل الأمر إلى محاولة العائلات المسلمة تقديم أولادها المسلمين إلى مندوب الحكومة على أنهم مسيحيون، وكذلك حاول اليهود على الرغم من إعفائهم من هذه الضريبة، بعد أن رأوا ذلك المستقبل الباهر الذي ينتظر من يندرج في هذا المجال. انظر: توماس. و. أرنولد، الدعوة =

بعد تنظيم الإنكشارية، قام علاء الدين بعملية تنسيق لفرق الجيش الأخرى. ومن أجل أن يكون للجندي مصلحة، ليس فقط في صنع الفتوحات، وإنما في الحفاظ عليها، تقرر أن تحصل القوات على مخصصات من الأراضي التي يتم إخضاعها. كان المشاة النظاميون، البياده، يتلقون أجرهم نقدًا في البداية، لكن أصبح لديهم بعد ذلك أرض مُنحت لهم كإقطاع في مقابل الخدمة العسكرية، فضلًا عن التزامهم بالحفاظ على الطرق العامة المجاورة لأراضيهم في حالة جيدة. أما المشاة غير النظاميين، الذين لا يتلقون أجرًا مثل الإنكشارية، ولا أراضي مثل البياده، وكان يسمون بالـ«عزب» (Azab)، أي: «خفيف»، فكانت حياة هذه الفرق غير المنضبطة قليلة القيمة؛ إذ يتم الزج بالعزب في الصدارة، حيث الهلاك وسط الحشود عند بدء المعركة أو الحصار، ويسير الإنكشارية عادةً على جثامينهم نحو الهجوم الحاسم أو الانقضاض النهائي.

قَسَّم علاء الدين الفرسان، كما حدث مع المشاة، إلى قوات نظامية وغير نظامية. قُسمت الفرق الدائمة من الفرسان الأُجَرَاء إلى أربعة أقسام، نُظمت على الطريقة التي وضعها الخليفة عمر لحماية الراية المقدسة. تألفت جميع هذه الفرق في البداية من ألفين وأربعمائة فارس، لكن في ظل سليمان العظيم زاد العدد إلى أربعة آلاف. كانوا يسيرون على يمين ويسار السُّلطان، ويعسكرون حول خيمته في الليل، وكانوا هم حرسه الشخصي في المعركة. واحدة من هذه الفرق الخاصة بحراسة فَرَس السُّلطان كانت تُدعى «السباهية الأتراك». ذلك المصطلح كان يُطلق عامة على الجنود الفرسان، لكنه يُطلق أيضًا بشكل خاص على أولئك المختارين لحراسة الفَرَس. ثمة فرقة ثانية تُدعى «السِّلَحْدارية»، أي: «حاملي السلاح». وفرقة ثالثة تُدعى «العَلُوفه جيَّة» (Ouloufedji)، أي: «الأُجَرَاء». أما الرابعة فتُدعى «غُربا» (Ghoureba)[1]، أي: «الأجانب». إضافةً إلى هذه الفرق الدائمة من الفرسان الأُجَرَاء، شَكَّل علاء الدين قوة من الفرسان، الذين يحصلون على منح من الأراضي مثل البياده، كما أنهم لا يدفعون أي ضرائب على الأراضي التي

= إلى الإسلام، ترجمه إلى العربية وعلق عليه حسن إبراهيم حسن وعبد المجيد عابدين وإسماعيل النحراوي (القاهرة: مكتبة النهضة المصرية، 1971م): 175-176؛ Albert Howe Lybyer, *The government of the Ottoman empire in the time of Suleiman the Magnificent* (Cambridge: Harvard University press, 1913), pp. 45-47, 54. (المترجم).

(1) وهي ذات أصل عربي، وتشير إلى المسلمين المتطوعين أو المجندين من خارج حدود الدولة العثمانية، سواء من الباحثين عن الرزق المادي أو الجهاد في سبيل الله لتوسيع دار الإسلام. وقد استمرت هذه الفرقة حتى نهاية القرن السادس عشر. انظر: Lybyer, op. cit., pp. 98-99. (المترجم).

دخلت في حيازتهم بهذا الشكل، وقد أُطلق عليهم «مُسَلَّمون» (Moselliman)[1]، أي: «مُعفون من الضرائب». كان من يقودهم هم «بكوات السناجق» (Sandjak Beys) (أمراء الألوية)[2]، من خلال «بنباشية» (Binbaschi) (مقدمي ألوف)[3]، و«صوباشية» (Soubaschi) (مقدمي مئات)[4]. وثمة غيرهم من أصحاب الإقطاعات الكبيرة والصغيرة التي أُطلق عليها «زَعامت» (Ziamets) و«تيمار» (Timars). سنشير إلى هذه المصطلحات فيما يلي عندما نصل إلى الفترة التي كان فيها النظام الإقطاعي التركي أكثر تطورًا وتحديدًا. لكن في العصور المبكرة كان أصحاب الإقطاعيات ملزمين بتقديم الخدمة العسكرية على ظهور الخيل عندما يتم استدعاؤهم من قِبَل رؤسائهم، حيث ينتظمون تحت الألوية بالمئات والألوف، مثل المسَلَّمين. وإضافةً إلى الفرسان الإقطاعيين والنظاميين، كان هناك الآقنجي[5]، أو الفارس الخفيف غير النظامي، الذي لا يتلقى أجرًا أو أرضًا، وإنما يعتمد على الغنيمة. وكانوا يُستدعون باستمرار مع الحشود كلما خرج الجيش العثماني للزحف. كان الإرهاب الذي ينشره هؤلاء القتلة المتَّسِمون بالنشاط والشراسة على مدى واسع وبعيد وراء خطوط العمليات النظامية، وقد كان اسم الآقنجي معروفًا ومرعبًا إلى حدٍّ كبير في العالم المسيحي، مثله مثل الإنكشارية والسباهية.

---

(1) جمع «مُسَلَّم»، وهي كلمة عربية الأصل تعني: «سَلِمَ من الشيء أو بَرأ منه»، وتُستخدم هنا بمعنى: «مُعْفًى من الرسوم أو الضرائب»، وهم يشبهون السباهية غير أنهم يختلفون عنهم في أنهم يعيلون أنفسهم من العمل في الأرض فقط من دون أن ينالهم حصة من جبي الضرائب. انظر: غب وبوون، المجتمع الإسلامي والغرب، مج.1: 108-109. (المترجم).

(2) السنجق أو اللواء في مرحلة نشأة الدولة العثمانية هو الوحدة الإدارية الأساسية، حيث انقسمت الدولة إلى عدد من السناجق، على رأس كل منها «سنجق بك» أي: «أمير لواء». وعندما اتسعت رقعة الدولة عمدت إلى جمع عدد من الألوية في ولاية واحدة، فكانت الأقسام الإدارية ترتب على هذا النحو: ناحية (أي: بلدة)، قضاء، سنجق، ولاية. وكان السنجق يشتمل على عدد من خمسة إلى عشرة قضاءات. انظر: سهيل صابان، المعجم الموسوعي للمصطلحات العثمانية التاريخية (الرياض: مكتبة الملك فهد الوطنية، 1421هـ/ 2000م): 136. (المترجم).

(3) البنباشي أو البيكباشي، رتبة عسكرية عثمانية تعني: «رئيس الألف». ظلت مستخدمة في البلدان العربية بعد انقضاء الحكم العثماني حتى استُبدلت بها رتبة المقدم. انظر: المرجع السابق: 66. (المترجم).

(4) إضافةً إلى كون الصوباشي رتبة عسكرية في الجيش العثماني تعني: «مقدم مائة»، كانت تُطلق أيضًا على القائم بأعمال البلدية في الأقضية والبلدات. انظر: المرجع السابق: 145. (المترجم).

(5) هم مثل جنود الصاعقة في الوقت الحالي، ولفظة «آقن» تعني: «غارة»، وتأتي اللاحقة «جي» لتجعلها اسم فاعل بمعنى: «مغوار»، وكانت الوظيفة الرئيسية لفرسان الآقنجي هي التمهيد وفتح الطريق للجيش النظامي فضلًا عن الاستطلاع. انظر: أوزتونا، تاريخ الدولة العثمانية، مج.2: 407.

استولى أورخان على مدينة نيقوميديا في العام الأول لحكمه (1326م)، ومع موارد الحرب الجديدة التي وضعتها عبقرية أخيه الإدارية تحت تصرفه، سرعان ما مَيَّز عهده بفتوحات لا تزال على جانب كبير من الأهمية. فقد استسلمت له نيس، تلك المدينة العظيمة (الثانية بعد القسطنطينية في الإمبراطورية البيزنطية فقط) عام 1330م. وعهد أورخان بقيادتها إلى ابنه الأكبر، سليمان باشا، الذي كان قد باشر عمليات الحصار. وقد أُحرزت عدة انتصارات أخرى على حساب البيزنطيين، وهُزم الأمير التركي لقره سي («ميسيا» (Mysia) القديمة)، الذي كان قد حمل السلاح على العثمانيين، وأُلحقت عاصمته «برجاما» (Berghama) («برجاموس» (Bergamus) القديمة)[1]، وأراضيه بأملاك أورخان. وبفتح قره سي عام 1336م، أُدمج الشمال الغربي لآسيا الصغرى بالكامل تقريبًا في الإمبراطورية العثمانية، وأصبحت المدن الأربع الكبيرة: بورصة ونيقوميديا ونيس وبرجاموس، معاقل قوتها.

أعقبت فتح قره سي فترة امتدت لعشرين عامًا لم تشهد أي فتوحات جديدة. وأثناء تلك الفترة انشغلت السُلطة العثمانية بشكل نشط في استكمال المؤسسات المدنية والعسكرية التي استحدثها شقيق أورخان: في تأمين النظام الداخلي، وفي تأسيس ووقف المساجد والمدارس، وبناء الصروح العامة التي تشهد حتى الآن على عظمة وورع أورخان. هناك في الواقع سمة ملحوظة في شخصيات الأمراء الأوائل للسلالة العثمانية، فعلى عكس عموم الفاتحين، خصوصًا الآسيويين منهم، لم تكن لديهم عجلة في الانتقال من حرب إلى أخرى طمعًا في تحقيق انتصارات وسيادات جديدة، لكن على العكس من ذلك، لم يكونوا حريصين على الاغتنام أكثر من حرصهم على أن يكونوا حذرين وجادين في ترسيخ دعائمهم. لقد توقفوا عند كل إقليم جرى إخضاعه حتى يتم استيعاب المؤسسات المدنية والعسكرية، فيكون قد اندمج تمامًا في تبعية إمبراطوريتهم[2]. وبالتالي، انسابوا تدريجيًا في آسيا الصغرى قوة متجانسة ومستقرة، بدلًا

---

(1) أطلق عليها الأتراك «برغمه» (Berghama). انظر مزيدًا عنها: شمس الدين سامي، قاموس الأعلام، مج.2: 1280؛ موستراس، القاموس الجغرافي: 153-154. (المترجم).

(2) هذا فضلًا عن سياسة الاستمالة، أو تأليف القلوب، التي اتبعها العثمانيون، من خلال جذب الأهالي والسكان غير المسلمين بتقديم الامتيازات المختلفة، والإعفاء من الضرائب المفروضة عليهم، والتكفل بحماية أرواحهم وممتلكاتهم في إطار أحكام الشريعة الإسلامية، والاعتراف بحرية ممارسة جميع الشعائر الدينية، فكان لذلك مردوده الإيجابي بين السكان المسيحيين الذين تحرروا من أغلال النظام الإقطاعي القديم وأعبائه، فقبلوا الاعتراف بالسيادة العثمانية. انظر: خليل إينالجيك، «العثمانيون النشأة والازدهار»، في: دراسات في التاريخ العثماني، ترجمة سيد محمد السيد (القاهرة: دار الصحوة، 1996م): 48-49. (المترجم).

من تكديس متعجل لعدد من الأقاليم المتنوعة سيِّئة التنظيم، فضلًا عن السكان المتنافرين. ويعزى إلى حدٍّ كبير إلى هذه السياسة، البقاء الطويل للإمبراطورية العثمانية، مقارنة مع غيرها من الإمبراطوريات المشرقية، سواء القديمة منها أو الحديثة. وكان مدى تطبيقهم لهذه السياسة في آسيا الصغرى، مقارنةً مع ممارساتهم اللاحقة في تركيا الأوروبية والشام ومصر، قد أدى إلى منح العثمانيين سيطرة أقوى على تلك المنطقة، أكثر من تلك التي امتلكوها غرب الدردنيل وجنوب جبال طوروس. ويلاحظ المسافرون جميعًا ذلك الاختلاف، الذي يعترف العثمانيون أنفسهم به، فالأناضول (استُخدم عمومًا - على الرغم من عدم الدقة - كاسم شامل لآسيا الصغرى) يُعدُّ من قِبَل الأتراك المعاصرين بمنزلة الحصن في حالة حدوث المزيد من الكوارث الوطنية، ويُطلقون عليه بشكل قاطع: «الملجأ الأخير للمؤمنين»[1]. إن حقائق الانتشار العام (التي سبق ذكرها) للسكان الأتراك في أنحاء آسيا الصغرى قبل زمن عثمان، لا بدَّ أنها عززت بشكل كبير مدى الثبات والسيطرة اللذين أنشأهما هناك هو وخلفاؤه. لكن السياسة بعيدة النظر التي عملت على التخفيف من طموحهم، كانت أيضًا سببًا فعالًا للقوة المستمرة، ولا تزال حتى الآن ذريتهم البعيدة تحصد ثمار ذلك العمل الملائم.

أسهمت العلاقات الودية التي أقامها أورخان مع الإمبراطور «أندرونيكوس» (Andronicus)[2]، والحفاظ على تلك العلاقات (وإن لم يكن بشكل مستمر) من قِبَل ذلك الأمير وبعض خلفائه، في منح السُّلطة العثمانية فترة طويلة من الراحة بلغت عشرين عامًا. غير أن الحروب الأهلية التي صرفت الانتباه في العصور الأخيرة، وإهدار آخر موارد الإمبراطورية البيزنطية، أديا إلى استدعاء المساعدة المسلحة للأمراء الأتراك بشكل متكرر، واستخدام تلك المساعدة في أوروبا. وقد اعترف الإمبراطور «كنتاكوزين» (Cantacuzene)[3] في عام 1346م، بأورخان كأقوى عاهل تركي، وأعرب عن أمله في ربط القوات العثمانية بمصالحه بشكل دائم من خلال تزويج ابنته بحاكمهم، على الرغم من اختلاف العقيدة والتفاوت في السن بين الأميرة الشابة والتركي المُسِن الذي صار آنذاك أرمل في الستين من عمره. وقد وُصفت أبهة العرس الذي أقيم لأورخان و«ثيودورا» (Theodora)، بإسهاب من قِبَل الكُتَّاب البيزنطيين. في العام التالي، قام العريس

---

(1) See “Anadol,” p. 228 ; and Ubicini, vol. ii. p. 523.

(2) هو الإمبراطور البيزنطي «أندرونيكوس الثالث باليولوجوس» (Andronikos III Palaiologos) (حَكَمَ: 1328-1341م). (المترجم).

(3) هو الإمبراطور البيزنطي «جون السادس كنتاكوزينوس» (John VI Kantakouzenos) (حَكَمَ: 1347-1354م). (المترجم).

العثماني بزيارة إلى صهره الإمبراطوري في «سكوتاري» (Scutari)[1]؛ ضاحية القسطنطينية على الجانب الآسيوي من البوسفور، أعقبت ذلك أمور كانت أقل إرضاءً للبيزنطيين؛ إذ كان وجود أورخان خلال الاحتفالية الفخمة التي أقيمت في سكوتاري باجتماع العاهلين، بمنزلة الحماية للإمبراطور ورعاياه، لكن عندما عاد أورخان إلى عاصمته في «بثينيا» (Bithynia)[2]، قامت بعض الفرق العثمانية بعبور الدردنيل، ونهبت عدة بلدات في «تراقيا» (Thrace)[3]، وفي النهاية، بعد سلسلة من المواجهات الدموية، قُتلوا أو قُبض عليهم بواسطة قوات أكبر أُرسلت للقضاء عليهم.

لم يمضِ وقت طويل بعد ذلك حتى اندلعت الحرب بين الجمهوريتين البحريتين الكبيرتين، البندقية وجنوة[4]، على طول سواحل البحر المتوسط ومياهه المتصلة. تلك الحرب التي كانت السبب المباشر للقتال بين قوات أورخان ونظيرتها التابعة لصهره، وهو ما أدى إلى استيطان العثمانيين في أوروبا. كانت جنوة تمتلك ضاحية أوروبية في القسطنطينية، تُدعى «جلطة»[5]، وكان مضيق البوسفور واحدًا من المسارح التي شهدت الصراعات الأكثر عنادًا بين أساطيلها وأساطيل منافستها. أما أورخان فقد كان يكره البنادقة، الذين تُلحق أساطيلهم الضرر بأقاليمه المطلة على البحر، فضلًا عن أنهم يتلقون مبادراته الدبلوماسية بازدراء، كما لو كانت قادمة

---

(1) هي الآن «أُسْكودار» أو «أُسْكُدر» (Uskudar)، وكان يُطلق عليها أيضًا «كريسبولس» (Chrysopolis)، في الجزء الآسيوي لمدينة إستانبول، والواقعة على الساحل الشرقي لمضيق البوسفور، وهناك أيضًا مدينة «سكوتاري» على الساحل الألباني. انظر: موستراس، القاموس الجغرافي: 66. (المترجم).

(2) هو الاسم القديم للإقليم الواقع في الطرف الشمالي الغربي من الأناضول، شرق وجنوب شرق بحر مرمرة، ويبدأ من شرق إزميد (نيقوميديا)، وينحدر حتى مدينة أسكي شهر، ومن الشمال يسيطر على شريط ساحلي على البحر الأسود يمتد شرقًا إلى القرب من مدينة سينوب. انظر: المرجع السابق: 17. (المترجم).

(3) انظر تعريفها ضمن هوامش الفصل العاشر. (المترجم).

(4) ظل الصراع البندقي الجنوي قائمًا للسيطرة على شرق البحر المتوسط منذ الحروب الصليبية على المشرق لحماية مصالحهما التجارية، وقد وقعت أهم حلقات هذا الصراع بين عامَي 1256 و1381م، في أربع حروب مفتوحة، كانت الثلاث الأولى منها حروبًا بحرية وقعت في الحوض الشرقي للبحر المتوسط؛ لا سيما بحر إيجة: كانت أولاها بين عامَي 1256 و1270م، وكان التفوق فيها للبندقية؛ إلا إن هذا التفوق لم يوقف التوسع الجنوي خصوصًا على حساب الأراضي البيزنطية، وكانت الثانية بين عامَي 1294 و1299م، والتي لم تُسفر عن نتائج حاسمة، أما الثالثة فكانت بين عامَي 1350 و1355م. انظر: Frederic Chapin Lane, *Venice, a maritime republic* (Johns Hopkins university, 1973), pp. 73-78. (المترجم).

(5) «جلطة» (Galata) أو «غلطة»، هي ضاحية من ضواحي مدينة إستانبول، لكنها تنفصل عنها لوقوعها خارج المدينة القديمة بأسوارها، شمالي القرن الذهبي. كانت حتى بداية القرن السادس عشر تشتمل على منطقة «بيرا» (Pera). (المترجم).

من زعيم بربري غير ذي أهمية. وكان البنادقة حلفاء لكنتاكوزين، لكن أورخان أرسل قوة عبر المضيق إلى جلطة للتعاون مع الجنويين، كما ساعد صهرًا آخر للإمبراطور، هو «جون باليولوجوس» (John Palaeologus)، في الحرب الأهلية القائمة بينه وبين الإمبراطور البيزنطي. وفي خضم المحنة والارتباك اللذين عانت الإمبراطورية منهما آنذاك، استطاع الابن الأكبر لأورخان، سليمان باشا، أن يضرب ضربة جريئة لصالح بني جلدته، تلك الضربة التي منحت الأتراك مكانًا دائمًا على الجانب الأوروبي من مضيق الدردنيل. وقد تبوأ هذا الحدث مكانه في تاريخ العالم عام 1356م. وجدير بالذكر أن الكُتَّاب العثمانيين قد التزموا الصمت إزاء غزوات سابقة لم تُحقق أي فتح ولم تُؤدِ إلى أي تقدم للأتراك داخل أوروبا، لكنهم وقفوا تمامًا أمام هذه الحملة التي قام بها سليمان، ليزينوها بالقصائد الشعرية لتلك الرؤيا التي تراءت للزعيم الشاب وهو مستغرق في التفكير على شاطئ البحر بالقرب من أنقاض «سيزيكس» (Cyzicus)، فيخبرون كيف ارتفع الهلال أمامه كإشارة إلى انتمائه، وكيف جمعت سلسلة من الضوء الفضي قارتي أوروبا وآسيا، في حين طفت المعابد والقصور خارجة من العمق البعيد، واختلطت أصوات غامضة مع صوت البحر، أثارت في قلبه توقًا لمشاريع مُقَدَّرة، وشعورًا باستدعاء غير طبيعي[1]. قد تكون تلك الرؤيا من تأثير التدابير التي أُعِدَّت مسبقًا، فضلًا عن الحافز المباشر الذي جعل سليمان يضع تدبيره قيد التنفيذ. ومع تسعة وثلاثين محاربًا فقط، قام سليمان باختيارهم، ركب ليلًا على متن قارب جنوي من الجانب الآسيوي لمضيق الدردنيل، فما كان منه إلا أن فوجئ بقلعة «تسيمبه» (Tzympe)[2] على الساحل المقابل. وسرعان ما دُفع بتعزيزات من المغامرين إلى الجانب الآخر، وفي غضون ثلاثة أيام كان هناك ثلاثة آلاف جندي عثماني متحصنين في تسيمبه.

في إطار هذه الأزمة، كان كنتاكوزين يعاني ضغطًا شديدًا من قِبَل منافسه جون باليولوجوس، وبدلًا من أن يقوم بمحاولة طرد الغزاة من تسيمبه، أو حتى الاعتراض على احتلالهم لتلك القلعة، طلب المساعدة من أورخان ضد عدوه الداخلي، فتخلَّى أورخان عن مساندة عديله، وقام بتقديم الدعم لصهره الإمبراطور القديم. لكنه أمر بأن تكون المساعدة (المقرَّر أن تُقدم بواسطة سليمان، فاتح تسيمبه) مساعدة أكثر قوة لأولئك الذين كان يتعاون معهم. أُرسل عشرة

---

(1) Von Hammer, vol. i. p. 132.

(2) أو «جيمبي» (Gimpi)، وهي قلعة بالقرب من بلدة بولاير بولاية أدرنة. انظر: موستراس، المعجم الجغرافي: 179. (المترجم).

آلاف تركي إضافيين عبورًا إلى سليمان، الذي هَزم القوات السلافية التي جلبها باليولوجوس إلى داخل الإمبراطورية، غير أن المنتصرين لم يبرحوا تلك القارة التي فتحوها.

عرض كنتاكوزين عشرة آلاف دوقية[1]، للانسحاب من تسيمبه، فجرى الاتفاق على المبلغ، لكن قبل أن تُدفَع الفدية، هَزَّ زلزال مروع منطقة تراقيا بالكامل، مما تسبب في هدم أسوار مدنها المحصنة بالأسوار. ارتعد البيزنطيون من هذا العقاب الإلهي، ورأى الأتراك فيه تدخلًا من السماء لصالحهم، واعتقدوا أن يد الله تمهد الطريق أمام فتحهم لتلك الأرض الموعودة. فقام على الفور اثنان من قادة سليمان، هما: «آجه بك» (Adje Bey)، و«غازي فاسيل» (Ghasi Fasil)، باحتلال مدينة «جاليبولي» (Gallipoli) المهمة[2]، حيث تقدموا داخل المدينة فوق الأسوار التي حطمها الزلزال، من دون مقاومة من السكان المنكوبين. لا تزال المناطق المجاورة تُنْشَد بعد رحيل آجه، وحتى الآن تشهد الجماهير العثمانية في جاليبولي ضريحَي هذين القائدين، حيث دُفنا في موقع عملهما البطولي العظيم. ويتدفق الزوار الأتراك إلى هناك توقيرًا للمحاربَين اللذين قدما إلى بني قومهما تلك المدينة القوية التي تُعد مفتاح الدردنيل، وبوابة العبور اليسير إلى أوروبا.

عندما سمع سليمان أن قواته احتلت جاليبولي، رفض التخلي عن تسيمبه، وبعث بجاليات كبيرة من الأتراك والعرب عبر المضيق، حيث قام بغرسهم في الأراضي التي جرى الاستيلاء عليها[3]، وأصلح تحصينات جاليبولي، وحصَّن موقعها المهم بقوة. واستطاع

---

(1) عُملة ذهبية كانت جمهورية البندقية تقوم بسكها. (المترجم).

(2) أصبح ميناء جاليبولي عند مدخل مضيق الدردنيل مكان تمركز الأسطول العثماني وانطلاقه منذ عهد مراد الأول، لأهميته الاستراتيجية الكبيرة، حيث استطاع العثمانيون من خلاله السيطرة على الملاحة في منطقة المضايق، وقد اعترف بهذه الأهمية «روي جونزالس دي كلافيجو» (Ruy Gonzalez de Clavijo)، حين قام بوصف هذا الميناء عام 1402م وهو في طريقه إلى القسطنطينية؛ مؤكدًا أن استيلاء العثمانيين عليه مكَّنهم من كل الفتوحات التي قاموا بها في أوروبا، وبفقدهم هذا المكان سيفقدون كل الفتوحات المترتبة عليه. وأعرب عن أن تمركز الأسطول في جاليبولي يمكنه أن يجلب المساعدات سريعًا من آسيا الصغرى. انظر: موستراس، المعجم الجغرافي: 425-426. Kate Fleet, "Early Turkish naval activities", *Oriente Moderno*, Nuova serie, Anno 20 (81), Nr. 1, The Ottomans and the sea, (2001), pp. 134-135. (المترجم).

(3) تؤكد وقفية «بولاير» التي تحمل تاريخ 1360م، أنه منذ فتح جاليبولي بدأت هجرة البدو وأهل القرى من الأناضول إلى أوروبا، مؤسسين هناك قرى جديدة، وكان الغزاة والدراويش وجماعات الآخية يؤسسون زوايا في أماكن متقدمة، فيحولونها تدريجيًا إلى مراكز لاستقبال القرويين والبدو. كانت هذه بداية سياسة التهجير والتوطين التي اتبعها العثمانيون في الأراضي الأوروبية، مما أدى إلى امتزاج عناصر السكان المستوطنين مع السكان الأصليين للبلاد المفتوحة، ومن ثَمَّ جعلها جزءًا أصيلًا من أرض الإسلام؛ إذ أدرك العثمانيون في =

سليمان حيازة أماكن أخرى في شبه جزيرة تراقيا، وحصَّنها بأسوار جديدة، وأمَّنها بكتائب من أفضل قواته.

قدَّم الإمبراطور البيزنطي شكوى رسمية بسبب هذه الاعتداءات إلى أورخان، الذي أجاب بأنه ليست قوة السلاح التي فتحت المدن البيزنطية لصالح ابنه، لكنها إرادة الله التي تجلت في حدوث الزلزال. فرد الإمبراطور بأن المسألة ليست في كيفية دخول الأتراك إلى هذه المدن، لكن ما إذا كان لديهم أي حق في الاحتفاظ بها. طلب أورخان وقتًا للنظر في هذا الصدد، وقدَّم بعد ذلك بعض الاقتراحات للتفاوض على إعادة المدن، لكنه عزم على الاستفادة الكاملة من الفرص المتاحة للارتقاء بالقوة العثمانية، التي كانت آنذاك القاعدة لتنفيذ العمليات في المناطق الأوروبية التي استولوا عليها، فضلًا عن الخلافات الدائمة التي اندلعت بين كنتاكوزين وزوج ابنته باليولوجوس؛ إذ كان كلٌّ منهما يلتمس المساعدة بصفة مستمرة من أورخان ضد الآخر، فلم يكن الحصول على تلك المساعدات إلا وفقًا لما يراه أورخان أفضل لصالح السيادة التركية، التي تعد العدو الحقيقي لهما على حدٍّ سواء.

عاش أورخان ثلاث سنوات فقط بعد الاستيلاء على تسيمبه وجاليبولي. أما ابنه سليمان، الذي يدين له بتلك الفتوحات، والذي كان يأمل أن يتركه خلفًا يتفوق لا محالة على كل الأمجاد التي حققها آل عثمان، فقد تُوفِّي قبله؛ حيث تسبب السقوط العرضي من على صهوة الجواد في وفاة ذلك الفاتح الشاب بينما كان منخرطًا في صيد الصقور، الرياضة التركية المفضلة. لم يُدفن سليمان في بورصة، لكن بناءً على أوامر أورخان، بُني له ضريح على شاطئ مضيق الدردنيل، حيث قاد قومه إلى إمبراطورية ثانية. تُوفِّي أورخان عام 1359م، وهو في السبعين من عمره، بعد فترة حُكم امتدت لثلاثة وثلاثين عامًا، أسَّس فيها المؤسسات المدنية والعسكرية الأهم لأمته. ولم يُحرز الهلال تقدمًا ضمن الأقاليم الأفضل لآسيا الصغرى فحسب، بل استقر كذلك في القارة الأوروبية، حيث سعى أعداؤه لخمسة قرون وحتى الآن لاجتثاثه منها، دون جدوى.

= هذه المرحلة أن قوتهم العسكرية والبشرية في أوروبا أقل من أن تسمح لهم بتوسع مماثل لما قاموا به في الأناضول، فسعوا إلى تكثيف العنصر الإسلامي في هذه المناطق بصورة سريعة لضمان استقرار حكمهم في المناطق ذات الأغلبية المسيحية المفتتحة حديثًا، ومن ثَمَّ سهولة دمجها بأراضي الدولة. انظر: إينالجيك، «العثمانيون النشأة والازدهار»: 49-50؛ أحمد سالم سالم، إستراتيجية الفتح العثماني (الإسكندرية: مؤسسة شباب الجامعة، 2012م): 31-33؛ بيتر شوجر، أوروبا العثمانية، ترجمة عاصم الدسوقي (القاهرة: دار الثقافة الجديدة، 1998م): 19-21؛ ياشار يوجل، «نتائج إسكان الأتراك في شبه جزيرة البلقان»، في: دراسات حول الكيان التركي في بلغاريا 1 (أنقرة: جمعية التاريخ التركي، 1987م): 94-117. (المترجم).

الفصل الثالث

مراد الأول - الاستيلاء على أدرنة - معركة ماريتزا - الفتوحات في أوروبا وآسيا - انتصار كوسوفا - وفاة مراد - تولي بايزيد العرش - الفتوحات - فساد الأخلاق - انتصار نيقوبوليس - تيمور - هزيمة بايزيد في أنقرة.

الفصل الثالث[1]

أتاحت وفاة سليمان باشا لأخيه الأصغر «آموراث» (Amurath) (أو كما يسميه المشرقيون: «مراد» (Murad)) وراثة العرش العثماني. كان مراد في الأربعين من عمره حين خلف والده أورخان، وقد حكم العثمانيين ثلاثين عامًا في ازدهار ومجد. كانت مشروعاته الأولى بعد توليه العرش، هي زيادة رقعة الفتوحات الأوروبية التي قام بها والده وشقيقه، لكنه شُغل لفترة بعدوِّه أمير قرمانيا، الذي أشعل ثورة داخل ممتلكات الدولة العثمانية في آسيا الصغرى. وسرعان ما سَيَّر مراد جيشًا إلى مكان التمرد، فقمعه بالكامل. وبعد ذلك، في عام 1360م، قاد قواته لعبور الدردنيل، حيث بدأ سلسلة من الانتصارات التي لم تتوقف إلا بموته في ميدان المعركة في «كوسوفا» (Kossova) عام 1389م. وإضافةً إلى قيام مراد بانتزاع العديد من الأماكن ذات القيمة الثانوية من البيزنطيين، فقد استطاع عام 1361م الاستيلاء على المدينة العظيمة «أدرنة» (Adrianople)[2]، التي صارت منذ ذلك الحين عاصمة للممتلكات العثمانية في أوروبا، حتى سقطت القسطنطينية أمام محمد الثاني. وبِدَفْعِه للفتوحات نحو «مقدونيا» (Macedonia)[3] وهايموس، استولى بعد ذلك على «ساجرا» (Sagrae) و«فيليبوبوليس» (Philippopolis)[4].

---

(1) .See Von Hammer, books v. vi. vii. viii

(2) اسمها الأصلي «أدريانوبوليس» (Adrianopleies)، ويعني: «مدينة أدريان»، نسبة إلى الإمبراطور الروماني أدريان أو «هادريان» (Hadrian) (حَكَمَ: 117-138م). أطلق عليها الأتراك أدرنة، وتقع على منتصف نهر «هبروس» (Hebros). كانت عاصمة لتراقيا، والمدينة الثانية في الإمبراطورية بعد العاصمة البيزنطية التي تبعد عنها 46 ميلًا تقريبًا. وكانت تمثل أقوى الحصون بين القسطنطينية ونهر الدانوب لوقوعها على طريق الحرب الرئيسي لكلٍ من بلجراد والقسطنطينية، وتحكمها في الطرق المؤدية من العاصمة البيزنطية إلى جبال البلقان، هذا غير كونها مركزًا للجيش البيزنطي والنظم الإدارية في البلقان؛ لذا استخدمها العثمانيون بنجاح بعد سقوطها كقاعدة للتقدم في أوروبا، حيث ظلت عاصمة لهم حتى فتح القسطنطينية عام 857هـ/ 1453م. انظر: موستراس، المعجم الجغرافي: 35-36؛ Stanford J.Shaw, *History of the Ottoman Empire and modern Turkey*, Vol.I (Cambridge University, 1997), p.18. (المترجم).

(3) انظر تعريفها ضمن هوامش الفصل العاشر. (المترجم).

(4) هي مدينة «بلوفديف» (Plovdiv) البلغارية الحالية، والتي تُعدُّ ثانية مدن بلغاريا بعد العاصمة صوفيا. أطلق عليها الأتراك «فلبه»، وتقع على مسافة ثلاثمائة وسبعين كيلومترًا تقريبًا شمال غرب إستانبول. كانت من =

وجدت الجيوش التركية، مثلها مثل الجحافل الرومانية القديمة، جزءًا رئيسيًّا من غنيمتها متمثلًا في الأسرى الذين يجري سبيهم، ثم إعدادهم بالكامل للبيع عبيدًا. وقد ارتفع عدد هؤلاء الأسرى بشكل كبير خلال حملات مراد تلك، فأشار عليه رجل من رجال دولته بأهمية فرض حق ثابت للعاهل (أُهمل من قِبَل أسلافه) يتمثل في أخذ خُمْس الغنيمة. ومنذ ذلك الحين مارس السلاطين ذلك الأمر، وفي بعض الأحيان كانوا يأخذون الخُمْس على كل نوع، لكن السائد كان الحصول على المبلغ المذكور على كل رأس، كأخذ الخُمْس من قيمة كل عَبْد. وفي عصور لاحقة، عندما كان يحتج بلد مسيحي على هذه الممارسات، فعادةً ما يُقَرُّ نص رسمي بموجب معاهدة صريحة، يُستثنى منها أسرى الحرب لهذا البلد.

كانت الانتصارات التركية في أوروبا حتى ذلك الوقت تجري على البيزنطيين الضعفاء، غير أن العثمانيين صاروا منذ ذلك الحين في مواجهة مع القبائل السلافية البعيدة الأكثر ولعًا بالقتال، والتي أسست ممالك وإمارات في «الصرب» (Servia) و«البوسنة» (Bosnia). وكان مراد أيضًا قد هدد حدود «والاشيا» (Wallachia) والمجر.

تجاهل الكرسي الروماني[1] - الذي كان في وقت من الأوقات غاية في النشاط في إثارة الحروب الصليبية المبكرة - التقدم الذي أحرزته القوة الإسلامية الجديدة، ما دام البيزنطيون الهراطقة هم مَن يعانون فقط مِن وطأة سلاحهم. لكن المجر، ذلك البلد الذي يعلن التبعية الروحية للبابا، وأحد فروع العالم المسيحي اللاتيني، أصبح آنذاك في خطر. ولذلك قام البابا «أوربان الخامس» (Urban V) بالدعوة إلى حرب صليبية على الأتراك الكفرة. وقام ملك المجر وأمراء الصرب والبوسنة ووالاشيا، بالتحالف معًا لطرد العثمانيين من أوروبا، فزحفت قواتهم باتجاه أدرنة حتى عبروا نهر «ماريتزا» (Marizza)[2]، من إحدى النقاط التي لا تبعد أكثر من يومين عن تلك المدينة. كان «لالا شاهين» (Lalaschahin)[3] قائد القوات العثمانية في أوروبا

= أهم وأكبر مدن تراقيا، وانتقلت إليها عاصمة الرُّوملي من أدرنة بعد فتحها عام 1364م وحتى فتح صوفيا عام 1382م. انظر: شمس الدين سامي، قاموس الأعلام، مج.4: 3420؛ موستراس، المعجم الجغرافي: 376. (المترجم).

(1) المقصود بابا روما، الزعيم الروحي للنصارى الكاثوليك. (المترجم).

(2) أطلق عليه الأتراك نهر «مِريج» (Meridj)، وقديمًا «هبروس» (Hebros). يقع في تراقيا، وينبع من السفح الشمالي الشرقي لجبال «رودوب» (Rhodope)، ويصب في الأرخبيل، في مواجهة جزيرة سمندرك. طوله 450كم تقريبًا. انظر: المرجع السابق: 483. (المترجم).

(3) تربى في خدمة السُّلطان أورخان، فعيَّنه أميرًا لأمراء الرولي عندما تولى المُلك، فظل فيها حتى تُوفِّي عام 778هـ/ 1376م، فكانت له يد في فتوحات كثيرة. انظر: منجم باشي، جامع الدول، مج.1: 315. (المترجم).

آنذاك، غير قادر على حشد جيش يكافئ في العدد جيش التحالف هذا، والذي جمع زعماؤه ما يربو على عشرين ألف رجل. لكن الصليبيين، في خضم زهوة النصر المؤكد، أهملوا جميع التدابير العسكرية تجاه عدوهم. وبينما انخرطوا جميعًا في عربدة ليلية، سمعوا صوت الطبول والمزامير التركية[1]، وصيحات «الله» من وسط الظلام. وسرعان ما حمل عدوهم المقدام عليهم، ففروا مهزومين مذعورين. وهنا يقول المؤرخ سعد الدين وغيره من المؤرخين المشرقيين: «لقد تم اصطيادهم، كوحوش البرية في عرينها. وتم سوقهم أمامنا، كألسنة اللهب في مهب الريح، حتى سقطوا في ماريتزا ولقوا حتفهم في مياهه». كان هذا أول لقاء للمجريين والصربيين مع الأتراك، تبعه مزيد من الكوارث والمعاناة للنصارى لقرون عديدة.

ثمة قائمة طويلة من المعارك[2] التي جرى الانتصار فيها، والمدن التي استولى عليها مراد أو قادته، فيما بين العام الذي وقعت فيه معركة ماريتزا 1363م، وبين عام 1376م، وهو ما يمكن العثور عليه عند المؤرخين الأتراك. في العام سابق الذكر، كان استيلاء العثمانيين على مدينة «نيش» (Nissa)[3] القوية، قد أرغم أمير الصرب على استجداء السلام، الذي مُنح له في مقابل دفع جزية سنوية ألف رطل من الفضة، وألف فارس. أما «سيسفان» (Sisvan)[4]، ملك البلغار،

---

(1) يُذكر أن جميع الدول الأوروبية اقتبست موسيقاها العسكرية من الأتراك. See Von Hammer, Supplement.

(2) من أهم هذه المعارك: معركة «تشيرنومن» (Chernomen)، بوادي ماريتزا في 16 ربيع الأول 773هـ/ 26 سبتمبر 1371م، وهي المعركة التي فتحت الطريق للعثمانيين للسيطرة على وادي فاردار من دون أي عقبات، فبعد عبورهم جبال رودوب استطاعوا عبور نهر فاردار عام 774هـ/ 1372م، واندفعت بعدها جيوشهم داخل الأراضي الصربية. انظر: H. A. Gibbons, *Foundation of the Ottoman Empire* (London, 1938), pp. 145-146؛ وللمزيد عن هذه المعارك، انظر: حسين خوجه، بشائر أهل الإيمان، مج.1: 154-171. (المترجم).

(3) أُطلق عليها قديمًا «نايسوس» (Naissus)، وكانت مركزًا لولاية ولواء نيش. كانت لها أهمية استراتيجية كبرى، حيث كانت تحمي الطريق المتفرع من سالونيك نحو بلجراد في الشمال، والتي تبعد عن نيش نحو خمسين ميلًا، وأُسكوب التي تتحكم في حوض «مورافا - فاردار» (Vardar – Morava)، حيث يلتقي نهرا: الدانوب، و«سافا» (Sava)، والطريق الواصل بين الشرق والغرب، من القسطنطينية إلى ألبانيا، لذا كان الاستيلاء عليها من قِبَل العثمانيين كالضربة القاضية التي جعلت الحاكم الصربي يقبل التبعية العثمانية، وقد خرجت من الحكم العثماني نهائيًا عام 1878م. انظر: شمس الدين سامي، قاموس الأعلام، مج.6: 4631؛ موستراس، المعجم الجغرافي: 483؛ Shaw, op. cit., pp. 17-18, 20. (المترجم).

(4) كان جون سيسفان أو شيشمان أحد الثلاثة الذين انقسمت بينهم مملكة البلغار بعد موت قيصرها «جون ألكسندر» (John Alexander) عام 772هـ/ 1371م، فكان له وسط وجنوب بلغاريا من نهر الدانوب حتى جبال رودوب والأذرع البلغارية في تراقيا، متخذًا من «ترنوفو» (Tirnovo) القديمة أو «ترنوفا» (Tirnova) عاصمة له، فسهَّل هذا الانقسام على العثمانيين التوسع على حساب الأراضي البلغارية وإخضاعها تباعًا. انظر: Gibbons, op. cit., pp. 140-142. (المترجم).

فقد شارك في القتال الذي شنَّه صليبيو أوروبا على مراد، وهو ما جعله أيضًا مضطرًا لطلب الرحمة، إلا إنه كره دفع المال، وفَضَّل الحصول على السلام عن طريق زواج ابنته من المنتصر.

استراح مراد آنذاك من القتال لمدة ست سنوات، وهي الفترة التي شغل فيها نفسه، من دون كلل، بالشؤون الداخلية لدولته. فقد قام بتطوير التنظيم الخاص بقواته العسكرية، وأتم النظام الإقطاعي الذي بموجبه مُنحت الأراضي للمسلمين في البلاد المفتوحة، بشرط أن توفر كل منطقة ممنوحة واحدًا أو أكثر من السباهية أو الفرسان المسلحين في وقت الحرب. وجرى تصنيف هذه المناطق الممنوحة أو الإقطاعيات (كما قد نُسميها باستخدام تعابير ترجع إلى أوروبا العصور الوسطى) إلى إقطاعيات صغيرة تُدعى «تيمار»، وإقطاعيات كبيرة تُدعى «زَعامت». وسنعود فيما بعد للنظر في تأثير هذه المؤسسات الإقطاعية على عملية الفتح وعلى العناصر التي جرى إخضاعها. قام مراد أيضًا بتشكيل فرق من العناصر المسيحية التي تحت سيادته، هي فرق تابعي المعسكر، وتُدعى «وايناك» (Woinaks)، وخُول إليها جميع الأعمال الوضيعة والشاقة الخاصة بالثكنات والمعسكر والزحف، مثل: تنظيف الإسطبلات، والاعتناء بعربات الأمتعة. وقد اختير اللون الأحمر آنذاك لراية السباهية، وأصبح هو اللون الوطني للجيوش العثمانية.

خلال فترة السلام تلك، كان مراد لا يزال توَّاقًا إلى توسيع نطاق سيادته. واستخدم لهذا الغرض مهارته السياسية والدبلوماسية في تشكيل تحالفات عن طريق زواج أفراد من عائلته؛ حيث بدت هذه الطريقة واعدة بحيازة أقاليم جديدة في المستقبل. فزوَّج ابنه الأكبر بايزيد لابنة أمير «كرميان» (Kermian)، تلك الدولة التركية التي كانت تقع في آسيا الصغرى مجاورة للأراضي العثمانية. هكذا جلبت العروس مملكة جديدة للعرش العثماني. وزوَّج مراد ابنته «نفيسة» (Nifisay)، من الأمير التركي القوي حاكم قرمانيا. وسمح مراد نفسه، واثنان من أبنائه في وقت لاحق، بإضافة أميرة بيزنطية إلى قائمة زوجات كلٍّ منهم. ومنذ الاستيلاء على أدرنة والإمبراطور البيزنطي يتذلل للعاهل العثماني، ويسعى بلهفة إلى الحفاظ على إبرام مثل هذه المواثيق مع جاره الكافر، بما أن ذلك سيفضي به إلى حكم مستقر، على الرغم من المعاناة الكاملة في القسطنطينية. لكن باليولوجوس أبغضه ما كان يخشاه؛ ففي عام 1380م قام الإمبراطور البيزنطي، من دون جدوى، برحلة مذلة من القسطنطينية إلى روما، حيث سعى لدى البابوية من خلال الإذعان الأكثر إذلالًا، للحصول على حملة صليبية جديدة من ملوك الفرنجة بالعالم المسيحي ضد الغزاة المسلمين في الأقاليم الشرقية. وفي خضم الخوف من غضب مراد، الذي من المرجح أن تثيره هذه المحاولة، أرسل باليولوجوس ابنه الثالث «ثيودوروس»

(Theodorus) إلى البلاط العثماني، مع طلب مهين بالسماح له بالخدمة في صفوف الجيش التركي. فخفف هذا الخنوع المذل من غضب مراد. وقام ابنٌ آخر للإمبراطور البيزنطي، هو أندرونيكوس، في الوقت نفسه تقريبًا، بعقد صداقة مع الأمير «صاوجي» (Saoudji)، الابن الأكبر لمراد، مما أدى إلى نتائج وخيمة؛ فقد أقنع الأميران الصغيران بعضهما بعضًا أنهما تعرضا للإهمال من قِبَل والديهما، وأن إخوتهما كانوا مُفضَّلين عليهما من دون مبرر، فانتهزا فرصة للتمرد أتاحها غياب مراد عن أدرنة؛ إذ كان قد استُدعي على وقع أخبار عن اضطرابات في آسيا، وخلال ذلك أسند إلى صاوجي تولِّي قيادة جميع الممتلكات العثمانية في أوروبا. هكذا قاما بالتمرد علنًا، وأنشآ معسكرًا مشتركًا قرب القسطنطينية، حيث كان باليولوجوس يرتعد من تهديدهما. فقام مراد فور سماعه بالتمرد بالرجوع سريعًا عبر المضيق، واستدعى الإمبراطور البيزنطي ليوضح أمامه سلوك ابنه. فتبرأ باليولوجوس جديًّا من المشاركة في مخططاته، مبددًا تمامًا شكوك مراد، ووعد بالانضمام إليه في التحرك ضد ابنيهما، ووافق على سمل عيون كلا المتمردين نظير ما اقترفا من جريمة. تقدم الجيش العثماني بعد ذلك نحو نهر صغير بالقرب من «أبجديون» (Apigidion)، خلف الموقع الذي استولى عليه الأميران المتمردان. وعند حلول الظلام، تقدم مراد بفرسه عبر الماء بلا أي حراسة، ودعا الجند في المعسكر المتمرد للعودة إلى خدمته على وعد بالعفو عنهم. وعند سماعهم الصوت المعروف لعاهلهم القديم، الذي كثيرًا ما هلَّل لهم عند النصر، هجرت قوات صاوجي الأميرين، وأسرعوا ملتفين حول مراد، طالبين الصفح عن الخيانة التي دُفعوا إليها دفعًا عن طريق نائبه. هرب صاوجي وأندرونيكوس إلى بلدة «ديديموتيكا» (Didymoticha)، مع مجموعة صغيرة من الأتراك والنبلاء اليونانيين الشباب، ممن شاركوا في المؤامرة، حيث جرت محاصرتهم وتجويعهم حتى الاستسلام. سيق ابن مراد حتى مثل بين يديه. وبعد أن سُملت عينا الأمير، وفاءً بالاتفاق بين الأبوين الإمبرياليين، قُطع رأس صاوجي في حضور والده. أما النبلاء اليونانيون فقد تم تقييدهم معًا، كل اثنين أو ثلاثة في وثاق واحد، ثم قُذفوا في نهر ماريتزا، بينما جلس مراد وابتسم في تجهم مستريحًا للسرعة التي غرقوا بها في الماء. وبالعثور على آباء بعض المتمردين الشباب، أُسند إليهم قتل أبنائهم بأيديهم، إلا إن اثنين من هؤلاء الآباء رفضا تلك المهمة الرهيبة، فقُتلا جزاء عصيانهما. وعندما أشبع انتقامه من هذه المشاهد، قام مراد بإرسال أندرونيكوس الشاب في السلاسل إلى والده، مزايدًا على باليولوجوس أن يقوم بالتعامل معه كما تعامل هو مع صاوجي، فقام الإمبراطور البيزنطي، خوفًا من حليفه الصارم، بإحراق عيني ابنه بالخل الملتهب. وقد أعرب مراد عن سروره لهذه الطاعة التامة لأوامره، ولم ينتبه إلى أن حياة أندرونيكوس لم تُمس،

وحتى عقاب العمى الرهيب ذلك فقد جرى تنفيذه على نحو غير مكتمل، إذ تُرك للأسير البائس بعض الرؤية الضعيفة.

وعلى الرغم من سياسة الحاكم العثماني في إنشاء رابطة زواج بين بيته وبيت الحاكم التركي لقرمانيا، فقد اندلعت الحرب عام 1387م بين هذين المتنافسين القويين على زعامة الأتراك في آسيا الصغرى. فوقعت بينهما معركة كبيرة في قونية، برزت فيها على الجانب العثماني بسالة الأمير بايزيد بشكل خاص. ويقال إنه، من خلال سرعته وقوته الخاطفة في الهجوم على العدو ذلك اليوم، حصل على لقب «يلدرم» (Yilderm) أو «الصاعقة»، المعروف به في التاريخ. وذلك اللقب سوف يُذَكِّر القارئ الكلاسيكي بـ«كيراونس البطلمي» (the Ptolemy Ceraunus) من العصر اليوناني-المقدوني، والذي لا يزال ملائمًا أكثر من «هاميليكار باركاس» (Hamilcar Barcas)، والد «هانيبال العظيم» (the great Hannibal).

هُزم الأمير القِرْماني تمامًا في قونية، وخضع من أجل الحفاظ على حياته ومملكته إلى وساطة زوجته، التي نجحت في تهدئة غضب والدها المنتصر، وأقنعت زوجها بالرضا عن غريمه حائز النصر، والاعتراف بتفوقه، وتقبيل يده تعبيرًا عن الخضوع. صرف مراد جيشه ولاذ ببورصة، حيث كان يأمل أن يتمتع بفترة من الراحة. ورفض أن ينشط مرَّة أخرى تحت إغراء غزو وضم أراضي «تِكَه» (Tekke) المستقلة الصغيرة، التي تقع بالقرب من ممتلكاته الآسيوية، إثر نصح أحد قادته بإرسال حملة عليها. رفض مراد اقتراحه بازدراء قائلًا: «إن أمير تِكَه أمير غاية في الضعف والبؤس، ويجب أن أشعر بالخجل من شن الحرب عليه، فالأسد لا يصطاد الذباب». لكن سرعان ما انتفض الأسد العجوز من سُباته لمواجهة الأعداء الأشد خطورة، الذين تحالفوا معًا لانتزاع فتوحاته الأوروبية.

كانت الأملاك العثمانية في أوروبا في ذلك الوقت (1388م) تضم تقريبًا كامل تراقيا القديمة والرُّوملي[1] الحديثة، إضافةً إلى إحراز بعض المكتسبات المهمة أيضًا خارج هذا الإقليم. واصل الفاتحون نظام تهجير الجاليات التركية والعربية من آسيا، وزرعها في المناطق المفتتحة، في حين قاموا بترحيل جزء كبير من السكان الأصليين. وعن طريق ذلك، فضلًا عن عادتهم في تجنيد

(1) الرُّوملي أو الروم إيلي، أي: «أرض الروم»، الإيالة العثمانية التي تأسست عام 1363م، كان مركزها أولًا مدينة أدرنة، ثم انتقل إلى فلبه، ثم مناستر، وأخيرًا مدينة صوفيا عاصمة بلغاريا الحالية. وأميرها برتبة أمير أمراء أو بكلربك. وكانت تشتمل على شبه جزيرة البلقان التي تقع جنوبي نهر الدانوب، لكنها تقلصت بعد تأسيس إيالتَي البوسنة وسِلِستره في القرنين السادس عشر والسابع عشر. وفي عهد التنظيمات انقسمت إلى عدة إيالات. انظر: صابان، المعجم الموسوعي: 46؛ أوزتونا، تاريخ الدولة العثمانية، مج.2: 653-654. (المترجم).

الإنكشارية من صفوة الأطفال النصارى، تسببوا في قرع ناقوس الخطر لدى الدول المسيحية المجاورة، التي رأت جنسًا شرسًا لا يمت لها بصلة في الدم أو العقيدة، يضرب بجذوره على حدودها، وينظم موارد البلاد التي أخضعها لمشروعات عسكرية مستقبلية. توحد آنذاك كلٌّ من البلغار والصرب والبوسنيين، وكل العرق السلافي[1]، للاشتراك في عمل قومي واحد كبير أمام التدخل التركي. وكانت الصرب على رأس الحركة، فهي لم تستطع نسيان مركزها السامي الذي تبوأته قبل مجيء العثمانيين إلى أوروبا، عندما حكم ملكها العظيم، «ستيفن دوشان» (Stephen Dushan)[2]، من «بلجراد» (Belgrade) إلى ماريتزا، ومن البحر الأسود إلى البحر الأدرياتيكي، فحاز اللقب الرفيع: «إمبراطور الرُّوملي، القيصر المقدوني محب المسيح»[3]. وبجانب هذه الأمم السلافية، تسلح في ذلك الوقت «سكبيتار» (Skipetars)[4] ألبانيا أمام العدو المشترك القادم من آسيا. بالتالي كانت القوى المتحالفة ضد مراد متوقعة أيضًا وقد تلقت المساعدة من سكان والاشيا أنصاف الرومانيين، ومن المجريين الذين استوطنوا في أوروبا بالقوة مثل أقربائهم من الأتراك العثمانيين[5]، لكنهم على العكس تبنوا عقيدة وحضارة العالم المسيحي الأوروبي، وأصبحوا لعصور من مدافعيه الشرفاء. أرسلت بولندا السلافية كذلك مساعدات إلى شقيقتها مملكة السلاف الجنوبية. ولم يكن متاحًا الحصول على مساعدات إضافية، إذ كانت روسيا - المملكة الأخرى الكبيرة من ذلك الفصيل العرقي - ترزح آنذاك في عبودية بائسة تحت وطأة المغول. ولم تكترث الممالك الكبيرة في العالم المسيحي الغربي بالمعاناة والمخاطر التي تعرضت لها الأجزاء الشرقية على يد القوة الإسلامية الجديدة. كان الحماس الصليبي القديم قد تلاشى، ولم يكن ممكنًا في واقع الأمر استخدام الإثارة المباشرة عن طريق الاستصراخ لإنقاذ

---

(1) انظر عن هذا العرق: عمل «لاثام» (Latham): "Ethnology of Europe".

(2) استطاع ستيفن دوشان (حَكَمَ: 731-756هـ/ 1331-1355م) أن يبني إمبراطورية صربية في شرق أوروبا، مستغلًا الفراغ السياسي الحادث بسبب الضعف البيزنطي، فبعد أن كانت الصرب دويلة صغيرة تقع بين مقدونيا والضفة الشمالية لنهر الدانوب، أصبحت تحت حكم دوشان تضم أجزاءً كبيرة من تراقيا ومقدونيا واليونان ومعظم سواحل البلقان الشرقية والغربية، هذا فضلًا عن بلغاريا التي أصبحت مملكة تابعة، ولكن إمبراطوريته ما لبثت أن انقسمت بعد موته عام 756هـ/ 1355م. انظر: George Christos Soulis, *The Serbs and Byzantium during the reign of Tsar Stephen Dusan (1331-1355), and his Successors* (Washington.D.C, 1984), pp. 1-60. (المترجم).

(3) See Ranke's "History of Servia," p. 16.

(4) See Latham, p. 13.

(5) عن الصلة بين المجريين، «هون أتيلا» (Attila)، والأتراك العثمانيين. انظر: «لاثام».

الأراضي المقدسة من العثمانيين، الذين لم يقتربوا آنذاك من الأراضي الشامية. كان الوضع الداخلي في أواخر القرن الرابع عشر غير مواتٍ - بشكل استثنائي - للدول الأوروبية الكبرى التي دعمت أبطال الحروب الصليبية الأولى، بالنسبة إلى الجهود المبذولة ممن سعوا إلى حث أحفاد هؤلاء للقيام بحملة مماثلة. كانت شخصيات ملوك إنجلترا وفرنسا وألمانيا عام 1388م، قد قطعت أي أمل في رؤية من يحذو حذو أمثال: «ريتشارد قلب الأسد» (Richard Coeur de Lion)، و«إدوارد الأول» (Edward)، و«فيليب أغسطس» (Philip Augustus)، و«سان لويس» (St. Louis)، و«كونراد» (Conrad)، و«فريدريك الثاني» (Frederick II)، ضمن من خلفهم. فقد كان «ريتشارد الثاني» (Richard II) الضعيف عديم القيمة ملكًا لإنجلترا، وكان الأبله «شارل السادس» (Charles VI) يعتلي العرش في باريس. وكان كلا البلدين مسرحًا لنزاع مستمر بين النبلاء الأقوياء، وسط ارتباك عام وفوضى. وبدت الإمبراطورية الألمانية في حالة أكثر بؤسًا تحت حكم ذلك الفظ الماجن، «وينسيسلاوس» (Wenceslaus)، حيث استعرت هناك حرب أهلية كبيرة من نهر الدانوب إلى نهر الراين، بين اتحاد من الفرسان اللصوص، ومواطنين من المدن الحرة. وكان الأمراء المسيحيون لإسبانيا مشغولين تمامًا بصراعهم الطويل مع الغزاة العرب. وقد زاد الانشقاق الذي حدث في البابوية من صعوبة توحُّد القوى الغربية في أي مشروع ضد العدو المشترك لدينهم بمقدار عشرة أضعاف، حيث أدى إلى تقسيم العالم المسيحي الغربي بالكامل. لقد تحيَّرت الضمائر، وارتبك الحماس وفتر، وخُلق الشك بسبب تضارب الادعاءات والأوامر من كلا البابوين، اللذين يقبع أحدهما في «أفينون» (Avignon) والآخر في روما[1]؛ إذ قام كلٌّ منهما بإصدار حرمان كنسي للآخر وأتباعه، مصحوبًا باجتهاد وعداء لا يقلان عما يمكن أن يُمارسا ضد العثمانيين.

لكن على الرغم من أن القوى العظمى في العالم المسيحي الغربي وقفت بمعزل عن الكفاح الذي بذلته الأمم المسيحية في الشرق للتحرر من ضغط الفتوحات العثمانية، فقد رأى مراد أن عليه بذل ما بوسعه لمواجهة ذلك التحالف، الذي نجح حاكم الصرب في تنظيم

---

(1) انقسمت البابوية الغربية في مستهل القرن الرابع عشر على نفسها، بعد أن اختير أحد الكرادلة الفرنسيين لمنصب البابوية تحت اسم «كليمنت الخامس» (Clement V) (1305-1314م)، متوليًا منصبه الجديد في مدينة أفينون الفرنسية على نهر الرون، ومتخذًا من تلك المدينة مقرًّا جديدًا للبابوية فخضعت بذلك للملكية الفرنسية، وأصبح هناك مقران، أحدهما في روما والآخر في فرنسا، وظل الأمر على هذا النحو بين عامَي 1305 و1377م، فسميت تلك الفترة بـ«الأسر البابلي». انظر: عبد العزيز الشناوي، أوروبا في مطلع العصور الحديثة (القاهرة: مكتبة الأنجلو المصرية، 1975م): 10. (المترجم).

صفوفه ضده؛ فقام بترتيبات كاملة وحذرة تتعلق بالحماية العسكرية والحكم المدني للولايات الآسيوية، ومن ثَمَّ قام بعبور الدردنيل ثانية، بقصد إحباط الإمكانات المتفوقة لأعدائه من خلال سرعة عملياته. بدأ البلغار والصربيون الحرب بالانقضاض على الجيش العثماني الذي كان يتحرك عبر البوسنة، فتسببوا في هلاك خمسة عشر ألف تركي من أصل عشرين ألفًا، عن طريق هجومهم المتهور المفاجئ، فضلًا عن تفوقهم الكبير في العدد. بعد هذه الضربة القوية وهن المسيحيون في جهادهم. فعادةً ما تتميز التحركات الخاصة بالتحالفات بالتذبذب والتواني، وهو ما أبقى على العدد الأكبر من قوى التحالف بغير نشاط خلال عدة أشهر من عام 1389م، بينما كان خصمهم القوي الحاسم يتدفق بقواته إلى بلغاريا، حيث أتم غزو هذا العضو المهم من أعضاء تحالفهم. كان مراد غاضبًا على وجه الخصوص من سيسفان، الملك البلغاري، الذي حافظ على مظهره المخلص المنقاد للمصالح التركية، حتى انضم فجأة إلى الصربيين في الهجوم على قوات زوج ابنته في البوسنة. كانت ضرورة ضبط الدفاع والحكومة الداخلية للرُّوملي أثناء الحرب، فضلًا عن الدعوة إلى الخدمة الفعلية وترتيب القوة العسكرية الكاملة للإقليم، قد أدت إلى إبقاء مراد نفسه في أدرنة لفترة وجيزة. لكنه أرسل قائده، علي باشا، نحو بلغاريا بصحبة جيش من ثلاثين ألف رجل. سار الأتراك حينذاك (1389م) للغزو شمالًا عبر سلسلة جبال البلقان، تلك الجبال التي يثق بها أحفادهم في القرن الحالي بشكل فعلي كحاجز أمام الهجمات التي تُشن عليهم. تقدَّم علي باشا مع الجيش الرئيسي من خلال ممرات «نادر دربند»[1] (Nadir Derbend)[2]، التي تعلو «شُملى» (Schumla)[3] الشهيرة للغاية في حروب روسيا الحديثة. استسلمت شُملى للأتراك، ولم تتم استعادتها منهم مطلقًا حتى الآن. وجرى أيضًا الاستيلاء على «ترنوفا» و«برافادي» (Pravadi)، بواسطة علي باشا ومساعده «ياكشي بك» (Yakshibey)؛ فلجأ الملك البلغاري إلى «نيقوبوليس» (Nicopolis)[4] على نهر الدانوب. وقام

---

(1) كلمة «دربند» ذات أصل فارسي، وتعني: «المحافظ أو الدرك»، وهو الذي يقوم بتوفير الأمن للمسافرين، إلا إنها أُطلقت على القلعة الصغيرة على ثغر من الثغور، أو المخفر الواقع على الممرات الواقعة بين الجبال. انظر: صابان، المعجم الموسوعي: 110. (المترجم).

(2) انظر الوصف الممتاز لمعابر البلقان والحصون القريبة منها، في عمل كولونيل «تشيسني» (Chesney): "Narrative of the Turko-Russian Campaigns of 1828-29".

(3) هي الآن مدينة «شومن» (Sumen) البلغارية، ويُطلق عليها أيضًا «شُمنى» (Schoumna). كانت مركزًا للواء يحمل الاسم نفسه في ولاية سِلستره. انظر: موستراس، القاموس الجغرافي: 320. (المترجم).

(4) نيقوبوليس أو نيكوبوليس، وتعني بالسلافية: «مدينة النصر»، أسسها الإمبراطور الروماني تراجانوس أو «تراجان» (Trajan) (حَكَمَ: 98-117م) على الضفة اليمنى لنهر الدانوب، شمالي بلغاريا الحالية. أطلق عليها =

علي باشا بمحاصرته هناك، فتوسل سيسفان من أجل إقرار السلام، فقبل مراد ذلك بشرط أن يتنازل له عن «سِلستره» (Silistria)، وأن يدفع له سيسفان المهزوم الجزية بانتظام؛ لكن اندلعت الخلافات لتحقيق شروط السلام، فاستؤنفت الحرب، وقام الأتراك باقتحام موقعَي «دريجا» (Dridja) و«هِرسوفا» (Hirschova) القويين، وحوصرت نيقوبوليس مرَّة أخرى، فاستسلم الملك البلغاري بتحفظ، فنجا بحياته، إلا إن بلغاريا ضُمت حينذاك إلى الإمبراطورية العثمانية، وصارت بالتالي جبهتها الشمالية إلى نهر الدانوب.

شعر «لازار» (Lazarus)، الملك الصربي، بالقلق إثر الفتك بحليفه، فقام جادًّا آنذاك بتجميع قوات بقية أعضاء الحلف المناهض للأتراك، وأعد العدة لصراع حاسم. كانت القوة التي التَفَّت حوله غاية في الضخامة، مما بعث في قلبه فخرًا وثقة دفعاه لأن يرسل إلى مراد تحديًا رسميًّا للمواجهة في معركة حاسمة. تولى مراد حينذاك شخصيًّا قيادة الجيش التركي، واستمر في سياسته الرامية للهجوم، وجَعْل أراضي العدو ميدانًا للحرب. فسار غربًا من بلغاريا عبر منطقة جبلية وعرة إلى جوار كوسوفا، على الحدود الصربية البوسنية، حيث قام أعداؤه بحشد قواتهم. يقطع نهر «تشنيتزا» (Schinitza) الصغير، سهل كوسوفا، حيث تقرر مصير الصرب في 27 أغسطس عام 1389م[1]. وعلى الجانب الشمالي من هذا النهر احتشدت قوات الصرب والبوسنة وألبانيا، ومن يساندهم من بولندا والمجر ووالاشيا، بأعداد تتجاوز بكثير تلك القوات التي يقودها مراد للمعركة. ووفقًا للمؤرخين العثمانيين، استدعى مراد مجلس الحرب لمناقشة ما إذا كان يجب

= الأتراك «نيقبولو». أصبحت تابعة لولاية ولواء ويدين، ويقول موستراس إن موقعها يُفترض أن يكون في المكان الذي تحتله قرية أسكي نيكوب، على مسافة ثلاث ساعات من مدينة طرنوي وسط بلغاريا، وهي الآن مدينة «نيكوبول» (Nikopol)، الواقعة على الحدود البلغارية الرومانية. انظر: المرجع السابق: 484. (المترجم).

(1) هو السهل الذي أطلق عليه الأتراك «قوصوه»، أي: «السهل المتسع»، ويقع بين ألبانيا واليونان ومركزه بلدة «برستينا» (Pristina). وكان من أبرز نتائج هذه المعركة، القضاء المبرم على مملكة الصرب في وقت وجيز، مما أظهر ضعفها الاستراتيجي الذي كان مستترًا خلف حجم الإمبراطورية الهائل، والذي ارتكز على محور أساسي هو تقاطع طريقي التجارة الدولية من الشرق حيث القسطنطينية، إلى الغرب مرورًا بفيليبوبوليس ونيش وصوفيا، ومن الشمال حيث بلجراد إلى بحر إيجة في الجنوب عند سالونيك، مما يمكن الغزاة من الوصول إلى قلب إمبراطورية الصرب بسهولة عن طريق هذه الطرق، فإذا ما سقط القلب سقطت المناطق الأخرى المعتمدة عليه تباعًا من دون أن يكون هناك مجال لمناطق أخرى يمكن اللجوء إليها لتنظيم أي مقاومة، وهو ما جرى بالفعل. انظر: بول كولز، العثمانيون في أوروبا، ترجمة عبد الرحمن عبد الله الشيخ (القاهرة: الهيئة العامة للكتاب، 1993م): 32. (المترجم).

عليه مهاجمة العدو الذي بدا متفوقًا في القوة إلى حدٍّ بعيد. نصح العديد من القادة الأتراك بنظم جميع الإبل الخاصة بجر المتاع في صف أمام الجيش، لتكون بمنزلة درع واقية حية، فضلًا عن إثارة الاضطراب في خيول العدو عند رؤية هذه الحيوانات وشم رائحتها[1]. عارض بايزيد، الابن الأكبر لمراد، هذه الخطة، منبهًا بقوة على أن السماء دائمًا ما كانت تقف بوضوح في صف جيوش آل عثمان، وأن استخدام مثل هذه الحيل سيبدي عدم الثقة في العناية الإلهية، قائلًا: «إن شرف رايتنا يتطلب من أولئك الذين يسيرون في ظل الهلال أن يقابلوا عدوهم وجهًا لوجه، وليكن هذا العدو ما يكون». وأدلى الوزير الأعظم برأيه أيضًا لصالح القتال المفتوح، بناءً على ما اعتقد أنها إشارة إلهية؛ عندما قام بفتح المصحف عشوائيًا ليقع على الآية التي تقول: «**يَا أَيُّهَا النَّبِيُّ جَاهِدِ الْكُفَّارَ وَالْمُنَافِقِينَ**» [التوبة: 73]. وعند التجربة مرّة أخرى، عرضت له بعد ذلك الآية التي تقول: «**كَمْ مِنْ فِئَةٍ قَلِيلَةٍ غَلَبَتْ فِئَةً كَثِيرَةً بِإِذْنِ اللهِ**» [البقرة: 249]. عارض أيضًا مسؤول آخر، هو «بكلربك» (Beylerbey) (أمير أمراء) «تيمورطاش» (Timourtash)، مخطط الإبل، لأسباب غير دينية، بل ترجع إلى المنطق السليم؛ إذ قال إنه من المحتمل أن يأخذ الخوف الإبل نفسها عند رؤيتها وسماعها لفرسان العدو، ومن ثَمَّ تهرع عائدة إلى صفوف الأتراك، فتخلق هناك حالة من الارتباك الذي رغبنا نحن إحداثه وسط العدو. أُسدل الستار في الليل على مداولات المجلس من دون وضع أي خطة ثابتة. وكان مراد قد لاحظ هبوب الرياح من جانب العدو، باعثة سُحبًا من الغبار هددت بإلحاق الأذى الخطير بقواته العاملة، فقضى الليل كله في الصلاة بإخلاص ملتمسًا مساعدة السماء[2]، داعيًا أن يختم حياته مجاهدًا في سبيل الدين الحق، وهي الوفاة الوحيدة التي تكفل أجر الشهيد بالسعادة الأبدية[3].

في المعسكر الآخر كانت مناقشات الأمراء المتحالفين طويلة ومترددة، حيث نصح البعض بالهجوم على الأتراك ليلًا، ربما انتقامًا من كارثة ماريتزا، قبل ستة وعشرين عامًا. بينما عارض آخرون هذه الخطة بوصفها محفوفة بالمخاطر والارتباك، فضلًا عن أن العدو لديه فرصة أفضل للهرب أثناء الليل، أكثر مما لو انتظروا ضوء النهار من أجل تحقيق الانتصار الذي اعتبروه

---

(1) انظر Herodotus, Clio, 78, 80، عن استخدام هذه الحيلة بالأخص من قبل «سايروس» (cyrus) ضد «فرسان ليديا» (Lydian cavalry) في معركة «ساردس» (Sardis)، سنة 546 ق.م.

(2) يذكر فون هامر، vol. i. p. 176، المؤرخين الأتراك الذين تحدثوا عن مجلس الحرب، وصلاة مراد، إلخ.

(3) مما ذُكر من دعائه: «إلهي، أنا عبدك الذليل، الخادم لإعلاء كلمة الدين، لا تذلني بين الكفرة والمشركين، ولا تقهر رافع أعلام الإسلام، ولا تردني خائبًا، وانصر عساكر المسلمين، وأيِّد المؤمنين»، ثم طلب الشهادة. انظر: حسين خوجه، بشائر أهل الإيمان، مج.1: 198. (المترجم).

مضمونًا. وأخيرًا انبلج الصباح على المعسكرين، ومع الفجر انهمر مطر كثيف أخمد الغبار تمامًا، وبدا لمراد وأتباعه علامة صريحة على مَعِيَّة الله.

توقف المطر بعد برهة من الوقت، وخرج الجيشان من الخيام إلى ساحة وسطية مفتوحة، وأَعَدُّوا أنفسهم للقتال. نُظمت صفوف الأتراك وفقًا للترتيب المعتاد بوصفها معركة تجري في أوروبا، فكانت قوات الإقطاع الأوروبية على الجناح الأيمن، ونظيرتها الآسيوية على الجناح الأيسر، وكان الأمير بايزيد آمرًا على الجناح الأيمن، بينما قاد الجناح الأيسر الأمير يعقوب، أحد الأبناء المتبقين لمراد. أما مراد نفسه فكان في القلب مع الإنكشارية وحرسه من فرق الفرسان. اشتبكت العناصر غير النظامية، فرسانًا ومشاة، الآقنجي والعزب، في المقدمة. وعلى الجانب الصليبي، قاد الملك لازار القلب، وقاد الجناح الأيمن ابن أخيه «فوك برانكوفيتش» (Vuk Brankowich)، وقاد ملك البوسنة الجناح الأيسر. تقدم كلا الجيشين للهجوم، فاصطدما بضراوة، وثبت كلٌّ في مكانه، وظلت نتيجة ذلك اليوم متأرجحة لفترة طويلة. بدأت أخيرًا القوات الآسيوية في الجناح الأيسر للجيش الإسلامي تُفسح المجال أمام مقاتلي الصرب وألبانيا، الذين ضغطوا عليهم من ميمنة الجيش الصليبي، فأحضر الأمير بايزيد العون من الجناح الأيمن للعثمانيين واستعاد القتال، حيث خاض بنفسه أتون المعركة، مسلحًا بقضيب ثقيل من الحديد، وضاربًا كل من تجرأ على قطع مساره. وحين كان الجيشان ملتحمين والميدان ممتلئًا بالأشلاء، قام أحد النبلاء الصرب، وهو «ميلوش كابيلوفيتش» (Milosch Kabilovitsch)، بالاندفاع إلى قلب الجيش العثماني على صهوة جواده، متظاهرًا بالفرار، وأن لديه أسرارًا مهمة يريد أن يبوح بها لمراد شخصيًّا. اقتيد للمثول أمام العاهل التركي، فركع أمامه كأنه يؤدي التحية، ثم قام فجأة بطعن مراد طعنة قاتلة بخنجره، ووثب إلى أعلى. ومع قوة المفاجأة وفعاليتها، خلَّص نفسه ثلاث مرَّات من حشد العثمانيين الذين تكالبوا عليه للانتقام، وشق طريقه إلى حيث ترك جواده، لكن قبل أن يتمكن من امتطائه، تغلب عليه الإنكشارية ومزقوه إربًا. أدرك مراد أن إصابته قاتلة، لكنه كان يملك ما يكفي من الوعي لإعطاء الأوامر بإسناد المسؤولية إلى من يحل محله، مما حسم النصر لصالحه. وجيء بخصمه، الملك الصربي، أسيرًا إلى حضرته، وتُوفِّي مراد وهو يُصدر الحكم عليه بالإعدام.

لم يكن إعدام الملك لازار هو المشهد الوحيد الذي شهدته الخيمة السُلطانية العثمانية قبل نهاية ذلك اليوم، فحين ضمن الأمير بايزيد الانتصار على الصليبيين، عاد إلى المعسكر التركي، حيث جرى الإقرار به كسلطان من قِبَل قادة والده. وعلى الفور أمر بايزيد، في حضور جثمان

والده الذي فارق الحياة، بالقبض على شقيقه يعقوب الذي قاتل ببسالة خلال المعركة، وإعدامه. فكان قتل الأخ على هذا النحو، وفقًا لمؤرخ الإمبراطورية سعد الدين، هو التزام بتنفيذ ما جاء في القرآن: «**وَالْفِتْنَةُ أَشَدُّ مِنَ الْقَتْلِ**» [البقرة: 191]. ووفقًا للمصدر نفسه، كان المثال السيِّئ للتمرد الذي قام به صاوجي في حياة مراد خصوصًا قد أثبت ضرورة القضاء على من يمكن أن يقوم بسلوك مماثل. وكان موت يعقوب كذلك له ما يبرره - وفقًا لسعد الدين - لأن السُّلطان، ظِل الله على الأرض، وأمير جميع المؤمنين، يجب أن يحكم بما يتفق مع حكم الله المطلق، بحيث يكون وحده على العرش، من دون إمكانية التمرد ضده مِنْ قِبَل أيٍّ مَن كان.

اكتسب بايزيد لقب «يلدرم» من سرعته الخاطفة في تأمين تسلُّمه السُّلطة بموت أخيه، وفقًا لبعض المصادر. لكن نشاطه في الحرب من الممكن أن يكون سببًا أكثر فخرًا لحصوله على هذا اللقب. لقد بدأ حكمه في المعسكر، حيث تابع الحرب على الصربيين بقوة ونجاح، مما برهن على وراثته شجاعة والده فضلًا عن عرشه. وجد «ستيفن لازاريفيتش» (Stephen Lasarevich)، الملك الصربي الجديد، أنه لا أمل في مواصلة النضال، فدخل في معاهدة أصبحت الصرب من خلالها دولة تابعة للعثمانيين. منح لازاريفيتش أخته لتصير زوجة للسلطان، ووافق على دفع أموال الجزية في صورة حصة محددة مما تُخرجه جميع مناجم الفضة الواقعة ضمن سيادته، كما تعهد أيضًا بأن يقدم شخصيًّا الخدمة العسكرية للسلطان في كل حملاته. وأنجز بالفعل ما تعهد به بشرف طوال حياته. هكذا قاتل لازاريفيتش إلى جانب زوج أخته في المعركتين الكبيرتين: نيقوبوليس، وأنقرة. لقد كان - كما يقول مؤرخ الصرب الحديث - ملتزمًا بعهد نحو هذا البيت، وأجهد نفسه بما لديه من حماسة النسب لتسوية الخلافات التي اندلعت في الأسرة العثمانية[(1)].

بإتمامه الحرب الصربية بنجاح، عبر بايزيد إلى ممتلكاته الآسيوية، التي ازدادت بانتصارات جديدة على الدول المجاورة[(2)]. وفي عام 1390م، كان التركي «الصاعقة» في أوروبا مرَّة أخرى، يشن الحرب على والاشيا والبوسنة والمجر، فضلًا عن البقايا الهزيلة للإمبراطورية البيزنطية.

---

(1) Ranke's "History of Servia," p. 25. Mrs. Kerr's translation.

(2) قام بايزيد آنذاك بضم الإمارات البحرية غربي الأناضول، صاروخان وآيدين ومنتشا، التي أرست قواعد قوته البحرية بفضل موقعها أولًا، وثانيًا بفضل حيازة أساطيلها التي أدت إلى تطور نوعي في القوة العثمانية التي ظلت حتى عهد بايزيد لا تمتلك مقومات المنافسة الحقيقية على الصعيد البحري، وفي الجنوب استولى على أنطاكية آخر مدن أمير تكه، فأصبحت أول ميناء عثماني على البحر المتوسط. انظر: يلماز أوزتونا، المدخل إلى التاريخ التركي، ترجمة أرشد الهرمزي (بيروت: الدار العربية للموسوعات، 2005م): 394؛ أحمد عبد الرحيم مصطفى، في أصول التاريخ العثماني (القاهرة: دار الشروق، 1986م): 51-52. (المترجم).

فخضع «ميرتشا» (Myrtche) أمير والاشيا لبايزيد عام 1391م، ومنذ ذلك الحين صارت والاشيا لعدة قرون في قائمة الدول التابعة للباب العالي العثماني. أما البوسنيون فأبدوا مقاومة أكثر عنادًا، بمساعدة من المجريين. ففي عام 1392م، تقدم الملك المجري «سيجسموند» (Sigismund)[1]، في بلغاريا، محرزًا عدة مكاسب، لكنه هُزم في النهاية على يد القوات المتفوقة للأتراك، ودفعته الهزيمة التامة للعودة إلى مملكته. وخلال انسحاب الملك سيجسموند من الحملة، اجتاز الإقليم الخاص بهونيادي، حيث رأى هناك الجميلة «إليزابيث مورسيني» (Elizabeth Morsiney)، وافتتن بها. يقال ويُتغنى بأن الملوك نادرًا ما يتنهدون عبثًا. فمن هذا الحب العابر للهارب سيجسموند، جاءت ولادة «هونيادي الكبير» (Hunyades the Great)، الذي انتصر على الأتراك في عدة مواقع قتالية.

حصل أعداء بايزيد الأوروبيون على راحة موسمية من ضغط قتاله، بسبب الهجوم المفاجئ الذي قام به أمير قرمانيا عام 1392م على الممتلكات العثمانية في آسيا. كانت الجيوش القِرْمانية ناجحة في البداية إلى حدٍّ بعيد، حتى إن القوات العثمانية عانت من هزيمة كاملة بين أنقرة وبورصة، ووقع في الأسر نائب بايزيد في آسيا، تيمورطاش؛ لكن بوصول بايزيد نفسه إلى آسيا، تغير مصير الحرب، حيث هُزم الأمير القِرْماني وأُسر ووُضع في عهدة أسيره السابق، تيمورطاش. ومن دون انتظار لأوامر من بايزيد، قام تيمورطاش بإعدام ذلك القِرْماني التعس. غضب بايزيد في البداية من القيام بمثل هذا العمل الذي يتعدى عموم سلطاته، لكنه تغاضى عنه بالنظر إلى سياسة الدولة العليا، مبررًا ذلك بقوله: «إن وفاة أمير ليست سيِّئة للغاية مقارنةً بفقدان إقليم من الأقاليم». وقد استشهد بتلك الحكمة، بعد ذلك مرارًا، الحكامُ الأتراك عندما كانوا يُصْدِرون أوامرهم بإعدام أيٍّ من الأُمراء.

هكذا خضعت قرمانيا للعثمانيين، واعترف جنوب آسيا الصغرى بالكامل ببايزيد سلطانًا. قام بعد ذلك بإرسال جيوشه إلى الشرق والشمال من هذا البلد، حيث ضم كلًّا من «سيواس» (Sivas) («سيباسطة» (Sebaste) القديمة)، و«قسطموني» (Kastemouni)، و«سامسون» (Samsoun)، و«أماسيا» (Amassia)، مصحوبة بأراضيها إلى ممتلكاته. ازدرى بايزيد لقب أمير، الذي حمله أسلافه الثلاثة، فحصل من الخليفة (الذي جرى الحفاظ عليه من دون دولة من قِبَل سلاطين

---

(1) هو «سيجسموند لكسمبورج» (Sigismund of Luxembourg)، ملك المجر وكرواتيا بين عامَي 1387 و1437م، وإمبراطور الإمبراطورية الرومانية المقدسة بين عامَي 1433 و1437م. (المترجم).

المماليك في مصر، لكنه ظل معترفًا به كقائد ديني للعالم الإسلامي) على لقب «سلطان»[1]، وهو اللقب الأعلى. ومُعتدًّا بانتصاراته العديدة وازدياد قوته بشكل سريع، أعطى بايزيد آنذاك لنفسه بعض الوقت لراحة مترفة وإفراط حسي كريه التوصيف. فهو أول الأمراء العثمانيين الذين انتهكوا شريعة النبي صلى الله عليه وسلم التي تحظر شرب الخمر؛ حيث كان قائده المفضَّل، علي باشا، قد أرسى القواعد لسيده ليصير المثل في شرب الخمر، في حين حط بايزيد من نفسه من خلال مشاركة أتباعه ومحاكاتهم في العربدة. إن العار الذي لحق بأسمائهم حتى في صفحات الكُتَّاب المشرقيين لا يتوقف عند هذا الحد، بل إنهم أدخلوا بين النبلاء العثمانيين (سرعان ما انتشرت هذه العادة السيِّئة بين القاصي والداني) ممارسات منفتحة سيِّئة الصيت من تلك الأفعال التي لا توصف للرذيلة والجريمة، والتي وُسِمت - بحكم الإنسانية الفطري في كل عصر وبين كل جنس - كأفظع جريمة يمكن أن تُرتكب في حق الله والإنسان. إن القرآن واضح في إدانة مثل هذه الأعمال، لكن الأتراك، وإن كانوا في جوانب أخرى مراقبين مؤمنين لشريعة النبي صلى الله عليه وسلم، توصلوا بشأن هذه النقطة إلى تسوية مع ضمائرهم وعقيدتهم. ينتفض القلم من ذكر هذا الموضوع المقيت، فهو في الواقع إحدى السمات المشينة لمثل هذه الرذيلة، والتي تكفل لها فداحتها وجسامتها - إلى حدٍّ كبير - التواري في طي النسيان. لكن من واجبات التاريخ الحاسمة عدم التواني عن الحقائق، التي تثبت مدى الخوف من بلاء القوة العثمانية في الأراضي التي اجتاحتها خلال فترة سطوتها. لقد أصبحت ممارسة الأتراك لجلب العبيد تجري بموجب معاهدات، أو عن طريق الشراء، أو بالقوة، أو عن طريق الاحتيال. أما الفِرَق المكونة من أجمل الأطفال المسيحيين الخاضعين، الذين وُضعوا في قصور السُّلطان

(1) ورد لفظ «سلطان» في القرآن بمعنى: «الحجة أو البرهان»، وهو لفظ قديم مأخوذ من الآرامية أو السريانية، من التسلط أو التحكم. ذُكر أيضًا في أوراق البردي العربية منذ القرن الأول الهجري، مثل: خراج السُّلطان، وبيت مال السُّلطان، والمقصود هنا هو سلطة الحكومة أو الوالي، ومن ثَمَّ صار يُطلق على عظماء الدولة. وقد استُعمل اللقب لأول مرَّة للدلالة على أشخاص في عهد هارون الرشيد حين تلقب به وزراؤه من البرامكة كنعت فخري. ويذكر القلقشندي أنه أصبح لقبًا للمستقلين من الولاة بعد أن تغلَّب الملوك بالشرق، مثل بني بويه على الخلفاء العباسيين، ثم استخدمه السلاجقة بعد أن حلوا محل البويهيين، وفي زمنهم أخذ لقب «سلطان» يتحدد بمدلوله كحاكم أعظم، يقابله لقب «الإمبراطور» في أوروبا، ولقب «المَلِك» يُطلق على الحاكم التابع. وانتقل هذا المدلول إلى العثمانيين، وظهر في معاهداتهم مع دول أوروبا في زمن قوتهم، فالحاكم المقابل للسلطان في المعاهدة غالبًا ما يُطلق عليه «مَلِك» أو «حاكم» ليظل أقل شأنًا من السُّلطان. انظر: أبو العباس أحمد القلقشندي، صبح الأعشى في صناعة الإنشا، مج.5 (القاهرة: المطبعة الأميرية، 1333هـ/ 1915م): 448؛ حسن الباشا، الألقاب الإسلامية في التاريخ والوثائق والآثار (القاهرة: الدار الفنية للنشر والتوزيع، 1989م): 323 وما يليها. (المترجم).

ووزيره وباشواته، تحت مسمى «غلمان»، فكانوا حقيقة في كثير من الأحيان بمنزلة أدوات للفحش بلا حول ولا قوة. فكثيرًا ما أُشعلت الحروب وشُنت الغارات على دول أخرى لجمع هذه الغنائم البشرية الأكثر شقاءً، من أجل أغراض ترتعد لها الإنسانية. أما المروِّع بدرجة كبيرة فكان مؤسسة الإنكشارية، التي بموجبها يؤخذ الصبي المسيحي من منزله، ويُدرَّب على الخدمة القاتلة تجاه جنس والده ومعتقداته. قد يكون هذا الأمر جديرًا بأن يقترحه شيطان، وهو مثل ما يصف «ميلتون» (Milton): «أقوى وأشرس نفس حاربت في السماء، «مولوتش» (Moloch)، ملك مروع، ملطخ بدماء التضحية البشرية ودموع الوالدين». لكن الأكثر بغضًا على الإطلاق هي الروح الشيطانية التي حثت على تلك الفظائع الأخرى التي لا توصف للحكم التركي. ونجد تفاقمًا، وليس تخفيفًا من حدة مثل هذه الجرائم، حينما نقرأ أن هؤلاء الأشخاص البائسين، قد تَحوَّل بذلك شبابهم الواعد إلى عار، وكانوا كثيرًا من الأحيان عندما يصلون إلى سن النضوج، يُنَصَّبون بواسطة أسيادهم في وظائف ذات أهمية، وعليه فإن الإمبراطورية العثمانية تدين لهذا المصدر القذر، بإفراز العديد من أقذر قادتها ورجالاتها[1]. يجب أن يتم مزج الشفقة مع البغض عند النظر إلى العظمة الخَدَّاعة لهؤلاء المرتدين عن غير إرادتهم، لكن الأمر المحض غير القابل للتوضيح هو استنكارنا لمن يكتب عن إثمهم وعارهم.

---

(1) يصل الحد بالمؤلف هنا إلى نسبة هذه الفواحش والرذائل التي تخالف الفطرة والطبيعة البشرية إلى العثمانيين، بل إلى أكابر سلاطينهم، ومنهم محمد الفاتح كما سنرى لاحقًا، ويجعلها مصدرًا أساسيًّا من المصادر التي كانت تُخرِّج قادتهم وكبار رجالات دولتهم، وهو أمر لم يصح، ولم يثبت مُطلقًا في أي حقبة أو فترة من فترات التاريخ العثماني برُمَّته، وإن كانت بعض المصادر قد أوردت مسألة شرب السُلطان بايزيد للخمر عندما تزوج عام 793هـ/ 1391م من ماريا بنت ملك الصرب لازار، التي دفعته إلى ذلك، إلا إن المصادر قد ذكرت أيضًا أنه رجع عن ذلك وأناب بعد فترة قصيرة وبنى جامعًا (أولو جامع) في بورصة، وهذا ما يجعل بعض المؤرخين يضع الأمور في نصابها، أما البعض الآخر فلا يتورع عن التهويل، خصوصًا أنه يتفق مع الهوى الذي يفوح من طريقته في التعبير، فيتعدى ذلك إلى الفواحش المذكورة حتى لو كانت محض افتراءات لم تُشر إليها أي مصادر تاريخية. وقد أشار المؤرخ التركي أحمد آق كوندز إلى أن سبب هذا الافتراء هو كلمة «أوغلان» التي كانت تَرِد في المصادر القديمة، خصوصًا في القرنين الرابع عشر والخامس عشر إشارة للفتيان أو الفتيات، وهو ما يختلف عن معناها في العهود التالية الذي اقتصر فقط على الذكور، والدليل على ذلك هو ترجمة حديث نبوي يوصي بكثرة النسل، في كتاب «ترجمة مائة حديث» للعالم مصطفى ضريري في القرن الرابع عشر، وقد كانت ترجمة هذا الحديث: «تزوجوا الأبكار من الغلمان»، والغلمان هنا ترجمة لـ«أوغلان»، أي: «الفتيات» وليس الفتيان، فما كان من بعض المؤرخين إلا أن استغل هذه الثغرة ليبني عليها أوهامًا وأباطيل. انظر: منجم باشي، جامع الدول، مج.1: 329؛ كوندز وأوزتورك، الدولة العثمانية: 92-97؛ 162-166؛ محمد أسامة زيد، منهل الظمآن لإنصاف آل عثمان (القاهرة: دار الفوائد - دار ابن رجب، 2012م): مج.2: 34-40. (المترجم).

فوجئ بايزيد أثناء عربدته الشائنة بحملة صليبية لخَيَّالة الإفرنج المسيحيين (1396م). لقد شعر سيجسموند ملك المجر، شعورًا عميقًا، بعد يوم كوسوفا وسقوط الصرب، بخطر وشيك تتعرض له بلاده، ونجح في تحريك تعاطف أعضاء آخرين للكنيسة اللاتينية من أجل الدخول في أنشطة فَعَّالة لصالحه. وأعلن البابا «بونيفاس التاسع» (Boniface IX)، عام 1394م، عن حملة صليبية على العثمانيين، مع غفران عام لجميع المسيحيين الذين سيهبُّون فورًا لإنقاذ المجر والممالك المجاورة. وكان سيجسموند جادًّا بشكل خاص في مساعيه لتحريك البلاط الفرنسي من أجل إرسال قوات لمساعدته. كان وقف الأعمال العدائية بين فرنسا وإنجلترا في هذا الوقت تقريبًا قد جعل الموافقة على الطلب المجري أمرًا مُحبَّذًا. وكان الكثير من الشباب العسكري لفرنسا و«بورجندي» (Burgundy) يتوق آنذاك إلى مغامرات ومشاهد جديدة ومختلفة. واستقر الرأي على أنه يجب على الكونت «دي نيفر» (de Nevers)، ابن دوق بورجندي، قيادة مجموعة مسلحة من الرجال لمساعدة الملك المجري، وأن يكون هو القائد العام للخيَّالة الفرنسيين وغيرهم من الفرسان، «الذين تم إرسالهم (على حدِّ قول المؤرخ المعاصر للحدث) من أجل كسر قوة بايزيد في المجر، وحين يحدث ذلك، يتم الزحف إلى القسطنطينية عبر الدردنيل، ومن ثَمَّ الدخول إلى الشام وحيازة الأراضي المقدسة، وتخليص بيت المقدس والقبر المقدس من أيدي الكفار»[1]. بدأ الفرسان والإقطاعيون آنذاك في التجمع معًا، مع غيرهم ممن كان له رغبة في الشهرة من السادة. وكان القادة الكبار تحت الكونت دي نيفر، هم: الكونت «دي لا مانش» (de la Manche)، وأبناء عمومة الملك الفرنسي الثلاثة: «جيمس بوربون» (James of Bourbon)، و«هنري دي بار» (Henri de Bar)، و«فيليب دي بار» (Philippe de Bar). ومن بين القادة الآخرين الذين انضموا إلى هذه الحملة: الكونت «إيو» (Eu) أمير الدم الملكي، والكونستابل الفرنسي اللورد «دي كورسي» (de Courcy)، والسير «جوي دي لا تريمولي» (Guy de la Tremouille)، والسير «جون دي فيينا» (John de Vienne)، والأميرال الفرنسي «بوتشيكاولت» (Boucicault)، والماريشال الفرنسي السير «رينولد دي روي» (Reginald de Roye)، ولوردات «سات بول» (St. Pol)، و«دي مونتموريل» (de Montmorel)، و«سامبي» (Sampi)، وغيرهم من صفوة الفرسان الفرنسيين.

ساروا من فرنسا في مجموعات في منتصف مارس عام 1396م تقريبًا، وعندما اجتازوا ألمانيا انضم إليهم «فريدريك» (Frederic) كونت هوهنزولرن، والأمير الكبير لـ«تنظيم التيوتوني»

---

(1) Froissart.

(Teutonic Order)[1]، والسيد الكبير «فيليبرت دي نايلاك» (Philibert de Naillac)، الذي جاء من رودس على رأس مجموعة قوية من فرسان «القديس يوحنا الأورشليمي» (Knights of St. John of Jerusalem)[2]. وإلى جانب هذه القوة المساعدة الرائعة، حصل ملك المجر على خدمات مجموعة من الفرسان البافاريين تحت قيادة رجل البلاط المختار كونت «مونسبيلجارد» (Munspelgarde)، وكان قد انضم إليه أيضًا فرقة من فرسان «ستيريا» (Styria) تحت قيادة «هيرمان» (Herman)، ثاني كونت لـ«سيللي» (Cilly). وإجمالًا، بدا أن تعداد صليبيي العالم المسيحي الغربي الذين ساروا إلى نهر الدانوب لمجابهة العثمانيين عام 1396م، ما بين عشرة إلى اثني عشر ألفًا[3]. كان جميع الرجال، «من أصحاب المغامرة والشجاعة المجربة» كما يصفهم المؤرخون القدامى، على ثقة كاملة في قضيتهم وبسالتهم، فَهُم الذين تفاخروا بكبرياء أنه «إذا سقطت السماء، فإنهم سيرفعونها على أسنة رماحهم». جمع سيجسموند كامل قوات مملكته، وكان أيضًا قد تغلَّب على ميرتشا، أمير أو فويفودا والاشيا[4]، للانضمام إليه في هذا الهجوم

(1) طائفة دينية ألمانية، تأسست في عكا في نهاية القرن الثاني عشر الميلادي للمشاركة في الحروب الصليبية من الناحية الإغاثية بعد هزيمة الصليبيين في حطين عام 583هـ/ 1187م، لكنها تحولت بعد ذلك إلى مؤسسة عسكرية على نمط فرسان المعبد والإسبتارية، وبعد انتهاء الحروب الصليبية في المشرق في القرن الثالث عشر انتقل نشاطهم إلى أوروبا. انظر مزيدًا عنهم: حسن عبد الوهاب، تاريخ جماعة الفرسان التيوتون في الأراضي المقدسة (الإسكندرية، 1998م). (المترجم).

(2) كانت بدايتهم كمنظمة خيرية دينية، لها مكان في بيت المقدس قبل الحروب الصليبية لمساعدة المحتاجين، خصوصًا الحُجاج المسيحيين الذين يزورون الأراضي المقدسة، وعندما اندلعت الحروب الصليبية تحولت إلى منظمة عسكرية تحت اسم الإسبتارية، وظلوا يؤدون دورًا كبيرًا في محاربة المسلمين في الشام، حتى طُردوا نهائيًّا عام 690هـ/ 1291م مع الجلاء الكامل للصليبيين، فاستطاعوا بعدها تأسيس مملكة مسيحية تحت رعاية البابا وملك قبرص؛ الذي عاونهم على انتزاع رودس من الدولة البيزنطية عام 709هـ/ 1309م. امتد نفوذها ليشمل جزر الدوديكانيز القريبة، فتحولت هذه الطائفة منذ ذلك الحين إلى عصابة من القراصنة في الحوض الشرقي للبحر المتوسط تعمل لحساب البابا والدول الأوروبية الصليبية لعرقلة الملاحة الإسلامية على وجه العموم. طُردوا من رودس بعد فتحها على يد العثمانيين عام 929هـ/ 1523م، فانتقلوا بمساعدة ملك إسبانيا إلى مالطة، فأُطلق عليهم «فرسان مالطة». انظر: جونثان سميث، الإسبتارية: فرسان القديس يوحنا في بيت المقدس وقبرص 1050-1310م، ترجمة صبحي الجابي (دمشق، 1989م)؛ ستيفين هوارث، فرسان الهيكل، ترجمة إبراهيم محمد إبراهيم (القاهرة: المركز القومي للترجمة، 2013م)؛ David Nicolle, *Knight Hospitaller, 1306-1565* (Osprey publishing, UK, W.D). (المترجم).

(3) جمع فون هامر البيانات الدقيقة والكاملة عن هذا التعداد، الذي يختلف عن تعداد جيبون.

(4) «فويفودا» هو اللقب الذي أطلقه العثمانيون على أمراء الأفلاق والبغدان أو والاشيا ومولدافيا، وأصله سلافي، ويعني: «سائق الجيش». انظر: صابان، المعجم الموسوعي: 169. (المترجم).

المشترك الكبير على القوة العثمانية، على الرغم من أن والاشيا كان لديها بعض الوقت قبل الحصول على السلام من الأتراك في حالة دفع الجزية المنصوص عليها.

سار الجيش الصليبي المتحالف في أقسام، بعضها عبر ترانسلفانيا ووالاشيا، وبعضها عبر الصرب، تجاه الممتلكات العثمانية. ظل الأمير الصربي وفيًّا لتحالفه مع بايزيد، وبالتالي أُصيب رعاياه بالنهب والدمار الذي أشاعه - بغير رحمة - جيش إخوانهم المسيحيين حين ساروا عبر أراضيهم. كانت «ويدين» (Widdin)[1] أول مدينة تركية يهاجمها سيجسموند، وقد استسلمت على الفور. وخضعت «أورسوفا» (Orsova) بعد خمسة أيام من المقاومة. وجرى الاستيلاء على «راكو» (Raco) عنوة، وقتل حاميتها، على الرغم من تخليهم عن السلاح وطلبهم الرحمة. لم يكن رفض استخدام الرحمة مع العدو المنهزم يقتصر بأي حال من الأحوال على الجانب التركي؛ وفي الواقع، جرى التسليم - حتى ضمن الأعمال القتالية التي يقوم بها بلد مسيحي ضد بلد آخر - إلى الآن أنه لا يوجد عرف أو قانون للحرب ضد ذبح الأعداء المنهزمين غير المقاومين. أما عندما يتجنبون الأحياء، فكان هذا عادة في سبيل الحصول على فدية، أو جراء الضجر الشديد والاكتفاء من الذبح.

سار الجيش الصليبي بعد ذلك تجاه نيقوبوليس، التي جرى استثمارها بعناية. قَدَّم قائد الحامية التركية «يوجلان» (Yoglan) بك، مقاومة باسلة وعنيدة، على أمل عدم سماح بايزيد بسقوط تلك المدينة المهمة جدًّا من دون بذل الجهد لإنقاذها. كان السُّلطان آنذاك قد عبر البوسفور من آسيا بالفعل، وهو يقود أفضل قوات إمبراطوريته للقاء هؤلاء الخصوم الجدد الآتين من أقصى الغرب. كانت البسالة العنيدة التي أبداها قائد نيقوبوليس هي أعظم هدية تقدم لسلطانه، فقد منحته وقتًا للتركيز وإحضار قواته إلى مكان المعركة. بدت براعة بايزيد العسكرية متفوقة بكثير على السلوك العسكري للجانب الصليبي؛ فقد كانوا - خصوصًا الفرنسيين - في ثقة متغطرسة بسبب منعتهم، فانخرطوا في لهو صاخب، وأهملوا أبسط الاحتياطات المألوفة للتأكد من عدم اقتراب أي عدو. «لن يجرؤ بايزيد على أن يأتي عبر البوسفور»، على هذا النحو بدا افتخارهم، في الوقت نفسه الذي يقترب فيه بايزيد بسرعة وصمت من معسكر الحلفاء الستة، بجيشه المنتقى والمنضبط جيدًا. كان الكونت دي نيفر وخَيَّالته الفرنسيون، على المائدة في 24 سبتمبر 1396م، حين هرع الرسل بأخبار بعض النهَّابين الذين جاءوا أمام جيش كبير من الأتراك

(1) مدينة بلغارية حصينة تقع على الضفة الجنوبية لنهر الدانوب، كانت مركزًا للواء ويدين التابع للرُّوملي. انظر: شمس الدين سامي، قاموس الأعلام، مج.6: 4681؛ موستراس، القاموس الجغرافي: 487. (المترجم).

أصبح آنذاك على مرمى حجر. اندفع الشباب الفرنسيون المناصرون إلى أسلحتهم مأخوذين بالحمية والثورة على إثر الأخبار، مطالبين بقيادتهم فورًا إلى المعركة. شوهدت آنذاك القوات غير النظامية التركية، العزب والآقنجي، تحوم على مقربة. وطلب الكونت دي نيفر - بينما يُجري تنظيم خيالته الفرنسيين في الصف - من الملك سيجسموند أن يكونوا في طليعة الجيش الصليبي، وشَغْل مركز الشرف في المعركة، فما كان من سيجسموند، الذي يعرف التكتيكات التركية جيدًا، إلا أن أسدى النصح للكونت بأنه من الحكمة إرسال بعض القوات الخفيفة لمجابهة الحشود غير النظامية المسلحة تسليحًا غير كامل، التي رأوها أمامهم، والاحتفاظ بالفرسان الفرنسيين كنخبة للجيش الصليبي، لمقابلة الإنكشارية والسباهية أفضل القوات على الجانب الآخر. ونصح كلٌّ من القائد «دي كورسي» (de Courcy) والأميرال بالإذعان لمشورة الملك، لكن الكونستابل والماريشال عارضاهما انطلاقًا من روح التنافس، وأصرَّا على أن الخَيَّالة الفرنسيين يجب ألا يسمحوا لأيٍّ من المجريين بأن يسبقهم إلى المعركة. أشاد كل الفرسان الشباب بهذه الكلمات الباعثة على الفخر، وقاموا بروح من الغطرسة المتسمة بالقسوة بذبح بعض الأسرى الأتراك الذين استسلموا على وعد بالرحمة، فكان عملًا من قبيل الوحشية والغدر غير المجدي الذي سيلقى جزاءه عما قريب.

كان بايزيد قد أوقف جيشه الرئيسي في سهل يقع على مسافة قريبة من المعسكر الصليبي، حيث كانت بينهما في المسافة الفاصلة بعض الأراضي المرتفعة التي عملت على ستر الأتراك عن ملاحظة العدو. أرسل السُلطان قواته غير النظامية إلى الأمام، ودعمهم بمجموعة من الإنكشارية وقسم كبير من فرسانه، لكنه احتفظ بأربعين ألفًا من أفضل قواته، وأبقاهم حاملين سلاحهم مصفوفين في السهل بنظام متقن. على الجانب الآخر، اندفع إلى الأمام بتهور نحو ستة آلاف من الخَيَّالة الفرنسيين الأقوياء، مترفعين عن انتظار التعاون من الجيش المجري الرئيسي الذي تحرك مع الملك سيجسموند إلى الأمام بشكل أبطأ. وطأ الفرنسيون الأتراك تحت أقدامهم مثل الحشائش، ثم قاموا بالهجوم برماح موجهة إلى كتيبة الإنكشارية المتقدمة، فكسروا سلاح المشاة الرهيب هذا. وشهدت المواجهة الثانية نجاحًا مماثلًا أمام الفرق المتقدمة للخَيَّالة التركية النظامية، الذين حاولوا تغطية انسحاب رفاقهم. كانت النجاحات التي حققتها البسالة المتقدة للنبلاء الفرنسيين الشباب رائعة. وكان يمكن أن تُفضي إلى نصر كامل إذا استمعوا إلى النصيحة الحكيمة للقائد دي كورسي والأميرال، اللذين ناشدا الكونت دي نيفر جديًّا لإصدار الأوامر بالتوقف وانتظار وصول المجريين، أو على الأقل إعطاء الوقت الكافي للخيل لاستعادة وجهتها وإعادة ترتيب صفوفها المضطربة. لكن، اندفاعًا بحماس القتال، ونشوة النصر الجزئي،

واصل الفرسان الفرنسيون وقائدهم الشاب مطاردة السباهية الهاربين، وصولًا إلى قمة الأرض المرتفعة، حيث رأوا أمامهم، ليس كما توقعوا بقية مذعورة من الأتراك المنهزمين، وإنما غابة راسخة من الرماح المعادية، والسُّلطان نفسه على رأس قواته المنتقاة، التي سرعان ما بدأت تتقدم دافعة خطوطها المُحدِقة لتطويق تلك الفرقة الصغيرة من المهاجمين المتهورين. وحينذاك تفوقت القوات التركية التي هُزمت في أول زحفها، ونظمت تشكيلاتها خلف مؤخرة الفرسان الفرنسيين، قاطعة أي أمل لهم في التراجع. وفي خضم هذا الظرف اليائس الذي شُحن بالغضب من كل ناحية بسبب الأعداد المتفوقة، اضطروا إلى القتال في ارتباك واضطراب. واستنادًا على قوتهم وخيولهم التي أُنهكت جَرَّاء المجهود السابق، حارب الفرسان الصليبيون ببسالة حتى مُزِّقوا أو أُسروا عن بكرة أبيهم تقريبًا. والقليل منهم فقط استطاع الرجوع إلى جيش التحالف الرئيسي، ناقلين أخبار الهزيمة المؤسفة. وبعد أن تغلب بايزيد على الفرنسيين، أعاد التشكيل النظامي لقواته، وتحرك بعد ذلك إلى الأمام لمواجهة الملك سيجسموند. هرب جناحا الجيش الرئيسي للصليبيين في الحال من دون توجيه أي ضربة، بينما ثبت القلب المكوَّن من المجريين، والبافاريين والإستيريين الذين تموضعوا فيه كذلك. وقد عملوا على صد الهجوم التركي، وتقدَّموا بدورهم لمواجهة الإنكشارية والسباهية، مما اضطر هذه القوات المنتقاة للعثمانيين إلى الارتداد. ثم هُوجموا هم أنفسهم بشراسة من قِبَل الصربيين، الذين قاتلوا تحت قيادة ملكهم ستيفن لازاريفيتش كحلفاء لبايزيد في هذه المعركة، فاكتملت على إثر ذلك الإطاحة بالجيش الصليبي. تم تدمير القسم المجري للملك سيجسموند بالكامل تقريبًا، ومات جميع الفرسان البافاريين والعديد من الإستيريين بشرف حول راياتهم، وهرب الملك سيجسموند وعدد قليل من القادة بصعوبة من الميدان، إلا إن الأفضل والأشجع تقريبًا من ذلك الجيش الباسل الذي سار في هذه الحملة الصليبية، رقد مكشوفًا على أرض الميدان الدموي لنيقوبوليس، أو انتظر - بلا حول ولا قوة - الهلاك الذي قد يُرضي السُّلطان المنتصر أن ينزله بأعدائه من الأسرى [1].

---

(1) تُعدُّ معركة نيقوبوليس واحدة من أقدم وأخطر الفصول في تاريخ المسألة الشرقية، والذي انتهى لصالح العثمانيين بعد قبولهم كدولة أوروبية جديدة على الرغم من غرابة أصلهم ودينهم، وفي المقابل أصبحت المجر حصن الكاثوليكية لوقف الزحف التركي نحو قلب أوروبا، ليس هذا فحسب، بل كانت هذه المعركة هي آخر الحروب الصليبية كحركة منظمة تستهدف استعادة الأراضي المقدسة، إذ أصبحت تلك الحركة بعد ذلك منحصرة في الدفاع عن أوروبا المسيحية أمام الإسلام المتمثل في العثمانيين. انظر: Aziz S. Atiya, *The Crusade in the later middle ages* (London, 1938), pp. 435-436؛ وللمزيد عن المعركة، انظر: Aziz S. Atiya, *The crusade of Nicopolis* (London, 1934). (المترجم).

بعد انتهاء القتال، أقام بايزيد معسكره أمام مدينة نيقوبوليس التي جرى إنقاذها، ثم ركب متجولًا في ميدان المعركة، حيث أثار غضبه وجود عدد من رجاله يرقدون قتلى، فكم مِنْ عزيز كلفه هذا الانتصار. وهنا تَحَدَّث قائلًا: «لقد كانت معركة قاسية لأمتنا، دافع المسيحيون فيها عن أنفسهم بشدة، إلا إن قيامي بهذه المذبحة سيكون انتقامًا جيدًا لي من الذين وقعوا في الأسر». وبناءً عليه، اصطف الجيش التركي برُمَّته في صباح اليوم التالي على شكل هلال، وحضر السُّلطان في مركزه مصدرًا أوامره بمثول الأسرى المسيحيين أمامه، فتم اقتياد عددهم البالغ نحو عشرة آلاف، وأيديهم مقيدة خلف ظهورهم، والحبال ملتفة حول أعناقهم. كان من بينهم شاب من ميونخ، اسمه «شيلدبيرجر» (Schildberger)، وقد ذهب إلى الحملة بوصفه مرافقًا لأحد النبلاء البافاريين الذين سقطوا في المعركة. وكان شيلدبيرجر أكثر حظًّا من سيده، إذ نجا من الموت في المعركة ومن المجزرة التي تلت ذلك، وعاش ليشهد ويشارك سبي آسره الأول. وبعد أربعة وثلاثين عامًا من الرِّق عاد إلى منزله، وهناك كتب مذكرات عن حياته تُعَدُّ أكثر الروايات، التي نحتفظ بها، إثارة للاهتمام وجدارة بالثقة لحملة نيقوبوليس وكثير من الأحداث اللاحقة للتاريخ التركي. قُبض أثناء المعركة على قائد الخيَّالة الفرنسيين، الكونت دي نيفر، الذي أمر بايزيد باستبقائه على قيد الحياة، وسمح له باختيار أربعة وعشرين من النبلاء المسيحيين الآخرين من بين الأسرى، ليظلوا كذلك على قيد الحياة، ثم أعطى السُّلطان إشارة البدء لذبح البقية، فاقتيد الأسرى الأشقياء في جماعات قبالة الخيمة السُّلطانية، حيث وقف عند المدخل بايزيد مع الكونت دي نيفر والنبلاء المسيحيين الأربعة والعشرين الناجين الذين أُجبروا مع ذلك على مشاهدة مصير رفاقهم وزملائهم المسيحيين.

يروي المؤرخ المعاصر للفرسان، المُسِن «فرويسارت» (Froissart)، مصير الفرسان القتلى بتعاطف طبيعي:

«إن العديد من الفرسان الممتازين والإقطاعيين من فرنسا وغيرها من البلدان، ممن أُلقي القبض عليهم في المعركة أو أثناء الملاحقة، أُحضروا في قمصانهم الداخلية واحدًا تلو الآخر أمام بايزيد الذي كان يتطلع إليهم قليلًا أثناء انقيادهم، ثم يعطي إشارة على إثرها يُقَطَّعون على الفور إلى أشلاء بواسطة من ينتظرونهم بسيوف مسلولة. كانت تلك هي العدالة القاسية لبايزيد في ذلك اليوم الذي قُتل فيه أكثر من ثلاثمائة من سادة الدول المختلفة بلا رحمة. فكان من القسوة عليهم أن يعانوا من أجل محبة مخلِّصنا يسوع المسيح، عَلَّه يتقبل أرواحهم!».

«ومن بين القتلى في ذلك اليوم كان الفارس الهمام السير «هنري دي أنطوينج» (Henry (d'Antoing)، تغمد الرب روحه بالفضل الكريم! واقتيد اللورد بوتشيكاولت، الماريشال الفرنسي، مكشوفًا مثل الآخرين قبالة بايزيد، حيث كان سيحظى بنفس الميتة القاسية لولا الكونت دي نيفر، الذي ترك رفاقه بلا حراك على مرآه الحزين، واندفع راكعًا على رُكبتيه يستجدي السُلطان الإبقاء على حياة اللورد بوتشيكاولت الذي كان محبوبًا للغاية من ملك فرنسا، ولديه المَقْدرة كذلك على دفع فدية كبيرة، فأخذ الكونت يشير بعلامات وكأنه يقوم بدفع المال من يد إلى أخرى، وأنه سيدفع مبلغًا كبيرًا من المال للتخفيف من غضب السُلطان. وافق بايزيد على طلب الكونت دي نيفر، وأبقى على حياة اللورد بوتشيكاولت مع أولئك الذين أُعفوا من القتل، ثم أُحضر الآخرون إلى الأمام، وما إن اكتمل ذكر الرقم (1)، إلا وكان الكفار قد نفذوا ذلك الانتقام الوحشي في المسيحيين. وعلى ما يبدو - وفقًا لما سمعت - أن بايزيد أراد أن يوصل فرحة ذلك النصر الذي أحرزه على المسيحيين وأسر الكونت دي نيفر، إلى فرنسا، بواسطة فارس فرنسي. هكذا تم إحضار ثلاثة فرسان أمام بايزيد والكونت دي نيفر، كان من بينهم السير «جيمس دي هيللي» (James de Helly)، وسُئل الكونت عن أي الثلاثة يرغب في ذهابه إلى ملك فرنسا ووالده دوق بورجندي. من حسن حظ السير جيمس دي هيللي أن يتم اختياره، لأن الكونت دي نيفر كان على معرفة مسبقة به، لذا قال للسلطان: «سيدي، أود لو يُبعث هذا الشخص إلى فرنسا من قِبلَك ومن قِبلي». قَبِل بايزيد ذلك، فبقي السير جيمس دي هيللي معه ومع النبلاء الفرنسيين الآخرين، بينما سُلِّم الفارسان الآخران إلى الجنود، ليقُتلا دون شفقة».

من السمات الفعلية لفرويسارت وعصره، أنه في الوقت الذي كان يبكي فيه المذبحة التي أحاقت بثلاثمائة أسير من النبلاء، لم يتفوه بكلمة مراعاة لآلاف الجنود العاديين بالجيش الصليبي الذين ذُبحوا في الوقت ذاته. فمن مواليد بافاريا ذلك المنشأ المتواضع، يمكن أن نعلم مدى وحشية مذبحة ذلك اليوم. رأى شيلدبيرجر رفاقه يُكدَّسون في أكوام مقطعين بالسيوف المعقوفة للجلادين، أو وهم يُضربون حتى الموت بقضبان الإنكشارية، الذين اسْتُدعوا إلى المقدمة للمشاركة في العمل الدموي. لقد أُنقذ هو نفسه بشفاعة ابن بايزيد، الذي أخذته الشفقة بالأسير لشبابه البادي. شفى السُلطان غليله هنالك من بزوغ الفجر وحتى الرابعة بعد الظهر مستمتعًا، بعين لا ترحم، بآلام أعدائه وهم يلفظون أنفاسهم. وحينما تجرأ أخيرًا كبار رجاله مدفوعين بالشفقة أو الجشع على التقدم بينه وبين فرائسه، يلتمسون منه إبقاء المسيحيين الذين لا يزالون على قيد الحياة لاتخاذهم عبيدًا بدلًا من قتلهم، وافق بايزيد على ذلك، وبعد أن اختار السُلطان مقدار الخُمْس من بين الأسرى المتبقين، تخلَّى عن البقية ليذهب كلٌّ منهم إلى المسلم الذي أسره خلال المعركة. افتُدي الكونت دي نيفر والنبلاء الآخرون بعد أسر طويل، وخلال ترحيل

بايزيد لهم بوصفهم غنائم لقوته ومجده، لم يتصور أحد أنه هو نفسه كان سيشرب قريبًا - ولكن جرعة أكبر - من الكأس المُرة نفسها للهزيمة والعار، ليقدم مشهدًا لا يزال أكثر ارتباطًا بالذاكرة لطموح منهار وكبرياء ساقطة.

كان بايزيد وأسراه في بورصة عام 1397م عندما وصلت أموال فديتهم، حيث قام بمنحهم فرصة قبل صرفهم لمشاهدة عظمته وعدالته البربريتين. هكذا يربط فرويسارت بين المشهدين والوداع المتغطرس الذي أولاه السُلطان للنبلاء المسيحيين:

«كان للسلطان في ذلك الوقت سبعة آلاف شاهينجي، والعديد من الصيادين، حتى إنك تفترض من ذلك عظمة مؤسساته. وفي أحد الأيام، في حضور الكونت دي نيفر، أطلق صقرًا في بعض النسور، لكن التحليق لم يرضه، وهو ما أثار منتهى غضبه، وكاد - بناءً على هذا الخطأ - أن يذبح ألفي شاهينجي، وقام بتوبيخهم بشدة على عدم الاجتهاد في رعاية صقوره حينما أبدى الصقر الذي يهواه بايزيد أداءً سيِّئًا. ومرة أخرى، عندما كان الكونت دي نيفر والبارونات الفرنسيون مع السُلطان، جاءته امرأة تبكي مطالبة بالإنصاف من أحد عبيده، قائلة: «أيها السُلطان، أتوجه إليك بوصفك عاهلي، لأشكو أحد عبيدك، الذي - وأنا أتفهم ذلك - قد أُلحق بخاصتك. لقد دخل هذا الصباح إلى بيتي، واستولى بالقوة على حليب الماعز الذي أعددته لنفسي ولأطفالي، وشربه رغمًا عني. أخبرته أنني سأشكو إليك من صنيعه المسيء هذا، لكني لم أكد أتلفظ بها حتى قيدني باثنين من الأصفاد الكبيرة، ورفض إطلاق سبيلي، رغم أنني قد أمرته باسمك. أيها السُلطان، هل لي بالعدالة، كما أقسمت أنت على شعبك وأوصيت، فلعلي أرضى إذا ما أنزلت العقاب لهذا الغبن، وليعلم الناس كافة أنك تنظر بعين الإنصاف لأحقر رعاياك». كان السُلطان قد عزم بشكل صارم على معاقبة الجرائم التي تُرتكب خلال عهده بقسوة، لذا استمع إليها بانتباه، وأخبر أنه سيقوم بإنصافها. ثم أمر فأُحضر ذلك الغلام الذي دفعته خشيته من بايزيد إلى تقديم الأعذار مدعيًا كذب كل ما يُقال. استمرت المرأة في سرد روايتها للحقيقة، فأوقفها بايزيد قائلًا: «يا امرأة، سننظر في اتهامك جيدًا، على أنه إذا تبين لي كذب ما تخبرين، ستعاقبين بالموت». فأجابت: «سيدي، أوافق على ذلك، فلو لم يكن هذا صحيحًا لما كان لديَّ سبب للحضور أمامك، فأنا لا أطلب سوى العدالة». فأجاب السُلطان: «وذلك ما سأفعله، لأني على هذا أقسمت، فلا تمييز لأي رجل أو امرأة تحت سلطاني». ثم أمر باحتجاز الغلام وفتح معدته، وإلا كيف كان سيعلم هل شَرب الحليب أم لا. وبالفعل تم العثور على الحليب هناك، فالوقت لم يكن كافيًا لهضمه. فقال السُلطان للمرأة عند رؤيته: «لقد حَصُلْتِ على حكم عادل

لشكواكِ، فاذهبي الآن إلى حال سبيلك، فقد عُوقب مَن ظلمك». وتم تعويضها كذلك عن خسارتها، وشهد النبلاء الفرنسيون حكم بايزيد هذا وهم في رفقته آنذاك[1]».

«عندما أصبح الكونت دي نيفر والنبلاء الفرنسيون أسرى في معركة نيقوبوليس (باستثناء الكونت دي إيو واللورد دي كورسي، اللذين لقيا حتفهما) كانت تجري استضافتهم أحيانًا من قِبَل السُّلطان، فرأوا جزءًا كبيرًا من دولته. وقد وافق على رحيلهم، وهو ما أُخبروا به عن طريق المأمورين بقضاء خدمتهم. وعليه انتظر الكونت ورفاقه، السُّلطانَ، لشكره على لطفه وكياسته. وعند رحيلهم قال لهم السُّلطان - عن طريق مترجم: «جون، أنا على علم جيد بأنك سيد عظيم في بلدك، وابن لأمير قوي. أنت شاب، وأمامك سنوات طويلة بانتظارك، فيمكنك أن تعزو سبب تعثر نجاحك إلى تجربتك الأولى في القتال، ولعلك قادر على تخطّي هذا الأمر واستعادة شرفك وحَشْد جيش قوي لقيادته في معركة ضدي. لو كنت أخاف منك، لجعلتك تقسم أنت وأصحابك، بإيمانك وشرفك، على أنكم لن تحملوا السلاح ضدي مرَّة أخرى. لكن لا، لن أطالب بمثل هذا القسم، بل على العكس من ذلك، سأكون سعيدًا بأنك حينما تعود إلى بلدك، تُرضي نفسك بحشد جيش وقيادته إلى هنا. وستجدني دائمًا مستعدًّا ومتأهبًا للقائك في ميدان المعركة. ويمكنك إعادة ما أقوله الآن على أي شخص تريد، لأنني على استعداد دائم وتلهف للقتال، هذا فضلًا عن توسعة فتوحاتي». تفهَّم جيدًا الكونت دي نيفر ورفاقه هذه الكلمات الرفيعة، وجعلوها راسخة في ذاكراتهم طوال حياتهم».

لم يكن هناك في الواقع ما يمكن أن يتفوق على ثقة بايزيد المتغطرسة بقوته، تلك الثقة التي استلهمها من ذلك الانتصار على المحاربين المختارين من الدول المسيحية. كان تفاخره الشائع هو أنه سيقوم بفتح إيطاليا، وأن فرسه سيقوم بتناول الشوفان على المذبح العالي للقديس بطرس. وأرسل، من مقره في بورصة، رسائل التباهي إلى أمراء آسيا ومصر، معلنًا انتصاره في نيقوبوليس، ورسلًا إلى كل بلاط إسلامي مصطحبين معهم فرقًا مختارة من المسيحيين الذين وقعوا في الأسر، كهدايا من المنتصر، كما يُثبت ذلك شهود إنجازاته. لم يُظهر بايزيد نشاطه المتواصل أمام دول الغرب التي لم تُقْهَر بعد عن طريق الكلام فقط، بل اجتاح قادته ودمروا ستيريا وجنوب المجر. وقاد السُّلطان نفسه الجيوش التركية لفتح اليونان، فسار عبر «تِساليا»

(1) روى الدكتور «نيومان» (Newman)، في محاضراته عن الأتراك، هذا النموذج من النظام القضائي الذي يجعل العقوبة داعمة للدليل، وتم اقتباسه على نحو ملائم في وصف «رادامانثوس» (Rhadamanthus) الخاص بـ«فرجيل» Virgil: "Castigatque auditque dolos".

(Thessaly)[1]، كما سار «زركسيس» (Xerxes) قبل ذلك بتسعة عشر قرنًا، ولكن من دون «ليونيداس» (Leonidas) جديد يقوم بحراسة «ثيرموبيلا» (Thermopylae)، فسقطت «لوكرس» (Locris) و«فوسيس» (Phocis) و«بيوتيا» (Boeotia)، في قبضة القوة التركية بلا مقاومة تقريبًا. وعَبَرَ مساعدو بايزيد بالسرعة نفسها برزخ «كورينثه» (Corinth)، وأخضعوا كامل المورة. ومن هناك نُقل بأمر بايزيد ثلاثون ألف يوناني إلى آسيا، واستقرت مكانهم في الأقاليم القديمة لـ«لاكونيا» (Laconia) و«ميسينيا» (Messenia) و«أخايا» (Achaia) و«أرجوليس» (Argolis) و«إليس» (Elis)، جاليات من التركمان والتتر. وجرى الاستيلاء على «أثينا» (Athens) عام 1397م، حيث رفرف الهلال التركي على «مدينة الحكماء»، كما أطلق عليها المؤرخون المشرقيون الذين يروون انتصارات بايزيد.

هُدِّدت القسطنطينية أكثر من مرَّة، وضُغط عليها بحصار فعلي من قبل بايزيد، الذي حاز منه الإمبراطور البيزنطي فترة راحة مؤقتة عن طريق تحويل واحدة من كنائس القسطنطينية إلى مسجد، وإلزام نفسه بدفع جزية سنوية للسلطان قدرها عشرة آلاف دوقية. لكن في عام 1400م، لم يعد يشبع طموح بايزيد مثل هذه التنازلات، فأصدر أمرًا للإمبراطور البيزنطي بتسليمه تاجه، مهددًا بإبادة جميع سكان المدينة في حالة الرفض[2]. فأجاب البيزنطيون بنبل: «نحن نعلم مدى

---

(1) تساليا أو «تساليه» (Thessalia)، هي منطقة عبارة عن سهل واسع في شمال اليونان تحيط به الجبال: من الشمال جبال الأولمب وسلسلة كامفونيا التي تفصلها عن مقدونيا، ومن الغرب جبال «البندس» (Pinde)، التي تميزها عن منطقة إبيرس، ومن الجنوب جبال «أوثريس» (Othrys)، ومن الشرق تنتصب بينها وبين الساحل جبال «أوسَّا» (Ossa) و«بليون» (Pelion). حكمها الأتراك العثمانيون من عام 1393م حتى دُمجت في اليونان المستقلة عام 1881م. انظر: موستراس، المعجم الجغرافي: 15-16. (المترجم).

(2) استأنف السُلطان حصاره للقسطنطينية بعد حملة نيقوبوليس عام 798هـ/ 1396م، عقابًا للإمبراطور البيزنطي على موقفه الذي اتخذه إزاء هذه الحملة، واستمر هذا الحصار ست سنوات أشرفت خلالها المدينة على السقوط لولا ظهور الخطر المغولي من الشرق متمثلًا في تيمورلنك، وهو ما أطال عُمر الدولة البيزنطية، وبالتالي عُمر العصور الوسطى خمسين عامًا أخرى. ويُذْكَر أن بايزيد لم يصل بحصاره في هذه المدة الطويلة إلى الدرجة المطلوبة لسقوط المدينة؛ إذ لم يكن يمتلك الأسطول اللازم لحصارها من جهاتها البحرية الثلاث، وفي الوقت نفسه لم تكن لديه تلك المدفعية الثقيلة التي تمكنه من دك أسوارها الهائلة واقتحامها؛ لذا حاول إحكام السيطرة على الاتصال البحري بالمدينة عن طريق تشييده لقلعة أناضولي حصار؛ على أضيق نقطة لمضيق البسفور على الجانب الآسيوي، إلا إنه مع ذلك لم ينجح، وهو ما سترقى إليه إمكانات الجيش والبحرية العثمانية بعد ذلك بنحو نصف قرن في الحصار الأخير للمدينة الذي أسفر عن سقوطها عام 857هـ/ 1453م. انظر: Atiya, *The Crusade*, p. 466; Shaw, op. cit., p. 33؛ أحمد سالم سالم، السيطرة العثمانية على الحوض الشرقي للبحر المتوسط منذ فتح القسطنطينية عام 1453م وحتى فتح رودس عام 1523م، رسالة دكتوراه غير منشورة (الإسكندرية: كلية الآداب - جامعة الإسكندرية، 2015م): 43. (المترجم).

ضعفنا، لكننا على ثقة في إله العدالة الذي يحمي الضعفاء والمتواضعين، ويحط من علياء الأقوياء المتجبرين». كان بايزيد يستعد لإنفاذ تهديداته إلى أن أشاع المُدَمِّر الخراب، وأطاح بالمنتصر، ليس عن طريق أي جهود للحنكة السياسية الأوروبية أو العنف، وإنما عن طريق قوة متفوقة لفاتح آسيوي آخر، هو تيمور، الذي لم يكن «متخوفًا من أن تُلْحَق به الهزيمة» أمام روح القوة العثمانية التي كانت آنذاك مرتفعة ولا نظير لها.

كان تيمور التتري، كما وُصف عادة في التاريخ، يُدْعَى من قبل مواطنيه «تيمورلنك» (Timourlenk)، أي: «تيمور الأعرج» (Timour the Lame)، بسبب جرح قديم، وهو الاسم الذي حَوَّلَه بعض الكُتَّاب الأوروبيين إلى «تاميرلان» (Tamerlane)، أو «تامبيرلاين» (Tamberlaine). كان مغولي الأصل، وسليلًا مباشرًا من جهة الأم لـ«جنكيز خان» (Zenghis Khan). وُلِد في «سيبزار» (Sebzar)؛ بلدة بالقرب من سمرقند، في بلاد ما وراء النهر، عام 1336م، وبالتالي كان يقارب السبعين من العمر عندما اصطدمت فتوحاته بفتوحات بايزيد، فتلقَّت منه القوة العثمانية ضربة طرحتها أرضًا. قضى تيمور شبابه المبكر في الصراع مع قادة صغار لقبائل متناحرة من أجل السيادة، لكن في سن الخامسة والثلاثين، كان قد شق طريقه متفوقًا بلا منازع، ونُودي به خانًا للـ«زجاتاي» (Zagatai)، من قِبَل «كورونلتوي» (couronltui)، أو المجلس العام للمحاربين من جنسه. اختار سمرقند عاصمة لملكه، وأعلن صراحةً أنه سيجعل هذا المُلْك شاملًا المعمورة بأسرها. وعندما استولى على عرش سمرقند، اتخذ إضافةً إلى اسمه تيمور (الذي يعني: «الحديد»، وهو ما رمز في نظر المشرقيين إلى عدم المقاومة التي صاحبت إخضاعه لكل شيء) ألقاب: «الذئب الكبير» («جورجان» (Gurgan))، و«سيد العصر» («ساحت كيوان» (Sahet Kiwan))، و«فاتح العالم» («جيهارجير» (Jehargyr)). غالبًا ما تكون الألقاب التي تتسم بالفخر للملوك المشرقيين جوفاء بقدر ما هي رنانة، لكن تلك الألقاب التي حملها تيمورلنك كانت تشير إلى حقائق مخيفة. ففي فترة حكمه البالغة ستة وثلاثين عامًا، قام بمهاجمة العالم من سور الصين العظيم إلى أواسط روسيا في الشمال، ووقع كلٌّ من البحر المتوسط ونهر النيل على الحدود الغربية لغزواته التي اندفعت شرقًا إلى منابع نهر الجانج. فوحَّد تحت سيادته سبعًا وعشرين دولة، وحل محل تسع سلالات ملكية مختلفة. وكثيرًا ما سُمع وهو يُصَرِّح - على حد تعبير مقطع لشاعر مشرقي - بأنه ليس هناك سوى إله واحد في السماء، لذا يجب ألَّا يوجد سوى سيد واحد على الأرض، وبأن كل ممالك الكون لا يمكن أن تشبع طموح سيادة عظمى واحدة.

إن سيرة تيمور كفاتح ليس لها مثيل في التاريخ، فلا «قورش» (Cyrus)، أو «الإسكندر»

(Alexander)، أو «قيصر» (Caesar)، أو «أتيلا» (Attila)، أو جنكيز خان، أو «شارلمان» (Charlemagne)، أو «نابليون» (Napoleon)، قد حاز بحد السيف ذلك الجزء الكبير من العالم، أو تسلَّط على هذه الأعداد الكبيرة من البشر الخاضعين. لم تكن انتصارات تيمور ترجع فقط إلى بسالته الشخصية وعبقريته العسكرية الرفيعة، وإنما إلى مهارته الفائقة كسياسي وحاكم. وتُظهر نظم قوانينه التي وضعها لتنظيم جيشه وإقامة العدالة وإدارة الشؤون المالية لإمبراطوريته، دقة الملاحظة والتفكير العميق والسليم. كانت القوة الرئيسية لفنه في الحكم، فضلًا عن سياسته الخارجية، مستمدة من نظام جدير بالإعجاب، ذلك النظام الذي أسسه للحصول على معلومات استخباراتية دقيقة وكاملة من تقارير الجواسيس الذين دأب على إرسالهم للسفر عبر جميع الأنحاء، وهم متخفون بمختلف الأشكال، خصوصًا كحُجاج أو دراويش. هكذا كان يعلم قوة وضعف أعدائه في كل مكان، وعند كل أزمة. ومهما كانت المعلومات التي حصل عليها من عملائه، فقد كانت تُجمع بعناية - بناءً على أوامره - في سجلات، وتُرسم في خرائط، ويُحتفظ بها جاهزة للرجوع إليها مباشرة. كان يفكر بعمق وبُعْد نظر في موازنة الاحتمالات، ويأخذ الحيطة جيدًا أمام كل طارئ قبل اضطلاعه بأي مشروع، ولا يهتز في اتخاذ قراره حين تكتمل خططه، فهو لم يتراجع قَطُّ عن أمر أصدره، وكان المبدأ لديه ألَّا يأسف أبدًا ولا يندم أبدًا. وكانت لديه سطوة على جنوده، الذين لم يتحملوا فقط الفاقة الشديدة أو الدفع بأرواحهم في سبيل رغباته، بل كانوا يمتنعون عن الغنيمة ساعة النصر من دون تذمر، إذا أمر هو بذلك. وكان سيدًا كريمًا، لكن قسوته على أولئك الذين جازفوا بمقاومته، فاقت كل الأهوال المماثلة التي شاعت في التاريخ العسكري. لقد استخدم تيمور الإرهاب بشكل جلي باعتباره واحدًا من أدواته الرئيسية في الغزو، والعقوبات التي ارتكبها ضد شعوب بأكملها عادةً ما تُظهر الخداع الماكر القاسي لمن يمارسون التعذيب، بدلًا من الضراوة الوحشية المجردة لطاغية غاضب.

كان بايزيد قد وَسَّع - عن طريق قادته - حدود إمبراطوريته في شرق آسيا الصغرى خلال السنوات الثلاث التي تلت معركة نيقوبوليس. أما نفوذ تيمور فقد امتد بالفعل إلى جورجيا وغيرها من البلدان الواقعة غربي بحر قزوين، بحيث أصبح الصدام بين هذين العاهلين الكبيرين بالعالم الإسلامي، لا مفر منه. قام كلا الطرفين بحماية الأمراء المطرودين من الطرف الآخر، وتلت ذلك سلسلة من الشكاوى الغاضبة والتهديدات، التي سرعان ما أدت إلى فتح الباب للإساءة والحرب الفعلية. كانت مدينة سيواس (سيباسطة القديمة في «كبَّادوكيا» (Cappadocia)) بالقرب من الحدود الأرمينية، التي قد خضعت لبايزيد، هي أول المراكز العثمانية التي هاجمها تيمور. وكان خبر سقوط سيواس هو الذي أدى إلى استدعاء بايزيد من حصار القسطنطينية. كان بايزيد

قد أرسل أرطغرل، أشجع أبنائه، مع قوة مختارة لحماية سيواس. ويبدو أن قوة التحصينات وعدد السكان والروح التي تميزوا بها، ومهارتهم العسكرية التي أبدوها، وضعت تهديدات مهاجميهم التتر أمام تحدٍّ. لكن تيمور استخدم الآلاف من عمال المناجم في حفر تجاويف ضخمة تحت أساسات أسوار المدينة، مع الحرص على دعم هذه الأسوار بألواح خشبية وأكوام حتى تنتهي أعمال الحفر. وعندما جرى ذلك، أشعل عمال المناجم النار في الأخشاب، فانهارت الأسوار جراء ثقل وزنها. هكذا رأى المدافعون عن سيواس مدينتهم وأسوارها تبتلعها الأرض أمام أعينهم، فناشدوا رحمة الفاتح في يأس. لم يكن تيمور قد أظهر بعد أنه بلا رحمة. فقد دُفن بأمره أربعة آلاف محارب مسيحي من أرمينية، كانوا جزءًا من الحامية، وهم على قيد الحياة. رُبطت رؤوسهم إلى أسفل بحبال ثُبتت بإحكام حول العنق وتحت الفخذين، وذلك لإبقاء الوجه بين الساقين، ثم قُذفوا وهم مقيدون في هذا الوضع المؤلم في قبور مغطاة بألواح قبل أن يرتطموا بالأرض، وذلك لإطالة تعذيب الضحايا البائسين لأطول فترة ممكنة. أما الأمير أرطغرل والجزء التركي من الحامية فقد قُتلوا. تسبب سقوط سيواس في تأخير سقوط القسطنطينية، إذ انتقل بايزيد إلى آسيا الصغرى وهو يشعر بمرارة في قلبه جرَّاء الضربة التي تعرضت لها إمبراطوريته، وحزن عميق لفقدان ابنه الأثير. وذات يوم أثناء سيره مَرَّ بالقرب من راعٍ يغني في مرح، فهتف به أن أنشد لي هذا المقطع: «لا تترك سيواس للسقوط، ولا ابنك ليموتَ مخذولًا».

قبل أن يصل بايزيد إلى الأقاليم الشرقية من سيادته، سار تيمور ناحية الجنوب من سيواس، ناشرًا الخراب طولًا وعرضًا في أنحاء المناطق الجنوبية من آسيا الصغرى. وقد تسببت إهانة وجَّهها سلطان مصر في استقطاب غضب الفاتح التتري ناحية الجنوب، فشهدت سوريا إرهابه ووحشيته لمدة عامين[1]. وفي ربيع عام 1402م، سار تيمور مرَّة أخرى تجاه العثمانيين، وجرى تبادل خطابات وسفارات بينه وبين بايزيد، لم تؤدِ إلا إلى مزيد من السخط بين كلا الفاتحين المتغطرسين. لكن على الرغم من المجاهرة بأقصى درجات الازدراء نحو خصمه، عرف تيمور جيدًا مدى قوة السلاح

(1) كان تيمور قد أرسل رسالة تهديد إلى المماليك، فما كان من السُلطان المملوكي إلا أن رد برسالة أهان فيها تيمور وقلل من شأنه، فكان ذلك سببًا مباشرًا لاجتياح الشام وتخريبها من قبل قوات تيمور. انظر نص الرسالتين: ابن تغري بردي، المنهل الصافي والمستوفي بعد الوافي، مج. 3، تحقيق نبيل محمد عبد العزيز (القاهرة: الهيئة العامة للكتاب، 1985م): 320-325؛ وللمزيد عن تفاصيل الغزو، انظر: محمد أحمد محمد، الغزو التيموري لبلاد الشام وآثاره (القاهرة: دار الهداية، 1986م)؛ آلاء جاد الله نبهان شاهين القاضي، حملة تيمورلنك على بلاد الشام 803هـ/ 1401م، رسالة ماجستير غير منشورة (بيرزيت: جامعة بيرزيت، 2016م). (المترجم).

العثماني، لذا خطط بعناية لهذه الحملة، فضلًا عن حشد أكبر جيش يمكن أن توفره ممتلكاته الواسعة. ومارس أيضًا سياسة خفية لإضعاف عدوه عن طريق نشر التذمر والخيانة بين قوات بايزيد؛ حيث جرى إرسال عملاء تيمور السريين إلى المعسكر العثماني، فقاموا بتنبيه العديد من الجنود المنتمين إلى العِرق التتري ممن يخدمون هناك، إلى وجوب عدم القتال ضد تيمور الذي يُعَدُّ زعيمًا لكل المحاربين التتر، وأن بايزيد ليس جديرًا بقيادة مثل هؤلاء الرجال الشجعان. وقد ساعدت إلى حدٍّ كبير حالة الاستياء التي خلقها بايزيد في جيشه، جهود هؤلاء الجواسيس والمبعوثين، من خلال عدم حصافته في الإفراط أو التقتير في استخدام الشدة. ولاحظ أفضل قادته الروح السيِّئة التي تنتشر بين الرجال، فناشدوا سلطانهم بعدم المخاطرة بلقاء حاسم مع قوات تيمور المتفوقة، أو على الأقل استعادة النوايا الطيبة لجنوده عن طريق السخاء الحكيم. كان بايزيد متغطرسًا وجشعًا في الوقت ذاته، فقد عزم على مهاجمة عدوه، ولكن لضمان الحفاظ على ثرواته، قام باستبقائها؛ كما علق أحد قادته بمرارة: «وكأنها كانت بشكل مؤكد لاستخدام تيمور، وكأن السبائك التركية قد دُمغت بالفعل بالسكة التترية». تقدم بايزيد مع نحو مائة وعشرين ألف رجل، لملاقاة قوات تيمور المتفوقة بشكل كبير، والتي تموضعت بالقرب من سيواس. لم يقم الإمبراطور المغولي بمواجهة العثمانيين على الفور، لكنه قام بالمناورة، وذلك لضمان نشوب المعركة على الأرض الأصلح لتحرك الخَيَّالة، حيث يمكنه الاستفادة الكاملة من تفوقه العددي. وعن طريق سيره الاضطراري عَبْر قيصرية و«قِرشهر» (Kirschehr)، استطاع تجنب بايزيد، ووصل إلى مدينة وسهل أنقرة[1]. وعلى الفور شرع في حصار المدينة، عالمًا أن بايزيد لن يتحمل عار السماح بسقوط مكان له هذه الأهمية من دون محاولة رفع الحصار عنه. وكما توقَّع، سارع السُلطان العثماني لإنقاذ أنقرة، فاتخذ تيمور آنذاك موقعًا متميزًا على سهل «تشيبوكآباد» (Tchibukabad) الفسيح، إلى الشمال الغربي من المدينة. وعلى الرغم من الأعداد الهائلة معه، تنبه العاهل المغولي إلى جميع الاحتياطات العسكرية؛ إذ كان أحد أجنحته محميًّا بواسطة نهر تشيبوكآباد الصغير، الذي يمد أنقرة بالماء، ومن الجهة الأخرى كان قد أمَّن نفسه بخندق وجرف قوي.

وضعت نجاحات بايزيد السابقة غشاوة على عينيه، فيبدو أنه فقد كل البراعة العسكرية،

---

(1) هي مدينة «أنكيرة» (Ancyra) اليونانية القديمة. أطلق عليها المؤرخون الفرس والترك «أنكورية»، والمؤرخون الغربيون «أنجورا» (Angora). تقع في السهول الوسطى للأناضول، على بُعد أربعمائة وخمسين كيلومترًا تقريبًا جنوب شرق القسطنطينية. أصبحت في العصر العثماني مركزًا للواء أنقرة، حتى صارت عاصمة للدولة التركية الحديثة بعد انتهاء الحكم العثماني. انظر: ياقوت الحموي، معجم البلدان، مج.1 (بيروت: دار صادر، 1977م): 271؛ لسترنج، بلدان الخلافة الشرقية: 182. (المترجم).

التي عادةً ما قدَّمها، بعد أن قُضي عليها في أنقرة، بسبب الروح المتهورة نفسها التي كانت لدى فرسان الفرنجة الذين أطيح بهم قبل خمس سنوات في نيقوبوليس. لقد عسكر أولًا إلى الشمال من موقع تيمور، ولإظهار استخفافه بالعدو، سار بعد ذلك بجيشه كله على الأرض المرتفعة المجاورة، حيث قام باستخدامه في مباراة صيد كبيرة، اصطفت فيه القوات - وفقًا للتقليد الآسيوي - في دائرة واسعة من عدة أميال، ثم تحركت نحو المركز، وذلك لدفع المباراة إلى حيث يتمركز السُلطان وقادته. مع الأسف كانت المناطق التي قام فيها بايزيد بآخر مطاردة له، معدومة الماء، فكانت معاناة قواته التي شغلها في حرب صورية، تضاهي تلك التي يتحملها الجيش عادةً في حرب قاسية حقيقية. هكذا هلك خمسة آلاف جندي عثماني من العطش والإعياء في سبيل دعم تلك الرياضة القاتلة التي يمارسها سلطانهم[1]. بعد هذه الحماقة الإمبريالية، سار

---

(1) هذه رواية مخالفة لما جاء في معظم المصادر، التي لم تتطرق لمسألة الصيد المذكورة، فضلًا عن كونها سببًا رئيسيًّا في هلاك الجند العثمانيين وهزيمة السُلطان، لكنها ذكرت شح المياه الذي عانى منه جنود بايزيد، وأرجعت بعضها لما قام به تيمور من ردمه لمصادر المياه التي كانت في طريقهم، والبعض الآخر لسير بايزيد في أرض ليس بها ماء، هذا فضلًا عن أن المصادر أجمعت على أن السبب الرئيسي لهزيمة بايزيد لم يكن صلفه واستخفافه بالعدو أو الغشاوة التي تسببت فيها انتصاراته السابقة كما ذَكَر المؤلف، وإنما الخيانة التي تعرض لها بانضمام عساكر التتر المنضوين تحت لوائه فضلًا عن جنود الإمارات التركية مثل آيدين ومنتشا وصاروخان وكرميان إلى جيش تيمور، فيقول ابن تغري بردي على سبيل المثال: «سار ابن عثمان في شهر رمضان وفي ظنه أن يلقى تيمور خارج سيواس، ويرده عن عبور أرض الروم، فسار تيمور لعنه الله غير الطريق، ومشى في أرض غير مسلوكة، ودخل بلاد ابن عثمان، ونزل بأرض مخصبة ذات ماء كثير وسعة، فلم يشعر ابن عثمان إلا وقد نُهبت بلاده، وقد قامت قيامته وكَرَّ راجعًا، وقد بلغ منه ومن عساكره التعب مبلغًا أوهن قوائمهم، ونزل على غير ماء، وكادت عساكره تموت عطشًا، فلما تدانوا للحرب كان أول بلاء نزل بأبي يزيد بن عثمان مخامرة التتر بأسرهم عليه، فضعفت بذلك عسكره لأنهم كانوا معظم عسكره». ويقول سعد الدين أفندي: «وأخذ (تيمور) يُغوِّر في المياه والعيون، ويردم أماكن المياه بالأزابل والقذرات التي هي في طريق عساكر الروم»، وفي موضع آخر: «واشتد الحال بين الجانبين، فبينما هم في أثناء ذلك إذ انخذل عسكر كرميان وهربوا إلى جانب العدو لأن حاكمهم كان قد انضم إلى تيمور، ولحق بهم أيضًا وانخذل عسكر آيدين ومنتشا وصاروخان وهربوا كلهم وانضموا إلى عساكر تيمور، وهربت أيضًا جماعة من عسكر التتر ومعهم أمير لواء آذنة... ومن انخذل كان أكثر من نصف العسكر». ويقول القرماني: «وخاف (بايزيد) من الهجوم على بلاد الروم فأجرى من عساكره السيول الهامرة وأخذ بهم على قفار غامرة... وكان غالب عسكره من التتار وهم قوم ذو يمين ويسار، فأرسل تيمور إلى زعمائهم وإلى الكبار من رؤسائهم وأمرائهم يستميلهم ويذكرهم الجنسية... فاندفعت من عساكر العثمانية التتار واتصلت بعسكر تيمور كما رسم أولًا وأشار، وكانوا هم صلب العسكر والأكثر والأوفر». انظر: ابن تغري بردي، المنهل الصافي، مج.4: 126-127؛ حسين خوجه، بشائر أهل الإيمان، مج.1: 259-260؛ أحمد بن يوسف القرماني، أخبار الدول وآثار الأول في التاريخ، مج.3، دراسة وتحقيق أحمد حطيط وفهمي سعد (بيروت: عالم الكتب، 1992م): 19-20. (المترجم).

بايزيد عائدًا إلى عدوه، لكنه وجد المعسكر الذي كان قد غادره محتلًّا من التتر، وأن مجرى الماء الوحيد الذي يمكن للجيش العثماني المرور من خلاله، جرى تحويله وسده بموجب أوامر من تيمور، بحيث يكون غير صالح تقريبًا للاستخدام. هكذا كان لزامًا على بايزيد السعي إلى خوض غمار معركة، لم يكن ليتراجع عنها حتى لو كان لديه الخيار. لمثل هذه الدرجة بلغ فخره وثقته في قوته. وفي العشرين من يوليو عام 1402م، كان الصراع الحاسم قد احتدم. قيل إن الجيش المغولي تجاوز الثمانمائة ألف رجل، فكان بالتأكيد أكثر عددًا من جيش بايزيد، الذي لا يمكن أن يكون قد أحضر إلى الميدان أكثر من مائة ألف. ليس فقط في العدد، لكن أيضًا في العتاد والحماسة والمهارة التي قادتهم، فكان التفوق ينحاز إلى الجانب المغولي. وباستثناء فيالق الإنكشارية التي كانت تحت إمرة بايزيد المباشرة، والفرق الصربية المساعدة التي قاتلت بشجاعة لصالح العثمانيين تحت قيادة ملكها ستيفن لازاريفيتش، أظهرت قوات بايزيد القليل من البراعة أو المهارة العسكرية في أنقرة. بدت الطريقة التي استخدمها مبعوثو تيمور فعّالة، فعندما بدأت المعركة، انتقلت أعداد كبيرة من التتر الذين كانوا في خدمة بايزيد إلى صفوف أعدائه، واتخذت الفرق الخاصة بالعديد من الأمراء الآسيويين التابعين المسار نفسه. فقط في القلب العثماني، حيث تمركز بايزيد وإنكشاريته، وفي قلب الميسرة، خاضت الحاشية كل مقاومة فعّالة أمام الهجمات العنيفة والمتكررة للفرسان المغول. رأى بايزيد أنه قد خسر في هذا اليوم بشكل يتعذر تداركه، ومع ذلك رفض توسلات قادته للهروب حينما كان الهروب ممكنًا، وقاد محاربيه المخضرمين الذين لم ينكسروا بعد نحو بعض الأراضي المرتفعة التي احتلّها، وهناك تغلب طوال اليوم على كل هجمات العدو، غير أن إنكشاريته الشجعان غرقوا في خضم العطش والإعياء والجروح، وبدا واضحًا أن الصباح سينبلج عليهم وهم فريسة عاجزة لأعداء لا حصر لهم احتشدوا من حولهم. وبحلول الليل حاول بايزيد الهروب من الميدان، لكنه لُوحظ وطُورد، فتعثر جواده وسقط به، ومن ثَمَّ حاز محمود، حامل لقب «خان الجاجيتاي» (Khan of Jagetai) والذي يخدم في جيش تيمور، شرف أسر السُّلطان العثماني. ومن بين أبنائه الخمسة الذين كانوا في المعركة، كان هناك ثلاثة أوفر حظًّا من والدهم. فقد هرب سليمان إلى بحر إيجة، والأمير محمد إلى أماسيا، والأمير عيسى إلى قرمانيا. وقُبض على الأمير موسى أسيرًا، أما الخامس، الأمير مصطفى، فقد اختفى في المعركة ولم يُعرف مصيره على الإطلاق بشكل مؤكد[1].

(1) انظر مزيدًا عن هذه المعركة: ابن عربشاه، عجائب المقدور في أخبار تيمور، ترجمة وتحقيق أحمد فايز الحمصي (بيروت: مؤسسة الرسالة للطباعة والنشر، 1986م): 123-132؛ هارولد لامب، تيمورلنك، ترجمة عمر أبو النصر (بيروت، 1934م): 144-152؛ كارل بروكلمان، تاريخ الشعوب الإسلامية، ترجمة نبيه أمين =

تعامل تيمور مع بايزيد في البداية باحترام ولُطف، ولكن أثار غضبه محاولته غير الناجحة للهروب، فزادت على إثر ذلك وطأة الأسر على السُلطان؛ حيث قام عدد من الحرس منذ ذلك الحين بمراقبة دقيقة لبايزيد، ووضعوه كل ليلة في الأغلال. وكلما تحرك الجيش المغولي من مكان إلى آخر، اصطحب تيمور أسيره معه، لكن من أجل تجنب أنظار أعدائه المفعمة بالكراهية، سافر بايزيد داخل محفَّة مغطاة بشبك من حديد. إن التشابه الصوتي بين الكلمتين التركيتين تَسبب في القصة المعروفة بأن ملك التتر حمل السُلطان الأسير في شبه قفص حديدي[1][2]. كان الذُّل الفعلي الذي عاناه بايزيد كافيًا لتحطيم قلب كل صاحب كبرياء، فتوفِّي في مارس 1403م، بعد ثمانية أشهر من معركة أنقرة. تمتع تيمور بشهامة كافية، فمنح الأمير موسى، ابن بايزيد، حريته، وسمح له بأخذ الجثمان إلى بورصة ودفنه دفنًا كريمًا في الضريح الخاص بالسلالة العثمانية. لم يبقَ تيمور نفسه على قيد الحياة لفترة طويلة بعد سقوط خصمه، حيث تُوفِّي في «أوترار» (Otrar)، في الأول من فبراير عام 1405م، بينما كان في طريقه لغزو الصين. خلال الفترة القصيرة بين انتصاره في أنقرة ووفاته، دفع بجيوشه المدمرة عبر الممتلكات العثمانية في آسيا الصغرى، ناهبًا المدن التركية: بورصة، ونيس، و«كيملك» (Khemlik)، و«آق شهر» (Akshehr)، وقره حصار، وغيرها الكثير. ثم قام بعد ذلك بمهاجمة «سميرنا» (Smyrna)[3]؛ تلك المدينة العظيمة

= فارس ومنير البعلبكي (بيروت، 1968م): 422؛ محمد عبد الله عنان، تراجم إسلامية (القاهرة: الهيئة العامة للكتاب، 2000م): 120؛ جوزيف داهموس، سبع معارك فاصلة في العصور الوسطى، ترجمة محمد فتحي الشاعر (القاهرة: الهيئة العامة للكتاب، 1992م): 188؛ أوزتونا، تاريخ الدولة العثمانية، مج.1: 110؛ حفظ الله ناصر عبد الله مصلح، تيمورلنك وشخصيته السياسية والعسكرية، رسالة دكتوراه غير منشورة (دمشق: كلية الآداب والعلوم الإنسانية - جامعة دمشق، 2009م): 247-259. (المترجم).

(1) في مسرحية «مارلو» (Marlowe): «تيمورلنك» (Tamburlaine)، قام بايزيد وزوجته «توركيس» (Turkess)، بتحطيم رأسيهما على قضبان القفص على المسرح. وعلى الرغم من استرساله في الكثير من الكلام المنمق والمبالغة، استلهم مارلو بشكل نبيل الروح الكاملة لذلك النشاط الضاري والترفُّع الوهاج للفاتحين المشرقيين العظام. إن «تيمورلنك» الخاص به يتفوق بما لا يقاس على «تيمورلنك» الخَيِّر الخاص بـ«راو» (Rowe)، سواء من ناحية الطابع الدراسي، أو صورة الحقيقة التاريخية.

(2) يقول حسين خوجه إن ما وجده في بعض قصص بلسان التركية من أنه جعله في قفص، هو كلام هذيان وزخرفة، ولو كان له أصل لقاله شرف الدين علي، الذي قال في تاريخه: «حمله في تختروان على اقتضاء الأحوال في النزول أو الترحال، وفي كل يوم ومرحلة من مراحله ومنازله يمنعه ويحميه عن نظر أعاديه»، ويُعَقِّب أن الأحمق هو الذي لا يفرق بين القفص والتختروان. انظر: حسين خوجه، بشائر أهل الإيمان، مج.1: 269. (المترجم).

(3) كانت سميرنا أو «إزمير» (Izmir) - كما أطلق عليها الأتراك - مركزًا مهمًّا من مراكز الجهاد البحري ضد الصليبيين في بحر إيجة في النصف الأول من القرن الرابع عشر، بسبب مركزها الحيوي على الساحل الغربي =

التي كانت قد تخلَّصت من السُلطة العثمانية، ووقعت على مدى نصف قرن في يد الصليبيين من فرسان القديس يوحنا الأورشليمي. قاد تيمور حصار سميرنا بنفسه، وخلال خمسة عشر يومًا وُضعت حواجز عبر الميناء، مما حرم المحاصَرين من أي مدد، وأتى بالقوات المغولية على مقربة من الأجزاء المقابلة للبحر من المدينة. قُوضت أجزاء كبيرة من الأسوار البرية، وشُيدت أبراج ضخمة قابلة للحركة، استطاع المحاصِرون عن طريقها ارتقاء الأسوار المحصنة للمدينة. وهكذا جرى الاستيلاء على سميرنا بواسطة الاقتحام، على الرغم من الدفاع الباسل للفرسان المسيحيين. ومن ثَمَّ أمر تيمور بمذبحة عامة للسكان بغير رحمة بسن أو جنس.

كان من عادة الفاتح التتري بناء هرم كبير من الرؤوس الآدمية عندما تستولي قواته على أي مدينة كبيرة، لكن تبيَّن عدم كفاية حامية وسكان سميرنا لتوريد ما يلزم لواحد من هذه النصب العَظْمِيَّة البشعة بالحجم الكبير الذي اعتاده. حسم تيمور أمره بعدم مغادرة المكان من دون نصبه التذكاري المعتاد، فأمر بالاقتصاد في عرض الرؤوس، بحيث تُوضع طبقات بديلة من الطين بين صفوف الرؤوس في الهرم. وبعد أعمال أخرى مماثلة في آسيا الصغرى تتسم بالوحشية المفرطة، سار إلى جورجيا لمعاقبة أميرها لعدم حضوره شخصيًا عند طلبه إلى معسكر التتر؛ فهلك آلاف من الجورجيين التعساء بسبب ذلك الخطأ المنسوب إلى عاهلهم، ودُمرت سبعمائة مدينة وقرية على يد قوات تيمور. وفي عام 1404م استراح الفاتح من سفك الدماء لفترة قصيرة، حيث قام باستعراض عَظَمَته في عاصمته سمرقند، التي لم يرها منذ سبع سنوات. لكن تعطشه للغزو والذبح دفعه قُدمًا إلى الهجوم على الإمبراطورية الصينية قبل نهاية العام؛ تلك الإمبراطورية التي كانت ستشهد تجريفًا لثرواتها وسكانها من قِبَل جحافله المدمرة، لو لم تنقذها الحُمَّى التي سيطرت عليه في أوترار، بعد عبوره لنهر سيحون على الثلج في فبراير عام 1405م. هكذا تُوفِّي تيمور في تلك المدينة بعد أن حكم ستة وثلاثين عامًا، قام خلالها بإراقة الدماء، وتسبَّب في الشقاء أكثر من أي إنسان آخر وُلد على سطح هذه البسيطة.

= للأناضول؛ ففي الوقت الذي كان فيه العثمانيون يحرزون فتوحاتهم المهمة أمام البيزنطيين في شمال غرب الأناضول، كان غزاة أتراك آخرون مثل آمور باشا (734-749هـ/ 1334-1348م)، من أمراء إمارة آيدين، يشنون حملات قوية على المراكز المسيحية في بحر إيجة، خصوصًا من إزمير، مما دفع هؤلاء للقيام بحملات مضادة، وانتهى الأمر بهجوم صليبي على مدينة إزمير والاستيلاء عليها من قِبَل اللاتين في جمادى الأولى 744هـ/ أكتوبر 1344م، ولم يسيطر العثمانيون عليها نهائيًا إلا عام 828هـ/ 1425م. انظر: سالم، السيطرة العثمانية: 30؛ Atiya, *The Crusade*, pp. 111-113, 249, 295؛ وعن المدينة وأهميتها: شمس الدين سامي، قاموس الأعلام، مج.2: 849؛ موستراس، المعجم الجغرافي: 52؛ إدهم إلدم ودانيال غوفمان وبروس ماسترز، المدينة العثمانية بين الشرق والغرب، حلب إزمير وإسطنبول، تعريب رُلي زبيان (الرياض: مكتبة العبيكان، 1424هـ/ 2004م): 237-403. (المترجم).

الفصل الرابع

شغور العرش والحرب الأهلية - محمد الأول يوحد الإمبراطورية - عهده الناجح - وفاته وشخصيته - تولي مراد الثاني - حصار القسطنطينية - الحرب الأهلية في آسيا - الحرب مع الصرب والمجر ودول أخرى - انتصارات هونيادي - معاهدة سِجدين - الانكسار على يد الصليبيين - معركة فارنا - إسكندر بك - معركة كوسوفا الثانية - وفاة مراد.

الفصل الرابع[1]

كانت الإمبراطورية العثمانية التي اكتسبت خلال القرن الرابع عشر مثل هذا الحجم والقوة، قد أصابها في بداية القرن الخامس عشر انهيار بدا كأنه غير قابل للإصلاح. ففضلًا عن الكارثة التي أحاقت بها يوم أنقرة، حين دُمر جيشها المخضرم وأُسر عاهلها صاحب الانتصارات العريضة، سرعان ما انهالت النكبات إثر النكبات على البيت العثماني. فقد أعاد تيمور السيادة إلى منافسيهم القدامى في آسيا الصغرى من الأمراء السلاجقة لقرمانيا وآيدين وكرميان، وغيرها من الأقاليم التي فتحها أول ثلاثة حُكام عثمانيين. وفي أوروبا انبعثت شبه صحوة أخرى في الإمبراطورية البيزنطية، باستعادتها بعض الأقاليم التي فقدتها. لكن الأقسى فيما يبدو من تلك المحن الفتاكة، كانت الحرب الأهلية التي اندلعت بين أبناء بايزيد، والتي هددت بالتدمير الكامل، والفتك بما تبقى من ممتلكات أسلافهم.

في وقت وفاة بايزيد، حَكم ابنه الأكبر، سليمان، في أدرنة. وجعل الابن الثاني، الأمير عيسى، من نفسه حاكمًا مستقلًا على بورصة، بعد ترك المغول لآسيا الصغرى. أما محمد، أصغر وأقدر هؤلاء الإخوة، فقد أقام مملكة صغيرة في أماسيا. وسرعان ما اندلعت الحرب بين محمد وعيسى، حيث كان التوفيق حليفًا لمحمد بشكل كبير، فهرب عيسى إلى أوروبا، طالبًا الحماية والمساعدة من سليمان، الذي قام على الفور بمهاجمة محمد، بحيث اصطفت آنذاك كلٌّ من تركيا الأوروبية وتركيا الآسيوية بعضهما ضد بعض. في غضون ذلك، وبعد أن أطلق تيمور سراح الأمير موسى، ابن بايزيد الذي ظل على قيد الحياة، احتُجز من قِبَل أمير كرميان السلجوقي، خلال مروره عبر أراضيه برُفات بايزيد لدفنها في بورصة. إلا إن وساطة محمد وضعت نهاية لهذا الاعتقال، فحارب الأمير موسى إلى جانبه ضد سليمان في آسيا. قام موسى بعد عدة انكسارات تعرَّض لها على يد سليمان في الحملة الأولى، بإقناع محمد بالسماح له بالعبور إلى أوروبا مع قوة صغيرة، وإحداث تحول لصالحه من خلال مهاجمة العدو في عقر داره. سرعان ما أدت هذه المناورة إلى استدعاء سليمان إلى أوروبا، حيث أعقب ذلك نزاع

(1) See Von Hammer, books 8, 9, 10, 11.

قصير لكنه دموي بينه وبين موسى. حاز سليمان السبق في البداية، غير أن أفضل صفات هذا الأمير توارت آنذاك بفعل التأثير المخزي للرذائل التي اعتاد ممارستها؛ فقد كان يعامل قواته بقسوة وحشية، وانهال بأفدح الإهانات على أفضل قادته، فكانت نتيجة ذلك أن انحاز جيشه إلى جانب موسى، وقُتل سليمان أثناء سعيه للهروب إلى القسطنطينية (1410م).

أصبح موسى الآن على رأس السيادة العثمانية في أوروبا، وسرعان ما أظهر وراثته لكامل حيوية وشراسة والده بايزيد. ففي الحملة التي قام بها على الأمير الصربي، الذي اتُّهم بتقديم مساعدة غادرة إلى سليمان أثناء الحرب الأهلية، يُقال إنه لم يمارس فقط الأعمال الوحشية التي عادة ما كانت تُمارس في البلاد، من أخذ للشباب الذكور كأسرى، وذبح لبقية السكان، وإنما - وفقًا للكاتب البيزنطي «دوكاس» (Ducas) - أمر موسى بصف الجثث الخاصة بثلاث حاميات عسكرية صربية كما تُصفُّ الموائد، وأولم عليها وليمة لقادة ورؤساء الجيش العثماني.

كان الإمبراطور البيزنطي باليولوجوس حليفًا لسليمان، ولذلك هاجمه موسى وحاصر عاصمته، فقام باليولوجوس باستدعاء محمد لحمايته، وقام العثمانيون الآسيويون حينذاك بتحصين القسطنطينية في مواجهة العثمانيين الأوروبيين. قام محمد بعدة هجمات باسلة ضد قوات أخيه، لكنها باءت بالفشل. واضطر إلى عبور مضيق البوسفور عائدًا لقمع الثورة التي اندلعت ضمن أراضيه. وكان موسى حينذاك يضغط في حصار العاصمة البيزنطية، غير أن محمدًا عاد على وجه السرعة إلى أوروبا وحصل على مساعدة ستيفن، الملك الصربي. وفي النهاية اصطفت جيوش الأخوين العثمانيين المتنافسين في سهل «شامورلي» (Chamurli)، بالقرب من الحدود الجنوبية للصرب، إلا إن موسى صرف ولاء جنوده عن طريق سلوك مماثل لذلك الذي تسبب في فرار سليمان وهلاكه، بينما سلك محمد مسلكًا متفوقًا في العدالة والإحسان تجاه من امتثلوا لطاعته، كما تفوق في البسالة والمهارة ضد من خاصمه. عندما كان الجيشان على وشك الاشتباك في المعركة، خرج حسن، آغا الإنكشارية في جيش محمد، أمام الصفوف، وحض رفاقه القدامى الذين وقفوا مع موسى بترك تأييد ذلك المجنون ومن جمعهم بإساءاته وإهاناته المستمرة، والاصطفاف ضمن أتباع من هو أكثر عدلًا وفضلًا من أمراء البيت العثماني. غضب موسى إثر سماعه لهذا الخطاب الموجَّه إلى قواته، فهرع تجاه حسن مطيحًا به، لكنه أُصيب هو نفسه من قِبَل الضابط المرافق لحسن، فعاد مترنحًا نازفًا باتجاه جنوده الذين اعتراهم الذعر، فانفضت صفوفهم وفروا في كل اتجاه. سعى موسى إلى الهروب، لكن عثر عليه مطاردوه ميتًا في مستنقع بالقرب من الميدان الذي تقابل فيه الجيشان. وبوفاته انتهت حرب الإرث في الإمبراطورية العثمانية.

أما الأمير عيسى، فقد اختفى قبل بضع سنوات أثناء القتال بين سليمان ومحمد في آسيا، وعليه أصبح محمد بعد وفاة موسى، الوحيد الذي عُرف أنه على قيد الحياة من أبناء بايزيد.

أُطلق على السُّلطان محمد الأول من قِبَل رعاياه لقب «بهلوان» (Pehlevan)[1]، ويعني: «البطل»، لنشاطه الجم وبراعته. كما أن لين عريكته وسلوكه وشهامته وحبه للعدالة والحق ورُقيه باعتباره راعيًا سخيًّا للفنون والآداب، قد أضفت عليه لقبًا لا يزال الأجدر بالاحترام، هو لقب «جلبي» (Tschelebi)، الذي يُعَبِّر بدقة - وفقًا لـ«فون هامر» - عن معنى اللقب الإنجليزي «جنتلمان» (gentleman). اكتسب سلاطين أتراك آخرون شهرة أكبر، إلا إن محمدًا، ذلك البطل النبيل، يستحق أن يُشار إليه باعتباره واحدًا من أنبل نماذج السلالة العثمانية. ويشهد البيزنطيون على إنسانيته وعدالته كغيرهم من الكُتّاب المشرقيين. كان خلال حياته حليفًا راسخًا شريفًا للإمبراطور البيزنطي، وخصمًا مُفزعًا للتركمان المتمردين، وحاميًا جليلًا للعرش العثماني. وكما عَبَّرت عنه تواريخ بلاده، كان «نوحًا الذي حافظ على سفينة الإمبراطورية، حين تهددها طوفان الغزوات التترية».

بعد سقوط موسى، تلقى محمد في أدرنة مبايعة سريعة من الرعايا الأوروبيين للإمبراطورية العثمانية، وتهاني من الحكام المجاورين. كان كلٌّ من الإمبراطور باليولوجوس ومحمد يساعدان بعضهما بعضًا أمام موسى. وقد أظهر محمد بشرفٍ امتنانه وحسن نيته من خلال استعادة الأماكن القوية على البحر الأسود وبحر مرمرة لصالح الإمبراطورية البيزنطية وفقًا لوعد لها بذلك، فضلًا عن حصون تِساليا التي كان قد انتزعها الأتراك في وقت سابق. وأُبرمت معاهدة صداقة كذلك بين السُّلطان والبنادقة. وكانت جمهورية راجوزا الصغيرة قد وضعت نفسها تحت حماية الأتراك بموجب معاهدة أُبرمت في عهد جد محمد، وما لبث أن جُددت تلك المعاهدة مع السُّلطان محمد، الذي جاء قبله كذلك إلى أدرنة سفراء أميرَي الصرب ووالاشيا، وأمير ألبانيا الذي حكم في «يانينا» (Yanina)، والملوك الصغار أو الأمراء الحاكمون للمورة، الذين نَصَّبوا أنفسهم بعد انهيار بايزيد في «لاكيدسيمون» (Lacedsemon) وفي أخايا، حيث استقبلهم السُّلطان جميعًا بمجاملة ودية، وعند رحيلهم قال لهم: «لا تنسوا أن تخبروا ساداتكم أني أهب السلام للجميع، وأقبل السلام من الجميع، أما المناوئون للسلام فخصمهم إله السلام».

---

(1) استُخدم هذا اللقب في زمن السلاجقة، وكان يُطلق عادةً على مَن يقوم بحماية ثغور الإسلام أمام الروم؛ إذ كان يُقال «بهلوان الثغور»، و«بهلوان الروم والشام والأرمن». انظر: حسن الباشا، الألقاب الإسلامية: 227-228. (المترجم).

هكذا حصلت البلدان الواقعة غربي البوسفور والدردنيل على فترة وجيزة من الهدوء غير المعتاد. إلا إن آسيا كانت تموج بالتمرد والحرب، فصار لزامًا على محمد إنهاء مأدبة السلام في أدرنة على وجه السرعة لاستعادة وتأمين الممتلكات القديمة لعائلته. كانت مدينة سميرنا المهمة في ذلك الوقت والأراضي المجاورة تحت إمرة الوالي العثماني، «جُنَيْد» (Djouneid)، الذي كان قد استردها بعد انسحاب المغول من آسيا الصغرى، والذي نجح أيضًا بعد ذلك في جعل نفسه سيدًا لإمارة آيدين. خضع جُنَيْد أولًا لسليمان، ثم لمحمد بعد أن صار سلطانًا. لكن خلال الحرب الأهلية الأخيرة كان قد تمرد علنًا على محمد، وتطلع الآن لجعل نفسه عاهلًا مستقلًا. في الوقت نفسه استغل أمير قرمانيا غياب محمد وأفضل قواته عن آسيا، لمهاجمة قلب الممتلكات العثمانية الآسيوية، فحاصر بورصة، إلا إن المدينة كانت محصنة بشكل جيد، فقاومته بقوة، لكنه أحرق المساجد وغيرها من المباني العامة الموجودة بالضواحي. وبالسخط الذي يُضمره في قلبه تجاه السلالة العثمانية، أمر بنبش قبر بايزيد، الذي يقع خارج أسوار المدينة، وإضرام النار في رُفات ذلك السُّلطان. وهكذا، بينما القِرْمانيون منخرطون في امتهان مقدسات عقيدتهم وانتهاك حرمة الموتى، شاهدوا فجأة من ناحية الغرب الموكب الجنائزي الخاص بتشييع الأمير موسى يقترب؛ حيث نُقل جثمانه من أوروبا إلى آسيا للدفن في مسجد مراد ببورصة بناءً على أوامر من محمد. فكَّر الأمير القِرْماني والمحاصِرون الذين أصابهم الذعر عند رؤية هذا المشهد غير المتوقَّع، في احتمال أن السُلطان محمد يقترب بجيش وشيك، أو ربما سيطر عليهم الندم والرعب المتعلقان بالأرواح عند حدوث ذلك التجلِّي الغريب الخاص بالدفن، ففر من بورصة غير عابئ بعتاب أحد أتباعه وهو يقول له: «إذا كنت تهرب أمام العثماني الميت، فكيف تريد الوقوف أمام مَن هو على قيد الحياة؟!».

عندما عبر السُلطان من أوروبا إلى آسيا بقواته، زحف أولًا على تابعه المتمرد، فحاصر سميرنا، وأجبرها على التسليم، وسرعان ما هبط جُنَيْد إلى مستوى استجداء الرحمة، التي منحها له محمد مدفوعًا ببكاء أسرته. ثم زحف بعد ذلك إلى قرمانيا، فاستولى على العديد من المدن بنفسه، لكنه اضطر إلى ترك جيشه بسبب مرض شديد ألَمَّ به فجأة حَيَّر مهارة جميع أطبائه عدا واحدًا، هو الشهير سنان، الذي وصف أخبار الانتصار كأفضل دواء يمكن أن يتلقاه السُلطان. وسرعان ما قام أفضل قادته، بايزيد باشا[1]، بتوفير العلاج المطلوب بفوزه الساحق على القِرْمانيين،

---

(1) كان من أقرب المقربين إلى السُلطان، حيث كان يخدمه منذ أن كان أميرًا. عيَّنه بكلربك على الرُوملي، ولما أسر ابن قرمان ضم إلى منصبه الوزارة. قتله دوزمجه مصطفى عام 824هـ/ 1421م. انظر: منجم باشي، جامع الدول، مج.1: 393؛ 399-400. (المترجم).

وأسْر أميرهم مصطفى بك. استرد محمد صحته حال ابتهاجه بمعرفة هذا النجاح. وحينذاك التمس القِرْمانيون السلام، فما كان من السُلطان العثماني إلا أن منحهم إياه بكرم. وضع الأمير القِرْماني الأسير يده اليمنى على صدره في حضرة محمد، ونطق القَسَم بشكل رسمي: «أُقسم أنه ما دامت هناك روح في هذا الجسد، فلن أقوم بمهاجمة ممتلكات السُلطان أو أطمع فيها»؛ فأطلق محمد سراحه بكل أمارات الاحترام. لكن، بينما لا يزال على مرأى من معسكر السُلطان المنتصر، قام الأمير - الذي اعتبر أن حرب السيادة بين القِرْمانيين والعثمانيين مستحكمة من المهد إلى اللحد - بمباشرة نهب بعض القطعان التي كانت ترعى في سهل حوله؛ فذكَّره قادته بقَسَمه الذي أقسمه للتوِّ، لكنه أخرج من صدره حمامة ميتة ضغط عليها بقوة بيده اليمنى، مكررًا بسخرية كلمات قَسَمه: «ما دامت هناك روح في هذا الجسد!».

غضب محمد من هذه الخيانة، فجدَّد الحرب محرزًا نصرًا كبيرًا، لكنه كان كريمًا بما يكفي للموافقة على السلام مرَّة أخرى عند تكرار التوسلات من القِرْمانيين، الذين أبقاهم الخوف هادئين لعدة سنوات بعد تلقيهم مثل هذه الضربات الشديدة في الحرب الأخيرة، وبناءً عليه تمتعت ممتلكات السُلطان الآسيوية بالسلام والاستقرار، وضَمِن محمد مزيدًا من الأمن بدخوله في علاقات دبلوماسية وديَّة مع مختلف أمراء صعيد آسيا، وذلك لتجنب مزيد من الغزوات المماثلة لغزوات تيمور.

عند عودته إلى أوروبا عام 1416م، انخرط محمد في الحرب على البندقية. فمع تبعية الأمراء الصغار للعديد من جزر بحر إيجة بشكل اسمي لجمهورية البندقية، إلا إنهم تجاهلوا المعاهدة المبرمة بين البنادقة والسُلطان، وواصلوا الاستيلاء على سفن الملاحة التركية، فضلًا عن نهب السواحل. فما كان من محمد إلا أن جهَّز أسطولًا من سفن «الجالي» (galley) للرد على الأضرار التي أحدثوها، مما أدى إلى الاشتباك مع أسطول البندقية، الذي استطاع - تحت قيادة الأميرال «لوريدانو» (Loredano) - هزيمة الأتراك هزيمة تامة قبالة جاليبولي في 29 مايو عام 1416م[1]. وسرعان ما استُعيد السلام، فظهر سفير تركي في البندقية في العام نفسه بمعاهدة جديدة بين سيده والجمهورية.

(1) كانت هذه المعركة أول عمل ميداني مكشوف بين القوتين؛ بعد أن تجنبت كلتا القوتين الاصطدام المباشر لفترة طويلة، لكن هذا الصدام كان واقعًا لا محالة بسبب تضارب المصالح بين الجانبين، فضلًا عن الصعود المطرد للدولة العثمانية، الذي ما لبث أن اصطدم بمناطق النفوذ البندقي خصوصًا في بحر إيجة، إلا إن البندقية كانت لا تزال تملك تفوقًا بحريًّا ملحوظًا كفل لها النصر، مما اضطر السُلطان إلى الموافقة على تنازلات كثيرة في معاهدتي عامَي 1416 و1419م. انظر: ف. هايد، تاريخ التجارة في الشرق الأدنى في العصور الوسطى، ترجمة أحمد رضا محمد رضا، مج.3 (القاهرة: الهيئة العامة للكتاب، 1994م): 135-136. (المترجم).

تكبَّدت قوات محمد بعض الهزائم القاسية في الحملات التي قاموا بها على ستيريا والمجر بين عامَي 1416 و1420م، لكن لم تجرِ أعمال قتالية مهمة بينه وبين جيرانه في العالم المسيحيّ الأوروبي. وكان الخطر الأكثر جدية بالنسبة إلى السُلطان هو تمرد الدراويش، الذي اندلع في كلٍّ من أوروبا وآسيا، ولم تقمعه قوات السُلطان إلا بعد عدة معارك دموية. وقد نُظِّم هذا العصيان بواسطة قاضي العسكر، «بدر الدين» (Bedreddin)[1]، بمساعدة مرتد يهودي اسمه «طورلاق» (Tirlak). وكان الزعيم الرمزي لأولئك المتطرفين هو تركي وضيع المولد، اسمه «بركلوجه مصطفى» (Baerekludye Mustapha)[2]، والذي نادوا به زعيمًا وأبًا روحيًّا. قُضي على هؤلاء الثلاثة جميعًا إما في المعركة وإما على يد الجلادين، فخبت طائفتهم معهم. كانت ثورتهم تلك لافتة للنظر، فهي الحرب الدينية الوحيدة التي تسبَّبت في اضطرابات لم يسبق لها مثيل للإمبراطورية العثمانية، باستثناء التمرد الوهابي في القرنين الماضي والحالي[3].

بعد انقضاء هذا الخطر الكبير، اسُتدعي محمد للدفاع عن عرشه ضد عدو داخلي آخر، سبق ذكره، هو الأمير مصطفى[4]، أحد أبناء بايزيد، الذي كان حاضرًا يوم أنقرة، واختفى بعد

---

(1) هو بدر الدين محمد بن إسرائيل بن عبد العزيز الصماوي، ولد عام 770هـ/ 1368م في قلعة «صماونه» (Samona) بالقرب من أدرنة. كان والده قاضيًا، فتوجه لدراسة العلم في مدينة بورصة ثم قونية، ثم توجه بعدها إلى القاهرة، حيث درس التصوف حتى نال مراتب متقدمة، بعدها زار مدينة قزوين فتشرب بها مبادئ الباطنية، ورجع بعدها إلى القاهرة مرَّة أخرى ليرشحه معلمه الأخلاطي ليصير معلمًا للأمير فرج، ابن السُلطان المملوكي برقوق، بعدها طفق عائدًا مرَّة أخرى إلى آسيا الصغرى حيث اشتهر بالعلم والفضيلة، فأسند إليه الأمير موسى بن بايزيد منصب «قاضي عسكر» إثر إعلان حكمه في أدرنة عام 1411م، وبعد القضاء على موسى عزله السُلطان محمد وفرض عليه الإقامة في إزنيق، حيث بدأت أفكاره التي تدعو إلى وحدة الوجود في الظهور حين عمل على نشرها عن طريق مريديه، في الوقت الذي فر فيه إلى الأفلاق، فقدم إليه أميرها الدعم الكافي للتمرد، وبالفعل تحرك بدر الدين، فتبعه خلق كثير، مما أثار فتنة كبيرة، حتى انتهى به الأمر إلى القتل بعد هزيمته والقضاء على أتباعه عام 823هـ/ 1420م. انظر مزيدًا عنه وعن حركته: علي خليل أحمد، «حركة بدر الدين الصماوي وموقف السُلطان محمد الجلبي منها»، مجلة جامعة تكريت للعلوم الإنسانية، مجلد 13، عدد 10 (كانون الأول 2006م): 368-377؛ كونذ وأوزتورك، الدولة العثمانية: 105-108. (المترجم).

(2) كان يُدعى أيضًا «دَده سلطان». انظر مزيدًا عن فتنته: منجم باشي، جامع الدول، مج.1: 387-389. (المترجم).

(3) يقصد القرنين الثامن عشر والتاسع عشر. (المترجم).

(4) تُطلِق عليه المصادر العثمانية اسم «دوزمه مصطفى» أو «دوزمجه مصطفى» أو «سخكتار»، أي المنتحل أو المزيف، على اعتبار أن مصطفى ابن السُلطان بايزيد قد فُقد في معركة أنقرة ولم يُعثر له على أثر بعدها، بينما تؤكد البحوث الحديثة أنه كان مأسورًا وأُطلق سراحه من الأسر بعد وفاة تيمورلنك، فعاد إلى الأناضول واختفى مدة صراع الإخوة. انظر: منجم باشي، جامع الدول، مج.1: 397-404؛ علي خليل أحمد، «جهود السُلطان محمد الأول في إعادة بناء الدولة العثمانية 1413-1421م»، مجلة جامعة كركوك للدراسات الإنسانية، مجلد 3، عدد 1 (2008م): 112. (المترجم).

هزيمة الأتراك في تلك المعركة، ولم يُعثر على جثته بين القتلى على الرغم من تكثيف البحث عنه من قِبَل تيمور، كما لم يتم التأكد على الإطلاق من طريقة هروبه، إذا كان قد أقدم على الهروب. لكن من المؤكَّد أنه في عام 1420م، ظهر في أوروبا مَن يطالب بالعرش العثماني، وأكَّد على أنه مصطفى نجل السُّلطان بايزيد، حيث اعترف به بصفته هذه الكثيرُ من الأتراك. وبدعم من أمير والاشيا، وجُنَيْد الذي تمرد قديمًا على محمد، توغل هذا المُدَّعي في تِساليا بجيش كبير، حيث التقاه محمد بقوته المعهودة، ودارت رحى معركة ضارية قرب سالونيك، هُزم فيها ذلك المُدَّعِي هزيمة ساحقة، وفَرَّ طالبًا الحماية من القائد البيزنطي لتلك المدينة. رفض الإمبراطور البيزنطي تسليم ذلك الهارب المتوسِّل، لكنه وافق على إبقائه في حبس مشدد في حال قام محمد بدفع مبلغ سنوي كبير من المال، بزعم الحفاظ على الأسير، لكن كان ذلك في الواقع مقابلًا لسجنه.

كان هناك ابن آخر للسلطان بايزيد، لم يظهر في التاريخ إلا قليلًا، ومع ذلك لا يجب تجاوز مصيره السوداوي في سبيل الحفاظ على الألوان المشرقة التي سنستعرض من خلالها بكل سرور شخصية محمد الأول. لا يبدو أن الأمير قاسم قد حارب في أنقرة مثل بقية إخوته الخمسة، أو كان له أي دور في الحروب الأهلية اللاحقة بينهم. لقد جاء إلى حيث يمارس محمد حكمه، وعلى الرغم من أنه لم يُقتل وفقًا للسابقة التي وضعها بايزيد، إلا إنه حُرم من البصر بأمر من أخيه. تسلم الأمير الأعمى مقاطعة بالقرب من بورصة كمنحة، وأقام فيها. وقد أثنى المؤرخون الأتراك على الطبيعة الحميدة للسلطان محمد، الذي - كلما زار عاصمته الآسيوية - أرسل شقيقه الأعمى إلى القصر وعامله بإحسان وأخوية صادقة. وثمة وصمة أخرى في ذكرى محمد، ذلك الرجل النبيل، هي زلته الآثمة التي دفعته إلى بذل جهود رامية إلى تعزيز سلطته عن طريق موت نجل شقيقه سليمان. لكنه أمام هذه الحالة - كما تصرف إزاء الأمير قاسم - تراجع عن المتابعة حتى النهاية في تطبيق القاعدة الصارمة التي تقضي بتحطيم كل أخطار المنافسة وأصحابها عن طريق إراقة دم الأقرب إلى العرش. وتجنَّب ابنة سليمان التي كان قد تركها أيضًا، وعندما تزوجت تلك الابنة وأنجبت مولودًا، أغدق محمد على الطفل ثروة وافرة، بحيث تجري المحافظة على مكانته على نحو لائق. هكذا أظهر محمد بالفعل، وهو على فراش الموت، أنه لا السفسطة ولا إدارة الدولة يمكنهما طمس إحساسه الطبيعي بذلك الجرم الشائن لقتل الإخوة. كان قد أُصيب بسكتة قرب نهاية عام 1421م، وعلى الرغم من تعافيه جزئيًا، إلا إنه أيقن باقتراب نهايته، فناشد جديًّا قائده المفضَّل، بايزيد باشا، أن يضع نجليه القُصَّر تحت حماية الإمبراطور البيزنطي، خشيةً عليهما من أخيهما الأكبر مراد، الذي سيعمل وهو في طريقه إلى عرش السلطنة، على

تقليد جرائم جده وأبيه، فيؤمِّن نفسه عن طريق الخلاص منهما. لم يبقَ محمد على قيد الحياة لفترة طويلة، وهي الصدمة التي تلقاها نظامه، لكن أُخفي خبر وفاته عن العامة عن طريق كبار المسؤولين في دولته لأكثر من أربعين يومًا، في حين أُرسل الخبر إلى الأمير مراد، الذي كان يتولى القيادة على حدود آسيا الصغرى أثناء مرض أبيه.

كان عُمر محمد حين حضرته الوفاة سبعة وأربعين عامًا فقط. أما فترة مكوثه سلطانًا للإمبراطورية التي أُعيد توحيدها، فقد استمرت لثماني سنوات فقط. لكنه كان أميرًا مستقلًّا لما يقرب من أحد عشر عامًا، وهي كل الفترة السابقة، فيما بين أسر والده في أنقرة ونصره النهائي على أخيه موسى في شامورلي. وهكذا ظل محمد حاكمًا على شعبه لمدة تسعة عشر عامًا، وذكراه لا تزال باقية تحظى بينهم بالتكريم عن جدارة. دُفن محمد في مدينة بورصة في ضريح أقامه بنفسه بالقرب من مسجد شهير بناه هناك، سُمي بـ«الجامع الأخضر» نسبة إلى زخارفه الخزفية الخضراء. ويُقال إن هذا الضريح يُعد نموذجًا من أجمل نماذج النحت والعمارة الإسلامية الباقية. كما أتم محمد الأول بناء مسجد رائع كبير في بورصة، كان جده مراد الأول قد بدأ في بنائه، لكنه أُهمل في عهد بايزيد. ومن الجدير بالذكر أن محمدًا أنشأ في محيط مسجده وضريحه الخاص، مؤسستين ذواتي طابع مميز: الأولى كانت مدرسة، والأخرى مكانًا لإطعام الفقراء، واهبًا بسخائه الملكي كلتا المؤسستين لأعمال الخير. أشار «فون هامر» إلى عهد هذا السُّلطان بوصفه فترة ساد فيها تذوق الأدب والولع بالشعر بين العثمانيين؛ فقد كان راعيًا سخيًّا للفكر، حيث حُوفظ على اسم رجل سياسة وأدب تركي مبكر، هو «سيهري» (Sehiri)، الذي اكتسب سُمعة حسنة حينما كان يعمل دفتردارًا أو مسؤول خزانة لدى محمد وهو حاكم على أماسيا، فأوحى إلى الأمير الشاب من خلال حماسه الدائم بالنهوض بالأدب والفن، والرعاية الكريمة لمن يقوم عليهما.

عندما استُدعي مراد الثاني عن طريق نائبه في آسيا الصغرى ليصبح سلطانًا للإمبراطورية التركية، كان يبلغ من العمر ثمانية عشر عامًا فقط. اعترُف به سلطانًا بشكل رسمي، وقُلِّد سيف عثمان في بورصة، حيث أَدَّى المسؤولون والجنود التحية الطواعية له كسلطان عليهم. لكن سرعان ما اضطرب عهده بتمرد، حين استخف الإمبراطور البيزنطي بشبابه، فقام بتحرير مصطفى المزعوم من محبسه، واعترف به كوريث شرعي لعرش بايزيد، واشترط عليه أنه يجب - في حال نجاحه - أن يعوض الإمبراطور البيزنطي عن تحريره بالتنازل عن عدد كبير من المدن المهمة. هبط ذلك المدعي بواسطة سفن الجالي البيزنطية في الممتلكات الأوروبية للسلطان، محرزًا

تقدمًا سريعًا في فترة زمنية قصيرة. انضم إليه عدد كبير من العسكر التركي، فهزم وقتل القائد المخضرم بايزيد باشا الذي أرسله مراد أولًا لمواجهته، ثم عَبَر مضيق الدردنيل إلى آسيا بجيش كبير، إلا إن السُلطان الشاب قد أظهر في هذا الوضع الطارئ أنه يمتلك القدرات العسكرية والسياسية الرفيعة التي كان يمتلكها أفضل أسلافه. هُزم مصطفى في ميدان المعركة، أما جنوده الذين تعلقوا بشخصه ووثقوا في قضيته - التي خسرها بعنفه وعجزه - فقد انتقلوا بأعداد كبيرة إلى صف مراد. اتخذ مصطفى ملاذًا في مدينة جاليبولي القوية، لكن السُلطان - الذي تلقى مساعدة كبيرة من قائد جنوي اسمه «أدورنو» (Adorno) - حاصره هناك واقتحم المكان، حيث جرى القبض على مصطفى وإعدامه. حَوَّل السُلطان ناظريه بعد ذلك إلى الإمبراطور البيزنطي، وأعلن قراره بمعاقبة باليولوجوس على عداوته غير المبررة، عن طريق الاستيلاء على القسطنطينية.

سعى البيزنطيون آنذاك إلى تهدئة غضب السُلطان من خلال السفارات التي كُلِّفت بتقديم اعتذار متذلل، وهو ما رفضه بازدراء. وفي بداية شهر يونيو 1422م، كان مراد أمام العاصمة المرتعدة بعشرين ألفًا من أفضل قواته. أطلق السُلطان أولًا عشرة آلاف من الآقنجي المفزِعين، تحت قيادة قائدهم بالوراثة، ميخال بك، على الأراضي التي لا يزال الإمبراطور البيزنطي يحتفظ بها خارج أسوار المدينة، ناشرين النار والدمار داخل تلك الأراضي المنكوبة، من دون أي محاولة من البيزنطيين لتدارك الأمر أو الانتقام لما حدث. بدا جيش مراد عصيًّا على المقاومة، أما السُلطان فقد باشر الحصار بدرجة من المهارة والحيوية قل أن توجد في العمليات العسكرية التي يقوم بها مَن هم في مثل سنه. لقد أقام جسرًا على بُعد رمية قوس فقط من سور المدينة، ومده من البحر إلى القرن الذهبي، وذلك لمواجهة الجانب البري من المدينة بالكامل، وتألف هذا الاستحكام من الخشب القوي، وكُدست على طول واجهته أكمة كثيفة من الأتربة، لكي لا يُصاب جيش مراد بأذى جراء إطلاق الأسلحة النارية أو اصطدام الأحجار الثقيلة التي يمكن أن تُلقيها آلات المنجنيق البيزنطية. وبغطاء من هذا الخط، استحدث جيش مراد مهام الهجوم. فبُنيت أبراج متحركة لنقل مجموعات الاقتحام إلى أعلى أسوار المدينة، ودُفعت الألغام بمشقة إلى الأمام، واستخدم العثمانيون حينذاك لأول مرَّة مدفعًا لخرق الأسوار، إلا إن تأثيره لم يكن كبيرًا. ورغبة منه في زيادة الحماس وعدد المهاجمين، أعلن مراد عن أن المدينة وجميع كنوزها ستؤول إلى المؤمنين الصادقين الذين سيقومون باقتحامها، فتوافدت حشود المتطوعين المتحمسين إلى المعسكر للمشاركة في جني ثمار التقوى فضلًا عن الغنائم. كان من بين الجند عدد كبير من الدراويش، برئاسة ولي مشهور يُدعى «سيد بخاري»، أعلن اليوم والساعة المقدر له فيها قيادة المسلمين للاستيلاء على القسطنطينية. وبناءً عليه، قام سيد بخاري في الوقت المحدد،

بعد ساعة واحدة من ظهر يوم الاثنين، 25 من أغسطس عام 1422م، بقيادة الجيش العثماني إلى الهجوم. اشترط خمسمائة من هؤلاء الدراويش أن يكون نصيبهم من الغنيمة هو راهبات القسطنطينية النصارى، وهو ما شكَّل أملًا استمات من أجله المهاجمون. هاجم العثمانيون بشدة، وقاوم البيزنطيون بثبات على طول أسوار المدينة، لكن بالقرب من بوابة القديس «رومانوس» (Romanus) احتدمت المعركة على نحو أشرس. تحرك كلٌّ من النصارى والمسلمين بوازع من الحماس الديني، وثقة في أن أسلحتهم تتلقى المدد من قوة إلهية. وأخيرًا قال البعض إنهم عاينوا - واعتقد الجميع بحدوثه - تجليًا لعذراء في ثياب مُدَرَّجَة بالبنفسجي واللمعان المبهر، وهو ما يبدو أنه بَثَّ الذعر وسط أرتال المهاجمين. كانت هذه هي «الباناجيا» (the Panagia)[1]، العذراء المقدسة، التي هبطت لتوفير الحماية للخادمات المقدسات لتلك المدينة المسيحية من المعصية السافرة للنُّسَّاك المسلمين. أكد المحاصِرون أنفسهم هذه الأسطورة، ربما رغبةً منهم في إيجاد ذريعة ما لخسارتهم، إلى جانب قوة التحصينات وشجاعة المدافعين. فمن المؤكد أن الهجوم قد أخفق، وأن الحصار رُفع بعد ذلك بوقت قصير. فقد كان متوافقًا إلى حدٍّ ما مع شخصية مراد أن يتخلَّى عن حصار قام من أجله بتلك الاستعدادات الكبيرة القائمة على أسس علمية بسبب إخفاق واحد لم تُزهق فيه الكثير من الأرواح. وقد أدت الدسائس التي قام بها الإمبراطور البيزنطي إلى إشعال حرب أهلية جديدة في ممتلكات عدوه الآسيوية، فاضطر مراد - مثل جده بايزيد - إلى التخلي عن القسطنطينية، عندما بدا له أن المكسب والقتال من أجل الأمن، فضلًا عن الإمبراطورية، مكانه على الجانب الشرقي من مضيق البوسفور[2].

إلى جانب الأخوين الصغيرين اللذين سبقت الإشارة إليهما، كان لمراد شقيق آخر يُدعى «مصطفى»[3]، كان في آسيا الصغرى وقت وفاة والدهم. كان الأمير مصطفى يبلغ من العمر ثلاثة

(1) هو اللقب الشائع لمريم العذراء عند النصارى الأرثوذكس. (المترجم).

(2) لم يتطرق المؤلف إلى دور البندقية في إفشال هذا الحصار، الذي انتهز خلاله البنادقة الفرصة وقاموا بالتفاوض مع بيزنطة للسماح لهم بالسيطرة على سالونيك والمورة، وبالفعل تنازل الإمبراطور للبنادقة عن سالونيك التي كان يحاصرها العثمانيون في صيف عام 826هـ/ 1423م، فسارع العثمانيون إلى عقد الصلح مع بيزنطة في ربيع الأول 827هـ/ فبراير 1424م خشية تنازلهم عن القسطنطينية نفسها، وعليه وافق الإمبراطور على دفع جزية سنوية، فضلًا عن إعادة الأراضي التي كان قد استولى عليها بعد موقعة أنقرة على سواحل بحر مرمرة وبحر إيجة والبحر الأسود عدا بعض القلاع، ومن جانبهم التزم العثمانيون بعدم مهاجمة بيزنطة وتحولوا لمحاربة البندقية. انظر: خليل إينالجيك، تاريخ الدولة العثمانية من النشوء إلى الانحدار، ترجمة محمد الأرناؤوط (بيروت: دار المدار الإسلامي، 2002م): 34-35. (المترجم).

(3) أُطلق عليه «كوجوك مصطفى»، أي: «مصطفى الصغير»، تمييزًا له عن عمه. (المترجم).

عشر عامًا وقت وقوع هذا الحدث، فقام مرافقوه - جاهلين طبيعة مراد - بالهروب بأميرهم المسؤولين عنه إلى قرمانيا. كَبُر هذا الأمير هناك حتى بلغ سن النضوج، من دون أن يبذل مراد أي محاولة للنَّيل من حياته أو حريته. لكن بعد الإطاحة بعمه المفترض، ذلك المُدَّعِي مصطفى، استمع إلى اقتراحات ووعود المبعوثين الذين أرسلهم إليه آنذاك الإمبراطور البيزنطي. ومدعومًا ببعض القوات من قبل أميرَي قرمانيا وكرميان، قام مصطفى فجأة بغزو ممتلكات أخيه، جاعلًا نفسه سيدًا لعدة أماكن مهمة، وفرض حصارًا على بورصة. لكن السرعة التي زحف بها جيش مراد المخضرم والمُعدُّ جيدًا من أجل إنقاذ الموقف، أربكت كل المشروعات الوليدة لمصطفى. فقد تخلَّى عنه أولئك العثمانيون الذين انضموا إليه بعد أن حقق أول نجاحاته، وكان حلفاؤه البيزنطيون ضعفاء إلى حدٍّ بعيد عن مواجهة قوات مراد، فهرب الأمير المأسوف عليه بحياته، لكن جرت ملاحقته وأسره من بعض ضباط أخيه، الذين قاموا على الفور بإعدامه على أقرب شجرة، من دون إعطاء فرصة لسيدهم لممارسة أي عفو محفوف بالمخاطر، أو أن يصبح مشاركًا فعليًّا في القضاء على حياة أخيه.

هكذا انطفأت الحرب الأهلية على وجه السرعة. وفي عام 1424م عاد مراد إلى أوروبا، بعد أن أعاد إنشاء نظام متقن في أقاليمه الآسيوية، وأدَّب الأمراء المجاورين الذين شَجَّعوا الأعمال العدائية الأخيرة ضده. لم يحاصر مراد القسطنطينية مرَّة أخرى، لكنه قَبِل معاهدةً ألزم فيها الإمبراطور البيزنطي نفسه بدفع جزية سنوية قدرها ثلاثون ألف دوقية إلى السُّلطان، فضلًا عن تسليم «مدينة الزيتون» (the city of Zeitoun) («لايسيماشيا» (Lysimachia)) وسائر المدن الباقية على نهر «سترانيا» (Strania) («ستريمون» (Strymon)) والبحر الأسود، عدا «سليمبريا» (Selymbria) و«ديركوس» (Derkos).

قام مراد عام 1430م بمحاصرة سالونيك، ثم الاستيلاء على تلك المدينة المهمة التي خلعت ولاءها للإمبراطور ووضعت نفسها تحت حماية البنادقة، الذين كانوا آنذاك في عداوة مع السُّلطان[1]. وعلى الجانب نفسه جرى توثيق - في روايات تفصيلية لأعمال مراد - تعاظم

(1) استمر فرض الحصار البحري على مدينة سالونيك أو سلانيك لمدة طويلة، منذ أن تحول العثمانيون لمحاربة البنادقة بعد أن رفعوا الحصار عن القسطنطينية عام 1424م، وتمثلت هذه الحرب في الهجمات المتواصلة على المراكز البحرية المهمة في بحر إيجة، فضلًا عن استهداف السفن التجارية، وهو ما أدى في النهاية إلى إجبار المدينة على الاستسلام بسبب تخريب تجارتها، إلا إنه خلال الفترة التي هيمنت فيها البندقية على المدينة، يبدو أن سياسة الميل إلى العثمانيين قد نمت بشكل كبير داخلها، وانتشرت بين الكثير من قطاعات مجتمعها، من بينها الطبقات الدنيا. وقد ذكر دوكاس أن السُّلطات البندقية في المدينة ضبطت أعدادًا كبيرة =

قوى أخرى، وأعمال عدائية مع مختلف الأمراء الآسيويين. لكن الملامح الرئيسية لعهد هذا السُلطان العظيم تتجلَّى في صراعه الطويل مع الدول المولعة بالحرب على الحدود الشمالية والغربية من ممتلكاته الأوروبية. صراع اتسم بالعديد من التقلبات، وهو ما استدعى اتخاذ تدابير فعَّالة من قِبَل الخِصال الرفيعة لمراد نفسه، وكذلك خصميه الشهيرين، هونيادي بطل المجر، و«إسكندر بك» (Scanderbeg) بطل ألبانيا.

رأينا كيف كان مُهمًّا للإمبراطورية التركية في فترة نكبتها - التي تلت الإطاحة بالسُّلطان بايزيد - ما التزم به أمير الصرب، ستيفن لازاريفيتش، من صداقة وإخلاص راسخ لارتباطه بالبيت العثماني. غير أن هذا الأمير تُوفِّي عام 1427م، وخلفه «جورج برانكوفيتش» (George Brancovich)، الذي لم يكن مقيدًا بأي روابط شخصية تجاه العثمانيين مثل تلك الخاصة بسلفه، فعزم على إحراز مزيد من المكاسب لصالحه. أما المجريون، الذين أبقتهم ذكرى هزيمة نيقوبوليس المروعة متراخين في ظل ما أصابهم من تقطيع للأوصال وضعف مؤقت للقوى، فقد شعروا في ذلك الوقت أيضًا بانتعاش جديد لثقتهم في مهارتهم القتالية، واستيقظت غيرتهم بنمو السيادة التركية. إضافةً إلى ذلك، رأى البوسنيون بلادهم وهي تُجتاح تدريجيًّا من حدودها العسكرية التي ثَبَّت العثمانيون أقدامهم عليها في «سكوبي» (Scupi). وأدرك الألبان أن استقلالهم الوطني في خطر حينما أبصروا مواقعهم القوية: «آرجيرو-كاستروم» (Argyro-castrum) و«كرويا» (Croia)، وهي في حيازة مراد، فتحركوا بشكل إيجابي للعمل ضد العدو المشترك[1]. أما والاشيا فكانت حريصة على التحرر. وسَهَّلت كراهية القِرْمانيين المستمرة للعثمانيين، صرف أنظار السُّلطان عن خصومه المسيحيين في أوروبا، عن طريق إشعال الحرب والتمرد ضده في آسيا. مع ذلك، لم يكن هناك لسنوات عديدة أي تحالف عام قوي ضد السُّلطان؛ إذ شغلت

= من الأرستقراطيين الذين اشتُبه في تعاونهم مع العثمانيين، فقامت بترحيلهم إلى نجربونت وكريت والبندقية، وتشير بعض التقارير إلى أنه أثناء الهجوم العثماني على المدينة في عامَي 828 و829هـ/ 1425 و1426م، قام العديد من السكان بما في ذلك أشخاص جرى تعيينهم لحراسة جدران المدينة بالفرار إلى الجانب العثماني. انظر: سالم، السيطرة العثمانية: 46؛ Nevra Necipoglu, *Byzantium between the Ottoman and the Latins* (Cambridge University Press, 2009), pp. 49-50; Shaw, op. cit., p. 48؛ وعن تفاصيل اقتحام العثمانيين للمدينة، انظر: Speros Vryonis, "The Ottoman Conquest of Thessaloniki in 1430", in *Continuity and Change in Late Byzantine and Early Ottoman Society*, ed. by Anthony Bryer & Heath Lowry (Birmingham: Centre for Byzantine Studies-Washington D.C, 2007), pp. 283-288. (المترجم).

(1) Ranke's "Servia," p. 27.

سلسلة متباينة من القتال والمفاوضات الجزئية ما يقرب من عشرين عامًا، كان خلالها جيران السُّلطان من المسيحيين المختلفين في بعض الأحيان خصومًا له، وفي أحيان أخرى حلفاء له ضد بعضهم البعض. وأخيرًا انضم «لاديسلاس» (Ladislaus)، الملك الثالث لبولندا و«ليتوانيا» (Lithuania)، إلى التاج المجري، مُحْضِرًا معه قوة ومشروعًا جديدًا لخصوم السُّلطان. أعقب ذلك صراع شديد، هدد بالطَّرد المطلق للعثمانيين من أوروبا، لكنه أكد بعد ذلك هيمنتهم لقرون في تلك القارة، وتسبب في خضوع أكبر لأولئك الذين كانوا يسعون لتحرير أنفسهم من تفوقهم.

صُد مراد عن بلجراد عام 1442م. وقابل قادته الذين كانوا يحاصرون «هرمانستاد» (Hermanstadt)[1] في ترانسلفانيا، كارثة مضادة لا تزال هي الأشد؛ حيث ظهر هناك هونيادي الشهير لأول مرَّة في الحروب بين المجريين والأتراك. كان هونيادي ابنًا غير شرعي لملك المجر سيجسموند والسيدة إليزابيث مورسيني. تميَّز في شبابه المبكر في الحروب الإيطالية، ويُحتفى به من قِبَل «كومين» (Comines) في ذكراه تحت اسم «فارس والاشيا الأبيض». بعد عدة حملات في العالم المسيحي الغربي، عاد هونيادي لحماية وطنه الأم من العثمانيين. وفي عام 1442م قاد قوة صغيرة لكنها منتقاة لمساعدة هرمانستاد، وخطط لتحركاته ببراعة. وبمساعدة من الحامية التي قامت بالمباغتة في الوقت المناسب، استطاع هزيمة القائد التركي «مزيد» (Mezid) بك هزيمة تامة، مما أسفر عن مقتل عشرين ألفًا من قواته، ووقوعه هو نفسه في الأسر فضلًا عن ابنه والكثير غيره. لم يكن هونيادي أقل قسوة من أشرس القادة الأتراك، هكذا قُطِّع مزيد بك وابنه إربًا في حضوره. وكانت رؤية الأسرى الأتراك وهم يذبحون خلال المأدبة، واحدة من وسائل الترفيه الرئيسية في الاحتفالات المقامة بمناسبة انتصار المجريين.

أرسل مراد، جهاد الدين باشا بجيش قوامه ثمانون ألف رجل لملاقاة هونيادي والانتقام لهذا العار. لكن «الفارس الأبيض» - كما أطلق المسيحيون على هونيادي من لون درعه - التقى بجهاد الدين عند «فاساج» (Vasag)، وعلى الرغم من أن تعداد رجاله كان أقل بكثير، فقد استطاع دحر الأتراك كليًّا مُلحقًا بهم خسارة هي الأثقل حتى من تلك التي مُنوا بها قبالة هرمانستاد. ويُعدُّ العام التالي، 1443م، هو الأكثر ازدهارًا في سيرة هونيادي، أما بالنسبة إلى القوة العثمانية فقد وصلت خلاله إلى شفير الانهيار. تعاون آنذاك كلٌّ من الصربيين والبوسنيين وأمراء والاشيا

(1) هو الاسم الألماني لمدينة «سيبيو» (Sibiu) الرومانية الحالية، الواقعة على مسافة 275كم إلى الشمال الغربي من العاصمة بوخارست، أَطلق عليها الترانسلفانيون «هرمشتات» (Härmeschtat)، وكانت مركز إقليم ترانسلفانيا وأهم مدنه. (المترجم).

بشكل فعَّال مع الملك لاديسلاس ضد السُلطان. وأجبر الهجوم الذي قام به القِرْمانيون على الممتلكات العثمانية في آسيا، السُلطانَ على العبور إلى تلك القارة، ومواصلة الحرب هناك شخصيًّا، في حين ترك لقادته الدفاع عن إمبراطوريته في أوروبا أمام المجريين وحلفائهم.

كان الجيش الصليبي الذي غزا تركيا الأوروبية في حملة بارزة ذلك العام، أكثر الجيوش، التي جرى حشدها، إبهارًا منذ التقدم الذي أحرزه المجريون والخيَّالة الفرنسيون أمام بايزيد في نيقوبوليس. وقد استرشد به القادة الأبرز الذين أخرجهم العالم المسيحي في مواجهة العثمانيين. جلبت شهرة هونيادي متطوعين من جميع دول الغرب للخدمة تحت لوائه في الحرب المقدسة ضد المسلمين. وقد كُرِّست الجهود الأكثر نشاطًا التي بذلها البابا «إيوجينوس» (Eugenius) ومندوبه الكاردينال «جوليان» (Julian)، لمنح هؤلاء الأبطال الإيمان والحماس كما مُنحوا مسمى «صليبيين». عَبَر القسم الرئيسي من الحلفاء - الذين تألفوا بشكل أساسي من المجريين والصربيين والوالاشيين والقوات الألمانية - نهر الدانوب بالقرب من «سِمندره» (Semendra)[1].
تقدَّم هونيادي على رأس اثني عشر ألفًا من الفرسان المختارين إلى الأمام مقتربًا من أسوار نيش. تبعه الملك لاديسلاس والكاردينال جوليان بمرافقة البولنديين وجزء من القوات المجرية والصليبيين القادمين من إيطاليا. ربح هونيادي في الثالث من نوفمبر المعركة الأولى للحملة على ضفاف نهر مورافا، بالقرب من نيش. وقد تعرَّض جيش الأتراك الكبير للهزيمة فهرب إلى خارج البلقان، بعد أن خسر تسع قواعد وأربعة آلاف أسير وعدة آلاف من القتلى. تبع هونيادي العدو عن قرب، واستولى على مدينة «صوفيا» (Sophia)[2]، ومن ثَمَّ استعد لعبور البلقان والتقدم إلى فيليبوبوليس.

يُعَدُّ عبور البلقان مأثرة من المآثر، كما أنه قليل في التاريخ العسكري، مثله تقريبًا مثل عبور «الألب» (Alps)، الذي أضفى الكثير من البريق على هانيبال وشارلمان ونابليون[3]. لقد قهر الإسكندر حاجز البلقان عام 335 ق.م، وربما من خلال الطريق نفسه تسلل هونيادي من

---

(1) على مسافة أربعة وأربعين كيلومترًا جنوب شرق بلجراد. انظر: شمس الدين سامي، قاموس الأعلام، مج:4. 2629. (المترجم).

(2) أو صوفيه، عاصمة بلغاريا الحالية، وهي عند البلغار «ترياديتزا» (Triaditza)، وتقع على مسافة أربعمائة وثمانين كيلومترًا تقريبًا شمال غرب إستانبول، وقد استمدت المدينة اسمها من «صوفي» (Sophi) زوجة الإمبراطور جستنيان. انظر: المرجع السابق، مج.4: 2972؛ موستراس، القاموس الجغرافي: 334. (المترجم).

(3) لا يمكن اقتفاء أثر الحملات التي قام بها الفارسي «داريوس هيستاسبس» (Darius Hystaspis) (506 ق.م)، ونظيرتها التي قام بها الروسي «سفاتسلاوس» (Svatoslaus) (907م) في منطقة هايموس، أو التحقق منها.

الاتجاه المعاكس عام 1443م. وعَبَر مراد الأول البلقان عام 1390م. وقهر القائد الروسي «ديَبيتش» (Diebitsch) تلكم السلسلة الجبلية الشهيرة بالقرب من طرفها الشرقي عام 1827م. كان هونيادي وديَبيتش القائدين الوحيدين اللذين عبرا تلك السلسلة من الشمال إلى الجنوب، على الرغم من الاعتراض المسلح. غير أن حقيقة إنجازهما هذا تكمن في أن عملهما البطولي كان أمام العدو نفسه (على الرغم من كون الفترة الفاصلة تقارب القرون الأربعة). وعظمة النجاح الذي أحرزه كلٌّ منهما على السُلطة العثمانية، جعلت الشبه بين إنجازيهما أكثر جدارة بالملاحظة. وإذا كانت حملة البلقان التي قام بها هونيادي لم تُقدِّم شيئًا مساويًا للجرأة النبيلة التي ألقى بها ديَبيتش جيشًا ضعيفًا من الناحية العددية عبر الجبال إلى أدرنة، ثقة في التأثير المعنوي لمثل هذا الهجوم أثناء التعامل مع الأزمة، فإن المرور الفعلي الذي نَفَّذه القائد المجري في شهر ديسمبر 1443م، مَثَّل مشهدًا أكثر براعة في حرب الجبال، من ذلك الخاص بالماريشال الروسي عام 1829م، سواءً بسبب الزيادة الكبيرة في الصعوبات الطبيعية للمرور، الناجمة عن اختلاف الموسم، أو بسبب الأعداد المتفوقة على الجانب التركي، والتي واجهها هونيادي وتغلَّب عليها.

ثمة ممران، الذي يقع على الجانب الشمالي منهما تتقارب منافذه بعضها من بعض، واحد ناحية الغرب أُطلق عليه «ممر سولوردربند» (the defile of Soulourderbend)، والآخر ناحية الشرق سُمي «إيزلادي» (Isladi) أو «سلاتيزا» (Slatiza)، يقود عبر البلقان في الطريق المؤدي من صوفيا إلى فيليبوبوليس. وقد قام الأتراك الذين عملوا على صد عبور هونيادي، بتحصين هذين الممرين بأكوام من الصخور، وعندما رأوا اقتراب طليعة الجيش المجري، ظلوا يسكبون الماء طوال الليل أسفل المنحدر الجبلي، فتتجمد المياه حال سقوطها لتُشكل في الصباح سورًا من الجليد أمام الصليبيين. شجع هونيادي رجاله - غير عابئ بتلك العقبات فضلًا عن أسلحة العدو - بالكلام، وبالتسلُّق صاعدًا أمامهم كمثال يُحتذى، وذلك خلال الممر الغربي، حتى وصل إلى الجزء المتضمن لأعمال تراجان الرومانية القديمة، والتي منعت السير في هذا الطريق تمامًا. تراجع المجريون، لكن كان ذلك فقط من أجل التقدم إلى الممر الشرقي الأقل تحصينًا.

هناك، وأثناء ما تبقى من أيام الشتاء، خاض هونيادي وفرسانه معركة باسلة إلى الأعلى، أمام الأسهم والسيوف التركية، وسط مخاطر المنحدرات الجبلية والانهيارات والخوض في الثلوج المتراكمة والعجز المرير الذي يتسبب فيه البرد، تلك المخاطر التي تظل الأكثر صعوبة. على الرغم من ذلك انتصروا على كل شيء، واحتفل المجريون المبتهجون بيوم عيد الميلاد لعام 1443م في السهول الثلجية من السفوح الجنوبية للبلقان التي أُخضعت لهم.

قام الأتراك، الذين احتشدوا وتلقوا تعزيزات عند سفح جبل «كونوبيزا» (Cunobizza)، بقتال هونيادي، فهُزموا مرَّة أخرى. وكان مفاجئًا لنا قراءة أنه بعد هذا النصر الأخير، بدلًا من أن يقوم الجيش الصليبي بالدفع قدمًا إلى أدرنة، عاد إلى «بودا» (Buda)، حيث قام هونيادي بعرض غنائمه وأسراه أمام مواطنيه المبتهجين. يوجد هنا القليل من الإشارات الدالة على روح عالية مماثلة لتلك التي دفعت ديَبيتش فيما بعد، أو حتى لتحركات عسكرية أو سياسية مشتركة، لكننا قد نكون مجحفين إذا قمنا بتوجيه اللوم لبطل ينتمي إلى مَجَر العصور الوسطى لعجزه عن تحقيق هذا الهدف؛ فمثل هذا الجيش الذي قاده، كان مختلفًا تمامًا في الطاعة والانضباط عن القوات النظامية في العصر الحديث، أو حتى عن القوات التركية المناوئة التي كانت تعاصره.

حقَّق مراد نجاحًا شخصيًّا في آسيا، لكن الهزائم التي تكبدتها قواته في أوروبا، والتحالف القوي الذي تَشَكَّل ضده هناك، وَجَّه إليه إنذارًا خطيرًا؛ فسعى عن طريق التضحية بالفتوحات النائية عن مقره، إلى تأمين بقية ممتلكاته الأوروبية بالهدوء نفسه الذي كان قد أعاده إلى أقاليمه الآسيوية. وأُبرمت، بعد مفاوضات طويلة، معاهدة سلام لمدة عشر سنوات في «سِجدين» (Szegeddin)[1]، في 12 يوليو 1444م، تنازل السُّلطان فيها عن جميع ادعاءاته إزاء الصرب، واعترف بجورج برانكوفيتش ملكًا مستقلًّا، وتخلَّى عن والاشيا لصالح المجر، ودفع ستين ألف دوقية فديةً عن محمود جلبي، زوج أخته الذي كان قائدًا في مواجهة هونيادي وأُسر في أواخر الحملة. كُتبت المعاهدة باللغتين المجرية والتركية، حيث أقسم الملك لاديسلاس على الإنجيل، كما أقسم السُّلطان على القرآن، على مراعاتها بإخلاص ودين.

اعتقد مراد آنذاك أن مملكته أصبحت في سلام، وربما أمل هو نفسه، بعد سنوات عديدة من القلق والتعب، في تذوق نِعَم الطمأنينة. لقد خَبرناه حتى ذلك الحين رجل أفعال، فوجدنا سببًا كافيًا للإعجاب بقدرته وقوته في المجلس وفي الميدان. إلا إن مرادًا كان يتحلى أيضًا بمناقب أخرى تتسم أكثر باللين، لا يتحلى بها عادة من يعتلي عرشًا من عروش المشرق؛ حيث بدا لطيفًا حنونًا في كل علاقاته المتعلقة بحياته العائلية. وبدلًا من السعي إلى ضمان سلامته عن طريق إنهاء حياة اثنين من أشقائه الأصغر سنًّا، اللذين كان والدهما في غاية القلق بشأن مصيرهما، عاملهما بلطف واحترام مدة حياتهما، وأعرب عن أسفه بمرارة حيال خسارتهما حينما تُوفِّيا بالطاعون في قصرهما ببورصة. أما الأخ الآخر الذي حمل السلاح ضده، فقد قُتل

---

(1) تقع على الساحل الغربي من نهر تيسا بالمجر. فُتحت في عهد سليمان القانوني، وصارت مركز لواء بإيالة بودين، ثم إيالة أجرى. انظر: أوزتونا، تاريخ الدولة العثمانية، مج.2: 700. (المترجم).

من دون أوامر منه. ومن أجل أخته التي كانت متزوجة من أمير قرمانيا، غفر له الأعمال العدائية الغادرة التي هاجمه بها ذلك التابع للبيت العثماني. وتعاطف مع دموع أخت أخرى بكت لأسر زوجها، محمود جلبي، وتوسلاتها لإنقاذه من قوة هونيادي الرهيب، وهو ما تسبب بشكل كبير في سعي مراد إلى الحصول على تهدئة سِجدين. بعدما أبرم تلك المعاهدة، عَبَر إلى آسيا، وهناك واجه مصيبة كبرى، هي علمه بوفاة ابنه الأكبر علاء الدين، الذي اشترك معه في قيادة القوات العثمانية في آسيا خلال عمليات العام المنصرم. زادت مرارة هذه الفاجعة من نفور مراد - الذي كان قد اكتسبه بالفعل - من خُيلاء ولغط السُلطة، فقرر التنازل عن العرش لصالح ابنه الثاني، الأمير محمد، وقضاء ما تبقّى من حياته متقاعدًا في «مغنيسيا» (Magnesia)؛ لكنه لم يقضها في حرمان التقشف أو الاجتهاد المتشدد الخاص بالاعتكاف الإسلامي، مثلما خطط لقضاء حياته الخاصة، فهو لم يَزْدرِ الملذات الحسية؛ إذ كان مكان اعتزاله مُجَهَّزًا بما يلزم لكل متعة[1].

سرعان ما أدت أخبار تجدد الأعمال الحربية من قِبَل القوى المسيحية إلى إيقاظ ذلك المسلم الجسور، مثلما استيقظ «سيموكليس سبنسر» (Spenser's Cymochles) من عنفوان نعيمه. لقد استأنف ملك المجر وحلفاؤه القتال بروح الغدر التي سرعان ما تلقت جزاءً عادلًا. ففي غضون شهر من معاهدة سِجدين، قام البابا والإمبراطور البيزنطي بإقناع ملك المجر ومستشاريه بتأدية قَسَم يخرقون به نظيره الذي التزموا به تجاه السُلطان. وصَرَّحا بأن ضعف العثمانيين البادي، واعتزال مراد في آسيا، منحا فرصة للقضاء على الأتراك في أوروبا، وهو ما يجب استغلاله بشكل كامل. وقام الكاردينال جوليان بتهدئة هواجس الضمير التي أعرب عنها الملك الشاب لاديسلاس، عن طريق سلطته الروحية التي تمنح التبرئة والغفران باسم البابا، ومن خلال بلاغته في الأخذ بالفرضية الشائنة الشهيرة التي تقضي بأنه لا وفاء بالعهد مع غير المؤمنين. قاوم هونيادي طويلًا مثل هذه القناعات لخرق المعاهدة، لكن استرضاء ضميره تَأَتَّى

---

(1) أشار بعض المستشرقين - خلافًا لذلك - أن قصائد الشعراء وكتابات الأدباء والمفكرين تذكر أن مرادًا كان ينشد الحياة المثالية القائمة على التدين، كما فعل أجداده الغزاة الذين قضوا حياتهم في القراءة والكتابة والتصوف. وقد لاحظ الساسة الأجانب الذين كانوا يقومون بزيارته في بعض المناسبات أنه يستقبلهم في جناحه الخاص وليس في قاعات الاستقبال الرسمية، مما يشير إلى زهده في الحكم والبعد عن المظاهر والرسميات، وهو ما أكدته المصادر، فقد ذكر سعد الدين أفندي على سبيل المثال أن مرادًا: «بعد الوصايا والنصايح للوزراء وأمراء الدولة سار بنفسه ومن معه إلى مدينة أماسيه واستراح بها وأقبل على العبادة والتوجه إلى الله». انظر: حسين خوجه، بشائر أهل الإيمان، مج.1: 372؛ جون باتريك كينروس، القرون العثمانية قيام وسقوط الإمبراطورية التركية، ترجمة وتعليق ناهد إبراهيم دسوقي (الإسكندرية: منشأة المعارف، 2003): 98-99. (المترجم).

عن طريق وعد بجعله ملكًا مستقلًا على بلغاريا عندما يُستعاد ذلك الإقليم من الأتراك، مشترطًا فقط أن خرق المعاهدة يجب أن يؤجل حتى الأول من سبتمبر، ليس من أجل التخلص من أي تردد متبقٍ لديه في انتهاكها، وإنما من أجل أن يتمكن الحلفاء من حصد كل الفوائد الممكنة لذلك، عن طريق تمركز قواتهم بشكل آمن في المعاقل الصربية التي أخلاها العثمانيون امتثالًا صادقًا لتعهداتهم. وفي الأول من سبتمبر زحف الملك ومندوب البابا وهونيادي على الأتراك المشدوهين غير المستعدين، بجيش قوامه عشرة آلاف من البولنديين والمجريين. كان التهور الذي جعلهم يتوقعون تدمير القوة التركية في أوروبا بقوات بسيطة، مساويًا للخيانة التي قام عليها مشروعهم. هكذا تقدموا داخل والاشيا، حيث انضم إليهم بجنوده أمير ذلك البلد، «دراكول» (Drakul)، الذي رأى بعين الحكمة عدم كفاية الوسائل المتاحة للملك لاديسلاس لإنجاز هذه المهمة التي اضطلع بتنفيذها، معترضًا على أي تقدم أبعد من ذلك؛ مما أدى إلى خلاف شخصي بينه وبين هونيادي، جعل دراكول يستل سيفه في وجه القائد المجري، فعوقب بالحبس الذي لم يخرج منه إلا بعد أن تعهد بتقديم إمدادات جديدة من القوات ومساهمة كبيرة بالمال. وهكذا زحف الجيش الصليبي - في ثقة كبيرة بالنجاح - عابرًا نهر الدانوب، وسائرًا عبر بلغاريا إلى البحر الأسود، ثم تحرك جنوبًا على طول الساحل، حيث دمر الصليبيون الأسطول التركي في «كاونجيك» (Kaundjik)، وتلقوا استسلام العديد من الحصون، واقتحموا معقلَي: «سونيوم» (Sunnium)، و«بِزيتش» (Pezech). أما جنود الحاميات التركية لهذه المواقع فقد قُتلوا أو أُلقي بهم من أعلى المنحدرات. كان الهجوم التالي على «كافارنا» (Kavarna) التي جرى الاستيلاء عليها، وأخيرًا فرض الصليبيون حصارًا على مدينة «فارنا» (Varna)[1] الشهيرة.

كانت حيازة فارنا ضرورية في ذلك الوقت، كما هي الحال الآن، من أجل إحراز مزيد من التقدم للجيش المضطلع بالغزو للإمبراطورية التركية في أوروبا. كان هونيادي لا يزال ناجحًا، إذ استسلمت فارنا لسطوته. وكان الصليبيون المنتصرون قد عسكروا بالقرب منها حين تلقوا فجأة أخبارًا مروعة، علموا من خلالها أن الصبي محمدًا لم يعد خصمهم، بل السُّلطان مراد نفسه مرَّة أخرى[2]. وسمعوا أن أفضل محاربي تركيا الآسيوية قد احتشدوا معًا بناءً على استدعاء من

---

(1) أو وارنه، وسُميت قديمًا «أوديسوس» (Odyssus)، وهي مدينة وميناء بلغاري مهم على البحر الأسود. كانت مركز لواء وارنة التابع لولاية سِلستره، وتعد الآن ثالث أكبر المدن البلغارية. انظر: شمس الدين سامي، قاموس الأعلام، مج.6: 4657؛ موستراس، القاموس الجغرافي: 485. (المترجم).

(2) حين علم الوزير الأعظم جندرلي زاده خليل باشا بالتحركات الصليبية، قال لمحمد الثاني: «لا يمكننا مقاومة العدو إلا إذا اعتلى والدك السُّلطان مكانك»، فبعث محمد إلى والده يدعوه لاستلام العرش، إلا إن مرادًا =

عاهلهم المخضرم، وأن الجنويين الغادرين تلقوا رشوة لنقل مراد وجيشه البالغ أربعين ألفًا من الأشداء عبر مضيق البوسفور؛ بعد أن تقاضوا دوقية واحدة عن نقل كل جندي، وهو ما تسبب في حيرة للأسطول البابوي الذي وقف في مضيق الدردنيل مكتوف الأيدي. وسرعان ما هرع رسل آخرون إلى المعسكر الصليبي، ليعلنوا أن السُلطان قادم إليهم من دون توانٍ بقوات زاحفة، وأن جيش الإمبراطورية التركية على بُعد أربعة أميال من فارنا.

كانت معركة لا مفر من حدوثها، لكن الطريقة التي استعد من خلالها هونيادي لذلك أظهرت أن ثقته كاملة، حيث رفض النصيحة التي أسداها البعض في مجلس الحرب بإقامة استحكامات ومتاريس حول معسكرهم، لينتظروا هجوم السُلطان هناك. من أجل إحراز سبق على العدو المتقدم، فضلًا عن ميدان تَرِبٍ مناسب، أخذ الملك الشاب بالجرأة المتَّقِدة لقائده المفضَّل، وانفرط الجيش الصليبي من صفوفه وسار إلى الأراضي المستوية الواقعة إلى الشمال[1] من المدينة لمهاجمة السُلطان، الذي عزَّز معسكره هناك بعناية عن طريق خندق عميق وحواجز.

اصطف الجيشان للقتال عشية عيد القديس «ماثورين» (Mathurin)، الموافق للعاشر من نوفمبر عام 1444م. كان الجناح الأيسر للجيش الصليبي يتكوَّن أساسًا من قوات والاشيا. واصطف أفضل الجند المجريين على الجناح الأيمن، حيث وُجد أيضًا الصليبيون الفرنجة تحت إمرة الكاردينال جوليان. وكان الملك في القلب بصحبة الحرس السُلطاني والنبلاء الشباب من مملكته. وفي المؤخرة كانت القوات البولندية تحت إمرة أسقف بيتروارادين. أما هونيادي فقد تصرف كقائد أعلى لكامل الجيش. وعلى الجانب التركي تألَّف الخطان الأماميان من الفرسان والمشاة غير النظامية، وكان بكلربك الرُوملي آمرًا على الجناح الأيمن، وبكلربك الأناضول على الجناح الأيسر، وخَلْف خطوطهما في القلب اتخذ السُلطان موقعه بصحبة الإنكشارية والفرسان النظاميين من حرسه الشخصي. وُضعت نسخة من المعاهدة المنتَهكة على رأس رمح، ورُفعت إلى الأعلى بين الصفوف التركية كراية في المعركة وكمناشدة مرئية لإله الحق الذي يُعاقب من يحنث في يمينه. وفي اللحظة نفسها التي كان فيها الجيشان على وشك المواجهة،

= كتب إليه تحاشيًا لكسر سلطانه يبلغه أن الدفاع عن دولته من واجباته كسلطان، فكتب إليه محمد: «إن كنا نحن السُلطان فإننا نأمرك أن تأتوا على رأس جيشكم، وإن كنتم أنتم فتعالوا دافعوا عن دولتكم»، فما كان من مراد إلا أن اختار من الجيش أربعين ألفًا، وذهب إلى فارنا من دون أن يخلع ابنه، وهو ما تفاجأ به الصليبيون. انظر: أوزتونا، تاريخ الدولة العثمانية، مج.1: 126. (المترجم).

(1) ربما كان مراد قد اجتاز البلقان عن طريق الممر المؤدي من «آيدوس» (Aidos) إلى «برافادي» (Pravadi)، ثم سار شرقًا إلى فارنا، وهو من شأنه أن يقوده إلى مؤخرة هونيادي.

وقع نذير سوء أثار اضطراب الصليبيين، حيث اجتاحت صفوفهم ريح قوية مفاجئة، اقتلعت جميع راياتهم ملقية بها على الأرض، عدا راية الملك.

مع ذلك، يبدو أن بداية المعركة قد بَشَّرَتهم بنصر تام مجيد؛ حيث وضع هونيادي نفسه على رأس الجناح الأيمن، وحمل بقوة على القوات الآسيوية، فكسرهم وطردهم خارج الميدان. أما على الجناح الأيسر، فكانت قوات والاشيا ناجحة بالقدر نفسه أمام فرسان وعزب الرُّوملي. وتقدَّم الملك لاديسلاس بجرأة مع قلب الجيش الصليبي. ورأى مراد هزيمة الصَّفَّين الأولين من جيشه، والفوضى التي كانت تنتشر بين الصفوف من حوله، فأصابه القنوط من مصير هذا اليوم، وأدار فرسه من أجل الفرار. ولحُسن حظ آل عثمان، أن «قره جه» (Karadja)، بكلربك الأناضول، الذي تراجع إلى القلب مع بقية جناحه المهزوم، كان بالقرب من السُّلطان في هذه اللحظة الحرجة، فأمسك بلجام سيده وناشده خوض المعركة إلى النهاية. فقام قائد الإنكشارية، «يازيدزي طوغان» (Yazidzi Toghan) - ساخطًا على مثل هذا الانتهاك لقواعد الآداب - بإشهار سيفه لضرب هذا البكلربك الذي لا يراعي الرسميات، لكنه أطيح به نفسه بواسطة سيف مجري. كانت رباطة جأش مراد قد خانته للحظة، إلا إنه قام في التوِّ ببث الشجاعة في إنكشاريته للصمود أمام الهجوم الصليبي. وعلى الجانب الآخر، حارب الملك لاديسلاس بشجاعة في خضم قتال كثيف، لكن قُتل فرسه من تحته، وعندئذٍ تمت محاصرته والتغلب عليه، فأراد أن يُسلِّم نفسه أسيرًا، لكن العثمانيين أقسموا - من سخطهم على خرق المعاهدة - على عدم منح أي رحمة. فقام الإنكشاري القديم، «خوجه خيري» (Khodja Khiri)، بقطع رأس الملك المسيحي، ووضعه على رمح صار قرينًا رهيبًا للرمح الذي لا تزال على رأسه المعاهدة المنتهكة تُطل من علٍ. وبعودة هونيادي مع جناحه الأيمن منتصرًا، هاجم الإنكشارية بلا جدوى، وسعى على الأقل إلى إنقاذ تلك الغنيمة المريعة من بين أيديهم. وأخيرًا هرب في يأس مع حطام القوات التي كان يقودها بنفسه، فضلًا عن الوالاشيين الذين تجمعوا من حوله. وتعرَّضت مؤخرة الجيش المجري التي خَلَّفها قادتهم، لهجوم الأتراك في صباح اليوم التالي، وقُتلوا عن بكرة أبيهم تقريبًا. وإضافةً إلى الملك المجري، لقي الكاردينال جوليان، صاحب فكرة خرق المعاهدة والمتسبب في هذه الحملة الكارثية، حتفه في فارنا تحت السيوف التركية، جنبًا إلى جنب مع «ستيفن باهوري» (Stephen Bahory)، وأسقفَي: «إيلاو» (Eilau)، و«جروسواردين» (Grosswardein). لم تؤدِ هذه الهزيمة إلى الانهيار الفوري للمجر، لكنها كانت قاضية بالنسبة إلى جيران العثمانيين من السلافيين الذين انضموا إلى الملك المجري ضدهم. هكذا استعاد

المسلمون الصرب والبوسنة بشكل كامل[1]. وتسارعت وتيرة انهيار تلك الدول المسيحية المنضوية تحت عباءة الكنيسة اليونانية بسبب التعصب الديني الذي كانوا يُعامَلون به من أبناء دينهم من المسيحيين المجريين والبولنديين الذين اتبعوا البابا وأبدوا الكراهية للكنيسة اليونانية باعتبارها مهرطقة. ثمة تراث صربي يروي أن جورج برانكوفيتش سأل هونيادي ذات مرَّة عما ينتوي القيام به في سبيل الدِّين إذا تمكَّن من إحراز النصر، فأجاب هونيادي بأنه سَيُجبِر البلاد على اعتناق دين الروم الكاثوليك. وعندئذ سأل برانكوفيتش السؤال نفسه للسلطان، فأجاب بأنه سيبني كنيسة قرب كل مسجد، ويترك للناس الحرية بين الركوع في المساجد أو التصليب في الكنائس، وفقًا لمعتقدات كلٍّ منهم. وهكذا اعتقد مَن سمع هذا من الصربيين، أنه من الأفضل الخضوع للأتراك والاحتفاظ بدينهم القديم بدلًا من قبول الشعائر اللاتينية[2]. وهو تراث يُعَبِّر عن واقع قد تشير إليه أدلة تاريخية كثيرة. وكذلك في البوسنة تسبَّب التعصب لكنيسة روما والدعوة إلى حرب صليبية ضد طائفة «الباتاريين» (Patarenes)[3] التي كانت تنتشر على نطاق

(1) كانت حملة فارنا الصليبية بمنزلة المحاولة الأخيرة للغرب الأوروبي في سبيل إنقاذ القسطنطينية ومساعدتها على الصمود من خلال رد العثمانيين عن أوروبا، إلا إنها جاءت بنتيجة عكسية؛ حيث أدت إلى عزل القسطنطينية تمامًا عن الدول والإمارات الأوروبية بعد فتوحات مراد في البلقان التي أعقبت المعركة، وهو ما كان من الأسباب المباشرة لفتحها في عهد محمد الثاني. انظر مزيدًا عن صليبية فارنا: Shaw, op. cit., pp. 51-53; Colin Imber, *The crusade of Varna, 1443-45* (USA, 2006); Martin Chasin, "The crusade of Varna", in *A History of the crusades*, Vol. VI (London, 1989), pp. 276-310؛ داليا محمد خيري، العلاقات الخارجية للدولة العثمانية في عهد السُّلطان مراد الثاني (824-855هـ/ 1421-1451م)، رسالة ماجستير غير منشورة (الزقازيق: معهد الدراسات والبحوث الآسيوية - جامعة الزقازيق، 2011م): 120-129. (المترجم).

(2) Ranke's "Servia," p. 80.

(3) هم المنتمون إلى حركة «البوجوميل» (Bogomil) الدينية التي ظهرت في بلغاريا بين عامَي 927 و970م، نسبة إلى الكاهن بوجوميل، وانتشرت في شرق أوروبا وفي الأراضي البيزنطية آنذاك، كردة فعل للاضطهاد الذي مارسته الكنيسة الشرقية للتنصير القسري على مذهبها لشعوب السلاف والبلغار، وقد تأثرت هذه الحركة بالحركات المهرطقة التي كانت موجودة في الأراضي البلغارية قبل انتشار المسيحية، مثل الزرادشتية والمانوية، لتخلق هرطقة مسيحية جديدة هي مزيج من تلك الهرطقات، وانتشر البوجوميل واستقروا بشكل أكبر في الصرب، بيد أنهم تعرضوا إلى اضطهاد عنيف مع نهاية القرن الثاني عشر دفعهم إلى النزوح والاستقرار في البوسنة تحت مسمى «الباتاريين»، أي: «الضالين»، لكنهم لاقوا اضطهادًا شديدًا من ملك البوسنة والقساوسة هناك، وهو ما دفعهم في القرن الخامس عشر إلى الاستغاثة بالأتراك، فدخلت منهم جموع غفيرة في الإسلام، ومن تبقى منهم أسلم بعد ذلك تدريجيًّا. انظر مزيدًا عنهم: أرنولد، الدعوة إلى الإسلام: 226 وما يليها؛ Mitja Velikonja, *Religious Separation and Political Intolerance in Bosnia-Herzegovina*, transl. Rang'ichi Ng'inga, (Texas A&M University Press, 2003). (المترجم).

واسع في هذا البلد، في ضم إقليم حدودي مهم بشكل سريع وكامل للإمبراطورية العثمانية. ويُقال إن سبعين من حصون البوسنة فتحت أبوابها للأتراك في غضون ثمانية أيام، وأُبيد البيت الملكي البوسني، واعتنق الإسلام العديد من كبار نبلائه تجنبًا لمعاناة مماثلة[1].

أُحْبِطَت مشروعات مراد للاعتزال، بسبب ضرورة استئناف سلطته كعاهل لإنقاذ الإمبراطورية العثمانية من المجريين وحلفائهم. وبعد الضربة الحاسمة التي وجهها إلى أعداء أمته في فارنا، سعى السُلطان مرَّة ثانية إلى نيل هدوء الحياة الخاصة، لكنه اضطر من جديد إلى استئناف أعباء الدولة. ففي عام 1445م، تخلَّى عن العرش مرَّة ثانية لصالح ابنه، وطفق عائدًا إلى ملاذه المترع بالملذات في مغنيسيا. إلا إن القبضة الصغيرة لمحمد كانت غاية في الضعف لكبح جماح العسكر التركي الشرس؛ إذ أظهر الإنكشارية تمردهم العنيف في أعمال السلب والنهب والقتل، وفي مطالباتهم المتغطرسة بزيادة الأجور، مما هدد بعصيان مفتوح وحرب أهلية. فرأى رجال الدولة المخضرمون الذين وضعهم مراد مستشارين حول ابنه، ضرورة استدعاء سيدهم القديم للقبض على زمام الإمبراطورية. وبالفعل، استجاب مراد لمناشداتهم، وسارع إلى أدرنة معلنًا نفسه للشعب والجيش سلطانًا عليهم من جديد. فرُحب به بطريقة مفعمة بالنشوة، حيث جرت فورًا معاقبة رؤوس الاضطرابات الأخيرة، وإصدار عفو حكيم للجماهير، واستعادة النظام بشكل كامل في البلاط والمعسكر. أما الأمير الشاب محمد، الذي تذوق السُلطة العليا مرتين خلال اثني عشر شهرًا، وأُجبر مرتين على الاستقالة منها، فقد أُرسل إلى مغنيسيا، ليظل هناك حتى يصير أكثر نضوجًا، وقادرًا بشكل أكبر على تولِّي الحكم. لم يغامر مراد مرَّة ثالثة بتجربة التنازل عن العرش، غير أنه نال ثناءً كبيرًا بوصفه العاهل الوحيد على الإطلاق الذي تنازل عن العرش مرتين، وعاد إلى حياته الخاصة بعد أن تَعَلَّم من خلال التجربة ذلك التناقض بين تلك الحياة وبين حيازة العرش.

تميزت الأعوام الستة المتبقية من حياة مراد وحكمه بحملة ناجحة على المورة وأمرائها الصغار، الذين أصبحوا تابعين للعثمانيين، هذا فضلًا عن هزيمة كبيرة ألحقها بخصمه الكبير هونيادي في كوسوفا، بعد معركة استغرقت ثلاثة أيام في أكتوبر عام 1448م. أما في ألبانيا فكان أعثر حظًّا. فخلال الجزء الأخير من عهد مراد، تم تحدي سلطته والنَّيل من كبريائه مرارًا من قِبَل الشهير، «جورج كاستريوت» (George Castriot)، الذي أطلق عليه الأتراك

(1) لم يحدث انحلال كامل للصرب والبوسنة حتى عهد محمد الثاني، خليفة مراد، إلا إن «رانك» (Ranke) (''History of Servia,'' p. 78) يتناول ذلك بشكل صحيح كنتيجة لمعركة فارنا.

«إسكندر بك» (Scanderbeg)، أو «السيد ألكسندر» (Lord Alexander)، وهو الاسم الأكثر شهرة في التاريخ.

كان والد هذا البطل، جون كاستريوت، لورد «إمالثيا» (Emalthia) (إقليم «موغليني» (Moghlene) الحديث)، قد خضع لمراد في مستهل حكمه، مثل أمراء تلك المناطق الصغار الآخرين، ووضع أبناءه الأربعة في يد السُّلطان كرهينة مقابل إخلاصه. مات ثلاثة منهم في صغرهم، أما الرابع الذي حمل اسم «جورج»، فقد أدخل السرور على مراد بجماله وقوته وذكائه، فأمر مراد أن ينال تربيته في إطار العقيدة الإسلامية. وحينما بلغ الثامنة عشرة من عمره، أسند إليه حُكم أحد سناجق الإمبراطورية؛ فما كان من الألباني الصغير إلا أن أثبت شجاعته ومهارته في كثير من الأعمال المميزة تحت عين مراد، وحصل منه على اسم «إسكندر بك»، أو «السيد ألكسندر». وعندما تُوفِّي جون كاستريوت، تسلَّم مراد حيازة مقاطعاته، وأبقى ابنه باستمرار عاملًا في حروب بعيدة. تفكَّر إسكندر بك طويلًا في هذا الأمر المجحف، حتى إذا هُزمت الجيوش التركية على يد هونيادي في حملة عام 1443م، قرر إسكندر بك الهروب من جانبهم، واضطلع بحيازة إرثه بالقوة. هكذا دخل فجأة إلى خيمة كبير أمناء السُّلطان، حيث أجبر ذلك الموظف، بوضع خنجر على رقبته، على كتابة وختم أمر رسمي إلى القائد التركي لمدينة كرويا القوية في ألبانيا، يقضي بتسليم المدينة والأراضي المتاخمة لها إلى إسكندر بك، نائبًا عن السُّلطان، ثم طعنه وسارع إلى كرويا؛ حيث استطاع عن طريق خدعته أن يحوز القبول والخضوع الفوري. وحينذاك تبرأ في التوِّ علنًا من العقيدة الإسلامية، وصرَّح عن نيته في الدفاع عن عقيدة أسلافه، واستعادة استقلال وطنه؛ فتوافد السكان المسيحيون بسهولة تحت رايته، وذُبح الأتراك بلا رحمة. ولِمَا يقرب من خمسة وعشرين عامًا، ناضل إسكندر بك أمام كل القوى العثمانية، على الرغم من القيادة الماهرة لمراد وخليفته محمد، فاتح القسطنطينية. وقد عملت الطبيعة البرية والجبلية الصعبة للمدينة التي احتلها إسكندر بك على مساعدته ماديًّا في المقاومة الطويلة، وبالتالي فإنه عارض انتصار الأتراك في أماكن أخرى. غير أن عبقريته العسكرية لا بدَّ أنها كانت رفيعة، فنحن نعتقد إلى حدٍّ بعيد – من دون الاعتماد فقط على أساطير بطولته الشخصية – أن ذلك القائد المفضَّل عند ساكني الجبال الألبان، لا بدَّ أن يكون قد أبدى مهارة وجرأة غير عادية في حرب العصابات التي حَيَّر بها الأتراك بشكل رئيسي، وربما امتلك قوة ونشاطًا قل أن يُنسبا

إلى كثير من الرجال[1]. وأكبر شاهد على بسالته تلك، ذلك التقدير الخرافي الذي أولوه إياه عندما قاموا باحتلال «ليسا» (Lissa) في الأراضي البندقية، حيث اعتزل إسكندر بك ألبانيا في النهاية، وتُوفِّي عام 1467م[2]. لقد فتح الجنود الأتراك قبره قسريًّا، باحثين بشغف عن أجزاء من عظامه لارتدائها كتمائم، ظنًّا أنهم سيتواصلون بذلك مع روح باسلة تشبه روح ذلك البطل، التي كانت متعلقة بجسده البشري في يوم من الأيام.

وبينما كان إسكندر بك يقاتل السُّلطان في شبابه، تُوفِّي السُّلطان قبل وقت طويل من وفاة ذلك الألباني الجسور، الذي كان يومًا ما تلميذه المفضَّل في فن الحرب، ثم أصبح أكثر خصومه عنادًا. لفظ مراد أنفاسه الأخيرة في أدرنة عام 1451م، بعد أن حكم أمته ثلاثين عامًا بعدل وشرف. ويشهد على صفاته النبيلة المؤرخون اليونانيون كغيرهم من المؤرخين الأتراك. ودُفن في بورصة، حيث كتب مؤرخنا القديم «نولز» (Knolles)، عام 1610م، يقول من جوار ضريحه: «إنه يرقد هنا الآن في مُصَلًّى بلا سقف، لا يختلف قبره عن قبور عامة الأتراك، وهو ما قالوا إنه أمر به في وصيته الأخيرة، عَلَّ رحمة الله وبركته تحلان عليه مع بزوغ الشمس والقمر، ومع سقوط المطر والندى من السماء على قبره».

---

(1) وفقًا للمصادر التي استخدمها «نولز» (Knolles) ونَقَّحَها، كان إسكندر بك «يقاتل الأتراك دائمًا بذراع عارية، وأنه مع هذه الضراوة، كانت الدماء تتفجر من شفتيه في كثير من الأحيان. وقد كُتب أنه قتل ثلاثة آلاف تركي بيده في زمن حروبه عليهم». إن واحدًا من أفضل الأقوال التي طرحها نولز في تاريخه، الموجود في ص198 من المجلد الأول؛ حيث يضع على لسان الجندي التركي: «ندًّا جسورًا مفعمًا بالحيوية وقاسيًا»، في مواجهة تهديدات إسكندر بك، في «سفيتجراد» (Sfetigrade). فقد دعا الأتراك رسل إسكندر بك لإخبار سيدهم أنه «إذا كان يسعى إلى فرض تلك الشروط علينا، فدعوه مرَّة أخرى يكشف عن ذراعه تلك التي لا يخافها الرجال ذوو الشجاعة كثيرًا كما يظن». عندما كان «بايرون» (Byron) صبيًّا، كان - مثل «جونسون» (Johnson) - مولعًا بقراءة نولز، لذا فإن صورة إسكندر بك هذه قد انطبعت مؤكدًا في ذهنه عندما وصف الألب في «حصار كورينثه».

(2) ذكر المؤلف تاريخ وفاته عام 1567م سهوًا أو خطأً. (المترجم).

الفصل الخامس

عهد محمد الثاني وشخصيته - حصار القسطنطينية وفتحها - فتوحات أخرى في أوروبا وآسيا - الإخفاق أمام بلجراد - فتح القِرْم - الهجوم الفاشل على رودس - الاستيلاء على أوترانتو - وفاة محمد.

الفصل الخامس[1]

لُقِّب محمد الثاني مِنْ قِبَل مواطنيه بلقب «الفاتح». كان عمره واحدًا وعشرين عامًا حين تُوفِّي والده، وقد وصله هذا الخبر في مغنيسيا، حينما أرسل إليه الوزير الأعظم رسولًا من أدرنة، فانطلق بعدها فورًا على صهوة جواده العربي هاتفًا: «مَن كان يحبني فليتبعني»، مندفعًا بسرعة تجاه شاطئ الدردنيل. وفي غضون أيام قليلة جرى تنصيبه رسميًّا. أظهر أول أعماله السُّلطوية أن روحًا مختلفة عن روح مراد ستتولى الآن أمور السُّلطة العثمانية. كان مراد قد ترك ابنًا صغيرًا لا يزال رضيعًا، من زوجته الثانية أميرة الصرب، فما لبث محمد أن أمر بإغراق أخيه الرضيع في حوض[2]. ونُفِّذ ذلك الأمر القاسي في الوقت ذاته الذي كانت فيه الأم التعسة تُقدِّم تهانيها إلى القاتل على توليه جاهلة هلاك طفلها. أدرك محمد مدى الرعب الذي تسببت فيه فظاعة هذا العمل بين رعاياه، فسعى إلى درء ذلك عن نفسه بالتأكيد على أن المسؤول الذي أغرق الأمير الرضيع قد تصرَّف من دون أوامره، ومن ثَمَّ قام بإعدامه بزعم الخيانة. لكنَّ محمدًا نفسه، عندما أعلن بعد سنوات أن ممارسة قتل الإخوة من السلالة الحاكمة هي قانون لازم للدولة، اعترف بشكل واضح بأنه ساهم في ذلك بأول حادثة قتل في حكمه السُّلطاني.

كان قد تجاوز تمامًا آنذاك قصور العقل المنسوب إلى الصِّبية، الذي جعله غير ملائم للعرش حين تولاه مرتين من قِبَل والده قبل ست سنوات. وهو يُصَنَّف من بين أكثر السلاطين العثمانيين براعة ومقدرة وشجاعة. وكانت ميزاته أيضًا كرجل دولة بعيد النظر، ومُشرِّع واسع العقل، لا يمكن إنكارها، كما لا يمكن إنكار مواهبه العسكرية. وكان أيضًا عقلانيًّا متحمسًا لكل إشباع فكري، وقد امتلك قدرات أدبية وتحصيلية عالية بشكل غير

---

(1) See Von Hammer books 12 to 18.

(2) حادثة ليس لها أصل تاريخي، فالكثير من المؤرخين، حتى الأجانب منهم، كالمؤرخ «كانتمير» (Kantemir)، ذكروا أن السُّلطان مراد الثاني عندما تُوفِّي كان جميع أبنائه قد تُوفُّوا عدا الأمير محمد، ومن بينهم الأمير أحمد المذكور. انظر: كوندز وأوزتورك، الدولة العثمانية: 140؛ زياد أبو غنيمة، جوانب مضيئة في حياة العثمانيين الأتراك (عمان: دار الفرقان، 1403هـ/ 1983م): 178-186. (المترجم).

عادي. لكن مع كل هذه الصفات المجتمعة، نجد فيه مبلغًا من القسوة والغدر والشهوة الثائرة، قَلَّما تَصِم الطبيعة الإنسانية لشخص واحد[1].

قبل أن يتقلد محمد سيفَ عثمان بثلاث سنوات، تُوِّج «قسطنطين الحادي عشر» (Constantine XI) إمبراطورًا للقسطنطينية؛ ذلك الأمير الذي لقيت بطولته مجدًا آفلًا في ختام سلسلة قاتمة طويلة من أحداث التاريخ البيزنطي. لقد تقلصت الإمبراطورية الرومانية في الشرق في ذلك الوقت إلى عدد قليل من المدن والمقاطعات الهزيلة خارج أسوار العاصمة، إلا إن المدينة في حدِّ ذاتها كانت تُعَدُّ غنيمة رفيعة تكفي لإغراء طموح وإثارة عداء أقل النفوس طموحًا وانعدامًا للضمير من تلك الخاصة بنجل مراد. شعر العثمانيون أن القسطنطينية هي العاصمة الطبيعية الصحيحة لإمبراطوريتهم، فحين تكون في أيدي غيرهم، لا يمكن التواصل أبدًا بين أقاليمهم الأوروبية والآسيوية بشكل آمن. واستحواذهم عليها سوف يوطد سُلطتهم ويكسوها بالعظمة التي لا تزال قائمة على مدار أسوارها، تلك الأسوار التي طَوَّقت المقَر المختار للإمبراطورية الرومانية لما يقرب من ألف ومائة عام.

سارع قسطنطين بإبداء العداء للسلطان الشاب؛ إذ يبدو أن سوء تقديره قد جعله يحكم على شخصية محمد بالعجز عن تولِّي دفة الحكم، لما أظهره الأخير حينما كان في الرابعة عشرة من عمره المبكر. هكذا أرسل قسطنطين سفارة للمطالبة بزيادة الراتب الذي كان يُدفع للبلاط البيزنطي للحفاظ

---

(1) أجمعت المصادر على ما تحلَّى به السُّلطان محمد الثاني من فضائل وأخلاق، وعدالة حتى مع خصومه، ونشأته الدينية التي حرص عليها والده، وشيوخه الذين كانوا يلازمونه حتى في اتخاذ القرار، وعلى رأسهم الشيخ آق شمس الدين، الذي يُعده المؤرخون الفاتح المعنوي للقسطنطينية، إلا إن كثيرًا من المؤرخين الأوروبيين - خصوصًا مَن عاصروا الحكم العثماني - تأثروا أيما تأثر بما استقر في وجدان الغرب عمومًا عن السُّلطان محمد؛ إذ لم يُهدِّد سلطانٌ من السلاطين أو حاكمٌ من الحُكام عروشَهم بهذه الصورة، ويقض مضاجعهم على هذا النحو. فخلال ثلاثين عامًا حكمها لم يكن تأثيره منحصرًا في فتح القسطنطينية، أعظم مدنهم قاطبةً، بل امتدت فتوحاته حتى شارفت جيوشه في نهاية الأمر على دخول إيطاليا وفتح روما كما كان يتمنى، إلا إن الأجل لم يمهله. وحينذاك فرحت أوروبا بموته كما لم تفرح بموت أحدٍ من الحُكام المسلمين. وهذا ما شكَّل في وجدان الغرب تلك الصورة العدائية لهذا السُّلطان، على الرغم من اعترافهم، هم أنفسهم، بتسامحه وأعماله الجليلة. وهنا يمكنك أن ترى ذلك التناقض الكبير لصورة محمد الفاتح التي تُجسِّدها كتاباتهم. وسنرى هنا أن المؤلف لم يترك نقيصة أو عملًا شائنًا إلا ونسبه إلى هذا السُّلطان، من دون دليل واضح سوى ما كتبه بعضٌ ممن عاصروا الأحداث من الصليبيين، الذين امتلأت كتاباتهم بالسب واللعن؛ لا لشيء إلا لشعورهم بالبغض والعداء. لذا كان من الواجب علينا إبراز هذا الأمر حتى لا يُسلِّم قارئ هذه السطور بكل ما أورده المؤلف، وهو ما يصل إلى حدِّ التلفيق في بعض الأحيان. (المترجم).

على حفيد سليمان، الابن الأكبر للسلطان بايزيد. كان هذا الشخص، الذي يُدعى «أورخان»، في اعتزال واضح منذ فترة طويلة، لكنه كان محتجَزًا بشكل فعلي في القسطنطينية. وقد ألمح السفراء إلى أنه في حالة عدم الامتثال لمطالبهم، فسيعمل الإمبراطور البيزنطي فورًا على إطلاق سراحه، لينافس محمدًا على العرش التركي. أجاب محمد بكياسة مصطنعة، في حين كان يعمل على قمع بعض الاضطرابات في آسيا الصغرى. لكن الوزير الأعظم المُسِن، خليل، حَذَّر البيزنطيين - بحدة غاضبة - من حماقة سلوكهم، والفارق الذي سيشهدونه قريبًا بين الطموح الشرس لذلك السُّلطان الشاب، وبين الرفق المعتدل لسلفه. كان محمد قد عزم بالفعل بكل طاقاته على غزو العاصمة البيزنطية، وقرر تأمين نفسه ضد أي اضطراب أو انقسام في قواته أثناء اضطلاعه بهذا المشروع العظيم. لقد وَفَّر التأمين الكامل لأراضيه في آسيا، وأجرى هدنة لمدة ثلاث سنوات مع هونيادي، الذي كفل له منع أي هجوم من الشمال الأوروبي، ثم طرد بازدراء عملاء الإمبراطورية الذين حصلوا على عائدات الأراضي المخصصة للحفاظ على أورخان، وبدأ في بناء حصن على الجانب الأوروبي من مضيق البوسفور، أعلى القسطنطينية بنحو خمسة أميال، على أضيق نقطة من المضيق، يقابل مباشرة الحصن الآخر الذي بناه بايزيد يلدرم على الشاطئ الآسيوي [1]. احتج قسطنطين عبثًا على هذه الاستعدادات الواضحة لفرض الحصار على مدينته. وجرى تشجيع العثمانيين الذين يشغلون المهن على ارتكاب عنف ضد الفلاحين اليونانيين، وسرعان ما أدى هذا إلى صراعات بين مجموعات مسلحة على كلا الجانبين. أغلق قسطنطين أبواب مدينته في ذعر، وأرسل سفارة أخرى إلى السُّلطان من أجل الاعتراض، بيد أن السُّلطان أجابه بإعلان الحرب؛ حيث بدا واضحًا آنذاك أن صراع الإمبراطورية البيزنطية من أجل البقاء يقترب بسرعة.

بدأ كلا الطرفين خلال خريف وشتاء عام 1452م في استعدادات جادة للحصار، الذي كان من المقرر أن يُباشَر في الربيع المُقبل من قِبَل أحدهما، وأن يُقاوَم من الآخر. حشد محمد

---

(1) هذا الحصن هو: قلعة «رُوملي حصار»، التي عن طريقها قُطعت تمامًا عن المدينة خطوط الإمدادات الآتية من البحر الأسود، وفي الوقت نفسه تأكَّد وصول تعزيزات الجيش العثماني من الأناضول من دون عوائق تُذكر. وقد شُيدت القلعتان: رُوملي حصار، وأناضولي حصار، عند أضيق نقطة في المضيق، والتي يبلغ اتساعها 660 مترًا، ومن ثَمَّ لم يكن لأي سفينة أن تمر بين البحرين المتوسط والأسود تحت النيران المتقاطعة للمدافع العثمانية المثبتة على الطرفين. وعليه يُعدُّ السُّلطان محمد الفاتح المؤسسَ الفعلي لنظام حصار المضايق الذي استُخدم بعد ذلك في الكثير من الحروب. انظر: أوزتونا، تاريخ الدولة العثمانية، مج.1: 131-132؛ نيقولا فانتان، «صعود العثمانيين (1451-1512م) »، في: تاريخ الدولة العثمانية، مج.1، إشراف روبير منتران، ترجمة بشير السباعي (القاهرة، 1993م): 117. (المترجم).

أفضل قوات إمبراطوريته في أدرنة، لكن الاستيلاء على القسطنطينية، تلك المدينة العظيمة القوية، يتطلب ما هو أكثر بكثير من مجرد عدد من الجنود، إذ لا بدَّ من التدريب والتسليح الجيد للاشتباكات أو خوض ميادين المعارك. وُظفت المدفعية سابقًا في بعض الأحيان من قِبَل الجيوش التركية والمسيحية على حدٍّ سواء، إلا إن محمدًا أعد آنذاك مدافع أكثر عددًا وأكبر حجمًا، على الإطلاق، مما شُوهد في الحروب من قبل. كان هناك مهندس مجري يُدعى «أوربان» (Urban)، تخلَّى عن الخدمة التي تُقابَل بالجحود والأجور الهزيلة من البيزنطيين، أمام المكاسب الطائلة والتكريم الذي يكافئ به السُلطان مَن يساعده في الغزو. هكذا قام أوربان بصنع مدفع عظيم الحجم بالنسبة إلى الأتراك، وقصد به نيل إعجابهم ورهبتهم[1]. وأُعدَّت مدافع أخرى أقل حجمًا، لكن ربما أكثر فعالية. وجُمع كذلك ما يكفي من الذخائر والمؤن العسكرية من كل صنف، فضلًا عن وسائل النقل. غير أن محمدًا لم يقتصر على تكديس عتاد الحرب بعظيم التفاخر الشائع للغاية عند الحكام المشرقيين، بل قام بالترتيب لكل شيء، والتجهيز من أجل الاستخدام الصحيح لكل شيء، بروح متقدة بمهارات مجتمعة، وهو ما يثير إعجابنا في حملات قيصر ونابليون. لقد انشغل بلا انقطاع تقريبًا بمتابعة ومناقشة مخططات المدينة مع مسؤوليه، وذلك فيما يخص جبهاته المنشودة، وأفضل المواقع للبطاريات والمستودعات،

(1) سعى السُلطان محمد الفاتح للوصول إلى مدافع تكون لأول مرَّة سلاحًا استراتيجيًّا حاسمًا في معارك الحصار، مما تطلَّب تطورًا نوعيًّا وتقنيًّا في صناعتها، وهو ما جعله يلجأ إلى الاستعانة بالخبرات الأجنبية ورصد مبالغ كبيرة لذلك، فضلًا عما قام به السُلطان نفسه من ابتكار في هذا المجال وفقًا لبعض المصادر. وقد لجأ أولًا إلى الخبرات الإسلامية، فاستعان بالكثير من المسلمين الذين نزحوا من الأندلس أمام ضغط الإسبان، وكانت لهم خبرات كبيرة في هذا المجال، ثم استعان بعدد من الأوروبيين، وفي النهاية أدى التطور الذي أحدثه السُلطان على سلاح المدفعية إلى تغيير جذري في استراتيجية الحرب في العصر الحديث؛ فقد وصل حجم المقذوف لأول مرَّة إلى ألف ومائتي رطل تقريبًا، أي 544كجم تقريبًا، هذا غير استخدام المدفع ذي القذائف الساقطة، أو ما يُطلق عليه اليوم «هاون»، لأول مرَّة مع قطع الأسطول، وهو ما كان له تأثير كبير. ومع هذه النقلة النوعية اهتم السُلطان بإنشاء فرقة خاصة بالمدفعية سُميت «الطوبجية»، وتُعدُّ الأولى من نوعها في التاريخ، مما أدى إلى تطور في التكتيكات الحربية والتحصينات الدفاعية لما يناسب هذا الواقع الجديد. انظر: بروكلمان، تاريخ الشعوب الإسلامية: 467؛ نيقولو باربارو، الفتح الإسلامي للقسطنطينية، يوميات الحصار العثماني 1453م، دراسة وترجمة وتحقيق: حاتم عبد الرحمن الطحاوي (القاهرة: عين للدراسات والبحوث الإنسانية والاجتماعية، 2002م): 156؛ Gabor Agoston, *Guns for the Sultan, Military power and the Weapons Industry in the Ottoman Empire,* (Cambridge University Press, 2005), pp. 43-45; Yaacov Leved, "Gunpowder weapons at the Siege of Constantinople", in *war and society in the eastern Mediterranean*, 7th-15th centuries, (Leiden, 1997), pp. 343-362. (المترجم).

والنقاط التي قد تُحدث فيها الألغام[1] تأثيرًا أكبر، والمراكز التي يجب أن يشغلها كل قسم من أقسام قواته.

في المدينة المثابِرة، قام الإمبراطور بكفاءة مماثلة، لكن بمشاعر تختلف كثيرًا، بجمع الموارد الفقيرة المتبقية من إمبراطوريته، فضلًا عن الإعانات الضئيلة المُقدَّمة من الدول الغربية للدفاع. أما الجهود التي بذلها في سبيل تواصل الكنيسة البيزنطية مع كنيسة روما كثمن للدعم العميق والفعَّال أمام المسلمين، فقد أدت إلى نفور رعيته منه. وعندما دعا الإمبراطور الكهنة البيزنطيين المتعصبين للمساهمة بكنوزهم للتسليح في سبيل الدفاع عن استقلالهم الوطني، أجابوا بِلَعْنِه كمهرطق. وقد اعترف صراحةً الزعيم الزمني للبيزنطيين الأرثوذكس، الدوق الكبير «نوتاراس» (Notaras)، أنه يُفَضِّل أن يرى عمامة السُّلطان في القسطنطينية على أن يرى إكليل البابا[2][3].

اضطلع ستة آلاف فقط بالدفاع عن مختلف أجزاء المدينة، من عددها الكُلي البالغ مائة ألف[4]. وحتى هؤلاء، اضطر الإمبراطور البيزنطي إلى تركهم لقيادة نوتاراس الذي يتسم بالحزبية،

---

(1) جمع «لغم»، وهو مصطلح استُخدم آنذاك للدلالة على أعمال الحفر التي تُملأ بالبارود ثم تُفجَّر، وليس كألغام الوقت الحاضر التي يتم زرعها، وكان يُطلق على مَن يتولى هذا العمل لفظ «لغمجي». ويُذكر أن العثمانيين هم مَن طور هذا النوع من التكتيكات الهجومية حتى أوصلوه إلى درجة فاعلية كبيرة، خصوصًا أمام التحصينات المستعصية على الاقتحام. (المترجم).

(2) Ducas, 148. Finlay, vol. ii. 627.

(3) تجدر الإشارة هنا إلى أن المؤلف تبنَّى الكثير من رواية المؤرخ البيزنطي «ميخائيل دوكاس» (Michael Ducas) عن الفتح العثماني للقسطنطينية، ذلك المؤرخ الذي عاصر أحداث الفتح، ووضع تاريخًا دقيقًا للفترة الواقعة بين عامَي 1341 و1462م، في خمسة وأربعين فصلًا، تضمنت أحداث الفتح تفصيليًّا، إلا إن روايته انطلقت من واقع انتمائه إلى أسرة عملت طويلًا في البلاط البيزنطي، مما أظهر الكثير من الانحياز والتعاطف مع الجانب المسيحي، قابله الكثير من المبالغة والاستهجان فيما يخص الجانب العثماني، هذا بالطبع بخلاف تشدده الديني الذي ظهر في قذفه وسبه المستمر للإسلام والمنتمين إليه، بل تعديه ذلك إلى الجانب العرقي والقوسي، حيث ذكر سمو الأصل البيزنطي الروماني على الجنس التركي الذي نعته بالشرير. ومع افتقار هذا المؤرخ إلى الموضوعية على هذا النحو، سلك المؤلف مسلكه، بل برر ما كان يرويه، ولم يُشر على أي وجه من الأوجه إلى نزعته تلك، وروحه المتعصبة التي طغت على استجلائه للحقيقة. انظر: Doukas, *Decline and fall of Byzantium to the Ottoman Turks 1341-1462*, Tr. by Harry J. Magoulias (Detroit: Wayne state university, 1975), p. 196؛ حاتم الطحاوي، «اقتحام العثمانيين للقسطنطينية، شهادة المؤرخ البيزنطي دوكاس»، مجلة الاجتهاد، العددان 41 و42 (بيروت: دار الاجتهاد، 1419هـ/ 1999م): 193-230. (المترجم).

(4) Finlay, 646.

والذي أظهر حماسه الكنسي نفسه خلافات عنيفة مع قادة العناصر اللاتينية، بدلًا من توطيد التعاون العسكري.

كان هؤلاء المساعدون بمنزلة مساهمة جزئية من البابا، الذي أرسل الكاردينال «إيزيدور» (Isidore)، مع مجموعة صغيرة من الجند المخضرمين، وبعض المساعدات المالية، إلى الإمبراطور البيزنطي. أما المدن التجارية الإيطالية والإسبانية التي تمارس التجارة مع القسطنطينية، فقد أظهرت اهتمامًا بمصيرها عن طريق إرسال وحدات للدفاع عنها؛ حيث قدَّمت مجموعات من أراجون وبرشلونة والبندقية المساعدةَ إلى قسطنطين، فكانت لمهارتهم وشجاعتهم قيمة كبيرة على الرغم من أعدادهم الصغيرة. تمثَّلت أهم مساعداتهم في القائد الجنوي، «جون جستنياني» (John Giustiniani)، الذي وصل بسفينتين من نوع «جالي» وثلاثمائة رجل مختار، قبل بدء الحصار بقليل. وإجمالًا، كان قسطنطين لديه حامية مكوَّنة من تسعة آلاف جندي تقريبًا للدفاع عن أسوار يُقدَّر امتدادها بأربعة عشر ميلًا، من بينها كامل الجزء البري من الأسوار بطول خمسة أميال، ذلك الجزء الذي كان من المؤكد أنه سيتعرض للهجوم من القوات التركية. جرت تهيئة التحصينات التي بُنيت في عصور قديمة وغيرها من أنظمة الحرب على نحو سيِّئ، من أجل أن تتوافق مع المدافع الثقيلة التي ستُوضع وتعمل عليها، وكان كثير من المواضع قد تدهور فصار متداعيًا[1]. مع ذلك، وفي خضم كل هذه الصعوبات والشدائد، قام قسطنطين بواجبه نحو بلاده وعقيدته، فلم يترك وسيلةً لترميم أو تطوير الدفاعات أوحت بها مهارته العسكرية، أو اقترحها حلفاؤه اللاتين، وأتاحتها مصادره المالية الفقيرة وعناصره غير الموالية. لكن النزعة القومية وحتى العبقرية الخاصة بفرد حاكم، لا تُجدي في إنقاذ شعب لن يعمل على إنقاذ نفسه. فقد كان البيزنطيون مهيئين منذ فترة طويلة للعبودية، ولم يكن لسقوطهم أن يتأخر أكثر من ذلك.

---

(1) كانت القسطنطينية مضربًا للأمثال بحصانة أسوارها؛ حيث كانت أسوار المدينة عبارة عن ثلاثة نطاقات من الأسوار المتوازية: أعلاها هو النطاق الداخلي الذي بلغ ارتفاعه ما بين ثلاثين إلى أربعين قدمًا، وسُمكه ما بين ثلاث عشرة إلى خمس عشرة قدمًا، ودُعم ذلك السور بأبراج قوية ترتفع فوق الأسوار إلى ما يزيد على ست عشرة قدمًا، وكان كل برج فيها وحدة دفاعية قائمة بذاتها. أما السور الأوسط فابتعد عن الداخلي بثلاثين قدمًا، وقلَّ عنه في الارتفاع، وكان الفراغ بين السورين يشغله خندق عمقه ست عشرة قدمًا يُملأ بالماء وقت الضرورة. أما السور الخارجي فكان أقل ارتفاعًا من الأوسط، إذ بلغ ارتفاعه ما بين خمس عشرة إلى عشرين قدمًا، مدعومًا أيضًا بأبراج هائلة اعتُبر كلٌّ منها قلعة مستقلة، وكان يقع أمام الأسوار الخارجية خندق آخر يبلغ عرضه ثلاثين قدمًا وعمقه عشر أقدام. انظر: Stephen Turnubull, *The walls of Constantinople* (UK: Osprey Publishing, 2004). (المترجم).

في ربيع عام 1453م، كان الأتراك قبالة المدينة للمرة الأخيرة، تلك المدينة التي حوصرت منهم ومن غيرهم مرارًا بلا جدوى[1]. صَفَّ محمد خطوطه كما فعل مراد، من الميناء إلى البحر، حيث تم تعزيزهم بجسر مماثل، وشُكلت أربع عشرة بطارية قبالة الأجزاء البرية من الأسوار، والتي بدت واهنة. كان الهجوم الرئيسي موجهًا نحو بوابة القديس رومانوس، الواقعة بالقرب من منتصف السور. وإضافةً إلى المدافع التركية، وُضعت مجانيق على طول الخطوط قذفت أحجارًا كبيرة على تحصينات الأسوار. وظل رماة الأسهم من الأتراك يقذفون وابلًا منها على كل جزء من الأسوار يظهر عليه المدافعون. وقام مجموعة من عمال المناجم الذين أحضرهم السُّلطان من مناجم «نوفوبيردا» (Novoberda)، الواقعة في الصرب، بحفر أعمالهم الجوفية بقدر امتداد سور المدينة، وفتح فتحات كبيرة في السورين من الخارج. ويُقَدَّر مجموع القوات التركية المختلفة بين سبعين ألفًا ومائتين وخمسين ألفًا، لكن العدد الأصغر يبدو غير كافٍ لجميع

(1) عَدَّدَ فون هامر تسعة وعشرين حصارًا للمدينة، وذلك منذ إنشائها بواسطة «الميجاريين» (Megarians) عام 658ق.م، تحت مسمى بيزنطة. فقد حُوصرت عام 477ق.م من قِبَل «بوسانياس» (Pausanias) القائد العام لليونانيين، بعد حملة «بلاتايا» (Plataea)؛ وفي عام 410ق.م من قِبَل «السيبياديس» (Alcibiades)؛ وفي عام 347ق.م من قِبَل «ليون» (Leon) قائد «فيليب المقدوني» (Philip of Macedon)؛ وفي عام 197م من قِبَل الإمبراطور «سفروس» (Severus)؛ وفي عام 313م من قِبَل «التسار ماكسيموس» (Caesar Maximius)؛ وفي عام 315م من قِبَل «قسطنطين الكبير» (Constantine the Great)؛ وفي عام 616م من قِبَل «خوسروس» (Khosroes) ملك فارس؛ وفي عام 626م من قِبَل «الشاجان الآفاريين» (the Chagan of the Avars)؛ وفي عام 654م من قِبَل العرب تحت حكم معاوية؛ وفي عام 667م من قِبَل يزيد العربي؛ وفي عام 672م من قِبَل سفيان بن عوف العربي؛ وفي عام 715م من قِبَل مسلمة وعمر بن عبد العزيز العربيين؛ وفي عام 739م من قِبَل سليمان ابن الخليفة عبد الملك؛ وفي عام 764م من قِبَل «باجانوس» (Paganos)، «كرال البلغار» (Kral of the Bulgarians)؛ وفي عام 780م من قِبَل هارون الرشيد؛ وفي عام 798م من قِبَل عبد الملك، قائد هارون؛ وفي عام 811م من قِبَل «كاراموس» (Kramus) الطاغية السلافي؛ وفي عام 820م من قِبَل «توماس السلافي» (the Sclavian Thomas)؛ وفي عام 866م من قِبَل الروس تحت قيادة «أوزوالد» (Oswald) و«دير» (Dir)؛ وفي عام 914م من قِبَل سايمون، كرال البلغار؛ وفي عام 1048م من قِبَل المتمرد «ثورنيكوس» (Thornicius)؛ وفي عام 1081م من قِبَل «ألكسيوس كومنينوس» (Alexius Comnenus)؛ وفي عام 1204م من قِبَل الصليبيين؛ وفي عام 1261م من قِبَل «ميخائيل باليولوجوس» (Michael Palseologus)؛ وفي عام 1356م من قِبَل بايزيد يلدرم، للمرة الأولى؛ وفي عام 1402م من قِبَله للمرة الثانية؛ وفي عام 1414م من قِبَل موسى بن بايزيد؛ وفي عام 1422م من قِبَل مراد الثاني؛ وفي عام 1453م من قِبَل محمد الثاني. ومنذ ذلك الحين لم يُفرض عليها الحصار لمدة أربعة قرون. ومن بين العديد من القادة الذين هاجموا المدينة، ثمانية فقط استطاعوا الاستيلاء عليها، هم: بوسانياس، السيبياديس، سفروس، قسطنطين، ألكسيوس كومنينوس، «داندولو» (Dandolo)، ميخائيل باليولوجوس، ومحمد.

العمليات العسكرية اللازمة للحصار، كما أنه ليس من المحتمل أن محمدًا قد زاد من صعوبة إيجاد مؤن كافية لجيشه عن طريق الازدحام غير المجدي في صفوفه. وإلى جانب القوات البرية، جمع السُّلطان أسطولًا من ثلاثمائة وعشرين سفينة من مختلف الأحجام، لكنها كانت في مجملها أدنى في المستوى من سفن «الجاليون» (galleons) الكبيرة للبيزنطيين وحلفائهم؛ إلا إن عدد السفن المسيحية بلغ أربع عشرة سفينة فقط، رست في القرن الذهبي، أو الميناء الكبير، ذلك المدخل الذي جرى تأمينه عن طريق سلسلة قوية.

بدأ الحصار في السادس من أبريل وامتد حتى التاسع والعشرين من مايو، بسبب شجاعة ومهارة قسطنطين وجستنياني وقواتهما اللاتينية، حيث نُفِّذ الكثير من الأعمال الباسلة خلال هذه الفترة. إن الكفاءة التي عَلَّم بها جستنياني المدافعين استخدام مدفعيتهم، فضلًا عن النار الإغريقية، ذراع الحرب المهمة التي كانت لا تزال في حوذتهم بشكل حصري، نالت امتداح السُّلطان نفسه وهو آسف. وقد جرى بشكل كامل خرق الهجوم العام الذي خاطر به الأتراك قبالة الأسوار، والذي استخدموا فيه الآلات القديمة المتمثلة في الأبراج المتحركة، حيث صُدَّ ودُمرت آلات الحصار. وقد استطاع أسطول من أربع سفن جنوية وسفينة يونانية من «خيوس» (Chios)، أن يشق طريقه عبر الأسطول التركي، ويوصل الإمدادات الموسمية من الذرة والذخيرة إلى المدينة. عُدَّ هذا الحدث الذي وقع في منتصف شهر أبريل، أبرع أحداث الحصار. وقد أمر محمد بانفصال مائة وخمسين سفينة قوية من سفنه الجالي، لاعتراض السفن الخمس التابعة للمسيحيين، والتي شُوهدت تجري بسرعة وثبات عبر بحر مرمرة، في مهب رياح قوية مواتية. احتشد البيزنطيون على الأسوار، وتزاحم الأتراك وصولًا إلى الشاطئ لمشاهدة هذه المواجهة، وركب السُّلطان نفسه إلى حافة الماء، متوقعًا تمامًا أن يشاهد انتصار قوته البحرية، وتدمير أعدائه أو القبض عليهم. لكن بوصولهم إلى السفن المسيحية التي كانت مسلحة بشكل جيد، ومأهولة بالرجال كما ينبغي، ومناورة بطريقة جيدة، حُطمت سفنهم بفضل شجاعة المدافعين في المقام الأول على الرغم من كونهم غير متمرسين، وأدى تفوقهم في الارتفاع إلى استحالة النزال معهم أو اقتحام سفنهم من قِبَل أعدائهم، وقد زادت حماسة الأتراك وأعدادهم من الاضطراب، الذي سرعان ما تكدست بسببه سفنهم في ارتباك بعضها مع بعض. ارتفعت صيحات الابتهاج فوق أسوار المدينة، بينما كان محمد يتميَّز غضبًا عند رؤية ذلك، دافعًا فرسه للخوض في الماء، كما لو كان سينتزع النصر بيديه من البيزنطيين. ظل البَحَّارة المسيحيون المغتبطون يتقدمون إلى الأمام. ومن فوق ظهر السفن المرتفعة أخذوا يرمون الأحجار الكبيرة ويصبون دفقات مستمرة من النار الإغريقية المتعذر إطفاؤها على الأتراك الصائحين من تحتهم

ومن حولهم. هكذا وصلوا إلى فم المرفأ، حيث خُفضت السلسلة الحامية من أجل استقبالهم، فطفت التعزيزات المرَحَّب بها بأمان على مياه القرن الذهبي، بينما تسللت البقية المحطمة من الأسطول التركي عائدة إلى الشاطئ، حيث كان في انتظارهم رفاقهم المحزونون من القوات البرية وسلطانهم الساخط. قام محمد، في جام غضبه من تلك الخسارة التي تظل أكبر إهانة تعرض لها، بإصدار أوامره بخوزقة أمير البحر المهزوم، «بالطه أوغلي» (Baltaoghli)، في الحال؛ إلا إن تذمر الإنكشارية وتوسلاتهم جعلته يلغي ذلك الأمر المروع، لكنه شفى غليل غضبه إلى حدٍّ ما عن طريق إنزال عقاب شخصي بضابطه الشجاع غير الناجح، حيث قام أربعة من العبيد ببسط أمير البحر على الأرض ممددًا، وضربه محمد مائة ضربة بقضيب المعارك الثقيل الخاص به. يُعدُّ هذا نقيضًا لما قاله أول أمير بحر تركي فخلق به رأيًا عامًّا بين العثمانيين، وهو أن الله منحهم إمبراطورية البر، بينما احتفظ بسلطان البحر للكافرين. مثل هذا الاعتقاد إذا كان شائعًا بالفعل بين الأتراك قبل الهزائم والكوارث التي حاقت بهم في العصور المتأخرة، فإنه يجب أن يكون قد تغيَّر بدرجة كبيرة بسبب المآثر التي قدمها «بربار وسا» (Barbarossa)، و«تُرجوت» (Dragut)، و«بياله» (Piale)، و«بيري ريس» (Piri Reis)، و«سيدي علي» (Sidi-Ali)، و«قيليج علي» (Kilig-Ali)، وغيرهم من قادة البحرية الذين سَطَّروا عظمة مماثلة على مدار تاريخ البحرية التركية.

أدى النصر الذي أحرزته سفن الإنجاد الخمس، إلى ما هو أكثر بكثير من العون المادي الذي أوصلته، لبث الحياة من جديد في المدافعين عن القسطنطينية، إلا إن ذلك لم يتعدَّ الدعم الفردي. لم يرَ قسطنطين وجستنياني الأفق مرَّة أخرى وقد ابيض بتلك الأشرعة التي تحمل على أجنحتها الأمل والعون. ولم يكن محمد هو زركسيس [1] ليشعر باليأس من هزيمة واحدة، أو ليتراجع عن مشروعه بسبب صعوبات تجاوزت التوقعات. ولعدم مقدرته على السيطرة على مدخل الميناء، اتخذ قرارًا بمناورة هندسية جريئة لنقل جزء من أسطوله عبر البر، وإنزاله في الجزء العلوي للقرن الذهبي، حيث المياه السالمة الضيقة. هكذا، وبمساعدة جاهزة من أي شاطئ، تستطيع سفنه الجالي السيطرة على أقصى عدد من السفن القليلة الموجودة، على الرغم من سفن البيزنطيين كبيرة الحجم. وبناءً على ذلك، صُنع طريق أملس من الألواح الخشبية بطول خمسة أميال على الأرض الداخلة بين مضيق البوسفور والقرن الذهبي، حيث سُحب

(1) انظر وصف زركسيس وهو يشهد هزيمة قواته في سلاميس Herodotus, Urania, xc., and :Salamis .AEschylus, Persae, 471

قسم كبير من سفن الجالي التركية على امتداد ذلك، ومن ثَمَّ أُطلقت بأمان في الميناء. كان ذلك ضروريًّا للتغلب على درجة الانحدار الكبيرة للأرض. ويعكس هذا الإنجاز الهندسي فضلًا عظيمًا للسلطان محمد، على الرغم من أن نقل السفن الحربية لمسافة كبيرة على الأرض ليس جديدًا، سواءً في الحروب الكلاسيكية أو حروب العصور الوسطى، وهناك مثال لافت للنظر كان قد وقع آنذاك في إيطاليا، حيث قام البنادقة عام 1437م بنقل أسطول من السفن عن طريق البر من «أديجي» (Adige) إلى بحيرة «جاردا» (Garda)[1].

هكذا تمت السيطرة على الجزء العلوي من الميناء، حيث أقام محمد عبره جسرًا عائمًا. ويمكن للمدافع الموضوعة على الجسر العائم من الطرف الغربي الذي كان قريبًا للغاية من زاوية اليابسة وأسوار الميناء، أن تضطلع بناحية الميناء من المدينة. حاول جستنياني عبثًا عن طريق سفن الجالي البندقية والبيزنطية، أن يدمر هذا الجسر ويحرق الأسطول التركي، ثم جدد البنادقة المحاولة بالقدر نفسه من الإخفاق. وعلى الرغم من أنه لم يحدث تأثير جدِّي للتحصينات من جبهة الهجوم الإضافية على طول الامتداد الذي أقام عليه العثمانيون مدافعهم آنذاك، فإن ذلك أدى إلى مزيد من المعاناة لمقاومي الحامية الهزيلة. وبات حتميًّا تراجع قوة الدفاع على الجانب البري، بسبب إرسال الرجال والمدافع إلى الأسوار الواقعة على طول الميناء. وفي الوقت ذاته، بَذل المحاصِرون جهودًا حثيثة على الجبهة الرئيسية الأصلية للحصار؛ حيث كانت نيران بطارياتهم، على الرغم من بطئها وضعفها مقارنة بمدفعية العصر الحديث، تواصل ضربها لمدة سبعة أسابيع، فشُوهدت آثارها أخيرًا عبر الإطاحة بأربعة أبراج كبيرة، فضلًا عن الهوة الواسعة التي حدثت في أسوار المدينة بالقرب من بوابة القديس رومانوس. وامتلأ الخندق تقريبًا بأنقاض الدفاعات، وأصبح الطريق إلى القسطنطينية مفتوحًا في النهاية. وعندئذ أرسل محمد آخر دعوة للاستسلام، ورد عليها قسطنطين بنبل قائلًا إنه إذا كان السُّلطان سيمنحه السلام فسيقبل ذلك،

---

(1) تبدو هنا محاولة الحَط من شأن هذا العمل المتفرد في التاريخ العسكري، والذي نُفِّذ في ليلة واحدة مع صعوباته البالغة، على الرغم من أن المؤرخ دوكاس نفسه، الذي تميَّزت روايته بالتعصب للجانب البيزنطي، أقر بعظمة هذا العمل قائلًا: «مَن رأى مثل هذا العمل مِن قبل أو حتى سمعَ به؟... لقد عَبَرَ محمد الأرض كما لو كانت بحرًا». ويقول الطبيب البندقي باربارو الذي كان شاهدَ عيانٍ على الحصار: «ولما كان من الضروري أن تدخل السفن العثمانية إلى القرن الذهبي، فقد تفتق ذهن السُلطان محمد عن فكرة عبقرية، استطاع بها في النهاية إنزال سفن الأسطول العثماني إلى مياه القرن الذهبي». انظر: ميخائيل دوكاس، «التاريخ البيزنطي»، في: الحصار العثماني للقسطنطينية، ترجمة حاتم الطحاوي (القاهرة: عين للدراسات والبحوث الإنسانية والاجتماعية، 2003م): 258؛ باربارو، الفتح الإسلامي للقسطنطينية: 40. (المترجم).

مع شكر السماء، على أن يدفع الجزية إلى السُّلطان إذا طلب هو ذلك، لكنه لن يُسَلِّم المدينة التي أقسم على الدفاع عنها لآخر لحظة في حياته[1].

كانت المطالبة بالاستسلام ورفضه في الرابع والعشرين من مايو، وأعطى السُّلطان أوامره بشن الهجوم العام في التاسع والعشرين، معلنًا لجنوده أن جميع غنائم المدينة ستكون من نصيبهم، وأنه سيحتفظ فقط بالأرض والمباني. وتعهد قادة الإنكشارية بحتمية الانتصار، وتبين المحاصَرون من الإضاءة العامة للمعسكر والأسطول التركي ليلًا مقدار الأعداد، والمقصد، والثقة البادية على خصومهم.

تناقل السكان البيزنطيون داخل المدينة الأحاديث، بداية من خوفهم من الهجوم القادم، وحتى الثقة المضطربة في بعض الأساطير الخرافية، التي وعدت بتقديم المساعدة من القديسين والملائكة إلى الرجال الذين قد لا يتمكنون من مساعدة أنفسهم. كان من بينهم نسبة ضئيلة فقط من الرعية هي التي استمعت إلى الجدال والالتماسات التي حثهم بها إمبراطورهم صاحب الفكر الرفيع، لاستخدام أقصى ما يمكن من مواردهم التي وضعتها السماء بين أيديهم، فيستحقون بذلك مزيدًا من تأييد السماء لهم. وقد سادت حتى بين أولئك الذين حملوا السلاح كجزء من الحامية، غَيرة وضيعة من أولئك اللاتين الذين يعملون على مساعدتهم. فقد حدث عشيَّة الهجوم النهائي مباشرة، أن طلب جستنياني - المكلَّف بالدفاع عن الخرق الكبير - بعض المدافع الإضافية، إلا إن الأمر قوبل بالرفض من الدوق الكبير نوتاراس، الذي كان مسؤولًا عامًّا عن العتاد، متذرعًا بعدم ضرورة الأمر. أدى اللاتين واجبهم بنُبل، حيث تحملوا مسؤولية عشرة مراكز دفاعية من الاثني عشر الرئيسية. وكان جستنياني على وجه الخصوص يتميز بالبسالة والمهارة. لقد أقام أعمالًا جديدة في الجزء الخلفي من الأبراج المتهدمة وبوابة القديس رومانوس، وانتزع إعجاب السُّلطان نفسه حين شاهد تحضيراته هاتفًا: «كم أود لو أكسب هذا الرجل في خدمتي». لكن كان البطل الرئيسي للدفاع هو قسطنطين نفسه، الذي كان يوقن أن ساعته قد حانت، فاستعد للموت وهو يؤدي واجبه بورع صادق لمسيحي مخلص، وجرأة هادئة لجندي شجاع. وفي الليلة التي سبقت الهجوم، تلقَّى القربان المقدس في كنيسة «آيا صوفيا» (St. Sophia)، ثم توجَّه

(1) مع أن السُّلطان أمسك في ذلك الوقت بزمام الأمور تمامًا، وتيقَّن من أنه على وشك اقتحام المدينة، إلا إنه آثر حقن الدماء، فعرض على الإمبراطور التسليم مقابل أن يجعله ملكًا على المورة، والحرية لمن شاء الرحيل من أهل المدينة، وضمان الأمن والسلامة لمن أراد البقاء فيها، غير أن عرضه قوبل بالرفض. انظر: محمد عبد الله عنان، مواقف حاسمة في تاريخ الإسلام (القاهرة: مؤسسة الخانجي، 1962م): 184. (المترجم).

إلى القصر الكبير، حيث تسكَّع لفترة وجيزة في قاعاته، التي حكم منها أسلافه لقرون عديدة، والتي لن يتسنى له، ولا لأي أمير من سلالته، أن يراها مرَّة أخرى. وعندما ترك قسطنطين القصر لاتخاذ مركزه عند الخرق الكبير منتظرًا الشهادة عنده، نسي كل ما بالخاطر من عظمة دنيوية، وتحوَّل بوجهه شطر مَن حوله؛ حيث كان كثير من رفقته في طور الشباب، طالبًا منهم - كإخوة مسيحيين - مغفرة أي جرم قد ارتكبه في حقهم في أي وقت مضى.

في المعسكر العثماني، كان الجميع جاهزًا لإعمال القتل. كان لكل صف نقطة محددة للهجوم، ونظَّم السُّلطان أعدادًا غفيرة من الرجال تأتمر بأمره، فصار على استعداد لإرسال قوات جديدة إلى الأمام تباعًا لمهاجمة المدينة، حتى لو تمسَّك المدافعون بمواقعهم أمامه من طلوع النهار إلى الظهيرة. وعند شروق شمس التاسع والعشرين من مايو 1453م، دوَّت أصوات الطبول والأبواق التركية لبدء الهجوم، فهرعت الفرق الأساسية للجيش السُّلطاني قُدُمًا. قام محمد، تبديدًا للأرواح واعتمادًا على إنهاك مقاومة الحامية عبر إرسال موجات من الهجمات عليهم تباعًا، بوضع جنوده الأقل أهمية في الطليعة، ليتلقوا بذلك الوابل الأوَّلي المطرد من قذائف المدافع البيزنطية، ويُفْتِروا حد السيف المسيحي، ثم تتبعهم القوات الأفضل. هجمت الكتلة الرئيسية للإنكشارية على الخرق الرئيسي تحت عين السُّلطان. ووُجهت أيضًا فصائل مختارة من هؤلاء المحاربين للهجوم على نقاط ضعف أخرى في الدفاع. وفي الوقت الذي بدأ فيه الهجوم من المعسكر، تحرك الأسطول التركي ضد التحصينات على طول الميناء. وسرعان ما احتدم الهجوم برًّا وبحرًا على طول جانبي المدينة البيزنطية. قاوم المسيحيون لمدة ساعتين بمهارة وثبات، على الرغم من أن السُّلطان قام شخصيًّا، من خلال الوعود والتهديدات والضرب، بدفع صفوفه إلى الأمام حيث الخرق الكبير، فلا يوجد مكان آخر على طول الجبهة يمكنهم فيه تَحَمُّل الشجاعة العنيدة للمدافعين، أو يمكن لمسلم حي أن يدخل إلى القسطنطينية. في النهاية أُصيب جستنياني، الذي دافع عن الخرق الكبير جنبًا إلى جنب مع الإمبراطور، بجرح خطير، تَركَ على إثره موقعه ليموت[1] على ظهر سفينته الجالي في الميناء. أُصيبت الحامية

(1) ذكر «جيبون» (Gibbon) أنه لم يمت، بل أُصيب بجرح صغير في يده، وأنه عندما ترك موقعه للبحث عن جرَّاح، لاحظ الإمبراطور هربه واستوقفه صائحًا: «جرحك بسيط، والخطر يدهمنا، ووجودك ضروري، ثم إلى أين أنت ذاهب؟!». فأجاب وهو يرتعد: «سأذهب في الطريق نفسه الذي فتحه الله للأتراك». وبعد أن تفوَّه بهذه الكلمات سارع باختراق إحدى الفجوات في السور الداخلي، فدَنَّس حياته الحربية بهذا العمل الجبان، وقد امتلأت الأيام القليلة التي عاشها بعد ذلك في جلطة أو جزيرة خيوس بالمرارة؛ مرارة تأنيب الضمير، ومرارة لوم الناس. انظر: إدوارد جيبون، اضمحلال الإمبراطورية الرومانية وسقوطها، الجزء الثالث، ترجمة محمد سليم سالم (القاهرة، 1969م): 360. (المترجم).

بالإحباط عند خسارتها، ولاحظ قادة الإنكشارية المهاجِمون أن المقاومة تراخت، فضاعفوا جهودهم للمرور القسري. وهرع واحد منهم يُدعى «حسن أولوباد» (Hassan of Ulubad)، الذي برز من خلال مكانته وجرأته، مع ثلاثين من رفاقه، إلى أعلى أنقاض أحد الأبراج المنهارة المحيطة بالخرق، فحازوا القمة، على الرغم من الإطاحة بحسن وثمانية عشر من فرقته الفدائية. وسرعان ما تبعهم آخرون مطبقين على الدفاعات البيزنطية بالثقل الهائل لأعدادهم. وفي الوقت نفسه تقريبًا، قام فيلق عثماني آخر بإحداث مدخل في أحد الأجزاء ضعيفة الحماية من الجبهة الطويلة للأسوار، وبالالتفاف حوله، أطبقوا على الحامية في العمق. رأى قسطنطين حينذاك أن كل شيء قد فُقد باستثناء الشرف، فهتف: «أُفضِّل الموتَ على الحياة»، وهرع الروماني الأخير وسط العدو المتقدِّم، حيث سقط على الأرض بين عموم القتلى متأثرًا بجرحين أُصيب بهما جراء ضربة من أحد السيوف.

هاجم العثمانيون بضراوة آنذاك، سيلًا بعد سيل عبر المدينة المقتحَمة. كانوا يُجْهِزون في البداية على كل مَن يقابلونه أو يدركونه؛ لكنهم حين وجدوا أن المقاومة توقفت تمامًا، غلب الولع بالنهب على التعطش للدماء، فسعوا إلى أخذ الأجمل والأقوى من الآلاف الذين ارتعدوا أمامهم بلا حول ولا قوة، من أجل الخدمة أو البيع كعبيد[1]. وعند ساعة الظهيرة تقريبًا، دخل السُلطان محمد راكبًا إلى المدينة التي فتحها عبر الخرق الواقع عند بوابة القديس رومانوس، يحيط به وزراؤه وباشواته وحراسه. وعند كنيسة آيا صوفيا تَرَجَّل داخلًا ذلك الصرح الرائع، آمرًا أحد المؤذنين الذين رافقوه بنداء المؤمنين للصلاة، ثم ارتقى بنفسه المذبح العالي وقام

---

(1) في مقابل رواية دوكاس المنحازة التي تذكر استباحة الجنود للمدينة بشكل وحشي، هناك روايات أخرى أقرب إلى الاعتدال، منها رواية الروسي نسطور-إسكندر، التي ذكر فيها أنه بعد دخول السُلطان إلى المدينة جمع القادة البيزنطيين ومنحهم وعدًا بالحفاظ على حياتهم، وأرسلهم برفقة قادته لإعلام سكان المدينة بقرارات السُلطان التي كفلت الأمان للسكان: «... دعونا نوقف القتال وعمليات الأسر، غير أنكم إذا رفضتم ذلك، فإن السيف سيطال الجميع، بمن فيهم النساء والأطفال» وبمجرد أن استمع السُلطان إلى موافقة السكان أرسل رجاله لتنظيف الشوارع والميادين، والقيام بأعمال الحراسة في أرجاء المدينة، وقد أشار نسطور إلى تكرار دعوته بالأمان للسكان: «... إنني أقول للجميع: لا أحد بعد اليوم يخشى من غضبي ومن القتل والأسر». كما وجَّه حديثه إلى قادة الجيش العثماني: «... لا يجب أن يمس أحدٌ منكم سكان المدينة، ويجب أن تتوقف أعمال القتل والأسر... دعونا لا نقم بأي أعمال عدائية على الإطلاق، ومن يقم بعصيان أوامري، فستكون عقوبته الموت». انظر: حاتم الطحاوي، «الفتح العثماني للقسطنطينية 1453م: شهادة الروسي نسطور-إسكندر، دراسة تاريخية مقارنة»، مجلة كلية الآداب - جامعة الزقازيق (2011م): 178-179. (المترجم).

بالصلاة عليه، مُرْسِيًا بذلك دعائم العقيدة الإسلامية في ذلك المقام الذي أقام فيه عشيةً خصمه المهزوم أقدس الطقوس المسيحية، حيث تعبدت أجيال وأجيال من المسيحيين. أصدر محمد أوامره بالبحث عن جثمان قسطنطين، الذي وُجد تحت كومة من القتلى عند الخرق الكبير، وجرى التعرف عليه بعد خلافات كثيرة، عن طريق النسور الذهبية التي طُرِّزت على حذائه. هكذا قُطع رأسه وعُرض لفترة بين أقدام الحصان البرونزي للتمثال الذي يُمثِّل «جستنيان» (Justinian) على صهوة جواده في المكان الذي يُدعى «أوغسطن» (Augustan)؛ ومن ثَمَّ حُنِّطت هذه الغنيمة المروعة لانتصار محمد وأُرسلت في جولة عبر مدن آسيا الرئيسية[1]. حضر العدد الأكبر من المساعدين اللاتين للإمبراطور وفاته النبيلة، والقليل منهم شقوا طريقهم إلى الميناء، هاربين من بين سفن الأسطول العثماني، ووقع آخرون أسرى في يد السُّلطة العثمانية، فأُعدموا أو طُولبوا بدفع فدية كبيرة. أما سكان جنوة القاطنون في ضاحية جلطة، فقد مُنحوا بنودًا للاستسلام حمتهم من النهب. وأُحضر الدوق الكبير نوتاراس أسيرًا أمام محمد، الذي أظهر الحسنى في معاملته، وحصل منه على قائمة بكبار الشخصيات والمسؤولين الأساسيين في الدولة البيزنطية. وأعلن السُّلطان أسماءهم على الفور لجنوده، عارضًا ألف «سكوين» (sequins) عن كل رأس من رؤوسهم[2].

واصل محمد في اليوم نفسه بعد استيلائه على المدينة، تفقده لما فتحه، فاستولى على القصر الإمبراطوري، حيث أثارت دهشته وحشة قاعاته الفسيحة، ورَمْز الخراب الذي بات يمثله، فطفق ينشد بيتًا للشاعر الفارسي الفردوسي: «نسيج العنكبوت هو الستار الملكي في قصر قيصر، والبوم هو الحارس على برج الحراسة في أفراسياب»[3][4]. برهن هذا الاقتباس

---

(1) ذكر جيبون أنه: «بعد عرض هذا التذكار الدامي للنصر، تفضَّل محمد على منافسه بشرف الدفن بالمراسم اللائقة بمقامه»، وهي معاملة أخلاقية كريمة لم تُتح لأيٍّ من ملوك ذلك الزمان، وشهادة أخلاقية للسلطان تتنافى مع ما يذكره جيبون نفسه عن محمد الفاتح. انظر: جيبون، اضمحلال الإمبراطورية الرومانية: 369. (المترجم).

(2) إن الصيغة العامة لوصف جيبون الرائع للاستيلاء على القسطنطينية لم يُطعن في صحتها عن طريق ما قام به فون هامر أو «فينلي» (Finlay) من اجتهاد دقيق، على الرغم من أنهما عملا على تزويدنا ببعض العلاقات المهمة والإضافات. وأعتقد أن تبرئة السيد فينلي للقائد الجنوي جستنياني من اللوم الثقيل لجيبون كانت أمرًا ناجحًا، وقد تبعناه بسرور.

(3) تم توضيح المعنى الكامل لهذا البيت مع إشارات للأعراف الخاصة بالبلاطات المشرقية، في هامش في عمل «ثورنتون» (Thornton): "Turkey"، ص10.

(4) البيت بالفارسية هو: «برده داری مي گند بر قصر قيصر عنكبوت.. بوم نوبت ميزند بر گنيد أفرسياب م»، [لتنسج العنكبوت خيوطًا على قصر قيصر، ولتنعق البوم عند قبة مجلس أفراسياب]. انظر التعليقات على: =

على ثقافة جيدة راقية، إلا إن أفعال السُلطان اللاحقة في ذلك اليوم جسدت حقيقة أن الرُّقي الفكري لا يكون ضمانًا أكيدًا على انعدام الفساد الوضيع[1]. بمغادرته القصر استعد محمد لمأدبة فخمة أقيمت من أجله في الجوار. وهناك شرب الخمر بشراهة، وأمر رئيس خصيانه أن يُحضر له أصغر أطفال الدوق الكبير نوتاراس، وهو صبي في الرابعة عشرة. لم يُظهر نوتاراس خلال الحصار إلا الصفات المتعصبة المثيرة للشقاق، لكنه يتصرف الآن كمسيحي وأب ورجل؛ فقد أخبر المبعوث أنه لا يجب أبدًا أن يُسلم ولده لوحشية السُلطان، وأنه يُفضِّل أن يراه تحت سيف الجلاد. غضب محمد عند سماع هذا الرد، وأمر بالقبض على نوتاراس وعائلته كلها، وإعدامهم. هكذا تصالح نوتاراس أخيرًا مع كرامته، وحض أولاده على الموت كمسيحيين متوافقين مع دينهم. هكذا رأى رؤوسهم تسقط واحدًا تلو الآخر أمامه، وبعد أن طلب بضع لحظات للصلاة، سَلَّم نفسه للجلاد مُقرًّا بعدالة الرب مع أنفاسه الأخيرة. أُحضرت الرؤوس الدامية إلى محمد، ووُضعت بأمره في صف على طاولة الولائم أمامه، تبع ذلك العديد من عمليات الإعدام للنبلاء المسيحيين في ذلك اليوم لإرضاء المزاج الوحشي للطاغية، وقيل إن الطبيعة الضارية لمحمد كانت مدفوعة بالنصائح المفعمة بالشر للمرتد الفرنسي، الذي كانت ابنته ضمن حريم السُلطان، وكان في ذلك الوقت موضع إعجابه الحار[2].

= حاجي خليفة، فذلكة أقوال الأخيار في علم التاريخ والأخبار «فذلكة التواريخ»: تاريخ ملوك آل عثمان، حققه وقدم له وترجم حواشيه سيد محمد السيد (أنقرة: مؤسسة العالي آتاتورك للثقافة واللغات والتاريخ، 2009م): 197. (المترجم).

(1) See Arnold's remarks (p. 255, vol.i., "History of the later Roman Commonwealth") on the character of Sylla.

(2) رواية مستنكرة تمامًا نقلها المؤلف عن دوكاس، تَنسب إلى الفاتح صفات شائنة لم تُنسب إليه مطلقًا، وتتنافى مع ما ذكرته المصادر التاريخية؛ حيث لم يُذكر على الإطلاق أنه كان عربيدًا أو أنه ذاق الخمر في حياته. وتتنافى كليةً مع ما ذكره المؤلف سابقًا من حرص السُلطان على النداء وإقامة الصلاة فور دخوله المدينة. هذا بخلاف ما أكدته روايات بيزنطية أخرى من أن نوتاراس دَبَّر مؤامرة لإنقاذ القسطنطينية بمشاركة بعض الدول النصرانية بعد أن أعطاه السُلطان الأمان، وعندما علم السُلطان بذلك أمر بإعدامه على الفور، وهذا هو الأقرب إلى المنطق، فما الذي يدفع السُلطان للصفح عن ألد أعدائه في موقف يمكنه فيه قتله بسهولة بلا لوم من أحد، ثم يعود فينكث عهده من دون أسباب سوى ما ذكره دوكاس من فُحْش غير معقول يتنافى مع الحدث التاريخي برُمَّته. أما عن المأدبة فقد ذَكرت بعض المصادر التركية أن السُلطان أقام مأدبة بالفعل، لكن لجنوده، واستمرت ثلاثة أيام خطب في بدايتها الشيخ آق شمس الدين خطبة استهلها بقول الرسول صلى الله عليه وسلم: «لتفتحن القسطنطينية فلنعم الأمير أميرها ولنعم الجيش ذلك الجيش». انظر: الطحاوي، اقتحام العثمانيين للقسطنطينية: 224؛ محمد سالم الرشيدي، السُلطان محمد الفاتح (القاهرة: دار البشير، 2013م): 128-129. (المترجم).

لكن، على الرغم من عدم رحمته في رغباته وغضبه، أدرك محمد جيدًا أنه من الضروري، لكي تصبح القسطنطينية مركزًا للإمبراطورية، كما رمى طموحه، تشجيع كتلة السكان اليونانيين الذين نجوا من الموت والأسر خلال عملية سلب المدينة، على البقاء فيها، وأن يصبحوا رعايا خاضعين مجتهدين لسيدهم الجديد. وتشهد التدابير التي اتخذها في هذا الأمر على حنكة واضحة المعالم كان يمتلكها. أما قسطنطين فقد نفر منه رعاياه بسبب توافقه مع الكنيسة اللاتينية. عمل محمد آنذاك على استمالة اليونانيين الذين أحبوا عقيدتهم أكثر بكثير من حريتهم، عن طريق تنصيب البطريرك الجديد على رأس الكنيسة اليونانية وإعلان نفسه حاميًا عليها. كان ذلك في العاشر من يونيو، بعد عشرة أيام فقط من الاقتحام، ثم قام بعد ذلك عن طريق إعلان رسمي بدعوة جميع الهاربين للعودة إلى منازلهم، ضامنًا لهم الأمان، ومشجعًا إياهم على استئناف أعمالهم السابقة. ثم منح ميثاقًا رسميًّا أعلن فيه حرمة شخص البطريرك اليوناني، وأعفاه وغيره من وجهاء الكنيسة من كل الأعباء العامة. وضمن الميثاق نفسه لليونانيين استخدام كنائسهم، وحرية ممارسة شعائرهم الدينية وفقًا لمعتقداتهم الخاصة[(1)(2)]. لكن كان السكان اليونانيون للقسطنطينية في تناقص لزمن طويل، وحتى قبل معاناتهم في الحصار القاتل لم يكونوا كافين حتى لشغل مساحة واسعة تحتلها المباني؛ لذا التمس محمد وسائل أخرى لإعادة شغل المدينة. فقد نُقلت الآلاف من العائلات إلى العاصمة من مختلف أنحاء إمبراطوريته، وطوال فترة حكمه، كان يستعمر عاصمته ببعض رعاياه الجدد عند كل ضم يقوم به لأراضٍ جديدة. وقبل نهاية حكمه، كانت القسطنطينية تعج من جديد بالحياة والنشاط، لكن الطابع اليوناني للمدينة انصهر وسط حشد متنافر من التركمان والألبان والبلغار والصرب وغيرهم، من الذين ذهبوا إلى هناك بناءً على دعوة السُّلطان.

اكتملت الرؤية العثمانية، وأصبحت القسطنطينية جوهرة المركز في خاتم الإمبراطورية

---

(1) أُثبتت محتويات هذا الميثاق - الذي دُمر في أحد الحرائق - رسميًّا في عهد سليم الأول عن طريق إنكشاري قديم حضر فتح القسطنطينية.

(2) بعد أن سمح العثمانيون للمسيحيين الأرثوذكس بالاحتفاظ باستقلالهم الكنسي، ومنحهم الحكم الذاتي لطائفتهم داخل الإطار السياسي العثماني، أي إعطاؤهم مزيدًا من الحريات أكثر مما تمتعوا به في ظل حكم اللاتين، إخوانهم في الدين ومخالفيهم في المذهب؛ فَضَّلت الشعوب المسيحية الأرثوذكسية الهيمنة العثمانية على التبعية للشعوب اللاتينية، وهو ما جعل المسيحية الغربية في نظر اللاتين قَيِّمةً على الثقافة اليونانية القديمة بعد سقوط القسطنطينية. انظر: أرنولد توينبي، «الدولة العثمانية في تاريخ العالم»، ترجمة وتعليق أحمد سالم سالم، دورية كان التاريخية، العدد السابع عشر (سبتمبر 2012م): 113، 115. (المترجم).

التركية. هكذا يَختتم الاستيلاء على تلك المدينة أولى الفترات السبع التي قَسَّم إليها فون هامر، التاريخ العثماني[1]؛ إذ تتألف الفترة الأولى من مائة وخمسين عامًا من النمو السريع، منذ أن بدأت سيادة عثمان المستقلة حتى توطيد ركائز الفتوحات الأوروبية والآسيوية لآل عثمان بفتح القسطنطينية. وشهدت الفترة الثانية مزيدًا من النمو عن طريق الغزو حتى تولَّى سليمان الأول عام 1520م. وشهدت الفترة الثالثة أوج الهيمنة تحت حكم سليمان وسليم الثاني (من 1520م إلى 1574م). أما الفترة الرابعة فتُمثِّل بدء التراجع تحت حكم مراد الثالث (1574م) إلى عهد السُّلطة الدموية لمراد الرابع (من 1623م إلى 1640م) التي أعادت الازدهار السابق لفترة من الزمن. وتُمثِّل الفترة الخامسة مرحلة من الفوضى والعصيان، ما بين وفاة مراد الرابع (1640م) ووزارة أول فرد من عائلة «كُبرولي» (Kiuprili) (1656م). أما السادسة ففترة من الطاقة الجديدة التي مُنحت للإمبراطورية بفضل رجال من عائلة كُبرولي، من عام 1656م إلى الحرب الكارثية مع «النمسا» (Austria)، والتي انتهت بمعاهدة «كارلويتز» (Carlowitz) في عام 1688م. ثم تأتي الفترة السابعة، التي تسارعت خلالها الكوارث والانهيار حتى عام 1763م، عندما أكدت معاهدة «قينارجه» (Kainardji) مع روسيا على ضعفها.

كان محمد الثاني في الثالثة والعشرين من عمره حين استولى على القسطنطينية، فكان يكبر الإسكندر بعام واحد حين خاض الأخير معركة «جرانيكوس» (Granicus)، ويصغر نابليون بثلاثة أعوام حين تولَّى القيادة في «لودي» (Lodi). ربما كان تعاقب الحروب والانتصارات خلال ثلاثين عامًا هي فترة حكم محمد، يحمل مقارنة مع مآثر الفاتحَيْن الإمبرياليين سابقَي الذكر. لقد أخضع الحاكم الجديد للقسطنطينية شتات الإمبراطورية البيزنطية الذي ظل لفترة من الزمن لا صلة له بالسُّلطة المركزية للإمبراطورية. فقد فُتحت المورة عام 1454م، ثم «طرابزون» (Trebizond) في العام التالي، واختُزلت الصرب والبوسنة تمامًا ضمن الأقاليم التركية[2].

---

(1) Von Hammer. Supplement.

(2) عمل السُّلطان أولًا بمقتضى وراثته للعرش البيزنطي على تركيز جهوده للقضاء التام على الأسرات الحاكمة التي تَدَّعي حق وراثة هذا العرش، مثل: إمبراطورية طرابزون، آخر الكيانات المسيحية في آسيا الصغرى، والتي كانت تُمثِّل أهمية كبيرة لتجارة الجمهوريات الإيطالية. وبعض حكام المورة. وعائلة «جاتليوسو» (Gattilusio) في جزيرة «ليسبوس» (Lesbos) (مدللي). و«إينوس» (Aenos) (إنز)، الواقعة على ساحل تراقيا عند مصب نهر ماريتزا، تلك العائلة التي صاهرت عائلة باليولوجوس. فضلًا عن السعي نحو السيطرة على الأراضي التي كانت تابعة للبيزنطيين، أو التي أصبحت خاضعة للقوى اللاتينية، خصوصًا على البحر الأسود، مثل كافا في القِرْم. انظر: إينالجيك، تاريخ الدولة العثمانية: 43؛ فاتان، صعود العثمانيين: 126-127؛ سالم، السيطرة العثمانية: 62؛ Kenneth M. Setton, *The Papacy and the Levant (1204-1571)* (Philadelphia, =

واستسلم آخر ملوك البوسنة وأولاده لمحمد بناءً على اتفاقية تضمن حياتهم، وهو ما أقسم السُلطان على احترامه. حصل محمد على حكم من المفتي علي البسطامي، يقضي بأن معاهدة السُلطان ويمينه غير مُلزمَين له، على اعتبار أنهما عُقدا مع غير المؤمنين، وعليه يكون حرًّا في إعدام أسراه. ومحاباة له، التمس المفتي أن يحمل رأيه قيد التنفيذ من خلال قيامه بدور الجلاد، فأُمر بملك البوسنة الأسير أن يُحْضَر بين يدي السُلطان، فجاء يحمل معاهدة استسلامه في يده. صاح المفتي: «إنه من قبيل الخير أن أقتل مثل هؤلاء الكفار»، وضرب الملك بسيفه. أما الأمراء فأُعدموا داخل الخيمة. إن الأرشد والأفضل من العثمانيين الذين شهدوا هذه الجريمة الغادرة، يجب أن يكونوا قد أعملوا تفكيرهم بخجل، كيف تبادل المسلمون والمسيحيون الأدوار منذ أيام مراد والكاردينال جوليان[1].

وفي ألبانيا، صَمَد إسكندر بك بشجاعة أمام قوة السُلطان، الذي اضطر عام 1461م إلى الموافقة على معاهدة مؤقتة تعترف بإسكندر بك سيدًا على ألبانيا و«إبيرس» (Epirus)[2]. وسرعان ما تجددت الأعمال العدائية، فربح الأتراك الأرض تدريجيًّا من خلال التضحيات الضخمة بالأرواح والثروات، ومن خلال استمرار الضغط بأعدادهم المتفوقة. لكن الحاجز الذي شكَّله إسكندر بك لفترة طويلة أمام طوفان الفتح الإسلامي، والمقاومة الباسلة التي أبداها هونيادي في بلجراد، كانت لا تُقدَّر بثمن بالنسبة إلى العالَم المسيحي الغربي؛ إذ عملت على تأخير مشروعات محمد المنشودة تجاه إيطاليا لسنوات عديدة. وعمل انتصار هونيادي على حظر

= (1976-78)، Vol. I, p. 225, Vol. II, pp. 188, 238-39; Shaw, op. cit., p. 61؛ وعن فتح طرابزون، انظر: هناء محمد إبراهيم بركات، التاريخ السياسي لإمبراطورية طرابيزون البيزنطية منذ منتصف القرن الرابع عشر حتى سقوطها سنة 1461م، رسالة ماجستير غير منشورة (كلية الآداب - جامعة طنطا، 1998م): 195-202. (المترجم).

(1) صَوَّر المؤلف هذا الأمر على أنه خيانة للعهد ولم يوضِّح الملابسات؛ حيث كان ملك البوسنة «استيفان توماسيفيتش» (Stephen Tomashevich) قد فر بعد استيلاء العثمانيين على عاصمته «يايتسا» (Yaytse) أو يايجه عام 1463م، ولجأ إلى قلعة كلوج الحصينة على نهر سانا، فأرسل السُلطان وراءه وزيره محمود باشا، ولم يكد هذا الأخير يحاصر القلعة حتى بعث إلى ملك البوسنة يحثه على التسليم وأمَّنَه على حياته، فلم يجد الملك مفرًّا من الاستسلام بعد أن أُحيط به، فخرج من القلعة وتلقى من الوزير كتاب الأمان، وعلى الرغم من استياء السُلطان مما فعله الوزير فإنه أنفذ العهد، غير أن الملك ومَن معه من الأمراء لم يراعوا شروط ذلك العهد على ما يبدو، وهو ما جعل السُلطان يستفتي العلماء الذين رافقوه في جواز قتلهم وإدخال بلاد البوسنة إلى ممالك الإسلام، ومنهم الشيخ علي البسطامي الذي باشر قتله بيده. انظر: منجم باشي، جامع الدول، مج.1: 486-487؛ حاجي خليفة، فذلكة التواريخ: 202؛ الرشيدي، السُلطان محمد الفاتح: 169. (المترجم).

(2) انظر تعريفها ضمن هوامش الفصل العاشر. (المترجم).

الطريق الرئيسي إلى داخل المقاطعات الألمانية. كان ذلك عام 1456م، عندما حاصر السُلطان بلجراد بوصفها مفتاح المجر. بذل هونيادي في الدفاع عنها كل بسالة متقدة تميَّز بها في شبابه، فضلًا عن المهارة والحذر اللذين اكتسبهما خلال سنوات نضجه. وقد جرت مساعدته بقوة من قِبَل مجموعات صليبية هي نتاج جهود البابا «كاليستوس الثاني» (Calixtus II)، فضلًا عن الواعظ المشهور، «سانت جون كابستران» (St. John Capistran)، الذي أُحضر لمساعدته. كانت أخبار سقوط القسطنطينية قد أثارت خزي المسيحية الغربية وسخطها وذعرها، وهو ما دفع العديد من كبار الأمراء إلى تقديم وعود رسمية بالحرب من أجل إنقاذ المدينة الساقطة من يد الكافر، لكنها تبخرت في خضم خمول وقرارات لم تُنفذ. لكن عندما هُوجمت مدينة مسيحية أخرى كبيرة، وعندما بدا واضحًا أنه إذا سقطت بلجراد فإن فيينا وغيرها من العواصم الغربية سرعان ما ستتعرض للخطر، نشطت الحماسة الدينية والحذر القومي لبعض الوقت، فجاءت قوة مساعدة كبيرة وفعَّالة بقيادة كابستران، للقتال تحت راية هونيادي. كان محمد شديد الثقة بسبب نجاحه في القسطنطينية، وتفاخر بأن بلجراد ستكون غنيمة سائغة. وسرعان ما حَطَّمت مدفعيته الأسوار. وفي هجوم شامل في 21 من يوليو عام 1456م، تخطى الإنكشارية الخنادق وشقوا طريقهم إلى الجزء السفلي من المدينة، لكن المسيحيين في بلجراد كانوا كثرة وبواسل فتمت قيادتهم باقتدار، حيث حشد كابستران الحامية، وصُدَّ الأتراك من أعلى المدينة، وبعد قتال عنيف استمر لست ساعات طُردوا من الجزء الذي احتلوه. وفي هذه اللحظة الحرجة، قام القديس المحارب بفطنة قائد كبير وروح متقدة لمتعصب، بالهجوم بألف من الصليبيين على بطاريات العدو. وبينما يفر أعداؤهم مصابين بالذعر صائحين «الله»، خاض المسيحيون طريقهم - داعين باسم يسوع - إلى المعسكر العثماني، حيث قاموا بالاستيلاء على كل مدفعية الحصار. سعى محمد، ساخطًا عند هروب قواته، إلى الحد من ذلك المد، بلا جدوى، فقاتل بنفسه أمام خصومه المتقدمين، فأصاب بضربة من سيفه أحد قادة الصليبيين، لكنه تلقى في اللحظة ذاتها إصابة في فخذه، وأخيرًا أجبره مرافقوه على الابتعاد. وحين رآهم يحملونه بعيدًا أثناء غضبه من الهزيمة والعار الذي لحق به، غمر حسن قائد الإنكشارية بالتأنيب والتهديد، فأجاب حسن بأن الكثير من رجاله قد قُتلوا، وأن البقية لم يعودوا منصاعين للأوامر، ثم قام تحت نظر سيده بإلقاء نفسه بين المجريين المتقدمين لاقيًا حتفه. قام حرس فَرس السُلطان بالتحقق من المطاردة المتجددة للمسيحيين، وعملوا على تأمين انسحاب سيدهم الجريح. جرى الاستيلاء على ثلاثمائة مدفع، وكل مؤن الجيش التركي، وسقط خمسة وعشرون ألفًا من أفضل قوات محمد. لم يبقَ هونيادي على قيد الحياة طويلًا بعد هذا الانتصار الذي كلل بسالته على الرغم من مسيرته المتقلبة، فقد

تُوفِّي في بلجراد بعد عشرين يومًا من هروب محمد من أمام أسوارها. أما بطل الدفاع الآخر، جون كابستران، الذي يدين له ذلك الانتصار المسيحي بشكل أكبر حتى من هونيادي، فقد لقي حتفه أيضًا في أكتوبر التالي، وجرى تقديسه من قِبَل البابا. فهناك عدد قليل من القديسين في التقويم الروماني الطويل، يوجد سبب مستحق لتعظيمهم لدى العالم المسيحي[1].

كان قتال محمد في آسيا أكثر نجاحًا بشكل متجانس؛ فقد قام بفتح وضم سينوب[2] وطرابزون إلى إمبراطوريته، وأخضع في النهاية أمراء قرمانيا، أولئك الأعداء الحاقدين على البيت العثماني منذ أمد طويل. أما أهم فتح في فتوحاته بعد القسطنطينية، فكان إخضاعه لشبه جزيرة القِرْم عام 1475م، بواسطة أحد أكثر أمراء البحر الأتراك شهرة، وهو أحمد الملقب بـ«كديك»، أو «مكسور الفم» (Broken-mouth)، والذي كان وزيرًا أعظم لمحمد بين عامَي 1473 و1477م. كانت الأسباب المباشرة للحملة على القِرْم تتمثَّل في عداء السُّلطان مع الجنويين، الذين حازوا مدينة «كافا» (Kaffa) القوية في ذلك البلد، فضلًا عن المناشدات التي بعث بها خان التتر المعزول إلى محمد لمساعدته ضد إخوانه المتمردين. لكن بلا شك فإن إحدى أمارات عبقرية محمد تتمثَّل في إدراكه للقيمة الهائلة التي تُمَثِّلها القِرْم لمن يحتل

---

(1) كان هذا هو الحصار العثماني الثاني لبلجراد، بعد حصار مراد الثاني عام 845هـ/ 1441م، وقد اعتبرت أوروبا فشل السُّلطان وانسحابه انتصارًا عظيمًا، مما أدى إلى ردود فعل قوية في كل أنحاء أوروبا، حتى كتب البابا كاليستوس أنه الآن يتطلع «ليس لاستعادة القسطنطينية فحسب، وإنما لتحرير أوروبا وآسيا والأراضي المقدسة». وكان هذا الحصار ختامًا لسلسلة من الغزوات قام بها السُّلطان بعد فتحه للقسطنطينية، لفرض نفوذه المباشر جنوبي نهر الدانوب؛ خصوصًا الصرب وملكها جورج برانكوفيتش، الخاضع للنفوذ المجري. فقام السُّلطان في ربيع عام 859هـ/ 1455م بحملة على مدينة «نوفو بردو» (Novo Brdo) الاستراتيجية، التي تُعدُّ من أهم مدن البلقان التجارية، وقد سقطت المدينة بالفعل في يد العثمانيين بعد أربعين يومًا من الحصار في جمادى الآخرة 859هـ/ يونيو 1455م. ثم قضى العثمانيون باقي الصيف في إخضاع الجزء الجنوبي الغربي من الصرب، ولم يبقَ من الصرب سوى بلجراد الحصينة بوابة المجر، وعندما مات جورج برانكوفيتش في شهر المحرم 861هـ/ ديسمبر 1456م ترك البلاد في حالة مزرية سهلت مهمة السُّلطان، الذي استطاع عام 863هـ/ 1459م ضمها إلى النفوذ المباشر للدولة فأصبحت ولاية عثمانية أُطلق عليها ولاية «سِمندره». انظر: R. Nisbet Bain, "The Siege of Belgrade by Muhammad II, July 1-23, 1456", *The English Historical Review*, Vol. 7, No. 26 (Apr., 1892), pp. 235-52; Shaw, op. cit., p. 63; Setton, op. cit., Vol. II, p. 183. (المترجم).

(2) كانت سينوب من أهم المستعمرات اليونانية على البحر الأسود، وأصبحت تابعة لإمبراطورية طرابزون حتى فتحها محمد الثاني، وصارت مركز لواء يحمل الاسم نفسه في ولاية قسطموني. انظر: موستراس، القاموس الجغرافي: 315. (المترجم).

القسطنطينية، وضرورة تأمين سيادته عن طريق ضمها. هاجم أحمد كديك، كافا، بأسطول قوي وجيش قوامه أربعون ألف رجل، وخلال أربعة أيام استسلمت تلك المدينة، وقد أُطلق عليها بعد ذلك «القسطنطينية الصغيرة»، لعظم ثروتها وقوتها. كانت الغنائم التي استولى عليها الفاتح من هناك هائلة، ونُقل أربعون ألفًا من السكان إلى القسطنطينية، فضلًا عن إجبار ألف وخمسمائة من صغار الجنويين النبلاء على الدخول في سلك الإنكشارية. احتُلت شبه الجزيرة بالكامل على وجه السرعة من القوات التركية، وأصبح خانات القِرْم منذ ذلك الحين، ولمدة ثلاثة قرون، تابعين للسلاطين العثمانيين.

كثيرًا ما دخل محمد في قتال مع البندقية وجنوة، حيث كان الأرخبيل وسواحل اليونان عامةً مسرحًا لهذه الحروب، التي من خلالها حاز السُلطان «يوبيه» (Euboea)، و«ليسبوس» (Lesbos)، و«ليمنوس» (Lemnos)، و«كيفالونيا» (Cephalonia)، وغيرها من الجزر[1]. وقد تميَّز غزو يوبيه بالغدر والقسوة من جانب السُلطان، وإبراز الشجاعة الخالصة لبطولة من البطولات المسيحية؛ إذ قام القائد البندقي، «بول إريزو» (Paul Erizzo)، بعد دفاع طويل وشجاع، بتسليم القلعة حينما تعهد السُلطان بسلامة جميع مَن بداخلها، وقام بالتوقيع على الاستسلام. وعندما

(1) كانت حرب الستة عشر عامًا (867-884هـ/ 1463-1479م) التي دارت رحاها بين العثمانيين والبنادقة، نتاجًا لاصطدام التوسع العثماني بالنفوذ البندقي في شرق المتوسط، خصوصًا بعد سقوط القسطنطينية، مع أن البندقية ظلت تتبع سياسة السلم مع العثمانيين منذ أن عقدت معاهدة عام 858هـ/ 1454م، لتجنب الحرب المباشرة بين القوتين، لكن بدأت سياستها في التغير بعد أن بدأ نفوذها المباشر في التضرر جراء وصول العثمانيين إلى سواحل اليونان والمورة والبحر الأدرياتيكي، وهو ما يعني القضاء على تفوقها شرقي البحر المتوسط، الذي يكفل تأمين إمبراطوريتها التجارية، إلا إن هذه الحرب كانت سببًا في حرمانها من الكثير من قواعدها ومرتكزاتها المهمة، وأهمها على الإطلاق جزيرة يوبيه (أجريبوز)، ثانية أكبر الجزر اليونانية بعد كريت، والواقعة في بحر إيجة مقابل الساحل الشرقي لليونان، والتي تُعدُّ إحدى أهم وأكبر المستعمرات الهندقية منذ أن تكوَّنت إمبراطوريتهم البحرية كنتيجة لغزو الصليبيين للقسطنطينية عام 600هـ/ 1204م. وعلى الجانب العثماني كان نجاح فتح هذه الجزيرة يُعدُّ توطئة لفتح رودس وقبرص فضلًا عن إيطاليا. وقد ذَكرت المصادر أن السبب المباشر لهجوم السُلطان على الجزيرة هو ما فعله الإفرنج أثناء انشغال السُلطان بفتح قرمان، من هجوم على بعض الجزر العثمانية في بحر إيجة وقتل وأسر الكثير من المسلمين. انظر عن فتح العثمانيين للجزيرة عام 874هـ/ 1470م: منجم باشي، جامع الدول، مج.1: 494-496؛ أوزتونا، تاريخ الدولة العثمانية، مج.1: 159؛ Setton, op. cit., Vol. II, p. 300; John B. Bury, The Lombards and Venetians in Euboia (1340-1470), *The Journal of Hellenic Studies*, Vol. 9 (1888), pp.112-116؛ وعن حرب الستة عشر عامًا، انظر: سالم، السيطرة العثمانية: 73-86؛ وعن معاهدة عام 1454م، أول معاهدة تجارية بين العثمانيين والبنادقة بعد فتح القسطنطينية، انظر: هايد، تاريخ التجارة، مج.3: 176-178. (المترجم).

خرجت الحامية وألقت سلاحها، قام بإعدامهم جميعًا بتعذيب وحشي، عدا اليونانيين. وقد جرى تقطيع بول إريزو إلى قطعتين بناءً على أوامره، أما ابنة القائد البندقي، «آنّا إريزو» (Anne Erizzo)، فقد اقتيدت إلى خيمة السُلطان، لكن العذراء المسيحية فضَّلت الموت على العار، ولم تبالِ بأي وعد أو تهديد، فقُتلت على يد عبيد الطاغية الغاضب[1].

مع ختام عهد محمد، جرى التغلب تمامًا على إسكندر بك من قِبَل القوات العثمانية، وضُمت كلٌّ من ألبانيا وإقليم الهرسك إلى الممتلكات السُلطانية. جلبت هذه الفتوحات القوات التركية لتكون على تماس أوسع نطاقًا مع ممتلكات البندقية على طول السواحل الشرقية للبحر الأدرياتيكي. وفي عام 1477م سار جيش تركي قوي في إقليم «فريولي» (Friuli)، أقصى شمال ذلك البحر، مهددًا البندقية نفسها. فأقام البنادقة معسكرات محصنة في «جرادينا» (Gradina) و«فوجليانيا» (Fogliania)، وخطًّا من الاستحكامات يمتد من «إسونزو» (Isonzo) إلى «جايرز» (Gaerz). لكن الأتراك قاموا في أكتوبر من العام نفسه بعبور ذلك الخط وهزيمة جيشهم. بعد ذلك اجتاز القائد العثماني عمر باشا، «تاليامنتو» (Tagliamento)، ذلك النهير الذي سيصبح شهيرًا بعد الحرب. هكذا انتشرت القوات التركية بلا مقاومة على مستوى الريف الغني بالكامل، وصولًا إلى ضفاف «بيافي» (Piave). ورأى أعضاء مجلس الشيوخ البندقي وهم يرتجفون من فوق أسطح قصورهم، الأفق الشمالي وهو يتوهج بضوء حرائق البلدات والقرى. توقف الأتراك في نوفمبر وهم محمَّلون بالغنائم. وأَبرمت البندقية بتلهُّف معاهدة سلام مع السُلطان، الذي أورد في النص - وفقًا لمؤرخ إيطالي - أنه يتعين على الجمهورية مساعدة السُلطان إذا تعرَّض للهجوم بأسطول مكوَّن من مائة سفينة جالي، وعلى السُلطان أن يقوم في الحالات الضرورية المشابهة بإرسال مائة ألف من الفرسان الأتراك ضد أعداء البندقية[2].

---

(1) يعاود المؤلف من جديد اتهام السُلطان بالغدر، مع أن الثابت تاريخيًّا، بناءً على وصف شاهد عيان هو «جاكومو ريزاردو» (Giacomo Rizzardo)، رفضُ المدافعين تسليم مدينة نجربونت، عاصمة الجزيرة، إلى السُلطان، بعد أن عرض عليهم إعفاء أهل الجزيرة من الضرائب لمدة عشر سنوات، فضلًا عن ضمان عيشة رغدة لوجهاء الجزيرة والقائمين عليها سواء استمروا في الإقامة عليها أو انتقلوا إلى إستانبول، إلا إن الرد جاء إلى محمود باشا مصحوبًا بإهانة وسخرية من السُلطان نفسه: «أخبر سيدك أن يذهب ليأكل أجنحة السمك، قبل أن يأتي لمقابلتنا كعبيد». وعندئذ بدأت المدافع العثمانية الكبيرة في صب قذائفها على أسوار المدينة بكثافة، بدءًا من الخامس والعشرين من يونيو حتى تم الفتح في الثاني عشر من يوليو 1470م. انظر: Setton, op. cit., Vol. II, p. 301. (المترجم).

(2) كانت المعاهدة التي جرى التصديق عليها من الطرفين في 3 ذي القعدة 883هـ/ 25 يناير 1479م، على شكل امتياز يُنظم في المقام الأول عودة التجارة إلى وضعها الطبيعي، ويجري ذلك عن طريق الضمانات المعتادة =

كان إخضاع إيطاليا هو مشروع محمد، الذي - وإن اضطر إلى تأخيره مرارًا - لم يكن ليتخلَّى عنه قَطُّ. ففي عام 1480م، استعد لجعله قيد التنفيذ على المستوى العسكري والإعداد البحري بما يوازي عظمة ذلك المشروع، وفي الوقت نفسه عزم على قمع العدو اللدود الوحيد الذي بقي حتى الآن قرب مركز سيادته؛ فقد كانت جزيرة رودس القوية لا تزال في حوزة فرسان القديس يوحنا الأورشليمي، الذين تمركزوا هناك عام 1311م، وحافظوا بشجاعة على سيادتهم للجزيرة كسلطة مستقلة لأكثر من قرن ونصف القرن[1]. قام ثلاثة من الخارجين على النظام بتحريض السُلطان على مهاجمة رودس بإعطائه مخططات تحصيناتها، ومنحه وعدًا بأنه سيتم الاستيلاء عليها بسهولة بواسطة القوات التي يمكن أن يحشدها الأتراك، فأُرسل مسيح باشا للاستيلاء على رودس في أبريل عام 1480م بأسطول مكوَّن من مائة وستين سفينة جالي وجيش قوي وعدد كبير من المدفعية الثقيلة. نَفَّذ الباشا العثماني هبوطًا على الجزيرة، وبعد الاستيلاء على بعض المواقع الدنيا، شَكَّل خطوط حصاره حول المدينة نفسها، التي بُنيت على الطرف الشمالي من

= لسلامة البنادقة وبضائعهم داخل الإمبراطورية. وأُلزمت حكومة البندقية مقابل ذلك بأن تدفع للسلطان كل عام، على يد ممثليها، مبلغ عشرة آلاف دوقية، فضلًا عن مائة وخمسين ألف دوقية كانت مستحقة الدفع قبل اندلاع الحرب، وقد تسبَّب دفعها في إفلاس عدد كبير من البيوت التجارية البندقية في القسطنطينية وأدرنة وجاليبولي وفوجة وبورصة، إلا إن أكبر خسائر هذه الحرب بالنسبة إلى البندقية كانت فقدها جزيرة يوبيه، على الرغم من أن قبرص كانت على وشك أن تتبوأ مكانها ضمن النظام الاستعماري للجمهورية. انظر: هايد، تاريخ التجارة، مج.3: 189-190؛ Setton, op. cit, Vol. II, pp. 327-330. (المترجم).

(1) لم تكن رودس مركزًا من أهم مراكز التهديد للدولة العثمانية فحسب، بل كانت منذ وقت مبكر مرتكزًا للحملات الصليبية على الشواطئ الشرقية للبحر المتوسط، لموقعها الاستراتيجي الذي يشرف على مدخل بحر إيجة، ولقربها في الوقت نفسه من سواحل الشام وآسيا الصغرى. وبعد جلاء الصليبيين عن الشام أصبحت هي وقبرص مأوى لفرسان القديس يوحنا، فتحولت هذه الطائفة منذ ذلك الحين إلى عصابة من القراصنة في الحوض الشرقي للبحر المتوسط، تعمل لحساب البابا والدول الأوروبية الصليبية لعرقلة الملاحة الإسلامية على وجه العموم. لذا، حاولت دولة المماليك في مصر والشام القضاء على نفوذها باحتلال هذه الجزيرة عن طريق إرسال ثلاث حملات بين عامَي 844 و848هـ/ 1440 و1444م، بتشجيع من العثمانيين أنفسهم، بعد أن سمع السُلطان مراد الثاني بمحاولات ضم فرسان القديس يوحنا إلى الحلف الصليبي الكبير الذي كان يتكون آنذاك في أوروبا ضد العثمانيين. إلا إن محاولات فتحها باءت بالفشل. انظر: محمد مصطفى زيادة، «المحاولات الحربية للاستيلاء على جزيرة رودس»، ترجمة جمال الدين الشيال، مجلة الجيش (1946م)؛ أحمد مختار العبادى والسيد عبد العزيز سالم، تاريخ البحرية الإسلامية في حوض البحر الأبيض المتوسط، مج.1 (الإسكندرية: مؤسسة شباب الجامعة، 1981م): 336-339؛ سعيد عبد الفتاح عاشور، الحركة الصليبية، مج.1 (القاهرة: مكتبة الأنجلو المصرية، 1975م): 1235-1236؛ العصر المماليكي في مصر والشام (القاهرة: مكتبة الأنجلو المصرية، 1994م): 179-183. (المترجم).

الجزيرة. دافع السيد الكبير للفرسان، «بيتر دي أوبوسون» (Peter d'Aubusson)[1]، عن المدينة بمهارة بارعة وصمود لا يُقهر، ومع ذلك كانت ستسقط لا محالة، بسبب الشدة العسكرية أو الطمع سيِّئ التوقيت للقائد التركي. فبعد حصار طويل وكثير من المواجهات الشديدة، أجرى الأتراك هجومًا شاملًا في الثامن والعشرين من يوليو عام 1480م. وفتحت مدفعيتهم خرقًا واسعًا في الأسوار، وكانت أعدادهم وفيرة، وحماستهم على أشدها أكثر من أي وقت. وعلى الرغم من بسالة الفرسان المسيحيين، استطاعت صفوف المهاجمين أن تسيطر على الخرق. إلا إن ذلك المستوى القتالي للعثمانيين قد تلقَّى ضربة أعلى الأسوار، حين أعلن مسيح باشا عن منع أعمال السلب، وأنه يجب حفظ جميع غنائم المكان للسلطان. ملأ هذا الإعلان الجيش التركي بالاستهجان والسخط، ورفض الجنود الذين لا يزالون خارج المدينة أن يتوجهوا لدعم رفاقهم الذين سيطروا على الخرق، وما لبث هؤلاء أن ارتدوا في اضطراب من داخل المدينة أمام القائد الأخير للفرسان الذي كان قد استبد به اليأس، لكنه لاحظ التردد المفاجئ للمهاجمين. وهكذا رُفع الحصار، وأُنقذت رودس لنصف قرن آخر[2].

في اليوم الذي قام فيه الأتراك بهجومهم الفاشل على رودس، قام قائد الحملة الأخرى الكبيرة، أحمد كديك، فاتح القِرْم، بتنفيذ نزوله على الساحل الجنوبي لإيطاليا؛ حيث لم يضع عثماني قدمه من قبل. هبط على شاطئ «بوليا» (Apulia)، وقام بالزحف على «أوترانتو» (Otranto)، التي كانت تُعدُّ آنذاك مفتاح إيطاليا. ألقى أسطوله المرساة في الطريق، وهُوجمت المدينة فورًا وبشدة عن طريق البر والبحر على السواء. وعلى الرغم من مقاومة أوترانتو الحماسية، فإنها كانت قصيرة، حيث اقتُحم المكان في الحادي عشر من أغسطس 1480م. ومن بين سكانها البالغ عددهم اثنين وعشرين ألفًا، قُتل العدد الأكبر منهم من دون رحمة، أما البائسون الذين ظلوا على قيد الحياة فقد تعرَّضوا لأبشع الفظائع التي ارتُكبت في الحروب التركية.

---

(1) بيتر أو «بيير دي أوبوسون» (Pierre d'Aubusson) (1423-1503م)، انضم إلى فرسان القديس يوحنا بين عامَي 1444 و1445م، وانتُخب لتولي منصب الأستاذ أو السيد الكبير (الجراند ماستر) في 17 يونيو 1476م. انظر مزيدًا عنه: Dominique Bouhours, *Histoire de Pierre d'Aubusson* (Paris, 1677). (المترجم).

(2) انظر: مؤلف مجهول، رودس تاريخي (إستانبول: 1312هـ): 125؛ حاجي خليفة، تحفة الكبار في أسفار البحار، تحقيق وترجمة محمد حرب وتسنيم حرب (القاهرة: دار البشير للعلوم والفنون، 2017م): 73؛ عبد الرحيم بن عبد الرحمن العباسي، منح رب البرية في فتح رودس الأبية، تحقيق فيصل عبد الله الكندي (حوليات كلية الآداب - جامعة الكويت، 1418هـ/ 1997م): 29؛ Setton, op. cit., Vol. II, pp. 357-358. (المترجم).

أصبح محمد آنذاك سيد المدينة والميناء، الذي أمَّن دخول جيوشه إلى داخل إيطاليا. أما عند رودس فقد تراجعت أسلحته في غيابه، لكنه عزم على القيام بمشروع الهجوم المُقبل بنفسه. وفي أوائل ربيع عام 1481م، جرى تثبيت ذيل فرس[1] على الشاطئ الآسيوي للبوسفور، كإشارة إلى حملة جديدة، لكن لا أحد - عدا السُلطان - كان يعلم إلى أي مكان ستُوجَّه القوة التركية؛ فقد كان مبدأه الأساسي أن السِّريَّة في التخطيط والسرعة في التنفيذ هما العنصران الكبيران للنجاح في الحرب. وذات مرَّة، عند بدء حملة من الحملات، سأله أحد كبار ضباطه، عن الهدف الرئيسي لعمليته العسكرية، فأجاب محمد بحدة: «إذا عَلِم شعر لحيتي بذلك، نتفته وألقيت به في النار». لا يمكن لأحد أن يتكهَّن بالعرش المُهدَّد من قِبَل ذلك الحشد المجتمع آنذاك بناءً على دعوة السُلطان. لكن أثناء عملية الحشد التي لم تكن قد اكتملت بعد، توقفت الحملة بوفاة السُلطان، الذي أسلم الروح فجأة وسط جيشه في الثالث من مايو عام 1481م.

(1) شارة تُدعى «الطوخ»، عبارة عن ذيل فرس مدلًّى من سارية تعلوه كرة ذهبية، وهو في الأصل شعار تركي وثني الأصل، إذ كان يُصنع في البداية من ذيل الثور وليس الفرس، وكان عدد الأطواخ يرمز إلى مكانة صاحبها، فكان بك السنجق له طوخ واحد، والبكرلبك طوخان، ووزراء القبة ثلاثة أطواخ، وللصدر الأعظم خمسة، أما السُلطان فكان يخرج إلى الحرب بتسعة أطواخ. (المترجم).

الفصل السادس

قوانين محمد الثاني - الحكومة التركية - الجيوش - حيازة الأرض - المؤسسات - التعليم - العلماء - الرَّعايا - الرِّق - المُرتدُّون - الشخصية التركية - الحرب التركية.

الفصل السادس[1]

ناقشنا بالفعل الطابع الشخصي لمحمد، ولن نتحول طوعًا مرَّة أخرى إلى ذلك الموضوع البغيض. إن الذي أنجزه كفاتح للنهوض بالسُّلطة العثمانية، يمكن أن يُقدِّم سردًا واضحًا لفترة حكمه، ولكن سيكون من الإجحاف أن نُعرِّج على مؤسساته السياسية من دون أن ننتهز هذه الفرصة لإجراء مسح عام للتنظيم الداخلي للإمبراطورية التركية.

منذ ذلك الوقت الذي قام فيه عثمان لأول مرَّة بقتل عمه في مجلس مكتمل بسبب معارضة خططه، إلى القيود التي فرضها السلاطين على أنفسهم خلال السنوات القليلة الماضية، لا يوجد أي أثر في التاريخ التركي لأي تقييد دستوري مدني لإرادة الحكم السيادي. في الواقع ثمة تقليد شعبي متداول بين الأتراك يقول: إن السُّلطان له الحق في قتل سبعة أشخاص - ليس أكثر - كل يوم من دون أي أسباب، إذا كان في ذلك حفظ لسعادته[2]. لكن حتى ذلك الحد الذي تَضَمَّنه هذا التقليد للقتل التعسفي، لم يكن حقيقيًا قَطُّ؛ إذ يمكن العثور على حالات كثيرة في عهود سليم الأول ومراد الرابع ومحمد الرابع ومحمد الفاتح نفسه، جرت فيها التضحية بأعداد أكثر بكثير بناءً على الأمر السُّلطاني، بلا أي شكل من أشكال المحاكمة. إن لقب «هونكيار» (Hunkiar)، «قاتل»، هو - أو كان حتى الآونة الأخيرة - الأكثر استخدامًا من قِبَل رعايا السُّلطان عند الحديث عن عاهلهم، إلا إن ذلك لم يكن إعرابًا منهم عن أي استهجان أو اتهام بالطغيان، وإنما اعتراف بسيط بسُلطته المطلقة فيما يخص الحياة أو الموت. كان فقط شخص المفتي، رئيس العلماء،

---

(1) See Von Hammer, books 18, 34, and Supplement; D'Ohsson, "Tableau General de l'Empire Ottoman;" Thornton; Urquhart's "Turkey and her Resources;" and Ubicini, "Lettres sur la Turquie,"

(2) See Von Hammer, book 53, ad. fin. In Thornton, "Account of the Turkish Empire" (p. 69)، كان العدد الذي يمكن للسلطان أن يقوم بقتله هو خمسة عشر. جاء في عمل «ريكوت» (Rycaut): "State of the Ottoman Empire" (ذكره «ثورنتون» (Thornton))، في نهاية القرن السابع عشر، قوله: «إن السيد الكبير لا يُمكن عزله أو مساءلته على أيٍّ من جرائمه، في الوقت الذي يقوم فيه بالقضاء على عدد من رعاياه يصل إلى الألف كل يوم من دون سبب». وينص المؤلف نفسه على أنه إذا تم الاستسلام للموت على يد السُّلطان أو بناءً على أوامره، بلا مقاومة أو تذمر، فإن ذلك يُعدُّ منحًا لحق السعادة الأبدية.

من المفترض أن يكون مصونًا ولا يمس، وهو استثناء غير مضمون حتى من الناحية النظرية، وغير مهم من الناحية العملية؛ حيث كان في استطاعة السُلطان الإطاحة بالمفتي العنيد وقتما شاء، فتنتهي حصانته فور فقدانه للمنصب. كانت سلطة العاهل مُطْلَقة على الممتلكات كما هي على الأشخاص، لكن السلاطين امتنعوا مطلقًا عن الاستيلاء على الممتلكات المخصصة لأغراض البر؛ حيث كان مثل هذا العمل يُعدُّ من جانب المسلمين المتحمسين انتهاكًا خطيرًا، ومن المحتمل أن يتبعه تمرد. ولا يمكن أيضًا من الناحية العملية أن تتعرَّض الممتلكات الخاصة في تركيا لطمع السُلطان، عدا في حالة المسؤولين الحكوميين، الذين كانت ثرواتهم تخضع دائمًا للمصادرة. كان كل الشرف والسُلطة والجلال في التصرف المطلق للسلطان من شأنه أن يَمنح أو يَسلب كيفما شاء. ويكون سائر رعاياه المسلمين على قدم المساواة أمامه، فلا يوجد أي امتياز يتعلق بالنشأة، سواء فيما يتعلق بالأسرة أو محل الميلاد، يمكن أن يفضل أحدًا على الآخر.

لكن مع تحرر السُلطان التركي من عوائق القانون المدني، وعدم مراجعته من خلال وجود أرستقراطية تتمتع بامتيازات، لا يمكنه مع حصانته أن يتجاهل بشكل صريح التزامات وقيود الشريعة الدينية للمسلمين. ومع جَمْعِه للسُلطتين التشريعية والتنفيذية، فإن «الخطوط الشريفة» (khatti-cherifs)[1] الخاصة به، أو المراسيم الإمبراطورية، تُعدُّ خاضعة للمصادر الثلاثة الرئيسية للشريعة، وهي القرآن نفسه كلمة الله المكتوبة، والسُنة أو الأحاديث التقليدية للنبي صلى الله عليه وسلم، والأحكام أو القرارات الصادرة عن الأئمة الأربعة الكبار للدين الإسلامي. ويُطلَق على مراسيم الأمراء: «أورفي» (Ourfi)، وهو ما يعني: «مُكَمِّلة». ويُطلَق على مجموعة المراسيم، التي أصدرها السلاطين المتعاقبون بشأن كل طارئ ديني أو زمني لم يرد في المصادر الثلاثة الأولى للشريعة الإسلامية: «قانون نامه» (Kanounname) (كتاب أو قانون الشرائع)، من الكلمة اليونانية «قانون» (Kanon)، وهو ما طبَّقه الفقهاء الأتراك على السياسة فضلًا عن التشريع الديني.

حسب التقليد القديم والمستمر لفترة طويلة، يحصل السُلطان قبل تنفيذه لأي عمل سياسي مهم على تصديق عليه من خلال بيان رسمي أو فتوى من رئيس رجال الإفتاء تُقر ذلك العمل. وقد حدثت حالات في التاريخ التركي تسبب فيها رفض المفتي في تخلِّي السُلطان عن مشروعه. قام بعض الكُتَّاب بتوصيف هذا المسؤول باعتباره يمارس مراجعة دستورية نافذة المفعول على

---

(1) «خط شريف» أو «خط همايون»، مصطلح يُطلق على المرسوم السُلطاني، أو الأوامر التي يخطها السُلطان بيده، ويحررها الصدر الأعظم، ويسمى «تلخيص». انظر: حسين مجيب المصري، معجم الدولة العثمانية (القاهرة: الدار الثقافية للنشر، 2004م): 55. (المترجم).

صلاحيات السُّلطان، ويمتلك حق «نقض» (Veto) مماثلًا لذلك الخاص بالمَنَصَّات الرومانية القديمة أو النبلاء البولنديين. ولكن حقيقة أن المفتي قابل للعزل من منصبه بناءً على إرادة السُّلطان (مثل القضاة لدينا قبل عام 1714م) تُبيِّن مدى خطأ مثل هذه النظريات[1]. عندما يكون على العرش سلطان حازم لا يحظى بشعبية، يصبح المفتي مجرد أداة سلبية في يده، على الرغم من أن الحكام المتسمين بالحصافة في تركيا، كغيرها من الأماكن، أدركوا تلك السياسة التي تُبدي أحيانًا احترامًا ظاهريًّا للزجر القضائي. إن الإخلاص العميق الذي يبديه معظم السلاطين تجاه دينهم لا بدَّ أنه جعلهم إلى حدٍّ ما يُقَدِّرون فعليًّا الآراء الرسمية التي تَصْدُر عن أكبر المفسرين لشريعتهم المرتكزة على دينهم. وحين تكون سيطرة السُّلطان ضعيفة وفاشلة بشكل فعلي، قد تصبح معارضة المفتي المدعومة بـ«صوت العصيان الفظ» حول أسوار القصر، هائلة حقًّا، ويُشكِّل إعلانه بأن السُّلطان مخالف للتشريع الإلهي وطاغية غير صالح للحكم، قرارًا بالعزل، وهو غالبًا ما يضع العنف الشعبي حيز التنفيذ.

في الحقيقة، مع أناس لديهم شجاعة وحماسة عاليتان تتعلقان تمامًا بدينهم القومي، ومراعاتهم الشديدة لشرفهم الوطني، مثل الأتراك العثمانيين، فإن أسوأ ممارسات السيادة المستبدة لا بدَّ أن تُكْبَح دائمًا عن طريق المقاومة المسلحة والانتقام الشعبي. وبينما نمضي قُدمًا في هذا التأريخ، فكثيرًا ما سنرى الوزراء العظام للسلاطين يسقطون أمام المزايدات الشعبية، وسنصبح في ألفة مع مشاهد عزل واغتيال الحاكم. إن هذا العلاج الوحشي المروع لمساوئ الملكية المطلقة، قد أُسيء تطبيقه كثيرًا في تركيا، كما في أماكن أخرى. وكثيرًا ما تَحَوَّل إلى تمرد عسكري مجرد، أو إلى شغب فوضوي من رعاع المدينة؛ إلا إنهم حافظوا على الجنس العثماني من الانهيار التام. وهم أقل بُغْضًا من سلسلة الاغتيالات الداخلية واغتيالات الطغمة الحاكمة، التي تخفف الاستبداد في إمبراطورية القيصر المتناحرة.

كان الولاء الديني والتام للأمة العثمانية تجاه آل عثمان مُطردًا وغير منقوص، على الرغم من أنهم قد يتعاملون بقسوة أحيانًا مع أفراد منهم. فمن خلال تلك العائلة وحدها يمكن تقديم الباديشاه (الإمبراطور)، ظل الله. وكثيرًا ما ثار حُكَّام الأقاليم ضد سلطة العاهل، وجعلوا أنفسهم مستقلين محليًّا، وواصلوا الحروب لحسابهم الخاص، حتى ضد السُّلطان نفسه، لكنهم أعلنوا دائمًا الولاء الاسمي للبيت المالك. كما لا يوجد أي «سِرْعَسْكَر» (seraskiar) أو باشا مغامر حاول مطلقًا تنصيب سلالة جديدة على عرش القسطنطينية. تُقدِّم الاستمرارية المحتومة لسلاطين العثمانيين،

(1) See Thornton, p. 94, and note.

المنحدرين من سلالة الذكور المتصلة بمؤسسهم الكبير، والقابضين على ذلك العرش لمدة أربعة قرون، تناقضًا ملحوظًا إذا ما قورنت بالتقلبات السريعة التي ارتقت عن طريقها عائلات إمبريالية وتراجعت خلال عصور الإمبراطورية البيزنطية. ولا يمكن لحوليات أيٍّ من البيوتات المالكة في العالم المسيحي الغربي أن تُظهر لنا، مثلما تُظهر نظيرتها التركية، تعاقبًا متواصلًا لثلاثين عاهلًا، من دون انقطاع السُّلطة عن الأصل مطلقًا، أو توليها من قِبَل أي فرع تابع.

كانت إرادة السُّلطان، منذ الفترة المبكرة للتاريخ التركي وحتى عهد عبد المجيد[1]، هي المحرك الرئيسي للحكومة العثمانية. ولإثبات أهميتها التامة، فإننا قد نذهب إلى أبعد من زمن فاتح القسطنطينية. وأثناء مواصلة دراستنا للمؤسسات التركية التي تنظمها تشريعات ذلك الأمير، ستكون هناك حاجة أقل للخروج عن إطار التسلسل الزمني.

تُصوِّر اللغة المجازية الخاصة بمؤسسات محمد الثاني، والتي لا تزال تُستخدم من قِبَل خلفائه، الدولةَ في إطار الرمز المجازي المتعارف عليه للخيمة. فالباب العالي للخيمة - حيث يَروي الحكام المشرقيون ظمأهم المزمن لإصدار الأحكام - يَدُل على المقر الرئيسي للحكومة. والترجمة الإيطالية لعبارة «La Porta Sublima»، اعتُمدت من قِبَل الدول الغربية، مع بعض التعديلات الطفيفة لتناسب كل لغة من لغاتهم الخاصة؛ فنقصد عادة عند ذكر «الباب العالي» (The Sublime Porte)[2] حكومة الإمبراطورية العثمانية. ويُصوِّر الفقهاء والمؤرخون الأتراك، التفاصيل المتعلِّقة بحكومتهم، من خلال التشبيه المُشتَقى من المجاز نفسه الخاص بالخيمة السُّلطانية؛ إذ تُدَعِّم قبة الدولة أربع دعائم، تتكون من: أولًا: الوزراء. ثانيًا: «قضاة العسكر» (Kadiaskers)[3] (القضاة). ثالثًا: «الدفتردارية»

---

(1) السُّلطان العثماني عبد المجيد الأول، الذي حكم بين عامَي 1255 و1277هـ/ 1839 و1861م. (المترجم).

(2) أُطلق تعبير «الباب العالي» في البداية على قصر السُّلطان، حيث مركز الإدارة والحكم، لكن في عام 1654م مَنح السُّلطان محمد الرابع، وزيره درويش محمد باشا مسكنًا رسميًّا أصبح يُعرف باسم «باب الباشا» أو «الباب العالي»، يقيم فيه الوزير، فضلًا عن كونه مقرًّا لإدارة الدولة. ومنذ ذلك الحين ساد اسم الباب العالي وصار يُطلق على حكومة الدولة العثمانية. انظر: غب وبوون، المجتمع الإسلامي والغرب، مج.1: 186. (المترجم).

(3) عُرف منصب «قاضي العسكر» منذ زمن الدولة العباسية، وكان صاحبه في الأساس مختصًّا بالفصل في القضايا المتعلقة بالجيش، ويبدو أنه انتقل إلى العثمانيين عن طريق السلاجقة، فظهر في عهد أورخان حين خرج للحرب فعيَّن قاضيًا للفصل في القضايا الشرعية، وفي عام 860هـ/ 1456م انقسم هذا المنصب إلى قسمين: قاضي عسكر الرُّوملي، وقاضي عسكر الأناضول، وكلٌّ منهما له ديوان خاص، ويخضع لشيخ الإسلام، وليس لهما سُلطة على مدينة إستانبول. انظر: مصطفى بركات، الألقاب والوظائف العثمانية (القاهرة: دار غريب، 2000م): 132 وما يليها. (المترجم).

(Defterdars)[1] (أمناء الخزانة). رابعًا: «النيشانجية» (Nischandyis)[2] (أمناء الدولة). وإلى جانب هؤلاء، هناك: «آغوات الخارج» (Outer Agas)، بمعنى: «المسؤولين العسكريين». و«آغوات الداخل» (Inner Agas)، بمعنى: «المسؤولين العاملين ببلاط القصر». وهناك أيضًا رُتَب العلماء، أو الرجال العالمون بالشريعة.

حظي الوزراء[3] بالتقدير على اعتبار أنهم يُشكِّلون الركيزة الأهم التي تدعم بنية الدولة. ويُعدُّ النظام التشريعي الركيزة الثانية للدولة، وكان يتزعمه في زمن محمد الثاني اثنان من قضاة العسكر، اللذان ترأسا على التوالي المؤسسات القضائية في أوروبا وآسيا. وكانت الشخصيات القانونية الأخرى رفيعة المستوى (التي كانت في ذلك الوقت تتبع قاضي العسكر في المرتبة) هي:

---

(1) «الدِّفتر» من الكلمة اليونانية «دِفتيرا» أي: «جلد الحيوان»، حيث كان يُستخدم للكتابة، أما «دار» فهي كلمة فارسية بمعنى: «مُمْسِك» من الإمساك، فالدفتردار هو حافظ السجلات أو الوكيل المالي، ومخول له رفع المظالم للسلطان مباشرة. وعندما اتسعت أراضي الدولة في القرن السادس عشر عُين دفتردارية آخرون لإدارة الشؤون المالية في المناطق المفتوحة، وكانوا جميعًا خاضعين لدفتردار الرُّوملي الذي يحضر الديوان. انظر: القلقشندي، صبح الأعشى، مج.5: 457؛ بركات، الألقاب والوظائف العثمانية: 117 وما يليها. (المترجم).

(2) «النيشان» كلمة فارسية تعني: «العلامة» أو «التوقيع»، و«النيشانجي» هو صاحب التوقيع، ويُطلق عليه أيضًا «التوقيعي»، وهو حامل ختم السُلطان الذي يمهر به الوثائق والفرمانات، وكان مكلفًا بمراجعة الوثائق وضبطها ومطابقتها على أحكام القوانين، وكان عادة من طبقة العلماء لأن منصبه يحتاج إلى علم واسع بالمسائل الشرعية والقانونية، حيث كان بمنزلة مُفتٍ للقانون، ولديه سلطة تغيير نصوص القانون التي يجب الرجوع إليها، لكنه لا يفعل ذلك إلا بالرجوع إلى الوزير الأعظم وموافقته شخصيًّا، وقد استُحدث هذا المنصب في زمن محمد الثاني. انظر: صابان، المعجم الموسوعي: 224؛ غب وبوون، المجتمع الإسلامي والغرب، مج.1: 199-201. (المترجم).

(3) ذُكرت كلمة «وزير» في القرآن الكريم، بمعنى: «المؤازِر»، واختُلف في أصلها، قيل إنها من الكلمة البهلوية «فيزيرا» أي: «القرار» أو «الحكم». وقد شاع منصب الوزير منذ بداية الدولة العباسية كتأثير للنفوذ الفارسي في البلاط، ثم انتشر في البلدان الإسلامية وتعددت مدلولاته، وكان في الأصل هو المنصب الذي يلي صاحبُه الحاكمَ في الأهمية والمسؤولية، ويقوم بتدبير أمور الدولة. وفي بداية الحكم العثماني كان الوزير يحمل لقب «بروانه جي»، وهو لقب سلجوقي. أما لقب وزير فمُنح لأول مرَّة للقائد العسكري، ثم صار يُقصد به المنصب الأعلى في المؤسسة الحاكمة، وهي رتبة قد يحملها عدة أشخاص في الوقت نفسه بمن فيهم رئيس الوزراء، وهو الوكيل المطلق للسلطان، وكان يطلق عليه الوزير الأول أو الأعظم، ثم الصدر الأعظم منذ أواخر عهد سليمان القانوني، وبهذا الشكل يكون العثمانيون أول من أرسى نظام رئاسة الوزراء. انظر: أحمد أمين، ضحى الإسلام، مج.1 (القاهرة: مكتبة نهضة مصر، 1964م): 164 وما يليها؛ غب وبوون، المجتمع الإسلامي والغرب، مج.1: 179 وما يليها؛ ا. جي. بريل، دائرة المعارف الإسلامية، ترجمة إبراهيم زكي خورشيد وأحمد الشنتناوي وعبد الحميد يونس وحسن حبشي وعبد الرحمن الشيخ ومحمد عنان، مج.32 (الشارقة: مركز الشارقة للإبداع الفكري، 1988م): 10135 وما يليها. (المترجم).

أولًا: «الخوجه» (the Kho-dja)[1]، وهو مُعلِّم السُّلطان والأمراء. ثانيًا: المفتي، وهو فقيه شرعي ذو صفة رسمية. ثالثًا: قاضي القسطنطينية. وكما ذُكر من قبل، كانت الدعامتان الثالثة والرابعة للدولة تتألفان من أمين الخزانة المسمَّى «دفتردار»، والأمناء الذين أُطلق عليهم «نيشانجية».

سُمِّي المجلس الكبير للدولة «ديوان» (Divan)[2]، وكان يترأسه الوزير الأعظم في غياب السُّلطان، حيث يأخذ الوزراء الآخرون وقضاة العسكر مراكزهم على يمينه، أما الدفتردارية والنيشانجية فعلى اليسار. ويقف «التسكرجية» (Teskeredyis) (أو المسؤولون الموكل إليهم تقديم تقارير بشأن حالة كل قسم من أقسام الدولة) أمام الوزير الأعظم. كان يحضر الديوان أيضًا «الرَّيس أفندي» (Reis-Effendi)[3]، وهو الأمين العام، وقد أصبحت سُلطته بعد ذلك أكثر أهمية من سُلطة «الكيس شانجية» (Kis-chandyis)، إضافةً إلى «الحاجب الكبير» (the Grand Chamberlain)، و«المشير الكبير» (the Grand Marshal)، وطاقم المسؤولين الآخرين في البلاط. وكان الوزير الأعظم يمتلك سلطة الدعوة إلى عقد ديوان خاص في قصره عندما يرى ذلك ضروريًّا، وإليه سُلِّمت أمانة الختم السُّلطاني.

إلى جانب آغوات الجيش، الذين كانوا غاية في الكثرة، حاز كثير من المسؤولين في الإدارة

---

(1) «خوجه» لفظ فارسي يعني: «المتميز»، وكان يطلق على المدرس خصوصًا، وأُطلق أيضًا منذ العهد السلجوقي على موظفي الديوان. (المترجم).

(2) «الديوان» لفظ فارسي دخيل على العربية، ويعني: «البلاط الملكي» أو «مجلس الحكم»، ويبدو أنه كان من التأثيرات الفارسية في صدر الإسلام، حيث كان يُطلق على الأقسام الإدارية المختلفة للدولة، فهناك ديوان الرسائل، أي: «القسم المختص بالمراسلات، وديوان الخراج، إلخ». أما منذ عهد السلاجقة فقد استخدم للدلالة على الإدارة بشكل عام، وانتقل إلى العثمانيين، لكن اختلفت دلالته تمامًا منذ ذلك الوقت، إذ صار يُطلق على مجلس الحكم الذي يحضره السُّلطان أو مجلس الإدارة الذي يترأسه الوزير الأعظم. انظر: القلقشندي، صبح الأعشى، مج.1: 101 وما يليها؛ حسن الباشا، الألقاب الإسلامية: 291. (المترجم).

(3) كان «الرَّيس أفندي» في البداية ذا مركز متواضع في الديوان، إذ كان يُعدُّ رئيسًا للكُتَّاب، لكن ما لبث هذا المنصب أن تطور مع الزمن حتى أصبح مرادفًا لمنصب وزير الخارجية العثمانية في العهود المتأخرة. كانت اختصاصاته في البداية أن ينوب عن الوزير الأعظم في شؤون السكرتارية، ويتولى حفظ القوانين عدا الشؤون المالية، ويقوم بإصدار براءات السُّلطة التي تُعطى لحكام الولايات وأصحاب الإقطاعات وشاغلي الوظائف، وكان مسؤولًا عن الصياغة اللفظية وعن محتوى التقارير والمذكرات التي يضعها الوزير الأعظم ويرفعها للسلطان. وعندما تزايدت أعباء الوزير الأعظم، وانزوى سلاطين الفترة الثانية عن الحياة العامة، أُحيلت مسائل السياسة الخارجية إلى الرَّيس أفندي، حتى صار في نظر الدبلوماسيين الأوروبيين، الشخص الثالث في الدولة بعد السُّلطان والوزير الأعظم. انظر: عبد العزيز محمد الشناوي، الدولة العثمانية دولة إسلامية مفترى عليها، مج.1 (القاهرة: مكتبة الأنجلو المصرية، 2010م): 291-294. (المترجم).

المدنية مرتبة «الآغا»، وهو ما يعني: «حاكم». وكانت إدارة الأقاليم في زمن محمد الثاني تُسْنَد بشكل أساسي إلى البكوات[1] والبكلربكوات[2]. كان هؤلاء قادة طبيعيين من الفئة الإقطاعية، وتُعدُّ حيازتهم لمناصبهم مُلْزِمة لتقديم الخدمة على صهوة الخيل في زمن الحرب. كانوا يحتشدون تحت السَّنْجَق، وهو لواء قائد مقاطعتهم، ومن ثَمَّ سُميت المقاطعات نفسها «سناجق»، وحُكامها «بكوات السناجق» (Sanjak-beys). ويُعدُّ لقب «الباشا» مألوفًا جدًّا بالنسبة إلينا عند الحديث عن فارس تركي إقليمي، وهو ليس مقصورًا على مصطلح يدل على نطاق قضائي إقليمي، أو حتى سلطة عسكرية، فهو لقب شرفي، يعني حرفيًّا: «قدم الشاه أو العاهل»، مما يدل على أن الشخص الذي مُنح هذا اللقب كان واحدًا من مستخدمي العاهل. والقارئ الكلاسيكي له أن يتذكر أن من بين الفُرس القدماء كان هناك مسؤولون لدى الملك يدعون «عيون الملك» و«أيدي الملك»[3]. لم يكن لقب «الباشا» في البداية بين العثمانيين حصرًا على هؤلاء المسؤولين الذين تولوا قيادة

---

(1) جمع «بك»، وهو لقب تركي الأصل، مختصر من كلمة «بيوك» أي: «كبير»، واستُخدم في البداية بمعنى: «ملك» أو «حاكم»، حتى إنه أُطلق على حكام السلاجقة الأوائل، كما أُطلق على الحكام الثلاثة الأوائل من آل عثمان، وأُطلق على أمراء المماليك في مصر والشام، ثم استخدمه العثمانيون بعد ذلك رتبةً لمن يقوم على إدارة المدن أو السناجق، فضلًا عن كونه لقبًا فخريًّا، وهو أدنى من رتبة بكلربك أو أمير الأمراء الذي يضم تحت رئاسته عددًا من البكوات. انظر: حسن الباشا، الألقاب الإسلامية: 235؛ بركات، الألقاب والوظائف العثمانية: 158 وما يليها؛ صابان، المعجم الموسوعي: 63-64. (المترجم).

(2) «بكلربك» يعني: «أمير الأمراء»، وهو لقب ظهر لأول مرَّة بلفظه العربي إبان العصر العباسي في خلافة الراضي (322-329هـ)، عندما ضعفت سلطة الخليفة وصار مَن يحمل هذا اللقب هو مَن يحتل أقوى منصب في الدولة، واستمر هذا اللقب مستعملًا حتى استخدمه السلاجقة وانتقل عن طريقهم إلى العثمانيين لكن بشكل مختلف، فحتى منتصف القرن الخامس عشر كان يوجد في الدولة العثمانية شخصان فقط يحملان هذا اللقب بصورته العملية: أحدهما أمير لأمراء سناجق الأناضول، والآخر أمير لأمراء السناجق الأوروبية، إلا إنه مع اتساع الدولة منذ النصف الثاني من القرن الخامس عشر، كان من الصعب جمع كل الأراضي الجديدة التي قُسمت بدورها إلى سناجق في بكلربكتي آسيا وأوروبا، فتم إنشاء بكلربكيات أخرى خاصة بعد فتح مصر والشمال الإفريقي، ونشأ مصطلح جديد أُطلق على هذه الأقاليم الجديدة هو «إيالة» أي: «ولاية»، وصار يُطلق على حكامها لقب «الوزير» ثم استبدل به لقب «والي» العربي. ويُذكر أن عدد الإيالات بلغ أواخر القرن السادس عشر خمسًا وثلاثين إيالة تقريبًا. مع ذلك يلزمنا أن نشير إلى أنه منذ زمن الفاتح حمل آخرون لقب بكلربك لكن بشكل شرفي مثل لقب «الباشا»، أي أنه لا يُسند إلى حامله حكم أي بكلربكية، وفي العهود المتأخرة لم يعد يُستخدم لفظ البكلربك وحل محله لقب «ميرميران»، اشتقاقًا مباشرًا من الصيغة العربية «أمير الأمراء». انظر: حسن الباشا، الألقاب الإسلامية: 188-189؛ غب وبوون، المجتمع الإسلامي والغرب، مج.1: 216-221. (المترجم).

(3) Xenophon, Cyrop., lib. viii. c. 2; see also Aristoph. Acharn.. 234.

الجيوش، أو حكموا الأقاليم أو المدن؛ فمن بين أول خمسة باشوات ذُكروا من قِبَل الكُتَّاب العثمانيين، كان ثلاثة منهم رجال أدب[1]. وبالتدريج، خُصص هذا اللقب الشرفي لأولئك الذين يستخدمهم السُّلطان في الحرب، ومن يُعَيَّنون على المقاطعات والمدن المهمة، لذلك أصبحت كلمة «باشا»[2] مرادفة تقريبًا لكلمة «والي» (governor). أما لقب «باديشاه» (Padischah)[3] الذي يحمله السُّلطان نفسه، وكان الدبلوماسيون الأتراك يَضِنُّون - إلى حدٍّ كبير - بمنحه للملوك المسيحيين، فهو كلمة مختلفة تمامًا، وتعني: «العظيم، الشاه الإمبراطوري أو العاهل».

تضمَّنت الإمبراطورية العثمانية في زمن محمد الثاني في أوروبا وحدها ستة وثلاثين سنجقًا أو لواءً، يضم كلٌّ منها أربعمائة فارس تقريبًا. وقد بلغ مجمل عدد فرسان ومشاة جيش الإمبراطورية في كلتا القارتين أكثر من مائة ألف، من دون حساب المجموعات غير النظامية من الآقنجي والعزب، وبلغت الإيرادات العادية للدولة أكثر من مليوني دوقية.

كان الإنكشارية لا يزالون القوة الرئيسية للجيوش التركية. وقد زاد محمد من أعدادهم، ومع ذلك لم يكن لديه مطلقًا أكثر من اثني عشر ألفًا يحملون سلاحًا. لكن عندما نتذكر كيف اعتمدت البلدان الأخرى في ذلك العصر على الفرسان، وأهملت تكوين المشاة وتجهيزاتهم، يمكننا أن نفهم جيدًا المزية من وجود مجموعة مختارة من جنود المشاة المُدرَّبين على أكمل

---

(1) See Von Hammer, vol. i. p. 141.

(2) اختُلف في اشتقاق لقب «باشا»، وقيل إنه من الكلمة التركية «باش آغا» وتعني: «الأخ الأكبر»، وقد استُخدم على الأرجح بداية من القرن الثالث عشر الميلادي، إذ كان يُطلق على الدراويش المحاربين، ثم على زعماء القبائل التركية في آسيا الصغرى، وأصبح لقب «باشا» أعلى الألقاب التشريفية في الدولة العثمانية، بعد أن كان لقبًا لحكام الولايات فضلًا عن عدة رتب عسكرية ومدنية. ومنذ النصف الثاني من القرن التاسع عشر، صار يطلق على من يُرَقَّى إلى رتبة وزير أو أمير أمراء، كما مُنح للعسكريين الذين يصلون إلى رتبة لواء أو فريق أو مشير، فضلًا عن منحه بشكل شرفي لمن يقع عليهم اختيار السُّلطان. وظل اللقب مستخدمًا في بعض البلدان العربية حتى منتصف القرن العشرين. انظر: صابان، المعجم الموسوعي: 52-53. (المترجم).

(3) «يتكون لقب باديشاه، من الكلمتين الفارسيتين: باد (حامي) وشاه (الملك)، وهو لقب يُطلق فقط على الملوك العثمانيين في الشرق. كان «فرنسوا لير» (Francois Ler) هو العاهل المسيحي الوحيد الذي أَطلق عليه العثمانيون لقب باديشاه. وكان الإمبراطور الألماني يُلقب لدى الباب العالي بلقب «نيمجي جاشاري» (Nemtche tchacari) (قيصر ألمانيا). أما لقب التسارات الروس فكان، «موسجوف جاري» (Mosgovtchari)، ثم بعد ذلك «روكيا جاري» (Rouciatchari). وقد حصلت الإمبراطورة «كاترين الثانية» (Catherine II) عام 1774م في معاهدة قينارجه، على لقب باديشاه كلقب إضافي. وفي ديسمبر 1805م، تلقب نابليون باللقب المزدوج إمبراطور وباديشاه. ومنذ ذلك الوقت امتد استخدام لقب باديشاه ليشمل معظم ملوك أوروبا، حلفاء الباب العالي» Ubicini, vol. i. p. 34.

وجه في الجيوش التركية، فهي تُستخدم في المعارك الضارية، وبشكل أكبر في حالات الحصار وعمليات الحرب المعقدة الأخرى. كانت إنجلترا وسويسرا هما البلدين المسيحيين الوحيدين في تلك الفترة اللذين أرسلا إلى الميدان مشاة مسلحين تسليحًا جيدًا، لكنهم لم يكونوا أكثر من مجرد حشد من الطبقات الاجتماعية ذات القيمة. هذا ولم يشتبك السيف التركي قَطُّ مع «المناجل» (bills) والأقواس الإنجليزية، أو «المطارد» (halberds) الثقيلة لـ«هيلفيتيا» (Helvetia).

لقد زيدت أجور وامتيازات الإنكشارية إلى حدٍّ كبير من قِبَل فاتح القسطنطينية. وعلى اعتبار أن السُّلطة التركية قد امتدت في أوروبا، كان هناك حرص على تجنيد مجموعات مختارة من الأطفال الأصليين لتلك القارة بدلًا من الآسيويين؛ فأُجريت الجبايات لهذا الغرض عمومًا في ألبانيا والبوسنة وبلغاريا. ويُقال إنه نادرًا ما كانت هناك حاجة لاستخدام القوة في جمع العدد المطلوب من الأطفال المناسبين؛ حيث كان الأهالي يحرصون على إلحاق أولادهم بقائمة مجندي الإنكشارية[1]. إذا كان هذا صحيحًا فهو بالأحرى دليل على الفساد الأخلاقي للمواطنين المسيحيين الذين أخضعهم العثمانيون، أكثر من أي تسامح من قِبَل العثمانيين في تطبيق ما أرساه خليل جندرلي. وقيل أيضًا إنه لم يُستخدم الإكراه في حث المجندين الصغار على ترك المسيحية واعتناق العقيدة الإسلامية، لكن كان هذا مجرد ادعاء للتسامح؛ فمن قبيل العبث افتراض أنه في تلك السن المبكرة التي يُختار الأطفال فيها، تكون لهم إرادة حرة في اتباع الشعائر الدينية الجديدة، فضلًا عن تكرار الصلاة الجديدة التي كانت تُعَلَّم لهم بمجرد دخولهم مدارس تدريب الإنكشارية. من المؤكد أن التجنيد الإجباري وتبديل عقيدة الشباب الذين يؤخذون في الحروب كان يُمارس في أغلب الأحيان، كما في حالة نبلاء جنوة الصغار، الذين أصبحوا أسرى لمحمد عند فتح كافا.

إن الاهتمام الذي أولاه العثمانيون لمدفعيتهم، واعتمادهم كل تطوير في الهندسة العسكرية، لا بدَّ أن يكون سببًا عظيمًا آخر لتفوقهم في المناجزة على جيوش تلك الدول، التي كانت، مع بسالتها، مضطربة سيِّئة التجهيز، ولم تكن العناية التي أسبغها سلاطينهم وباشواتهم على ما يُطلق عليه في اللغة العسكرية الحديثة «أقسام المؤن والذخيرة»، تَحظى باهتمام أقل. وقد ذكر اليوناني «كالكونديلاس» (Chalcondylas)[2]، المعاصر لمراد الثاني، في روايته عن الجيوش العثمانية،

---

(1) D'Ohsson, Constitution et Administration de l'Empire Ottoman, vol. viii.

(2) هو المؤرخ اليوناني «لاونيكوس كالكونديلاس» (Laonicus Chalcondylas) (1430-1470م)، الذي كتب كتابه «براهين التاريخ» في عشرة مجلدات، يؤرخ لمائة وخمسين عامًا من التاريخ البيزنطي بين =

بعد وصفه لعددهم وتفوقهم في التنظيم وصرامة الانضباط، الفِرقَ التي اختصت بالحفاظ على الطُّرق الواقعة على خط السير في إطار الظروف المتاحة، وتحدَّث عن الإمدادات الوفيرة للمؤن التي كانت دائمًا موجودة في معسكراتهم المتناسقة والمُرتَّبة جيدًا، ولاحظ وجود عدد كبير من دواب النقل دائمًا ما ترافق الجيش التركي، وفرق خاصة تعمل على ضمان النقل السليم للمؤن والذخيرة العسكرية[1]. بالتأكيد، لم تكن هناك دولة في العالم المسيحي خلال القرن الخامس عشر أو السادس عشر، تولي اهتمامًا لازدهار قواتها على مثل هذه المبادئ التي تبدو سخية لكنها في حقيقة الأمر اقتصادية. وتُقدِّم حملات محمد نفسه، خصوصًا على القسطنطينية، وحملات حفيده سليم، حالات كثيرة من السخاء الحكيم والتدبير، وهو ما وفَّر لأتراك العصور الوسطى جنودهم بلوازمهم الأساسية، فضلًا عن مساعدي القتال، والثقل الذي يتمكن الجيش من خلاله من «الذهاب إلى أي مكان أو فعل أي شيء»، كما عَلَّمنا تمامًا قائدنا الكبير في الوقت الحاضر.

عند دراسة المؤسسات السياسية والعسكرية للعثمانيين، نذهب مرارًا إلى بيان الزعامت والتيمار، وهي الأراضي الممنوحة من السُّلطان إلى أفراد من الرعية على شرط الخدمة العسكرية. وعمومًا، اعتَمَد الكُتَّاب الذين عالجوا هذه الأجزاء من النظام التركي، على تعابير تنتمي إلى إقطاع العالم المسيحي في العصور الوسطى، فهناك تشابه حقيقي ملحوظ في كثير من النواحي بين مؤسسات الشرق هذه وبين تلك الخاصة بالغرب، لدرجة أن الباحث التاريخي قد يشعر في البداية بالدهشة لفشل النظام الإقطاعي في تركيا في إنتاج تلك الآثار المهمة في التقدم الحضاري[2] والتطور الدستوري، لِعِلْمِه أنه قد أحدثها في غرب ووسط أوروبا المسيحية. إن المشكلة التي يقدمها هذا التفاوت بين نتائج الأسباب التي تبدو متشابهة، هي مشكلة معقدة وصعبة. فلا يمكننا في إطار هذه الصفحات أن نتصدى لذلك بما يستحقه تمامًا، ولكن حتى الاستقصاء الجزئي لذلك، الذي يمكن القيام به هنا، قد يخدمنا في الحصول على تبصرة أوضح للعديد من النقاط المهمة في القوانين

= عامَي 1298 و1463م، واصفًا سقوط بيزنطة وصعود العثمانيين كمحور أساسي للسرد، نُشر هذا التاريخ لأول مرَّة من قِبَل «كلاوزر» (Clauser) في بازل عام 1556م بترجمة لاتينية، وكانت آخر الطبعات ترجمة إنجليزية بواسطة «أنطوني كالديليس» (Anthony Kaldellis) في جزأين بجامعة هارفارد عام 2014م. انظر: Chalkokondyldes, *The Histories of Laonikos Chalkokondyldes*, translated by Anthony Kaldellis (Cambridge: Harvard University Press, 2014). (المترجم).

(1) Lib. V. p. 122, cited by Von Hammer in book v.

(2) See Guizot's "Lectures on European Civilisation."

والأعراف التركية، فضلًا عن الطابع القومي للأتراك أنفسهم. ولكن حيازات الأراضي في تركيا تتطلَّب النظر أولًا[1].

عندما يفتح العثمانيون بلدًا، كانوا يُقَسِّمُون الأرض إلى ثلاثة أقسام: قسم يصير ملكية دينية، تُكَرَّس لأغراض البر والخير، من إعالة للمساجد والمدارس العامة والمشافي والمؤسسات الأخرى ذات الطابع المماثل. وكانت الأراضي المخصصة لهذه الأغراض تُسمَّى «أوقاف» (Vakoufs). أما القسم الثاني فيصير ملكية خاصة بشكل كامل، وهو ما يشبه تَمَلُّك «الأراضي الحرة» (allodial lands) في العصور الوسطى المسيحية، وكانت هذه الملكية تخضع لالتزامات مختلفة، وفقًا لملَّة صاحبها. فإذا امتلكها مسلم، أُطلق عليها «عَشْرِيَّة» (Aschriie)، بمعنى: «tithable»، وكان صاحبها ملزمًا بدفع العُشر من إنتاجها للدولة، وهو الالتزام الوحيد المرتبط بها. أما إذا تُركت في حوزة مسيحي، كان صاحبها يدفع الجزية (الخراج) للدولة، والتي تتألف من ضريبة الرؤوس، والضريبة المفروضة على الممتلكات، والتي تُقَدَّر في بعض الأحيان بمبلغ محدد وفقًا لحجمها، وأحيانًا رَسْم على عائداتها يتراوح بين الثُّمن والنصف. أما القسم المتبقي من البلاد المفتوحة فيصير «أراضي مملوكة للدولة» (domain-land)، بما في ذلك: أولًا: تلك التي خُصصت عائداتها لخزينة الدولة أو «الميري» (miri). ثانيًا: الأراضي القفر وغير المأهولة (وهي كثيرة في تركيا). ثالثًا: الأراضي المملوكة ملكية خاصة للسلطان. رابعًا: الأراضي المصادرة والمنقطع ميراثها. خامسًا: إقطاعات والدة السُّلطان وغيرها من أفراد العائلة الحاكمة. سادسًا: الأراضي المخصصة للوظائف التي يشغلها الوزراء. سابعًا: الأراضي المخصصة للباشوات من المرتبة الثانية. ثامنًا: الأراضي المخصصة لوزراء وموظفي القصر. تاسعًا: الإقطاعات العسكرية، الزعامت والتيمار. وتُشكِّل هذه الأخيرة أكبر فئة من فئات الأراضي المملوكة للدولة، وهي الأكثر أهمية لمن يَطلب التاريخ المقارن.

كانت أصغر إقطاعية أو جزء من الأراضي المفتوحة الممنوحة إلى الجندي البارز تُسمى «تيمار»، وتشتمل عادة على ما بين ثلاثة إلى خمسمائة «فدان» (acre)[2]. وكانت كل إقطاعية تُقدِّم في زمن الحرب فارسًا واحدًا عن كل ثلاثة آلاف «آسبر» (aspres)[3] من عائداتها، مثل

(1) اقتُبس ما كُتب في النص الخاص بالحيازات التركية للأراضي، بشكل كامل تقريبًا من: Ubicini, vol. i. p, 263, *et seq*.

(2) Thornton's "Turkey," 164.

(3) تعني: «قطعة فضة»، ويُطلق عليها أيضًا «آقجه»، وهي كلمة ذات أصل مغولي تعني: «نقدًا أبيض»، دلالة على الفضة، ضربت لأول مرَّة في عهد أورخان، وكانت تستخدم في الأوساط الشعبية للدلالة على الدراهم أو =

رسوم الفارس الموجودة في نظامنا الإقطاعي. أما الإقطاعات الأكبر أو الزعامت، فتزيد على الخمسمائة فدان[1]. ثمة فئة إقطاعية أعلى تُدعى «بايلِك» (Beylik)، أو «إمارة» (lordship). وكان الاسم الشائع لأصحاب الإقطاعات العسكرية هو «سباهي» (Spahi)، واللقب المقابل الذي نجده بين ألقاب البلدان الإقطاعية في أوروبا المسيحية، هو لقب «فارس» (Cavalier). ويبدو أن الزعامت والتيمار كانت تورث عمومًا للذكور من السلالة. وعندما يصبح أيٌّ منها شاغرًا بسبب إخفاق الورثة أو المصادرة لسوء السلوك، يقوم البكلربك بملء المكان الشاغر، ويكون تعيينه خاضعًا لموافقة الباب العالي[2]. لم تكن رتبة «بك» الرفيعة، ولا رتبة «بكلربك» الأرفع، تورث في البداية، ولكن كانت تُمنح من السُلطان للأفراد الذين يختارهم، ومع ذلك صار من المعتاد السماح بنقل الرُتبة والمِلكِيَّة من الأب إلى الابن، وفي أزمنة لاحقة نمت مسألة وراثة السلالة لتصبح في الغالب بمنزلة حق. وثمة فارق كبير في هذا الشأن بين مختلف أقاليم الإمبراطورية.

يبدو أننا هنا أمام العناصر الأساسية للإقطاع. ويمكننا أن نتوقَّع بشكل طبيعي أن نجد أرستقراطية إقطاعية تُطَوِّر وتُنَمِّي نفسها في تركيا، كما هي الحال في العالم المسيحي إبان العصور الوسطى، على حساب كلٍّ من النظام الملكي وعامة الناس. في الواقع، سوف نعثر على مثل هذه الأرستقراطية تتعاظم في الإمبراطورية العثمانية، لكن ليس قبل أن نصل إلى القرن ونصف القرن الأخير من التدهور والفساد، وهو ما سبق إصلاحات السُلطان محمود الثاني والسُلطان الأخير عبد المجيد. لم تكن مثل هذه الأرستقراطية موجودة خلال عصور التقدم والازدهار العثماني، وأسباب عدم وجودها في تلك الفترة تكمن أساسًا - على ما أعتقد - فيما يلي: أولًا: الطاقات الشخصية للسلاطين وقدراتهم الفائقة، التي بموجبها حدثت الفتوحات التركية، وتوطدت أركان الإمبراطورية التركية. ثانيًا: وجود قوات الإنكشارية. ثالثًا: التأثير الناجم عن دين الأتراك، سواء على ارتقاء السُلطة بالنسبة إلى العاهل، أو الحفاظ على الشعور بالمساواة بين جميع رعاياه المسلمين[3]. رابعًا: غياب الكفاءة المعتادة للجموع العامة، وهي سمة من سمات البلدان التي تحوي قدرًا معتبرًا من العرق الجرماني أو الاسكندنافي.

= النقود بشكل عام. كان وزنها 4.6جم تقريبًا، فكان كل ثلاثة منها تساوي بارة واحدة، وكل أربعين بارة تساوي قرشًا واحدًا، وهو جزء من مائة جزء من الليرة الذهبية العثمانية. وظلت الآقجَه تُضرب حتى عهد السُلطان محمود الثاني في القرن التاسع عشر. انظر: صابان، المعجم الموسوعي: 20-21. (المترجم).

(1) Ibid.

(2) تقرير قُدِّم إلى السُلطان أحمد الثالث. ذُكر في: Ubicini, vol. i. p. 540.

(3) See Ubicini, vol. i. p. 512-516; and pp. 62-69.

يجب أن نتذكر أن النظام الإقطاعي في أوروبا العصور الوسطى، كان قد صيغ ونضج في الأساس إبان حكم الأمراء الفاشلين الضعاف، الذين تورطوا في صراعات وخيمة متكررة، ليس فقط مع الغزاة البرابرة، ومتمردي السُلطة الزمنية المحليين، وإنما كذلك مع أساقفة وباباوات كنيستهم. دعونا نرى تعاقب السُلطة لأميرين مثل «شارلمان» (Charlemagne) ووالده، وكيف استمر بين الفرنجة، وسنفهم بسهولة أن نظراءهم من المتعاظمين والنبلاء غير التابعين في القرنين الحادي عشر والثاني عشر، مع حقهم في خوض الحروب الخاصة المتعلقة بالإقطاع والاختصاصات الإقليمية، لم ينشأوا في فرنسا. وسندرك الاختلاف بصورة أوفى، لو افترضنا أن ملوك الفرنجة كانوا مثل السلاطين الأتراك، على رأس كلتا السُلطتين الدينية والزمنية، واجتمعت في أشخاصهم دعاوى كلٍّ من البابا والإمبراطور. وإذا نظرنا إلى تاريخ بلدنا، فسنرى بوضوح أن النظام الإقطاعي الخاص بالإصلاحات البارونية، وكذا التعاظم الباروني، لا يمكن أبدًا أن يكونا قد ترعرعا في ظل الحكام المتعاقبين المدموغين بطابع ملكنا هنري الثامن.

ثمة حقيقة لا مراء فيها - أيًّا كان السبب الذي سُنرجعه لذلك - هي أن الإمبراطورية العثمانية قد استخدمت الروح العسكرية للإقطاع من أجل الدفاع القومي فضلًا عن الفتوحات، لكنها أبقت بوضوح - خلال عصورها المزدهرة - على التأثيرات الاجتماعية والسياسية الجيدة والسيِّئة، التي كانت نتاجًا للإقطاع في الغرب الأوروبي. فلا وجود لطبقة النبلاء الإقطاعيين بين الأتراك حتى فترة انحدار الإمبراطورية، عندما قام «الدِّره بكوات» (Dereh Beys)[1]، أو أمراء السهل، كإقطاعيين متمردين - كما أطلقوا على أنفسهم - بجعل الزعامة بينهم متوارثة؛ متحصنين في معاقلهم، يحيط بهم تابعوهم المسلحون، مُتَحَدِّين سلطانهم، قاهرين أولئك الخاضعين لهم. لكن فيما عدا هذه الفترة - التي أنهتها الإصلاحات الجديدة - لم تكن لدى العثمانيين قَطُّ نبالة أو نبلاء، أو طائفة أو فئة من أي نوع مميزة بحكم المنشأ؛ ذلك أن كل رعايا السُلطان من المسلمين - من غير العبيد المماليين - كانوا على قدم المساواة تحت حكمه. فالمساواة في نظر

(1) الدِّره بِكيَّة كانوا من الباشوات الذين حاولوا مجابهة الحكومة وخصومهم لفترة طويلة، فأسسوا أُسرهم الحاكمة الخاصة، وهم الذين لم يظهروا علنًا قبل القرن الثامن عشر، وإنما نهضوا للوجود بعد أن ضعفت الحكومة بشكل كافٍ، وقد وصل أمرهم إلى أن اضطر السُلطان ذاته إلى الاعتماد على القوات المؤلَّفة من هذه الأُسر المتمردة في الحربين اللتين قامتا في أواخر القرن الثامن عشر، وكانت هذه القوات تعيش على العائدات التي تُجبى في المنطقة الواقعة تحت سطوة كل دِره بك، وفقًا لمصالحه الشخصية. انظر: غب وبوون، المجتمع الإسلامي والغرب، مج.1: 279. (المترجم).

القانون بين الأتراك أنفسهم هي واقع اجتماعي، فضلًا عن كونها نظرية قانونية[1]. لا القانون، ولا الرأي الشعبي في تركيا، اعترفا أبدًا بأي دعوى متفوقة لأي جزء من أجزاء الأمة من أجل التمتع بأي مركز مدني أو عسكري، من قبيل نبلاء فرنسا الذين حازوا التمييز الطبقي. لا يوجد أبدًا شعور بالمفاجأة أو الاستياء إذا قام السُّلطان برفع أفقر عثمانلي من عناء الحرفيين أو العمال العاديين إلى المنزلة الأسمى. ومن ناحية أخرى، فإن الوزير أو «سِرْعَسْكَر» المعزول ينحدر إلى أدنى وظيفة، أو إلى عامة السكان المسلمين، من دون خسارة طبقته، أو حدوث أي تغيير في قابليته أو حقوقه المدنية في المستقبل. ومع وجود استثناءات قليلة (مثل بيت كُبرولي اللافت للنظر)، فإن أسماء العائلات تكون غير معروفة في تركيا، ولا يمكن أن يكون هناك دليل أقوى من ذلك للغياب التام للأرستقراطية عن مؤسساتها.

ثمة عنصر آخر من الحضارة الأوروبية يظهر مثيله بين العثمانيين، هو مبدأ الحكم الذاتي المحلي فيما يتعلق بالشؤون الداخلية. فكل تجارة أو حرفة لديها «نقابة» (esnaf)[2]، وكل قرية لها بلدية. يختار السكان زعماءهم أو رؤوس رجالهم، الذين يُقَدِّرون ويُحَصِّلون مبالغ الإسهامات العامة المفروضة على المجتمع، وإدارة الأموال المحلية التي تكون كبيرة في بعض الأحيان، ويقومون بفض المنازعات البسيطة، وتوثيق العقود المهمة، ويكونون ناطقين عُرفيين للاحتجاج على القمع الرسمي. لا يقتصر هذا النظام الممتاز على العثمانيين أنفسهم، وإنما يزدهر بين اليونانيين والأرمن والبلغار المسيحيين الخاضعين لحكمهم. ويُعتقد[3] أن هذه الشعوب قد حصلت عليه من الفتح التركي، وربما يُعتقد أن تلك النعمة كانت تتجاوز الكثير من الشقاء الذي عم «الرَّعايا» (the Rayas)[4] من قِبَل الجانب نفسه.

ذُكر العلماء، تلك الهيئة التي تتضمن الرجال العالمين بالشريعة، كإحدى الركائز الأربع للدولة التركية، وفقًا لمؤسسات محمد الثاني. كان أسلاف محمد الثاني، خصوصًا أورخان، لديهم حماسة فيما يتعلق بتأسيس المدارس والجامعات، إلا إن محمدًا فاق كل هؤلاء، فقد قام بنظم «سلسلة من العلماء»، وإقرار خط نظامي من التعليم، والارتقاء بالفقهاء والقضاة في الدولة. وكان فاتح القسطنطينية يعلم جيدًا أن هناك شيئًا ضروريًا يتجاوز الشجاعة الحيوانية

(1) See Ubicini, vol. i. p. 57.

(2) Ibid. vol. i. p. 519.

(3) See Mr. Urquhart's work on "Turkey and its Resources," and Ubicini.

(4) «الرَّعايا» كلمة عربية تعني: كل مَن يخضع للحاكم، إلا إن الأتراك استخدموها دلالة على «الذِّميين» (zimmi) من أهل الكتاب الذين يخضعون للحكم الإسلامي العثماني ويقومون بدفع الجزية. (المترجم).

والمهارة العسكرية المجردة للحفاظ على إمبراطورية عظيمة فضلًا عن إنشائها. ففي سبيل التعليم وإحراز العلوم العامة، ارتقى محمد نفسه إلى تقديم دعم سخي لتشجيع العلم والتعلُّم بين شعبه. وكان يعلم كذلك أنه من أجل تأمين الإدارة اللازمة للعدالة، فمن الضروري احترام القائمين على العدل. وفي سبيل ذلك، لا يكفي أن يكون لديهم فقط العلم والنزاهة، وإنما يجب أن يكون لديهم كذلك منزلة وشرف في الدولة، فضلًا عن ضرورة الارتقاء بهم فوق الإغراءات وقلق الفاقة. أنشأ محمد وأوقف العديد من المدارس العامة للتعليم العالي، أو الجامعات، والتي تُدعى مدارس، إضافةً إلى المدارس الابتدائية، والمكاتب التي يمكن العثور عليها في كل حي من أحياء كل مدينة، وتقريبًا في كل قرية كبيرة في تركيا[1]. كان طلاب المدارس يخوضون عشر دورات منتظمة في: النحو، وبناء الجملة، والمنطق، والميتافيزيقا، وفقه اللغة، وعلم البلاغة، وعلم الأسلوب، والخطابة، والهندسة، وعلم الفلك. هذا هو المنهج الذي من شأنه بالتأكيد أن يحمل مقارنة مع تلك المناهج الخاصة بباريس وأكسفورد في منتصف القرن الخامس عشر. وحين يُتقن الجامعي التركي هذه المواد العشر، يأخذ لقب «دَانشْمَنْد» (Danis-chmend)[2]، وبصفته تلك يقوم بتعليم الطلاب الأصغر سنًّا، مثل مدرسي الفنون الغربيين. وقد يطلب واحد من الدانشمند تولِّي رئاسة واحدة من المدارس الابتدائية العامة، من دون مزيد من الدراسة، لكن في هذه الحالة يتخلَّى عن إمكانية أن يصبح عضوًا ضمن العلماء، وجميع مناصب التعليم العالي. وليصبح أحدهم عضوًا ضمن العلماء، كان من الضروري استكمال دورة دقيقة لدراسة الشريعة، واجتياز عدة اختبارات متجددة، والحصول على عدة درجات متوالية. هكذا كان يجري توخي الحرص لجعل العلماء رجالًا ذوي علم وقدرات فائقة، وشرف ظاهري عظيم، وأوقاف سخية، غير العديد من المزايا المهمة التي مُنحت لأولئك الذين بلغوا هذه المرتبة. ومن بين العلماء يجري توفير كل الأساتذة في المدارس العالية، الذين يُطلق على أحدهم «مُدَرِّس»؛ ومن بينهم أيضًا يُختار كل المفوضين بالقضاء، بمن في ذلك القضاة أو قضاه المدن الصغيرة والمناطق الريفية، و«الملالي» (Mollas) أو قضاة المدن الرئيسية، وأفندي إستانبول؛ وهو القاضي والمفتش العام لمدينة القسطنطينية، وقضاة العسكر، أو القضاة الأعلى

---

(1) Von Hammer, book xviii. ; Ubicini, vol. i, pp. 200, 201.

(2) لفظ فارسي بمعنى: «عَالِم» أو «ذكي» أو «ماهر». ويتألف من مقطعين: «دانش» بمعنى: «عِلْم»، و«مند» لاحقة تضاف إلى الأسماء لتأليف صفات للدلالة على اتصاف أصحابها بمدلول الاسم. ولُقب به المُدَرِّسُون في الدولة السَّامانية، وانتقل إلى العثمانيين عن طريق السلاجقة. انظر: حسن الباشا، الألقاب الإسلامية: 287. (المترجم).

للرُّوملي والأناضول، والمفتي؛ الذي كان لمنصبه أهمية تؤخذ في الاعتبار[1]. يجب أن نتذكر بإمعان أن العلماء لا يكونون هيئة دينية إلا في البلدان الإسلامية التي يرتكز القانون فيها على القرآن. ويُشكِّل المفوضون الفعليون لإقامة العبادات العامة، مثل الأئمة الذين يؤُمُّون الصلوات العامة والشيوخ أو الدعاة وغيرهم، جزءًا ثانويًّا للغاية من العلماء. ولا يوجد بلد فيه رجال دين[2] - بدقيق العبارة - لديهم سُلطة أقل مما في تركيا، أو حيث توجد المهن الشرعية لديها أكثر. من الواجب أيضًا، ليتم الحفاظ على سُمعة العثمانيين، أن يُظهروا مزيدًا من الاحترام فيما بينهم لمُعلِّمي المدارس أكثر من أي بلد مسيحي، ولكل أولئك المتفوقين الذين لديهم هبات فكرية أو مهارات في توجيه الآخرين[3].

نعمل حتى الآن على بحث المؤسسات التركية بالإشارة أساسًا إلى المسلمين المهيمنين، لكن تجب الإشارة إلى الأجناس الخاضعة غير المتحولة عن دينها، وهم الرَّعايا، الذين دائمًا ما شَكَّلوا الغالبية العظمى من السكان في تركيا الأوروبية، ونسبة كبيرة للغاية من سكان الأقاليم الآسيوية. ويجب علينا أيضًا النظر في حالة العبيد.

في حين يفرض القرآن الجهاد ضد الكفار، يستلزم على المسلمين اجتناب أهل الكتاب (مصطلح يشتمل على اليهود والنصارى) عندما يخضعون لدفع الجزية. فمبدأ القانون التركي هو «لا يجب الإطاحة بالرأس المنحني». وقد سُئل المفتي ذات مرَّة: «إذا قام أحد عشر مسلمًا، من دون سبب محدد، بقتل كافر من رعايا السُّلطان يقوم بدفع الجزية، فما الذي يجب عمله؟»، فكان رده الحصيف: «ولو أن المسلمين ألف وواحد، يُقضى عليهم جميعًا بالموت». يَحِق للرَّعايا (كما يُطلق على دافعي الجزية من النصارى في تركيا) حماية ممتلكاتهم، فضلًا عن أنفسهم، وحرية ممارسة شعائرهم الدينية[4]. وكما ذُكر في القرآن، يقول النبي صلى الله عليه وسلم: «أُمِرْتُ أن أقاتل الناس حتى يقولوا لا إله إلا الله، فإذا قالوها عصموا مني دماءهم وأموالهم إلا بحقها، وحسابهم على الله»[5]. كان أقدم اتفاق على الاستسلام حدث بين المسلمين والمسيحيين، هو

---

(1) See Von Hammer, book xviii. and Supplement; D'Ohsson, vol. iv.; Ubicini, vol. i. pp. 81, 202 ; Thornton, p. 111.

(2) إن التأثير الممارَس على الجماهير من قِبَل الدراويش المتعصبين، الذين هم بمنزلة رهبان الإسلام وإخوته، لا صلة له مطلقًا بأي سلطة للدولة. انظر عن هذا الموضوع: the fifth letter in Ubicini's first volume.

(3) Ubicini and Von Hammer.

(4) Thornton, p. 63; Ubicini, vol. ii. p. 17.

(5) See Ubicini, vol. ii.

ذلك الاتفاق الذي أبرمه الخليفة عمر مع نصارى القدس عام 637م، وكان الميثاق الذي منحه محمد الثاني ليونانيي القسطنطينية، مشابهًا في صياغته لروح نص ذلك الاتفاق[1]. كان الرَّعايا المسيحيون للسُّلطة الإسلامية ملزَمين بدفع الجزية، وكانوا يُمنعون من استخدام الأسلحة والخيل، ويُشترط عليهم ارتداء زي معين يميزهم عن المسلمين، فضلًا عن الانصياع للقواعد الاجتماعية والسياسية الأخرى، وكل ما يميل إلى إظهار وضعهم الدوني. وفي تركيا، فُرضت جزية مريعة من الأطفال كرسوم إضافية على الرَّعايا. يجب تَذَكُّر هذا الالتزام القاسي الأخير، الذي توقف منذ قرنين من الزمان، كما تذكرنا المعاناة والخزي الناجم عن الممارسات المروعة التي اضطررنا إلى بيانها عند الحديث عن شخصية وعهد بايزيد يلدرم. من ناحية أخرى، صحيحٌ ما يُقال عن أن جميع الرَّعايا المسيحيين للعثمانيين كانوا أقل معاناة من اليهود الذين تواجدوا في البلدان المسيحية في العصور الوسطى. وخلال عصور الفساد والفوضى اللاحقة في الإمبراطورية التركية، وقع الرَّعايا بلا شك ضحايا أعمال لا حصر لها من الوحشية والاضطهاد الغاشم الخارج عن القانون، ولكن لم يكن هذا إلا نتاجًا لاضمحلال الحكومة العثمانية، وليس من أثر مؤسساتها كما هُيئت في عصور قوتها[2].

دائمًا ما وُجد الرِّق بين الأتراك، وكذا بين مختلف البلدان المشرقية الأخرى، ولكن بشكل أكثر اعتدالًا، وبأمل أكبر لأولئك الذين خضعوا له، أكثر مما يظهر في العالم عادة بين مختلف الأجناس والأعمار عبر تاريخ العبودية[3]. يكفل القانون التركي الحماية للرقيق من القسوة التعسفية والعقاب الوحشي أو المفرط[4]، غير أن الطابع العطوف الذي تتميز به الشخصية التركية بوجه عام - حين لا تُثار بالحرب أو التعصب الديني - يظل هو الوقاية الأكثر فعالية. ويغرس القرآن واجب إكرام الخادم المؤمن في المعاملة، ويُخْبِرُ مُعلِّمًا أن من يقوم بتحرير أخيه الإنسان من العبودية، فإنه يقوم بالكثير في سبيل تحرير نفسه من علل الطبيعة البشرية ومن

---

(1) يلاحظ أن شهادة المؤلف هنا تتعارض مع روايته لفتح هذه المدينة في الفصل السابق. (المترجم).

(2) «ليست القوانين التركية، وإنما الإدارة الفاسدة لها، هي التي تجلب الازدراء للإمبراطورية» - سير جيمس بورتر Sir James Porter.

(3) See Ubicini, vol. i. pp. 153-159.

(4) وهو ما كان له عظيم الأثر في اعتناق الكثير منهم للإسلام؛ حيث كانت للرقيق حقوقهم كما كانت لسائر المواطنين، بل قيل إنه كان للعبد في الدولة العثمانية أن يقاضي سيده إذا أساء معاملته، وإنه إذا تحقق القاضي من اختلاف طباعهما اختلافًا بَيِّنًا إلى حدٍّ يتعذر الاتفاق بينهما، فله أن يُرغم السيد على بيعه. انظر: أرنولد، الدعوة إلى الإسلام: 200. (المترجم).

عذاب النار. يصبح العبد المحرر - إذا كان مؤمنًا - في التوّ على قدم المساواة في الحقوق المدنية مع جميع الرعايا المسلمين للسلطان. كان العديد من أقدر المسؤولين للباب العالي، فيما يخص الحرب أو السلم، عبيدًا في الأصل، وبالتالي كان هناك أمام حكامهم مجال واسع مفتوح على إطلاقه لاختيار الرجال من ذوي القدرة والإخلاص المجرب لشغل أرفع الوظائف وأكثرها خصوصية.

ثمة مصدر آخر مهم لشغل الوظائف بين الصفوف العثمانية، هو ذلك السيل من المرتدين عن الصليب بمحض اختيارهم؛ إذ لم يُلْقَ بالٌ داخل البلاط التركي أو المعسكر لنسب الرجل أو محل ميلاده، وإنما كانت سُبل التفوق والثروة والسُّلطة مفتوحة لكل مقدام شجاع يعتنق عقيدة الإسلام، وهو ما شكَّل عامل جذب لا يقاوَم لكثير من الرعايا، وكذلك لتلك النفوس القوية الجسورة من الخارج التي سُدَّت أمامها جميع الوظائف المماثلة في العالم المسيحي، إما عن طريق أخطائها، أو أخطاء مواطنيها. يمكننا أن نرصد أثر هذا الجذب حتى الأزمنة الأخيرة المفعمة بالمِحن التركية، لكنه كان أكثر فعالية بكثير عندما كان الهلال رمزًا للانتصار والفتح. وإذا نظرنا إلى الفترة التي كانت فيها القوة التركية في أوجها، إبان عهد كلٍّ من سليمان الأول وسليم الثاني[1]، فسنجد أنه من أصل عشرة وزراء عِظام لهذه الحقبة، كان ثمانية منهم مرتدين عن دينهم. لم يكن هناك خوف من أن يفتر حماس هؤلاء المرتدين عن المسيحية لساداتهم الجُدد، فقد يكون إخلاصهم للعقيدة التي تبنوها مشكوكًا فيه، لكن لم يكن هناك شك في عدائهم للعقيدة التي تخلوا عنها. هكذا زَوَّد العالم المسيحي خصومه لعصور طويلة بالقادة الأكثر جدارة وفتكًا وانعدامًا للضمير، ليقفوا ضده هو نفسه.

أدت ظروف استقرار الأتراك في أوروبا إلى استمرار روح الحرب والمقدرة فيهم، فضلًا عن الحماس لتحقيق انتصارات مستقبلية. فمن خلال إدراج صفوة أطفال الأقاليم الأوروبية المقهورة كإنكشارية، ومن خلال الرسوم المالية المُحصَّلة من الجزية، وبيع الأسرى، والحصول على الغنائم الأخرى، وتفتيت الأراضي المفتتحة إلى إقطاعات، حيث يتم زرع أفضل جنود الجيش المنتصر كمستعمرين عسكريين، وما يوفره كل فتح من وسائل لفتوحات أبعد، نمت الحرب التركية على ما تتغذَّى عليه. إن المسلمين الذين قاموا باحتلال الأرض الغنية والجميلة شرقي البحر الأدرياتيكي، شعروا بالاعتزاز بتفوقهم الذي تأكَّد بشكل يومي، وحماستهم من أجل العقيدة الإسلامية التي تزكَّت كذلك بشكل يومي على مرأى من الرعايا المسيحيين من

(1) See the list in Von Hammer, book xxxvi.

حولهم، الذين سقط على عاتقهم العبء الأكبر من الضرائب والكدح اليدوي، ذلك «القطيع الأعزل، الذي كان واجبه هو الطاعة والخضوع»[1].

ربما أدت المكانة المستمرة لفترة طويلة من تفوق لا شك فيه ولا جدال، «من دون شيء يستثير القوى لقسوة لا داعي لها»، إلى تطور في الشخصية التركية؛ ذلك أن السلوك الكريم، وشرف احترام الذات، والصدق والأمانة، وحِس العدالة، والدماثة، والإنسانية، حتى تجاه الوحشي من الخَلْق، هو ما يُقِر به ألد أعداء الدولة العثمانية، ويُثير إعجاب الأجانب الذين يقطنون فيها على حدٍّ سواء[2]. فالكذب والسرقة هي رذائل ناتجة عن الضعف، أما الولع المريض لممارسة طغيان حقير على مخلوقات أضعف، فهو ذنب يخص أولئك الذين تعرضوا للقمع. لكن سيكون من قبيل الإجحاف الواضح أن تُعزى الفضائل الشخصية للأتراك فقط إلى ظروف كونهم قاموا لفترة طويلة بإخضاع أناس استقروا بين سكان تابعين، وإن كانت هذه حقيقة يجب أن يكون لها تأثيرها. كانت هذه الفضائل موجودة بين الأتراك في آسيا، حيث عدد الرعايا أقل بكثير مما يوجد غربي مضيق الدردنيل، وكذلك بين المسلمين المتفرقين في تركيا الأوروبية. كما تَبيَّن أن تلك الفضائل لم تضمحل مع تراجع حظوظ إمبراطوريتهم، ويرجع ذلك بشكل كبير إلى المبادئ الأخلاقية لعقيدتهم، والتي تكفل الاعتدال والنظافة، إلى جانب الإحسان والنزاهة وعمل الخير بين تابعيها الصادقين. لكن الأتراك تميَّزوا أيضًا، زيادة على الأمم الإسلامية الأخرى، بصفاتهم الشخصية الرفيعة، مع أن تلك الصفات شابها العديد من سمات الشر، والتي مع ذلك تُعدُّ إلى حدٍّ كبير نقائص تخص المنخرطين في السُّلطة من رجالهم. فالتأثير السيِّئ لمؤامرات البلاط والارتقاء إلى السُّلطة العليا والثروة يكون بين أي شعب بناءً على شخصية

(1) Ranke's "Servia," p. 52. «إن الأتراك في الدولة، ليس أولئك المرموقين فحسب، بل والآخرون من المراتب الدنيا الذين تجمعوا حولهم تدريجيًا، يعتبرون أنفسهم سادة للرعايا. ولم يكتفِ الأتراك بالاحتفاظ لأنفسهم بحق استخدام السلاح، وإنما أيضًا بمزاولة المهن التي تتعلق بالحرب بشكل من الأشكال. ومثل أسلافنا الشماليين، أو أجدادهم من المشرقيين، الذين من بينهم قام ابن حداد ذات مرَّة بتأسيس سلالة حاكمة، شوهد كثير من الأتراك لِرَد أكمامه الحريرية وحذاء فرسه، لا يزال يعتبر نفسه صنفًا من النبلاء. أما المهن الأخرى فقد تركها المسلمون بازدراء للحرفيين المسيحيين. على سبيل المثال: لم يكن التركي يتنازل ليكون فرّاءً. وطالبوا بكل ما وجدوه مناسبًا ولائقًا، من أسلحة جميلة وملابس أنيقة ومنازل رائعة، حصريًا لأنفسهم». - Ibid. وفي القسطنطينية وغيرها من المدن الكبيرة، انخرط عدد مناسب من المسلمين في العمل والتجارة، حيث كانت مهنهم المتنوعة أعظم بكثير مما كانت عليه في الريف.

(2) D'Ohsson, vol. iv. p. 25; Thornton, 288, n، ذكرها Bushequius وغيره من الكُتَّاب الأقدم. يمكن الاطلاع على مزيد من الأدلة الأحدث في: Ubicini, and the preface to Murray's "Handbook".

الفرد، كما هو ملحوظ بين العثمانيين. فالمراقبون المعاصرون قد أصابتهم الدهشة مرارًا بسبب تحول ذلك الكرم والتفكير الرفيع الخاص برجال الدولة النبلاء في الأناضول والرُّوملي، من المثالية في كل علاقات الحياة، إلى الاستبداد الجشع الخسيس والشهوة الأنانية لأسوأ وصف عندما تُغَلِّفُه السُّلطة ويتعرض لإغراءات باشا. ويجب الاعتراف بأن المرتد عن المسيحية، من الذين يتألف منهم الجزء الأكبر من المسؤولين الأتراك، يُشكِّل أسوأ مثال في جميع النواحي أمام أولئك الحكام من ذوي الأصل المحلي. وعندما تثار القسوة الوحشية التي كثيرًا ما اتسم بها الأتراك في الحرب، فضلًا عن تعصبهم المتحجر، عن طريق صيحة تُخبر بأن دينهم في خطر، يبدو أن ذلك يُشكِّل تناقضات مع الخير الشامل ودماثة الشخصية التي نُسبت إليهم كشعب، لكنها تبدو تناقضات فحسب. يكون الأتراك في الحياة العادية هادئين معتدلين ومتسامحين، ليس لأنهم يخلون من مشاعر الضراوة، لكن لأنهم دَرَّبوا أنفسهم على السيطرة عليها. أما عندما تأتي مناسبات يبدو لهم فيها أن من واجبهم التخلي عن ضبط النفس، فكل مشاعر الغضب والانتقام، فضلًا عن «وحش العنف الأعمى الذي يكمن في سواعد الرجال»[1]، تثار فيهم، وتدفعهم للهجوم بانفعال وحشي طليق، من قبيل ما هو مجهول في صدور لم تُمارِس انضباطًا مماثلًا للنفس. مثلما نشاهد كثيرًا في الحياة الخاصة أن مَن يحكم صوابه عادةً بصورة أفضل سرعان ما يتمادى إذا حدث وتمكَّن منه ذلك ذات مرَّة، أكثر ممن يتعرضون للغضب كثيرًا، فأولئك الذين سيكون في مقدورهم كبح ذلك بشكل سريع.

لا تزال دعوة السُّلطان للحرب تلقى استجابة سريعة من الشجاعة المتأصلة في كل تركي؛ فقد أبدت أوروبا إعجابها بحق في السنوات الأخيرة من البطولة التي نهض بها العثمانيون للدفاع عن أرضهم ودينهم أمام أعداء هائلين، وسط كل أوضاع الصعوبة والوهن. وإذا كانت هذه هي الروح القتالية للشعب حين يتقدم حاليًا إلى الحملات «من دون خوف، وبأمل ضئيل»، فما بالهم في الأزمنة الخوالي عندما كانوا يُكَلَّلون بالنصر بشكل شبه دائم، وعندما كان التكريم والثراء مكافأة فورية للشجاعة المتميزة؟! لنا أن نتخيَّل مدى الحماس والابتهاج اللذين كانا يثيرهما الإعلان عن حرب جديدة، أو الدعوة إلى مشروع جديد، في جميع أنحاء العالم الإسلامي، وعلى جانبي الدردنيل، ومن الفرات إلى الدانوب، ومن القِرْم إلى المورة، في أيام محمد الفاتح أو سليمان العظيم؛ حيث كان الفرسان الإقطاعيون يغادرون أراضيهم الزعامت والتيمار، ويحتشدون تحت راية البك أو الباشا المجاور، كلٌّ يتنافس مع الآخر على حالة فرسه وبهاء مظهره، فضلًا عن

---

(1) Tennvson.

التجهيزات، وفي عرض فرقته المسلحة وتابعيه من الفرسان. و«الزعيم» (Ziam) الذي كان يُبرز بسالته، يمكنه أن يأمل في الارتقاء إلى رتبة «بك». و«التيماريوت» (Timariot) الذي يُحْضِر عشرة من الأسرى أو عشرة من قادة الأعداء، كان يحق لإقطاعيته الصغيرة أن تتسع فتصير زعامت[1]. والمسلم الذي لم يكن يمتلك بعدُ زعامت أو تيمار، ولم يكن من المدرجين في القوات النظامية مدفوعة الأجر، يظل يعمل كمتطوع متحمس على فرس أو على قدمه وفقًا لقدراته. وفضلًا عن احتمال إثراء نفسه من خلال نهب الإقليم المزمع غزوه، أو المدينة المقرر حصارها، تَطَلَّع عن طريق أعماله الجسورة إلى أن يفوز - ضمن الآقنجي أو العزب - بحيازة واحد من التيمارات التي ستتشكَّل عند نهاية الحرب من الأراضي المفتتحة حديثًا، أو التي ستُترك شاغرة من قِبَل ضحايا الحملة. وكانت القوات النظامية من الإنكشارية وحرس فَرس السُلطان، الذين كانوا يقاتلون تحت عين السُلطان مباشرة، والذين كانت تجارتهم هي الحرب، أكثر حرصًا على الغنائم والترقِّي. وفوق كل شيء، دفع الحماس الديني المسلمين من كل فئة للمشاركة في الحرب المقدسة ضد الكفار. وفي الواقع يُخبر القرآن أن الحرب في حدِّ ذاتها شر، ويُفَصِّل بقوله: «الإنسان بنيان الله، ملعون من هدم بنيانه»[2][3]. لكنه يُخبر أيضًا أنه عندما تكون هناك حرب بين المؤمنين وأعداء الإسلام، فمن الواجب على كل مسلم أن يوقف ما يملك لمثل هذه الحرب، من نفسه وحياته. ويعمد القرآن إلى تقسيم العالم إلى قسمين: دار الإسلام، ودار الحرب.

جرى عمومًا توضيح ذلك من قِبَل الكُتَّاب الغربيين، فيما يتعلق بالمؤسسات الإسلامية، وعادات البلدان الإسلامية، على أن دار الحرب تضم كل أراضي غير المسلمين، حتى يكون هناك أو يجب أن يكون هناك عداء دائم من جانب المؤمنين لمن يقيم في دار الحرب، على الرغم من أن الحرب الفعلية قد تكون معلَّقة بموجب معاهدة[4].

ثمة فكرة سادت على نطاق واسع بين الكُتَّاب والمتحدثين بسطحية، بأن ذلك العداء المقدس، «جهاد» (Jehad)[5] المسلمين أمام غير المسلمين، لا يقتصر على الحرب بين بلد وآخر، وإنما «يكون جزءًا من دين كل مسلم أن يقوم بقتل أكبر عدد ممكن من المسيحيين، وهو يعتقد أنه من خلال وصول القتلى إلى عدد معين، يضمن بذلك لنفسه الجنة». لكنَّ المحققين

---

(1) See the Report to Sultan Achmet III., already cited from Ubicini.

(2) D'Ohsson, vol. ii.

(3) هو حديث شريف. ويُلاحظ أن المؤلف يخلط مرارًا بين القرآن والأحاديث الشريفة. (المترجم).

(4) See the introduction to Ubicini's second volume, and D'Ohsson.

(5) في بعض الأحيان تكتب: "Dhihad".

الدقيقين للتاريخ، ورجال الدولة المطَّلعين عمليًا على الشعوب الإسلامية لفترة طويلة، كشفوا زيف مثل هذه الاتهامات الموجهة إلى معتنقي العقيدة الإسلامية[(1)].

إن «شغف المسلمين بإراقة الدم المسيحي على هذا النحو ما هو إلا محض خرافة»[(2)]. وقد كان نبيهم بالتأكيد محاربًا صارمًا للشرك، وأخبر بوجوب استمرار الحرب على المشركين، وفي القرآن الذي يدعو به أتباعه: «**وَقَاتِلُوهُمْ حَتَّى لَا تَكُونَ فِتْنَةٌ وَيَكُونَ الدِّينُ لِلَّهِ**» [البقرة: 193]، لكنه يُعَلِّمُهم أيضًا فيما يتعلق باليهود والنصارى: «**وَلَا تُجَادِلُوا أَهْلَ الْكِتَابِ إِلَّا بِالَّتِي هِيَ أَحْسَنُ إِلَّا الَّذِينَ ظَلَمُوا مِنْهُمْ وَقُولُوا آمَنَّا بِالَّذِي أُنْزِلَ إِلَيْنَا وَأُنْزِلَ إِلَيْكُمْ وَإِلَهُنَا وَإِلَهُكُمْ وَاحِدٌ**» [العنكبوت: 46][(3)]. أما البلد الذي يقع تحت الحكم المسيحي لكنه يسمح للمسلمين بإعلان إيمانهم وممارسة شعائرهم بسلام، فهو ليس جزءًا من دار الحرب، ولا يوجد واجب ديني للحرب أو الجهاد من قِبَل المسلمين الصادقين ضد هذا البلد. ولقد تقرر ذلك رسميًا في السنوات الأخيرة من أعلى جهات الشريعة الإسلامية فيما يخص الهند البريطانية، وأُقر المبدأ عمليًا بواسطة ملكتنا، لتُجرى الصلاة علنًا في كل مسجد عبر ممتلكاتها الهندية، والتي تحوي عدد سكان من المسلمين لا يقلون عن أربعين مليون نسمة[(4)].

---

(1) See particularly Sir George Campbell's "Handy Book on the Eastern Question," and Bosworth Smith's "Mohammed and Mohammedanism."

(2) Sir G. Campbell, p. 33.

(3) Bosworth Smith, p. 261.

(4) «منذ وقت ليس ببعيد، أُثير تساؤل في الهند، ونوقش من قِبَل مختلف رجال الشريعة المسلمين، وهو ما قد يكون له نتيجة كبيرة بالنسبة إلينا. كان التساؤل عما إذا كانت هندوستان دارًا للحرب، وعن إمكانية إقامة الجهاد وفعاليته هناك، وبالتالي عما إذا كان في استطاعة المسلمين الثبات على إيمانهم والحفاظ على ولائهم للحاكم المسيحي. فكان القرار بالإجماع تقريبًا مؤيدًا للسلام والخضوع للحكَّام القائمين. والجدل الرئيسي الذي يُستشهد به في دعم هذا الرأي هو دليل مُقنعٌ على صدق نظرية السيد «بورسورث سميث» (Bosworth Smith)، بأنه ليس فقط روح الإسلام مواتية للسلام والتقدم، وإنما مثل هذه الروح تعمل الآن بالفعل على تحريك علمائها. وقد جرى الاستشهاد بما مارسه النبي محمد صلى الله عليه وسلم نفسه، حينما كان يحاصر مدينة أو يعلن الحرب على قبيلة أو شعب؛ حيث كان يُؤَخِّر دائمًا عملياته حتى غروب الشمس، ليتأكد مما إذا كان الأذان أو الدعوة إلى الصلاة مسموعة فيما بينهم. فإذا كان كذلك، امتنع عن الهجوم، مراعيًا أنه إذا سَمح حكام المكان بممارسة دينه، فليس لديه مظلمة بحقهم. كانت هذه إحدى الحجج، وحقيقة أن ذِكر اسم ملكتنا الكريمة حاليًا في خطبة صلاة يوم الجمعة في جميع مساجد الهند، لهو دليل كافٍ على أن الإسلام ليس معاديًا للتسامح الديني أو السياسي، وأن عقيدة الجهاد أو الحرب المقدسة، ليست بهذه الخطورة أو الوحشية كما يُتصوَّر عمومًا» - *Quarterly Review January*, 1877, p. 230.

لكن مما لا شك فيه، أن المسلمين من جميع الأعمار يعتقدون ويتصرفون على أساس أنه عندما تكون هناك حرب فعلية بين دولة تحمل عقيدة الإسلام، وأعداء من عقيدة مختلفة، فإنها تكون حربًا مقدسة من جانب المسلمين. ربما يُستشهد ببعض النصوص التي تحث على السلام في القرآن، والتي تبدو إلى حدٍّ ما أنها تخفف من روح الشراسة لدى الآخرين، لكن الانطباع العام لكتاب المسلمين المقدَّس أنه يَبرز فيه الولع بالقتال؛ فلا بدَّ أن ذلك قد أدى أيام ازدهار الإسلام إلى استثارة دماء الأتراك الحارة، مثل صوت البرق، لانتزاع مدن وأقاليم جديدة في سبيل الله من الكفار. ويستلهم القانون العسكري التركي الوحي الكامل لقول النبي صلى الله عليه وسلم: «الجنة تحت ظلال السيوف». فكل مسلم ملزم أن يكون جنديًّا[1]، وكل جندي يُقتل في المعركة يسمى شهيدًا[2]، والمسلم الذي يتخلَّى عن موقعه ويُولي دبره للعدو هاربًا، فقد اقترف إثمًا تجاه الله وتجاه الناس، وعقوبته هي الموت في الدنيا وعذاب النار في الآخرة. لا أحد من الأعداء يحمل سلاحًا يكون له الحق في الأرض. وتُشَن الحرب لجعل كل وسائل الإبادة شرعية. تصدر الأوامر بتجنب الأسرى والنساء والأطفال، وكل ما من شأنه ألا يُعرض المسلمين للأذى؛ لكن أولئك المحسوبين ضمن الأعداء، الذين بسبب قدراتهم أو مواقعهم أو لأسباب أخرى، قد يُشكِّلون خطرًا فيما بعد على المسلمين، يمكن أن يُقتلوا على الرغم من أنهم كفوا عن المقاومة. وتُحظر كل أشكال الوحشية والتمثيل، وكل ما يخالف العقيدة، ويجب مراعاة الاستسلام والالتزام بالعهود التي أُبرمت مع العدو، أيًّا كان مَن عُقدت معه. وإذا لم يوافق العاهل على الشروط، فلا بدَّ من معاقبة مسؤوله المسلم الذي قام بذلك. لم يكن للأتراك قَطُّ أن يَعقدوا معاهدة غير مواتية بالنسبة إليهم إلا بعد استنفاد كل محاولات الحرب، وتحت ضغط الحاجة الماسة؛ ولكن إذا أُبرمت مثل هذه المعاهدة، فإنها تبقى صارمة[3].

بالنظرة العامة التي تحدثنا بها عن المؤسسات التركية، فقدنا تسليط الرؤية على محمد

---

(1) D'Ohsson, 202.

(2) D'Ohsson, 208. بسبب وجود قيود غريبة نوعًا، يُرفض إكليل الشهادة لمن يموت في ميدان المعركة من آثار جراحه التي تلقَّاها.

(3) D'Ohsson, vol.ii. p. 49, *et seq*. جمع دوسُون، القوانين العسكرية (وغيرها) التركية من الدستور العثماني الكبير، الذي أعدَّه ونشره الفقيه التركي الشهير «إبراهيم حلبي» (Ibrahim Halebey)، الذي تُوفِّي عام 1549م. انظر: D'Ohsson's Introduction, p. 23. لكن حاليًّا بعد أن اعترفت تركيا رسميًّا بالنظام والقانون العام لأوروبا (انظر معاهدة باريس، المادة السابعة) يجب أن تُراعي - أكثر من ذي قبل - قوانين الحرب المعترف بها عمومًا من الأمم المتحضرة. ناقشتُ هذه القوانين في الفصل الحادي عشر من «المنهاج الأساسي للقانون الدولي».

الفاتح بشكل منفرد، لكن انتباهنا سيتجه نحوه تلقائيًا عندما نذكر واحدًا من قوانين النظام التركي الخاص بالحكومة، والذي من دون الإشارة إليه ستكون دراستنا غير مكتملة؛ ألا وهو تشريع قتل الإخوة، الذي أمر محمد الثاني به في الجزء اللاحق من قوانينه: «أقر معظم فقهائي أنه يمكن لمن يعتلي العرش من أحفادي البارزين أن يقتل إخوته، وذلك لضمان سلام العالم، وسيكون من واجبهم التصرف وفقًا لذلك».[1]

---

(1) Von Hammer, book xviii.

الفصل السابع

بايزيد الثاني - الأمير جم - الحرب الأهلية - مغامرات جم في العالم المسيحي ووفاته - الحرب الأولى مع مصر - خلع بايزيد على يد ابنه، سليم.

الفصل السابع[1]

بوفاة السُّلطان محمد الثاني، نشب صراع على السُّلطة بين اثنين من أبنائه، هما: الأمير بايزيد، والأمير جم، حيث يُفترض أن يكون النجاح للأكبر وليس الأشجع أو الأقدر من بين الإخوة[2]. كان كلا الأميرين غائبًا عن القسطنطينية وقت وفاة والدهما. فكان الأمير بايزيد، الذي بلغ من العمر آنذاك خمسة وثلاثين عامًا، في أماسيا، عاصمة الإقليم الذي يحكمه. وكان الأمير جم البالغ من العمر اثنين وعشرين عامًا، في قرمانيا، المُعَيَّن عليها حاكمًا من قِبَل والده. كان بايزيد متصوفًا، نزَّاعًا إلى الحزن، بسيطًا في عاداته، مُتَزَمِّتًا في عباداته، مُولعًا بالشعر والتأمل الفلسفي، ومن هنا جاء لقب «صوفي» (Sofi) الذي لقَّبه به العديد من المؤرخين العثمانيين. وكان جم يملك الطاقة والطموح، محبًّا للأبهة والملذات، وهو ما ميَّز والده الفاتح. لم يشارك أخاه الولع بالميتافيزيقا وتَعَلُّم ما هو غامض، لكنه كان أكثر تميزًا في حبه للشعر، حتى من أولئك الموهوبين بشكل كبير من أعضاء عائلته الآخرين. عند انتشار خبر وفاة السُّلطان محمد في المعسكر والعاصمة، ثار الإنكشارية في فوضى عارمة، ناهبين منازل اليهود الأغنياء وغيرهم من السكان الأثرياء، وقتلوا الوزير الأعظم، الذي حاول عبثًا إخفاء حقيقة وفاة السُّلطان عنهم. وكما عُرف هذا الوزير بدعمه لمصالح الأمير جم، قام أتباع الأخ الأكبر بقيادة الإنكشارية مُعلنين تأييدهم للأمير بايزيد، فاقتفى أثرهم بقية الجيش. وأُوفدت الرسل إلى كل أمير عن طريق أنصاره المتواجدين في العاصمة، إلا إن حامل الأنباء المهمة للأمير جم سرعان ما قُتل وأُلقي به صريعًا على قارعة الطريق، وهو ما مَنح بايزيد أفضلية لا تُقدَّر بثمن من خلال أسبقية علمه بخلو العرش، وأسبقية وصوله إلى القسطنطينية لطلبه. وعند وصوله إلى العاصمة ظهر الإنكشارية أمامه طالبين الصفح عن أعمال العنف الأخيرة التي اقترفوها، غير أن هؤلاء المتوسلين صعاب

(1) Von Hammer, books six. , xx , xxi.

(2) انظر مزيدًا عن تأثير هذا الصراع على السياسة الدولية: أحمد السيد الدراج، «جم سلطان والدبلوماسية الدولية»، المجلة التاريخية المصرية، المجلد الثامن (1959م): 201-242؛ Louis Thuasne, *Djem-Sultan Fils de Mohammed II Frere de Bayezid II (1459-1495)* (Paris, 1892); Sydney N. Fisher, *The Foreign Relations of Turkey, 1481-1512* (Urbana, 1948) pp. 21-50. (المترجم).

المراس طالبوا بذلك وهم ينتظمون في صفوف كما المعارك، يرافقهم التماس بزيادة الأجور وعطاء خاص بتولِّي عاهلهم الجديد. امتثل بايزيد لجميع مطالبهم، ومنذ ذلك الحين صار توزيع مبالغ كبيرة من المال في بداية كل عهد بين جند السُلطان هؤلاء عادةً منتظمة في تركيا، وهو ما شكَّل عبئًا على الخزانة ومخزاة للسلطان في آن، حتى ألغاها السُلطان عبد الحميد، خلال الحرب مع روسيا، بعد ثلاثمائة عام من عهد بايزيد.

لم يكن جم راغبًا في التخلي عن السُلطة لأخيه من دون نزاع، متذكرًا القانون الدموي الذي من خلاله جعل والدهما قتل إخوة السلالة الحاكمة عملًا مأثورًا في الدولة. لذا يمكن القول إن الأمير العثماني الشاب قد حمل السلاح من أجل الحياة بقدر ما حمله من أجل الإمبراطورية. أعقبت ذلك حرب أهلية، تمكَّنت فيها قدرات المخضرم أحمد كديك فاتح كافا وأوترانتو، فضلًا عن خيانة بعض أتباع جم الرئيسيين، من إحراز الفوز لبايزيد. وقبل المعركة، قَدَّم جم اقتراحًا لأخيه بتقسيم الإمبراطورية، يحصل فيه بايزيد على الأقاليم الأوروبية بينما يحصل هو على نظيرتها الآسيوية، لكن بايزيد رفض الاستماع إلى مثل هذه المقترحات. وعندما جاءت السُلطانة المُسِنَّة، «سِلجوق خاتون» (Seldjoukatoun)، ابنة محمد الأول، والعمة الكبرى لكلا الخصمين، إلى معسكره ساعية إلى نقل مشاعر الأخوة لصالح جم، أجاب بايزيد بإيجاز شديد، مستشهدًا بالمثل العربي: «لا قرابة بين الأمراء». مع ذلك، فإن السُلطان الصوفي، على الرغم من تصميمه على الحفاظ على حقوقه، وعدم سماحه بأي تقطيع لأوصال الإمبراطورية العثمانية، لم يُبدِ أي رغبة في موت أخيه، حتى بعد أن أثبت جم أنه ما دام باقيًا على قيد الحياة، فلن يألو جهدًا في السعي إلى التاج على حساب أخيه. وبعد أول هزيمة (20 يونيو 1481م)، حين تشتت جيشه، فر جم إلى الأراضي الخاضعة لسلطان مصر والشام، حيث استقبله بعطف وآواه لمدة عام، زار خلاله المدينتين المقدستين مكة والمدينة، فكان هو وابنة محمد الأول الوحيدين من العائلة المالكة التركية اللذين أديا فريضة الحج. وفي عام 1482م، قام جم بمساعدة من السُلطة المصرية وبعض القادة العثمانيين الساخطين في آسيا الصغرى، بتجديد الحرب، لكنه هُزم مرَّة أخرى واضطر إلى البحث عن ملاذ في أرض أجنبية. ولم يعد مرَّة أخرى إلى نصيره السابق، لكنه بحث عن وسائل للعبور إلى الممتلكات العثمانية في أوروبا، على أمل إحياء الحرب الأهلية بشكل مؤثر في تلك القارة، على الرغم من عدم نجاحه في آسيا، مثلما فعل الأمير موسى أثناء فترة شغور العرش بعد هزيمة بايزيد الأول. ومن وجهة النظر هذه، طَلب من السيد الكبير لرودس منحه مأوى مؤقتًا، وإتاحة الوسائل لعبوره إلى أوروبا.

اجتمع فرسان القديس يوحنا في اجتماع كنسي رسمي لمناقشة طلب الأمير جم، وفي النهاية سُوي الأمر بما يتوافق مع كرامة وسياسة التنظيم لاستقبال الأمير العثماني[1]. وبناءً على ذلك، هبط جم في رودس في 23 يوليو 1482م بصحبة ثلاثين مرافقًا، حيث دخل مرحلة طويلة من الأسر الأكثر خزيًا بين أيدي الحكام المسيحيين، الذين أضفوا عليه حماية اسمية، بينما جعلوه في الواقع محلًّا للمقايضة والبيع، بالاحتجاز لفترة طويلة، وبالقتل الغادر في نهاية المطاف. استقبله في رودس السيدُ الكبير وفرسانه بأبهة بالغة، وكل مظهر من مظاهر الحفاوة وحسن الوفادة، لكن سرعان ما سادت الرغبة في إبعاده عن رودس إلى إحدى المقاطعات التي يحوزها التنظيم في فرنسا. فمن وجهة نظر دي أوبوسون ورفاقه أنه عن طريق إبعاد الأمير العثماني عن جزيرتهم سيتمكنون بشكل أفضل من التهرب من المطالب التي بالتأكيد سيمليها السُّلطان بايزيد لتسليم أخيه، فضلًا عن أن خطر فقدان الأسير عن طريق الاغتيال سيكون أقل. وقبل مغادرة جم لرودس، قام دي أوبوسون بما يلزم للحصول على توقيعه على معاهدة تُلزمه بشروط مواتية لصالح التنظيم في حال أصبح سلطانًا في أي وقت.

قام بعد ذلك دي أوبوسون، الذي كانت مهارته كدبلوماسي مجرَّدٍ من المبادئ مساوية على الأقل لبسالته كجندي (تتاح لنا فرصة الإعجاب بها إذا اقتفينا أثرها في زمن محمد الثاني)، بإرسال سفارة إلى السُّلطان القابض على زمام الحكم، وذلك للحصول على جميع المزايا الممكنة من إبقاء ذلك المُطالب بالعرش بين أيدي الفرسان. جرى الاتفاق على أن يكون هناك سلام وتجارة حُرَّة بين التنظيم والباب العالي، وأن يدفع السُّلطان مبلغًا سنويًّا قدره خمسة وأربعون ألف دوقية، للحفاظ على أخيه في ظاهر الأمر، لكنه في الحقيقة ثمن احتجازه الإجباري ضمن بعض ممتلكات الفرسان. قبل أن يُلقي جم بنفسه بين أيدي النصارى، عرض عليه بايزيد إيرادات الإقليم الذي كان يحكمه سابقًا، شريطة أن يعيش بهدوء في القدس، لكن جم رفض هذا العرض، وطالب بالتنازل له عن بعض الأقاليم بسُلطة كاملة، فأجاب بايزيد بأن «الإمبراطورية هي عروس لا يمكن تقاسم نعمها». وبتصميم جم المستمر في السعي إلى إيجاد الوسائل اللازمة لتجديد الحرب الأهلية من خلال مساعدة مسيحية، سعى بايزيد بلا كلل إلى موته أو على الأقل لشراء احتجازه.

هبط ذلك الأمير المتحمِّس غير السعيد (الذي جعلته مغامراته ومواهبه الشعرية شخصية مفضَّلة في التاريخ الإفرنجي فضلًا عن التركي) في «نيس» (Nice) في نوفمبر 1482م بواسطة

---

(1) Senatus -consultum, *"Regem excqnendum, akndum, fovendum."* _ Caoursin, cited in Von Hammer.

سفينة جالي تابعة للفرسان. أعرب جم عن سعادته بالمشاهد الخلابة للمدينة الإفرنجية، لكنه كان في عجلة لبدء رحلته إلى المجر، هادفًا إلى الانتقال من هناك إلى الرُّوملي، فأبلغه مرشدوه أنه من واقع وجوده على أراضٍ فرنسية، فلا يجب له المغادرة من دون إذن رسمي من ملك البلاد. بناءً على ذلك، أرسل جم واحدًا من رجاله إلى باريس، وكان قد تلقّى تأكيدات من الفرسان بأنه يمكن لرسوله السفر إلى هناك والعودة في اثني عشر يومًا، لكنهم حرصوا على إلقاء القبض على المبعوث التركي في الطريق، فظل جم في نيس لعدة أشهر يترقب عن كثب، على الرغم من معاملته باحترام واضح، منتظرًا بلا جدوى عودة الرسول من البلاط الفرنسي. وفي النهاية اندلع الطاعون في تلك المدينة، مما أعطى الفرسان عذرًا معقولًا لنقل سجينهم إلى مقاطعة في داخل المملكة. جرى آنذاك تجريد الأمير العثماني عنوة من العدد الأكبر من أتباعه، واحتُجز لأول مرَّة في «روسيون» (Roussillon)، ثم في «بوي» (Puy)، وبعد ذلك في «ساسيناجيه» (Sassenage)، حيث أثارت فيه الجميلة «فلبينة هيلينة» (Phillippine Helena)، ابنة سيد القلعة، عاطفة عارمة، لكن الجميلة والحب لفترة من الوقت لم يخففا ساعات الضجر عن الأمير الأسير. وأخيرًا أخذ الفرسان، الأمير جم، إلى برج بُني خصيصًا من أجل احتجازه بشكل آمن، مكوَّن من سبعة طوابق عالية، يقع المطبخ في الطابق الأول، وغرف الخدم في الطابقين الثاني والثالث، أما الرابع والخامس فكانا لمسكن الأمير، واحتل سَجَّانوه من الفرسان الطابقين الأخيرين. هكذا ظل الأمير العثماني معتقلًا في فرنسا سبع سنوات. قدَّم احتجاجات على هذه المعاملة للفرسان والأمراء المسيحيين والقادة الذين قاموا بزيارته، وقام بمحاولات متكررة للهروب لكنها باءت بالفشل؛ على الرغم من أنه كان محط اهتمام العالم المسيحي برُمَّته. تفاوض العديد من الملوك مع السيد الكبير دي أوبوسون من أجل حيازة ذلك المُطالِب بالعرش العثماني، لكن دي أوبوسون أرجأ عمدًا مناقشة المدة، إذ لم يكن راغبًا في وضع نهاية لاحتجازه، الذي على الرغم من قلة عائداته، فإنه كان مربحًا تمامًا لفرسان القديس يوحنا. وكانت عائلة جم التي تضم والدته وزوجته وأطفاله الرُّضع موجودة في القاهرة؛ فقام دي أوبوسون بحيلة غير نبيلة للحصول على عشرين ألف دوقية من زوجة ضحيته وأمه؛ حيث زعم أن الأمير سَيُطلَق سراحه على الفور وأن المال ضروري لنفقات رحلته. هذا إضافةً إلى الخمسة والأربعين ألف دوقية التي يدفعها السُّلطان بايزيد سنويًا كثمن لاحتجاز أخيه.

في النهاية توسط شارل الثامن ملك فرنسا، لا لإطلاق سراح الأمير جم، وإنما لنقله من أيدي فرسان رودس إلى عهدة البابا. وجرى تعيين حرس من خمسين فارسًا فرنسيًا لإحضار الأمير التركي، وجرى الاتفاق على أنه في حال قام البابا بمنحه إلى أي سُلطة مسيحية أخرى

من دون إذن من البلاط الفرنسي، فيجب دفع عشرة آلاف دوقية كغرامة لشارل. تعهد بلاط روما بتعويض فرسان رودس، وبناءً عليه مُنحوا مجموعة متنوعة من الامتيازات من قِبَل البابا، وحصل دي أوبوسون نفسه على تشريف بجعله كاردينالًا.

في عام 1489م، دخل الأمير جم إلى روما بموكب تكريم فارغ المضمون، مثل ذلك الذي أُجري له في رودس منذ ثماني سنوات. نزل في الفاتيكان، حيث قُدِّم أولًا إلى البابا «إنوسنت الثامن» (Innocent VIII)، من قِبَل كبير الفرسان «أوفرنيه» (Auvergne) وسفير فرنسا. قام الحُجاب والمسؤولون الباباويون الآخرون بحث جم على تقديم التحية المعتادة للزعيم الروحي للكنيسة وصاحب السُلطة الزمنية في روما، لكن لم يكن لابن محمد الفاتح أن يرفع العمامة أو يثني الظهر، بل مشى مباشرة إلى البابا، حيث لثم كتفه كما يفعل الكرادلة، ثم في بضع كلمات وشعور كامل بالرجولة والروح الأميرية، طلب جم حماية البابا، ومقابلة خاصة. فقُبل ذلك، حيث روى بعدها جم آماله المرجأة، والخداع والمصاعب التي تعرض لها خلال احتجازه، وتحدث عن قسوة انفصاله عن والدته وزوجته وأولاده، ورغبته الجادة في رؤيتهم مرَّة أخرى والإبحار إلى مصر في سبيل ذلك. تدفقت العبرات منهمرة على وجنتي الأمير التركي التعس وهو يروي الجور الذي لحق به، حتى إنوسنت تحرك وبكى وهو يستمع، لكنه قال لجم إن الإبحار إلى مصر يتنافى مع مشروعه للفوز بعرش والده، وإن ملك المجر طلب وجوده على حدود مملكته، وإنه في المقام الأول يجب عليه أن يفكر جديًّا في اعتناق المسيحية. أجاب جم أن مثل هذا الفعل من شأنه أن يفسد عليه رأي مواطنيه بغير رجعة، وصرَّح بفخر بأنه لن يخون دينه من أجل الإمبراطورية العثمانية، أو من أجل إمبراطورية العالم. لم يضغط إنوسنت أكثر من ذلك على مسألة التحول عن الدين، وأنهى المقابلة بكلمات جوفاء من مواساة وتشجيع.

في هذا الوقت، تصادف في روما وجود سفير من سلطان مصر، وبعد ذلك بوقت قصير وصل إلى هناك سفير من السُّلطان بايزيد. تقابل السفير المصري مع الأمير جم، وركع أمامه كما كان يحدث من قبل كصاحب للسُلطة الشرعية في تركيا. علم جم منه أن السيد الكبير لرودس ابتز عشرين ألف دوقية من أمه وأخته تحت ذريعة كاذبة، كونها لازمة للرحلة من فرنسا. هكذا تذمَّر كلٌّ من جم والمبعوث المصري بصخب في البلاط البابوي ضد فرسان رودس بسبب هذا الاحتيال، مطالبَين باستعادة الأموال. تدخَّل سفيرا البابا والسُّلطان عند الفرسان، وبوسائلهما سدَّد التنظيم خمسة آلاف دوقية من الدَّين دُفعت بشكل فوري. كان السفير الموفد من البلاط التركي مُكلفًا بمهمة ظاهرية، وهي أن يُقدِّم للبابا بعض الآثار المقدسة الخاصة بالصلب، لكنه

كُلِّف كذلك بتسوية الثمن الذي من شأنه أن يجعل إنوسنت الثامن يتعهد بإبقاء جم داخل الأقاليم البابوية. كان مبلغ الاتفاق الذي أُبرم بين حكام روما والقسطنطينية من أجل هذا الغرض هو أربعين ألف دوقية في العام، واحتُجز جم وفقًا لذلك في بلاط إنوسنت لمدة ثلاث سنوات. وعند وفاة هذا البابا، جرى الحفاظ على الأمير التركي بأمان في الفاتيكان حتى انتُخب البابا الجديد. كان البابا الجديد هو «ألكسندر بورجيا» (Alexander Borgia) سيِّئ السمعة، فأوفد على الفور مبعوثًا إلى بايزيد، ليتفاوض على مواصلة دفع الأربعين ألف دوقية من أجل الاستمرار في احتجاز جم، لكن بورجيا تلقَّى كذلك عرضًا بإمكانية حصوله على ثلاثمائة ألف دوقية دفعة واحدة إذا اتخذ أقصر الوسائل وأكثرها فعالية لضمان عدم غزو جم لتركيا، وهي القضاء عليه. ذُكر بورجيا على أنه البابا الوحيد الذي أرسل سفيرًا إلى السُّلطان العثماني، وكان مبعوثه هو «جورج بوشاردو» (George Bocciardo)، مسؤوله الخاص بالمراسم. كان بايزيد في غاية السرور من السفير، ومن خلال الثقة الكبيرة التي وصلته من الاحترام العميق والتقدير الودي الذي أولاه البابا له، طلب من البابا معروفًا شخصيًّا، بجَعْل بوشاردو كاردينالًا[1].

بينما كان السُّلطان وسفير البابا في القسطنطينية يتاجران في استرقاق جم وفي دمائه، قام شارل الثامن بغزو إيطاليا، ودخل روما في اليوم الأخير من عام 1495م[2] التمس البابا ألكسندر

(1) يقول فون هامر في ملاحظاته، إنه في منتصف القرن الماضي تقريبًا، اعتمد راهب دالماشي على هذه السابقة التي أهمَّت ذلك المسلم لدى الكرسي الرسولي، والتمس من السُّلطان الحاكم أن يساعده في الحصول على قبعة الكاردينال. لكن، من أجل إنقاذ مسؤولي الباب العالي من عناء إرسال رسالة رسمية بالتوصية، صاغ بنفسه مذكرة موجزة من نسختين، وجَّه إحداهما إلى السُّلطان والأخرى للبابا. كانت على النحو التالي: «أيها البابا المقدس، يصير الراهب الفقير «N.M» كاردينالًا، أو يتم خوزقة كل رهبان بيت المقدس».

(2) يُطلَق عليها الحرب الإيطالية الأولى (1494-1498م)، وتُعدُّ فاتحة الحروب الإيطالية التي تنافست فيها عدة قوى أوروبية، على رأسها فرنسا وإسبانيا، على النفوذ في شبه الجزيرة الإيطالية خلال عصر النهضة. وبدأت هذه الحرب بسبب سعي دوق ميلانو «لودفيكو سفورزا» (Ludovico Sforza) إلى إنشاء تحالف ضد البندقية، فحث ملك فرنسا على غزو إيطاليا منتهزًا فرصة موت ملك نابولي، فيرانتي الأول، عام 1494م. وبالفعل غزا شارل الثامن شبه الجزيرة آملًا استخدام نابولي كقاعدة لشن حملة ضد العثمانيين، لكنه سرعان ما تراجع عن ذلك وتفرَّغ لصراعاته في أوروبا، حيث تشكَّل ائتلاف مناهض لفرنسا في 31 مارس 1495م، أُطلق عليه الائتلاف المقدس ضد الإسلام، جمع كلًّا من البابا ألكسندر السادس والإمبراطور ماكسمليان والبندقية وميلانو وملكي إسبانيا فرديناند وإيزابيلا؛ مما أدخل العالم المسيحي في صراع طويل امتد أتونه خلال القرن السادس عشر؛ ذلك الصراع الذي كان عاملًا رئيسيًّا مهَّد للعثمانيين الطريق لبسط سيطرتهم حتى وسط أوروبا، فضلًا عن دخول أساطيلهم منطقة الصراع في الحوض الغربي للبحر المتوسط. وقد غيَّر ذلك الصراع من خريطة تحالفات القوى السياسية في القرن السادس عشر، وجعلها تسير بمبدأ المثل =

ملجأً في قلعة «سان أنجلو» (St. Angelo)، وأخذ معه جم باعتباره واحدًا من أثمن كنوز البابوية. وبعد أحد عشر يومًا من دخول الجيش الفرنسي، جرت مقابلة بين البابا ألكسندر والملك شارل بقصد ترتيب معاهدة سلام، كان من أهم شروطها نقل الأمير جم إلى يد شارل. عُقد بعد ذلك اجتماع بين البابا والملك وجم في المكان الذي منح فيه البابا لأول مرَّة لقب أمير لجم، وسأله إذا كان على استعداد لاتباع ملك فرنسا الذي رغب في مصاحبته، فأجاب جم بكرامة: «أنا لا أُعامَل معاملة أمير، بل معاملة أسير، فلا يهم ما إذا كان الملك سيأخذني معه، أو أبقى هنا رهن الأسر». انتقل جم إلى الملك الفرنسي، الذي عهد به إلى ماريشاله الكبير، فرافق الجيش الفرنسي من روما إلى نابولي، وشهد مجازر «مونتي فورتينو» (Monte Fortino) و«مونتي سان جيوفاني» (Monte San Giovanni). أفلتت حينذاك من يد البابا فرص تحقيق أي ربح من حبس جم، لكن لا يزال هناك حتى ذلك الوقت المشروع الأكثر ربحًا المتعلّق بتدبير اغتياله. وبناءً عليه جرى إنفاذ ذلك، على الرغم من أن المؤرخين الإيطاليين والأتراك اختلفوا في الطريقة التي نَفَّذ بها بورجيا تلك الجريمة. وفقًا للإيطاليين، سُمِّم جم عن طريق الراشي الذي كان يحمل الرشوة إلى البابا، حيث خلط بعضًا من «المسحوق الأبيض» (white powder)[1] مع السكر الذي كان يتناوله الأمير عادةً، وهي وسيلة تَعوَّد البابا من خلالها على التخلُّص ممن يبغضه من الكرادلة أو الأثرياء منهم، وقد سُمِّم هو نفسه في النهاية بالطريقة نفسها عن طريق الخطأ. ووفقًا للكُتَّاب المشرقيين، قام حلاق جم، وهو مرتد يوناني اسمه «مصطفى»، بتسميم سيده عن طريق إصابة طفيفة بشفرة مسمومة، ومع أنه قصد بذلك الحصول على أموال من البابا، إلا إنه بعد ذلك نال الحظوة لدى بايزيد بسبب هذه الخدمة، وارتقى في الدرجات إلى منزلة الوزير الأعظم. يتفق الجميع على أن جم اغتيل على يد البابا، وأنه مات عن طريق سم سرى ببطء. وقد وصلت

= السائر: «عدو عدوي صديقي». وهو المبدأ الذي قارب بين الدولة العثمانية وفرنسا على حساب إمبراطورية هابسبورج. انظر مزيدًا عن الحروب الإيطالية: هربرت فيشر، أصول التاريخ الأوروبي الحديث من النهضة الأوروبية إلى الثورة الفرنسية، نقله إلى العربية زينب عصمت راشد وأحمد عبد الرحيم مصطفى (القاهرة: دار المعارف بمصر، 1962م): 71-88؛ الشناوي، أوروبا في مطلع العصور الحديثة: 136-296؛ Michael Mallett & Christine Shaw, *The Italian Wars: 1494-1559* (Harlow: Pearson Education Limited, 2012). (المترجم).

(1) يُقال إن هذا المسحوق الأبيض هو تراب أو بودرة الماس، الوسيلة الأشهر للاغتيالات في عصر النهضة الأوروبية، لذا أُطلق عليها «بودرة الحُكْم»، وهو من أخطر السموم على الرغم من أن تأثيره غير فوري ويمتد أحيانًا إلى عدة أشهر، تتغلغل أثناءها الشظايا الدقيقة للمسحوق في الجسم فتؤدي إلى الموت البطيء. (المترجم).

الرسالة التي كتبتها والدته من مصر إلى نابولي قبل وفاته، لكن الأمير التعس كان قد بلغ مبلغًا من الضعف لا يمكِّنه من قراءتها، وكان آخر ما دعا به: «اللهم إذا كان أعداء الإسلام يعملون على استخدامي لتعزيز خططهم الرامية إلى تدمير المسلمين، فلا تُنجني اليوم من الموت، واقبض روحي إليك الساعة». هكذا تُوفِّي جم في السادسة والثلاثين من عمره، بعد أن قضى في الأسر ثلاثة عشر عامًا. وأرسل السُلطان بايزيد سفارة رسمية لاستعادة جثمانه من العالم المسيحي، حيث دُفن بأبهة ملكية في بورصة.

على الرغم من انتصار السُلطان بايزيد في الحرب الأهلية، فإنه لم يُحرز مجدًا كبيرًا في مواجهات السُلطة العثمانية مع أعدائها الخارجيين خلال فترة حكمه. فبعد توليه الحكم على الفور، استدعى الفاتح المخضرم أحمد كديك من أوترانتو لمساعدته أمام خصومه المحليين، واضطر خليفة أحمد، خير الدين، إلى الاستسلام لدوق «كالابريا» (Calabria)، بعد دفاع طويل وباسل لعدم موافاته بالدعم من تركيا. وهكذا تخلصت إيطاليا من قبضة العثمانيين الرهيبة التي وضعت عليها، كما لم يحدث أي إنزال للأتراك على شبه الجزيرة مرَّة أخرى. وانخرط بايزيد في حروب متكررة ضد البنادقة والمجريين، وضد البولنديين أيضًا، مما أدى إلى إحراز زيادات طفيفة للإمبراطورية، باستثناء الاستيلاء على مدن «ليبانتو» (Lepanto) و«مودون» (Modon) و«كورون» (Coron)[1]. ثمة قليل من الاهتمام في تتبع تفاصيل حملات القوات العثمانية في

---

(1) مع أن مسألة جم أعاقت السياسة الخارجية للدولة العثمانية ردحًا من الزمان حتى وفاته، إلا إن هذه الفترة جاءت بالنفع على المستوى الداخلي، فقد استوعبت فيها الدولة ذلك الكم الهائل من فتوحات محمد الفاتح، فضلًا عن ازدياد الازدهار الاقتصادي والاستقرار الحضاري، خصوصًا بعد أن توقف إلى حدٍّ ما توجيه كل موارد وأنشطة الدولة لاستيعاب أعباء الفتوحات المستمرة. وبعد موت جم بدأت الدولة من جديد سياستها الرامية إلى السيطرة والتوسع. ومن هذا المنطلق، وبعد أن أحرزت الدولة خطوات كبيرة في المجال البحري، حاول السُلطان تقطيع أوصال البندقية عن طريق انتزاع مرتكزاتها البحرية الكبرى في المورة والأدرياتك، فنشبت حرب استمرت بين عامَي 1499 و1503م، كانت أهم نتائجها انتزاع مدينة ليبانتو الواقعة شمالي المورة بين خليجي كورينثه وباتراس، التي سقطت في 28 أغسطس 1499م، ومدينتي مودون وكورون، أهم مرتكزين للبنادقة جنوبي المورة، والمسماتين بـ«عيني الجمهورية» لأهميتهما القصوى، الأولى سقطت في 10 أغسطس 1500م، والثانية في 16 أغسطس من العام نفسه، فلم يتبقَّ للبندقية في المورة سوى مونيمفاسيا ونابولي دي رومانيا، وهو ما وجَّه ضربة قاصمة لتجارة البنادقة، وزعزع مركزهم، وأخل بثقلهم في البحر المتوسط، مما أدى إلى نتائج واسعة المدى بعد ذلك. فلم تكن السيطرة على الشام ومصر على يد سليم بن بايزيد إلا إحدى نتائج ضعف القوة البحرية للبندقية وانعدام مراكز اتصالها البحري بشرق المتوسط، وهو ما سهَّل كذلك، فيما بعد، فتح رودس على يد سليمان حفيد بايزيد عام 1523م. انظر: إينالجيك، العثمانيون النشأة والازدهار: 72؛ سالم، السيطرة العثمانية: 104-115؛ Fisher, op. cit., pp. 67- =

أوروبا خلال هذا العهد، والتي وُسمت بدرجة من الضراوة والقسوة على الجانبين المسيحي والتركي، وهو ما يُعدُّ بطشًا مستهجنًا، حتى في تاريخ حروب العصور الوسطى[1]. كان عهد بايزيد الثاني أكثر إشراقًا فيما يتعلق بتاريخ البحرية التركية، منه فيما يتعلق بالجيوش التركية؛ فقد برز كمال ريس، أول أمير بحر عظيم للأتراك، تحت حكم هذا السُّلطان، فأصبح يُمثِّل إرهابًا للأساطيل المسيحية. كان في الأصل عبدًا قُدِّم إلى السُّلطان من قبودان باشا سنان. وبسبب جماله الملحوظ أطلق عليه بايزيد اسم «كمال»، ويعني: «الكمال»، وكان في شبابه واحدًا من الغلمان الملكيين. كان أول ذكر له كقبودان بحري عام 1483م، عندما وُضع على رأس الأسطول الذي أرسله بايزيد لتخريب سواحل إسبانيا، نتيجة للتوسل الجاد الذي أرسله مسلمو «غرناطة» (Granada)، إلى السُّلطان في القسطنطينية، بوصفه «سيد البحرين والبرين»، من أجل تقديم العون ضد قوة المسيحيين القاهرة في إسبانيا[2]. بعد ذلك، انتصر كمال ريس عام 1499م في معركة

= 90; Setton, op. cit., vol.II, pp. 511-530؛ وعن الأهمية التجارية لمودون وكورون. انظر: هايد، تاريخ التجارة، مج.3: 192-194؛ نعيم زكي فهمي، طرق التجارة الدولية ومحطاتها بين الشرق والغرب أواخر العصور الوسطى (القاهرة: الهيئة العامة للكتاب، 1973م): 179. (المترجم).

(1) ربما يكفينا هنا ذكر مثال واحد. كان القائد المجري «ديمتريوس ياكسش» (Demetrius Yaxich) (صربي المولد) قد أخذ القائد التركي مصطفى وشقيقه أسيرين. وقام ياكسش بتحطيم جميع أسنان مصطفى، ثم أجبره على إدارة السيخ الذي يُشوى عليه شقيقه وهو حي على نار هادئة. وليس من المستغرب أن نقرأ أنه بعد بضع سنوات تالية، عندما أُوفد ياكسش في سفارة إلى القسطنطينية، قام مصطفى بالتربص به وقتله.

(2) كان مسلمو الأندلس قد ضاقت بهم الحِيل وانقطعت بهم السبل أمام الإسبان، واستشعروا قرب نهاية دولتهم الأخيرة في الأندلس، غرناطة، ولم يجدِ استنجادهم بالدول الإسلامية وعلى رأسها دولة المماليك في مصر، فتوجهوا آنذاك لأول مرَّة إلى الدولة العثمانية وسلطانها محمد الفاتح، بوصفه حاكمًا مجاهدًا تتجنب أوروبا سطوته؛ حيث قام أهل غرناطة في منتصف عام 882هـ/ 1477م بإرسال سفارات إلى إستانبول، لافتين نظر الفاتح إلى حالة المسلمين بالأندلس، طالبين تدخله لإنقاذهم. وعلى الرغم من أن الدولة العثمانية آنذاك كانت بعيدة تمامًا عن حلقة الصراع الإسلامي الصليبي غربي المتوسط، فإن السُّلطان الفاتح عمل جاهدًا منذ ذلك الوقت للوصول إلى نقطة ارتكاز تمكِّنه من الولوج إلى منطقة الصراع في غرب المتوسط، وكاد أن ينجح بالفعل في ذلك حين بدأ بإرسال حملات للسيطرة على إيطاليا منذ عام 885هـ/ 1480م، لكن أدركه الأجل قبل إكمال مخططه، فأعاد أهل غرناطة الكرَّة، واستنجدوا بالسُّلطان بايزيد الثاني الذي صب اهتمامه في ذلك الوقت على الارتقاء بالبحرية العثمانية، وبدأ بتوجيه النشاط الحربي للبحرية العثمانية إلى غرب المتوسط، خصوصًا بعد سقوط غرناطة عام 897هـ/ 1492م، فقويت شوكته بشكل ملحوظ بعد انضمام المغاربة والأندلسيين إلى ميدانه؛ حيث اتخذ طابع الجهاد الديني، بسبب الحملة الصليبية الضارية التي شنها الصليبيون على المسلمين بعد تسليم غرناطة، وبداية ما يُسمى في التاريخ بالقضية «الموروسكية» (morisques)؛ حيث بدأت سلسلة من عمليات التنصير الجماعي الإجبارية، فضلًا عن جميع أنواع الاضطهاد. من هنا بدأت ثورات الموريسكيين المتتابعة، مما فاقم الصراع الإسلامي-المسيحي، وكانت =

متهورة على البنادقة قبالة جزيرة «سابنزا» (Sapienza)، وساعد جوهريًّا في الوصول إلى مدينة ليبانتو[1]. ونجده كذلك عام 1500م يتصارع بمهارة وجرأة مع أساطيل متفوقة عليه بكثير تتبع البابا وإسبانيا والبندقية. ولم تكن البحرية العثمانية قد اكتسبت بعدُ مثل هذه السطوة في البحر المتوسط كالتي حازتها بعد ذلك تحت حكم حفيد بايزيد، السُّلطان سليمان.

إن الحزن الذي ينزع إليه بايزيد وطبيعته الحالمة، جعلاه غير عابئ بإثارة الصراع والغزو، وعلى الرغم من ذلك تَطَلَّعَ بجدارة إلى الحرب على الكفار كمتعصب غيور. ومع أنه شارك في بعض الأحيان في حملات قواته بوازع ديني، إلا إن سياسته العامة كانت تسعى إلى تحقيق السلام بأي ثمن. وكما هي الحال مع أكثر الأمراء السلميين، كان سيِّئ الحظ بما يكفي ليصبح منخرطًا رغمًا عنه في العديد من الحروب، التي اكتسبت إمبراطوريته من خلالها القليل من

= أولى هذه الثورات، ثورة البَيَّازين بين عامَي 904 و906هـ/ 1499 و1501م، التي ساندها العثمانيون بقوة بعد أن قرر الملكان فرديناند وإيزابيلا تنصير كل مسلمي غرناطة. انظر: عبد الجليل التميمي، «رسالة من مسلمي غرناطة إلى السُّلطان سليمان القانوني سنة 1541م»، المجلة التاريخية المغربية، العدد الثالث (تونس، يناير 1975م): 38؛ عبد الجليل التميمي، «القضية الدينية للصراع الإسباني العثماني وقضية الموريسكيين»، في: الدولة العثمانية وقضية الموريسكيين بالأندلس (زغوان: مركز الدراسات والبحوث العثمانية والموريسكية والتوثيق والمعلومات، 1989م): 57-92؛ مرثيدس غارسيا أرينال، الموريسكيون الأندلسيون، ترجمة جمال عبد الرحمن (القاهرة: المركز القومي للترجمة، 2003م): 39، 31؛ Andrew C. Hess, "An Ottoman Fifth Column in Sixteenth-Century Spain", *The American Historical Review*, Vol. 74, No. 1 (Oct., 1968), pp. 1-25; Andrew C. Hess, "The Evolution of the Ottoman Seaborne Empire in the Age of the Oceanic Discoveries, 1453-1525", *The American Historical Review*, Vol. 75, No. 7 (Dec., 1970), pp. 1892-1919؛ وانظر نص رسالة أهالي غرناطة إلى السُّلطان بايزيد عند: المقري التلمساني، أزهار الرياض في أخبار القاضي عياض، مج.1، تحقيق مصطفى السقا وإبراهيم الإبياري وعبد العظيم شلبي (القاهرة: 1939م): 108-115. (المترجم).

(1) أُطلق عليها أيضًا معركة «زونكيو» (Zonchio)، وكذلك معركة «ليبانتو الأولى» (First Lepanto)، وقد وقعت بين الأسطول العثماني بقيادة كمال ريس والأسطول البندقي بقيادة «أنطونيو جريماني» (Antonio Grimani) و«أندريا لوريدانو» (Andria Loredano)، في أربعة أيام منفصلة هي 12 و20 و22 و25 من شهر أغسطس عام 1499م؛ بينما كان الأسطول البندقي يحاول وقف تقدم الأسطول العثماني ومنعه من الدخول إلى خليج كورينثه حيث ميناء ليبانتو الاستراتيجي، وتُعد هذه المعركة من المعارك المهمة في التاريخ البحري، حيث استخدمت فيها البحرية العثمانية لأول مرَّة مدافع السفن طويلة المدى، فضلًا عن أكبر سفينتين في العالم آنذاك. انظر مزيدًا عنها: Khalil Inalcik, "The Ottoman Turks and the crusades (1451-1522)", in *A History of the crusades*, Vol. VI (London: The University of Wisconsin press, 1989), p. 349; Fisher, op. cit., pp. 69-70. (المترجم).

المنفعة، وعادت عليه هو شخصيًّا بمكانة ضئيلة. وإلى جانب قتاله القوى المسيحية، وجد نفسه مضطرًّا إلى استخدام القوة المسلحة لاعتراض تلك التجاوزات التي يقوم بها سلطان مصر والشام المملوكي بشكل مستمر على الأراضي العثمانية عند التخوم الجنوبية الشرقية لآسيا الصغرى. بدأت الحرب الأولى بين السُّلطة العثمانية في القسطنطينية وحكام مصر عام 1485م، فكانت وخيمة بشكل واضح بالنسبة إلى الأتراك؛ حيث تعرَّضت جيوشهم للهزيمة مرارًا من المماليك، واشتعلت روح التمرد التي كانت كامنة لفترة طويلة في قرمانيا، مهددة بحرب مفتوحة. نجح القادة العثمانيون في إجبار القِرْمانيين على الخضوع، لكن بايزيد، بعد خمس سنوات من الهزائم على يد المصريين، أبرم السلام معهم، تاركًا لهم ثلاثة حصون كانوا قد استولوا عليها. وقد هدَّأت من جرح كبرياء الباب العالي حجة أن هذه الحصون الثلاثة كانت تُدِر أوقافًا على المدينتين المقدستين مكة والمدينة، اللتين كانتا تحت حماية السُّلطان المصري[1].

كما حدث مع بايزيد منذ أعوام، اضطربت الإمبراطورية مرَّة أخرى بشقاق داخلي وحرب أهلية، حيث جعل بايزيد من أبنائه وأحفاده حكامًا لبعض الأقاليم، ومع ازدياد ضعف السُّلطان، بدأ أبناؤه الثلاثة المتبقون، قورقود وأحمد وسليم، في حياكة المؤامرات ضد بعضهم البعض

(1) كان للحرب المملوكية العثمانية التي نشبت بين عامَي 890 و896هـ/ 1485 و1491م، عظيم الأثر في السياسة العثمانية إزاء القضايا الأوروبية برُمَّتها، فقد أَجبرت السُّلطان على سياسة المهادنة وتجنب أي تحالف غربي يمكن أن يُسفر عن حملة صليبية جديدة تضعه بين شقي الرحى، إلا إن هذه الحرب كانت لها جذور قبل أن يتولى السُّلطان بايزيد مقاليد الحكم، فقد شكَّل التوسع العثماني في الأناضول في عهد محمد الفاتح انتقاصًا كبيرًا من النفوذ المملوكي، خصوصًا بعد أن انتزع محمد الفاتح إمارة قرمان من المماليك بشكل نهائي، وأقام في ذي القادر (دلغادر) أميرًا تابعًا للعثمانيين؛ هكذا لم يبقَ من النفوذ المملوكي في الأناضول سوى إمارة بني رمضان وبعض الثغور التابعة للمماليك بشكل مباشر مثل أذنة وطرسوس وملطية، لذا أراد السُّلطان المملوكي قايتباي أن يستغل مسألة الأمير جم لصالح المماليك، وفي الوقت نفسه أدت هذه المسألة إلى توتر العلاقات بين الدولتين بوصفها عملًا معاديًا، مما أدى في النهاية إلى صدام لا مفر منه، حتى إن المؤرخ الإنجليزي توينبي يرى أن الحملة التي جهزها محمد الفاتح ومات قبل أن يُتمها كانت تهدف إلى غزو إمارة ذي القادر الواقعة في الجنوب الشرقي من الأناضول لضمها نهائيًّا إلى الدولة العثمانية، ولو كان هذا الأمر صحيحًا لأصبحت هذه الحرب نتاجًا مباشرًا للأحداث والصراع القائم بين الدولتين. انظر: جيمس واترسون، فرسان الإسلام وحروب المماليك، ترجمة يعقوب عبد الرحمن (القاهرة: المركز القومي للترجمة، 2011م): 361-385؛ مخلف عبد الله صالح الجبوري، إمارة دلغادر في السياسة المملوكية والعثمانية، 738-928 هـ/ 1337-1521م (عمان-الأردن: دار الحامد، 2014م)؛ Arnold J. Toynbee, *A study of history, The Growths of Civilizations*, Vol. III (Oxford University Press, 1934), pp. 368. (المترجم).

بهدف ضمان وراثة الحكم. كان سليم أصغرهم، لكنه الأقدر، وأقلهم في احتمال أن ينال من عزيمته أي وازع للندم إذا قطع طريقه إلى العرش مَن هو أكثر استعدادًا. جعلته عاداته القتالية وميله لجرأة اللسان واليد، المرشحَ المُفضَّل لدى القوات. وسعى إلى زيادة نفوذه عن طريق التوغل في الأراضي الشركسية لحسابه الخاص. وعندما احتج السُلطان المسالم المُسِن ضد هذه الإجراءات، أجابه سليم بالمطالبة بسنجق في أوروبا، وهو ما يجعله أقرب إلى مقر الحكم. ثم طلب بعد ذلك السماح له بزيارة والده في أدرنة لتقديم تحيته النابعة من بنوته. وعند رفض هذا، عَبَر البحر الأسود وتقدَّم إلى أدرنة يصاحبه أتباع كُثر مجهزون تجهيزًا جيدًا، جديرون بأن يُطلَق عليهم جيشًا. انضم السُلطان المُسِن الذي يعاني من مرض شديد، إلى القوات التي جمعها بعض أتباعه المخلصين للدفاع عنه، لكنه بكى بكاءً مريرًا عند رؤيته لمستوى قوات سليم، واحتمال مواجهة ابنه في المعركة. في هذه الحالة، كان من السهل أن يتم إقناعه بالتفاوض من قِبَل بكلربك الرُوملي، الذي سعى إلى درء هذا الصراع غير الطبيعي، لاعبًا دور الوسيط بين الأب وابنه. هكذا تلقَّى سليم حُكْم سِمندره في أوروبا، ووعد السُلطان بعدم التنازل عن العرش لصالح أخيه أحمد، الذي كان معروفًا أنه الابن المفضَّل لدى الرجل المُسِن. وفي حين كانت هذه الأحداث تمر في أوروبا، اضطربت آسيا الصغرى بمكائد الأميرين الآخرين، قورقود وأحمد، واضطربت أكثر عن طريق جماعات اللصوص التي انتشرت في البلاد تحت السيادة الضعيفة لبايزيد، وفي النهاية شكَّلت جيشًا نظاميًا، بالتزامن مع عدد كبير من المتعصبين للطائفة الشيعية الذين ازدادوا في ذلك الوقت في آسيا الصغرى، وأعلنوا توقيرهم اللامحدود لأمير الشيعة العظيم، حاكم فارس، الشاه إسماعيل. كان زعيم هذه القوة المختلطة من الهمج والمتعصبين يُسمى «شاه قولي» (Schah-Kouli)، ويعني: «ملك العبيد»، لكن العثمانيين أطلقوا عليه «شيطان قولي» (Scheytan-Kouli)، أي: «شيطان العبيد». استطاع هزيمة عدة سرايا من جيش السُلطان، حتى ظُن في النهاية أنه من الضروري إرسال الوزير الأعظم لمواجهته. قاوم شيطان العبيد بشدة ومهارة، وفي النهاية لقي حتفه هو والوزير الأعظم في معركة عنيدة دارت رحاها بالقرب من «صاري مجاكليك» (Sarimschaklik)، في أغسطس 1511م[1].

(1) من الحركات الباطنية التي مثلت فتنة من أكبر وأخطر الفتن في التاريخ العثماني، وكانت نتاجًا مباشرًا لقيام الدولة الصفوية المتشيعة في إيران. أما شاه قولي فهو نور خليفة، الذي كان شابًا تركمانيًا خدم في الجيش العثماني كسباهي، وذهب إلى أردبيل، حيث دُرِّب ليكون مُلا شيعيًا بدرجة خليفة، ثم رجع بشكل سري إلى الأناضول وبدأ يجمع شباب التركمان الرُحَّل، ومن ثَمَّ نشر التشيع بينهم، حتى إذا اعتلى الشاه إسماعيل عرش إيران كان عدد أتباعه بالآلاف فبدأ يدعو بالبيعة للشاه إسماعيل، ووصل بدعوته إلى البلقان، ولم =

استغل سليم فرصة هذه الاضطرابات كذريعة للإبقاء على صحبة جيشه، ليكون جاهزًا لأي طارئ في الدولة. وأخيرًا دخل إلى أدرنة عنوةً، متخذًا حقوق عاهل مستقل. وعلى الرغم من أن بعض العسكر العثماني كان نافرًا من مسألة خلع عاهلهم الكبير، سار بايزيد إلى أدرنة بجيش صغير إلا إنه يتسم بالإخلاص، فخرج سليم بقواته لمقابلته، وبصعوبة اقتنع السُّلطان المُسِن بإعطاء الأوامر للاشتباك مع ابنه المتمرد. وفي آخر المطاف نهض بايزيد عن وسائد محفته، داعيًا جيشه: «يا عبيدي، يا مَن تأكلون خبزي، هاجموا هؤلاء الخونة». فأطلق عشرة آلاف من الجند الموالين في آن واحد صيحة المعركة «الله أكبر»، وهرعوا نحو صفوف المتمردين. كُسرت قوات سليم بذلك الهجوم، وهربوا في اضطراب، ونجا سليم مدينًا بسلامته لسرعة فرسه، الذي كان يُدعى «قره بولوت» (Karaboulut) (السحابة السوداء)، وإخلاص صديقه «فرهاد» (Ferhad)، الذي رمى بنفسه في ممر ضيق بين الأمير الهارب ومطارديه من الفرسان. هرب سليم إلى «أخيولي» (Akhioli) على البحر الأسود حيث ركب من هناك إلى القِرْم، التي كان خانُها والد زوجته، وسرعان ما كان سليم على رأس جيش من حلفائه التتر والمتذمرين الأتراك، على أهبة الاستعداد لتوجيه ضربة أخرى إلى العرش.

كان بايزيد توَّاقًا لأن يجعل ابنه الثاني أحمد خليفةً له، لكن لم يكن هذا الأمير وأخوه الأكبر الأمير قورقود محبوبين من الإنكشارية، الذين رأوا في سليم باديشاه مناسبًا لبيت آل عثمان المولع بالقتال، واعتبروا أيضًا أن إثم هجومه على والده يتضاءل بشكل كبير أمام طاقاته القتالية وقوته الشعواء التي أبداها. عمل بايزيد بشكل سري على تشجيع بعض الاستعدادات الحربية التي يقوم بها أحمد في آسيا، لكن سخط عسكر العاصمة على هذا الأمير أجبر السُّلطان المُسِن على التنصل من أفعاله، ووصل الأمر إلى إرسال رسول إلى سليم في القِرْم، يطالبه بالسير لحماية العاصمة من أحمد. كان في فصل الشتاء حين تلقَّى سليم أمر الحضور

= يقتصر الأمر على الدعوة، بل بدأ يعيث في الأرض فسادًا ويهاجم البلدة تلو الأخرى، فهاجم على سبيل المثال مغنيسيا، وسيطر على أنطالية عام 915هـ/ 1509م، وحاصر كوتاهية في محرم 917هـ/ أبريل 1511م، حتى وصل إلى مشارف بورصة وحاصرها، وألحق الهزيمة بالعديد من الحملات التي جردتها الدولة ضده، واستمر على هذا المنوال حتى سار إليه الوزير الأعظم علي باشا، فقُضي عليه في موقع «كوجك جاي» بين قيصرية وسيواس في ربيع الثاني 917هـ/ يوليو 1511م. انظر: محمد عبد اللطيف هريدي، الحروب العثمانية الفارسية وأثرها في انحسار المد الإسلامي عن أوروبا (القاهرة: دار الصحوة، 1987م): 46-48؛ سيد محمد السيد، تاريخ الدولة العثمانية (النشأة - الازدهار) (القاهرة: مكتبة الآداب، 2007م): 227؛ كوندز وأوزتورك، الدولة العثمانية: 209. (المترجم).

بترحيب، على الرغم من ذلك حشد سليم على الفور ثلاثة آلاف فارس، نصفهم من التتر، وسارع ملتفًّا حول الساحل الشمالي الغربي للبحر الأسود، فلقي الكثير ممن تبعه حتفهم من شدة البرد وطول وسرعة زحفه، إلا إن سليمًا الذي لا يُقهر ظل يتقدم إلى الأمام. وبعد أن عَبَر نهر «الدنيستر» (Dniester) على الجليد قرب آقرمان[1]، تجاهل أمرًا أرسله إليه بايزيد المذعور لإصلاح حكومته في سِمندره، وتابع تقدمه نحو العاصمة. وبينما لا يزال على بُعد ثلاثين ميلًا من القسطنطينية، جاء آغا الإنكشارية لمقابلته، جاعلًا دخوله إلى العاصمة يشبه دخول الملوك، مع الوزراء وغيرهم من كبار رجال الدولة في موكبه. كان السُّلطان المُسِن قد جمع ثروة كبيرة خلال فترة حكمه، وسعى حينذاك إلى رشوة ابنه المتمرد للعودة إلى طاعته عن طريق منحه هبة فورية من ثلاثمائة ألف دوقية، مع وعد بمبلغ سنوي من مائتي ألف. نظر سليم إلى الثروة المعروضة كدافع أقوى للاستيلاء على العرش، ورفض جميع شروط التسوية. احتل بايزيد بهدوء القصر السُّلطاني، أو السراي، لكن حدث في 25 أبريل 1512م، أن احتشد الإنكشارية والسباهية وسكان القسطنطينية المضطربون أمام بوابات القصر، مطالبين برؤية السُّلطان. فُتحت أبواب السراي، حيث قام بايزيد باستقبالهم جالسًا على عرشه، وسألهم عما يرغبون، فصاح الجمهور في صوت واحد: «الباديشاه كبير ومريض، ورغبتنا أن يكون سليم سلطانًا». أعقب ذلك المطلب الشعبي قيام اثني عشر ألف إنكشاري بإطلاق صيحات المعركة الهائلة الخاصة بهم. وحين رأى السُّلطان الكبير، وقوف الشعب والجيش ضده، خضع قائلًا: «أتنازل عن العرش لصالح ابني سليم، أسأل الله أن يوفقه لعهد زاهر»، فدوَّت فور هذا التصريح هتافات الفرح في جنبات القصر وعبر المدينة، وتقدَّم سليم إلى الأمام وقَبَّل يد والده بكل أمارات الاحترام. وضع السُّلطان المُسِن شارات الملك جانبًا بعدم اكتراث هادئ جدير بفيلسوف، طالبًا من خليفته السماح له بالتقاعد في مدينة «ديموطيقه» (Demotika)[2]، حيث وُلد. رافقه سليم إلى بوابة العاصمة، ماشيًا على قدميه بجوار محفة والده، واستمع بإذعان ظاهر إلى المستشارين الذين منحهم له الرجل المُسِن. لكن السُّلطان المخلوع لم يصل إلى ديموطيقه، حيث تُوفِّي على الطريق في اليوم الثالث من رحلته. كان تقدُّمه في السِّن ومعاناته

---

(1) مدينة تقع في بيسارابيا شمالي غرب البحر الأسود وبالقرب من ساحله. انظر: شمس الدين سامي، قاموس الأعلام، مج.1: 269. (المترجم).

(2) أطلق عليها الأتراك «دِيمَه تُوقَه»، وتقع في إقليم تِساليا، وكانت تتبع ولاية ولواء أدرنة. تقع الآن في اليونان على الحدود مع تركيا. انظر: شمس الدين سامي، قاموس الأعلام، مج.3: 2216؛ موستراس، القاموس الجغرافي: 273. (المترجم).

الذهنية والجسمانية على حدٍّ سواء قد شكَّلت سببًا كافيًا لوفاته. مع ذلك انتشرت شائعات على نطاق واسع بأنه مات مسمومًا على يد مبعوث من ابنه؛ إذ إن الطابع الوحشي لسليم يمكن أن يقود - بطبيعة الحال - إلى تعريضه للشبهة، لكن يبدو أنه لم يكن هناك دليل واضح على هذا الاتهام الرهيب[1].

شاب العهد الواهن المخزي لبايزيد، العصيان والتمرد العسكري في بدايته ونهايته، ولم تكن هذه المشاهد الوحيدة التي ظهرت فيها القوة الوقحة للعسكر، وعجز حكم بايزيد. ففي إحدى فترات حكمه شاعت رذيلة شرب الخمر على نحو واسع في القسطنطينية، فقام بايزيد بإصدار مرسوم يتوعد كلَّ من يُكتشف تناوله للخمر بعقوبة الإعدام، وأمر بإغلاق جميع الأماكن العامة التي تُباع فيها الخمور، لكن الإنكشارية احتشدوا وقاموا بفتح أبواب الحانات وحوانيت

---

(1) تطرَّق المؤلف هنا إلى ملابسات اعتلاء سليم للعرش في حياة والده بايزيد، وتناولها خلافًا لما ذكرته معظم المصادر. فهو لم يتطرَّق مطلقًا إلى أن السُّلطة في أواخر عهد السُّلطان بايزيد هيمن عليها الوزراء بشكل كامل نظرًا للمرض الشديد الذي ألمَّ بالسُّلطان، فضلًا عن تقدمه في العمر، فسعى هؤلاء الوزراء إلى تولية الأمير أحمد للين جانبه، وعليه سعوا للوقيعة بين سليم وأبيه، فضلًا عن الانشغال بمصالحهم والانصراف عن أحوال الدولة والأخطار المحدقة بها، كالخطر الصفوي الذي شرع سليم آنذاك في محاربته على الجبهة الشرقية أثناء حكمه لطرابزون. وقد جاء في إحدى الرسائل التي أرسلها سليم إلى الديوان بهذا الشأن: «إن الفتنة والفساد نشأ من عدم مبالاتكم، لهذا علينا أن نتدارك أحوال البلاد... يجب أولًا التفكير فيما يلزم عمله، وما يجب اتخاذه حاليًّا نحو التساهل في تدارك أحوال البلاد». لكن لم يهتم الديوان أو الوزراء برسالته، فحاول استنهاض والده برسائل أخرى، وحثَّه على الاهتمام بأمور الدولة، لكن على ما يبدو أن الأمر كان قد خرج برُمَّته من يد السُّلطان، مما دفع سليمًا إلى ترك طرابزون والذهاب إلى القِرْم لدى أصهاره عام 1510م، أو كما قال البعض إن الوزراء هم الذين أبعدوه إليها. وأدرك سليم حينها نوايا الوزراء بشأن أخيه أحمد الذي لا يصلح لتولي العرش، وأيقن أن عليه الذهاب لمقابلة أبيه شخصيًّا، فلما علم الوزراء خافوا من هذا اللقاء وحاولوا منعه. وعندما وصل قرب إستانبول أرسل أحد مقربيه إلى أبيه يخبره بأنه ما جاء إلا لاسترضائه، وسأله أن يوليه الرُّوملي، فما كان من بايزيد إلا أن امتثل لطلبه. وفي ذلك الوقت وقعت فتنة شاه قولي في الأناضول، فلما بلغت الأخبار سليمًا خرج بجنوده وأرسل إلى والده يستأذنه في الذهاب للقضاء على الفتنة، لكن الوزراء نقلوا إلى السُّلطان أن سليمًا إنما جاء بجيشه لخلعه، وهو ما دفع السُّلطان إلى الخروج لقتاله، فعاد سليم إلى القِرْم لتجنب الصدام مع والده. وأخيرًا حينما قرر بايزيد التنازل عن الحكم لابنه أحمد في ظل الأخطار التي تحيق بالدولة، ناصر الإنكشارية سليمًا، فما كان من السُّلطان إلا أن خضع لطلبهم، وأرسل إلى سليم وتنازل له عن العرش. انظر: نص ترجمة خطاب سليم إلى الديوان، وثيقة رقم (6185 E-13) المحفوظة في طوب كابي بإستانبول، عند: أحمد فؤاد متولي، الفتح العثماني للشام ومصر (القاهرة: الزهراء للإعلام العربي، 1995م): 97؛ وانظر كذلك رواية سعد الدين أفندي التي سمعها من أبيه حسن جان الذي كان مرافقًا لركاب الأمير سليم، عند: حسين خوجه، بشائر أهل الإيمان، مج.1: 568-592؛ ومن المصادر الأخرى، انظر: منجم باشي، جامع الدول: مج.2: 597-605؛ 610-619. (المترجم).

الخمور، فاضطر أصحابها إلى استئناف تجارتهم، وهو ما أدى إلى شعور بايزيد بالقلق من غضب وتهديدات هؤلاء القيّمين الخطرين على عرشه، وعليه سحب مرسومه المستهجن بعد أربعة أيام من إعلانه. لو أن بايزيد خلَّف على العرش التركي أمراء لهم مثل شخصيته، فلا ريب أن ذلك كان سيُعجِّل بضعف السُّلطة العثمانية سنوات عديدة، لكن المقدرة الفائقة لسليم الأول، والعبقرية الإمبريالية لسليمان العظيم، لم تمنحا فقط الإمبراطورية التركية نصف قرن من الفتوحات الإضافية والمجد المتزايد، بل أدت حيوية وقوة نظام حُكْميهِمَا برُمَّته، إلى تأخير عوامل الفساد.

ظهر في عهد بايزيد الثاني اسم روسيا المنذر بالسوء لأول مرَّة في التاريخ التركي. وذلك حين كتب التسار «إيفان» (Ivan) رسالة إلى بايزيد عام 1492م، بشأن بعض عمليات الابتزاز التي مُورست في الآونة الأخيرة على التجار الروس في تركيا، واقترح عقد اتصال مباشر بين الإمبراطوريتين. بعد ذلك بثلاث سنوات، ظهر «مايكل بليتشف» (Michael Plettscheieff)، أول سفير روسي، في القسطنطينية. ذلك السفير الذي تلقَّى أوامر صارمة من سيده بألَّا يركع للسلطان، وألَّا يسمح بالأسبقية لأي سفير آخر في البلاط العثماني. يبدو أن بليتشف قد أظهر مثل هذه الغطرسة على نحو فيه إساءة حقيقية للسلطان. ذكر بايزيد هذا الموضوع في رسالة إلى خان القِرْم (الذي كان يبذل قصارى جهده لتعزيز الصداقة بين الإمبراطوريتين)، «أنه كان معتادًا على تلقي أمارات الاحترام من سائر القوى في الشرق والغرب، ويخجل من التفكير في خضوعه لمثل هذه الصفاقة». لو كان والد بايزيد أو ابنه على العرش التركي حينذاك، فمن المحتمل أن تقابل هذه العجرفة الروسية بعقاب أكبر بكثير من تلك الإشارة الضعيفة التي قام بها بايزيد كعلامة على الإهانة، وهي عدم إرسال سفير مقابل إلى روسيا. لا أحد في بلاط بايزيد كان يمكن أن يتوقَّع أن تُخْرِج تلك السُّلطة الفظة لأقصى الشمال - التي أثار مبعوثها حينذاك سخط العثمانيين المتسمين بالإباء - عدوًّا عنيفًا لم يواجه البيت العثماني مثله على الإطلاق.

الفصل الثامن

سليم الأول - شخصيته - مذبحة الشيعة - الحرب على فارس - الفتوحات في صعيد آسيا - الحرب على المماليك - فتح الشام ومصر - التحضيرات البحرية - موت سليم - تأثير المفتي جمالي عليه.

الفصل الثامن[1]

كان السُلطان سليم الأول في السابعة والأربعين من عمره حين خلع والده. دام حكمه لثماني سنوات فقط، قام خلالها بمضاعفة مساحة الإمبراطورية العثمانية تقريبًا. وقد أدت عظمة فتوحاته، وقدراته العالية التي أظهرها في الأدب والسياسة، فضلًا عن الحرب، وشخصيته القوية المتجبرة، إلى إيجاد مادحين له في أواسط الكُتَّاب الأوروبيين والآسيويين على السواء. لكن قسوته الشديدة على مَن قام بخدمته فضلًا عمَّن عارضه، ألحقت بذكراه - عن حق - نقمة الناس وسخطهم، كما أعرب الحكم العام لأغلبية المؤرخين، الشرقيين والغربيين. أصبحت في عهده رغبة أن «تكون وزير السُلطان سليم»، صيغة دالة على الشقاء بين العثمانيين؛ فوزراء السُلطان سليم نادرًا ما احتفظوا بحياتهم في ظل هذا المنصب لأكثر من شهر[2]، فمن يقوم السُلطان بتعيينه في هذا المنصب الخطير، يعلم أن مصيره هو سيف الجلاد، لذا كان يحمل معه وصيته الأخيرة كلما دخل في حضرة السُلطان. جازف ذات مرَّة أحد هؤلاء المسؤولين، وهو الوزير الأعظم بيري باشا[3]، فقال لسليم بلهجة هي بين الجدِّ والمرح: «أيها البادیشاه،

(1) See Von Hammer, books xxii., xxiii., xxiv.

(2) مبالغات غير صحيحة من المؤلف؛ حيث كان قد تولَّى ذلك المنصب أحمد باشا البوسني (ابن هرسك)، ما يقرب من عامين (1512-1514م)، ثم تولاه دقاقينزاد أحمد باشا، لمدة عام (ديسمبر 1514- سبتمبر 1515م)، ثم أحمد باشا البوسني مرَّة ثانية (سبتمبر 1515- أبريل 1516م)، ثم سنان باشا، الذي استشهد في القتال أثناء الحملة على مصر (أبريل 1516- يناير 1517م)، بعده تولَّى يونس باشا الذي قتله السُلطان في طريق العودة من مصر (يناير 1517- سبتمبر 1517م)، بعده تولَّى بيري محمد باشا - الذي ذكره المؤلف فيما يلي - لأكثر من عامين في عهد سليم، منذ أكتوبر 1517م وحتى وفاة السُلطان. (المترجم).

(3) هو محمد بن محمد الجمالي، تولَّى قضاء صوفيا وفلبه وجلطة، ثم تولَّى أوقاف السُلطان محمد بإستانبول، ثم دفتردارًا في أواخر سلطنة بايزيد الثاني وفي عهد السُلطان سليم، الذي كان يعينه قائم مقامه بإستانبول عند خروجه للحرب، وما لبث أن رقَّاه إلى منصب الوزير الأعظم بعد قتله ليونس باشا في شوال 923هـ/ أكتوبر 1517م في طريق عودته من مصر، لما رآه فيه من الفضل والعلم وحسن تدبير الأمور، فقد كان من نسل الشيخ جمال الدين آقسراي. ظل في منصبه حتى تولَّى السُلطان سليمان، ثم عزله عام 929هـ/ 1523م، مع ذلك كان يعينه قائم مقامه بإستانبول عند خروجه للحرب مثلما فعل والده. توفِّي عام 939هـ/ 1533م. انظر: حاجي خليفة، فذلكة التواريخ: 381؛ بجوي إبراهيم أفندي، تاريخ بجوي، ترجمة وتقديم ناصر عبد الرحيم حسين، مج.1 (القاهرة: المركز القومي للترجمة، 2016م): 48. (المترجم).

أَعلمُ أنك مزمعٌ عاجلًا أو آجلًا على أن تجد ذريعة ما لتحكم عليَّ - أنا عبدك المخلص - بالموت، لذا أجز لي فترة قصيرة يمكن أن أُرتِّب خلالها شؤوني في هذه الدنيا، فأكون على استعداد لإرسالي إلى العالم الآخر». ضحك سليم بملء فيه في غبطة وحشية لطلبه الصريح، مجيبًا: «فكرت لبعض الوقت في قتلك، لكن لا يوجد لديَّ حاليًّا مَن يصلح لشغل مكانك، وإلا وددتُ لو أجبر بخاطرك».

كان سليم مُفرطًا في إراقة دماء أقاربه ورعاياه وأفضل مَن كانوا في خدمته. ومن المؤكد أنه كان مُولعًا بالقتال؛ حيث صار حكمه تقريبًا مجزرة متواصلة. كان مفعمًا بالحيوية في جسده وعقله، غير مبالٍ بالملذات الحسية، يمارس بحماسةٍ لهو المطاردة القتالية. كَرَّس أيامه كلها للمهام العسكرية أو الصيد. ينام القليل ويقضي الجزء الأكبر من الليل في دراساته الأدبية. كانت كتبه المفضَّلة في التاريخ، أو في الشعر الفارسي، وقد ترك مجموعة من القصائد التي كتبها بنفسه بتلك اللغة، التي أظهر ميلًا ملحوظًا نحوها[1]. أَكَّد كاتب إيطالي أن سليمًا كان مثل جده محمد الثاني، محبًّا لدراسة مآثر قيصر والإسكندر، إلا إن التواريخ الكلاسيكية لهذين الفاتحين كانت غير معروفة في الشرق، وكان السُلطان التركي لا يملك إلا الروايات المشرقية عن مآثرهم، والتي تتخذ نفس طابع أساطير الفروسية الجارية في الغرب فيما يتعلق بشارلمان وفرسان المائدة المستديرة. أظهر سليم محاباة وتكريمًا خاصًّا لرجال العلم، ورقَّى الكثير منهم إلى مناصب ذات مكانة وأهمية رفيعة؛ فقد أوكل للمؤرخ إدريس[2] مهمة تنظيم إقليم كردستان

---

(1) على الرغم مما عُرف عن هذا السُلطان من الشدة وصعوبة المراس حتى صار يُلقب بـ«ياوز»، أي: «القاطع أو الصارم»، فإنه كان شاعرًا رقيقًا، نظم شعره بالفارسية لغة الثقافة والأدب في عصره، وقيل إنه لم يكن في زمانه من شعراء الفارسية مَن يجيد إجادته، وهو في شعره يتلو تلو حافظ الشيرازي أشعر شعراء الفرس، ولا يُنسب إليه من الشعر التركي إلا القليل. انظر: حسين مجيب المصري، تاريخ الأدب التركي (القاهرة: الدار الثقافية للنشر، 2000م): 95-97. (المترجم).

(2) هو إدريس بن حسام الدين البدليسي أو البتليسي، عمل أولًا كاتبًا ليعقوب بك ابن حسن الطويل، وفي بلاط دولة آق قويونلي، وعندما ظهر الشاه إسماعيل بمذهب الرفض والإلحاد رحل إلى مكة، ومنها قدم إلى بلاد الروم، فتلقاه السُلطان بايزيد الثاني بالتوقير والاحترام، وأمره بإنشاء تواريخ آل عثمان بالفارسية، فصنَّف كتاب «هشت بهشت»، فائق الوصف، وله مصنفات أخرى وقصائد بالعربية والفارسية. وعندما تولَّى السُلطان سليم مال إليه وأصبح مغرمًا بصحبته ومنادمته، فرافقه في حملاته. تُوفِّي عام 926هـ/ 1520م. انظر: طاشكبري، الشقائق النعمانية: 190-191؛ نجم الدين محمد بن محمد الغزي، الكواكب السائرة بأعيان المائة العاشرة، وضع حواشيه خليل المنصور، مج.1 (بيروت: دار الكتب العلمية، 1997م): 161؛ حسين خوجه، بشائر أهل الإيمان، مج.1: 619-620. (المترجم).

المفتتح حديثًا. ورافقه الفقيه كمال باشا زاده[1] في حملته على مصر بصفته مؤرخًا. كان سليم طويل القامة، ذا جسد طويل على الرغم من قِصر أطرافه. وعلى عكس أسلافه أبقى على ذقن حليق تقريبًا، لكن مع احتفاظه بشارب أسود هائل الحجم، ساهم مع حاجبيه الكثيفين الداكنين في منحه ذلك المظهر العنيف الذي أثار رعب كل مَن رآه. كانت عيناه كبيرتين ناريتين. ودلت بشرته الحمراء (وفقًا لتقرير السفير البندقي «فوسكولو» (Foscolo)) على نزعته الدموية. واجهت كبرياؤه تجربة قاسية في اليوم الأول لحكمه، حين صمم الإنكشارية على إجبار السُّلطان الجديد على دفع هبات لهم، فوقفوا في صفين على طول الطريق الذي كان مُتوقَّعًا أن يمر من خلاله، وذلك لضرب سيوفهم بعضها ببعض عند وصوله كإشارة واضحة للوسيلة التي أتاحت له العرش، والتي قد تُجبره على التنحي عنه. غير أن سليمًا قد بلغه اجتماعهم، ولاستيائه من مشهد مروره علنًا تحت وطأة جنوده في اليوم الأول لحكمه، سلك طريقًا آخر تجنبًا للإذلال. ومع ذلك، لم يجرؤ على رفض دفع الهبات، بل إنه وزَّع أكثر من المعتاد في أي مناسبة مماثلة، مستنفدًا الخزانة تقريبًا. وبتشجيع من هذا التنازل، قام حاكم إحدى المقاطعات الصغيرة، سنجق بك، بالاقتراب من السُّلطان مطالبًا بزيادة الدخل، فأجاب سليم بسحب سيفه والإطاحة برأس صاحب ذلك الالتماس الجريء على الفور.

اعتلى سليم العرش عن طريق تمرد ناجح على والده، وكان لديه سبب وجيه للخوف

---

(1) هو شمس الدين أحمد بن سليمان بن كمال باشا (873-940هـ/ 1468-1533م)، المشهور بـ«ابن كمال»، وبـ«كمال باشا زاده». تبوَّأ جده مناصب رفيعة في الدولة، وكذا والده الذي كان من قادة الجند في زمن محمد الفاتح. أما ابن كمال فكان من أرفع علماء عصره قدرًا. بدأ مُدرِّسًا في أدرنة ثم في أُسكوب. كلَّفه السُّلطان بايزيد الثاني بكتابة تاريخ للدولة العثمانية، فصنَّف «تواريخ آل عثمان» بالتركية، من بدايتها حتى عام 932هـ/ 1526م، أي قبل وفاته بسبع سنين، وله تصانيف أخرى كثيرة في علوم الفقه والشريعة والقرآن وعلم الكلام بالعربية والفارسية والتركية. صار قاضيًا لأدرنة في 922هـ/ 1516م، ثم قاضيًا لعسكر الأناضول، وكان من المصاحبين للسلطان سليم في حملته على مصر، حيث كان قد تنبأ من قَبْل بفتح مصر عام 922هـ، عن طريق حساب «الجُمَّل» للآية القرآنية. **«وَلَقَدْ كَتَبْنَا فِي الزَّبُورِ مِنْ بَعْدِ الذِّكْرِ أَنَّ الْأَرْضَ يَرِثُهَا عِبَادِيَ الصَّالِحُونَ»** [الأنبياء: 105]، فعهد إليه السُّلطان بعد الفتح بتنظيم أمورها. وعندما كان في الطريق إليها أمره أن يُترجم له كتاب «النجوم الزاهرة» لابن تغري بردي عن العربية، وكان كل يوم يُطلعه على القدر الذي يُنجز ترجمته من الكتاب، فما دخل السُّلطان إلى مصر إلا وهو على علم بتاريخها وأخبار ملوكها. جعله السُّلطان سليمان بعد ذلك شيخًا للإسلام، فظل في هذا المنصب طيلة الأعوام الثمانية الأخيرة من عمره. انظر: طاشكبري، الشقائق النعمانية: 226-228؛ نجم الدين الغزي، الكواكب السائرة، مج.2: 108؛ حسين خوجه، بشائر أهل الإيمان، مج.2: 120-123؛ المصري، تاريخ الأدب التركي: 97-100؛ السيد أحمد بن السيد زيني دحلان، الفتوحات الإسلامية بعد مضي الفتوحات النبوية (القاهرة، 1323هـ): 91. (المترجم).

من غَيرة إخوته، الذين كانوا يحكمون بعض أفضل أقاليم الإمبراطورية؛ حيث كان الاحتمال الأضعف أن يتخلوا عن الإرث الإمبراطوري من دون صراع. لقي خمسة من بين ثمانية أبناء لبايزيد حتفهم في حياة والدهم، وهم: عبد الله، ومحمد، و«شاهنشاه» (Schehinshah)، و«عالِمشاه» (Alemshah)، ومحمود. ترك شاهنشاه ولدًا اسمه «محمد»، وترك عالِمشاه «عثمان»، وترك محمود ثلاثة، هم: «موسى»، و«أورخان»، و«أمين». أما الباقيان على قيد الحياة من إخوة سليم، فكان أولهما الأكبر، الأمير قورقود، بلا ذرية. والثاني، الأمير أحمد، له أربعة أبناء. أما سليم نفسه فلم يكن لديه سوى ولد واحد، هو الأمير سليمان. هكذا كان هناك اثنا عشر أميرًا على قيد الحياة من نسل بايزيد.

في البداية، بدا كأن أخوَي سليم مستعدان للاعتراف به سلطانًا، وقبلا الإقرار في حكوماتهما التي اقترحها، لكن الأمير أحمد الحاكم في أماسيا، سرعان ما أظهر مخططه الساعي إلى نيل العرش من خلال احتلال المدينة العظيمة بورصة، وفرض ضرائب ثقيلة على سكانها. سار سليم على الفور إلى آسيا الصغرى على رأس جيش قوي، وأرسل أسطولًا في رحلة بحرية على طول الساحل. فَرَّ أحمد من أمامه، وأوفد اثنين من أبنائه لالتماس المساعدة من الأمير الفارسي، الشاه إسماعيل. حاز سليم بورصة، وأرسل الجزء الأكبر من جيشه إلى المساكن الشتوية. وبتشجيع من بعض مسؤولي سليم، الذين كسبهم أحمد في صفه، قام بتجديد الحرب وأحرز العديد من المكاسب البسيطة. قام سليم على الفور باستدعاء الوزير الأعظم، الذي كان واحدًا من الخونة العاملين ضده، ليتم شنقه، ونَفَّذ مزيدًا من الإعدامات ذات الطابع الأكثر وحشية. كان خمسة من الأمراء الصغار، أبناء إخوته، محتجزين كِرامًا في بيوت بعض كبار رجال بورصة. أكبرهم سنًّا هو عثمان، نجل الأمير عالِمشاه، الذي كان في العشرين من عمره، وأصغرهم محمد، نجل الأمير شاهنشاه، الذي كان في السابعة من عمره. أرسل سليم الإنكشارية لإلقاء القبض عليهم، وبناءً على أوامره، أُغلق عليهم مسكن واحد من مساكن القصر، وفي صباح اليوم التالي دخل عليهم بُكْم السُّلطان لقتلهم. أعقب ذلك مشهد مخيف، شاهده سليم من الغرفة المجاورة؛ حيث خر الأمراء الصغار الأسرى على رُكبهم أمام الجلادين المتجهمين، يستجدون الرحمة بدموع وأدعية ووعود طفولية، فقد توسَّل الأمير الصغير محمد من أجل أن يستبقيه عمه، عارضًا أن يقوم بخدمته طوال حياته مقابل آسبر (أقل العملات قيمة) واحد يوميًّا. أما أكبر الضحايا، الأمير عثمان، فكان يعلم أنه لا أمل في الرحمة، لذا هرع إلى الجلادين وقاتلهم بشدة لبعض الوقت، فأردى واحدًا من البُكم قتيلًا، وكسر ذراع آخر، فأمر سليم مرافقيه الشخصيين بالمساعدة في التنفيذ، وهكذا تم

التغلب على الأمراء البائسين بكثرة العدد وعن طريق الخنق، ثم أُودعت جثثهم بكل مظاهر الأبهة الملكية على مقربة من ضريح مراد الثاني.

بسماع أخبار هذه المذبحة، أدرك الأمير قورقود المآل الذي ينتظره، وهو الذي كان حتى هذه اللحظة يقبع هادئًا في صاروخان، مقر حكمه، فسعى جاهدًا للفوز على الإنكشارية، واستعد لصراع حياة أو موت مع سليم. عَلِم سليم بمخططات أخيه، ومن دون أن يعطي أي إيحاء على ما اكتشفه أو ما يهدف إليه، غادر بورصة بحجة صيد كبير، ثم تقدم فجأة بعشرة آلاف فارس إلى إقليم قورقود. فَرَّ قورقود مع مرافق واحد يُدعى «بياله» (Piale)، لكنهما لُوحقا وقُبض عليهما. أرسل سليم ضابطًا يُدعى «سنان» لإخبار أخيه بوجوب موته. وصل سنان في الليل إلى المكان الذي احتُجز فيه الأسير الملكي، حيث أيقظ الأمير قورقود من النوم، ودعاه للخروج من أجل إعدامه. طالب قورقود بمهلة لمدة ساعة، قضاها في كتابة رسالة إلى أخيه في أبيات شعرية يلومه فيها على قسوته، ثم أسلم عنقه للوتر القاتل. بكى سليم بغزارة حين قرأ رسالة أخيه، وحمله حزنه الحقيقي أو المُدَّعَى على إصدار أمر بالحداد العام لثلاثة أيام، وتنفيذ حكم الإعدام في بعض التركمان الذين طاردوا قورقود إلى مكان اختبائه ثم جاءوا إلى بورصة لطلب مكافأة على خدمتهم.

في هذه الأثناء، كان الأمير أحمد قد جمع قوة كبيرة، محرزًا المزيد من المكاسب على قوات سليم، تلك المكَاسب التي إذا تابعها بقوة ربما كانت تقوده إلى العرش. لكن أحمد على الرغم من شجاعته الشخصية، فإنه يَقِل كثيرًا عن أخيه في الحيوية والمثابرة. قام سليم بتعزيز جيشه، وفي 24 أبريل 1513م اشتعلت معركة ضارية هُزم فيها أحمد تمامًا وقُبض عليه أسيرًا. وكان مصيره هو مصير قورقود نفسه، حيث أُعدم على يد الضابط نفسه، سنان. وقبل وفاته، التمس أحمد مقابلة السُّلطان، لكن طلبه قوبل بالرفض، وعلَّق سليم أنه سيمنح أخاه منزلة تليق بأمير عثماني. فهم أحمد مغزى الكلمات، وعندما دخل سنان، قَدَّم نفسه للموت بلا مقاومة. وقَبْل أن يُخنق، سحب من إصبعه جوهرة، قيل إنها تساوي قيمة إيرادات الرُّوملي لمدة عام، وكَلَّف سنان بتوصيلها إلى سليم كهدية وداع من أخيه، آملًا في أن يعذره السُّلطان على ضآلة قيمتها. دُفن أحمد مع الأمراء الخمسة الصغار المقتولين في بورصة.

اعتقد سليم آنذاك أنه قد أمَّن نفسه على العرش، فقام بالإعداد لحرب خارجية. ولحسن حظ العالم المسيحي أنه وَجَّه طاقاته إلى قوى إسلامية أخرى، وأنه أبرم أو جدَّد طوعًا سلسلة من المعاهدات مع مختلف دول أوروبا، التي ضمنت الهدوء على طول الحدود الغربية

للإمبراطورية العثمانية. لم يَقِل سليم عن أسلافه في الغَيرة على الدين الإسلامي، بل كان في الواقع أكثر تعصبًا من كل السلاطين الأتراك، لكنه كان عنيفًا جدًّا في تعصبه الذي جعله يبغض زنادقة الإسلام أكثر من كفار العالم المسيحي.

زرع الشقاق الحادث بين السُّنة والشيعة (السُّنة اعترفوا بالخلفاء الثلاثة الأوائل بعد النبي صلى الله عليه وسلم، أبي بكر وعمر وعثمان، أما الشيعة فرفضوا) الفُرقة في العالم الإسلامي منذ وقت مبكر[1]. كان الأتراك العثمانيون من أهل السُّنة، أما بلاد فارس فقد سادت فيها عقائد مخالفة، حيث كان المؤسس الكبير للسلالة الصفوية في تلك البلاد، الشاه إسماعيل، متفوقًا في حماسته للمعتقدات الشيعية، كما لكفاءته في المجلس وشجاعته في الميدان[2].

---

(1) كان من أهم مظاهر هذا الشقاق تلك الحركة التي أدت إلى ظهور الدولة العبيدية أو الفاطمية صاحبة المذهب الإسماعيلي في شمال إفريقيا، مع ضعف قبضة الخلافة العباسية على أقاليمها في المغرب. وما لبثت هذه الدولة أن تحولت إلى خلافة تنازع دولة الخلافة الأصلية في زعامتها الروحية، وأصبحت العدو اللدود لها، وامتدت سياسيًّا في أواسط القرن الرابع الهجري/ العاشر الميلادي، لتشمل كلًّا من مصر والشام والحجاز، واستمرت حتى سقوطها على يد الأيوبيين عام 567هـ/ 1171م. انظر مزيدًا عن قيامها: ستانلي لين بول، تاريخ مصر في العصور الوسطى، ترجمة أحمد سالم سالم (القاهرة: الدار المصرية اللبنانية، 2014م): 197 وما يليها. (المترجم).

(2) كانت الصفوية السببَ الرئيسي لانتشار العقيدة الإمامية في إيران، ولم تكن في بادئ أمرها سوى طريقة صوفية في بلدة أردبيل عند بداية القرن الثامن الهجري، ومع استخلاف الجنيد (ت 864هـ/ 1460م) شيخًا للطريقة، دخلت الصفوية في تحول كبير لا يمكن تفسيره، حيث تراجع التصوف التأملي أمام غلو مهرطق صارخ يناسب تبني الإمامية كدين رسمي للدولة بعد ذلك، وهو ما حولها إلى طريقة مسلحة استطاعت في أقل من نصف قرن تنصيب إسماعيل حفيد الجنيد على العرش في تبريز عام 906هـ/ 1501م، فاتضح أن هذا التحول الديني لم يكن سوى ستار للأطماع السياسية لدى الشيخ الجنيد، ومن بعده إسماعيل، فهما لن يتمكنا من بلوغ السيادة الدينية التي تؤهلهما للسيادة الفعلية على أهل إيران السُّنة الذين يدينون بالولاء للخلافة السُّنية، ولمجابهة ذلك كان يستلزم تغيير المذهب الشائع في إيران من التسنن إلى التشيع والغلو فيه لإثارة العداء بين الطائفتين، وهو ما دفع إسماعيل إلى فرض عقيدته بالقتل والمذابح العامة. وبهذه الطريقة استطاع أن يشق طريقه بسرعة، وأن يغير ما يدين به معظم الفُرس إلى العقيدة الإمامية الاثني عشرية، ويجعل من إيران جزيرة شيعية وسط بحر من أهل السُّنة، ويترك أثرًا عميقًا في الوحدة الإسلامية والحياة السياسية في الشرق الأدنى منذ مطلع القرن العاشر الهجري/ الخامس عشر الميلادي. انظر: كولن ترنر، التشيع والتحول في العصر الصفوي، ترجمة حسين علي عبد الستار (بغداد: منشورات الجمل، 2008م): 119-120؛ أحمد الخولي، الدولة الصفوية تاريخها السياسي والاجتماعي - علاقاتها بالعثمانيين (القاهرة: مكتبة الأنجلو، 1981م): 51؛ نصر الله فلسفي، إيران وعلاقاتها الخارجية في العصر الصفوي، ترجمة محمد فتحي يوسف الريس (القاهرة: دار الثقافة، 1989م). (المترجم).

بدأت العقيدة الشيعية في الانتشار بين رعايا الباب العالي قبل وصول سليم إلى العرش. وعلى الرغم من أن السُّلطان والعلماء والشريحة العظمى من العثمانيين كانوا ينتمون بصرامة إلى أهل السُّنة، فقد كان هناك الكثير من الشيعة في كل إقليم، ويبدو أنهم كانوا يكسبون أنصارًا بشكل سريع. وقد صمَّم سليم على سحق الهرطقة في الداخل قبل الذهاب لمحاربتها في الخارج. وبروح من القسوة المتعصبة خطَّط سليم ونفَّذ مذبحة عامة لجميع رعاياه الذين ارتدُّوا عمَّا اعتبره عاهلهم العقيدة الوحيدة الصحيحة. وفي القرن نفسه قَدَّمت كذلك مذبحة «سان بارثولوميو» (St. Bartholomew)، حزنًا مماثلًا، بل وخيانة تمت بموجبها هذه الجريمة في العالم المسيحي، وهو ما جعلها أكثر المذبحتين بغضًا.

لم يوقع سليم ضحاياه عن طريق التظاهر الكاذب باحترامهم، أو عن طريق انتهاك حقوق الضيافة، لكنه نَظَّم شرطة سريَّة في جميع أنحاء أراضيه، وهو ما أثار إعجاب الكُتَّاب المعاصرين. وبالتالي حصل على قائمة كاملة لجميع المسلمين الذين يُشتبه في انتمائهم إلى الطائفة الشيعية في أوروبا وآسيا التركيتين. بلغ عدد الموقوفين، من الرجال والنساء والأطفال، ما يساوي السبعين ألفًا. وقام سليم بتوزيع قوات في جميع أنحاء الإمبراطورية، وجعلهم يتمركزون في كل مدينة ومنطقة، بقوة تتناسب مع عدد الشيعة الموجودين فيها، ثم أرسل فجأة رُسل الموت، فأُلقي القبض على كل هؤلاء التعساء. هكذا قُتل أربعون ألفًا، وأُدين الباقي بالسجن المؤبد. وقد منح المؤرخون العثمانيون سليمًا لقب «العادل»، لهذا الفعل الشنيع. علَّق المؤرخ الألماني الحديث على هذا بتعليق جيد، حيث ذكر أن الأكثر إثارة للاشمئزاز قراءة أن السفراء المسيحيين في بلاط السُّلطان قد اعتمدوا هذا اللقب، وهو ما عُثر عليه ملحقًا باسم سليم في تقارير المذبحة التي أرسلوها إلى بلدانهم. في الواقع، عندما أظهر سليم في وقت لاحق المزيد من الأعمال الوحشية، ومدى عمق القسوة التي خُضِّبت بها روحه، ذكر البندقي «موسينيجو» (Mocenigo)، الذي كان منتدبًا في بلاطه، وعرفه جيدًا، أنه لم يلتقِ برجل قَطُّ مثل السُّلطان سليم في الفضيلة والعدالة والإنسانية وعظمة العقل[1][2].

---

(1) يقول «جيوفيو» (Giovio)، في رسالة خطية إلى «شارل الخامس» (Charles V)، عام 1541م:
"Mi diceva il clarissimo Messa Luigi Mocenigo quel fu uno dei ambasciadore di Venetia appresso V. M. in Bologna, che essendo lui al Cairo ambasciadore appresso a Sultan Selim e se havendo molto ben pratticato, nullo huomo era par ed esso in virtu, justizia, *humanita*, e grandezza d'animo."
من الصعب تصوُّر عند أيٍّ من المخلوقات البشرية، كانت الإنسانية موجودة في ذلك العصر.

(2) وضَعتُ النَّص في الهامش السابق كما وضعه المؤلف بلغته الأصلية، الإيطالية، والذي يذكر فيه جيوفيو للملك شارل الخامس، أن ميسا لويجي موسينيجو، الذي كان سفيرًا للبندقية في بولونيا، ثم صار سفيرًا =

أدى ذبح شركاء الشاه إسماعيل في العقيدة، إلى زيادة العداء الذي كان بالفعل قد بدأه تجاه سليم. وقد أعد العاهلان للمواجهة المقدار نفسه من الضغينة والتصميم. كان كثير من أسباب الخصومة قائمًا بينهما بجانب الاختلاف الديني[1]. إذ كان الشاه إسماعيل قد هزم العثمانيين في بعض مواجهاته مع قوات حكام الأقاليم التركية قرب حدوده في عهد بايزيد، وكان قد آوى أيضًا الأمير الهارب مراد نجل أحمد، أخي سليم، والآن يقوم بجمع قواته بنيَّة معلنة لعزل سليم ومعاقبته، ووَضْع مراد الشاب على العرش التركي. من جانبه، أجرى سليم استعداداته لحملة قوية بحيويته وعزمه المعتادين. أما الشاه إسماعيل فقد ذاعت على نطاق واسع في جميع بلدان المشرق شهرة أسلحته الفارسية ومهارته وحسن حظه. وحين أعلن سليم عن نيته مهاجمة بلاد فارس، كتم أعضاء مجلسه تشاؤمهم. أخبرهم السُلطان ثلاث مرَّات أنه سيقودهم للحرب، فأشاروا ثلاث مرَّات بالرفض، حتى قام أخيرًا إنكشاري عادي يقف في الحراسة يُدعى «عبد الله»، بكسر الصمت، حين خرَّ على رُكبتيه أمام السُلطان قائلًا إنه ورفاقه سيسعدون بالزحف تحت إمرته لقتال شاه فارس، فقام سليم على الفور بجعله «بك» لسنجق سالونيك.

احتشد الجيش التركي في سهل يني شهر، وبدأ سليم زحفه في العشرين من أبريل 1514م، الموافق ليوم الخميس، ذلك اليوم الذي يعتقد فيه العثمانيون بالحظ عن باقي أيام الأسبوع. وفي يوم السابع والعشرين قُبض على جاسوس فارسي في المعسكر، حَمَّله سليم رسالة إلى إسماعيل تتضمن إعلان الحرب. يذكر فون هامر هذه الوثيقة اللافتة نقلًا عن الكُتَّاب المشرقيين

= لبلاده في القاهرة قرب السُلطان سليم ولديه تعامل جيد معه، لم يلقَ رجلًا مثل سليم في الفضيلة والعدالة والإنسانية وعظمة العقل. وهو ما يُعقِّب عليه المؤلف بالاستهجان. (المترجم).

(1) أصبحت فارس تحت حكم الشاه ملجأً للفارين من السُلطة العثمانية، ومركزًا للمؤامرات والدسائس التي تُحاك للدولة في الداخل والخارج. وكان أبرز مثال على ذلك التعاون الذي حدث بين الشاه إسماعيل والبرتغاليين؛ مما سهَّل لهم السيطرة على بعض المناطق في الخليج العربي، هذا غير ما شكَّله الصفويون من عائق أمام اتصال العثمانيين بالمواطن الأصلية للتركمان في وسط آسيا؛ حيث كان اعتماد العثمانيين على المهاجرين التركمان القادمين من الشرق في بناء المجتمع التركي ونموه في الأناضول والبلقان. ومن ناحية أخرى وصل خطر الصفويين إلى العمق العربي الإسلامي، فلم تقف طموحاتهم عند بغداد وأراضي الرافدين، بل تعدتها إلى غزو مصر كما تشير حوليات ابن إياس. واختصار القول، حاول الصفويون بشتى الطرق سحب البساط من تحت أقدام العثمانيين. انظر: محمد بن أحمد بن إياس، بدائع الزهور في وقائع الدهور، ج.4، باعتناء باول كاله ومحمد مصطفى وموريتس سوبرنهيم (إستانبول، 1931م): 262 ،191؛ صلاح العقاد، التيارات السياسية في الخليج العربي (القاهرة، 1947م): 16؛ هريدي، الحروب الفارسية: 44-45. (المترجم).

المعاصرين للحدث[1]، وهي بالفعل كما يُصرِّح، تستعرض روح العصر بشكل رائع، فضلًا عن الطابع الشخصي لسليم نفسه، كما يلي:

«قال الله المَلِكُ العَلَّام إن الدِّين عند الله الإسلام، ومَن يَبتغِ غير الإسلام دينًا فلن يُقبل منه وهو في الآخرة من الخاسرين، ومَن جاءه موعظة من ربه فانتهى فله ما سلف وأمره إلى الله، ومَن عاد فأولئك أصحاب النار هم فيها خالدون. اللهم اجعلنا من الهادين المهديين غير المُضلين ولا الضالين. وصلى الله على سيد العالمين، محمد السيد المصطفى الأمين، وآله وصحبه أجمعين. أنا زعيم وسلطان آل عثمان، أنا سيد فرسان الزمان، أنا الجامع بين قوة وسلطان أفريدون، وعظمة الإسكندر، وعدالة وعفو كيخسرو. أنا كاسر الأصنام، مُهلِك أعداء الإسلام، مُرْهِب الظالمين، ومَن في هذا الزمان من الفراعين، أنا الذي تُذَل أمامه ملوك الكِبْر والجبروت، وتتحطَّم على يديه صوالج العِزَّة والعَظَمُوت. أنا السُّلطان المعظم سليم خان، ابن السُّلطان بايزيد خان، ابن السُّلطان محمد خان، ابن السُّلطان مراد خان، أتكرَّم وأُوجِّه إليك كلامي أيها الأمير إسماعيل، قائد الجند الفارسية، الذي سَلَكَ بالطغيان إلى زُهاك وأفراسياب، ويسير إلى الهلاك مثل دارا [داريوس] الأخير، لتعلم أن كلام العلي القدير ليس كلامًا عن هوى أو جهالة، وإنما به أسرار لا حدَّ لها، ليس لنفس بشرية أن تحيط بعلمها. يقول الرب ذاته في كتابه الكريم: «**وَمَا خَلَقْنَا السَّمَاوَاتِ وَالْأَرْضَ وَمَا بَيْنَهُمَا لَاعِبِينَ**» [الدخان: 38]. أشرف الخلق الإنسان، فيه تجتمع عجائب الله، لتتجسد صورة حيَّة للخالق على البسيطة. وهو الذي جعلكم خلائف الأرض، ذلك أن الإنسانِ يجمع بين ملكات الروح وتمام الجسد، هو الخلق المتفرد بإدراك سمات الألوهية، وعبادة صاحب المحاسن الساميَّة. لكنه لا يحوز نادرة الذكاء ولا يصل إلى العلوم الإلهية، إلا في ديننا، ومن خلال حفظ وصايا نبينا، سيد الأنبياء، خليفة الخلفاء، وخليل الرحمن. فمِن خلال الدِّين الحق وحده، ينعم الإنسان في الدنيا، وينال خلود الآخرة. أما لك أنت أيها الأمير إسماعيل، فلا نصيب في مثل هذا الأجر، فقد عدلت عن طريق النجاة، وحِدت عن وصايا الأتقياء، وعكَّرت نقاء الإسلام، وأهنت معابد الرحمن. وفي الشرق، علوت بوسائل الطغيان، واستحوذت بالغصب على الصولجان، ومن التراب رفعت نفسك بالحيلة والدهاء، حتى سموت إلى مقعد العز والبهاء، وفتحت على المسلمين أبواب الظلم والبلاء، ووصلت الجور بالزور والزندقة والشقاق والفجور. ومِنْ خَلْف رداء النفاق زرعت في كل نطاق بذور الفتنة والشقاق، ورفعت راية الفجور، والطريق مَهَّدت لشهواتك المُلَبَّسة بالشرور، وأطلقت

(1) ذُكرت مطولة كذلك بواسطة دوسُون.

لنفسك العنان، بغير ضابط أو حسبان، فأسرفت في الأفعال المُشينة، وانحللت من الشريعة القويمة، أبحت المحرَّمات، وانتهاك أعراض المُسْلِمات، ومن الناس ذبحت أكثر الأفاضل والشرفاء، ودَمَّرت الأضرحة والمساجد، ودَنَّست المقابر والمراقد. العلماء من ديننا ازدريت، والأحفاد من ذرية نبينا وضعت وحقَّرت، والقرآن الكريم أهنت، والخلفاء الراشدين الشرعيين سببت ولعنت [أبو بكر، وعمر، وعثمان]. وعليه فالواجب الأول على المسلم ومِن قَبْلِه الأمير التقي أن يمتثل لأمر الله: «**يَا أَيُّهَا الَّذِينَ آمَنُوا أَطِيعُوا اللهَ**» [الأنفال: 20]. فجميع أهل الشرائع والأحكام وعلمائنا علماء دين الإسلام، قد أفتوا بقتلك وقتالك لكفرك وضلالك، ولذلك أعددنا العُدَّة والعتاد لإمحاء رَسْمِك واسْمِك ومَن تبعك من خاصتك وجندك.

ومِن رُوح تلك الفتوى، وتصديقًا لما جاء في القرآن، قانون الشرائع الإلهية، ورغبة منا في تعزيز دعائم الإسلام، وتخليص الأمم والبلدان التي تئن تحت نير قهرك وظلمك وبطشك، وضعنا جانبًا الثوب السُّلطاني والرداء الخاقاني، لارتداء الدِّرع الحربية والسُّترة القتالية، ونَشْر راياتنا المظفرة أبد الدهر، وحشد جيوشنا التي لا تُقهر، وسل سيف الانتقام من غِمْد غضبنا وسخطنا، والزحف بذوي السيوف البتارة من جنودنا، والسهام المنطلقة النافذة إلى أعدائنا. وإنفاذًا لهذا المرسوم السامي، وقفنا على هذا الميدان، واجتزنا قناة القسطنطينية، مسترشدين باليد العلية، وإننا لعلى ثقة في سحق ذراعك الاستبدادية، وتبديد أدخنة المجد والعظمة التي تموج الآن برأسك، وفي الشرود القاتل ترمي بك، لإنقاذ رعاياك من جورك وطغيانك. وفي النهاية لخنقك في الزوابع النارية نفسها التي تثيرها روحك الشيطانية أينما حلت. وسنعمد إليك بالمثل السائر: مَن يبذر الشقاق يجنِ البلاء والضراء. ولكن لمـَّا كان من سُنة نبينا قبل الالتجاء إلى السيف، الدعوة إلى اتباع شريعة الإسلام، فإننا نضع أمامك القرآن، ونحثك على اعتناق الإسلام، لذلك أرسلنا إليك هذه الرسالة.

يختلف الإنسان في نزعاته وأهوائه، فالناس كالأرض التي تُخرِج الذهب والفضة، في بعضهم تتجذَّر الرذيلة، فلا سبيل ولا حيلة لإرشادهم إلى الفضيلة، ذلك أن الأَسْوَد لا يصير أبيض بأي طريقة أو وسيلة. وفي آخرين، لم يُصبح العيب بعدُ طبيعة أصيلة، فقد يعودون من ضلال المقصد، بكبح جماح جوارحهم، وقمع غمار أهوائهم. إن الطريقة القويمة لعلاج شرور الإنسان هي أن يتفحَّص بعمق في أساريره، فيرى بأم عينيه أخطاءه وجرائره، ويطلب العفو من الرحمن بتوبة صادقة وحزن على ما كان؛ لذا أدعوك إلى الأوبة، والرجوع عمَّا أنت فيه من الضلال، والتوبة، وأن تسير في درب الهداية بخُطى واثقة وقدم راسخة. والمزيد نطلبه

منك، بأن تتخلَّى عن الأراضي التي استوليت عليها ظلمًا من أملاكنا، وأن تُعيد مَن كان فيها مِن عاملينا وعُمَّالنا، فإذا كنت راغبًا في سلامتك وراحتك، فاعقد العزم على أن تقوم بذلك دون مماطلة. لكن إذا كنت لسوء حظك متماديًا في قديم مسلكك، وثملت بأفكارك وحماقة شجاعتك، فتابعت مسار ظلمك وعظيم إثمك، فلترَ بعد أيام قليلة سهولك وهي مغطاة بخيامنا، ومغمورة بكتائبنا وقواتنا، ومن ثَمَّ تتم معجزات بأسنا، وتشهد الدنيا على أحكام العلي ربنا، سيد المعارك القاضي بين العباد. أما البقية، فلعلَّ الله أن يُجزل لهم أجر مَن يسير على هدى وعلى صراط مستقيم».

بقدر ما افتخر سليم بنفسه فيما يتعلق بتقواه ومهارته الأدبية، لم يُهمل الوسائل المتعلقة بجلب المزيد من الأسلحة الضرورية للحمل على خصمه المهرطق. ففي استعراض عام للجيش في سيواس، تأكد سليم من أن قواته المتاحة بلغت مائة وأربعين ألف رجل مسلح تسليحًا جيدًا، وخمسة آلاف آخرين كانوا يعملون في القسم الخاص بالمؤن، ذلك القسم الذي زُوِّد أيضًا بستين ألف جمل. وكان لدى سليم قوات احتياطية من أربعين ألف رجل، وُضعوا بين قيصرية وسيواس. وكانت الصعوبة الكبرى في هذه الحملة، هي الحفاظ على خط اتصاله لضمان إمداداته من المؤن؛ حيث قام الفُرس بدلًا من مواجهته على الحدود، بالتراجع أمامه، مبددين كل شيء في البلاد، حتى لم يبقَ شيء يمكن أن يصلح لإيواء أو إطعام العدو. كانت مستودعات سليم الرئيسية موجودة في طرابزون، حيثما كانت أساطيله تجلب إمدادات وافرة، ومن هناك كانت البغال تنقلها إلى الجيش. سعى سليم لاستفزاز إسماعيل حتى يُغير تكتيكاته الحصيفة ويخاطر بالدخول في معركة، عن طريق إرسال المزيد من الرسائل إليه، كتب جزءًا منها نثرًا وجزءًا بأبيات شعرية، وقام فيها بالسخرية من العاهل الفارسي وجُبنه في عدم لعب دوره الملكي الذي قام باغتصابه. قال سليم:

«إن الذين يستولون على السُّلطة زورًا، يجب ألَّا يولوا هاربين أمام المخاطر، وإنما يجب أن تكون صدورهم مثل الدروع تبرز لمواجهة الخطر، بل يجب أن تكون مثل الخوذة تتحدى ضربات الأعداء. فالسُّلطة عروس يُخطب ودها، ويفوز بها فقط من لا تُقَبِّل شفاهه المرتجفة حدَّ السيف عضًّا».

أجاب إسماعيل على مواعظ السُّلطان وأشعاره بخطاب هادئ وقور، نفى فيه وجود أي سبب يُحَتِّم على سليم أن يشن الحرب عليه، مُعربًا عن استعداده لاستئناف العلاقات السلمية. ثم أعرب إسماعيل عن أسفه لأن السُّلطان اتخذ في مراسلاته أسلوبًا غاية في الكُلفة، وعدم

الملاءمة لقدر مَن كُتبت باسمه. لكن مع سخريته المشذبة أكد إسماعيل على اعتقاده الراسخ بأن الرسائل لا بدَّ أن تكون قد كُتبت على عجل بواسطة بعض الأمناء الذين كانوا قد تناولوا جرعة زائدة من الأفيون. وأضاف إسماعيل:

«إنه من دون شك ستتجلى إرادة الله قريبًا، ولكن سيكون قد فات أوان التوبة عندما يبدأ هذا التجلِّي. ومن جانبه، قد ترك للسلطان الحرية في فعل ما يشاء، وعلى استعداد تام للحرب إذا تم استقبال رسالته الودية استقبالًا سيِّئًا».

ومع هذه الرسالة أرفق صندوقًا مليئًا بالأفيون، كان ظاهره من أجل الأمين المفترض الذي كتب الرسالة باسم سليم، لكن في الحقيقة كان ضربة تهكُّمية أُدرك مغزاها تمامًا، ذلك أن سليمًا نفسه كان مدمنًا لهذا العقار. غضب سليم من ذلك الازدراء المهذَّب من جانب خصمه، فأفرغ جام سخطه من خلال خرق القانون الأُممي، بإصدار أوامره بتمزيق المبعوث الفارسي إلى أشلاء. كان ابن أخيه، مراد، الأمير اللاجئ في بلاط إسماعيل، قد ضرب مثالًا لاقتراف عمل شنيع مماثل بمباركة إسماعيل، من خلال تشويه وقتل السفير التركي، الذي أُرسل إلى البلاط الفارسي للمطالبة بضرورة تسليم مراد إلى سليم.

واصل الجيش العثماني التقدم عبر شمال ديار بكر وكردستان وأذربيجان ناحية تبريز، التي كانت آنذاك عاصمة بلاد فارس، والمقر الملكي المعتاد للشاه إسماعيل. تسبَّب نظام العمليات الحكيم الذي استمر الأمير الفارسي في نهجه، في صعوبات كبيرة أمام تقدُّم الأتراك، فأينما تحركوا لم يجدوا أمامهم سوى بلد قفر كامل، فازدادت صعوبة الشحن والإمداد مع استمرار الزحف. تذمَّر الإنكشارية، لكنَّ سليمًا كان يقظًا في الحفاظ على النظام الصارم، واجتهد في توفير المستطاع من الوسائل للوصول إلى تبريز. جرى إقناع «همدار» (Hemdar) باشا - أحد قادة سليم، وقد نشأ معه منذ طفولته - من قِبَل ضباط آخرين بالاعتراض لدى السُّلطان على القيام بأي مسير إضافي عبر تلك البلدان الصحراوية، فقام سليم بقطع رأسه لتدخله، وواصل زحفه قُدمًا. وفي «سُجما» (Sogma)، تلقَّى سليم سفارة من أمير جورجيا، وإمدادات ترحيبية من المؤن. وبعد توقف قصير أعطى أوامره باستئناف المسير نحو تبريز، فاندلعت على إثر ذلك اضطرابات مفتوحة من قِبَل الإنكشارية، الذين طالبوا صاخبين بالرجوع إلى ديارهم. كان سليم قد تظاهر بعدم ملاحظة تذمرهم في مواضع سابقة أثناء الزحف، لكنه ركب الآن بجرأة بينهم، صائحًا: «هل هذه هي خدمتكم لسلطانكم؟ هل يقتصر إخلاصكم على مجرد التباهي والطاعة الشفهية؟ فليخرج الذين يرغبون في العودة إلى ديارهم من الصفوف وليرحلوا. أما بالنسبة إليَّ،

فأنا لم أتقدَّم أبعد لمجرد مضاعفة مسافة طريقي. فليقف الجبناء على الفور بمعزل عن الشجعان، الذين نذروا أنفسهم بالسيف والقوس، والروح واليد، من أجل مشروعنا». ثم ختم بمقطع مقتبس من قصيدة فارسية: «أبدًا لن أتوانى طرفة، أو أتراجع عائدًا عن غاية حازت سلطانًا على روحي»، ثم أعطى أمرًا بتشكيل الصف ثم المسير، فلم يتجرأ إنكشاري واحد على ترك لوائه.

على المدى تغلبت كبرياء إسماعيل على حصافته؛ حيث ضاق ذرعًا بالخراب الذي تسببت فيه الحرب لرعاياه، وعند اقتراب العدو الممعن في الإساءة من عاصمته، عزم الأمير الفارسي على الدخول في معركة، حاشدًا قواته في سهل تشالديران. بلغت فرحة سليم مداها أعلى المرتفعات الواقعة غربًا من هذا السهل، يوم 23 أغسطس 1514م، حين رأى أمامه الجيش الفارسي. وسرعان ما أعطى أوامر بالاشتباك الفوري، فأعد قواته على المرتفعات من أجل المعركة قبل النزول إلى الوادي. كان لديه مائة وعشرون ألف جندي تقريبًا، منهم ثمانون ألف فارس، إلا إن الرجال والخيول على السواء كانوا في حالة من الإرهاق بسبب إعياء المسير وفاقته، ويبدو أن الجاهزية كانت سيِّئة لمواجهة فرسان الفُرس الرائعين الذين كانوا على أتم وجه من النشاط، ولديهم روح وعتاد جديرة بالإعجاب. كانت الخيَّالة الفارسية تساوي في العدد نظيرتها التركية، إلا إنها تؤلِّف كل جيش الشاه إسماعيل؛ إذ لم يكن لديه مشاة ولا مدفعية، بينما أحضر سليم معه مجموعة قوية من المدافع، فضلًا عن أن جزءًا كبيرًا من إنكشاريته يحملون أسلحة نارية.

صفَّ سليم الإقطاعيين من فرسان الأناضول على الجناح الأيمن تحت قيادة سنان باشا، ونظراءهم من فرسان الرُّوملي على اليسار تحت قيادة حسن باشا. ووضع بطارياته عند طرف كل جناح، وأخفاها بواسطة قواته الخفيفة من العزب، الذين أُعدوا للانطلاق في الهجوم الأول على العدو، واستدراج القوات الفارسية لفوَّهات المدافع التركية. كان الإنكشارية قلة في المؤخرة، وفي المركز، يحميهم حاجز من عربات الأمتعة، ومن ورائهم حرس فرس السُّلطان، وهناك أخذ سليم مركزه.

على الجانب الآخر، صفَّ إسماعيل فرقتين مختارتين من الفرسان، واحدة على كل جانب من جانبي جبهته. قاد إحداها بنفسه، والأخرى عهد بقيادتها لقائده المفضَّل، «أوستاجلوغلي» (Oustadluogli)[1]. خطط إسماعيل لتحويل أجنحة عدوه عن طريق هاتين الفرقتين، وتفادي البطاريات العثمانية، للإطباق على الإنكشارية في المؤخرة. لقد توقَّع أن تقوم عند الهجوم قوات سليم الخفيفة، العزب، بالدوران بعيدًا إلى أقصى يمين ويسار الخطوط العثمانية، وذلك

(1) هو محمد خان أوستاجلوا، والي ديار بكر. انظر: منجم باشي، جامع الدول، مج.2: 646. (المترجم).

من أجل كشف المدافع. وبالتالي أصدر أوامره للفرقتين بعدم السعي لاختراق العزب، وإنما الدوران معهم كما يدورون، وذلك للإبقاء على العزب بينهم وبين المدفعية، حتى يبتعدوا عن المدافع، ثم يأخذوا طريقهم راكبين إلى داخل جناحي ومؤخرة الجيش العثماني. ويبدو أن هذه المناورة كانت تتفوق من الناحية العملية على مدافع سليم في الجناحين، التي قُيدت معًا بالسلاسل، بحيث كان من المستحيل تقريبًا تغيير مواقعها حين بدأت المعركة.

انطلق الخيَّالة الفُرس يعدون بثقة كاملة إلى الأمام وهم يصيحون بصوت مدوي: «الشاه! الشاه!»، فثار الأتراك صائحين: «الله»، وهم يقفون بثبات لملاقاتهم. كان الجناح الذي تولَّى إسماعيل شخصيًّا قيادته ناجحًا بشكل كامل، فقد تفادى التفاف العزب، ثم برز فجأة في الجناح الأيسر للعثمانيين، واقتادهم في غمرة ارتباكهم تجاه حرس مؤخرتهم. لكن على الجانب الآخر من الميدان، تفوق سنان باشا، قائد الجناح الأيمن التركي، في القيادة على منافسه أوستاجلوغلي. فبدلًا من دوران جنوده العزب بعيدًا عن جبهة البطاريات، دعاهم سنان للعودة مباشرة، سامحًا لهم بالعبور خلال السلاسل التي تقيد المدافع بعضها ببعض، ثم أطلق نيرانًا فتاكة على الصفوف الكثيفة للخيَّالة الفُرس، التي كانت تعدو قدمًا في إثرهم عن قرب. كان أوستاجلوغلي مِن أول مَن سقطوا، ووقع اليسار الفارسي بالكامل في حالة من الفوضى، وسرعان ما تحولت إلى هزيمة مطلقة بهجوم السباهي التابعين لسنان. ومع انتصاره في هذا الجزء من المعركة، استطاع سليم جلب العون لقواته المهزومة، التي كانت قد كُسرت على يد الشاه إسماعيل؛ إذ قام بقيادة الإنكشارية إلى داخل المعركة، حيث أُصيب فرسان الشاه فعليًّا بالإجهاد فضلًا عن الاستياء من الجهد الذي بذلوه، فلم يتمكنوا من كسر هؤلاء المشاة المخضرمين، أو الصمود الطويل أمام سيل هجومهم. كان الفُرس قد بدأوا في الاهتزاز عندما سقط الشاه إسماعيل نفسه من فوق فرسه، وأُصيبت ذراعه وقدمه، وقام الأتراك بالإطباق عليه، فلم تُنقذه سوى بسالة أحد أتباعه المخلصين، هو ميرزا سلطان علي، الذي هرع تجاه العثمانيين صائحًا: «أنا الشاه». وفي حين أمسك العدو بميرزا ليتبيَّن شخصه، نهض إسماعيل من فوق الأرض، فقام أحد مرافقيه الآخرين، ويُدعى «خِضْر» (Khizer)، بترك جواده له، فارتقاه إسماعيل بمساعدة المحيطين به، وفرَّ مسرعًا من الميدان.

كان انتصار سليم كاملًا، إلا إن ثمنه كان باهظًا، فقد سقط ما لا يقل عن أربعة عشر من بكوات السناجق العثمانيين (أمراء الألوية) قتلى في ميدان المعركة، ولقي أيضًا عدد مماثل من الخانات، الذين قاتلوا على الجانب الفارسي، حتفهم.

استولى سليم على معسكر عدوه، وبه ثروته وحريمه، ومن بينهن زوجة الشاه. وقام سليم بإعدام جميع الأسرى، عدا النساء والأطفال، ثم سار إلى تبريز، داخلًا عاصمة الفُرس مظفرًا.

فرض سليم على تلك المدينة التي فتحها، المساهمة بألف من حرفييها الأكثر مهارة، وأرسلهم إلى القسطنطينية؛ حيث تسلَّم كلٌّ منهم المنازل والوسائل الكفيلة بمزاولة حرفته في العاصمة العثمانية. وبعد توقف دام ثمانية أيام فقط في تبريز، سار السُّلطان شمالًا نحو «قره باغ» (Karabagh)؛ مما يعني قضاء الشتاء في سهول أذربيجان، واستئناف مسيرة فتحه في الربيع. لكن استياء القوات من إطالة أمد معاناتهم، ورغبتهم في العودة إلى ديارهم، أدَّيا إلى اندلاع تذمر عام وهائل، اضطر سليم على إثره - مثل الإسكندر - إلى الاستسلام والعودة بما حققه من نصر، عدا الجنود المتمردين، نحو أوروبا. مع ذلك لم يرجع من رحلته من دون زيادة مهمة أحرزها لإمبراطوريته؛ فقد فتح بالكامل إقليمَي ديار بكر وكردستان، اللذين تقدم خلالهما أثناء زحفه نحو إسماعيل، وضمهما إلى سيادته بمهارة قادتِه الذين أرسلهم لهذا الغرض، إضافةً إلى القدرة الإدارية العالية للمؤرخ إدريس، الذي عهد إليه سليم بواجب مهم، هو تنظيم حُكم تلك الأراضي الواسعة المكتظة بالسكان، التي تم إحرازها[1].

رُفضت المبادرات السلمية للشاه إسماعيل بغطرسة من قِبَل السُّلطان، واستمرت الحرب طوال عهد سليم بين العاهلين المسلمين الكبيرين، كانت خلالها الأسلحة الفارسية فاشلة بشكل عام أمام نظيرتها التركية، ومع ذلك حافظ الشاه إسماعيل على روح المنافسة، واحتفظ بالجزء الأكبر من أراضيه تحت سيطرته.

كانت كراهية سليم للهرطقة الشيعية وطاقاته القتالية طليقة طيلة حياته، لكن بعد حملة

---

(1) أرسل السُّلطان سليم فرمانًا مؤرخًا بأواسط شوال عام 921هـ، إلى المولى إدريس، افتتحه بالثناء عليه قائلًا: «عمدة الأفاضل، قدوة أرباب الفضائل، سالك مسالك طريق، هادي مناهج شريعت، كشَّاف المشكلات الدينية، حلَّال المعضلات اليقينية، خلاصة الماء والطين، مقرب الملوك والسلاطين، برهان أهل التوحيد والتقديس، مولانا حكيم الدين إدريس، أدام الله فضائله»، ثم أتبع ذلك بما أسنده إليه من مهام تتعلق بالفتح وترتيب الأمور في هذه الأماكن، وهو ما أبرز حنكة سليم، من ذلك على سبيل المثال: «فيجب عليك توجيه الولايات المعنية لكل أحد في تلك النواحي بحسب أحوالها، وكتابة براءات أولئك الأمراء بالشكل المناسب لألقاب ومراتب كلٍّ منهم، ولتعد صورة دفتر آخر للبراءات المحررة تلك ولمقادير مقاطعات «التيمار» بشكل مفصَّل، ولترسلها إلى بابا سعادتي أيضًا، بحيث إنه يجب ضبط هذا الأمر، والإحاطة فهمًا وعلمًا بكل أمر، والإعلام عن كل أحد أُعطي سنجقًا، وعن طبيعة الرعاية والإنعام التي منحت لهم. لكن يجب ترتيبها وتعيينها بشكل لا يُعطي أي احتمال لتزلزل وتخلخل الروابط الأصيلة الموجودة بين الأمراء بعضهم وبعض...». انظر النص الكامل للفرمان وترجمته: حاجي خليفة، فذلكة التواريخ: 241-242. (المترجم).

تشالديران لم يقم مرَّة أخرى بجلب كل القوة الضاربة العثمانية للهجوم على بلاد فارس، ولا قام هو نفسه مرَّة أخرى بقيادة جيوشه الغازية ضدها. وقد أثبتت كلٌّ من الشام ومصر وجود أهداف أكثر إغراءً لطموحه، فقد أثارت القوة العدائية لحكام هذين الإقليمين من المماليك، صراعًا حاسمًا لا مفر منه تقريبًا بينهم وبين العثمانيين[1]. وتُعدُّ سيادة المماليك واحدة من أكثر

(1) يظل موضوع دخول العثمانيين إلى العالم العربي مثار جدل كبير بين المؤرخين، ذلك أنهم ولُّوا وجوههم لأول مرَّة إلى بلدان إسلامية بعد أن كانوا دولة غزاة تجاهد لتوسيع دار الإسلام على حساب الصليبيين في أوروبا. فهل كان بالفعل هذا المسلك تغيُّرًا في استراتيجية الجهاد عند الدولة، وسعيها إلى أهداف جديدة تحركها المطامع والأهواء، مما جعل دخول العثمانيين إلى العالم العربي استعمارًا دينيًّا اتخذ من وحدة الدين غطاءً يخفي به استعماره السياسي، كما يقول بعض المؤرخين من ذوي الاتجاهات القومية، أم أن الدولة العثمانية كانت دولة إسلامية تمددت إلى أراضٍ إسلامية أخرى لظروف وأزمات كبرى ألمَّت بالمنطقة، ومخاطر حاقت بالأمة، كما حدث من قبل بواسطة السلاجقة والأيوبيين وغيرهم على مدار التاريخ الإسلامي؟ وللإجابة عن هذا السؤال لا بدَّ لنا أن ندقق في حالة البلدان العربية والشرق الأدنى على وجه العموم قبل تدخل العثمانيين، وكيف وصلت إلى حالة من التردي كادت تودي بها جميعًا، فالخطر الصفوي متربص من الشرق، ومن الغرب سقطت الأندلس وبدأ الإسبان والبرتغاليون يمدون سلطانهم على أراضي المغرب الإسلامي، وبعد اكتشاف طريق رأس الرجاء الصالح، دار البرتغاليون حول إفريقيا وبدأوا يهددون العالم الإسلامي من الشرق والجنوب، حتى إنهم دخلوا البحر الأحمر وهددوا مكة نفسها واحتلوا أجزاءً من الخليج العربي، في وقت كانت الدولة المملوكية تحتضر في خضم أزماتها الطاحنة. يقول «أندريه ريمون» (Andre Raymond): «إن انحدار المدن العربية كان سابقًا للغزو العثماني، فالمدن العراقية الكبيرة لم تسترجع قواها إطلاقًا بعد الكارثة التي تمثلت في الغزو المغولي». ويقول عن دمشق: «ذكر سوفاجيه أن قوات تيمورلنك نهبت المدينة عام 1400م، ثم عانت المدينة من الأزمة الاقتصادية التي شهدتها الإمبراطورية المملوكية؛ حيث لم يحتل السُّلطان سليم سنة 1516م سوى مدينة أكثر من نصفها أطلال». ويقول عن شمال إفريقيا: «أدى تفسخ دول المغرب الأوسط والشرقية إلى تشجيع المغامرات الاستعمارية الإسبانية والبرتغالية». ويقول فيما يتعلق بتونس: «إن القرن الحفصي الأخير كان يمثل مأساة طويلة الأمد، وقد لاقى سكان تونس أسوأ معاملة حين احتلها الإسبان سنة 1535م». وأخيرًا يُعقِّب على دخول هذه البلدان تحت التبعية العثمانية بقوله: «ولا شك أن إمبراطورية قوية وموحدة مكان مجموعة دول تلهث من الإرهاق كان مفيدًا للمدن التي ظلت تعاني منذ قرون من آثار التدهور السياسي». انظر: أحمد سالم سالم، «الدولة العثمانية ونقد نظرية الاستعمار عند جمال حمدان»، دورية كان التاريخية، العدد الخامس عشر (مارس 2012م): 49-56؛ أحمد سالم سالم، «خمسمئة عام على الفتح العثماني»، جريدة القدس العربي، العدد 9015 (الخميس 23 نوفمبر 2017م). أندرو هس، «الفتح العثماني لمصر (1517م) وبداية الحرب العالمية للقرن السادس عشر»، ترجمة وتعليق أحمد سالم سالم، دورية كان التاريخية، العدد الحادي والعشرون (سبتمبر 2013م): 134-147؛ محمد عبد المنعم الراقد، الغزو العثماني لمصر ونتائجه على الوطن العربي (الإسكندرية: مؤسسة شباب الجامعة، 1972م)؛ أندريه ريمون، المدن العربية الكبرى في العصر العثماني، ترجمة لطيف فرج (القاهرة: دار الفكر للدراسات والنشر والتوزيع، 1991م): 34-35. (المترجم).

الظواهر اللافتة في التاريخ، خصوصًا في تاريخ العبودية. أما كلمة «مملوك» (Mameluke أو Memlook)، فتعني: «العبد» (Slave). حافظت هذه الفئة من فرسان المشرق، على نفسها في مصر باعتزاز وفخر زهاء القرون الستة. فقد واجهت سليمًا ونابليون بشجاعة أثارت إعجاب هذين الفاتحين الكبيرين، وعلى الرغم من كسرها في أحيان كثيرة بشكل جزئي، فلم يُقضَ عليها إلا عن طريق الخيانة الخبيثة في عصرنا الحالي[1]. كانت هذه الأرستقراطية العسكرية في المشرق تتألَّف من الرجال الذين جرى شراؤهم وبيعهم كعبيد، وقد تشكَّلت صفوفهم، ليس من بين السكان الأصليين للأرض التي أصبحت بلادهم، وإنما من أسواق الرقيق الموجودة في مناطق بعيدة. لقد شَكَّل الملك الصَّالح - الذي ينتمي إلى السلالة الأيوبية من سلاطين مصر - في بداية القرن الثالث عشر (قبل مائة عام من مؤسسة الإنكشارية) فيلقًا عسكريًّا يتكوَّن من اثني عشر ألفًا من العبيد، ينتمون أساسًا إلى بلدان القوقاز. أُطلق على هؤلاء مسمى «مماليك»، بسبب وضع استرقاقهم. وسرعان ما أدى انضباطهم وروحهم العسكرية إلى أن أصبحوا أعظم من ساداتهم. وفي عام 1264م قتلوا تورانشاه، الأمير الأخير من السلالة الأيوبية، ووضعوا مكانه واحدًا منهم على عرش مصر. أُطلق على سلاطين المماليك الأوائل في مصر: «المماليك البحرية». وقد قاموا بفتح الشام، ذلك الإقليم الذي اعتبره جميع حكام مصر على اختلافهم، من الفراعنة والبطالمة، وصولًا إلى زمن نابليون ومحمد علي، حماية لازمة لسيادتهم على طول وادي النيل. وفي عام 1382م، أطاح برقوق - المملوك الجركسي - بسيادة «البحرية»، مؤسسًا سلالة «المماليك الجراكسة»، التي استمرت في الحكم إلى زمن غزو سليم. في هذه الفترة كانت القوة العسكرية المملوكية تتكوَّن من ثلاث فئات من المحاربين، جميعهم فرسان ممتازون في الركوب والتسليح، لكن مع اختلاف جوهري في المرتبة. الأولى: «المماليك» أنفسهم، وتُطلق على كل من كان جركسيًّا خالصًا، وكان في الأصل من العبيد تمامًا. والثانية: تُسمى «الجلبان»، وتشكَّلت أساسًا من العبيد الذين جُلبوا من الحبشة. والثالثة، وهي الأدنى مرتبة. تُسمى «القرانصة»، وتجمع المرتزقة من جميع البلدان. وكان هناك أربعة وعشرون من البكوات أو أمراء المماليك، الذين ينتخبون من بينهم سلطانًا، يُسمى «الأمير الكبير»، أو «كبير الأمراء». كان هذا السُلطان يحكم كلًّا من مصر والشام، واعتُرف بسيادته أيضًا كحاكم أعلى على ذلك الجزء من الجزيرة العربية الذي تقع فيه المدينتان المقدستان، مكة والمدينة.

(1) يشير المؤلف إلى مذبحة المماليك التي تمت على يد محمد علي باشا في قلعة القاهرة يوم الجمعة السادس من شهر صفر سنة 1226هـ، الموافق لعام 1811م. انظر: عبد الرحمن بن حسن الجبرتي، عجائب الآثار في التراجم والأخبار، مج.4 (مصر: المطبعة العامرة الشرفية، 1322هـ): 135 وما يليها. (المترجم).

اندلعت الحرب الأولى بين المماليك والعثمانيين - كما رأينا - خلال العهد الواهن لبايزيد الثاني، وانقضت في القسطنطينية لغير صالح الباب العالي. رأى أمراء المماليك بشكل واضح أنه في ظل سليم سوف تُدار الموارد الهائلة للإمبراطورية التركية بروح مختلفة كثيرًا عن والده، وشاهدوا باهتمام مشوب بالقلق فتح إقليمَي ديار بكر وكردستان، الذي أحرزه سليم من الفُرس، وهو ما جعل الحدود العثمانية أوسع نطاقًا من حيث اتصالها بنظيرتها المصرية في الشام. لذا، حشد سلطان مصر، قانصوه الغوري، جيشًا قويًّا للمراقبة في شمال الشام عام 1516م[1]. ذكر سنان باشا - قائد القوات العثمانية في الجنوب الشرقي لآسيا الصغرى - لسليم أنه لا يستطيع إطاعة أوامر السُلطان بالسير نحو الفرات بشكل آمن، في حين يُشكِّل المماليك تهديدًا من الجنب والمؤخرة. عقد سليم ديوانه في القسطنطينية، حيث جرى تداول مسألة الحرب مع مصر بشكل جدِّي. تحدث أمينٌ، يُدعى «محمد» (تميَّز بتحصيله العلمي، فرفعه سليم إلى الديوان كدليل على تقديره لعلمه) بقوة لصالح الحرب، وحثَّ على أنه يجب أن يحوز السُلطان العثماني شرف حماية المدن المقدسة عن طريق الفتح[2]. بدا سليم في غاية السرور من كلام فيلسوفه المفضَّل عن الحرب، فمنحه رتبة وزير على الفور. رفض محمد في البداية هذه الترقية، غير أن سليمًا اتخذ طريقة مختصرة لعلاج تردده في قبولها، فقام بيده السُلطانية بضرب الرجل الذي ابتهج بتكريمه بواسطة العصا، حتى قَبِلَ مُريد العلم الخجول المنزلة المقدَّمة إليه. عُقد العزم على شن الحرب على مصر، لكن تطلب ذلك إرسال الرُسل أولًا للمطالبة بالخضوع، امتثالًا لتعاليم القرآن. مع ذلك، لم يؤخِّر سليم استعداداته للحرب حتى يتم التحقق من نتائج الرسالة، فقد غادر القسطنطينية في الوقت نفسه مع سفرائه، واضعًا نفسه على رأس الجيش المُعَد لمحاربة مصر.

---

(1) ذكر ابن إياس أن السُلطان الغوري حين علم بالحرب الوشيكة بين العثمانيين والصفويين استدعى الأمراء للتشاور، «فوقع الرأي من الأمراء بأن العسكر يخرج من مصر ويقيم في حلب حتى يظهر ما بين ابن عثمان والصوفي من الفتن، وأن العسكر لا يدخل بين الفريقين حتى يبدو مِن أحدهما الغدر على عسكر مصر»، وبعد هزيمة سليم للصفويين عام 1514م، وسيطرته على جنوب شرق الأناضول، واستيلائه على إمارة ذي القادر عام 1515م، ظهر أن الغوري بدأ يُعد العدة لغزو محتمل من قِبَل الدولة العثمانية. انظر: ابن إياس، بدائع الزهور، مج.4: 462، 458-376، 463. (المترجم).

(2) هو محمد جلبي بن نشانجي خوجه، وفي هذا المجلس نفسه قال الصدر الأعظم أحمد باشا بن هرسك: «سلطاني، يجب عليك أن تؤدب سلطان مصر بشن حرب عليه، فعندما أُسرت في مصر، سمعت من كبار المسؤولين الرسميين أنهم لا يدخرون وسعًا في العمل على محو الإمبراطورية العثمانية كلية». انظر: متولي، الفتح العثماني: 132. (المترجم).

كان قانصوه الغوري في حلب عندما وصله سفراء سليم[1]، فقام بارتكاب حماقة تُعدُّ كذلك من الجرائم، وهي معاملتهم بإهانة وعنف. ومع اقتراب الجيش التركي أطلق سراحهم، وسعى لإجراء مفاوضات، بلا جدوى. جرت المعركة الأولى، التي حدَّدت مصير الشام، في 24 من أغسطس عام 1516م، ليس بعيدًا عن مدينة حلب، في سهل يوجد به قبر النبي داود، وفق المعتقدات الإسلامية. وكان تأثير المدفعية، والخلافات بين المماليك أنفسهم، قد منحا سليمًا فوزًا سهلًا، ومات السُلطان الغوري الطاعن في السن، أثناء محاولته الهرب[2]. اختار المماليك

---

(1) وصل السُلطان الغوري إلى حلب على رأس حملة عسكرية في 10 جمادى الآخرة عام 922هـ/ 11 يوليو عام 1516م، وهناك اعتدى المماليك على أهالي حلب بوحشية كما يروي ابن زنبل، فكان ظلم المماليك سببًا مباشرًا في هزيمتهم الفاصلة في مرج دابق، لأن الأهالي اعتبروا السُلطان سليم عند دخوله إلى الشام مخلِّصًا ومحررًا، فقدموا إليه المساعدات. يقول ابن زنبل: «فأمر السُلطان سليم بإرسال قاضٍ إلى الغوري، وكان اسم القاضي زبرك زاده، وكان أعرج، فما زال حتى وصل إلى حلب، فرأى أوطاق الغورى خاليًا من العسكر، ما فيه إلا نحو ألف أو ألفين، لأنهم كانوا كلهم دخلوا إلى مدينة حلب، وأخرجوا الناس من بيوتهم، وسلبوا حريمهم وأولادهم، وآذوهم الأذى البليغ، وكان ذلك سببًا لقيام أهل حلب مع السُلطان سليم على الجراكسة، لشدة ما حل بهم من الضرر منهم». وتأكيدًا لهذا الكلام وصلتنا وثيقة تاريخية بالغة الأهمية، عبارة عن عريضة كتبها علماء وقضاة وأشراف مدينة حلب وقدموها إلى السُلطان سليم، وتضمنت هذه الوثيقة مطالب أهالي حلب وأشرافها، ذكروا فيها أن أهالي الشام قد سئموا من ظلم المماليك، وأن رجال الإدارة والحكم يخالفون الشريعة الإسلامية، وأن السُلطان إن رغب في فتح الشام فإن الأهالي على استعداد تام للترحيب به، وأنهم سيأتون حتى مدينة عنتاب لاستقباله والترحيب به، وأنهم سيطلبون منه تعيين وزير موثوق به لإدارتهم. وقد كانت للغوري أعمال أخرى كثيرة غير هذا الأمر استلزمت حنق الناس وانتقاد معاصريه، منها فرضه لضرائب ومكوس جائرة، وضربه لنقود زائفة، واحتكاره للسلع المهمة، مما عجَّل بخراب البلاد ونهايته. انظر: ابن زنبل الرَّمال، آخرة المماليك أو واقعة السُلطان الغوري مع سليم العثماني، تحقيق عبد المنعم عامر (القاهرة: الهيئة العامة للكتاب، 1998م): 91؛ محمد كرد علي؛ خطط الشام، ج.2 (دمشق: 1343هـ/ 1925م): 215-225؛ وانظر ترجمة الوثيقة المحفوظة بطوب قابي سراي تحت رقم «ج.11634» عند: متولي، الفتح العثماني: 134-136. (المترجم).

(2) عُدَّت «مرج دابق» من المعارك الفاصلة في التاريخ الحديث؛ حيث كانت سببًا مباشرًا في تغيير جذري في جغرافيا وتاريخ الشرق الأدنى استمر لما يقرب من القرون الأربعة، فضلًا عن وضعها حدًا فاصلًا بين أساليب العصور الوسطى القتالية التي اعتمد عليها المماليك اعتمادًا كاملًا وهي السيف والفروسية، وبين الأساليب الحديثة التي استخدمها العثمانيون وكانت من الأسباب المباشرة في نصرهم، وأهمها الأسلحة النارية، فكان انتصار العثمانيين في هذه المعركة انتصارًا لمقومات العصر الحديث على العصور الوسطى بكل ما تحويه. وعلى الرغم من أن معرفة المماليك للأسلحة النارية كان سابقًا للعثمانيين، فإن المماليك لم يستغلوا هذه المعرفة ليحولوها إلى أسلحة حاسمة في ميدان القتال بحُكم أن ذلك يتطلب تعديلًا على تنظيم الجيش المملوكي وأساليبه القتالية، وحينئذٍ يصبح الجيش المملوكي جيش مشاة ويطرح الفروسية التقليدية والسهم والرمح والسيف والخيل. انظر: سالم، السيطرة العثمانية: 166 وما يليها؛ مصطفى، في =

سلطانًا جديدًا عليهم، هو طومان باي، أحد أبرز الأمراء، لشجاعته ونُبل وسماحة أخلاقه. لم تثبط الهزيمة أرواح المماليك، الذين تذكروا انتصاراتهم في الحرب السابقة، واعتبروا أنفسهم أفضل بكثير من العثمانيين في المهارة العسكرية والبراعة الشخصية. وخلال الارتباك الناجم عن هزيمة ووفاة السُّلطان، وتراجع البكوات الرئيسيين الذين ظلوا على قيد الحياة إلى القاهرة لاختيار مَن يخلفه، احتل سليم حلب ودمشق والقدس، وغيرها من المدن الشامية، بلا مقاومة. لكن عُقد العزم على الدفاع أمام عبوره للصحراء، فأُرسلت قوة متقدمة من المماليك إلى غزة، في حين رَكَّز طومان باي القدر الأكبر من القوات المصرية في محيط القاهرة.

أعَدَّ سليم لزحفٍ صعبٍ من المناطق المأهولة في الشام إلى الحدود المصرية، بقدرته وتدبيره المعهودين؛ فقد اشترى عدة آلاف من الإبل، وحُمّلت بالمياه لاستخدام جيشه أثناء عبوره الصحراء، ووزَّع هبات سخية من المال بين رجاله. استطاع الوزير الأعظم سنان باشا، هزيمة القوة المتقدِّمة من المماليك بالقرب من غزة بعد معركة عنيدة، حُسمت لصالح الأتراك بفضل المدفعية[1]. ثم عبر الجيش التركي الصحراء في عشرة أيام، وسار نحو العاصمة المصرية، القاهرة. كان جيش طومان باي متمركزًا في الرَّيدانِيَّة، وهي قرية صغيرة على الطريق المؤدية إلى تلك المدينة[2]، حيث جرت هناك معركة حاسمة في 22 يناير 1517م. تلقَّى السُّلطان المصري خيانة من اثنين من كبار مسؤوليه، هما الغزالي وخاير بك، مما أربك التكتيكات الماهرة التي كان يصبو من خلالها إلى الهجوم على جناح الجيش العثماني أثناء زحفه. وعلى الرغم من اضطرارهم إلى القتال مع حدوث هذا الخلل، لم تُبرز الفروسية المملوكية بسالة أعظم على الإطلاق من بسالة ذلك اليوم المصيري في الرَّيدانِيَّة. عند بدء المعركة، قامت فرقة من الفرسان، مسلحين بالصلب من الرأس إلى القدم، بالعَدْو من يسار الجيش المصري ناحية قلب الجيش التركي، حيث تظهر راية السُّلطان. قام طومان باي نفسه واثنان من أفضل قادته، هما علان باي وكُرت باي، بالاضطلاع بهذه المهمة الجريئة؛ حيث كانوا قد أقسموا على أخذ السُّلطان العثماني حيًّا أو ميتًا. ولم يُنقذ سليمًا سوى خلطهم بينه وبين سنان باشا، الوزير الأعظم، الذي كان في

= أصول التاريخ العثماني: 84، 80؛ David Ayalon, *Gunpowder and Firearms in the Mamluk Kingdom* (London, 1956). (المترجم).

(1) تقابل الجيشان في 24 ذي القعدة 922هـ/ 18 ديسمبر 1516م. انظر: ابن زنبل، آخرة المماليك: 123-124؛ ابن إياس، بدائع الزهور، مج.5: 111-119. (المترجم).

(2) نُسبت صحراء الرَّيدانِيَّة إلى رَيْدان الصقلبي أحد غلمان العزيز بالله الفاطمي، وتقع شرقي القاهرة على الطريق المؤدي إلى قريتي المطرية وعين شمس، وهي الآن حي العباسية بالقاهرة. (المترجم).

هذه اللحظة وسط مجموعة من القادة الرئيسيين للجيش التركي. قام طومان باي بطعن سنان باشا طعنات نافذة، وقتل كلٌّ من علان باي وكُرت باي أحد الباشوات، ثم تحرك المملوكان الجسوران بسرعة هجماتهما الخاطفة، وركبا عائدَين إلى جيشهما، على الرغم من إصابة علان باي بجرح شديد جراء طلق ناري. قام المماليك الآخرون (باستثناء أولئك الذين تراجعوا غدرًا) بالهجوم بشجاعة جديرة بمثل هؤلاء القادة، لكن كانت جهود هؤلاء الفرسان الرائعين بلا طائل أمام بطاريات المدفعية التابعة لسليم، مثلما كانت هجمات خلفائهم فيما بعد أمام إطلاق النار المتعاقب من بلوكات نابليون. هرب طومان باي ومن تبقَّى من أفضل فرسانه إلى العدويَّة، وفي سهل الرَّيدانِيَّة تكدَّس خمسة وعشرون ألفًا من قتلى المماليك.

أرسل سليم فرقة من جيشه لاحتلال القاهرة، فدخلوا بعد سبعة أيام من المعركة بلا مقاومة، إلا إن طومان باي الذي لا يُقهر فاجأ جنود الحامية المقتحِمة وقتلهم عن بَكرة أبيهم. أرسل سليم أفضل قواته لاستعادة السيطرة على المدينة، التي لم يكن بها تحصينات اعتيادية، وإنما وجد بها الأتراك حينذاك متاريس في كل شارع، وحِصْنًا في كل منزل. أعقب ذلك قتال شوارع مستميت، ولمدة ثلاثة أيام قبض المماليك على القاهرة أمام صفوف المهاجمين التابعين للسلطان. وباقتراح من خاير بك، أعلن سليم العفو عمَّن يستسلم من المماليك. وبناءً على هذا الوعد توقَّف القتال، وأصبح ثمانمائة من زعماء المماليك أسرى لدى سليم بشكل طوعي، أو سُلِّموا إليه من قِبَل الأهالي، فقطع سليم رؤوسهم جميعًا، ثم أمر بمذبحة عامة لسكان القاهرة. يُقال إن خمسين ألفًا لقوا حتفهم في هذه المجزرة البشعة[1]. اختبأ كُرت باي، الذي اشتُهر بأنه أشجع المماليك، فترةً في القاهرة، إلا إن سليمًا استطاع، عن طريق تقديم الوعود التي تضمن سلامته، إقناعَ البطل الجركسي بالمثول أمامه. هكذا لقيه سليم، وأجلسه على عرشه، ومن حوله كل شخصيات معسكره الرفيعة. قال سليم وهو ينظر إليه: «أين فروسيتك؟ وأين شجاعتك؟». فأجاب كُرت باي باقتضاب: «باقية على حالها». فقال سليم: «أتذكُر ما فعلته مع عسكري؟». فأجاب: «أذكره، ولم أنسَ منه شيئًا». فأعرب سليم عن اندهاشه من الهجوم عليه، الذي جرى من قِبَل كُرت باي بالاتفاق مع طومان باي وعلان باي، ذلك الهجوم الذي تجرأوا عليه في

---

(1) لم يذكر المعاصرون شيئًا عن هذه المذبحة، وعلى رأسهم ابن إياس على الرغم من انحيازه كثيرًا للجانب المملوكي، وإنما ذكر المؤرخون أن قتال الشوارع الذي استمر ثلاثة أيام أسفر عن مقتل ما بين خمسين وستين ألفًا من الأهالي فضلًا عن الجراكسة، خصوصًا مع الحرائق التي اندلعت بسبب استخدام المدفعية. انظر: نيقولاي إيفانوف، الفتح العثماني للأقطار العربية 1516-1574م، نقله إلى العربية يوسف عطا الله (بيروت: دار الفارابي، 1988م): 69-70؛ متولي، الفتح العثماني: 194. (المترجم).

الرَّيدانِيَّة، وأُثبت بمقتل سنان باشا. بناءً على هذا، قام كُرت باي الذي اشتُهر ببلاغته كما اشتُهر بشجاعته، بالاستفاضة في امتداح البسالة المملوكية امتداحًا رائعًا، وتحدَّث باحتقار واستنكار عن الأسلحة النارية، وقال إنها قَتْل جبان يماثل الاغتيال[1][2]، وأخبر سليمًا أن المرَّة الأولى التي جُلبت فيها «طلقات البندقية» (Venetian bullets)[3] (هكذا أطلق المماليك على طلقات المدافع والأسلحة النارية) إلى مصر كانت في عهد قانصوه الغوري، عندما عرض رجل مغربي تسليح المماليك بها، إلا إن السُّلطان وبكوات الجيش رفضوا إدخال مثل هذا التجديد في القتال، باعتباره لا يليق بالشجاعة الحقيقية، وخروجًا عن النموذج النبوي، الذي كَرَّس السيف والقوس كسلاحين مناسبين لأتباعه. قال كُرت باي: إن المغربي صاح أمام هذا الرفض قائلًا: «مَن يَعشْ فسيَنظر هذا المُلْك وهو يُؤخذ بهذه البندقية». وأضاف كُرت باي: «وهذا ما حدث، ولا حول ولا قوة إلا بالله العلي العظيم». فقال سليم: «حيث فيكم الشجاعة والشجعان والفرسان، وأنتم على الكتاب والسُّنة، كما زعمت، فبأي سبب غلبناكم، وهأنت حضرت أسيرًا بين أيدينا؟». فأجاب كُرت باي: «والله ما أخذتم أرضنا بقوتكم ولا بفروسيتكم، وإنما ذلك أمر قضاه الله وقدَّره في الأزل، وقد جعل الله لكل شيء بداية، ولكل بداية نهاية، ولكل دولة مدة معلومة وقسمة مقسومة، وقد جرت عادة الله سبحانه في خلقه بذلك. أين الأئمة المجتهدون؟ وأين الملوك والسلاطين؟ وأنت أيضًا لا بدَّ أن تموت، ويحتدم هذا النظام. أما قولك إنك أخذتني أسيرًا فإنه كلام باطل، وإنما جاءني رسولُك بكتابك مختومًا بختمك، وها هو، فظننت أنك تقف على قولك». ثم تحول كُرت باي إلى الخائن خاير بك، الذي وقف إلى جانب سليم أثناء هذا اللقاء، وبعد أن كال له أقذع الإهانات، نصح سليمًا بأن يضرب رأس هذا الخائن لئلا يودي به

---

(1) سيتذكر القارئ «هوتسبور» (Hotspur). وينم حديث نولز القديم، فيما يتعلق بانتصار سليم على الفُرس، عن الروح نفسها؛ إذ يقول: إن الخيَّالة الفُرس «لم يكونوا ليُقهروا من الأتراك، لولا المدفعية القاتلة المتسمة بالوحشية والجبن، وكثرة الرجال العجيبة». انظر أيضًا: Byron's "Island," canto 3, and note.

وفيما يتعلق بكلام كُرت باي في النص، يجب ملاحظة أنه لا يُعدُّ مجرد أسلوب تخيلي، مثله مثل الكلام الموجود في كثير من كتب المؤرخين الكلاسيكيين، وكثير من المحدثين المقلدين لهم. فقد ذكر فون هامر هذا الحوار بين كُرت باي وسليم، على عهدة آخرين، من بينهم الشيخ ابن زنبل، الذي لا بدَّ أن يكون قد شهد بالسمع والبصر الكثير مما يتعلق بروايته لفتح مصر. انظر قائمة الكُتَّاب المشرقيين التي حددها فون هامر، في الكتاب الثالث عشر.

(2) يقول ابن زنبل في ذلك: «ولا ضرهم إلا البنادق، فإنه يأخذ الرجل على حين غفلة لا يعرف من أين جاءه، فقاتل الله أول من صنعها». انظر: ابن زنبل، آخرة المماليك: 125. (المترجم).

(3) Bindikia, *i.e.* Venetian. يقول فون هامر: إن الرصاص لا يزال يُسمى كذلك في مصر.

إلى جهنم. فقال سليم وقد تملَّكه الحنق: «إني أردت أن أعتقك وأُفرج عنك، وأجعلك أميرًا من أمرائي، فرأيتك قليل الأدب، جريء اللسان، والذي يدخل على مجالس السلاطين بلا قيمة يخرج بلا قيمة». فأجاب كُرت باي بشجاعة: «معاذ الله أن أكون من أمرائك ومن أتباعك، وأنت بهذه الصفة». عند هذه الكلمات طغى غضب سليم، وأمر بإحضار الجلادين، فشُهر مائة سيف على أهبة الاستعداد طوع بنانه، فتابع المملوك الشجاع: «قطعُ رأسي وحدي لن يفيدك بشيء، فإن ورائي أبطالًا وشجعانًا، وكفى بالسُّلطان طومان باي، نصره الله». فأشار سليم إلى أحد السَّيَّافين ليقوم بالضرب. وبينما السيف يجول دائرًا للذبح، التفت البطل المنكوب إلى خاير بك قائلًا: «إذا قُطع رأسي فخذه بدمه بين يديك، واجعله في حِجْر امرأتك يا خائن، يخونك الله». كانت تلك آخر كلمات كُرت باي، أشجع شجعان المماليك[1].

سعى طومان باي بعد الخسارة الأخيرة للقاهرة، إلى تعزيز نفسه عن طريق استخدام العُرْبَان في جيشه، خلافًا لما اعتاده المماليك في السابق. لقد استطاع إحراز بعض المكاسب على حساب فِرق جيش سليم، فعرض سليم عليه السلام بشرط الاعتراف بتبعيته للسلطان العثماني. إلا إن المذبحة الغادرة في القاهرة، وإعدام كُرت باي، أثارا غضب المماليك، فقاموا بإعدام رسول سليم وكلٍ مَن برفقته، فرد سليم بذبح ثلاثة آلاف من الأسرى. استمر القتال لفترة أطول قليلًا، لكن العُرْبَان والمماليك تنازعوا فيما بينهم وتقاتلوا في حضور الجيش العثماني، الذي أطلق عليهم نيران مدافعه، يصاحبها دمار لكلا الجانبين من دون تفريق، فتفرقت على إثر ذلك قوات طومان باي تمامًا، وتعرَّض هو نفسه للخيانة ليقع في يد الأتراك. عندما بلغ سليمًا خبرُ القبض عليه، هتف قائلًا: «الحمد لله، الآن فُتحت مصر». وقام في البداية بالتعامل مع الأسير الشجاع باحترام يستحقه، إلا إن الخائنَين، الغزالي وخاير بك، قررا هلاك سيدهما السابق، فأثارا شكوك سليم بأن ثمة مؤامرة تُحاك لتحرير ذلك الأسير الملكي وإعادته إلى السُّلطة، وبناءً عليه أصدر سليم أوامره بإعدامه. وهكذا قضى آخر سلاطين المماليك، ذلك الشجاع الفارس، العادل طومان باي، في السابع عشر من أبريل عام 1517م.

أُخضعت مصر آنذاك تمامًا على يد الأتراك، إلا إن سليمًا مكث هناك عدة أشهر، شارك خلالها في تسوية مستقبل حكم الإمبراطورية الجديدة التي حازها، وزار الأبنية العامة في عاصمتها، وهناك لم تُثر اهتمام السُّلطان العثماني منشآت الفراعنة الغامضة أو آثار عظمة البطالمة، حتى إنه لم يزر الأهرامات، بل ركَّز جُل اهتمامه على المساجد وغيرها من المنشآت

(1) انظر النص الكامل لهذه المناظرة عند: ابن زنبل الرمال، آخرة المماليك: 138-145. (المترجم).

الدينية للحكام المسلمين السابقين لمصر. فحضر الصلاة في مساجد القاهرة الرئيسية في أول جمعة بعد الفتح، وأعطى للناس المحتشدين مثلًا رائعًا للتواضع الديني والأوبة، عن طريق إزالة السجاد الفاخر الذي بُسط من أجله، والسجود بجبهته مجردة على الأرض العارية، التي بللها بدموعه بشكل ملحوظ للعيان[1].

ما من طعن وُجِّه إلى صدق إخلاص سليم للدين الإسلامي، على الرغم من أنه في هذا الوقت بالتحديد كانت تُمارس أقسى عمليات الابتزاز على أهالي مصر، بناءً على أوامره. لقد ظهر خلال هذا القرن في العالم المسيحي العديد من الطغاة الذين جرى تتويجهم، وكانوا متعصبين وحشيين مجردين من المبادئ إزاء إخوانهم، مثلهم مثل السُّلطان سليم.

بعض أتباع سليم الرئيسيين قلَّدوا سيدهم في الظلم والجشع، لكن كانت هناك أيضًا نفوس نبيلة وأكثر كرمًا بين القادة العثمانيين. فهناك المؤرخ إدريس، الذي ذكرناه آنفًا منعوتًا بالشرف والعدالة والمهارة، والذي قام بتنظيم الجهاز الإداري لديار بكر وكردستان عندما عُين من قِبَل سليم على تلك البلاد المفتوحة حديثًا. كان قد شهد السُّلطان في وقت لاحق خلال الحملة المصرية، حيث خاطر آنذاك بحياته بتوسُّطه عند سيده الفظ لصالح الأهالي المظلومين. كلَّفه سليم بترجمة كتاب الدميري، في التاريخ الطبيعي، إلى اللغة العربية، فأضاف إلى ترجمته قصيدة قصيرة كتبها باللغة الفارسية، منح من خلالها نصيحة نافعة شديدة اللهجة إلى السُّلطان حول إدارة مصر، إلا إن الوزراء العثمانيين، الذين وَضَع كتابه بين أيديهم - وفقًا لرسميات البلاط - لعرضه على السُّلطان، خافوا من غضب سليم عند تلقيه مثل هذه النصيحة الحرة، فعرضوا على إدريس ألف دوقية مقابل سحب قصيدته تلك، وترْك كتابه «رسالة في التاريخ الطبيعي» فقط ليُسلَّم إلى سيده. رفض إدريس المال، مهددًا الوزراء بأنهم إن لم يؤدوا واجبهم فسيقوم بنفسه بإحضار ما كتبه لإعلام سليم وإبلاغه بإهمال موظفي بلاطه. وبناءً على هذا التهديد، أُجبر الوزراء على الامتثال. وكانت لدى إدريس جرأة نبيلة في إلحاق رسالة بقصيدته، طلب

---

(1) صلى أول جمعة بعد الفتح الموافق 28 محرم 923هـ/ 20 فبراير 1517م في جامع المؤيد شيخ، وعندما لقبه الخطيب بخادم الحرمين الشريفين، نزع السُّلطان عمامته، وقلب سجادته، وسجد على الأرض شكرًا لله تعالى على هذه النعمة الجليلة، وبكى إلى أن نزل الخطيب من فوق المنبر. وخُطب للسلطان سليم لأول مرَّة من فوق منابر القاهرة بهذا الدعاء: «وانصر اللهم السُّلطان ابن السُّلطان، مالك البرين والبحرين، وكاسر الجيشين، وسلطان العراقين، وخادم الحرمين الشريفين، الملك المظفر سليم شاه، اللهم انصره نصرًا عزيزًا، وافتح له فتحًا مبينًا، يا مالك الدنيا والآخرة يا رب العالمين». انظر: ابن إياس، بدائع الزهور، مج.5: 148؛ منجم باشي، جامع الدول، مج.2: 678. (المترجم).

فيها إذن السُلطان بمغادرة مصر، إن لم يتم تدارك المعاناة وسوء الحكم اللذين رآهما في كل مكان بمصر. كانت رؤوس أفضل قادة سليم يمكن أن تطير بسبب هذه الجرأة، إلا إن إعجاب سليم بجدارته الأدبية كان قويًّا وصادقًا، فقام فقط بمقابلة الإهانة التي تعرَّض لها من خلال انتقادات إدريس، بإرسال المؤرخ صاحب المبادئ الرفيعة إلى القسطنطينية على متن الأسطول التركي، الذي كان قد أبحر بناءً على أوامر سليم إلى ميناء الإسكندرية، وفي طريق عودته هدَّد جزيرة رودس ولم يهجم عليها.

هناك أديب آخر مفضَّل لدى سليم، هو كمال باشا زاده، الذي تولَّى المنصب القانوني الرفيع، قاضي عسكر الأناضول. وكان قد خاطر بحصانته في الوقت نفسه تقريبًا، في سبيل إخبار السُلطان ببوادر التذمر بين صفوف الجيش لاستبقائهم الطويل في مصر. وهو ما جعل سليمًا يأخذ حذره ويتخلَّى عن مشروعاته - مثل «قمبيز» (Cambyses) - التي خطط لها، من فتح للبلدان الواقعة فيما وراء شلالات النيل، واستعد لمسيرة عودته إلى أوروبا.

كان سليم يحترم الأشخاص الذين يؤنبونه أدبيًّا، وامتنع كعادته عن معاقبة العسكر الذين يشتركون في معارضة رغباته، لكنه نَفَّس عن غضبه تجاه وزرائه وغيرهم من المسؤولين الكبار كلما سنحت الفرصة. كان الوزير الأعظم، يونس باشا، واحدًا من ضحاياه؛ فبينما كان راكبًا مع سليم في طريق العودة إلى الشام، قال له سليم: «حسنًا، لقد أعطينا ظهورنا الآن إلى مصر، وسنرى غزة قريبًا». وبسرعة أجاب يونس باشا (الذي كان معارضًا دائمًا للحملة المصرية): «وماذا كانت نتيجة عنائنا وقلقنا سوى أننا تركنا نصف جيشنا في ساحة المعركة أو في رمال الصحراء، وأقمنا في حكم مصر عصابة من الخونة؟». فأشار سليم على الفور إلى حرسه لقتل يونس، فضُرب رأس الوزير الأعظم وهو يشفي غليله على ظهر الفرس بجوار السُلطان[1].

كانت إدارة الحكومة المصرية موضع قلق عميق بالنسبة إلى سليم، كما حدث مع جميع

(1) كان يونس باشا الوزير الأعظم هو أول مَن ولاه سليم حكم مصر، ولمدة خمسة أشهر، 18 ربيع الأول 923هـ/ 18 أبريل 1517م-10 شعبان/ 29 أغسطس، لكنه لم يستطع القيام بأعباء المهمة لعدم درايته بأحوال البلاد وتنظيمها في العصر المملوكي، فقرر سليم استبداله بأحد المماليك. ويعقب ابن زنبل على ذلك: «فقامت نفس يونس باشا الذي هو الوزير الأعظم، فأغلظ في الكلام على السُلطان فقال له من بعض قوله: ما الذي فعلته؟ أخذت البلاد من الجراكسة، ثم أعطيتها لهم ثانية، وعاديتهم ثم صافيتهم، فما هذا الرأي؟ فلو عرفنا ذلك ما جئنا معك ولا أطعناك في شيء من هذا الكلام، فأمر بضرب عنقه في الحال». انظر: ابن زنبل، آخرة المماليك: 153. (المترجم).

الفاتحين السابقين لهذا البلد الغني القوي، فدائمًا ما وجد ملوك الفُرس وأباطرة الرومان[1] وخلفاء الشام، سببًا وجيهًا يدفعهم إلى الخوف من إمكانية استقلال إقليمهم المصري. فإذا أتيحت الظروف لأحد الباشوات الطموحين من ذوي العبقرية الجريئة والشعبية، فلربما استطاع تحريك الأُمة العربية ضد العثمانيين، تلك الأُمة التي تُعَدُّ مصر (وفقًا لنابليون، آخر الفاتحين الكبار) عاصمتها الطبيعية. أدرك سليم أن تقسيم مصر إلى عدة «باشالِك» (Pachalic)[2] لن يكون ضمانًا كافيًا لخضوعها للباب العالي، ولذلك عزم على تقسيم السُلطة بين مجموعة متنوعة من العناصر داخل البلاد، لضمان سيادته الإمبريالية. لم يقم باستئصال المماليك، كما لم يدعم القضاء عليهم تدريجيًا من خلال منع البكوات من تجنيد أفراد أُسرهم والمماليك الجُدد من الجراكسة، وإنما اختار أربعة وعشرين من بكوات المماليك، الذين قدَّموا خدمات للعثمانيين، فاستمروا في تولِّي الأقسام الإدارية للإقليم، وعلى رأسهم الخائن خاير بك، الذي

---

(1) «أراد ألَّا يزرع في أرض أجنبية بذور الاستقلال، التي هدف إلى سحقها قرب أراضي الوطن؛ إذ كان من الصعب النفاذ إلى الجيوش الرومانية، ومصر من أمامها البحر وعلى جانبيها الصحراء. وكانت مخازنها التي تفيض بالحبوب يمكن أن تمنحها السيطرة على الأسواق الإيطالية، ويمكن لثرواتها المتراكمة أن تشتري سيوف الجموع من المرتزقة. استطاع «أوكتافيوس» (Octavius) أن يستحوذ عليها، فعَيَّن عليها ضابطًا أثيرًا، هو «كورنيليوس جاليوس» (Cornelius Gallus)، الذي كانت رتبته المتواضعة تماثل رتبة فارس، بالإضافة إلى خدماته المجربة، وهو ما أكد ولاءه ليقوم بحكمها. وفي الوقت المناسب أقنع أوكتافيوس مجلس الشيوخ، فضلًا عن الشعب، بإرساء مبدأ يقضي بأن مصر لا يجب أبدًا أن توضع تحت إدارة أي رجل يعلو رتبة فارس، وأنه لا يجب على أيِّ عضو من مجلس الشيوخ أن يسمح حتى بزيارتها من دون الحصول على تصريح واضح من السُلطة العليا. ومن أجل الدفاع عن هذا الإقليم المهم، خصَّص أوكتافيوس ثلاثة فيالق، إلى جانب بضعة أسراب من الفرسان، ومجموعة من تسعة أفواج من أصل روماني خالص. تم وضع فوج منها في الإسكندرية، التي كان سكانها - على الرغم من تمردهم - غير قادرين على الصمود في المقاومة. وثلاثة لحماية أسوان على الحدود الجنوبية، وتمركزت الأفواج الأخرى في مناطق مختلفة. وتحت القائد العسكري، كان هناك مسؤولو الإيرادات، التي كانت تُسلم لأوكتافيوس نفسه، عن طريق من عَيَّنه بشكل مباشر». - Merivale's "History of the Romans under the Empire," vol. iii. pp. 356, 357. انظر أيضًا ملاحظات نابليون عن مصر، vol. iv. ; Montholon's Memoirs, pp. 210-277. على الرغم من عدم دقته دائمًا في التفاصيل التاريخية، يُعَدُّ نابليون أفضل كاتب في موضوع مصر، الذي يمكن للقائد أو رجل الدولة أن يراجعه. ويبدو أنه قد تنبأ تقريبًا بخروج محمد علي، على الباب العالي. هناك عرض لتاريخ مصر تحت حكم المماليك والباب العالي، في المجلد الأول من: "Hope's "Anastasius، الذي تُعدُّ قيمته الاستشارية أكبر من أن تكون فقط لمجرد التسلية.

(2) بالتركية «paşalik»، وتعني: «باشاوية، أو الإقليم الذي يديره باشا»، وكلمة «باشالِك» في المصادر الأوروبية تشير عمومًا إلى الإيالات العثمانية. (المترجم).

نُصِّب حاكمًا لمصر[1]. ومع ذلك، أَرسل سليم زوجات خاير بك وأولاده إلى أوروبا ضمانًا لالتزامه بالسلوك الجيد. وأقام للسيادة التركية حماية أكثر دوامًا وفعالية، من خلال وضع قوة دائمة من خمسة آلاف سباهي وخمسمائة إنكشاري في العاصمة، تحت قيادة العثماني خير الدين آغا، الذي تلقَّى الأوامر بعدم مغادرة الحصون. جرى تجنيد هذه القوة من سكان مصر، وشكَّلت تدريجيًّا ميليشيا إقليمية بأهمية وامتيازات رفيعة. وقد وضع سليم الجزء الأكبر من المهام الإدارية الخاصة بالمسائل القانونية والدينية في أيدي شيوخ العرب، الذين امتلكوا التأثير الأكبر على الكتلة السكانية التي كانت من أصل عربي مثلهم. وقام الشيوخ بطبيعة الحال، عبر الروح الدينية والهوى، بربط أنفسهم بالقسطنطينية بدلًا من المماليك، واستقطاب مشاعر السكان العرب الآخرين معهم. لم يأبه سليم للأقباط، السكان الأصليين لمصر، لكن من بين هذه الفئة المزدراة، فضلًا عن اليهود، اختار بكوات المماليك وكلاءهم وجامعي الضرائب بشكل عام، وكانت القرى عادة ما تُحكم بشكل مباشر من قِبَل المسؤولين المحليين الأقباط[2].

كان سلاطين مصر المماليك، الذين قطع سليم حُكم سلالتهم، أصحاب سُلطة معترف بها، وحماة للمدن المقدسة في بلاد العرب. والآن حاز سليم على الألقاب والحقوق نفسها، التي شكَّلت قيمة مطلقة في عيون المتحمسين الإمبرياليين، والتي كانت ولا تزال ذات قيمة عملية حقيقية للسلاطين العثمانيين، من خلال نفوذها الذي تمنحه لهم على العالم الإسلامي برُمَّته.

هناك منزلة أخرى حصل عليها سليم وخلفاؤه من فتح مصر، وهي وراثة الخلافة، والقوة الروحية، والتفوق المستمد من النيابة المباشرة للنبي محمد صلى الله عليه وسلم. فبعد وفاة الخلفاء الأربعة الأوائل، الذين كانوا أصحابًا ملازمين للنبي صلى الله عليه وسلم، انتقلت سُلطة الإسلام الروحية تباعًا إلى الخلفاء الأُمويين، ثم إلى العباسيين، الذين أُطيح بسُلطتهم الزمنية على يد هولاكو خان، حفيد جنكيز خان، عام 1258م. لكن على الرغم من القضاء على السُّلطة

---

(1) كان ذلك في يوم 13 شعبان 923هـ/ 31 أغسطس 1517م، وبالفعل كان خاير بك اختيارًا موفقًا من السُّلطان؛ إذ استطاع التوفيق بين ما كانت عليه الدولة في ظل المماليك وما هي مقبلة عليه كولاية عثمانية، وأثبت كفاءته فيما يخص انتزاع الإدارة المالية والإدارية وكل ما يخص النواحي المالية من واردات ومصاريف وضرائب، من إداريي المماليك الذين فر معظمهم من العثمانيين، ثم وضعها بين يدي السُّلطان. انظر: عبد الله الشرقاوي، تحفة الناظرين فيمن تولى مصر من الولاة والسلاطين، تحقيق رحاب عبد الحميد (القاهرة: مكتبة مدبولي، 1996م): 115؛ ابن زنبل، آخرة المماليك: 114؛ سيد محمد السيد، مصر في العصر العثماني في القرن 16 (القاهرة: مكتبة مدبولي، 1997م): 86، 90 وما يليها. (المترجم).

(2) See Von Hammer, Napoleon, and Hope, *ut supra*.

الفعلية للخلفاء حينذاك كأمراء مستقلين، فقد دام اسمهم بعد ذلك لثلاثة قرون متمثلًا في ثمانية عشر من سلالة البيت العباسي، استقروا في مصر، في عاصمة سلاطين المماليك بعظمة اسمية من دون سُلطة حقيقية - مثل سلالة المغول العظام في الهند البريطانية - وقد وضعوا اسمهم على مراسيم سلاطين المماليك عند الضرورة. وشاهدنا كيف أن بايزيد الأول في الحالة العثمانية، والأمراء المسلمين في البلدان الأخرى، كانوا لا يزالون يَعتبرون الخليفة المصري مصدرًا للتكريم، ملتمسين منه مسوغات السيادة والإقرار بها. وعندما فتح سليم مصر، وجد بها محمد، الخليفة الثامن عشر من البيت العباسي، فحثه على نقل الخلافة رسميًّا إلى السُّلطان العثماني وخلفائه. وفي الوقت نفسه حاز سليم الشارات العينية لهذا المنصب الرفيع، التي احتفظ بها الخلفاء العباسيون، وهي الراية المقدسة وسيف وعباءة النبي صلى الله عليه وسلم[1].

---

(1) كانت الخلافة الإسلامية تُمثّل السُّلطتين الدينية والزمنية في صدر الإسلام، في وقت كانت فيه دولة الإسلام دولة واحدة يحكمها رجل واحد توحدت فيه الإمامتان: الدينية لكونه خليفة رسول الله صلى الله عليه وسلم في حفظ شرع الله وتطبيقه في الأرض، والدنيوية لكونه حاكمًا سياسيًّا لدولة الإسلام، وأصبحت البيعة تؤخذ له لتولي أمر المسلمين عامة. إلا إنه مع الضعف السياسي لمنظومة الخلافة نفسها منذ القرن الثالث الهجري، بدأت تظهر ما تُسمى بـ«إمارات التغلب» التي نازعت دولة الخلافة في سلطتها السياسية مع اعترافها بسلطتها الروحية والدينية. وهكذا بدأت السلطتان الروحية والزمنية المتمثلتان في منصب الخلافة تنفصلان بعضهما عن بعض شيئًا فشيئًا، حتى وصل هذا المنصب إلى منتهى ضعفه في القرن السابع الهجري؛ حيث أصبح الخليفة لا يمتلك في يده سُلطة سياسية فعلية، اللهم إلا الشرعية التي اكتسبها من نسبه وتاريخ منصبه. وظل الأمر كذلك إلى أن سقطت الخلافة في بغداد على يد المغول عام 656هـ/ 1258م، وقُتل المستعصم بالله آخر خلفاء بني العباس في بغداد. ومع قيام دولة المماليك الأولى في مصر والشام وتولي الظاهر بيبرس البندقداري (658-676هـ/ 1260-1277م) مقاليد الحكم في مصر، عَلِم أنه في حاجة إلى الشرعية التي تؤيد حكمه وتعطيه القانونية اللازمة؛ خصوصًا لكونه مملوكًا لا حق له في المُلْك، لذا سعى لإحياء الخلافة العباسية في القاهرة، ونجح بالفعل في ذلك، وهو ما أعطاه الحق في مد النفوذ المملوكي باسم الخلافة على الحجاز والبقاع المقدسة. وهكذا تبوأت دولة المماليك وحكامها منذ ذلك الوقت الصدارة في العالم الإسلامي حتى سقوطها على يد العثمانيين. وهو ما أدى إلى كثير من الجدل بين المؤرخين في مسألة انتقال الخلافة من آل العباس إلى آل عثمان، فكان أول من زعم ذلك هو دوسُّون عام 1787م، فتناقل كثير من المستشرقين هذا الزعم من بعده، على الرغم من أن المؤرخين المعاصرين للحدث، وعلى رأسهم ابن إياس، لم يذكروا شيئًا عن هذه المسألة، مع أن ابن إياس قد أورد سفر الخليفة العباسي إلى إستانبول وذكر أخباره هناك في مختلف المناسبات. إن لقب الخلافة نفسه في ذلك الوقت - كما نقل توماس أرنولد عن فون هامر - لم يبقَ له شيء من مظاهر التقديس والاحترام التي كانت له في العصور الأولى، لذا اتجه السلاطين العثمانيون في زمن قومتهم إلى اتخاذ ألقاب أخرى تعدت إمامة المسلمين، مثل لقب «سلطان العالم»، وحين بدأت مظاهر الضعف تبدو على الدولة العثمانية في القرن الثامن عشر، بدأ السلاطين العثمانيون في إعادة صياغة بعض الألقاب التي تؤهلهم لتلك المرحلة الجديدة التي تشهدها الدولة، فعندما وُقعت =

وَجَّهنا، في فصل سابق من هذا الكتاب، الانتباهَ إلى أهمية أن يكون السُّلطان التركي هو الحاكم الزمني والروحي في الوقت نفسه لرعاياه المسلمين، ليكون بمنزلة البابا والإمبراطور. ومن السهولة بمكان أن نتصوَّر كيف يمكن أن يزداد نفوذ السُّلطان عن طريق تبوُّئه لمنصب الخليفة المقدس، نائب رسول الله صلى الله عليه وسلم، وأمير المؤمنين، والإمام الأعلى للإسلام؛ مما يمنح المنزلة الرفيعة والنفوذ للسلاطين الأتراك (وربما يعطيهم تأثيرًا عمليًّا) ليس فقط على رعاياهم المسلمين، وإنما على كل مَن يعتنقون العقيدة الإسلامية، أيًّا كان جنسهم، وأيًّا كان بلدهم، إلا الفُرس والقليل غيرهم ممن يتبنون المعتقدات الشيعية[1].

قاد السُّلطان سليم جيشه المنتصر عائدًا من مصر إلى الشام، في سبتمبر 1517م. وحمل

= معاهدة قينارجه عام 1187هـ/ 1774م بين الدولة العثمانية وروسيا ظهر لقب الخلافة لأول مرَّة في العهد العثماني بصفة رسمية؛ إذ نعت به السُّلطان عبد الحميد الأول (1187-1203هـ/ 1774-1789م) نفسه ليصبغ منصبه بالصبغة الدينية التي تخوله التحدث بالنيابة عن البلدان الإسلامية التي تقع تحت حكمه، فضلًا عن حماية المسلمين الموجودين في الأراضي الروسية. وعندما وصلت الدولة العثمانية إلى قمة ضعفها في النصف الثاني من القرن التاسع عشر حاول السُّلطان عبد الحميد الثاني (1293-1327هـ/ 1876-1909م) مواجهة التدخلات الأجنبية في الدولة بإعادة إحياء منصب الخلافة الإسلامية، وإقامة ما يُسمى بـ«الجامعة الإسلامية»، هادفًا بذلك إلى جمع الشعوب الإسلامية تحت لوائه، مما يُكسبه ثقلًا دوليًّا وزعامة إسلامية يستطيع من خلالهما القضاء على التدخل الأجنبي المتزايد. انظر: أحمد سالم سالم، «دراسة لتطور مفهوم الخلافة والسلطة بين المماليك والعثمانيين»، المجلة التاريخية المصرية، المجلد 48 (2012-2013م): 305-335؛ متولي، الفتح العثماني: 237-239؛ حسن إبراهيم حسن وعلي إبراهيم حسن، النظم الإسلامية (القاهرة: مكتبة النهضة المصرية، د.ت): 106-111؛ أحمد فهد بركات الشوابكة، حركة الجامعة الإسلامية (الأردن: مكتبة المنار، ١٩٨٤م). (المترجم).

(1) يتحدث السير «جورج كامبل» (George Campbell) (ص40)، باستخفاف عن فكرة أن السُّلطان التركي ليس له أي تأثير على المسلمين السُّنة خارج نطاق السيادة التركية، لكونه خليفة. أنا لا أفترض مقارنة الفرص المتاحة لي لرصد السكان المسلمين، مع تلك التي أُتيحت طويلًا للسير جورج كامبل، كما أنني لا أُقلل من قدرته على التعامل مع مثل هذه الفرص. وإنما قد أُتيحت لي فرصة عملية لمعرفة الكثير عن عادات ومشاعر مسلمي «سيلان» (Ceylon)، ذلك البلد الذي لم يقع قَطُّ تحت الحكم التركي، وتحدثت كثيرًا مع أولئك الذين اطلعوا طويلًا على المسلمين في أجزاء أخرى من الشرق الأقصى، وأعلم حقيقةً أنه في إحدى حالات الاهتمام البالغ للسكان المسلمين في سيلان، عندما حدث وتدنس مسجدهم الرئيسي في «باربيريان» (Barberyn)، بواسطة بعض «السنهال» (Sinhalese)، الذين طرحوا فيه خنزيرًا ميتًا على طاولة قارئ القرآن، وشعر المسلمون آنذاك بحيرة كبيرة فيما يتعلق بمشروعية استئناف شعائرهم وطقوسهم الدينية هناك، قاموا بإرسال وفد إلى مكة لطلب المشورة من رئيس الإفتاء في المدينة المقدسة، وبالفعل جرى الحصول على هذه المشورة واتباعها.

ألف جمل مثقلين بالذهب والفضة، جزءًا من الغنائم الوافرة للحرب. أما الجزء الأكثر قيمة، فقد بعث به سليم على متن الأسطول العثماني إلى القسطنطينية، وكان يتألف من أمهر الحرفيين في القاهرة، الذين اختارهم سليم وقام بترحيلهم إلى عاصمة إمبراطوريته، كما فعل في تبريز[1]. أوقف سليم جيشه لعدة أشهر، أولًا في دمشق، ثم بعد ذلك في حلب. وخلال هذا الوقت تلقَّى طاعة العديد من القبائل العربية، ونظَّم تقسيم الشام إلى حكومات، فضلًا عن الإدارة المالية والقضائية لذلك الإقليم. هكذا عاد إلى القسطنطينية في أغسطس 1518م، بعد أن غاب عنها عامين أو أكثر قليلًا، قام خلالهما بإخضاع ثلاث أمم: الشوام، والمصريين، والعرب.

وجَّه سليم اهتمامه حينذاك بجدية إلى تطوير الموارد البحرية لإمبراطوريته؛ فقام عام 1519م بإنشاء مائة وخمسين سفينة جديدة ذات أبعاد مختلفة، بعضها بلغت حمولته سبعمائة طن. وفي الوقت نفسه كانت هناك مائة سفينة جالي جديدة مستعدة للانطلاق، حيث تلقَّت الأوامر بأن تُعدَّ وتُجهَّز تجهيزًا كاملًا للإبحار. وحُشد جيش قوي من ستين ألف رجل، وطاقم كبير من المدفعية، في آسيا الصغرى، على استعداد للقيام بحملة فور سماع كلمة التوجيه الأولى. افترض البعض أن سليمًا يخطط لهجوم كبير على فارس، إلا إنه ساد الاعتقاد بأن التجهيزات التركية كانت تصبو إلى رودس. لكن سليمًا حسم الأمر بعدم الهجوم حتى يتأكد من فعاليته، فاستمر التسلح في الموانئ التركية، وبناء أحواض السفن الجديدة والترسانات، بجهود مطردة في السنة التالية. وبالنظر إلى تلك القوة البحرية الهائلة التي كان يجري بناؤها، لم يعد الشك

(1) شَكَّل ترحيل صفوة المجتمع المصري من علماء وفنانين وتجار وصناع إلى إستانبول عاصمة الدولة للاستفادة من خبراتهم، حادثة أقام لها الدنيا الكثير من المنتقدين والمتحاملين، وصوروا الأمر على أنه حرمان البلاد العربية من رصيدها البشري المتميز، وهو ما أضر بالحياة الفكرية، وأعاق النشاط المهني والحرفي فيها، مع أنهم لو أكملوا ما انتهى إليه الموضوع لتهاوى كل ما بنوه من صروح؛ إذ إن هذا الأمر لم يدم إلا ثلاث سنوات تقريبًا، فبعد وفاة السُلطان سليم وتولِّي ابنه سليمان العرش سنة 926هـ/ 1520م، كان من أول فرماناته التي أصدرها فرمان يأذن بعودة جميع العلماء والعمال الذين تم ترحيلهم من مصر في عهد والده، وقد ذكر ذلك ابن إياس في حوادث شهر جمادى الأولى سنة 927هـ؛ مع ذلك رفض معظمهم العودة إلى مصر وآثروا العيش في إستانبول أجمل وأكبر مدن العالم حينذاك، فلما بلغ السُلطان سليمان ذلك أصدر فرمانًا لاحقًا في شهر رجب سنة 927هـ، أمر فيه بشنق كل مصري يرفض العودة إلى مصر أو يتباطأ في ذلك، فتعاقب وصولهم إليها أفواجًا. انظر: ابن إياس، بدائع الزهور، مج.5: 397، 394، 207؛ الشناوي، الدولة العثمانية، مج.2: 18-22. (المترجم).

واردًا في أن رودس هي هدف الهجوم[1]. لم ينسَ سليم ذلك الارتداد المخزي عن هذا المعقل الصليبي، الذي لاقاه جَده من قبل؛ لذا لم يُرد إطلاق الحملة إلا بعد توفير وترتيب كل شيء يمكن أن يلزم خلالها، حتى فيما يتعلق بأدق التفاصيل.

كان وزراؤه أكثر حرصًا على بدء هذه الحملة، فجلبوا لأنفسهم توبيخ سيدهم الصارم صاحب البصيرة؛ فذات يوم عندما كان السُلطان في رفقة حسن جان، والد المؤرخ سعد الدين، وأثناء مغادرته لمسجد أيوب، رأى إحدى سفن الجالي الجديدة رفيعة المستوى، والتي كان قد أمر بإعدادها لتكون جاهزة للانطلاق، تُبحر على طول ميناء القسطنطينية. فذهب غاضبًا، وأمر باستدعاء ذلك الذي صرَّح بمغادرة الجالي لقاعدتها. وبصعوبة بالغة، تمكَّن الوزير الأعظم بيري باشا، من إنقاذ رأس أمير البحر هذا، مُوَضِّحًا للسلطان أن الرجل كثيرًا ما اعتاد تجريب السفن حينما تكون في جاهزية تامة. استدعى سليم الوزراء من حوله، وقال لهم: «أنتم تحاولون دفعي للإسراع بفتح رودس، لكن هل تعلمون ما تتطلَّبه مثل هذه الحملة؟ هل يمكنكم أن تخبروني عن كمية البارود الموجودة في المخازن؟». لم يستطع الوزراء الإجابة مأخوذين بالمفاجأة، لكنهم جاءوا في اليوم التالي إلى السُلطان وأخبروه بأن لديهم كمية تكفي لحصار أربعة أشهر. أجاب سليم بغضب: «ما فائدة ذخيرة تكفي لأربعة أشهر، مع عدم كفاية ضِعْف هذا المقدار؟ هل تريدون أن أُكرر العار الذي حدث مع محمد الثاني؟ أنا لن أبدأ الحرب، ولن أرحل إلى رودس، بمثل هذه الاستعدادات القليلة، كما أنني أعتقد أنه لا سفر لي بعد اليوم إلا سفر الآخرة»[2].

قال هذه الكلمات بناءً على شعور مسبق صحيح باقتراب الموت؛ فقد غادر عاصمته بقصد

---

(1) أرسل قبودان الأسطول العثماني إبان السيطرة على مصر خطابًا إلى زعيم فرسان رودس هدَّده فيه وأهانه إهانة بالغة ووصفه بالكلب الأجرب، وبعد هذا الخطاب أرسل البابا «ليو العاشر» (Leo X) (1513-1521م) رسالة إلى ملك فرنسا فرنسوا الأول بتاريخ 2 يوليو 1517م، يخبره فيها أن العثمانيين يحتفلون بانتصاراتهم في المشرق، وأنهم متعطشون لإراقة الدم المسيحي. وبعد خطاب البابا ببضعة أشهر أرسل «ألبرتو بيو» (Alberto Pio) سفير الإمبراطور ماكسمليان في روما خطابًا في 7 نوفمبر 1517م يخبره فيه بتطورات الأوضاع، جاء فيه: «الآن، استطاع الأتراك الاستيلاء على مصر كما يقول البابا، وسيطروا تقريبًا على كامل الإمبراطورية الرومانية الشرقية، وقاموا بإعداد أسطول قوي في الدردنيل؛ إذ لم تَعُدْ صقلية أو حتى إيطاليا برُمَّتها تُرضي طموحهم». انظر: Setton, op. cit, Vol. III, pp. 172, 175; Ludwig von Pastor, *The History of the Popes from the Close of the Middle Ages: Drawn from the Secret Archives of the Vatican and other original sources*, Translated from the German of Dr. Ludwig Pastor, Vol. VII, (London, 1908): p. 219. (المترجم).

(2) قارن: حاجي خليفة، تحفة الكبار: 80-81؛ منجم باشي، جامع الدول، مج.2: 693. (المترجم).

الذهاب إلى أدرنة، ومع أعراض المرض الخطير التي ظهرت عليه فعليًا، امتطى صهوة جواده، على الرغم من احتجاج وتوسلات الأطباء، الذين لم يستطيعوا حتى وقفه عن تناول الأفيون. وعندما وصل إلى قرية صغيرة على الطريق إلى أدرنة، في المكان الذي نشبت فيه سابقًا معركة بينه وبين أبيه، وحيث - وفقًا للرواية البندقية عن وفاته - أصابته لعنة والده، أصبحت آلام مرضه غاية في الشدة، مما اضطره إلى التوقف[1]. وفي الليلة السابعة من مغادرته للقسطنطينية، جلس حسن جان - رفيقه الذي لا يفارقه - إلى جوار العاهل المحتضر يقرأ له من القرآن. كانت حركة شفتي سليم تُظهر متابعته للقارئ، لكن فجأة عند قوله تعالى: «**سَلَامٌ قَوْلًا مِنْ رَبٍّ رَحِيمٍ**» [يس: 58]، ضم سليم يده بتشنُّج مُسلمًا الروح (22 سبتمبر، 1520م).

تُوفِّي هذا السُلطان في الرابعة والخمسين من عمره، والعام التاسع من حكمه. ويبدو أن القول المأثور في أدبنا المسرحي العظيم، بأن روح الشر تُوحي للغاصب الآتي من الشمال «أن يكون دمويًا، جريئًا، حازمًا»، هو المبدأ الذي حكم حياة السُلطان سليم، ومع ذلك لا أحد يستطيع أن ينكر قدراته الإدارية والعسكرية الرفيعة. ومن الناحية الدينية، على الرغم من شدة تعصُّبه، فإنه تمتَّع بإخلاص لا شك فيه. وكان تميُّزه الشخصي في الأدب، ورعايته الكريمة المستنيرة للفكر لدى الآخرين، من الأمور التي نال بسببها الإطراء المنصف من الكُتَّاب المشرقيين.

كان المفتي «جمالي» (Djemali)[2]، واحدًا من أهم رجال الشريعة في هذا العهد. وإذا كان قد وصم نفسه بالفتوى التي أقرها، بشأن الذرائع الواهية للحرب على مصر، فإن الأمانة والشجاعة اللتين عارض بهما قسوة سليم تُعدَّان تكريمًا كبيرًا لذكراه.

ولا يمكننا أن ننكر الإشادة بالسُلطان الذي كبح مرارًا إرادته المتغطرسة، وامتنع عن إراقة الدماء المرغوبة لديه، عند لوم مرؤوسيه. ففي إحدى المرَّات التي قام فيها سليم، بسبب بعض الأسباب الواهية الداعية إلى الغضب، بإصدار أوامره بإعدام مائة وخمسين شخصًا من عمال

(1) قرب قلعة «شورلي» بإزاء بلد «خيرت»، وهو مكان وفاة والده بايزيد عندما كان متوجهًا إلى ديموطيقه. انظر: حسين خوجه، بشائر أهل الإيمان، مج.2: 116. (المترجم).

(2) هو المولى علاء الدين علي بن أحمد بن محمد الجمالي، الرومي الحنفي. تعلَّم العلوم العقلية والشرعية في بورصة، ثم عمل مدرسًا، إلا إنه ترك التدريس واتصل بخدمة العارف بالله مصلح الدين بن أبي الوفاء، فلما تولَّى السُلطان بايزيد الثاني السلطنة أرسل إليه الوزراء ودعاه إليه، فامتنع، فأعطاه تدريسًا ورقاه، ذهب بعدها إلى مصر فمكث بها سنة وعاد بعد أن أدى الحج، فولاه السُلطان بايزيد منصب الفتوى، وظل به إلى زمن السُلطان سليم. تُوفِّي عام 932هـ/ 1526م. انظر: طاشكبري، الشقائق النعمانية: 173-176؛ نجم الدين الغزي، الكواكب السائرة، مج.1: 268-269. (المترجم).

خزانته، وقف المفتي جمالي أمام السُلطان قائلًا له: «إن من وظيفة أرباب الفتوى أن يحافظوا على آخرة سلطان الإسلام، لذا أطلب منك العفو عن مائة وخمسين رجلًا حكمت عليهم بالموت، ولم يَجز قتلهم شرعًا». أجاب سليم: «هذه أمور من مهمات السلطنة، لا دخل للعلماء فيها، فضلًا عن أن الناس لا يخضعون للنظام إلا بالشدة». أجاب جمالي: «إنها ليست مسألة من مسائل الدنيا، بل هي من أمور الآخرة، حيث يُقابَل العفو بثواب لا ينقطع، والجَوْر بعقاب لا ينقطع». فما كان من سليم إلا أن خضع للمفتي، فلم يَسْلم أولئك المحكوم عليهم فحسب، بل استعادوا وظائفهم كذلك.

في مناسبة أخرى، أصدر سليم مرسومًا يحظر فيه تجارة الحرير مع بلاد فارس، وقام بالاستيلاء على بضائع التجار المشاركين في هذه التجارة، آمرًا بإعدام التجار أنفسهم، البالغ عددهم أربعمائة؛ فما كان من جمالي إلا أن توسط لصالحهم، بينما كان راكبًا إلى جوار السُلطان على الطريق إلى أدرنة. عندها صاح سليم مستهجنًا: «هل يَحِلُّ قتلُ ثلثي العالم لضمان نظام الباقي؟». فأجاب المفتي: «نعم، ولكن إذا أدى إلى خلل عظيم». قال سليم: «وأي خلل أعظم من مخالفة الأمر؟ فكل بلد ينبذ طاعة من يحكمه يتردى سريعًا إلى الخراب». أجاب جمالي بجرأة: «هؤلاء لم يخالفوا أمرك، فلم يكن الاتجار في الحرير محظورًا». صاح سليم في غضب: «ليست أمور السلطنة من وظيفتك». عندئذ لم يخفِ المفتي استياءه، فذهب ولم يُسَلِّم على السُلطان بالطريقة المعهودة. تفاجأ سليم حتى تساوت مفاجأته مع غضبه، فوقف على فرسه لبعض الوقت متفكرًا يستوعب الأمر، لكن في النهاية انتصر على نفسه، وقام عند عودته إلى القسطنطينية بإطلاق سراح التجار المدانين، وأعاد إليهم بضائعهم، ثم بعث برسالة إلى جمالي أعرب فيها عن سعادته السامية بالجمع له بين أعلى منصبين شرعيين: قاضي الرُوملي، وقاضي الأناضول. رفض جمالي المنصب المعروض عليه، لكنه استمر في الاحتفاظ باحترام السُلطان وصداقته[1].

أما الممارسة الأبرز لتأثيره العملي، فكانت منعه إبادة كامل السكان اليونانيين للإمبراطورية العثمانية، الذين كانوا مُهدَّدين بسبب تعصُّب سليم. فبعد مذبحة الشيعة المهرطقة، خرج سليم

---

(1) أراد السُلطان سليم أن يجمع له بين الإفتاء وقضاء العسكر، فأرسل له أمرًا بأن يكون قاضيًا للعسكر، وقال له: «جمعت لك بين الطرفين لأني تحققت أنك تتكلم الحق». فكتب المولى المذكور في جوابه: «وصل إليَّ كتابك - سلَّمك الله تعالى وأبقاك - وأمرتني بالقضاء، وإنني أمتثل أمرك إلا إن لي مع الله تعالى عهدًا ألَّا تصدر عني لفظة: حَكَمْتُ». فأحبه السُلطان محبة عظيمة لإعراضه عن المال والجاه والمنصب صيانة لدينه. انظر: طاشكبري، الشقائق النعمانية: 176؛ نجم الدين الغزي، الكواكب السائرة، مج.1: 269. (المترجم).

بفكرة استئصال الكُفر والمعتقدات الخاطئة أيًا كان نوعها من مناطق سيادته، وعزم على إعدام كل المسيحيين وتحويل كنائسهم إلى مساجد. ومن دون الإفصاح عن هدفه بدقة، طرح أمام المفتي جمالي سؤالًا عامًّا: «ما الشيء الذي من شأنه أن يفتح العالم أجمع، أو يُحوِّل الأمم إلى الإسلام؟». فأجاب المفتي بأن هداية الكفار هي بلا شك العمل الأكثر جدارة وإرضاءً لله. وبحصوله على هذه الفتوى، أمر سليم وزيره الأعظم على الفور بتحويل جميع الكنائس إلى مساجد، بهدف منع ممارسة العقيدة المسيحية، وتنفيذ حكم الإعدام في كل مَن يرفض اعتناق الإسلام. شعر الوزير الأعظم بالقلق إزاء هذا المرسوم الدموي، فراجع جمالي، الذي منح الفتوى من دون إدراك منه فاستخدمها السُلطان لتبرير قتل هؤلاء المسيحيين. وبناءً على توصية من جمالي، سعى البطريرك اليوناني لمقابلة السُلطان، وعلى الرغم من سماعه بصعوبة بالغة أمام الديوان في أدرنة، طالب بالتعهدات التي منحها محمد الثاني للمسيحيين عند فتح القسطنطينية، واحتج بفصاحة بمقاطع من القرآن تنهى عن الهِداية بالإجبار، وتأمر المسلمين بممارسة التسامح الديني مع أهل الكتاب الذين يقومون بدفع الجزية. فما كان من سليم إلا أن استجاب لاحتجاجات وتوسلات اليونانيين المهدَّدين، واستمع إلى النصح المُلِح من أفضل مستشاريه، بالامتناع عما كان ينتويه من قتل للرَّعايا. ومع ذلك رفض ترك أرفع كنائس القسطنطينية لاستخدام المسيحيين أكثر من ذلك؛ فحُولت إلى مساجد، لكن بُنيت عوضًا عنها منشآت أقل من الخشب، وأُصلحت الكنائس الخربة بأمر من سليم، لذلك يمكن إعطاء التقدير الواضح لما قام به سلفه العظيم من منح الحريات إلى اليونانيين.

الفصل التاسع

أهمية عهد سليمان - شخصيته - الابتهاج باعتلائه العرش - فتح بلجراد ورودس - معركة موهاج - حصار فيينا - الارتداد المحرج للأتراك.

الفصل التاسع[1]

تُعدُّ الفترة التي حَكَم فيها سليمان الأول (1520-1566م)، واحدة من أهم الحِقب، ليس فقط في التاريخ العثماني، وإنما في تاريخ العالم أجمع؛ حيث كانت الممالك العظيمة للعالم المسيحي قد خرجت آنذاك من خضم الفوضى الإقطاعية، وعزَّزت مواردها، وأنضجت قوتها، فوقفت مستعدة لمنافسات على نطاق أوسع، تُقَدِّم من خلالها مزيدًا من النشاط المتواصل، وتُحقق المزيد من التوسع القائم على خطط منهجية، أكثر مما شهدته تلك القرون التي نُطْلِق عليها «العصور الوسطى». كان قد مَرَّ في بداية هذه الحقبة (1520م) ما يقرب من أربعين عامًا، منذ أن انخرط العثمانيون جديًّا في الصراع مع القوى الرئيسية في وسط وغرب أوروبا. كانت الحروب الأوروبية التي خاضها بايزيد الثاني الضعيف، تُشَن بفتور، وضد الدول الصغيرة في العالم المسيحي. أما الطاقات الشرسة لابنه العنيد سليم فقد كُرِّست لفتح البلدان الإسلامية. وخلال هذين العهدين، بدأت الممالك الكبرى لأوروبا الحديثة تتحول من طور النمو إلى طور النضوج. فاستردت إسبانيا آخر ما تبقَّى من أراضيها التي كانت خاضعة للفاتحين العرب القدامى، وتوحَّدت ممالكها المسيحية المختلفة تحت حُكم أُسرة واحدة. أما فرنسا، فقد تعلَّمت تحت حكم ثلاثة ملوك مولعين بالحرب، هم: شارل الثامن، و«لويس الثاني عشر» (Louis XII)، و«فرنسوا الأول» (Francis I)، أن تُوظِّف طاقاتها المتنافرة ومواردها المُقَسَّمة، منذ أمد طويل، في مشروعات غزو أجنبي تتسم بالذكاء، تلك الطاقات والموارد التي وضعها «لويس الحادي عشر» (Louis XI) تحت السُلطة المطلقة للتاج. وفي إنجلترا، وممتلكات البيت المالك النمساوي، حدثت تطورات مماثلة من تعزيز ونضوج للسُلطة. إضافةً إلى ذلك، وبينما تَلقَّت الفنون التي تُثري الأمم وتُجمِّلها دفعةً غير مسبوقة ولا نظير لها في العالم المسيحي قرب نهاية القرن الخامس عشر، تَطوَّر فن الحرب هناك بدرجة أرفع؛ حيث استُخدمت آنذاك الجيوش النظامية الدائمة، التي تضم أعدادًا كبيرة من المشاة المسلحين والمدرَّبين جيدًا، وصار تصنيع واستخدام الأسلحة النارية - خصوصًا المدافع - معروفًا على نحو أفضل، وبشكل أكثر

(1) See Von Hammer, books xxv., xxvi.

اعتيادًا. وأُنشئت مدرسة لتدريب القادة المهرة البواسل على الحروب، على غرار القائد الكبير «جونسالفو القرطبي» (Gonsalvo of Cordova). وإلى جانب بدء الصراع بين فرنسا والنمسا لحيازة إيطاليا، برز العديد من الأحداث الكبرى في الفترة الانتقالية بين التاريخ الوسيط والحديث، مع نهاية القرن الخامس عشر وبداية القرن السادس عشر. وعلى الرغم من أن تلك الأحداث لم تكن في مجموعها على اتصال تام بالحرب، فإنها كانت جميعًا بقصد إيقاظ بطولة تكون أكثر دوامًا وامتدادًا بين أمم العالم المسيحي، وتَفَوُّق تلك الأمم على خصومهم المسلمين. إن الاكتشافات البحرية الكبرى والفتوحات التي قام بها البرتغاليون والإسبان في شرق الهند والعالم الجديد، والحافز الذي قدَّمه فن الطباعة للتنوير والحوار والبحث الحر، كل ذلك أدى إلى مضاعفة وارتقاء الروح القيادية للعالم المسيحي، لتصبح جريئة في الطموح، وصبورة أمام صعوبات ومعاناة أداء العمل. ثمة سبب أيضًا لتوقُّع أن هذه الطاقات الجديدة للإفرنج سوف تجد ميدانها العملي في الانتصارات على الإسلام، ليصير الحماس الديني مرَّة أخرى شديدًا في ذلك العصر، فكان انتصار الصليب هو الهدف النهائي لعناء البحَّار والفيلسوف والطالب، إلى جانب رجل الدولة والجندي[1]. كان الأمل في أن الكنوز التي يمكن جنيها من رحلاتهم البحرية يمكن أن تنقذ الأرض المقدسة من الكفار، حاضرًا على الدوام في ذهن «كولومبوس» (Columbus)، وسط جهده ومعاناته، ووسط مخاطر العمق المجهول. حتى شارل الثامن، وسط زحفه وميادين قتاله بين الألب ونابولي، كانت تراوده فكرة تخليص القسطنطينية من الأتراك انطلاقًا من غزوه لإيطاليا.

يبدو أن إمكانية حدوث تغيُّر ملحوظ في موازين القوى بين المسيحية والإسلام قبل منتصف القرن السادس عشر، قد تزايدت بشكل جوهري عَبْر قيام عاهل مسيحي واحد بدمج العديد من

---

(1) من الأسباب الرئيسية لانطلاق الاكتشافات الجغرافية، ذلك العداء القائم للإسلام والمسلمين؛ فالجانب الديني والروح الصليبية المستعرة ضد المسلمين منذ العصور الوسطى كان لهما عامل كبير، خصوصًا بعد استيلاء العثمانيين على القسطنطينية، وتوسُّعهم في البحر المتوسط، وتمكُّنهم من السيطرة على طرق الشرق التجارية بعد هيمنتهم على المراكز التجارية لجنوة والبندقية في البحرين الأسود والمتوسط، فضلًا عن احتكار المماليك في مصر والشام لتجارة التوابل الآتية من الشرق، حيث المصادر الأصلية لتلك التجارة التي سيطر المسلمون أيضًا على جزء كبير منها، ففي الهند كان مسلمو المغول، وفي شرق آسيا وجنوبها كانت الممالك الإسلامية في ملقا والجزر الإندونيسية، وبهذا يكون المسلمون قد سيطروا على التجارة العالمية، وتحكَّموا في البضائع والسلع وأثمانها؛ مما خلق دافعًا قويًّا للقوى الأوروبية لإطلاق محاولاتها الدؤوبة من أجل الوصول إلى السلع الشرقية من دون وساطة العالم الإسلامي. انظر: فهمي، طرق التجارة: 38 وما يليها؛ هايد، تاريخ التجارة، مج.3: 173-194. (المترجم).

أقوى البلدان تحت حكمه المنفرد؛ حيث كان الإمبراطور «شارل الخامس» (Charles V)[1]، قد حكم إمبراطورية مساوية في المساحة لإمبراطورية شارلمان، وتجاوزتها كثيرًا في الثروة والقوة؛ حيث ورث مُلْك «هولندا» (Netherlands)، والولايات النمساوية، والمملكة الإسبانية المتحدة، ومملكتي نابولي وصقلية الرائعتين. وحصل عن طريق الانتخاب على عرش ألمانيا الإمبراطوري، ومنحه كلٌّ من «كورتيس» (Cortes) و«بيزارو» (Pizarro)، إمبراطوريات إضافية عبر الأطلسي، في «المكسيك» (Mexico) و«بيرو» (Peru)، مع إمدادات تفوق الحصر من الذهب والفضة. ربما كان متوقَّعًا إعاقة صاحب هذه القوة الهائلة عند استخدامها ضد العثمانيين، من قِبَل التنافس الطموح لفرنسا، والانشقاقات الدينية في ألمانيا. لكن على الجانب الآخر، كانت الإمبراطورية العثمانية مُعاقة - على الأقل - بالقدر نفسه عن إجراء عمل مكتمل ضد العالم المسيحي، بسبب التنافس الإمبريالي لبلاد فارس، عبر كراهية الشيعة للسُّنة، فضلًا عن خطر الثورة في الشام ومصر.

مع ذلك لم يظل آل عثمان موجودين فحسب خلال هذه الحقبة المتسمة بالخطر، وإنما كانوا المسيطرين المتفوقين خلال هذا القرن، واقتطعوا العديد من الأقاليم المهمة من المسيحيين، والتي اجتمعت معًا لتزيد من ممتلكاتهم الواسعة أصلًا. ومما لا شك فيه أن الكثير من هذا

---

(1) شارل هابسبورج أو شارلكان، هو ثمرة زواج سياسي؛ فقد عقدت الأسرة الحاكمة الهابسبورجية في النمسا حلف مصاهرة مع البيت الحاكم في بورجندي الإيطالية عام 882هـ/ 1477م، ثم اقترن البيتان الموحدان الحاكمان في كلٍّ من النمسا وبورجندي بالبيتين الحاكمين في أراجون وقشتالة الإسبانيتين، وذلك بزواج فيليب البورجندي ابن وولي عهد ماكسيمليان الأول أرشدوق النمسا والإمبراطور المقدس، من «جوانا المجنونة» (Joanna the mad) ابنة ملكَي إسبانيا فرديناند وإيزابيلا عام 901هـ/ 1496م، فنتج عن هذا الزواج ولادة شارل هابسبورج عام 905هـ/ 1500م، فورث أملاك العائلتين في كلٍّ من إسبانيا والنمسا. وأسفرت سلسلة من الظروف عن وراثته عروشًا متعددة مثل عرش الأراضي المنخفضة عام 906هـ/ 1506م، وصار ملكًا لإسبانيا عام 922هـ/ 1516م، وتلقَّب بـ«شارل الخامس» بعد أن صار إمبراطورًا للإمبراطورية الرومانية المقدسة عام 925هـ/ 1519م، فدخل في ظل حكمه منذ ذلك الحين نصف أوروبا تقريبًا، من إسبانيا غربًا، مرورًا بهولندا والأراضي المنخفضة ومعظم إيطاليا وألمانيا والكثير من جزر البحر المتوسط، حتى النمسا وتخوم المجر شرقًا، فضلًا عن ممتلكات إسبانيا فيما وراء البحار حيث الأمريكتان. لذا ظل خصم السُّلطان سليمان الأساسي في العالم المسيحي حتى وفاته عام 965هـ/ 1558م. انظر مزيدًا عنه: وليام روبرستون، إتحاف ملوك الزمان بتاريخ الإمبراطور شارلكان، ترجمة خليفة محمود أفندي، ثلاثة أجزاء (القاهرة: مطبعة بولاق، 1260-1266هـ)؛ Karl Brandi, *The emperor Charles V: The growth and destiny of a man and of a world-empire* (London, 1939); W. P. Blockmans, and Nicolette Mout, *The World of Emperor Charles V* (Edita-the Publishing House of the Royal, 2005). (المترجم).

النجاح يرجع إلى القوة التامة للمؤسسة العسكرية التركية، والروح القومية العالية للشعب، والموقع المتميز لأراضيهم. لكن السبب الرئيسي للعظمة العثمانية طوال هذه الحقبة يرجع في الواقع إلى ذلك الرجل العظيم الذي كان يحكم الإمبراطورية. عظيم ليس فقط لكونه داعيًا إلى العمل وسط مجموعة من الظروف المواتية، ولا فقط لنفاذٍ في البصيرة ومقدرةٍ في الاضطلاع بروح عصره، لكنه رجل عظيم في ذاته، بارعٌ قَيِّمٌ على الحاضر، وصائغ ذاتي الإلهام للمستقبل.

أطلق الكُتَّاب الأوروبيون على سليمان الأول: «سليمان الأكبر» (Solyman the Great)، و«سليمان العظيم» (Solyman the Magnificent)، وتلقَّب في التواريخ التي كتبها مواطنوه بلقب «سليمان القانوني» (Solyman Kanouni) («سليمان المُشَرِّع» (Solyman the Lawgiver))، و«سليمان صاحب قِران» (Solyman Sahibi Kiran) («سليمان سَيِّد عَصْرِه» (Solyman the Lord of his Age)).

وكان ذلك العصر خصبًا بالملوك من ذوي الكفاءة العالية، على نحو لافت، فهناك الإمبراطور شارل الخامس، والملك فرنسوا الأول، والبابا «ليو العاشر» (Pope Leo X)، وملكنا هنري الثامن، و«فاسيلي إيفانوفيتش» (Vasili Ivanovitch) الذي أرسى قواعد العظمة المستقبلية لروسيا، وسيجموند الأول ملك بولندا، و«أندرياس جريتي» (Andreas Gritti) الدوق الحكيم للبندقية، والشاه إسماعيل، محيي بلاد فارس ومُشَرِّعُها، وأَكْبَر الهندي، الأكثر شهرة من بين سلالة المغول العظام[1]. كل هؤلاء تألقوا على المسرح العالمي في الوقت الذي ظهر فيه سليمان هناك[2]. ولكن لم يكتسِ واحد من هذه الشخصيات التاريخية العظيمة ببريق يفوق ذلك الخاص بالسُّلطان العثماني.

استؤمن سليمان على حكم الأقاليم في سِن مبكرة جدًّا في زمن بايزيد الثاني. وفي عهد والده تُرِك في القسطنطينية نائبًا للسلطنة وهو بعدُ في سِن العشرين، عندما سار سليم لمهاجمة بلاد فارس. وقام بالحكم في أدرنة أثناء الحرب المصرية. وخلال السنتين الأخيرتين من حكم سليم، أدار إقليم صاروخان. وهكذا، عندما بلغ من العمر ستة وعشرين عامًا وأصبح

---

(1) Von Hammer, vol. ii. p. 14.

(2) أجرى «كونر» (Korner) في مأساته «Zriny» - بطريقة جيدة - على لسان سليمان قولًا عن نفسه: «عشت الزمان كله فصرت واعيًا، وعلى النجوم الخالدة نسجت شهرتي. كنت قد أخضعت العالم كله، وولدت البطل الوحيد لعصري. والأصعب كان كَدِّي ونَصَبي. كُثر وأقوياء من جاهدوا معي، وبالنفوس القوية امتلأ زمني. الحظ الأثير أنا أزدري، لأني بقوة حازمة أنتزع من قدري، ما رُفض من توسلات وولع».

سلطانًا، كان قد اكتسب بالفعل الخبرة كحاكم، وأظهر ليس فقط كفاءة عالية، لكن أظهر أيضًا كرم عريكة رفيعًا، اكتسبه من المودة والاحترام. فالناس الذين ضجروا من ضراوة سليم القاسي، رحبوا آنذاك منتشين بتولِّي حاكم في مقتبل الرجولة والشباب، يبرز من خلال الكرامة والفضيلة الشخصية. ورُسمت براعته وعدالته ورأفته وحكمته، من خلال الشهرة والأمل، في أزهى الألوان.

كان أول أعمال السُلطان سليمان، إعلانه أن الحب الجاد للعدالة والسماحة النبيلة سيكون المبدأ الرئيسي لحكمه. وقد سمح لستمائة من المصريين الذين نقلهم سليم قسرًا إلى القسطنطينية بالعودة إلى ديارهم، ووزَّع مبلغًا كبيرًا من المال على التجار الذين عانوا من مصادرة سليم التعسفية لممتلكاتهم بسبب الاتجار مع بلاد فارس، وقدَّم عددًا من الضباط من ذوي الرُّتب الرفيعة، بما في ذلك قبودان الأسطول، للمحاكمة بتهمة القسوة والفساد، وأُدينوا وأُعدموا. انتشر خبر ذلك وما شابه من أفعال السُلطان الجديد بسرعة عبر الإمبراطورية. وبطاعة عامة واستحسان من الجميع قوبلت أوامر سليمان لولاته بقمع جميع الاضطرابات بين الأغنياء والفقراء، وبين المسلمين والرَّعايا، وجَعْل الإدارة النزيهة العادلة هدفًا أسمى لحياتهم. شعر الناس أنهم تحت حُكم قوي لكنه يتَّسم بالرحمة، فكان السُلطان محبوبًا على نحو أفضل بسبب الخشية منه أيضًا. فقط في الشام جاءت المتاعب عقب وفاة السُلطان سليم؛ حيث كان هناك الخائن المزدوج، الغزالي[1]، ذلك البك المملوكي، الذي خان المماليك لصالح الأتراك، ومُنح حكم الشام مكافأةً له، فحاول أن يستقلَّ، إلا إن سليمان أرسل ضده جيشًا من دون توانٍ. وبهزيمة وموت ذلك المتمرد، لم يَسْتَعِد الهدوء في الشام فحسب، وإنما تحقق من المخططات العدائية للشاه

(1) هو جان بردي بن عبد الله الجركسي، الشهير بـ«الغزالي». كان في الدولة الجركسية كافل حماة ثم دمشق، ولما قُتل الغوري بمرج دابق رجع إلى مصر، فأقامه طومان باي كافلًا لدمشق وبعث معه قوة من الجيش، فلما وصل جان بردي وعسكره إلى غزة تلاقى مع سنان باشا وزير السُلطان سليم، وكان السُلطان سليم قد جهَّزه أمامه إلى مصر، فانتصر عليه، وهرب جان بردي إلى مصر، فلما أخذ السُلطان سليم مصر أمَّنه وولاه كفالة الشام، دمشق وصفد وغزة والقدس وأعمالها، ولما جاءه خبر موت السُلطان سليم أعلن استقلاله وتلقَّب بـ«الملك الأشرف»، لكن ما لبث أن قَضى عليه الجيش العثماني في معركة مُصْطَبَة بالقرب من دمشق في 20 صفر 927هـ/ 27 يناير 1521م. انظر مزيدًا عنه وعن حركته: ابن إياس، بدائع الزهور، مج.5: 375؛ نجم الدين الغزي، الكواكب السائرة، مج.1: 170؛ حاجي خليفة، فذلكة التواريخ: 261؛ منجم باشي، جامع الدول، مج.2: 705؛ كرد علي، خطط الشام، مج.2: 232؛ متولي، الفتح العثماني: 243؛ فريدون أمجان، سليمان القانوني سلطان البرين والبحرين، ترجمة جمال فاروق وأحمد كمال (القاهرة: دار النيل، 2015م): 31. (المترجم).

إسماعيل، الذي كان قد جمع قواته على الحدود ووقف مستعدًا لاستغلال الضعف العثماني كفرصة مواتية لبلاد فارس.

مع ذلك، لم يمر وقت طويل قبل أن يدعو سليمان لاستعراض قدراته العسكرية في حرب خارجية، فكان أول فتوحاته على حساب المجريين. فقد انتشرت اضطرابات وصدامات على الحدود بين المجر وتركيا، في الفترة الأخيرة من حكم سليم، والآن يتسبب الأمير الضعيف الذي شغل العرش المجري، «لويس الثاني» (Louis II)، في توجيه الثقل الكامل للقوة العثمانية ضد حكمه من خلال إهانة سفير سليمان وإعدامه. هكذا خرج فورًا السُّلطان الشاب على رأس جيش قوي، زُوِّد بعدد كبير من المدفعية، واتُّخذت التدابير اللازمة لتنظيم ونقل الإمدادات والذخائر، مما أظهر امتلاك سليمان لحُسن التدبير والمهارة، فضلًا عن شجاعة والده. تبعه العسكر العثماني إلى المعركة بهمة فائقة، وازداد حماسهم العسكري من خلال إيمانهم بقدره السعيد، واعتبارًا لاسمه، والبداية المزدهرة لحكمه، وبسبب التكرار حليف الحظ للعدد «عشرة» الغامض في كلٍّ ما يتعلق به؛ إذ يُولي المشرقيون باستمرار أهمية كبيرة للأرقام، ويعتبرون أن العدد «عشرة» هو الأكثر حظًّا من بينها. كان سليمان السُّلطان العاشر من آل عثمان، واستهل القرن العاشر من الهجرة، ولهاتين الصفتين ولغيرهما من الصفات العشرية الأخرى، أطلق عليه مواطنوه: «الممثل للرقم المثالي». وما توفر لجنوده من قناعة راسخة بأن سلطانهم الشاب كان أثيرًا لدى السماء، جعلهم يسيرون حسب أوامره كأنهم يسيرون نحو انتصار محقق في سبيل الله، واستدلوا بكلمات الرسالة التي بعثها النبي سليمان (أو «سُلُمون» (Solomon)) إلى بلقيس، ملكة سبأ، في الجزء التاسع عشر من القرآن: «**إِنَّهُ مِن سُلَيْمَانَ وَإِنَّهُ بِسْمِ اللهِ الرَّحْمَنِ الرَّحِيمِ. أَلَّا تَعْلُوا عَلَيَّ وَأْتُونِي مُسْلِمِينَ**»[1] [النمل: 30-31]، بوصفها المصير التنبؤي المنتظر لأعداء مُلْكِه.

مثل هذه النبوءات العسكرية تفعل الكثير في سبيل تحقيق ما يصبون إلى إنجازه. فكانت أولى حملات سليمان على الكفار ناجحة بشكل بارز؛ حيث حُوصرت «ساباز» (Sabacz) وغيرها من الأماكن ذات الأهمية الثانوية في المجر، واستولى عليها قادته، إلا إن سليمان قاد بنفسه القوة الرئيسية على بلجراد[2]، التي ظلَّت حصن المسيحية أمام الأتراك، والتي أخفق

(1) Hulme.

(2) اختار السُّلطان سليمان - على الأرجح - مدينة بلجراد المهمة لتكون وجهته في أول تحرك عسكري له؛ لإخفاق الإمبراطور شارل الخامس في الإمساك بزمام الأمور شرقي أوروبا، بسبب الصعوبات السياسية في إسبانيا وظهور اللوثرية في ألمانيا، وبالتالي تنازله عن الأراضي النمساوية سنة 927هـ/ 1521م لأخيه الأصغر فرديناند الذي انتُخب أميرًا على المجر، بعد مقتل ملكها لويس زوج شقيقته في معركة موهاج أمام =

محمد، فاتح القسطنطينية، قبالتها من قبل. جرى الاستيلاء على بلجراد آنذاك (29 أغسطس 1521م)، وبعد أن حَوَّل سليمان كنيستها الرئيسية إلى مسجد، قام بترميم التحصينات، والتزوُّد من أجل الحفاظ على المدينة بوصفها معقلًا تركيًّا. وسار عائدًا إلى القسطنطينية، مكللًا بالظفر، بعد أول حملة له.

تحت إشرافه الماهر والفعَّال، ارتفعت المباني الجديدة سريعًا في المدن الرئيسية للإمبراطورية، من أجل التجميل والاستخدام سواء للسلم أو الحرب. وتمت توسعة ترسانة القسطنطينية، وكان الآلاف من العمال يشتغلون يوميًّا في هيكلة وتجهيز الأسراب الجديدة، وإعداد مستودعات عسكرية وبحرية على نطاق غير مسبوق من الاتساع. وبالاستيلاء على بلجراد، كان سليمان قد تغلب على واحدة من العقبتين اللتين وقفتا أمام المسيرة المظفرة لمحمد الثاني. وصمَّم بعدها على طمس عار الانسحاب الآخر الذي لحق بسلفه الشهير، وجَعْل نفسه سيدًا لجزيرة رودس، حيث حافظ فرسان القديس يوحنا الأورشليمي وقتًا طويلًا على البقاء بالقرب من قلب السُّلطة التركية. في الواقع، كان امتلاك العثمانيين لجزيرة رودس لا غنى عنه لحرية الاتصال بين القسطنطينية وفتوحاتهم الجديدة على طول السواحل الشامية وفي مصر، ولأجل إرساء ذلك التفوق للبحرية العثمانية في شرق البحر المتوسط، الذي عزم سليمان على تحقيقه. وفي 18 يونيو 1522م، غادر أسطول عثماني من ثلاثمائة مركب شراعي من القسطنطينية إلى رودس، تحمل إلى جانب طواقمها الاعتيادية، شحنات هائلة من المؤن العسكرية، وثمانية آلاف جندي مختارين، وألفين من الطلائع. في الوقت نفسه كان سليمان يقود جيشًا من مائة ألف رجل على طول الساحل الغربي لآسيا الصغرى. والتقى الأسطول بالجيش في خليج «مرمريس» (Marmarice)[1]؛ حيث اجتمع بعد ذلك بزمن طويل، عام 1801م، الأسطول والجيش الإنجليزي تحت قيادة سير «رالف أبيركرومبي» (Ralph Abercromby)، كحلفاء للأتراك، لاستعادة مصر من الفرنسيين.

= العثمانيين، وهو ما سيُوحِّد ما تبقَّى من النمسا والمجر تحت تاج واحد طيلة أربعة قرون لمواجهة الخطر العثماني. انظر: إدريس الناصر رائسي، العلاقات العثمانية-الأوروبية في القرن السادس عشر (بيروت: دار الهادي، 2007م): 61-68؛ بجوي، تاريخ بجوي، مج.1: 106-110؛ صدام خليفة العبيدي، سياسة الدولة العثمانية تجاه الإمبراطورية الرومانية المقدسة 1520-1566م، الصراع العثماني النمساوي على المجر أنموذجًا (دمشق: دار صفحات، 2017م): 77-89؛ أمجان، سليمان القانوني: 34-41. (المترجم).

(1) أو مرمروس. ميناء يقع جنوب الأناضول شمال جزيرة رودس، كان تابعًا لولاية آيدين، لواء منتشا. انظر: شمس الدين سامي، قاموس الأعلام، مج.6: 4266؛ موستراس، المعجم الجغرافي: 463. (المترجم).

كان السيد الكبير لرودس وقت هجوم سليمان، هو «فيليه دي ليل آدم» (Villiers De Lisle Adam)، الفارس الفرنسي الذي أثبت جدارته وبسالته، فكوَّن الحامية من خمسة آلاف من القوات النظامية، وستمائة فارس. وإلى جانب هؤلاء، كَوَّن رجال الملاحة البحرية للميناء قوات فعَّالة، وجُنِّد المواطنون وسُلِّحوا. أما الفلاحون، الذين تزاحموا من بقية الجزيرة إلى داخل المدينة هربًا من المغيرين الأتراك، فقد انخرطوا كقوات طليعية، ووُضِعَ العبيد للعمل على التحصينات. ازدادت دفاعات المدينة وتحسَّنت منذ أن حُوصرت من قوات محمد الثاني، فحتى لو جرى اختراق الجدران الخارجية والنفاذ من خلالها، فقد أصبحت هناك في ذلك الوقت خطوط داخلية من أسوار قوية مهيأة لوقف المهاجمين. وكان لكل جزء من أجزاء المدينة المختلفة تحصيناته الخاصة التي تميزه، وذلك ليصير في الإمكان الدفاع عنه (مثل أحياء «سيراكيوس» (Syracuse) القديمة) حتى بعد وقوع أجزاء أخرى من المدينة في حوزة المحاصِرين[1].

هبط سليمان على جزيرة رودس في الثامن والعشرين من يوليو عام 1522م، وبدأ حصاره في الأول من أغسطس، ذلك الحصار الذي امتد لما يقرب من الأشهر الخمسة، بسبب بسالة دي ليل آدم وحاميته، ومهارة مهندسه، «مارتينجيو» (Martinego).

شُنَّت الحرب، بلا هوادة تقريبًا، من تحت الأرض عن طريق الألغام والألغام المضادة، ومن فوقها بواسطة المدفعية والقصف، والمباغتات المتهورة، إضافةً إلى الهجمات الشرسة المستمرة. وفي بداية سبتمبر حدث خرق في الأسوار، وتحطَّمت بعض معاقل المدينة، وبُذلت أربع محاولات حاسمة للاقتحام خلال ذلك الشهر، لكن جرى صدها. وحدثت ثلاث هجمات أخرى، أُولاها في الثاني عشر من أكتوبر، والثانية في الثالث والعشرين منه، والثالثة في الثلاثين من نوفمبر، شُنَّت بضراوة وجرت مقاومتها ببسالة، على الرغم من تأثير رشق المدافع على

(1) تميَّزت رودس منذ سيطرة الفرسان عليها في القرن الرابع عشر بدفاعاتها الحصينة التي أقامها الفرسان على الدفاعات البيزنطية القديمة على شكل هلال حول المدينة، ومن ثَمَّ بدأوا في تطوير هذه الدفاعات بما يناسب القوة الهائلة لضربات المدفعية، التي أصبحت سلاحًا ناجعًا للحصار منذ فتح القسطنطينية. وقد ظهرت خبرتهم الطويلة التي اكتسبوها في بناء الحصون على مدى ثلاثة قرون قضوها في الأراضي المقدسة إبان فترة الحملات الصليبية، حيث قُسِّمت رودس إلى ثمانية قطاعات أساسية للدفاع، كل قطاع منها يمتاز ببوابات معينة وأبراج ذات علامات، فضلًا عن تمركز قومية أوروبية معينة في كل قطاع من القطاعات، مثل الفرنسيين والإنجليز والألمان والإسبان وهكذا، حتى سُميت تلك القطاعات باسم مَن يسكنها، مثل: القطاع الإنجليزي، أو القطاع الفرنسي، إلخ، فإذا سقط أحد هذه القطاعات كان بإمكان القطاعات الأخرى أن تصمد. انظر: Setton, op. cit., Vol. III, pp. 206-207; Konstantin Nossov, *The Fortress of Rhodes 1309-1522* (Uk: Osprey Publishing, 2010). (المترجم).

التحصينات الذي صار واضحًا أكثر فأكثر. عَقد القادة الأتراك العزم على عدم إهدار المزيد من الأرواح في محاولات اقتحام المدينة، والعمل من خلال الألغام والمدفعية على تدميرها بشكل تدريجي. وقد جرى وفقًا للنهج المعتاد التقدم على طول الخنادق بهدف الاقتراب التدريجي، لكن الذي لم يكن معروفًا من قبل، أو على الأقل لم يُستخدم مطلقًا بشكل منهجي[1]، هو إحضار الأتراك لبطارياتهم ووضعها أقرب فأقرب إلى المدينة. وعلى طول الجبهة استطاعوا التمركز داخل الدفاعات الأولى. بعدها قام سليمان بعرض الاستسلام، الذي تعامل معه المحاصَرون بتردد[2]. كانت هناك حتى هذه اللحظة وسائل لإطالة أمد الدفاع، لكن لم يكن هناك أمل في النجدة، وبدا السقوط النهائي للمدينة مؤكدًا. كان يمكن آنذاك الحصول على شروط مشرِّفة، والحفاظ على تنظيم الفرسان، على الرغم من اضطرارهم للبحث عن موطن في مكان آخر، ويمكن للروادسة الحصول على الحماية من الفاتح لأشخاصهم وممتلكاتهم. أما مواصلة المقاومة حتى يتغلَّب عليهم العدو الغاضب، فلن تكون تضحيةً بأنفسهم فحسب، بل ستؤدي كذلك إلى تعريض مواطنيهم لمذبحة، وزوجاتهم وبناتهم لأسوأ فظائع الحرب. هكذا قَيَّم دي ليل وفرسانه هذه البواعث، كما يفعل البواسل من الرجال، ثم طرحوا سيوفهم الجيدة التي قبضوا عليها بشرف. ما فعلوه من واجب تجاه العالم المسيحي باستسلامهم، فضلًا عن مقاومتهم السابقة، اتضح بعد ذلك، وأُثبت عن طريق الوقوف الفعَّال الذي قام به التنظيم ضد سليمان في مالطة. فكم من البطولة كان سيخسر العالم إذا سعى فرسان القديس يوحنا بعناد في رودس لبلوغ مصير «ليونيداس» (Leonidas)[3]!

بموجب بنود الاستسلام (25 ديسمبر 1522م) التي منحها سليمان للفرسان، تعامل بشرف

---

(1) "Achmet Bascha delibere de ne donner plus d'assault mais suyvre ces tranchees." - Ramazan dans Tercier Memoires, xxii. p. 755, cited in Von Hammer.

«يبدو أن هؤلاء هم أول من نفذ الاقتراب النظامي من الحصون». - Col. Chesney's "Turkey," p. 367.

واستخدم الأتراك كذلك، في هذا الحصار قذائف مدفعية تُستخدم لأول مرَّة. - Von Hammer, ii. 33.

(2) ذكر ابن زنبل أنه لما عجز رئيس رهبنة القديس يوحنا عن حرب السُّلطان كتب ورقة وربطها في عود نشَّاب ورماها بالقوس فوقعت في حُجرة الوزير، وكان مضمونها أن رئيس جزيرة رودس يريد الأمان لنفسه وماله، فأرسلوا تلك الرسالة إلى الوزير الذي أدخلها إلى السُّلطان، فلما قرأها قال للوزير: «أرسل إليه إن كان صحيحًا ما يقول ويريد الأمان فقد أعطيته الأمان»، ابن زنبل، آخرة المماليك: 165. (المترجم).

(3) استرشدت في هذه الملاحظات عن استسلام رودس، بالانتقادات التي وجهها الماريشال «مارمونت» (Marmont) لهذا الحصار (Marmont's "State of the Turkish Empire,) &c.," translated by Sir F. Smith, p. 208, 2nd ed. وعلى الرغم من إبداء أسباب عسكرية قَطْعِية فيما يتعلق بمسألة امتداد الدفاع لفترة طويلة، فإن الماريشال وصفه بأنه «مُشرِّف، بل ومجيد».

مع البسالة المُخْفِقَة، فانعكس هذا الشرف ببريق مضاعف على ذلك المنتصر الكريم. تُركت للفرسان حرية مغادرة الجزيرة بأسلحتهم وممتلكاتهم في غضون اثني عشر يومًا في سفنهم الجالي، وكان لهم أن يُوفِّر الأتراك وسائل نقلهم إذا طلبوا ذلك[1]. أما المواطنون الروادسة، فبانضمامهم إلى رعايا السُّلطان، سُمح لهم بممارسة شعائرهم الدينية، وألّا تُدنَّس كنائسهم، أو يؤخذ صغارهم من آبائهم، وألّا تُحَصَّل جزية من الجزيرة لمدة خمس سنوات. تسببت أعمال عنف خارجة عن الأوامر من قِبَل الإنكشارية في بعض مخالفات لهذه الشروط، إلا إن البنود الرئيسية للمعاهدة أصبحت في حيز التنفيذ بشكل عادل. وبناءً على طلب سليمان، عُقدت مقابلة بينه وبين السيد الكبير قبل مغادرة الفرسان للجزيرة، وجَّه فيها سليمان - عن طريق مترجمه - كلمات عزاء مليئة بالاحترام لذلك المسيحي المخضرم، ثم التفت إلى الوزير الحاضر، قائلًا: «نأسف لإجبار هذا الرجل الشجاع على ترك دياره في شيخوخته». تمثَّل في الواقع تقدير الأتراك لبسالة الفرسان التي جعلتهم يمتنعون عن طمس شعاراتهم ونقوشهم على المباني. ولأكثر من ثلاثمائة عام تعامل العثمانيون مع ذكرى خصومهم الشجعان بالاحترام نفسه؛ إذ لا تزال شعارات فرسان القديس يوحنا، الذين قاتلوا السُّلطان سليمان من أجل رودس، تُزَيِّن تلك المدينة التي جرى الاستيلاء عليها منذ أمد طويل[2].

---

(1) كان فتح جزيرة رودس إيذانًا بانتهاء حقبة من الحرب الصليبية ظل أتونها مستعرًا لقرون شرقي المتوسط؛ إذ بات الحوض الشرقي لذلك البحر داخلًا تمامًا في البوتقة العثمانية، إلا إن هذه الحرب ما لبثت أن استمرت غربي المتوسط؛ بل ازداد لهيبها وتأجج سعيرها مع انتقال نشاط فرسان الإسبتارية إلى الحوض الغربي منه، بسبب قرار السُّلطان سليمان بعدم التعرض لهم نهائيًا عند انسحابهم، على الرغم من أنهم تسببوا في مقتل الآلاف من المسلمين منذ استقرارهم بالجزيرة، وقد علم السُّلطان سليمان متأخرًا عواقب قراره؛ ففي الوقت الذي بدأ فيه الفرسان يبحثون عن ملجأ يؤويهم بعد فقد الجزيرة، كان شارل الخامس يدعم ويساند كل من يتعرض للمسلمين بأذى، وعليه لم يتردد في أن يهدي إليهم جزيرة مالطة الاستراتيجية المشرفة على حوضي البحر المتوسط، فأصبحت منذ ذلك الحين أشد وأخطر على المسلمين من رودس، فقد صارت مصدر شلل لتحركات البحرية الإسلامية بين حوضي البحر المتوسط وركيزة كبرى للحملات الصليبية على الشمال الإفريقي لوقوعها بالقرب من الساحل، زيادة على دعمها المباشر للمعاقل الإسبانية في حلق الوادي ووهران والمرسى الكبير. انظر: سالم، السيطرة العثمانية: 208-209. (المترجم).

(2) «مضى ثلاثمائة وخمسة عشر عامًا حتى الآن منذ أن اضطر هذا التنظيم إلى التخلي عما قام باحتلاله بعد حيازة استمرت مائتين واثني عشر عامًا. لم يتضرر الطريق الخاص بالفرسان، وما زال الباب الخاص بكل منزل مزخرفًا بشعار مَنْ سكنه في الماضي. تم تجنب المباني، عدا الشاغر منها، فيمكننا أن نتخيل أنفسنا ونحن محاطون بظلال هؤلاء الأبطال الراحلين، ورؤية السلاح الفرنسي، والنبيل فيليه دي ليل، في كل ناحية. لقد عاينت «كليرمونت تونير» (Clermont-Tonnerres)، وغيرها من الأُسَر القديمة المرموقة». - Marshal Marmont, 205.

شهد سليمان شغب الإنكشارية في رودس، وتلقَّى في السنوات الثلاث التي أعقبت ذلك دليلًا أكثر جدية على ضرورة الإبقاء على انخراط تلك المؤسسة القوية في الحرب باستمرار، والحفاظ عليها تحت انضباط صارم لكن مع اتسامه بالحصافة. لم تشهد سنتا 1523-1524م أي حرب خارجية؛ حيث كانت الضرورة التي فرضها قمع تمرد أحمد باشا[1]، خليفة خاير بك في حكم مصر، قد شغلت جزءًا من القوات العثمانية. وبعد أن هُزم الخائن وقُتل، أرسل سليمان، الوزير الأعظم المفضَّل لديه، إبراهيم، المرتد اليوناني، إلى ذلك الإقليم المهم لإعادة ترسيخ إدارته وضمان هدوئه المستقبلي[2]. وجَّه سليمان اهتمامه الشخصي جديًّا خلال الأشهر الثمانية عشر التي أعقبت حملته على رودس لتطوير الحكم الداخلي لإمبراطوريته. لكن في خريف عام 1525م، تراخى في متابعته لأمور الدولة، بعد أن غادر عاصمته للذهاب إلى أدرنة لأول مرَّة، وهناك مارس لهو المطاردة بحماس، فبدأ الإنكشارية في التذمر مع سهو سلطانهم عن الحرب، وفي النهاية اندفعوا في أعمال نهب واسعة، شملت منازل الوزراء الرئيسيين. عاد سليمان إلى القسطنطينية ساعيًا لتهدئة العاصفة بشخصه، فواجه بشجاعة القوات المتمردة،

---

(1) هو أحمد باشا ابن أويس بك، المعروف بـ«أحمد باشا الخائن»، من أصل ألباني، كان وزيرًا في عهد السُلطان سليم، وقد عيَّنه أمير أخور أو المسؤول عن الإصطبلات ثم بكلربك الرُوملي، وفي عهد سليمان كان له تأثير كبير في نجاحات السُلطان التي أحرزها في حملاته الأولى، حتى أصبح وزيرًا ثانيًا وأول المؤهلين للوزارة العظمى بعد بيري باشا، لذا أثار حنقه تخطي إبراهيم له ووصوله إلى الصدارة العظمى بدلًا منه، وهو ما جعله يطمع في الاستقلال بمصر بعد أن وُلِّي عليها، فأعلن سلطنته رسميًّا باسم الملك المنصور السُلطان أحمد، وذلك في ربيع الأول 930هـ/ يناير 1524م. انظر: نجم الدين الغزي، الكواكب السائرة، مج.1: 159-161؛ يوسف الملواني، تحفة الأحباب بمن ملك مصر من الملوك والنواب، تحقيق محمد الششتاوي (القاهرة: دار الآفاق العربية، 1999م): 109؛ مصطفى الصفوي القلقاوي، صفوة الزمان بمن تولى مصر من أمير وسلطان، دراسة وتحقيق محمد عمر عبد العزيز (الإسكندرية: دار المعرفة الجامعية، 2006م): 104؛ أمجان، سليمان القانوني: 70-73. (المترجم).

(2) استطاع الوزير الأعظم إبراهيم باشا تزويد مصر بتنظيم إداري نموذجي، ووَضْع قانون يحكم جميع معاملات الإيالة الإدارية والمالية؛ سُمي بـ«قانون نامه مصر»، وكان لهذا القانون أهداف عامة تهدف إلى ترتيب النظام العثماني في الولاية، فقد رسم قواعد التنظيم العسكري لمصر وإدارتها المدنية، واحتفظ بعدد معين من الخصائص الموروثة عن السُلطة المملوكية، وقد تناول هذا القانون الوالي الذي كان يقيم في القلعة، وسير عمل الديوان، كما تناول الضرائب وجبايتها والأوقاف، ومن ثَمَّ فإنه يُعد لوحة كاملة عن إدارة مصر حددت حقوق وواجبات السكان وحكامهم، وكان بوسعها تزويد السُلطة المركزية بالعناصر التي تسمح لها بحكم الولاية، فتمتعت مصر بفضل هذه الجهود بالسكينة زهاء القرن. انظر: أندريه ريمون، «الولايات العربية (القرن السادس عشر - الثامن عشر)»، في: تاريخ الدولة العثمانية، مج.1: 526؛ قانون نامة مصر، ترجمه وقدم له وعلق عليه أحمد فؤاد متولي (القاهرة: د. ت). (المترجم).

وأطاح باثنين من زعمائهم بنفسه، لكنه كان مضطرًّا للتقرب إليهم بالهبات، على الرغم من أنه انتقم بعد ذلك لنفسه، إلى حدٍّ ما، عن طريق إعدام العديد من ضباطهم الذين اشتبه في قيامهم بالتحريض أو في إهمالهم كبح الاضطراب. ثم استدعى بعد ذلك وزيره إبراهيم من مصر، وبناءً على نصيحته، عزم على قيادة جيوشه إلى المجر، ذلك البلد الذي لا يزال في حالة حرب معه، على الرغم من عدم حدوث عمليات مهمة منذ حملة بلجراد. في ذلك الوقت، حثَّ الملك الفرنسي فرنسوا الأول، سليمان بقوة على غزو المجر، رغبةً منه في تشتيت قتال خصمه شارل الخامس[1]. من ناحية أخرى، أُرسل سفير من بلاد فارس - العدو الطبيعي لتركيا - إلى بلاط كلٍّ من شارل وملك المجر، لتشكيل حلف دفاعي هجومي ضد العثمانيين[2].

قام السُّلطان عام 1526م، بغزو المجر بأكثر من مائة ألف رجل قوي، وثلاثمائة قطعة مدفعية؛ ذلك السلاح المهم الذي أولاه سليمان اهتمامًا بالغًا، مثل سلفيه سليم ومحمد. وطوال فترة حكمه، كانت المدفعية العثمانية متفوقة إلى حدٍّ بعيد من حيث العدد والوزن والتجهيز ومهارة الطوبجية القائمين عليها، بالمقارنة مع ما يمتلكه أي بلد آخر. قام الملك المجري لويس، بالدخول في المعركة بشكل متهور، وبقوة أقل بكثير من قوة الغزاة. هجم الفرسان المجريون ببسالتهم المعهودة، وشقت فرقة مختارة طريقها إلى حيث يتمركز سليمان على رأس إنكشاريته. دان السُّلطان بحياته لدرعه، التي تصدت لرمح أطلقه عليه فارس مجري. إلا إن البسالة المتقدة لذلك «الهوني الغاضب»، كانت بلا فائدة أمام الأعداد المتفوقة والأسلحة والانضباط. ففي أقل من ساعتين تقرر مصير المجر؛ حيث لقي الملك المجري لويس حتفه، مع ثمانية من أساقفته، والعدد الأكبر من النبلاء المجريين، وأربعة وعشرين ألف مجري من أصحاب المراتب الأقل. بحث المنتصرون عن جثمان الملك لويس، فعثروا عليه في مستنقع مائي بالقرب من ميدان المعركة. كان لويس قد أُصيب في رأسه وسعى إلى الفرار، إلا إن فرسه أُجبر بسبب تزاحم حشد من الهاربين على الضفة، فضلًا عن وزن درعه، على النزول إلى المياه العميقة. شعر السُّلطان بحزن نبيل حين علم بمصير الملك المنافس الذي كان يقاربه في السِّن[3]. هتف سليمان: «أَدعو الله أن يكون رحيمًا به، وأن يعاقب أولئك الذين غَرَّروا بقلة خبرته. لقد جئت بالفعل لقتاله، لكن لم تكن رغبتي في القضاء عليه بهذا الشكل، في الوقت الذي كان،

---

(1) Von Hammer, vol. ii. p. 45.

(2) Ibid.

(3) وهو ما جعل السُّلطان يأمر بحمله ودفنه مع سائر ملوك المجر في أستوني بلجراد. انظر: بجوي، تاريخ بجوي، مج.1: 134. (المترجم).

بالكاد، قد تذوَّق فيه حلاوة الحياة والمُلْك». جرت هذه المعركة في «موهاج» (Mohacz)، في 28 أغسطس 1526م، وما زالت حتى الآن تُعرف بذلك الاسم المُعَبِّر الرهيب: «هلاك موهاج» (the Destruction of Mohacz).

سار سليمان، بعد هذا النصر الحاسم، على طول نهر الدانوب إلى مدينتي: «بودا» (Buda) (أو «أوفن» (Ofen))[1]، و«بيسته» (Pesth) على الضفة الأخرى لذلك النهر، فخضعت له عاصمة المجر على الفور. اجتاح الآقنجي جميع البلاد بالنار والدمار، فبدا كما لو كان هدف العثمانيين هو تحويل إقليم المجر إلى صحراء. وفي نهاية المطاف، بدأ سليمان مع نهاية سبتمبر مسيرته عائدًا إلى دياره. كان جنوده مثقلين بأنفس الغنائم، ويسوقون أمامهم قطيعًا بائسًا من مائة ألف مسيحي، من الرجال والنساء والأطفال الصغار، في طريقهم للبيع في سوق العبيد التركي.

عَجَّل حدوث اضطرابات في آسيا الصغرى برحيل سليمان عن المجر، لكنه عاد بعد ثلاث سنوات، أكثر خطرًا وأشد بأسًا بعد أن أصبح الصراع آنذاك مع النمسا. فالحملة التالية لسليمان - حملة الحصار الأول لفيينا - هي واحدة من تلكم الأهم في التاريخ الألماني والعثماني على حد سواء.

غادر سليمان القسطنطينية في العاشر من مايو 1529م، بجيش قوامه مائتان وخمسون ألف رجل، وثلاثمائة مدفع. كانت مسيرتهم إلى نهر الدانوب شاقة وبطيئة بسبب موسم هطول الأمطار، التي ظلت مستمرة تقريبًا. حل يوم الثالث من سبتمبر قبل أن يصل السُلطان إلى أوفن، التي كانت قوات فرديناند قد احتلتها خلال العام السابق. جرى الاستيلاء على أوفن في ستة أيام، ونُصِّب «زابوليا» (Zapolya)، على العرش القديم لسلالة «أرباد» (Arpad)، من قِبَل المنتصرين الأتراك. واصل السُلطان بعد ذلك تقدمه إلى فيينا، وأخذ معه تابعه الملك، والقوات المجرية التي اعترفت بزابوليا عاهلًا لها.

مع عواصف الاعتدال الخريفي، اجتاحت الأسراب الأولى للخيَّالة التركية غير النظامية

---

(1) «أوفن» هو الاسم الألماني لمدينة «بودا» التي يُطلِق عليها الأتراك «بودين»، وفي بعض المصادر «بدون»، وهي مركز بلاد المجر، وتقع على الضفة الغربية لنهر الدانوب على مسافة مائتين وخمسين كيلومترًا جنوب شرق فيينا، صارت مركزًا لإيالة بودين منذ عام 1541م، يقابلها على الضفة الأخرى من النهر مدينة «بسته» (Peste) أو «بست»، التي اتصلت بها فيما بعد فصارتا مدينة واحدة هي «بودابست» عاصمة المجر الحالية. انظر: شمس الدين سامي، قاموس الأعلام، مج.2: 1371؛ أوزتونا، تاريخ الدولة العثمانية، مج.2: 686؛ 690-692. (المترجم).

المريعة، المناطق المحيطة بأسوار فيينا. كان هؤلاء الثلاثون ألفًا من الآقنجي الأشداء، الذين أُطلق عليهم بالفرنسية «Faucheurs» و«Ecorcheurs» - «الحاصدون» (mowers)، و«الطائرون» (flayes) - وأَطلق عليهم الألمان «النهَّابون» (Sackmen)، يقودهم «ميخال أوغلو» (Michael Oglou)، سليل ميخال ذي اللحية الهزيلة، الذي كان صديقًا لعثمان الأول. نشر هؤلاء المغيرون الضواري، الذين لا يتقاضون أجرًا، وتفوَّقت قسوتهم حتى على جشعهم، الدمارَ والقتلَ في عموم النمسا، وصولًا إلى نهر «إمس» (Ems). وصل سليمان عشية عيد القديس «ونسيسلاوس» (Wenceslaus) (27 سبتمبر)، بالجيش التركي الرئيسي قبالة فيينا، حيث وضع مقر القيادة السُّلطانية على أرض مرتفعة، إلى الغرب من قرية «سيميرنج» (Simmering). وجرى نشر اثني عشر ألفًا من الإنكشارية حول خيمة السُّلطان، وأقيمت سبعة معسكرات من أقسام الجيش المختلفة، شكَّلت ما يقارب الدائرة حول فيينا، وما يقع من البلد غربي الدانوب، فصارت المسافة التي يمكن للعين أن تراها من أعلى برج في المدينة، بيضاء اللون بسبب خيام المسلمين. احتُلت كذلك بالقوة مروج وجزر الدانوب وفروعه قرب المدينة. وراقب المدينة عن طريق الماء، أسطول نهري من أربعمائة قارب تركي، مأهولة ومَقُودة بشكل جيد، حافظت على الاتصال بين القوات التي تقوم بالحصار.

بلغت القوة المدافعة عن فيينا ستة عشر ألفًا فقط من الرجال، وعندما بدأت الحملة، كانت تحصينات المدينة لا تزيد إلا قليلًا على الأسوار المتصلة البالغ سمكها ست أقدام تقريبًا من دون تحصينات. وبلغ عدد المدافع اثنين وسبعين مدفعًا فقط. كان الملك فرديناند يُجهد نفسه جديًّا لحث الأمراء الألمان الآخرين على مساعدته، في حين كان شقيقه الإمبراطور شارل، مشغولًا بمشروعاته الطموحة في إيطاليا، أما أمراء الإمبراطورية الذين ناشدهم فرديناند المساعدة في اجتماع «شباير» (Spires)[1]، فكانوا يفكرون في الخلافات الدينية فيما بينهم أكثر من تفكيرهم في الخطر المشترك الذي يتهدد وطنهم، على الرغم من تحذير فرديناند أن السُّلطان سليمان أعلن عن عزمه الوصول بسلاحه إلى نهر «الرَّاين» (Rhine). صَوَّت الاجتماع بالمساعدة، لكنها كانت غير كافية ومتأخرة، فبينما كان الأمراء يتداولون، صار الأتراك في النمسا. فزع فرديناند نفسه من تهديدات سليمان، وظل بمعزل عن فيينا، لكن نجح بعض

---

(1) كان هذا هو اجتماع شباير الثاني، الذي دعت له الإمبراطورية الرومانية المقدسة في مدينة شباير الألمانية، في مارس 1529م، لوقف التقدم العثماني، بينما كان الجيش العثماني يتقدم في الأراضي المجرية، فضلًا عن بحث تزايد خطر البروتستانتية. (المترجم).

القادة المسيحيين البواسل في شق طريقهم إلى المدينة قبل إطباق الحصار عليها تمامًا. وأثبتت مجموعة من المخضرمين الإسبان والألمان دعمهم القيِّم للحامية، تحت قيادة «بالجريف فيليب» (Palgrave Philip). لكن على الرغم من قلة المدافعين المسيحيين عن فيينا، فإنهم كانوا بواسل، وكانت قيادتهم جيدة. كان بالجريف فيليب هو القائد الاسمي، أما قائد الدفاع الحقيقي، فكان المحنك «كونت سَلْم» (Count of Salm). اتُّخذت جميع الاستعدادات الممكنة، بينما الأتراك يقتربون. دُمِّرت الضواحي، وأُقيم ساتر ترابي جديدُ داخل المدينة، وطُوِّقت ضفة النهر بالحواجز، وجُمعت المؤن والذخائر. أما النساء والأطفال وغيرهم من سائر السكان، الذين لم يتمكنوا من الخدمة كمقاتلين أو عمال، فقد أُجبروا على مغادرة المدينة. ومن حُسن مُقدَّرات فيينا، أن تسببت الأمطار الغزيرة وما ترتب عليها من سوء حالة الطرق، في ترك الأتراك جزءًا من أثقل مدفعيتهم في المجر، فأصبحوا مضطرين إلى الاعتماد بشكل رئيسي على تأثير الألغام لاختراق الأسوار. لكن أعداد وحماس المحاصرين، جعلا سقوط المدينة يبدو كأنه لا مفر منه.

حدث العديد من الهجمات والانقضاضات الجزئية، برزت فيها بسالة كبيرة على كلا الجانبين، وبراعة متناهية من المدافعين في التصدي لعمليات زرع الألغام التي يقوم بها أعداؤهم؛ إلا إن المهندسين العثمانيين نجحوا في إطلاق عدة ألغام، فتحت ثغرات كبيرة في الدفاعات. وعلى مدار ثلاثة أيام متتالية، العاشر والحادي عشر والثاني عشر من أكتوبر، هاجم الأتراك المدينة باستماتة، لكن قوبل ذلك بقتل كثيف من قِبَل البسالة الثابتة للمحاصَرين. بدأت القوات العثمانية في ذلك الوقت تعاني بشدة من شح المؤن، وقسوة الموسم. وتسبب القتل الذي لحق بأفضل جنودهم، في إحباط الجيش. لكن عُقد العزم على تنفيذ محاولة أخرى لاقتحام فيينا؛ حيث قام المشاة في الرابع عشر من أكتوبر بالهجوم في ثلاثة صفوف هائلة على ذلك الخرق الذي صنعه زارعو الألغام وطوبجية المدافع ليكون سبيلهم إلى النصر والغنيمة. وسعى سليمان لتحفيز شجاعتهم ومنافستهم عن طريق توزيع سخي للمال، ووعود بالرُّتب العالية والثروة لأول مسلم يبلغ قمة الخرق. رافق المهاجمين، الوزيرُ الأعظم وأرفع ضباط الجيش. وعندما هدرت المدافع والبنادق المسيحية مرحبة بهم ترحيبها القاتل، وارتد على إثر ذلك المسلمون المحبَطون إلى الخلف عن الأنقاض الملطخة بالدماء، شوهد القادة الأتراك وسط هذا الارتباك، يسعون - وفقًا لتقاليد شرقية قديمة - إلى إجبار رجالهم مرَّة أخرى على الهجوم عن طريق الضرب بالعصي

والسوط والسيف[1]. ولكن رَفض وقتذاك أفضل المحاربين المخضرمين الطاعة بتجهم، قائلين إنهم يفضلون القتل بسيوف ضباطهم عن القتل ببنادق الإسبان، أو سيوخ الألمان، كما أطلقوا على سيوف «لانزكنشتس» (lanzknechts) الطويلة[2]. وعند الثالثة بعد الظهر تقريبًا، قام المهندسون الأتراك بتفجير اثنين من الألغام الجديدة، التي تسببت في سقوط مزيد من الأسوار، وتحت غطاء من نيران جميع بطارياتهم، اصطفت قوات السُلطان مرَّة أخرى في صفوف، متقدمة مرَّة ثانية إلى أعلى الخرق، فلم يتسبب ذلك إلا في ازدياد أعداد قتلى الأتراك. أُصيب بطل الدفاع، كونت سَلْم، بجرح في اليوم الأخير من الحصار، أدى في النهاية إلى موته. لكن على الرغم من سقوط قادة آخرين، وعلى الرغم من النيران والقذائف العثمانية التي قذفت صفوف المسيحيين بشدة، وعلى الرغم ممن لقي حتفه في الهجمات وفي الاشتباك اليدوي عند الخروق، وعلى الرغم من أن كثيرين حصدتهم الألغام التركية، نمت شجاعة الحامية أكثر فأكثر عند كل لقاء مع أعدائهم، الذين كانوا من قَبْل مزهوين في صَلِف، غير أنهم الآن قد استبد بهم اليأس. شعر سليمان نفسه أخيرًا بأنه مضطر للتخلي عن ذلك المشروع الأقرب إلى قلبه، فسحب قواته في النهاية عائدًا من المدينة التي تُعدُّ الأكثر مطمعًا. وقد أشار المؤرخون الألمان إلى الرابع عشر من أكتوبر، اليوم الذي أُنقذت فيه فيينا من أعظم السلاطين، بوصفه يومًا بارزًا في تاريخ بلادهم، بسبب العديد من الأحداث العظيمة التي شهدها. فهو يوم سقوط «بريساتش» (Brisach) (1639م)، وسلام «وستفاليا» (Westphalia) (1648م)، ومعركة «هوشكركين» (Hochkirken) (1758م)، واستسلام «أولم» (Ulm) (1805م)، ومعركة «جينا» (Jena) (1806م)، والإطاحة بنابليون في معركة الأمم في «ليبسك» (Leipsic) (1813م)[3].

كان الوقت قرب منتصف الليل، حين اتضحت النتيجة الكاملة لصد هجوم سليمان الأخير على فيينا؛ حيث قام الإنكشارية - بناءً على أوامر السُلطان - بإزالة خيامهم، وإضرام النار في الغنائم التي أُحضرت إلى المعسكر التركي ولا يمكن حملها. وفي الوقت نفسه، بدأ الجنود الضواري المحبَطون مذبحة عامة لآلاف من الأسرى المسيحيين، الذين أُحضروا من خلال نشاط الآقنجي القاتل خلال الأسابيع الثلاثة للحصار. جرى الاحتفاظ بأجمل الفتيات والفتيان

(1) انظر في «هيرودت» (Herodotus) («بوليمنيا» (Polymnia)، 223) تقرير الهجوم الفارسي الأخير على «ثيرموبيلاي» (Thermopylae). واحدة من النقوش الآشورية التي اكتشفها السيد «لايارد» (Layard) تمثل ضابطًا ممسكًا بسوط في يده، يقوم بتوجيه عبور القوات للنهر.

(2) "Two Sieges of Vienna by the Turk," p. 38.

(3) Von Hammer, vol. ii p. 73.

لاقتيادهم إلى العبودية، أما البقية فأُسلموا للسيف، أو أُلقي بهم في النار وهم على قيد الحياة من دون رحمة. بعد هذا العمل البربري الأخير - مع كونه حقدًا عاجزًا - تراجع الجيش التركي عن فيينا، وقامت حاشية سليمان زيفًا بتهنئته كالمنتصرين، وتَصَنَّع هو نفسه لهجة المنتصر، الذي لم يجرؤ الهارب فرديناند على ملاقاته، والذي انسحب بعد قيامه بالضرب على الرغم من عدم تدمير أعدائه. لكن الهزيمة التي تكبَّدها، شَعر بها بعمق طوال حياته، وقيل إنه تسبب في لعنة تلحق مَن يقوم بتكرار الحملة على فيينا من أحفاده. لا يوجد أساس للتهمة التي وجهها الكُتَّاب اللاحقون للوزير الأعظم إبراهيم، بأنه قد جرت رشوته من أجل خيانة سيده وعرقلة عمليات الحصار[1]. فقد أُنقذت المدينة بسبب بطولة مدافعيها، ومساعدة لا شك فيها من قسوة الموسم، التي لم تتحملها القوات الآسيوية في الجيش العثماني، فضلًا عن عصيان الإنكشارية نافدي الصبر. لكن مهما كان السبب الذي يرجع إليه ذلك، فإن صَد سليمان عن فيينا يُعدُّ دورًا في تاريخ العالم.

وَضَع تيار الفتح التركي في وسط أوروبا آنذاك إشارته؛ فتحطمت موجة الفتح مرَّة أخرى عند هذا الحد، لكن ليتم فقط كسرها مرَّة أخرى حتى تنحسر إلى الأبد.

---

(1) Ibid. p. 76.

الفصل العاشر

الحروب والمعاهدات مع النمسا - الانتصارات على فارس - النمسا تدفع الجزية للباب العالي - مآثر أمراء البحر الأتراك - برباروسا - بيري ريس - سيدي علي - تُرجوت - بياله - مآسي سليمان العائلية - موت الأمير مصطفى والأمير بايزيد - حصار مالطة - حصار سكتوار - وفاة سليمان - اتساع الإمبراطورية تحت حكمه - الجيش - الإدارة الداخلية - القوانين - التجارة - التشييد - الأدب.

الفصل العاشر[1]

أُبرم السلام بين السُّلطان وفرديناند عام 1533م، والذي جرى من خلاله تقسيم المجر بين فرديناند وزابوليا. كان سليمان قد قام في الفترة البينية بغزو ألمانيا مرَّة أخرى بقوة أقوى من تلك التي غزا بها فيينا، كما قام شارل الخامس في هذه الفرصة (1532م)، بوضع نفسه على رأس جيوش الإمبراطورية، التي احتشدت بحماس من حوله، فكان من المتوقَّع حدوث صراع حاسم بين العاهلين العظيمين للمسيحية والإسلام؛ إلا إن سليمان تعثَّر في تقدُّمه بسبب الدفاع العنيد لبلدة «جونز» (Guns) الصغيرة. وبعد منح شروط مُشرِّفة لحامية ذلك المكان (29 أغسطس 1532م)، وجد سليمان أن شارل لم يتقدم لمقابلته، وإنما بقي على مقربة من فيينا، فتحول جانبًا عن خط السير نحو تلك المدينة، وبعد تدمير ستيريا، طفق عائدًا إلى ممتلكاته. ربما لم يرغب كلا العاهلين العظيمين في المخاطرة بالحياة والإمبراطورية والثمار المجيدة لسنوات عديدة من الكفاح والحرص، من أجل نتيجة يوم واحد، ولم يكن هناك أسف لعدم اكتراث الخصم بالدخول في معركة، وهو ما قَدَّم عذرًا مقبولًا لكلٍّ منهما. عند ذلك كُرِّست الطاقات الحربية للعثمانيين في الشرق لبعض الوقت، حيث العداء الذي لم يسبق له مثيل لبلاد فارس تجاه تركيا، والحروب المتلاحقة بين هاتين القوتين المسلمتين الكبيرتين، التي كانت سببًا لإنقاذ العالم المسيحي، كما أقر دبلوماسيوه - المنتمون إلى ذلك العصر - صراحةً بذلك[2]. قاد سليمان جيوشه ضد الفُرس في العديد من الحملات (1533، 1534، 1535، 1548، 1553، 1554م)، عانى خلالها الأتراك، في كثير من الأحيان، بشدة بسبب الطبيعة الصعبة للبلدان التي عبروا خلالها، إلى جانب شجاعة العدو ونشاطه، إلا إن السُّلطان حقق العديد من الفتوحات المهمة؛ فقد أضاف إلى الإمبراطورية

---

(1) Von Hammer, books xxvii. to xxxv.

(2) يقول «بوسبكيوس» (Busbequius)، سفير فرديناند في بلاط سليمان: «إن المجابهة الفارسية هي فقط التي تحول بيننا وبين الخراب. فالترك مغرمون بالهجوم علينا، لكن الفُرس يضطرونهم إلى التراجع، فهذه الحرب التي تدور معهم لا تتيح لنا سوى الراحة، وليس الخلاص». انظر أيضًا خطابات السيد «جون ماسون» (John Masone)، سفيرنا لدى البلاط الفرنسي، عند السيد «تايتلر» (Tytler)، في عمله: "Reigns of Edward VI. and Mary," vol. i. p. 360, vol. ii. p. 352.

العثمانية أرضًا واسعة في أرمينية والعراق، والمدن القوية: «إريفان» (Erivan) و«فان» (Van) والموصل، وفوق كل ذلك بغداد، التي أطلق عليها المشرقيون «دار النصر»[1].

إن الأتراك المحدثين الذين يلتمسون العزاء في تذكر أمجاد سليمان العظيم، لا بدَّ أن يشعروا برضا عظيم، بسبب ما كانت تتلقاه أمتهم آنذاك من أمارات الخوف المتسم بالاحترام من أعظم قوى العالم المسيحي، فضلًا عن دوله الضعيفة. وقد شكَّل عام 1547م فخرًا استثنائيًا في حوليات آل عثمان، بسبب ذلك التنازل الذليل الذي اضطر خصومهم حينذاك من سلالة هابسبورج النمساوية إلى تقديمه أمام قوتهم وتفوقهم. لقد تجددت الحرب في المجر نتيجة لوفاة يوحنا زابوليا، عام 1539م. وبناءً على ذلك، ادعى فرديناند حقه في كامل المجر، في حين ناشدت أرملة زابوليا المساعدة من السُلطان لابنها الرضيع، فما كان من سليمان إلا أن أطلق جيوشه على ذلك البلد. وفي عام 1541م والسنوات التي أعقبتها، قاد سليمان شخصيًا الجيوش مرَّة أخرى على ضفاف نهر الدانوب، معلنًا عزمه وضع الأمير زابوليا الصغير على عرش المجر وترانسلفانيا عندما يصل إلى سن النضوج. أقام الأتراك آنذاك حاميات في أوفن وغيرها من المدن الرئيسية، وقُسِّمت البلاد إلى سناجق، وعُيِّن على كلٍّ منها حاكم تركي، وجرى إقرار النظام الإقليمي العثماني بشكل عام. استولى العثمانيون في هذه الحرب على المدينتين القويتين: «جران» (Gran)، و«ستويسنبرج» (Stuhweissenburg)، وغيرهما الكثير، وعلى الرغم من أن نجاحهم لم يكن منقطع النظير، كانت الأفضلية بشكل عام تنحاز إلى السُلطان. ففي وقت مبكر من عام 1544م، قدَّم كلٌّ من شارل الخامس وفرديناند مبادرات للسلام، وفي عام 1547م جرى التوصل إلى هدنة لمدة خمس سنوات، الأمر الذي ترك للسلطان حيازة ما يقرب من كامل المجر وترانسلفانيا، وألزم فرديناند بدفع ثلاثين ألف دوقية سنويًا للباب العالي، وهو ما أطلق عليه المؤرخون النمساويون لفظ «هدية»، بينما أطلق عليه المؤرخون العثمانيون - بشكل أصوب - مصطلح «جزية».

إن هذه المعاهدة، التي كان أطرافَها كلٌّ من الإمبراطور شارل والبابا وملك فرنسا وجمهورية البندقية، تُعدُّ اعترافًا من المسيحيين بصحة لقب سليمان «صاحب قِران»، أو «سيد عصره». فالكبرياء النمساوية - في الواقع - كانت قد انحنت بشدة أمام السُلطان في السابق؛ ذلك أن فرديناند عندما طلب السلام عام 1533م، وافق على أن يُطلِق على نفسه «شقيق إبراهيم»، الوزير المفضَّل لدى سليمان، وبالتالي وافق على وضع نفسه في مستوى وزير تركي. والتمس

---

(1) أُطلق عليها كذلك «دار السلام» و«دار الخلافة». انظر: موستراس، القاموس الجغرافي: 261. (المترجم).

فرنسوا الأول مرارًا وتكرارًا مساعدة سليمان بأكثر التعبيرات مراعاةً وخضوعًا. وقد مُنحت هذه المساعدات بفعالية أكثر من مرَّة، عن طريق غزو الأتراك للمجر وألمانيا؛ مما أجبر الإمبراطور على سحب ثقل جيوشه عن فرنسا. وقد قُدِّمت المساعدات بشكل مباشر أكثر، حينما أُرسلت الأساطيل التركية إلى البحر المتوسط لمهاجمة أعداء ملك فرنسا[(1)(2)]. أما إنجلترا فلم تكن في

(1) في أوائل عام 1525م، بينما كان فرنسوا سجينًا في مدريد، التمس المساعدة من السُلطان الشاب سليمان، فمنحه السُلطان وعدًا بالمساعدة. وقد وضع «هيلرت» (Hellert)، المترجم الفرنسي لفون هامر، في ملاحظاته على ترجمة الجزء الخامس (ص150)، ترجمة لرسالة لافتة من سليمان إلى فرنسوا، يعده فيها بالمساعدة، وقد اكتُشفت في الأرشيف الفرنسي. صيغت الرسالة بنبرة متعالية لمروءة مغرورة، تُبشر الملك الفرنسي بأنه الآن قد وَضع توسله أمام العرش الذي هو ملاذ العالم، ولم تعد هناك خشية من العدو الذي هدد ممتلكاته وخربها وجعله أسيرًا. ويذكر هيلرت رسالة أخرى للسلطان سليمان إلى فرنسوا، كُتبت عام 1528م، ردًّا على طلبات من الملك الفرنسي لصالح مسيحيي الكنيسة اللاتينية في القدس. يقول هيلرت بصدق: إن رسالة السُلطان تُظهر روح العدالة والتسامح الديني، كما أظهرت نبلًا كان نادرًا، خصوصًا في العصر الذي كُتبت فيه.

(2) ترجمة نص الرسالة التي ذكرها المؤلف في الهامش السابق، والتي أرسلها السُلطان سليمان ردًّا على استنجاد ملك فرنسا، هي: «الله العلي المغني المعطي المعين. بعناية حضرة عزة الله جلت قدرته، وعلت كلمته، وبمعجزات سيد زمرة الأنبياء، وقدوة فرقة الأصفياء، محمد المصطفى صلى الله عليه وسلم، الكثيرة البركات، وبمؤازرة قدس أرواح حماية الصحابة الأربعة أبي بكر وعمر وعثمان وعلي رضوان الله تعالى عليهم أجمعين، وجميع أولياء الله. أنا سلطان السلاطين، وبرهان الخواقين، متوج الملوك، ظل الله في الأرضين، سلطان البحر الأبيض، والبحر الأسود، والأناضول، والرُوملي، وقرمان والروم وولاية ذي القدرية، وديار بكر وكردستان وأذربيجان والعجم والشام وحلب ومصر ومكة والمدينة والقدس وسائر ديار العرب واليمن، وممالك كثيرة أيضًا فتحها آبائي الكرام وأجدادي العظام بقوتهم القاهرة، أنار الله براهينهم، وبلاد أخرى كثيرة افتتحتها يد جلالتي بسيف الظفر. أنا السُلطان سليمان خان ابن السُلطان سليم خان ابن السُلطان بايزيد خان. إلى فرنسيس ملك ولاية فرنسا. وصل إلى أعتاب ملجأ السلاطين الكتاب الذي أرسلتموه مع تابعكم فرانقيان النشيط مع بعض الأخبار التي أوصيتموه بها شفاهًا، وأعلمنا أن عدوكم استولى على بلادكم، وأنكم الآن مسجونون وتلتمسون من هذا المقام أمور العناية للإفراج عنكم، وكل ما قلتموه عُرض على أعتاب سرير سدتنا الملوكية، وأحاط به علمي الشريف على وجه التفصيل، فصار بتمامه معلومًا. ولا عجب من سجن الملوك وضيقهم. فكن منشرح الصدر غير مشغول الخاطر، فإن آبائي الكرام وأجدادي العظام نوَّر الله مراقدهم لم يكونوا تاركي الحروب لفتح البلاد، ودفع العدو. ونحن أيضًا سالكون على طريقهم، ونفتح في كل وقت البلاد الصعبة، والقلاع الحصينة. وإن خيولنا ليلًا نهارًا مسروجة، وسيوفنا مسلولة. فالحق سبحانه وتعالى ييسر الخير بإرادته ومشيئته. هذا وأما بقية الأخبار والأحوال فتفهمونها من تابعكم المذكور فليكن معلومكم. حرر في أوائل شهر آخر الربيعين سنة اثنين وثلاثين وتسعمائة». انظر: محمد جميل بهم، فلسفة التاريخ العثماني (بيروت: مكتبة صادر، 1334هـ/ 1925م): 277-278، نقلًا عن تاريخ جودت باشا. (المترجم).

عهد سليمان بحاجة إلى مساعدة خارجية، لكننا سنراها في عهد حفيد سليمان، عندما هددتها قوة إسبانيا، تلجأ إلى الباب العالي للمساعدة والحماية، بإكبار وإخلاص، كما قد يرغب أتباع النبي المتسمون بالإباء.

لقد وجَّهنا اهتمامنا حتى الآن إلى التاريخ العسكري المتعلِّق بعهد سليمان، إلا إن المهابة التي حازتها الإمبراطورية العثمانية خلال هذا العصر لم تكن ناجمة عن النجاحات التي حققتها الجيوش التركية فحسب، بل نجمت أيضًا عن إنجازات البحرية التركية، التي نشرت سُلطة وشهرة السُلطان سليمان على طول سواحل البحر المتوسط بأكملها، وفي المياه الأكثر بُعدًا للبحر الأحمر والمحيط الهندي. فقد أولى أسلافه الكثير من الرعاية والثروة للقوة البحرية لإمبراطوريتهم، إلا إن سليمان تجاوزهم جميعًا في هذا الشأن، فمهارة وبسالة أمراء البحر التابعين له جعلت العلم العثماني عظيمًا في البحر كما كان على البر إلى حدٍّ كبير. كان أكثر قادة البحرية التركية شهرة في هذا العهد، هو خير الدين باشا، المعروف في أوروبا بلقب «بربا روسا» (Barbarossa). فمن خلال وساطته بشكل أساسي دخلت دول القرصنة في شمال إفريقيا طوعًا تحت سيادة السُلطان[1]، فازدادت الموارد البحرية للباب العالي، بسبب المرافئ الواسعة، والحصون والمدن القوية، والأساطيل التي بُنيت وأُسست بشكل جيد، وقراصنة الجزائر وطرابلس وتونس ذوي الجسارة والمهارة[2][3].

(1) دخلت الجزائر أولًا تحت السُلطة العثمانية، ثم تلتها بعد ذلك معظم أقاليم المغرب الإسلامي تباعًا، وتدلنا وثيقة تركية بالغة الأهمية محفوظة في دار المحفوظات التاريخية بإستانبول (طوب قابي سراي) تحت رقم: 4656، على الظروف المحيطة بخضوع الجزائر كأول إقليم في بلاد المغرب لسيطرة الدولة العثمانية، وهي عبارة عن رسالة موجهة من سكان بلدة الجزائر إلى السُلطان سليم الأول بعد عودته من فتح مصر إلى إستانبول، مؤرخة بعام 925هـ، الموافق لعام 1519م، وقد كُتبت هذه الرسالة بغرض ربط الجزائر بالدولة العثمانية، بأمر من المجاهد البحري الريس خضر أو خير الدين بربا روسا. انظر: عبد الجليل التميمي، «أول رسالة من أهالي مدينة الجزائر إلى السُلطان سليم الأول عام 1519م»، المجلة التاريخية المغربية، العدد السادس (تونس، يوليو 1976م): 116-120؛ عزيز سامح ألتر، الأتراك العثمانيون في إفريقيا الشمالية، ترجمة محمود علي عامر (بيروت: دار النهضة العربية، 1989م): 70 وما يليها؛ أحمد توفيق المدني، حرب الثلاثمائة سنة بين الجزائر وإسبانيا (1492-1792م) (الجزائر، 1984م): 203 وما يليها؛ عبد الحميد بن أبي زيان بن أشنهو، دخول الأتراك العثمانيين إلى الجزائر (الجزائر، 1986م). (المترجم).

(2) قد يكون من المفيد وصف نظام الحروب في البحر المتوسط في هذا العصر، وطابع السفن المستخدمة فيه، وعليه أضيف ملاحظات اقتبستها جزئيًا من عمل «فينشام» (Fincham): «التاريخ البحري» (Naval History)، وبشكل أساسي من ورقة السيد «هولم» (Hulme) اللافتة، الموجودة في «فصول من التاريخ التركي» (Chapters on Turkish History).

=

= كانت الأسماء التي أُطلقت على السفن القتالية في البحر المتوسط خلال هذا القرن، هي: «جالي» (galley)، و«جاليون» (galleon)، و«جالياس» (galeasse). آخر اسمين منهما مألوفان لدى طلاب تاريخ الأرمادا الإسبانية، ويُطلقان على السفن ذات الحجم الكبير، ويُقال إن بعض الجاليون والجالياس تتراوح حمولتها بين ألف وخمسمائة وألفي طن، ولديها أكثر من طابق، ومدافع ثقيلة تستخدم عن طريق فتحات في الطابق السفلي كما في العلوي. وكانت غاية في الطول من المقدمة والمؤخرة. وكانت هناك مدافع توضع أعلى «المؤخرة» (poop) المرتفعة، وكذلك أعلى «مقدم السفينة» (forecastle)، وهو مصطلح كان دقيقًا آنذاك. سُميت هذه السفن الكبيرة أيضًا «كاراكس» (carracks)، ولديها مقعد أو أكثر للمجاديف الطويلة، ويعمل كل مجداف منها بواسطة العديد من المجدِّفين، لكنها تعتمد أساسًا في التنقل على صواريها وأشرعتها. ومع أن السفن الكبيرة المتعلقة بهذا الوصف كانت تستخدم في الحرب، إلا إن القوة الرئيسية للأساطيل المتنازعة كانت تتألف من سفن الجالي الخفيفة، المنخفضة الطويلة. ومن أجل فهم ذلك، يجب أن نأخذ في الاعتبار الفرق بين المدفعية البحرية لتلك الآونة والمدفعية في زمننا، كما كانت المخاطر التي تتعرض لها السفن الصغيرة والخفيفة أقل في ذلك الوقت، إذا عرَّضت نفسها لأسطح تلك السفن التي تفوقها بكثير في الحمولة.

كانت سفن الجالي، التي حقق بها ربابنة البحر من البندقية وجنوة وبرشلونة و«كارثاجينا» (Carthagena) ومالطة والجزائر والقسطنطينية، نجاحاتهم الأساسية خلال القرنين الخامس عشر والسادس عشر، سفن تجديف في الأساس، وكانت هذه المجاديف تُسحب عادة بواسطة العبيد أو أسرى الحرب. كان هيكلها منخفضًا جدًّا وقريبًا من الماء، وصُنع حادًّا للغاية ومستقيم المدى، وله طول استثنائي بالنسبة للعرض، إذ إن الجالي البندقية من الفئة الأكبر، بلغ قياسها 165 قدمًا من المقدمة إلى المؤخرة، في حين بلغ اتساعها 32 قدمًا فقط. وقد زُودت المقدمة، مثل القديمة، بمنقار طويل وحاد، ولهذا السبب فضلًا عن اللون الأسود الذي يكسو بدنها عادة، شاع عند العرب نعتها بلقب «غُراب» (grab). بعد ذلك تأتي المؤخرة الفسيحة، التي كانت مركزًا للقبودان والجنود، يُدافع عنها من خلال شرفات خارجية وألواح خشبية مُشَبَّكة. نزولًا من هذه المؤخرة تقود درجتان أو ثلاث إلى منصة ضيقة وطويلة (تُسمى بالفرنسية «كورسير» (coursier)، وبالإسبانية «cruxia») تجري بكامل طول السفينة من المقدمة إلى المؤخرة، وتخدم «الممشى» (gangway) وسطح «الدافق» (flush deck)، الذي تُوضع عليه المدافع، التي عادةً ما تكون قطعة واحدة ثقيلة وطويلة تتجه إلى الأمام بالقرب من التقوس الأمامي، واثنين أو أربعة أخرى من عيار أصغر في وسط السفينة. نُظمت مقاعد التجديف (التي كان يُقيد إليها العبيد بالسلاسل من قدم واحدة) على نوع من «المنصات المائلة» (sloping gallery) أو «الحافة العريضة» (wide gunwale) (في الفرنسية «pont»)، التي تبرز فوق جانب السفينة، بحيث يكون أولئك الذين يجدفون في الصف الأعلى تحت الكورسير مباشرة، وتحت ناظري مراقبهم، الذي يُسرِّع مجهودهم عن طريق جلد قاسٍ بالسوط. كانت الجالي تُدفع بستة وعشرين مجدافًا على كل جانب - وهو رقم يبدو أنه ثابت تقريبًا في جميع الفئات. إلا إن «الأنواع الأصغر» (galeres subtiles)، أو (legeres)، (التي كانت تُسمى «فرقاطة» (fergata)، أو «فريجاتا» (frigate)، و«خرلانجتش» (khirlangitsch) من قِبَل الأتراك، و«جفان» (Jafan)، و«ثلثي» (thelthi) من قِبَل العرب) كان بها رجل أو اثنان لكل مجداف، والأكبر حجمًا («galeazza» لدى البنادقة، و«ماعونة» (maona) لدى الأتراك) كان يصل العدد بها في بعض الأحيان إلى خمسة أو ستة، أما الفئة العادية («galres batardes»، ولدى الأتراك «باشتارده» (bashtarda)) التي كانت تستخدم بشكل حصري تقريبًا من قِبَل الأتراك، فكان بها ثلاثة. =

= زُودت الجالي بصارٍ رئيسي، يُرفع أو يُنحَّى حسب الحاجة، يحمل أشرعة مثلثة كبيرة. لكن بنية السفينة التي وصفناها للتوّ، كان الوثوق بسيرها من خلال الشراع يقتصر فقط على الرياح الخفيفة والبحر الهادئ، كما أن عيوب ميلها ونقص عرضها لا بدَّ أن يجعلاها سفينة سيِّئة في كل الأوقات، في حين أن طولها الكبير لا بدَّ أن يُعَرِّضها إلى كسر ظهرها وغرقها في البحر الهائج. لكن هذه العيوب جرى تعويضها عن طريق السرعة التي يمكن أن تتحرك بها تلك السفن، مثل البواخر في الأزمنة الحديثة، على المياه الصيفية الهادئة للبحر المتوسط، فضلًا عن سهولة اختراقها للجداول والأنهار والخلجان، التي يؤدي تعقيد مسالكها وضحالة مياهها، إلى جعلها منيعة على السفن ذات الغاطس والتي تعتمد فقط على الأشرعة. ومع انخفاض صواريها، وبدنها الطويل المنخفض، الذي لا يمكن اكتشافه على سطح البحر عن طريق من يقوم بالحراسة على الشاطئ، فإن سفن الجالي الخاصة بالقراصنة تقف أثناء اليوم في عرض البحر بشكل غير متوقع، قبالة المدينة التي يراد نهبها، وفي منتصف الليل يستيقظ السكان على النار وهي تشتعل في منازلهم، وعلى صيحة التكبير العاتية، ويبزغ الفجر على المغيرين وهم بعيدًا في البحر مرَّة أخرى، يحملون معهم غنائمهم، وبعض أسراهم ممن نجوا من القتل، قبل أن تتمكن النجدة غير المجدية للحامية المجاورة من الوصول إلى المكان الذي شهد ذلك التخريب.

(3) فيما يتعلَّق بالهامش السابق، يذكر المؤلف أولًا سفن الجاليون أو القاليون والجالياس كبيرة الحجم. وقد ذكر حاجي خليفة أن سفن القاليون هي سفن كبيرة ذات طابقين، تُستخدم في الأغلب من قِبَل الكفار (يقصد الأوروبيين)، وكانت تُدعى «كوكه». وقد أطلق العرب على هذا النوع اسم «غليون»، وتمتاز بعظم مقدمتها ومؤخرتها، وبرزت كمركب حرب في الفترة الممتدة من أواخر القرن الخامس عشر إلى القرن السابع عشر، واستُخدمت أيضًا لنقل المسافرين لعظم حجمها. ويتجاوز عدد المدافع بها في بعض الأحيان المائة مدفع، وعدد الطاقم الألف. أما سفن الجالي، فكانت السفن الرئيسية للحرب في ذلك الزمان، لسرعتها وخفتها في الحركة والمناورة. أطلق عليها العرب «أغربة» أو «غربان»، جمع غراب، و«شواني»، جمع شيني. وهي من أقدم المراكب المعروفة في البحر المتوسط، إذ يرجع استخدامها إلى القرطاجيين والرومان. يقول عنها النويري السكندري: «والمراكب الغزوانية تسمى «غربانًا»، وذلك لرقتها وطولها وسوادها بالأطلية المانعة للماء عنها كالزفت وغيره، فصارت تشبه في سوادها الغربان من الطير لسوادها وسواد مناقيرها». وكان الأتراك يطلقون عليها بشكل عام اسم «قادرغه». وذكر حاجي خليفة أن السفن السائرة بالمجاديف تتميز من حيث مقاعدها وتتسمى وفقًا لذلك؛ إذ يُطلق على السفن ذات العشرة مقاعد إلى سبعة عشر مقعدًا «فرقاطة»، ويجدف في كل مجداف بها اثنان أو ثلاثة أشخاص. ويُطلق على السفن ذات الثمانية عشر والتسعة عشر مقعدًا اسم «بركندة». ومن تسعة عشر حتى أربعة وعشرين مقعدًا «قالفيه». وإذا كانت ذات خمسة وعشرين مقعدًا فتسمى «قادرغه»، وعلى كل مجداف من مجاديفها أربعة أشخاص. أما السفن التي بها من ستة وعشرين إلى ستة وثلاثين مقعدًا فتسمى «باشتارده»، ويجدف على كل مجداف فيها من خمسة إلى سبعة أشخاص، ويصل طاقمها إلى ثمانمائة شخص. أما سفن الـ«ماعونة»، فبها ثلاثمائة وأربعة وستون جدَّافًا موزعين على ستة وعشرين مقعدًا، على كل مجداف سبعة أشخاص. ويتكون الأسطول عادة من أربعين قادرغه، وست من نوع ماعونة. وعليه يصل عدد الأشخاص إلى ستة عشر ألفًا وأربعمائة، منهم عشرة آلاف وخمسمائة جداف، وخمسة آلاف وثلاثمائة محارب، تقريبًا. انظر: حاجي خليفة، تحفة الكبار: 238-240؛ درويش النخيلي، السفن الإسلامية على حروف المعجم (الإسكندرية: جامعة الإسكندرية، 1974م): 20، 23-27، 104-112، 112-116. (المترجم).

وُلد بربا روسا في جزيرة «متيليني» (Mitylene)، لوالد سباهي رُوملي، استقر هناك عندما فُتحت الجزيرة على يد محمد الثاني، وكان له أربعة أبناء، الأكبر هو إسحاق، الذي مارس التجارة في متيليني، والثلاثة الآخرون: إلياس، و«أوروج» (Urudsch)، و«خضر» (Khizr) (الذي سُمي بعد ذلك خير الدين)، مارسوا التجارة والقرصنة[1] معًا في عهد بايزيد الثاني وسليم. سقط إلياس في معركة بحرية مع فرسان رودس، وأُسر أوروج، لكن أُطلق سراحه بتأثير من الأمير قورقود، ثم حاكم قرمانيا. مارس أوروج وخير الدين بعد ذلك القرصنة البحرية بجرأة وحماس، تحت سُلطة محمد، سلطان تونس. لكنهما اكتشفا ضعف الأمراء المسلمين في موانئ شمال إفريقيا، وكانا يعلمان مدى قوة الإمبراطورية العثمانية، خصوصًا في ظل حُكم مثل حُكمِ سليم. وبناءً عليه توددا إلى الباب العالي بإرسال أحد أثمن غنائمهما إلى القسطنطينية، وتلقيا في المقابل سفينتين جالي وأردية شرفية. لقد أصبحا آنذاك سادة بعض المدن الصغيرة على الساحل الإفريقي، وبانضمام شقيقهما إسحاق، تاجر متيليني، تعاظم أسطولهم، ونجحوا في الاستيلاء بالقوة أو الحيلة على «تنس» (Tennes) و«تلمسان» (Telmessan)، وكذلك على مدينة الجزائر القوية. بعد ذلك بوقت قصير، سقط كلٌّ من إسحاق وأوروج في معركة مع الإسبان، وتركا خير الدين سيدًا وحيدًا لفتوحاتهم، والذي اعترف رسميًّا بسيادة السُلطان التركي، فحصل من سليم على الشارات المعتادة للمنصب، وهي سيف وحصان وراية، بوصفه بكلربك الجزائر. شن خير الدين حربًا نشطة على الإسبان[2] والقبائل العربية المستقلة في شمال إفريقيا، فاستولى

(1) تطور مفهوم القرصنة واختلف عبر العصور، فكان بالنسبة إلى المسلمين نوعًا من الجهاد مسرحه البحر. شهد هذا الجهاد تطورًا ملحوظًا مع نهاية القرن الخامس عشر، حيث ازداد نشاط البحرية العثمانية في البحر المتوسط، وتزايد بعد ذلك وقويت شوكته بشكل ملحوظ بعد انضمام المغاربة والأندلسيين إلى ميدانه، حيث اتخذ طابع الجهاد الديني. انظر: سالم، إستراتيجية الفتح: 153-154؛ الهادي التميمي، مفهوم الإمبريالية من عصر الاستعمار العسكري إلى العولمة (تونس: دار محمد علي الحامي، 2004م): 13-14؛ فريدريك وليام بل، الصراع البحري والقرصنة العالمية، ترجمة فؤاد سيد، الجزء الأول (القاهرة: مطبوعات جامعة القاهرة، 1977م): 70-85. (المترجم).

(2) أصبح الشمال الإفريقي منذ بداية القرن السادس عشر هدفًا استعماريًّا للإسبان أثناء ملاحقتهم المسلمين الفارين من الأندلس ومحاولة استهداف مراكز الخطر والمقاومة على الساحل المغربي، فبدأوا في الهجوم على المراكز الواقعة شرقي حجر باديس، فكانت بداية هذه الهجمات على ميناء المرسى الكبير غربي وهران، والذي استطاعوا احتلاله عام 910هـ/ 1505م ليكون نقطة انطلاق لهم إلى سواحل المغرب. وفي عام 914هـ/ 1508م أرسل فرديناند حملة نجحت في الاستيلاء على حجر باديس، ثم أرسل حملة أخرى عام 915هـ/ 1509م استطاعت السيطرة على وهران. وفي عام 917هـ/ 1511م هاجموا مدينة بجاية ودخلوها عنوة، ثم استولوا على شرشال وبونة وعنابة، وغيرها من المدن الساحلية دون أن يحرك سلاطين بني زيان =

من الإسبان على الجزيرة الصغيرة المقابلة لميناء الجزائر، التي وقعت أربعة عشر عامًا تحت احتلالهم، وهزم أسطولًا إسبانيًّا أُرسل لنجدة الحامية وقام بالاستيلاء عليها[1]. وعَبْر سياسته المطردة في الولاء للباب العالي، أرسل بربAروسا إلى القسطنطينية تقارير منتظمة عن عملياته، وقام امتثالًا للأوامر التي تلقَّاها من هناك، بالكَفِّ عن مهاجمة سفن وسواحل فرنسا، عندما أصبح ذلك البلد مرتبطًا بمعاهدة مع تركيا. هكذا أصبح ملك البحر وحاكم الجزائر ذو اللحية الحمراء، مطلوبًا من السُلطان سليمان، لقياس مقدرته أمام الخصم الكبير، «دوريا» (Doria) الجنوي، أمير البحر المفضَّل لدى شارل الخامس. صد بربAروسا هجوم دوريا على جزيرة «جِرْبَة» (Djerbe)، ثم انضم إلى سفنه الجالي وقرصانها سنان، وأبحر منتصرًا على طول الساحل الجنوي، الذي اجتاحه بالنار والدمار. ونقل بعد ذلك سبعين ألفًا من عرب إسبانيا المضطهدين من إقليم الأندلس لتعزيز سلطته في الجزائر. في الوقت ذاته، استولى دوريا من الأتراك على مدينة كورون في المورة، فأرسل سليمان - الذي اعترف أن بربAروسا هو أمير البحر المسلم الوحيد الذي يمكنه منافسة البطل الجنوي - إلى خير الدين للحضور إلى القسطنطينية من أجل التشاور معه بشأن الطريقة المثلى التي يمكن من خلالها محاربة الإسبان عن طريق البحر. أبحر خير الدين من الجزائر (1533م) امتثالًا لأوامر عاهله، بثماني عشرة سفينة، خمس منها تابعة للقراصنة الذين تطوعوا في خدمة السُلطان، واستولى أثناء الرحلة على اثنتين من سفن الجالي التابعة لدوريا. فتلقى من الباب العالي أسمى مراتب التكريم، وتحت إشرافه الشخصي عملت ترسانة القسطنطينية خلال ذلك الشتاء على تجهيز أسطول قوي من أربع وثمانين سفينة (بما في ذلك الأسطول الجزائري)، أبحر به بربAروسا قاصدًا إيطاليا في ربيع عام 1534م، بينما كان سليمان

= ساكنًا؛ مما اضطر عدة موانئ أخرى للاعتراف بسلطان الإسبان، مثل دلس ومستغانم، فأصبح الإسبان بذلك يبسطون نفوذهم على الموانئ المهمة في كل المغرب الأوسط، كما أنهم استولوا على طرابلس الغرب عام 915هـ/ 1509م واتخذوها قاعدة لعملياتهم الحربية في البحر المتوسط. انظر: شوقي عطا الله الجمل، المغرب الكبير في العصر الحديث (القاهرة: مكتبة الأنجلو المصرية، 1977م): 80-83؛ المدني، حرب الثلاثمائة سنة: 93 وما يليها؛ التميمي، الخلفية الدينية: 5-44؛ جون. ب. وولف، الجزائر وأوروبا، ترجمة وتعليق سعد الله أبو القاسم (الجزائر، 1986م): 129. (المترجم).

(1) دَمَّر خير الدين حصن «البنيون» (Penon) الإسباني الواقع على الجزيرة عام 1529م، وأقام لسانًا يصل الجزيرة بالساحل، فأوجد ميناءً حصينًا تلجأ إليه السفن، وهو ما عُد تأسيسًا لميناء الجزائر الذي حَوَّل المدينة إلى عاصمة كبرى للمغرب الأوسط، بل لكل شمال إفريقيا بنياباتها الثلاث فيما بعد، ومرتكزًا للجهاد البحري. انظر: خير الدين بربAروسا، مذكرات خير الدين بربAروسا، ترجمة محمد دراج (الجزائر: الأصالة للنشر والتوزيع، 2010م): 134-135؛ حاجي خليفة، تحفة الكبار: 97-98. (المترجم).

يبدأ حملته على بلاد فارس. قام برباروسا (الآن خير الدين باشا)، بنهب «ريجّيو» (Reggio) و«كيترارو» (Citraro) و«سبيرلونجا» (Sperlonga) و«فوندي» (Fondi)؛ أما هجومه على المكان الأخير فكان في الأساس على أمل مفاجأة وسبي جميلة ذلك العصر الشهيرة، «جوليا جونزاجا» (Giulia Gonzaga)، زوجة «فيسبسيان جونزاجا» (Vespasian Gonzaga)؛ فقد رغب برباروسا في تقديمها هبةً على سبيل المجاملة لسليمان، قاصدًا أن تتألق زهرة جمال العالم المسيحي في حريم سلطانه. هبطت طواقم برباروسا في الليل مهاجِمةً فوندي بقوة، ولم تستيقظ جوليا الجميلة من نومها إلا عن طريق إنذار بأن الأتراك في قصرها. تخلَّصت من مطاردتها الشديدة بقدر كبير من الصعوبة والخطر، حيث وُضعت على ظهر حصان في ثوب نومها بواسطة فارس إيطالي، قام بإنقاذها، ولاذ بالفرار معها وحدها إلى مكان آمن. وقد تسبب جمالها المرهف بعد ذلك في اغتيال حارسها ومرافقها، وكان ذلك - وفقًا للمؤرخ الألماني - إما لأنه تجرأ كثيرًا في تلك الليلة، أو لأنه فقط قد رأى أكثر من اللازم[1].

بعد نهب سواحل نابولي، عاد برباروسا إلى إفريقيا، واستولى على تونس، التي كانت لفترة طويلة موضع طموحه، لكنه لم يحتفظ بهذا المكسب أكثر من خمسة أشهر؛ حيث قام الأمير المغربي الذي تم طرده، بطلب المساعدة من شارل الخامس، فتوجَّه الإمبراطور إلى تونس على رأس جيش وأسطول على قدر من القوة اضطر معها برباروسا إلى التخلي عن المدينة بعد دفاع شجاع بارع. وبعد انسحاب برباروسا، قامت القوات الصليبية التي أتت إلى المدينة كحلفاء شكليين لملكها الشرعي، بنهب المدينة الخاضعة غير المقاوِمة بدم بارد ووحشية مفرطة، عادلت أسوأ الفظائع التي نُسبت إلى الأتراك على الإطلاق[2].

على الرغم من إخراج خير الدين من تونس، فإنه كان لا يزال قويًّا في الجزائر، حيث أبحر من ذلك الميناء بسبع عشرة سفينة جالي، منتقمًا من إسبانيا عَبْر نهب «مينوركا» (Minorca)، ثم توجَّه بعد ذلك إلى القسطنطينية، حيث منحه السُّلطان منصب «قبودان باشا»، أرفع مناصب

---

(1) Von Hammer, vol. ii. p. 129. كانت جوليا شقيقة جوانا سن أراجون التي ستظهر صورها في روما وباريس وقلعة «War wick».

(2) خلال ثلاثة أيام قام الإسبان بقتل أكثر من ثلاثين ألف مسلم، وأسر أكثر من عشرة آلاف، فغدت المدينة خالية من الأهالي، فضلًا عن تدمير المساجد والمدارس وإحراق الكتب والمخطوطات، ويقول خير الدين في ذلك: «بعد مرور اثنتين وسبعين ساعة على حملة النهب والقتل والتدمير، دخل الملك كارلوس المدينة بعدما حوَّلها إلى خراب، فاصطبغت أرجل فرسه بلون الدم المتدفق من أشلاء الضحايا المتناثرة في أزقة وشوارع المدينة». انظر: برباروسا، مذكرات: 178؛ ألتر، الأتراك العثمانيون: 118. (المترجم).

البحرية. وفي عام 1537م، قام مرَّة أخرى بتخريب سواحل إيطاليا، وعندما شاركت البندقية في الحرب ضد الباب العالي، استولى بربروسا تقريبًا على جميع الجزر التي كانت تمتلكها في الأرخبيل، إضافةً إلى مدينتَي: «نابولي دي رومانيا» (Napoli di Romania) و«كاسل نوفو» (Castel Nuovo)، واستعاد كورون من الإسبان. وفي 28 سبتمبر 1538م، اشتبك مع أساطيل متحالفة تابعة للبابا والبندقية والإمبراطور، في معركة كبيرة قبالة «بريفيزا» (Prevesa)[1].

خلال هذا الحدث، أجرى بربروسا مناورة جريئة خرق بها الصفوف، وهو ما قام به بعد ذلك كلٌّ من «رودني» (Rodney) و«سان فنسنت» (St. Vincent) و«نيلسون» (Nelson)، ونالوا شهرة كبيرة في البحرية الإنجليزية. كانت قوة أمير البحر التركي أقل من قوة العدو من حيث العدد وحجم السفن وثقل العتاد، لكن بربروسا تمكَّن من خلال المهارة البحرية والجرأة، من تحقيق انتصار تام مجيد، على الرغم من أن قدوم الليل مكَّن الصليبيين المهزومين من الهرب من دون ثقل كبير في الخسارة.

كان التراجع الكارثي الذي تكبده شارل الخامس عندما هاجم الجزائر عام 1541م[2] أساسًا

---

(1) أو بروزه. تقع في إقليم إبيرس عند مدخل خليج نارته باليونان، وتتبع ولاية يانيه لواء بروزه. جرت قبالتها معركة بروزه التي تُعدُّ من المعارك البحرية الكبرى التي أثبت العثمانيون من خلالها سيادتهم للبحر المتوسط، وكانت نتاجًا للحملة التي أعدها العثمانيون بالتعاون مع الفرنسيين لغزو إيطاليا، فقد خرج السُّلطان على رأس الجيش إلى سواحل البحر الأدرياتيكي حيث اشترك مع الأسطول في حصار جزيرة كورفو التابعة للبنادقة، ومع أن فرنسا تقاعست بسبب عقدها هدنة نيس مع إسبانيا في يونيو 1538م، إلا إن خير الدين هاجم السواحل الجنوبية لإيطاليا، وأنزل قوات على مقربة من أوترانتو، فتشكَّل على إثر ذلك حلف صليبي لصد الهجمة العثمانية. انظر: شمس الدين سامي، قاموس الأعلام، مج.2: 1507؛ موستراس، القاموس الجغرافي: 205؛ وللمزيد عن المعركة، انظر: بربروسا، مذكرات: 180-192؛ حاجي خليفة، تحفة الكبار: 114-118؛ أمجان، سليمان القانوني: 215-222. (المترجم).

(2) ذكرت المصادر أن شارل الخامس هاجم الجزائر آنذاك بأسطول ضخم بلغ زهاء الخمسمائة سفينة، وذلك لمحو وجود العثمانيين في الجزائر وبالتالي من عموم شمال إفريقيا، بعد أن وقفوا حجر عثرة أمام إنشاء مملكة مسيحية على السواحل المغربية. وقد تمكنت بالفعل تلك الحملة من النزول بسهولة إلى البر بجوار الميناء في 23 أكتوبر عام 1541م، أثناء غياب بربروسا، لكن ما إن تمت عمليات الإنزال بسلام حتى اكفهر الجو وهبَّت ريح عاصفة استمرت عدة أيام، اقتلعت فيها خيام الجنود وارتطمت سفنهم بعضها ببعض، وأصبح الأسطول الإسباني عرضة للغرق، فبدأت القوات المتمركزة على الساحل في الانسحاب، فانتهز حسن باشا ابن خير الدين بربروسا هذه الفرصة وانقض عليهم فجأة، مما أدى إلى انهزامهم، فسارع الأهالي بالانقضاض عليهم من كل حدب وصوب، آخذين أسرى وغنائم لا تحصى. هكذا مُني الإسبان بهزيمة مروعة حتى إن شارل الخامس شُوهد لأول مرَّة وهو يبكي، بل إنه انتزع تاجه من على رأسه وألقاه في البحر. انظر: ألتر، الأتراك العثمانيون: 160. (المترجم).

لتفاعل العناصر؛ فقد قام برباروسا بقيادة الأسطول التركي الذي أرسله سليمان لحملة الجزائر، لكنه احتُجز في الميناء بسبب العاصفة نفسها التي حَطَّمت السفن الإسبانية.

وكانت آخر خدمة كبيرة استخدم السُلطان فيها خير الدين، في عام 1543م، عندما أرسله مع الأسطول التركي لمساعدة فرنسوا الأول، مؤديًا دوره بالانضمام إلى الأسطول الفرنسي في البحر المتوسط. وقد استولى على مدينة نيس، على الرغم من مقاومة القلعة في مواجهته. ويقال إنه وبَّخ الضباط الفرنسيين بقسوة بسبب إهمالهم، وبسبب الخلل الحادث في سفنهم فضلًا عن المعدات والمؤن الضرورية. واضطر الحلفاء - الذين جاء لحمايتهم - إلى الاستماع بإذعان إلى توبيخه، ولم يتم استرضاء ذلك التركي المخضرم الكبير، إلا من خلال المناشدات الجادة والاعتذارات من أمير البحر الفرنسي، «ديو دي إنجين» (Due d'Enghien).

خلال السنوات الأخيرة من حياة بربروسا، حين توقف عن العمل في البحر، كان يَحضر بانتظام ديوان الباب العالي بوصفه القبودان باشا، حيث يجري الاستماع دائمًا إلى مشورة أمير البحر الكبير باحترام. تُوفِّي عام 1546م، ولا يزال ضريحه بجانب البوسفور بالقرب من «بشكطاش» (Beschiktasch)، يجذب الانتباه بجمال موقعه الرائع، وذكرى ذلك القرصان الجسور الراقد هناك بجوار صوت البحر الذي كثيرًا ما حكمه. إن قيامه بتكريس ثروته بشكل أساسي لإقامة إحدى المدارس، يُعدُّ إشارة لافتة لذلك التقدير العام للأدب والعلوم الذي كان سائدًا في بلاط سليمان، والذي مارس تأثيره حتى على بربروسا ذي الطابع الفظ، الذي - بسبب ظروف حياته المبكرة - لا يمكن أن يكون بمنزلة غزال تركي[1].

مع ذلك، فإن البعض من أمراء البحر العثمانيين أنفسهم برزوا من خلال ما أحرزوه من مكاسب علمية، وما ساهموا به من أعمال أدبية للبلاد. من أمثال هؤلاء كلٌّ من بيري ريس، وسيدي علي، اللذين كانا من قادة الأساطيل التي جُهِّزت في موانئ البحر الأحمر بأوامر من سليمان، والتي انطلقت من هناك فاتحةً ميناء عدن لصالح سلطان القسطنطينية، ذلك الميناء الذي تسيطر عليه الآن إنجلترا، للأهمية الكبيرة لموقعه المتميز على خط التجارة الأوروبية مع

(1) لم تكن السيرة الحقيقية لبربروسا معروفة في أوروبا الغربية قبل أن يرويها الألماني فون هامر من المصادر الكاملة المثبتة الموجودة في الأدب التركي. وقد أملى بربروسا نفسه - بأمر من السُلطان سليمان - سردًا عن حياته ومغامراته على كاتب اسمه «سنان». ولا يزال ذلك العمل موجودًا حتى الآن، وسيرته موجودة أيضًا بشكل موجز ضمن «تاريخ الحرب البحرية للأتراك» (History of the Naval Wars of the Turks) الذي كتبه حاجي خليفة.

الهند عن طريق البحر الأحمر ومصر[1]. وأُضيف كثير من المدن والأقاليم الأخرى على سواحل الجزيرة العربية وبلاد فارس والشمال الغربي للهند إلى الإمبراطورية العثمانية، وجرى خوض العديد من الصراعات الباسلة مع البرتغاليين والحكام المحليين، من قِبَل أمراء البحر الأتراك: سليمان باشا، ذلك الرجل الثمانيني[2]، ومراد، فضلًا عن الاثنين اللذين سبق ذكرهما. قام بيري ريس[3] بكتابة اثنين من الأعمال الجغرافية: أحدهما عن بحر إيجة، والآخر عن البحر المتوسط،

(1) أتيحت لي الفرصة عام 1868م، للذهاب خلال الخطوط المحيطة بعدن، في رفقة ضابط مهندس متميز في الخدمة العسكرية الهندية. كانت آثار وبقايا التحصينات التركية القديمة واضحة، فأخذ رفيقي يثني بشدة على البراعة العلمية التي صُممت بها، والجهد الحصيف الذي بُذل فيها، فضلًا عن خزانات المياه الضخمة التي جرى ترميمها وتطويرها منذ أن أصبحت عدن في حوزة بريطانيا.

(2) هو سليمان باشا الخادم، كان طواشيًّا في الحرم السُلطاني. تولى الشام، ثم مصر مرتين بين عامَي 931 و945هـ/ 1525 و1538م، فكان له دور كبير في تأسيس الأسطول العثماني في البحر الأحمر؛ حيث أشرف بنفسه على بناء ثمانين سفينة في ترسانة السويس صارت جاهزة للإبحار عام 938هـ/ 1532م، فأصبحت نواة للأساطيل العثمانية في البحر الأحمر والمحيط الهندي والخليج العربي. وقد استطاع عام 945هـ/ 1538م الاستيلاء على عدن، فأمَّن بذلك مدخل البحر الأحمر وأغلقه أمام السفن الأجنبية، ثم انطلق إلى كوجرات في الهند لمساعدة حاكمها المسلم أمام البرتغاليين، بعدها عاد إلى إستانبول حيث تولى الوزارة ثم عُين وزيرًا أعظم في الفترة ما بين عامَي 947 و951هـ/ 1541 و1544م. وتُوفِّي عام 954هـ/ 1547م وقد بلغ زهاء التسعين عامًا. انظر: حاجي خليفة، تحفة الكبار: 120-121؛ فذلكة التواريخ: 382؛ بجوي، تاريخ بجوي، مج.1: 50؛ محمد عبد اللطيف البحراوي، فتح العثمانيين عدن وانتقال التوازن الدولي من البر إلى البحر (القاهرة: دار التراث، 1979م): 154-155؛ أمجان، سليمان القانوني: 222-233؛ Salih Ozbaran, “The Ottoman in confrontation with the Portuguese in red sea after the conquest of Egypt in 1517”, *studies in Turkish - Arab relation* (1986), pp. 207-213. (المترجم).

(3) هو أحمد محيي الدين بيري (وُلد ما بين 1465/ 1470م، وتُوفِّي ما بين 1554/ 1555م) القبودان والجغرافي وعالم البحرية العثماني الشهير. اشترك في مقتبل حياته في المعارك البحرية لعمه كمال ريس، وعندما تُوفِّي عمه عام 917هـ/ 1511م عاد إلى جاليبولي حيث بدأ دراساته عن البحرية. وفي عام 922هـ/ 1516م عاد مرَّة أخرى إلى البحر قبودانًا لإحدى السفن العثمانية، فشارك في حملة رودس عام 928هـ/ 1522م، وقاد السفينة التي أقلت الوزير الأعظم إبراهيم باشا إلى مصر عام 930هـ/ 1524م، حيث عُين قبودانًا للإسكندرية من قِبَل السُلطان. وفي عام 954هـ/ 1547م أصبح قائدًا للأسطول العثماني في البحر الأحمر والمحيط الهندي المتمركز في السويس، فكان له باع كبير في محاربة البرتغاليين خصوصًا في الخليج العربي، حيث أقض مضاجعهم في مسقط وهرمز وقام باحتلال شبه جزيرة قطر وجزيرة البحرين مما حَجَّم النشاط البرتغالي على ساحل الخليج، واستطاع فتح عدن للمرة الثانية في فبراير 1549م. وفضلًا عن كونه قائدًا بحريًّا، برز بوصفه رائدًا في علم الجغرافيا وفي العلوم البحرية ورسم الخرائط، وأدرج أهم ما توصل إليه في كتابه المتفرد «البحرية»، الذي خرج إلى النور لأول مرَّة عام 927هـ/ 1521م، ويتضمن معلومات مفصلة عن الملاحة، فضلًا عن مائتين وتسعين خريطة غاية في الدقة لموانئ ومدن البحر المتوسط، وأهم بلدان العالم في ذلك =

يتضمنان التيارات المائية في هذين البحرين، وأحوال الطقس، والمرافئ، وأفضل أماكن الهبوط التي وُصفت بناءً على المسح الشخصي. وكان سيدي علي شاعرًا، فضلًا عن كونه بحارًا. وإلى جانب إنتاجه الشعري، كتب وصفًا لرحلته[1] التي قام بها برًا إلى القسطنطينية من «كُجرات» (Goojerat)، والتي تضرَّر عندها أسطوله جرَّاء عاصفة، فلم يعد قادرًا على مواجهة البرتغاليين. وصنَّف سيدي علي كذلك العديد من الرسائل الرياضية والبحرية، وكتابًا اسمه «المحيط»، عن الملاحة في المحيط الهندي، وقد اعتمد فيه على أفضل المصادر العربية والفارسية حول الهند في زمانه[2]. لا يجب إهمال اثنين آخرين من أمراء البحر الأتراك في هذه الفترة، وهما: «تُرجوت» (Dragut) (يُدعى بشكل أكثر صوابًا «تورغود» (Torghoud))، و«بياله» (Piale). كان بياله كرواتي المولد. أما تُرجوت فوُلد ضمن رعيَّة السُّلطان، لكنه من أصل مسيحي؛ انضم في مقتبل حياته إلى طاقم سفينة جالي تركية، وجرى اختياره قبودانًا لفرقة من ثلاثين قرصانًا. جمع قوة من ثلاثين سفينة، وهاجم جزيرة «كورسكا» (Corsica)، لكنه هُزم على يد دوريا، الذي تمكَّن من أَسره، وقيَّده إلى مقعد تجديف في سفينته، حيث أضناه الإعياء على مجداف المنتصر لشهور عديدة منهكة. وفي نهاية المطاف، أنقذه بربروسا عن طريق التهديد بتخريب

= الوقت، إلى جانب معلومات عن السكان المحليين في كل بلد ومدينة، وكان من بين خرائط الكتاب تلك الخريطة الدقيقة للعالم التي رسمها عام 919هـ/ 1513م. والجدير بالذكر أنه جرى اكتشاف مجموعة خرائط مرسومة على جلد الغزال عام 1348هـ/ 1929م تعود إلى بيري ريس، كان أهمها خريطتين للشواطئ الغربية لإفريقيا والشواطئ الشرقية للأمريكتين والحدود الشمالية للقارة القطبية الجنوبية وجزر المحيط الأطلسي تطابق أحدث الخرائط المرسومة بالأقمار الاصطناعية، مما بعث الحيرة لدى العلماء خصوصًا أنهما تُظهران أماكن لم يتم اكتشافها في ذلك الزمان، وهو ما يطرح سؤالًا عن المكتشف الحقيقي لقارات العالم الجديد. انظر: Andrew C. Hess, "Piri Reis and the Ottoman Response to the Voyages of Discovery", *Terrae Incognitae 6* (1974), pp. 19-37; Salih Ozbaran, "The Ottoman Turks and the Portuguese in the Persian Gulf, 1534-1581", *Journal of Asian history* (Spring 1972), pp. 48-55. (المترجم).

(1) هو كتاب «مرآة الممالك»، الذي صنَّفه سيدي علي عام 964هـ/ 1557م، ويُعد من أوائل كتب الرحلات في الأدب التركي. انظر: تسنيم محمد حرب، كتاب «مرآه الممالك» لرئيس البحر سيدي علي: دراسة وترجمة، رسالة ماجستير غير منشورة (القاهرة: كلية الآداب - جامعة عين شمس، 2000م)؛ حاجي خليفة، تحفة الكبار: 126-131؛ Charles F. Horne, ed., *The Sacred Books and Early Literature of the East*, (New York: Parke, Austin, & Lipscomb, 1917), Vol. VI: Medieval Arabia, pp. 329-395. (المترجم).

(2) يذكر فون هامر أن هناك نسخًا من عمل بيري ريس عن الأرخبيل والبحر المتوسط موجودة في المكتبة الملكية ببرلين، و«درسدن» (Dresden)، وفي الفاتيكان، وبولونيا. والنسخة الوحيدة المعروفة لكتاب سيدي علي «المحيط» موجودة في نابولي.

جنوة إذا لم يُطلق سراحه، وتحت رعاية خير الدين سرعان ما أُعيد تُرجوت إلى البحر، على رأس أسطول من عشرين سفينة جالي، قام بنشر الرعب على طول سواحل إيطاليا وإسبانيا. استطاع أن يكون سيدًا على المهدية وطرابلس [1]. وعلى غرار بربروسا اعترف بتبعيته للسلطان، فتلقى في المقابل رتبة رفيعة ومساعدات كبيرة من القسطنطينية. واستطاع الإسبان الاستيلاء منه على المهدية، لكن تُرجوت كانت له الغلبة أكثر من مرَّة على دوريا خلال مواجهاتهما، واستطاع أن يبث الرعب في البحر المتوسط تقريبًا بقدر ما فعل بربروسا نفسه. وظهرت جرأته حتى تجاه السُّلطان؛ حيث أعجبه ذات مرَّة أحد الأساطيل التجارية الغنية للبندقية، فقام بالاستيلاء عليه، على الرغم من السلام الذي كان منعقدًا آنذاك بين الجمهورية والباب العالي [2]. وما لبث أن استُدعي إلى القسطنطينية للرد على هذا الانتهاك، ولأن الوزير الأعظم «رستم» (Roostem) كان عدوًّا له، فقد بات رأسه في خطر حقيقي. غير أن تُرجوت بدلًا من أن يمتثل لأمر الاستدعاء، أبحر

(1) ظلت طرابلس الغرب مطمعًا للقوى الصليبية لأهمية موقعها بالنسبة للحركة التجارية مع الداخل الإفريقي، فضلًا عن كونها ذات أهمية كبيرة لتأمين حرية التجارة والنقل في عرض البحر المتوسط، وهو ما جعل الإسبان يعملون على احتلالها عام 915هـ/ 1509م بعد قتل معظم أهلها، ثم يلحقون إدارتها بصقلية، وفي عام 936هـ/ 1530م تنازلوا عنها لفرسان القديس يوحنا المتمركزين في مالطة، مما كان له أشد الخطر على الملاحة الإسلامية. ولما كان لتُرجوت ريس نشاط وخبرة كبيرة بهذه السواحل تقرر الاستفادة منه لانتزاع طرابلس من الفرسان، وبالفعل فُتحت طرابلس عام 958هـ/ 1551م، وهو ما استفاد منه العثمانيون كثيرًا؛ حيث تحولت تجارة إفريقيا التي تركزت في تاجوراء إليها، فازدادت بذلك حركة التبادل التجاري المتمثلة في التوابل والذهب والعبيد بين طرابلس وداخل إفريقيا. وبعد أن تولَّى تُرجوت إمارة طرابلس بفرمان سلطاني، عمل على إخضاع الإمارة بشكل كامل للإدارة العثمانية، وبقيت تونس وحدها حاجزًا في سبيل توحيد إمارات الشمال الإفريقي، فعمل بالتعاون مع أمير الجزائر حسن باشا ابن خير الدين على إخضاع تونس والقضاء على الزعامات المحلية، فدخل قفصة عام 963هـ/ 1556م، ثم صفاقس وأخيرًا القيروان عام 964هـ/ 1557م، حيث استطاع بعد ذلك تقوية الحزام البري حول طرابلس وعلى السواحل التونسية، وجعل تحركه البحري تجاه السواحل الصقلية أكثر نجاحًا. انظر: عبد الجليل التميمي، «رؤية منهجية لدراسة العلاقات العثمانية-المغربية في القرن السادس عشر»، المجلة التاريخية المغربية، العدد 29-30 (تونس، يوليو 1983م): 74-77؛ ألتر، الأتراك العثمانيون: 37، 25-45، 38-46؛ عمر محمد الباروني، الإسبان وفرسان القديس يوحنا في طرابلس (طرابلس: مطبعة ماجي، 1953م). (المترجم).

(2) ذكر حاجي خليفة أنه عندما كان تُرجوت حاكمًا على قارلي إيلي، صادف يومًا في البحر سفينة من سفن البندقية، وكان من العادة إنزال الأشرعة قليلًا وتقديم الهدايا للربان، ولكن هؤلاء لم يهتموا قائلين إنه ليس من الربابنة الكبار، معتمدين على سفينتهم والرياح المواتية، فتضايق تُرجوت من الموقف وأطلق على السفينة مدافع سفنه الثلاث، وخفت الرياح واستمر تُرجوت في إلقاء القنابل حتى أوهنها، واستولى عليها. انظر: تحفة الكبار: 133. (المترجم).

من مضيق جبل طارق ودخل في خدمة سلطان المغرب، حتى قام سليمان بعد وفاة بربار وسا باستدعائه بعد تعهُّد بالعفو ووعود كثيرة بالترقي. وستتاح لنا فرصة قريبة لبيان خدماته الأخيرة ووفاته في حصار مالطة.

أما بياله باشا فبرز بشكل رئيسي خلال عهد سليمان من خلال الاستيلاء على «وهران» (Oran)، والهزيمة الثقيلة التي ألحقها عام 1560م بالأساطيل الصليبية المتحالفة التي كانت متجهة إلى طرابلس وجزيرة جِرْبَة[1]. أُعدَّت مائتا سفينة لهذه الحملة من قِبَل البابا وحكام جنوة وفلورنسا ومالطة وصقلية ونابولي. وكان دوريا هو أمير البحر القائد للأسطول، أما الجيش الذي سيُنقل على متن هذا الأسطول فكان قائده «دون ألفارو دي ساندي» (Don Alvaro de Sandi). وصل الأسطول إلى جِرْبَة في أمان، حيث هبطت القوات، وسرعان ما أُخضِعت الجزيرة وشُيد حصن بها. لكن قبل أن تغادر سفن الجالي الصليبية مياه جِرْبَة، سمع بياله بالهجوم، فغادر الدردنيل بأسطول جرى تعزيزه في مودون بأسراب من قِبَل حاكمَي رودس ومتيليني. وفي 14 مايو 1560م، هجم على أسطول دوريا وهزمه هزيمة تامة، حيث دمَّر عشرين سفينة جالي، وسبعًا وعشرين سفينة نقل تابعة للصليبيين، وأسرعت سبع سفن جالي بالاحتماء في قناة جِرْبَة، وقد جرى الاستيلاء عليها فيما بعد، وفر الباقون إلى إيطاليا، تاركين رفاقهم من القوات البرية ليُحاصَروا ويُؤسَروا في حصنهم الجديد من قِبَل القوات التي سرعان ما جمعها بياله النشط ضدهم. وفي 27 سبتمبر، دخل بياله من جديد ميناء القسطنطينية منتصرًا، وكان قد أرسل في وقت سابق سفينة لإعلان انتصاره، ظهرت في القرن الذهبي، ناشرةً راية إسبانية رفيعة جرى الاستيلاء عليها. وفي يوم وصول بياله، ذهب سليمان إلى كشك قصره الواقع على حافة المياه، من أجل تكريم موكب انتصار قبودانه الباشا، من خلال حضوره الشخصي. وُضِع دون ألفارو وغيره من الأسرى الصليبيين من ذوي الرتب العالية بشكل ظاهر على مؤخرة سفينة أمير البحر العثماني، وسُحبت السفن التي جرى الاستيلاء عليها إلى الأمام بلا دفة أو صارٍ. وقد لاحظ أولئك الذين كانوا بالقرب من السُلطان سليمان أن هيئته في يوم الفخر بالانتصار هذا، تحمل تعبيره الهادئ الصارم نفسه، الذي كان سمة من سماته المعتادة. وقد عزا سفير فرديناند - الذي كان حاضرًا - هذا الهدوء الرزين إلى نبل ووقار «القلب العظيم لذلك المولى الكبير»، الذي يتلقى أي شيء يمكن أن يجلبه القدر بلامبالاة[2]. يشير المؤرخ الألماني الحديث لآل عثمان

---

(1) انظر: المصدر السابق: 139-144. (المترجم).

(2) "Eadem erat frontis severitas et tristitia, ac si nihil ad eum haec victoria pertineret, nihil novum =

أن هذه الصرامة المتجهمة للسلطان العظيم ربما تكون ناجمة عن محنة منزلية كان يعاني منها في ذلك الوقت، وقد تكون قاسية محزنة لقلبه[1].

في الواقع، مع الازدهار والمجد اللذين شهدهما عهد سليمان العظيم، فإنه كان رجلًا يعتريه الحزن والشعور بالندم؛ إذ إن سفك الدماء العائلية الذي لازم بيت عثمان لعدة قرون، قد نشط بشكل مريع في جيله. أن تكون بلا أصدقاء، فهذا أمرٌ من التبعات الشائعة للسُّلطة الاستبدادية. ويبدو أن سليمان شعر بذلك على نحو أكثر قسوة، نظرًا لما بدا من قدرته على الصداقة بشكل طبيعي، وسعيه إليها بجدية في باكورة عهده؛ إذ لم يكن وزيره الأعظم الشهير، إبراهيم، مستشاره وقائده الأكثر ثقة لسنوات عديدة فحسب، وإنما كان كذلك رفيق مَسرَّاته ودراسته[2]. لكن ريبة

---

ant inexpectatum contigisset. Tam capax in illo sene quantaevis fortunae pectus, tam confidens animus, ut tantam gratulationem velut immotus acciperet.” – Busbequius.

ترجم نولز هذا النُّبل: «رأيته شخصيًّا بالسيماء نفسها التي يبدو عليها، بالصرامة والوقار نفسيهما، كما لو أن الانتصار لا يهمه، فضلًا عن أي شيء يصادفه غريب أو غير متوقع. كذلك لم يحظَ قَطُّ أي توفيق يحالف القلب العظيم لذلك المولى الكبير، بقدر كبير من الأهمية. وقد اعتاد فؤاده على التهليل وصخب الابتهاج دون تأثر».

(1) Von Hammer, vol. ii. p. 382.

(2) هو إبراهيم باشا الفرنجي أو البارجلي، نسبة إلى مسقط رأسه مدينة بارْجَه على الساحل الغربي لليونان، وله لقب آخر هو «المقبول المقتول»، إشارة لبدايته المشرقة ونهايته المؤسفة. وُلد بين عامَي 1493 و1494م، وجُلب إلى القصر السُّلطاني صغيرًا، حيث شاءت الأقدار أن يصير مُقَرَّبًا إلى الأمير سليمان وصديقًا له، فتلقى تأديبًا وتعليمًا رفيعًا بصحبة ولي العهد، وأصبح صهرًا للسلطان سليمان أو «داماد» بزواجه من شقيقته السُّلطانة خديجة. كان أول مناصبه في القصر «خاص أوده باشي»، أي: «المسؤول عن الغرفة الخاصة للسلطان»، ثم أصبح وزيرًا أعظم عام 929هـ/ 1523م في سن مبكرة، فكان من أقوى وأفضل الوزراء العظام في تاريخ الدولة، لكونه سياسيًّا محنكًا وقائدًا عسكريًّا بارعًا؛ فقد كان له دور بارز في المعاهدات والاتفاقيات التي عقدتها الدولة مع القوى الأجنبية، ومن ناحية أخرى كان له فضل كبير في الانتصارات العسكرية التي حققها السُّلطان، ويظهر ذلك في كمِّ الانتصارات العسكرية التي حققها في فترة خدمته التي لا تتجاوز ثلاثة عشر عامًا بالمقارنة بما جرى تحقيقه في الأعوام الثلاثين الباقية من حكم سليمان، فلقد قام سليمان بفتح ثلاثمائة وستين قلعة وحصنًا تقريبًا، فتح إبراهيم وحده نصفها تقريبًا، وكان يخطط فعليًّا لفتح روما وغزو الأمريكتين، إلا إن القدر لم يمهله، فكان تعاظم نفوذه وقدرته ومهارته الفائقة سببًا في تخوف السُّلطان منه، فأعدمه في غرفته خنقًا يوم 22 رمضان 942هـ/ الموافق لشهر مارس 1536م. انظر: Hester Donaldson Jenkins, *Ibrahim Pasha, grand vizir of Suleiman the Magnificent,* (New York: Columbia University, 1911)؛ حميد كاظم رحيم، الصدر الأعظم إبراهيم باشا 1493-1536م (دمشق: دار صفحات، 2017م). (المترجم).

السُلطان أُثيرت أخيرًا تجاه أثيره الغافل فائق القوة، وهكذا لم يبقَ الوزير - الذي بدأ السُلطان في التخوُّف منه - وقتًا طويلًا على قيد الحياة. كان إبراهيم متزوجًا من شقيقة سليمان، لكن حتى وشائج المصاهرة لم تستطع إنقاذه، فقد جاء إبراهيم إلى القصر في القسطنطينية في الخامس من مارس 1536م، لتناول العشاء مع السُلطان كما تعوَّد، وعندما حَلَّ صباح اليوم التالي جاء رسل من منزله للبحث عنه، فوجدوه مخنوقًا. أظهرت الحالة التي كان عليها جثمانه أنه قاوم بشدة من أجل الحياة، وبعد مرور مائة عام، كانت آثار دمائه على جدران القصر تلفت الانتباه إلى تحذيرات مخيفة للكثير ممن يسعون للفوز بالدخول إلى هناك كمُفضَّلين لدى السُلطان. يذكر فون هامر قائمة طويلة لمسؤولين كبار آخرين ممن كَرَّمهم سليمان ذات مرَّة ووثق بهم، لكنهم في النهاية أُسلموا لوتر القوس القاتل[1]. إلا إن هذه الأفعال القاسية تبدو تافهة إذا ما قورنت بموت أمراء سلالته ممن هلكوا بناءً على أوامره. فلأنه كان الابن الوحيد، نجا سليمان من إثم قتل الإخوة عند ارتقائه العرش، لكنه أظهر مرارًا وتكرارًا خلال فترة حكمه، أنه عندما تدعو الضرورة لإراقة الدماء، فإن تدخُّل أتقى المشاعر الإنسانية يصير بلا جدوى؛ فعندما جاء إلى سيادته، ابن عمه، سليل الأمير جم سيِّئ الحظ، حين فُتحت رودس، أُعدم مع جميع أفراد أسرته بأمر من سليمان. وفضلًا عن ذلك تلطَّخت يداه بدماء أكثر قرابة ومنزلة من هؤلاء.

بينما كان سليمان لا يزال شابًّا، أثَّرت فيه فتاة روسية، في حريمه، تُدعى «خُورِّم» (Khourrem)[2] (أي: السعيدة)، تأثيرًا عظيمًا بجمالها وحيويتها. فكان سحر أخلاقها الجذابة المُريحة للروح السُلطانية المضجرة، بمنزلة فضائل حية لحديثها، وأدت مهارتها البارعة في قراءة أفكار سيدها، واختيار أكثر الأوقات ملاءمة لممارسة قوتها في توجيهها، إلى المحافظة على هيمنتها في وجدانه بعد مدة طويلة من انقضاء فترة شبابهما وحتى يوم وفاتها في عام 1558م. وقد أقنعت سليمان بعتقها، وتزوجها وفقًا للشريعة الإسلامية. وأثبت التوقير الذي أولاه لذكراها،

---

(1) عَلَّق فون هامر على حادثة ليس لها نظير في التاريخ التركي، وهي انتحار أحد مسؤولي سليمان، خسرو باشا، لحرمانه من حكم البوسنة؛ إذ إن الشعور العميق بالخضوع للإرادة الإلهية، الذي يميز المسلمين، جعل الانتحار غير معروف تقريبًا في البلدان الإسلامية. وهناك مسؤول رفيع آخر لسليمان، هو لطفي باشا، أقصاه السُلطان في الوقت نفسه تقريبًا، لكنه تصرَّف بحكمة أكثر من خسرو؛ حيث استغل وقت فراغه الإلزامي في كتابة تاريخ الإمبراطورية العثمانية وصولًا إلى عصره.

(2) يدعو الكُتَّاب الفرنسيون خطأً السُلطانة المفضَّلة لدى السُلطان، بوصفها امرأةً فرنسية. يقول فون هامر: إن خُورِّم كانت تجري محادثتها في كثير من الأحيان من قِبَل سفراء البنادقة والملوك المعاصرين باسم «لاروسا» (La Rossa)، أي: «المرأة الروسية»، ثم تحوَّل لاحقًا إلى «روكسالانا» (Roxalana)، الذي من المفترض أنه اسم لامرأة فرنسية جميلة. وكذلك استخدم الإيطاليون اسم روكسالانا.

مدى إخلاص وتوهج مشاعره، حتى بعد موتها؛ فقد أنشأ ضريحها المقبب بالقرب من مسجد السليمانية الرائع، الذي شيَّده وخصَّصه ليصبح مكان دفنه. ولا يزال ضريح السُّلطانة خُورِّم يشهد على العشق الكارثي الذي أوحى به الجمال الروسي لأعظم السلاطين الأتراك، فتسبب في أن تؤول خلافة عرش آل عثمان إلى شرس سكير أحمق بدلًا من بطل عسكري متميز. فقد كان لدى سليمان ابنه الأمير مصطفى، الذي أنجبه من شركسية، وكانت هي السُّلطانة المفضَّلة، قبل أن تصبح خُورِّم - تلك الأَمَة من موسكو - مِلْكًا لسيدها. كذلك أنجبت خُورِّم أطفالًا لسليمان، واستخدمت براعتها في تأمين خلافة العرش لابنها سليم. وكخطوة ضرورية نحو هذا الهدف، سعت إلى تدمير الأمير مصطفى، الذي يُعدُّ الوريث الطبيعي بوصفه الابن الأكبر. كانت ابنة السُّلطانة خُورِّم متزوجة من رستم باشا، الذي تَرَقَّى بنجاح من خلال نفوذها إلى رتبة بكلربك ديار بكر، وإلى الوزير الثاني، وأخيرًا إلى المركز الأعلى في الإمبراطورية بعد العرش، وهو منصب الوزير الأعظم. استخدم رستم باشا قوته ونفوذه في الطريق الذي وجهته إليه أم زوجته، فحازت خُورِّم بالتالي أداةً جاهزةً وفعَّالة لتدمير مصطفى المُخلص. تميَّز هذا الأمير بالفضائل الشخصية والنشاط والذكاء والروح العالية. وقدَّم إثباتًا من خلال مختلف الحكومات التي أُسندت إليه من سليمان، كسبيل له نحو النضوج، على أنه يرنو على الأرجح عن طريق هذه القدرات، سواءً المدنية منها أو العسكرية، إلى تخطي أمجاد والده، ليصبح الأعظم من سلالة آل عثمان. أيقظت الحيلة الخبيثة لكلٍّ من خُورِّم ورستم، الغَيرة الأولى في عقل سليمان، ثم الفزع من ابنه صاحب الشعبية الواسعة والثناء العريض. ولما تقادم العهد على سليمان، أخذت الوسوسة السامة من زوجة الأب تؤتي أُكلها أكثر فأكثر، مُذَكِّرة سليمان المُسِن كيف قام والده سليم بخَلع بايزيد الثاني عن العرش، وظلت رؤية هذا المشهد تتجدَّد أمامه؛ فهذا هو الأمير الشاب المفعم بالحيوية والمفضَّل عند الجنود، يستولي على مقاليد الإمبراطورية، والأب المُسِن يتقاعد في ديموطيقه حيث يدركه الأجل. وفي النهاية، عندما كان سليمان يستعد للحرب الثانية على فارس عام 1553م، كانت هذه الكذبة قد ارتقت تمامًا إلى الاعتقاد بأن الأمير مصطفى يتآمر ضده، وأنه من الضروري قبل أن يزحف على عدوه أن يسحق بذرة الخيانة في بيته. وفي خريف ذلك العام، وضع سليمان نفسه على رأس القوات التي جمعها في آسيا الصغرى، والتي أُعدَّت لغزو فارس. كان الموسم في ذلك الحين متقدمًا جدًّا لمثل هذه العمليات العسكرية، فقضى الجيش فصل الشتاء في حلب، ليبدأ الحملة في الربيع التالي. لكن سليمان اقتنع بأنه ليس من الآمن له أن يبقى في القسطنطينية؛ فقد أخبره الوزير الأعظم أن الجنود في آسيا الصغرى متذمرون، ويتآمرون فيما بينهم لصالح الأمير مصطفى، وأن الأمير قد شجع استعدادهم للثورة

العسكرية على البادیشاه الكبير سليمان، وعليه عمد إلى الذهاب إلى الجيش. وقد سعى ابن خُورِّم، الأمير سليم، بناءً على تحريض والدته، إلى الحصول على إذن من السُّلطان لمرافقته. وعندما بلغ الجيش إريجلي («أرشلايس» (Archelais) قديمًا)، وصل الأمير مصطفى إلى مقر القيادة، وكانت خيمته منصوبة بأبهة عظيمة قرب خيمة السُّلطان. وفي اليوم التالي، قام الوزراء بزيارة مجاملة للأمير، متلقين هدايا من أردية الشرف الفاخرة. في صباح اليوم التالي، امتطى الأمير مصطفى جوادًا عظيمًا مغطى بأردية غنية، ساقه الوزراء والإنكشارية، وسط هتافات صاخبة من الجند، إلى خيمة السُّلطان، حيث ترجَّل عن جواده متوقعًا مقابلة والده. وفي حين ظل الحاضرون عند مدخل الخيمة، انتقل الأمير مصطفى إلى الداخل، لكنه لم يجد السُّلطان أو أي مسؤول من مسؤولي البلاط، بل وجد سبعة من البكم؛ الوزراء المتجهمين - المعروفين جيدًا - للأوامر الدامية التي يصدرها السُّلطان القاتل. وثبوا نحوه، وربطوا وتر القوس القاتل حول رقبته، بينما استجدى الرحمة عبثًا من والده، الذي كان في جناح داخلي من الخيمة. ووفقًا لبعض الروايات، فإن سليمان عندما نفد صبره من الصراع الذي استمر لفترة طويلة بين البكم وضحيتهم، نظر إلى ذلك المشهد الرهيب، وبذراع متوعدة وملامح غاضبة استحث جلاديه على إكمال عملهم في قبض روحه. وبينما كان الأمير يهلك داخل الخيمة، أُطيح في الخارج بصاحب فرسه والآغا المفضَّل الذي رافقه إلى المدخل. وسرعان ما انتشرت أنباء الإعدام في المعسكر، واجتمع الجنود بعضهم مع بعض - خصوصًا الإنكشارية - في غضب مضطرب، داعين إلى معاقبة الوزير الأعظم، الذي تسببت مكائده في وفاة أميرهم المفضَّل. ولتهدئة غضبهم، حُرم رستم البغيض من منصبه، وتبوأ أحمد باشا، الذي برز في الحروب المجرية، منصب الوزير الأعظم بدلًا منه. لكن بعد انقضاء عامين، استعاد صهر السُّلطانة صاحبة السُّلطة المطلقة، منزلته السابقة، وأُعدم أحمد باشا بتُهم تافهة تتعلق بسوء السلوك والخيانة[1].

---

(1) يتعارض فون هامر (vol. ii. p. 231) مع دقة العديد من التفاصيل المحزنة التي رواها روبيرتسون وآخرون بعد بوسبكيوس عن وفاة الأمير مصطفى، لكنه يذكر أن جميع المؤرخين العثمانيين يتفقون مع الكُتَّاب المسيحيين في بيان أن رستم هو المتسبب في وفاة الأمير بتحريض من السُّلطانة زوجة أبيه. ثمة رسالة كُتبت في 23 ديسمبر 1553م، من قِبَل الدكتور «وتون» (Wotton)، مبعوثنا الإنجليزي في باريس، يقول فيها: «أرسل التركي الأكبر وهو متوجِّه إلى حلب، إلى ابنه الأكبر من أجل أن يأتي إليه، وهو الذي كان يثق في أن والده سيستقبله استقبالًا حسنًا، لكنه قُتل بشكل أكثر قسوة في حضور والده، وبناءً على أوامره. ويقول الرجال الذين رأوا الابن المذكور: إنه على مدار ذرية آل عثمان لم يكن هناك مثال مشابه سعى إلى إنجاز أعمال عظيمة وتحقيقها بشرف، كما فعل. والسبب في ذلك هو ما أولاه التركي الكبير من محاباة وحب للأطفال الذين أنجبهم من امرأة أخرى، هي ليست أمًّا لذلك الذي قَتله؛ غير أن أبناءه الآخرين لا يعدون شيئًا في =

شهدت مأساة وفاة الأمير بايزيد - ابن سليمان الآخر الذي تسبب في إعدامه في فترة لاحقة من حكمه - ملابسات أكثر حزنًا. فبعد وفاة السُلطانة خُورَّم، وفي حياة صهرها الوزير رستم، نشأت منافسة قاتلة بين ابنيها، سليم وبايزيد. وكان مُعَلِّم الأمراء، لالا مصطفى باشا، يُفضِّل في الأصل الأمير بايزيد، لكن بعد أن وجد أن فرصته في الترقي ستكون أكبر إذا انحاز إلى الأمير سليم، جعل من نفسه نصيرًا مجردًا من الضمير لذلك الأخير. ومن خلال سلسلة من أسوأ المكائد[1]، عن طريق الإيحاء بآمال زائفة وأخطار غير حقيقية، واعتراض وإخفاء بعض الرسائل وكتابة أخرى مكانها، استطاع قيادة بايزيد إلى التمرد على والده، وهو ما أدى إلى الإطاحة بذلك الأمير التعس وموته. اعتقد سليمان أن بايزيد ابن غير طبيعي؛ حيث كانت اعتراضاته وتحذيراته له تذهب سُدى، أما بايزيد فقد اقتيد بأساليب مُعلِّمه إلى الاعتقاد بأن والده طاغية جَهْم، رفض رضوخ ابنه ومناشدته العفو، وقرر أن يمارس مرَّة أخرى القسوة الوحشية نفسها التي أظهرها تجاه الأمير مصطفى. كانت لدى بايزيد شعبية بين الجنود والناس أكثر مما لدى الأمير سليم، الذي أودت به عاداته من شرب الخمر والانغماس في الملذات إلى الازدراء العام، وقد زاد من افتقاره إلى الشعبية تشابهه الشخصي مع أمه البغيضة سلطانة خُورَّم. تشابهت ملامح بايزيد وسلوكه مع تلك الخاصة بوالده، فكانت عاداته الحياتية نقية، وقدراته الفكرية والأدبية عالية، وقدراته على الحكم المدني والقيادة العسكرية، على الرغم من أنها لم تكن تضارع تلك الخاصة بالمأسوف عليه مصطفى، كانت مثلًا لكسب التأييد واحترام القيادة. وهكذا، حتى بعد هزيمته في قونية (8 مايو 1558م) من الوزير الثالث لوالده، «صقوللي» (Sokolli)[2]، لزمته قوة كبيرة على الرغم من حظه العثر، وتبعته إلى بلاد فارس، حيث التجأ مع أطفاله الأربعة الصغار إلى بلاط الشاه طهماسب. وعُومِل هناك في البداية بطريقة أميرية كريمة، وتعهَّد الشاه باليمين الرسمية أنه لن يقوم أبدًا بتسليم الأمير اللاجئ إلى والده. غير أن سليمان طلب بطريقة إلزامية صارمة تسليم أو إعدام المتمرد وأطفاله. وكذلك أرسل الأمير سليم رسائل ورسلًا إلى فارس من أجل قتل أخيه وأبنائه، وقدَّم أدلة كثيرة من آيات القرآن في غير محلها،

= الحالة والنشاط التي كان عليها ذلك الرجل». - (Tytler's "Reigns of Edward VI and Mary," vol. ii. p. 275). وإذا تذكرنا العلاقة الوثيقة التي كانت بين البلاطين التركي والفرنسي في هذه الفترة، أدركنا أن هذه الشهادة تُشكِّل احتمالات قوية تتعلق بالأمير مصطفى وكذلك بطريقة وفاته.

(1) يرويها فون هامر vol. ii. p. 264 بإسهاب على عهدة الكاتب العثماني، علي، الذي كان سكرتيرًا للالا مصطفى.

(2) انظر ترجمته ضمن هوامش الفصل الحادي عشر. (المترجم).

ومقاطع مستنسخة من كُتّاب بارزين[1]، للتغلب على التردد الذي اختلج طويلًا في صدر الشاه، فيما يخص الخرق الغادر للضيافة الذي دُفع لارتكابه. وفي النهاية تغلب الخوف على الشرف؛ إذ «بدا أثر الجرح الفارسي منكأً أحمر اللون بعد السيف التركي»، حتى يتم تجاهل «الإجراء السيادي» للسلطان، فعُقد العزم على قتل بايزيد وأبنائه. اعتقد طهماسب أنه تهرَّب من الالتزام بيمينه من خلال تخليه عن ضيوفه، ليس لمسؤولي سليمان المباشرين، وإنما للمبعوثين الذين أرسلهم سليم خصيصًا لاستلامهم وقتلهم. وقد سُلِّم الأمراء الأتراك إلى الجلادين في فترة الصوم الاحتفالي الذي يمارسه الشيعة سنويًا في ذكرى الحسين. ومِثْل ابن علي المقتول، أدى التعاطف الذي أوحى به مصيرهم للفُرس، إلى الأسى على الأمراء الضحايا الذين هلكوا بعد ذلك أمامهم. وبدلًا من اللعنات التي اعتاد الشيعة صبها على قتلة الحسين، انتشر في جميع أنحاء تبريز لعن جلادي أحفاد السُلطان سليمان الأبرياء. وقد أثبتت إلى حدٍّ كبير قصيدة الرثاء القصيرة التي كتبها الأمير بايزيد قبل وفاته بقليل - المحفوظة في عمل المؤرخ التركي «صولاق زاده» (Solakzade) - كيف ورث ذلك الأمير الشقي الموهبة الشعرية التي تميزت بها الأسرة المالكة العثمانية على نحو لافت[2].

إلى جانب الأحزان العائلية التي صبغت السنوات الأخيرة من حياة سليمان، واصل مجده العسكري وطموحه الإمبريالي. وفي سنة 1565م (السنة التي سبقت وفاته)، لحقت به أثقل كارثة وخيبة أمل مخزية منذ انسحاب فيينا الذي لا يُنسى. كان التعثر الكبير الثاني ناجمًا عن الإخفاق

(1) إحدى هذه العبارات كانت لسعدي، تستحق أن تقابل العبارة المأخوذة من: Publius Syrus, "Judex damnatur," &c؛ وهي: «الإحسان لمن لا يستحق، إهانة للخير».

(2) يُعطي «ماكولاي» (Macaulay) في مقاله عن «كليف» (Clive)، التأثير الناتج عن إحياء الشيعة للذكرى السنوية لوفاة الحسين. وترجمة نص فون هامر لهذه القصيدة، كما يلي:

لماذا يكون الشبث بآمال الحياة مع التضحية وهمًا؟

لماذا امتدت ساعاتك، قلبي المتعب؟

لأجلك ذبلت كل فرحة للحياة:

إلى أدنى عوالم الباطل استدعيت براعتك.

صوت جرس القافلة هو إشارة للمشاركة.

طائر روحي، القفص الذي يحيط بك تحطم الآن - فانطلقت على جناح طائر حر.

في عقل وقلب سقيم، بمعاناة الإثم، جئت إليك يا صديقي، يا إلهي، لراحة الشفاء.

كان السُلطان سليمان نفسه شاعرًا، لكن - وفقًا لفون هامر - تُعدُّ تركيباته، وإن كانت مفخمة أنيقة، ليست ضمن الأفضل في الشعر التركي.

الكامل لحملة مالطة، التي كان يقودها أميرا البحر مصطفى وبياله، وبسبب بسالة وانتصار فرسان القديس يوحنا في المناجزة بقيادة سيدهم الكبير البطل، «لافاليتا» (La Valette). بعد أن طُرد فرسان القديس يوحنا من رودس بفتح سليمان للجزيرة في بداية حكمه، قاموا بتوطيد أنفسهم في مالطة، التي مُنحت لهم مع جزيرة «جوزا» (Goza) المجاورة، من قِبَل الإمبراطور شارل الخامس الذي تعاطف مع محنتهم وأُعجب بشجاعتهم، تقديرًا لأهمية خدماتهم التي قدموها للعالم المسيحي كعائق أمام تقدم القوة العثمانية. عندما وضع الفرسان أيديهم على مالطة، كانت لا تعدو أكثر من صخرة بلا حماية، لكنهم ما لبثوا أن اكتشفوا المزايا الطبيعية للمكان، فبدأوا على الفور في إقامة تحصينات نظام المرافئ اللافت على الجانب الجنوبي الشرقي من الجزيرة، حيث تقيم الآن مدينة مالطة خطوطها القوية من البطاريات والمعاقل تحت العلم البريطاني. كانت أساطيل الفرسان تنطلق من المرافئ المالطية، متعاونة بفعالية مع الأساطيل الإسبانية ومع كل عدو للهلال. وشُنت حرب متواصلة على الأتراك تحت الصليب المالطي، كثيرًا ما نُفِّذت فيها أعمال الفروسية المشروعة. لكن أسفر أيضًا حب القراصنة للنهب، والروح الوحشية في كثير من الأحيان، عن إلحاق العار بالمحاربين المسيحيين والمسلمين. سرعان ما تركَّز اهتمام سليمان على مالطة، بوصفها العش الجديد للدبابير المستعيدة لنشاطها، والتي اعترضت التجارة، وهجمت على سواحل إمبراطوريته، وأخيرًا استولت خمسٌ من سفن الجالي المالطية على جاليون تركية غنية، تنتمي جزئيًا إلى سيدات من «سيراجليو» (seraglio)، وهو ما أثار غضب السُّلطان، الذي اعتبر الأمر إهانة لعائلته. وقد دُفع أكثر للهجوم بطلب من المفتي، الذي وضَّح له كيف أن الواجب المقدس يقضي بإنقاذ الكثير من الرقيق المسلمين الذين احتجزهم الفرسان تحت نير عبودية قاسية. كما لا يمكن افتراض أنه غير مبالٍ بالأهمية العسكرية والسياسية لحيازة مالطة؛ إذ لو كان السلاح العثماني قد استقر في السابق بأمان على تلك الجزيرة، فإنها كانت ستستخدم قاعدةً للعمليات ضد صقلية وجنوب إيطاليا، والتي من الصعوبة بمكان أن تبوء بالفشل.

بناءً على ذلك، أُعد سلاح هائل في ميناء القسطنطينية، خلال فصل شتاء عام 1564م، فزادت القوات على ثلاثين ألفًا، بما في ذلك أربعة آلاف وخمسمائة إنكشاري، وتألَّف الأسطول من مائة وإحدى وثمانين سفينة. وعُيِّن الوزير الخامس، مصطفى باشا، قائدًا عامًّا للحملة أو سِرْعَسْكَر. وتحت قيادته بياله باشا الشهير، بطل جِرْبَة. وقد انضم تُرجوت الشهير إليهم في مالطة، بصحبة القوات البحرية والعسكرية لطرابلس. وشُحنت جميع المؤن والذخائر الحربية التي يمكن إمدادها من قِبَل المهندسين الماهرين والترسانات جيدة التجهيز للقسطنطينية، من

أجل حصار صعب وحملة طويلة. أبحر الأسطول من القرن الذهبي في الأول من أبريل 1565م. وقد رافق الوزير الأعظم علي، كلًّا من سِرْعَسْكَر وقبودان باشا إلى مكان الإقلاع. وذُكر لفترة طويلة أنه عندما افترق عنهما قال ضاحكًا: «لأن المشار إليهما معروفان بابتلائهما بالإدمان، فقد أرسلناهما لمشاهدة الجزر. وعلى كل حال، فإن سفنهما مملوءة بالشراب الأفيوني والقهوة، فلا أدري ما الخدمة التي يمكن أن يؤدِّياها، لا سيما أنهما سيبقيان في منتهى الصفاء بالشراب الأفيوني والقهوة»[1]. لم يروِ فون هامر هذه المزحة لطرافتها، وإنما على ضوء التعليقات التي أدلى بها المؤرخون العثمانيون الأساسيون فيما يتعلق بذلك؛ إذ إنهم يلقون باللوم على المنزلة غير المستحقة للوزير الأعظم، ويقولون إن مثل هذا الاستخفاف الصادر من شخصية كهذه كان فألًا سيِّئًا عند بدء مشروع جاد ومهم. والتعليقات التي يضيفونها تدل على أن الوزير الأعظم كان على علاقة سيِّئة مع هذين المسؤولين اللذين مزح معهما، وأن سِرْعَسْكَر وأمير البحر كانا على غير وفاق فيما بينهما، وأن كليهما كان يغار من تُرجوت، الذي وجب عليهما التعاون معه. وهو ما يُظهر أسبابًا أكبر لفشل الحملة، أكثر من الوقت غير الملائم الذي انتقده هؤلاء المؤرخون بشدة.

أدرك الفرسان جيدًا أي عاصفة كانت على وشك أن تضرب مالطة، فبذلوا قصارى جهدهم لتحسين دفاعات الجزيرة. احتلت المدينة القديمة - كما كانت آنذاك - مركز الألسنة الأرضية الثلاثة، حيث يقع النتوء في الميناء الكبير على الجانب الشرقي، كما أن الجزء الأعمق من أشباه الجزر الناتئة هذه - الذي يُطلق عليه «إيزل دي لا سانجل» (Isle de la Sangle) - كان مشغولًا ومحصنًا كذلك. ولم يكن جبل «سيبراس» (Sceberras)، ذلك النتوء الصخري الذي يمتد إلى داخل البحر المفتوح فاصلًا الميناء الشرقي الكبير عن الميناء الغربي المسمَّى «ميناء موسيت» (Port Muscet)، وتقع عليه المدينة الجديدة «لافاليتا» (La Valletta)، قد بُني عليه شيء في ذلك الوقت، إلا على طرفه، حيث أُقيمت قلعة مهمة، تسمَّى حصن «سان إلمو» (St. Elmo)، للسيطرة على مداخل كلا الميناءين. أما عن حشد القوات المدافعة عن مالطة، فقد كانت تتألَّف من سبعمائة من الفرسان، إلى جانب خدمة الإخوة، وثمانية آلاف وخمسمائة جندي تقريبًا، تضمنت طواقم سفن الجالي، والقوات المرتزِقة، وميليشيا الجزيرة. وأرسلت إسبانيا قوة مساعدة صغيرة، ووعدت بأن نائبها في صقلية سيُرسل مساعدات كبيرة. أما البابا فقد منح عشرة آلاف إكليل. عدا ذلك لم يتلقَّ الفرسان مساعدات من أي سُلطة مسيحية أخرى. تألَّفت وسائل التأمين

---

(1) ترجمة نص بجوي. انظر: تاريخ بجوي، مج.1: 448. (المترجم).

لديهم من الأسوار القوية المدججة جيدًا بالسلاح، فضلًا عن مهارتهم وشجاعتهم، وقبل هذا كله عبقرية وبطولة سيدهم الكبير، جون دي لافاليتا، الذي اختير بشكل قدري من أجل مالطة، قبل سبع سنوات تقريبًا من حصارها الذي لا يُنسى. عندما أُعلن عن اقتراب القوات العثمانية، جمع لافاليتا فرسانه وخاطبهم قائلًا: «يَقدُم علينا عدو هائل مثل العاصفة الرعدية، وإذا كان على راية الصليب أن تنهار أمام الكفار، فلنرَ في هذا إشارة بأن السماء تطلب منا تلك الأرواح التي كرَّسناها لخدمتها. إن الذي يموت في سبيل هذا الأمر، يموت ميتة سعيدة. ولكي نجعل أنفسنا جديرين بمواجهة ذلك، دعونا نجدد على المذبح تلك النذور، التي لن تعمل فقط على تجريدنا من الخوف، وإنما ستجعلنا كذلك لا نُقهر في القتال». امتثل الإخوة بإيمان لنصيحة سيدهم، فجددوا نذور فروسيتهم الدينية. وبعد انتهاء ذلك الطقس الشعائري، وبعد المشاركة في القربان المقدس معًا، أقسموا على درء كل الخلافات فيما بينهم، للتخلِّي عن كل الأهداف والملذات الدنيوية، حتى يقع خلاصهم، وللحيلولة بين الصليب والتدنيس إلى آخر قطرة من دمائهم.

ظهر الأسطول العثماني قبالة مالطة في 19 مايو 1565م؛ إلا إن بياله أراد انتظار وصول تُرجوت قبل أن يبدأ العمليات، لكن سِرْعَسْكَر قام في اليوم التالي بإنزال القوات وبدأ في الهجوم على سان إلمو. تسبَّبت الطبيعة الصخرية للأرض على جبل سيبراس، في استحالة قيام المهندسين الأتراك بحفر خنادق. وبديلًا لذلك، دفعوا إلى الأمام «متاريس» (breastworks)[1] متحركة من الأخشاب، مغطاة من الخارج بطبقة كثيفة من الطين والعشب، تم عجنهما معًا. وبعد خمسة أيام من بدء الحصار، وصل من الإسكندرية بست سفن جالي، قبودان البحر التركي، «أولوج علي» (Ouloudj Ali) (أطلق عليه المسيحيون «أوشياله» (Ochiale)) الذي كان مقدرًا له الحصول على درجة من الشهرة في العهد التالي. وأخيرًا ظهر تُرجوت بأسطول من طرابلس في الثاني من يونيو. وقد استهجن أمير البحر المخضرم الهجوم على سان إلمو، قائلًا: إن الحصن لا بدَّ أن يسقط من تلقاء نفسه حين يجري الاستيلاء على المدينة، لكنه أعلن مع بدء العملية، أنه يجب الاستمرار في محاولة إنجاز ذلك، فوُضعت بطاريات جديدة تجاه الحصن، بناءً على توجيهاته. وبشكل خاص، وضع واحدة على الجانب المقابل أو الغربي لميناء موسيت - على الرأس الذي لا يزال يحمل اسمه. ضربت السفن التركية الدفاعات البحرية للحصن بمدفعيتها، وعلى الجانب

(1) «breastworks» مصطلح عسكري، يدل على أعمال تحصينية مؤقتة، غالبًا ما تكون أعمالًا ترابية يصل ارتفاعها إلى صدر الإنسان لتوفير الحماية للمدافعين الذين يطلقون النار من وضعية الوقوف، وفي بعض الأحيان تكون بنيتها من مواد أخرى لسهولة تحريكها، مثل الخشب الذي يُغطى بالطين لامتصاص الصدمات. (المترجم).

البري، قصف ستة وثلاثون مدفعًا ثقيلًا ثغرة في الحصن، واجتاحت قذائف بطاريات تُرجوت المنطلقة عبر الميناء، «التحصينات الخارجية» (the ravelin)[1]، بالنيران. قامت الحامية الصغيرة بواجبها النبيل. وبمساعدة التعزيزات المتقطعة من القوة الرئيسية لرفاقهم المسيطرين على القصبة وعلى إيزل دي لا سانجل، صدوا المحاولات المتكررة من الأتراك لارتقاء أسوارهم، وأعاقوا تقدم عمليات العدو من خلال الهجمات الجريئة والمتكررة. كان نائب الملك في صقلية قد وعد لافاليتا بإرسال قوة مساعدة إلى الجزيرة بحلول منتصف يوليو. وقد اعتبر الفرسان أن كل يوم يمر على صمود دفاع سان إلمو، يُعد أمرًا مهمًّا لسلامة الجزيرة. وعندما أخبر بعض الفرسان المتمركزين في الحصن لافاليتا بحالة دفاعاته المدمرة وتزايد التحطم على نحو سريع جراء القصف العثماني، طالبهم بضرورة أن يموتوا في سبيل أداء واجبهم. وبناءً على ذلك، ظل ضحايا هذه الفرقة النبيلة في سان إلمو حتى الموت. أمر تُرجوت بالهجوم العام على الحصن في السادس عشر من يونيو. وفي ذلك الوقت كانت الأسوار البرية قد أصابها التحطم والتصدع، فتقدم المهاجمون الأتراك من دون صعوبة عَبْر الخروقات الفاغرة، لكن فيما وراء ذلك وقف الفرسان مصطفين في كتيبة راسخة، ومسلحين برماح طويلة، يشكلون جدارًا آدميًّا هرع نحوه الأتراك الشجعان بسيوفهم المعقوفة، من دون جدوى. في أثناء ذلك، كانت المدفعية الصليبية التي تباشر القصف من «سان أنجلو» (St. Angelo) و«سان ميخال» (St. Michael)، والحصون على أطراف القصبة وإيزل دي لا سانجل، ذات تأثير رهيب على أجنحة صفوف المهاجمين العظيمة. وبعد ست ساعات من الاقتتال تراجع العثمانيون، تاركين ألفين من القتلى. وتلقى تُرجوت نفسه خلال الهجوم، إصابةً أودت بحياته، حيث حَطمت قذيفة مدفعية من قلعة سان أنجلو صخرة كان يقف بالقرب منها، فضربت شظايا الحجر رأس البحار المُسِن؛ فما كان من سِرْعَسْكَر الذي كان يتحدث معه بشأن بناء بطارية جديدة للرد على سان أنجلو، إلا أن أمر بتغطية الجثمان، ثم ظل هادئًا في مكانه بينما ينهي التعليمات اللازمة للمهندسين. وبعد سبعة أيام، جرى الانتقام لموت تُرجوت بإسقاط حصن سان إلمو، بعد هجوم غاضب وطويل، حيث «قُتل في معركة باسلة»[2] جميع الرجال المدافعين. وهلك جراء هذا العمل، ثلاثمائة من الفرسان،

(1) «رافلين» (Ravelin)، ستائر دفاعية خارجية تكون في كثير من الأحيان على هيئة مثلثة رأسها إلى الخارج، تقع خارج الحصون الرئيسية، ووظيفتها الأساسية تشكيل حاجز يعيق المهاجمين ومدفعيتهم من الوصول إلى الأسوار وحمايتها من الخرق، بدأ استخدامها في أواخر القرن الخامس عشر عندما بدأت المدفعية تُستخدم كسلاح رئيسي مؤثر في حصار واقتحام الحصون. (المترجم).

(2) Knolles.

وألف وثلاثمائة جندي من التنظيم، وثمانية آلاف تركي. وعندما نظر مصطفى باشا من أنقاض هذه القلعة الصغيرة إلى الأبراج الضخمة للقصبة التي كان عليهم الآن مهاجمتها، هتف هتافًا لا يُقدِّم عونًا: «إذا كان الطفل قد كلفنا الكثير، فماذا يجب علينا أن ندفع للأب؟». ثم أرسل عبدًا مسيحيًّا يدعو السيد الكبير للاستسلام، فما كان من لافاليتا إلا أن أخذ المبعوث في جولة حول الاستحكامات السامقة، وأشار إلى الخنادق العميقة أسفل منها قائلًا: «أخبر سِرْعَسْكَر أن هذه هي الأرض الوحيدة التي يمكن أن أمنحها له، دعه هو وإنكشاريته يأتون ويستولون عليها». هكذا بدأ مصطفى الهجوم بحميَّة، حيث هُوجمت القصبة وإيزل دي لا سانجل وضُربتا بالمدفعية عن كثب من البر الرئيسي، في حين أمطر عليهما صف من البطاريات التركية الهائلة من سان إلمو وجبل سيبراس. وقد امتد هذا الحصار الكبير حتى الحادي عشر من سبتمبر، بشدة عنيدة من المحاصِرين وبسالة وشهامة فعلية من المحاصَرين. وقد جرى خلال العمليات تعزيز الأتراك بأسطول من الجزائر بقيادة بكلربك حسن، ابن بربروسا الكبير وصهر تُرجوت، الذي طلب الإذن بقيادة هجوم على إيزل دي لا سانجل من أجل الحفاظ على شرف هذه الأسماء اللامعة. وعليه وضع سِرْعَسْكَر خمسة آلاف رجل تحت تصرفه، فهاجم بهم البكلربك حسن الدفاعات من البر الرئيسي، في حين قام «كانديليسا» (Candelissa)، ذلك المرتد اليوناني الذي شب وشاب في القرصنة والحرب، بقيادة سفن الجالي الجزائرية للهجوم على الجزء الداخلي من الميناء. عاد حسن بخمسمائة رجل فقط من أصل خمسة آلاف، ولم يكن كانديليسا أكثر نجاحًا. أُطلق ما لا يقل عن عشر هجمات عامة وصُدَّت قبل رفع الحصار، وحدثت اشتباكات صغيرة لا تُحصى، أظهر فيها كل طرف قدرًا من البسالة من أجل كسب ثناء عدوه، مع عدم سعادة كلا الطرفين في كثير من الأحيان بسبب وصم مجدهما بأفعال من القسوة الوحشية؛ ففي واحدة من هذه المواجهات، كان سِرْعَسْكَر قد أرسل فرقة من السباحين بفؤوس عبر جزء من الميناء لتدمير حاجز أقامه الفرسان، فاعترض لافاليتا هؤلاء المهاجمين عن طريق استدعاء سباحين متطوعين من بين المالطيين، فتقدم سكان الجزيرة بلا تردد لهذه الخدمة، وتجردوا من ثيابهم مسلحين فقط بسيوف قصيرة، وقامت فرقة منهم بالسباحة إلى الحاجز، وبعد صراع قصير محموم في الماء، دحروا الأتراك أصحاب الفؤوس وأنقذوا تلك الأعمال[1]. وقد تسبب التكرار الطويل للهزائم والمذابح بغير جدوى في تآكل حيوية الأتراك بشكل كبير. وأخيرًا، في بداية سبتمبر، وصلت الأنباء عن وجود أسطول نائب صقلية - الذي طال انتظاره - في البحر.

---

(1) Constable's "History of the Knights of Malta," vol. ii. p. 200.

كان المدد الذي أُرسل متأخرًا إلى لافاليتا ورفاقه الشجعان أقل من ثمانية آلاف رجل، لكن الشائعات عملت على تضخيمه. فتخلَّى المحاصِرون المتعبون والمحبطون في الحادي عشر من سبتمبر عن معداتهم الثقيلة، مغادرين الجزيرة التي أضحت حمراء من كثرة الدماء المراقة، ومسرحًا لبطولة منقطعة النظير. يُقال إن هذا الحصار الذي لا يُنسى، أودى بحياة خمسة وعشرين ألف تركي، وخمسة آلاف من المدافعين الشجعان. وفي الواقع تقلصت الحامية كثيرًا وقت الدفاع عنها، فعندما خرجوا لأخذ المدافع التي تركها الأتراك، لم يستطع لافاليتا جمع سوى ستمائة رجل صالح للخدمة[1].

في الوقت الذي وصلت فيه إلى القسطنطينية أنباء رفع الحصار عن مالطة، كان سليمان يستعد لصراع جديد مع النمسا؛ فقد أدى النزاع بين الأطراف المتنافسة في المجر إلى تجدُّد الأعمال العدائية. هاجم «ماكسمليان الثاني» (Maximilian II) (الذي خلف فرديناند)، «توكاي» (Tokay) و«سيرنز» (Serencz)، واستولى عليهما. وقام الباشا التركي، مصطفى صقوللي، بغزو كرواتيا. قرر سليمان أن يقوم بحملة ضد الإمبراطور الألماني الشاب بنفسه، ولا شك أن هذه الحرب النمساوية أنقذت فرسان مالطة من إعادة الهجوم عام 1565م؛ ذلك الهجوم الذي كان سيصبح كارثيًا بكل تأكيد.

بلغ سليمان آنذاك ستة وسبعين عامًا، ومن ثَمَّ تأثر بالعمر والمرض، فلم يعد قادرًا على الجلوس على صهوة الخيل، بل كان يُحْمَل على محفة على رأس جيشه، الذي بدأ الزحف من القسطنطينية إلى المجر في الأول من مايو عام 1566م. وقبل أن يغادر عاصمته للمرة الأخيرة، كان سليمان راضيًا عن رؤية القنوات الكبيرة التي جرى الانتهاء من إنشائها تنفيذًا لأوامره بتغذية المدينة. وصل السُّلطان إلى «سيملن» (Semlin) في المجر، في السابع والعشرين من يونيو، وحصل على بيعة الشاب سيجموند زابوليا، الملك الاسمي للمجر وترانسلفانيا تحت الحماية العثمانية. أراد سليمان في هذه الحملة أن يستولي على: «إرلو» (Erlau)[2]، و«سكتوار»

(1) Ibid., vol. ii. p. 227. يستدل الكاتب بثناء نولز فيما يتعلق بالمدافعين: «إذا نظر أحد جيدًا في الصعوبات والمخاطر التي مرت على المحاصَرين خلال مدة الحصار البالغة خمسة أشهر، والعمل الشاق والأخطار التي تحملوها في الكثير من الهجمات الرهيبة، والمساعدة القليلة التي تلقوها خلال هذه المحنة الكبيرة، مع عناد مستميت من عدو جبار، لن يجد بسهولة مكانًا آخر خلال هذه السنوات الكثيرة قام بمقاومة أكثر قوة، أو دفاع أعظم شجاعة وثباتًا».

(2) هي «أَجْرِى» أو «أكره»، التي فتحها محمد الثالث عام 1005هـ/ 1596م. انظر هوامش الفصل الثاني عشر. (المترجم).

(Szigeth) بشكل خاص؛ هذين المكانين القويين اللذين أحبطا هجمات الأتراك في مناسبات سابقة. قام الكونت «زريني» (Zriny)، حاكم سكتوار، بعمل بطولي جريء، حين فاجأ القوات البوسنية وأوقفها أثناء سيرها لتعزيز جيش السُّلطان، فعزم سليمان على جعل سكتوار الهدف الأول لقتاله. وفي الخامس من أغسطس، عسكرت القوات العثمانية حول تلك المدينة، التي قُدّر أن تكون مكان وفاة الاثنين: العاهل التركي، والقائد المسيحي.

قام زريني نفسه بحرق الجزء السفلي، أو المدينة الجديدة، بسبب عدم إمكانية الدفاع عنها. وبينما كان الاعتماد الكبير على قوة القلعة المَحميَّة بواسطة مستنقع عميق يمتد بينها وبين المدينة القديمة أو العليا، حمل الأتراك على المدينة لمدة خمسة أيام، وكان هناك قتال شديد وخسارة فادحة، انعزل بعدها زريني وحاميته المكونة من ثلاثة آلاف ومائتي رجل في القلعة، حيث رفعوا الراية السوداء، وأقسموا على عدم الاستسلام أبدًا، والقتال إلى آخر رجل وآخر نفس. بنى المهندسون الأتراك ممرات عبر المستنقع، وأقاموا متاريس بالقرب من الأسوار، حيث تمركز الإنكشارية الذين كبحوا نيران مدفعية المحاصَرين عن طريق تكثيف إطلاق البنادق على «المزاغل» (embrasures)، وعلى كل هدف متحرك يظهر فوق الحواجز[1]. وُضعت مدفعية العثمانيين الثقيلة في موضع الضرب، وبدأت الجدران تتهاوى تحت ضربها المتزامن. ضاق سليمان من التأخير الذي تسببت فيه مقاومة مكان صغير كهذا، فدعا زريني إلى الاستسلام، وسعى لكسبه في الخدمة العثمانية من خلال عرض يجعله حاكمًا على كامل كرواتيا. عزم زريني - الذي لم يُطلق عليه مواطنوه عبثًا لقب «ليونيداس المجر» - على الموت دفاعًا عن موقعه، مُلهِمًا جميع رجاله بروحه الشجاعة الصامدة. قام الأتراك بثلاث هجمات في أغسطس وسبتمبر، صدها زريني جميعًا بخسارة كبيرة في المحاصِرين. فقام المهندسون الأتراك حينذاك بزرع لغم تحت المعقل الرئيسي، وتراجعت صفوف المهاجمين إلى أن يجري التأكد من تأثير الانفجار. انفجر اللغم في وقت مبكر من صباح يوم الخامس من سبتمبر، وربما كان مقدرًا أن يكون شعاع اللهب الساطع الذي ارتفع إلى السماء من المعقل المحطَّم، هو ضوء الموت

(1) يصف نولز هذه الأعمال بطريقته التصويرية المعتادة، على الرغم من الحماسة الغريبة: «يمكن للمرء أن يرى الميدان كاملًا وهو يمتلئ بالجمال والخيول، والأتراك أنفسهم يعملون كالنمل في حمل الأخشاب والأتربة والأحجار وغير ذلك لردم المستنقع. ومن خلال هذا العمل الرائع صار هناك طريقان منبسطان يمران خلال المستنقع العميق من المدينة إلى القلعة، حيث دافع الإنكشارية أمام القذائف العظيمة بجوالق صوفية وأشياء من هذا القبيل، وقاموا من خلال وفرة طلقاتهم الصغيرة بقهر المدافعين، الذين لم يستطيعوا أن يُظهروا أنفسهم على الأسوار أمام هذه المواقع من دون أن يتعرضوا إلى خطر واضح».

للسلطان العظيم، الذي تُوفِّي في خيمته أثناء الليلة السالفة. قبل ساعات قليلة من وفاته، كتب إلى وزيره الأعظم يشكو من أن «طبل النصر لم يُضرب بعد». وهكذا لم يستطع رؤية سقوط سكتوار، على الرغم من أن جيشه واصل الحصار كما لو كان تحت قيادته؛ حيث اعتقد الجميع، عدا الوزير الأعظم صقوللي، أنه لا يزال على قيد الحياة ويتولى الأمر. ويُقال إن صقوللي قتل أطباء السُّلطان خشية أن يُفشَى هذا السر المهم، وأصدر الأوامر باسم سليمان، بينما كان الرسل في طريقهم بالبرقية التي تستدعي سليمًا إلى العرش.

بعد انفجار اللغم الكبير استمرت البطاريات التركية في إطلاق النيران على سكتوار لمدة أربعة أيام، حتى دمَّرت جميع الدفاعات الخارجية للقلعة، فضلًا عن الداخلية، عدا برج واحد ظل واقفًا، لقي فيه زريني وستمائة من رجاله حتفهم؛ حيث كان الإنكشارية قد تقدموا في الثامن من سبتمبر في صف كثيف على طول جسر ضيق يقود إلى المأوى الأخير للمدافعين، فعزم زريني - شاعرًا باقتراب أجله - على استباق الهجوم. أعد «المجياري» (Magyar)[1] الشجاع نفسه للموت كما لو كان عيدًا للزواج، فارتدى أروع أرديته، وتألقت جوهرة ثمينة على مِشْبَك شارته التي تُمثِّل ريشة طائر البلشون، وربط إلى حزامه كيسًا يحتوي على مفاتيح البرج، ومئات الدوقيات التي اختيرت بعناية من العملة المجرية، وقال: «لن يتذمر ذلك الرجل الذي سيُطيح بي من أنه لم يجد شيئًا معي يعوضه عن عنائه. سأحتفظ بهذه المفاتيح ما دامت هذه الذراع تتحرك، أما حين تصير إلى التيبس، فدع ذلك السعيد يأخذ الاثنتين، المفاتيح والدوقيات، لكنني أقسمت ألَّا أكون أبدًا بصمة الإصبع الحية للامتهان التركي». ثم اختار الأقدم من بين أربعة سيوف غنية بالزخرفة، كانت قد عُرضت عليه من قَبْل في أكثر الفترات تألقًا في مسيرته العسكرية، وقال هاتفًا: «بهذا السيف الحسن أحرزت أول فخر لي، وبه أنتقل إلى الرفيق الأعلى، مستمعًا إلى قدري قبل أن يقع حساب الرب». ثم بعد ذلك نزل إلى البلاط في الأسفل مع راية الإمبراطورية التي يحملها أمامه حامل رايته، حيث كان ستمائة من رجاله يستعدون للموت بصحبته. خاطبهم ببعض كلمات مشجعة، ختمها بذكر يسوع ثلاث مرَّات، في حين أصبح الأتراك على مقربة من بوابة البرج. كان زريني قد أمر بإنزال قاذف «مورتار» (Mortar) كبير، ووضعه إزاء المدخل لإطلاقه عليه عن قرب، بعد ملئه بقطع الحديد الصغيرة وطلقات البنادق. وفي اللحظة التي

---

(1) «المجيار»، هم تلك المجموعة الإثنية التي أُطلق عليها بعد ذلك «المجريين»، إلا إن مصطلح المجيار قد استُخدم أولًا في بداية العصور الوسطى، نسبة إلى أصولهم من «الأوجور» (Ugor)، أو «البلغار-الترك» (Bulgar-Turkic)، وهو اسم القبائل التي انضمت إلى العشائر البلغارية التي حكمت الجزء الشرقي من المجر في القرن التاسع الميلادي. (المترجم).

رفع فيها الإنكشارية فؤوسهم لتحطيم الباب، فُتح بقوة، بينما أطلق زريني القاذف، ممطرًا كتلة المهاجمين بذلك الوابل القاتل، مما أدى إلى إبادة المئات منهم في الحال. ووسط الدخان والجلبة والذعر من هذه المجزرة غير المتوقَّعة، وثب زريني على الأتراك شاهرًا سيفه، وقواته المخلصة في إثره. لم يكن هناك سيف مجياري واحد من هذه الستمائة، إلا وسُقي عن آخره في ذلك اليوم من التضحية بالنفس، قبل أن يتم التغلب على الرجال البواسل الممسكين بها[1]. ولقي زريني حتفه الذي سعى إليه عن طريق طلقتَي بندقية في جسده وسهم في رأسه. وعندما رآه العثمانيون يتهاوى، صاحوا عاليًا ثلاث مرَّات: «الله»، وتدفقوا إلى داخل القلعة التي أشعلوها، وبدأوا يغنمون. إلا إن زريني عَذَّب أعداءه حتى بعد موته، حيث وضع كل ما تبقّى من مخزون البارود في أسفل البرج، وطبقًا لبعض الحسابات، أوصلوا النار إليه ببطء - بناءً على أوامره - مباشرة قبل أن يقوم المجيار بهجمتهم. وبسبب ذلك أو بسبب النيران التي أضرمها الأتراك أنفسهم، انفجر مستودع البارود بينما البرج يعج بالعسكر العثماني؛ فدُمِّر جنبًا إلى جنب مع آخر الأبراج المحصنة في سكتوار، ثلاثة آلاف ممن قاموا بتدميرها.

كان سليمان الفاتح مسجى في خيمته، وقبل أن يُوارى جثمانه أو يبدأ في البِلى، قُرعت طبول النصر ولم يكترث لها مَن انتظر سماعها طويلًا؛ فقد صار غير مُدرك لصخب الهجوم بالكامل، ولا ذلك «الاهتزاز الأرضي الفتَّاك» الذي نتج عن اشتعال مستودع سكتوار. كما لم تتمكن أخبار الفتح التي وصلت آنذاك إلى معسكر «برتو» (Pertaw) باشا، حيث استسلمت مدينة «جيولا» (Gyula)، أن «تجامل تلك الأذن الفاترة الميتة» لسليمان. ظل خبر موت السُّلطان سرًّا يخضع لتكتُّم شديد، ولأكثر من سبعة أسابيع، كان الجيش التركي المكوَّن من مائة وخمسين ألف جندي، يصول ويجول ويقاتل ويستولي على المدن والقرى باسم ذلك الرجل المتوفَّى. أمر الوزير صقوللي بتحنيط الجثمان جزئيًّا قبل إزالة الخيمة السُّلطانية من سكتوار؛ وحين أُخلي المعسكر، وُضع الجثمان على المحفة المغلقة التي كان يسافر عليها سليمان أثناء الحملة، وحُملت بين القوات، يحيط بها الحراس المعتادون، بمنتهى التبجيل والتقدير اللذين كانا يُقدَّمان للسلطان وهو على قيد الحياة. بعد حصار مدينة «بابوتشا» (Babocsa) والاستيلاء عليها، وبعض العمليات الأخرى التي استرعت انتباه القوات، قام صقوللي وغيره من المسؤولين الكبار الذين عرفوا الحقيقة، بسحب القوات تدريجيًّا نحو الحدود التركية. كان

---

(1) «يُقال إن البعض نجا من القتال على أيدي الإنكشارية، الذين أعجبوا بشجاعتهم، فقاموا بوضع أغطية رؤوسهم على رؤوس هؤلاء بغرض إنقاذهم». - “Two Sieges of Vienna,” p, 64.

توقيع السُلطان يُقلَّد بشكل بارع، وتَصدر الأوامر المكتوبة باسمه، وقد نُشر بين الجنود ببراعة خبر السُلطان الذي أصابته أزمة نقرس حادة منعته من الظهور على الملأ. تلقَّى صقوللي أخيرًا معلومات تفيد بأن الأمير سليم استلم العرش في القسطنطينية، ثم اتخذ التدابير للكشف عن وفاة الباديشاه العظيم. كان الجيش حينذاك (24 أكتوبر 1566م) يبعد أربع مسيرات من بلجراد، وكان قد توقف ليلًا في أطراف إحدى الغابات، حيث أرسل صقوللي إلى مقرئي القرآن الذين يرافقون الجيش، وأمرهم بالتجمع حول محفة السُلطان في الليل، وعند الساعة الرابعة فجرًا (الساعة التي قُبض فيها السُلطان قبل ثمانية وأربعين يومًا) يقومون بتلاوة آيات القرآن الخاصة بالموت، والدعاء باسم الله. وفي الوقت المحدد، وسط سكون الليل، استيقظ الجيش من النوم على أصوات المقرئين العالية النقية التي ارتفعت مهيبةً من حول الخيمة السُلطانية، يتردد صداها في ظلام الغابة الكئيب. دعا أولئك الذين يقفون على يمين الجثمان بصوت عالٍ: «كل سلطان يفنى، والساعة الأخيرة تنتظر الناس كافة»، وأجاب أولئك الذين يقفون على اليسار: «الله وحده لا يطوله الزمن، ولا يدركه الموت». تجمَّع الجنود الذين سمعوا ذلك الإعلان المعروف عن الوفاة، في مجموعات مضطربة، تصاحبهم صرخات العويل العنيفة. وعندما بدأ النهار في الانبلاج، جال الوزير الأعظم خلال المعسكر، وخاطب القوات المحتشدة، وحضهم على إعادة الاصطفاف والمسير، وأخبرهم كم قدَّم الباديشاه - الذي صار الآن مرتاحًا في رحمة الله - للإسلام، وكيف أنه كان صديقًا للجنود، وحثهم على إظهار احترامهم لذكراه، ليس عن طريق الرثاء، الذي يجب أن يُترك لرجال الدِّين، وإنما عن طريق الطاعة والولاء لابنه، السُلطان سليم خان، الذي يستهل حكمه الآن. ومن خلال هذه المخاطبات، ووعد بهبة سخية من السُلطان الجديد، عاد الجيش إلى النظام العسكري، ورافقوا جثمان سلطانهم وقائدهم عائدين إلى بلجراد. وأخيرًا أُودع جثمان سليمان في المسجد الكبير بالقسطنطينية، السليمانية، تلك المفخرة المعمارية لعهده.

ترك السُلطان سليمان الأول لخلفائه إمبراطورية لم يُضَف إلى رقعتها بعد ذلك إلا القليل من الإضافات المهمة الباقية، باستثناء جزيرتي «قبرص» (Cyprus)، و«كريت» (Candia). تلك الإمبراطورية التي لم تحظَ تحت حكم السلاطين اللاحقين بالثراء والازدهار والقوة التي تمتعت بها تحت حكم المُشرِّع الكبير لآل عثمان. كانت الممتلكات التركية في عصره تتضمن جميع المدن الأكثر شهرة في التاريخ التوراتي والكلاسيكي، باستثناء روما، و«سرقوسة» (Syracuse)،

و«بيرسبوليس» (Persepolis)[1]. وكانت كلٌّ من «قرطاج» (Carthage)، و«ممفيس» (Memphis)، و«صور» (Tyre)، و«نينوى» (Nineveh)، و«بابل» (Babylon)، و«تدمر» (Palmyra)، أرضًا عثمانية. وامتثلت لطاعة سلطان القسطنطينية مدن: الإسكندرية، والقدس، ودمشق، وسميرنا، ونيش، وبورصة، وأثينا، وفيليبي، وأدرنة. إلى جانب العديد من المدن اللاحقة التي ليست أقل شهرة، مثل: الجزائر، والقاهرة، ومكة، والمدينة، والبصرة، وبغداد، وبلجراد. وتدفَّقت مياه أنهار: النيل، والأردن، و«العاصي» (Orontes)، والفرات، ودجلة، و«الدون» (Tanais)، و«الدنيبر» (Borysthenes)، والدانوب، و«هبروس» (Hebros)، و«إليسوس» (Ilyssus)، «في ظل ذيول الجياد». وكان الحوض الشرقي للبحر المتوسط، وبحر مرمرة، و«بحر آزوف» (Palus Maeotis)، و«البحر الأسود» (Euxine)، والبحر الأحمر، بحيرات عثمانية. وتَلَمَّس الهلال العثماني جبال أطلس والقوقاز، وصار يعلو جبال «آثوس» (Athos)، وسيناء، و«أرارات» (Ararat)، و«جبل الكرمل» (Mount Carmel)، وجبال طوروس، و«إيدا» (Ida)، والأوليمب، و«بيليون» (Pelion)، وهايموس، و«الكربات» (Carpathian)، ومرتفعات «أكروكيرونيان» (Acroceraunian). لقد أحرز أحفاد أرطغرل إمبراطورية تزيد على الأربعين ألف ميل مربع، وتضم العديد من أغنى وأجمل أقاليم العالم، خلال ثلاثة قرون، منذ أن كان جدهم المغامر يجول بلا وطن على رأس أقل من خمسمائة من رجاله المقاتلين[2].

قَسَّم سليمان هذه الإمبراطورية إلى إحدى وعشرين منطقة إدارية، قُسِّمت بدورها إلى مائتين وخمسين سنجقًا[3]. كانت المناطق الإدارية هي:

1- الرُّوملي، ذلك المصطلح الذي تضمَّن بعد ذلك كل الممتلكات القارية العثمانية في أوروبا جنوبي الدانوب. وتشتمل على اليونان القديمة، ومقدونيا[4]،

---

(1) هي مدينة تخت جمشيد، الفارسية القديمة، عاصمة الإمبراطورية الأخمينية (550-330ق.م)، تقع على مسافة 70كم تقريبًا شمال شرق مدينة شيراز. (المترجم).

(2) خَلَّف السُّلطان سليمان عند وفاته دولة مساحتها أربعة عشر مليونًا وثمانمائة وثلاثة وتسعين ألف كيلومتر مربع تقريبًا. انظر: أوزتونا، تاريخ الدولة العثمانية، مج.1: 431. (المترجم).

(3) قد يجد القارئ أنه من المفيد مقارنة هذه القائمة لأقسام الإمبراطورية التركية في زمن سليمان، بتلك التي وضعها دوسُّون في عمله: "Constitution et Administration de l'empire Ottoman" الذي نُشر عام 1788م. وقد أورد قائمتها Ubicini, vol. i., Lettro Premiere.

(4) «مقدونيا» (Macedonia)، إقليم تاريخي يقع شمال وشمال شرق اليونان، كان يضم معظم الساحل البلقاني شمال غرب بحر إيجة، بما في ذلك شبه جزيرة سالونيك، كما يضم معظم أراضي مملكة مقدونيا القديمة التي حكمها الإسكندر. استقل الجزء الشمالي الغربي من هذا الإقليم باسم جمهورية مقدونيا بعد تفكك =

وتراقيا[1]، وإبيرس[2]، و«إليريا» (Illyria)[3]، و«دالماشيا» (Dalmatia)[4]، و«مويسيا» (Moesia)[5].

2- جزر الأرخبيل، وإدارتها منوطة بالقبودان باشا.

3- الجزائر وأراضيها.

4- طرابلس الواقعة في إفريقيا.

5- «أوفن» (Ofen)، وتتضمن الأجزاء التي جرى فتحها من غربي المجر[6].

6- «تمسوار» (Temeswar)، وتتضمَّن «بانات» (Bannat)، وترانسلفانيا، والجزء الشرقي من المجر.

7- الأناضول، وهو الاسم الذي يُطلق عادة على كامل آسيا الصغرى، لكنه ينطبق هنا على الجزء الشمالي الغربي من شبه الجزيرة، الذي يشتمل على «بافلاجونيا» (Paphlagonia) القديمة، وبثينيا، و«ميسيا» (Mysia)، و«ليديا» (Lydia)، و«كاريا» (Caria)، و«ليسيا» (Lycia)، و«بيسيديا» (Pisidia)، والجزء الأكبر من فريجيا و«جلاتيا» (Galatia).

8- قرمانيا، التي تحتوي على بقايا الأقاليم القديمة سالفة الذكر، إلى جانب «ليكاونيا» (Lycaonia)، و«كليكيا» (Cilicia)، والجزء الأكبر من كبَّادوكيا.

= يوغوسلافيا عام 1991م، وهي دولة حبيسة عاصمتها سكوبي. أما الجزء الساحلي من الإقليم فيتبع الآن دولة اليونان. (المترجم).

(1) «تراقيا» (Thrace)، إقليم تاريخي يشتمل على المنطقة الجغرافية الواقعة شرقي إقليم مقدونيا القديم، أقصى جنوب شرق البلقان، ويشتمل الآن على الجزء الأوروبي من تركيا الذي تقع به إستانبول وأدرنة وشبه جزيرة جاليبولي، فضلًا عن جنوب بلغاريا وشمال شرق اليونان، ويحده من الجنوب ساحل بحر إيجة، ومن الجنوب الشرقي بحر مرمرة، ومن الشرق ساحل البحر الأسود. (المترجم).

(2) «إبيرس» (Epirus) أو «إيبيرو» (Ipiro)، إقليم جبلي يقع شمال غرب اليونان، ويمتد على ساحل البحر الأيوني من خليج فالونا وسلسلة الجبال الألبانية (أكروكيرونيان) في الشمال، إلى خليج «أمبراكيا» (Ambracian)، وتُقسَّم أراضيه الآن بين اليونان وألبانيا. انظر: موستراس، القاموس الجغرافي: 15. (المترجم).

(3) هو الإقليم الساحلي الواقع شمال إقليم إبيرس، ويضم الآن أجزاء من الساحل الشمالي لألبانيا وساحل الجبل الأسود. (المترجم).

(4) هو الإقليم الساحلي الواقع شمال شرق البحر الأدرياتيكي، ويقع الآن على ساحل كلٍّ من كرواتيا وسلوفينيا. (المترجم).

(5) هو إقليم تاريخي قديم يقع جنوبي نهر الدانوب، يحده شرقًا ساحل البحر الأسود، ومن الغرب نهر «درينا» (Drina)، ومن الجنوب جبال هايموس (جبال البلقان)، ويقع اليوم الجزء الأكبر منه بين أراضي رومانيا والصرب. (المترجم).

(6) هي بودا أو بودين. (المترجم).

9- «روم» (Roum)، وتُدعى أيضًا «سيواس»، وفي بعض الأحيان «أماسيا». وتشتمل على جزء من كبَّادوكيا، وتقريبًا على كل «بونتوس» (Pontus) القديمة، التي تقع في آسيا الصغرى.

10- «ذو القادر» (Soulkadr)، وشملت مدن: مالطية، و«ساموساطة» (Samosata)، والبستان، والمناطق المجاورة، والممرات المهمة للمرتفعات الشرقية لجبال طوروس.

11- طرابزون، ويكون حاكم هذه المدينة آمرًا على سواحل أقصى جنوب شرق البحر الأسود.

12- ديار بكر.

13- «فان» (Van)، وهي قسمان إداريان يشتملان على الجزء الأكبر من أرمينية وكردستان.

14- حلب.

15- دمشق، وتتضمن كلًّا من سوريا وفلسطين.

16- مصر.

17- مكة والمدينة وأراضي «الإقليم العربي» (Arabia Petraea).

18- اليمن وعدن، وتمتد إلى «الجزء الجنوبي من الجزيرة العربية» (Arabia Felix)، والأراضي الواقعة على طول الخليج الفارسي وشمال غرب الهند.

19- بغداد.

20- الموصل.

21- البصرة.

هذه الثلاث الأخيرة تضمَّنت الفتوحات التي قام بها سليم وسليمان على حساب الفُرس في بلاد ما بين النهرين والمناطق الجنوبية المجاورة. وشكَّلت دجلة والفرات (بعد تلاقيهما) الحدود الشرقية، وفي الوقت نفسه الحد الفاصل بين الممتلكات التركية والفارسية.

وإلى جانب البلدان التي كانت جزءًا من هذه الإدارات الإحدى والعشرين، كانت هناك مقاطعات تابعة حاز السُّلطان السيادة عليها، هي والاشيا ومولدافيا وراجوزا وتتر القِرْم؛ دفعت له الجزية التي كانت كبيرة في حالة والاشيا ومولدافيا، أما راجوزا وتتر القِرْم فقامتا بتوفير فرق كبيرة ونافعة للجيوش التركية.

ليس من السهل تحديد الأراضي التي كانت تنتمي آنذاك إلى خانات القِرْم التابعين وراء شبه الجزيرة تلك، فقد كانوا هم وأقاربهم خانات تتر «أستراخان» (Astrakhan)، زعماء العديد من

العشائر المقاتلة التي كانت تجول وسط السهوب الواقعة شمالي البحر الأسود وحول بحر آزوف، لكن تَقَلُّب حروبهم التي ظلَّت متواصلة تقريبًا مع «القوزاق» (Cossacks) و«الموسكوفيين» (Muscovites) وفيما بينهم، منع تحديد أي حدود إقليمية في تلك المناطق فيما يتعلق بفترة زمنية معينة.

سكن ما لا يقل عن عشرين جنسًا من الأجناس البشرية المختلفة، الممالك الواسعة التي حكمها سليمان العظيم. ويُعتقد أن العثمانيين أنفسهم، الذين يبلغ عددهم الآن ثلاثة عشر مليون نسمة تقريبًا[1]، قد انخفض عددهم خلال القرون الثلاثة الأخيرة، فربما يمكننا أن نضع خمسة عشر مليونًا كتعداد تقريبي لهم في القرن السادس عشر، كانوا موزعين آنذاك، كما هم الآن، بشكل غير متكافئ تمامًا عبر الإمبراطورية؛ إذ تحتوي آسيا على أربعة أخماسهم، وتُعدُّ آسيا الصغرى على الأخص وطنهم المفضَّل. وهناك ثلاثة ملايين يوناني (الاسم واللغة مستمران، أيًا كان اعتقادنا في غلبة السلاف على العنصر الهلليني في الأمة اليونانية الحديثة) أقاموا في الجزء الجنوبي من تركيا الأوروبية، وهناك مليون آخر في آسيا الصغرى. أما الجنس الأرمني، الذي لم يمتد كثيرًا إلى أوروبا، فكان موجودًا بوفرة في آسيا، وربما يكون قد بلغ في السابق كما هو عليه الآن، ما بين مليونين وثلاثة ملايين[2]. وكان السلاف يشكلون الجزء الأكبر من السكان؛ حيث كانت كلٌّ من بلغاريا والصرب والبوسنة والجبل الأسود والهرسك، مأهولة أساسًا بالسلاف، الذين كانوا أيضًا كثرة في مولدافيا ووالاشيا، وكانت هناك عدة آلاف منهم في كلٍّ من ترانسلفانيا وألبانيا. أما الجنس «الروماني» (Rumanys)، فيُفترض أنه انبثق من الغزاة الرومان للـ«دَّاشيين» (Dacians)[3]، ومن الخاضعين الدَّاشيين أنفسهم، الذين قطنوا بشكل أساسي

(1) See Ubicini, vol. i. p. 22.

(2) دخلت أرمينية تحت الحكم العثماني في القرن الخامس عشر، وقد فتح السُلطان محمد الفاتح المجال للأرمن في عاصمته الجديدة بلا قيد أو شرط، فتوافدوا عليها أفواجًا حتى بلغ عددهم فيها ربع مليون تقريبًا، فصارت إستانبول المركز السياسي والاقتصادي والأدبي للأرمن، وكان لهم تأثير كبير في الأسواق المالية والتجارة والصناعة. وأراد السُلطان أن يزيد تعلقهم بالمدينة، فجعل لهم مقابل بطريركية الروم، بطريركية أرمينية منحها الصلاحيات والامتيازات نفسها، وأحضر مطران بورصة الأرمني إلى العاصمة ونصَّبه بطريركًا عام 1461م. انظر: ك. ل. لستارجيان، تاريخ الأمة الأرمنية (الموصل: مطبعة الاتحاد الجديدة، 1951م): 266-267. (المترجم).

(3) «دَاشيون» (Dacians)، من الشعوب الهندوأوروبية التي سكنت منذ القدم غربي البحر الأسود والمنطقة المحيطة بجبال الكربات، في المناطق الواقعة الآن في كلٍّ من رومانيا ومولدافيا وأجزاء من أوكرانيا وشرق الصرب وشمال بلغاريا، وسلوفاكيا، والمجر، وجنوب بولندا. (المترجم).

في والاشيا ومولدافيا، وقد يكون عددهم آنذاك كما هو عليه الآن، أربعة ملايين نسمة. وكان الألبان، الذين يطلقون على أنفسهم «سكبيتار»، ويُطلق عليهم الأتراك «الأرناؤوط»، أمة من ساكني الجبال - يتسمون بالجسارة والصلابة وانعدام الضمير - مولعين بالنهب داخل موطنهم، وبالحرب في الخارج[1]. ويُشكِّل الجنس التتري سكان «دوبروسكا» (Dobruska) وشبه جزيرة القِرْم، والبلدان المرتبطة بهما على الساحل القاري. وانطلاقًا من عدد الجنود الذين يقدمهم تتر القِرم للجيوش العثمانية، وغير ذلك من الملابسات، يمكن افتراض مليون ونصف المليون كعدد محتمل لهم في عهد سليمان. أما الجنس العربي فقد انتشر على نطاق واسع عبر الشام والجزيرة العربية ومصر وكامل الساحل الشمالي لإفريقيا، وعليه فإن رعايا سليمان من العرب لا بدَّ أن عددهم قد بلغ ستة ملايين تقريبًا. وكان «المارونيون» (Maronites)، و«الكلدان» (Chaldeans)، و«الدروز» (Druses)، جميعًا في الشام أقل من المليون. أما الأكراد، ذلك الجنس وثيق القرب من الفُرس، فيمكن افتراض أن عددهم كان قريبًا من ذلك المقدار. ولا يمكن لتركمان ديار بكر والمناطق المجاورة أن يبلغوا أكثر من مائة ألف نسمة. ولا يزال يتعين علينا أن نضيف المجيار لذلك الجزء من المجر الذي خضع للسلطان، وألمان ترانسلفانيا، وبربر الجزائر والأقاليم الإفريقية الأخرى، وقبط مصر، واليهود، و«الغجر» (Tsiganes) (الذين كانوا، ولا يزالون، كثرة في مولدافيا)، ومَن تبقى من المماليك.

إنه من قبيل العبث أن نضع تعدادًا بأثر رجعي نَدَّعي به الدقة، في خضم الحديث عن شعوب وعصر لم يُراعَ فيه التعداد البشري، لكن ربما لن تكون حساباتنا خاطئة بشكل كبير إذا اعتبرنا أن خمسة وأربعين إلى خمسين مليونًا من الرعية قد امتثلوا لأوامر سليمان القانوني واسترشدوا بالقوانين التي وضعها[2].

---

(1) يُشكِّل السكبيتار أو الألبان عنصرًا من أقدم العناصر وأنقاها في أوروبا، ويقال إنهم ينتمون إلى الفرع البلاسجي من الكتلة الآرية، لذا امتازوا باعتزازهم الشديد بعنصرهم، وهو ما جعل الأتراك يعاملونهم دائمًا معاملة خاصة، فقد ظلت قبائلهم وعشائرهم المختلفة تتمتع بالاستقلال نفسه الذي كانت تتمتع به قبل الفتح. وهم من الشعوب التي انتشر بينها الإسلام انتشارًا كبيرًا رغم بطئه، ويرجع ذلك لعدة عوامل من بينها تغلغل المؤثرات الإسلامية، وتدهور قوة الكنيسة الروحية، وتزاوج الأُسر المسيحية من المسلمين. انظر: أرنولد، الدعوة إلى الإسلام: 205 وما يليها. (المترجم).

(2) استَخْدَمتُ حسابات أوبيسيني وغيره لإجراء هذا التقدير فيما يتعلق بالحالة الراهنة للسكان في الإمبراطورية التركية. أضفت القدر المحتمل الذي فقده الباب العالي من تلك الأقاليم منذ زمن سليمان، وقد وازنت بشكل عام الاتجاه الطبيعي للزيادة، بالتعثرات التي تسببت فيها الحروب والثورات وغيرها من العوامل المعروفة للنقص السكاني التي حدثت في الإمبراطورية خلال فترة تراجعها. ومن المؤكد أن السير نحو =

من بين مختلف الأجناس التي ذكرناها، كان جميع العثمانيين والتتر والعرب والأكراد والتركمان والمماليك والبربر يتبعون العقيدة الإسلامية، فضلًا عن أعداد كبيرة من البوسنيين والبلغار والألبان الذين قاموا باعتناقها. أما الباقي، باستثناء اليهود والغجر، فقد انتموا إلى الفروع المختلفة للعقيدة المسيحية، وكان الأكثر عددًا من بينهم هم أتباع الكنيسة اليونانية بفارق كبير.

كانت القوة العسكرية النظامية للإمبراطورية في عام الاستيلاء على سكتوار - عام المجد الغارب لعهد سليمان - ضِعْف القوات التي وُجدت عند اعتلائه العرش. فقد قام بزيادة عدد الإنكشارية إلى عشرين ألفًا. وبلغ مجموع عدد الجيش الدائم مدفوع الأجر، بمَن في ذلك حرس فرس السُلطان وغيرهم من القوات تحت قيادته، ثمانية وأربعين ألفًا. وقد أولى سليمان القدر الأكبر من الاهتمام لإنكشاريته، وشكَّل من بينهم فيلقًا من المتقاعدين، لا يضم سوى الجنود المخضرمين ممن يتمتعون بجدارة عالية، من الذين شابوا في الخدمة أو أُصيبوا بإعاقة من الجروح. وجامل سليمان هذه القوات الكبيرة (واستمر خلفاؤه في ممارسة هذا التقليد) عن طريق إدراج اسمه في فوجهم الأول، والمجيء بينهم في اليوم الذي يتلقون فيه أجورهم، آخذًا أجر جندي من القائد. وأسدى التكريم إلى فرقة أخرى من الإنكشارية بقبوله كوبًا من «الشربات» (sherbet) من قائدهم، عندما كان يفتش على الثكنة؛ فشكَّلت هذه الحادثة كذلك تقليدًا اتبعه كل سلطان عند ارتقائه العرش، وهو أن يتلقى كوبًا من الشربات من الآغا أو القائد العام للإنكشارية، الذي تابع وظيفته الحربية تلك بعبارة تُعبِّر عن الطموح والعزة العثمانية: «سوف

= النقص السكاني في بداية القرن السابع عشر كان سريعًا جدًّا. يقول السير «توماس رو» (Thomas Roe)، الذي كان سفيرًا لـ«جيمس الأول» (James I) في القسطنطينية، في رسالة كتبها عام 1622م: «سأخبركم بشيء عجيب. منذ نحو ستة عشر عامًا مضت، أُجرِيت معاينة لكل سكان القرى الواقعة ضمن سيادة السُلطان الكبير، فتضمنت القوائم 553 ألفًا، والغريب أنه في العام الماضي قبل حرب بولندا، أُجرِيت معاينة أخرى، فوُجد أن العدد انخفض إلى 75 ألفًا في المجمل، وهو ما يُعدُّ نقصًا غريبًا في عدد السكان». - (Sir Thomas Roe's Embassy, p. 66). كان التعداد الأول الذي ذكره السير رو قد شمل الأقاليم التي فُتحت على حساب بلاد فارس في عهد مراد الثالث، لكنها فقدت مرَّة أخرى قبل عام 1622م. وقد استُبعدت كل هذه الأقاليم من العدد الأصغر، وكذلك العديد من الممتلكات التركية الأخرى سالفة الذكر في آسيا، التي احتلها الفُرس بعد ذلك. وربما أيضًا جرى حساب كل نقابة «إسناف» (Esnaf) أو بلدية ريفية بشكل منفصل. مع ذلك لا يسعني بعد كل هذه الإجازات إلا أن أشك في دقة أرقام توماس أو إحصاءاته. وإذا أخذنا الأرقام الأولى على أنها صحيحة، فإنها تشير (بعد إدخال الأقاليم التي جرى إحرازها لاحقًا إلى وفاة سليمان) إلى إجمالي نحو خمسة ملايين من «الرابطات» (Guilds) و«الكوميونات» (communes) في زمن سليمان، وعلينا بعد ذلك أن نُقَدِّر عدد السكان بأكثر من ضعف العدد الذي حددته لها.

يرى بعضنا بعضًا مرّة أخرى عند التفاحة الحمراء»، وهو الاسم الذي يُطلقه الأتراك عادةً على مدينة روما. وقد تجاوز عدد القوات الإقطاعية والقوات غير النظامية وقت حملة سكتوار، ما يزيد على المائتي ألف جندي، وتضمَّنت المدفعية ثلاثمائة مدفع، وبلغ الأسطول ثلاثمائة مركب.

على الرغم من التحسُّن الذي طرأ على جيوش العالم المسيحي الغربي، التي أشرنا إليها عند الحديث عن الفترة التي ارتقى فيها سليمان العرش، فإن القوات العثمانية كانت لا تزال تفوقها في الانضباط والتجهيز العام. وقد سبق أن ذكرنا بالفعل تفوق الأتراك في ذلك العصر في القوة العددية، وكفاءة مدفعيتهم، وهذه الملاحظة نفسها تنطبق على مهارتهم في التحصين وفي جميع فروع الهندسة العسكرية. إن الفارق بين الرِّعاية التي أُوليت للرفاهية المادية والمعنوية لقوات سليمان، وبين إهمال «المصير البائس للجندي الفقير» في المعسكرات المسيحية المناظرة، لا يزال أكثر لفتًا للنظر. وهناك بعض المقاطع المعروفة في كتابات بوسبكيوس، السفير النمساوي في البلاط العثماني، الذي رافق القوات التركية في بعض حملاتها، والتي أظهر من خلالها التفاوت بين نظافة المعسكر العثماني ونظامه الجيد وغياب المقامرة بين رجاله الذين يتمتعون بالرصانة وضبط النفس، وبين الشغب وشرب الخمر والفجور والشجار والتلوث المقيت الذي تفوح منه الروائح الكريهة حول خيام المسيحيين في ذلك العصر. كان من الصعب، حتى بالنسبة إلى «المفوض العام» (commissary-general) الأكثر تمرسًا في العصر الحديث، اقتراح تحسينات على الترتيبات والاستعدادات فيما يتعلق بالحالة الجيدة للجنود العثمانيين وراحتهم، التي يمكن قراءتها في الروايات التي تَسرد حملات سليمان. ويمكننا أن نذكر واحدة من تلك الترتيبات النافعة العديدة، وهي إنشاء مجموعة من السَّقّائين أو حاملي الماء، الذين يحضرون في الميدان وأثناء المسير لإمداد الجنود المنهكين والجرحى بالماء[1]. قارِن هذا مع وضع «العصابات السوداء» (Black Bands) التابعة للـ«بوربون» (Bourbon) تحت راية الإمبراطور شارل.

كانت الإيرادات الكبيرة التي جُمعت بحكمة وحصافة، على الرغم من استخدامها بسخاء، إحدى الميزات الحاسمة التي تفوَّق بها سليمان على ملوك عصره. فقد منحت الأراضي التابعة للسلطان في ذلك الوقت مبلغًا كبيرًا قدره خمسة ملايين دوقية. وبلغت الأعشار أو ضريبة الأراضي والجزية المفروضة على الرعايا والجمارك، والضرائب المعتادة الأخرى، ما بين سبعة وثمانية ملايين. كان عبء الضرائب المفروضة على الرعية بسيطًا، ولم يفرض سليمان

---

(1) See Thornton, p. 185.

خلال عهده أي رسوم إضافية سوى مرتين فقط؛ إذ أجبرته الضرورة الناجمة عن حصار بلجراد ورودس، وتكلفة التسليح في السنة التي حدثت فيها معركة موهاج، على فرض ضريبة رأس على كل رعيته من دون تمييز لعقيدة أو ثروة؛ لكن كان المبلغ المفروض صغيرًا في كلتا الحالتين، ولم يتكرر إجراء ضروري مماثل مرَّة ثالثة. وسرعان ما جرى القيام بحملات مظفرة للسلطان من أجل تسديد نفقاتها، والمزيد منها لإثراء الباب العالي. وأُخذت إسهامات كبيرة من المجر وترانسلفانيا وراجوزا ومولدافيا ووالاشيا، وصُبت في خزينة الباب العالي. وجرى إيجاد مصدر آخر للإيرادات أقل شأنًا، عن طريق مصادرة متاع كبار مسؤولي الدولة الذين أُعدموا خلال هذا العهد. فمن خلال عادة ثابتة تُصادر ممتلكات أولئك الذين يموتون بهذا الشكل لصالح التاج. ولم تكن هناك إضافات ثانوية للطرق والوسائل الخاصة بالسنوات التي هلك فيها الوزير الأعظم إبراهيم وغيره من رجال الدولة التعساء في هذا العصر.

تناولنا المبادئ العامة للحكم العثماني عند استعراض مؤسسات محمد الفاتح، أما سليمان القانوني فقد أجرى تطويرًا على كل فرع من فروع إدارة الإمبراطورية، ومثله مثل الفاتح، ذلك الحاكم الكبير الآخر، دعم من جاء بعده بأعماله التشريعية. فقد رتَّب النظام الإقطاعي التركي للزعامات والتيمارات، فأمر بإلغاء التيمار (إقطاع صغير) إذا كان أقل من قيمة معينة، وسمح بدمج الإقطاعات الأصغر حجمًا لتشكيل زعامت (إقطاع كبير)، على ألَّا يُقسَّم الزعامت إلى تيمارات إلا في حالة مقتل الإقطاعي في المعركة وتركه أكثر من ابن. ويمكن للعديد من الأشخاص، بإذن من الحكومة العليا، أن يشغلوا إقطاعية بوصفهم شركاء، لكن تظل تُحسب على أنها إقطاعية واحدة. وأي تقسيم أو تجزئة غير مصرح بهما من الباب العالي نفسه بشكل خاص، يُعاقب فاعلهما بشدة. سيعي القارئ العارف بعمل النظام الإقطاعي في أوروبا الغربية، كيف جرت أقلمة هذه الأحكام بشكل مثير للإعجاب لوقف تعاظم الفساد المشابه لما أنتجته الممارسات الإقطاعية في العالم المسيحي في العصور الوسطى. فيجري توريث الإقطاعات التركية من الأب إلى الابن في الذكور من السلالة، مثل الإقطاعات لدينا. ولم تكن هناك صلاحية لنقل ملكية أو توريث بوصية. وفي حالة عدم وجود وريث ذَكَر للمالك المتوفَّى، يؤول التيمار أو الزعامت إلى السُلطان. وقد كان من المعتاد قبل زمن سليمان السماح للوزراء وولاة الأقاليم بتقديم هبات من الإقطاعات التي صارت شاغرة داخل نطاق سلطتهم القضائية، إلا إن سليمان قصر ذلك على الإقطاعات الصغيرة، فلا أحد يمكن أن يقوم مرَّة أخرى بتوزيع الزعامت الذي صار إلى الشغور سوى السُلطان. ولا يوجد مثال قام فيه الإقطاعي الذي تلقى تيمارًا من أحد الرعية بدفع أي التزامات، أو دَخَل في علاقة يؤدي من

خلالها واجبًا إقطاعيًّا للشخص الذي استثمره؛ فلم تكن هناك سيادة وسيطة، بل كان السباهي تابعًا إقطاعيًّا لسلطانه فقط.

بلغ عدد الإقطاعات الكبيرة أو الزعامت في زمن سليمان ثلاثة آلاف ومائة واثنين وتسعين، أما عدد الإقطاعات الصغيرة أو التيمار فكان خمسين ألفًا ومائة وستين[1]. لم يكن كل سباهي (أو الحاصل على إقطاع عسكري) مُلْزَمًا بتقديم الخدمة العسكرية بنفسه فحسب، ولكن إذا تجاوزت قيمة إيرادات إقطاعه مبلغًا معينًا، فعليه أن يُجهِّز ويُقدِّم فرسانًا مسلحين بما يتوافق مع مضاعفات هذا المبلغ، أو (لاتخاذ أسلوب مؤسساتنا المبكرة) كانت الحيازة مُلزِمة بإمداد السُّلطان في وقت الحرب برجل مسلح عن كل نفقة فارس. وقد بلغ مجموع صفوف الإقطاعيين للإمبراطورية في عهد سليمان مائة وخمسين ألف فارس، كانوا ينضمون للجيش في المكان المحدد للاحتشاد، حين يجري استدعاؤهم عن طريق البكلربكوات وبكوات السناجق، فيقومون بالخدمة طوال الحملة من دون أن يتقاضوا أجورًا. عندما نقوم بتقدير القوة العسكرية للإمبراطورية التركية في أوجها، فلا يجب فقط أن نضيف هذا العدد إلى الثمانية والأربعين ألفًا من القوات الثابتة التي كانت تتقاضى أجورًا منتظمة، ولكن يجب علينا أيضًا أن نضع في اعتبارنا السرايا العديدة من الخيَّالة التترية، التي كان خان القِرْم التابع يرسلها للانضمام إلى الجيوش التركية. ويجب علينا أن نتذكر حشود القوات غير النظامية من الخيَّالة والمشاة، الآقنجي والعزب، الذين أدخلهم السُّلطان في كل حملة بأعداد كبيرة.

لا يوجد دليل على العظمة الحقيقية لسليمان بوصفه حاكمًا، أكثر من الرِّعاية التي منحها لوضع أولئك الرَّعايا الذين قاموا - مثل الرقيق في أوروبا العصور الوسطى - بزراعة الأراضي المخصصة للسباهي، حين كان يقوم بإصلاح النظام الإقطاعي التركي لجعله أكثر كفاءة كأداة للقوة العسكرية. إن «قانون الرَّعايا» الخاص بسليمان، حدَّد وعَرَّف الرِّيع والخدمات التي كان على الرَّعايا الشاغلين للأرض أن يدفعوها لسيدهم الإقطاعي. ومن المستحيل إعطاء وصف لهذا الجزء من القانون التركي الذي كان يُطبَّق بشكل منتظم صحيح على جميع أجزاء الممتلكات السُّلطانية؛ لكن التأثير العام لتشريع سليمان يمكن أن يكون في إقراره بالاعتراف بحقوق الرَّعايا في ملكية الأراضي التي يقومون بزراعتها، شريطة أن يدفعوا ريعًا ومستحقات

---

(1) See Thornton, p. 164, and the authorities eited in his notes. See also D'Ohsson and Porter.

معينة، فضلًا عن أداء خدمات معينة لرؤسائهم الإقطاعيين[1][2]. فالإنجليزي الذي يعي الفرق

---

(1) يجب على القارئ الرجوع إلى الفصل الثالث من عمل «رانك» (Ranke): «تاريخ الصرب» (History of Servia)، الذي يرسم «الخطوط العريضة للمؤسسات التركية في الصرب». يخبرنا هذا الكاتب المطلع أن في الصرب «يتقاضى السباهي العشور من كل تلك الحقول، والكروم، وإنتاج عسل النحل، وكذلك ضريبة صغيرة على كل رأس من رؤوس الماشية. علاوة على ذلك، كان لديهم الحق في المطالبة لأنفسهم بضريبة تُدعى «جلونيتزا» (Glawnitza)، وهي تقاضي قرشين من كل زوجين. ولتجنب التحقيق غير السار في زيادة دخلهم، كان كثير من الأشخاص يضيف جزءًا من ضريبة العُشْر إلى الجلونيتزا. وفي بعض أنحاء البلاد، وافق الناس على أن يدفعوا للسباهي عن كل زوجين، سواءً كانا غنيين أم فقيرين، عشرة قروش سنويًّا عن كامل الاستحقاقات. وفي حال قُبِلَ ذلك، تمكّن السباهي من التحقق من المبلغ المفترض سنويًّا. لكن السباهي لا يمكن اعتباره بشكل صحيح من فئات النبلاء، إذ لم يكن لديهم في القرى ممتلكات أو مساكن خاصة بهم، ولم يكن لديهم الحق في الاختصاص، ولم يُسمح لهم بإخراج المستأجر بالقوة، أو حتى منعه من التنقل والاستيطان في أماكن أخرى. أما ما كان يحق لهم المطالبة به فهو ما يمكن أن نُطلق عليه «راتبًا موروثًا»، في مقابل أداء واجب الخدمة في الحرب، وهو ما ظل ثابتًا دون تعديل. ولم تُمنح لهم حقوق ملكية حقيقية، وفي مقابل الخدمات الخاصة يُمنح لهم ربح إضافي معين».
مع ذلك، ستكون هناك حاجة إلى توخي الحيطة عند تطبيق هذا التوصيف على أجزاء أخرى من الإمبراطورية العثمانية؛ كآسيا الصغرى على سبيل المثال، حيث كان عدد الرَّعايا أقل بكثير مما كان عليه في أوروبا، وحيث بدا أن السباهية قد شغلوا بشكل عام جزءًا من إقطاعاتهم على أقل تقدير. إن التناظر المطروح في النص بين أسياد الإقطاعات المزروعة والحائزين المستأجرين لها، من شأنه أن يعطي فكرة واضحة غير مضللة إلى حدٍّ كبير للوضع الخاص بالسباهي التركي ورعاياه، لا سيما أنه يقضي بافتراض مجموعة كبيرة ومتنوعة من العادات المحلية.
وفي مصر، حافظ الفاتحون العثمانيون على ذلك النظام الذي وجدوه مطبقًا هناك من قِبَل سلاطين المماليك، الذين يمنحون الأرض أو بالأحرى يمنحونها بالالتزام لمستأجرين عسكريين، يحوزون بدورهم الأرض ويدفعون للدولة إيجارًا ثابتًا محددًا مقابلها، ثم بعد ذلك يأتي مستأجرو الأرض من الباطن من الفلاحين الذين يزرعون الأرض ليأخذوا ما تبقى من الأرباح، وهي الحصة التي يراها الأسياد العسكريون مناسبة. وبطبيعة الحال، كان موقف الفلاح المصري أسوأ بكثير من موقف رعايا الأناضول أو سباهي الرُّوملي.

(2) تعليقًا على ما ذكره المؤلف في آخر الهامش السابق، فقد حاول السُّلطان سليم بعد فتحه لمصر إعادة النظر في النظام الإقطاعي المملوكي برُمَّته، بصورته التي وصل إليها، والتي صارت عقبة في سبل تطور المجتمع المصري، لكن لم يكن من الممكن إلغاء هذا النظام بشكل مفاجئ، وعليه عمل العثمانيون على إلغائه بشكل تدريجي ليحل محله نظام جديد هو نظام «الالتزام»، وهو منح المقاطعات بصفة الأمانة إلى أمين أو ملتزم تتمثل مهمته في جمع الضرائب وتسليمها إلى الخزانة في مقابل راتب «علوفة». وقد اشترط قانون نامه في هؤلاء الأمناء الاستقامة والأمانة. هكذا توفرت لهذا النظام عوامل القوة والاستقرار في سنواته الأولى، وكان المُعَوِّل الأول لذلك قوة الإدارة العثمانية، وما إن تسلل الضعف إليها حتى كان لذلك أثره على الالتزام، وبدأت عوامل جديدة تطرأ على هذا النظام منذ نهاية القرن الحادي عشر الهجري/ السابع عشر الميلادي، وكان أهمها مبدأ توريث الالتزام وما صاحبه من تفتت في الالتزامات، وأسهمت الأزمات الاقتصادية في =

بين موقف حائز الأرض بالالتزام حديثًا، وبين «قِنْ الأرض» (villain)[1] في العصور الوسطى، تجاه سيد الإقطاعية، سيدرك جيدًا أي نعمة جليلة كفلتها الحكمة المستنيرة للمشرع التركي. وحين نتذكَّر ذلك الاختلاف بين عقيدة المُشرِّع والرَّعايا[2]، ونحن نضع في اعتبارنا كذلك حقيقة أن سليمان - وإن لم يقم بالاضطهاد مثل والده - كان مسلمًا شديد الإخلاص، لا يمكننا منع الشعور بأن ذلك التركي العظيم، سلطان القرن السادس عشر، يستحق درجة من الإعجاب لا نستطيع أن نوليها لأيٍّ من ملوك عصره المتسم بالظلم والاضطهاد السوداوي الحادث بين الروم الكاثوليك والبروتستانت في جميع أنحاء العالم المسيحي.

إن الفارق بين نصيب الرَّعايا، تحت إمرة أسيادهم الأتراك، وبين ذلك الخاص بأقنان الأرض في العالم المسيحي، تحت إمرة مواطنيهم ونظرائهم المسيحيين المتسيدين عليهم، يتبدَّى عمليًّا من خلال التوق، الذي أظهره سكان البلدان الواقعة بالقرب من الحدود التركية، للهرب من ديارهم والعيش تحت النير التركي الذي كثيرًا ما تمثَّل في الاستبداد الشديد. يقول كاتب معاصر لسليمان: «لقد رأيت جماعات من الفلاحين المجريين وهم يضرمون النار في

= التأثير على الالتزام، وكان لتعاظم دور المماليك أثره كذلك، ففي حين كان معدل الضرائب في القرن السابع عشر مناسبًا، أصبح يمثل عبئًا ثقيلًا في القرن الثامن عشر، وجاء التعسف الضريبي نتيجة استقواء النخب العسكرية من المماليك التي أساءت استخدام نظام الالتزام وجعلت منه أداة لتحقيق منفعتها الخاصة، في وقت كانت فيه سلطة الدولة المركزية في إستانبول أعجز من أن تقوم بتنظيمه. انظر: سعيد عبد الفتاح عاشور، «الفلاح والإقطاع في عصر الأيوبيين والمماليك»، في: بحوث ودراسات في تاريخ العصور الوسطى (بيروت، 1977م): 146-150؛ جمال كمال محمود، الأرض والفلاح في صعيد مصر في العصر العثماني، سلسلة تاريخ المصريين، رقم 285 (القاهرة: الهيئة العامة للكتاب، 2010م): 16-229، 17؛ ريمون، الولايات العربية: 548؛ نللي حنا، ثقافة الطبقة الوسطى في مصر العثمانية، ترجمة رءوف عباس (القاهرة: الهيئة العامة للكتاب، 2004م): 71. (المترجم).

(1) «Villain» أو «Villein»، مصطلح يعني: «قِنْ» أو «عَبْد الأرض». كان يستخدم في الحقبة الإقطاعية في أوروبا للدلالة على الفلاح المستأجر للأرض، الذي كان مرتبطًا قانونيًّا بسيد إقطاعي. وقد شكَّل هذا النوع طبقة وسطى بين الفلاح الحر والعبد، إذ كان لا يحق له أن يترك الأرض من دون موافقة المالك، هذا غير خضوعه للاستخدام المهين والإذلال. ويُذكر أن غالبية الفلاحين الأوروبيين في العصور الوسطى كانوا من هذه النوعية. (المترجم).

(2) قد يكون هناك مستأجرون مسلمون لدى السباهي، إلا إن الغالبية العظمى من فلاحي أراضي الإقطاع التركية كانوا من النصارى. ويُثبت ذلك، الاسم الذي أُطلق على تشريع سليمان حول هذا الموضوع، وهو «قانون الرَّعايا». ومن الملاحظ أن عدد وقيمة الإقطاعات في أوروبا التركية، حيث يكون دائمًا عدد السكان العثمانيين صغيرًا للغاية بالمقارنة مع النصارى، قد تجاوز عدد وقيمة الإقطاعات في آسيا، التي ينعكس فيها المقدار العددي لأتباع الديانتين. انظر ما ذُكر لدى ثورنتون: 165، وانظر: دسون وبورتر.

أكواخهم، ويهربون مع زوجاتهم وأطفالهم وماشيتهم وأدوات عملهم إلى الأراضي التركية، التي يعلمون أنهم لن يخضعوا فيها لأي رسوم أو مضايقات باستثناء دفع ضريبة العُشْر»[1].

إلى جانب فروع القانون والحكومة المهمة التي جرى ذكرها، فإن قانون الشعائر (وهو موضوع أخطر بكثير في الشرق منه في غرب أوروبا)، وأنظمة الشرطة، والقانون الجنائي، قد لقيت اهتمامًا شخصيًا من السُلطان العظيم، وجرى تعديلها وإعادة تشكيلها من خلال مراسيمه. كل مسألة تشريعية يتألَّف منها دستور القانون العثماني الكبير، جُمعت بواسطة المُلَّا التابع لسليمان، إبراهيم الحلبي، ظلَّت تُطبق في الإمبراطورية التركية حتى العصر الحالي[2]. خفَّف سليمان من شدة العقوبات التي حُدِّدت في السابق للعديد من الجرائم. وقد فُسرت الضآلة الشديدة للعقوبات المتعلقة بجرائم الفسوق التي قام بمراجعتها، على أنها تنازل لصالح الرذائل المفضَّلة للشعب التركي[3]. لكن بشكل عام، كان تقليله من عقوبات الإعدام وبتر الأعضاء، قد جعله موضعًا لثناء القانونيين المحدَثين. فدقة القوانين التي سعى من خلالها إلى تنظيم الأسعار والأجور، ووصف الكيفية التي يجب أن تُعدَّ بها المواد الغذائية أو تُباع، قد تثير ابتسامة في عصرنا الذي يُعدُّ أكثر استنارة، ولكن يجب علينا أن نتذكر كيف أن سِجِل قوانيننا يمتلئ بتشريعات مماثلة، وإلى أي مدى لا تزال قوانين الضرائب الخاصة بنا تحافظ على روح التضارب الذي يؤدي إلى الإزعاج والأذى. هناك بعض القوانين للسلطان سليمان أكثر لفتًا للنظر، تلك التي يُطلب فيها ممن يقومون بالافتراء ونقل الأكاذيب دفع تعويضات عن الأذى الناجم عن شرور كلامهم. أما شهود الزور والمزورون والمتعاملون بالرديء من المال فتُقطع أيديهم اليمنى. ولا يجب أن تؤخذ فائدة ربح بمعدل يزيد على أحد عشر في المائة. وفَرْض غرامة على ثلاثة أشياء: إغفال متتالٍ عن الصلاة اليومية للمسلمين، وخرق لفريضة الصيام، وعدم التَّرفُّق بالبهائم بزيادة الأثقال عليها.

أيًا كان ما يعتقده الاقتصاديون السياسيون في الوقت الحاضر في تشريعات سليمان القانوني، فيما يتعلق بالأجور والصناعات وتجارة التجزئة، فإن أعلى إشادة لهم تذهب إلى

---

(1) ذُكر «Leunclavins»، و«apud Elzevir»، عند ثورنتون والكُتَّاب الآخرين. وفي فترة لاحقة من بداية القرن السابع عشر، علمنا من «سانديز» (Sandys)، أن سكان المورة سعوا بفارغ الصبر للعودة من حكم البنادقة إلى الحكم التركي. وتخبرنا رحلات الدكتور «كلارك» (Clarke)، عن مدى أسف السكان الأصليين للقِرْم من تغير حكامهم عندما نجح الروس في انتزاع السيادة من الأتراك على ذلك البلد.

(2) أطلق عليها مؤلفها الأسطوري «ملتقى الأبحر»، لسعتها المحيطية من محتويات المكتبات المتعددة.

(3) Von Hammer, vol. ii. p. 357.

الحرية المستنيرة، التي كان يُرحَب من خلالها بالتاجر الأجنبي في إمبراطوريته. وقد قام سليمان بمنح فرنسا عام 1535م، أقدم التعهدات التي يُطلق عليها «امتيازات» (capitulations)، والتي تكفل للتاجر الأجنبي في تركيا الحماية الكاملة للشخص وممتلكاته، وحرية ممارسته الدينية، والإبقاء على قوانينه الخاصة تدار من قِبَل موظفين من بلده[1]. وكانت الرسوم الجمركية المعتدلة

---

(1) هناك ورقة رسمية لافتة للنظر نشرتها الحكومة العثمانية عام 1832م، في «Moniteur Ottoman»، فقط طلبًا للفخر فيما يتعلق بهذا الموضوع المهم. ويشير السيد «أوركنهارت» (Urqnhart)، في «تركيا ومواردها» (Turkey and her Resources)، إلى المقاطع التالية من هذا البيان الرسمي للمبادئ التجارية التركية:

«كثيرًا ما تكررت إقامة معسكرات للأتراك في أوروبا، ومن المؤكد أن معاملتهم للغرباء لم تكن هي التي أدت إلى فكرة الاحتلال المتزعزع هذه، فحسن الضيافة التي يعاملون بها زائريهم ليست راجعة للخيمة ولا للقوانين التركية. فالشريعة الإسلامية بطابعها الديني والمدني المزدوج، غير قابلة للتطبيق على من يدينون بدين آخر، إلا إنهم فعلوا ما هو أكثر من ذلك، فقد منحوا للغريب حماية لقوانينه الخاصة، يمارسها موظفون من بلده. ومن خلال هذا الامتياز واسع الفوائد والنتائج، تبرز روح الإعجاب للضيافة الرفيعة الصادقة.

في تركيا، هناك فقط، تُقَدِّم الضيافة نفسها، عظيمة، نبيلة، جديرة باسمها المشرِّف. ليست مأوى في يوم عاصف، لكنها الضيافة التي ترفع نفسها من نشاط إنساني بسيط، إلى منزلة الاستقبال السياسي، جامعةً بين الماضي والحاضر. عندما يضع الغريب قدمه على أرض السُّلطان، يكون ضيفًا مُرحَّبًا به (مُسافرًا). وبالنسبة إلى أبناء الغرب الذين عهدوا بأنفسهم إلى رعاية المسلمين، فقد مُنحوا حسن الضيافة يصاحبها شيئان: الحرية المدنية وفقًا للقوانين، والحرية التجارية وفقًا لقوانين العُرف والمنطق.

مارست الإمبراطورية العثمانية منذ فترة طويلة الإدراك السليم والتسامح وحسن الضيافة، وهو ما تسعى دول أوروبية أخرى إلى تطبيقه عبر أكثر أو أقل من اتحادات سياسية سعيدة. ومنذ أن نُصِبَ عرش السُّلطان في القسطنطينية، لم يُعرف الحظر التجاري، فقد قام العثمانيون بفتح جميع الموانئ للتجارة والصناعة، وللمنتجات الإقليمية للغرب، فضلًا عن القول الحسن للعالم أجمع. لقد سادت حرية التجارة هنا من دون حدود، في الحجم والامتداد وفي الكيفية التي يمكن أن تكون عليها. ولم يتطلع الديوان قَطُّ تحت أي ذريعة من مصلحة وطنية أو حتى معاملة بالمثل، إلى أن يقيد هذه التسهيلات التي تُمارس حتى يومنا هذا بشكل غير محدود من قِبَل جميع الدول التي ترغب في التزود بجزء مما تستهلكه هذه الإمبراطورية الشاسعة، ونيل نصيب من إنتاج أراضيها.

هنا يُقبَل كل شيء يتم تبادله، حيث يجري ترويجه من دون مواجهة أي عقبات، غير دفع جزء صغير جدًّا من القيمة للجمارك.

واللين البالغ في أداء الخدمات هو تكملة لنظام الحرية التجارية هذا، فلا يوجد أي جزء من العالم يُكَلَّف فيه الموظفون بالجمع بين مزيد من السهولة الواثقة فيما يخص إجراء التقييمات، وبين روح استرضائية تامة في كل تعامل يتعلق بالتجارة.

بعيدًا عن فرضية أن هذه التسهيلات الممنوحة للغرباء هي تنازلات ناتجة عن الضعف، فإن تواريخ التعهدات التي يُطلَق عليها امتيازات، والتي تُقرر الحقوق التي يتمتع بها التجار الأجانب فعليًّا، تذكرنا بالفترات التي =

للغاية هي الرسوم الوحيدة التي تُحصَّل على البضائع الأجنبية، أما النظام المزعج والمكلِّف لالتزامات الحظر الوقائية فكان غير معروف تمامًا بين العثمانيين. ولا وجود لأي شرط للمعاملة بالمثل يعوق الحرية الحكيمة لتركيا في تعاملها مع التاجر الأجنبي الذي أصبح نزيلًا بها، أو عند السماح بدخول سفنه وبضائعه.

لاحظنا بالفعل عند الحديث عن مؤسسات محمد الثاني، السُّلطة التي يمتلكها العلماء والمعلمون وأرباب العلم في القانون التركي، والأحكام التقدُّمية التي اتُّخذت هناك من أجل التعليم بين المواطنين. أما سليمان فكان مؤسِّسًا سخيًّا للمدارس والكليات، وأدخل العديد من التحسينات على الانضباط التربوي وفئة العلماء؛ لكن الهبة العظيمة التي منحها لهذه الفئة، والتقدير الخاص الذي أولاه لمنزلة التعليم، كانا في إرساء قاعدة في الحكومة العثمانية تقضي بإعفاء جميع العلماء من الضرائب، وتوريث ممتلكاتهم من الأب إلى الابن؛ إذ إن ممتلكات أعضاء هذه الهيئة تكون محفوظة من المصادرة في جميع الحالات. من هنا نشأت تلك الطبقة الوحيدة بين الأتراك التي تتراكم بين عائلاتها الثروات المتوارثة، وهو ما تأتى عن طريق الوظائف التشريعية والتعليمية. فالأرستقراطية الوحيدة التي يمكن أن يُقال إنها موجودة هناك هي أرستقراطية العقل.

توحي روعة المباني التي زَيَّن بها سليمان القسطنطينية، بمقارنة بين ذلك المُشرِّع التركي العظيم، وبين الإمبراطور الروماني الذي حكم قبله بعشرة قرون، فضلًا عن تشريعاته التي تحضر بشكل طبيعي قبل التفكير. سيكون من دواعي الخجل أن نضع سليمان في مقارنة مع جستنيان أبعد من الاهتمام بالعمارة والتشريع، إذ لا يمكن أن تكون هناك أي مقارنة بين شجاعة ومروءة ذلك المنتصر في موهاج، مع جبن وخسة سيد «بليساريوس» (Belisarius)[1]، عديم القيمة، وقائد فرق السيرك الروماني. لكن القائمة الطويلة التي يُعدِّد فيها المؤرخون المشرقيون تلك الصروح

= كانت فيها السُّلطة الإسلامية مهيمنة تمامًا في أوروبا، إذ إنّ الامتياز الأول الذي حصلت عليه فرنسا كان في عام 1535م من قِبَل سليمان القانوني (العظيم).

أصبحت أحكام هذه التعهدات قديمة، ولا تزال المبادئ الأساسية قائمة. وهكذا، قام السلاطين قبل ثلاثمائة عام، متوقعين رغبات أكثر حكمة من أوروبا المتحضرة، بعمل كريم رشيد بإعلانهم حرية غير محدودة للتجارة».

ملاحظات أوبيسيني (vol. i p. 393) حول هذا الموضوع، هي أيضًا تستحق المراجعة.

(1) «فلافيوس بليساريوس» (Flavius Belisarius) (500-565م)، أحد أعظم القادة العسكريين لبيزنطة، كان له دور كبير في مشروع الإمبراطور جستنيان الذي كان يطمح إلى استعادة جزء كبير من أراضي حوض البحر المتوسط التي كانت تتبع الإمبراطورية الرومانية الغربية السابقة. (المترجم).

الفخمة التي أقامها سليمان في مدينة البوسفور ذات التلال السبعة، تُذكِّر بالتعداد المماثل الذي قام به «بروكوبيوس» (Procopius)، للروائع المعمارية الخاصة بجستنيان. ولم يقتصر ذلك فقط على العاصمة، وإنما كان في بغداد وقونية وكافا ودمشق وغيرها من المدن التي أبرزت ذوق وعظمة سليمان. وإلى جانب المساجد العديدة التي أُقيمت أو جُدِّدت من خلال سخائه الشخصي، قام بتزيين إمبراطوريته - موفرًا رفاهية الدنيا لرعاياه - بالكثير من الأعمال ذات الفائدة العملية، من بينها قناة الماء الكبيرة بالقسطنطينية، وجسر «تشيك ميجي» (Tschekmedji)، أما تجديده لقنوات الماء في مكة المكرمة فقد ذُكر بوصفه الأكثر منفعة وروعة.

أما أسماء الشعراء والمؤرخين وكُتّاب العلم والشريعة الذين ازدهروا في عهد سليمان، فيمكن أن تملأ صفحات وافرة، لكنها لن تكون ذات فائدة كبيرة لنا. بينما كان الأدب التركي لا يزال عمومًا غير معروف في غرب أوروبا، حتى من خلال وسيلة الترجمة[1]، لكن لا يجب افتراض عدم وجوده لأنه كان مجهولًا. وقد كان سليمان كريمًا ومميزًا في رعاية الشمائل الأدبية، مثل أيٍّ من هؤلاء الملوك في غرب أوروبا، الذين أحرزوا لعهودهم وبلاطاتهم لقب «أغسطس» (Augustan)، أكثر الألقاب المرغوبة.

وتحتل كتابات سليمان الخاصة مكانة محترمة، لكنها لم تكن من بين الأرفع في أدب أُمته. فيُقال إن قصائده عظيمة في المشاعر وصحيحة في التعبير، أما صحائف يومياته التي أشار فيها إلى الأحداث اليومية الرئيسية خلال حملاته، فهي ذات فائدة كبيرة لمحقق التاريخ، وتُثبت امتلاك السُّلطان للمهارات التي تُعدُّ أكثر أهمية في العاهل من إنجازات الكاتب الناجح، وتُظهر إحساسه بالواجب ومثابرته واهتمامه المنتظم والمتواصل بالشؤون المدنية فضلًا عن العسكرية للإمبراطورية الشاسعة التي كانت واقعة على عاتقه. ومما لا شك فيه أن هناك مساوئ، ومساوئ مؤسفة يمكن اقتفاء أثرها في عهده؛ فالنفوذ المفرط الذي سمح لسلطانته المفضَّلة بأن تحوزه، والميتات القاسية لأبنائه وكثير من رجال دولته الذين أسلمهم للجلاد، قد لوَّثت ذكراه بشدة. وقد أشار مواطنوه إلى مآخذ حكمه؛ فهذا «قوجي بك» (Kotchi Bey)[2]، الذي وصفه

---

(1) عملُ فون هامر عن الأدب التركي هو استثناء جدير بالاحترام، وهناك مجموعة من الرسائل ذات القيمة الكبيرة لفون هامر حول الموضوع نفسه، ظهرت بالإنجليزية في «Athenaeum»، منذ بضع سنوات.

(2) هو مصطفى قوجي بك، عمل بالسراي العثماني في عهد السُّلطانين أحمد الأول ومراد الرابع، فلاحظ أسباب تراجع الدولة وحاول التنويه عن ذلك في تقاريره ورسائله، منها الرسالة التي قدَّمها إلى مراد الرابع عام 1631م، تحت مسمى «رسالة قوجي بك» لإصلاح شؤون الدولة العثمانية، ذَكرت أهم أسباب التردي الذي كانت تمر به الدولة آنذاك، ثم قَدَّم رسالة مماثلة للسلطان إبراهيم الأول. انظر: محمد حرب، المثقفون والسلطة.. تركيا نموذجًا (القاهرة: دار البشير للثقافة والعلوم، 2017م): 96-98. (المترجم).

فون هامر بأنه «مونتسكيو» (Montesquieu) التركي، يكتب في عهد مراد الرابع (1623م) في عمله «تراجع الإمبراطورية العثمانية» (Decline of the Ottoman Empire)، متتبِّعًا أسباب هذا التراجع في عهد سليمان الأول: أولًا: انقطاع السُّلطان في زمن سليمان عن الحضور المنتظم لاجتماعات الديوان. ثانيًا: العادة السائدة حينذاك من تقديم للرجال المعينين إلى مراكز رفيعة، من دون أن يمروا بتدرُّج المناصب الأدنى. ثالثًا: الفساد والرشوة، اللذان مورسا أولًا من قِبَل صهر السُّلطان ووزيره الأعظم، رستم، الذي باع أرفع المناصب المدنية لأدنى الناس شخصية وكفاءة، على الرغم من أن تعيين جميع الرتب العسكرية - الرفيعة منها أو الدنيا - لم يكن قد صُبغ بعدُ بالرشوة وغيرها من الوسائل غير الشريفة. أما الاستنكار الرابع الذي مر عليه قوجي بك فيما يتعلق بسليمان، فهو سابقته السيِّئة في تجاوز حدود السخاء الحكيم، من خلال تكديس الثروات لدى الوزير الأثير نفسه، والسماح له بامتلاك ثروات هائلة، وجعلها أيضًا غير قابلة لنزع ملكيتها في عائلته، عن طريق استخدام سيِّئ للقانون التركي الخاص بحظر نزع الملكية. وقد جرى ذلك من خلال تحويل ممتلكاته إلى أوقاف، أي تكريس ممتلكاته لبعض المساجد أو غيرها من المؤسسات الدينية، التي تأخذ منها ريعًا صغيرًا ويظل الباقي في مسؤولية الواهب وأسرته. وفي حين اعترف ذلك المؤرخ المشرقي بعدالة هذه الاتهامات، أوضح فون هامر انعدام أسس الاستهجان الذي وجَّهه الكُتَّاب الأوروبيون لسليمان عندما اتهموه بسن تقليد حبس الأمراء الصغار للبيت العثماني في الحريم، بدلًا من تدريبهم على قيادة الجيوش وحكم الأقاليم، مشيرًا إلى أن جميع أبناء سليمان الذين شبوا وصولًا إلى سن الرجولة، أداروا باشالِك في ظل حكمه، وأن واحدًا من آخر أعماله قبل الوفاة هو تعيينه لمراد حفيده في حكم مغنيسيا.

بالروح نفسها التي لخص بها «آريان» (Arrian) شخصية الإسكندر الأكبر، ينبهنا المؤرخ الألماني على نحو صائب عند تقييمه لسليمان العظيم، ليس لتركيز اهتمامنا حصرًا على أعماله الجديرة باللوم، وإنما لنتذكَّر الصفات النبيلة المشرقة التي تزينه. فهو رجل طيب القلب صادق، وشريف طاهر من الشهوانية المنحرفة التي وصمت الكثير من أمته. وعلينا أن نتذكَّر شجاعته الأميرية، وعبقريته العسكرية، وروحه السامية المغامرة، واحترامه الصارم لتعاليم دينه من دون أن يُلوِّث ذلك باضطهاد مُتعصِّب، والنظام والاقتصاد اللذين جمعهما بالكثير من النُّبل والكرم، وتشجيعه الكريم للفن والأدب، وحماسته لنشر التعليم، وفتوحاته التي وَسَّع بها إمبراطوريته، وتشريعاته الحكيمة الشاملة التي أمد بها الحكم الصالح لجميع رعاياه، وهو ما جعله مقبولًا للجميع في كل شيء، ويشعرنا بحقه الذي لا يقبل الجدل في لقب «العاهل العظيم»، الذي ظل يحتفظ به لثلاثة قرون حتى الآن.

الفصل الحادي عشر

سليم الثاني - انحلاله - السلام مع النمسا - الصراع الأول بين الأتراك والروس - فتح قبرص - معركة ليبانتو - نشاط أولوج علي - وفاة سليم.

الفصل الحادي عشر[1]

خَلَفَ سليمان الكبير، العظيم، سيد عصره؛ ذلك الأمير الذي أَطلق عليه مؤرخو بلاده لقب «سليم السِّكير». لفتت الرذائل الشائنة لهذا الأمير (لأنه ضَمِن إلى حدٍّ كبير ارتقاء العرش، فضلًا عن الدماء العزيزة التي سُفكت) الانتباه الحزين إلى السُّلطان المُسِن في سنواته الأخيرة، وأثارت توبيخه الساخط؛ لكن لم يعد هناك آنذاك أي شقيق يتنافس مع سليم على العرش. وفي 25 سبتمبر 1566م، تقلَّد سيف عثمان للمرة الأولى عاهل عزف عن قيادة جيوش الإسلام بنفسه، وبَدَّد تلك الساعات التي كَرَّسها أسلافه لمهام الدولة في فسوق دنيء. لم تتبدَ آثار هذا الانتكاس الكارثي للعيان على نحو فوري؛ فقد تراجع ذلك التنظيم المثالي، المدني والعسكري، الذي ترك فيه سليمان الإمبراطورية، ذلك النظام الذي تماسك لفترة بعدما أفلتته اليد القوية التي شكلته وأحكمته معًا لما يقرب من نصف قرن؛ حيث كان هناك عدد كبير من رجال الدولة والقادة الذين تدرَّبوا في ظل السُّلطان العظيم، ومن ثَمَّ جرى الحفاظ على روحه في البلاد بعض الشيء، إلى أن وافتهم المنية، ونشأ جيل آخر لم يكن يعرف سليمان. كان في مقدمة هؤلاء الوزير الأعظم محمد صقوللي[2]، الذي أكمل حملة سكتوار منتصرًا بعد وفاة سليمان، والذي - من حُسن مُقدَّرات سليم ومملكته - حاز سيطرة على العقل الضعيف للسلطان الشاب، مع أنه لم يكن قويًّا بما فيه الكفاية لمنع اعتماد التدابير السيِّئة، أو كبح التجاوزات الشخصية لحياة سليم الخاصة، لكنه أعاق السير نحو الفوضى، وحافظ

---

(1) See Von Hammer, books 35, 36.

(2) هو صقوللي محمد باشا الطويل، ولد بالبوسنة عام 911هـ/ 1505م. خرج من الحرم السُّلطاني في رتبة رئيس خدم الباب، ثم علا شأنه فصار قائدًا بحريًّا برتبة السنجقية، وأصبح قبودانًا للأسطول بعد وفاة خير الدين بربروسا عام 953هـ/ 1546م، ثم تولى إيالة الرُّوملي، وكان سردارًا لقوات الأمير سليم أثناء الصدام الذي وقع بينه وبين أخيه بايزيد. وبعد ذلك، بينما كان وزيرًا ثالثًا، تزوج بواحدة من بنات الأمير سليم. وأخيرًا، بينما كان وزيرًا ثانيًا، وعلى إثر وفاة علي باشا، أصبح وزيرًا أعظم للسلطان سليمان عام 973هـ/ 1565م، واستمر في هذا المنصب في عهد السُّلطان سليم الثاني، ثم في عهد السُّلطان مراد الثالث، حتى اغتيل أثناء انعقاد الديوان بضربة سكين من أحد الحاضرين في شعبان 987هـ/ سبتمبر 1579م. انظر: حاجي خليفة، فذلكة التواريخ: 383؛ بجوي، تاريخ بجوي، مج.1: 54-57. (المترجم).

على مظهر العظمة في الحملات، وعلى الحيوية في الأداء، وهو ما كان الباب العالي مميزًا فيه حتى ذلك الوقت.

جرى التوصل إلى هدنة مع الإمبراطور ماكسمليان عام 1568م، على شروط يحتفظ من خلالها كل طرف من الطرفين بحيازة ما احتلَّه. ولسنوات عديدة آنذاك أصبح هناك توقف غير اعتيادي للحرب بين الهابسبورج والعثمانيين. وتمثَّلت الأحداث الخارجية الكبيرة لعهد سليم في محاولة فتح أستراخان، ورَبْط نهرَي الدون والفولجا، وفتح قبرص، ومعركة ليبانتو البحرية. وكان أول هذه الأمور مثيرًا للاهتمام، على نحو خاص، دخول الأتراك آنذاك في أول صدام مسلح مع الروس.

في منتصف القرن السادس عشر، عندما كانت الإمبراطورية العثمانية في أوج مجدها تثير خوف وإعجاب العالم، كانت روسيا تكافح ببطء وألم ذلك التدهور والخراب اللذين أصاباها نتيجة غزو التتر على مدى قرنين ونصف القرن من الزمان. أدت براعة وشجاعة «إيفان الثالث» (Ivan III) وفاسيلي إيفانوفيتش، بين عامَي 1480 و1533م، إلى تحرير موسكو من دفع الجزية إلى خانات «القبجاق» (Kipchakh). وبضم الإمارات الروسية الأخرى إلى إمارة موسكو، استطاع هذان الأميران إقامة روسيا الموحدة، التي امتدت من «كييف» (Kief) إلى «قازان» (Kasan)، وصولًا إلى «سيبيريا» (Siberia) و«لابلاند النرويجية» (Norwegian Lapland). ويبدو أنه حتى «الدوقات» (Dukes) الكبار الأوائل - أو «تسارات» (Czars)[(1)(2)] موسكو، كما بدأوا يطلقون على أنفسهم آنذاك - كانت لديهم مشروعات طموحة للسيطرة على القسطنطينية[(3)]، حيث سعى

---

(1) «هذا اللقب ليس تحريفًا لكلمة «قيصر» (Ccesar)، كما يتصور الكثيرون، وإنما هي كلمة مشرقية قديمة اكتسبها الروس من خلال ترجمة الكتاب المقدس، وأطلقوها في البداية على الأباطرة البيزنطيين، ثم على خانات التتر. وفي بلاد فارس يُستخدم للدلالة على العرش، السُلطة العليا. ونجده في نهاية أسماء ملوك آشور وبابل، مثل «فالاسار» (Phalassar)، و«نابوناسار» (Nabonassar)، إلخ». - Kelly, "Hist. Taissia," p. 125 n، نقلًا عن «Kararasin». ويقول فون هامر في ملاحظته الأخيرة في كتابه الحادي والثلاثين: «لقب «تسار» (Czar) أو «تزار» (Tzar)، هو لقب قديم للملوك الآسيويين، نجد شبهًا له في لقب «تشار» (Schar) الخاص بملوك «جوردستان» (Gurdistan)، وفي لقب «تزارينة» (Tzarina) الخاص بـ«السكيثيين» (Scythians)».

(2) ذكر المؤلف في الهامش السابق أن لقب «تسار» (Czar) الذي يُلَقَّب به الحُكام الروس ليس له علاقة بلقب «القيصر»، الذي دائمًا ما قُرن في اللغة العربية باسم الحكام الروس قبل الثورة البلشفية عام 1917م، لذا كان علينا أن نساير المؤلف في رغبته، فقمنا بتعريب اللقب في المتن إلى «تسار» وليس «قيصر». (المترجم).

(3) اعتبر الروس سقوط القسطنطينية عام 1453م، انتقالًا للسيادة الرومانية من روما الثانية وهي القسطنطينية، إلى روما الثالثة وهي موسكو، التي اعتبروها منذ ذلك الحين القيِّمة على المسيحية الشرقية. وزيادة على =

إيفان الثالث إلى الزواج من صوفيا، الأميرة الأخيرة من عائلة الأباطرة البيزنطيين، التي انتزع منها الفاتحون العثمانيون بيزنطة. ومنذ ذلك الوقت، أصبح النسر ذو الرأسين، الذي كان علامة إمبريالية لأباطرة بيزنطة، معتبرًا من الحكام الروس رمزًا لسيادتهم[1]. وخلال الفترة التي كان فيها «إيفان الرهيب» (Ivan the Terrible) (جاء إلى الحكم عام 1533م) لا يزال قاصرًا، حدثت في روسيا مرحلة من الفوضى، لكن عندما تولّى ذلك الأمير زمام الأمور، استُعيد نشاط الدولة، فجرى غزو أستراخان وقازان، وضُما أخيرًا إلى روسيا، واتحد «قوزاق» (Cossacks) الدون مع الإمبراطورية، حيث قام «يرماك» (Yermak)، أحد زعمائهم، بغزو مناطق شاسعة من سيبيريا، واستولى عليها لصالح إيفان. كانت مساحة روسيا عند اعتلاء إيفان للعرش، 37 ألف ميلٍ ألمانيٍّ مربع، وعند وفاته أصبحت 144 ألف ميل. لكن الاهتمام بروسيا أو معرفتها في أوروبا الغربية حينذاك كان على نحو ضئيل جدًّا، ذلك أن الامتياز الذي منحه فيليب وماري إلى أول شركة للتجار الإنجليز لممارسة التجارة هناك كان يهدف إلى المساعدة «عند استكشاف البلد المذكور» وما شابهه من بعض المناطق الموحشة وسط الصحراء الأمريكية، التي يمكن أن يطأها الرجل المتحضر آنذاك لأول مرَّة. وحتى تلك الفترة، فإن الذين شاهدوا الحجم الهائل للعتاد الأوَّلي للقوة الحربية التي يمتلكها تسار موسكو، وأعداد شعبه، وصلابتهم القاسية، وامتثالهم التام لاستبداده، وقدرتهم على التحمُّل، وطبيعة بلادهم الصعبة جدًّا على الغازي، يتبين لهم نذير سوء من المخاطر التي قد يتعرض لها استقلال الدول الأخرى بسبب طموح موسكو، إذا حدث وحصلت هذه الجماهير العنيفة على الأسلحة والانضباط الخاصين بالحروب المتحضِّرة[2].

= اعتبارات العداء الديني كان العثمانيون يمثلون العقبة الكؤود أمام الروس للاتصال بالمراكز الحضارية والتجارية الأوروبية والنفاذ إلى المياه الدافئة عن طريق المضايق التي يسيطر عليها العثمانيون، وهو ما جعل الدولة العثمانية العدو الأول للروس في قابل الأيام. انظر: توينبي، الدولة العثمانية: 113. (المترجم).

(1) «حتى بعد زواج إيفان الثالث من صوفيا، ظلت علامة الأمراء الكبار لموسكو متمثلة في صورة القديس بطرس يقتل التنين». "Hist. Eussia," p. 125 *n* Kelly's.

(2) يذكر «ريتشارد تشانسليور» (Richard Chancellor)، الذي أبحر مع السير «هيو ويلوغبي» (Hugh Willoughby)، بحثًا عن طريق شمالي شرقي، والذي سافر من «آرشانجل» (Archangel) إلى موسكو، ثم أقام بعدها في بلاط إيفان، في عمله الطريف عن الروس: (published in "Hakluyt's Voyages," vol. i. p. 239)، بعد الإشارة إلى العدد الهائل الذي أعدَّه الدوق الموسكوفي للحرب، واحتمالهم للسفر الطويل والبرد، يذكر وصفًا نابضًا بالحياة لحاجتهم إلى الانضباط، قائلًا: «إنهم رجال يركضون سريعًا على التلال من دون أي أوامر في الميدان». ويقول بعد ذلك: «الآن، ما الذي يمكن أن يفعله هؤلاء الرجال، إذا خضعوا للنظام وعرفوا الحرب المتحضرة؟ إذا كان لدى هذا الأمير داخل بلده مثل هؤلاء الرجال الذين يمكن جعلهم يتفهمون ما ذُكر آنفًا، أعتقد أن اثنين من أفضل أو أعظم أمراء العالم المسيحي لن يكونا قادرين على =

ومن المحزن أن ندرك من خلال مصير بولندا والعديد من البلدان الأخرى، مدى صحة الكلمات التي استخدمها الملك البولندي سيجسموند منذ ما يقرب من ثلاثة قرون مضت، في احتجاج لدى إنجلترا بسبب إمدادها للتسار بالمهندسين والمؤن العسكرية، حين قال عنه: «الموسكوفي، هو العدو الموروث لجميع الأمم المتحضِّرة»[1].

انخرط الروس، في الوقت الذي تولَّى فيه سليم الحكم، في حرب شرسة متكررة مع أتباع السُّلطان من تتر القِرْم، مع أن الباب العالي لم يكن له نصيب في هذه الصراعات. لكن العبقرية الجريئة للوزير صقوللي آنذاك حاولت تنفيذ مشروع، إذا كُتِب له النجاح، فمن شأنه أن يمنع التقدم الروسي ناحية الجنوب، من خلال زرع السُّلطة العثمانية بقوة على ضفاف نهرَي الدون والفولجا، وعلى طول شواطئ بحر قزوين. لقد عانت الجيوش التركية معاناة شديدة في غزواتها لبلاد فارس خلال زحفها على طول المناطق المقفرة والجبلية في أرمينية العليا وأذربيجان. وقد نشأت بعض الخلافات مع فارس عقب تولِّي سليم، مما جعل الحرب مع تلك المملكة أمرًا محتملًا، فاقترح صقوللي ربط نهري الدون والفولجا عن طريق قناة، ثم إرسال السلاح التركي إلى الأعلى حيث بحر آزوف والدون، ومن ثَمَّ عبور القناة التي جرى إعدادها إلى الفولجا، ثم الوصول إلى أسفل النهر المذكور، فالدخول إلى بحر قزوين، حيث يستطيع العثمانيون من الشواطئ الجنوبية لهذا البحر مهاجمة تبريز وقلب السُّلطة الفارسية.

إن هذين النهرين العظيمين، الدون والفولجا، يجريان باتجاه بعضهما البعض، أحدهما من الشمال الغربي، والآخر من الشمال الشرقي، لعدة مئات من الفراسخ، حتى يصبحا على بُعد

= منافسته، بالنظر إلى عظمة سُلطته وصلابة شعبه، والحياة المستقيمة التي يحياها كلٌّ من الرجل والفرس، والمهمات الصغيرة التي أدخلته حروبه فيها». وفي صفحة أخرى (240)، يقول تشانسليور عن الروس: «إذا علموا قوتهم، فليس لأحد أن ينافسهم، ولا أن ينال مَن يقيم بجوارهم أي راحة منهم، ولكنني أعتقد أن ذلك ليس من إرادة الله. يمكنني أن أقارنهم بالحصان الذي لا يعرف قوته، والذي يمكن لطفل صغير أن يحكمه ويقوده باللجام، أما إذا علم شيئًا عن قوته العظيمة، فلا رجل ولا طفل يمكنه أن يحكمه».

(1) "Hostem non modo regni nostri temporarium sed etiam omnium nationum liberarum haereditarium Moscum". وردت رسالة سيجسموند للملكة «إليزابيث» (Elizabeth)، في العمل الأخير للدكتور «هامل» (Hamel) الروسي، حول «إنجلترا وروسيا». وفي رسالة أخرى من سيجسموند، ترجمها هاكلويت (see Hamel, p. 185)، يقول الملك البولندي عن التسار: «يبدو لنا حتى الآن أن هزيمته تنحصر فقط في أنه كان جلفًا في الفنون، وجاهلًا في السياسة. إذا كان الأمر كذلك واستمر الإبحار إلى «نارفا» (Narva)، فما الذي سيكون غير معروف له؟ فالموسكوفي يتجه إلى الأفضل في شؤون القتال بدافع من الحرب والملاحة، وسوف يقتل أو يكبح مَن سيقاومه، ممن يدافع الله عنهم».

ثلاثين ميلًا من نقطة الالتقاء، ثم ينحرفان بعد ذلك. يصب نهر الدون (اسمه القديم «إكستريموس تنايس» (extremus Tanais)) مياهه في بحر آزوف، بالقرب من المدينة التي تحمل الاسم نفسه، ويندمج نهر الفولجا مع بحر قزوين على مسافة قصيرة من مدينة أستراخان، التي بُنيت على الفرع الرئيسي لدلتا هذا النهر. ويُقال إن مشروع ربطِهما عن طريق قناة كان أحد المشروعات التي اضطلع بها «سيلوكيوس نيكاتور» (Seleucus Nicator)، أحد أقدر خلفاء الإسكندر الأكبر، ثم أعاد إحياءه في ذلك الوقت الوزيرُ الأعظم لسليم الثاني. وعلى الرغم من مرور سحابة العداء مع بلاد فارس، عزم صقوللي على المثابرة في تحقيق هذا المشروع، الذي إذا أُنجز، فإن المزايا التجارية والسياسية الهائلة التي ستعود على الدولة العثمانية واضحة لرجل الدولة القديم لسليمان العظيم. كانت آزوف تابعة بالفعل للأتراك، لكن من أجل تحقيق هذا المشروع الكبير، بات من الضروري احتلال أستراخان أيضًا.

بناءً على ذلك، أُرسل ثلاثة آلاف إنكشاري وعشرون ألف فارس لمحاصرة أستراخان، كما أُمر بإرسال قوة مساعدة من ثلاثين ألف تتري للانضمام إليهم والمساعدة في عمل القناة. وفي الوقت ذاته، أُرسل خمسة آلاف إنكشاري وثلاثة آلاف من الطلائع لبدء وتأمين العمل العظيم من الطرف الغربي. لكن قادة إيفان الرهيب قاموا بواجبهم تجاه سيدهم الصارم باقتدار في هذا الموقف الخطير. فقد قامت الحامية الروسية لأستراخان بالهجوم على المحاصِرين، وردُّوهم بخسائر كبيرة. وهجم بشكل مفاجئ جيش روسي من خمسة عشر ألفًا من الأشداء تحت قيادة الأمير «سربينوف» (Serebinoff)، على العمال والإنكشارية بالقرب من آزوف، مما دفعهم للهرب بلا تردد. وخلال هذه الحادثة وقعت في أيدي الروس أولى الغنائم التي حصلوا عليها من الأتراك. كما هَزمت قوات إيفان جيشًا من التتر سعى لنجدة الأتراك، فانسحب العثمانيون تمامًا من المشروع محبَطين بسبب خسائرهم وهزائمهم. شجَّع بحماسٍ حلفاؤهم من التتر، الذين أدركوا أن مجاورتهم للأتراك عن قرب ستضمن خضوعهم الكامل للسلطان، تلك الكراهية التي اكتسبها العثمانيون تجاه مشروع صقوللي، بسبب التوسع في ظل أهوال المناخ الموسكوفي، والخطورة التي تعرضت لها روح وجسد المؤمن الصادق بسبب ليل الصيف القصير لتلك المناطق الشمالية؛ إذ إن الشريعة الإسلامية تفرض إقامة صلاة العشاء بعد ساعتين من غروب الشمس، وإقامة صلاة الصبح مجددًا عند الفجر، وهو ما حَتَّم على المسلم أحد أمرين بسبب الليل الذي يمتد فقط لثلاث ساعات (وفقًا للتتر): فإما أن يفقد راحته الطبيعية، وإما أن يعصي أوامر نبيه. هكذا أقلع الأتراك مرَّة أخرى بسرور، مغادرين تلك الأرض غير المناسبة، إلا إن عاصفة هاجمت أسطولهم في رحلة عودته، وهو ما أسفر عن عودة سبعة آلاف فقط من مُجمل قوتهم إلى القسطنطينية.

كانت روسيا في ذلك الوقت لا تزال ضعيفة جدًا على الدخول مع الأتراك في حرب انتقامية. وكانت قد أخضعت خانات تتر قازان وأستراخان، لكن أقاربهم في القِرْم كانوا لا يزالون آنذاك أعداءً هائلين للروس، حتى من دون مساعدة تركية. فبعد عامين فقط من الحملة العثمانية على الدون والفولجا، أحرز خانات القِرْم انتصارًا في غزوهم داخل روسيا، حيث قاموا باقتحام موسكو، وأعملوا السلب في المدينة (1571م)؛ فما كان من التسار إيفان إلا أن أرسل عام 1570م مبعوثًا يُدعى «نوسوليتوف» (Nossolitof)، إلى القسطنطينية للشكاية من الهجوم التركي على أستراخان، ولعرض مقترح للسلام والصداقة والتحالف بين الإمبراطوريتين. أسهب نوسوليتوف كثيرًا، عند مخاطبته للوزراء، في الحديث عن التسامح الذي يُبديه سيده للمسلمين تحت سلطته، كدليل على أن التسار لم يكن عدوًا للعقيدة الإسلامية. وقد حظي السفير الروسي بالقبول عند الباب العالي، ولم يعد هناك أي أعمال قتالية أخرى بين الأتراك والروس لما يقرب من قرن من الزمان. لكن الكبرياء العثمانية والازدراء لروسيا ظهرا من خلال إهمال السُلطان سؤال نوسوليتوف السؤال المألوف عن صحة سيده العاهل، فضلًا عن عدم تلقي ممثل التسار دعوة للعشاء قبل المقابلة، تلك الدعوة التي عادةً ما تُوجَّه إلى السفراء.

قام الوزير الأعظم صقوللي، إضافةً إلى مشروعه لربط الدون والفولجا، بإحياء المشروع الذي كثيرًا ما استُهدف تحقيقه، وهو فتح اتصال بين البحرين الأحمر والمتوسط[1]. عزم صقوللي بشكل كبير على عمل مثل هذه القناة التي تجري خلال برزخ السويس، مما سيُمكن الأساطيل العثمانية من الإبحار من بحر إلى بحر، إلا إن مخططاته تأخرت في هذا الشأن بسبب ثورة اندلعت في الإقليم العربي، ولم تهدأ إلا بحرب صعبة دموية. وعندما خضع هذا الإقليم المهم، قام السُلطان سليم نفسه، بعنفه وطمعه العنيد، بتوريط الباب العالي في حرب مع البندقية ودول مسيحية أخرى، من أجل حيازة جزيرة قبرص التي رغب فيها عندما كان

---

(1) استهدف البعض في إطار محاولات إنعاش التجارة في مصر، حفر قناة تصل بين البحرين المتوسط والأحمر. وقد سادت فكرة حفر القناة في عهد السُلطان سليمان، فهناك معلومات عن وجود محاولات من سليمان باشا الخادم لربط البحر الأحمر بالنيل ومن ثم بالبحر المتوسط عن طريق قناة، لتسهيل ربط الأسطولين التابعين للدولة العثمانية في البحر الأحمر والمتوسط. وقد ذكر أحد البنادقة الذين زاروا مصر قبل عام 935هـ/ 1529م، وهو «لويجي رونتشينوتو» (Luigi Ronicinotto)، أنه رأى في الصحراء الواقعة بين النيل والطور الكثير من المهندسين، وأكثر من اثني عشر ألفًا من العمال يستعدون لحفر قناة تربط النيل بالبحر الأحمر، إلا إن هذا المشروع لم يتم. انظر: Ozbaran, *The Ottoman in confrontation with the Portuguese*, p. 210. (المترجم).

حاكمًا على كوتاهية في حياة والده[1]. كانت هناك معاهدة بين البندقية والباب العالي، لكن سليمًا حصل من مفتيه أبي السعود أفندي[2]، على فتوى تُجيز له مهاجمة قبرص، في انتهاك صريح للمعاهدة[3]؛ حيث كانت قبرص في وقت سابق تحت الحكم الإسلامي، وفي ذلك الوقت كانت السُّلطات التركية قد أرست قاعدة وتصرَّفت على أساسها، تقضي بأن العاهل الإسلامي له أن يخرق أي معاهدة في أي وقت، في سبيل استرداد أي بلد من الكفار كان ينتمي إلى أرض الإسلام سابقًا[4].

---

(1) يبدو أن سليمًا - مثل «كاسيو» (Cassio) - وجد أن نبيذ قبرص لا يُقاوم. فهناك يهودي يُدعى «جوزيف ناسي» (joseph Nassy)، كان نديمًا لسليم، أقنعه بوجوب امتلاكه لتلك الجزيرة التي يوجد بها عصير عنب لذيذ الطعم. انظر: Von Hammer, vol. ii. p. 400.

(2) هو شيخ الإسلام أبو السعود بن محمد بن مصطفى العمادي الإسكليبي، الملقب بـ«خواجه جلبي»، من أهم العلماء وشيوخ الإسلام في الدولة العثمانية. صار قاضي عسكر الرُّوملي عام 944هـ/ 1537م، ثم شغل منصب الفتوى أو شيخ الإسلام عام 952هـ/ 1545م، واستمر به حتى وفاته عام 982هـ/ 1574م. من أهم تصانيفه تفسيره للقرآن المسمى «إرشاد العقل السليم إلى مزايا الكتاب الكريم». انظر ترجمته عند: نجم الدين الغزي، الكواكب السائرة، مج.3: 31-33؛ عبد القادر بن شيخ بن عبد الله العيدروس، النور السافر عن أخبار القرن العاشر، تحقيق أحمد حالو ومحمود الأرناؤوط وأكرم البوشي (بيروت: دار صادر، 2001م): 319-321؛ حاجي خليفة، سلم الوصول إلى طبقات الفحول، تحقيق محمود عبد القادر الأرناؤوط (إستانبول: مركز الأبحاث للتاريخ والفنون والثقافة الإسلامية، 2010م): مج.94-95. (المترجم).

(3) لم يذكر المؤلف أن أهل قبرص هم أول من نقض العهد، بهجومهم على سفن الحجاج والتجار الذاهبة إلى مصر. وعندما يُسألون عن ذلك ينكرونه وينسبونه إلى سفن مالطية وغيرها. وكان آخر هذه الأمور هجومهم على السفينة التي كانت تنقل المسؤول عن أمور مالية مصر، واستيلاؤهم عليها ونهبها، وهو ما جعل المفتي يجيز، بل يوجب، فتحها، خصوصًا أنها كانت من قبل في يد المسلمين، سواءً المسلمون الأوائل، أو بعد أن أعاد المماليك فتحها عام 829هـ/ 1426م، لكن لم تدخل في تبعية المماليك بشكل كامل، حيث كان ملوكها يدفعون لهم الجزية فقط، إلى أن أعلن البنادقة ضم قبرص رسميًّا عام 894هـ/ 1489م، وبدأوا يسددون للمماليك ضريبة سنوية مقابل استيلائهم على الجزيرة، وانتقلت هذه الضريبة إلى العثمانيين بعد فتحهم لمصر، فأصبحت بذلك، قاعدة مهمة للبنادقة في شرق المتوسط داخلة في إطار الأراضي العثمانية. انظر: حاجي خليفة، تحفة الكبار: 153-154؛ بجوي، تاريخ بجوي، مج.1: 526 530؛ جلال الدين السيوطي، غزوات قبرص ورودس (فيينا، 1882م)؛ لين بول، تاريخ مصر: 603-606؛ محمد مصطفى زيادة، «غزوة المماليك لقبرص»، مجلة كلية الآداب - جامعة فؤاد الأول، الجزء الأول (1933م): 90-113؛ سعيد عبد الفتاح عاشور، قبرص والحروب الصليبية (القاهرة: الهيئة العامة للكتاب، 2002م)؛ العبادي وسالم، تاريخ البحرية، مج.1: 329-336. (المترجم).

(4) السهولة التي طرح بها سليم هذا الأمر أمام المفتي، ورد هذا المسؤول عليه، أوردهما فون هامر بشكل مطوَّل في المجلد الثاني: 402. وسوف يلاحظ القارئ كيف يتعارض هذا المبدأ تمامًا مع ذلك الذي نص عليه القانون التركي.

عارض الوزير الأعظم صقوللي، الحربَ مع البندقية بجدية، لكن من دون جدوى. فقد تصدَّي لنفوذه لالا مصطفى سيِّئ السُّمعة، الذي كان في عهد سليمان أداة سليم للممارسات الفاسدة، والتي قُضي من خلالها على الأمير بايزيد وعائلته. حصل لالا مصطفى على قيادة الحملة على قبرص، وفي النهاية خضعت الجزيرة للأتراك (1570-1571م) على الرغم من هلاك خمسين ألفًا منهم في سبيل فتحها[1]. كان السلوك الذي تعامل به الجانب التركي في حرب قبرص، سلوكًا غادرًا بغيضًا وقاسيًا، وشهدت بدايتها جورًا فادحًا. فقد تعرَّض القائد البندقي «برجادينو» (Bragadino)، الذي دافع عن «فماجوستا» (Famagosta) المعقل الرئيسي للجزيرة، بثبات وشجاعة بطولية، للإهانة الشديدة، وفي النهاية سُلخ جلده وهو على قيد الحياة، على الرغم من استسلامه بناءً على عهد يقضي بخروج الحامية بكامل أسلحتها وممتلكاتها، ليتم نقلها على متن السفن التركية إلى كريت. إن الاتهامات التي وجَّهها لالا مصطفى إلى القائد البندقي بالتطاول عليه، فضلًا عن الوحشية التي عامل بها الأسرى الأتراك خلال الحصار، وما قام به في السابق من قتل للحُجاج المسلمين، حتى لو كانت صحيحة، لا تُعَدُّ تبريرًا لتلك المعاملة الغادرة واللاإنسانية التي تلقاها برجادينو الضحية. غير أن المؤرخ الألماني الحديث الذي يروي جريمة القائد التركي باشمئزاز وغضب، يلاحظ أن هذا العمل لم يكن غريبًا قَطُّ عن روح

(1) كان اضطهاد البنادقة لأهل قبرص من اليونانيين سببًا مباشرًا لسهولة بسط الأتراك سيطرتهم على الجزيرة، وترحيب سكانها بالحكم التركي أيما ترحيب. ويُسَلِّط الرحالة «مارتين باومجارتين» (Martin Baumgarten)، الذي زار الجزيرة عام 1508م، الضوء على بعض صور الظلم التي مارسها البنادقة هناك، مما جعل حكمهم غير مرغوب فيه، قائلًا: «كل سكان قبرص عبيد للبنادقة لكونهم مضطرين لدفع ثلث مواردهم أو دخلهم للدولة، سواء من حاصلات أراضيهم أو من الغلال أو النبيذ أو الزيت أو الأغنام أو أي شيء آخر. إلى جانب ذلك يُسَخَّر كلٌّ منهم بالعمل للدولة يومين في الأسبوع في أي مكان يحبون تعيينه فيه. وكل مَن يتخلَّف منهم عن العمل، بسبب انشغاله في بعض أعماله الخاصة، أو لعلة جسمانية، يُكلَّف بدفع غرامة عن الأيام التي تغيَّب فيها عن العمل. ومما زاد هذه الحالة سوءًا أن هناك بعض الضرائب السنوية، وغيرها من الضرائب التي فُرضت عليهم، مما جعل عامة الشعب من الفقراء على درجة كبيرة من الهزال والانهيار، بحيث لا يكادون يملكون وسيلة يُبقون بها على الروح والجسد معًا». هذا وقد أدت كذلك رؤية أهل قبرص لحال الجزر الأخرى التي سيطر عليها العثمانيون، إلى تفضيلهم الحكم العثماني، فعلى سبيل المثال: سجَّل الرحالة بيلون دومان، الذي زار جزيرة ليمنوس في القرن السادس عشر، شهادة عجوز شهد حكم البنادقة للجزيرة ثم الحكم العثماني بعدها، فقال: «إن الجزيرة لم تكن في يوم من الأيام على ما هي عليه الآن من حسن الزراعة، ومن وفرة الثراء، ولم يكن فيها من الناس مثل ذلك العدد الموجود فيها الآن». انظر: أرنولد، الدعوة إلى الإسلام: 172؛ جيل فاينتشتاين، «الإمبراطورية في عظمتها»، في: تاريخ الدولة العثمانية، مج.1: 316-317. (المترجم).

ذلك العصر؛ حيث كان سليم الثاني معاصرًا لشارل التاسع وإيفان الرهيب، وقد وقعت مذبحة القديس «بارثولوميو» (Bartholomew) قبل مرور أقل من عام على مقتل برجادينو، ولم يكد يمر عام آخر حتى قام الروس بتقطيع حامية حصن «فيتنشتاين» (Wittenstein) - في فنلندا - إلى أشلاء، حين استولوا عليه، وربطوا القائد إلى رمح وشووه حيًّا. إذا كان هذا يحدث في فرنسا وفنلندا، فما المتوقَّع في تركيا تحت حكم أمير شاب قتل أخويه، وانتهك الشريعة الإسلامية بشكل صريح من خلال شربه للخمر بحرية، وإفساحه مجالًا طلقًا لكل رذيلة؟ وإضافةً إلى حالات الوحشية المعاصرة التي ذكرها فون هامر، يمكننا أن نشير (إذا كان للجرائم أن تعذر بعضها بعضًا) إلى الأهوال التي مارسها الإسبان تحت حكم «دون فرديناند الطليطلي» (Don Ferdinand of Toledo)، في «ناردين» (Naarden) عام 1572م، في تحدٍّ سافر لشروط معاهدة الاستسلام[1]. لكنه من قبيل العبث والاشمئزاز الدخول بشكل مطوَّل في دراسة مقارنة لما سبق من أعمال وحشية، فمثل هذه الأعمال لا تُلحق العار بأمم معينة، وإنما بالطبيعة الإنسانية على وجه العموم.

أدى سقوط قبرص، والعنف المجرد من المبادئ الذي هُوجمت به، والتحضيرات الهائلة التي جرت في الموانئ والترسانات التركية، إلى إثارة الانزعاج الشديد، ليس في البندقية فقط، بل على طول الشواطئ المسيحية للبحر المتوسط. وقد نجح البابا «بيوس الخامس» (Pius V)، في تشكيل حلف بحري ضم كلًّا من الإسبان والبنادقة وفرسان مالطة بوصفهم أعضاءً رئيسيين، ووضع على رأسه «دون جوان» (Don John) النمساوي، الابن غير الشرعي لشارل الخامس، وأحد أكثر القادة شهرة في هذا العصر. وما لبثت أن احتشدت الأساطيل المتحالفة في «ميسينا» (Messina)، في بداية خريف عام 1571م، حيث تألَّفت القوة التي قادها دون جوان هناك من سبعين جالي إسبانية، وست مالطية، وثلاث من سافوي. وأضاف أسطول البابوية تحت إمرة «مارك كولونا» (Marc Colonna)، اثنتي عشرة جالي. وأحضر أمير البحر البندقي «فينيرو» (Veniero)، مائة وثماني سفن جالي، وستًّا من نوع جالياس الضخمة، أو «ماهون» (mahons)، ذات الحجم الأكبر والحمولة الأثقل مما كان معروفًا حتى ذلك الوقت في الحرب المتوسطية. وقد أولى جميع الحلفاء عناية بالغة للانتقاء الملائم لطواقمهم ومعدات سفنهم. وقد توافد المتطوعون النبلاء معًا من جميع أنحاء العالم المسيحي الروماني الكاثوليكي، للخدمة تحت إمرة القائد الشهير دون جوان، وللمشاركة في مثل هذا العمل المُشرِّف. هكذا

(1) See vol. i. p. 195, of Mrs. Davies's admirable "History of Holland."

أبحر الأسطول الصليبي في أعلى حالة من الكفاءة، تجاه الشرق من الخليج الأيوني للبحث عن أعدائه.

حُشدت القوات البحرية التركية في خليج كورينثه، حيث كان القبودان باشا، مؤذن زاده علي، قائدًا عامًّا، وتحت إمرته كلٌّ من أولوج علي الشهير، بكلربك الجزائر؛ وجعفر باشا، بكلربك طرابلس، وحسن باشا، ابن خير الدين باشا، وخمسة عشر آخرين من بكوات السناجق البحرية، كان يحق لكل منهم رفع رايته على سفينته الجالي بوصفه أميرًا للبحر. وكانت القوات التي ركبت على متن الأسطول تحت قيادة بيرتو باشا. وقد بلغ عدد سفن الأسطول مائتين وأربعين جالي، وستين مركبًا ذات حجم أصغر. أوضح كلٌّ من أولوج علي وبيرتو باشا للقائد العام أن الأسطول أُعدَّ على عجل وعلى نحو غير كامل، وأنه من قبيل التهور الدخول في معركة عامة قبل تجهيزه على نحو أفضل، إلا إن شجاعة مؤذن زاده غلبت تقديره، فكانت النتيجة تدمير أسطوله.

في السابع من أكتوبر عام 1571م، بعد الظهر بقليل، ظهر الأسطول الصليبي بالقرب من مدخل خليج «باتراس» (Patras)، قبالة الجزيرة الصغيرة «كورزولاري» (Curzolari) (سُميت قديمًا «إخينادس» (Echinades)) التي تقع عند فم «آسبرو بوتامو» (Aspro Potamo) («أخيلوس» (the Achelous)) على الساحل الألباني. أبحر الأسطول العثماني من خليج ليبانتو لمواجهتهم، مكوِّنًا تشكيلًا للمعركة، كان فيه أولوج علي في قيادة الجناح الأيسر، ومحمد «شاوله» (Schaoulah)، بك نجربونت، على رأس الجناح الأيمن، والقبودان باشا يؤازره بيرتو باشا، في القلب. أما دون جوان فقد وضع قوته الرئيسية في القلب على شكل هلال، حيث كان في القيادة كلٌّ من أمير «بارما» (Parma) (المعروف بعد ذلك جيدًا في هولندا، والغازي المراد لإنجلترا)، وأميرال سافوي، «كاراتشيولي» (Caraccioli)، وأميرال نابولي، وغيرهم من القادة البارزين. وكان «ماركيز سانتا كروس» (Marquis of Santa Croce)، في قيادة الأسطول الذي تمركز خلف الصف الرئيسي كاحتياطي. تكوَّن الجناح الأيمن من ثلاث وثلاثين جالي تحت قيادة القائد البندقي «بارباريجو» (Barbarigo)، وتألَّف الجناح الأيسر من أربع وخمسين جالي تحت قيادة «جان أندريه دوريا» (Jean Andre Doria)، ابن أخي الأميرال العظيم للإمبراطور شارل. أخذ دون جوان مركزه الرئيسي في مقدمة صف القلب، وعلى جانبيه القائدان الآخران، كولونا وفينيرو. وحين رأى القبودان باشا التركي ذلك، قَدَّم الجالي الخاصة به وتلك الخاصة ببيرتو باشا وأمين خزانته إلى الأمام، ردًّا على تحدي سفن الأميرال الثلاث التابعة للصليبيين، التي وقفت في موقع متقدم بين الصفوف، مثل «بروماخي» (Promachi)، في صراع أبطال هوميروس.

أظهر دون جوان بسالته من خلال تمركزه في موقع خطير، لكنه أظهر أيضًا مهارته من خلال وضع ست سفن جالياس بندقية كبيرة، كالمتاريس، في المسافة الفاصلة أمام أسطول التحالف. كان خوف الأتراك من هذه السفن الضخمة أقل مما قد تسفر عنه أحداث ذلك اليوم. لكن كانت هناك نقطة تردد قبل أن يبدأ الهجوم، حيث توقف كل أسطول بلا حراك لبعض الوقت، إعجابًا وخشية خفية لقوة وعظمة اصطفاف خصمه. أطلق أمير البحر التركي المدافع على طول المدى معبأة بالبارود فقط تحديًا لبدء المعركة، فأجاب دون جوان بإطلاق كرة أحد أضخم مدافعه، عابرة بدويها من خلال الصواري العثمانية، فجدف الأتراك إلى الأمام للهجوم مطلقين صيحات عالية وسط قرع الطبوع ونفير الأبواق. هكذا بدأ القتال على اليسار الصليبي، وسرعان ما أصبح عامًّا على طول الجبهة. أسدت سفن الجالياس البندقية الكبيرة حينذاك أعظم خدمة للأسطول الصليبي، حيث اضطرت سفن الجالي التركية إلى خرق نظامها أثناء تجاوز تلك السفن، فكان إطلاق النار المستمر من مدفعية البنادقة الثقيلة على متنها، ذا قوة تدميرية لم تشهدها المدفعية البحرية على الإطلاق حتى ذلك الوقت. ظل الأتراك يضغطون إلى الأمام مشتبكين مع اليسار والقلب الصليبي بشجاعة عنيدة، وواجه أعلى قائدين للأسطولين المتصارعين، دون جوان ومؤذن زاده علي، بعضهما البعض ببسالة متماثلة. وقد اصطدمت سفنهما معًا، وصارت عالقة تمامًا لمدة تزيد على الساعتين، خاض خلالها ثلاثمائة إنكشاري، ومائة من الأتراك المسلحين بالبنادق، وأربعمائة من نظرائهم المختارين الذين خدموا على متن سفن دون جوان، قتالًا اتسم بالشجاعة والتصميم. أما سفينتا القيادة الصليبية الأُخريان، فقد جاءتا لدعم دون جوان، وفي المقابل تلقت سفينة القبودان باشا مساعدة من السفينتين المرافقتين، بحيث شكلت هذه السفن الست كتلة مدمجة وسط المعركة، مثل تلك التي تجمَّعت حول «نيلسون» (Nelson)، عن طريق «Temeraire»، و«Redoubtable»، و«Neptune»، في انتصار معركة «طرف الغار» (Trafalgar)[1]. أدى موت مؤذن زاده - الذي سقط برصاصة بندقية - إلى تصارع لا يُنسى؛ فقد اقتُحمت سفينة القائد التركي، وعندما جاء سانتا كروس لدعم الصف الأول بالاحتياطي، كُسر القلب العثماني بالكامل، وسرعان ما امتدت الهزيمة إلى الجناح الأيمن. أما أولوج علي، على الجناح الأيسر فكان أكثر نجاحًا؛ حيث هَزم دوريا في المناورة، ودار بجناحه مهاجمًا سفنه عندما اضطربت وانفصلت واحدة إثر الأخرى، ومن ثَمّ استولى أولوج علي على خمس عشرة جالي بندقية

(1) هي معركة نشبت بين الأسطول الإنجليزي، والأسطولين الفرنسي والإسباني المتحالفين، في 21 أكتوبر عام 1805م، قرب «رأس طرف الغار» (Trafalgar Cabo) الواقعة جنوب غرب إسبانيا. وقد حمل الميدان الشهير في لندن الاسم نفسه تخليدًا لانتصار نيلسون، وليس «الطرف الأغر» كما يُطلق عليه البعض. (المترجم).

ومالطية، وأطاح برأس قائد ميسينا بيده. لكن عند رؤيته خسارة ذلك اليوم التي لا تُعوَّض بالنسبة إلى الأتراك، جمع أولوج علي أربعين من أفضل سفنه الجالي، ودفع بها عبر السفن الصليبية التي حاولت اعتراضه، وتجاوزها بسلام إلى البحر، فكانت هي السفن التركية الوحيدة التي استطاعت الهروب. هكذا فقد العثمانيون في هذه المعركة العظيمة مائتين وستين سفينة، منها أربع وتسعون غرقت أو احترقت أو جنحت ودُمرت على الساحل، أما البقية فقد جرى الاستيلاء عليها وتقسيمها بين الحلفاء. وقُتل ثلاثون ألف تركي، كما أُنقذ خمسة عشر ألفًا من المسيحيين الذين كانوا يخدمون كعبيد في الأسطول العثماني، من الأسر. أما الحلف فكان قد خسر خمس عشرة جالي وثمانية آلاف رجل. وسُجلت في ذلك اليوم الكثير من أسماء الأمراء والنبلاء في قائمة القتلى والجرحى، لكن ليس هناك ما يهمنا قراءته أكثر من ذلك الذي كتبه «ثربانتس» (Cervantes)[1]، مؤلف «دون كيخوته» (Don Quixote)، الذي خدم في ليبانتو متطوعًا في فوج «مونكادا» (Moncada)، الذي جرى توزيعه على جزء من الأسطول. كان ثربانتس في يوم المعركة متمركزًا على متن الجالي «ماركيزا» (Marquesa)، وعلى الرغم من معاناته الشديدة من المرض، برز خلال المعركة بشكل كبير، حيث تلقّى جرحين جراء إطلاق البنادق، أحدهما تسبب في بتر يده اليسرى. وكثيرًا ما أشار بفخر إلى فقدان يده، وابتهاجه المطلق بحضوره تلك المعركة المجيدة في ليبانتو، ويقول في كلامه: «في ذلك اليوم السعيد للعالم المسيحي، أَدْرَكَت جميع الأمم خطأها في الاعتقاد بأن الأتراك لا يُقهرون في البحر»[2].

أثارت أمجاد «النضال في ليبانتو»، نشوة العالم المسيحي، فظلت لقرون تُشكِّل الموضوعات المفضَّلة للأدب والفن، إلا إن المؤرخ الألماني الحديث يلاحظ جيدًا أنه علينا التفكر بحزن في انقضاء نتائج هذه المعركة؛ فبعد قضاء ثلاثة أسابيع في تقسيم أسلاب ليبانتو، والاقتراب للظفر بها، عادت الأساطيل الصليبية إلى موانئها، ليتم شكرها والثناء عليها وتسريحها. في غضون ذلك، قام أولوج علي الذي لا يعرف الكلل، بجمع سفن الجالي التركية الراسية في موانئ الأرخبيل المختلفة، مع الأسطول الذي كان قد أنقذه من ليبانتو، ومع نهاية ديسمبر أبحر

(1) «ميجيل دي ثربانتس» (Miguel de Cervantes) (1547–1616م)، أهم روائي إسباني، ومن بين الشخصيات الرائدة في الأدب الروائي العالمي، وتُعدُّ روايته «دون كيخوته»، التي كتبها بين عامَي 1605 و1615م، أول رواية أوروبية حديثة. وقد اشتغل ثربانتس بالجندية، وكان يُكن كرهًا وعداءً كبيرين للعثمانيين الذين وقع في أسرهم ما يقرب من السنوات الخمس، منذ 1575م، وقد ظهر ذلك بشكل واضح في أعماله الأدبية. (المترجم).

(2) "Don Quixote," book iv. c. 12.

بفخر داخلًا ميناء القسطنطينية على رأس أسطول من سبعة وثمانين مركبًا. وجزاءً لحماسته تلقَّى رتبة قبودان باشا، وقام السُّلطان بتغيير اسمه من أولوج[1] إلى «قيليج»، ويعني: «السيف». وفي ذلك الوقت كان أمير البحر المخضرم، بياله باشا، بطل جِرْبَة، لا يزال على قيد الحياة، فجرى تحت توجيهاته الماهرة القوية، هو وقيليج علي، بناء أسطول جديد وإطلاقه قبل انتهاء الشتاء. وبينما قام المسيحيون المبتهجون ببناء الكنائس، قام الأتراك الحازمون ببناء أحواض للسفن، فكانت نتيجة ذلك إبحار مائتين وخمسين سفينة قبل يونيو، من بينها ثمانون جالياس أو ماهون ذات الحجم الأكبر، وذلك لتأكيد السيطرة على البحار. قامت قوى التحالف الصليبي بعد تأخُّر طويل، بجمع قوة متفوقة عدديًّا على العثمانيين، وعلى الرغم من وقوع مواجهتين غير حاسمتين، فإنهم لم يتمكنوا من مطاردة قيليج علي، على السواحل الغربية لليونان، كما لم يتمكن دوق بارما من حصار مودون، الذي كان من المقرر أن يكون العمل الرئيسي لذلك العام؛ حيث كان من الواضح أنه على الرغم من إمكانية فوز التحالف الصليبي في معركة، فإن الأتراك لا يزالون متفوقين في القتال[2]. سعى البنادقة إلى السلام عام 1573م، ومن أجل إحرازه، لم يوافقوا فقط على احتفاظ السُّلطان بقبرص، وإنما على أن تدفع له البندقية نفقات الفتح. هكذا لاحظ - على نحو غير طبيعي - أولئك الذين استمعوا إلى شروط المعاهدة، أن الأمر بدا وكأن الأتراك هم الذين انتصروا في معركة ليبانتو.

بعد أن عقدت البندقية السلام مع الباب العالي، تولَّى دون جوان القيام بحملة بالأسطول الإسباني على تونس، التي فتحها أولوج علي في العام الذي تعرضت فيه قبرص للهجوم. فنجح

---

(1) أولوج، اسم يُطلق على المسيحيين الذين اعتنقوا الإسلام؛ حيث ولد في كالابريا، وأُسر وهو صغير في إحدى غزوات خير الدين باشا في جنوب إيطاليا، وعند اقتسام الغنائم كان من نصيب الرَّيس علي أحمد الذي رباه وعلمه، فعمل على سفينته، ثم أصبح رئيسًا للبحارة عليها. وما لبث أن ارتقى بسرعة وأظهر مهارة وشجاعة فائقتين، فعُين أميرًا على مدينة تلمسان، وقاد عدة حروب ضد الإسبان، أهَّلته لأن يتولى طرابلس الغرب إثر استشهاد تُرجوت باشا، وبقي فيها لمدة سنتين ثم نُقل بعدها ليتولى إمارة الجزائر؛ حيث بذل مجهودات كبيرة في هذا المنصب لمساعدة مسلمي الأندلس وقتال الإسبان وحلفائهم، وهو ما أهَّله لتولِّي منصب قبودان باشا عام 1571م. انظر: حاجي خليفة، تحفة الكبار: 164؛ ألتر، الأتراك العثمانيون: 223-234. (المترجم).

(2) سعى مبعوث البندقية، «بربارو» (Barbaro)، إلى فتح مفاوضات في القسطنطينية في فصل الشتاء عقب معركة ليبانتو، فقال له الوزير، في إشارة إلى خسارة الأسطول التركي وفتح قبرص: «ثمة فارق كبير بين خسارتنا وخسارتكم؛ فقد قمتم بحلق لحيتنا، التي سرعان ما ستنمو مرَّة أخرى، أما نحن فقد قطعنا ذراعكم التي لن يمكنكم استعادتها أبدًا».

دون جوان في الاستيلاء على المدينة، نظرًا لأن القلعة قد استمرت في يد الإسبان. بنى دون جوان حصنًا جديدًا، وترك في تونس حامية قوية، لكن بعد ثمانية عشر شهرًا من مغادرته، ظهر هناك مرَّة أخرى عدوه القديم قيليج علي، الذي استطاع بعد حصار قاسٍ أن يجعل السُّلطان مرَّة أخرى سيدًا على المدينة والقلعة، واقتحم المعقل الجديد الذي بناه دون جوان، فأصبحت تونس حينئذٍ ولاية عثمانية مثل الجزائر وطرابلس[1]. أما السُّلطة الفعلية التي مارسها الباب العالي على دول القرصنة هذه في شمال إفريقيا (التي غالبًا ما تُسمى «الأقاليم المغربية» (Barbaresque Regencies)) فقد ازدادت ضعفًا بمرور الوقت، إلا إن رابطة الولاء لم تنقطع تمامًا. وعلى الرغم من استيلاء الفرنسيين على الجزائر في عصرنا الحاضر، فإن السُّلطان لا يزال عاهلًا لطرابلس وتونس، وهما المكانان اللذان شهدا الشجاعة الناجحة لتُرجوت وقيليج علي.

تُوفِّي سليم السِّكِّير، بعد استعادة تونس بفترة قصيرة. وكانت طريقة وفاته تتناسب مع طريقة حياته؛ حيث شرب زجاجة من النبيذ القبرصي على جرعة واحدة، ودخل الحمَّام وقد أثَّر شرابه المفضَّل في رأسه، فانزلق وسقط على الأرضية الرخامية، متلقيًا إصابة قاتلة في جمجمته (1574م). لقد أظهر التألق مرَّة واحدة كعثماني حقيقي، من خلال الحماسة التي ساعد بها مسؤوليه لاستعادة البحرية التركية بعد ليبانتو؛ حيث تبرع حينذاك بسخاء من ثروته الخاصة، وتخلَّى عن جزء من حدائق المتعة الخاصة بالسراي لمكان أحواض السفن الجديد. باستثناء هذه الومضة القصيرة للوطنية أو الفخار، فإن مسيرته كأمير أو سلطان لا يميزها فضل واحد، فهي حالكة بفعل الغدر المقصود، والقسوة، والظلم الجسيم، والخضوع الذليل للشهوات الفجة لطبيعتنا البشرية.

---

(1) استطاع قيليج علي فتح تونس كليًّا عام 982هـ/ 1574م بعد قضائه على الإسبان في قلعة حلق الوادي الخطيرة. وقبض على آخر الأمراء الحفصيين وأُرسل إلى إستانبول. وانطوت بذلك صفحة الحكم الحفصي في تونس نهائيًّا، بعد أن حكموا هذه البلاد ما يقرب من ثلاثمائة وخمسين عامًا. وبعد فتح تونس أُلحقت بولاية الجزائر، إلى أن انفصلت عام 1577م إمارتا تونس وطرابلس عن الجزائر، وأصبحتا تُداران بشكل مستقل، وعُين على كلٍّ منهما بكلربك رُبط بإستانبول مباشرة. وجدير بالذكر أن تونس أصبحت منذ ذلك الوقت أكبر مأوى للأندلسيين الفارين من الاضطهاد الإسباني، حيث أقاموا بها مدنًا كبيرة أدت إلى ارتقاء ملحوظ بمجتمع الشمال الإفريقي. انظر: حاجي خليفة، تحفة الكبار: 166-168؛ الجمل، المغرب الكبير: 108؛ التميمي، رؤية منهجية: 103-105؛ سالم، إستراتيجية الفتح: 270-273. (المترجم).

الفصل الثاني عشر

مراد الثالث - التقهقر السريع للإمبراطورية - فتوحات فارس - السير نحو الفساد والتمرد العسكري - الحرب مع النمسا - محمد الثالث - معركة كرزتش - أحمد الأول - سلام سيتفاتوروك - الحروب غير الناجحة مع فارس - الثورات - خلع مصطفى الأول - عثمان الأول - عنف القوات - مقتل عثمان - عودة مصطفى وخلعه مرَّة أخرى - الحالة المزرية للإمبراطورية.

الفصل الثاني عشر[1]

هناك أسطورة[2] مشرقية تقول إنه عندما تُوفي النبي والملك العظيم سليمان، كان جالسًا على عرش الأسد الخاص به، يرتدي الثياب الملكية، تحيط به كافة شارات المُلْك. وظل هكذا جالسًا على هيئته المعتادة مفارقًا للحياة، وظل الناس والحيوانات والجن والشياطين على اختلافهم، ممن يشاهدون عن بُعْد يدل على الاحترام، لا يعلمون شيئًا عن ذلك التغير الحادث، ويُقدِّمون احترامهم المشوب بالخشية المعتادة لفترة طويلة، منحنين أمام الهيئة الجالسة على العرش، حتى نخرت دابة الأرض عصاه التي كان يتكئ عليها بكلتا يديه قرب فمه، فما كان من جسده الذي استمر مستندًا عليها إلا أن خر ساقطًا على الأرض، وعندها فقط عُرفت الحقيقة، فامتلأ العالم بالذعر والحزن.

ترسم هذه الأسطورة الطريقة التي ظلت بها إمبراطورية السُلطان سليمان مدعومة بدعامة الوزارة، محتفظة بعظمتها بعد وفاته وأثناء فترة حكم سليم، ما دامت قوة صقوللي، وزير سليمان الأعظم، باقية على حالها من دون تدهور. وعندما ضعفت سلطة صقوللي وتحطمت بسبب النفوذ الفاسد للمُفضَّلين وللنساء في بلاط خليفة سليم، مراد الثالث، حدثت صدمة انحدار الإمبراطورية في جميع أنحاء العالم العثماني[3]، منتشرة من البلاط إلى العاصمة، ومن العاصمة إلى الأقاليم، وأخيرًا أصبحت محسوسة حتى للقوى الأجنبية.

استُدعي مراد الثالث وهو في سن الثامنة والعشرين من ولايته في مغنيسيا ليخلف أباه في القسطنطينية. وصل العاصمه ليلة الحادي والعشرين من ديسمبر عام 1574م، فكان أول أعماله إصدار أمر بإعدام إخوته الخمسة. وفي الصباح احتشد كبار مسؤولي الدولة لتحية سيدهم، ونُظر بقلق إلى الكلمات الأولى لذلك السُلطان الجديد على أنها نذير سوء للمُقبل من

---

(1) Von Hammer, books 37-39.

(2) بل حقيقة أقرها القرآن في الآية (14) من سورة سبأ: «فَلَمَّا قَضَيْنَا عَلَيْهِ الْمَوْتَ مَا دَلَّهُمْ عَلَى مَوْتِهِ إِلَّا دَابَّةُ الْأَرْضِ تَأْكُلُ مِنسَأَتَهُ فَلَمَّا خَرَّ تَبَيَّنَتِ الْجِنُّ أَن لَّوْ كَانُوا يَعْلَمُونَ الْغَيْبَ مَا لَبِثُوا فِي الْعَذَابِ الْمُهِينِ». (المترجم).

(3) Ibid., vol. ii. p. 439.

الأحداث في عهده؛ حيث كان مراد - الذي انفرد للراحة من إرهاق رحلته، وصام تمامًا عن كل شيء عدا الإثم - قد التفت إلى آغا الخصيان، قائلًا: «أنا جائع، أحضر لي شيئًا آكله». فاعتبرت هذه الكلمات نبوءة بشُح المؤن خلال عهده، وقد حدثت بالفعل في العام التالي مجاعة في القسطنطينية، أحدثت الكثير مما أكد تلك الخرافة الشعبية.

احتفظ صقوللي بالوزارة العظمى حتى وفاته عام 1578م، إلا إن قلب مراد الواهن كان يحكمه الخدم ممن روَّحوا عنه فتور كآبته، فضلًا عن أربع نسوة، كانت إحداهن أمه السُّلطانة الأرملة، أو - كما يُطلِق عليها الأتراك - السُّلطانة الوالدة، «نوربانو» (Nour Banou)، تليها أول سلطانة مفضَّلة لدى مراد، وهي سيدة بندقية من بيت «بافو» (Baffo) النبيل، أسرها القراصنة الأتراك في مستهل عمرها. افتتن مراد إلى حدٍّ بعيد بتلك البندقية الجميلة، فأخلص لها بشدة فترة طويلة، وقلل من علاقاته المتنوعة الأخرى بحريمه، مهملًا امتياز التعدد الذي أتاحته له الشريعة. أثار جزع السُّلطانة الوالدة تلك السطوة التي حازتها السُّلطانة صافية (كما أُطلق على السيدة البندقية) على مراد، فنجحت في وضع فتنة مماثلة في طريق ابنها، كما حثته على ألَّا يجعل حبه لتلك البندقية هو الأوحد. فهرع منذ ذلك الحين إلى أقصى النقيض من الانغماس المتحرر في شهوته، حتى بالنسبة إلى أمير مسلم[1]. وَلَّد هذا الحاجة إلى توريد الحريم السُّلطاني، ويُقال إنه رفع سعر الفتيات الجميلات في سوق الرقيق بالقسطنطينية. من بين جموع هؤلاء الجميلات المفضَّلات، حازت جارية مجرية المولد تأثيرًا كبيرًا على سيدها. إلا إن صافية، حبه الأول، على الرغم من أنها لم تعد قادرة على الاستئثار بعاطفته، لم تفقد السيطرة عليه قَطُّ، فكانت إرادتها هي الموجِّه الرئيسي للجيوش والأساطيل العثمانية خلال عهده، لحسن حظ بلدها الأم البندقية، التي منعت تركيا من مهاجمتها، حتى في ظل ظروف الاستفزاز الكبير الذي نجم عن اعتداء ووقاحة بعض سفن جمهورية سان مارك[2]. أما السيدة الرابعة التي كان لها تأثير في مجالس مراد، لم تدن بالفضل إلى مفاتنها، وإنما إلى المهارة التي وضعت بها مفاتن الأخريات قبالته. كانت هذه هي «جان فيدا» (Djanfeda)، القيِّمة الكبيرة (أو قالفا) على الحريم. هؤلاء هن السيدات اللواتي تدخلن وناقشن كل المسائل المتعلقة

---

(1) عُرف عنه أنه كان أكثر السلاطين العثمانيين شغفًا بالنساء، وانشغالًا بالجواري، لذا كان من الطبيعي أن يكون أكثرهم أولادًا كذلك، فقد تجاوز عدد أولاده المائة، من أربعين جارية وأربع زوجات، مات أكثرهم وهم صغار، ويُقال إنه عند وفاته كان له تسعة عشر ابنًا، وثلاثون بنتًا. انظر: كوندز وأوزتورك، الدولة العثمانية: 266. (المترجم).

(2) نَعتٌ يُقصد به جمهورية البندقية. (المترجم).

بممارسة السُلطة الموروثة من سليمان العظيم، وتحديد مع من يجب على البيت العثماني ممارسة السلام أو الحرب.

كان القادة وأمراء البحر الذين تدرَّبوا في معسكرات سليمان وأساطيله لا يزالون على قيد الحياة. وقد أسفرت العمليات القتالية التي انخرطت فيها الإمبراطورية التركية في عهد مراد الثالث، عن أكثر من انتصار، فضلًا عن عدة مكاسب قيِّمة من الأراضي؛ إذ سرعان ما اندلعت الحرب مرَّة أخرى بين تركيا وبلاد فارس عقب تولِّي مراد، واستمرت لعدة سنوات، حيث أدت وفاة الشاه طهماسب وطغيان خلفائه وسوء حكمهم إلى الإلقاء ببلاد فارس في حالة من الفوضى والضعف، الأمر الذي قاد إلى إحراز تقدُّم لصالح الجيوش العثمانية، على الرغم من أن مصير الحرب كان مُتقلِّبًا في كثير من الأحيان، وكانت خسائر الأتراك كثيرة وقاسية جرَّاء القتال والإعياء والفاقة. وفي هذه الحرب قامت الجيوش التركية بمهاجمة وفتح جورجيا، التي كانت في تحالف مع فارس، وتوغلت حتى «داغستان» (Daghestan) وشواطئ بحر قزوين. وكان للقوات التركية من القِرْم ومساعديهم من التتر دور مهم في تلك الحملات في مناطق القوقاز. وكُوفئ بك آزوف عام 1578م بلقب قبودان باشا بحر قزوين، بسبب نشاطه الذي قاد به طليعة الجيش حول السواحل الشمالية للبحر الأسود. أما الحادث الأكثر لفتًا للأنظار في هذه الحرب، فكان ذلك الزحف الذي قام به عثمان باشا، المُلقب بـ«أوزدِمر» (Ozdemir)[1]، أو عثمان ذي الجسارة الحديدية، قائد القوات التركية في جورجيا، حين قاد جيشًا في ذروة فصل الشتاء، وسار به عبر ممرات القوقاز، وبلاد الشركس، وسهول «كوبان» (Kuban) المتجمدة، إلى آزوف، ومن ثَمَّ إلى القِرْم، حيث أدى ظهوره غير المتوقَّع هناك إلى سحق بدايات ثورة على السُلطان. وحمل عثمان، رأس الخان المتمرِّد من القِرْم إلى القسطنطينية، واستُقبل بتشريف جزل من السُلطان،

---

(1) كان من أعظم القادة العسكريين العثمانيين. قيل إنه كان من بقايا الجراكسة في مصر. وصل إلى رتبة «بلوك أعاسي» أو آغا فرقة في مصر بينما كان في التاسعة عشرة من عمره، ثم صار بعدها أميرًا للحج، وفي الخامسة والعشرين أصبح بكلربك إيالة الحبش التي فتحها والده. وحين استولى الربيديون على السُلطة في اليمن، نُصِّب عثمان باشا على الإيالة المذكورة، واستطاع هزيمتهم عام 975هـ/ 1568م، بعدها صار بكلربك الإحساء ثم البصرة ثم واليًا على ديار بكر، بعدها عُين حاكمًا لإقليم شروان عام 986هـ/ 1578م، حيث قام بفتوحات كبيرة، أُطلق عليه بعدها «فاتح أذربيجان والقفقاس». استطاع هزيمة خان القِرْم محمد جيراي وقتله عام 992هـ/ 1584م، وعيَّنه السُلطان مراد الثالث وزيرًا أعظم عام 992هـ/ 1584م. وكانت آخر أعماله العظيمة إعادة احتلال تبريز للمرة الرابعة في تاريخ الدولة العثمانية في رمضان 993هـ/ سبتمبر 1585م، حيث تُوفِّي بعدها في ذي القعدة 993هـ/ أكتوبر 1585م. انظر: الغزي، الكواكب السائرة، مج.3: 160؛ بجوي، تاريخ بجوي، مج.2: 43-44؛ أوزتونا، تاريخ الدولة العثمانية، مج.1: 398-415. (المترجم).

الذي نزع الجواهر التي تُزين عمامته الخاصة، وأخرج سيف «الياتاغان» (yataghan) المرصَّع من حزامه، لتزيين ذلك البطل المحنك، الذي أثار سرده لما ألم به من معاناة وما قام به من مآثر، اهتمامًا وانتباهًا مفعمين بالحيوية في الروح المتراخية للشهوة السُلطانية. وأخيرًا عُقد السلام بين تركيا وبلاد فارس عام 1590م، وحصل من خلاله العثمانيون على جورجيا، ومدينة تبريز، وأذربيجان، و«شروان» (Schirwan)، و«لورستان» (Loristan)، و«شيرهزول» (Scherhezol). وقد أُدرجت فقرة في المعاهدة تُلزم الفُرس بعدم لعن الخلفاء الثلاثة الأوائل بعد ذلك. وبما أن هذا يعني ضمنيًّا تحويل الأمة الفارسية من الشيعية إلى السُنية، وهو أمر غير عملي، فلا يمكن اعتبار هذا الشرط سوى مجرد شرط مظهري لإشباع الاعتزاز الديني لدى السُلطان، أو لتوفير ذرائع لتجديد الحرب حين يجد الباب العالي ذلك مناسبًا.

باستثناء الصدامات، التي كانت تقع من آنٍ إلى آخر بالقرب من خط الحدود في المجر، بين الباشوات الأتراك والقادة المسيحيين للدول الحدودية، حافظت الإمبراطورية العثمانية على السلام مع القوى الأوروبية المسيحية في عهد مراد الثالث، حتى قبل وفاته بعامين عندما أُعلنت الحرب على النمسا. وأقيمت العلاقات التجارية والدبلوماسية تحت حكم مراد مع الجزء الأكبر من أوروبا الغربية، وأظهر من خلالها العثمانيون التسامح الحكيم نفسه في كلِّ ما يتعلق بحركة التجارة الدولية، التي سبق ذكرها. أرسلت إنجلترا - التي كانت حتى زمن مراد الثالث غريبة على تركيا - ثلاثة تجار عام 1579م، هم: «وليام هاريبون» (William Harebone)، و«إدوارد إليس» (Edward Ellis)، و«ريشارد ستابل» (Richard Stapel)، سعوا لدى الباب العالي، واستطاعوا الحصول منه على الدعم نفسه للتجارة الإنجليزية، والامتيازات نفسها التي تتمتع بها الدول الأجنبية الأخرى، لصالح التجار الإنجليز المقيمين في تركيا. وفي عام 1583م، اعتُمد وليام هاريبون في القسطنطينية سفيرًا لملكتنا إليزابيث، التي كان شأنها الأساسي في ذلك الوقت هو كراهية فيليب الثاني الإسباني، وسعت بلهفة إلى إقناع السُلطان بخلق قضية مشتركة معها ضد الملك الإسباني وحليفه الكبير بابا روما. استغلت الملكة البروتستانتية في أوراقها الرسمية المرسلة إلى البلاط العثماني، نفور المسلمين المعروف من أي شيء يقترب من عبادة الصور، ونعتت نفسها بـ«المدافع الأقوى الذي لا يُقهر عن الإيمان الحق ضد الوثنيين الذين يُصَرِّحون زيفًا باسم المسيح». وثمة رسالة بعثها وكيلها في الباب العالي إلى السُلطان في نوفمبر 1587م، في الوقت الذي كانت فيه إسبانيا تهدد إنجلترا بأسطولها الكبير «الأرمادا» (Armada)، يناشد فيها السُلطان إرسال كل القوة الهائلة للإمبراطورية، أو على الأقل ستين أو ثمانين سفينة جالي، «ضد ذلك الوثني، ملك إسبانيا، الذي باعتماده على البابا وجميع الأمراء الوثنيين، يهدف إلى

استئصال شأفة ملكة إنجلترا، ومن ثَمَّ يتحول بقوته كلها لتدمير السُّلطان، وجعل نفسه ملكًا عالميًّا». ويستحث ذلك الإنجليزي المؤيد، العاهل العثماني على أنه إذا اتحد هو وإليزابيث بقوة، وعلى وجه السرعة، في الحرب البحرية ضد إسبانيا، فإن ذلك «الإسباني المتغطرس والبابا الكاذب سيتعرضان للانهيار مع جميع أتباعهما»، وأن الله سيحمي ملكه ويعاقب وثنيي الأرض بأسلحة كلٍّ من إنجلترا وتركيا[(1)(2)].

---

(1) وردت الرسائل بشكل مطوَّل عند فون هامر، في هوامش الكتاب التاسع والثلاثين، وهي باللغة اللاتينية. الرسالة الأولى من إليزابيث إلى الوزير محمد مؤرخة في «وندسور» (Windsor)، بتاريخ 15 نوفمبر 1582م، والرسالة الثانية التي طرحها سفير إليزابيث أمام السُّلطان، بتاريخ 9 نوفمبر 1587م. وهناك رسالتان أخريان: واحدة عام 1587م، تطلب الإفراج عن بعض الرعايا الإنجليز من الجزائر، والأخرى مؤرخة في اليوم الأخير من نوفمبر عام 1588م، تنبئ عن انتصار الإنجليز، وتواصل حث السُّلطان على مهاجمة إسبانيا. وكان «هنري الثالث» (Henry III) ملك فرنسا، قد أرسل مبعوثًا إلى القسطنطينية، في أبريل 1588، للغرض نفسه، ولتحذير السُّلطان من أنه إذا ما قام فيليب بغزو إنجلترا، فسرعان ما سيتغلب على تركيا. انظر: "Mignet's Mary Queen of Scots," vol. ii. p. 392. ويبدو أن الأتراك قابلوا هذه الطلبات بوعود حسنة، لكنهم بالتأكيد لم يفعلوا أكثر من ذلك. ويُقال إن الإنجليز أعطوا مبالغ كبيرة للمؤرخ التركي، سعد الدين، من أجل أن يوظِّف لصالحهم ذلك التأثير الذي حازه - أو من المفترض أنه حازه - الكاتب صاحب العلم لدى السُّلطان، الذي ورث ولع العائلة بالآداب. كان بعض شيوخ العثمانيين قد تأثروا كثيرًا بالاختلاف بين المتعبدين للأوثان من الرومان الكاثوليك، وبين الإنجليز البروتستانت. وقد ورد أن سنان باشا أخبر السفير النمساوي «بيزن» (Pezzen) «أنه لم يكن هناك ما يلزم لجعل الإنجليز مسلمين صادقين سوى رفع الإصبع وتلاوة الشهادة» (صيغة الدخول في العقيدة). لكن لا يبدو أن سعد الدين كان يستحق ما دُفع له، فلربما كانت النتيجة مختلفة إذا جرت رشوة السُّلطانة صافية أو القيِّمة على الحريم جان فيدا، رشوة جيدة من قِبَل ملكتنا العذراء. لقد شَكَّل الأسطول التركي الذي تعاون مع «دراك» (Drake) و«رالي» (Raleigh) في القنال، حلقة غريبة في ملحمة الأرمادا الإسبانية العظيمة. ويمكنني أن أضيف أن البروفيسور رانك أيضًا، يتحدث في كتابه الأخير «تاريخ إنجلترا» (المجلد الأول، ص433، الترجمة الإنجليزية) عن «التقدُّم الذي أحرزته الحكومة الإنجليزية تجاه الأتراك في عهد إليزابيث».

(2) أدى ظهور إنجلترا، ثم هولندا، منذ أواخر القرن السادس عشر وأوائل القرن السابع عشر، كقوتين بحريتين معاديتين لإسبانيا، إلى حدوث تطورات في موازين القوى والتحالفات السياسية، ففي الوقت الذي عمدت فيه فرنسا إلى التحالف مع إسبانيا لمواجهة خطر الحركة البروتستانتية، شعرت الدولة العثمانية بأن التحالف مع فرنسا أصبح غير مُجدٍ، وهو ما أدى إلى التقارب مع إنجلترا، إحدى ركائز الحركة البروتستانتية في أوروبا، خصوصًا منذ عهد الملكة إليزابيث (1558-1603م)، التي عُرفت بعدائها الشديد لإسبانيا الكاثوليكية. وقد أدى هذا إلى منح إنجلترا امتيازات تضاهي الامتيازات الفرنسية، وقاد إلى التعاون على الصعيد العسكري، حيث أدى التعاون بين الأسطولين العثماني والإنجليزي إلى تدمير أسطول الأرمادا الإسباني عام 996هـ/ 1587م، ومن ثَمَّ الحد من قوتها البحرية. انظر: نادية محمود مصطفى، العصر العثماني من القوة والهيمنة إلى بداية المسألة الشرقية (القاهرة: المعهد العالمي للفكر الإسلامي، 1417هـ/ 1996م): =

لم تكن المساوئ التي لحقت بالإمبراطورية العثمانية بسبب الانتشار العام للفساد، فضلًا عن قوة المؤامرات الأنثوية في بلاط السُلطان، قد ظهرت بعدُ للأجانب الذين لم يروا إلا أساطيلها وجيوشها كثيرة العدد، ولم يسمعوا إلا عن فتوحاتها واسعة المدى، ولكن قبل نهاية عهد مراد، كانت ثمار الفساد والمحسوبية التي لا مفر منها بادية بشكل لا لبس فيه؛ فقد تحددت جميع الوظائف آنذاك، المدنية منها والعسكرية والقضائية والإدارية، من خلال تأثير البلاط أو المال. وكان السُلطان، الذي يُبدِّد مبالغ كبيرة على العازفين والمتطفلين والمهرجين ممن يحب أن يحيطوه، يحتاج في كثير من الأحيان إلى المال بشكل شخصي، وهو ما جعله في النهاية يتردى إلى خزي المشاركة في الرشاوى التي تُمنح لرجال حاشيته من الساعين إلى المناصب. كان من بين أهم مفضليه، «شيمسي باشا» (Schemsi Pacha)، الذي يصل نسبه إلى فرع من هؤلاء الأمراء السلاجقة، الذين حل محلهم آل عثمان في السيادة على المشرق. وقد روى المؤرخ علي، الذي كتب بعد ذلك سيرة شيمسي باشا، أنه ذات يوم كان هو نفسه في تلك المنازل المفضَّلة، عندما جاء شيمسي من حضرة السُلطان، وقال بابتهاج لإحدى خادماته: «أخيرًا انتقَم بيتي من بيت عثمان، فإذا كانت السلالة العثمانية قد تسبَّبت في سقوطنا، فقد جعلتها الآن تتهيأ لسقوطها». فصاحت الخادمة المُسِنَّة بوقار: «وكيف ذاك؟». فقال شيمسي: «من خلال إقناع السُلطان بالمشاركة في بيع موالاته. لقد وَضعت أمامه بالفعل طُعمًا مغريًا، أربعين ألف دوقية مبلغًا لا يُضَيَّع. من الآن فصاعدًا سيكون السُلطان مثالًا للفساد، وسيعمل الفساد على تدمير الإمبراطورية».

بدأ التنظيم العسكري وجيوش الباب العالي حينذاك في إظهار مفعول هذا الفساد، ليس فقط من خلال تأثير الرجال غير الأكفاء الذين شغلوا رُتب القادة والمسؤولين، وإنما من خلال التجاوزات التي اجتاحت النظام الإقطاعي، وبيع الزعامات والتيمارات للمتاجرين من كل وصف، حتى لليهود، الذين إما باعوها مرَّة أخرى لمن يدفع أكثر، وإما حصلوا على ريع الأراضي الإقطاعية، في تحدٍّ لروح ونص القانون سواءً بسواء. ورافق تلك الفضائح تراجع خطير في الانضباط بين القوات، وزيادةِ الشغب والتمرد. وأخيرًا حدث عام 1589م، أن هاجم الإنكشارية سراي السُلطان علنًا، حيث اجتمع الديوان، مطالبين برأس محمد باشا، بكلربك

= 77؛ أوزتونا، تاريخ الدولة العثمانية، مج.1: 394؛ ياسر بن عبد العزيز قاري، دور الامتيازات الأجنبية في سقوط الدولة العثمانية، رسالة ماجستير غير منشورة (مكة المكرمة: كلية الشريعة والدراسات الإسلامية - جامعة أم القرى، 2001م): 288. (المترجم).

الرُّوملي، الذي لُقب بـ«الصقر» لضراوته. لم يكن غضبهم على هذا المفضَّل السُّلطاني غضبًا لا مبرِّر له، فقد حرَّض على غش العملة التي دُفعت للقوات غشًّا فادحًا. هاجموا آنذاك القصر صائحين: «أعطونا البكلربك، أو سنعرف كيف نجد طريقنا حتى إلى السُّلطان». أمر مراد بإرضاء الجند، وبناءً عليه أُطيح، أمام هؤلاء السادة العسكريين للسلطان، برأس الباشا المذنب ومعه أمين خزانة بريء كانوا قد ورَّطوه في اتهاماتهم الغاضبة.

قيل على نحو صائب، إن الحكم الذي يركع مرَّة لقوة ما، من المتوقَّع أن تصير هذه القوة هي المتسيدة عليه بعد ذلك. ففي غضون أربع سنوات، ثار الإنكشارية مرَّة ثانية وثالثة، وفي كل مرَّة كانوا يجبرون السُّلطان على عزل وتغيير وزيره. وفي عام 1591م، أَجبر هؤلاء الجند المتجبرون عاهلهم على أن يضع على عرش مولدافيا التابع، ذلك المنافس الذي حصل على تأييدهم بالرشاوى. وفي أثناء ذلك وغيره من أعمال الشغب الأخرى، أشعل السباهية والإنكشارية فيما بينهم حربًا أهلية في الشوارع؛ مما زلزل العاصمة، وعانت الأقاليم من نتائجها الطبيعية، ومن الطغيان الجشع لحكامها وغيرهم من مسؤولي الدولة. وتمردت حامية كلٍّ من بيسته وتبريز بسبب توقف أجورهم. وحملت قبائل الدروز المقاتلة، السلاحَ في لبنان ضد طغاة الإقليم. وكانت ثورة كلٍّ من ترانسلفانيا ومولدافيا ووالاشيا، ذات دلالة أكبر على الحالة البائسة التي تعاني منها الإمبراطورية. وقد شجعت الحرب مع النمسا، التي اندلعت عام 1593م، الثورةَ في هذه الأقاليم. وفي عام 1594م، جُدِّدت الحرب مع فارس، تلك الحرب التي لم تشهد نجاحًا يُذكر على الجانب التركي.

بينما كانت مملكته في هذا الوضع المشتت، مرض السُّلطان مراد وتُوفِّي (16 يناير، 1595م). كان ضعيفًا في العقل والبدن، وكان قد أصابه هوس لفترة طويلة بسبب الأحلام والعلامات التي اعتقد أنها نُذر للموت. وفي صباح اليوم الأخير من حياته، كان قد ذهب إلى الكشك الرائع الذي بناه مؤخرًا سنان باشا على شاطئ البوسفور، المهيمن على مشهد فسيح. وجلس هناك يشاهد السفن التي تبحر من وإلى بحر مرمرة والبحر الأسود. وكان عازفوه حاضرين كالمعتاد، يعزفون لحنًا أعاد إلى ذاكرة مراد كلماته، فهمس لنفسه بالسطر الأول: «تعالَ واسهر بجانبي هذه الليلة أيها الموت». وتصادف في هذا الوقت قيام سفينتين جالي مصريتين بتأدية التحية للباب العالي، فأسفر الارتجاج الحادث من إطلاق المدافع عن تحطُّم القبة الزجاجية للكشك. وعندما سقطت الشظايا حول السُّلطان، هتف: «في أوقات أخرى لا تتسبب تحية أسطول كامل في كسر هذا الزجاج، والآن يتحطَّم من دوي مدافع هاتين السفينتين. إنني أرى

مصير كشك حياتي». وبكى بمرارة عند قوله هذا، فقاده الحاضرون إلى قصره، حيث أسلم الروح في تلك الليلة.

أنجبت نساء مراد الكثيرات مائة وثلاثة أطفال، من بينهم عشرون ابنًا، وسبع وعشرون بنتًا، كانوا على قيد الحياة وقت وفاته. قام الابن الأكبر، الأمير محمد، الذي استدعته على الفور والدته السُلطانة البندقية صافية من إدارته في آسيا الصغرى، بإعدام إخوته التسعة عشر في التوِّ، وهي أكبر تضحية تُسجِّلها التواريخ العثمانية لقانون الفاتح، ولتلك الروح القابيلية التي كان يمتلكها محمد[1]. وفي الوقت نفسه وُضعت سبع من الإماء، اللواتي كُنَّ في وضع يمكن من خلاله أن يتولَّى ورثتهن الإمبراطورية، داخل جوالق أُغلقت بالمخيط وأُلقيت في البحر. وقد حافظت صافية، ضمانًا للعرش، على سرِّية خبر وفاة مراد حتى وصل خليفته. فكانت هذه آخر مرَّة يحتاج فيها موت السُلطان إلى هذا الإجراء الوقائي؛ حيث كان محمد الثالث - الذي خلف مراد في ذلك الوقت - آخر أمير تُوكل إليه إدارة وحكم إقليم من الأقاليم في حياة سلفه. ومنذ ذلك الحين كان يجري الحفاظ على الأمراء العثمانيين محبوسين بمعزل في جزء معين من القصر يُسمى «القفص»، يَخرجون منه إما إلى الموت وإما إلى الحكم، من دون أن توكل إليهم أيٌّ من وظائف الدولة الثانوية. فكانت الخشية من أن يصبحوا رؤوسًا لثورات سببًا في هذا النظام الجديد الذي كان تأثيره، لا محالة، مخزيًا ووخيمًا على شخصية وقدرة من يحكم تركيا.

جاء محمد الثالث إلى مقر العرش وهو يبلغ من العمر ثلاثة وعشرين عامًا. وفي اليوم الثامن من توليه، ذهب في أبهة إلى الصلاة العامة في جامع آيا صوفيا، وهو احتفال لم يحدث منذ عامين، بسبب تخوُّف مراد من إهانة القوات له أثناء مروره على طول الطريق. وقد وُزعت آنذاك الهبات على الجنود ببذخ لم يسبق له مثيل، من أجل شراء تأييدهم لصالح سلطانهم الجديد، ثم بُذلت جهود حثيثة بعد ذلك لإرسال تعزيزات للجيوش في المجر التي اشتدت فيها الحرب على الأتراك. وبينما يجري القيام بهذه الاستعدادات، إذا بفرقتين غير راضيتين عن حصتهما من الهبة السخية، قد أحاطوا بالوزير الأعظم، فرهاد باشا، وطالبوا بصرخات غاضبة بدفع المزيد. رد فرهات بدعوتهم للمسير نحو الحدود، حيث المكان الذي يجب أن يحصلوا فيه على مستحقاتهم؛ فما كان منهم إلا أن ضاعفوا تذمرهم ووعيدهم، فقال لهم فرهاد: «ألا تعلمون أن مَن لا يمتثل لطاعة أُولي الأمر يكون كافرًا، وزوجته تكون عليه حرامًا؟». فتوجَّه المتمردون ساخطين من هذا الاستهزاء إلى المفتي، وكرروا عليه كلمات فرهاد، طالبين منه

---

(1) يرمي المؤلف إلى أن روح محمد الفاتح كانت مشابهة لروح قابيل الذي قتل أخاه هابيل. (المترجم).

إصدار فتوى تُدين الوزير الأعظم، لكن المفتي رد عليهم: «أصدقائي، دعوا الوزير الأعظم يقول ما يريد، فلا يمكنه أن يجعلكم كفارًا، ولا يمكنه أن يجعل زوجاتكم عليكم محرمات». لم ينل هذا الرأي الشرعي رضا المتمردين، فالتمسوا مساعدة رفاقهم للقيام بعصيان، قائلين: إن المفتي لا يمنح فتواه إلا مقابل المال وليس من أجل العدالة. قَبِل السباهية (حُرَّاس العاصمة) بالشكوى المفترضة للمتذمرين، وطالبوا برأس فرهاد. تبعت ذلك اضطرابات أُصيب فيها عدد من كبار مسؤولي الدولة الذين سعوا، من دون جدوى، لتهدئة المشاغبين، ولكن تم التغلب على الإنكشارية عن طريق هجوم منافسيهم من السباهية، وبالتالي قُمع التمرد.

كانت صافية - التي أصبحت آنذاك السُلطانة الوالدة - تحكم في بلاط ومجالس ابنها محمد عمومًا بسطوة أكبر من تلك التي مارستها في عهد السُلطان الراحل. وكان محمد أميرًا ضعيف العقل، لكنه كان قابلًا في بعض الأحيان لأن تتفجر لديه طاقة أو بالأحرى عنف. جعلت الكوارث التي كانت تشهدها الجيوش التركية آنذاك في والاشيا والمجر، أفضل رجال دولة السُلطان، توّاقين لأن يقوم ذلك الأخير، بعد التقليد الذي انتهجه أسلافه العظام، بقيادة قواته شخصيًّا، والسعي لإحداث تغيير مُبشّر لمصير الحرب. غير أن صافية عارضت هذا المشروع لخشيتها من أن يصير ابنها أقل خضوعًا لتأثيرها حين يغيب عن القسطنطينية. وما لبث السُلطان أن احتُجز لفترة طويلة بين ملذات حريمه الشائنة، بينما الإمبرياليون[1] تحت قيادة الأرشدوق ماكسمليان والكونت المجري «بفالفي» (Pfalfy)، ينشرون الهزيمة والإحباط بين الصفوف العثمانية بمساعدة الأمراء الثائرين في الإمارات الدانوبية، وينتزعون عددًا من الحصون والمقاطعات من الإمبراطورية. فقد سقطت مدن جران، و«ويسجراد» (Wissgrad)، وبابوتشا، وأعلن الرسل في تعاقب سريع فقدان «إبرايل» (Ibrail)، وفارنا، و«كيليا» (Kilia)، و«إسماعيل» (Ismail)، وسلستره، و«روسجوق» (Rustchuk)، و«بوخارست» (Bucharest)، وآقرمان. أيقظت هذه الأنباء السُلطان القابع وسط حريمه، فأرسل إلى المفتي، الذي كان - لحُسن مُقدَّرات تركيا - رجلًا ذا روح وطنية عاقلة؛ حيث تبنَّى أسلوبًا مميزًا في تقديم المشورة لأمير عثماني، مستغلًا إحدى الفرص وواضعًا في يد محمد قصيدة لعلي جلبي، أحد أبرز الكُتَّاب في ذلك الوقت، تضمَّنت أبياتها محن الإمبراطورية والسير الكارثي للحرب المجرية، بأقوى التعابير؛ فما كان من السُلطان إلا أن تأثر كثيرًا من قراءتها، وأمر بإقامة الطقوس الرسمية الخاصة بالابتهال والتضرع، وهو ما يتطلب من المسلمين الصلاة والبكاء والقيام بأفعال التوبة والندم لمدة ثلاثة أيام. حضر السُلطان

(1) مصطلح «إمبرياليين» (Imperialists) هنا، يعني: التابعين للإمبراطورية الرومانية المقدسة. (المترجم).

وجميع مسؤولي دولته وجميع سكان المدينة من المسلمين، وخشعوا في هذه الصلوات التي تلاها الشيخ محيي الدين، في «أوقميدان» (Okmeidan)، خلف الترسانة. وبعد ثمانية أيام، هز زلزالٌ القسطنطينية، مطيحًا بالعديد من البلدات والقرى في الأناضول، مما أثار ذعر العثمانيين وانفعالهم الشديد آنذاك. قامت كل الطوائف بدعوة الباديشاه للذهاب إلى الحرب المقدسة على الكفار، ورفض الإنكشارية العظام السير إلى الحدود ما لم يسر السُّلطان معهم، وقام كلٌّ من المؤرخ سعد الدين، الحائز منزلة الخوجه الرفيعة، والمفتي، والوزير الأعظم، بتنبيه عاهلهم إلى أن الأمل الوحيد لاستعادة الرخاء وضمان سلامة الإمبراطورية هو ظهوره على رأس جيوشه. فتغلبت دعواتهم بمساعدة الضغط الخارجي، على تأثير السُّلطانة الوالدة. وفي خضم غضبها وحنقها عند اتخاذ هذا القرار، وعلى أمل أن تتسبَّب في اضطرابات يجري من خلالها تحويل تيار الرأي الشعبي، أو قتل الوزراء الذين عارضوها، نسيت ابنة البندقية جميع الصلات التي ربطتها يومًا بالعالم المسيحي، واعتزمت إجراء مذبحة لجميع الكفار في القسطنطينية. وقد وافق المتعصِّبون في الديوان على هذا المقترح الذي يُعدُّ من أعظم الجرائم فظاعة وأكثرها انعدامًا للفائدة. لكن تغلَّبت سلطة رجال الدولة الأكثر حكمة، فكان نفي جميع اليونانيين غير المتزوجين من العاصمة هو النتيجة الوحيدة لقرار السُّلطانة الغاضبة.

غادر محمد الثالث عاصمته متوجهًا إلى الحدود في يونيو 1596م، في موكب عظيم، وفي حالة ذَكَّرت بعض المشاهدين بحملات سليمان العظيم. كان قرار السُّلطان قيادة جيوشه، إحياءً للروح العسكرية للعثمانيين، وكان إبراز الراية المقدسة الخاصة بالنبي صلى الله عليه وسلم، التي ظللت الجيش التركي آنذاك لأول مرَّة، قد أثار مرَّة أخرى حماسة المؤمنين الصادقين بشكل كبير لمكافحة أعداء الإسلام. كان ذلك الأثر المقدس قد تركه سليم الأول في دمشق، بعد أن حصل عليه من آخر خليفة عباسي إبان فتحه لمصر. وفي عهد مراد الثالث نُقل من دمشق إلى القسطنطينية. ومنذ ذلك الحين حافظ عليه السلاطين كثروة تُستخدم عند الحاجة الماسة، ليُعرض فقط في حالات الطوارئ الكبرى، عندما أصبح من الضروري استخدام بعض الوسائل الاستثنائية لرفع الروح العسكرية للعثمانيين، أو تذكيرهم بالولاء الديني لسلطانهم، بوصفه الخليفة، أو خليفة النبي محمد صلى الله عليه وسلم، الذي حملت يده المباركة ذات يوم تلك الراية في المعركة.

رافق المؤرخ سعد الدين تلميذه السُّلطان في هذه الحملة، فأثبت وجوده قيمته في إحراز الانتصارات، فضلًا عن تسجيلها. وكان القادة الرئيسيون تحت قيادة السُّلطان، هم: الوزير الأعظم

إبراهيم باشا، وحسن صقوللي باشا، و«سيكالا» (Cicala) باشا. تُقدِّم سيرة ذلك الباشا الأخير (الذي يدعوه الكُتَّاب المشرقيون «جغاله زاده» (Dzigalizade)) مثالًا لافتًا على مسيرة مرتدي ذلك العصر، وهو ما يتطلَّب إفراد مساحة مقتضبة له في هذه الصفحات. كان سيكالا - كما يدل اسمه - إيطالي المولد، والده هو «فيكومتي دي سيكالا» (Vicomte di Cicala)، كبير أسرة جنوية نبيلة استقرت في صقلية، وكان قائدًا لقوة من القراصنة يهاجم بها التجارة والسواحل الإسلامية، من دون أن يُلقي بالًا لهدنة أو معاهدة، مثلما كان يفعل أي رَيِّس جزائري في هجماته على المسيحيين. التمس فرسان مالطة تعاون ذلك المحارب البحري الجريء في العديد من مغامراتهم، وهكذا انضمت سفن الجالي التابعة له إلى تلك الخاصة بالتنظيم حين هاجموا مودون الواقعة في المورة عام 1531م. وعلى الرغم من عدم التمكُّن من اقتحام القلعة، فقد نهب الفرسان المدينة، مظهرين ضراوة ووحشية خسيسة في اقترافهم لجميع أشكال النهب. ومن بين الغنائم الأخرى، أخذهم ثمانمائة سيدة تركية، إحداهن فتاة رائعة الجمال، وقعت ضمن حصة كونت سيكالا، الذي ابتهج جدًّا بغنيمته، وتزوج بها فور عودته إلى صقلية، بعد أن قام أولًا بتعميدها تحت اسم «لوكرتشا» (Lucretia)، فنتج عن هذا الزواج كثير من الأبناء، كان أصغرهم «سيبيو» (Scipio)، الذي رافق والده وهو في سن الثامنة عشرة في الحملة على جِرْبَة، تلك التي انتهت بشكل كارثي بالنسبة إلى التحالف الصليبي. وكان كلٌّ من الأب والابن بين الأسرى الذين اقتادهم أمير البحر المنتصر بياله في ظفر إلى القسطنطينية. تُوفِّي الأب في السجن، بينما اجتذب شباب وجمال سيبيو سيكالا الصغير الانتباه الرحيم للسلطان سليمان. كان قرصان البحر الصغير تركي المولد، ولديه القليل من التردد ليصير معتنقًا للدِّين بشكل كامل. أخذ سنان باشا - المسؤول الكبير ذو المرتبة والنفوذ الرفيع - ذلك المسلم الحدث تحت رعايته الخاصة، ودخل سيكالا متعطشًا في حقل الامتياز والترقي الذي فُتح له في خدمة السُّلطان، فارتقى إلى منصب آغا الإنكشارية الرفيع. وعلى الرغم من أن اضطهاده الشديد لمسيحيي القسطنطينية قد تسبَّب في عزله من منصبه، فإنه حصل على مركز قيادي مهم في الحرب الفارسية، حيث تميَّز في العديد من الاشتباكات، خصوصًا في النصر الليلي الذي أحرزه الأتراك عام 1583م، المسمَّى بـ«معركة المشاعل». وكان قد تزوَّج حفيدة السُّلطان سليمان، وحصل بالتالي على نفوذ في الحريم أكثر حتى من انتصاراته وكفاءاته التي أدت إلى ترقيته خلال عهد مراد الثالث، وقد حماه ذلك من آثار التحامل الناجمة عن هزائمه العرضية، وعدم شعبيته التي جلبها لنفسه عن طريق شدته المفرطة على رجاله، وقسوته على رعايا تركيا فضلًا عن أبناء البلدان الأجنبية حيثما يتولى القيادة. وقد احتل أكثر من مرَّة منصب قبودان باشا، واستغل قيادته للبحرية التركية مرتين

في الإبحار إلى ميسينا، طالبًا مقابلة والدته وشقيقته. في أولى هاتين المناسبتين، رفض الوالي الإسباني على صقلية طلبه، فانتقم سيكالا لنفسه عن طريق تخريب ساحل الجزيرة بالكامل. وكان لهذا أثره؛ فقد عاد سيكالا في العام اللاحق وأرسل علم الهدنة إلى الوالي «أورجينو» (urgino)، ليسمح له على الأقل بمقابلة والدته التي لم يرها منذ أن أُخذ إلى القسطنطينية أول مرَّة. وعندها رأى الوالي أنه من الحكمة إرسال الكونتيسة سيكالا إلى سفينة ابنها، مؤكدًا على وجوب إعادتها عند غروب الشمس. لا بدَّ أن ذكريات غريبة قد استُحضرت في تلك المقابلة بين الأم التي انتُزعت في شبابها من بيتها التركي وتحوَّلت قسرًا إلى سيدة مسيحية نبيلة، وبين الابن الذي بدأ حياته ومسيرته في بلاط مسيحي في ظل الراية الصليبية، لكنه يُعَدُّ الآن ومنذ فترة طويلة أحد أبطال الهلال الأكثر إرهابًا. كان سيكالا عند كلمته، حيث أعاد والدته مرَّة أخرى إلى الشاطئ في الوقت المحدد، ثم أبحر بعيدًا، تاركًا الشاطئ المسيحي لمرة واحدة بلا قتل أو حرق. وكان ختام مسيرة سيكالا كارثيًّا بعد الكثير من تقلبات الدهر؛ فقد هُزم من الشاه عباس في بلاد فارس، ثم مات خلال الانسحاب السريع لقواته المتمردة الساخطة، جرَّاء الحمى الناجمة عن القلق والإرهاق. ولكن في عام 1596م، عندما زحف محمد الثالث إلى المجر، تبوَّأ سيكالا - على الرغم من كراهية السُّلطانة الوالدة له - مكانة عالية لدى السُّلطان، وقام بأفضل وأبرع مآثره خلال هذه الحملة[1].

تراجع الأرشدوق ماكسمليان - الذي قاد الإمبرياليين - في البداية أمام الأعداد المتفوقة للجيش العثماني العظيم، فقام السُّلطان بمحاصرة إرلو[2] والاستيلاء عليها. ولكن تقدَّم

(1) أنعم السُّلطان على «جغاله زاده سنان باشا» خلال هذه الحملة بمنصب الوزير الأعظم في شهر ربيع الأول 1005هـ/ أكتوبر 1596م، لكنه لم يستمر فيه إلا نحو أربعين يومًا فقط، تسبَّب خلالها في الكثير من المشكلات بسوء تصرفه، منها عَزْله لـ«غازي جيراي» حاكم القِرْم، مما أدى إلى فتنة كبيرة هناك، لذا أُعيد بعدها تعيين إبراهيم باشا للمرة الثانية، وقد تولَّى عدة مناصب قبلها، أهمها منصب آغا الإنكشارية، ثم رتبة بكلربك، ثم قام السردار لالا مصطفى باشا بإسناد مقام الوزارة إليه، وتولَّى منصب قبودان باشا مرتين، بين عامَي 999 و1003هـ/ 1591 و1595م، وبين عامَي 1007 و1013هـ/ 1598 و1604م، وولاه الوزير الأعظم ياوز علي باشا في هذه السنة الأخيرة سردارًا على جبهة العجم، حيث تُوفِّي. انظر: حاجي خليفة، تحفة الكبار: 222؛ فذلكة التواريخ: 387؛ بجوي، تاريخ بجوي، مج.2: 246-333، 308، 248. (المترجم).

(2) «إرلو» (Erlau) هو الاسم الألماني لـ«أجْرِى» أو «أكره»، وتُدعى بالمجرية «إجر» (Eger)، القلعة الحصينة الواقعة على مسافة مائة وثمانين كيلومترًا شمال شرق مدينة بودا، وقد استطاع السُّلطان محمد الثالث فتحها بعد حصار ثمانية عشر يومًا في 18 صفر 1005هـ/ 12 أكتوبر 1596م، على الرغم من عجز السُّلطان سليمان القانوني عن فتحها أكثر من مرَّة، مع أهمية موقع القلعة الذي يتحكم في طرق المواصلات في هذه المنطقة، =

الإمبرياليون مرّة أخرى بعد أن انضمت إليهم قوات ترانسلفانيا تحت قيادة الأمير سيجسموند، وإن كان متأخرًا جدًّا على إنقاذ إرلو. وفي 23 أكتوبر 1596م، حضر الجيشان على السهل السبخي لـ«كرزتش» (Cerestes)، الذي تنساب من خلاله مياه مستنقع «كينسيا» (Cincia)، نحو نهر «تيسا» (Theiss). جرت في كرزتش معركة استمرت ثلاثة أيام[1]. في اليوم الأول قام جزء من القوات التركية بقيادة جعفر باشا بعبور كينسيا، وبعد قتال شجاع أمام أعداد متفوقة، اضطر إلى التراجع لفقده ألفًا من الإنكشارية، ومائة من السباهية، وثلاثة وأربعين مدفعًا. رغب السُلطان حينذاك في الانسحاب العام للجيش، أو على الأقل انسحابه هو، فعقد مجلسًا للحرب في المعسكر العثماني، حضر فيه المؤرخ سعد الدين الذي دافع بشدة عن سياسة أكثر قوة، قائلًا إنه: «لم يسبق أن رُئِي أو سُمع عن باديشاه للعثمانيين أدار ظهره للعدو من دون أن تكون هناك حاجة ماسة لذلك». وقد اقترح بعض الحاضرين أن يقوم حسن صقوللي باشا بقيادة القوات ضد العدو، فأجاب سعد الدين: «هذا لا علاقة له بالباشوات، فالحضور الشخصي للباديشاه لا غنى عنه هنا مطلقًا». وفي النهاية تقرر القتال، وجرى إقناع السُلطان بصعوبة بالبقاء مع القوات. وفي الرابع والعشرين من الشهر كان هناك عمل آخر، فقد استطاع الأتراك عبور بعض الممرات عبر المستنقع. وهكذا قام كل جانب من الجانبين بتركيز قوته، حتى إذا كان يوم السادس والعشرين من أكتوبر، وقع اللقاء الحاسم. في البداية بدا كأن المسيحيين منتصرون تمامًا، فقد ردوا الكتائب الأمامية للأتراك والتتر، وهاجموا البطاريات العثمانية الموجودة في الجناح، واستولوا على جميع المدافع، مجبرين الإنكشارية على إفساح المجال، وساقوا فرسان آسيا الإقطاعيين من الميدان بهزيمة عاجلة. أما السُلطان، الذي كان يشاهد المعركة من فوق مقعد مرتفع على ظهر جمل، فقد أراد الفرار، إلا إن سعد الدين حثه على الثبات، مستشهدًا: «اعلم أن النصر مع الصبر، وأن الفرج مع الكرب»[2]. فأمسك محمد بالراية المقدسة، وظل في موقعه، يحميه حرسه وخدمه أمام أولئك الإمبرياليين المنتصرين الذين شقوا الصفوف وهرعوا لنهب المعسكر العثماني.

= خصوصًا بين النمسا وترانسلفانيا، لذا لُقب هذا السُلطان بـ«فاتح أَجْرِى»، التي صارت سركزًا لإيالة بالاسم نفسه تشمل المجر الشرقية، واستمرت هذه القلعة المهمة بيد العثمانيين حتى عام 1098هـ/ 1687م. انظر: بجوي، تاريخ بجوي، مج.2: 233-236؛ شمس الدين سامي، قاموس الأعلام، مج.2: 1014؛ أوزتونا، تاريخ الدولة العثمانية، مج.2: 696. (المترجم).

(1) يُطلق عليها الأتراك «هاجوفا» (Haçova)، وبالمجرية «ميزو كرزتش» (Mezokeresztes). انظر مزيدًا عن المعركة: بجوي، تاريخ بجوي، مج.2: 236-244؛ أوزتونا، تاريخ الدولة العثمانية، مج.1: 438-439؛ Shaw, op. cit., p. 185. (المترجم).

(2) يُشير المؤلف خطأً إلى أن هذا الاستشهاد من القرآن، لكن الصحيح أنه جزء من حديث شريف. (المترجم).

وفي هذه اللحظة الفارقة، أصدر سيكالا، الذي كان واقفًا حتى ذلك الوقت بلا حراك على رأس مجموعة كبيرة من الفرسان الأتراك غير النظاميين، الأوامر لرجاله، هامزًا فرسه، فما كان من الفرسان الجامحين إلا أن قاموا بالعَدْو تجاه رفاقهم وأعدائهم، مجتاحين المسيحيين المذعورين في مستنقع كينسيا. فانتشر الذعر والفرار بين جميع صفوف الإمبرياليين، وبعد أقل من نصف الساعة من بدء هجوم سيكالا، كان كلٌّ من ماكسمليان وسيجسموند يفرّان بحياتيهما، من دون أن تقوم فرقة مسيحية واحدة بتأمين الصفوف، أو بذل محاولة لتنظيم الانسحاب أو تغطيته، فهلك على إثر ذلك خمسون ألفًا من الألمان والترانسلفانيين في المستنقع أو تحت ضربات السيوف العثمانية. وقد استولى الأتراك على خمسة وخمسين مدفعًا متقن الصنع، وهم الذين كانوا قد فقدوا مدافعهم في بداية المعركة فضلًا عن كامل معسكرهم. أما ثروة الأرشدوق وكل ما لديه من عتاد حربي، فكان من بين ثمار هذا الانتصار، ومن أبرز ما اغتنمه العثمانيون على الإطلاق.

يعود الفضل الأساسي لهذا اليوم بشكل تام إلى سعد الدين[1] وسيكالا. وهكذا تمت ترقية سيكالا بعد المعركة إلى رتبة الوزير الأعظم، لكن سرعان ما حُرم منها بتدخل غيور من السُلطانة الوالدة، بيد أنها كانت فترة طويلة بما فيه الكفاية لتكون سببًا لشر لا حصر له بالنسبة إلى الإمبراطورية، وذلك بسبب شدته المفرطة على تلك القوات التي كان قد منحها المجال في بداية المعركة؛ فقد تبيَّن أن ثلاثين ألفًا من الجنود العثمانيين، ينتمون أساسًا إلى قوات الإقطاع الآسيوية، قد جرى تقييدهم أمام الكفار، بعد أن اتهمهم سيكالا بالفرار، وأمر بإيقاف رواتبهم ومصادرة إقطاعاتهم. وقام علنًا بقطع رؤوس عدد من هؤلاء الجند البائسين الذين وقعوا تحت سلطته، لكن عندما سمع العدد الأكبر عن بُعْد بشدة الوزير الجديد، تفرقوا وعادوا إلى ديارهم. تسببت بطبيعة الحال تلك المحاولات التي بُذلت لإلقاء القبض عليهم ومعاقبتهم هناك، في مقاومة مسلحة. وكان الفارون من كرزتش، من أول وأهم من أيدوا هذا التمرد الذي اندلع بعد ذلك بوقت قصير في آسيا الصغرى متسببًا في تخريبها لسنوات عديدة.

عاد محمد الثالث متلهفًا بعد المعركة إلى القسطنطينية، لتلقي التهنئة والتملق على انتصاره، واستئناف حياته المعتادة من الانغماس في الملذات. طالت الحرب لعدة سنوات أخرى حتى اتفاق سلام «سيتفاتوروك» (Sitvatorok)، الذي عُقد في عهد خليفة محمد الثالث. لكنْ لا الإمبرياليون ولا الأتراك قاموا بعمليات قوية في حملات هذه الفترة البينية. أما قادة المتمردين

---

(1) لم يقتصر ذكر شهرة هذا المؤرخ التركي المتعلقة بخدماته العسكرية، فقط من خلال شهادته، فهناك «نعيمة» (Naima) وآخرون ممن شهدوا على ذلك.

في كل من مولدافيا ووالاشيا وترانسلفانيا، فقد سعوا بعد نزاعات فيما بينهم إلى شروط توافقية مع الباب العالي.

خلال الفترة الشائنة الباقية من عهد محمد الثالث، استمرت مساوئ التمرد العسكري، فضلًا عن طغيان حكام الأقاليم، في الازدياد. ففي عام 1599م، استغل قائد الإقطاعيين العسكريين في آسيا الصغرى، الذي يُدعى «عبد الحميد»، ويُعرف أكثر بلقب «قره يازجي» (Karazaridji)، أي: «الكاتب الأسود»، ذلك الاستياء والاضطراب الشامل، لتنظيم تمرد واسع الانتشار ضد الباب العالي، فضلًا عن تبوُّء مكانة أمير مستقل، فقام بتشكيل جيش من الأكراد والتركمان والسباهية الهاربين من كرزتش، وبمساعدة من أخيه، «دلي حسين» (Delhi Housin)، حاكم بغداد، ألحق هزائم متكررة بالجيوش العثمانية المرسَلة ضده[1]. وفي عام 1601م، استغل العاهل الفارسي، الشاه عباس، ضعف العدو القديم لأمته، لشن الحرب على تركيا، وسرعان ما بدأ استعادة الأقاليم التي فقدتها بلاده في عهدها الأخير. وفي شهر يونيو من عام 1603م، قام السُلطان محمد بإعدام أكبر أبنائه، محمود، الأمير ذي الشجاعة والكفاءة العالية، والذي كانت خلافته للحكم متوقَّعة بشكل كبير؛ حيث طلب محمود من والده منحه قيادة الجيوش المستخدمة ضد المتمردين في آسيا الصغرى، فما كان من هذا الإظهار للروح العالية إلا أن أثار قلقًا وغيرة لدى محمد، وحين علم أن رجلًا ورعًا قد تنبأ للأمير بأن هناك سلطانًا جديدًا سيرتقي إلى العرش قريبًا، أمر بالقبض على ابنه وخنقه. وفي الوقت نفسه، أُلقيت في السجن تلك السُلطانة التي أنجبت له الأمير، وجميع رفاق محمود المفضَّلين، وبحلول نهاية الشهر أُعدموا جميعًا. لم يبقَ محمد الثالث على قيد الحياة طويلًا بعد هذا العمل الوحشي، ففي يوم السابع والعشرين من أكتوبر التقى به درويش عند باب القصر، وتنبأ له أنه سيواجه مصيبة كبيرة بعد خمسة وخمسين يومًا. كان للنبوءة ثقل كبير على ذلك العقل الشهواني المريض المؤمن بالخرافات. ومثل كثير من النبوءات الأخرى من هذا النوع، اتجهت بقوة إلى التحقق، فبعد خمسة وخمسين يومًا (22 ديسمبر، 1603م) تُوفِّي محمد الثالث، وخلفه أحمد الأول، أكبر أبنائه الباقين على قيد الحياة.

كان أحمد في الرابعة عشرة من العمر حين بدأ فترة حكمه. وبسبب إنسانيته أو إنسانية مستشاريه، نجا شقيقه الأمير مصطفى من الإعدام وفقًا للعرف المعمول به. ربما تكون أيضًا حالة القصور العقلي التي يعاني منها الأمير مصطفى، سببًا في إنقاذ حياته، ويرجع ذلك إلى الازدراء من ناحية، ومن ناحية أخرى إلى التبجيل الذي يحظى به كل معاق عقلي في الشرق

(1) بجوي، تاريخ بجوي، مج.2: 298. (المترجم).

لأسباب خرافية. في بداية عهد ذلك الشاب أحمد، أظهر بعض ومضات من قرار صعب اعتُقد أنه فجر عهد قوي وناجح؛ حيث كان وزيره الأعظم، الذي كان بصدد قيادة جيش جديد إلى المجر، قد قدَّم مطالب باهظة على الخزانة، مهددًا بعدم الزحف ما لم يتم الامتثال لها، فأرسل له أحمد ردًّا مقتضبًا وفعالًا: «إذا كنت عديم الجدوى، فرأسك سيطير في الحال». لكن وعيد أحمد في زمن صباه كان مناقضًا لضعفه وأنانيته حين اقترب من سن النضوج. يروي المؤرخ التركي نعيمة، مشهدًا وقع في ديوان أحمد عام 1606م، عندما بلغ السُلطان سن السابعة عشرة، وهو ما يوضِّح شخصيته بالمقارنة مع ذلك العاهل العظيم الذي حكم تركيا قبله بأربعين عامًا فقط، مما يُظهر التأثير السيِّئ أو الجيد الذي يمكن للنموذج الشخصي للعاهل أن يمارسه؛ ففي شهر مايو، وُضعت ذيول الخيل على الجانب الآسيوي من البوسفور، معلنة عن حملة في تلك القارة، وجرى حينذاك حشد جيش في أسكودار، حيث كان من المتوقَّع أن يقود السُلطان الشاب حملة للحرب على فارس. جُمع الديوان في قصر الوزير الأعظم، وحضر السُلطان هناك شخصيًّا. تحدث أحمد إلى أعضاء مجلسه قائلًا: «لقد فات وقت القيام بحملة، فالمؤن نادرة وعزيزة، أليس من الأفضل تأجيل الحملة إلى العام المُقبل؟». ركن المجلس المشدوه إلى الصمت، حتى قال المفتي الذي أمل عبثًا أن يسير أحمد على خطى سليمان العظيم: «هل سيكون من المناسب أن نُعيد ذيول الخيل التي وُضعت على مرأى من هذا العدد الكبير من السفراء الأجانب؟ دعوا على الأقل القوات تسير إلى حلب لقضاء الشتاء هناك، وجمع مخزون من المؤن». اعترض السُلطان قائلًا: «وما فائدة المسير إلى حلب؟». فأجاب المفتي بحزم: «لحفظ ماء وجه خيامنا المضروبة، فقد قام السُلطان سليمان في الحملة على «ناخيتشيفان» (Nachdshivan)، بقضاء فصل الشتاء في حلب، ثم هاجم العدو في بداية الربيع التالي». فقال السُلطان بعدها: «دع فرهاد باشا يتقدم مع الجيش، حتى لا يتم الرجوع بالمعسكر». فسأل المفتي: «هل سيحصل على المال اللازم لشراء المؤن؟». أجاب السُلطان: «الخزانة العامة خاوية، فمن أين لي أن آتي بالمال؟». فقال المفتي: «من خزانة مصر». قال السُلطان: «هذه تنتمي إلى ثروتي الخاصة». فرد المفتي: «سيدي، لقد أرسل سلفكم العظيم السُلطان سليمان قبل حملة سكتوار كل ثروته من الذهب والفضة إلى دار الصك العامة». فقطَّب السُلطان جبينه قائلًا: «يا أفندي، أنت لا تفهم، لقد تغيَّر الزمن، فما كان مناسبًا حينذاك أصبح الآن غير مناسب». ثم قام بعد هذا القول بصرف المجلس، فكانت النتيجة أن انطلق فرهاد باشا الذي يبدو أنه قد أُطلق عليه بشكل صحيح «دلي فرهاد»، أو «فرهاد المتهور»، بجزء من الجيش دون أجر أو إمدادات، فتمردت القوات أثناء سيرها، وهُزمت من أول عصابة من المتمردين قابلتها في آسيا الصغرى.

كانت المفاوضات من أجل السلام بين النمسا والباب العالي معلَّقة منذ وقت طويل، وفي النهاية أُبرمت معاهدة في الحادي عشر من نوفمبر 1606م، في سيتفاتوروك. لم يطرأ أي تغيير مهم على الممتلكات الإقليمية لأيٍّ من الطرفين، عدا قبول أمير ترانسلفانيا كطرف في المعاهدة، لتصبح هذه المقاطعة مستقلة إلى حدٍّ ما وإن لم يكن تمامًا عن الدولة العثمانية؛ إلا إن سلام سيتفاتوروك يُعدُّ مُهمًّا كعلامة على حقبة في العلاقات الدبلوماسية التركية مع دول العالم المسيحي. فحتى ذلك الوقت، كان السلاطين العثمانيون يقومون عند إقرارهم السلام مع الأمراء المسيحيين، بمنح هدنات قصيرة بوصفها منحة يتفضَّل بها الأرفع مقامًا على الأدنى. وقد ابتزوا بشكل عام مساهمات مالية، اعتبرها التكبر الشرقي جزيةً، وأبدوا غاية الغطرسة المهينة المغرورة، سواء من خلال أسلوب كتابة أوراقهم الرسمية، أو من خلال استخدامهم لأشخاص من ذوي المراتب المتدنية لإجراء المفاوضات. لكن في سيتفاتوروك أقر الأتراك بالمبادئ العامة واحترام القانون الدولي. وقد تمتع مفوضهم بسلطات كاملة موقَّعة من السُّلطان والوزير الأعظم، وقاموا بمنح العاهل النمساوي لقب «باديشاه»، أو «إمبراطور»، بدلًا من وصفه بـ«ملك فيينا»، كما كان معتادًا مع أسلافهم. ومن أجل أن يكون السلام دائمًا، أُلغي المبلغ السنوي المقدَّر بثلاثين ألف دوقية الذي كانت تدفعه النمسا إلى الباب العالي؛ حيث كان على الأتراك أن يدفعوا للإمبرياليين، مثلما يدفع الإمبرياليون إلى الأتراك. وفي المستقبل، لا يجري اختيار السفير الذي يبعث به السُّلطان إلى فيينا من بين الموظفين الأقل مرتبة في البلاط أو الجيش، وإنما يجب أن يكون على الأقل من رتبة سنجق بك[1].

---

(1) أبرزت هذه المعاهدة التي وُقعت في سيتفاتوروك الواقعة شمال غرب بودين، بداية تراجع مكانة العثمانيين في أوروبا، بعد أن كانت في القرن السادس عشر تتفوق بما لا يُقاس مع مكانة أي دولة أوروبية، فقد أدى التنازل عن دفع الجزية إلى الرفع من شأن العدو والتقليل من شأن السُّلطان وسطوته في نظر حكام أوروبا. أما التغير المفصلي الذي أحدثته هذه المعاهدة، فكان معاملة العثمانيين لأعدائهم بمبدأ المساواة، وهو ما يعني ضمنيًّا الاعتراف باستقلالهم، بعد أن كان السُّلطان في الماضي يتعطف بقبول التماسات وتضرعات السفراء الأجانب لإملاء شروطه بما يتراءى له. وبعد أن كانت المعاهدات تُكتب بالتركية بأي صيغة يشاءها السُّلطان، وتُوقَّع في إستانبول، أصبحت تناقش مضامينها وتُوقَّع من كلا الطرفين في مكان محايد. فضلًا عن المساواة بين السُّلطان والإمبراطور في بنود المعاهدة، بعد أن كان السُّلطان يضع نفسه موضعًا ساميًا على كل من عاداه من الحكام الأجانب، ويصف نفسه بـ«سلطان العالم» و«ملجأ العالم» وغيرهما من الأوصاف والألقاب التي تدل على المركز العالمي الذي كان يتمتع به العثمانيون. انظر: أوزتونا، تاريخ الدولة العثمانية، مج 1: 446؛ سمية بنت محمد حمودة، حركة الفتح العثماني في القرن (11هـ/17م)، رسالة ماجستير غير منشورة (مكة المكرمة: كلية الشريعة والدراسات الإسلامية - جامعة أم القرى، 2006م): 47-50، 335-337. (المترجم).

كان من حُسن مُقدَّرات السُلطة العثمانية أن الخلافات الدينية التي نشبت في ألمانيا بعد فترة وجيزة، تسبَّبت في اندلاع الحرب العظيمة التي عملت على تخريب هذا البلد لثلاثين عامًا[1]، وأبقت البيت الحاكم للنمسا منشغلًا تمامًا في الصراع من أجل الإمبراطورية، فضلًا عن تأمين الوقاية أمام «البوهيميين» (Bohemians) و«الساكسون» (Saxons) و«الدنماركيين» (Danes) و«السويديين» (Swedes) والفرنسيين، بدلًا من الاستفادة من ضعف الأتراك، والدخول في مسيرة الفتح على طول نهري الدانوب وسافا. وقد تضعضعت الملكية الإسبانية، ذلك العدو الكبير الآخر للباب العالي، بعد موت فيليب الثاني، بسرعة وانتظام أكبر مما شهدته الإمبراطورية التركية بعد موت سليمان. وتعاملت كلٌّ من فرنسا وإنجلترا بودٍّ مع تركيا، وحتى لو كانا خصمين لها، فقد كانا أكثر انخراطًا في خلافاتهما الداخلية خلال النصف الأول من القرن السابع عشر، من الدخول في أي مشروعات كبيرة لغزو الشرق. أما روسيا فقد شهدت ضعفًا خلال السنوات الأخيرة من عهد إيفان الرهيب، وبعد موته مزقتها ثورات وحروب أهلية، انتهت بتولي بيت «رومانوف» (Romanoff) (1613م)، لكن كان عهد التسار الأول من هذه السلالة (1613-1645م) مشغولًا تمامًا بمحاولة استعادة الأمة الروسية من البؤس والفوضى التي سقطت فيها، فضلًا عن استعادة الأقاليم التي استولى عليها السويديون والبولنديون. لم تكن هناك قوة أوروبية من الدرجة الأولى في حالة تسمح لها بمهاجمة تركيا خلال أزمة ضعفها ومعاناتها الشديدة التي استمرت خلال الثلاثين عامًا الأولى من القرن السابع عشر، ثم جرت السيطرة عليها باليد القوية لمراد الرابع، خلال السنوات السبع الأخيرة من حكمه، لكنها ما لبثت أن تجددت تحت حكم خلفائه المأفونين، حتى وزارة أول رجل من عائلة كُبرولي عام 1656م. كان البولنديون والبنادقة هم الخصوم الأوروبيين الرئيسيين لتركيا طوال هذا الوقت. فكانت بولندا ممزقة بشدة من قِبَل فصيل محلي، وهو ما مثَّل عقبة في سبيل إنجاز جيوشها أي أعمال باسلة مهمة. أما البندقية فلم تكن قَطُّ خصمًا قادرًا على التعامل وحده مع إمبراطورية عظيمة، وكانت في حالة من الاستتار الماهر الذي لا يمكن مع ذلك الاستغناء عنه، فضلًا عن

(1) هي حرب الثلاثين عامًا (1618-1648م)، التي اندلعت أولًا في وسط أوروبا، ثم امتدت لتشمل صراعاتها معظم الدول الأوروبية، وبدأت كصراع ديني بين البروتستانت والكاثوليك، ثم تطورت إلى صراع سياسي كان أبرز أطرافه آل هابسبورج وفرنسا، بعد أن دعمت فرنسا البروتستانت المخالفين لمذهبها الكاثوليكي، لإضعاف آل هابسبورج، وانتهت الحرب بعد صراعات طاحنة بصلح وستفاليا، بعد أن انتصرت فرنسا وأصبحت قوة عظمى في أوروبا. انظر: Geoffrey Parker, *The Thirty Years War* (London, 1997). (المترجم).

ازدياد تداعيها. أما بلاد فارس فكانت أخطر عدو أجنبي لتركيا خلال النصف الأول من القرن السابع عشر. وعلى الرغم من أن الممتلكات الآسيوية للباب العالي فيما وراء جبال طوروس كانت في كثير من الأحيان عرضة لخطر محدق، فإن خطر تقدُّم الجيوش الفارسية بعيدًا ناحية الغرب لضرب الأجزاء الحيوية من الممتلكات العثمانية كان ضئيلًا.

حَكَم أحمد أحد عشر عامًا بعد سلام سيتفاتوروك. وخلال هذه الفترة، أحرز وزيره الأعظم مراد، تقدمًا على المتمردين في آسيا الصغرى، التي قُمعت فيها روح التمرد إلى حدٍّ ما. واستمرت الحرب مع بلاد فارس، لكن مع خسارة الأتراك على نحو منتظم تقريبًا. وقد ثبت ضعف الإمبراطورية بشكل واضح من خلال ما ارتكبته أساطيل القوزاق من تخريب على طول السواحل الجنوبية للبحر الأسود وإفلاتهم من العقاب؛ ففي عام 1613م، فاجأ أسطول من هؤلاء المغيرين مدينة سينوب، التي وُصفت بأنها واحدة من أغنى وأفضل الموانئ المحصنة في آسيا الصغرى، وأخضع قوزاق القرن السابع عشر سينوب للتخريب الوحشي الغاشم نفسه الذي مارسه أحفادهم عام 1853م تحت القيادة الروسية. ففي كلتا الحالتين أُخذت المدينة على حين غرة، وفي كلتا الحالتين كانت الأساطيل التي يجب أن تواجه السرب المهاجم، أو على الأقل تنتقم منه أثناء انسحابه بما نهبه، غائبة عن المشهد المناسب للعمليات.

تُوفِّي السُلطان أحمد في الثاني والعشرين من نوفمبر عام 1617م[1]، تاركًا سبعة أبناء، ارتقى ثلاثة منهم إلى العرش فيما بعد، لكن كان خلفه المباشر هو شقيقه مصطفى. وقد كان هناك حتى ذلك الوقت تواصل في انتقال حكم الإمبراطورية من الأب إلى الابن خلال أربعة عشر جيلًا. ووفقًا لفون هامر، فإن قانون خلافة الحكم، الذي يعطي العرش لأكبر قريب ذكر على قيد الحياة للعاهل المتوفَّى، قد استمده بيت عثمان من بيت جنكيز خان؛ لكن ما دامت ممارسة قتل الإخوة مستمرة في العائلة الحاكمة، فقد كان من المستحيل أن ينشأ نزاع بين ابن السُلطان وأخي السُلطان. لذا كانت نتيجة عدم مساس أحمد الأول بحياة شقيقه مصطفى، أن

(1) أشار الكُتَّاب الأتراك إلى السنة الثانية من حكم أحمد، بوصفها تاريخ إدخال التبغ إلى الإمبراطورية. وقد أصبح العثمانيون مدخنين مزمنين ومتحمسين، ذلك أنه في غضون خمسين عامًا كان يُنظر إلى الغليون باعتباره شعارًا وطنيًا للأتراك. أما القهوة فقد أُدخل استخدامها في القسطنطينية في عهد سليمان العظيم. يستهجن المفسرون المتشددون للشريعة الإسلامية استخدام هذه الكماليات. من ناحية أخرى يقول الشعراء المشرقيون: إن القهوة والتبغ والأفيون والنبيذ هي «الوسائد الأربع لأريكة النشوة»، و«العناصر الأربعة لعالم المتعة». بينما يُطلق عليها رجال الشريعة الصارمون: «الركائز الأربع لخيمة الفجور»، و«وزراء الشيطان الأربعة».

أصبح ذلك الأمير آنذاك سلطانًا، واستُبعد ابن أخيه الأمير عثمان بشكل مؤقت. إلا إن القصور العقلي لمصطفى كان غاية في الوضوح، عندما جرى إخراجه من مكان محبسه وتنصيبه، وفي أقل من ثلاثة أشهر وافق كبار مسؤولي الدولة على إبعاده، واستدعي الأمير عثمان، الذي كان في الرابعة عشرة من عمره ليحكم بدلًا منه (26 فبراير، 1618م). وأذعن الجند لهذا الإجراء عن رغبة أكبر منهم، لما سيجلبه لهم من منحة جديدة، فخسرت الخزانة العامة ما يُقدَّر بستة ملايين دوقية بسبب مطالبات الجيش المتجددة في غضون ثلاثة أشهر.

تميَّز العهد القصير غير السعيد لعثمان الثاني، بتوقيع سلام مع بلاد فارس، على الشروط المتفق عليها إبان العهد السابق، وهو ما كان ضروريًّا بسبب الهزائم المتكررة التي مُني بها الأتراك. أعاد العثمانيون جميع الفتوحات التي جرت خلال عهدَي مراد الثالث ومحمد الثالث، وانحسرت الحدود الشرقية للإمبراطورية إلى ما كانت عليه في عهد سليم الثاني. وبتخلصه من عبء الحرب الفارسية، كرَّس عثمان كل تفكيره للإطاحة بأعدائه المحليين، الإنكشارية والسباهية، الذين اعتبرهم، عن حق، السبب الرئيسي للبلاء في الإمبراطورية، وهم الذين كانوا في السابق أكبر الداعمين لها. لقد عُد الإنكشارية على وجه الخصوص حينذاك طغاةً على كل من العاهل والشعب. وهكذا بدأ العداء الطويل بين العرش وثكنة قوات حاجي بكتاش، ذلك العداء الذي لم ينتهِ إلا في قرننا الحالي عن طريق مقدرة محمود الثاني التي لا ترحم. كان عثمان الثاني لديه قوة في القلب كافية للمهمة التي اضطلع بها. فالأمير الذي ظل يتدرَّب على رمي السهام باستخدام أسرى الحرب هدفًا له، أو إذا تعذَّر وجودهم في متناول يده، يضع أحد خدمه هدفًا حيًّا، ليس من المحتمل أن يعوقه تردد الطبيعة البشرية لاستخدام أكثر التدابير فعالية ضد الورم العسكري الخبيث. وقد شن عثمان حربًا على بولندا عام 1621م، في الأصل، بهدف إضعاف أفواج الإنكشارية، عن طريق الخسارة في المعركة، فضلًا عن صعوبات الحملة. فأدت الخسائر التي تكبَّدها الجيش كله في تلك الحرب، والتراجع الكارثي الذي أفضت إليه عمليات السُّلطان (وإن كان منتصرًا بشكل جزئي) إلى انعدام شعبية عثمان بين جميع الطبقات. وقد نفَّر جميع فئات رعاياه من سلطته، من خلال التغييرات غير المعتادة في القوانين والأعراف، ومن خلال الإهانات الشخصية للشخصيات القيادية في الدولة، فضلًا عن ممارسة مضايقات حادة في القوانين البسيطة للشرطة. وفي ربيع عام 1622م، أعلن عن نيته أداء الحج إلى مكة؛ لكن كان من المعروف جيدًا أن هدفه الحقيقي هو الذهاب إلى دمشق، لقيادة جيش من الأكراد، وغيرهم من القوات، التي كان يجمعها وزيره الأعظم المفضَّل «ديلاور» (Dilawer) باشا، بالقرب من تلك المدينة. وبهذا الجيش، ومن خلال انضباط في قالب جديد، يسير السُّلطان إلى القسطنطينية،

للقضاء على الإنكشارية والسباهية، ويُعيد تنظيم الحكم بالكامل. تصف رسالة السيد «توماس كو» (Thomas Koe) - سفيرنا الذي كان مقيمًا آنذاك في العاصمة التركية - بشكل حي، مسيرة عثمان المأساوية، قائلًا عن هذا المخطط: «كان هذا بالتأكيد قرارًا شجاعًا له ما يُبرره، وذا عواقب كبيرة لإنعاش هذه الإمبراطورية المتهالكة تحت وطأة عبيد كسالى، إذا قضى الله بذلك». لكن في الحقيقة، كان عثمان يفتقر تمامًا إلى السِّريَّة والقوة التي يمكنه بها أن ينجز بمفرده أعمالًا بهذا المقدار من العمق والخطورة. فعندما ثار الإنكشارية في اضطرابات غاضبة (مايو، 1622م) لمنع الحج إلى مكة، مطالبين برؤوس وزراء عثمان، لم يكن لدى السُّلطان قوات جاهزة للدفاع عنه، ولم يكن هناك أي فريق يؤيده من بين الشعب يمكنه أن يستغيث به. وبتحريض من الخائن داود باشا، الذي كان يكره عثمان لتنصيب منافسه وزيرًا أعظم، وبتحريض من والدة السُّلطان مصطفى، التي علمت أنه إذا قُمعت هذه الثورة، فسيسعى عثمان لتأمين نفسه عن طريق إعدام كل أقاربه، انتقل الجند المتمردون من العنف ضد الوزراء إلى الاعتداء على شخص السُّلطان، الذي كان حتى ذلك الوقت له قدسية وسط أشد النزاعات. هكذا جُر السُّلطان إلى الأبراج السبعة، بينما أُخذ مصطفى المُخْتَل من محبسه مرَّة ثانية ليجري تنصيبه على العرش. عزم داود باشا - الذي صار آنذاك الوزير الأعظم - على عدم ترك مشروعه الغادر من دون اكتمال، فذهب مع ثلاثة من الرفاق إلى سجن عثمان، حيث قاموا بخنقه في ظروف جسيمة، وبقسوة وقحة[1].

سرعان ما تسببت وحشية هذا القتل في ندم الإنكشارية أنفسهم. ومن بين لمحات العقل القليلة التي أظهرها السُّلطان مصطفى خلال فترة حكمه الثانية، كان التعبير عن حزنه لوفاة عثمان عن طريق خط شريف يقضي بوجوب معاقبة قاتليه. وظل مصطفى، بصفة عامة، غير قادر على حكم الإمبراطورية، أو حكم نفسه، بالشكل المعتاد، كما حدث في فترة توليه الأولى. فقد مارست أمه السُّلطانة الوالدة، السُّلطة الرئيسية باسمه. وتآمر المتنافسون أو تقاتلوا لنيل مراكز الدولة الرفيعة، وذلك اعتمادًا على الدفع للإنكشارية والسباهية كأفضل وسيلة للترقِّي. هكذا تحوَّلت هذه الحالة السيِّئة إلى فوضى وبؤس في القسطنطينية، شعر بهما حتى الجنود أنفسهم. وكان لا يزال بعضٌ من روح الانضباط العسكري قائمًا بينهم، إلا إن فخر ارتباطهم بالإمبراطورية العثمانية، التي ساهمت بسالة أجدادهم في قوتها وازدهارها، لم يعد مؤثرًا بشكل كامل. وقد وافقوا على مناشدات كبار الوزراء للتخلِّي عن هباتهم المعتادة في حالة تولِّي سلطان جديد

(1) يعقد فون هامر، vol. ii. p. 808، مقارنة غريبة مؤلمة بين وفاة عثمان، وأندرونيكوس، الذي بنى الخزان الكبير «بيرجوس» (Pyrgus) أو «بورجاس» (Burgas) في القسطنطينية، الذي أصلحه عثمان.

السُلطة. وفي أغسطس 1623م، خُلع مصطفى المُختَل للمرة الثانية، ونُصِّب الأمير مراد، أكبر الإخوة الباقين للسلطان عثمان، وهو طفل يبلغ من العمر أحد عشر عامًا. استمرت فترة الحكم الثانية لمصطفى ما يزيد على العام بقليل، لكنها تسبَّبت في بؤس لامتناهٍ للإمبراطورية. فقد جُددت الحرب الفارسية، وسقطت بغداد والبصرة في أيدي الأعداء، وخُربت آسيا الصغرى بسبب ثورة أباظه، الذي كان حاكمًا على مرعش، والذي قيل إنه ساعد السُلطان عثمان في مشروعه للقضاء على الإنكشارية. ومن المؤكد أنه بعد مقتل عثمان أعلن أباظه نفسه أميرًا يسعى إلى الأخذ بالثأر، وأقسم على أن يكون عدوًّا للإنكشارية، الذين لاحقهم بضراوة عنيدة. وفي خضم انحلال عام لجميع قيود الحكومة، وغياب لأي حماية للصناعات أو الممتلكات، بدا أن الإمبراطورية تغرق في حالة خالصة من همجية الحيوانات الضارية. ولا يمكن لشيء أن يتجاوز ذلك الوضوح القوي الذي تسفر عنه شهادة العين، فقد تحدَّث سير توماس رو في مراسلاته مع الملك جيمس الأول وغيره في إنجلترا، بخصوص معاناة سكان الأراضي التركية، وأعراض الاضمحلال والانهيار التي شهدها مِن حوله[1]. وجدير بالذكر أنه لم تكن هناك رغبة لدى الإنجليز في سقوط تركيا، فهذا البلد تعاطف بقوة مع زوج ابنة جيمس، الأمير «بالاتين» (Palatine)، والخصوم البروتستانت الآخرين للبيت النمساوي في ألمانيا. وكان أي احتمال لإزعاج جيوش النمسا من خلال الحرب التركية، سيحظى بسرور كبير من قِبَل رجال دولتنا. إلا إن رسائل رو النابضة بالحياة تصف بوضوح وبشكل متكرر، حالة العظمة الساقطة، التي اعتبرها لن تعود. وهو يستخدم تقريبًا الاستعارة نفسها التي طُبِّقت على السُلطة التركية في عصرنا الحالي، عن طريق رجل «كانت رغبته أصلًا للفكرة»، وهو الذي تحدث عنها «كرجل مريض على وشك الموت على يدي أحدهم». يقول رو: «لقد أصبحت كجسم مُسِن أصابه العديد من العلل التي سرعان ما تأتي حينما يتلاشى الشباب والقوة». وهو يعطي في رسالة كُتبت في سنة وفاة السُلطان عثمان، بعض الحسابات عن مقدار الانخفاض السكاني الذي حدث آنذاك، وهو ما يمكن أن يكون مبالغًا فيه، إلا إن شهادته لطبيعة ما رآه بالفعل غير مشكوك فيها بشكل عام. يقول: «لا تزال المنازل الخربة موجودة في كثير من الأماكن، لكن ظلم وقسوة الحكومة جعلا جميع الناس يتخلون عنها. إن جميع أراضي السيد الكبير أصبحت خاوية من الناس، بسبب الافتقار إلى العدالة، أو بالأحرى بسبب القمع العنيف، لدرجة أنه في أفضل أجزاء اليونان والأناضول، يمكن للمرء الركوب ثلاثة أو أربعة أيام، وأحيانًا ستة، ولا يجد قرية واحدة قادرة

(1) "Sir Thomas Roe's Embassy," p. 22.

على إطعامه هو وفرسه، وهو ما تسبَّب في انخفاض الدخل، فلم تعد هناك أي وسيلة للدفع للجنود، أو الإنفاق على البلاط. ربما جرت تسوية الأمر لفترة من الوقت من الخزانة، وعن طريق الابتزاز الذي أصبح حينذاك ثقيلًا على التاجر والعامل، لإرضاء أولئك الطمَّاعين، ولكن عندما تفشل هذه الوسائل التي لا يمكن أن تستمر طويلًا، فلا بدَّ أن الجند سيطالبون برواتبهم، أو يتم تخفيض عددهم، وإلا سيعاني الجميع من ذلك، وكل من يحاول الإصلاح سيتبع عثمان إلى قبره. هذا هو الوضع الحقيقي لتلك العظمة التي تعاني بشكل كبير. وقد توقَّع ذلك أكثر الرجال سعة للأفق في البلاد، فسحبوا أموالهم بأسرع ما يمكن، خوفًا من أن يتسبب الإبطاء في تعريضها للخطر»[1].

يُعدُّ هذا فيما يبدو تكهنًا كُتب عام 1622م على أساس من الصحة، ينذر بسرعة فناء الإمبراطورية العثمانية. لكن منذ ذلك الحين، صمدت هذه الإمبراطورية بالفعل لمدة قرنين ونصف القرن من الزمان. وسنوجِّه الآن اهتمامنا لأحد هؤلاء الحكام الذين كان لهم دور أساسي في دحض هذه التكهنات وما شابهها.

---

(1) "Sir T. Roe's Embassy," pp. 66, 67.

الفصل الثالث عشر

الحالة المزرية للإمبراطورية عند تولي مراد الرابع - الثورات العسكرية - مراد يُمسك بزمام السُلطة ويستعيد النظام - شدته وقسوته - إعادة فتح بغداد - وفاته.

الفصل الثالث عشر[1]

كان مراد الرابع وقت توليه العرش (10 سبتمبر، 1632م) يبلغ من العمر أقل من اثني عشر عامًا، لكنه في هذا العمر المبكر، أعطى مؤشرات على شخصية انتقامية حازمة، وأظهر أنه سيرتقي العرش العثماني، لمرة أخرى، أمير يمتلك روح سليم الأول. وقد روى عنه المؤرخ التركي، «أوليا» (Evliya)، قائلًا: «عندما دخل السُّلطان مراد الخزانة بعد توليه، كان معه والدي، درويش محمد، ولم تكن هناك آنية ذهبية أو فضية متبقية، فقط كان هناك ثلاثون ألف قرش من المال، وبعض المرجان والخزف في صناديق. فقال السُّلطان بعد أن خَرَّ لله ساجدًا: «إن شاء الله، سأملأ خمسين ضعف هذه الخزانة من ممتلكات مَن قاموا بنهبها»»[2].

تصرَّف السُّلطان الصغير، بشكل أساسي خلال السنة الأولى من حكمه، تحت توجيهات والدته، السُّلطانة «ماه بيكر» (Mahpeiker)، التي كانت - من حسن حظ الإمبراطورية العثمانية - امرأة ذات مقدرة وموهبة بارزتين، عملت من خلالهما إلى أقصى حدٍّ على مواجهة الأخطار والكوارث التي واجهت فجر سيادة طفلها. فقد وصل الرسل من جميع أنحاء الإمبراطورية بأنباء سيِّئة؛ إذ كان الفُرس منتصرين على الحدود، وساد المتمرد أباظه مستبدًّا على آسيا الصغرى، وكانت قبائل لبنان في حالة من التمرد الصريح، وحكام مصر وغيرها من الأقاليم مترددين في ولائهم، واتخذت الأقاليم المغربية سلطات مستقلة عاقدة معاهدات مع الدول الأوروبية لحسابها الخاص، ولم تستمر أساطيل المغيرين من القوزاق في نهبها على سواحل البحر الأسود فحسب، وإنما ظهرت كذلك في مضيق البوسفور، ناهبة المنطقة المجاورة للعاصمة، وفي القسطنطينية نفسها كانت هناك خزانة فارغة، وترسانة مفككة، وعملة مغشوشة، ومخازن مستنفدة، وسكان يتضورون جوعًا، وجنود عابثون. ومع ذلك جرى الحفاظ على مظاهر السُّلطة، وبالتدريج استُرد بعض من جوهرها بواسطة مَن حكموا باسم الأمير الصغير. وعلى الرغم من وجوده وسط الاضطرابات وسفك الدماء

(1) See Yon Hammer, books 46-52.

(2) Hulme.

والمخاطر اليومية على الحياة والعرش، راقب الأمير مراد كل شيء، من دون أن ينسى شيئًا أو يغفر شيئًا، وهو يشب باتجاه الرجولة.

ثمة رتابة مملة في الحديث المتكرر عن التمردات العسكرية، لكن التمرد الهائل الذي قام به السباهية، والذي زلزل القسطنطينية في السنة التاسعة من حكم مراد، يستحق الملاحظة، اعتبارًا لسمات الشخصية التركية التي قَدَّمت بطلها الرئيسي وضحيتها بشكل ملحوظ، وكذلك بسبب أن ذلك التمرد يُوضِّح ويُبرِّر جزئيًا تلك القسوة التي نمت عند مراد، وشهيته الذئبية إلى حدٍّ ما لإراقة الدماء التي أظهرها فيما تبقى من عهده. في بداية ذلك العام، كان عدد كبير من الإنكشارية المتمردين، الذين وصموا أنفسهم بسوء السلوك الجسيم في الحملة الأخيرة غير الناجحة على بغداد، قد انتشروا في القسطنطينية، منضمين إلى السباهية الأوروبيين الذين تجمعوا بالفعل في تلك العاصمة، حيث حُرِّضوا سرًّا من قِبَل رجب باشا، الذي رغب عن طريقهم في تدمير الوزير الأعظم حافظ، ذلك الباسل عاثر الحظ، الذي تعلَّق به السُلطان الصغير كثيرًا، والذي كان يتبادل مع عاهله مراسلات شعرية[1] عندما كان يحارب الفرس. تجمَّع السباهية معًا في ميدان «المضمار» (hippodrome) في ثلاثة أيام متتالية (فبراير، 1632م)، مطالبين بالوزير الأعظم حافظ، والمفتي «جاهيا» (Jahia)، والدفتردار مصطفى، وغيرهم من المفضَّلين لدى السُلطان الذين كانوا في المجمل سبعة عشر فردًا. أُغلقت المحلات التجارية، وكانت المدينة والسراي في حالة من الخوف. في اليوم الثاني جاء المتمردون إلى بوابة القصر، ولكن انسحبوا على وعد بالمواصلة في الغد. وفي اليوم الثالث، عندما بزغ الصباح، امتلأ فناء السراي بالمتمردين الغاضبين. وبينما كان الوزير الأعظم في طريقه لحضور الديوان، تلقَّى رسالة من صديق، يحذره فيها وينصحه بإخفاء نفسه إلى أن يتفرق الحشد. أجاب حافظ بابتسامة: «لقد شاهدت في المنام مصيري في هذا اليوم. أنا لست خائفًا من الموت». وعندما ركب من داخل السراي، شكَّلت له الحشود ممرًّا يعبر من خلاله، كما لو كانوا يبدون احترامهم، ولكن عند مروره قذفوا الحجارة عليه فوقع من فوق حصانه، فحمله الحاضرون إلى الجزء الداخلي من القصر. وكان أحد أتباعه قد قُتل، وأُصيب آخر بجروح خطيرة من قِبَل السباهية. أصدر السُلطان أوامره لحافظ بالهروب، فاستقل الوزير الأعظم قاربًا من البوابة المائية للسراي، وعبر إلى أسكودار. وفي الوقت نفسه، شق المتمردون طريقهم بالقوة إلى الفناء الثاني للسراي الذي يُعدُّ القاعة المعتادة

(1) أورد فون هامر قصائد كلٍّ من السُلطان والوزير باللغة الألمانية في هوامش كتابه السابع والأربعين، وهي مليئة بالصور الخيالية المستمدة من لعبة الشطرنج.

للديوان، وطالبوا السُلطان بالخروج وعقد الديوان بينهم، فما لبث السُلطان أن ظهر وقام بعقده، وتحدث إلى المتمردين، قائلًا: «ما هي رغبتكم، يا عبيدي؟». فأجابوا بصفاقة وصوت مرتفع: «أعطنا السبعة عشر رأسًا. امنحنا هؤلاء الرجال كي نمزقهم إربًا، وإلا ستؤول الأمور معك إلى الأسوأ». وتزاحموا عليه عن قرب، موشكين على وضع أيديهم عليه، فقال مراد: «إذا كنتم لا تصغون مطلقًا إلى كلامي، فلماذا دعوتموني إذن؟». وعاد إلى الوراء محاطًا بخدمه إلى الفناء الداخلي، فذهب المتمردون وراءه مثل الطوفان الثائر، ولحسن الحظ منع الخدم تدفقهم، فصرخوا بصوت عالٍ: «رؤوس السبعة عشر، أو التنازل عن العرش».

اقترب حينذاك رجب باشا - المُرَوِّج السِّري للفتنة كلها - من السُلطان، وحثَّه على منحهم ما يطالبون به كضرورة لوقف الاضطراب، وقال إنه صار من المعتاد تسليم القادة للجند، و«لا بدَّ للرقيق مطلق اليد أن يأخذ ما يشاء، أن تتم التضحية برأس الوزير الأعظم أفضل من أن تتم التضحية برأس السلطان». استسلم مراد بأسى، وأرسل يستدعي حافظًا من أجل العودة والموت. لم يتردد الوزير، الذي التقى به السُلطان وقت عودته عند البوابة المائية، بعدها فُتح باب الفناء الداخلي. ارتقى السُلطان عرش الدولة، حيث حضر أمامه أربعة ممثلين للمتمردين، اثنان من السباهية واثنان من الإنكشارية، فناشدهم عدم الإساءة إلى شرف الخلافة، لكنه دعا عبثًا؛ حيث كان الهتاف لا يزال مستمرًا: «السبعة عشر رأسًا». وفي هذه الأثناء قام حافظ باشا بالوضوء استعدادًا للموت، تطبيقًا للشريعة الإسلامية، ثم وقف مواجهًا ومخاطبًا مرادًا، قائلًا: «أيها الباديشاه، فليمت ألف من العبيد مثل حافظ في سبيلك، أنا فقط أتوسل ألَّا تقوم أنت بإعدامي، ولكن أعطني إلى هؤلاء الرجال، عَلِّي أموت شهيدًا، ويأتي دمي البريء على رؤوسهم. وليُدفن جسدي في أسكودار». ثم قبَّل الأرض، وهتف: «بسم الله الرحمن الرحيم. ليست هناك قوة أو قدرة عدا قوة الله وقدرته سبحانه وتعالى. إنا لله وإنا إليه راجعون». ثم سار حافظ إلى فناء القتل كالأبطال، فنشج السُلطان باكيًا بصوت عالٍ، وبكى الخدم بمرارة، وحَدَّق الوزراء بعيون دامعة. هرع المتمردون لمقابلته أثناء تقدُّمه، ومن أجل أن يحظى بالشهادة، ضرب مَن هم في الصدارة وأوقعهم على الأرض بتسديدات موفَّقة، فانهال عليه البقية بخناجرهم، وطعنوه سبع عشرة طعنة قاتلة، وجثا أحد الإنكشارية على صدره وقطع رأسه. جاء بعدها خدم القصر وغطوا الجثمان. قال السُلطان بعد ذلك: «ستنفذ مشيئة الله، لكن في وقتها المحدد، وستلقون الانتقام يا رجال الدم، يا من ليس لديكم خشية من الله، ولا مراعاة لشريعة النبي». لم يلقَ هذا التهديد حينها اهتمامًا كبيرًا، لكنه صدر عمن لا يذهب وعيده هباءً منثورًا.

في غضون شهرين من هذا المشهد، سقط ضحايا جدد أمام هذا الحشد المتعطش للدماء، الذي وصم آنذاك اسم القوات التركية. ونُوقشت بصراحة في الثكنات مسألة خلع السُلطان، فرأى السُلطان الصغير أنه لا مهرب من الخيار الرهيب: «إما أن تَقْتُل، أو تُقْتَل». عارضت بعض أفضل النفوس في الجيش، روح السطو المريضة التي كانت مخيمة بشكل كبير على البلاط والمعسكر، ووضعوا سيوفهم تحت تصرف عاهلهم، فجرى بالتدريج وبشكل هادئ تنظيم قوة صغيرة، لكنها تتسم بالشجاعة، ومن الممكن الاعتماد عليها وقت الحاجة. وكذلك أدت الخلافات الحادثة بين القوات المتمردة نفسها، وخصوصًا الغيرة القديمة بين السباهية والإنكشارية، إلى إتاحة وسائل لقمعهم جميعًا، وهو ما استغله مراد نفسه بجرأة ومهارة؛ فكان أول عمل له هو قتل الخائن الرئيسي، رجب باشا، في الخفاء وبشكل مفاجئ، ثم شرع في العمل الأكثر صعوبة وهو الحد من الخضوع للجيش. وقد حدث ذلك يوم التاسع والعشرين من مايو عام 1632م، وهو اليوم الذي تحرَّر فيه السُلطان نفسه من طغاته العسكريين، وبدأ فيه كذلك عهده المرهب. عقد مراد ديوانًا عامًّا على شاطئ البحر بالقرب من كشك سنان، حضره المفتي، والوزراء، وكبار العلماء، والقائدان العسكريان اللذان ساندا السُلطان أمام القوات المتمردة، وهما: «كويز» (Koese) محمد، و«روم» (Roum) محمد. وكان في الحضور أيضًا ست سرايا من الحرس الفرسان، الذين يوثق بولائهم، وعلى استعداد لاتخاذ إجراءات فورية. جلس مراد على العرش، وأرسل رسالة إلى السباهية الذين تجمعوا في الميدان، طالبًا حضور وفد من ضباطهم، ثم استدعى مراد الإنكشارية أمامه، وخاطبهم بوصفهم جنودًا مخلصين أعداءً للمتمردين من الفيلق الآخر. صاح الإنكشارية بأن أعداء الباديشاه هم أعداؤهم أيضًا، وأبدوا استعدادهم بحماس لقسم يمين الولاء التام، الذي جرى اقتراحه للتوِّ. كانت قد أُعدت نسخ من القرآن ووُزعت بين الصفوف، فأقسم الإنكشارية على ذلك الكتاب المقدس: «والله، بالله، تالله». سُجِّل القسم رسميًّا، ثم انتقل بعدها مراد إلى ممثلي السباهية، الذين وصلوا في هذا الوقت، وشهدوا الحماسة الموالية للإنكشارية. وبَّخهم السُلطان على ضراوتهم وخروجهم على القانون، فأجابوا بخضوع بأن تهمة السُلطان لهم صحيحة، غير أنهم مخلصون في داخلهم، وإن كانوا غير قادرين على إخضاع رجالهم للامتثال لطاعتهم. قال مراد: «إذا كنتم مخلصين، فأقسموا اليمين الذي أقسمه إخوتكم من الإنكشارية، وسلِّموا لي قادة التمرد من صفوفكم». فأطاعه ضباط السباهية في خوف وارتعاد، والإنكشارية وحرس الفرسان السُلطاني يحيطون به، ثم أمر مراد القضاة بالوقوف أمامه، وقال لهم: «أنتم متَّهمون ببيع أحكامكم في مقابل الذهب، فضلًا عن تدمير شعبي، فما قولكم؟». فأجابوا: «يشهد الله على أننا لا نسعى إلى إعاقة سير العدالة، أو ظلم

الفقراء، لكننا لا نملك حرية أو استقلالًا، فإذا قمنا بحماية رعيتك من عنف السباهية أو جامعي الضرائب، نُتهم بالفساد، وتتعرَّض محاكمنا للهجوم من قبل مسلحين، وتتعرَّض منازلنا للنهب». فقال السُّلطان: «لقد سمعت بهذه الأمور». ثم نهض في الديوان قاضٍ شجاع من آسيا، عربي المولد، وسحب سيفه صائحًا: «أيها الباديشاه، العلاج الوحيد لكل هذه الأمور هو حد السيف». عند هذه الكلمات، سلَّط السُّلطان وجميع الحاضرين عيونهم على ذلك القاضي العربي، الذي وقف أمامهم بسلاح وعينين لامعتين، لكنه لم يزد القول. سُجِّل ما صرَّح به القاضي، ثم وقَّع الحاضرون بداية من السُّلطان، مرورًا بالوزراء والمفتي وكبار المسؤولين، على بيان يلتزمون فيه بقمع التجاوزات والمحافظة على النظام العام، من خلال العقوبة التي تقضي بإحضار رؤوس أولئك الملعونين من الله والنبي والملائكة والمؤمنين كافة.

كان مراد بحاجة إلى الأفعال مثل حاجته إلى الأقوال، لذا سرعان ما بدأت أعمال القتل. هكذا أُرسل مبعوثان نشطان وموضع ثقة في أنحاء القسطنطينية، وقتلا قادة التمرد الأخير، وكل من أشار مراد بالقضاء عليهم، فارتعدت تلك القوات التي حُرمت من قادتها، وارتابت من بعضها البعض، وامتثلت للطاعة. واتُّخذت التدابير نفسها في الأقاليم، ولأشهر عديدة نشط السيف والقوس بشكل مستمر. لكن في العاصمة، تحت بصر مراد، جنى الانتقام السُّلطاني من طول الإذلال، حصادًا أكثر دموية. وفي كل صباح، كان البوسفور يُلقي على شواطئه جثث مَن أُعدموا في الليلة السابقة، ومن بينهم رأى المتفرجون المتلهفون أولئك السباهية والإنكشارية الذين شوهدوا في الآونة الأخيرة وهم يتجولون في الشوارع بكل صلف الحرية التي يكفلها الامتياز العسكري. وقد عزز المظهر الشخصي لمراد وشجاعته، وسلوكه العسكري وجرأته، ذلك الاحترام والخوف اللذين أوحت بهما هذه الشدة القاسية. وكان حينذاك في العشرين من عمره، وعلى الرغم من أن قامته كانت تفوق القامة المتوسطة بقليل، فإن هيكله الجسدي جمع بين القوة والنشاط بدرجة ملحوظة، أما ملامحه فكانت متناسقة ووسيمة. وأعطى أنفه المعقوف، ولحيته السوداء الفاحمة التي بدأت تزين ذقنه، جلالًا لمظهره. غير أن بريق التسلط في عينيه الداكنتين كان يشوبه عبوس ثابت، والذي صار - مع ذلك - ملائمًا تمامًا لصرامة شخصيته. كان يوميًا يستعرض فروسيته في ميدان المضمار، ففاز بإعجاب لاإرادي من الجند بسبب قدرته ومهارته فارسًا ومبارزًا، فضلًا عن قوته وبراعته منقطعة النظير في استخدام القوس[1]. وكان يقوم

(1) كان من أمهر الرماة وأقواهم في عصره. ويتحدث المؤرخون عن أن السهم الذي كان يرميه يقطع مسافة أكبر من قذيفة البندقية. وعندما أُهديت إليه درع من شاه جيهان سلطان الهند، أخبره السفير أن تلك الدرع المغطاة =

متنكرًا بدوريات أثناء الليل، وفي كثير من الأحيان يقوم بقتل المجرمين بيده خلافًا لمراسيمه في مسائل الشرطة. وسرعان ما كان يتلقَّى رسائل من جواسيسه الكثيرين، إذا تَشكَّل أي احشاد في أحد الشوارع، وقبل أن يكتمل التمرد يكون مراد مسلحًا في الحال بشكل جيد بصحبة حراس موثوق بهم من قواته المختارة، حيث يركب بلا خوف بين مجموعات السباهية والإنكشارية، الذين قاموا في صمت ضارٍ أمام سلطانهم، بإسقاط كل خوف تدركه تلك العين الثاقبة وتشير إليه، وتنطق بموته تلك الشفاه التي لا تغفر.

قُمع التمرد في آسيا الصغرى عام 1630م، بهزيمة وخضوع أباظه، الذي استبقاه مراد، تعاطفًا مع كراهيته للإنكشارية بشكل أساسي، وجعله باشا للبوسنة، ثم قام حينذاك باستخدام هذا القائد المقتدر القاسي في القسطنطينية، وعَيَّنه آغا للإنكشارية، أعدائه القدامى. خدم أباظه سيده الصارم جيدًا في ذلك المنصب المحفوف بالمخاطر، لكنه تعرَّض أخيرًا لاستياء مراد، فأُعدم عام 1634م. نمت عادة سفك الدماء آنذاك إلى أن صارت طبيعة لدى السُلطان. هكذا تلقت جميع الأخطاء التي وردت عليه، صغيرة كانت أم كبيرة، العقوبة القصيرة والقاسية والنهائية نفسها. وكان أقل مقدار من الشك ينتاب عقله القلِق كافيًا لضمان إعدام ضحيته، فيقوم بالضرب قبل أن يُوجِّه اللوم. وفي النهاية صار الخوف الذي نال به الاحترام، عامًّا ومتأصلًا، وهو ما جعل الرجال الذين يجري استدعاؤهم إلى حضرة السُلطان، يبادرون بوضوء الموت قبل دخولهم إلى القصر.

تُعَدُّ سيرة مراد دلالة بارزة على الكيفية التي يمكن من خلالها للمرء أن يمتلك قوة مطلقة بشكل خطير. أولًا: عن طريق استخدام الشدة المفرطة فيما يتعلق باقتراف الأخطاء الحقيقية، ثانيًا: التعجيل بلا رحمة في المعاقبة على الإساءات التصوُّرية. أخيرًا، ممارسة القسوة اللاإنسانية مع أدنى شبهة أو مضايقة. كانت أولى عمليات الإعدام التي أمر بها مراد عندما تولَّى السُلطة المستقلة، للخونة والمتمردين الذين اقترفوا آثامًا شائنة لا جدال فيها. وما لبث أن ازداد قتله، وامتد بصورة أكبر، لكن ظلت قسوته نادرة لفترة طويلة، وكانت لا تنطلق أبدًا من عشوائية

= بجلد الكركدن لا يمكن لأي رصاصة أو سيف أن يثلمها، فقام السُلطان بثقب الدرع مرتين أمام السفير، مرَّة برمية سهم وأخرى بضربة رمح. وذُكر أنه أرسل إلى مصر ترسًا نحو إحدى عشرة طبقة من الجلد، كان قد ضربها بسهم ثبت فيها، وأمر العساكر المصرية بإخراج هذا السهم منها، وأن مَن يخرجه يُزاد في علوفته، فحاولوا إخراجه فعجزوا عن ذلك. انظر: محمد أمين بن فضل الله المحبي، خلاصة الأثر في أعيان القرن الحادي عشر، مج.4 (القاهرة: المطبعة الوهبية، 1868م): 336-341؛ كوندز وأوزتورك، الدولة العثمانية: 302. (المترجم).

أو نزوة. مارس السُلطان الدموي صلاحيته المريعة خلال العامين الأولين من سيادته الفعلية ضد الجناة الحقيقيين أو المشتبه بهم، لكن بالتدريج نزعت طبيعته أكثر نحو التقلُّب، حتى أصبحت الحياة الإنسانية كأنها لا تساوي شيئًا في عينيه. فعندما كان يغدو راكبًا، ويثير غضبه أيُّ بائس سيِّئ الحظ بعبوره أو عرقلته للطريق، يُعدَم على الفور، وكثيرًا ما كان يسقط بسهم من القوس الكئيب الخاص بالطاغية. وعندما رأى ذات مرّة مجموعة من النساء يرقصن في أحد المروج، قضى بالقبض عليهن وإغراقهن، لأن ضجيجهن الصاخب أثار إزعاجه. وفي وقت آخر، عندما عبر البوسفور قاربٌ عليه العديد من النسوة بالقرب من أسوار القصر، رأى أنه قريب أكثر مما يجب، فأمر بفتح نيران المدافع عليهن، فغُصن إلى القاع أمام عينيه. وقد أطاح برأس كبير موسيقييه لغنائه لحنًا فارسيًّا، قائلًا إنه فعل ما يرفع من قدر أعداء الإمبراطورية. وقد أُحصي له الكثير من الأعمال الأخرى المماثلة في الوحشية. ويُقدَّر عدد الذين لقوا حتفهم بناءً على أوامره مائة ألف شخص، من بينهم ثلاثة من إخوته، وعمه المعزول مصطفى، كما كان من المعتقد عمومًا. حفظ كاتبٌ إيطالي أحد أقواله، مؤكدًا أن أفضل الكتب لدى مراد هو كتاب «الأمير» لـ«مكيافيلِّي» (Machiavelli)، الذي تُرجم إلى اللغة التركية. يستحق أحد أقوال السُلطان أن يكون بلا شك قولًا مُلهِمًا، ألا وهو: «لا يكبر الانتقام أبدًا ليصير إلى البِلى، مع أنه قد يكبر ليصير إلى المشيب». وفي السنوات الأخيرة من حياة مراد، تفاقمت حدة مزاجه على نحو رهيب، بسبب عادة السُكر التي اكتسبها. ففي إحدى جولاته الليلية في العاصمة، التقى برجل مخمور يُدعى «مصطفى بكر»، وقد دخل في محادثة مع مراد، متفاخرًا بأنه يمتلك ما من شأنه أن يشتري كل القسطنطينية و«ابن عَبْد» نفسه («ابن عَبْد» (The son of a slave) مصطلح يُطلقه الشعب التركي في كثير من الأحيان على السُلطان). في الصباح أرسل مراد إلى الرجل، وذكَّره بكلماته، فلم يرُعْه شيء، وسحب بكر قارورة نبيذ من ردائه، ورفعها للسلطان قائلًا: «هذا الذهب السائل، الذي يفوق كل كنوز الكون، هنا ما يجعل المتسوِّل أكثر بهاءً من المَلِك، ويُحوِّل الفقير السائل إلى الإسكندر ذي القرنين»[1]. فقام مراد بالروح المرحة الواثقة لباخوس الوقح، بشرب القارورة عن آخرها، ومنذ ذلك الحين أصبح السُلطان وبكر نديمين. وعندما كان الطاعون يحصد خمسمائة ضحية يوميًّا في القسطنطينية، كان مراد في كثير من الأحيان يقضي ليله في العربدة مع نديمه. وقد قال: «في هذا الصيف، يعاقب الله المارقين، وربما يأتي في فصل الشتاء إلى الرجال المخلصين».

---

(1) لذلك يقول «هوراس» (Horace) مخاطبًا قارورة النبيذ: «Addis cornua pauperi».

مع ذلك، وفي خضم عاداته المتساهلة، لم يفقد مراد قَطُّ قوة عقله وبدنه بشكل كامل، فعندما يتطلّب الواجب المدني أو العسكري يقظته، لا يمكن لأحد أن يتفوق عليه في تعففه الشديد، أو في مقدرته على العمل، وهو لا يتسامح مع أي جرائم، عدا جرائمه. هكذا توقفت سطوة الطغاة المحليين الصغار تحت سلطانه. وكان يراقب عن كثب وبلا هوادة جرائم جميع مَن في السُلطة تحت سيادته، كما فعل مع جموع رعيته. لقد كان أسوأُ طغيان للحاكم المطلق، أقل خطورة بكثير على الإمبراطورية من الفوضى العسكرية التي قام بقمعها. استُعيد النظام والطاعة تحت سطوته الحديدية، فكان هناك انضباط في المعسكرات، وعدالة محضة في المحاكم، وارتفعت الإيرادات نسبيًّا وأُديرت بأمانة، واستؤصلت انتهاكات النظام الإقطاعي للزعامات والتيمارات. وإذا كان مراد مخيفًا هكذا في دياره، فقد جعل من نفسه مرهبًا أكثر لأعداء الخارج.

كان تركه لمركز الإمبراطورية للمرة الأولى أمرًا محفوفًا بالمخاطر بالنسبة إليه. وقد شرع في القيام بحملة في الأجزاء المضطربة من الممتلكات الآسيوية، في نهاية عام 1633م. ولكن عندما سار قليلًا إلى ما وراء نيقوميديا، قام بشنق رئيس قضاة هذه المدينة، لأنه وجد الطرق في حالة سيِّئة، وهو ما أثار سخطًا كبيرًا بين العلماء، فبدأ زعماء تلك الهيئة الكبيرة في العاصمة يستخدمون أسلوبًا مواتيًا بعض الشيء لقوة السُلطان. وبتحذير أمه السُلطانة الوالدة من هذا الاستياء، عاد فجأة إلى القسطنطينية، حيث أعدم المفتي الرئيسي. ويُقال إن هذه هي الحالة الوحيدة التي قُتل فيه مُفتٍ بأمر من السُلطان، وهو ما قَيّد فعليًّا ألسنة وأقلام رجال الشريعة خلال الفترة المتبقية من عهد مراد. وفي ربيع عام 1635م، زحف مرَّة أخرى من عاصمته بهدف معلن، وهو ليس التفتيش على أقاليمه الآسيوية فحسب، وإنما طرد الهراطقة الفُرس من المدن التي لا يزالون يحتلونها داخل الحدود القديمة للإمبراطورية العثمانية. وفي حملة هذا العام، قام بفتح مدينة «إروان» (Eriwan)، وأظهر الروح الحقيقية للسلاطين العثمانيين القدامى، في العناية بما يتم توفيره لقواته، وكذلك في الانضباط الصارم الذي حافظ عليه، والبسالة الشخصية، والبراعة العسكرية التي أبرزها. وعندما كان من الضروري تحمل الفاقة، تقاسمها السُلطان مع رجاله، هكذا يقول عنه الكاتب الإنجليزي، ريكوت: «لم يستعمل لعدة أشهر وسادة لرأسه غير سرجه، ولا دثارًا أو لحافًا غير غطاء أو لباس قدم فرسه». كانت استعادة مدينة ومنطقة إروان مأثرة مهمة، إلا إن سير مراد خلال آسيا الصغرى ورجوعه، كانا أيضًا بمنزلة زيارة من قسوة السُلطان الرهيبة إلى جميع الحكام الإقليميين الذين أدانهم أو اشتبه قليلًا في عدم ولائهم أو إهمالهم. وفي عام 1638م، قام بأكبر وآخر حملاته على الفُرس لإعادة ضم مدينة بغداد العظيمة للإمبراطورية العثمانية، تلك المدينة التي وقعت تحت سلطة أعداء البيت

العثماني وأعداء العقيدة السُّنية لمدة خمسة عشر عامًا، وحُوصرت مرارًا من الجيوش التركية، من دون جدوى. ثمة تقليد في المشرق يقضي بأن بغداد، مدينة الخلافة القديمة، لا يمكن أن تُؤخذ إلا بواسطة العاهل شخصيًّا؛ حيث أحرزها سليمان العظيم لأول مرَّة لصالح تركيا، والآن يقوم مراد الرابع بعد قرن من ذلك الفتح، بإعداد جيوشه من أجل استعادتها. وُضعت الراية الإمبراطورية المتمثلة في سبعة من ذيول الخيل على مرتفعات أسكودار في التاسع من مارس عام 1638م. وبعد ذلك بأسبوع انضم مراد إلى الجيش. وأُعلن عن أن الزحف من أسكودار إلى بغداد جرى تقسيمه إلى مائة وعشرة أيام من السير، وفترات محددة للوقوف. وفي الثامن من مايو تحرك الحشد الكبير بثبات إلى الأمام، بلا تذمر، وبطاعة لإرادة قائده. خلال هذا المسير الثاني الذي قام به مراد (وهو الأخير على الإطلاق الذي يقوم به عاهل عثماني بنفسه داخل أي إقليم آسيوي، غير متاخم مباشرة للقسطنطينية)[1]، أظهر الصرامة الاستقصائية والشدة القاسية في فحص سلوك جميع السُّلطات الإقليمية، التي عاينها في مسيرته السابقة إلى إروان. وتوافد الباشوات والقضاة والأئمة وجامعو الضرائب لتقبيل ركاب السُّلطان، فإذا كان هناك أي ارتياب حول نزاهة أو نشاط أو ولاء أي موظف، ما يلبث رأس هذا التعس أن يتدحرج على الغبار تحت حوافر الفرس السُّلطاني.

في الخامس عشر من نوفمبر 1638م، بعد مائة وعشرة أيام من المسير، وستة وثمانين يومًا من التوقف، ظهرت الرايات العثمانية قبالة بغداد، حيث بدأ الحصار الأخير لهذه المدينة العظيمة. كانت التحصينات قوية، وبلغت الحامية ثلاثين ألف رجل، بينهم ألف ومائتان من المتدربين النظاميين المسلحين بالبنادق، والحاكم الفارسي، «بِكتش» (Bektish) خان، الذي كان ضابطًا صاحب مقدرة وشجاعة مثبتة. كان من المتوقع حدوث مقاومة مستميتة، فجرت مواجهتها من قِبَل الأتراك، الذين طغت أعدادهم وانضباطهم ومهارة سلطانهم الحازمة على كل شيء. وقد ضرب مراد لرجاله مثلًا على المثابرة المتأنية، فضلًا عن الشجاعة الفعلية، حيث عمل في الخنادق، وأشار للمدافع بيده. وفي واحدة من الهجمات المتعددة التي قامت بها الحامية، تحدَّى جنديٌّ فارسي قوي وضخم الجثة، أفضل وأشجع الأتراك لمبارزة فردية، فتقدَّم إليه مراد شخصيًّا، وبعد صراع ملتبس طويل، شج مراد رأس عدوه حتى الذقن بضربة سيف. وفي الثاني والعشرين من ديسمبر، أحدثت المدفعية التركية خرقًا بلغ ثمانين ياردة، سُوِّيت الدفاعات على طوله بشكل تام، تلك التي كانت، على حدِّ تعبير الكاتب العثماني: «من الممكن للرجل الأعمى

(1) Hulme.

أن يعدو عليها بسرعة، بلجام طليق، من دون أن يتعثر فرسه»[1]. كُدِّست حزمات من العيدان في الخندق، وهرع الأتراك للهجوم، الذي أصابه الارتباك لمدة يومين من عدد وبسالة المحاصَرين. وفي مساء اليوم الثاني، وبَّخ مراد بشدة وزيره الأعظم طَيَّار محمد باشا، لصد القوات، واتهمه بالافتقار إلى الشجاعة، فأجاب الوزير: «ليت الأمر، أيها الباديشاه، كان سهلًا بعض الشيء حتى أضمن لك الفوز ببغداد، كما سيكون لي أن أضع حياتي في الخَرْق غدًا لخدمتكم». في اليوم الثالث (عشيَّة عيد الميلاد، 1638م)، قاد طَيَّار محمد باشا الفدائيين بنفسه، فقُتل برصاص في الحلق من البنادق الفارسية، ولكن الأتراك تدفقوا إلى الداخل باندفاع من دون توقف، واحتُلت المدينة بالكامل. سأل الرحمةَ جزءٌ من الحامية، الذي كان قد آوى إلى بعض الدفاعات الداخلية، فمُنحت لهم في البداية، لكن عندما حدث نزاع من جديد عن طريق المصادفة في الشوارع بين بعض الفُرس المسلحين بالبنادق ومفرزة تركية، أمر مراد بمذبحة عامة للفُرس، وبعد يوم كامل من سفك الدماء، لم يكن هناك سوى ثلاثمائة تركوا أحياءً من الحامية التي كانت تتألف في الأساس من ثلاثين ألف رجل. وبعد بضعة أيام، غضب مراد جراء انفجار عرضي أو متعمد لمخزن بارود، قَتل وجَرح ثمانمائة إنكشاري، فأمر بمذبحة لسكان المدينة، حيث قُدِّر عدد القتلى بثلاثين ألفًا، حسب المؤرخ العثماني. وفي فبراير بدأ مسيرة عودته إلى الديار، بعد أن أصلح سور المدينة، وترك واحدًا من أفضل قادته مع اثني عشر ألف جندي لاحتلال بغداد، التي لم تُنتزع من الأتراك منذ ذلك الحين. وصل السُلطان إلى القسطنطينية في العاشر من يونيو 1638م، داخلًا عاصمته دخول منتصر لا يُنسى، ليس فقط بسبب عظمته، أو أهمية الفتح الذي احتفى به، وإنما لأنها كانت المرَّة الأخيرة التي تشهد فيها القسطنطينية ذلك المشهد المألوف لعودة عاهلها منتصرًا من حملة قادها بنفسه. يقول الكاتب العثماني[2] الذي شهد المشهد ووصفه: إن السُّلطان «رجع إلى قصره بسناء وعظمة لا يمكن أن يصفها لسان أو يفسِّرها قلم كما يجب. كانت شرفات وأسطح المنازل في كل مكان محتشدة بالناس، الذين هتفوا بحماس: «بركة الله عليك يا فاتح، شرفت يا مراد، لتكن انتصاراتك سعيدة!»». وكان السُلطان تكسوه درع متألقة من الصلب المصقول، ويعلو كتفيه جلد فهد، وعلى عمامته ريشة ثلاثية، وُضعت بشكل مائل على الطريقة الفارسية. وكان راكبًا على فرس «نوجايي» (Nogai)[3]، تتبعه سبعة خيول عربية

---

(1) Cited by Hulme.

(2) Cited by Hulme.

(3) نسبة إلى النوجاي، وهم جماعة عرقية تعود أصولها إلى قبائل تركية، أهمها قبيلة القبجاق، وموطنهم الأصلي يقع جنوبي روسيا، شمال منطقة القوقاز. (المترجم).

بأردية مرصعة بالجواهر، بينما تدوي الأبواق والصنج من أمامه، واثنان وعشرون من خانات الفُرس يساقون أسرى لدى الركاب السُلطاني. وهو يسير متقدمًا، يتطلع بفخر على كل جانب، مثل الأسد الذي قبض على فريسته، يحيي الناس الذين صاحوا: «بارك الله»، ملقين بأنفسهم على الأرض. وأطلقت جميع سفن الحرب تحية مستمرة، حتى بدا البحر مشتعلًا، وخُصصت سبعة أيام وليالٍ للابتهاج المستمر».

كان عَقْد السلام مع فارس على أساس ما أقره سليمان العظيم عام 1555م، هو النتيجة السريعة لانتصارات مراد (15 سبتمبر، 1639م). قام الباب العالي بإعادة إروان، لكن حيازة العثمانيين لبغداد والأراضي المتاخمة لها جرت الموافقة والتصديق عليها رسميًّا. وهكذا مرت ثمانون عامًا قبل أن تضطر تركيا مرَّة أخرى إلى الصراع مع عدوها القديم العنيد على جبهة نهر الفرات. وتدين تركيا بفضل كبير لذكرى مراد الرابع، بسبب هذا التوقف الطويل عن الأعمال العدائية المنهكة، وهذا الاعتراف المستمر من بلاد فارس بالتفوق التركي.

تُوفِّي مراد في سن الثامنة والعشرين، في التاسع من فبراير عام 1640م. وكان يسعى في الفترة الفاصلة بين عودته من بغداد ومرضه الأخير، إلى استعادة القوة البحرية المتراجعة لإمبراطوريته، وكان قد قمع روح التمرد التي انتشرت في ألبانيا والمناطق المجاورة لها خلال غيابه في آسيا، وكان مقتنعًا بالاستعداد لشن حرب على البندقية. تفاقمت الحمى لديه، بسبب عاداته المفرطة وذعره المستند إلى الخرافة عند كسوف الشمس، فقررت مصيره بعد مرض استمر خمسة عشر يومًا. وكان من أفعاله الأخيرة، إصدار أمر بإعدام إبراهيم، أخيه الوحيد الباقي على قيد الحياة. قد يكون هناك شك فيما إذا كانت هذه العلامة لـ«الروح المسيطرة القوية في موته» سببها هذيان الحمى، أو رغبة في أن يرث أثيره سلحدار باشا العرش بانقراض السلالة العثمانية، أو ما إذا كان مراد الرابع قد أراد إشباع رغبته القاتمة في معرفة أن بيته وسلالته سوف يهبطان معه إلى القبر. حافظت السُلطانة الوالدة على حياة إبراهيم، واستخدمت التزوير المحمود لرسالة زائفة إلى السُلطان بأن أمره قد جرى الوفاء به. قام مراد بعد ذلك، وهو تقريبًا في سكرات الموت بـ«الابتسام ابتسامة مروعة»، ظنًّا منه أن شقيقه قد قُتل، وحاول القيام من مضجعه لمشاهدة الجثة المفترضة، إلا إن الحاضرين، الذين ارتعدوا خوفًا على حياتهم من كشف الخدعة، أعادوه قسرًا إلى مكانه. كان الإمام الذي ينتظر في غرفة مجاورة، ولكنه يخشى حتى هذه اللحظة الاقتراب من الرجل الرهيب الذي يُحتضر، قد أُحضر حينذاك بواسطة الخدم، وبينما استهل الإمام صلاته، كان مراد الرابع قد فارق الحياة.

الفصل الرابع عشر

ملامح العهد الأخير من التاريخ التركي - تولي السُّلطان إبراهيم - حماقة وسوء حكمه - الثورة - عزل إبراهيم وإعدامه - الأحداث الخارجية أثناء عهد إبراهيم - الحرب ضد القوزاق - بداية حرب كريت - اعتلاء محمد الرابع العرش في سن السابعة - تواصل الاضطراب والمعاناة - أول وزير من عائلة كُبرولي.

الفصل الرابع عشر[1]

تتبعنا حتى الآن تاريخ البيت العثماني لما يقرب من أربعمائة عام، ولا تزال هناك فترة أخرى تزيد قليلًا على القرنين من الزمان يتعيَّن علينا دراستها، تضم عهود خمسة عشر عاهلًا. فمع استثناء محمود الثاني العظيم، على الرغم من كونه لم يُكلل بالنجاح، وربما أيضًا مصطفى الثاني، وسليم الثالث، فإن السلاطين الأتراك الذين نواصل النظر في ملامح شخصياتهم لم يحظوا إلا بقليل من الاهتمام على صفحة التاريخ. يتفق تدهور الدولة مع تردِّي حكامها، إلا إن الوصف الدقيق لمشكلات وكوارث الإمبراطورية المتدهورة يتميز بشكل عام بالرتابة وعدم الجاذبية. سنظل نولي اهتمامنا الفعلي إلى الحروب الضارية المهمة، وسنظل نقابل الأسماء التي لا بدَّ أنها ستبقى دومًا في قمة الشهرة العسكرية، إلا إن هذه الحروب شهدت بشكل عام - وإن لم يكن دائمًا - تراجعًا للهلال، أما الأسماء فكانت في الأساس تخص القادة الذين صاروا عظماء، لكن ليس في المناصب، وإنما على حساب البيت العثماني؛ أسماء مثل: «مونتيكوكولي» (Montecuculi)، و«سوبيسكي» (Sobieski)، و«يوجين» (Eugene)، و«سوارو» (Suwarrow). مع ذلك، فإن وميض المجد والنجاح على الجانب التركي لم يكن مفقودًا تمامًا؛ حيث كان هناك بالفعل رجال عظماء في المجالس والجيوش التركية، فقد وُجد لديهم كُبرولي وغيره ممن سادت أسماؤهم، واستحقت طويلًا أكثر من مجرد شهرة مشرقية. ولعلنا نلاحظ أيضًا أن هذين القرنين الأخيرين من التاريخ العثماني، وإن كانا أقل حيوية وإثارة من الفترات السابقة، فإنهما أكثر فائدة وقيمة لنا من حيث الدراسة، بالرجوع إلى المشكلات الكبيرة التي تواجهها دول وسط وغرب أوروبا، والتي تتطلَّب الحل في الوقت الراهن.

عندما تُوفِّي السُلطان مراد، كان شقيقه إبراهيم، الذي حَكم عليه بالموت مع أنفاسه الأخيرة، من دون جدوى، هو الممثل الوحيد الباقي لذكور البيت العثماني. كان إبراهيم خلال عهد مراد حبيس القصر السُلطاني. وعلى مدار السنوات الثماني الأخيرة، ظل يرتعد من توقُّعه اليومي للقتل. فعندما سارع نبلاء الإمبراطورية إلى مكان سكنه ببشرى وفاة مراد، وبتهنئة سيدهم الجديد،

---

(1) See Von Hammer, books 49-51.

اعتقد إبراهيم من خوفه أن الجلادين هم الذين يقتربون، فسدَّ الباب في وجوههم، ورفض طويلًا تصديق تأكيداتهم على وفاة مراد، ولم يقتنع إلا عندما أمرت السُّلطانة الوالدة بحمل جثمان ابنها الميت على مرأى من ابنها الحي. تقدَّم إبراهيم بعدها، وارتقى العرش التركي، حيث أصبح شبقًا للملذات بأنانية؛ فطول الحبس والخوف يحطان من أي طبيعة نفسية موجودة في الأصل، فضلًا عمن كان جشعًا سفَّاحًا، كما كان جبانًا وضيعًا. استُعيدت بسرعة تحت حكم إبراهيم أسوأ المفاسد التي كانت قد اضمحلت في زمن مراد، في حين أن روح القسوة التي حكم بها مراد استمرت في الاحتدام بفداحة أكبر.

لفترة وجيزة، عمل قره مصطفى[1]، أول وزير أعظم لإبراهيم، على كبح التجاوزات، وسد أوجه القصور في حكمه. وتلقَّى الرَّعايا النصارى للباب العالي عدالة منصفة من قره مصطفى، وحاول بقدر مؤقت من النجاح تقليل نمو المفاسد في الإدارة المالية للإمبراطورية، وكانت لديه أمانة يخاطر في سبيلها بالتحدث صراحة إلى الطاغية المنغمس في الملذات الذي يقوم بخدمته، فضلًا عن معارضة نزوات إبراهيم المجنونة، ومكافحة التأثير الوخيم للمفضَّلين من المهرِّجين والسُّلطانات الذين تاجروا في الوظائف والألقاب. وبالتالي كان الإزعاج الذي قام به الوزير، واشتهاره بجمع ثروة كبيرة، سببين مؤكدين لهلاك من يخدم سيدًا جشعًا متقلِّب المزاج كإبراهيم. في الوقت نفسه، لم تكن شخصية الوزير منزهة عن الخطأ، فتعاونت زلاته وفضائله في تدميره؛ فقد كان مصطفى عنيفًا وعنيدًا في عدائه تجاه كل مَن ينافسه، أو يبدو محتملًا أن ينافسه، في السُّلطة، وكان منعدم الضمير فيما يتعلق بالوسائل التي يستخدمها للإطاحة بخصمه. لكن كان أعداؤه الأشد ممن حال تَدني نوعهم ومركزهم بينهم وبين الانتقام؛ حيث كان السبب المباشر لسقوط الوزير الأعظم هو إهانته لتلك السيدة التي تشغل منصب المسؤولة عن الحريم، ذلك أن هذه المسؤولة النسائية لدولة إبراهيم، وهي «القالفا خاتوم» (Khatoum)، أرسلت طلبًا إلى الوزير الأعظم للحصول على إمدادات فورية من خمسمائة عربة محملة بالأخشاب لاستخدام الحريم. وفي هذا الوقت، وصلت أنباء عن اضطرابات في الأقاليم وعلى الحدود بلغت القسطنطينية. ونظرًا لانشغاله في هذه الأوضاع، أهمل قره مصطفى إرسال الأخشاب إلى الحريم. وبعد بضعة أيام، بينما كان يترأس الديوان، تلقَّى قبل ساعتين من ميعاد رفع المجلس رسالة من إبراهيم

(1) تولَّى الوزارة العظمى يوم فتح بغداد 15 شعبان 1048هـ/ 22 ديسمبر 1638م، ولما رجع السُّلطان أقام ببغداد لتعميرها، وعاد بعدما اصطلح مع العجم. استمر في منصبه بعد تولِّي السُّلطان إبراهيم، حتى قُتل في 21 ذي القعدة 1053هـ/ 31 يناير 1644م. انظر: حاجي خليفة، فذلكة التواريخ: 396. (المترجم).

يأمره فيها بصرف الديوان والمثول أمامه. امتثل الوزير وسارع إلى سيده السُّلطان، حيث سأله إبراهيم على الفور: «لماذا لم تُرسَل خمسمائة حمولة من الخشب إلى الحريم؟». فأجاب الوزير: «سيتم إرسالها»، ثم أضاف بشجاعة أكثر من التعقُّل: «أيها الباديشاه، هل من الحكمة أو المناسب أن تدعوني لصرف الديوان، وإرباك وتعطيل أخطر شؤون الدولة، من أجل إحضار خمسمائة حمل من الخشب قيمتها الكاملة لا تبلغ خمسمائة آسبر؟ لماذا عندما أكون أمامك تسألني عن الحطب، ولا تتكلم بكلمة عن حاجات رعيتك، وحالة الحدود، والشؤون المالية؟». نصح المفتي يحيى، الذي علم بهذه المحادثة من حسين أفندي الذي حضرها، الوزيرَ الأعظم بأن يحترس أكثر في كلامه، وألَّا يُحقِّر من أهمية شيء أثار اهتمام السُّلطان. فأجاب قره مصطفى: «أليس من قبيل الخدمة الجيدة للسلطان أن أُخبره بالحقيقة؟ هل أتحوَّل إلى متملِّق؟ أفضلُ لي أن أتكلم بصراحة وأموت، عن أن أعيش في باطل خنوع»[1].

مع ذلك، قرر ألَّا يموت من دون محاولة للإطاحة بأعدائه؛ حيث دبَّر قره مصطفى حيلة للقضاء على يوسف باشا الذي ارتقى مؤخرًا بدعم من السُّلطان، وكان عدوًا لدودًا للوزير. قام قره مصطفى، بتوزيع أموال على إنكشارية العاصمة، لحثهم على رفض جِرايتهم، والتذرُّع بالتأثير المفرط ليوسف باشا، كسببٍ لعدم رضاهم. لكن سرعان ما كُشف المخطَّط للسلطان، الذي استدعى قره مصطفى وأمر بإعدامه فورًا. هرب قره مصطفى من حضرة السُّلطان إلى منزله، وعندما لُوحق هناك من الجلادين، فبدلًا من أن يُظهر الخضوع المستسلم الذي يبديه رجال الدولة المشرقيون في مثل هذه الظروف، استل سيفه إلى أن تم التغلب عليه ونَزْع سلاحه وخنقه[2].

خلف قره مصطفى في الوزارة العظمى، سلطان زاده باشا[3]، الذي عزم على ألَّا يلقى مصير

(1) يقول المؤرخ التركي نعيمة، الذي يروي هذا الكلام، أنه سمعه من حسين أفندي. Von Hammer, vol. iii. p. 234, n.

(2) عندما نُقِّش قصر قره مصطفى من قِبَل مسؤولي السُّلطان، عُثر على خمس صور تُمثِّل قره مصطفى وأربعة وزراء آخرين، في مكان مخفي. افتُرض أن الوزير الراحل كان يستخدمها في الطقوس السحرية، فأُحرق البربري الذي قيل إنه كان معلمه في الشعوذة، حيًا. ويقول فون هامر إنه ربما كان مولعًا باللوحات، لكنه أبقاها في موضع سري من منزله، بوصفها مقتنيات محظورة. فالمتَّبعون الصارمون للشريعة الإسلامية يعتبرون كل ما يُمثِّل الهيئة الإنسانية، سواء تماثيل أو رسومات، من قبيل الإثم. ذلك أنه يشجع على الوثنية، ويمتهن خلقة الله الأساسية، على حدٍّ سواء. ويقولون إنه في اليوم الآخر، ستنهض الصور والتماثيل إزاء صانعيها، لتدعو هؤلاء التعساء بنفخ الروح فيما هيأوا.

(3) هو محمد باشا جوان قابجي سلطان زاده. تولَّى الوزارة العظمى بعد مقتل سلفه قره مصطفى عام 1053هـ/ 1644م، وتولَّى عدة مناصب قبل ذلك، كان أهمها تعيينه حاكمًا على مصر في عهد مراد الرابع عام =

سلفه بالمصارحة غير المتملِّقة لعاهله، فكان يطري على كل نزوة، وصار أداة جاهزة لهوى السُّلطان، الذي كان يملك شهية مفرطة للمتع الحسية، وولعًا وحشيًّا بتنظيم ومشاهدة أعمال القسوة التي اندلعت حينذاك بلا انقطاع أو خجل. لم يتمكَّن إبراهيم، الذي تَذَكَّر المراجعة التي اعتاد قره مصطفى أن يفرضها عليه، من منع الشعور بالدهشة إزاء التذلل الكامل الذي يُبديه وزيره الأعظم الجديد، فسأل ذات يوم سلطان زاده: «كيف تتمكَّن دائمًا من الإطراء على كل أفعالي، سواءً كانت جيدة أو سيِّئة؟». فأجاب وزير الاستبداد الوقح: «أنت الخليفة، أنت ظل الله على الأرض، كل فكرة تُمتع روحك هي وحي من السماء. أوامرك، حتى عندما تبدو غير معقولة، تكون لها معقولية فطرية يُوقِّرها عبدك، مع أنه قد لا يفهمها دائمًا». سَلَّم إبراهيم بتأكيدات العصمة والتنزيه عن الخطأ، وتحدَّث منذ ذلك الوقت فصاعدًا بوصفه ممثلًا للإلهام الإلهي في خضم المشاهد الأكثر خزيًا من الحماقة والرذيلة والإجرام؛ فأدت فداحة ذلك إلى تذمر نزيلات حريمه في بعض الأحيان، واعترضت السُّلطانة الوالدة على عبث سلوكه، لكن بلا جدوى. أجاب إبراهيم بالاقتباس من كلمات وزيره الأعظم، وإطلاق العنان لسلطته الكاملة في إشباع كل نزوة عابثة، وكل شهوة منحرفة، وكل نوبة هوى انفعالي، وكل رغبة قاتمة لضغينة مشبوهة.

سرعان ما تبدَّدت الثروة التي تراكمت من حصافة مراد الصارمة، عن طريق التبذير السفيه لخليفته. ومن أجل الحصول على مزيد من الذهب لمفضَّلاته اللاتي لا قيمة لهن، ولتحقيق نزواته الجامحة، باع إبراهيم كل منصب من مناصب الدولة، وكل ترقية في مراتب السيف والقلم على السواء لمن يدفع أكثر. زادت أعباء الضرائب القديمة زيادة مفرطة، وأُضيفت رسوم جديدة، أظهرت مسمياتها نفسها الأسباب التافهة التي استنزف بها السُّلطان رعاياه، مما أضاف الشعور بالإهانة إلى الظلم. كانت واحدة من شهوات إبراهيم متمثلة في توقه المرضي للعطور، خصوصًا العنبر. وكان ولعه الآخر الزائد عن الحد يتعلق بالفراء من الأنواع الأكثر ندرة وكلفة، ليس للارتداء فقط، وإنما لرؤيته من حوله. وتلبية لهذه الرغبات، فرض إبراهيم ضرائب جديدة، واحدة تُسمى «ضريبة العنبر»، والأخرى «ضريبة الفراء». وكان حب السُّلطان الجنوني للفراء قد وصل إلى مداه بسبب سماع أسطورة قالتها امرأة عجوز أثناء قص روايات لسيدات الحريم على سبيل التسلية أثناء الليل. وصفت هذه الأسطورة مَلِكًا معينًا في قديم الزمان، كان يرتدي

= 1047هـ/ 1637م، فلما تولَّى السُّلطان إبراهيم عزله وجعله حاكمًا على الحجاز عام 1050هـ/ 1640م، وفي عام 1055هـ/ 1645م أوكلت إليه مهمة قيادة الجيش المكلف بفتح جزيرة كريت، ولكن ما لبث أن تُوفِّي في جمادى الأولى 1055هـ/ يوليو 1646م. (المترجم).

فراء السمور، ويغطي به أرائكه ومضاجعه، وكذا النسيج والسجاد في قصره، فتاق إبراهيم في الحال لأن يسير على منواله، وأن يزين السراي بمثل هذه الطريقة. كان يحلم طوال الليل بالسمور، وفي الصباح يأمر في الديوان بإرسال رسائل إلى جميع الولاة وكبار رجال الإمبراطورية، يطلب فيها من كلٍّ منهم جمع عدد معين من فراء السمور وإرساله إلى القسطنطينية. وقدَّم طلبًا مماثلًا إلى جميع العلماء والمسؤولين المدنيين والعسكريين في العاصمة. نفَّس بعضهم، مدفوعًا باليأس من هذا الطغيان المجنون، عن روحه علنًا ذلك السخط الذي ألم به. وقام محمد جلبي، قاضي جلطة، بالظهور قبالة الوزير الأعظم مرتديًا الثوب الشائع للدراويش، ولامه مرارًا على حماقة وسوء الحكم، وطلب مقابلة السُّلطان، مُضيفًا: «يمكن أن يحدث لي واحد من ثلاثة أمور: إما أن تقتلني، وفي هذه الحالة أظن أنني سأكون سعيد الحظ بنيلي الشهادة. وإما أن تقوم بنفيي من القسطنطينية، وهو ما سيُعد سارًّا لي بما أن العديد من الزلازل قد حدثت هنا في الآونة الأخيرة. وإما أن تحرمني من وظائفي، ولكن في ذلك أنا أعفيك من العناء، فقد عَيَّنتُ نائبي، واستبدلت برداء وعمامة القضاء، ثوب وغطاء رأس الدراويش». وفي صمت استمع الوزير، الذي أثارت جزَعه هذه الجرأة، مخفيًا استياءه. في هذا الوقت، عاد من حرب كريت قائد إنكشاري يُدعى «مراد الأسود»، يرافقه تحت إمرته خمسمائة رجل من فوجه، فالتقى عند هبوطه بمسؤول الخزانة الذي طلب منه وفقًا لقرار الديوان، الكثير من فراء السمور، والكثير من أوقيات العنبر، ومبلغًا معينًا من المال، فما كان منه إلا أن تحوَّل بعينيه محتقنًا من الغضب إلى جامع الضرائب، وقال: «لم أجلب معي شيئًا من كريت سوى البارود والرصاص. أما السمور والعنبر فهي أشياء أعرفها فقط بالاسم. والمال ليس لديَّ منه، وإذا كان عليَّ أن أمنحكم مالًا، فلا بدَّ أن أتسوله أولًا أو أستدينه». مع عدم رضا السُّلطان عن مُحَصِّلَة هذه الابتزازات، صادر بشكل تعسفي الكثير من الممتلكات الموروثة، وباع جزءًا كبيرًا منها. وكانت النزوات المتقلبة لنسائه المفضَّلات مكلِّفة للإمبراطورية مثلها مثل نزواته الشخصية؛ حيث سمح لهن إبراهيم بأن يأخذن ما يروق لهن من المتاجر والبازارات من دون أن يدفعن شيئًا. اشتكت واحدة من هؤلاء النسوة النهَّابات إلى السُّلطان من أنها لا يروق لها التسوق نهارًا، فصدر على الفور أمر من السُّلطان يطلب من كل التجار والقائمين على المتاجر في العاصمة أن يُبقوا المتاجر مفتوحة طوال الليل، وأن يوفروا ما يكفي من ضوء المشاعل لرؤية سلعهم بوضوح. وقالت سيدة أخرى لإبراهيم إنها ترغب في رؤية لحيته مزدانة بالجواهر، فزيَّن إبراهيم نفسه وفقًا لذلك، وظهر هكذا بشكل علني. نظر الأتراك إلى ذلك على أنه فأل سيِّئ، لأنه وفقًا للمعتقدات الشرقية، كان العاهل الوحيد الذي تزين بهذا الشكل هو فرعون البحر الأحمر. وقد بُددت ثروات هائلة على صنع

عربة مرصعة بالأحجار الكريمة لاستخدام امرأة أخرى من الحريم. وجرى إنفاق خمسة وعشرين ألف قرش على قارب رائع مماثل ليُقل السُلطان على طول البوسفور. أدت كوارث حرب البندقية خلال عام 1648م، إلى غضب العثمانيين أكثر فأكثر من حاكمهم المجنون الغاشم، فنُظمت مؤامرة كبيرة لتجريده من السُلطة التي أساء إليها. كان من بين المتآمرين كبار ضباط الإنكشارية، وكان أكثرهم نشاطًا في ذلك، مراد الأسود، ذلك القائد الذي تحدَّث بصراحة فظة أمام الطلب السُلطاني للعنبر والسمور. علم أن رأسه في خطر دائم، ولم يكن ذلك في الحقيقة سوى تحذير جاء في الوقت المناسب من صديق خاص في السراي فر من الموت. احتفل السُلطان ووزيره ببذخ عظيم في السادس من أغسطس عام 1648م، بزواج واحدة من بنات إبراهيم، وهي طفلة في الثامنة من العمر، بابن الوزير. وكان مراد وثلاثة من قادة الإنكشارية الآخرين، هم مصلح الدين وبكتاش وقره جاوش، قد دُعوا إلى مأدبة الزواج السُلطاني، بهدف القبض عليهم وقتلهم، إلا إن الرجال المحكوم عليهم تفادوا الفخ السُلطاني، وقاموا في الليلة نفسها بدعوة رفاقهم إلى مسجد الإنكشارية، حيث عزموا على عزل الوزير الأعظم. كان هذا هو أول الأهداف المعلنة للمتآمرين، لكنهم كانوا على استعداد لمزيد من الهجوم. فقد كانت ولادة العديد من الأمراء منذ تولِّي إبراهيم، وأكبرهم يُدعى «محمدًا» البالغ من العمر آنذاك سبع سنوات، قد جَرَّدت السُلطان من الحماية التي استمدها في بداية حكمه من كونه الممثل الوحيد للبيت العثماني. تعاونت هيئة العلماء بالكامل مع الجنود، ولم يكن أحد أكثر نشاطًا وعزمًا في تشجيع الثورة من المفتي الكبير، الذي كان قد اكتسب عداءه الشديد لإبراهيم من خلال أذى جسيم تعرضت له ابنته. سمع إبراهيم مطلب المتمردين حيال وزيره، فأخذ منه ختم المنصب، لكنه سعى بلمحة من الصداقة والإنسانية، ومشاعر بدا في أحيان أخرى محرومًا منها، إلى حماية حياة أثيره. وجعل الجنود والعلماء، صوفي محمد، وزيرًا أعظم، وأرسلوه إلى السُلطان ليخبروه بإرادتهم التي تقضي بتسليم وزير السوء إليهم لينال عقابه، فقام إبراهيم برعونة بضرب ذلك الوزير المختار من الجيش والناس، وهدَّده بحلول دوره في العقاب قريبًا. حينذاك حاصر المتمردون القصر، وازداد وعيدهم أكثر فأكثر، فأرسل السُلطان صاحب ركابه لتفريقهم، فخاطبه ذلك المحنك مصلح الدين، على مسمع من الإنكشارية والسباهية والموظفين المدنيين، قائلًا: «إن الباديشاه قد خرَّب العالم العثماني من خلال النهب والطغيان. وقد استبدت النساء بالسُلطة، ولا يمكن للخزانة أن تُشبع نزواتهن. وأفلس الرعية. وجيوش الكفار تكسب المدن على الحدود، وأساطيلهم تحاصر الدردنيل. ألم تكن شاهدًا على هذه الأمور؟ فلماذا لم تُخبر الباديشاه بالحقيقة؟». فأجاب المبعوث: «الباديشاه لا يعرف شيئًا من هذا، فالذنب ذنبي أنا، لأنني خشيت

أن أقول الحقيقة للباديشاه في حضور الوزير السابق. أما الآن فأخبرني بما تريد، وسأُكرره بأمانة أمام العرش». طالب مصلح الدين باسم الحشد بثلاثة أشياء: أولًا: إبطال بيع المناصب. ثانيًا: إبعاد السُلطانات المفضَّلات عن البلاط. ثالثًا: قتل الوزير الأعظم. أوصل صاحب الركاب هذه الرسالة إلى السُلطان، الذي قام باستعدادات ضعيفة للمقاومة عن طريق تسليح البستانجية وخدم القصر. وعندما حل الليل، أراد كبار العلماء من بين المتمردين الرجوع إلى منازلهم، لكن رجال السيف كانوا أكثر حكمة من رجال القانون؛ حيث قال قادة الإنكشارية لرفاقهم القضاة: «إذا انفصلنا في الليل، فقد لا يمكننا التجمُّع مرَّة أخرى في الصباح، دعونا نبقَ معًا حتى نعيد إرساء نظام العالم، دعونا نقضِ هذه الليلة بشكل جماعي في المسجد»، فامتثل العلماء. وفي الصباح بدأ الثوار المتحدون عملهم الانتقامي، حيث تم العثور على الوزير البغيض في مكان اختبائه، وأُعدم، كما حدث مع كبير قضاة الرُّوملي، الذي كان مكروهًا من الناس لفسقه وفساده. وأُرسلت رسالة حينذاك إلى السراي تطلب من السُلطان أن يأتي إلى الجند. وبما أن إبراهيم لم يلتزم بهذه الرغبة، فقد جرى تكليف اثنين من كبار العلماء لانتظار أم إبراهيم، السُلطانة الوالدة، وإبلاغها بأنهم اعتزموا إقصاء السُلطان وتولية حفيدها محمد بدلًا منه. وكان قد ذُكر أن هذه الأميرة عارضت إبراهيم، من دون جدوى، فيما يتعلق بسلوكه في الإسراف الجنوني والاستبداد، فكان التأثير الوحيد الذي تسببت فيه معارضتها هو نيلها كراهية السُلطان، الذي صار يعاملها هي والأميرات من أخواته بإهانة فادحة، وكان يُشتبه فعليًا اعتزامه القضاء عليهن. مع ذلك جاهدت السُلطانة المُسِنَّة بشدة آنذاك لتجنيب ابنها - الذي لا يستحق - غضب الناس. كان من المعروف أن قوة المسلحين في السراي غير كافية تمامًا لحماية إبراهيم من أي هجوم يقوم به المتمردون، فكان ضعف الحراسة واضحًا، مما هدَّد بتعريض القائمين عليها للخطر في سبيل سيد وضيع بغيض. وافقت السُلطانة الوالدة على استقبال وفد من الجيش والشعب، يتألف من المفتي وقاضي العسكر، ومصلح الدين وبكتاش ومراد الأسود، القادة بالإنكشارية، الذين وجدوها في حزن عميق، لا يحضر عندها سوى خصي أسود للترويح عنها. وقفوا أمامها في صمت دال على الاحترام، فقالت لهم: «هل من الصواب إثارة التمردات؟ ألستم جميعًا عبيدًا طعموا بسخاء من هذا البيت؟». بكى الجندي المخضرم مصلح الدين إثر هذه الكلمات، وأجاب: «أنتِ بالفعل سيدة كريمة. لقد عرفنا جميعًا مدى إحسان هذا البيت، ولا أحد أكثر مني في ذلك خلال أعوامي الثمانين. ولأننا لسنا رجالًا ناكرين للجميل، لم يعد بإمكاننا أن نقف مكتوفي الأيدي ونشهد خراب هذا البيت اللامع وهذه الدولة. فلو لم أكن قد عشت لرؤية هذه الأيام! فما الذي يمكنني أن أطمع فيه أكثر لنفسي؟ فلا الذهب ولا المكانة يمكن أن يحققا لي نفعًا. ولكن يا أكرم النساء،

إن حماقة وفساد الباديشاه يجلبان للأرض الخراب المتعذر إصلاحه، فقد استولى الكافرون على أربعين مكانًا قويًّا على الحدود البوسنية، وثمانين سفينة من سفنهم تُبحر قبالة الدردنيل، بينما لا يفكر الباديشاه إلا في شهواته ولهوه وإسرافه وفساده. وبالاطلاع على القانون، اجتمع حكماؤكِ من الرجال، وأصدروا فتوى لتغيير مَن يشغل العرش. وإلى أن يجري ذلك، لا يمكن تجنب التخريب. كوني كريمة أيها السيدة! ولا تعارضي هذا. فلن تكوني حينئذ في مواجهة ضدنا، بل ضد الشريعة المقدسة». توسَّلت السُلطانة بشدة أن يتركوا ابنها في السُلطة تحت وصاية العلماء والوزير الأعظم. ويبدو أن بعض المفوضين كانوا سيركنون إلى التنازل، لولا أن كبير قضاة الأناضول المُسِن، «حنفي زاده» (Hanefizade)، بادر بالحديث قائلًا: «أيتها السُلطانة، لقد جئنا إلى هنا ونحن على ثقة تامة في كياستكِ، وفي اهتمامكِ الرؤوف بخدمة الله؛ فأنتِ لستِ فقط أمًّا للسلطان، بل أنتِ كذلك أمٌّ لجميع المؤمنين الصادقين. كلما كان وضع الحد لهذه المتاعب أقرب، كان أفضل، فالعدو يملك اليد العليا في الحرب، وفي الداخل هناك عراقيل ليس لها حدود في المواقع والصفوف. الباديشاه مستغرق في إشباع شهواته، منتحٍ بنفسه أكثر فأكثر عن درب الشرائع. ونداء الصلاة من مآذن مسجد آيا صوفيا يضيع وسط ضجيج آلات الناي والمزمار والصنج الآتي من القصر. لا يمكن لأحد أن يقوم بالنُّصْح من دون أن يتعرض للخطر، وقد ثبت لكِ ذلك شخصيًّا. الأسواق يتم نهبها، والمقربون من العبيد يحكمون العالم».

قامت الوالدة بمحاولة أخرى، وقالت: «كل هذا من فعل الوزراء الفاسدين، لذا يجب تنحيتهم، ولا يتبوأ مكانهم إلا رجال صالحون من ذوي الحكمة». فأجاب حنفي زاده: «وماذا سيفيد ذلك؟ ألم يقم السُلطان بإعدام رجال صالحين بواسل قاموا بخدمته من أمثال قره مصطفى، ويوسف باشا، فاتح «كانيا» (Canea)؟». فقالت السُلطانة مجادلة: «ولكن، كيف يمكن وضع طفل يبلغ سبع سنوات على العرش؟». فأجاب حنفي زاده: «في رأي حكمائنا من رجال الشريعة، لا يجب للمجنون أن يحكم مهما كانت سنه، بينما يمكن السماح لطفل لديه موهبة العقل أن يعتلي العرش. فإذا كان العاهل لبيبًا مع كونه قاصرًا، يمكن حينها للوزير الحكيم أن يستعيد نظام العالم. لكن السُلطان الراشد الذي لا يتبين الصواب، يدمر كل شيء بالقتل والأعمال المقيتة والفساد والإسراف». قالت السُلطانة: «فليكن، سوف آتي بحفيدي محمد، وأضع العمامة على رأسه». هكذا جيء بالأمير الصغير وسط الهتافات الحماسية للقادة التشريعيين والعسكريين؛ حيث كان جميع الحاضرين حينذاك قد تخلوا عن إبراهيم. نُصب العرش في السراي بالقرب من باب السعادة، حيث قام كبار رجال الإمبراطورية قبل غروب الشمس بثلاث ساعات يوم الثامن من أغسطس عام

1648م بتحية السُلطان محمد الرابع. ولم يُسمح إلا لعدد قليل في كل مرَّة، خشية أن يخاف الطفل من الاحتشاد. وضعت السُلطانة الوالدة حفيدها في مسؤولية حارس موثوق به، وشرع الوزراء والعلماء في إبلاغ إبراهيم بقرار العزل. قال عبد العزيز أفندي: «أيها الباديشاه، وفقًا لحُكْم العلماء وكبار الشخصيات في الدولة، يجب أن تتنحى عن العرش». صاح إبراهيم: «خائن! ألستُ سيدك الباديشاه؟ ماذا يعني هذا؟». أجاب عبد العزيز أفندي: «لا، أنتَ لستَ باديشاه، بقدر ما حَقَّرت من العدالة والحُرْمة، وخرَّبت العالم. بَدَّدت سنواتك في الحماقة والفجور، وثروات الدولة في الخيلاء. وحَكَم الفساد والقسوة، العالم من مكانك». ظل إبراهيم يعارض المفتي، قائلًا مرارًا: «أنا لست الباديشاه؟ ماذا يعني كل هذا؟». فقال القائد الإنكشاري له: «نعم أنت الباديشاه، أنت مُطالَب فقط بأن تريح نفسك لبضعة أيام». قال إبراهيم: «فلماذا إذن يجب أن أنزل عن العرش؟». أجاب عبد العزيز أفندي: «لأنك جعلت نفسك غير جدير بذلك، بتركك للدرب الذي سار فيه أسلافك». وجَّه إليهم إبراهيم سبابًا لاذعًا بوصفهم خونة، ثم خفض يده نحو الأرض، وقال: «هل هو طفل لامع جدًّا ذلك الذي ستجعلونه الباديشاه؟ كيف لمثل هذا الطفل أن يحكم؟ أوَليس هو طفلي، ابني؟». وفي النهاية خضع السُلطان الساقط إلى مصيره، وسمح لهم باقتياده إلى السجن، مكررًا عند ذهابه: «كُتب هذا على جبيني، وأمر الله به». احتُفظ به في مأمن، ولم يكن أسره قاسيًا لمدة عشرة أيام، وعندما اندلعت اضطرابات بين السباهية، الذين هتف بعضهم لصالحه، مقررين مصيره؛ قرر قادة الثوار السابقين تأمين أنفسهم ضد ردة فعل لصالح إبراهيم، وذلك عن طريق إعدامه. فرفعوا دعوى رسمية أمام المفتي، مطالبين برأيه في السؤال التالي: «هل يُعدُّ شرعيًا أن يُعزل ويُعدم عاهل يمنح مناصب القلم والسيف لا لأولئك الذين يستحقونها، وإنما لمن يشتريها مقابل المال؟». فكان الرد المقتضب من المفتي هو: «نعم». وبناءً على ذلك، أُرسل المفوضون بالقتل إلى سجن إبراهيم، حيث توجَّه أيضًا كلٌّ من المفتي والوزير الأعظم الجديد، صوفي محمد، ورفاقهم الأساسيين، ليشهدوا ويضمنوا تنفيذ الحكم. كان إبراهيم يقرأ القرآن عندما دخلوا، وعند رؤيتهم يرافقهم الجلادون، الذين كان يستعملهم هو نفسه للقيام بالقتل في حضوره، عرف أن ساعته قد حانت، فصاح: «أليس هناك واحد ممن أكلوا خبزي يأسف لي ويقوم بحمايتي؟ فقد جاء رجال الدم هؤلاء لقتلي! الرحمة! الرحمة!». تلقَّى الجلادون المرتجفون أمرًا صارمًا من المفتي والوزير للقيام بمهمتهم. وعندما وقع في قبضتهم القاتلة، اندفع إبراهيم البائس في السب واللعن. وتُوفِّي طالبًا انتقام الله من الأمة التركية لغدرها بسلطانها.

جعل المفتي مسوغ فتواه القاضية بقتل السُلطان، هو حكم العقوبة في القانون الذي يقول: «إذا كان هناك خليفتان، فليُعدم أحدهما». تلك الجملة التي يقول عنها فون هامر: «مسألة مرفوضة

في الشريعة الإسلامية، فذلك المقترح الذي يُطبَّق بشكل تعسفي موسع، لا يقضي فقط بإعدام جميع السلاطين المعزولين، وإنما كذلك كل الأمراء الذين يبدو أن وجودهم يهدد بالتنافس مع المتسيد للعرش. فالتفويض الدموي لقانون دولة العثمانيين يجيز قتل إخوة العاهل وأبنائه وآبائه»[1].

أما عن الأحداث الخارجية في عهد إبراهيم، فكانت حصار آزوف، والبدء في الحرب الطويلة مع البندقية، التي تُدعَى «حرب كريت». كانت مدينة آزوف المهمة، التي تسيطر على الملاحة في ذلك البحر الذي يحمل الاسم نفسه، وتمنح مَن يحتلها أفضلية كبيرة فيما يتعلَّق بالعمليات الحربية في القِرْم وعلى طول سواحل البحر الأسود، وقت تولي إبراهيم ولمدة أربع سنوات، في حوزة القوزاق الموجودين بالجوار، الذين كانوا تابعين اسميين للتسار الروسي. وكان أول وزير لإبراهيم، قره مصطفى، يدرك جيدًا ضرورة الحفاظ على السُلطة التركية شمال البحر الأسود. وفي عام 1641م، غادر القسطنطينية أسطول وجيش قوي لاستعادة آزوف، وساعدت هذه الحملة قوة تترية تحت قيادة خان القِرْم. دافع القوزاق عن المكان بشجاعة، وبعد حصار دام ثلاثة أشهر، اضطر الأتراك إلى التراجع بفقدان سبعة آلاف إنكشاري، وكثير من المساعدين الوالاشيين والمولدافيين والتتر، الذين لم يذكر المؤرخون العثمانيون عددهم. وأُرسلت حملة جديدة في العام التالي، حيث قام محمد جيراي، خان القِرْم، بقيادة ما لا يقل عن مائة ألف تتري إلى آزوف للتعاون مع القوات التركية النظامية، فوجد القوزاق أنفسهم غير قادرين على مقاومة مثل هذه القوة، في حين رفض التسار مساعدتهم، وأرسل سفارة من موسكو إلى إبراهيم، تنازل من خلالها عن أي اهتمام له بآزوف، راغبًا في تجديد الصداقة القديمة بين روسيا والباب العالي[2]. أمام هذا الخطر، قامت حامية القوزاق، بالقدرة الشرسة نفسها التي عادةً ما قدَّمها جنسهم، بإضرام النيران في المدينة التي لم يعد بإمكانهم الدفاع عنها، وتركوها كومة من الأنقاض للأتراك والتتر يحتلونها. أعاد القائد العثماني بناء المدينة وتحصينها بعناية تتناسب مع أهمية موقعها، وترك بها حامية تتألف من ستة وعشرين ألف رجل، على رأسهم عشرون إنكشاريًّا مع العديد من طواقم المدفعية، تحت قيادة إسلام باشا، لحماية المصالح التركية في هذه المنطقة.

كانت الهجمات المتواصلة للقوزاق على الأتراك، وللتتر على الأراضي الروسية، موضوعات لشكاوى متكررة بين بلاطي موسكو والقسطنطينية خلال عهد إبراهيم. وكان كل طرف يطلب

---

(1) Vou Hammer, vol. iii. p. 321.

(2) Rycaut, book ii. p. 52.

من الآخر كبح جماح تابعيه غير الممتثلين للقانون. أكد التسار «ألكسيس ميخالوفيتش» (Alexis Michaelowicz) على عدم مسؤوليته عن أعمال القوزاق، الذين وصفهم في رسالة إلى السُلطان بأنهم: «حشد من المجرمين، الذين ابتعدوا بقدر الإمكان عن متناول سلطة سيدهم، هربًا من العقوبة التي تقتضيها جرائمهم»[1]. أما السُلطان والوزير[2]، فقد طالبا من جهة أخرى بعدم الجواز لأحد على الجانب الروسي أن يُلحق أي أضرار بمن يتبع للباب العالي، سواءً على بحر آزوف أو على البحر الأسود. أما ذريعة إلقاء اللوم على القوزاق، وغيرها من الأعذار، فكانت بوجه عام غير مقبولة. وفي حال تم ذلك، فضلًا عن دفع التسار، الجزية القديمة لخان القِرْم، يَعدُ السُلطان بعدم مساعدة التتر ضد موسكو. ولكن رغم ما يكتب العاهلان أو يريدان، فقد ظلت منظومة الحرب الحدودية بين القوزاق والتتر قائمة. واصطدمت القوات التركية والروسية أكثر من مرَّة شمالي البحر الأسود في عهد إبراهيم، أثناء حماية حلفائهم غير النظاميين، أو سعيًا لرد الاعتبار. وفي عام 1646م، قام التتر بمطاردة القوزاق في الأقاليم الجنوبية لروسيا، وجاءوا من هناك بثلاثة آلاف أسير، باعوهم عبيدًا في «بريكوب» (Perekop). فتقدَّم جيش روسي تجاه آزوف انتقامًا لذلك الهجوم، لكنه تعرَّض للهزيمة في عدة معارك على يد موسى باشا والحامية التركية، الذين أرسلوا أربعمائة أسير وثمانمائة رأس موسكوفي إلى القسطنطينية، غنائمَ لانتصارهم.

كان خان القِرْم، إسلام جيراي، أكثر عداءً للروس من سيده السُلطان، ورفض بجرأة طاعة الأوامر الآتية من القسطنطينية بعدم التحرش بأولئك الذين اعتبرهم أعداءً طبيعيين للإمبراطورية التركية، فقام في بداية عام 1648م بالإغارة داخل بولندا وروسيا، حيث أخذ أربعين ألفًا من رعايا هاتين المملكتين عبيدًا. فما كان من العاهلين البولندي والروسي إلا أن أرسلا سفراء إلى الباب العالي يسألان رد الاعتبار. فأرسل إبراهيم اثنين من مسؤوليه إلى القِرْم برسالة إلى الخان، يأمره فيها بجمع الأسرى المسيحيين الذين قبض عليهم في انتهاك لجميع المعاهدات، وإرسالهم إلى القسطنطينية، حيث يمكن أن يُسلَّموا إلى ممثلي حكوماتهم. قرأ جيراي خان الرسالة، وأجاب ببرود: «أنا وجميع مَنْ هنا خدم للسلطان، لكن الروس يريدون السلام في الظاهر فقط، ولا يطلبون ذلك إلا عندما يشعرون بوطأة سلاحنا المنتصر، فإذا أعطيناهم وقتًا للتنفس، فإنهم يقومون بتخريب سواحل الأناضول بأساطيلهم. لقد أوضحت أكثر من مرَّة للديوان أن هناك مكانين مهملين في هذا الجوار سيكون من الحكمة لنا احتلالهما. لقد تسيَّد الروس عليهما

(1) انظر رسالته في ملحق كتاب فون هامر الثامن والأربعين. طبعة بيسته.

(2) انظر رسائلهما. المرجع نفسه.

الآن، وأقاموا أكثر من عشرين موقعًا صغيرًا محصنًا. فإذا أردنا أن نبقى غير نشطين هذا العام، فسيقومون بحصار آقرمان، وغزو كامل مولدافيا». مع هذه الإجابة، اضطر رسل السُّلطان إلى العودة إلى القسطنطينية.

كان السبب المباشر لحرب كريت[1]، هو الإساءة التي وُجهت إلى السُّلطان عام 1644م، بالاستيلاء على أسطول غني من السفن التجارية التي كانت في طريقها من القسطنطينية إلى مصر. كان الخاطفون على متن سفن جالي مالطية وليست بندقية، لكنها رست بغنائمها في مسالك «كالسميني» (Kalismene)، على الساحل الجنوبي من كريت، تلك الجزيرة التي كانت في حوزة البنادقة منذ الحملة الصليبية الرابعة، عندما جرى تقسيم الإمبراطورية البيزنطية، وقاموا بشراء تلك الجزيرة المهمة من رفيقهم الصليبي، ماركيز «مونتسيرات» (Montserrat)، بعد أن خُصصت له أولًا باعتبارها حصته من الغنيمة المقدسة. جُن جنون السُّلطان إبراهيم عندما سمع عن أسر السفن التركية، التي كان بعضها ملكًا لأحد الخصيان الرئيسيين للبيت الحاكم. وتوعَّد بالقضاء على الاسم المسيحي بالكامل، وأمر بإرسال قواته فورًا لقتال فرسان مالطة، لكن ضباطه أقنعوه بعدم إعادة المغامرة التي فشل فيها سليمان العظيم فشلًا ذريعًا، أمام صخرة مالطة القاحلة والمحصنة بقوة، وبدلًا من ذلك يقوم بتحويل سلاحه لانتزاع جزيرة كريت القيِّمة الغنية. مشيرين إلى أن كريت كانت في موقع جيد للغاية لدمجها بالممتلكات العثمانية، وأنه يمكن انتزاعها بسهولة على حين غرة من أسيادها البنادقة، الذين قَدَّموا دافعًا للقتال من خلال سماحهم للقراصنة المالطيين بتأمين غنائمهم على ساحل جزيرة كريت. ووفقًا لذلك، عزم الباب العالي على مهاجمة كريت. كان هناك في ذلك الوقت سلام بين تركيا والبندقية؛ فقرر إبراهيم ووزراؤه مساعدة القوات عن طريق الخديعة، حيث تظاهروا بأكبر قدر من السماحة

---

(1) كريت أو «كانديا» (Candia) هي أكبر الجزر اليونانية، أطلق عليها العرب المسلمون «إقريطش»، إذ لم يكن الفتح العثماني لهذه الجزيرة في القرن الحادي عشر الهجري/ السابع عشر الميلادي هو أول فتح إسلامي لها، فقد سبق أن افتتحها المسلمون الأندلسيون في أوائل القرن الثالث الهجري/ التاسع الميلادي، بعد أن كانت تابعة للإمبراطورية البيزنطية، وبعد سيطرتهم عليها، دخلوا في طاعة الخلافة العباسية وأصبحت الجزيرة تابعة لمصر إداريًا في زمن الطولونيين والإخشيديين، إلى أن تمكَّن البيزنطيون من استعادتها مرَّة أخرى عام 350هـ/ 961م، وظلت في أيديهم حتى استولى اللاتين على الأراضي البيزنطية في الحملة الصليبية الرابعة عام 600هـ/ 1204م، فذهبت الجزيرة إلى حوزة البنادقة، وظلت تابعة لهم حتى السيطرة العثمانية في القرن السابع عشر الميلادي، والتي استمرت حتى أُعيدت الجزيرة إلى اليونان عام 1913م. انظر: ياقوت الحموي، معجم البلدان، مج.1: 236؛ لين بول، تاريخ مصر: 103-104؛ موستراس، المعجم الجغرافي: 421-422؛ أسمت غنيم، الإمبراطورية البيزنطية وكريت الإسلامية (القاهرة، 1983م). (المترجم).

عند تلقيهم الأعذار التي قدَّمتها جمهورية سان مارك عن استقبالهم العرضي لسفن الجالي المالطية في كالسميني.

غادر الدردنيل جيشٌ وأسطول كبير، في الثلاثين من أبريل عام 1645م، هدفه المعلن هو مهاجمة مالطة، ولكن بعد أن توقفت الحملة لفترة على الساحل الجنوبي للمورة، قام القائد العام يوسف باشا بالإبحار مرَّة أخرى، وقرأ على القبادنة المجتمعين أوامر السُلطان التي كانت سرية قبل ذلك، وبدلًا من الإبحار غربًا تجاه مالطة، توجَّهوا جنوبًا مع الرياح المواتية، التي نقلت الأسطول التركي إلى كانيا على الطرف الغربي لجزيرة كريت، في الرابع والعشرين من يونيو. لم تهدأ شكوك حكومة البندقية فيما يتعلق بالهدف الحقيقي للحملة، من خلال تأكيدات وزراء السُلطان. فأُرسلت الأوامر من البندقية لوضع حصون الجزيرة في حالة دفاعية، وحشد الميليشيا. وأُرسلت تعزيزات إلى الحامية، لكنَّ السكان الأصليين كانوا يكرهون حكم الأوليجاركية البندقية، وكانت القوات وسفن الجالي تحت قيادة الحاكم غير كافية للدفاع عن خط الجبهة البحرية الطويل الذي تتيحه كريت للغازي. هكذا هبط الأتراك من دون مقاومة، وتمت محاصرة كانيا المدينة الرئيسية في الجزء الغربي من الجزيرة، والاستيلاء عليها قبل نهاية أغسطس. وفي السنة التالية أخذوا «ريتينو» (Retino)، وفي ربيع عام 1648م، بدأوا في حصار «كانديا» (Candia) عاصمة الجزيرة[1]. امتد هذا الحصار البارز لمدة عشرين عامًا بسبب الجهود المستميتة التي بذلها البنادقة، الذين أنهكوا مواردهم إلى أقصى مدى لإنقاذ كانديا. وقد ألحقوا مرارًا هزائم شديدة ومخزية بالأساطيل التركية، حتى إنهم استولوا على جزيرتي ليمنوس و«تينيدوس» (Tenedos) من العثمانيين، وخربوا أكثر من مرَّة السواحل القريبة من القسطنطينية، لكنهم لم يكونوا قادرين على إبعاد الجيش المحاصر لكانديا، على الرغم من أن عمليات الأتراك جرت إعاقتها، وكثيرًا ما كانت عاجزة بسبب حمق وفساد الباب العالي خلال عهد إبراهيم، والجزء الأول من عهد ابنه محمد الرابع، الذي سرت أخبار ارتقائه للعرش في سن السابعة، حين أُطيح بوالده وقُتل. سيكون من غير المجدي أن نُسهب في التاريخ المحلي لتركيا، خلال حكم محمد الرابع في سن قصوره، أو أن نلخص الأحداث المتواترة لمؤامرات البلاط، والعنف والعصيان العسكري، والفساد القضائي، والطغيان المحلي، والثورات الإقليمية.

---

(1) أو قنديه، أهم مدن الجزيرة، وهي اليوم «هيراكليون» (Heraklion)، وتقع على مقربة من ساحلها الشمالي، كانت قديمًا تُدعى «ميجالو كاسترون» (Meghalo Castron). أسسها العرب المسلمون إبان فتحهم للجزيرة في القرن التاسع الميلادي، وأطلقوا عليها اسم «الخندق». انظر: موستراس، المعجم الجغرافي: ص404. (المترجم).

وقد تفاقم صراع الفصائل بسبب التنافس القاتل الذي نشأ بين السُلطانة الوالدة الكبيرة، جدة السُلطان، وأمه السُلطانة الوالدة الصغيرة، التي كانت تُدعى «ترخان» (Tarkhan)؛ وهو التنافس الذي أدى إلى مقتل الأميرة الكبيرة. وبما أنه لا عدو أقوى من البندقية هاجم الإمبراطورية العثمانية، فقد استمر خلال هذه الفترة تجدد المعاناة والضعف، حتى عام 1656م عندما مُنحت الوزارة العظمى عن طريق تأثير السُلطانة ترخان، إلى رجل دولة مُسِن يُدعى «محمد كُبرولي»، الذي يستحق الاحترام بصفته مؤسس سلالة الوزراء التي نهضت بتركيا - على الرغم من عجز أمرائها - مرَّة أخرى على نحو نسبي، نحو القوة والازدهار والمجد الذي غاب طويلًا، وإن لم يتمكنوا من تدارك الانحدار النهائي للإمبراطورية العثمانية.

الفصل الخامس عشر

محمد كُبرولي - صرامة وزارته ونجاحها - ابنه أحمد كُبرولي يخلفه في الوزارة - الصفات العظيمة لأحمد كُبرولي - ضعف السُّلطان محمد الرابع - الحرب مع النمسا - الهزيمة الكبيرة للأتراك على يد مونتيكوكولي في سان جوثارد - الهدنة مع النمسا - أحمد كُبرولي يستولي على كريت - الحرب مع روسيا وبولندا - سوبيسكي يهزم الأتراك في خوتين وليمبرج - سلام زوراونا - وفاة أحمد كُبرولي وشخصيته.

الفصل الخامس عشر[1]

حدَّد فلكيُّو البلاط في القسطنطينية، في 15 سبتمبر 1656م، أن الوقت الأنسب لتقليد محمد كُبرولي منصب الوزارة العظمى، هو ساعة صلاة الظهر في اللحظة التي ينطلق فيها نداء «الله أكبر» من أعالي المآذن.

وفقًا للقاعدة المنصوص عليها في الإسلام، لا يؤذن لصلاة الظهر وقت بلوغ الشمس قمة خط الزوال، وإنما بعد ذلك ببضع ثوانٍ؛ لأنه وفقًا للموروث النبوي ينزع الشيطان في وقت الزوال الفلكي إلى أخذ الشمس بين قرنيه وكأنه يرتديها تاجًا لسيادة العالم، ثم يرفع الشيطان نفسه كربٍّ للأرض، لكنه ما إن يدع الشمس تذهب حتى يسمع مباشرة كلمات «الله أكبر» تتكرر في نداء المؤمنين المخلصين للصلاة. يقول المؤرخ التركي: «هكذا، فإن شياطين الوحشية والفجور والفتنة، الذين بلغوا القمة في عهدَي مراد وإبراهيم، وخلال قصور محمد، أُجبروا على التخلي عن تاج هيمنتهم عندما سُمع ذلك الصوت الذي أعلن كُبرولي وزيرًا أعظم للإمبراطورية»[2].

كان محمد كُبرولي حفيد أحد الألبانيين؛ وقد هاجر إلى آسيا الصغرى، واستقر في بلدة «كوبري» (Kiupri)، بالقرب من مصب نهر «هاليس» (Halys). كان ذلك الحاكم لمجالس الدولة العثمانية، خادمًا للمطبخ في مقتبل الشباب، ثم ارتقى ليصير طاهيًا. وبعد خمسة وعشرين عامًا دخل في خدمة الوزير الأعظم «خسرو» (Khosrew)، وصار مسؤول الفَرَس عند خليفة خسرو، الذي كان يُفَضِّل كُبرولي لكون أصوله ترجع إلى المقاطعة نفسها التي ينتسب إليها هو، وبحكم نفوذه أصبح كُبرولي حاكمًا لدمشق وطرابلس والقدس، وأحد وزراء الدولة، وبعد ذلك قَبِل المنصب الثانوي؛ وهو سنجق بك، لـ«كوستنديل» (Giuztendil) في ألبانيا، حيث قاد قوة مسلحة ضد بعض المتمردين، الكثيرين في هذا الإقليم، لكنه هُزم وأُسر. وبعد أن افتُدي من الأسر اعتزل في بلده الأصلي، لكن جرى إقناعه عن طريق باشا يُدعى «محمد مُعْوَج الرقبة» (the Wry Neck)، باتباعه إلى القسطنطينية. أصبح راعيه الجديد وزيرًا أعظم، لكن سرعان ما

(1) See Von Hammer, books 52-56.

(2) Ibid., vol. iii. p. 462.

بدأ اعتبار كُبرولي منافسًا خطيرًا في سبيل تأييد البلاط. مع ذلك، لا يبدو أن كُبرولي استخدم أي مكائد مغرضة لنيل الوزارة العظمى. فقد قام الأصدقاء الذين خبروا حزم شخصيته ونشاطه وتفكيره الثاقب، بتزكيته عند السُّلطانة الوالدة، بوصفه رجلًا قد يستعيد قدرًا من الهدوء لتلك الإمبراطورية التي تعاني[1]. وعُرض منصب الوزارة العظمى على كُبرولي بعد ذلك وهو في السبعين من عمره، فرفض قبوله إلا في ظل شروط معينة: طالب بوجوب التصديق على جميع تدابيره بلا مراجعة أو مناقشة، وأن تكون له الحرية في توزيع المناصب والترقيات، وفي التعامل مع المكافآت والعقوبات، من دون مراعاة للتوصيات من أي جهة، ومن دون أي مسؤولية، وأن تكون له سُلطة متفوقة على جميع سُلطات كبار الرجال والمفضَّلين، وأن يكون موضع الثقة بشكل حصري، وأن تُرفض على الفور جميع الاتهامات والدسائس الموجَّهة إليه. أقسمت السُّلطانة الوالدة من جانبها رسميًّا نيابة عن ابنها على إنفاذ كل هذه الشروط، وأصبح محمد كُبرولي الوزير الأعظم للإمبراطورية العثمانية.

عُزل راعيه السابق، محمد مُعْوَج الرقبة، لإفساح المجال له، وصدر أمر من البلاط بإعدام الوزير المخلوع، ومصادرة متاعه بالطريقة المعتادة، فما كان من كُبرولي إلا أن توسَّط وأنقذ حياته، وأعطاه إيرادات الحكومة في «كانيتشا» (Kanischa)، فكان هذا هو العمل الإنساني الأول وتقريبًا الأخير الذي ميَّز إدارة كُبرولي. كان الأمر يستلزم تقويمًا صارمًا للانتهاكات، وهو ما قام به كُبرولي، ليس في الواقع عن طريق القسوة الوحشية للسلطان مراد الرابع، وإنما بالتدقيق والشدة الصارمة التي ميَّزت حكم ذلك العاهل. احتاط كُبرولي عن طريق إلزام المفتي بالتوقيع على فتوى تُجيز كل التدابير التي يتخذها الوزير الأعظم، ثم استخدم أكثر الوسائل فعالية لتخليص الإمبراطورية من كل مَن يقوم بإزعاج أو تهديد النظام العام. فقُبض على عدد من الشيوخ والدراويش المتعصِّبين، الذين هدَّدوا القسطنطينية بشغبهم، وعنفهم غير القانوني ضد كل مَن لم يمتثل لمعتقداتهم. وخُنق أحدهم، وقد تذمَّر ضد الوزير وكان له تأثير كبير لدى العامة، وأُلقي في مضيق البوسفور. اعترض كُبرولي رسالةً من البطريرك اليوناني إلى فويفودا والاشيا، تتضمَّن تكهُّنات مشابهة جدًّا لتلك المتواترة في وقتنا الحاضر، يقول البطريرك فيها: «إن قوة الإسلام تقترب من نهايتها، وستعلو العقيدة المسيحية قريبًا. وسرعان ما ستُصبح كل أراضيهم في حوزة المسيحيين، ويصير أرباب الصليب وجرس الكنيسة سادات الإمبراطورية».

(1) أقنع رئيس المعماريين، أو ميمار باشي «قاسم آغا»، ورئيس الكُتَّاب «محمد أفندي»، والدة السُّلطان بتوليه الوزارة العظمى. انظر: Shaw, op. cit., p. 208. (المترجم).

قرأ كُبرولي في ذلك تشجيعًا للثورة، فشنق البطريرك اليوناني على أحد أبواب المدينة. لم يفلت من يقظة الوزير تقصيرٌ سابق أو حالٍ، أو أي إعداد لمؤامرة أو تمرد. وقد زرع جواسيسه في كل إقليم وبلدة، وأمَّن تفويض الثقة والأوامر؛ فشُعر بتأثير الحزم في جميع أنحاء الإمبراطورية. وأطاع الرجال بلا تردد ذلك الرجل الذي لمسوا فيه كذلك عدم التردد، والذي لم يُهمل أو يتخلَّ عمن خدمه، أو يسامح من وقف أمامه أو عصاه. كال كُبرولي ضرباته لكل عرق أو طبقة أو مهنة أو مكان، رأى أو اشتبه فيه جريمة، ولم يُنفِّس غضبه في التهديدات. «كانت ضرباته تفوق كلماته»، وبينما يقضي وقته في توجيه الضربات، كانت لديه مهارة لا مثيل لها في إخفاء استعداداته. ويروي المؤرخ التركي نعيمة، على عهدة «مدتشيبي» (Medschibi)، الذي كان واحدًا من الموظفين السِّريين للوزير الأعظم، أن محمد كُبرولي كان لديه مبدأ يقضي بأن الحنق والتوبيخ دائمًا ما يكونان غير مُجديين، وكثيرًا ما يُمثِّلان خطرًا على حائز السُّلطة، ومن الحماقة لرجل الدولة الاندفاع إلى العاطفة، وخلود الضحية للنوم هو أسلم طريقة لقتلها.

يُقال إن ستة وثلاثين ألف شخص أُعدموا بناءً على أوامر محمد كُبرولي، خلال السنوات الخمس التي قضاها وزيرًا أعظم. وقد اعترف بعد ذلك الجلاد الرئيسي للقسطنطينية، ذو الفقار، بأنه خنق أكثر من أربعة آلاف، وألقى بهم إلى مضيق البوسفور. ويذكر فون هامر الذي يعتمد هذه الأرقام، أن الطاغية المُسِن الذي وصم كل شهر من شهور وزارته بالتضحية بأكثر من خمسمائة شخص، اكتسب سُمعة طيبة بسبب اعتداله وإنسانيته، عندما كان حاكما إقليميًّا. ومن الإنصاف أن نفترض أنه لم يُسرف في إهدار الحياة الإنسانية عندما كان وزيرًا أعظم من قبيل قسوة طبيعية في مزاجه، وإنما من قبيل الاعتقاد بأنه لا يمكن بطريقة أخرى إخماد التمرد والفوضى، والحفاظ على الرضوخ الكامل لسُلطته[1]. وكان الثمن الذي استُعيد به النظامُ في

(1) يروي رحالتنا الإنجليزي، «ويلر» (Wheeler)، الذي زار تركيا بعد سنوات قليلة من وفاة محمد كُبرولي، أسطورة سمعها تتعلَّق به، مما يثبت مدى شدة صرامته والانطباع الذي تركته على العقل الجمعي. يقول ويلر في وصف أحد شوارع القسطنطينية: «يزين هذا الشارع العديد من الأبنية التي تعود إلى الوزراء والباشوات، الذين يتمتعون بالميزات الرفيعة للإمبراطور، سواء في الحروب أو الحكم. لاحظنا من بينها واحدًا مغطى بقبة لا يحجبه سوى سياج كبير، وجدنا عليه ذلك النص: «هذا نُصب محمد كُبرولي، والد الوزير الحالي، الذي وطَّد الحكم بعد اقترابه من الخراب، عندما كان السُّلطان الحالي في سن القصور، وذلك بسبب استياء فصيل من «الهجاي» (Hagaes) الأساسيين، وتمرد الإنكشارية. وبعد موته ودفنه هنا، وتشييد هذا النُّصب الجليل من الرخام الأبيض المغطى بالرصاص فوق جثمانه، رأى السيد الكبير والوزير الأعظم رؤيا في الليلة نفسها؛ ومن الطرافة أن كُبرولي جاء إليهما سائلًا بعض الماء للترويح عنه من حرارة الاحتراق. وهو ما أخبر به السيد الكبير والوزير الأعظم بعضهما بعضًا، ومن ثَمَّ اعتقدا أنه من المناسب استشارة المفتي عما يجب =

عهد محمد كُبرولي فادحًا بالفعل، لكن على الرغم من فداحته، فإنه لم يُدفع عبثًا. فقد سكنت الثورات التي اندلعت في ترانسلفانيا[1] وآسيا الصغرى، وجرى إحياء القوة البحرية للإمبراطورية، وتحصين الدردنيل، وعُززت السُّلطة العثمانية فيما وراء البحر الأسود من خلال بناء القلاع على الدنيبر والدون. وعلى الرغم من أن الحرب في كريت كانت لا تزال قائمة، فقد استُردت جزيرتا ليمنوس وتينيدوس من البندقية[2]. لم تتزعزع سُلطته حتى آخر ساعة من حياته، وخلفه في الوزارة العظمى، ابنه الأكثر شهرة، أحمد كُبرولي. ويُقال إن كُبرولي المُسِن عندما كان على فراش الموت (31 أكتوبر 1661م)، وبعد التوصية لابنه بالوزارة العظمى، أعطى السُّلطان الشاب أربع وصايا يسير عليها: أولًا: ألَّا يستمع إلى نصيحة النساء. ثانيًا: ألَّا يدع أحدًا من الرعية يغتني أكثر من اللازم. ثالثًا: أن يحافظ على الخزانة العامة ممتلئة بكل الوسائل الممكنة. وأخيرًا: أن يظل باستمرار ممتطيًا الخيل، وأن يجعل جيوشه في حروب مستمرة.

كان السُّلطان محمد الرابع يخطو حينذاك نحو الرجولة، لكنه كان شخصية ضعيفة جدًّا لأن يحكم نفسه، وكانت متعته الكبرى في المطاردة، مُكَرِّسًا كل طاقاته ووقته لها. ولحُسن

= القيام به حيال ذلك، فنصح وفقًا لمعتقداتهم الخرافية على وجه الإجمال، بأن يُكشف سقف ضريحه فربما ينزل المطر على جسده، فتخمد النيران التي تعذب روحه. وقد اعتقد الناس الذين عانوا من ظلمه أنه في أشد الحاجة إلى هذا الدواء، على اعتبار أنه يُعَذَّب في العالم الآخر لطغيانه وقسوته التي ارتكبها»».

Wheeler's Travels, p. 133; see also *supra*, Knolles's account of the Sepulchre of Sultan Amurath I.

(1) بدأ أمير ترانسلفانيا «جورجي راكوتشي» (Gyorgy Rakoczi)، عام 1656م حركة استقلالية بدعم من ملك السويد، وتطلَّع إلى بناء دولة قوية في وسط أوروبا، معلنًا نفسه زعيمًا للمقاومة البروتستانتية أمام الكاثوليك، وما لبث أن انضم إليه أميرا مولدافيا ووالاشيا، وازداد الوضع سوءًا بانضمام روسيا بهدف اقتسام بولندا بينها وبين أمير ترانسلفانيا، لكن ما لبث أن تحرك محمد كُبرولي، واستطاع هزيمة راكوتشي عام 1658م، الذي فر إلى أراضي الهابسبورج، بعدها قام محمد ببعض التغييرات الإدارية في ترانسلفانيا، فجعل البروتستانت الموجودين فيها تحت الحماية العثمانية المباشرة لكونهم عنصرًا مهمًّا للتوازن أمام الهابسبورج، وعمل على تقليص هذه الإمارة وألحقها بإيالة بودين، وانتزع قلعة «وارات» (Varat) من النمسا وحوَّلها إلى إيالة جديدة. انظر: أوزتونا، تاريخ الدولة العثمانية، مج.1: 502–503؛ Shaw, op. cit, p. 210. (المترجم).

(2) كان ذلك في إطار حملة عسكرية وجهَّها لفك الحصار الذي كانت تفرضه البندقية على مضيق الدردنيل، وهو ما أدى إلى انتصار البحرية العثمانية على البندقية في معركة الدردنيل، في 19 يوليو 1657م؛ مما سمح للعثمانيين باستعادة السيطرة على بحر إيجة وبعض جزره الاستراتيجية، قاطعين أي أمل للبندقية في إعادة فرض الحصار، وفاتحين طرق الإمداد البحري للجيش العثماني الذي كان لا يزال يحاصر جزيرة كريت. انظر: Kenneth M. Setton, *Venice, Austria, and the Turks in the Seventeenth Century* (Philadelphia: The American Philosophical Society, 1991): 189. (المترجم).

مُقدَّرات إمبراطوريته، وضع ثقته التامة في أحمد كُبرولي، الوزير الجديد، وحافظ على وزيره المفضَّل في السُّلطة أمام كل المؤامرات الكثيرة التي وُجهت ضده. كان أحمد كُبرولي هو الحاكم الحقيقي لتركيا من عام 1661م وحتى وفاته في 1676م، وقد نال عن حق ثناء المؤرخين العثمانيين والمسيحيين على السواء، بوصفه أعظم رجل دولة في بلاده. كان يبلغ ستة وعشرين عامًا فقط عندما دُعي لحكم الإمبراطورية، لكن قدراته الطبيعية العالية قد ارتقت من خلال أفضل تعليم يمكن أن تتيحه مدارس القسطنطينية، وكان قد تعلَّم الحنكة السياسية بشكل عملي كحاكم إقليم وقائد خلال وزارة والده. كان يمكن لأحمد كُبرولي أن يكون صارمًا كأبيه عندما تتطلَّب خدمته للدولة الشدة، وكان كذلك صلبًا في عدم سماحه بأقل قدر من التعدي على سُلطته، لكنه كان عادةً إنسانيًّا وكريمًا، ووُجِّهت مساعيه الأكبر للتخفيف من أعباء الضرائب الاستبدادية، وحماية الناس من الابتزاز الإقطاعي للسباهية، ومن العنف التعسفي للباشوات، وغيرهم من الموظفين المحليين.

بدأ أحمد كُبرولي إدارته - مثل والده - بتأمين نفسه أمام أي جماعة من العلماء، وفي الوقت نفسه لام رئيس هذه الهيئة لومًا نبيلًا عندما تحدَّث في الديوان ضد ذكرى الوزير الأعظم الراحل. قال أحمد كُبرولي: «أيها المفتي، إذا كان والدي قد عاقب رجالًا بالموت، فقد فعل ذلك بإقرار من فتواك». فأجاب المفتي: «إذا كنتُ قد أعطيته فتواي، فذلك لأنني خشيت من وطأة قسوته». ردَّ الوزير الأعظم مرَّة أخرى: «بالنسبة إليك، مَن قال إن شريعة النبي تقضي بأن تخاف من المخلوق أكثر مما تخاف من الله؟». فما كان من المفتي إلا أن لاذ بالصمت، وبعد بضعة أيام عُزل ونُفي إلى رودس، وأُعطي منصبه المهم إلى «صاني زاده» (Sanizade)، وهو صديق يمكن لأحمد كُبرولي أن يعتمد عليه.

وجد العبقري أحمد كُبرولي أفضل مجال لممارسة التدريب، في الإدارة المدنية للإمبراطورية التركية، ولكن سرعان ما دُعي للوفاء بالواجبات العسكرية للوزير الأعظم، وقيادة الجيوش العثمانية في الحرب على النمسا، التي اندلعت عام 1663م. كانت هذه الحرب مثل معظم الحروب الأخرى بين الإمبراطوريتين، نشأت في خضم الاضطرابات والخلافات المتواصلة على مدى قرن ونصف القرن في المجر وترانسلفانيا. وبعد عدة معارك قليلة الأهمية خلال عامَي 1661 و1662م، بين أنصار كلٍّ من النمسا والباب العالي في هذه الأقاليم التي تلقت المساعدة ضد بعضها البعض من الباشوات والقادة المجاورين، حُشد جيش عثماني بواسطة الوزير الأعظم، على قدر من العظمة يماثل أيام الانتصار في عهد سليمان القانوني. وقد عزم كُبرولي ليس فقط

على إتمام سطوة الأتراك على المجر وترانسلفانيا، وإنما على سحق قوة النمسا تمامًا ونهائيًا. سار محمد الرابع مع قواته من القسطنطينية إلى أدرنة، لكنه ظل هناك في الخلف لاستئناف الصيد المفضَّل لديه، بينما قاد وزيره الأعظم الجيش تجاه الأعداء. وضع السُّلطان الراية المقدسة للنبي صلى الله عليه وسلم في يد كُبرولي عند الفراق. وفي الثامن من يونيو 1663م عُرضت هذه الشارة الكبيرة للحرب التركية في بلجراد. كان لدى كُبرولي تحت قيادته، مائة وواحد وعشرون ألف رجل، ومائة وثلاثة وعشرون سلاحًا ميدانيًا، واثنتا عشرة بطارية مدفع ثقيل، وستون ألف جَمل، وعشرة آلاف بغل. بهذه القوة المفرطة، اجتاز البلاد المفتوحة في المجر وترانسلفانيا، وحاصر مدينة «نيوهاوزيل» (Neuhausel)[1] القوية، واستولى عليها في سبتمبر من ذلك العام، فكان ذلك أكثر إنجازات الأتراك براعة في أوروبا منذ معركة كرزتش، قبل أكثر من خمسين عامًا. لم يستأنف الوزير بعد هذا الحصار عملياته النشطة مع جيشه الرئيسي حتى ربيع العام التالي، إلا إن قواته الخفيفة نشرت دمارًا واسعًا عبر النمسا[2]. وفي عام 1664م، تقدَّم كُبرولي وعبر نهر «مورا» (Mura)، وحاصر حصن «سيريفار» (Serivar)[3]، ثم استولى عليه؛ ذلك الحصن الذي قام الأتراك بإخلائه وإشعال النار فيه، في السابع من يوليو، علامةً على ازدراء الإمبراطور النمساوي الحاكم الذي شيَّده. ومن أنقاض سيريفار، سار الجيش العثماني شمالًا، مارًّا بجوار الطرف الغربي لبحيرة «بالاتون» (Balaton)، واستولى على «إجرفار» (Egervar) و«كيبورناك» (Kipornak)، وغيرهما من الأماكن القوية. وفي السادس والعشرين من يوليو، وصل الأتراك إلى الضفة اليمنى لنهر «راب» (Raab)، بالقرب من بلدة «كيرمند» (Kaermend). بدا الزحف تجاه فيينا سهلًا بإمكانية عبورهم لهذا النهر، حيث كان الجيش الإمبريالي الذي اعترضهم في

---

(1) نيوهاوزيل هو الاسم الألماني لهذه المدينة، وتقع شمال غرب بودابست وشرقي فيينا بنحو 110كم، وهي الآن مدينة «نوفي زامكي» (Nové Zámky) الواقعة غربي سلوفاكيا. أطلق عليها المجريون «Érsekújvár»، وأطلق عليها الأتراك «أويفار» (Uyvar). وبعد فتحها عام 1663م صارت مركزًا لإيالة عثمانية بالاسم نفسه، وقد استعادها النمساويون بموجب معاهدة كارلويتز عام 1699م. (المترجم).

(2) يقول سير «بول ريكوت» (Paul Rycaut): «قام كل فرد من التتر، يقود - وفقًا لتقاليد بلده - واحدًا أو أكثر من الخيول الاحتياطية، بالإغارة في نطاق خمسة أميال من فيينا، مدمرين وملقين الخراب في كل مكان أمامهم. فصارت الأشياء هناك كأنها في يوم الدينونة، مغطاة بالنار؛ لم يُخلَّف منها بقدر ما أوحى مظهر مَسْكنها».

(3) أو «نوفي زرين» (Novi Zrin)، ويُطلق عليه الأتراك «يني قلعة». بُني بالقرب من قرية «دونجا دوبرافا» (Donja Dubrava) في الجزء الشمالي من كرواتيا، على الحدود المجرية، عند مصب نهر مورا، خلافًا لما جاء في معاهدة سيتفاتوروك. وكان الغرض منه منع القوات العسكرية العثمانية من التقدم عبر كرواتيا، وهو ما جعل العثمانيين يدمرونه تمامًا بعد الاستيلاء عليه. (المترجم).

هذه الحملة أقل منهم في العدد، لكن لحُسن مُقدَّرات النمسا أن هذا الجيش كان تحت قيادة أحد أقدر القادة في ذلك العصر، والذي كان مُقدرًا له إحراز أول انتصار عظيم للعالم المسيحي في معركة ضارية تقع في ميدان مفتوح أمام القوة الكاملة للأسلحة التركية.

كان الكونت «ريمون دي مونتيكوكولي» (Raymond de Montecuculi) إيطاليًا، ومثل الكثير من القادة العظماء المعروفين في التاريخ الحديث. ولد في «مودينا» (Modena) عام 1608م، لعائلة نبيلة تنتمي إلى تلك الدوقية. ودخل في الخدمة النمساوية، وبرز في الجزء الأخير من حرب الثلاثين عامًا، وبعد ذلك في القتال ضد بولندا. وفي عام 1664م اختير قائدًا عامًّا (generalissimo) للقوات الإمبريالية، وأُرسل لوقف الزحف المتوعد للأتراك. كان الجيش النمساوي والمجري الذي وُضع تحت قيادة مونتيكوكولي، ضعيفًا من حيث العدد، وعند بداية الحملة لم يتمكن من منع الوزير الأعظم من عبور نهر مورا، والحد من سقوط المدن المسيحية التي تقع بين هذا النهر ونهر راب. ولكن في حين كان الأتراك منخرطين في هذه العمليات، التقى مونتيكوكولي بالقوات الإضافية لولايات الإمبراطورية، وبقوة قيِّمة من الجنود الفرنسيين، التي سارت طوعًا تحت قيادة كونت «كوليجني» (Coligny) وغيره من النبلاء، للخدمة في الحرب المجرية. وبتعزيز جيشه، استحوذ مونتيكوكولي على موقع بالقرب من كيرمند على نهر راب، يغطي الطريق إلى فيينا. ولاتساع وسرعة النهر في ذلك المكان، أُحبطت بسهولة المحاولات التي قامت بها الطليعة العثمانية. سار كُبرولي حينذاك على الضفة اليمنى لنهر راب تجاه ستيريا، وتابعه مونتيكوكولي عن قرب على طول الضفة اليسرى، مُحَوِّلًا العدو عن العاصمة النمساوية، وكذلك عن الحاميات التركية التي كانت ترتكز في أوفن وستويسنبرج. كبح الإمبرياليون كثيرًا من محاولات الأتراك لعبور النهر، ولكن في النهاية سارت الجيوش إلى ما بعد النقطة التي يتدفق فيها نهر «لاوفرتز» (Laufritz) إلى نهر راب، على مقربة من قرية «سان جوثارد» (S.Gotthard)؛ ومن ثَمَّ فإن المجرى الوحيد لنهر راب تطلب عمقًا واتساعًا كافيين ليصير عقبة خطيرة أمام الأتراك. ولذلك توقف الجيشان وتجهَّزا للمعركة، التي بدت كأنها لا مفر منها. عندما تحدث «رينِنجين» (Reningen)، المبعوث النمساوي، عن إعادة نيوهاوزيل إلى الإمبراطورية، سخر منه الوزير والباشوات، وتساءلوا عما إذا كان هناك مَن سمع أن العثمانيين تخلوا طواعية عن أي فتح قاموا به للمسيحيين، ورفضوا الاعتراف ببنود معاهدة سيتفاتوروك القديمة كأساس للسلام، قائلين إن السلام يجب أن يُرسى بشكل مطلق على قواعد النجاحات الجديدة التي حققها الباب العالي. واصل مونتيكوكولي استعداداته للمعركة، فأصدر توجيهات دقيقة لقواته، وتحديدًا تنظيم صفوفهم، والمواقع الخاصة بكل فيلق، وعمق الخطوط، وتنظيم

الأمتعة والمؤن. وشهد الأول من أغسطس 1664م، نتيجة الترتيبات الحكيمة لمونتيكوكولي، وأول إثبات كبير على أن توازن التفوق بين الأسلحة العثمانية والمسيحية قد تغيَّر أخيرًا.

يقع دير سان جوثارد، الذي مَنح الاسم لهذه المعركة البارزة، على الضفة اليمنى لنهر راب، على مسافة قصيرة من التقائه بنهر لاوفرتز. وتمتد مساحة من الأرض على الضفة اليمنى لنهر راب غربًا من الدير وقرية سان جوثارد إلى قرية «وندشدورف» (Windischdorf)، أيضًا على الضفة اليمنى للنهر. شكَّلت هاتان القريتان أقصى أجنحة الموقع التركي قبل المعركة. ويوجد على الضفة اليسرى من النهر امتداد لأرض مستوية بالقدر نفسه من المسافة الموجودة على الجانب الأيمن، ولكن باتساع أكبر بكثير. وهنا على الجانب الأيسر كان قد وقع الصراع بين الجانبين. وتقع في وسط السهل على الجانب الأيسر (أي وسط موقع الإمبرياليين) قرية «موجرزدورف» (Moggersdorf)، التي ينحني النهر قبالتها مباشرة ليرسم قوسًا ناحية الجانب الجنوبي أو التركي. سَهَّل ذلك كثيرًا عبور النهر من قِبَل الوزير؛ حيث تمكَّن من وضع المدافع في بطاريات على كل جانب من جوانب المجرى المنحني، ودفع أي قوات تتنازع على مكان الهبوط على الضفة الأخرى، وسط منحنى النهر. وضع مونتيكوكولي القوات الألمانية المساعدة للإمبراطورية في قلب صفوفه، داخل قرية موجرزدورف وبالقرب منها. كان النمساويون والمجريون على جناحه الأيمن، وشكَّلت القوات الفرنسية المساعدة يساره. أما الأتراك فكان لديهم تفوق كبير في العدد، وفي الشجاعة كانوا أفضل من أي خصوم محتملين. لكن الانضباط العسكري للجنود الأتراك كان قد تدهور بشكل مؤسف منذ أيام سليمان، عندما كان يحظى بإعجاب وحسد خصومه المسيحيين، بل إنه انخفض بسرعة منذ آخر معركة كبيرة بين الأتراك والألمان جرى خوضها في كرزتش (1596م). وكان التدهور في براعة ومهارة الضباط العثمانيين أكثر وضوحًا. وعلى الجانب الآخر، شهدت الجيوش الألمانية وغيرها من جيوش العالم المسيحي الغربي تطورات عدة في أسلحتها وتكتيكاتها وتنظيمها العسكري العام خلال حرب الثلاثين عامًا، التي دعت إلى العمل فيها عبقرية أمثال هؤلاء القادة: «تللي» (Tilly)، و«والنستاين» (Wallenstein)، و«جوستافوس أدولفوس» (Gustavus Adolphus)، و«برنارد» (Bernhard)، و«تورستنستون» (Torstenston)، و«تورين» (Turenne)، ومونتيكوكولي نفسه. كانت المدافع التركية آنذاك، على الرغم من أعدادها، صعبة وسيِّئة الخدمة بالمقارنة مع نظيرتها الألمانية. وكان الإنكشارية قد تخلوا عن استخدام الرمح (الذي يبدو أنه كان أحد أسلحتهم

في عصر سليمان[1]). وبدا الجيش العثماني ضعيفًا تمامًا في فرق المشاة من حاملي الرماح النظاميين، والفرسان النظاميين المسلحين. وتشكَّلت المشاة الألمانية آنذاك من حاملي الرماح والبنادق، وجزء من خيَّالتهم تَكوَّن من حشود الفرسان المدرعين بالدروع الثقيلة، الذين - في رأي مونتيكوكولي - إذا أُعطيت إليهم فرصة مناسبة للهجوم على المشاة أو الخيَّالة التركية، فمن الصعب بالتأكيد على أي مقاومة خطيرة أن تعترضهم. وفي رأي القائد الكبير، كان نقص الرمح الذي يسميه «ملك الأسلحة»[2]، هو العيب القاتل في النظام العسكري التركي. وسوف نجد الفارس «فولارد» (Folard)، بعد نصف قرن، يعرب عن رأي مماثل، فيما يتعلق بإهمال الأتراك اعتماد الحربة.

كتب مونتيكوكولي بعد معركة سان جوثارد، انتقاداته بشأن العيوب الموجودة في الجيوش التركية، لكن لا بدَّ أن فطنته العسكرية قد تكهَّنت بها فور مشاهدته لقوات الوزير، واختبار تكتيكاتهم وبراعتهم العسكرية في العمليات الأولى للحملة. لكن الأتراك أنفسهم لم يكونوا على علم بأوجه القصور الخاصة بهم قبل قتالهم في سان جوثارد، فقد اندفعوا بالغلبة في التقدُّمات التي أحرزوها حتى ذلك الوقت تحت قيادة أحمد كُبرولي، وبالثقة الكاملة في أنفسهم وفي قائدهم. تقدموا في الساعة التاسعة تقريبًا صباح يوم الأول من أغسطس 1664م إلى نهر راب، وبدأوا في عبور المجرى الخطير. وضع كُبرولي بطارياته على طول جانبي منحنى النهر الذي سبق وصفه، وعَبَر إنكشاريته - الذين تمركزوا في القلب التركي - النهرَ بلا خسارة كبيرة، وهاجموا قرية موجرزدورف وحملوا عليها. وهكذا كُسر المركز الصليبي تمامًا، وبدا أن العثمانيين على يقين من النصر، حتى جلب مونتيكوكولي العون من الجناح الأيسر. وضع الأمير «تشارلز لورين» (Charles of Lorraine) الذي كان في هذه المعركة، مقدمةً لمسيرته الطويلة الرائعة؛ حيث قاد فرقته من الخيَّالة النمساوية الثقيلة إلى الهجوم شخصيًّا، وقتل بيده قائد حرس الوزير الأعظم. دُفعت القوات المتقدمة من القلب التركي، التي هوجمت من الجانب من الخيَّالة النمساوية، إلى نهر راب. بعد ذلك هُوجمت موجرزدورف من الإمبرياليين، حيث قاموا بإضرام النار، إلا إن الإنكشارية الذين تمركزوا في القرية، رفضوا التراجع أو الإستسلام، وحافظوا على مواقعهم حتى هلكوا في النيران، بصلابة - كما يقول مونتيكوكولي - تستحق التدبر والإعجاب. جَلب كُبرولي تعزيزات كبيرة من الضفة اليمنى، فأرسل مونتيكوكولي آنذاك أمرًا إلى كونت

(1) See Von Hammer, vol. ii. p. 185.

(2) “Al Turco manca la picca, che e la regina delle armi a piedi.” - Montecuculi Opere, voL ii. p. 124.

كوليجني والفرنسيين في جناحه الأيسر، أن الوقت قد حان لمساعدتهم بكل قوتهم، فأرسل إليه كوليجني على الفور ألفًا من المشاة وسريتين من الخيَّالة، تحت قيادة «ديو دي لا فيوليدا» (Due de la Feuillade) و«بيوفيزا» (Beauveze). وعندما رأى كُبرولي الفرنسيين يتقدَّمون بأذقانهم وخدودهم الحليقة وشعورهم المستعارة الملساء، سأل بازدراء أحد الحاضرين: «من هؤلاء الفتيات الصغيرات؟». لكن الفتيات الصغيرات - كما وصفهم - هرعوا إلى الأتراك من دون اعتبار لصيحة المعركة الهائلة الصادرة منهم: «الله»، وقاموا بحصدهم وهم يصيحون من جانبهم: ««ألونس» (Allons)! ألونس! «تيو» (Tue)! تيو!». تذكَّر هؤلاء الإنكشارية الذين فروا من المعركة طويلًا صرخة الفرنسيين «ألونس! تيو!»، وتحدث عنها ديو دي لا فيوليدا في ثكناته لسنوات طويلة بوصفها «فولادي» (Fouladi)، وتعني: «رجل الصُّلب» (The man of steel).

فشل أول هجوم لكُبرولي، على الرغم من أنه لا يزال يحتفظ ببعض الأرض على الضفة اليسرى من نهر راب. وبالاقتراب من وقت الظهر آنذاك، أعد لهجوم مُركَّب (مثلما كان سيفعل في المقام الأول) على كلا جناحَي الصليبيين، في الوقت نفسه الذي يقوم فيه بمهاجمة مركزهم بقوات أكبر. فانطلقت أربعة حشود كبيرة من الفرسان العثمانيين غير النظاميين عبر نهر راب عند الجناح الأيمن لمونتيكوكولي، وقامت ثلاثة حشود مماثلة بمهاجمة الفرنسيين في الميسرة، وقاد كُبرولي قوة من الفرسان والمشاة مهاجمًا المركز، وفي الوقت نفسه، تلقت سرايا منفصلة الأوامر بعبور النهر في نقاط تبعد قليلًا عن ميدان المعركة، والنَّيل من جناحَي ومؤخرة الإمبرياليين. حينذاك حدث نزاع شديد على طول الصفوف؛ حيث قامت بعض أجزاء الجيش الصليبي بالانسحاب، ونصح العديد من قادته بالتراجع. لكن مونتيكوكولي أخبرهم أن فرصتهم الوحيدة للنجاة، فضلًا عن الانتصار، هي المبادرة بالهجوم بحشد من أفضل القوات، والحَمْل بشكل مستميت على المركز العثماني. هكذا حُشدت قوة عظيمة من الفرسان الصليبيين لهذا العمل، ومُرر الأمر على طول الصفوف بوجوب كسر الأتراك، أو الموت. قام «جون سبورك» (John Spork)، القائد الإمبريالي للفرسان، الذي كان يُدعى «أياكس النمساوي» (Austrian Ajax)، بالسجود حاسر الرأس على الأرض أمام رجاله، مصليًا بصوت عالٍ: «يا أيها السيد العظيم، أبانا الذي في السماوات، إذا كنتَ لن تساعد عيالك المسيحيين في هذا اليوم، فعلى الأقل لا تساعد هذه الكلاب التركية، وسوف ترى قريبًا شيئًا من شأنه أن يُرضيك»[1].

---

(1) هذا قد يُذَكِّر بعض القُراء برغبة «ملتيادس» (Miltiades) التي طلبها من المعبودات قبل سباق العدو، وهي عدم محاباته وإنما فقط اللعب العادل. Herodotus, lib. vi. sect. 116. إن الصلاة المشهورة لغير =

بعد أن رَتَّب صفوفه للهجوم الحاسم، أصدر مونتيكوكولي الأمر، فهرع الإمبرياليون إلى الأمام وهم يصيحون صياحًا صاخبًا، للقيام بالهجوم قبل الانقضاض غير المتوقَّع من خصومهم؛ مما أقلق الأتراك الذين اعتادوا على ترويع عدوهم من خلال صياح المعركة الخاص بهم. سيق العثمانيون إلى نهر راب، بعد أن دخلوا في فوضى عارمة بسبب الصدمة الشديدة من فرسان مونتيكوكولي، الذين دعمهم حاملو البنادق والرماح الصليبيون بفعالية. وسقط الإنكشارية والسباهية والألبان والتتر على حدٍّ سواء تحت وطأة الاندفاع المتهور الذي قام به المركز الصليبي، أو هربوا في هزيمة مروعة قبل ذلك. فَقَدَ الفرسان العثمانيون الشجاعة عند رؤيتهم هزيمة مركزهم، حيث تمركز الوزير وأفضل قواتهم، وما لبثوا أن انطلقوا من الميدان من دون محاولة لاستعادة النصر في ذلك اليوم. قُتل أكثر من عشرة آلاف تركي في المعركة، وتجمَّل انتصار مونتيكوكولي بالاستيلاء على خمس عشرة قطعة مدفعية وأربعين راية. وفي اليوم التالي، أمر المنتصر بالاحتفال في أرض المعركة بإقامة قُدَّاس رسمي للشكر، وأُقيمت كنيسة صغيرة هناك، لا تزال شاهدة على مسرح هذه المعركة التي لا تُنسى، والتي استهلت تعويض ثلاثمائة عام من الهزيمة التي تكبَّدها العالم المسيحي من تركيا، منذ اليوم الذي سُحقت فيه قوات التحالف الصربية المجرية على يد السُلطان مراد الأول في كوسوفا.

ذلك لأن معركة سان جوثارد تُقدِّم لنا بالتالي نقطة تحوُّل في التاريخ العسكري لتركيا، وُصفت بتفاصيل دقيقة، لا يمكن أن تتيحها تلك القائمة الطويلة من المعارك، التي ستنال عنايتنا ونحن نتتبع تراجع حظوظ الإمبراطورية العثمانية. وكذلك كان قيام مونتيكوكولي نفسه بتعليقات على هذه الحملة، وعلى الحرب التركية عمومًا، سببًا إضافيًا لإعطاء أهمية لانتصاره في سان جوثارد. أما المآخذ التي أشار إليها في النظام العسكري التركي، فقد استمرت في الوجود أو بالأحرى تفاقمت، حتى عهد السُلطان السابق محمود. ويمكن إجمالها في إهمال الأتراك لمواكبة التطورات التي أدخلتها الدول الأخرى على الأسلحة وفن الحرب، وتعيين مسؤولين غير أكفاء من خلال الرشوة وغيرها من عوامل الفساد. وقد أُحبطت الآثار الضارة

= المتحضرين من الأمريكيين عندما يكونون على وشك مهاجمة الدب، لا تزال تُشبه على نحو أكبر صلوات سبورك. يمكن أن يكون أياكس النمساوي هذا، قد فهم أن الروح السامية في نموذجه البدني المفترض هي «أياكس الهوميري» (Homeric Ajax) يصلي في المعركة (Iliad, book xvii. verse 645). وعلى الأرجح أنه لم يسمع بذلك. صار سبورك كونتًا من قِبَل الإمبراطور النمساوي، مكافأةً له على خدماته، لكنه كان دائمًا يكتب اسمه (وهو ما فعل بصعوبة بالغة) «سبورك، كونت» (Spork, Count)، وليس «كونت سبورك» (Count Spork)، قائلًا إنه كان سبورك قبل أن يكون كونتًا.

لهذه العيوب الخاصة بإدارة الحرب العثمانية بشكل جزئي بسبب البسالة الشخصية الملحوظة لعامة الجنود الأتراك، ورصانتهم، وحيوية قوانينهم الأساسية، وكذلك بسبب الرِّعاية التي تُولى لتزويدهم بالمؤن الكافية والجيدة، سواء في الثكنات أو عند استخدامهم في الخدمة الفعلية. هذه هي النقاط الإيجابية في الخدمة العثمانية، التي لاحظها جميع النُقاد العسكريين من الكونت مونتيكوكولي إلى الماريشال مارمونت. والأهم من ذلك، تلك التي تراعي أن الصفات الطبيعية للجنود العثمانيين، تُظهر أن تركيا لم تفقد قَطُّ عنصر العظمة العسكرية، التي لا يمكن لأي وسيلة اصطناعية خلقها أو تنشيطها؛ لكن مهارة رجال الدولة والقادة العظام (إذا كان لا بدَّ لإمبراطورية السُّلطان أن تكون سعيدة معهم) يمكن أن تضيف إلى ذلك كل ما لديها لمدة ما يقرب من قرنين من الضَّعف.

كانت النتيجة المباشرة لمعركة سان جوثارد، هدنةً لمدة عشرين عامًا على أساس معاهدة سيتفاتوروك، وهو ما رفضه الأتراك بغطرسة قبل هزيمتهم[1]، إلا إن نيوهاوزيل ظلت بحوزة العثمانيين. هكذا، على الرغم من الهزيمة الكبيرة التي مُني بها كُبرولي على يد مونتيكوكولي، فإنه استطاع دخول القسطنطينية مرَّة أخرى كفاتح، ولم يتضاءل تأثيره على السُلطان. أما المشروع العسكري الكبير التالي الذي اضطلع به كُبرولي، فكان واحدًا من المشروعات المختلفة الناجحة والمتألقة، وهو الاستيلاء على مدينة كانديا، التي كانت آنذاك محاصَرة من الأتراك لما يقرب من عشرين عامًا، من دون جدوى. اقترح محمد الرابع في البداية أن يقود بنفسه هذه التجهيزات الكبيرة التي حشدها كُبرولي في أدرنة لهذه الحملة، فأُقيمت الخيمة السُلطانية في المعسكر، وأمر السُلطان بأن تُقرأ أمامه تلك الأجزاء من أعمال المؤرخين الأتراك التي تروي استيلاء محمد الثاني على القسطنطينية، ومعركة تشالديران تحت قيادة سليم الأول، وحصار رودس وبلجراد من قِبَل سليمان. لكن محمد الرابع أشبع ذلك الحماس العسكري الذي تَوَلَّد لديه من تلك الروايات، عَبْر الصيد بنشاط مضاعف. كان في المطاردة فقط مقدامًا جسورًا، أما ميدان المعركة فقد نكص عنه، ولم يكن حتى بطلًا في وسط حريمه، حيث مارست أَمَةٌ يونانية

---

(1) مما يثبت أن الحرب كانت سجالًا بين الطرفين، أو ربما مالت إلى الجانب العثماني، النصرُ الدبلوماسي الذي حققه العثمانيون من هذه المعاهدة، التي سُميت باسم القصبة التي وُقِّعَت فيها «فاسفار» (Vasvar)، أو «أيزنبرج» (Eisenburg) بالألمانية، في 10 أغسطس عام 1664م، والتي أقرت سيادة العثمانيين على ترانسلفانيا، فضلًا عن القلاع التي فتحوها حديثًا على الحدود مثل يني قلعة وأويفار، هذا غير موافقة الإمبراطور النمساوي على دفع جزية مالية للأتراك في مقابل امتناعهم عن شن مزيد من الغارات على أراضي الهابسبورج. انظر: Shaw, op. cit, p. 212. (المترجم).

من «ريتينو» (Retino)، سُلطة مُطلقة مصحوبة بشدة استبدادية على ذلك الباديشاه المُفْرِط في حبه وإخلاصه. كرَّست هذه السُّلطانة المفضَّلة نفسها بحماس لمصالح كُبرولي، الذي أصبح بالتالي آمنًا جدًّا في سلطته، فغامر بالبقاء في جزيرة كريت منذ وقت نزوله هناك عام 1666م، وحتى استسلام العاصمة المحاصرة منذ وقت طويل عام 1669م. خلال هذه السنوات الثلاث الأخيرة من الحصار، استُخدمت كل الجهود الباسلة الممكنة، وجميع الأشكال المتاحة من الفن العسكري، سواء من المهاجمين أو المدافعين. كان «موروسيني» (Morosini) (المعروف بعد ذلك بـ«فاتح المورة»، وبلقب «البلوبنيزي» (Peloponnesian)) قائدًا في المدينة، ومؤيَّدًا بقوة من ديو دي لا فيوليدا، بطل سان جوثارد، والعديد من المتطوعين الآخرين من النبلاء الشجعان، الذين توافدوا من كل بلد مسيحي إلى كريت، حيث الميدان العظيم للمجد العسكري. وعلى الجانب التركي، اندفع كُبرولي وقادته وأمراء بحره في عمليات الحصار عَبْر البحر والبر بعناد لا يُقهر، وبمستوى كان قد تدهور إلى حدٍّ بعيد في الأزمنة الأخيرة عند الأتراك[1]. وخلال الأشهر الأربعة والثلاثين الأخيرة من الحصار، التي كان فيها كُبرولي هو القائد، أُحصي ثلاثون ألف قتيل من الأتراك، واثنا عشر ألفًا من البنادقة، ووقع ستة وخمسون هجومًا، وست وتسعون غارة. وكان عدد الألغام الذي انفجر على كلا الجانبين 1364 لغمًا. وقد بُذلت محاولات عديدة من قِبَل البنادقة لشراء السلام من دون التنازل عن كانديا، لكن كُبرولي ردَّ على ما قَدَّموه من مبالغ مالية كبيرة قائلًا: «نحن لسنا تجار أموال، نحن نشن حربًا للفوز بكانديا، ولن نتخلَّى عنها بأي ثمن». وقد استمر العثمانيون بمثابرة في مشروعهم حتى قام موروسيني بناءً على شروط مشرفة في السادس من سبتمبر عام 1669م، بتسليم المدينة التي حوَّلتها الألغام المتعاقبة إلى كتلة مختلطة من أكوام الركام العملاقة. وجرى التوصُّل إلى اتفاق سلام بين البندقية والباب العالي، أصبحت من خلاله مدينة كانديا وجزيرة كريت مِلكًا للسلطان. وظل كُبرولي هناك عدة أشهر بعد اكتمال الفتح، وأثناء ذلك الوقت عمل بشكل جيد وحكيم على تنظيم الحُكْم المحلي لكريت تحت السيادة الجديدة.

يستحق المشهد التالي من العمليات الحربية التي انخرط فيها أحمد كُبرولي، اهتمامًا خاصًّا، لأنه يجتذبنا إلى الدعاوى التنافسية لكلٍّ من بولندا وروسيا وتركيا للسيطرة على القوزاق،

---

(1) يقول «جوشيريو» (Juchereau) بشأن أتراك هذا القرن: إنهم «قد تعلموا تحت مسؤولي «فرانك» (Frank)، من مراجعة أرشيفاتهم العسكرية وخطط مهندسيهم القدامى، تلك الأساليب وما يماثل الخنادق، التي كانت من ابتكارهم، والتي برزت بشكل كبير في حصار كانديا».

ويرتبط ارتباطًا وثيقًا بسلسلة طويلة ومتواصلة من الأعمال العدائية بين الإمبراطوريتين الروسية والتركية. أصبح قوزاق الدون من رعايا إيفان الرهيب، تسار موسكو، عام 1549م، بينما كان قوزاق الدنيبر وأوكرانيا مستقلين لفترة طويلة، وأول ارتباط لهم كان ببولندا. مارس البولنديون السُّلطة عليهم بوصفهم تابعين، لكن الحكام البولنديين الأكثر حكمة كانوا حذرين من حيث مقدار السُّلطة التي حاولوا ممارستها على هذه القبائل الشجاعة القاسية. وقد أدى طغيان طائش من سلطة بولندية قليلة الحكمة إلى معارضة شرسة من جانب القوزاق، الذين استدعوا أعداءهم الدائمين السابقين من التتر، لمساعدتهم ضد الطغيان الجديد الذي مارسه البولنديون عليهم. وبهجران التتر لهم بعد سنوات من الحرب، استنجد قوزاق أوكرانيا بالتسار الروسي ألكسيس. وبعد سنوات عديدة من الأعمال العدائية الدامية والمتقلِّبة، انقسمت أخيرًا أراضي القوزاق اسميًّا بين روسيا وبولندا في هدنة «أندروسان» (Androssan) عام 1667م، لكن القوزاق الذين سكنوا بالقرب من مصبي نهرَي: «بوج» (Boug)، والدنيبر، والذين أُطلق عليهم قوزاق «زابوروفسكيان» (Zaporofskian)، رفضوا أن تشملهم الهيمنة البولندية بموجب هذه التسوية، ووضعوا أنفسهم تحت حماية التسار. وفي عام 1670م، قدَّم قوزاق ذلك الجزء من أوكرانيا، الذي وقع تحت السيطرة البولندية، التماسًا إلى المجلس التشريعي البولندي من أجل امتيازات معينة، إلا إنها قوبلت بالرفض؛ فأُرسل جيش بولندي تحت قيادة سوبيسكي إلى أوكرانيا لقمع سخط القوزاق. قاوم القوزاق بشجاعة تحت قيادة «هيتمان دورشينكو» (Hetman Dorescensko)، لكن في النهاية قرروا الحصول على حماية الباب العالي؛ فقام دورشينكو بتقديم نفسه في القسطنطينية عام 1672م، فتَلَقَّى هناك رايتين وذيلَي فرس[1]، بوصفه بك لسنجق أوكرانيا، الذي أُدرج على الفور ضمن الأقاليم العثمانية. وفي الوقت نفسه، أُمر خان القِرْم بدعم القوزاق، وسار ستة آلاف جندي تركي إلى أوكرانيا. احتج البولنديون بشدة على هذه التدابير، وأضاف التسار الروسي احتجاجه، وهدَّد بالانضمام إلى بولندا في حرب ضد تركيا؛ فأجاب الوزير الأعظم ببلاغة أن هذه التهديدات ما هي إلا كلام أجوف في غير محله، وأن الباب العالي سيحافظ على قراره فيما يتعلق ببولندا. وقبل ذلك بوقت قصير، أجاب وزير آخر على تحذيرات مماثلة بتفاخر: «الحمد لله، مع قوة مثل قوة الإسلام، لا يهمنا اتحاد الروس والبولنديين، فقد زادت إمبراطوريتنا قوة منذ نشأتها، ولم يكن بمقدور كل الملوك المسيحيين الذين اتحدوا ضدنا، اقتلاع شعرة من لحيتنا، وسيستمر ذلك بفضل الله، وستبقى إمبراطوريتنا إلى يوم الدين». وعندما لام السفير

(1) منذ عهد مراد الثالث، كان حكام الأقاليم الكبيرة أو الإيالات، يحصلون على رتبة وزير ويصيرون باشوات بثلاثة أطواخ، أما بكوات السناجق أو حكام الأقاليم الصغيرة، فكانوا باشوات بطوخين.

البولندي الأتراكَ، بإجحاف، على مساعدة الرَّعايا الثائرين في بولندا، أجاب كُبرولي نفسه في رسالة لافتة كتبها بيده، يقول فيها: «القوزاق، وهم شعب حر، وضعوا أنفسهم تحت سيادة البولنديين، لكنهم لم يتمكنوا من تحمُّل الطغيان البولندي لفترة أطول، فسعوا إلى الحماية في مكان آخر، وهم الآن تحت الراية وذيول الخيل التركية. فإذا طلب سكان بلد مضطهد المساعدةَ من إمبراطور قوي من أجل الحصول على حريتهم، فهل من الحكمة ملاحقتهم في ملتجئهم هذا؟ سيدرك الرجل الحكيم على أي جانب يجب أن يقع لوم خرق السلام، حين يُشاهِد أقوى وأمجد الأباطرة وهو يُقَدِّم العون والإنقاذ إلى مَن يتعرضون للقمع ويطلبون منه الحماية من أعدائهم. فإذا كانت هناك رغبة في التفاوض من أجل إخماد نار الفتنة، فليكن. ولكن إذا كان حل الخلافات سيُحال إلى حُكم ذلك القاضي القوي الحاسم، ألا وهو السيف، فإن قضية الصراع لا بدَّ أن سيحسمها الله، الذي يُقَدِّر أمور السماء والأرض، والذي بعونه انتصر الإسلام على خصومه ألف عام»[1]. كان هذا الإقرار بمبدأ التدخل لمصلحة شعب مضطهد تدبيرًا جريئًا لكبير وزراء دولة مثل تركيا، أبقت على الكثير من الأمم الأخرى تحت نير عبودية شديدة، وكان ذلك يُعَدُّ جسارة على وجه الخصوص من جانب كُبرولي، الذي كان في ذلك الوقت يباشر بناء الحصون في المورة للحد من روح الاستقلال التي أظهر اليونانيون بعض علامات على انتعاشها أثناء حرب البندقية الأخيرة.

في الحملة البولندية عام 1672م، أُقنع السُّلطان محمد الرابع بمرافقة الجيش القوي الذي قاده كُبرولي لحصار مدينة «كامينيس» (Kaminiec)[2] المهمة، في «بودوليا» (Podolia). وسقطت

---

(1) أورد البعض رسالة أخرى أرسلها كُبرولي إلى الملك البولندي، يقول فيها: «إن شريعتنا تأذن لنا بأن نعتبرك معتديًا، وإنا لقادرون على أن نذيقك مغبة التحرش بالأسد الرابض، غير أنا نريد أن نرمق ضعفك، ونبدأ بعامل الشفقة بإنذارك ونصحك بأن تسحب سريعًا أجنادك من بلاد القوزاق، وأن تعتذر عما بدر منك. فإذا أبيت، تقضي عليك شريعتنا بالموت، وعلى مملكتك بالخراب، وعلى شعبك بالرق. وذلك فضلًا عما سيُلقى على عاتقك تجاه العالم من مسؤولية هذه المصائب». انظر: بيهم، فلسفة التاريخ العثماني: 289. (المترجم).

(2) أطلق عليها العثمانيون «قامنج» أو «قامنيجه»، وهي الآن مدينة «كامينيتس بودلسكي» (Kamianets-Podilskyi) الواقعة جنوبي أوكرانيا، على مسافة أربعمائة وأربعين كيلومترًا غربي كييف. ظلت المدينة مركزًا لإيالة «قامنيجه» منذ فتحها عام 1672م، وحتى عام 1699م، عندما أُعيدت إلى بولندا بموجب معاهدة كارلويتز. انظر: شمس الدين سامي، قاموس الأعلام، مج.5: 3573؛ أوزتونا، تاريخ الدولة العثمانية، مج.2: 704. (المترجم).

كامينيس بعد تسعة أيام من الحصار (26 أغسطس، 1672م)، وشاركتها «ليمبرج» (Lemberg)[1] في مصيرها في التاسع من سبتمبر. عقد بعدها ملك بولندا المأفون، «ميخال» (Michael)، سلام «بوكساكس» (Bucsacs) مع الأتراك، والذي بموجبه تتنازل بولندا عن بودوليا وأوكرانيا، وتدفع جزية سنوية للباب العالي تُقدَّر بمائتين وعشرين ألف دوقية[2]. عاد السُلطان منتصرًا إلى أدرنة، إلا إن التهاني التي انهالت عليه بوصفه فاتح بولندا كانت سابقة لأوانها؛ حيث قام سوبيسكي وغيره من النبلاء البولنديين الآخرين بخرق المعاهدة التي عقدها ملكهم، ورفضوا دفع الجزية المنصوص عليها. وفي عام 1673م، قام الوزير الأعظم باستعدادات لتجديد الحرب على البولنديين، وكذلك للهجوم على تسار روسيا الذي تلقوا منه المساعدة. سار الأتراك مرَّة أخرى إلى بودوليا، ولكن في الحادي عشر من نوفمبر 1673م باغت سوبيسكي - الذي كان يقود البولنديين آنذاك - المعسكر التركي بالقرب من «خوتين» (Khoczin)[3]، وهزم كُبرولي بمجزرة كبيرة. هرب أمراء والاشيا ومولدافيا من الجانب التركي إلى الجانب البولندي مع جميع وحداتهم، ناقلين معهم القوة التي ساعدت سوبيسكي في الحصول على النصر؛ إلا إن مهارة كُبرولي الإدارية أعادت تنشيط موارد تركيا، فأُرسلت قوات جديدة إلى أوكرانيا في العام التالي. كان سوبيسكي ومن معه من البولنديين والروس (الذين كان لهم آنذاك دور فعَّال في الحرب) لهم الأفضلية في حملة عام 1674م. وفي عام 1675م أحرز سوبيسكي واحدًا من الانتصارات الأكثر براعة في ذلك العصر على الأتراك في ليمبرج. إلا إن صلابة الباب العالي وكُبرولي وقوتهما المتفوقة في الحفاظ على استمرار الحرب تجاه الحكم المنقسم في بولندا، شُعر بهما عامًا بعد عام. وفي عام 1676م، استطاع القائد التركي في بودوليا، إبراهيم، المُلقب بـ«الشيطان»، أن يجعل نفسه سيدًا كامل السيادة على بودوليا، وهاجم «جاليسيا» (Galicia). قاتل سوبيسكي (الذي صار آنذاك ملكًا على بولندا) بنبل بقوات أقل قدرًا ضد إبراهيم في «زوراونا» (Zurawna)، لكنه كان مسرورًا لإبرام السلام (27 أكتوبر، 1676م)، الذي بموجبه

---

(1) هو الاسم الألماني لمدينة «لفيف» (Lviv) أو «لفوف» (Lwow)، الواقعة أقصى غرب أوكرانيا الحالية. (المترجم).

(2) هي معاهدة بوجاش، التي دخلت أوكرانيا بموجبها تحت الحكم العثماني المباشر، وتأسست إيالة «لفوف» في بودوليا، غربي أوكرانيا بين نهري الدنيستر وبوج. انظر: المرجع السابق، مج.1: 520-521. (المترجم).

(3) أو «Khotyn»، ينطقها الأتراك «هوتين». وهي مدينة تقع غربي أوكرانيا الحالية، في منطقة بيسارابيا القديمة، على الضفة اليمنى لنهر الدنيستر. خرجت من التبعية العثمانية بشكل نهائي بموجب معاهدة بوخارست عام 1812م. انظر: شمس الدين سامي، قاموس الأعلام، مج.3: 2067؛ أوزتونا، تاريخ الدولة العثمانية، مج.1: 457. (المترجم).

احتفظ الأتراك بكامينيس وبودوليا، ودخلت أوكرانيا تحت سيادة السُّلطان، عدا عدد قليل من الأماكن المحددة.

بعد ثلاثة أيام من سلام زوراونا، تُوفِّي أحمد كُبرولي. وعلى الرغم من أن هزائمه في سان جوثارد وخوتين قد أثارت إلى حدٍّ ما رأيًا عامًّا لدى العثمانيين مفاده أن وزيرهم لم يولد ليكون قائدًا، فإن خدماته العسكرية للإمبراطورية كانت عظيمة فيما يتعلَّق بانتصارات كريت ونيوهاوزيل وكامينيس التي حقَّقها، ولم يقم أي وزير بما قام به من قمع للتمرد والفوضى، والمحافظة على العدالة والحكم الرشيد، واستعادة القوة المالية والعسكرية لبلاده. فعل كل ذلك من دون طغيان أو قسوة. وقام بحماية كل الفئات من رعايا السُّلطان، وكان راعيًا سخيًّا للأدب والفن، وصديقًا حميمًا، وليس عدوًّا لا يُقهر، وصادقًا بنُبل نحو ما أخذه على نفسه تجاه أي صديق أو عدو، صغيرًا كان أم كبيرًا. ويمدحه المؤرخون الأتراك بمقدار من المبالغات المشرقية أقل بكثير من المعتاد، بوصفه: «نور وبهاء الأمة، ناظم القوانين الصالحة وحاميها، وكيل ظل الله، العالِم البارع في كل شيء، الوزير الأعظم»[1].

(1) انظر ترجمته عند: المحبي، خلاصة الأثر، مج.1: 352-356. (المترجم).

الفصل السادس عشر

الوزير قره مصطفى - الحرب غير الناجحة مع روسيا - الحرب مع النمسا - حصار فيينا - إنقاذ المدينة وهزيمة الأتراك هزيمة تامة على يد سوبيسكي - خسائر العثمانيين الجسيمة - عزل محمد الرابع - شخصيته - التغير الحادث لقوات الإنكشارية - الأقاليم المغربية - المسيح الزائف سبطاي - رعاية محمد الرابع للأدب.

الفصل السادس عشر[1]

سرعان ما وضحت قيمة وزير مثل أحمد كُبرولي لتركيا، بسبب التدهور السريع لحظوظها في ظل خليفته في الوزارة، قره مصطفى، أو مصطفى الأسود، الذي كانت شخصيته على العكس من كُبرولي في جميع النواحي، والذي جمع لضعف قدراته بين الطموح الجامح، والغرور الذي لا حدَّ له تقريبًا. كان صهرًا للسلطان، وبسبب النفوذ الذي حازه من هذا الزواج، حصل على المنصب الرفيع الذي أساء استعماله، مما أدى إلى إسقاط سيده، وإلى كارثة كبيرة حاقت ببلاده. كان مشروع قره مصطفى المفضَّل هو شن حرب جديدة على النمسا؛ حيث كان يأمل في الاستيلاء على فيينا، وجعل نفسه نائبًا اسميًّا للسلطان، وعاهلًا فعليًّا للأقاليم الواسعة بين الدانوب والراين. إلا إن السنوات الأولى من وزارته شغلتها حرب مُخْزية مع روسيا؛ تلك الإمبراطورية التي لم تكن طرفًا في سلام زوراونا الأخير، فقامت بدعم دورشينكو، ضد الباب العالي، عندما ازداد استياء هؤلاء القوزاق المتقلِّبين من حكم السُلطان. وبناءً على ذلك قاد قره مصطفى جيشًا كبيرًا إلى أوكرانيا، وحاصر «تشهريم» (Cehzrym)[2]، إلا إنه تعرَّض للهزيمة على يد الروس، فهرب عبر الدانوب مصحوبًا بالعار. وفي العام التالي استأنف الحرب بقوات جديدة، وبعد عدة خيارات قام باقتحام تشهريم في 21 أغسطس 1678م، غير أن الخسائر التي لحقت بالأتراك، سواءً من السلاح الروسي أو المناخ، كانت شديدة. ويُقال إنه حتى هذه الفترة المبكرة من الحرب بين البلدين، كان الأتراك يضمرون قلقًا غريزيًّا من قوة الموسكوفيين[3]. عُقد السلام في 1681م[4]، وبموجبه تخلَّى الباب العالي عن الأراضي المتنازع عليها لروسيا،

---

(1) Von Hammer, books 57-58.

(2) هي «جهرين» (Czehryn) أو «Chyhyryn» أو «Çehrin»، الواقعة على مسافة مائتين وثلاثين كيلومترًا، جنوب شرق العاصمة الأوكرانية كييف، على نهر «تياسمين» (Tiasmyn)، أحد روافد الدنيستر. انظر: أوزتونا، تاريخ الدولة العثمانية، مج.1: 525. (المترجم).

(3) ثورنتون، ص73، نقلًا عن «سبون» (Spon)، الذي نُشرت رحلاته عام 1678م. يقول سبون: «لم يكن الأتراك يخشون كثيرًا من أي أمير مسيحي بقدر خشيتهم من تسار موسكو».

(4) وُقِّعَت معاهدة «بخشي سراي» في تلك المدينة الواقعة بالقِرْم، في الثامن من يناير عام 1681م، بين الدولة العثمانية وروسيا وخانية القِرْم، وبموجبها انتهت الحرب الروسية التركية (1676-1681م) بهدنة لمدة عشرين =

وقد نص على أنه لا يجوز لأي سلطة إقامة تحصينات بين نهرَي بوج والدنيستر. وبعد خمس سنوات جرت تسوية إقليمية بين بولندا وروسيا، اعترفت بسيادة التسار على كامل أوكرانيا.

بدأ قره مصطفى عام 1682م مشروعه المصيري ضد فيينا. وقد أدت آنذاك ثورة المجريين على النمسا تحت قيادة كونت «تكلي» (Tekeli)، بسبب الاستبداد المتعصِّب للإمبراطور «ليوبولد» (Leopold)، إلى ترك قلب الإمبراطورية مفتوحًا للهجوم[1]. قام الوزير الأعظم بحشد القوات، التي لو كانت قد جرت قيادتها باقتدار فلربما وَجَّهَت إلى بيت هابسبورج ضربة قاضية. وخلال خريف عام 1682م وربيع عام 1683م، حُشدت في المعسر بأدرنة القوات النظامية وغير النظامية، سواء من الخيَّالة أو المشاة أو المدفعية، وجميع أنواع العتاد الحربي، على قدر من القوة استُمدَّت من الثراء والاستعدادات التي منحتها إدارة كُبرولي للموارد التركية. قُدِّرت القوات النظامية التي قادها قره مصطفى إلى فيينا، من القائمة التي عُثر عليها في خيمته بعد الحصار، بمائتين وخمسة وسبعين ألف رجل، لكن لا يمكن حساب كل الحاضرين وتابعي المعسكر، ولا يمكن أن يكون هنالك سوى تكهُّنات تقريبية بشأن عدد التتر وغيرهم من القوات غير النظامية التي انضمت إلى الوزير، ومن المحتمل ألَّا يقل العدد عن نصف مليون رجل، بدأوا التحرك في هذا المسعى الهجومي الكبير والأخير للعثمانيين ضد العالم المسيحي. لم يملك الإمبراطور ليوبولد من الرجال والمال ما يكفي لتمكينه من مواجهة مثل هذا الطوفان من الغزو. وبعد كثير من التوسلات المتذللة، حصل على وعد بالمساعدة من سوبيسكي ملك

= عامًا، وأصبحت الأراضي الواقعة بين نهري بوج والدنيستر منطقة محايدة بين الإمبراطوريتين، إلا إن أهم مكتسبات روسيا من هذه المعاهدة كان اعتراف العثمانيين لأول مرَّة بأحقية روسيا في حماية الكنائس الأرثوذكسية، وهو ما ستستغله روسيا مستقبلًا للتدخل في الشأن العثماني بحجة حماية الرعايا الأرثوذكس التابعين للسلطان. انظر: Shaw, op. cit, p. 214. (المترجم).

(1) كان قبول قره مصطفى لسلام غير مواتٍ مع روسيا ينبع أساسًا من التحديات الجديدة التي ظهرت في المجر وأدت إلى الحرب مع الهابسبورج. فقد كانت السياسة المتعصبة التي تبنتها النمسا تجاه البروتستانت في وسط المجر، وتنامي النفوذ النمساوي في المجر وترانسلفانيا، دافعًا لأمراء تلك المنطقة إلى قبول الحماية العثمانية الأكثر تسامحًا، وهو ما استغله العثمانيون في تغذية العداوة وإثارة ثورة المجريين تجاه الهابسبورج والكاثوليك بشكل عام، وهو ما أيدته فرنسا التي كانت في ذلك الوقت تقاتل الهابسبورج من الغرب. هكذا رأى قره مصطفى أن كل العوامل والظروف السياسية الدولية مهيأة له للضغط على النمسا والاستيلاء على فيينا، بهدف إزالة أي خطر قادم من الغرب. انظر: Shaw, op. cit, p. 214؛ عصمت بارما قسزاوغلو، «الدولة العثمانية خلال القرن 17م/ 11هـ»، في: دراسات في التاريخ العثماني، ترجمة سيد محمد السيد (القاهرة: دار الصحوة، 1996م): 125-126. (المترجم).

بولندا، الذي كان يعامله من قبل بإهانة وإهمال. كانت بولندا في سلام مع تركيا، كما لم يقم الباب العالي بخرق المعاهدة الأخيرة بأي حال من الأحوال، لكن لا سوبيسكي ولا غيره من الخصوم المسيحيين لتركيا كانت لديهم مراعاة كبيرة لمثل هذه الالتزامات. وعليه، وعد الملك البولندي بمساعدة الإمبراطور النمساوي بثمانية وخمسين ألف رجل. سار الجيش التركي على طول الجانب الغربي من نهر الدانوب، ووصل إلى فيينا من دون أن تعترضه عقبة جادة، على الرغم من المقاومة الباسلة من بعض الأماكن القوية التي حاصرها خلال تقدُّمه. كانت لمدينة فيينا حامية تُقدَّر بأحد عشر ألف رجل تحت قيادة كونت «ستارمبرج» (Stahremberg)، الذي أثبت أنه يستحق أن يخلف كونت سَلْم، الذي قام بالعمل نفسه حين حُوصرت المدينة من قِبَل السُّلطان سليمان. استمر الحصار الثاني لفيينا من 15 يوليو إلى 12 سبتمبر عام 1683م، وقد برزت خلاله البطولة الأكثر إخلاصًا من الحامية والسكان على حدٍّ سواء. حطَّمت المدفعية الكثيرة للأتراك الجدران والحصون، وكان عمال زراعة الألغام الذين لا يعرفون الكلل أكثر فعالية. أُضنيت الحامية تدريجيًّا بسبب الهجمات العديدة التي استدعت الرد عليها، وفي الغارات المتكررة التي سعى القائد النمساوي من خلالها إلى إعاقة تقدُّم المحاصِرين. وكان في وسع قره مصطفى عند نهاية أغسطس الاستيلاء على المدينة عن طريق الاقتحام، لو رأى أنه من المناسب استخدام قواته الكبيرة في هجوم واسع، ومواصلة ذلك يومًا بعد يوم، كما فعل مراد الرابع حين سقطت بغداد. إلا إن الوزير أبقى القوات التركية ولم يسيطر على المدينة، أملًا في أن تخضع لسلطته عن طريق الاستسلام، وفي هذه الحالة تؤول إليه ثروات فيينا، التي من شأنها أن تُصبح غنيمة للجنود إذا جرى الاستيلاء على المدينة عن طريق الاقتحام. تذمَّر الجيش التركي بشدة بسبب عدم كفاءة وأنانية وثقة قائدهم الفارغة، ذلك القائد الذي لم يتخذ أي تدابير لوقف اقتراب جيش الإنجاد الذي كان من المعروف أنه في طريقه للوصول؛ على الرغم من سهولة منع عبور سوبيسكي لنهر الدانوب من قِبَل مفرزة من القوات الهائلة التي كانت تحت قيادة الوزير الأعظم.

لم يتمكن سوبيسكي من حشد قواته قبل نهاية أغسطس، وحتى ذلك الحين لم يتجاوز عددهم عشرين ألف رجل، لكن انضم إليه دوق «لورين» (Lorraine) وبعض القادة الألمان الذين كانوا على رأس جيش كبير، وعبر الملك البولندي نهر الدانوب عند «تولم» (Tulm) الواقعة أعلى فيينا، بنحو سبعين ألف رجل. قام بعدها بالدوران خلف جبال «كاليمبرج» (Kalemberg) إلى الشمال الغربي من فيينا، عازمًا على أخذ المحاصِرين من الخلف. لم يُلقِ الوزير بالًا له، كما لم يدفع بأي مقاومة لتقدُّم جيش الإنجاد عبر البلد الصعب الذي اضطر إلى اجتيازه. وفي الحادي عشر من سبتمبر كان البولنديون على قمة جبل كاليمبرج، وكما يقول كاتب سيرة

سوبيسكي: «مِنْ هذا المرتفع، عُرض للمسيحيين مشهد من أكثر المشاهد روعة ورهبة لعظمة القوة البشرية. السهل الهائل، وجميع جزر الدانوب، تغطيها الخِيام، التي تبدو من روعتها قد أُعدت لمعسكر من المتعة أكثر من إعدادها لمشاق الحرب. وعدد لا يُحصى من الخيل والجمال والجاموس، ومليونان من الرجال يتحركون جميعًا، وحشود من التتر تفرقوا على طول سفح الجبل في اختلاطهم المعتاد، ونار المحاصِرين المتواصلة الرهيبة، وتلك الخاصة بالمحاصَرين التي استطاعوا إضرامها ليجعلوا المدينة كبيرة لا يمكن تمييزها في النهاية إلا من قمم الأبراج والنار والدخان الذي يغطيها»[1].

لكن سوبيسكي اعتاد تمامًا على التهديد من جانب الجيوش التركية، وقد أدرك فورًا برؤيته الثاقبة افتقار الوزير إلى المهارة العسكرية، وتعريض الخطوط الطويلة للمعسكر العثماني إلى هجوم مفاجئ وقاتل، وقال إن «هذا الرجل أقام معسكره بشكل سيِّئ، فهو لا يعرف شيئًا عن الحرب، ونحن سنهزمه بالتأكيد». وفي رسالة بعث بها إلى ملكة بولندا في الليلة التي سبقت المعركة، كتب ما يلي: «يمكننا أن نرى بسهولة أن قائد الجيش الذي لم يفكر في تحصين نفسه، أو تركيز قواته، وإنما يستلقي في المعسكر كما لو كنا على مسافة مائة ميل منه، مُقدَّر له أن يتعرض للهزيمة».

كانت الأرض التي يجب على سوبيسكي أن يسلكها في نزوله من على كاليمبرج، تقطعها الوديان، وهو ما كان غاية في الصعوبة لمرور القوات؛ حيث يمكن لقره مصطفى من خلال تنظيم جزء من قواته أن يكبح البولنديين لفترة طويلة، خصوصًا أن سوبيسكي في زحفه المتعجِّل لم يجلب معه سوى جزء صغير من مدفعيته إلى مكان المعركة. إلا إن الوزير أبدى الخبل والحماقة نفسيهما اللذين ميزا سلوكه طوال الحملة؛ حيث رفض في البداية التصديق بأن سوبيسكي وأي عدد كبير من الجنود البولنديين موجودون في الأصل على كاليمبرج، وعندما اقتنع في نهاية الأمر بأنه سيحدث هجوم على خطوطه، أَخَّر طويلًا إصدار الأمر اللازم لاحتلال المسالك الغائرة التي يمكن للبولنديين النفاذ من خلالها من منحدرات الأراضي المرتفعة التي احتلوها. عارض مصطفى التخلي عن فيينا، فترك الجزء الرئيسي من قواته الإنكشارية في الخنادق قبالة المدينة، وقاد بقية جيشه نحو أسفل التلال التي يتقدَّم فيها سوبيسكي وقواته. وفي بعض أجزاء من الميدان، حيث حصَّن الأتراك الطرق جزئيًّا، كانت مقاومتهم للمسيحيين عنيدة، إلا إن سوبيسكي قاد أفضل قواته شخصيًّا بشكل مباشر نحو المركز العثماني، حيث كانت خيمة الوزير واضحة، وسرعان

---

(1) Coyer, “Memoir of Sobieski.”

ما تم إدراك ذلك الحضور المريع للمنتصر في خوتين. هتف خان القِرْم، سليم جيراي: «يا الله! الملك بيننا بالفعل»، وأدار رأس فرسه بغية الفرار. انكسرت كتلة الجيش العثماني في هزيمة يائسة، وأسرع قره مصطفى معهم من الميدان. وحينذاك قامت الحامية والبولنديون بمهاجمة الإنكشارية الذين تُركوا في الخنادق قبالة المدينة، وقطعوهم إربًا. هكذا أصبح المعسكر وكامل المدفعية والمؤن العسكرية الخاصة بالعثمانيين، غنيمة للمنتصرين، فكان الانتصار ساحقًا ومُميزًا بأروع الغنائم. واصل الأتراك هروبهم المذعور وصولًا إلى نهر راب، وهناك جمع قره مصطفى حوله بعضًا من حطام الجيش العظيم الذي رافقه إلى فيينا، وسعى إلى تنفيس غضبه من خلال إعدام بعض أفضل الضباط الأتراك الذين اختلفوا معه أثناء الحملة. وحين أُعدم بناءً على أوامر السُّلطان بعد بضعة أسابيع في بلجراد، كانت نهايته المثيرة غير مفاجئة أو مؤسفة[1].

أُشيد بالدمار الكبير الذي لحق بالأتراك قبالة فيينا بانتشاء في جميع أنحاء العالم المسيحي، بوصفه إعلانًا عن اقتراب سقوط إمبراطورية الإسلام في أوروبا. أعلن الروس والبنادقة الحرب على الباب العالي، وتعرَّضت حينذاك تركيا للهجوم من جميع النقاط الواقعة على حدودها الأوروبية تقريبًا. سعى الوزير الأعظم الجديد بجدٍّ إلى تجييش الجيوش وسد ذلك العجز الحادث في المستودعات جراء الحملة الكارثية التي قام بها سلفه، لكن سرعان ما ضاعت آنذاك المدينة تلو المدينة من الإسلام، على يد المسيحيين المبتهجين المتقدمين. فقد استولت الجيوش الإمبريالية بقيادة دوق لورين على جران ونيوهاوزيل وأوفن وسِجدين، وتقريبًا جميع الأماكن القوية التي كان الأتراك قد وضعوا أيديهم عليها في المجر. وكان البنادقة ناجحين بالقدر نفسه تقريبًا على الحدود الدالماشية. وأنزلت جمهورية سان مارك قواتها في اليونان، تحت قيادة موروسيني، الذي استطاع بسرعة أن يكون سيدًا على كورون و«نافارين» (Navarino) و«ناوبليا» (Nauplia) وكورينثه وأثينا، وغيرها من المدن الرئيسية في ذلك الجزء المهم من الإمبراطورية التركية. وفي بولندا نشبت الحرب بنشاط أقل، كما لم يتخلَّ الأتراك بعدُ عن سيطرتهم على كامينيس، لكن الهزيمة الكبيرة التي تكبّدها الجيش العثماني في الثاني عشر من أغسطس عام 1687م، في موهاج (في المكان نفسه الذي شهد مجد سليمان الغابر)، أثارت سخط الجنود للتمرد ضد السُّلطان. وفي الثامن من نوفمبر من ذلك العام، عُزل محمد الرابع، في السادسة والأربعين من عمره، والثامنة والثلاثين من حكمه.

(1) كان ذلك في شهر المحرم عام 1095هـ/ 1683م. انظر ترجمته عند: المحبي، خلاصة الأثر، مج.4: 397-403 (المترجم).

من حُسن مُقدَّرات هذا السُّلطان أنه كان لديه وزراء عظام مؤهلون أثناء جزء كبير من عهده، لكنه اختار وزراءه من خلال التأثير النسائي أو المحسوبية الشخصية، وليس من خلال الجدارة، كما أثبت ذلك حين عهد بالسُّلطة إلى قره مصطفى، الذي فعل لتدمير الإمبراطورية العثمانية ما لم يفعله شخص آخر ذُكر في تاريخها. مَلَكَ محمد الرابع ولم يحكم، وسيطر الولع بالمطاردة على عقله تمامًا، وكان عامة الناس يعتقدون أنه أُصيب بلعنة بسبب والده السُّلطان إبراهيم، الذي أُعدم عندما وُضع محمد على العرش، والذي قيل إنه دعا في لحظاته الأخيرة بأن يعيش ابنه حياة التجوال لصيد الفرائس. وعلى الرغم من عدم قسوته الشخصية، فقد سعى محمد الرابع بمجرد أن وُلد له ورثة، إلى تأمين نفسه على العرش عن طريق القتل المألوف لإخوته، لكنهم أُنقذوا منه عن طريق مجهودات السُّلطانة الوالدة ووزرائه، غير أنه كثيرًا ما استأنف تخطيطه غير السوي. كانت السُّلطانة الوالدة ترخان، قد قررت - حتى عند المخاطرة بحياتها - حماية ابنيها الأصغر سنًّا من أن يُقتلا لتوفير مزيد من الحماية للأكبر، فأخذت في النهاية الحيطة بوضع الأميرين الصغيرين في غرفة داخلية من القصر لا يمكن الوصول إليها إلا عن طريق المرور من خلال منازلها الخاصة. حتى إنه حدث ذات ليلة أن السُّلطان نفسه دخل بخنجر في يده، وأفلت إلى حيث يجلس إخوته. شاهد ذلك غلامان على مقربة من السُّلطانة الوالدة، ومع أنهما لم يجرؤا على الكلام في حضرة السُّلطان القاتل، إلا إن أحدهما لمسها وأيقظها، فوثبت الأم من نومها وتشبثت بالسُّلطان وناشدته أن يضربها أولًا قبل أن يرفع يده لسفك دماء أخويه. اعتاد محمد الخضوع لشخصية والدته المتفوقة، فتخلَّى لحينٍ عن مخططه وغادر إلى مسكنه، لكنه قام في اليوم التالي بإعدام العبدين اللذين أعاقاه عن مشروع القتل الذي رغب في إنجازه، لكنه افتقر إلى الجرأة لتكراره. وبنقمة خجولة وقسوة أنانية أكثر منها طبيعية، واصل محمد محاولاته طويلًا في سبيل موت أخويه، على الرغم من تردده في الضرب. وعندما عُزل أخيرًا لإفساح المجال لشقيقه سليمان لاعتلاء العرش، ربما أصابه الندم لأن ضعف عزمه تسبب في نجاة منافسه المحتوم، الذي كان من الممكن أن يؤدي الالتزام بقانون قتل الإخوة القديم الخاص بالبيت العثماني، إلى إقصائه نهائيًّا عن طريقه.

وفي عهد محمد الرابع طرأ تجديد آخر على المؤسسات الصارمة القديمة للإمبراطورية، وهو ما قد يكون ناجمًا عن الضعف بقدر ما يكون عائدًا إلى الإنسانية؛ حيث فُرضت عام 1675م، وهو العام الأخير من وزارة أحمد كُبرولي، آخر ضريبة على السكان المسيحيين للإمبراطورية العثمانية في أوروبا للتجنيد في الجيش التركي، والتي كانت مكونة من ثلاثة آلاف غلام. كانت قد تراجعت شيئًا فشيئًا منذ عهد مراد الرابع صرامة النظام القديم لشغل صفوف الإنكشارية

بشكل حصري بالمجندين الإلزاميين والمتحولين عن دينهم من بين أطفال الرَّعايا[1]. منح القبول في فيالق الإنكشارية آنذاك كثيرًا من المزايا المدنية والعسكرية، لذا سعى إليه الرجال من ذوي الأصل التركي والمسلمين بالمولد. كان أول إجراء تساهل مع القانون القديم هو التعامل مع أبناء الإنكشارية كمرشحين مؤهلين للالتحاق. وسرعان ما جرى قبول مسلمين متطوعين آخرين، وصارت ضريبة الغلمان من المسيحيين أقل تواترًا وأقل صرامة، مع أنهم كانوا لا يزالون يلجأون إليها أحيانًا لتوفير الآلاف من الغلمان المطلوبين عند ساكني القاعات الواسعة في السراي، والذين كانوا في حالة الضرورة يُجنَّدون في جيش الدولة. ولكن منذ عام 1675م، أصبح رعايا الإمبراطورية في حِلٍ تام من ضريبة الدم واللحم المريعة، التي حافظت عليها القوة العسكرية العثمانية خلال قرونها الأولى من الغزو. مع هذا التغيير في القانون الأساسي لفيالق الإنكشارية، ازدادت أعداد هذه القوة بشكل كبير، فاستقرت مجموعات كبيرة منهم حينذاك مع عائلاتهم في المدن الرئيسية للإمبراطورية، حيث شاركوا في مختلف المهن والحِرف.

على الرغم من أن الباب العالي كان لا يزال قادرًا على التنافس في البحر مع عدوٍّ مثل البندقية، فإنه شهد تراجعًا في قوته البحرية أكبر بكثير مما كان عليه الأمر في الجيش، مقارنة مع حالة أساطيله وجيوشه أيام سليمان العظيم. ويرجع ذلك أساسًا إلى تفشي الإهمال والفساد في الهيئات والترسانات البحرية في القسطنطينية، ولكن الكثير من ذلك يرجع إلى فقدان السُّلطان تلك السيطرة القوية على مصادر القوة الإسلامية في شمال إفريقيا التي كان سلفه العظيم يمتلكها، عندما كان بربروسا وتُرجوت يُنفِّذان التعليمات بأساطيل طرابلس وتونس والجزائر.

أصبحت الأقاليم المغربية في منتصف القرن السابع عشر دولًا مستقلة من الناحية العملية. وكانت أحيانًا تقوم بإرسال عون بحري إلى الباب العالي في حروبه، لكن كان ذلك نوعًا من المودة الطوعية وتقديرًا لتماثل العقيدة والأصل، على غرار المساعدة التي كانت تقدمها قرطاج إلى صور سابقًا في بعض الأحيان، بعيدًا عن إذعان التبعية التي تقر بها حكومات الأقاليم للسُّلطة المركزية. وقد ازدادت قوة وجرأة دول القرصنة هذه، خصوصًا الجزائر، بحيث لم تقم أساطيلها فقط بتخريب السواحل المسيحية في البحر المتوسط، وإنما واصلت سفنها الغارات خارج مضيق

---

(1) هناك بعض الصعوبة في التوفيق بين مختلف التواريخ التي تُحدِّد الوقت الذي توقف فيه تجنيد الإنكشارية من بين الأطفال المسيحيين. وقد كان التغيير تدريجيًا على الأرجح. انظر: ; Von Hammer, vol. i. p. 88 vol, iii. pp. 668, 680.

جبل طارق، سواء من ناحية الشمال أو الجنوب في المحيط الأطلسي؛ فقد نهبوا جزيرة «ماديرا» (Madeira)، وغزوا الأجزاء الغربية من القنال الإنجليزي والبحر الأيرلندي لسنوات عديدة. وهبط القراصنة الجزائريون أكثر من مرَّة في أيرلندا، حيث نهبوا المدن والقرى، وحملوا الأسرى إلى العبودية[1]، حتى إنهم غامروا وصولًا إلى «أيسلندا» (Iceland) و«إسكندنافيا» (Scandinavia)، كما لو كان ردًّا على بطولات ملوك البحر من «النرويجيين» (Norse) القدماء في البحر المتوسط قبل سبعة قرون. كانت لدى الجزائر قوة بحرية تضم إلى جانب سفن الجالي الخفيفة، أكثر من أربعين سفينة جيدة البناء والتجهيز، وعلى متن كلٍّ منها من ثلاثمائة إلى أربعمائة قرصان، ومن أربعين إلى خمسين مدفعًا. وتراوح عدد المسيحيين الذين رزحوا في العبودية في أحواض السفن والترسانات الموجودة في الجزائر أو على المجاديف في أساطيلها، ما بين عشرة آلاف إلى عشرين ألفًا. وكان لدى تونس وطرابلس أساطيلهما وعبيدهما، وإن كان على نطاق أصغر. وقد قهر أميرالنا «بلاك» (Blake)، الكبرياء الفظة لهؤلاء المغاربة عام 1655م، حينما أرهب داي الجزائر إلى أن سَلَّم كل سجنائه من الإنجليز، وعندما رفض داي تونس فعل الشيء نفسه، أحرق بلاك أسطول القراصنة تحت مدافع المدينة، ودمَّر الحصون، وأجبرهم على الامتثال لمطالبه. أما الأميرال الهولندي «دي كويتر» (De Kuyter)، والأميرال الفرنسي «دي بوفورت» (De Beaufort)، فقد قاما كذلك في أوقات مختلفة بمعاقبة القراصنة المغاربة المتغطرسين؛ لكن لم تُقمع اعتداءاتهم وأعمالهم الوحشية تمامًا، حتى قام اللورد «إكسموث» (Exmouth)، بقصف الجزائر في القرن الحالي. وفي عام 1663م، أبرمت إنجلترا معاهدة مع الجزائر والباب العالي، تكون لها الحرية بموجبها في معاقبة الجزائريين حينما يخالفون التزاماتهم، من دون أن يُعدَّ ذلك خرقًا للتفاهم بين إنجلترا وتركيا.

أطلق حكام الأقاليم المغربية على أنفسهم «داهات» (Dahis) أو «دايات» (Deys). ووفقًا لبعض المصادر، أطلق الحكام الجزائريون على أنفسهم «دايات»، بوصفهم ممثلين للسلطان. ووفقًا لآخرين، جاء اللقب من الكلمة الآسيوية القديمة «داهي» (Dahi)، وتعني: «الأرفع مقامًا»، حتى في زمن دولة مكة القديمة، وبعد ذلك بين الإسماعيليين. وجرى اختيارهم من الهيئة العسكرية التي تتألف من أحفاد الإنكشارية وغيرهم من الجنس التركي، وقد اعتادوا أن

---

(1) انظر السيرة الذاتية لـ«روبيرت بويل» (Robert Boyle). وانظر خطاب السير «جون إليوت» (John Eliot) المذكور في: Forster's "Life of Eliot," vol. i. p. 317. وهناك تراث من هذه المشاهد نُظم شعرًا في: the "Songs of the Nation," of "Hackett of Dungarvan who steered the Algerine".

يتوجهوا إلى السُّلطان من أجل إصدار فرمان يُعَيِّنهم باشوات ويؤكد على انتخابهم، لكن سرعان ما أصبح ذلك مجرد إجراء شكلي.

احتدمت الخلافات بين اليونانيين والمسيحيين التابعين للكنيسة اللاتينية في القدس خلال عهد محمد الرابع، لكن العثمانيين اهتموا في ذلك الوقت - بشكل أكبر بكثير - بمراقبة البلبلة التي حدثت بين الأمة اليهودية بسبب «سبطاي ليفي» (Sabbathai Levi)[1] الشهير، الذي جاء إلى القدس عام 1666م مؤكدًا على أنه المسيح. وتحت هذا اللقب أرسل رسائل عمومية إلى جميع المعابد اليهودية في الإمبراطورية العثمانية. فجعلت هذه الجرأة المتقنة في الحيلة، فضلًا عن إقرار الأساطير بصلاحياته المعجزة التي استُقبلت بلهفة، الآلافَ من مواطنيه يتوافدون معًا عند دعوته، ليس فقط من القسطنطينية وسميرنا وغيرهما من المدن التركية، وإنما كذلك من ألمانيا و«ليغورن» (Leghorn) والبندقية وأمستردام. وقد عارضه بعض الحاخامات، إلا إنه قد أُثير أشد أنواع الشغب والعنف في القدس والقاهرة وسميرنا وغيرها من مدن الشرق، حيث أعلن سبطاي مهمته المزعومة. راقب العثمانيون تقدُّمه بجزع ديني، ليس من قبيل أي اعتقاد في شخصيته المزعومة، بل على العكس، من قبيل الخوف من أن يكون هو المسيح الدجال، الذي وفقًا للعقيدة الإسلامية سيظهر بين الناس في آخر الزمان، فضلًا عن اعتقادهم كذلك بأن معاودة ظهور المهدي على الأرض تُعدُّ إعلانًا عن اقتراب اليوم الآخر. وفي الوقت نفسه الذي جاء فيه سبطاي إلى فلسطين، ظهر دجال آخر في كردستان، ادعى أنه «المهدي»، فأثار اتِّباع

---

(1) أو سابتاي سيفي (1626-1675م)، مؤسس مذهب الدونمه. بدأ دعوته في أزمير عام 1648م، مُدَّعيًا أنه المسيح المنتظر، فآمن به الكثير من يهود أزمير، ثم انتقل إلى إستانبول عام 1650م، ثم سالونيك، بعدها ذهب إلى مصر وفلسطين. وعندما قُبض عليه عام 1666م وبدأت محاكمته في إستانبول، ادعى الإسلام بناءً على نصيحة مترجمه للنجاة بنفسه، فصار يُدْعَى «محمد عزيز أفندي». وبالفعل عفا عنه السُّلطان، فأعلن بعد ذلك الكثير من أتباعه إسلامهم، لكنهم أصبحوا طائفة مبتدعة، لها طقوس غريبة، وأعياد خاصة، جعلت الأتراك يطلقون عليهم اسمًا خاصًّا هو «دونمه»، أي: «العائدون». وتركزوا بعد ذلك في مدينة سالونيك اليونانية. ويذهب الكثير من المؤرخين إلى أنهم كانوا يتظاهرون بالإسلام كديدن الكثير من اليهود، مما مكَّنهم من التوغل في بنية المجتمع العثماني، واستطاعوا بذلك لعب دور كبير فيما بعد في إسقاط الدولة العثمانية. انظر مزيدًا عنه: ستانفورد ج. شو، يهود الدولة العثمانية والجمهورية التركية، ترجمة وتقديم وتعليق الصفصافي أحمد القطوري (القاهرة: دار البشير للثقافة والعلوم، 2015م): 219-225؛ Gershom Scholem, *Sabbatai Sevi: The Mystical Messiah: 1626-1676* (London, 1973); Matt Goldish, *The Sabbatean Prophets* (Cambridge: Harvard University Press, 2004); Cengiz Sisman, *The Burden of Silence: Sabbatai Sevi and the Evolution of the Ottoman-Turkish Donmes* (New York: Oxford University Press, 2015). (المترجم).

آلاف الكرد له ذعر العديد من المسلمين المحافظين، بسبب استفحال هذه العلامات المجتمعة لآخر الزمان. وكان الوزير أحمد كُبرولي قد ألقى القبض على سبطاي وسجنه من أجل كبح الاضطرابات الناجمة عنه، إلا إن أتباعه المتعصبين لم يروا في ذلك إلا تمهيدًا مؤكدًا لانتصار مسيحهم؛ حيث قالوا إنه وفقًا لنبوءة قديمة سيختفي المسيح لمدة تسعة أشهر، ويعود بعدها راكبًا على لبؤة يقودها بلجام من أفاعي لها سبعة رؤوس، ثم يصير سيدًا على العالم. لكن أحد أتباع سبطاي الذي أصابته غَيرة من نفوذه، ندَّد به أمام وزراء السُّلطان بوصفه يسعى إلى إثارة تمرد بين الناس. أُحضر سبطاي أمام السُّلطان لاستجوابه، فقدَّم له محمد عرضًا مميزًا، وهو فرصة لإثبات حقه في الاعتراف به كمسيح عن طريق القيام بمعجزة. وعليه، دَعا أحد أفضل رُماته إلى التقدُّم، ودَعا سبطاي للوقوف ثابتًا هدفًا للأسهم، التي بالطبع لا يمكنها أن تُحدِثَ أي ضرر لشخص مُنح قُوى معجزة. وأراد السُّلطان من ذلك فقط، أن يرى الأسهم المُصَوَّبة وهي ترتد بعيدًا عن جسده. عند هذه الكلمات، ورؤية القوس المشدود، خذلته شجاعته، وخَرَّ سبطاي ساجدًا، واعترف أنه ليس سوى حاخام فقير، لا يختلف مثقال ذرة عن غيره من الرجال. عرض السُّلطان عليه بعد ذلك اعتناق العقيدة الإسلامية، وتقديم بعض التعويضات عن الفوضى التي تسبَّب فيها، وجريمة الخيانة العظمى التي ارتكبها بادعائه لقب مسيح فلسطين، التي هي واحدة من السناجق التابعة للباب العالي. وافق سبطاي بلهفة على المقترح، وأصبح مسلمًا. وبدلًا من أن تتم عبادته كمسيح أو لَعْنِه كمسيح دجال، شغل لمدة عشر سنوات منصبًا معتبرًا لكنه مبتذل، هو بواب في قصر السُّلطان. مع ذلك ظل بارزًا من خلال حماسه الديني، لكنه حماس أصبح حينذاك موجَّهًا لكسب متحولين عن اليهودية إلى الإسلام، وهو ما نجح فيه بشكل فردي. وفي نهاية المطاف نُفي إلى المورة حيث تُوفِّي[1]. وقُبض على المُدَّعي الديني الكردي الذي زعم أنه المهدي، من قِبَل حاكم الموصل، وأُرسل إلى السُّلطان، وذلك بعد أشهر قليلة من اعتراف سبطاي بخداعه في الحضرة السُّلطانية. تخلَّى الكردي الصغير عن شخصية ذلك البشير لآخر الأديان بمجرد أن مَثُل أمام عاهله. وأجاب مَن يحقق معه بالعقل والروح، وجرى الحفاظ على حياته كذلك. صار المسيح الدجال اليهودي يخدم السُّلطان بصفته بوابًا، أما المهدي الكردي فأصبح خادمًا تابعًا له، بصفته واحدًا من خدم بيت المال في القصر.

---

(1) وفقًا للصورة الوصفية لسيرة سبطاي من قِبَل كبير كهنة القديس بولس السابق، فإن بعض اليهود واصلوا الاعتقاد فيه على الرغم من ارتداده وموته، و«لا تزال «السباطية» (Sabbathaism) موجودة كطائفة يهودية».
-Milman's "History of the Jews," vol. iii. p. 395.

على الرغم من أن الولع المفرط بالصيد جعل محمد الرابع يهمل واجبات الحكم، فإنه اهتم بالأعمال الأدبية، وأظهر ولعًا وراثيًا بمجتمع العلماء. وكانت رعايته للصيد والأدب متداخلة في بعض الأحيان بشكل غريب. كان سخيًا في تشجيعه لكُتّاب التاريخ، خصوصًا مَن عمل على تسجيل التاريخ المعاصر لعهده، فكان يحب أن يراهم في بلاطه، ويقوم بتهذيب أعمالهم بقلمه الخاص، لكنه توقَّع منهم أن يقوموا بتسجيل كل صيد سلطاني بشكل دقيق أنيق، وأن يُصوِّروا موت كل وحش بري يقتله السُلطان بيده بحماس شعري. هكذا يكون الراعي المستبد خطرًا على حياة الكاتب فضلًا عن حيوية أعماله. كان المؤرخ التركي «عبدي» (Abdi)، واحدًا ممن ابتهج السُلطان بتكريمهم، وأبقاه السُلطان دائمًا بالقرب منه، وكلَّفه بمهمة خاصة هي كتابة حوليات عهده. وفي إحدى الأمسيات سأله محمد: «ما الذي قمت بكتابته اليوم؟». فأجاب عبدي بحذر أنه لا يوجد شيء مهم بما يكفي للكتابة عنه في هذا اليوم. فرشق السُلطان رمح صيد في رفيقه غير المكترث مُصيبًا إياه بعنف، قائلًا: «الآن لديك ما تكتب عنه»[1].

---

(1) Von Hammer, vol. iii. p. 571, استشهد بذلك من كتاب عبدي نفسه.

الفصل السابع عشر

سليمان الثاني - التمرد والهزائم - النجاحات أمام روسيا - كُبرولي زاده مصطفى يتولى الوزارة العظمى - شخصيته وتدابيره - السياسة الحكيمة تجاه الرعايا - حملة ناجحة - وفاة سليمان الثاني - السُلطان أحمد الثاني - هزيمة كُبرولي وقتله في سلانكمان - العهد الكارثي لأحمد الثاني - خلافة مصطفى الثاني للحكم وتزعمه الجيش - الانتصار المبدئي، ثم تلقي الهزيمة على يد يوجين في زانتا - الوزير الأعظم حسين كُبرولي - فتوحات بطرس الأكبر الروسي على حساب الأتراك - الاستيلاء على آزوف - مفاوضات السلام - معاهدة كارلويتز.

الفصل السابع عشر[1]

عندما ارتقى سليمان الثاني، عرش الإمبراطورية العثمانية عام 1687م، كان قد قضى خمسة وأربعين عامًا في عزلة إجبارية، وفي خوف من القتل، بشكل يومي تقريبًا. مع ذلك أظهر، بوصفه عاهلًا، مقدرة وشجاعة أكثر من أخيه الذي خلفه، وربما لو تولّى السُّلطة في فترة سابقة، لكانت تركيا قد نجت من الضياع الذي أصابها بعد وفاة وزيرها الأعظم أحمد كُبرولي، بسبب ضعف السُّلطان محمد الرابع، وسوء إدارة وزيره المفضَّل قره مصطفى؛ المتسبِّب في الحملة الكارثية على فيينا. ازدرى سليمان الرياضة الفارغة والشهوانية المخزية لأسلافه، وكَرَّس نفسه بجدية لمهمة إعادة تنظيم القوة العسكرية لإمبراطوريته، ووَقْف الهزائم والكوارث إن أمكن. لكنه لم يتمكَّن من السيطرة على تجاوزات الإنكشارية المتمردين، الذين قاموا طوال فصل الشتاء الذي أعقب تولِّي سليمان، بأعمال شغبٍ وقتلٍ انتشرت في أنحاء القسطنطينية، وفرضوا تعيين الوزراء وعزلهم وفقًا لإرادتهم الخارجة على القانون. وفي نهاية المطاف قرر هؤلاء الهمج من الجند نَهْب قصر الوزير الأعظم، وغيره من كبار القادة، إلا إن الوزير «سياوش» (Siavoush) باشا، دافع عن منزله أمام هؤلاء اللصوص الذين انضم إليهم أسوأ رعاع العاصمة من اليهود والنصارى فضلًا عن المسلمين. وفي اليوم الثاني من التمرد اقتحموا باب القصر بالقوة، وشرعوا في قتل وسلب كل مَن يقابلهم. قام سياوش باشا مع عدد قليل من خدمه الباقين على قيد الحياة من حوله، بمحاولة أخيرة للدفاع عن مدخل الحريم، المُحَرَّم بالنسبة إلى المسلمين، والذي هاجمه المتمردون حينذاك بلا اعتبار لأي قانون أو عقيدة أو شرف شخصي أو قومي. قُتل أكثر من مائة من الرعاع قبل أن يتم التغلب على ذلك الرجل الشجاع صاحب القصر الذي جرى اقتحامه، وسقط سياوش على عتبة حرمه، مقاتلًا بشجاعة حتى آخر نفس. مارس المتمردون حينذاك أسوأ الانتهاكات والفظاعات؛ حيث شُوِّهت أخت الوزير القتيل وزوجته (ابنة محمد كُبرولي) بوحشية، وجُرَّتا مكشوفتين في شوارع القسطنطينية. دفع الرعب والسخط الناتجان عن هذه الفظائع، فضلًا عن غريزة حفظ الذات، كتلة السكان إلى مقاومة قُطاع الطُّرق الذين تقدَّموا لنهب

(1) See Von Hammer, books 58, *et 8eq*.

الدور الأخرى، وسرقة المتاجر والأسواق. وبَذَل كبير أئمة جامع سليمان العظيم، وعدد آخر من العلماء، جهدًا كبيرًا، بنشاط وتوفيق، في سبيل تحريك المواطنين الصالحين المتضررين، وإثارة الشعور بالعار في صفوف الإنكشارية؛ الذين انساق كثير منهم للانفعال المؤقت والمثال السيِّئ للهمج الذين انضموا إليهم من حثالة العامة. وعُرضت الراية المقدسة للنبي صلى الله عليه وسلم على البوابة المركزية لقصر السُّلطان، فسارع المؤمنون الصادقون للتجمع حول ذلك الرمز المقدس للولاء لخليفة النبي على الأرض. أُلقي القبض على النهَّابين والقتلة الأساسيين في أعمال الشغب الأخيرة وأُعدموا، وأُبعد المفتي وثلاثة علماء آخرون ممن أظهروا الميل لطاعة الإنكشارية المتمردين، وعُيِّن رجال يتمتعون بقدر أكبر من النزاهة والشجاعة في أماكنهم. وهكذا استعادت العاصمة قدرًا من النظام، إلا إن روح التمرد والعنف كانت جاهزة للاندلاع، وماجت الأقاليم بالثورة والاضطرابات، ولم يستطع السُّلطان، حتى نهاية يونيو 1688م، إكمال تجهيزات الجيش الذي سار بعد ذلك باتجاه الحدود المجرية.

استفاد النمساويون وحلفاؤهم من الاضطرابات الحادثة في الدولة التركية، واستمروا في تسديد ضربات متتالية ذات تأثير فتَّاك. قاد آنذاك جيوش الإمبراطورية ضد العثمانيين المنقسمين المحبَطين، ثلاثة قادة من ذوي الشهرة العسكرية الأسمى، هم: تشارلز لورين، و«لويس بادن» (Louis of Baden)، والأمير يوجين. فخضعت مدينة إرلو المهمة في المجر مرَّة أخرى لسيادة حكامها القدامى، في 14 ديسمبر 1687م، بعد أن وَقَعَت لمدة قرن تحت الحكم الإسلامي. واستولى الأمير لويس بادن على «جراديسكا» (Gradiska)[1] الواقعة على الحدود البوسنية. وطُوِّقت ستويسنبرج. ولأن الأتراك تخلوا عن «إلوك» (Illock) و«بتروارادين» (Peterwaradin)[2]، فإن الطريق إلى بلجراد بات مفتوحًا للجيوش النمساوية. فأُصدر الأمر لقائد تركي يُدعى «يَكَن عثمان» (Yegen Osman)، بحماية بلجراد، لكنه كان جبانًا أو خائنًا؛ حيث قام مع تقدُّم الإمبرياليين بالانسحاب من بلجراد بعد أن أضرم النيران في المدينة. وقامت القوات النمساوية بعد تراجع

---

(1) كانت جراديسكا ذات موقع استراتيجي، لوقوعها عند المنطقة التي يعبر فيها نهر سافا، فصارت خط دفاع شمالي لإيالة البوسنة، لذا بنى فيها العثمانيون حصنًا بعد فتحها عام 1538م سُمي «بيربر» (Berbir)، وهو الاسم الذي أُطلق كذلك على المدينة. (المترجم).

(2) أو «بتروفارادين» (Petrovaradin)، المعقل والبلدة المهمة الواقعة على الساحل الجنوبي لنهر الدانوب شمالي الصرب، يقابلها على الضفة الأخرى «نوفي ساد» (Novi Sad)، وقد أُطلق عليها «جبل طارق نهر الدانوب»، لأهميتها كمعبر لهذا النهر. دخلت تحت الحكم العثماني عام 1526م، وصارت مركز قضاء في لواء «سريم» (Sirem) التابع لإيالة بودين. انظر: أوزتونا، تاريخ الدولة العثمانية، مج.2: 696. (المترجم).

الأتراك مباشرة، بإخماد النيران وحصار القلعة التي استسلمت في 20 أغسطس 1688م، بعد قصف استمر واحدًا وعشرين يومًا. واقتُحمت ستويسنبرج في السادس من سبتمبر، وأحرق يَكن عثمان سِمندره وتخلَّى عنها للمسيحيين المتقدِّمين. دمر الأمير لويس جيش تركيا في البوسنة، وخضعت المدينة تلو المدينة لمختلف القادة النمساويين في ذلك الإقليم وفي ترانسلفانيا، وللقادة البنادقة في دالماشيا. وكانت حملة العام التالي في هذه الأقاليم كارثية بالمقدار نفسه تقريبًا بالنسبة إلى تركيا. وقد أعلن السُّلطان عزمه على قيادة الجيوش العثمانية بنفسه، والتقدم حتى مدينة صوفيا. ووُضع جزء من القوات التركية مُقَدَّمًا عند مدينة نيش، حيث هُوجِمَ وهُزم بشكل كامل من الإمبرياليين تحت قيادة الأمير لويس بادن. وبجلاء الأتراك عن نيش جرى احتلالها من الغزاة، وعند وصول أنباء هذه الهزيمة إلى مقر القيادة التركي في صوفيا، تراجع السُّلطان في ذعر داخل نطاق جبال البلقان، إلى مدينة فيليبوبوليس. سقطت بعد ذلك كلٌّ من «فلورنتين» (Florentin) و«فتح الإسلام» (Fethislam)[1] وويدين، تحت سُلطة الإمبرياليين. وقبل نهاية عام 1689م، كانت جران و«وارادين الكبيرة» (Great Waradein) وتمسوار، هي كل ما احتفظ به العثمانيون من أقاليمهم الواسعة التي فقدوها شمالي الدانوب، في حين أنه حتى جنوبي هذا النهر كانت هناك أجزاء من البوسنة والصرب محتلة من النمساويين المنتصرين.

في الأجزاء الجنوبية من تركيا الأوروبية، كانت حظوظ الحرب بالمثل غير مواتية للسلطان سليمان. أتم موروسيني - أحد أعظم القادة الذين أفرزتهم جمهورية سان مارك - غزو المورة، التي قسَّمها إلى أربع مقاطعات بندقية. ولم يُحرز الأتراك وحلفاؤهم من التتر أي مكاسب إلا أمام البولنديين والروس. وقد أدى غزو قوة كبيرة من تتر القِرْم بقيادة «أزمت جيراي» (Azmet Ghirai)، جزءًا من بولندا عام 1688م، إلى تعزيز الحامية التترية في كامينيس، وهزيمة البولنديين عند «سريث» (Sireth)[2]. حاول القائد الروسي «جاليتزن» (Galitzin) غزو القِرْم، محرزًا بعض المكاسب على جزء من القوات التترية، لكنه حين تقدَّم نحو برزخ «بريكوب» (Perekop)[3]

---

(1) هي حاليًا مدينة «كلادوفو» (Kladovo) أو جلادوفا، الواقعة شرقي الصرب على الضفة اليمنى لنهر الدانوب. كانت قبل العثمانيين مدينة سلافية تُدعى «نوفي جراد» (Novi Grad). أطلق عليها العثمانيون بعد فتحها في عهد محمد الفاتح: «فتح الإسلام» (Fethülislam). صارت بعد ذلك مركز قضاء في لواء ويدين التابع لإيالة الرُّوملي. انظر: المرجع السابق، مج.2: 701. (المترجم).

(2) أو «سريت» (Siret)، وهو أحد روافد نهر الدانوب الممتدة في مولدافيا بطول 650 كم تقريبًا، كان يُطلق عليه قديمًا «هيراسوس» (Hierasus). (المترجم).

(3) هو اللسان الأرضي الذي يربط شبه جزيرة القِرْم بالبر الرئيسي. (المترجم).

في خريف عام 1688م، وجد أن التتر المنسحبين أضرموا النيران في عشب السهوب الجاف، وأحالوا البلاد إلى صحراء، فأُجبر على الانسحاب منها. وفي عام 1689م، عندما تقدَّم الروس مرَّة أخرى إلى البرزخ، هُزموا تمامًا أمام القوات العثمانية، التي كانت قد تمركزت هناك لحماية القِرْم. غير أن ومضات النجاح هذه لم تتمكن من تبديد الذعر الذي بثته الكوارث الحادثة في المجر واليونان بين الأمة التركية، وقد انقضت سبع سنوات فقط منذ أن قام حشدها الهائل تحت إمرة قائده الكارثي قره مصطفى، بالسير لعبور الحدود الشمالية الغربية الممتدة بعيدًا آنذاك، متفاخرًا، يتملكه الغرور بأنه سيستولي على فيينا ويمحو النمسا من ممالك الأرض. قام آنذاك النمساويون وحلفاؤهم البنادقة المُزْدَرون في الآونة الأخيرة والمغلوبون في كريت، بحيازة نصف الإمبراطورية الأوروبية التابعة للبيت العثماني. ولأول مرَّة منذ أيام هونيادي، يجري تهديد البلقان من غزاة مسيحيين. وفي البحر كان آنذاك العلم التركي وأعلام خير الدين برباروسا وبياله وقيليج علي، تتراجع في البحر المتوسط. نادرًا ما كانت هناك حرب يمكن أن يحدث فيها تأثير على مصائر الأمم من خلال ظهور أو غياب رجال عظماء، وهو ما قد جرى إثباته بوضوح. على الجانب المسيحي، كان سوبيسكي ويوجين ولويس بادن وأمير لورين وموروسيني، لديهم حظوظ متفوقة، في حين أنه من بين الأتراك لم يكن هناك رجل واحد ذو بصمة في قيادة الجيوش أو مباشرة المجالس، ومع ذلك لم تُستنزف شجاعة الأمة العثمانية وروحها القادرة. وفي نهاية المطاف، عملت المحنة على تطهير درب الكرامة في سبيل إحراز الجدارة.

في نوفمبر عام 1689م، عقد السُّلطان ديوانًا استثنائيًّا في أدرنة، وحث أعضاء المجلس على إسداء المشورة له بشأن مَنْ يجب عليه استخدامه في إدارة الدولة. كانت روح الغيرة المتعلقة بالخداع والترقي خامدة في ساعة الخطورة البالغة تلك، وعليه نصح كلُّ من كان حول سليمان الثاني بأن يرسل إلى كُبرولي زاده مصطفى، شقيق أحمد كُبرولي العظيم، ويعطيه أختام المنصب بصفته وزيرًا أعظم للإمبراطورية.

كان كُبرولي زاده مصطفى في الوقت الذي تولَّى فيه هذه المنزلة الرفيعة، في الثانية والخمسين من العمر. وقد تلقَّى تدريبًا على ممارسة السياسة خلال عهدَي أبيه وأخيه، محمد وأحمد كُبرولي؛ حيث كان من المتوقَّع والمأمول عند وفاة أحمد عام 1676م، أن يضع السُّلطان محمد الرابع الأختام في يد كُبرولي زاده. ومن المؤسف للأمة العثمانية أن غلبت محاباة السُّلطان لصهره، وظلت كذلك حتى خلف كُبرولي الثالث والده وشقيقه في إدارة المجالس وقيادة الجيوش التركية، بعد ثلاثة عشر عامًا من سوء الحكم والكوارث التي دمرت الإمبراطورية تقريبًا.

زادت سُلطته إلى حدٍّ كبير بسبب سُمعته المُستحَقَّة التي تمتع بها؛ كونه مراقبًا صارمًا للشريعة الإسلامية، وعدوًّا عنيدًا للإسراف والفساد. وبعد أن بايع السُّلطان من واقع منصبه، استَدعى إلى الديوان جميع الشخصيات الرفيعة في الإمبراطورية، وخاطبهم عن حالة البلاد، وبعبارات شديدة ذكَّرهم بذنوبهم وبواجباتهم كمسلمين، وأخبرهم بأنهم الآن يخضعون لعقاب الله المُستحَق، ووصف لهم الخطر الشديد الذي صارت إليه الإمبراطورية، مضيفًا: «إذا بقينا هكذا، فإن حملة أخرى ستشهد العدو وهو يعسكر تحت أسوار القسطنطينية». ثم ذكَّرهم كيف يجب عليهم أن يكونوا مؤمنين مخلصين، وحثَّهم على التشجُّع والبسالة في الدفاع عن بلادهم، مهما كانت صعوبة الوضع البائس الذي يمكن أن يجدوا أنفسهم فيه. أبطل كُبرولي بعض الرسوم التي وضعها سلفه، والتي لم تقدِّم سوى القليل للدولة، في حين أنها مثَّلت إزعاجًا، خصوصًا للرعية. لكنه سعى لملء الخزانة من خلال انتزاع إسهامات ضخمة من جميع المسؤولين السابقين الذين أثروا أنفسهم على حساب عامة الناس. وأرسل جميع الآنية الذهبية والفضية غير الضرورية من القصر لدار الصك لضربها نقودًا من أجل الإنفاق العسكري. وضرب كُبرولي مثالًا لكبار الشخصيات الأخرى من خلال مساعدة القضية العامة بإسهامات مماثلة، فتخلَّى عن كل أدوات مائدته، ومنذ ذلك الحين فصاعدًا قُدِّم الطعام على مائدة الوزير في أوعية من النحاس. وبالتالي حصل على موارد مالية لمتابعة الحرب بشكل فوري، وأدى إيمان الأتراك بقدرة وقداسة الوزير الجديد إلى سرعة جلب جنود للجيش الذي حُشد بالقرب من العاصمة. دعا كُبرولي جميع المحاربين القدماء الذين سُرِّحوا أو أُحيلوا إلى التقاعد، ووزَّعهم بين المجندين الجُدد، ووضع الولاة الذين يمكن الاعتماد عليهم في أهم الباشالِك. وسعى كذلك إلى الرجال المناسبين، والتدابير المطلوبة، لإحياء البحرية التركية، فَرقَّى «ميزيرلي زاده إبراهيم» (Mizirli-Zade-Ibrahim)، الذي تميَّز في الدفاع عن نجربونت أمام البنادقة، ليُصبح أعلى قائد بحري في البحر المتوسط، وكلَّف ضابطًا آخر شجاعًا وماهرًا، هو «ميزومورتو» (Mezzomorto)، بتشكيل وقيادة أسطول في نهر الدانوب.

تمثَّلت أكبر ميزة لكُبرولي زاده مصطفى في امتلاكه الحكمة اللازمة لإدراك ضرورة تقوية الباب العالي لنفسه عن طريق كسب ولاء وإخلاص رعاياه المسيحيين. ومع أنه كان مؤمنًا مخلصًا للإسلام، ونموذجيًّا في الامتثال لأوامره، بحيث جرى توقيره من معاصريه بوصفه وليًّا؛ فإنه لم يعانِ من تعصب ديني يعميه عن حقيقة أن القسوة على الرعايا من شأنها أن تُعجِّل بسقوط الإمبراطورية العثمانية. ورأى أن الغزاة المسيحيين لتركيا وجدوا في كل مكان تعاطفًا، فضلًا عن المتطوعين من بين سكان هذه الأرض؛ فقد كان الألبان المسيحيون يلتحقون بالراية

البندقية، والصربيون ينهضون لمساعدة إمبراطور النمسا، وفي اليونان كان التقدم والانتصار الذي أحرزه موروسيني بفضل خضوع البلديات القروية والقبائل الجبلية بشكل طوعي لسُلطته، والدعم الكبير الذي منحته عصابات من المتطوعين المسيحيين في حصار الحصون التي سيطر عليها الأتراك[1]. لم يكتفِ كُبرولي بالرؤية الثاقبة، وإنما اتخذ تدابير عملية فورية لوقف المساوئ التي سريعًا ما تبيَّنها. فكان من أول أعمال وزارته إرسال الأوامر الصريحة المُلِحَّة إلى جميع الباشوات، بأنه لا يجب على مسؤول تركي أن يمارس، أو يسمح بممارسة، أي نوع من الاضطهاد تجاه الرعايا، الذين يجب ألَّا يُطلب من أحدهم أن يدفع سوى ضريبة الرأس، التي من أجلها قام كُبرولي بتقسيم الرعايا إلى ثلاث فئات وفقًا للدخل: الفئة الأولى أو الأغنى دفعت أربع دوقيات، والوسطى دوقيتين، والأدنى دوقية واحدة على كل رأس. كان يُطلق على هذا النظام: «نظامي جديد» (Nizami Djidid)، أو «النظام الجديد». كما اتخذ كُبرولي خطوة جريئة وذكية، وهي جعل واحد من «المانيوت» (Mainote)[2]، بك يوناني لـ«ماينا» (Maina). كان هذا هو «لبيريوس جيراتجاري» (Liberius Geratschari)، الذي ظل لسبع سنوات عَبْدًا على سفن الجالي التركية، وقد أُطلق سراحه، آنذاك وأُرسل إلى المورة لدعم المصالح التركية بين مواطنيه أمام البنادقة، الذين بدأ الرعايا اليونانيون في الانفضاض عنهم بسبب حكمهم غير الحصيف. ويذكر فون هامر أن كُبرولي زاده أظهر نفسه بهذا الشكل ليكون متفوقًا سياسيًّا، سواء على شقيقه أحمد، الذي سعى في حرب البندقية الأخيرة إلى كبح الثورة المتزايدة في المورة من خلال مراكز وحاميات محصنة، أو على الوزير الأعظم التالي، الذي رفض جعل المورة إمارة مثل مولدافيا ووالاشيا تُحكم من قِبَل مسيحيين من البلد نفسه حين اقتُرح هذا المخطط، باعتباره مهينًا للباب العالي[3]. كانت لدى كُبرولي الروح المستنيرة لازدراء المبادئ القديمة للمفتين والقضاة الأتراك، التي بموجبها لم يُسمح للرعايا إلا بالكنائس التي يتملكونها بالفعل، مع حظر توسيعها بتاتًا، أو بناء أماكن جديدة للعبادة. وافق كُبرولي على إنشاء كنائس يونانية حيثما يُرغب في ذلك، وبهذه الطريقة أنشأ قرى مزدهرة في الأقاليم التي لم يكن فيها سوى تجمعات هزيلة من المنبوذين الساخطين المكروبين. وذات مرَّة، حينما كان يمر عبر جزء من أراضي الصرب، توقف كُبرولي ليلًا في قرية بائسة من قرى الرَّعايا، الذين لم يكن

---

(1) Von Hammer, vol. iii. p. 841. Emerson Tennant's "Greece," vol. i. p.218 *et seq.*

(2) المانيوت أو «الماينوت» (Mainotes), هم سكان شبه جزيرة «ماني» (Mani) أو «ماينا» (Maina) الواقعة في جنوب شبه جزيرة المورة. (المترجم).

(3) Von Hammer, vol. iii. p. 841.

لهم مبنى ديني أو قس، فأمر كُبرولي ببناء كنيسة هناك وإرسال قس مسيحي لخدمتها. وفي مقابل هذه الهبة التي ملأت الفلاحين الفقراء بالامتنان الجذل، طلب منهم كُبرولي أن يجلب له كلُّ رب أسرة طيرًا داجنًا كلما مر عَبْر القرية، فأُحضر له على الفور ثلاثة وخمسون طائرًا بعدد الأُسر الموجودة. ولسوء حظ الرعايا، أنه في العام التالي، وهو العام الأخير من وزارته، اجتاز كُبرولي المكان نفسه، فتلقَّى مائة وخمسة وعشرين طائرًا من أرباب السكان المبتهجين الذين توافدوا يتقدمهم قسهم اليوناني للترحيب بالوزير الخَيِّر. قال كُبرولي لحشد الموظفين من حوله: «انظروا إلى ثمار التسامح. لقد قُمت بزيادة نفوذ السُّلطان، وجلبت المباركة لحكمه من أولئك الذين تعوَّدوا على لعنه»[1]. وقد اعتاد اليونانيون في الإمبراطورية على القول بأن كُبرولي أنشأ كنائس أكثر من جستنيان. لو حاكى وزراء تركيا اللاحقون كُبرولي زاده مصطفى في سياسته تجاه السكان المسيحيين لتركيا، لكانت الإمبراطورية الآن تسيطر على موارد وافرة أكبر مما يمكن أن تُستمد من الولاء والبسالة غير الفعَّالة لسكانها المسلمين، وكانت قد زالت أخطر مصادر ضعفها الداخلي منذ فترة طويلة.

إضافةً إلى المجد الذي حازه في الوقت الذي كان فيه متدينًا ورعًا يمارس التسامح الديني، استحق الثالث من عائلة كُبرولي ذِكْرًا مُشَرِّفًا بسبب إقراره ذلك المبدأ العظيم في الاقتصاد السياسي الذي يقضي (مع استثناءات خاصة وقليلة جدًّا) بأن تكون التجارة بين الفرد والآخر حرة من أي تدخل للدولة. وعندما ضغط عليه أحد مستشاريه لوضع قواعد تضبط البيع والشراء، أجاب كُبرولي: «لا يُحدِّد القرآن شيئًا بشأن هذا الموضوع، لذا يجب أن يُترك البيع والشراء للإرادة الحرة للأطراف المتعاقدة»[2].

أطلق المؤرخون العثمانيون على كُبرولي زاده مصطفى: «فاضل كُبرولي» (Kiuprili Fazyl)، وهو ما يعني: «كُبرولي الفاضل» (Kiuprili the Virtuous). ويقولون بشأنه، كأفضل مديح له، إنه لم يرتكب جريمة قَطُّ، ولم يقل قَطُّ كلمةً لا لزوم لها. ويَروُون، كمثال على تميزه في قلة الكلام، أنه ذات مرَّة حينما تلقَّى زيارة رسميَّة من علماء ثلاثة، كانوا يشغلون سابقًا مناصب قضاة العسكر، سمح لهم بالمغادرة من دون أن يوجِّه إليهم جملة واحدة. قال له قاضيه القديم «نِجاهي أفندي» (Nigahi Effendi): «سيدي الكريم، كان يجب أن تتحدث معهم بشيء». فأجاب كُبرولي: «لستُ منافقًا». كان بسيطًا زاهدًا في كل عاداته، ويسير عمومًا في حملاته راجلًا، مثل

(1) Ubicini, vol, ii. p. 55, citing Cantemir.

(2) Von Hammer, vol. iii. p. 849.

أفراد المشاة النظاميين. كان يبغض الموسيقى العسكرية، ونادرًا ما يذهب إلى مسكنه قبل غروب الشمس، ووسط أبهة وفخامة البلاط والمعسكر التركي. وتميَّز الوزير الأعظم بثوبه البسيط. وكان طالبًا لا يكل، مواظبًا على القراءة في خيمته عندما يكون في الخدمة، وفي قصره عندما يكون في القسطنطينية.

هذا بعض من الثناء على كُبرولي زاده مصطفى من مؤرخي بلاده. وتُعدُّ الحنكة السياسية التي اكتسبها، والتي اتفق عليها الكُتَّاب المسيحيون والمسلمون، جديرة بالملاحظة، بسبب قِصَر الفترة التي سُمح له فيها بإظهار عبقريته الإدارية؛ حيث قُتل في معركة بعد عامين من الوقت الذي تسلَّم فيه الأختام. وحَكم عليه معاصروه، أنه مثل أخيه أحمد؛ كان مشرقًا في المجالس أكثر منه في الميدان. لكن المسيرة العسكرية لكُبرولي زاده كانت مُشَرِّفة للغاية لقدراته، كما لشجاعته. وعلى الرغم من هزيمته في النهاية، فإنه حقَّق مهلة ذات أهمية مُطلقة للإمبراطورية العثمانية، من خلال النجاحات التي أحرزها في البداية. عندما تقلَّد الوزارة العظمى، كان أحد جيوش العدو الغازية قد تقدَّم إلى «أوسكوب» (Ouskoup)[1]، في شمال مقدونيا، حيث ساعده الألبان المسيحيون وبطريركهم بفاعلية. وكان زعيم هذه المناطق، الذي يُدعى «كاربوس» (Karpos)، والذي قَبِلَ تقليدًا من الإمبراطور النمساوي، واتخذ لقب «كرال» (Kral) القديم، قد حَصَّن نفسه في «إجري بلانكا» (Egri- Palanka)، فأصبح لا مفر من تخليص تركيا على الفور من الأعداء الذين استهدفوا قلب سلطتها في أوروبا. هكذا عقد كُبرولي مجلس حرب في أدرنة، حيث حضر سليم جيراي خان القِرْم، وتِكلي، ذلك اللاجئ المجري. وأُرسل خوجة خالد باشا، سِرْعَسْكَر المورة، الذي يرجع أصله إلى أُسكوب، بجميع القوات التركية النظامية التي أمكن جمعها، إلى هذا المكان، وتعاون معه خان القِرْم على رأس قوة تترية كبيرة، فأحرزوا انتصارين فوق جثث الألمان والمجريين والألبان المتحالفين، الذين اتخذوا رمز الصليب القديم الخاص بالعصور الوسطى شارة لهم. وقد حُوصر الزعيم كاربوس من قِبَل التتر، وأُعدم على جسر أُسكوب، واستردت قوات السُلطان تقريبًا جميع المراكز المهمة التي احتلها الغزاة وحلفاؤهم المتمردون في تلك المناطق، وأُزيل الضغط على هذا الجزء الحيوي من الإمبراطورية بالكلية تقريبًا. وبتشجيع من هذه النجاحات، واصل كُبرولي قُدمًا تسلحه بأعظم قدر من القوة للحملة

(1) أو «سكوبي» (Scopi)، وهي مدينة تمتد على ضفتَي نهر فاردار، وتُشكِّل حدًّا فاصلًا بين كلٍّ من مقدونيا وألبانيا والصرب، وهي الآن عاصمة جمهورية مقدونيا. انظر: شمس الدين سامي، قاموس الأعلام، مج.2: 934؛ موستراس، المعجم الجغرافي: 67. (المترجم).

المقبلة. وكان لويس الرابع عشر، الذي كان في حالة حرب مع الإمبراطورية الألمانية، قد أرسل «ماركيز شاتيونيف» (Marquis de Chateunef)، سفيرًا جديدًا إلى القسطنطينية في شتاء عام 1680م، لتشجيع الأتراك على المثابرة على الأعمال العدائية ضد النمسا. كما أُمر شاتيونيف بالتفاوض - إن أمكن - على عقد سلام بين تركيا وبولندا، لمنع الاعتراف بـ«وليام» (William) أمير «أورانج» (Orange) ملكًا على إنجلترا من قِبَل الباب العالي، واستعادة الكاثوليك في فلسطين الوصاية على القبر المقدس، التي أخذها منهم البطريرك اليوناني مؤخرًا. أحرز شاتيونيف طلبه الأخير، ووجد في الوزير الجديد حليفًا متحمسًا ضد النمسا، لكن الأتراك رفضوا وقف الأعمال القتالية مع بولندا، وفيما يتعلق بأمير أورانج والتاج الإنجليزي، أجاب كُبرولي بأنه يجب الاعتراف بالملك الذي أقره الشعب الإنجليزي، وأضاف أنه سيكون من الصعب على الأتراك، الذين كثيرًا ما عمدوا إلى خلع سلاطينهم، أن يخالفوا حقوق الأمم الأخرى في تغيير حكامهم.

في أغسطس 1690م، تولَّى كُبرولي زاده مصطفى شخصيًّا قيادة الجيوش العثمانية التي تقدمت من بلغاريا وألبانيا العليا عبر الصرب، ضد الإمبرياليين. وبعد قتال مستميت لمدة يومين، ساق كُبرولي، القائد النمساوي «تشنكندورف» (Schenkendorf)، من خطوطه في «دراجومان» (Dragoman)، بين مدينتي صوفيا ونيش، ثم قام الوزير بمحاصرة نيش، التي استسلمت في غضون ثلاثة أسابيع. مُنع القادة النمساويون من حشد قواتهم من أجل الإنجاد، عن طريق توغل جيد التخطيط داخل ترانسلفانيا قام به اللاجئ المجري تِكلي على رأس الجيش التركي. فهَزم تِكلي الإمبرياليين في هذا الإقليم، وأعلن السُّلطان عاهلًا، وأعلن نفسه أميرًا لترانسلفانيا. بعد الاستيلاء على نيش، زحف الوزير الأعظم على سِمندره التي اقتحمها بعد مقاومة مستميتة لمدة أربعة أيام، كما استُعيدت ويدين، ثم باشر كُبرولي استعادة بلجراد. وفي اليوم الثاني عشر من الحصار، اخترقت قذيفة من البطاريات التركية سقف مخزن البارود الرئيسي للمدينة، تلا ذلك انفجار مدمر، مما منح الأتراك فتحًا سهلًا. وبعد أن وضع حامية قوية في هذه المدينة المهمة، واستكمل طرد النمساويين من الصرب، عاد كُبرولي إلى القسطنطينية، فاستُقبل هناك بالتكريم الذي يستحقه بعد حملة قصيرة لكنها بارعة، أجبر فيها الغزاة الكفار على التراجع من ضفتي مورافا، ومن نيش إلى ضفاف الدانوب وسافا.

في العاشر من مايو عام 1691م، تلقَّى كُبرولي الفاضل للمرة الثانية الراية المقدسة من يد عاهله السُّلطان سليمان، الذي تُوفِّي قبل بدء الحملة. خلف سليمان الثاني، أخوه أحمد الثاني، الذي تقلَّد سيف عثمان في الثالث عشر من يوليو عام 1691م. صَدَّق السُّلطان الجديد على

منصب كُبرولي، فشرع الوزير في حشد قواته في بلجراد، وإقامة جسر على نهر سافا، ثم سار صعودًا إلى الضفة اليمنى لنهر الدانوب لمواجهة الإمبرياليين، الذين تقدموا نزولًا من بيتروارادين، تحت قيادة لويس بادن. اقترب الحشدان من بعضهما البعض في التاسع من أغسطس بالقرب من «سلانكمان» (Salankeman)[1]؛ وفي الوقت نفسه تصادم في النهر الأسطولان، الصليبي والإسلامي، اللذان رافقا الجيشين على طول نهر الدانوب. كان الأسطول التركي منتصرًا. لكن على البر، كان ذلك اليوم كارثيًا بالنسبة إلى بيت كُبرولي، والبيت العثماني. خلافًا لنصيحة أقدم الباشوات في الجيش، رفض الوزير الانتظار خلف خطوط هجوم الإمبرياليين، وقد استنكر المحارب المخضرم خوجة خالد هذا التهور، فقال له كُبرولي: «دعوتك أن تتبعني كرجل صاحب شخصية هي الأجدر، وليس كطيف». فأجاب خالد وهو يتلمَّس الشعر النحيل للحيته الرمادية: «لم يتبقَّ لديَّ سوى أيام قليلة لأعيشها، ولا يهمني كثيرًا إن مت اليوم أو غدًا، ولكنني سأكون مسرورًا إن لم أحضر في مشهد لن ترى الإمبراطورية فيه سوى الكارثة والعار». صاح كُبرولي: «قَدِّم المدافع». وشكَّل بنفسه السباهية للقتال. بدأ «كيمانكش» (Kemankesh) باشا المعركةَ بالاندفاع مع ستة آلاف من الفرسان الأكراد والتركمان غير النظاميين نحو الخطوط الصليبية. صاح كيمانكش: «الشجاعة يا أبطالي، الحور العين بانتظاركم!». فأخذوا يعدون إلى الأمام وهم يصيحون: «الله!». لكن استقبلهم الصليبيون بحماس متقد، فتراجعوا إلى الخلف في تجمعات متقلصة مضطربة. هاجموا مرَّة أخرى بعنف، إلا إنهم كُسروا للمرة الثانية، فسقطوا أو فروا. وحينذاك ضغط النمساويون إلى الأمام وصولًا إلى حيث ترتفع الراية المقدسة بين صفوف المسلمين. فقام إسماعيل، باشا قرمانيا، بالاندفاع نحوهم بقواته الآسيوية، إلا إن قواته وقعت في «حِظار» (abattis)[2] من الأشجار المقطوعة، التي كان الأمير بادن يحمي بها جناحه الأيمن. هكذا اضطربت القوات الآسيوية، وصُدَّت. ورأى كُبرولي أفضل رجاله وهم يتساقطون من حوله على يد ضاربي البنادق من الإمبرياليين، فصاح في ضباط حرسه: «ما الذي يجب عمله؟». فأجابوا: «دعنا نقترب ونحارب بالسيف في أيدينا». عندها قام كُبرولي الذي كان يرتدي سترة سوداء، بذكر اسم الله، ملقيًا بنفسه على العدو وهو مستلٌّ سيفه، وحرسه يهرعون في عقبه. بعدها حدثت مناجزة عنيفة وعنيدة كانت قاصمة بالنسبة إلى تركيا لإصابة كُبرولي

---

(1) هي الآن مدينة «ستاري سلانكمان» (Stari Slankamen) الصربية. تقع على بُعد خمسين كيلومترًا تقريبًا شمال غربي بلجراد. (المترجم).

(2) هو نوع من التحصينات أو الخطوط الدفاعية المكوَّنة من الأشجار المقطوعة والأسلاك والقطع المعدنية الحادة وغيرها من العوائق التي تُوضع بشكل تمويهي يُمَثِّل شَرَكًا يقع فيه العدو عند الهجوم. (المترجم).

بطلقة نارية وهو يشق طريقه بتهور عبر صفوف النمساويين. فَقَد حرسه شجاعتهم عندما رأوه يسقط، وسرعان ما انتشرت الفوضى والذعر في جميع أنحاء الجيش العثماني إثر الأنباء الكارثية بمقتل الوزير الأعظم. كان انتصار أمير بادن تامًّا، وسقط المعسكر العثماني مع مائة وخمسين مدفعًا في قبضة المنتصر. لكن كان ثمن الانتصار غاليًا، حيث كانت الخسارة النمساوية بين الرجال والضباط مساوية تقريبًا لخسارة الأتراك. دفعت معركة سلانكمان العثمانيين من المجر مرَّة أخرى، وهُزم تِكلي على يد الإمبرياليين وطُرد من ترانسلفانيا. وعلى مدار السنوات الأربع الكارثية لعهد أحمد الثاني، سار تيار الهزيمة بلا انقطاع. وإلى جانب الشقاء من السيف الأجنبي المنتصر، والمعاناة المعتادة من التمرد المحلي، أتت زيارات مخيفة من الوباء والمجاعة إلى الإمبراطورية المنهكة، ووقع زلزال عظيم أدى إلى انهيار جزء من سميرنا، واحتدم حريق مدمر خَرَّب القسطنطينية في سبتمبر عام 1693م. وفي خضم الحزن من المعاناة والعار اللذين لحقا بالبلاد، وبسبب المرض الذي أضناه، تُوفِّي أحمد الثاني في السادس من فبراير عام 1695م.

ارتقى العرش حينذاك مصطفى الثاني، ابن محمد الرابع المعزول، وأظهر أنه يستحق أن يتولَّى الحكم في أوقات أكثر بهجة. ففي اليوم الثالث من توليه، أصدر خطًّا شريفًا، ألقى فيه لوم المحن الأخيرة على السلاطين، وأعلن عزمه استعادة الأعراف القديمة، وقيادة جيوشه بنفسه. وكما يُبدي المؤرخ الألماني الملاحظة[1]، تُعدُّ هذه الوثيقة استثنائية للغاية وتستوجب الذكر. هكذا أعلن السُّلطان مصطفى الثاني عن إرادته السيادية:

«الله، المُقَسِّم الأعلى لجميع الخيرات، منح لي، أنا الخاطئ البائس، خلافة العالم أجمع. مَن يكون في خدمة الله، لا ينعم بالسلام والطمأنينة في ظل حكم الملوك عبيد المتعة، أو الذين يستسلمون للسُّبات والتراخي. من الآن فصاعدًا، أُقصيت الشهوة واللهو الفارغ والتراخي من هذا البلاط. ففي الوقت الذي لم يهتم فيه مَنْ حَكَمَ من السلاطين بشيء منذ وفاة والدنا الجليل محمد الرابع، سوى ولعهم بالمتعة والراحة، قام الكفار، هؤلاء الأنجاس، بغزو الحدود الأربعة للإسلام بجيوشهم؛ فأخضعوا أقاليمنا، ونهبوا متاع أمة محمد، وأدخلوا المؤمنين في العبودية مع زوجاتهم وصغارهم. وهذا معروف للجميع كما هو معروف لدينا؛ ولذلك قررت بعون الله أن أحمل راية الانتقام من الكفار، طعام جهنم هؤلاء. وسوف أبدأ بنفسي الحرب المقدسة عليهم. لم يقم فقط سلفنا الكريم السُّلطان سليمان (طاب ثراه على الدوام) خلال الثمانية والأربعين عامًا من عهده، بإرسال الوزراء على الصليبيين الأنجاس، وإنما قاد بنفسه أبطال الحرب المقدسة،

(1) Von Hammer, voL iii.

وهكذا أخذ الانتقام الذي أمر الله به من الكفار؛ كذلك عَزَمْتُ على قتالهم بنفسي، فهل أنت يا وزيري الأعظم، وأنتم الآخرون يا وزرائي وعلمائي وضباط وآغوات جيشي، هل أنتم جميعًا محتشدون من حولي، متأملون جيدًا خطي الشريف هذا. خذوا المشورة، وأبلغوني إذا كان من واجبي أن أبدأ القتال شخصيًّا ضد الإمبراطور، أو أن أبقى في أدرنة. اختاروا من هذين الأمرين ما هو أكثر منفعة للدين والدولة وخدمة الله. اجعلوا ردكم هو الحق، واجعلوه يخضع لي قبل أن يخضع للرِّكَاب الإمبريالي. أتمنى لكم دوام الصحة».

استمرت مداولات الديوان بشأن هذه الدعوة لمدة ثلاثة أيام. ورأى كثيرون أن وجود السُّلطان في المعسكر غير مرغوب فيه، وخشي آخرون من أنه لم يخاطبهم إلا بهدف معرفة ما يفكرون به. وفي النهاية، قرروا أن مغادرة الباديشاه لتولِّي قيادة الجيش، لن تُعرِّض فقط شخصه المقدس لكثير من المخاطر والإعياء، وإنما ستستلزم نفقة مفرطة. وبناءً على ذلك، أعلن الديوان للسلطان أنه يجب على جلالته ألَّا يورط ذاته السُّلطانية في احتمالات الحملة، وأن يعهد بالحرب للوزير الأعظم. فما كان من السُّلطان بعد هذا الإعلان إلا أن عاد إلى كتابة خطٍّ شريف مختصر: «أنا أُصرُّ على المسير». بعد ذلك اتُّخِذت التدابير الأكثر فعالية للتعجيل بالأعمال التحضيرية للحملة، وكُوفئت بسالة السُّلطان الشاب في البداية بنجاح مهم. حيث تقدَّم في صيف عام 1695م من بلجراد إلى تمسوار، واستعاد الحصون المهمة: «كارانزبيس» (Karansebes)، و«ليبنا» (Lipna)، و«لوجوس» (Lugos). وفي الثاني والعشرين من سبتمبر، واجه بالقرب من لوجوس، الجيش النمساوي وعلى رأسه القائد «فيتيراني» (Veterani)، حيث أحرز السُّلطان انتصارًا تامًّا، وتُرك فيتيراني ونصف قواته قتلى في الميدان.

خلال فصل الشتاء الذي أعقب هذا الانتصار، عمل مصطفى ومستشاروه من دون كلل لإصلاح الشؤون المالية للإمبراطورية، وزيادة عدد القوات وتطوير انضباطها. فُرضت ضرائب ثقيلة على التبغ والخصيان السود وغير ذلك من سلع الرفاهية. ودَعم كثير من كبار رجال الإمبراطورية حماسة عاهلهم، ونهضوا بمجموعات من القوات التي تولوا قيادتها على نفقتهم الخاصة. وشكَّل مصطفى فيلقًا من ثلاثة آلاف جندي مشاة من البستانجية، من أدرنة والقسطنطينية. وقسَّم هؤلاء حينذاك إلى ثلاثة أفواج، جُهِّزت بشكل متكافئ مميز، ودُرِّبت بعناية خاصة. استهل السُّلطان حملة عام 1696م على رأس جيش كبير العدد حسن التجهيز، فهَزم النمساويين تحت قيادة «دوق ساكس» (Duke de Saxe)، بالقرب من تمسوار، ورفع الحصار عن ذلك المكان، وعزَّز حاميات الحصون التي لا تزال بحوزة الأتراك في المجر، ثم عاد إلى

أدرنة، فخورًا عن حق بإنجازاته، على الرغم من أن سليمان العظيم الذي اتخذه قدوةً له، كان على الأرجح سيواصل تقدمه أكثر من ذلك. وبدأت حينذاك آمال وكبرياء تركيا في الانتعاش، لكن في عام 1697م تولَّى الأمير يوجين قيادة الجيوش الإمبريالية في المجر، وسرعان ما تراجع الهلال أمامه. حشد السُّلطان مصطفى جيشه في صوفيا لهذه الحملة المصيرية، وسار بعد ذلك إلى بلجراد، حيث توقف وعقد مجالس الحرب مرارًا. تمت بنجاح بعض المشروعات ذات الأهمية الثانوية، من إرسال مفرزة لتعزيز حامية تمسوار، واحتلال عدة مراكز على طول نهر الدانوب، لكن كان هناك خلاف بين الضباط العثمانيين، وتذبذُب في قرار السُّلطان، بشأن الخط الرئيسي للعمليات الذي يجب اتباعه. كان الوزير الأعظم ألماس محمد[1]، لا يحظى بشعبية عند الباشوات الآخرين الذين تحالفوا معًا لمعارضة مشروعاته وإحباط تكتيكاته. وكان الوزير نفسه مكتئبًا بسبب حُلْم، أحزن أيضًا رفاقه السُّذَّج حين قصَّه عليهم؛ حيث رأى فيما يرى النائم، أن الوزير الأعظم الراحل كُبرولي زاده مصطفى، شهيد سلانكمان، دخل خيمته وأعطاه كوبًا من الشربات، بعد أن تذوَّقه أولًا. صاح الوزير عندما روى حلمه: «الله أعلم، هذا هو شراب الشهادة الذي سأقوم أنا أيضًا بتناوله في هذه الحملة». وأعرب عن رغبته في إبقاء الجيش على الضفة اليمنى لنهر الدانوب، وعبور سافا للسير نحو بتروارادين، ومحاولة استعادة تلك القلعة المهمة، في حين اقترح الضباط الآخرون عبور نهر الدانوب وتيسا، والسعي لمفاجأة جيش يوجين، الذي عَسكرَ على ضفاف «باكسكا» (Bacska). وبعد مناقشات غاية في الحدة اعتُمدت هذه الخطة الأخيرة، وعَبرَ الجيش نهرَي الدانوب وتيسا، لكن تبيَّن أن أي أمل في مفاجأة يوجين كان بلا جدوى. وسعى النمساويون والأتراك على حدٍّ سواء للحصول على حصن «زيتل» (Zitel)، الذي يقع عند تقاطع تيسا مع الدانوب. أحرز العثمانيون بعض التقدم على مفرزة من جيش يوجين، ونهبوا زيتل، ثم عادوا إلى مخطط حصار بتروارادين، فساروا إلى «فالوفا» (Valova)، حيث بدأوا في بناء جسور تُمَكِّنهم من العبور إلى الضفة اليسرى للدانوب ومهاجمة بتروارادين؛ إذ كان قد جرى احتلال الجسور القديمة أو تدميرها من قِبَل النمساويين. وحين وجدوا أن يوجين أَمَّن بتروارادين ضد الهجوم، عقدوا مجلس حرب آخر، وقرروا المسير نحو الشمال حتى الضفة الشرقية أو اليمنى لنهر تيسا، ومهاجمة سِجدين؛ لكن نشاط يوجين أدى إلى إرباك هذا المخطط أيضًا، حيث ألقى بفئة قوية في سِجدين، وقام مع بقية جيشه بتتبع الأتراك، منتظرًا فرصة مواتية لمهاجمتهم. وسرعان ما أحرز ذلك؛ حيث قام الخيَّالة النمساويون بالقبض على

(1) شغل الصدارة العظمى من 2 مايو 1695م، حتى مقتله في معركة زانتا، في 11 سبتمبر 1697م. (المترجم).

واحد من الباشوات يُدعى «جعفرًا»، وجد أن حياته مهددة فاعترف للنمساويين أن السُّلطان تخلَّى عن مشروعه لمهاجمة سِجدين، وأنه يُعِدُّ الآن لعبور تيسا بالقرب من «زانتا» (Zenta)[1]، بقصد السير نحو الجزء العلوي من المجر وترانسلفانيا. فتحرك يوجين على الفور بأسرع ما يمكن نحو زانتا، على أمل مهاجمة الجيش العثماني أثناء عبوره النهر.

في الحادي عشر من سبتمبر، الساعة الثانية بعد الظهر تقريبًا، رأى السُّلطان عدوه العظيم يقترب. وكان الأتراك قد شكَّلوا جسرًا مؤقتًا عبر النهر، حيث كان السُّلطان والخيَّالة والجزء الأكبر من مدفعية جيشه قد انتقلوا إلى الضفة اليسرى أو الشرقية، لكن لا يزال المشاة على الجانب الغربي. وقد اتخذ السُّلطان وضباطه الاحتياطات اللازمة لإقامة استحكام قوي لحماية مؤخرتهم أثناء عبور الجسر، وتم الإبقاء على سبعين مدفعًا في مواقعها على الضفة اليمنى لهذا الغرض. قام يوجين غير عابئ بهذه الاستعدادات، بتشكيل صفوفه - كما جاءت - في جبهة للقتال. وعلى الرغم من وصول رسول من فيينا في ذلك الوقت الحرج يحمل أوامر قاطعة ليوجين بألَّا يخاطر بمعركة، فقد قرر يوجين عصيان أوامر الإمبراطور، واستمر في تحضيراته للدخول في اشتباك حاسم[2]. لو كان العثمانيون قد استبَقوا بتقدم قوي على المركز النمساوي قبل وصول كامل قوات يوجين، وقبل أن يجلب مدفعيته إلى الموقع، لكان من المحتمل أن يسحقوا الإمبرياليين؛ لكن الخلافات والاضطرابات كانت منتشرة في معسكر السُّلطان. دعا الوزير الأعظم الباشوات والسباهية، الذين انتقل معظمهم إلى الضفة الشرقية، للعودة إلى الجانب الذي يتهدَّده الخطر، لكنه لم يتحرك إلى ما وراء التحصينات، ولم يقم السُّلطان نفسه بعبور النهر لقيادة المعركة والمشاركة في القتال. لم يتبقَّ من النهار سوى ساعتين حين أتم يوجين ترتيباته للمعركة. شكَّل جيشه على هيئة نصف قمر، ليقوم بالهجوم على كل الاستحكامات التركية المتخذة شكل نصف دائرة، ووضع مدافعه حيث سيطروا على الجسر. بعد ذلك شن هجومًا متزامنًا على كل جزء من أجزاء الخطوط التركية، وكان ناجحًا في كل الأماكن. قاتل الأتراك بلا تناغم أو ثقة، وتمردت مجموعة كبيرة من الإنكشارية، وبدأوا في قتل ضباطهم في خضم المعركة المستعرة. لم يُبدِ المسيحيون أي رحمة، فقُتل أكثر من عشرين ألف تركي، بمن فيهم الوزير الأعظم وعدد كبير من الباشوات، كما غرق أكثر من عشرة آلاف شخص في محاولتهم

(1) أو «زينتا» (Senta)، وهي بلدة تقع على نهر تيسا، شمالي مقاطعة بانات الواقعة شمال الصرب الحالية. (المترجم).

(2) Coxe's "History of the House of Austria," vol. ii. p. 456.

لعبور النهر. انتهت المعركة بالخسارة والفوز قبل نهاية اليوم، وبعبارة يوجين التي أرسلها إلى فيينا: «يبدو أن الشمس تمهلت في الأفق لتطوي مع أشعتها الأخيرة، رايات النصر النمساوية».

شهد السُّلطان من الضفة الشرقية لنهر تيسا، هلاك حشده، فهرب في فزع مع بقايا خيالته إلى تمسوار، ومن ثَمَّ آوى إلى القسطنطينية ولم يظهر مرَّة أخرى على رأس الجيش. في خضم المحنة الشديدة للهزيمة في زانتا، والتي أدت إلى تراجع أكبر للدولة العثمانية، كان اللجوء مرَّة أخرى إلى بيت كُبرولي. هكذا وفرت تلك العائلة اللامعة، من جديد، وزيرًا يمكن أن يدعم - إن لم يستطع إحياء - تلك الدولة المتقهقرة.

لُقِّب حسين كُبرولي، في زمن وزارة أحمد كُبرولي، بـ«عموجه شاهزاده» (Amoud-schah-zade)، وهو ما يعني: «ابن العم». وأُطلق عليه لأنه كان ابن حسن، الشقيق الأصغر لمحمد كُبرولي وعم أحمد كُبرولي. كان عموجه شاهزاده حسين كُبرولي في مقتبل حياته تافهًا محبًّا للملذات، لكن الكوارث التي حلَّت على تركيا بعد حملة فيينا دفعته إلى الشعور بما يدين به لشرف بيته وبلاده. شغل العديد من المناصب المهمة بحماس ومقدرة، وعندما ترقَّى إلى الوزارة العظمى عام 1697م، أثبت امتلاكه قدرًا كبيرًا من العبقرية للتمويل والإصلاح الإداري، وهو ما كان سمة بارزة لعائلته. وقد بذل كل جهد ممكن لحشد الوسائل اللازمة لمزيد من المقاومة لأعداء الإمبراطورية. فُرضت ضريبة على البُن، وطُلب من جميع المسؤولين الرئيسيين في الدولة، الإسهام في أصل ضريبة الدخل. وتجرأ حسين كُبرولي على تخصيص مبلغ كبير من عائدات المؤسسات الدينية من أجل الحاجات الملحة للبلاد. نجح في تجهيز جيش من خمسين ألف راجل، وثمانية وأربعين ألف فارس، للدفاع عن الأقاليم الأوروبية. وأرسل أسطولًا تركيًّا إلى البحر الأسود، وآخر إلى البحر المتوسط[1]. ولكن، بينما يستعد الوزير للحرب بهذا الشكل، كان استعداده مصحوبًا برغبة في السلام؛ إذ إنه أدرك جيدًا مدى إنهاك الإمبراطورية، ورأى استحالة منع وقوع المزيد من الكوارث إذا استمرت الأعمال القتالية. لم تَسِر الحرب إلى الصعوبة بالنسبة إلى تركيا في الأقاليم الدانوبية فقط، بل كان البنادقة يحققون مزيدًا من التقدم في دالماشيا، وفي اليونان تقدموا خارج برزخ كورينثه، على الرغم من دفاع نجربونت أمامهم بشجاعة ونجاح، وعلى الرغم من تقديم العون المناسب للقوات العثمانية العاملة على

---

(1) يذكر فون هامر في ملاحظة في كتابه الستين، قائمة رسمية أوردها كاتب تركي للقوات العثمانية في البر والبحر، حسبما ازدادت على يد حسين كُبرولي. وهو يُحدِّد عدد القوات التي يوفرها كل إقليم فضلًا عن طابعها.

سواحل الأرخبيل وجزره، من قِبَل أمير البحر التركي ميزومورتو، الذي حقق انتصارين على الأساطيل البندقية. أما بولندا فكانت خصمًا غير نشط، لكن روسيا أصبحت بالفعل عدوًّا هائلًا. كان «بطرس الأكبر» (Peter the Great) حينذاك عاهلًا لتلك الإمبراطورية الشاسعة، وكان يُعَلِّم الموسكوفيين المتأخرين من الأجلاف البرابرة، معرفة قوتهم العظيمة، فضلًا عن استخدامها كالمارد العملاق. وكان بالفعل قد وضع حوله ضباطًا ومهندسين من غرب أوروبا، وشكَّل مجموعة من الجنود على شاكلة الجيوش الإمبريالية والفرنسية، لكن السفن والموانئ والقوة البحرية كانت أشياء أثيرة لقلبه، وكان واحدًا من الأهداف الأولى لطموحه (لم يغب عنه أو عن أيٍّ من خلفائه) هو إحراز السيطرة على البحر الأسود. ومن هذا المنطلق، تابع الحرب على تركيا بقوة ومهارة مختلفتين جدًّا عن مَسْلَك جاليتزن وغيره من القادة الروس السابقين. عزم بطرس أولًا على فتح مدينة آزوف القوية، التي حصَّنها الأتراك - كما ذكرنا آنفًا - باهتمام خاص، وتُعَدُّ بالفعل ذات أهمية قصوى من ناحية الموقع. فقام بقيادة جيش من ستين ألف رجل (بمن في ذلك فرقه الجديدة) نحو آزوف عام 1695م، كما شكَّل أسطولًا كبيرًا من السفن التي تجري فقط في الماء الضحل، فتعاونت مع جيشه في الحصار. كانت محاولته الأولى غير ناجحة، وتكبَّد هزيمة شديدة كافية لتثبيط روح الإصرار المألوفة. كان الروس قد دُفعوا إلى العودة من آزوف عام 1695م، بفقدانهم ثلاثين ألف رجل، لكن في الربيع التالي ما لبث التسار أن جدَّد الحصار بقوات جديدة، فهزم أسطوله سربًا من السفن التركية الخفيفة التي حاولت إنجاد المدينة، وأوقف الباشوات العثمانيين الذين تقدموا من القِرْم على طول الساحل وصولًا إلى قرية «آقويومين» (Akkoumin). واستسلمت آزوف للتسار في الثامن والعشرين من يوليو 1696م، وبدأ على الفور في تطوير التحصينات والموانئ وتجهيز سفن الحرب على نطاق أظهر حقيقة المشروعات المهمة التي تسعى إليها روسيا عن طريق حيازة آزوف.

هكذا استمع البلاط العثماني، يتهدَّده الخطر من عدة جهات، بشكل طوعي، إلى السفير الإنجليزي، «لورد باجيت» (Lord Paget)، الذي حث رجال الدولة الأتراك على ضرورة السلام، وعرض وساطة إنجلترا لتحقيقه. وقدَّم ممثلو هولندا وإنجلترا مقترحات مماثلة في فترات سابقة من الحرب، وفُتحت المفاوضات مرَّة في فيينا، لكنها لم تُسفر عن نتائج مفيدة، لكن كانت كلٌّ من تركيا وخصمها الرئيسي النمسا حريصين على السلام في ذلك الوقت. وقد رأى الإمبراطور ليوبولد بالفعل أن جيوشه حققت انتصارات يمكنها أن تملأ العديد من الملوك برؤى طموحة لفتوحات كثيرة، وربما أدت إلى زحف على القسطنطينية كجزء مناسب لحصار فيينا المتكرر. إلا إن ليوبولد كان ذا روح أكثر حكمة أو فتورًا، فكان تواقًا لحيازة سلمية وأكيدة للأقاليم المهمة

التي أعاد الأتراك فتحها في الحرب، وعلى الرغم من أن النمسا كانت منتصرة بشكل عام، فإنها عانت بشدة من حيث الرجال والمال. وقبل أي شيء، جعل احتمالُ أن تصبح وراثة العرش الإسباني شاغرة قريبًا، الإمبراطورَ الألماني حريصًا على إنهاء الأعمال العدائية في شرق أوروبا، والاستعداد للنضال الكبير في الغرب، وهو ما كان متوقعًا بالفعل بشكل لا مفر منه.

اقترح لورد باجيت على الباب العالي أن تتدخل إنجلترا لتحقيق هدنة تستند على مبدأ «ما تملكه» (Uti Possidetis)[1]، أي على أساس أن كل طرف من الأطراف المتنازعة يظل محافظًا على ما يمتلكه في وقت بدء المفاوضات. لم يستطع السُّلطان مصطفى أن يتنازل عن مثل هذه الأراضي الحسنة الشاسعة؛ إذ إن المعاهدة التي تندرج تحت هذا المبدأ ستكون في صالح أعدائه، فسعى لإدخال بعض التعديلات المهمة. قام بوضع تصور معاكس أمام لورد باجيت، كتبه بيده شخصيًّا (عمل لم يسبق لسلطان تركي أن أتى بمثله)، وأرفقه برسالة من الوزير الأعظم إلى ملك إنجلترا. التُمست وساطة إنجلترا من أجل أن يتم التوصل إلى سلام بشكل عام على أساس مبدأ «ما تملكه»، لكن بشرط تخلِّي النمساويين عن ترانسلفانيا، وهدم بلدة بتروارادين، وأن يتخلَّى النمساويون عن جميع الأماكن المحصنة على الجانب التركي من نهر «أونا» (Unna)[2]، فضلًا عن استثناءات أخرى ذات طبيعة مماثلة. وعليه أرسل لورد باجيت سكرتيره برسالة الوزير الأعظم إلى فيينا، وأُبلغت الحكومة النمساوية باستعداد إنجلترا للتوسط بين طرفي النزاع. وردًّا على ذلك، وُجهت رسالة إلى الباب العالي بأن الإمبراطور ليوبولد على استعداد لعقد السلام، لكن بشرط أن يظل كل طرف محافظًا على ما يمتلكه آنذاك، وأن تكون المعاهدة متضمنة روسيا. أُضيفت البندقية وبولندا، وتعاونت هولندا مع إنجلترا كسلطة وسيطة. أما التسار بطرس، فعلى الرغم من كونه لم يكن راغبًا في مواصلة الحرب ضد تركيا بشكل منفرد، فإنه كان نافرًا من السلام، وغير راض عن المبدأ المقترح للتفاوض. مر بطرس عَبْر فيينا عام 1698م، وبينما كان في تلك العاصمة، أجرى مقابلة مع الإمبراطور ليوبولد بشأن موضوع المعاهدة مع

(1) «Uti Possidetis»، مصطلح نشأ في القانون الروماني اشتقاقًا من التعبير اللاتيني «uti possidetis, ita possideatis»، ويعني: «ما تملكه ستظل تملكه». واعتُمد بعد ذلك كمبدأ في القانون الدولي سُمي «مبدأ الحدود الموروثة»، ويقضي هذا المبدأ بأن الأراضي وغيرها من الممتلكات تظل ملكًا لمن امتلكها في نهاية الصراع، ما لم يُنص على غير ذلك في المعاهدة. ومن أبرز الأمثلة على تطبيق هذا المبدأ حينما سقطت الحكومة المركزية في كلٍّ من الاتحاد السوفيتي ويوغوسلافيا وحصلت الدول المنفصلة على استقلالها. (المترجم).

(2) «أونَّا» (Unna) أو «أونا» (Una)، هو الاسم الذي أطلقه الرومانيون على نهر «سافا» (Sava). (المترجم).

العثمانيين، وسأل العاهل النمساوي عن أسباب رغبته في السلام مع تركيا، فكان رد ليوبولد أنه لم يسعَ إلى السلام، وإنما قدَّمت إنجلترا وساطتها في المقام الأول، وأن كل ملك من الملوك المسيحيين المتحالفين أراد الحفاظ على الفتوحات التي قام بها. لكن الروسي كان قلقًا، ليس فقط من أجل ضمان آزوف، وإنما للحصول على مدينة «كِرتش» (Kertch)[1] المهمة في القِرْم، وأصر على أن التنازل عن هذا المكان لا بدَّ أن يكون بندًا في هذه المعاهدة، وأنه في حالة رفض تركيا التخلِّي عنه، يتوجَّب على روسيا والنمسا تشكيل تحالف جديد ضدها. فَرُدَّ عليه بوعد بالسعي للحصول على كِرتش لصالحه، لكنه أُخبر بأنه ليس المناسب تجديد تحالف هجومي عشية عقد مؤتمر لإقرار السلام. وفي محادثة أخرى أجراها بطرس مع الوزير النمساوي، كونت «كنسكي» (Kinsky)، سأل عن السُلطة التي أصرَّت على عقد السلام، فأجاب النمساوي: «تُصر إمبراطوريتنا الرومانية المقدسة على ذلك، وتُصر إسبانيا على ذلك، وطلبت إنجلترا وهولندا ذلك؛ بوجيز العبارة، كل العالم المسيحي». أجاب التسار: «حذارِ، كيف تثقون بما يقوله الهولنديون والإنجليز، إنهم يبحثون فقط عن صالح تجارتهم، ولا يهتمون بمصالح حلفائهم». وكذا اعترض العاهل البولندي على الاعتراف بمبدأ «ما تملكه»، واحتج على أن عقد معاهدة على هذا الأساس سيترك للعثمانيين حيازة كامينيس التي تُعدُّ مفتاح بولندا. وفي نهاية المطاف، وبعد العديد من الصعوبات والتوازنات، أرسلت القوى الخمس المتحاربة وسُلطتا الوساطة، سفراءها المفوضين إلى المكان المحدَّد لعقد ذلك المؤتمر، مدينة «كارلويتز» (Carlowitz)، التي تقع على الضفة اليمنى لنهر الدانوب، أدنى قليلًا من بتروارادين، في 24 أكتوبر 1698م.

يقول المؤرخ الألماني فون هامر، صدقًا عن سلام كارلويتز[2]، إنه إحدى المعاهدات التي يجب النظر فيها بعناية خاصة، حتى مع وجود معارك معينة تحتاج إلى اهتمام خاص من دارس التاريخ. تُعدُّ معاهدة كارلويتز علامة فارقة، ليس بسبب حجم التغيير الإقليمي الذي أقرته فحسب، وليس لأنها تُمثِّل الحقبة التي توقف فيها الناس عن الخوف من الإمبراطورية العثمانية كقوة عدوانية فحسب، ولكن لأنها كانت تُمثِّل أول مشاركة للباب العالي وروسيا في مؤتمر أوروبي عام، ولأنه من خلال القبول بلقاء ممثلي إنجلترا وهولندا، اللتين لم يكن أيٌّ منهما طرفًا في الحرب، اعترف السُلطان والتسار على حدٍّ سواء بمبدأ تدخل القوى الأوروبية في سبيل الصالح العام.

---

(1) هي مدينة ذات أهمية إقليمية واستراتيجية كبيرة، لوقوعها في طرف شبه جزيرة كِرتش الواقعة في الجزء الشرقي لشبه جزيرة القِرْم، ولإشرافها على مضيق كِرتش الذي يصل بين بحر آزوف والبحر الأسود. (المترجم).

(2) Vol. iii. p. 913.

كانت المفاوضات في كارلويتز طويلة، وقد وجد ممثلو القوى الوسيطة صعوبات جمة، أكثر من مرَّة، في منع انهيار المفاوضات بشكل غاضب. وإضافةً إلى الخلافات المتعلقة بالمراسيم وحقوق الملكية، تطلَّب المؤتمر تسوية العديد من الادعاءات والاعتراضات المهمة، وكان كلٌّ من المتنازعين، عدا النمسا والبندقية، يريد بعض العدول لصالحه حسب المبدأ العام «ما تملكه». أصر المبعوث الروسي بشراسة، ولوقت طويل، على التنازل عن كِرتش. وأراد العثمانيون أن تتخلَّى النمسا عن ترانسلفانيا، أو تدفع مبلغًا سنويًّا للاحتفاظ بها، كما رغبوا في أن تُعيد البندقية كثيرًا مما حازته وراء المورة، وأن تقوم روسيا بالجلاء عن آزوف. وطالب البولنديون باستعادة كامينيس. وعلى الرغم من أن الإمبرياليين كانوا مخلصين عمومًا للمبدأ الأساسي للمؤتمر، فقد طرحوا مسائل خلافية جديدة، من خلال المطالبة بإعادة الوصاية على القبر المقدس لـ«الفرنسيسكان» (Franciscans)، وأن يتم إقرار «اليسوعيين» (Jesuits) في ممتلكاتهم بجزيرة رودس، وأن يقوم الباب العالي بمنح بعض الامتيازات لـ«الترينيتاريين» (Trinitarians)؛ تلك الجماعة المؤسَّسة لغرض تحرير الأسرى المسيحيين من العبودية. أجاب «مافروكورداتو» (Mavrocordato) اليوناني، الدبلوماسي الرئيسي نيابة عن السُّلطان في المؤتمر، على مطالبات النمسا هذه، بأن الباب العالي لا يعرف شيئًا عن الترينيتاريين أو الفرنسيسكان أو اليسوعيين. ومع ذلك، وافق على وضع بعض المواد التي من خلالها يَعِد السُّلطان بمواصلة حمايته للمسيحيين وفقًا للخطوط الشريفة والمعاهدات القديمة. وفي نقطة أخرى كان العثمانيون شركاء متميزين شرفاء؛ حيث طَلبت النمسا أن يجري تسليم كونت تِكلي، القائد المجري الذي لاذ بتركيا، للإمبراطور بوصفه متمردًا، فرُفض ذلك، إذ لا يمكن أن يُنتزع شيء بعد وعد السُّلطان بأن تِكلي وأنصاره سيبقون على مسافة بعيدة من الحدود حتى لا يملكوا القدرة على إثارة الاضطرابات في أي جزء من ممتلكات الإمبراطور. ومن ناحية أخرى، وافقت النمسا على إعادة المَهْر المصادر لـ«هيلين زريني» (Helen Zriny)، زوجة تِكلي، لصالحها مرَّة أخرى، وأن يُسمح لها بالانضمام إلى زوجها[1].

(1) في مفاوضات سابقة عام 1689م، بين المبعوثين الإمبريالي والتركي، تحت وساطة السفير الهولندي في فيينا (والتي ثبت فشلها)، أصر النمساويون بشكل قاطع على تسليم تِكلي لمعاقبته على خياناته. ونظر المبعوث التركي، ذو الفقار، إلى تِكلي بوصفه عدوًّا للباب العالي، ومتسببًا في الحرب. وقال إن تِكلي لا يزيد على كونه «كلب السُّلطان»، وإنه لا يعني البادیشاه كثيرًا إذا مات مثل هذا المخلوق أو عاش، لكنه هو نفسه لم يسافر إلى هنا في هذه السفارة ليصبح قاتل تِكلي. ورأى السفير الهولندي في هذا الشأن أن الأتراك لا يمكنهم أن يجعلوا من مسألة التخلِّي عن تِكلي أمرًا خطيرًا، وهم أنفسهم قد تعاملوا معه آنذاك على أنه مجرد كلب. علَّق ذو الفقار: «نعم، تِكلي هو في الواقع كلب، كلب يضطجع أو ينهض، ينبح أو يصمت، وفقًا لأوامر السُّلطان. لكن هذا الكلب هو كلب باديشاه العثمانيين، الذي بإشارة منه يمكن أن يتحول الكلب إلى أسد رهيب».

وفي نهاية المطاف، وبعد عدة أسابيع من الجدال والتشاحن، والتهديدات والدسائس، وُضعت شروط الهدنة. أَبرمت النمسا وتركيا معاهدة لمدة خمسة وعشرين عامًا، اعتُرف من خلالها بسيادة الإمبراطور على ترانسلفانيا، وجميع أراضي المجر الواقعة شمال «ماروتش» (Marosch)، وغربي تيسا و«سلافونيا» (Sclavonia)، باستثناء جزء صغير بين نهري الدانوب وسافا. وأُبرمت معاهدات مع البندقية وبولندا غير محددة الوقت، استردت على إثرها بولندا كلًّا من بودوليا وكامينيس. واحتفظت البندقية بفتوحاتها في دالماشيا والمورة، بينما أعادت إلى الأتراك ما حازته شمالي برزخ كورينثه. أما روسيا، فرفضت الموافقة على أي شيء أكثر من هدنة لمدة عامين، جرى مدُّها بعد ذلك إلى سلام لمدة ثلاثين عامًا؛ ذلك أن اهتمام التسار في بداية القرن الثامن عشر، كان موجَّهًا بشكل رئيسي إلى مشروعات التوسع على حساب السويد. ومن خلال هذه الهدنة ظل الروس يمتلكون آزوف، والمناطق التي غزوها إلى الشمال من البحر الذي يحمل الاسم نفسه.

جرى الانتهاء من معاهدة كارلويتز في السادس والعشرين من يناير عام 1699م، مما سمح لاثنتين من القوى المسيحية الواهنة، وهما البندقية وبولندا، باستعادة أهمية مؤقتة. إحداهما عن طريق الاستحواذ على المورة، والأخرى من خلال استرداد كامينيس. لكن بتبدل حال المتنازعين الثلاثة الكبار، بالمقارنة مع ما كانوا عليه عام 1682م، أدرك الناس تلك الآثار الهائلة لحرب الأعوام السبعة عشر التي انتهت في كارلويتز. فقد امتدت ذراع روسيا آنذاك جنوبًا، لتقبض على سواحل بحر آزوف والبحر الأسود. أما النمسا فقد ارتعدت لمصير عاصمتها في بداية الحرب، ورأت كيانها الوطني يتهدده خطر حقيقي، وفي نهاية الصراع لم تُصبح إمبراطورية آل هابسبورج آمنة فحسب، وإنما توسَّعت كذلك، ليس مجرد توسع، لكنه مُعزَّز ومُوطَّد بشكل دائم. في حين رأى آل عثمان العديد من أفضل ممتلكاتهم وهي تنفصل عنهم، فضلًا عن أنهم أصبحوا يدينون بالحفاظ على ما تبقى من فتوحاتهم أمام الغزو المسيحي، لتدخُّل دولتين مسيحيتين أخريين. ومنذ ذلك الوقت، انتهى أي خوف جاد من القوة العسكرية التركية في أوروبا. و«أصبحت أهميتها دبلوماسية. وسعت دول أخرى من آنٍ إلى آخر إلى استخدامها كآلة سياسية ضد النمسا، أو ضد القوة المتنامية لروسيا. وقد ازدادت هذه الأهمية الدبلوماسية لتركيا بشكل ملحوظ حينما أصبح حكام روسيا راغبين في امتلاك البحر الأسود لتنفيذ خططهم»[1].

---

(1) See Schlosser's Introduction to the "History of tha Eighteenth Century."

قمت بتعديل بعض تعبيراته.

المسألة الأخرى الأكثر شمولية وبقاءً لاستمرار الشؤون التركية في إثارة الاهتمام والقلق، هي مراعاة الازدياد الكبير للقوة الهجومية التي من الضروري إحرازها من قِبَل الدولة الغازية لكي تجعل الأراضي العثمانية جزءًا لا يتجزأ من ممتلكاتها الخاصة. فالإمبراطورية التي تكون عاجزة عن أسباب الهجوم تحت حكم الأتراك، ربما تقوم تحت سيادة آخرين بتوفير الوسائل اللازمة لقمع حريات العالم.

الفصل الثامن عشر

وفاة حسين كُبرولي - تنازل مصطفى الثاني عن الحكم - تولي أحمد الثالث - شارل الثاني عشر في تركيا - الحرب مع روسيا - نجاح الأتراك ومعاهدة بروت - الحرب مع البندقية - استعادة المورة - الحرب مع النمسا - نكبات الأتراك - سلام باساروويتز - التحالف مع روسيا ضد فارس - خلع أحمد الثالث - الهسبودار - الفناريون.

الفصل الثامن عشر[1]

استفاد الوزير الأعظم حسين كُبرولي من عودة السلام في وقف الاضطرابات التي نشأت في أجزاء كبيرة من الإمبراطورية، خصوصًا في مصر والقِرْم، خلال السنوات الكارثية الأخيرة من الحرب. كما سعى إلى إجراء إصلاحات عامة في الدوائر الإدارية للجيش والبحرية، وفي الشؤون المالية، والمدارس والكليات العامة، وفي القوانين المتعلقة بالمؤسسات الدينية والخيرية، وفي معاملة الرعايا المسيحيين الخاضعين للباب العالي. وفي هذا الأمر الأخير على وجه الخصوص، أظهر عموجه شاهزاده حسين أنه بتخفيفه الإنساني الحكيم من أعباء الرعايا، كان خلفًا مستحقًّا لقريبه كُبرولي الفاضل. ولسوء حظ الإمبراطورية، أنه جرى التصدي لنفوذ حسين كُبرولي من مفضَّلين آخرين للسلطان مصطفى، فاعتزل الوزير الأعظم الرابع من آل كُبرولي عن منصبه، الذي أنهك بدنه وعقله، في غضون ثلاث سنوات من سلام كارلويتز. تُوفِّي كُبرولي الحكيم، كما أُطلق عن حق على حسين كُبرولي، في خريف عام 1702م. ولم يحتفظ السُّلطان بعرشه طويلًا بعد فقدان وزيره القدير. ويبدو أنه قد تحطَّمت آمال مصطفى الثاني بسبب النهاية الكارثية لمسيرته العسكرية، فكان في الجزء الأخير من حكمه لا يُظهر أي أثر من النشاط أو الحماس الوجداني في أداء الواجب، مما أبداه في بداية حكمه. فالقائد الحازم الذي كان على رأس جيشه، انغمس في الشهوات الحسية، ونسي سليمان المُشرِّع، ذلك المثال الذي افتخر به، وأظهر بدلًا من ذلك اتباعه لإبراهيم؛ فأدى الاستياء العام للأمة إلى النتيجة المعروفة. هكذا اندلع تمرد في القسطنطينية عام 1703م، استمر لعدة أسابيع، حتى قام مصطفى - الذي لم يُظهر أي ومضة من شجاعته السابقة - بالتنازل عن الحكم لشقيقه أحمد الثالث، الذي أصبح سلطانًا وهو في الثلاثين من عمره.

ظل المركز الذي تبوأته روسيا على شواطئ بحر آزوف والبحر الأسود بسبب نجاحاتها في الحرب الأخيرة، يؤرق المجالس العثمانية. وعلى الرغم من أن الهدنة التي وافق عليها الروس وحدهم في كارلويتز لم يجرِ خرقها، فقد كانت هناك مفاوضات جادة ومحتدة في كثير

---

(1) See Von Hammer, books 61-65.

من الأحيان بين التسار والباب العالي لمدة ستة أشهر عام 1700م، قَبْل وضع الشروط النهائية للسلام بينهما. وفي نهاية الأمر وُقِّعت معاهدة تهدف إلى ضمان التفاهم بين روسيا وتركيا لمدة ثلاثين عامًا.

بناءً على المادة الثانية من هذه المعاهدة، هُدمت أربعة تحصينات من تلك الأماكن التي استولى عليها الروس، وهي: «توغان» (Toghan)، و«غازي قرمان» (Ghazi-kerman)، و«شاهيم قرمان» (Schahim-kerman)، و«نصرت قرمان» (Nassret-kerman). وقضت المادة الخامسة أنه من أجل تعيين أرض حدودية للإمبراطوريتين، لا بدَّ من أن تكون هناك مساحة شاغرة تُقدَّر باثني عشر فرسخًا بين بريكوب[1] وآزوف. وبحسب المادة السادسة، يتمتع الروس والتتر بحقوق متساوية في صيد الأسماك والقنص وجَمْع خلايا النحل وقَطْع الأخشاب وجَمْع الملح، في المنطقة الواقعة بين بريكوب وحصن «ميوش» (Meyusch). وخصصت المادة السابعة للروس أرضًا تابعة لمدينة آزوف التي بحوزتهم، تُقدَّر بسبعة فراسخ في اتجاه نهر «كوبان» (Kuban)، لا يقوم في نطاقها تتر النوجاي أو الشركس بأي إزعاج للروس أو القوزاق. وتفرض المادة الثامنة على التتر في شبه جزيرة القِرْم ألا يقوموا بأيٍّ من الغارات على الأراضي الروسية. وتتعلَّق المادة التاسعة بتبادل الأسرى. وتتعلَّق العاشرة بحرية التجارة. وتنص المادة الثانية عشرة على حماية الحُجاج إلى بيت المقدس. أما المادة الثالثة عشرة فتتعلق بامتيازات الوكلاء والمترجمين. وتفرض المادة الرابعة عشرة على كل طرف إرسال سفارة للتصديق على المواد في غضون شهرين.

بعد وقت قصير من إبرام المعاهدة مع روسيا، منح الباب العالي دليلًا على الملأ يُثبت مدى تقديره لصداقة إنجلترا، والشعور بالامتنان الواجب من تركيا لهذا البلد، على وساطته التي أنهت الحرب الأخيرة؛ وذلك حين خلف سير «روبرت سيوتون» (Robert Sutton)، اللورد باجيت، سفيرًا في القسطنطينية، فقام السُّلطان شخصيًّا بمخاطبة ذلك المبعوث الإنجليزي في حضور جماهير استقباله، بهذه الكلمات: «الإنجليز أصدقاء قدماء، وجيدون بالنسبة إلينا. وسوف نُظهر عندما تحين الفرصة أننا كذلك بالنسبة إليهم. خصوصًا أننا نرغب في أن نثبت لمَلِكك تذكُّرنا لتدخله الودود في كارلويتز، وثقتنا في شعوره الكريم تجاهنا».

كان هذا التقدير الكبير لصداقة إنجلترا راجعًا على الأرجح إلى الحالة المضطربة للعلاقات التركية مع روسيا، والتي استمرت حتى بعد أن جرى التصديق رسميًّا على المعاهدة عام 1700م.

---

(1) أُطلق عليها «أور» (Or) في المعاهدة.

ففي الوقت الذي وصل فيه السفير الإنجليزي الجديد إلى القسطنطينية، كان هناك خطر وشيك من اصطدام القوات التركية والروسية شمالي البحر الأسود. وكان خان القِرْم وغيره من كبار المسلمين يرغبون في تجديد الحرب، وأُرسلت صور مُبالغ فيها إلى القسطنطينية، بخصوص الاستعدادات البحرية للروس في بحر آزوف، وقوة الحصون الجديدة التي زُعم أنهم يبنونها. أنكر السفير الروسي هذه التقارير، فقام السُلطان بعزل خان القِرْم لمعلوماته الزائفة. لكن الأتراك بذلوا جهودًا شاقة لتعزيز دفاعات إمبراطوريتهم أمام روسيا. ومن أجل حبس أسطول التسار في بحر آزوف بنوا حصنًا قويًّا على الطرف الشمالي الشرقي من شبه جزيرة القِرْم، للسيطرة على المدخل الشمالي لمضيق كِرتش. سُمي هذا الحصن «ينيكال» (Yenikale)، وقد جرى الانتهاء منه عام 1703م، وكانت بطارياته موضوعة على مستوى الماء نفسه، حتى يُمكن للقذائف أن تصيب أي سفينة تحاول المرور بالقوة. من ناحية أخرى واصل الروس تعزيز آزوف، وبنوا حصنًا قويًّا في «تيغان» (Taighan)، عُرف منذ ذلك بـ«تجانروك» (Taganrok)[1]، وقاموا كذلك بإصلاح الأعمال القديمة في «كامينسكا» (Kamienska) على ضفاف الدنيبر.

كان من أول أعمال السُلطان أحمد الثالث عند توليه العرش التركي، كتابة رسالة إلى بطرس، احتج فيها على التجهيزات التي تُشكِّل تهديدًا في الأقاليم الجنوبية التابعة للتسار، معلنًا أنه لا يمكنه الثقة بما تؤكده روسيا بشأن الصداقة؛ إلا إن أحمد لم يكن نزَّاعًا للحرب، فضلًا عن أن الاضطرابات الداخلية التي أزعجت دولته في بداية عهده، جعلته حريصًا على تجنب الأعمال العدائية مع جارته القوية. وكانت روسيا كذلك مشغولة للغاية في هذا الوقت بتنافسها مع السويد، بالقياس إلى رغبتها في حرب جديدة مع تركيا. وعليه جرى التوصل إلى تسوية أخرى مؤقتة للنزاعات بين الإمبراطوريتين عام 1705م. مع ذلك راقب الباب العالي كل حركة للتسار بحذر شديد، وقام بإرسال أسطول من سفن الجالي التركية كل عام للإبحار في البحر الأسود، ومراقبة التحصينات الجديدة التي أقامها الروس على ساحله، وتحصين كِرتش وينيكال بشكل قوي بقوات عثمانية نظامية، وبناء قلعة تركية بالقرب من «تامان» (Taman)، على الجانب الآسيوي من مضيق كِرتش.

كان الصراع الباسل الذي أبقى عليه «شارل الثاني عشر» (Charles XII)[2] مع روسيا،

(1) أقصى شمال بحر آزوف. (المترجم).

(2) ملك السويد بين عامَي 1697 و1718م، وقد عُرف عند العثمانيين بـ«تيمور باش»، أي: «ذو الرأس الحديدي». (المترجم).

موضع اهتمام وإعجاب أوروبا بأكملها خلال العقد الأول من القرن الثامن عشر. ولم يرَ أحدٌ المسيرة الرومانتيكية لهذا الملك البطل بشكل أكثر جدِّية من العثمانيين الذين شعروا بشكل كبير بقيمة القوات السويدية في تجنُّب الهجمات الطموحة للعاهل الموسكوفي. أطلق المؤرخون العثمانيون على التسار بطرس: «أبيض الشارب» (White Moustache)، في حين تحدثوا عن الملك شارل باللقب المناسب له: «الزعيم الحديدي» (Iron Head). ومن المعروف من هؤلاء الكُتَّاب أن الحاكم التركي لـ«أوزاكو» (Oczakow)[1]، أرسل مبعوثًا إلى معسكر شارل في «ثورن» (Thorn)[2]، للتفاوض على تحالف ضد روسيا. وعندما كان الملك السويدي في أوكرانيا، حصل على تأكيدات من الجهة نفسها، على أن خان القِرْم سيقود جيشًا من التتر لمساعدته. لكن كانت هذه الاتصالات من دون موافقة السُّلطان أحمد. وبعد الإطاحة الكارثية بشارل في «بولتوفا» (Pultowa)[3] (8 يوليو، 1709م)[4]، لجأ إلى تركيا، فاستُقبل بكرم ضيافة، لكن أحمد لم يُبدِ أي رغبة لخرق السلام مع روسيا في سبيل استعادة مَلك السويد لسُلطته. مع ذلك أجاب الباب العالي بالرفض النبيل على مطالب التسار المنتصر، عندما طالب بعدم السماح لشارل بالبقاء في الأراضي العثمانية، وسعى بكل وعد ووعيد ممكن إلى تسليم «هيتمان مازيبا» (Hetman Mazeppa)، الذي كان برفقة شارل في تركيا، والذي طالب الروس بمعاقبته بوصفه خائنًا لعاهلهم.

لاذ شارل الثاني عشر أولًا بأوزاكو، ولكن سرعان ما رحل إلى «بندر» (Bender)[5]، حيث حشد الباب العالي جيشًا صغيرًا لحمايته. وظهرت ضرورة مثل هذا التدبير الوقائي في هجوم قام

---

(1) أو «أوزاكوف» (Oczakof). أطلق عليها العثمانيون «أوزو» (Ozu)، على اسم نهر أوزو (الدنيبر)، وهي تقع بالقرب من مصبه شمالي البحر الأسود، وكانت مركزًا لإيالة «أوزو» التي تضم غربي البحر الأسود إلى القِرْم شرقًا وسواحل الدانوب الجنوبية غربًا، تقابلها على الجهة المقابلة من النهر «كلبورن» (Kilbourn). انظر: أوزتونا، تاريخ الدولة العثمانية، مج.2: 660. (المترجم).

(2) هو الاسم الألماني لمدينة «تورون» (Toruń) البولندية، الواقعة على نحو مائتي وعشرة كيلومترات شمال غرب وارسو العاصمة البولندية. (المترجم).

(3) See chapter xii. of the "Fifteen Decisive Battles of the World."

(4) هي إحدى معارك حرب الشمال العظمى (1700-1721م)، التي نشبت في إطار الصراع القائم للهيمنة على بحر البلطيق وشمال أوروبا، وفي هذه الحرب تحالفت روسيا مع الدانمارك والنرويج وبولندا للحد من السيطرة السويدية على الشمال الأوروبي، وبالفعل مُنيت السويد بالهزيمة، وصارت روسيا قوة كبرى على بحر البلطيق، وفاعلًا مهمًا في الشأن الأوروبي. انظر: (James R. Moulton, *Peter the Great and the Russian Military Campaigns During the Final Years of the Great Northern War, 1719-1721* University Press of America, 2005). (المترجم).

(5) الواقعة شمال غرب البحر الأسود، على نهر الدنيستر. (المترجم).

به الروس على حشد من السويديين، اجتمعوا في مولدافيا؛ حيث عبرت قوات التسار الحدود فجأة، وقاموا بمفاجأة السويديين بالقرب من «زارنوفيتش» (Czarnowicz)[1]، وحملوهم كلَّهم تقريبًا أسرى إلى روسيا. تسبب هذا الانتهاك للأراضي العثمانية في استياء أكبر في القسطنطينية، وكان من الصعب للغاية على السفير الروسي «تولستوي» (Tolstoi)، أن يحول دون إعلان فوري للحرب. كان الوزير الأعظم «جولي علي» (Tschuli Ali)، يحبذ الحفاظ على السلام مع التسار، وعارض بشدة مطالب شارل، الذي أراد أن يمده السُلطان بثلاثين ألفًا من السباهية وعشرين ألفًا من الإنكشارية لمرافقته عبر بولندا نحو أراضيه. ولإرسال مثل هذا الجيش مع شارل، كان لا بدَّ من تورُّط الباب العالي في القتال مع كلٍّ من بولندا وروسيا، فقام جولي علي بتذكير الديوان بمعاناة تركيا في الحرب الأخيرة كبرهان قاطع أمام مثل هذا الإجراء. من جهة أخرى، فإن السُلطانة الوالدة التي أُعجبت بالشجاعة النبيلة لشارل، ساندت قضيته بحرارة لدى السُلطان، وسألت ابنها مرارًا: متى سيقوم بمساعدة أسدها أمام الدب؟ وفي نهاية عام 1709م، تغلب الحزب المؤيد للسِّلم في الديوان، فجُددت المعاهدة التي وُقِّعت بين روسيا والباب العالي في عهد مصطفى الثاني، لكن مع إضافة مادة تنص على أن يكون ملك السويد حرًّا في العودة إلى بلاده بالأسلوب الذي يراه مناسبًا. وأرسل السُلطان رسالة إلى الملك يُبلغه فيها أنه بموجب هذه الفقرة يمكنه العودة إلى مملكته بأمان تام، وأُرفق مع الرسالة عشرة آلاف دوقية لنفقة الرحلة، وهدايا من الخيول مُقدَّمة من السُلطان والوزير. قَبِلَ شارل هدايا السُلطان، لكنه لم يتجهز لمغادرة تركيا. وقام السُلطان، الذي استاء بسبب إخفاق خطط الوزير في إراحته من عبء وجود شارل في الإمبراطورية، بتجريد جولي علي من أختام المنصب، وتعيين «نُعْمَان كُبرولي» (Nououman Kiuprili) وزيرًا أعظم في يونيو 1710م.

ونُعْمَان كُبرولي، هو ابن كُبرولي الفاضل، الوزير الأعظم الذي سقط في معركة سلانكمان. وقد أشاد جميع مواطني الدولة العثمانية بابتهاج لارتقاء الخامس من هذه العائلة اللامعة إلى السُلطة. وبدأ نُعْمَان وزارته وسط توقعات كبيرة من جميع فئات مواطنيه، لكن هذه التوقُّعات لم تتحقَّق. أظهر نُعْمَان كُبرولي التسامح نفسه، والحكمة والعدالة نفسيهما اللتين تميَّز بهما والده في معاملته، سواء مع الرعايا أو المسلمين، لكنه كان واحدًا من هؤلاء الرجال الذين يأخذون على عاتقهم - بدافع من الغرور من ناحية، والعصبية من ناحية أخرى - إنجاز مهمات تزيد على مقدرتهم، ويثيرون ضجر وانزعاج زملائهم ومرؤوسيهم، بالتدخل بلا داعٍ أو مبرر

---

(1) بلدة تقع شمالي بولندا، شمال غرب نهر بوج. (المترجم).

في التفاصيل الدقيقة للأعمال الإدارية. وأدى الإحباط الذي شعر به الرجال عند خيبة أملهم وتكهُّناتهم المبالغ فيها بخصوصه، إلى ردود فعل طبيعية من انعدام الشعبية، مبالغ فيها كذلك، نحو ذلك الأخير من عائلة كُبرولي. وقد أُقيل من الوزارة العظمى في غضون أربعة عشر شهرًا من وقت توليه هذا المنصب الرفيع، وعاد كما كان مرؤوسًا، لكن في منصب محترم، هو حاكم جزيرة يوبيه المهمة.

كان أحد تدابير السياسة الخارجية التي ميَّزت الإدارة القصيرة لنُعْمَان كُبرولي مؤسفًا للغاية، بالنظر إلى النتيجة التي أراد أن يصل إليها صاحبها. لمَّا كان نُعْمَان حريصًا على الحفاظ على السلام، كما كان أسلافه في المنصب، سعى جاهدًا - لكن بلا جدوى - إلى حث ملك السويد على مغادرة أراضي السُّلطان بشكل هادئ، لكنه اعتقد أنه سيكون من الحكمة في الوقت نفسه إيجاد انطباع عام بأن الروح الحربية للإمبراطورية ومواردها لم تنقص. وبناءً على ذلك، أصدر أوامر لحشد جيش كبير، وتسبب في إشاعة قرار الديوان، وهو أن الباب العالي يسعى إلى إعادة الملك السويدي إلى بلده يصاحبه حشد مكافئ لذلك الذي قاده قره مصطفى ضد فيينا. كان تأثير هذا التفاخر، والعرض العسكري الذي صاحبه، هو إثارة حمية الروح الحربية المتعذر كبحها للقوات العثمانية التي كانت متحمسة عمومًا لصالح ملك السويد أمام روسيا، والتي كانت كذلك متحمسة لفرصة تمحو من خلالها مخازي الحرب الأخيرة.

أدى العديد من الهجمات التي قام بها الروس على الأراضي التركية، إلى قيام سكان الأقاليم الحدودية التابعة للسطان بإرسال التماسات متكررة له من أجل الحماية والإنصاف، واستخدم وكلاء شارل الثاني عشر في البلاط التركي كل الوسائل الممكنة ليؤثر هذا وغيره، من البواعث المماثلة للحرب، تأثيره الكامل على السُّلطان أحمد. وكان خان القِرْم، «دولت جيراي» (Dewlet Ghirai)، توَّاقًا مثل الملك السويدي إلى أعمال عدائية مباشرة بين تركيا وروسيا. لم يكن هناك جزء من الممتلكات العثمانية يقع تحت تهديد خطير بسبب الاستعدادات الطموحة للتسار، مثل شبه جزيرة القِرْم والمناطق المجاورة لها، التي حكمها دولت جيراي بوصفها تابعة للباب العالي؛ حيث بنى الروس مواقع محصنة بالقرب من كامينسكا، على مسافة قريبة من بريكوب، كما أنهم أقاموا قلعة في «سمانجك» (Samandjik)، عند نقطة التقاء نهر «سمارة» (Samara) بالدنيبر. وكان الحصن الآخر الذي أقاموه في تيغان، والعناية التي جرى بها تحصين آزوف وميناء تجانروك الجديد، وقوة الأسطول الذي شكَّله التسار هناك، أسبابًا أخرى لإزعاج الخان الذي نجح في التواصل مع السُّلطان. أشار «بونياتويسكي» (Poniatowski)، وكيل

شارل في البلاط التركي، إلى استعدادات التسار هذه، كدليل على ما خطَّط له؛ فهو الآن سيد آزوف وسواحل «المايوت» (Maeotis)[1]، للهجوم على القِرْم وإخضاعها، وسرعان ما سيقوم الروس المنتصرون بالهجوم منها على القسطنطينية[2]. وإلى جانب بواعث الشكوى هذه ضد روسيا، أشار تابع شارل في الديوان إلى الصعود المتزايد لتلك القوة في بولندا، حيث قامت قوات التسار بحصار حصن كامينيس المهم والاستيلاء عليه. وذكر أيضًا أسبابًا أخرى تجعل من الواجب على تركيا الارتياب في روسيا، مثل إخضاع التسار لقوزاق «البوتكال» (Potkal) و«البرسباش» (Bersbasch)[3]، والاحتلال الروسي لـ«ستانليشتي» (Stanileschti)، ذلك الحصن المقابل لـ«جاسي» (Jassy)[4]. وبناءً على هذه التصريحات للحزب المناهض لروسيا، استدعى السُلطان خان القِرْم إلى القسطنطينية. وفي مقابلة رسمية معه، ألح دولت جيراي بقوة على ضرورة القطع الفوري للعلاقات مع روسيا، وحذَّر الباب العالي من أن عملاء التسار يتآمرون سرًّا مع رعايا الإمبراطورية، وأنه إذا مُنح لهم الوقت لاستكمال مكائدهم، فإن الروس بهذه الطريقة سيظفرون بكل الممتلكات الأوروبية للباب العالي. وفي النهاية، رجحت حجته لدى السُلطان أحمد. وانصرف الخان بهدايا تشريفية قيِّمة. واستُشير المفتي فيما يتعلق بمشروعية الحرب على روسيا، فرد بفتوى لا تُعلن فقط مشروعية الحرب، وإنما ضرورتها أيضًا. هكذا أُصدرت الأوامر بتعبئة ثلاثين ألف إنكشاري، وأعداد كبيرة من القوات الأخرى، وأُرسل منشور إلى جميع حكام السواحل، يأمرهم بإعداد ووضع عدد معين من السفن التي تجري في المياه الضحلة، وبالتالي تصلح للعمليات في بحر آزوف، تحت تصرف القبودان باشا (الذي كان أسطوله جاهزًا للإبحار). ووفقًا للعُرف غير المتمدين الذي لم يتوقف عنه العثمانيون إلا مؤخرًا فقط، أُعلنت الحرب على روسيا (28 نوفمبر، 1710م) بسجن السفير الروسي تولستوي في قلعة الأبراج السبعة[5].

---

(1) هو الاسم اللاتيني لبحر ازوف. (المترجم).

(2) Levesqne, "Histoire de Russie," vol. iv. p. 393.

(3) البوتكال هم قوزاق الضفة اليمنى أو الغربية لنهر الدنيبر، والبرسباش هم قوزاق الضفة اليسرى أو الشرقية لذلك النهر الذي يجري بالأراضي الأوكرانية ويصب شمال البحر الأسود. (المترجم).

(4) هي مدينة «ياش» (Iași) الواقعة شرقي رومانيا الحالية، كانت عاصمة لإقليم مولدافيا حتى 1859م، عندما اتحدت كلٌّ من مولدافيا ووالاشيا ليكوِّنا ما يُعرف بـ«رومانيا»، وظلت ياش هي العاصمة الثقافية لرومانيا حين أصبحت بوخارست هي العاصمة السياسية عام 1862م. (المترجم).

(5) كان رد السلاطين القدماء للدولة عند طلب استقبال أي سفارة: «الباب العالي مفتوح للجميع». وهذا يعني ضمنيًا - وفقًا للتفسير التركي - سلوكًا آمنًا عند المجيء، لكنه لا يقدم أي ضمان بشأن المغادرة. "Vestigia =

من المحتمل أن يكون العاهل الروسي قد أرجأ الأعمال القتالية مع تركيا عن رغبة منه؛ فلم تقترب نهاية عام 1710م، إلا وكان بطرس قد أكمل غزوه لـ«ليفونيا» (Livonia)[1]، وكان حُرًّا في سحب قواته من مسرح العمليات ضد السويديين والحزب المعارض له بين البولنديين، نحو الحدود العثمانية. ولو تأخرت الحرب لسنة أخرى، فلربما دخل الروس الصراع بأفضلية أكبر بكثير مما كانوا عليه عام 1711م. لكن عندما وجد التسار أنه من المستحيل إقناع السُّلطان من خلال المفاوضات بالتخلّي عن استعداده للدخول في صراع عاجل، قام في 25 فبراير 1711م، بمباشرة الحرب ضد الأتراك، أُعلنت رسميًّا في الكنيسة الرئيسية بموسكو. ومن أجل إثارة التعصب وزيادة حماس الجنود الروس (وربما أيضًا بهدف استمالة سكان تركيا المسيحيين للانضمام إليه)، سعى بطرس لإعطاء هذه الحرب كل مظاهر الحرب الدينية؛ فبدلًا من الشارات المعتادة للقوات الروسية، حملوا رايات حمراء، كُتب على أحد جانبيها هذه الكلمات: «باسم الرب، ومن أجل المسيحية»، وعلى الجانب الآخر صليب يصاحبه نقش «لاباروم» (Labarum) المعروف للأباطرة اليونانيين السابقين للقسطنطينية.

أدى التطور السريع للقوة الكبيرة للمسيحيين اليونان وسلاف روسيا، واقتراب الصراع بينهما وبين البيت العثماني، إلى إثارة الأمم اليونانية والسلافية التي كانت تخضع للنير التركي إلى أقصى درجة. وقد نظروا إلى التسار بوصفه محررهم، وازدادت حميتهم من شائعة تقول: إن هناك نبوءة قديمة اكتُشفت في قبر قسطنطين تشير إلى أن الروس كأمة هم مَن قُدِّر لهم طرد الأتراك من القسطنطينية[2]. حتى القبائل الصغيرة والنائية في الجبل الأسود أرسلت رسلًا إلى بطرس، تعرض عليه مهاجمة حكامها الأتراك، وإجراء تحول لصالحه، فما كان من التسار إلا أن شكرهم برسائل وهدايا، إذ كان الهدف الأساسي لمفاوضاته مع الرعايا النصارى للسلطان، هو

= nulla retrorsum” ويُعلق «ليفيسك» (Levesque) بإنصاف في عمله: «History of Russia» (vol. iv. p. 394) على هذا التقليد التركي الخاص بسجن السفراء عندما تنشب الحرب:

“On leur a justement reproche cet usage barbare. Mais Charles XII retenait encore et laissa mourir dans la captivite le prince Khilkof, ambassadeur de Russie; et aucun historien ne lui a reproche cet attentat contre le droit des gens.”

(1) أو «ليفلانديا» بالروسية. هو إقليم يقع شرقي خليج ريغا شرقي بحر البلطيق، وهو الآن مقسم بين إستونيا ولادفيا. (المترجم).

(2) Levesque, “Histoire de Russie,” vol. iv. p. 400. كثيرًا ما جرى إحياء هذه الشائعات، خصوصًا في وقت انتصارات الإمبراطورة كاترين الثانية. انظر تعليقات جيبون كما في: (Dr antiquity, vol. vi. p. 88 Smith’s edition)، والملاحظات.

ضمان تعاون «هسبودار» (Hospodars) كلٍّ من والاشيا ومولدافيا. فقد خطَّط أولًا لقيادة جيشه إلى هذه المقاطعات، وأراد أن يجعلهم أساسًا آمنًا لمزيد من عملياته في غزو تركيا. كان «برانكوفان» (Brancovan)، أحد هسبودارات والاشيا، قد قام بالاستخبار مع روسيا لفترة طويلة، مما أثار في النهاية شكوك الباب العالي، فأصدر أمرًا للأمير «كانتمير» (Cantemir)، أحد هسبودارات مولدافيا، لمهاجمته وحرمانه من الحكم؛ لكن كانتمير نفسه قرر مساعدة الروس، وحاز تأييدًا من التسار، كما أثار غيرة برانكوفان، الذي بدأ من خلال الخيانة المزدوجة بالتآمر مع الأتراك بغرض تضليل بطرس، وجلبه هو وجيشه إلى موقع يمكن للأتراك فيه أن يهاجموهم بتفوق.

بدأ الوزير الأعظم الجديد، «بلطجي محمد» (Baltadji Mehemet) باشا[1] (الذي كان في الأصل حَطَّابًا في السراي)، زحفه من جوار القسطنطينية تجاه مولدافيا، في مايو 1711م، على رأس جيش كبير جُهِّز تجهيزًا ممتازًا. جمع التسار قواته في جنوب بولندا، وفي يونيو تقدَّم إلى مولدافيا. وقد عانت قواته بشدة أثناء سيرها، وهلكت أعداد كبيرة بسبب الفاقة والمرض قبل وصولهم إلى جاسي، وقبل أن يبدأ أي قتال فعلي. توقف بطرس في جاسي لفترة قصيرة، وسعى للحصول على إمدادات من المؤن في تلك المدينة، إلا إن الإمدادات التي تحصَّل عليها كانتمير لصالحه كانت شحيحة؛ في حين صار برانكوفان، هسبودار والاشيا، يعمل لصالح الأتراك. وعند هذه الحالة الطارئة، أُسديت نصيحة إلى التسار بأن يسير جنوبًا نحو بعض المخازن الواسعة للمؤن التي يُقال إن الأتراك جمعوها بالقرب من الجزء الأدنى من نهر «سريت» (Sereth)، وتلقَّى تأكيدات أنه يمكنه الاستيلاء عليها بلا صعوبة. وفي الوقت نفسه، اغتر التسار بتقارير كاذبة تخبر بأن جيش الوزير لم يعبر بعدُ نهر الدانوب، ووفقًا لذلك سار التسار بالقسم الرئيسي من جيشه نزولًا على الضفة اليمنى (أو الغربية) لنهر «بروت» (Pruth)، الذي يجري تقريبًا إلى الجنوب من محيط جاسي حتى نهر الدانوب، الذي يلتقي به بالقرب من «جالاتز» (Galatz)، أسفل قليلًا من نقطة التقاء نهر سريت. وبينما كان الروس عند جاسي، كان الوزير الأعظم قد عبر الدانوب عند «إيساقجي» (Isakdji)، أسفل نقطة التقاء بروت، وانضم إليه في «بيسارابيا» (Bessarabia)[2]، خان القِرْم على رأس قوة كبيرة من الفرسان التتر. علم القادة العثمانيون بمسير التسار نزولًا على الضفة الغربية لبروت، فقادوا على الفور قواتهم المحتشدة إلى الضفة الشرقية من النهر، عَلَّهم يعبرونه

---

(1) أو بلطه جي محمد. تولَّى منصب الوزارة العظمى للمرة الأولى عام 1704م، حتى عُزل عام 1706م، لكنه عاد مرَّة أخرى في سبتمبر 1710م، ثم عُزل في نوفمبر 1711م، ونُفي إلى جزيرة ميدللي. انظر: كوندز وأوزتورك، الدولة العثمانية: 339-340. (المترجم).

(2) هي المنطقة الواقعة شرقي مولدافيا، بين نهري الدنيستر شرقًا وبروت غربًا. (المترجم).

ويهاجمون الروس في مولدافيا. كان القائد الروسي «شِرمتوف» (Scheremitoff) متمركزًا مع مفرزة من جيش التسار بالقرب من النهر الذي اقترب منه الأتراك والتتر، فسعى إلى منعهم من المرور، إلا إن عشرة آلاف من الفرسان التتر استطاعوا عبور النهر، وفي الليل أقيمت أربعة جسور على النهر، مما مكن الوزير من وضع قوة ساحقة على الجانب الغربي أو المولدافي. فما كان من شِرمتوف إلا أن تراجع وانضم مرَّة أخرى إلى الجيش الروسي الرئيسي بالقرب من «فالتاش» (Faltasch). كانت المعلومات التي جاء بها مقلقة للتسار إلى أقصى درجة؛ فقد كانت قوته التي ضعفت بسبب الجوع والمرض، أقل بكثير من قوة العثمانيين، وشهدت في ذلك الوقت مزيدًا من الانخفاض نتيجة إرسال سريتين كبيرتين بقيادة القائدين: «رينيه» (Renne)، و«جوناس» (Jonas)، إلى المناطق الداخلية لمولدافيا ووالاشيا. فتراجع التسار مسافة قصيرة إلى أعلى الضفة اليمنى للنهر في محيط قرية «كوش» (Kousch)، ثم حصَّن نفسه في مركز قوي على ما يبدو بين بروت وأحد المستنقعات، محاكيًا تكتيكات سوبيسكي في زوراونا. لكن الأرض المنخفضة التي عسكر فيها الروس، كان يشرف عليها من مسافة قصيرة بعض التلال، التي تمكَّن الوزير من احتلالها بمعاونة أعداد متفوقة من جيشه. هكذا أصبح الروس محاصَرين تمامًا في معسكرهم، محرومين تمامًا من المؤن، يعانون بشدة من العطش، لأن الأتراك وضعوا بطاريات على الضفة اليسرى من بروت، اجتاحت النهر وجعلت الاقتراب من الماء بالنسبة إلى الروس موتًا محققًا. امتنع الوزير بحصافة عن مهاجمتهم، وصُدَّت تمامًا كل الجهود التي قام بها الروس خلال يومين من القتال الشديد لقهر الخطوط التركية. في هذه الحالة الطارئة، إما أن يلقى التسار ورجاله حتفهم، وإما أن يستسلموا حسب تقديرهم، لكن «كاترين» (Catherine)، زوجة التسار التي رافقته في هذه الحملة، وكانت حقًّا كالملاك المنقذ لروسيا، تصرَّفت ببراعة، وجمعت مجوهراتها وحُليها، وكل الذهب الموجود بحوزة كبار الضباط الروس في المعسكر، وأرسلت ذلك مع المستشار «شافيروف» (Schaffiroff)، إلى مسكن الوزير التركي. وإلى جانب هدايا كاترين، حمل المستشار رسالة كتبها القائد شِرمتوف باسم التسار طالبًا السلام. كان لكخيا الوزير الأعظم تأثير كبير لدى بلطجي محمد، وقد خاطبه مبعوث كاترين شخصيًّا. تلقَّى الكخيا الهدايا، ونصح الوزير بالموافقة على المطالب الروسية، فوافق بلطجي محمد. وبناءً عليه، بدأت المفاوضات بشأن عقد معاهدة. احتج وكيل الملك السويدي، الكونت «بونياتوسكي» (Poniatowski)، الذي كان في معسكر الوزير، على أي شروط تُمنح للروس، وانضم خان القِرْم بحرارة لاعتراض بونياتوسكي، إلا إن الوزير لم يراعِ أي اعتراض، وقام أمينه عمر أفندي بتحرير المعاهدة الشهيرة التي خلَّصت التسار وجيشه من ذلك الخطر الكبير في 21 يوليو 1711م.

بدأت المعاهدة بسرد أن الجيش الإسلامي المنتصر بفضل الله قد أحاط بجيش التسار الموسكوفي عن كثب ومعه جميع قواته بجوار نهر بروت، وأن التسار طلب السلام، وبناءً عليه وُضعت البنود التالية وأُقرت:

وفقًا للمادة الأولى، كان على التسار تسليم قلعة آزوف وأراضيها وما يتبعها، في الوضع نفسه الذي كانت عليه حين استولى التسار عليها. وتبعًا للمادة الثانية، يوافق التسار على هدم مدينته الجديدة تجانروك، على بحر آزوف، وتحصيناته في كامينسكا، وقلعته الجديدة على نهر تامان، مع عدم بنائها مرَّة أخرى على الإطلاق. ويجب التخلِّي عن جميع المدافع والمؤن العسكرية الخاصة بالتسار في كامينسكا للباب العالي. وتنص المادة الثالثة على عدم تدخُّل التسار بعد ذلك في شؤون البولنديين والقوزاق، التابعين سواء للبولنديين أو خان القِرْم، وأن يسحب جميع القوات الروسية من أراضيهم. ونصت المادة الرابعة على حرية التجارة، ولكن تبع ذلك منع إقامة سفير روسي دائم في القسطنطينية. ومن المحتمل أن تكون المؤامرات الروسية مع اليونانيين وغيرهم من الرعايا قد تسببت في هذا الشرط. وتطلب المادة الخامسة من الروس إطلاق سراح جميع المسلمين الذين أُسروا أو جُعلوا عبيدًا، سواء قبل الحرب أو خلالها. وصرحت المادة السادسة بأنه نظرًا لأن ملك السويد قد وضع نفسه تحت جناح الحماية العظيمة للباب العالي، فيجب أن يُمنح عبورًا حرًّا وآمنًا إلى مملكته من دون عوائق من الموسكوفيين؛ وأوصت بإقرار السلام بين روسيا والسويد، إذا استطاعا التوصل إلى تفاهم. وقضت المادة السابعة بأنه يجب على الباب العالي في المستقبل ألَّا يتسبب في الضرر للموسكوفيين، الذين يجب عليهم ألَّا يمسوا رعايا الباب العالي والتابعين له. واختُتمت المعاهدة بتصريح من الوزير الأعظم، بأنه قد جرى استعطاف الخير الملكي اللامحدود لسيده وسلطانه القوي الكريم كثيرًا من أجل التصديق على هذه المواد، والتغاضي عن ذلك السلوك السيِّئ الذي قام به التسار سابقًا. وخلصت إلى أن الوزير عقد السلام بحكم الصلاحيات الكاملة المُخولة له، وأنه يجب على التسار تسليم الرهائن لاستيفاء المواد، وأن جيش التسار يمكنه العوده بعد ذلك فورًا من أقرب طريق إلى بلده من دون أن يتعرض للتحرش من القوات المنتصرة، أو من التتر، أو من أي أشخاص آخرين أيًّا كانوا.

استسلم المستشار البارون شافيروف والقائد شِرمتوف للعثمانيين، وكذا الحشد. بعدها سار التسار وقواته الباقية من الضفاف الكارثية لنهر بروت إلى الأراضي الروسية، وهم مبتهجون بالهروب من الهلاك، لكنهم مصابون بعار وخزي خسائرهم وإذلالهم.

قال أحد الباحثين البارعين في التاريخ والمؤسسات التركية[1]: «إن عبقرية الإمبراطورية العثمانية أصابها التدهور عندما وُقِّعت معاهدة بروت». وقد يكون مثيرًا للاهتمام التفكر في الملامح المحتملة التي كان من الممكن أن يكون عليها التاريخ اللاحق، إذا استغل بلطجي محمد إلى أقصى مدى تلك الأفضلية التي كانت تحظى بها القوات التركية عندما التمس الروس السلام، وإذا قضى على التسار وقواته، وأُرسل شارل بإمدادات قوية إلى السويد سعيًا للانتقام مما حدث في بولتوفا. لم يكن ليكتمل كثير من الإصلاحات التي تدين بها روسيا لبطرس الأكبر، والتي بدأت بشق الأنفس عام 1711م. وكان من الممكن جدًّا، بوفاته أو أسره في تلك الفترة، أن تعود روسيا إلى البربرية، وكذلك ربما احتفظت السويد بمركزها الدولي الذي منحه لها سابقًا «جوستافوس أدولفوس» (Gustavus Adolphus)، كقوة أوروبية من الدرجة الأولى، وكدولة مسيطرة في الشمال.

وفيما يتعلق بالسلوك الشخصي للفاعلين الرئيسيين في حملة ومعاهدة بروت، فإن التسار قدَّم أكثر من تعويض لأي عيب في القيادة العسكرية التي أظهرها، من خلال الأصالة التي أبداها بوصفه عاهلًا ومحبًّا لوطنه، عندما أُحيط به من أعدائه، وتردى إلى أقصى ما يُظهره الحظ العاثر. كان جسده في هذا الوقت يسيطر عليه هجوم من داء الخوف الذي خضع له، لكن روحه لم تتزعزع. فكتب رسالة من خيمته في بروت إلى مجلس الشيوخ الروسي في موسكو، مساءً قبل أن تقوم كاترين بمحاولتها الجذلة في سبيل التفاوض، «تضمن لبطرس مكانًا بين أبطال العصور الوسطى، لأنه كان بذلك يضحي بنفسه وأسرته لرفاهة الإمبراطورية»[2]. لحسن حظ التسار العظيم، مر حامل هذه الرسالة من الخطوط التركية بأمان، ونقلها إلى مجلس الشيوخ الروسي، بينما كانت التهدئة غير معلومة بعد. يُحتفَظ بهذه الوثيقة في القصر الإمبراطوري في «سان بطرسبرج» (St. Petersburg)، كما أنه ليس هناك ما يدعو للتشكيك في صحتها، أو الارتياب في أنها تمثل مشاعر بطرس الحقيقية في تلك المناسبة التي كُتبت فيها. وهي كما يلي: «أُبلغُكم أني خُدعت بمعلومات كاذبة، ومن غير إلقاء اللوم عليَّ، أجد نفسي هنا حبيسًا في معسكري من قِبَل الجيش التركي، بإحكام أقوى من الألغام أربع مرَّات. لقد قُطعت إمداداتنا، ونحن نتوقَّع القضاء علينا أو أسرنا قريبًا، إلا إذا ساعدتنا السماء بطريقة غير متوقَّعة. إذا حدث وأُخِذتُ أسيرًا من قِبَل الأتراك، فلا تعتبروني بعدها عاهلكم أو التسار خاصتكم، ولا تصغوا إلى أي أمر يمكن أن يصدر

(1) Thornton.

(2) Schlosser.

لكم مني، حتى لو ميَّزتم خط يدي، ولكن انتظروا مجيئي شخصيًّا. وإذا كان لي أن أهلك هنا، وتلقيتم أخبارًا مؤكدة عن وفاتي، فاختاروا خلفًا لي يكون الأكثر جدارة من بينكم»[1]. لا يمكن لكودروس أو ليونيداس أن يكونا قد تجاوزا البطولة المتميزة بالإيثار التي عُرضت هنا. وكان كلٌّ من «فرانسيس الأول» (Francis I) وشارل الثاني عشر أقل من ذلك بكثير.

إن ما تدين به روسيا لكاترين، التي جمعت كل دهاء النساء مع كل ثبات الرجال في بروت، اعتُرف به عن جدارة من العاهل الروسي عام 1724م، عندما قام بطرس بتتويجها رسميًّا بوصفها إمبراطورة، وأعلن لرعاياه وللعالم، كيف ساعدته كاترين في معركة نهر بروت ضد الأتراك، حيث «تناقص جيشنا [الروسي] إلى اثنين وعشرين ألف رجل، بينما كان جيش الأتراك مائتين وسبعين ألفًا. لقد أَبْرَزَت بشكل خاص في هذه الضرورة المُلِحَّة حمِيَّتَها مع شجاعتها بتفوق على جنسها، وعلى هذا يمكن أن يشهد الجيش كله والإمبراطورية بأكملها». وقد تنافس المؤرخون من جميع الأمم في تكرار هذا الثناء على بطلة بروت، ولكن فيما يتعلق بالفاعل الرئيسي الثالث في هذا المشهد الذي لا يُنسى، سادت لهجة مختلفة تمامًا عن القائد التركي، سواء بين معاصريه أو بين أولئك الذين ناقشوا لاحقًا تلك الأزمة في شؤون الروس والأمم العثمانية. التهمة الحالية الموجَّهة إلى الوزير هي أنه تمت رشوته بهدايا كاترين، وأنه وافق على فرار الأعداء الألداء لبلاده. وقد جرى الرد على هذا، نيابة عن بلطجي محمد، بأن جميع الهدايا التي كانت في المعسكر الروسي ويمكن لكاترين أن تقدمها له وللكخيا خاصته، حتى لو كان كل ما أمكنها جمعه من الضباط والجنود قد أضيف إلى مجوهراتها الخاصة والفراء، لا بدَّ أن تكون ضئيلة جدًّا بوصفها رشاوى تُقدَّم إلى واحد في مركز الوزير الأعظم. ويمكن أيضًا الاعتقاد بأن القائد التركي، إذا كان جشعًا، يستطيع أن يُشبع هذا الجشع بشكل أفضل من خلال فرض استسلام غير مشروط للجيش الروسي وكل ما يمتلكه، وفي هذه الحالة تكون لديه أيضًا إمكانية الحصول على هدايا قيِّمة من أصدقاء كبار الأسرى من أجل ضمان إطلاق سراحهم. وقد اعتقد البعض أن الوزير كان يُفضِّل التسار، بعيدًا عن كرهه لمنافسه ملك السويد الذي كان يعامل بلطجي محمد بفظاظة وازدراء غير حكيم، لكن كان هناك الكثير من الطرق التي فُتحت أمام الوزير لعقاب سوء الخلق الخاص بشارل، فإذا اختار أن يقوم بذلك، فمن الصعب افتراض أن يكون هذا هو الدافع الأساسي لتوقيعه على الهدنة مع القادة الروس. ومن المستحيل افتراض أن الوزير كان يخشى من عواقب هجوم يائس من قِبَل العدو وأنه كان يتجنب ذلك، أو تبني الرأي الذي

(1) Levesque, “Histoire de Eussie”, vol. iv. p. 410, n.

أعرب عنه أحد مؤرخي روسيا[1]، بأن الروس في بروت ربما أمكنهم هزيمة الجيش التركي إذا هاجموه بجرأة. لقد كانوا بالفعل هم الأسوأ في العديد من الاشتباكات، وكانت روح وانضباط جيش بلطجي محمد أعلى بكثير من تلك القوات العثمانية التي هُزمت مرارًا، والتي استطاع «رومانزوف» (Romanzoff) لاحقًا كسرها في وضع مماثل. إن اعتراف التسار بمحنته الشديدة (وهو ما ذكره في ذلك الوقت في رسالته إلى مجلس الشيوخ، وفي الهدنة، وأيضًا بعد ذلك في معاهدة عام 1713م)، لهو دليل حاسم على الحالة البائسة التي كان عليها الجيش الروسي عندما وافق الوزير على التفاوض. ربما لم تكن هناك قاعدة ثابتة واحدة، أو دافعٌ واحد محدد لتصرف القائد التركي عندما اتخذ مثل هذا التدبير من إطلاق فريسته وهي مصابة ذليلة دون أن يكون عاجزًا عن الانتقام. يستحق بلطجي محمد الفضل كرجل عسكري قام بالحرب، لكن على الرغم من أننا قد نبرئه من تهمة الفساد، فإننا نوجه إليه اللوم كرجل دولة غير مناسب. فإذا كانت رغبته هي وقف الأعمال العدائية لروسيا عن طريق الاعتدال الحكيم، فقد قام بالكثير من الابتزاز. أما إذا كان راغبًا في سحق قوتها، فلم يفعل في سبيل ذلك سوى القليل جدًّا. لقد كانت نصيحة ذلك «السامني» (Samnite)[2] القديم، «هيرينيوس بونتيوس» (Herennius Pontius)، لابنه عندما أطبق على الفيلق الروماني بقوته في «كوديوم» (Caudium)، مثلما أطبق بلطجي محمد على الروس في بروت، سليمة وصحيحة، تلك النصيحة التي تقول: «إن الكرم الصريح في مثل هذه الحالات يمكن أن يكسب صديقًا، والشدة القاسية يمكن أن تدمر عدوًّا، أما الوقوف بين الاثنين فهو حماقة وخيمة»[3]. كان لتركيا عمومًا سبب معقد مثل سامنيوم لسلوك المسار الوسط الذي اتخذته. وعلى الرغم من أن الحرب بين روسيا والباب العالي لم تندلع مرَّة أخرى خلال عهد بطرس، لكن من المعروف جيدًا أنه خطط لاستئنافها، وقام باستعدادات هائلة في سبيل هذا الغرض، وهو ما استفاد منه قادة الجيوش الروسية في الحملة على شبه جزيرة القِرْم عام 1736م[4]. إن إرث الكراهية والانتقام لم يضعف عند انتقاله إلى خلفاء بطرس؛ فقد قامت

---

(1) Levesque, vol. iv. p. 415.

(2) «السامنيون» (Samnites) هم شعب إيطالي قديم كان يعيش في «سامنيوم» (Samnium) الواقعة في جنوب وسط إيطاليا. تورط في العديد من الحروب مع الدولة الرومانية حتى القرن الأول قبل الميلاد. (المترجم).

(3) "Ista quidem sententia ea est, quae neque amicos parat, neque inimicos tollit. Servate modo quos ignominia irritaveritis, et ea est Romana gens quae vieta quieseere neseiat. Vivet semper in pectoribus illorum quiequid istue psaesens necessitas inusserit; neque eos ante multipliees poenas expetitas a vobis quiescere sinet." - Livy, lib. ix. c. 3.

(4) See Manstein's "Memoirs cf Marshal Munnich," p. 117.

روسيا بإعلام تركيا عام 1774م، حين جرى اختيار الذكرى السنوية لمعاهدة بروت بعناية للتوقيع على معاهدة قينارجه، أن العار الذي ألحقه بلطجي محمد بالتسار العظيم لم يُغفر ولم يُنسَ. لم يكن المناصرون لملك السويد في بلاط السُّلطان هم فقط من هاجم الوزير الأعظم ولاموه على تسامحه المشبوه مع الروس؛ فقد أدى السخط العام للأتراك جراء هذا إلى قيام السُّلطان بعزل بلطجي محمد من الوزارة، كما أُعدم المسؤولان اللذان اعتُقد أنهما كانا أكثر فعالية في تحقيق السلام في بروت، وهما الكخيا عثمان آغا والرَّيس أفندي، وذلك في القسطنطينية على يد الجلادين العموميين. وأدى تأخر الروس في تنفيذ المعاهدة إلى زيادة حنق الباب العالي تجاه التسار، وكان من الصعوبة بمكان أن يقوم السفير الإنجليزي السير روبرت سوتون والسفير الهولندي «كولير» (Collyer)، بمنع الأتراك من إعلان الحرب مجددًا. ومن خلال وساطتهما وُقِّعت معاهدة في السادس عشر من أبريل عام 1712م، أعادت إقرار الاشتراطات المتفق عليها في بروت، ونَصَّت صراحة على إلزام التسار بسحب قواته من بولندا في غضون ثلاثين يومًا. لكن العاهل الروسي لم يُبدِ أي قابلية للكف عن تدخله المسلح في شؤون ذلك البلد التعس. وفي الشرق، على الرغم من قيامه بهدم بعض التحصينات الصغيرة التي أقامها قرب بحر آزوف والبحر الأسود، فإنه أبقى على المدينة المهمة تجانروك، كما لم يقم بتسليم آزوف نفسها للأتراك. فما كان من السُّلطان إلا أن أعد للحرب ثانية، لكن كان تدخل الوزراء الإنجليز والهولنديين ناجحًا مرَّة أخرى. هكذا تم أخيرًا إقرار معاهدة عام 1713م، بين روسيا وتركيا؛ منها المواد الست الأولى والمادة الحادية عشرة مطابقة للمواد السبع التي أُمليت بواسطة بلطجي محمد في بروت. فحددت المادة الحادية عشرة حدود كلتا الإمبراطوريتين بين نهري سمارة و«أوريل» (Orel)، بطريقة تجعل الأراضي القريبة من ضفاف سمارة من ذلك الحين فصاعدًا تابعة للأتراك، وتلك التي يجري فيها أوريل تابعة للروس. وناحية الشرق من هذين النهرين إلى الدون وآزوف تصير الحدود إلى ما كانت عليه قبل الاحتلال الروسي الأول لآزوف. ونصَّت على أنه يجب على القوزاق و«القلميق» (Calmucks)[1] من جهة، وتتر القِرْم وتترُ النوجاي والشركس الخاضعين للباب العالي من جهة أخرى، أن يتوقفوا عن التحرش بعضهم ببعض. وقد جرى تعيين خمسة مفوضين لتحديد خط الحدود وفقًا لتلك الشروط، وبالفعل تم ذلك

(1) القلميق هم شعب الأويرات، الذي يعود إلى الجنس المغولي، وترجع أصوله إلى الأجزاء الشرقية من آسيا الوسطى حيث الصين ومنغوليا، لكنهم هاجروا واستقروا في شمال القوقاز، وهم الآن يُشكِّلون الأغلبية في قلميقيا، إحدى جمهوريات الحكم الذاتي في الاتحاد الروسي، والتي تقع شمال بحر قزوين، وهم الشعب الوحيد الذي يعتنق البوذية في أوروبا. (المترجم).

خلال عام 1714م. بعد ذلك أُعيدت آزوف إلى الأتراك، وهُدمت تجانروك، وحينذاك توقف النزاع الكبير بين تركيا وروسيا، لفترة طويلة على غير العادة، على الرغم من أن التسار لم ينسَ قَطُّ أهدافه من الطموح والانتقام، واستمر في جمع المؤن والذخائر العسكرية على نهر الدون طوال فترة حكمه[1].

تولّى الوزارة في ذلك الوقت صهر السُلطان أحمد المفضَّل، الداماد علي، الذي يُدعى من قِبَل بعض الكُتّاب: «علي قومرجي» (Ali Coumourgi)، ذلك الاسم الذي خلده الشعر الإنجليزي[2]. كان رجل دولة ذا قدرة إدارية كبيرة، ومتكلمًا بليغًا، ومتميزًا في مؤهلاته الأدبية. أما طابع الوحشية والضراوة المتعصبة الذي يُنسب إليه أحيانًا، فهو غير صحيح. كان مؤيدًا جادًّا للسلام مع روسيا، لكنه شجَّع طوعًا خطة حرب الانتقام والاسترداد أمام البندقية، ذلك التخطيط الذي لم يتوقف الباب العالي قَطُّ عن التعلُّق به منذ سلام كارلويتز. يبدو أن الأتراك في وقت تلك المعاهدة نفسه كانوا يدركون جيدًا مدى ضعف جمهورية البندقية إذا لم يتم دعمها من القوى المسيحية الكبرى، وعندما تنازلوا عن المورة، كانوا على علم بأنهم أقوياء بما فيه الكفاية لاستردادها متى أمكنهم إجبار البندقية على القتال أمامهم من دون مساعدة[3]. إن الوهن الذي أظهرته البندقية في خوفها وتقاعسها خلال الحرب العظيمة بين الدول المسيحية التي اختتمت بموجب معاهدتي: «أوتريخت» (Utrecht)، و«راستاد» (Rastadt)، والذي سعت، بلا جدوى، لإخفائه بحجة الحياد الكريم، فضلًا عن الانتهاكات التي اتسمت بالاستخفاف على أراضيها من قِبَل الأطراف المتحاربة، كل ذلك أدى إلى إثارة العثمانيين لمهاجمتها. كان قبودانها الكبير موروسيني، الذي دانت البندقية في الأساس لعبقريته الفردية بانتصاراتها في الحرب الأخيرة، قد

---

(1) See Manstein's "Memoirs of Marshal Munnich," *ut supra*.

(2) See Byron's "Siege of Corinth."

(3) «لا شك أن الوعي بالضعف الحقيقي للبندقية وقدرتها على استعادة ممتلكاتها في فترة تكون أكثر ملاءمة، كان أحد الأسباب القوية التي جعلت الباب العالي يوافق على معاهدة كارلويتز. ويروي كانتمير نادرة للرَّيس أفندي، تدعم ذلك الافتراض بشكل كبير. أثناء تداول السفراء المفوضين، وقبل تسوية بنود المعاهدة، تصرف سفير البندقية بشيء من الغطرسة مع الوزراء الأتراك، فما كان من الموظف الذي أشرت إليه آنفًا إلا أن وبَّخه بشكل قاسٍ، وذلك عن طريق رواية مَثل من الأمثال، وهو أن أحد النشالين تسلل خفية ذات مرَّة، وسرق ملابس اثنين من المصارعين الرياضيين، اللذين قاما بنزع ملابسهما لبعض الوقت بغرض الراحة، لكن سرعان ما اقترب الوقت الذي يكون فيه اللص مجبرًا على تسليم غنيمته، وعلى الأرجح سيكون ملزمًا بالتخلي عن جلده جنبًا إلى جنب مع الملابس التي سرقها». - Emerson Tennant's "Modern Greece," vol. i. p. 240.

فارق الحياة حينذاك، وكان من المعروف أنه حتى ذلك الوقت، منذ أن عززت البندقية سيطرتها في المورة بكسب تعاطف اليونانيين وإلزامهم بقضيتها عن طريق الشعور الجماعي بالعقيدة والمصلحة المشتركة أمام الأتراك، كانت مكروهة بشدة في إقليمها الجديد، كما كانت مكروهة في السابق من رعاياها في كلٍّ من قبرص وكريت، وكان رعاياها بالمورة يفضلون أن يكونوا تحت حكم المسلمين بدلًا من أن يصيروا تحت حكم منشقي الكنيسة اللاتينية هؤلاء. وكان الأتراك قد أعدوا تجهيزات عسكرية كبيرة في عامَي 1712 و1713م، نتيجة للتوقُّع الذي كان سائدًا في ذلك الحين بتجدد الأعمال العدائية مع روسيا. وعندما توقف خطر الحرب في ذلك الجانب، عُقد العزم على استخدام قوات الإمبراطورية في هجوم مفاجئ وساحق على البندقية. قاد الوزير الأعظم الداماد علي هذه الحملة بسرور كبير، لأنه كان يعتقد بشدة في علم التنجيم، وقد أعلنت له لغة النجوم عام 1715م، أنه سيكون فاتحًا للمورة. قدَّمت بعض الصدامات، التي وقعت بين سفن الجالي التركية والبندقية، فضلًا عن المساعدات التي قدَّمتها البندقية أو قيل إنها قدَّمتها إلى متمردي الجبل الأسود، ذرائع للحرب. قاد الوزير الأعظم جيشًا قوامه مائة ألف رجل بدعم من أسطول يتكوَّن من مائة سفينة، وهاجم القوة الضعيفة للبندقية في المورة، في صيف عام 1715م. انتهى حصار كورينثه بسقوط المدينة في الخامس والعشرين من يونيو، وجرى الاستيلاء على كلٍّ من «بالاميدي» (Palamidi) ونابولي دي رومانيا ومودون وكورون، من قِبَل الوزير المظفر بالسرعة نفسها تقريبًا. ولم تكن عمليات الأسطول التركي أقل نجاحًا. وبحلول نهاية نوفمبر 1715م، كانت البندقية قد فقدت كامل المورة تقريبًا، وطُردت من جميع جزر الأرخبيل.

عزم العثمانيون على متابعة نجاحهم بمهاجمة كورفو، ثم الشروع في الهجوم على ممتلكات البندقية على طول سواحل البحر الأدرياتيكي، إلا إن الإمبراطور شارل السادس، الذي قام في البداية بعرض وساطته فقط بين المتحاربين، قرر أن يتخذ دورًا أكثر نشاطًا، ظاهريًّا من أجل حماية البندقيه، لكن على الأرجح قاده أمل التوسع في المزيد من الفتوحات على حساب الأتراك بشكل أساسي إلى تشكيل تحالف هجومي دفاعي مع البندقيه بداية عام 1716م[1]. كان كثير من رجالات الدولة والقادة الأتراك حريصين على تجنُّب الحرب مع الألمان، لكن

(1) «كانت النمسا قد نهضت آنذاك، حيث كان الأمير يوجين في ذلك الوقت أكبر نفوذًا لحسن الحظ. وقد وجد أن الظروف مواتية للغاية. وإلى جانب ذلك، فإن الحرب مع الأتراك ستكون ذريعة ممتازة في سبيل إبقاء الجيش على قدم وساق، بدلًا من تسريحه بعد انتهاء الحرب مع فرنسا، كما كان متبعًا. وكان هذا مرغوبًا فيه بشكل كبير باعتبار إسبانيا لا تزال مهددة». - Schlosser, “Hist. Eighteenth Century,” vol. iii. p. 285.

الوزير الأعظم كان حريصًا على مهاجمتهم؛ فقد لجأ مرَّة أخرى إلى علم التنجيم المفضَّل لديه، ويبدو أن النجوم وعدته بالنصر على النمسا، كما اتضح في العام السابق عندما أكدت له النصر على البندقية. كذلك تضخَّم غروره بالنجاح الذي أحرزه، وعلى حدِّ تعبير كاتب سيرته الذاتية، التركي راشد: «وضع فخره حجاب الإهمال أمام عينيه». أُعلنت الحرب على النمسا في مجلس عُقد في أدرنة، وقُرئت فتوى المفتي التي أقرت الحرب رسميًّا أمام الشخصيات البارزة للسيف والقلم. وقد أظهر الوزير الأعظم في ديوان سابق أنه لن يسمح بأي معارضة لسياسته العسكرية، وخاطبهم آنذاك كما يلي: «نحن لم نلتقِ هنا لنهدر الكلمات الفارغة حول ضرورة الحرب، التي سبق أن عزمنا عليها، ولكن لتنبيه أنفسنا من أجل أن نقوم بذلك بطريقة مناسبة، ووفقًا لقول النبي[1]: «**قَاتِلُوا الَّذِينَ يَلُونَكُمْ مِنَ الْكُفَّارِ وَلْيَجِدُوا فِيكُمْ غِلْظَةً**» [التوبة: 123]. أيها السادة، ما هو قول العالِمين بالشريعة من بينكم؟». فأجاب بعض العلماء الذين خاطبهم الوزير الأعظم: «منحك الله السرعة والنجاح»، وأشار آخرون إلى القادة الحاضرين بوصفهم الأشخاص المناسبين للرد. ألقى الوزير الأعظم نظرة على الأعضاء العسكريين في الديوان، فأعلنوا جميعًا بصوت عالٍ قوي أنهم عبيد الباديشاه، وأنهم على استعداد لتقديم أنفسهم بالروح والجسد في سبيل خدمة الإيمان والإمبراطورية. ومن ثَمَّ قال الوزير الأعظم: «لا شك أن الله سيمنحنا النصر إذا اتبعنا ذلك المبدأ: لا تبتهج، ولا تيأس، هكذا سوف تغلب». وقام شيخ المعسكر السُلطاني بإنهاء أعمال المجلس بتلاوة آيات أخرى من القرآن، تلك التي استشهد الوزير الأعظم بأجزاء منها، والتي تُشكِّل أنفس تراتيل الحرب بالنسبة إلى المسلمين[2].

تولَّى الداماد علي شخصيًّا قيادة القوات التي ستقوم بالعمل أمام النمساويين، وقد احتشد هذا الجيش في بلجراد في يوليو، وهناك عُقد مجلس حرب نُوقش فيه (كما حدث في افتتاح الحملة التي كانت تحت قيادة السُلطان مصطفى عام 1696م) ما إذا كانت تمسوار أو بتروارادين هي النقطة التي يجب أن تنطلق إليها القوات. أسدى حسين، آغا الإنكشارية، النصح بالتحرك نحو تمسوار. واقترح خان القِرْم (الذي انضم كالمعتاد إلى الجيش عند نهر الدانوب بوحدته من الفرسان التتر) أن يكون الغزو إلى داخل ترانسلفانيا. وأجاب بكلربك الرُوملي بأنه يجب تذكُّر كارثة زانتا، فلا يخاطر جيش آخر في وجود الأمير يوجين على طول خط المسير الصعب إلى

(1) جدير بالذكر أن جملة «ووفقًا لقول النبي»، قد وردت في النص الأصلي للمؤلف، على الرغم من أنها آية قرآنية. (المترجم).

(2) See chapter iii. of the Koran, and Sale's notes.

تمسوار. وفيما يتعلق بمخطط الغزو إلى داخل ترانسلفانيا، أشار إلى أنه إذا ما سُمح للفرسان التتر بالقيام بمثل هذه المبادرة، فسيثقلون أنفسهم بالغنائم، ومن ثَمَّ لن يكونوا ملائمين للحرب سوى كعدد كبير من النساء الحوامل. هكذا سمع الوزير الأعظم مناقشة رأيه بالمسير إلى بتروارادين، إما لمحاربة العدو إذا كان من شأنه أن يواجههم في معركة، أو لمحاصرة تلك المدينة، من دون أن يعرب عن رأيه الخاص، لكنه قرر المسير إلى بتروارادين، التي اعتقد أنها لن تكون محمية إلا من ألف وخمسمائة نمساوي تحت قيادة الكونت بفالفي، بينما القسم الرئيسي من الجيش يعسكر في «فوتاكس» (Futaks)، تحت قيادة الأمير يوجين. وبناءً على ذلك، أُقيم جسر عبر نهر سافا، وانتقل الجيش على طول الضفة الجنوبية لنهر الدانوب نحو بتروارادين. وقد لاحظ الجند العثمانيون وتذكروا - كفأل سيِّئ - أن قائدهم على الرغم من أنه اختار واحدًا من أيام الحظ الأسبوعية للمرور عبر سافا، مثل السبت أو الاثنين أو الخميس، فإنه مع ذلك اعتقد أنه من المناسب عبور النهر يوم الثلاثاء، وكذلك ليس في ساعة الصباح السعيدة، وإنما في فترة بعد الظهر.

كانت أول مواجهة مع النمساويين بالقرب من كارلويتز، حيث وجد الأتراك حشدًا من قوات العدو التي تمركزت هناك، تحت قيادة الكونت بفالفي، يصل إلى ثمانية آلاف رجل وفقًا للمؤرخين العثمانيين، وثلاثة آلاف وفقًا لتقارير القادة الألمان. طلب «كورد» (Kourd) باشا - الذي قاد الطليعة التركية - من الوزير الأعظم مهاجمتهم، وحصل على إذن بذلك، وبالتالي كان أول عمل عدائي خرق سلام كارلويتز بين بيتي هابسبورج وآل عثمان، في المنطقة المجاورة مباشرة للمكان الذي وُقِّعت فيه المعاهدة. انتصر الأتراك في هذه المعركة، وأخذوا سبعمائة أسير، كان من بينهم القائد كونت «برينر» (Brenner). وفي اليوم التالي، واصل الداماد علي تقدمه على بتروارادين، التي كانت على بُعد فرسخين فقط من كارلويتز، لكن الأمير يوجين كان قد تمركز بالفعل عبر خط السير المقصود للأتراك، وعسكر في مكان الاستحكامات التي أقامها «سورملي» (Surmeli) باشا في الحرب الأخيرة. أوقف الداماد علي جيشه بحضور النمساويين، وأبقى رجاله مستعدين بسلاحهم لثلاث ساعات، على أمل أن يقوم يوجين بالمباغتة من صفوفه والهجوم عليه؛ لكن النمساويين لم يتحركوا، وتردد الوزير في الهجوم عليهم في معسكرهم المحصن، فأمر رجاله بنقب الأرض، وإقامة خنادق كما لو كانت للحصار، فعمل الأتراك بحماس خلال الليل، وقبل الصباح كانوا قد اقتربوا لمسافة مائة قدم من المعسكر النمساوي.

في اليوم التالي (13 أغسطس، 1716م)، أخرج يوجين قواته من أجل معركة نظامية، وهو ما كان يرغب فيه الداماد علي. كان لدى يوجين مائة وسبع وثمانون سرية خيَّالة، واثنتان وستون كتيبة مشاة. قام بتنظيمها بحيث يكون الجناح الأيسر محميًّا بأحد المستنقعات، والأيمن من قِبَل بعض الأراضي المرتفعة. وبلغ عدد الجيش التركي مائة وخمسين ألفًا، منهم أربعون ألف إنكشاري، وثلاثون ألف سباهي، والبقية من التتر والوالاشيين والأرناؤوط والمصريين. وضع علي فرسانه على الجناح الأيمن لمجابهة الخيَّالة النمساوية، ونظَّم مُشاته في القلب واليسار. بدأت المعركة في السابعة صباحًا، حيث أثبت الفرسان الألمان تفوقهم على الآسيويين في هجمات منتظمة، وبدا أن انتصار المسيحيين مضمونًا، حتى قام الإنكشارية على اليسار التركي بكسر المشاة النمساويين، وهزموا ذلك الجناح المقابل لهم، وضغطوا بشدة على المركز. أحضر يوجين على الفور احتياطيًّا من الفرسان قاموا بمهاجمة الإنكشارية، مستعيدين حظوظ ذلك اليوم. اتخذ الوزير الأعظم موقعه في بداية المعركة قرب الراية المقدسة للنبي صلى الله عليه وسلم، التي وُضعت أمام خيمته. وظل هناك حتى قُتل ذلك التركي أحمد، قائد الجناح الأيمن، وبدأ فرار السباهية من ذلك الجزء من المعركة يجتاح جانبه، فجاهد بالتوبيخ الذي لا طائل منه وضربات السيف لوقف الهزيمة المريعة. ثم وضع الداماد علي نفسه على رأس مجموعة من الضباط، وعدا إلى الأمام داخلًا في خضم قتال كثيف، فاخترقت جبينه رصاصة، وسقط مصابًا بجروح قاتلة، فما كان من مرافقيه إلا أن وضعوه على حصان ونقلوه إلى كارلويتز، حيث أسلم الروح سريعًا. شكَّل اثنان من القادة الأتراك والمؤرخ راشد حماية حول الراية المقدسة، وحملوها بأمان بعيدًا إلى بلجراد. وبمجرد أن عُلم هروبهم وسقوط الوزير الأعظم في الجناح الأيسر، حيث كان القائد ساري أحمد، بكلربك الرُّوملي، قام الإنكشارية الذين كانوا حتى هذه اللحظة يقاتلون ببسالة، بإفساح المجال والتراجع نحو بلجراد. انتهت المعركة عند الظهر، حيث سقط ثلاثة آلاف من الألمان وضعف هذا العدد من الأتراك. واستولى يوجين على معسكر عدوه، فضلًا عن مائة وأربعين مدفعًا، ومائة وخمسين راية، وخمسة من ذيول الخيل، وصارت كمية هائلة من الفيء والمؤن العسكرية غنيمة للأمير المنتصر. إلا إن فرحة النمساويين أصابها الإزعاج من مشهد جثمان القائد المأسوف عليه برينر، الذي عُثر عليه مشوهًا بوحشية.

تقابل كبار الضباط الأتراك الذين نجحوا في إعادة تجميع قواتهم المهزومة في بلجراد، في خيمة الراية المقدسة، بعد أن قاموا بتقديم تحيتهم الأخيرة لجثمان الداماد علي، وذلك من أجل وضع تقرير عن الحملة الكارثية لإرساله إلى القسطنطينية، واختيار قائد مؤقت للجيش. كان ساري أحمد باشا، بكلربك الرُّوملي، يلي الوزير الأعظم القتيل في المرتبة، وله الحق في تولِّي

السُلطة الرئيسية، لكنه رفض المنصب خوفًا من تعريض نفسه للمؤامرات الحقودة من الكخيا، الذي كان مع القوات، وكان دافعًا للكراهية والخوف العام. وشعر القادة الآخرون بتردد مماثل، لكنهم اتفقوا جميعًا على أنه يجب ألَّا يتولى الكخيا قيادة القوات. وقد جرى التسليم بشكل قاطع بملاحظة أبداها أحد أعضاء المجلس، تشير إلى أنه لا يمكن أن تكون رغبة السُلطان هي أن يقوم هذا الموظف بقيادة الجيش، نظرًا لأنه لم يكن حائزًا ذيول الخيل [أطواخ]. وفي النهاية رجح تفويض من القوات لساري أحمد بتولي القيادة العامة، لكنه قُتل بعد ذلك بوقت قصير في تمرد قامت به حامية بلجراد، بعد أن أغضبها من خلال توبيخ شديد.

حاول الأتراك محاولة واهنة في تخليص مدينة تمسوار المهمة، الحصن الأخير للإسلام في المجر، والذي بدأ يوجين في حصاره بعد عشرين يومًا من انتصاره في بتروارادين. هزم يوجين، كورد باشا، الذي قاد ضده فرقة من الجيش العثماني، واستسلمت تمسوار في الثامن والعشرين من نوفمبر عام 1716م. في بداية الحرب، سعى يوجين لإثارة الصربيين وعشائرهم الأقارب فيما وراء نهر سافا للتعاون مع النمساويين، ووعدهم بمساعدة جيوش الإمبراطور للتخلص من نير القمع التركي. توافد الشباب الصربي تحت رايات يوجين. وبعد سقوط تمسوار، قام فيلق من ألف ومائتي صربي تحت قيادة القائد الإمبريالي «ديتن» (Dettin)، بالغزو داخل والاشيا، والتوغل حتى بوخارست.

كان الهدف الأكبر للعمليات العسكرية النمساوية في عام 1717م، هو الاستيلاء على بلجراد، حيث حاصر يوجين تلك المدينة بجيش كبير بلغ ثمانين ألف رجل، تضمَّن عددًا كبيرًا من الأمراء والنبلاء من ألمانيا وفرنسا، ممن سعوا إلى التميز من خلال الخدمة تحت إمرة قائد شهير مثل يوجين، وكذا في مثل هذا المشروع اللامع. جرت حماية بلجراد بثلاثين ألف تركي، قاوموا محاصِريهم بشجاعة، وتحمَّلوا الحصار بصبر لمدة شهرين. وفي بداية أغسطس، تقدَّم جيش عثماني قوامه مائة وخمسون ألف جندي، تحت قيادة وزير أعظم جديد، في محاولة لإنقاذ بلجراد. عانت قوات يوجين بشدة خلال الحصار. ولو كان الأتراك هاجموه فورًا عند وصولهم، فإن تفوقهم في الأعداد والحالة، والذعر الناجم عن هيئتهم، كان على الأرجح سيؤكد انتصارهم. لكن الوزير الأعظم تردد، وعقد مجلسًا للحرب، وأقام متاريس و«طوابي» (redoubts) حول خطوط الجيش النمساوي، التي صارت الآن محاصرة بدورها، لكنهم سرعان ما استعادوا ثقتهم السابقة في أنفسهم وقائدهم، حين وجدوا أن ذلك العدو - على الرغم من أعداده - تأخَّر في الهجوم. نُشر الجزء الأكبر من القوات الإمبريالية في بلجراد، بين نهرَي الدانوب وسافا، لكن

كانت هناك مفارز قوية على الضفاف المقابلة لهذين النهرين، وكانت ضرورية للحفاظ على كبح الحامية واستكمال حصار المدينة. انتشرت قوات الوزير حول مؤخرة القوة الرئيسية ليوجين، في نصف دائرة كبيرة، من الضفة الجنوبية لنهر الدانوب إلى الضفة الشرقية لنهر سافا. وحافظ الوزير لمدة خمسة عشر يومًا على إطلاق المدافع الثقيلة نحو الخطوط النمساوية، والتي رد عليها يوجين بكل المدفعية التي أمكنه سحبها بأمان من البطاريات المقابلة للمدينة، لكن معاناة القوات النمساوية من التعب والمرض وافتقارها للمؤن كانا شديدَين للغاية، وبدا تخليص بلجراد والقبض على المحاصِرين أمرًا لا مفر منه. وجَّه الوزير آنذاك أعماله على مقربة من التحصينات النمساوية، فازدادت حدة المدافع، وكان الأتراك يتجهون بشكل واضح إلى اقتحام خطوط الدفاع الإمبريالية. وفي هذا الوضع الطارئ، قرر يوجين اتخاذ تدبير جريء للهجوم المتوقَّع من العدو، وقيادة جيشه الهزيل الضعيف أمام التحصينات القوية والأعداد الكبيرة لجيش الوزير، فقام بالهجوم في الثانية من صباح يوم السادس عشر من أغسطس، بنجاح كامل. كانت النقاط الأمامية للأتراك مهملة، وانضباط جيشهم بالكامل في حالة من التراخي، وكانوا ينامون في ثقة غير مبالية، لكنهم استيقظوا في ارتباك وذعر. وحين صارت صفوف المسيحيين داخل مواقعهم، فر الجزء الأكبر منهم من دون أن يحاولوا المقاومة. هكذا قُتل عشرة آلاف عثماني أو دُهسوا حتى الموت أثناء الفرار، وجرى الاستيلاء على معسكرهم ومدفعيتهم وكل مؤنهم العسكرية، واستسلمت بلجراد في اليوم الثاني بعد المعركة، وكان لدى يوجين الحكمة لمنح شروط مواتية لاستسلام حاميتها كبيرة العدد. هكذا انتهت بسببه حملة الجيش النمساوي بانتصار رائع، وبفتح من أهم الفتوحات، بعد أن بدا بشكل ملحوظ احتمال انهيارها ودمارها التام.

سعى الباب العالي حينذاك بجدِّية لتحقيق السلام مع النمسا، وقُبلت الوساطة المقدمة من إنجلترا وهولندا بكل سرور. وكان بلاط فيينا في ذلك الوقت يخاف من احتمالات نشوب حرب عامة جديدة في غرب أوروبا، انطلقت شرارتها بسبب النزعة المتعصبة للكاردينال «ألبيروني» (Alberoni). هكذا توقفت مسيرة يوجين المنتصرة في الشرق، وقرر الإمبراطور تأمين الفتوحات التي فاز بها فعليًّا عن طريق التعامل مع تركيا على أساس مبدأ «ما تملكه»، على الرغم من أن التفاوض على أساس هذا المبدأ يُعَدُّ تضحية كبيرة بمصالح البندقية، ذلك الحليف الذي زعمت النمسا أنها شرعت في الحرب من أجله. كانت عمليات القوات البندقية والتركية ضد بعضها البعض خلال عامَي 1716 و1717م غير مهمة بالمقارنة مع الأحداث الكبرى للحرب على نهري الدانوب وسافا. وجرى الدفاع عن كورفو ببراعة لصالح البندقية أمام الأتراك، من قِبَل الكونت «ستارنبرج» (Stahremberg)، بصحبة قوة ألمانية. ووقعت عدة

معارك بحرية كانت الأفضلية فيها لجمهورية سان مارك. لكن بدا واضحًا أن تركيا مع كونها تخلصت حينها من الحرب النمساوية، إلا إنها كانت لا تزال قوية جدًّا حتى يتم التغلب عليها من قِبَل البندقية؛ فكانت ملكة البحر الأدرياتيكي المتواضعة مضطرة للموافقة على تهدئة تكون فيها هي الضحية الرئيسية، والنمسا هي الرابح الأكبر، بينما قد يعتقد عدوهما المشترك، الباب العالي، أنه يعوض نفسه عن التنازل الذي قدَّمه إلى السُلطة الأخيرة، من خلال المكاسب التي حصل عليها على حساب البندقية.

فُتحت مفاوضات من أجل السلام في بلدة صغيرة في الصرب تُدعى «باساروويتز» (Passarowitz)، في يونيو 1718م، في حضور ممثلي دولتي الوساطة، إنجلترا وهولندا، كما كانت الحال في كارلويتز. ومن ثَمَّ وُقِّعَت شروط السلام رسميًّا في الحادي والعشرين من يوليو. تخلَّت البندقية عن المورة للباب العالي، وعلى الرغم من أنها احتفظت بعدد قليل من الحصون التي حازتها في دالماشيا أو ألبانيا، فإنها اضطرت إلى التخلِّي للسلطان عن مناطق لم يتم فتحها، وهي: «زارين» (Zarine)، و«أوتوفو» (Ottovo)، و«زوبزي» (Zubzi)، وذلك من أجل الحفاظ على خطوط الاتصال مفتوحة بين تركيا وراجوزا. وقد أظهر تنازلها عن المورة أن قوة ومجد البندقية قد ولَّيا مع آخر أبطالها، موروسيني. بعد سلام باساروويتز، لم تكن البندقية تمتلك أي جزء من أراضي اليونان باستثناء الجزر الأيونية، وعلى الساحل الألباني لم يكن لديها سوى مدن ومقاطعات: «بوترينتو» (Butrinto)، و«بارْجَه» (Parga)، وبريفيزا، وشريط ضيق من الأراضي اتساعه فرسخان وطوله عشرون فرسخًا. كانت البندقية بارزة مثل إسبانيا بوصفها مُدافعًا عن المسيحية أمام العثمانيين، عندما كانت تركيا في ذروتها. ومثل إسبانيا، غرقت البندقية في الفساد والحُمْق، بسرعة أكبر من خصمهم الذي يتراجع بشكل سريع.

بموجب معاهدة باساروويتز، لم تحصل النمسا فقط على مدينة تمسوار وأراضيها، وبالتالي استكمال استعادة المجر من السُلطة التركية، لكنها بعد ذلك مدت سيطرتها على أجزاء كبيرة من والاشيا والصرب، كتوسعات لإمبراطوريتها التي فشلت في الاحتفاظ بها لفترة طويلة، إلا إن حكامها تذكروها طويلًا بأسف ورغبة طموحة. مَنحت معاهدة 1718م النمسا، مدن: بلجراد، وسِمندره، و«ريمنيك» (Rimnik)، و«كراسوفا» (Krasova)، وغيرها الكثير. وجعلت نهر «آلوتا» (Aluta) في والاشيا حدودًا للإمبراطوريتين، وبالتالي أعطت للنمسا كامل الإقليم الذي يُطلق عليه والاشيا الصغيرة. وشكَّل خط الحدود بعد ذلك ستة أنهار، هي: الدانوب، و«تيموك» (Timok)، ومورافا الصغير، و«دوينا» (Dwina)، وسافا، وأونا. هكذا انتقلت كل الصرب تقريبًا

وبعض المناطق المهمة في البوسنة من ملكية السُلطان إلى بيت هابسبورج. لم يكن النمساويون قد أدركوا بالفعل ذلك التهديد الذي عَبَّر عنه بعض قادتهم في السنة الأولى من الحرب، عندما تفاخروا بأنهم سيواصلون الغزو حتى تصل الإمبراطورية النمساوية إلى البحر الأسود وبحر إيجة، لكن يوجين منح الإمبراطور شارل السادس مركزًا مهيمنًا في أوروبا الشرقية لم يبلغه أسلافه الأكثر شهرة، وهو ما فقده ذلك الإمبراطور نفسه سريعًا بعد وفاة القائد العظيم، الذي يرجع إليه فضل ما حازه بشكل مؤقت.

من الصعب قراءة أن روسيا وتركيا اتفقتا فيما بينهما عام 1720م على معاهدة رسمية تُحقق سلامًا دائمًا، من دون أن نبتسم ابتسامة حزن. ففي ذلك الوقت، كان التسار مُهَدَّدًا من قِبَل تحالف تشكَّل ضده من جانب العديد من حلفائه السابقين، ذلك التحالف الذي طَلب سفراء النمسا وإنجلترا من الباب العالي الانضمام إليه، من دون جدوى. جعل هذا بطرس راغبًا في ضمان الهدوء على الحدود التركية، على الأقل لفترة من الوقت، على الرغم من أنه لم يتخلَّ قَطُّ عن خططه في سبيل توسيع إمبراطوريته على حساب جيرانها المسلمين. وفي الحرب التالية التي شاركت فيها كلٌّ من تركيا وروسيا، وُجد أنهما لم ينخرطا كخصمين، وإنما كحليفين. فقد أدى الضعف الشديد الذي سقطت فيه الإمبراطورية الفارسية بسبب سوء الحكم والعصيان وهجمات الأفغان، إلى إغراء المطامع الروسية والعثمانية على حدٍّ سواء، فقامت جيوش التسار والسُلطان بغزو الأقاليم الشمالية الغربية من بلاد فارس بقصد تقطيع أوصالها، والاستيلاء على الأقل على تلك الأجزاء من إمبراطوريتها. فوُقِّعت اتفاقية تقسيم من قِبَل الوزراء الروس والأتراك عام 1723م، من خلالها كان للتسار أن يأخذ الأقاليم الفارسية القريبة من بحر قزوين، من بلاد التركمان حول منطقة التقاء نهرَي «آراس» (Araxes) و«كورا» (KurK)، وحتى «دربند» (Derbend). وقد منح ذلك روسيا أقاليم: «أستر آباد» (Asterabad)، و«مازاندراد» (Mazanderad)، و«غيلان» (Ghilan)، وجزءًا من «شِرفان» (Schirvan) وداغستان. أما عمليات الاستحواذ التي قام بها الباب العالي فتسير على خط يمتد من تقاطع آراس وكورا، ويمر بجانب أردبيل وتبريز وهمدان، ومن ثَمَّ إلى «كِرمانشاي» (Kermanschai). وكان للشاه طهماسب أن يحتفظ ببقية مملكته الموروثة بشرط الاعتراف بهذه المعاهدة. وبالفعل هاجمت كلٌّ من روسيا وتركيا أجزاءً كبيرة من بلاد فارس قبل التوقيع على المعاهدة، وأبدى الباب العالي غَيرة كبيرة من مد سلطة التسار على طول شواطئ بحر قزوين، لكن الدبلوماسيين الروس كانوا ماهرين جدًّا بالنسبة إلى الأتراك، حيث أقنعوهم بقبول الشروط، التي كانت (إلى جانب الظلم الأصلي للصفقة برُمَّتها فيما يتعلق ببلاد فارس) غير متكافئة تمامًا، وغير مواتية على الإطلاق بالنسبة إلى العثمانيين،

نظرًا لأن التسار كان قد قاد بالفعل قواته نزولًا من أستراخان بين القوقاز وقزوين، وأمَّن الجزء الأكبر من البلدان التي منحتها له المعاهدة، في حين لم يتم تقريبًا غزو جميع الأراضي التي كانت تركيا ستستحوذ عليها. إلا إن العثمانيين أخضعوا جزءًا كبيرًا من جورجيا، وعززوا مواقعهم في «منجريليا» (Mingrelia) و«إمريتيا» (Imeritia) و«جوريل» (Gouriel)، وغيرها من أقاليم القوقاز شرقي البحر الأسود، التي اعترفت لفترة طويلة بسيادة الباب العالي أو خان القِرْم التابع له، لكن لم تكن هناك سُلطة فعلية للسلطان تمارَس فيها بشكل عملي. سعى البلاط التركي إلى تخفيف الإثم الأخلاقي للحرب على فارس من خلال استصدار فتوى من المفتي تقر جميع الأعمال العدائية ضد الشيعة، وتطلب بصراحة من المسلمين التقليديين وضع الرجال من الأُمة المهرطقة تحت حد السيف، وإدخال زوجاتهم وأطفالهم في العبودية. ولم يُصَدَّق في مكان على ذلك القول المثير للجدل بأن المهرطق أسوأ من الكافر، أكثر من الدواوين التركية السُّنية.

قام إبراهيم، ذلك الوزير الأعظم للسلطان أحمد، الذي تولَّى إدارة الحكومة بين عامَي 1718 و1730م[1]، بالمحافظة على السلام الداخلي للإمبراطورية بدرجة استثنائية، على الرغم من أن الأقاليم الحدودية كانت في كثير من الأحيان مسرحًا للشغب والثورة؛ ذلك الوضع الذي تكرر في مصر والإقليم العربي، ولا يزال أكثر تكرارًا في الأقاليم الواقعة شمال وشرق البحر الأسود، خصوصًا بين قبائل النوجاي الشرسة في كوبان. وظلت حالة البلدان الواقعة بين البحر الأسود وبحر قزوين أكثر اضطرابًا، بسبب الدعاوى التنافسية لروسيا والباب العالي، نظرًا لصعوبة تعيين الحدود بين الإمبراطوريتين وفقًا لمعاهدة التقسيم عام 1723م. وقد نشأ نزاع خطير في بداية عهد خليفة أحمد عام 1731م، فيما يتعلق بحق السيادة على شركس «الكبارتس» (Kabartas)، وهي المنطقة الواقعة في منتصف المسافة تقريبًا بين البحر الأسود وبحر قزوين، بالقرب من نهر «تيريك» (Terek)؛ حيث ادَّعى الروس أن كبارتس أرض للرعايا الروس، وأكدوا على أن الشراكسة كانوا في الأصل من قوزاق أوكرانيا الذين هاجروا من ذلك المكان إلى جوار مدينة روسية تُدعى «تيركي» (Terkı)، والتي استقوا منها اسمهم «شركس» (Tchercassians أو Circassians). لهذا السبب فإن الشركس (وفقًا للمذكرة التي أعدها وزراء التسار) الذين انتقلوا

---

(1) تولَّى «نوشهيرلي داماد إبراهيم باشا» الوزارة العظمى بين عامَي 1718 و1730م، فسُميت هذه المرحلة من عهد السُلطان أحمد الثالث: «دور لاله»، أي: «فترة اللاله». ولاله هي زهرة التيوليب أو الزنبق؛ رمز من أشهر رموز الفن العثماني، وقد سُميت المرحلة بهذا الاسم نظرًا إلى التوجه الثقافي والفني الذي شهدته، فقد أُنشئت فيها أول مطبعة بالحروف العربية، وازداد فيها الاهتمام بشتى أنواع الفنون والمعمار، فضلًا عن أن زهرة التيوليب كان لها دور كبير في الحركة الفنية السائدة في هذه المرحلة. (المترجم).

إلى كوبان، لا يزالون مع ذلك يحافظون على عقيدتهم المسيحية وولائهم للتسار. وتروي الوقائع المستمرة أن طغيان تتر القِرْم أجبر الشركس على أن يصيروا مسلمين، وأن يهاجروا أبعد ناحية الشرق إلى كبارتس، إلا إنهم أصروا على أن الشركس لا يزالون يعدون مواطنين أصليين للأراضي التابعة لسيادتهم، وأن الأراضي التي احتلوها أصبحت أراضي التسار[1]. لم يكن لهذه الإثنولوجيا[2] السياسية الغريبة تأثير كبير على الأتراك، خصوصًا أن التسار كان قد كتب خطابًا قبل ذلك بتسع سنوات، اعترف فيه بسيادة السُّلطان على الشركس.

مع أن مسار الحرب الفارسية، التي قام فيها الأتراك في البداية بفتوحات متتالية شهدت قليلًا من العرقلة من قِبَل جيوش الشاه، قد تعرقلت كثيرًا بسبب طبيعة البلاد والروح الشرسة للقبائل الأصلية، إلا إنها أصبحت بعد سنوات قليلة أقل ملاءمة للطموح العثماني. اكتسب «نادر قولي خان» (Nadir Kouli Khan)[3] (الذي فتح واستعاد البلاد لصالحه بعد ذلك) شهرته الأولى من خلال الأعمال البطولية التي قام بها ضد أعداء الشاه طهماسب. وقد وصل تقرير إلى القسطنطينية بأن الفرس الممتهَنين في الفترة الأخيرة قد انتصروا وقاموا بالاعتداء على الإمبراطورية العثمانية، وهو ما تسبب سريعًا في الإثارة والاضطراب. لقد أصبح السُّلطان أحمد بلا شعبية بسبب البذخ المفرط والرفاهية المكلفة التي انغمس فيها هو ومسؤولوه الرئيسيون. وفي العشرين من سبتمبر 1730م، شجَّعت الرعية، فضلًا عن الجنود، أعمال شغب قام بها

---

(1) See Von Hammer, book Ixvi. note 1.

(2) «Ethnology»، أي: «الإثنيات أو الأجناس البشرية». (المترجم).

(3) هو نادر شاه أفشار التركماني (1688-1747م). عمل قائدًا عسكريًّا لآخر الشاهات الصفويين، طهماسب الثاني (حَكَمَ: 1722-1731م). واستطاع تخليص البلاد من احتلال الأفغان الذين استولوا على أصفهان عام 1722م، فضلًا عن احتلال الروس، واستطاع بعدها احتلال مدينة أربيل، وحاصر بغداد عام 1732م، ثم استولى على كركوك 1733م، واسترد رواد وكنجه وتفليس من العثمانيين، وقضى على الدولة الصفوية ونَصَّب نفسه شاهًا للفرس (1736-1747م) مؤسسًا بذلك الدولة الأفشارية (1736-1796م)، وعاصمتها مدينة مشهد. عُدَّ واحدًا من أكبر الفاتحين في التاريخ الحديث لبلاد فارس، فقد استولى على أفغانستان عام 1737م، وقاد حملة إلى الهند (1738-1739م)، استولى فيها على مدينة دلهي، فضلًا عن بخارى وخوارزم وبلاد ما وراء النهر. كان سُنيًّا حنفي المذهب، وأراد نشر مذهبه في إيران، لكنه خشي من حدوث اضطرابات، فحاول التوفيق بين المذاهب، وبذل مجهودات في ذلك، وفي النهاية اغتيل على يد أحد قادته عام 1747م. انظر مزيدًا عنه: هوما كاتوزيان، الفُرس.. إيران في العصور القديمة والوسطى والحديثة، ترجمة أحمد حسن المعيني (بيروت: جداول، 2014م): 180-183؛ رضا زاده شفق، نادر شاه أفشار مؤسس الدولة الأفشارية: وأول مفعل للتقريب بين المذاهب الإسلامية 1100-1160هـ/ 1688-1748م في نظر المستشرقين، ترجمة أحمد الخولي (القاهرة: المركز القومي للترجمة، 2010م). (المترجم).

سبعة عشر إنكشاريًّا يقودهم الألباني «باترونا خليل» (Patrona Khalil)، حتى تعاظمت وتحولت إلى تمرد، جَبُن أمامه السُّلطان وتخلَّى عن العرش، وقام أحمد طوعًا بإيصال ابن أخيه محمود إلى مقر الحكم، وقَدَّم له التحية بوصفه باديشاه الإمبراطورية، واعتزل بعد ذلك في مساكن القصر حيث تولَّى خليفته، وتُوفِّي بعد بضع سنوات من العزلة.

على الرغم من أن عهد أحمد الثالث، الذي استمر سبعة وعشرين عامًا، شهد كوارث كبيرة من الحرب النمساوية، فإنه لم يكن عهدًا شائنًا أو غير ناجح؛ حيث كان استرداد آزوف والمورة، وفتح جزء من بلاد فارس، راجحًا على الأراضي التي منحها سلام باساروويتز للإمبراطور النمساوي. هذا وقد ترك أحمد الموارد المالية للإمبراطورية العثمانية في حالة مزدهرة، وهو ما جرى الحصول عليه من دون فرض ضرائب مفرطة أو ابتزاز جشع. وقد كان راعيًا كريمًا ومميزًا للأدب والفن، وشهد عصره أول مطبعة أُقيمت في القسطنطينية. وفي عهده أُدخل تغيير مهم في حكم مقاطعات الدانوب. فحتى ذلك الوقت، كان الباب العالي يستخدم فويفودا، أو نبيلًا من السكان الأصليين لوالاشيا ومولدافيا لإدارة تلك المقاطعات، لكن بعد الحرب مع بطرس الأكبر عام 1711م، التي قام فيها الأمير كانتمير بخداع الأتراك ومساعدة الروس ومصالحهم، وضع الباب العالي تقليدًا يقوم على أساسه بإيفاد يونانيين من القسطنطينية بوصفهم هسبودارات، أو نوابًا لمولدافيا ووالاشيا. وقد اختيرت هذه العائلات عمومًا من بين العائلات الغنية التي سكنت في حي بالقسطنطينية يُدعى «حي الفنار»، وشكَّلت نوعًا من الرعايا النبلاء، الذين زودوا الباب العالي بموظفين في العديد من الإدارات المهمة بالدولة. وقد أطلق «المولدو والاشيون» (Moldo-Wallachians)، على تلك الفترة من تاريخهم التي كانوا فيها تحت حُكم نواب يونانيين (والتي استمرت حتى عام 1821م)، «الحقبة الفنارية» (Fanariote period)[1].

(1) Ubicini, vol. ii. p. 66.

الفصل التاسع عشر

محمود الأول - طوبال عثمان - السلام مع فارس - روسيا والنمسا تهاجمان تركيا - الغزو الروسي للقِرْم - نجاحات الأتراك أمام النمساويين - استعادة بلجراد - معاهدة بلجراد - السياسة السلمية لتركيا - وفاة السُلطان محمود - العهد السلمي القصير لعثمان الثالث.

الفصل التاسع عشر[1]

جرى الاعتراف بالسُّلطان محمود من قِبَل المتمردين، وكذلك من مسؤولي البلاط. ولكن بعد بضعة أسابيع من توليه كانت الإمبراطورية في أيدي المتمردين. فقد توجَّه زعيمهم باترونا خليل مع السُّلطان الجديد إلى جامع أيوب، عندما أُجريت مراسم تقليد سيف عثمان لمحمود. وعُزل العديد من كبار المسؤولين، وعُيِّن خلفٌ لهم بناء على أوامر من المتمرد الجريء، الذي كان قد خدم في صفوف الإنكشارية، والذي مَثُل أمام السُّلطان مكشوف الساقين، وفي زيه القديم الخاص بالجندي العادي. وكان هناك جزار يوناني يُدعى «يَناكي» (Yanaki)، وثق بباترونا وقدَّم إليه المال خلال الأيام الثلاثة للتمرد الأخير. وقد عبَّر باترونا عن امتنانه بسبب إرغام الديوان على تعيين يَناكي هسبودارًا لمولدافيا. هكذا أصبحت وقاحة قادة المتمردين غير محتملة إلى حدٍّ بعيد. كان خان القِرْم الذي هددوه بالعزل موجودًا في القسطنطينية، فنجح بمساعدة الوزير الأعظم والمفتي وآغا الإنكشارية، في تحرير الحكومة من خضوعها الشائن. فقُتل باترونا في حضور السُّلطان، بعد ديوان كان قد طالب فيه بضرورة إعلان الحرب على روسيا، كما أُعدم صديقه اليوناني يَناكي، وسبعة آلاف من أولئك الذين دعموه. وقد أدت الغيرة التي شعر بها ضباط الإنكشارية تجاه باترونا، واستعدادهم للمساعدة في إنهائه، إلى التسهيل كثيرًا على أنصار السُّلطان في سبيل وضع حد لسيطرة التمرد، بعد أن استمر لمدة شهرين تقريبًا.

استؤنفت الحرب في بلاد فارس ضد الأتراك عام 1733م، من قِبَل نادر قولي خان (الذي أحرز العثمانيون في غيابه تقدُّمًا كبيرًا)، وقد هزم هذا القائد قوات السُّلطان عدة مرَّات، وفرض حصارًا على مدينة بغداد، لكن هذا المعقل المهم التابع للدولة العثمانية أُنقذ بواسطة الوزير الأعظم طوبال عثمان[2].

---

(1) Von Hammer, books 66-70.

(2) «طوبال عثمان باشا» (Topal Osman Pasha) (1663-1733م)، انخرط منذ حداثته في الجيش العثماني، ولتميزه ارتقى سريعًا، وشارك في حملة بروت (1710-1711م)، ثم أُرسل إلى الرُّوملي حيث أصبح قائدًا للقوات غير النظامية «أرماتولي»، وشارك من واقع هذا المنصب في استرداد المورة عام 1715م، حيث لمع بشدة فرُقِّي لرتبة باشا بطوخين، وأصبح مسؤولًا عن الإمداد في بداية الحرب النمساوية عام 1716م، لكنه =

يحتفى بهذا الاسم الكُتَّاب المسيحيون، مثلهم مثل نظرائهم المسلمين. فمن دواعي السرور أن نتحول من مشاهد التآمر والأنانية، والعنف والاضطهاد الذي يتبدَّى من سيرة الوزراء العظام بشكل عام، لنتوقف عند شخصية تركي من أتراك القرن السابق، لم يكن ماهرًا حكيمًا باسلًا فحسب، لكنه قدَّم براهين تدل على روحه النبيلة الكريمة الشاكرة، كتلك التي تتشرف بها الطبيعة الإنسانية. وقد روى الرحالة الإنجليزي «هانواي» (Hanway)، سيرة طوبال عثمان، وقَدَّم لها بقوله: «إن تأليف مثل هذه السيرة يُعَلِّمنا نموذجًا يُثْبِت ذلك الاستخدام العظيم للتاريخ. ولديَّ اقتناع بأن هذا السَّرْد من شأنه أن يمنح السرور لكل من لا يفكر بحنق ديني، أو يفكر بشكل لا يناسب سوى العقول الصغيرة، التي يودي بها ضعفها إلى العاطفة التي تصطدم بحب الذات، بمقدار عبادة البشر»[1].

وُلِدَ عثمان في المورة، وتلقَّى تعليمه في السراي بالقسطنطينية، حيث صار الأتراك الأصليون يُنَشَّأون آنذاك، منذ أن توقفت ممارسة فرض ضريبة الأطفال المسيحيين لخدمة السُّلطان. بلغ مرتبة بكلربك في سن السادسة والعشرين، وأُرسل في مهمة من الباب العالي إلى حاكم مصر. وخلال رحلته البحرية واجهت سفينته سفينة قرصنة إسبانية، فقُبض عليه بعد دفاع باسل. وفي غضون ذلك تلقَّى عثمان إصابة جعلته أعْرَج مدى الحياة، ومنذ ذلك الحين أُطلق عليه اسم «طوبال» أو «عثمان الأعرج». حمل القراصنة الإسبان غنيمتهم إلى مالطة، حيث كان هناك رجل فرنسي من «مرسيليا» (Marseilles)، يُدعى «فنسنت أرناود» (Vincent Arnaud)، صار

= سرعان ما عاد إلى المورة في العام نفسه، بوصفه باشا بثلاثة أطواخ، وسِرْعَسْكَر لقوات المورة، من أجل قمع الثورات المحلية، ومنع أي محاولات لاستعادتها من قِبَل البندقية. وفي عام 1720م عُين حاكمًا للبوسنة، قبل أن ينتقل إلى الرُّوملي في العام التالي، وظل في هذا المنصب حتى عام 1727م، عندما عاد مرَّة أخرى إلى البوسنة لمدة عامين. وفي عام 1729م أُعيد تعيينه على الرُّوملي، قبل أن ينتقل إلى البوسنة في 1730م، ومرة أخرى إلى الرُّوملي في 1731م. وفي 10 سبتمبر 1731، عينه السُّلطان محمود وزيرًا أعظم. وعلى الرغم من أنه بقي لمدة ستة أشهر فقط في هذا المنصب، فقد حاول إجراء إصلاحات من أجل استقرار الوضع المتقلب في إستانبول، عن طريق تثبيت الأسعار، واستعادة النظام، وضمان إمدادات المدينة من الغذاء. كما شجع جهود ضابط الجيش الفرنسي بونيفال لإصلاح سلاح المدفعية وفقًا للنموذج الغربي. بعد عزله، خدم لفترة وجيزة بوصفه حاكمًا لإيالة طرابزون، وتفليس، قبل أن يُستدعى ليصير سِرْعَسْكَر الأناضول في الحرب العثمانية الفارسية (1730-1735م)، فأنقذ بغداد عام 1732م، لكنه أخيرًا استُشهد في كركوك عام 1733م. انظر مزيدًا عنه: R. Mantran, "Topal Othman Pasha, 1. Grand Vizier (1663-1733)"; In *Bearman, P. J.; Bianquis, Th.; Bosworth, C. E.; van Donzel, E.; Heinrichs, W. P. The Encyclopaedia of Islam*, New Edition, Volume X: T-U. Leiden: E. J. Brill (2000); pp. 564-565. (المترجم).

(1) Hanway, vol. iii. p. 100.

بعد ذلك سيدًا للميناء. جاء أرناود على متن السفينة التي بها الغنيمة، وأخذ يتفحص الأسرى، فخاطبه عثمان قائلًا: «هل لك أن تقوم بعمل كريم نبيل؟ قُم بافتدائي، وخذ مني وعدًا بأنك لن تخسر شيئًا». مشدوهًا من مظهر وطريقة عثمان، تحوَّل أرناود إلى ربان السفينة وسأله عن مبلغ الفِدْية، فكان الجواب ألف سكوين، وهو مبلغ يعادل خمسمائة جنيه إسترليني تقريبًا. بعدها قال أرناود للتركي: «أنا لا أعرف عنك شيئًا، هل ستجعلني أخاطر بألف سكوين بناءً على وعدك المجرد؟». فأجاب عثمان أنه لا يمكنه إلقاء اللوم على أرناود لعدم ثقته في وعد رجل غريب، وأضاف: «ليس لديَّ شيء في الوقت الحاضر عدا وعد شرف أمنحه لك، ولا أدَّعي أي سبب يجعلك تثق في وعدي. ومع ذلك، أقول لك إذا منحت ثقتك، فلن تكون لديك أي فرصة للندم». يقول المثل الشرقي: «هناك سُبل تقود مباشرة من القلب إلى القلب». لذا أُخذ أرناود بشدة بصراحة عثمان وأسلوبه القوي، فأقنع الإسبان بإطلاق سراحه مقابل ستمائة سكوين، وهو ما دفعه ذلك الفرنسي السَّخي فورًا، ثم قدَّم إلى عثمان منزلًا ومساعدات طبية إلى أن شُفيت جراحه، ثم أعطاه وسائل المضي في رحلته إلى مصر. وعندما وصل عثمان إلى القاهرة أعاد إلى أرناود ألف سكوين، سدادًا لدينه، مع هدية من خمسمائة تاج وفراء فخم، وهو ما يُعد الأرفع قيمة من بين هدايا الشرق. وبعد بضع سنوات برز عثمان إلى حدٍّ كبير في استعادة الأتراك للمورة، وفي عام 1722م، عُيِّن سِرْعَسْكَر، وقائدًا لكل القوات التركية في البلد المذكور. وعلى الفور دعا ابن أرناود لزيارته في المورة، ومنح ذلك الشاب امتيازات تجارية، ووضع في متناوله فرصًا للتجارة الرابحة، مما مكَّنه من جمع ثروة كبيرة عاد بها إلى والده. وفي عام 1728م، صار عثمان حاكمًا على «كوميليا» (Koumelia)، فدعا ذلك الفرنسي فاعل الخير وابنه، لزيارته في نيش، مقر حكومته، حيث عاملهما بسمو واحترام، كما لم يفعل من قبل أي تركي عثماني مع مسيحي. وعند مغادرته نيش، قال أرناود على سبيل المجاملة، إنه يثق في أنه سيعيش حتى يزور عثمان في القسطنطينية وهو وزير أعظم. وعندما بلغ عثمان هذا المقام عام 1731م، قام مرَّة أخرى بدعوة أرناود وابنه ليصبحا ضيفيه. وعند استقبالهما في قصره في حضور كبار الشخصيات في الدولة، أشار عثمان إلى أرناود الكبير وقال: «انظروا إلى هذا الفرنسي. كنت ذات مرَّة عبدًا مكبلًا بالأغلال، تسيل مني الدماء، وتغطيني الجراح. هذا الرجل هو الذي أعتقني وأنقذني، هذا هو سيدي ومنعمي، وله أدين بالحياة والحرية والثروة، وكل ما أتمتع به. دفع لي فدية كبيرة من دون أن يعرفني، وأرسلني بناءً على وعد مجرد مني، ومنحني سفينة تقلني إلى حيث أشاء. فأين يوجد حتى من المسلمين من هو قادر على مثل هذا الكرم؟». ثم أخذ عثمان الاثنين باليد، وسألهما بجديَّة وكرم عن ثروتهما وأحوالهما، واختتم بالجملة الآسيوية:

«خير الله بلا حدود». ثم استقبلهما بعد ذلك عدة مرَّات بشكل خاص، حيث تقابلوا كأصدقاء، بلا مراسم، وأرسلهما إلى بلديهما محملين بالهدايا القيمة. علق هانواي بشكل جيد على ذلك العرفان بالجميل من الوزير، قائلًا: إن «سلوكه كان عظيمًا ونبيلًا بحق، لأن كل عمل في حياته يدل على عقل يسمو على التكلُّف. ويبدو هذا السلوك أكثر كرمًا عندما نرى مدى الاحتقار والبغض الذي غالبًا ما يخلقه تعصب التعليم في التركي تجاه المسيحي. وإذا تبيَّن لنا - علاوة على ذلك - أنه قام بهذا الاعتراف أمام بلاطه بالكامل، فإن هذا العمل سيبدو بكامل بريقه»[1].

ترك طوبال عثمان الوزارة العظمى عام 1732م، فأبدى أصدقاؤه وتابعوه أسفًا شديدًا على عزله، لكن عثمان قابل ذلك بشعور أنبل من الرزانة المعتادة لتركي يتعرض إلى محنة. ووفقًا لكاتب سيرته الإنجليزي، قام باستدعاء أصدقائه وعائلته من حوله، وتوجَّه إليهم بقوله: «ما سبب محنتكم؟ ألم أقل دائمًا إن منصب الوزير الأعظم ربما يكون قصير الأجل؟ كان كل ما يشغلني أن أخرج منه بشرف، وبفضل الله لم أفعل شيئًا أجلب به العار على نفسي. لقد استحسن مولاي السُّلطان خدماتي، وأنا أستقيل برضا تام». ثم أَمَرَ بشكر الله، كما لو أن ما حدث هو أكثر الأحداث سعادة في حياته[2].

قَبْل أن يعتزل طوبال عثمان لفترة طويلة، جعل التقدمُ المقلق للجيوش الفارسية البابَ العالي يحتاج إلى خدماته مرَّة أخرى، فأُرسل إلى آسيا قائدًا عامًّا للجيوش التركية في تلك القارة، وعُهد إليه تقريبًا بسلطات غير محدودة. فزحف لمواجهة نادر المخيف، وفي التاسع عشر من يوليو 1733م، هزمه هزيمة ساحقة في معركة ضارية بالقرب من ضفاف نهر دجلة، على مسافة اثني عشر فرسخًا تقريبًا من بغداد. ويوجد هناك سرد لهذه المعركة كتبه «جان نيكوديم» (Jean Nicodeme) (الذي خدم طوبال عثمان بوصفه طبيبًا)، إلى «ماركيز فلينوف» (Marquis of Villeneuve)، وهو ما يَعرض أخلاق وروح عثمان في الشكل الودود النبيل نفسه الذي قدَّمه إلينا هانواي من قبل؛ حيث يمثله خاليًا من الفخر والغطرسة، يعامل جنوده كما لو كانوا إخوته، فضلًا عن أن جميع من خدموا تحت قيادته قدَّروه بأقوى مشاعر الارتباط الشخصي، ووجه قواته باقتدار، وفي خضم الصراع الفعلي قادها بحكمة وقرار عظيم. وهكذا يصف الكاتب الفرنسي إدارة طوبال عثمان وسلوكه يوم المعركة: «بعد أن أدَّى الصلاة، امتطى

---

(1) Hanway's "Travels," part iii. p. 106. ارتحل هانواي في المشرق بين عامَي 1743 و1750م. ويثني فون هامر على أعماله، ويذكر أن «أراجو» (Arago) يشيد بها.

(2) Hanway, part iii. p. 106.

صهوة جواده، وهو ما لم يفعله من قبل طوال الحملة؛ حيث كان يُحمل على محفة بسبب عجز صحته وآلام جراحه القديمة. لا أستطيع أن أعزو القوة التي أظهرها ها هنا إلى شيء إلا إلى روحه العسكرية، وتلك النار التي تتأجج داخله. لقد رأيت أمامي رجلًا انحنى من الضعف، ومن الجروح العديدة التي تلقاها في الحرب جراء ضربات السيوف والطلقات النارية، والتي كان يُعالَج كثير منها بواسطة جَرَّاحيه بشكل غير حكيم. رأيته راكبًا طوال الطريق كالشاب، بسيف في يده، وملامح مفعمة بالحيوية، وعينين متألقتين. يتنقل من صف إلى صف، متفحصًا كل شيء بعينيه، يعطي أوامره بتأهب رائع وعقل حاضر»[1].

أدى النصر الذي أحرزه طوبال عثمان على نهر دجلة إلى إنقاذ بغداد. واستطاع هزيمة الفُرس مرَّة أخرى بالقرب من «ليتان» (Leitan) في العام نفسه. لكن في معركة ثالثة مع نادر بالقرب من «قيرقود» (Kerkoud)، كُسر الأتراك، وتُوفِّي طوبال عثمان كجندي شجاع، يقاتل والسيف في يده حتى النهاية، بدلًا من الهرب وإلحاق العار بنفسه. وحمل جسدَه من الميدان بعضُ الحاضرين، ثم نُقل إلى القسطنطينية لدفنه.

أحرز نادر انتصارات متكررة على القادة العثمانيين الذين خلفوا طوبال عثمان. وفي عام 1736م، عقد الباب العالي عن طيب خاطر معاهدة سلام مع عدوه الكبير، حددت بين تركيا وفارس الحدود نفسها التي حُدِّدت من قبل من خلال المعاهدة القديمة التي عُقدت مع مراد الرابع. وفي العام السابق كان الروس قد عقدوا اتفاق سلام وتفاهم مع نادر، تخلوا بموجبه عن الأقاليم الفارسية التي استولوا عليها من قبل بموجب معاهدة التقسيم التي عُقدت بين بطرس الأكبر وأحمد الثالث؛ حيث اعتبَر بلاط سان بطرسبرج أنه من الأفضل بدء حرب غزو ضد تركيا التي أضعفها آنذاك سيف نادر شاه، أكثر من السعي للاحتفاظ بالمناطق الواقعة على بحر قزوين، والتي كانت بعيدة كل البعد عن الأجزاء القوية من الإمبراطورية الروسية.

كان هناك نفور وذعر من أن يجد الباب العالي نفسه متورطًا مرَّة أخرى في قتال ضد القوى المسيحية. أما الحرب مع بلاد فارس فكانت تُمارس بحماس، وعلى الرغم من أنها غير ناجحة، فإنها كانت ذات شعبية. ففي كفاحهم ضد الفُرس، حارب الأتراكُ الهراطقةَ الذين كانوا يبغضونهم أكثر من الكفار بمائة ضعف، ورغبوا كذلك في تحقيق فتوحات جديدة، أو استعادة هيمنتهم القديمة. لكن احتمال التصادم مع إمبراطورية من الإمبراطوريات المسيحية المجاورة تسبب في مشاعر مختلفة تمامًا. لا يمكن للكبرياء العثمانية أو التعصب الإسلامي أن يتوقعا الآن رؤية

(1) ورد ذكر تقرير نيكوديم في هامش بكتاب فون هامر السادس والستين.

الهلال متفوقًا في ميدان المعركة على الصليب، كما كان يحدث أيام محمد الفاتح وسليمان سيد عصره؛ فقد تلاشت آخر الأحلام لحدوث مثل هذا عندما سقط الداماد علي، فاتح المورة، أمام يوجين في بتروارادين. وكان الوزراء الأتراك الذين خلفوا ذلك «الوزير الجسور»[1] يعرفون مدى التفوق الذي اكتسبه النظام العسكري للنمسا وروسيا على تركيا، وراقبوا بعناية التحركات السياسية للعالم المسيحي، وجعلوها الهدف الرئيسي للحفاظ على السلام. جاهد السفراء الفرنسيون في القسطنطينية، بلا جدوى، في سبيل إثارة الباب العالي للحرب على النمسا. وحث المبعوثون السويديون على استئناف الصراع مع روسيا، إلا إن رجال الدولة الأتراك سعوا واتبعوا النصيحة السلمية لممثلي إنجلترا وهولندا، وهما القوتان البحريتان اللتان أدت وساطتهما إلى إبرام معاهدتي كارلويتز وباساروفيتز، ولم يكن لهما اهتمام شخصي بانغماس تركيا في مخاطر حروب جديدة. وبشكل عام كان يُنظر إلى الإمبراطورية العثمانية بعين الاعتبار من قِبَل القوى المسيحية أكثر مما عليه الحال في عصرنا. وقد عُد تدهور قوتها العسكرية أمرًا متعذرًا إصلاحه، وكان الطرد السريع للأتراك من أوروبا وتقطيع أوصال ممتلكاتها، أمرًا متوقعًا بثقة واطمئنان. ورأى بعض المراقبين الفطنين الأمر بشكل مختلف، فقد عزا الكاتب العسكري الفرنسي الشهير «سوفالييه فولارد» (Chevalier Folard)، هزائم الجيوش التركية في أوائل القرن الثامن عشر بشكل كامل تقريبًا، إلى إهمالهم الاستفادة من التطورات التي شهدتها أسلحة الحرب. وفي رأيه كانت «الحَرْبَة» (bayonet)، هي التي منحت المسيحيين انتصاراتهم على المسلمين. وقد اعتقد أن الأتراك أعلى شأنًا في الشجاعة من أي أمة موجودة، وأرقى بكثير في كل صفات الجندية بالقياس إلى الروس الذين جعلهم بطرس الأكبر مؤخرًا مبهرين لأوروبا. ورأى فولارد أنه ليست هناك حاجة إلا إلى بعض الإصلاح العسكري، وظهور بعض الوزراء المستنيرين من بين العثمانيين لاستعادة سُمعتهم القديمة، وتغيير وجه العالم أجمع[2]. أما مونتسكيو، الذي يُعدُّ

---

(1) هكذا أُطلق على قومرجي: «الوزير الجسور» (dauntless Vizier). - Byron.

(2) “Les Turcs ne sont battus que par le seul desavantage de leurs armes.
Ils ne Scavent ce que c’est que baionette au bout du fusil: car, depuis l’invention de cette arme ils n’ont pu rien gagner contre les Chretiens, &o. Nous meprisons les Turcs: ils sont certainement peu a craindre par le seul desavantage de leurs armes et non pas autrement.
“A l’egard du courage, les Turcs ne le cedent a aucune ration du monde. Il viendra quelque Vizir un jour plus habile et plus eclaire qu’un autre, qui ouvrira les yeux sur la cause de tant de defaites, et qui changera toute la face des affaires du monde entier. Les Moscovites etoient moins que les Turcs. Pierre le Grand a fait voir a toute la terre, qu’il nait des soldats partout ou il nait =

أعلى عبقرية سياسية في النصف الأول من القرن الثامن عشر، فقد لفت انتباه معاصريه إلى أن توقعاته برؤية سقوط الإمبراطورية العثمانية كانت سابقة لأوانها. وتنبأ ببصيرة مدهشة، بأنه إذا تعرض استقلال تركيا إلى خطر جدِّي من أيٍّ من القوى العسكرية الكبرى الموجودة بجوارها، فستجد حماية من القوى البحرية في غرب أوروبا، التي عرفت جيدًا أن مصالحها في عدم السماح بأن تصبح القسطنطينية غنيمة، سواءً للغزاة النمساويين أو الروس[1].

لم يكن هذا التحذير عام 1734م، معلومًا أو يلقى اهتمامًا في بلاط سان بطرسبرج، كما أصبحت عليه الحال بعد سنوات. كانت روسيا تستعد في ذلك الوقت لنشاط جيش محنك، اكتسب سُمعة في حرب بولندا، ولديه قائد صاحب عبقرية عسكرية غير عادية، هو «كونت مونيتش» (Count Munnich)، الذي بلغ بقواته حالة عالية من الكفاءة، وكان تواقًا لفرص تمنحه مزيدًا من التميز. زُوِّد الجيش الروسي بضباط من الطراز الأول، كانوا أساسًا من أجانب غرب أوروبا، ومدفعية (ذلك السلاح المهم للحرب الحديثة، والذي يدين له الروس بالكثير من المكاسب) كثيرة العدد وحسنة التجهيز بشكل غير اعتيادي. اعتقدت «التسارينة آنا» (Czarina Anne) ومستشاروها أن الوقت قد حان للانتقام من الأتراك على العار الذي حدث عام 1711م على ضفاف بروت. واقتنعت النمسا التي كان يحكمها حينذاك ذلك الضعيف شارل السادس، بالانضمام إلى روسيا في مخططاتها العدوانية. حدثت نزاعات عديدة بين التسارينة والباب العالي بسبب ادعاءاتهما المتضاربة في داغستان وكبارتس والأقاليم الأخرى الواقعة بين البحر الأسود وبحر قزوين. وقاوم الروس قسرًا زحف القوات التترية من القِرْم عبر الأراضي القوقازية للتعاون مع الجيوش العثمانية في شمال بلاد فارس، وحدثت تصادمات منحت ذريعة الحرب للتسارينة وأثيرها الفاجر، «بايرن» (Biren)، المسيطر الرئيسي على مجالس سان بطرسبرج.

= des hommes, et que tout depend de la discipline, de l'exercise, et de l'avantage des armes. Il ne faut pas croire qu'un tel changement soit plus difficile aux Turcs qu'aux Moscovites, dont les qualites pour la guerre sont fort au-dessous de celles des premiers." - Folard, "Polybe," vol. iii. p. 266, and vol. v. p. 180.

(1) "L'Empire des Turcs est a present a peu-pres dans le meme degre de foiblesse ou etoit autrement celui des Grecs; *mais il subsistera long temps*. Car, si quelque prince que ce fut mettoit cet empire en peril en poursuivant ses conquetes, les trois puissances commercantes de l'Europe connoissent trop leurs affaires pour n'en pas prendre la defense sur-le-champ." - "Grandeur et Decadence des Romaines")published in 1734), c. 23.

هذا المقطع للسيد «بيترفيريد» (Pittreferred) في المناقشات حول التسلح الروسي عام 1792م.

وقد تسببت تركيا كذلك في إزعاج جسيم لروسيا، من خلال احتجاج جدِّي عام 1733م ضد الاعتداءات الجائرة للروس على استقلال بولندا؛ إذ قدَّم الرَّيس أفندي احتجاجًا صريحًا على احتلال ذلك البلد وعاصمته من قِبَل قوات التسارينة. قوبل ذلك بجواب مفاده أن الروس لم يدخلوا بولندا إلا من أجل تمكين البولنديين من اختيار ملكهم الجديد بحرية، وهو ما كانت تحاول فرنسا تعكير صفوه من خلال مؤامراتها لصالح «ستانسلاوس ليتشنسكي» (Stanislaus Leczynski). فأجاب الأتراك بأن الباب العالي لا يُلقي بالًا لمن يختاره البولنديون لمُلْكِهم، إلا إنه عازم على دعم الاستقلال الوطني لبولندا. قدَّم بعدها مبعوث روسيا قائمة طويلة من الشكاوى ضد الباب العالي، بسبب السماح للتتر بمهاجمة القوزاق، فضلًا عن سير القوات عبر الأراضي القوقازية، وعدم تسليم لاجيء روسي يُدعى «كالومنسكي» (Caluminski). وقيل إن هذه المظالم هي السبب وراء قيام روسيا بزيادة قواتها في الجنوب. استمرت هذه الاتهامات وما شابهها أثناء السنتين اللاحقتين، إلا إن بايرن والتسارينة اعتزما الحرب، التي عمل وزراء القوى البحرية على منعها، بلا جدوى.

ما دامت النوايا العدائية لروسيا لم تظهر إلا من خلال الصراعات مع التتر على طول الحدود غير المعينة لتركيا بالقرب من القِرْم والقوقاز، فقد واصل الباب العالي التفاوض. لكن في مايو 1736م، وصلت أخبار إلى القسطنطينية بأن جيش التسارينة تحت إمرة القائد مونيتش قد استولى على حصنين من الحصون التركية بالقرب من آزوف، وأن القوات الروسية تحاصر بالفعل تلك المدينة المهمة. وحينذاك أُعلنت الحرب (28 مايو 1736م) على روسيا بفتوى رسمية، وفي ذلك اليوم نفسه اقتَحم مونيتش خطوط بريكوب.

في حوزتنا مذكرات القائد «مانشتاين» (Manstein)[1]، الذي خدم تحت قيادة مونيتش، وكثيرًا ما عمل كذلك في مجال الدبلوماسية في الحكومة الروسية، وهو مصدر معلومات وافر لا يرقى إليه الشك بخصوص حملات القِرْم هذه، وكذلك بخصوص السياسة المتأصلة لروسيا تجاه الباب العالي. يذكر القائد مانشتاين صراحة أن بطرس الأول، الذي كان غير قادر على تَحَمُّل معاهدة بروت، خطط منذ فترة طويلة للحرب على سواحل البحر الأسود، وهو ما شرعت به الإمبراطورة آنا. فأقام مخازن واسعة على نهر الدون، وجمع المواد اللازمة لأسطوله الذي كان عليه حمل جيشه إلى أسفل هذا النهر ونهر الدنيبر. وكان كل شيء جاهزًا لبدء الحملة، عندما قطع الموت مشروعاته (16 مايو 1727م). وبتولي الإمبراطورة آنا عام 1730م، تم إحياء

(1) “Memoires de General Manstein.”

التخطيط للحرب التركية؛ حيث أُرسل القائد «كيث» (Keith)، من قِبَل بلاط سان بطرسبرج إلى جنوب روسيا، لتفقد حالة المخازن التي أقامها بطرس الأكبر، ولإعادة تنظيم قواته بقدر ما كان ضروريًّا لمهاجمة الممتلكات العثمانية. اضطرت الإمبراطورة على إثر الاضطرابات الحادثة في بولندا، إلى تأجيل الأعمال القتالية ضد الباب العالي، لكن عندما نجح الروس تمامًا أمام حزب الاستقلال بين البولنديين، انتقل مونيتش وأفضل قواته إلى أوكرانيا؛ حيث كان من المقرر أن تبدأ الحملة ضد تركيا عن طريق مهاجمة آزوف، وكذلك بذل أعظم الجهود الممكنة أمام تتر القِرْم لغزو بلدهم بالكامل، وتوطيد النفوذ الروسي على البحر الأسود[1].

قام مونيتش باستعداداته للحملة بينما كان لا يزال في منتصف الشتاء، وعمل جديًّا على إعداد جيشه للمصاعب التي كان يتوقعها إلى حدٍّ ما، ولمقاومة الفرسان التتر وافري العدد الذين كان من المعلوم أنهم سيحيطون به. وأصدر الأوامر لكل فوج من الأفواج الروسية بجمع عدد كبير من العربات لنقل مؤنهم. كما أعاد مونيتش إدخال «الرمح» (pike)، وهو سلاح توقَّف استخدامه تمامًا في الخدمة الروسية لسنوات عديدة؛ حيث زُود كل فوج - بناءً على أوامره - بثلاثمائة وخمسين رمحًا، يبلغ طول الواحد ثماني عشرة قدمًا. كان الرجال في الصف الثاني مسلحين بها، لكن وُجد أنها عديمة الفائدة في العمل، ومرهقة جدًّا للقوات أثناء المسير. وكانت هناك أداة أخرى لذلك القائد أنجح بكثير؛ فقد أمد كل فوج باثني عشر من «الأحصنة الفريزية» (chevaux-de-frise)[2]، طول الواحد منها ياردتان. وقد تبين نفعها إلى حدٍّ كبير، سواء كدفاعات مؤقتة أمام فرسان العدو، أو كتحصينات للمعسكر. عندما توقف الجيش وُضعت الأحصنة الفريزية حول الموقع، فكانت بالتالي تأمينًا ضد المفاجآت، وقد زُودت بحاجز ذي فعالية أمام ضغط الأعداد الكبيرة. كما جعل مونيتش، ضباطه ورقباءه يطرحون «الرماح القصيرة» (spontoons) و«المطارد» (halberds) جانبًا، ويحملون بدلًا منها «البندقية» (firelock) والحربة، حيث تُعَدُّ أكثر فائدة بكثير من أسلحتهم السابقة.

---

(1) Manstein, p. 123.

(2) مصطلح «الأحصنة الفريزية» (Frisian horses)، الذي ذكره المؤلف بالفرنسية، يُعَبِّر عن وسيلة من وسائل الدفاعات في العصور الوسطى، تُنسب إلى «فريزيا» (Frisia) أو «فريزلاند» (Friesland)، وهي المنطقة الواقعة على الساحل الجنوبي الشرقي لبحر الشمال. وتتكوَّن هذه الدفاعات من هياكل متنقلة من الأخشاب أو الأشجار توضع فيها الكثير من الرماح الخشبية أو الحديدية الطويلة، وتهدف أساسًا إلى تشكيل عقبة أمام فرسان العدو، ويمكن تحريكها بسرعة لمنع حدوث خرق في مكان ضعيف الدفاعات، وقد استُبدلت في العصر الحديث بالأسلاك الشائكة. (المترجم).

تقدَّم مونيتش في شهر مارس مع ستة أفواج من المشاة، وثلاثة من الفرسان، وثلاثة آلاف من قوزاق الدون، إلى «سان آنا» (St. Anne)، وهي قلعة شيدها الروس على بُعد نحو ثمانية أميال من آزوف. أرسل الحاكم التركي إلى تلك المدينة أحد ضباطه لمجاملة القائد عند وصوله إلى الحدود، والإعراب عن اعتقاد الباشوات الكامل بأن القوة الروسية لا تستهدف خرق السلام الذي كان قائمًا بين الإمبراطوريتين، فرد مونيتش بعبارات تنم عن كياسة غير واضحة، إلا إنه في السابع والعشرين من مارس عَبَر نهر الدون، وسار إلى آزوف، وبسرعة وسرية استولى على اثنين من التحصينات الخارجية للمدينة، قبل أن تعلم كتلة التتر الرئيسية باقترابه. بعد ذلك حاصر آزوف، وعند وصول القائد الروسي «ليونتيو» (Leontiew) بتعزيزات، تركه مونيتش يباشر الحصار حتى وصول الكونت «لاسكي» (Lascy)، الذي كان من المخطط له أن يتولى قيادة العمليات في هذا الجانب. وذهب مونيتش نفسه في السادس من أبريل إلى «زاريتسنكا» (Zaritsinka)، حيث كان يحتشد الجيش الروسي الرئيسي، لتنفيذ المشروع العظيم للحملة، ألا وهو غزو القِرْم.

عندما احتشدت القوات الروسية الخاصة بهذه العملية في زاريتسنكا، على بُعد فرسخين من الدنيبر، في التاسع عشر من مايو 1736م، كانت تتألف من اثني عشر فوجًا من الفرسان، وخمسة عشر فوجًا من المشاة النظاميين، وعشر من الميليشيات، وعشر سرايا من الخيَّالة الخفيفة، وخمسة آلاف من قوزاق الدون، وأربعة آلاف من قوزاق أوكرانيا، وثلاثة آلاف من قوزاق «الزابوروج» (Zaporogian)[1]، أي ما مجموعه أربعة وخمسون ألف رجل. أمر مونيتش كل فوج بأخذ إمدادات من الخبز تكفيه لمدة شهرين، وكذلك تلقَّى الضباط أوامر بتوفير الإمدادات لأنفسهم. وقد أُعدت مخازن واسعة حتى إنه كان من الممكن توزيع إمدادات أكبر، إلا إن وسائل النقل كانت غير كافية. لم يرغب مونيتش في تأجيل العمليات حتى تُجمع العربات والدواب من أجل النقل، لكنه أمر الأمير «تروبتسكي» (Troubetski) بالاضطلاع بهذه المسؤولية المهمة، وإرسال قوافل متواصلة من الإمدادات إلى الأمام مع الأفواج الجديدة التي

---

(1) هم القوزاق الذين كانوا يعيشون في منطقة الحقول البرية فيما وراء نهر الدنيبر بوسط أوكرانيا الحالية، وقد نمت قوتهم سريعًا في القرن الخامس عشر حتى أسسوا كيانًا سياسيًا في هذه المنطقة، وخلال القرنين السادس عشر والسابع عشر صاروا قوة عسكرية قوية تحدَّت سلطة خانات التتر وتسارات روسيا فضلًا عن بولندا، وقد مروا بسلسلة من الصراعات والتحالفات بين هذه القوى الثلاث، حتى قامت روسيا بتشتيتهم بالقوة في أواخر القرن الثامن عشر، فانتقل معظم السكان إلى منطقة كوبان عند الحد الجنوبي للإمبراطورية الروسية. (المترجم).

لم تكن قد وصلت بعد وكانت في طريقها للانضمام إلى الجيش، إلا إن الأمير لم ينصع لأوامر القائد بشكل جيد، فعانت القوات الغازية بشدة جراء إهماله.

شكَّل مونيتش جيشه في خمسة صفوف، وسار إلى أسفل الضفة اليسرى لنهر الدنيبر، هازمًا بعض مجموعات الخيَّالة التترية التي أتت لاستطلاع الغزاة. انتقل بعد ذلك عن طريق «سلنايا دولينا» (Selnaya Dolina) و«شيرنايا دولينا» (Tchernaya Dolina)[1]، إلى ضفاف نهر «كوليتشكا» (Kolytschka) الصغير، ومن هناك سار إلى البرزخ الضيق الذي يربط شبه جزيرة القِرْم بالقارة. وفي 26 مايو 1736م، توقف القائد الروسي على مسافة قصيرة من خطوط بريكوب الشهيرة.

وُضعت هذه الخطوط عبر البرزخ إلى الشمال قليلًا من مدينة بريكوب، في جزء لا تتسع فيه الأرض لأكثر من خمسة أميال، من البحر الأسود إلى ذلك التجويف الذي يوجد به بحر آزوف، والذي يُطلق عليه «البحر الآسن» (Putrid Sea). تتكون الدفاعات من خندق عرضه ست وثلاثون قدمًا تقريبًا، وعمقه خمس وعشرون قدمًا، مدعوم باستحكام ارتفاعه سبعون قدمًا، إذا قِيس من قاع الخندق إلى القمة. عُززت الخطوط بستة أبراج حجرية، عملت كتحصينات خارجية لقلعة بريكوب، التي قامت وراءها. اعتقد التتر أن الموضع كان منيعًا، فاحتشدوا هناك تحت قيادة خانهم أمام مونيتش إلى أن بلغوا مائة ألف، تساعدهم قوة من ألف وثمانمائة إنكشاري تركي، كانوا يحمون الأبراج.

أرسل مونيتش رسالة إلى خان التتر، وبَّخه فيها على عمليات التخريب التي ارتكبها رعاياه في أوكرانيا، معلنًا أن الإمبراطورة الروسية أمرت باجتياح كامل شبه جزيرة القِرْم، انتقامًا لهذه الجرائم التي اقترفها سكانها، مع ذلك صرَّح القائد الروسي بأن عفو عشيقته الإمبراطورة سيُمنح لذلك البلد المسيء، شريطة أن يقوم الخان وكل شعبه بالتسليم لروسيا والإقرار بكونهم رعايا للتسارينة، والتخلِّي عن بريكوب على الفور، واستقبال حامية روسية؛ فإذا مُنح هذا التعهد بالخضوع، أعلن مونيتش استعداده للدخول في مفاوضات. نفى الأمير التتري في ردِّه تلك التهمة الموجَّهة إلى رعاياه، وأعرب عن دهشته من أن الروس يعملون على مهاجمته من دون أي إعلان للحرب، وأوضح استحالة قطع الصلات الممتدة التي تربط القِرْم بالباب العالي، وأعرب عن عدم مقدرته على تسليم بريكوب، حتى لو كان راغبًا في ذلك، نظرًا لاحتلالها من

(1) «دولينا» (Dolina)، كلمة سلافية بمعنى: «وادي». وعليه، انتقل جيش مونيتش هنا عن طريق واديَي سلنايا وشيرنايا. (المترجم).

قِبَل القوات التركية، وناشد القائد وقف الأعمال العدائية، والسماح بفرصة للتسوية عن طريق المفاوضات، وأضاف أنه إذا هُوجم فسيبذل قصارى جهده للدفاع عن نفسه.

بعث مونيتش بالرد، وهو: نظرًا لأن الخان لا يُقَدِّر العطف الكريم للبلاط الروسي، فإنه سيشهد عما قريب اجتياح بلاده، ومدنه وهي مضطرمة بالنيران. تبع الجيش الروسي عن قرب ذلك الرسول الذي حمل هذه الرسالة الشعواء إلى بريكوب، وانتقل للهجوم خلال الليل قبل يوم 28 مايو 1736م، في صمت عميق، وتوقف قبل الفجر بساعة تقريبًا، على مسافة ربع ميل قبل الخطوط.

أرسل مونيتش أولًا مفرزة من ألفين وخمسمائة رجل وبعض قطع المدفعية إلى الأمام من على يساره (الجانب الأقرب إلى بحر آزوف)، للقيام بهجوم مخادع على هذه الناحية، ولَفْت انتباه العدو عن اليمين الروسي (الجانب الأقرب إلى البحر الأسود)، الذي سيكون عن طريقه الهجوم الحقيقي. كانت المناورة ناجحة تمامًا؛ حيث إن التتر الذين هرعوا إلى الجزء الشرقي من الخطوط لمقابلة المفرزة الروسية التي هددتهم، أصابهم انزعاج واضطراب عندما ظهرت القوة الروسية الرئيسية في ستة صفوف قوية، تتقدم باطراد وسرعة ناحية اليسار التتري، على الناحية الغربية من موقعهم. ويبدو أنه لم تُبذل أي محاولة لإغراق الخندق بالماء، فهبطت الصفوف الروسية إليه وعبرته وبدأت في تسلُّق الاستحكام المقابل، بينما تقذف بطارياتهم الأسوار بنيرانها الثقيلة، مانعةً التتر من تنظيم صفوفهم لتقديم معارضة فعَّالة. هرب التتر مذعورين عند رؤية العدو، وعبوره بجرأة من خلال التحصينات التي كانوا يعتمدون عليها. أما الروس فتجاوزوا الأسوار، وتوجهوا إلى الجانب الجنوبي بلا مقاومة تقريبًا. ويذكر القائد الروسي مانشتاين، الذي شارك في أحداث ذلك اليوم، أنه ربما كان من المستحيل التغلب على الخطوط بهذه الطريقة أمام أي عدو آخر غير التتر، لكنه يلاحظ أن الدخول إلى شبه جزيرة القِرْم مع ذلك من شأنه أن يكون قابلًا للتنفيذ، نظرًا لأن الجزء المجاور من بحر آزوف يكون ضحلًا جدًّا في فصل الصيف فيصبح من السهل عبوره، وبالتالي يمكن دائمًا تطويق بريكوب، حتى لو كان من غير الممكن اقتحامها. ولا يبدو أن أيًّا من الطرفين حاول في هذه الحملة الاستفادة من ذلك التعاون المهم للغاية الذي يمكن أن يقدمه أسطول من الزوارق الحربية المدججة بالأسلحة الثقيلة بغرض الهجوم أو الدفاع. سرعان ما جرى الاستيلاء على حصن ومدينة بريكوب من قِبَل الروس المنتصرين. كلَّف مونيتش بعد ذلك القائد ليونتيو بصحبة عشرة آلاف من القوات النظامية وثلاثة آلاف من القوزاق، بمهاجمة قلعة «كلبورون» (Kilburun) أو «كلبورن» (Kilbourn)[1]، على طرف لسان من الأرض يحمل

---

(1) يقول فون هامر (vol. iv. p. 323): إن المقطع الأول من كلبورن يحتفظ بجزء من اسم البطل اليوناني =

الاسم نفسه، يمتد داخل البحر الأسود بالقرب من مصب نهر الدنيبر، ويقابل أوزاكوف على البر الرئيسي. كان هذا في 4 يونيو، وفي اليوم نفسه، عقد القائد مجلسًا للحرب، نُظر فيه في العمليات المستقبلية للجيش الرئيسي. كان العدد الأكبر من الضباط الروس كارهين الدخول إلى شبه جزيرة القِرْم، لافتين انتباه القائد العام إلى أن الجيش لم يكن لديه خبز كافٍ إلا لاثني عشر يومًا. ونبهوا على أنه من الحكمة التوقف حتى وصول قوافل الإمدادات المرتقبة، لكن مونيتش كان متحمسًا في سبيل المجد الخاص الذي سيناله إذا أصبح فاتح القِرْم، ولن يستريح قانعًا بالاستيلاء على بريكوب. أخبر قادته أنهم إذا تقدموا بجرأة داخل أراضي التتر، فسيجدون وسائل الإعاشة على حساب العدو، ورفض التوقف لفترة أطول في البرزخ، مما يمنح التتر وقتًا للتعافي من ذعرهم. وبناء على ذلك، تقدَّم الجيش عبر سهوب الجزء الشمالي من شبه جزيرة القِرْم، تتحرش به الخيَّالة التترية بشكل مستمر، لكنه محمي أمام أي هجمات خطيرة بسبب التنظيم المتقن الذي قام به القائد؛ حيث شكَّل مونيتش قواته في مربع واحد متَّسع ومجوَّف يتألف من عدة كتائب، كلٌّ منها جرى تشكيلها كذلك على هيئة مربع، وتوضع الأمتعة في الوسط. اعتُمد هذا الترتيب منذ زمنه من قِبَل القادة الروس عمومًا عند العبور في بلدان مفتوحة بقوات تتألف أساسًا من المشاة أمام مجموعات كبيرة من الفرسان المعادين. وحينما تقدم مونيتش، حافظ على اتصالاته مع بريكوب وأوكرانيا من خلال إقامة مجموعة معاقل صغيرة في مواقع مناسبة، على مسافة قصيرة من بعضها البعض، كلٌّ منها يحميه ضابط وعشرة أو اثنا عشر جنديًّا من المشاة النظاميين أو الفرسان. هكذا شُكِّلت سلسلة متكاملة من المواقع المحصنة، التي عن طريقها جرى تناقل المعلومات الاستخباراتية بسهولة. ويشير القائد مانشتاين إلى أنه كان من المدهش للجيش أن

= «آخيل» (Achilles)، الذي يُعتقد أنه قام في العصر الكلاسيكي بالعديد من البطولات في هذه المناطق. أتمنى لو أتمكن من مشاركة فون هامر اعتقاده، على الرغم من أنني لا أشك في انتشار الأساطير عن آخيل الذي يشير إليه، ولا حقيقة وجود شخص آخيل نفسه. وكانت الأساطير قديمة تعود على الأقل إلى زمن «يوربدس» (Euripides)، الذي أشار إليها في: Iphigenia in "Tauris," l. 436. كان يُطلق على ذلك اللسان الأرضي الضيق الطويل، الذي يمتد من مقابل كلبورن إلى قرب القِرْم: «مسار آخيل» (The Course of Achilles)، وكان يُعبد هناك بوصفه «بونتارشس» (Pontarches)، أو سيد «بونتوس» (Pontus). (See Clarke's "Travels," vol. ii. p. 362). ووفقًا لأسطورة أخرى، مُنحت الجزيرة البيضاء (التي تُسمَّى الآن جزيرة «سيربنتس» (Serpents)) قبالة مصب الدانوب، لآخيل من قِبَل والدته «ثيتس» (Thetis)، فكانت المكان المختار لسكن روح البطل وصديقه «باتروكلوس» (Patroclus). وعندما اقتربا من الجزيرة، قام «مارينرز» (Mariners)، المفضَّل عند السماء، بزيارة آخيل وباتروكلوس في المنام، وأرشدهما إلى حيث تكون الأرض. (See Clarke's "Travels," vol. ii. p. 397; and the notes to the Variorum edition of Euripides, vol. v, p. 86).

يرى كيف حاول التتر الاعتداء على قلاعهم الصغيرة بلا جدوى. ولم يجرِ الاستيلاء على أي واحدة منها، وثمة حالات قليلة فقط لم يتمكن فيها المبعوثون الروس من المرور من موقع إلى آخر في أمان. وإضافةً إلى الحفاظ على اتصالات الجيش، كُلِّف الجنود الذين جرى نشرهم على طول خط السير بخدمة نافعة، وهي صنع التبن وتخزينه لإمداد خيول الجيش عند عودتها، حينما يقترب نفاد الكلأ الخاص بالسهوب.

هكذا، وبناءً على هذه الإجراءات المسبقة، تحرك الروس خلال القِرْم، حريصين بشكل مستمر على الحماية من خطر الحريق، الذي تعرَّضوا له بسبب العادة التترية التي تضع نار الإضاءة على عشب السهوب الطويل، الذي كان جافًّا آنذاك بسبب أشعة الشمس الحارقة لصيف القِرْم. كانت أوعية المياه تُحمل عادةً في كثير من العربات التي رافقت الجيش، لإنعاش الجنود أثناء سيرهم، وقد أمر مونيتش آنذاك بأن توفَّر وسائل لإخماد الحريق في كل عربة ووسيلة نقل، وكلما توقف الجيش يُنقر العشب والتربة ويُزال ذلك على امتداد ثلاث أقدام حول المعسكر. كانت مدينة «كوسلوف» (Koslof)، المعروفة اليوم باسم «يوباتوريا» (Eupatoria)، على الساحل الغربي للقِرْم، النقطة الأولى التي سار إليها مونيتش عند تركه بريكوب. اعتُبرت كوسلوف في ذلك الوقت أغنى مدينة تجارية في شبه الجزيرة، وقد استولى عليها الروس ونهبوها في السابع عشر من يونيو. ومن ذلك المكان، قاد مونيتش قواته إلى «بخشي سراي» (Bakchiserai) (قصر الحدائق)، المقر القديم لخان القِرْم[1]. وتعرَّضت هذه المدينة أيضًا للهجوم، وبعد مقاومة قصيرة فرت حامية التتر من موقعها. سحب مونيتش بعد ذلك قواته من الروس والقوزاق خارج المدينة المسالمة، وأرسل ربع جيشه ليقوم بالنهب لعدد محدَّد من الساعات. وبالفعل أُنجز هذا العمل البربري على نحو تام؛ فدُمِّر ألف من المنازل الخاصة، وجميع المباني العامة، وقضت النيران على قصر الخان الفسيح، والمكتبة الرائعة التي أسسها سليم جيراي، وتلك التي جمعتها البعثة اليسوعية في القِرْم. وكان الهجوم التالي للروس على «سمفيروبوليس» (Simpheropolis)، إلى الشمال الشرقي من بخشي سراي، فاستسلم سكانها لوحشية وضراوة الجنود، وآلت ثرواتها إليهم، وتُركت مبانيها للنيران. ثم أخذ مونيتش طريقه نحو كافا، راغبًا في ترسيخ دعائم القوة الروسية بشكل دائم في تلك المدينة ذات الموقع المتميز، إلا إن جيشه الذي تسبب في الكثير من البؤس والدمار للقِرْم، كان يعاني من الخوف في داخله، ورأى القائد أن صفوفه تتناقص

(1) ظلت عاصمة للقِرْم، حتى قام الروس بضم القِرْم عام 1783م، فانتقلت العاصمة إلى مدينة آق مسجد. (المترجم).

يومًا بعد يوم، ليس بسبب المعركة، وإنما بسبب المرض والفاقة والتعب. فقد قام التتر بتخريب البلاد حيثما أشار سير القوات الغازية، فضلًا عن أن الوحشية البربرية للروس أنفسهم تعاونت في زيادة فاقتهم. ويؤكد القائد مانشتاين، أن حملة القِرْم لعام 1736م، كلَّفت روسيا ما يقرب من ثلاثين ألف جندي. وهو يلقي اللوم بجلاء على تهور مونيتش، الذي توغَّل بجيشه في شبه الجزيرة على أمل وحيد هو احتمال أن يكونوا قادرين على البقاء على حساب العدو. ويُلقي باللوم أيضًا على الشدة المفرطة للقائد فيما يخص الانضباط، وتهوره في إرهاق الجنود بلا داعٍ. ويذكر أن الروس أصابهم الإنهاك جراء معاناتهم ومحنهم، وأن الرجال كانوا يتساقطون موتى بشكل قاسٍ أثناء المسير، وأنه حتى الضباط قد ماتوا بسبب المجاعة والبؤس[(1)].

عاد مونيتش إلى بريكوب في السابع عشر من يوليو، ورحل عن القِرْم في الخامس والعشرين من أغسطس، بعد أن قام أولًا بهدم جزء كبير من دفاعات البرزخ. ويذكر القائد مانشتاين دليلًا على ثقل الخسائر التي تكبدها الغزاة، أن كل فوج روسي دخل القِرْم عام 1736م، كان كاملًا تمامًا في بداية الحملة، أي أن كل فوج من المشاة كان يتألف من 1575 رجلًا قويًا، وكل فوج من الفرسان كان يتألف من 1231 فارسًا، لكن عندما استعرض مونيتش الجيش عند سمارة في نهاية سبتمبر، لم يكن هناك فوج واحد في مقدوره عرض ستمائة رجل حول راياته. لم يحدث قَطُّ في حوليات الحرب أن تكون معاناة القوات الغازية هي الأكثر جدارة بالملاحظة. وقد اتسمت حملة الجيش في القِرْم تحت قيادة مونيتش بأشد أنواع القسوة والوحشية، وروح الدمار الأكثر همجية. ولم يُظهر الروس رحمة بسن أو جنس، فقد أُضرمت النيران في المدن والقرى، وقُتل سكانها حتى في حالة عدم وجود مقاومة للقوات الروسية، وشُوِّهت الآثار القديمة بشكل غاشم، وحُرِّقت المكتبات والمدارس، ودُمرت المباني العامة ودور العبادة بشكل متعمد وواضح. كان المشروع بكامله (الذي بدأ من دون أي إعلان للحرب) قد خُطط له وأُجري بروح من الوحشية «السكيثية» (Scythian)[(2)] الفعالة[(3)].

---

(1) Manstein, p. 174.

(2) السكيثيون، بدو رُحل نزحوا من سهول أوراسيا إلى جنوبي روسيا في القرن الثامن قبل الميلاد، ليستقروا غربي نهر الفولجا شمالي البحر الأسود، وما لبثوا أن أسسوا إمبراطورية قوية امتدت من الحدود الفارسية حتى كوبان على البحر الأسود، واستمرت حتى القرن الثاني قبل الميلاد. (المترجم).

(3) يذكر فون هامر تصريحات غاضبة من هذا الغزو كتبها «دي كاستلناو» (De Castelnau) في عمله: "Essais sur l'histoire ancienne et moderne de nonvelle Russie," vol. ii. p. 60. ويضع فون هامر نفسه مونيتش ومخربي البلد، مع «لوفيوس» (Louvois) و«كاتينات» (Catinat). Vol. iv. p. 324.

جرى الاستيلاء على آزوف من قِبَل القوات الروسية تحت قيادة القائد لاسكي، في غضون وقت قصير من تلقيه الأمر بذلك، وبينما كان جيش مونيتش في القِرْم، هاجمت قوات القلميق التابعة للتسارينة، تتر كوبان في آسيا؛ حيث لم تمنعهم فقط من عبور مضيق كِرتش لمساعدة أقاربهم ورعاياهم التابعين للباب العالي في القِرْم، ولكن أجبروا كذلك أعدادًا كبيرة منهم على ترك ولائهم للسلطان، والاعتراف بسيادة الإمبراطورة الروسية. كما استسلمت كلبورن للقائد ليونتيو. وهكذا انتصرت الحيلة والقوة الروسية تقريبًا بشكل كامل في العام الأول من الحرب.

لم تشهد قوات السُلطان سوى بارقة واحدة من نجاح؛ ففي نوفمبر، عندما كان المتبقون من جيش مونيتش في مآويهم الشتوية، استطاع «فاتح جيراي» (Feth Ghirai)، خان القِرْم الجديد (عُزل سلفه «كابلان جيراي» (Kaplan Ghirai)، من قِبَل الباب العالي من أجل الرغبة القوية في اعتراض غزو مونيتش) تحقيق تقدم في أوكرانيا، فهزم حشدًا من خمسمائة روسي، ونشر الدمار في جميع أنحاء الإقليم. وطفقت القوة التترية عائدة إلى القِرْم بغنيمة حية لا تقل عن ثلاثين ألف روسي أسير، أدخلوهم في الرق.

كان البلاط العثماني تَوّاقًا لوضع حدٍّ للحرب مع روسيا، وبَذَل محاولات متكررة للتفاوض بشأن السلام، أحيانًا من خلال تدخل فرنسا والسويد، وأحيانًا من خلال النمسا، التي مَدَّت يدها مؤخرًا رغبة في تأجيل ووقف التحضيرات التركية لحملة جديدة. كان الإمبراطور شارل السادس في الواقع حريصًا على مشاركة روسيا سلب الأقاليم التركية؛ ففي يناير 1737م، وُقِّعت معاهدة سرية بين بلاطَي فيينا وسان بطرسبرج، نصت على غزو الجيوش النمساوية لتركيا بالتنسيق مع القوات الروسية. لكن كانت الأُمْنية أن يكون لدى قوات الإمبراطورية الفرصة نفسها لأخذ الأتراك على حين غرة، كما فعل الروس حين هاجموا آزوف والقِرْم من دون أي إعلان للحرب. لذلك، كان رجال الدولة النمساويون يتظاهرون بحرصهم على السلام؛ فافتُتح المؤتمر في «نميروف» (Nimirof)، حيث حافظ مفوضو الإمبراطور والتسارينة على تظاهرهم الأجوف بالتفاوض حتى نوفمبر 1737م. وكانت تركيا على استعداد لتقديم تضحيات كبيرة من أجل السلام، لكن في نهاية المطاف عندما جرى الضغط على ممثلي روسيا والنمسا في إقرار اشتراطات كانوا على استعداد للموافقة عليها، كانت طلباتهم تلك، بل حتى المزيد من الهزائم والمخازي لقرن آخر، قد أدت في النهاية إلى احترام الروح العثمانية باعتبارها قادرة على التحمل.

طالبت روسيا أولًا: بإلغاء جميع المعاهدات السابقة بينها وبين الباب العالي. ثانيا: أن يتم التنازل لها عن القِرْم وكوبان وجميع البلدان التي يسكنها التتر. ثالثًا: الاعتراف بوالاشيا ومولدافيا

إمارتين مستقلتين تحت حماية روسيا وسيادتها. رابعًا: أن يمنح الباب العالي لقب إمبراطور للعاهل. خامسًا: أن يكون لدى الأساطيل الروسية حرية العبور من وإلى البحر الأسود، والبوسفور والدردنيل. وطالبت النمسا بأراضٍ جديدة في البوسنة والصرب، وبتوسيع حدودها مع والاشيا إلى نهر «دومبوفسكا» (Doumbovisa). رفض المفوضون الأتراك هذه المطالبات المتغطرسة بردٍّ ساخط، لكن لوحظ أن لغتهم المستخدمة كانت جديدة على الشفاه العثمانية، نظرًا لأنهم، بالإضافة إلى رجوعهم للقرآن، احتكموا إلى الأناجيل المسيحية، والكُتَّاب المسيحيين فيما يتعلق بالقانون الأممي، وذلك لإثبات سوء نية خصومهم. وعلى الجانب الآخر، سَخِرَ الوزراء الروس والنمساويون من العثمانيين ومفهوم الإسلام الذي يدعو أتباعه إلى تخيير الكافرين بين القرآن والسيف؛ حيث قالوا: «كيف يمكن لكم أيها المسلمون أن تكونوا صادقين عند التفاوض مع المسيحيين خلاف شريعتكم؟». فأجاب الأتراك بأن النص الذي ورد ذكره لا ينطبق إلا على الوثنيين والزنادقة، وأن سيف المسلم يكف عمن يؤمن بالعهد القديم، أو الإنجيل، أو التوراة، من وقت خضوعه لدفع الجزية أو طلب السلام الذي لا بدَّ أن يُمنح له. وأضافوا أن الباب العالي يشن الحرب أو يمنح السلام كما يرغب، واحتكموا إلى مجد انتصاراتهم السابقة في موهاج وكرزتش، لإثبات قوة بيت آل عثمان. وانتهوا بالسؤال عما إذا كانت الديانة المسيحية تسمح للإمبراطور النمساوي بخرق السلام الذي تعهد به مؤخرًا للسلطان محمود. فارتبك أحد الوزراء النمساويين عند هذا الاستفسار، وتمتم بأن السفراء كانوا مجرد خدم لبلاطاتهم، لاعنًا من تسبَّب في الحرب. وأضاف أن العثمانيين أنفسهم كانوا سببًا حقيقيًّا لها من خلال إزعاج روسيا ووضعها في حالة دفاع، وبالتالي كان الإمبراطور، حليف روسيا، ملزمًا بالمشاركة في الحرب. هكذا قال النمساوي: «وبناءً عليه، بصفتكم المتسببين في هذه الحرب، فإن كل مآسيها سوف تذهب أدراج الرياح». فأجاب التركي: «فليكن، ليحمل من تسبَّب في هذه الحرب لعناتها! وليميز الله الخبيث من الطيب، وليسقط سيف عدالته على الخبيث وحده». فصاح الحاضرون: «آمين». وانتهى الاجتماع بهذا اللعن العلني ومطالبة دولية بالقتال.

وبينما كان الدبلوماسيون الروس والنمساويون يغزلون نسيج التفاوض الخائن، كانت جيوشهم تهاجم الأتراك بطموح مماثل، ولكن بنجاح مختلف للغاية.

أمسك مونيتش بالميدان قبل شهرين من بدء اجتماعات المؤتمر في نميروف، بجيش قوامه سبعون ألف رجل، ومدفعية بلغت ستمائة قطعة بعيارات مختلفة. كان مونيتش يحظى بتأييد كبير في بلاط سان بطرسبرج، الذي لم يهتم كثيرًا بالتضحية القاسية للقوات التي قامت بالمآثر

في الحملة الأخيرة، كما وُضعت موارد الإمبراطورية تحت تصرف القائد من دون حساب من أجل العمليات الجديدة التي اقترحها طموحه الجريء. قام مونيتش في الأشهر الأولى من عام 1737م، بجمع المؤن والعربات، وتشكيل أسطول من القوارب ذات القاع المسطح، وإكمال تنظيم وتدريب جيشه. كانت شدته غير إنسانية، لكن يعزى إليه تأسيس ذلك الانضباط الحديدي الذي تميزت به الجيوش الروسية منذ ذلك الحين.

ترك مونيتش استئناف غزو القِرِم للقائد لاسكي. وكان تخطيطه أن يقوم الجيش الرئيسي تحت قيادته بالتقدم نزولًا إلى الساحل الشمالي الغربي للبحر الأسود، والاستيلاء على مدينة أوزاكوف المهمة. فقام بعبور نهر بوج في الخامس والعشرين من يونيو، من دون أن يتعرض لأي مقاومة من الأتراك، الذين كانوا يحشدون قواتهم بأناة في بندر. وفي العاشر من يوليو، عسكرت القوات الروسية أمام أوزاكوف. وكان القادة الأتراك قد نجحوا في وضع قسم من أفضل رجالهم في تلك المدينة قبل أن يصل مونيتش، فوجد القادة الروس أن عليهم التعامل مع حامية قوية من عشرين ألف رجل، مزودة جيدًا بالمؤن والمدافع من كل صنف. قاتل الأتراك بشجاعة، وقاموا بالعديد من الهجمات المستميتة، التي تستحق أن تُعد معارك نظامية بسبب عدد القوات المشاركة وكثرة القتل. وعانى رجال مونيتش بشدة جراء حاجتهم إلى المؤن و«حزم القضبان» (fascines)، وغيرها من اللوازم المعتادة لفرض الحصار. وواصل مونيتش تهوره الشرس، الذي قوبل باستهجان من قادته، والذي تُوِّج بالنجاح فقط بسبب حظوظ القائد الجيدة[1].

بعد القذف بالمدافع لمدة يومين شُوهدت النيران تندلع في المدينة، فقام مونيتش على الفور بإلقاء جيشه بالكامل على الدفاعات، من دون مراعاة لحالة التحصينات في الجانب الذي يقع فيه الهجوم، ومن دون إمداد صفوفه بسلالم أو حزمات من العيدان، أو غيرها من الوسائل المعتادة لتجاوز أي عقبة قد يواجهونها. شق الروس طريقهم إلى أسفل منحدر التحصينات، فوجدوا هناك خندقًا عميقًا، أوقف تمامًا تقدمهم الشجاع الذي صار منعدم الفائدة؛ حيث بقوا هناك ما يقرب من ساعتين تحت نيران المدفعية الثقيلة ونيران البنادق الآتية من المدينة، والتي قابلوها بوابل من الرصاص عديم الجدوى. وفي نهاية المطاف هُزموا وفروا راجعين في ارتباك. وتابع القائد التركي نجاحه من خلال هجوم قوي للحامية بأكملها، وهو ما أدى بالتأكيد إلى رفع الحصار، وتدمير جيش مونيتش تقريبًا. لكن بضع مئات من الحامية فقط هم مَن طارد الروس الفارين، وكان مونيتش قادرًا بشكل سريع على تنظيم

(1) Manstein, p. 210.

رجاله والاستعداد لاستئناف الهجوم. استمر الحريق في الانتشار عبر المدينة، وفي الصباح الباكر التالي للهجوم، انفجر مخزن البارود التركي الرئيسي، متسببًا في القضاء على ستة آلاف من المدافعين. قام سِرْعَسْكَر من ذعره إزاء هذه الكارثة، ورؤيته للنيران تزداد ضراوة ضمن الحشد، والروس يعيدون تجميع أنفسهم من أجل الهجوم، بنشر الراية البيضاء والاستسلام، بشرط تسليم نفسه وقواته كأسرى حرب. وفي حين كان يجري ترتيب الاستسلام، قام الخيَّالة الروس وقوزاق الدون بشق طريقهم إلى المدينة، وبدأوا في نهبها. وكان سِرْعَسْكَر وجزء من قواته قد خرجوا بالفعل من أجل الاستسلام، إلا إن الجنود الروس هاجموهم وقتلوا الكثيرين، وساقوا البقية إلى داخل المدينة. أرسل سِرْعَسْكَر مرَّة أخرى إلى مونيتش ليقول إنه استسلم وفقًا لإرادته، ومن أجل استجداء الرحمة له ولرجاله. فأرسل القائد الروسي حشدًا من الحرس الذين اقتادوا سِرْعَسْكَر وما بين ثلاثة وأربعة آلاف من الحامية كأسرى. دفن الروس المنتصرون، عندما استولوا على أوزاكوف، جثامين أكثر من سبعة عشر ألف تركي، وخسروا هم أنفسهم خلال حصارهم القصير الدامي ما يقرب من أربعة آلاف رجل بين قتيل وجريح. وكان المرض والتعب والفاقة لا تزال كالمعتاد هي الآفات الأكثر فتكًا بالنسبة إلى الغزاة. وجد مونيتش أن جيشه بعدده البالغ عشرين ألف رجل أصبح أقل في القوة مما كان عليه في بداية الحملة. وكان قد خطط لتقدم آخر على بندر، لكن بلغه أن الأتراك أضرموا النار في السهوب التي سيكون من الضروري عبورها عند سيره إلى تلك المدينة، فضلًا عن حالة جيشه المضطربة، فقرر العودة إلى أوكرانيا، بعد إصلاح تحصينات أوزاكوف، وترك حامية قوية لتأمين ما قام بغزوه.

في الوقت نفسه هاجم لاسكي، القِرْم بقوة من أربعين ألف رجل، بدعم من أسطول تحت قيادة الأميرال «بريدال» (Bredal) في البحر الأسود، وأسطول من طوافات مسلحة وسفن مدفعية أمر لاسكي ببنائها في بحر آزوف. كان خان القِرْم قد أصلح خطوط بريكوب بعناية كبيرة، ونشر جيشه وراءها، بقصد الدفاع عنها أمام لاسكي، بشكل أفضل بكثير من دفاع سلفه عنها أمام مونيتش؛ لكن لاسكي سار بجيشه على طول الضفة الضيقة من الأرض التي تمتد من جوار «ينتشي» (Yenitchi) على البر الرئيسي، نحو «أربات» (Arabat) الواقعة بالقِرْم، وعَبَر تقريبًا مدخل البحر الآسن بالكامل؛ حيث قام بتشكيل جسور من البراميل والطوافات على ممرات في هذه المياه الخطرة، ودخل القِرْم في الثالث والعشرين من يوليو عام 1737م، من

دون أن يفقد رجلًا واحدًا[1]. هَزم التتر بالقرب من «كاراسو بازار» (Karasou Bazaar)[2]، ثم قاد رجاله صعودًا وهبوطًا خلال ذلك البلد الموقوف، حيث قاموا بالنهب والحرق والقتل، بعد سلوك قوات مونيتش في العام السابق. غادر لاسكي القِرْم في أغسطس من خلال الجسر الذي أقامه على الجزء الضيق من البحر الآسن بالقرب من «شونجار» (Schoungar). وتفاخر الروس بأنهم أحرقوا خلال هذا الغزو القصير ستة آلاف منزل، وثمانية وثلاثين مسجدًا، وكنيستين، وخمسين طاحونة.

بدأت النمسا هجومها الغادر على تركيا عام 1737م، عن طريق هجوم مفاجئ على مدينة نيش، في محاكاة لتقدم مونيتش تجاه آزوف في العام السابق. دخل الجيش الإمبريالي تحت قيادة القائد «سكندروف» (Seckendorf)، الأراضي العثمانية في الصرب في شهر يوليو. وفي الوقت نفسه زحفت قوات نمساوية أخرى على الممتلكات التركية في البوسنة. جرى الاستيلاء على نيش بصعوبة، ثم قام سكندروف بإرسال جزء من جيشه تجاه ويدين، لكن الأتراك كان لديهم الوقت لتعزيز حامية تلك المدينة، فهلك الغزاة سريعًا جراء المرض والفاقة أثناء المسير، فارتدوا على أدبارهم عائدين على طول ضفاف نهرَي تيموك والدانوب. لقد بدأ النمساويون الحرب بروح من الزهو المفرط بمهارتهم العسكرية وشجاعتهم، وازدراء متعجرف لعدوهم، واعتقدوا وهم ممتلئون بذكرى انتصارات يوجين، أن هذا التفوق على العثمانيين الذي حافظوا عليه في ظل هذا القائد العظيم، من المؤكد له أن يستمر، وأن التقدم على الأتراك كان لا محالة هو المتغلب. وكان المجلس الحاكم في فيينا أكثر غرورًا وتهورًا من الضباط الذين استخدمهم. فعندما اقترح أحد القادة على مجلس الحرب في فيينا أنه يجب علاج الضعف الملحوظ في قوة المدفعية بتزويد كل كتيبة بقطعتين ميدانيتين، قوبل طلبه بالرفض على أساس أن الجيوش الإمبريالية التي هَزمت الأتراك كثيرًا لم تواجه أي عجز في المدفعية، وأن الأمر سيسير على هذا المنوال. ظهرت النتائج الطبيعية لمثل هذه الروح في المعسكر والمجلس في بدايات الحملة.

(1) اتخذ لاسكي هذا التدبير الجريء أمام اعتراضات جميع قادته، عدا واحد. جاءوا في مجموعة إلى خيمته، واعترضوا على الخطر الذي سيُعرض له الجيش. فأجاب لاسكي بأن هناك مخاطر في جميع العمليات العسكرية، وأنهم يستطيعون العودة إذا أرادوا ذلك. وجعل أمينه يكتب جوازات مرورهم، حتى إنه أمر مائتي فارس بمرافقتهم إلى أوكرانيا، حيث كانوا سيبقون حتى عودته من الحملة. تراجع القادة المعاندون خشية حزمه، لكن مرت ثلاثة أيام قبل أن يعفو لاسكي عنهم. وكان لاسكي هذا رجلًا أيرلنديًّا.

(2) مدينة تقع وسط شبه جزيرة القِرْم، على الطريق بين «سيمفيروبول» (Simferopol) وكِرتش، وتُعَدُّ من أهم المراكز التجارية في شبه الجزيرة. (المترجم).

وتبين أن الأتراك قاتلوا بشجاعة ومهارة، وأن المحاولات المتهورة للإمبرياليين قوبلت بمقاومة شديدة. ومع أولى أمارات الهزيمة، بدأ القادة النمساويون في النزاع فيما بينهم، وسرعان ما ازدادت كوارث قواتهم. أما على الجانب التركي، فقد تولَّى الوزير الأعظم القيادة، وساعده باقتدار ذلك الفرنسي المرتد «بونيفال» (Bonneval)، وتجلت ثمار قدراته العسكرية في الدقة الاستثنائية لمناورات القوات العثمانية، وفي تحسين انضباط القوات. قاد سكندروف بعد حملة شائنة قصيرة، بقايا جيشه عائدًا إلى المجر. واستعاد الأتراك نيش، وتوغلوا في عدة مواقع داخل الأراضي النمساوية. وفي البوسنة كانت نتيجة الحملة مماثلة، حيث قاوم السكان المسلمون في هذا الإقليم الغزاةَ الإمبرياليين ببسالة وحماس، وعلى الرغم من أن القوات النمساوية أحرزت بعض المكاسب في البداية، فإنها طُردت من البوسنة قبل نهاية العام تلحقها الخسارة والعار.

في العام التالي، وضع الإمبراطور قادة جددًا على رأس جيوشه، وقام الوزير الأعظم الجديد، يَكَن محمد باشا، بقيادة العثمانيين قبالتهم. لم ينتظر الأتراك تقدم النمساويين، بل هاجموا في قوة كبيرة وبجرأة ملحوظة، فأخذوا «ميديا» (Meadia) الواقعة في المجر، وفرضوا حصارًا على حصن أورسوفا المهم على الدانوب. نجح النمساويون في معركة نشبت في «كورنيا» (Kornia) بالقرب من ميديا (4 يوليو، 1738م)، أمام حاجي محمد، إلا إن فقدانهم للرجال كان أكثر من الأتراك. وقام الوزير الأعظم، الذي أتى بصحبة قوات جديدة، بإبعاد الجيش الإمبريالي، واستولى على سِمندره، واستأنف حصار أورسوفا، التي استسلمت للعثمانيين في الخامس عشر من أغسطس. قاد القادة النمساويون المفككون والمحبَطون، قواتهم في تقهقر متعجِّل إلى داخل أسوار وخطوط بلجراد، فتبعهم الفرسان الأتراك، الذين احتلوا المرتفعات الغربية من المدينة، حيث كان الجيش الإمبريالي يسيطر عليه الخوف، ووقع فريسة لاضطراب استشرى في صفوفه. وهُزمت مجموعة من الخيَّالة النمساوية تجرأت على مواجهة الأتراك وتلقَّت خسائر فادحة. وعندما استدعى الوزير الأعظم فرسانه من بلجراد، اختُتمت الحملة وسط تكريمات ومكافآت مستحقة، وزَّعها السُلطان على قادة وضباط الجيش، وعلى كل جندي تميز بالشجاعة وحسن السلوك.

على الرغم من أن الأتراك كانوا أقل تألقًا في النجاح أمام الروس، فإنهم استطاعوا خلال عام 1738م منع هؤلاء الأعداء الهائلين من تحقيق أي تقدم مهم على طول سواحل البحر الأسود. وقام القائد مونيتش بقيادة جيشه مرَّة أخرى عبر نهرَي الدنيبر وبوج، هازمًا عدة حشود من القوات التركية والتترية التي واجهته بالقرب من هذين النهرين. لكن عند وصوله إلى الدنيستر

وجد جيشًا عثمانيًا قويًا تحصن بقوة في موقع لا يمكنه التغلب عليه، وهو ما منع تقدمه لحصار بندر. حدثت صراعات عديدة، في أحدها - وفقًا لإحدى الروايات - قام «ساسي جيراي» (Sasi Ghirai)، سِرْعَسْكَر «بوجاك» (Boudjak)، مع عشرين ألف تتري وعدد مماثل من العثمانيين، بتوجيه ضربة قاسية للجيش الروسي. بالأسلوب المتكلف للكُتَّاب العثمانيين: «ذهب عدد كبير من الملعونين إلى الجحيم، قفزوا قفزة مميتة على القنطرة التي شكَّلتها السيوف المتألقة للمؤمنين الصادقين، إلى هاوية جهنم».

أعاد القائد لاسكي غزو القِرْم في يوليو من هذا العام، فقد ظهر بصحبة جيش قوامه من ثلاثين إلى خمسة وثلاثين ألف رجل في الجزء الشمالي من برزخ بريكوب، وقام الخان بإعداد الخطوط لمقاومة عنيدة، اعتقادًا منه أن الروس ينتوون بالفعل التوغل في القِرْم من هذا الطريق، لكن لاسكي دار حولها من دون أن يفقد نَفْسًا واحدة؛ إذ إن مدخل بحر آزوف (يُسمى «البحر الآسن») الذي يجاور الجانب الشرقي من البرزخ، يكون ضحلًا في جميع الأوقات خصوصًا في الصيف. والنتيجة أنه إذا كانت الرياح تهب لبضع ساعات بقوة من الغرب، دافعة المياه إلى الخلف، فإن المرور من البر الرئيسي إلى القِرْم يمكن أن يتم من دون استخدام برزخ بريكوب. وفي السابع من يوليو هبت رياح مواتية، فشكَّل لاسكي على الفور جيشه في صف واحد على طول الساحل، وسار به عابرًا قاع الخليج قبل أن تهدأ الرياح وتعود الأمواج. فُقدت بعض عربات الأمتعة التي كانت تعقبهم في الخلف، وتوقفت الرياح عن الهبوب بعد مرور القوات الروسية بوقت قصير. فأخذ لاسكي على الفور موقع التتر في بريكوب من الخلف، واستسلمت تلك المدينة في يوم الثامن من يوليو، ونجح الروس في الاشتباكات التي غامر بها التتر أمام جزء من جيش لاسكي. كان هدف لاسكي من هذه الحملة هو امتلاك كافا، أقوى مكان في القِرْم آنذاك، إذ كانت السيطرة عليها ترتبط بغزو شبه الجزيرة بالكامل. لكن بسبب التخريب الذي قامت به الجيوش الروسية في السنوات السابقة وهو ما استهلك البلاد بشدة، لم يتمكن لاسكي من العثور على وسائل الإعاشة لجيشه. أما الأسطول الروسي الذي أُمر بجلب الإمدادات، فقد ضربته الرياح قبالة الساحل وتضرر بشدة جراء العاصفة. وبعد بعض الهجمات والهجمات المضادة غير المجدية، اضطر الروس للعودة إلى بريكوب، ثم إلى بلادهم.

كثيرًا ما استؤنفت المفاوضات من أجل السلام أثناء الحرب. وفي شتاء عام 1738م، جرت محاولات جديدة لإنهاء الأعمال القتالية تحت الوساطة الفرنسية، غير أنها أُحبطت بسبب المطالب المفرطة التي واصل البلاط الروسي طرحها. وكان القائد مونيتش هو الملهم العظيم

لهذه الروح الطموحة في مجالس التسارينة، والمعارض الشديد للسلام؛ حيث كان قد ذهب إلى العاصمة الروسية في ختام حملة 1738م، واستخدم كل سلطته من أجل استمرار الحرب، وحث روسيا على الضرب بقوة لغزو القسطنطينية نفسها، واقترح أن يكون ذلك ليس فقط عن طريق القوات الروسية، وإنما من خلال إثارة الرعايا المسيحيين للأتراك ضد سيدهم. ولفت انتباه بلاط سان بطرسبرج إلى ما كانت عليه الحالة الحقيقية للإمبراطورية العثمانية في أوروبا، وسكانها المسلمين الذين يتفوق عليهم ملايين الرعايا في العدد عدة مرَّات، وهم الذين ظلوا مضطهدين لعدة قرون، لكنهم لم يَكُفُّوا قَطُّ عن كراهية الغزاة، ويرقبون الآن بابتهاج توَّاق إلى تقدم القوة الروسية. وقال للتسارينة إن جميع اليونانيين يعتبرونها حاكمهم الشرعي، وإنه قد سادت بينهم حماسة قوية. هكذا قال: «حان الوقت الآن للاستفادة من حماسهم في قضيتنا، والزحف على القسطنطينية، ما دام التأثير الذي حققته انتصاراتنا جديدًا وحيويًّا؛ إذ لا يمكن أن تلوح مثل هذه الفرصة مرَّة أخرى»[1]. اعتمدت الإمبراطورة آنا بسهولة هذا «المشروع الشرقي»، كما كان يُطلِق عليه القائد مونيتش، فجرت تعبئة الجيش بشكل واسع في جنوب روسيا، وأُرسل مبعوثان إلى إبيرس وتساليا لإعداد السكان للثورة ضد الأتراك. قرر مونيتش عام 1739م، إحراز الضفة اليمنى لنهر الدنيستر من دون أن يُعَرِّض قواته للمعاناة والخسائر، التي علم بحتميتها من خلال تجربة مَنْ سار من الحاضرين على طول الساحل الشمالي الغربي للبحر الأسود. وبناءً على ذلك قاد جيشه إلى بودوليا، وانتهك بتهور الأراضي المحايدة للدولة البولندية، على الرغم من الاعتراضات التي وُجهت إليه مقابل هذا الخرق المستهجن للقانون الأممي. اجتاز الروس والقوزاق التابعون لمونيتش بودوليا، بعد أن نشروا الخراب في الأنحاء كما لو كانوا في بلاد العدو، وعبروا الدنيستر إلى مولدافيا عند «سوكوزا» (Sukowza) (12 أغسطس، 1739م)، على بُعد ستة فراسخ تقريبًا من قلعة خوتين التركية. أما سِرْعَسْكَر بندر، «فيلي باشا» (Veli Pasha)، فتمركز أمام خوتين، لكنه هُزم تمامًا في الثامن عشر من أغسطس، واستسلمت خوتين بعد أيام قليلة من المعركة مع الروس. أعلن مونيتش، كانتمير (سليل الحكام السابقين لمولدافيا)، أميرًا على مولدافيا تحت الحماية الروسية، فقام كانتمير على الفور بإثارة السكان الأصليين للقتال ضد العثمانيين ونائب السُلطان. زحف مونيتش على جاسي، عاصمة الإقليم، ودخل هو والأمير كانتمير، المدينة بلا مقاومة، ثم انتقل القائد الروسي إلى بيسارابيا، معتزمًا إخضاع بندر، والأماكن القوية الأخرى في تلك المنطقة، وتأمين قاعدة عملياته قبل أن يتقدم

(1) Ruhiere, vol. I. p. 164 ; voL iii. p. 286. Emerson Tennent's "Greece," vol. ii. p. 301.

جنوبًا إلى قلب تركيا الأوروبية، لكنه توقف في منتصف مسيرة الانتصار بسبب أنباء الهزائم الكارثية التي تكبّدها حلفاؤه النمساويون في أعلى الدانوب، فضلًا عن الاشتراطات المخزية التي التمسوها من العدو المشترك من أجل السلام.

كان يَكَن محمد قد أثار استياء السُلطان محمود، وحل محله الحاج محمد باشا[1]. تولّى الوزير الأعظم الجديد - مثل سلفه - القيادة أمام الإمبرياليين، وقد يرجع السبب في ذلك إلى أنه أَدرج في جيشه الخاص أفضل القوات التركية، خصوصًا الجنود المحنكين الذين عادوا من الحروب الفارسية، بينما مُنحت الأفواج الأدنى مستوى، والجنود المبتدئون، إلى الباشوات الذين تولوا القيادة أمام الروس. لكن الحماقة البائسة للقائدين: «واليس» (Wallis)، و«نيبيرج» (Neipperg) (هما القائدان اللذان منحهما الإمبراطور شارل السادس هذا العام لجيوشه)، تكفي في حد ذاتها لإبراز الفارق بين حظوظ النمسا في الميدان وتلك التي حازها الروس تحت قيادة مونيتش.

حُشدت القوة النمساوية الرئيسية بالقرب من بيتروارادين في مايو، والتي بلغ عددها ستة وخمسين ألف رجل، من دون حساب رجال المدفعية والخيّالة الخفيفة، وغيرها من القوات الخفيفة وغير النظامية. كان القائد واليس يهدف إلى بدء الحملة بحصار أورسوفا، ولديه أوامر مؤكدة من الإمبراطور بالدخول في معركة ضارية مع العدو في أول فرصة. عبر النمساويون نهر سافا في السابع والعشرين من يونيو، وساروا على طول الضفة اليمنى لنهر الدانوب نحو أورسوفا. وتقدَّم الجيش التركي الذي بلغ قوامه مائتي ألف رجل تقريبًا بقيادة الوزير الأعظم الحاج محمد باشا، من خلال سِمندره، واتخذ مركزًا قويًّا على الأرض المرتفعة القريبة من «كروتزكا» (Krotzka). باقتراب واليس من كروتزكا اعتقد أنه ليس أمامه سوى مفرزة من الأتراك عليه التعامل معها، فسارع إلى الأمام من خلال ممر ضيق غائر بصحبة الفرسان فقط من جيشه من أجل المواجهة. وبخروجهم من الطريق الغائر، وجد الفرسان النمساويون أنفسهم بين مزارع كروم ومساحات من الشجيرات القصيرة، بحيث كان من المستحيل عليهم تشكيل صف أو القيام بهجوم، فتعرضوا للهجوم من جميع الاتجاهات بنيران كثيفة من بنادق المشاة الأتراك، الذين نشرهم الوزير بمهارة حول فم الممر. ومن دون دعم من أي مشاة أو مدفعية، تكبَّد الفرسان النمساويون خسارة فادحة، ودُفعوا عائدين في فوضى عبر الممر. تقدَّم الأتراك، واحتلوا المرتفعات على جانبَي الطريق، وهاجموا الجناح الأيمن من المشاة

---

(1) كان ذلك في مارس عام 1739م. (المترجم).

النمساوية. استمرت اشتباكات قوية في هذا الجزء من الميدان حتى غروب الشمس، إلى أن سحب واليس قواته إلى «فينزا» (Vinza). خسر النمساويون في معركة كروتزكا أكثر من عشرة آلاف بين قتيل وجريح. وعلى الرغم من أن الأتراك عانوا كذلك بشدة في الجزء الأخير من المعركة، فإنهم كانوا مبتهجين إلى أقصى درجة بسبب الانتصار. أما القائد النمساوي، الذي صار جَزعه يضاهي عجرفته السابقة، فسرعان ما تراجع إلى بلجراد، فتبعه الأتراك، وفتحوا نيران بطارياتهم على المدينة، والجنود يهتفون: «دعونا نستفد من الذعر والعمى اللذين أصاب الله بهما الكفار لخرق سلام باساروويتز»[1]. سعى واليس ونيبيرج حينذاك للحصول على شروط من الوزير الأعظم. تلت ذلك سلسلة من المفاوضات، أظهر فيها القادة والمفاوضون النمساويون هوسًا وجُبنًا وحماقة أكثر مما أبداه القائد «ماك» (Mack) بعد ذلك في استسلام أولم الذي لا يُنسى. جاء السفير الفرنسى «فيلينوف» (Villeneuve) إلى معسكر الوزير الأعظم بالقرب من بلجراد، لتقديم وساطة وكفالة فرنسا لعملية السلام التي سعى إليها واليس ونيبيرج، بجشع صفيق إلى حدٍّ كبير. وُقِّعت مواد أولية في الأول من سبتمبر، ومن خلالها تقرَّر أن تعيد النمسا إلى الباب العالي مدينة بلجراد، وجميع المناطق الواقعة في كلٍّ من البوسنة والصرب ووالاشيا التي أخذها الإمبراطور من السُّلطان في سلام باساروويتز. وكضمان لتنفيذ هذه المواد الأولية، مُنح مدخل بلجراد للأتراك. واشترط النمساويون بأن تركيا يجب أن تحقق السلام مع روسيا في الوقت نفسه، وأُرسل الرسل وفقًا لذلك إلى معسكر مونيتش. تلقَّى القائد الروسي المنتصر أخبار اتفاقية بلجراد بأشد الاستياء، لكنه كان يعلم أنه من المستحيل عليه أن يستأنف زحفه على القسطنطينية مع جيش الوزير القوي المنتصر، حر التصرف ضد جناحه، فوافقت روسيا مُكرَهةً على إنهاء تلك الحرب التي كلَّفتها هذه التضحيات الكبيرة في المال والرجال، في الوقت الذي بدا فيه أن خططها الأكثر طموحًا للغزو كانت على وشك التحقيق.

كانت مواد معاهدة بلجراد، التي أُقرّت أخيرًا بين الباب العالي والنمسا، إلى حدٍّ كبير، هي تلك المواد الأولية للمعاهدة. وكانت المعاهدة المبرمة بين روسيا وتركيا تنص على ضرورة هدم مدينة آزوف، وأن تبقى أراضيها قفرًا، باعتبارها أرضًا حدودية للإمبراطوريتين. وتقرر أن تكون لروسيا حرية إقامة حصن في كوبان، مع عدم إعادة بناء تجانروك. ونصت المادة الثالثة من المعاهدة صراحة على أنه يجب على روسيا ألَّا تحتفظ بأي أسطول سواء في بحر آزوف

---

(1) Coxe, vol. iii. p. 213.

أو في البحر الأسود، وألَّا تبني سفن حرب على أي جزء من ساحل هذين البحرين[1]. وأقرت باستقلال الكبارتس، وعُينت لجنة لتحديد خط الحدود بين الإمبراطوريتين. أعطى هذا لروسيا زيادة في الأراضي على الجانب الأوكراني. أما خوتين، والفتوحات الأخرى لروسيا في مولدافيا وبيسارابيا، فقد جرت إعادتها، وأعطت المعاهدة لرعايا كلٍّ من السُّلطتين التركية والروسية ضمانًا بالعفو عن أي شيء ارتُكب من قِبَلِهم أثناء الحرب.

كان هذا هو سلام بلجراد[2]، وهو واحد من أكثر المعاهدات المُشَرِّفَة والمربحة التي عقدتها تركيا مع القوى الأوروبية. وهو ما ميَّز حكم السُّلطان محمود الأول بالتألق، الذي يَتَّضِحُ بالنَّظر إلى التباين بين هذا السلام، وبين الطابع المهين والمأساوي للمعاهدات التي أُنهيت فيها الصراعات اللاحقة لبيت آل عثمان مع جيرانه الأوروبيين.

بدا آنذاك أن الأيام السيِّئة قد أُرجئت لفترة طويلة؛ حيث حانت فترة راحة من موبقات الحرب، كانت طويلة على نحو غير اعتيادي في التاريخ العثماني، ما بين توقيع المعاهدات التركية مع النمسا وروسيا في 1739م، وتجدُّد كارثة الصراع مع روسيا عام 1768م. ولم تكن هذه السنوات التسع والعشرون مواسم هدوء تام، فقد اندلعت حرب مع بلاد فارس عام 1743م، لكنها أُنهيت في 1746م بمعاهدة لم تُحدِث تغييرًا يُذكر في الأوضاع القديمة التي حُددت بين الإمبراطوريتين في عهد مراد الرابع. وكان هناك من وقت إلى آخر عدد من الاضطرابات والتمردات في مناطق مختلفة من الباب العالي، فكان حكام الأقاليم النائية يقومون أحيانًا بالاستقلال من الناحية العملية، متجاهلين أوامر السُّلطان، وإن كانوا يدينون له بالولاء، وينقلون سُلطتهم من الأب إلى الابن، كما لو كان مُلْك الوراثة من حقهم. قُمعت هذه الاضطرابات أحيانًا، وجرى تجاهلها أحيانًا أخرى، وفقًا لمدى القوة والضعف واليقظة والانبطاح، للحكومة المركزية والأقاليم المتمردة[3]. وكانت أخطر هذه الاضطرابات الداخلية للإمبراطورية هي تلك التي أصبحت مزمنة في مصر، مما يثبت أن قوة الفتح العظيم الذي قام به سليم كانت تتفلت تدريجيًّا من القبضة الضعيفة لخلفائه.

لم يكن الجزء الأخير من عهد السُّلطان محمود الأول، بارزًا فقط في التاريخ التركي، وإنما كذلك في التاريخ الإسلامي العام، بسبب ثورة الوهابيين في الجزيرة العربية، والتعاظم

---

(1) See Von Hammer, vol. iv. p. 365.

(2) عُقدت معاهدة بلجراد في الثامن عشر من سبتمبر عام 1739م. (المترجم).

(3) See Porter's Turkey by Larpent, voL i. p. 270.

السريع لطائفتهم. وقد سُمي هؤلاء المتشددون المسلمون (الذين يدَّعون أنهم الإصلاحيون السَّلَفيون والتابعون الصادقون الوحيدون) بذلك تبعًا لمؤسسهم، عبد الوهَّاب، والذي يعني: «عبد الواهب لكل شيء».

وُلد عبد الوهاب في العُيَينَة، في شبه الجزيرة العربية، قرب نهاية القرن السابع عشر من التقويم المسيحي، وبداية القرن الثاني عشر بعد الهجرة. كان والده شيخ قريته، وكان الشاب عبد الوهاب يتلقَّى تعليمه في المدارس الدينية بالبصرة، حيث حقَّق تقدمًا سريعًا في تعلم الإسلام، وفي الوقت نفسه كبر مقتنعًا بأن عقيدة النبي صلى الله عليه وسلم تراكم عليها كوم فاسد من الخرافات، طُلب منه هو نفسه أن يكون مصلحها. وعند عودته إلى شبه الجزيرة العربية، حيث لم يخشَ الخطر، ولم يعرقله الفشل المؤقت، أعلن استنكاره الشديد للمعتقدات والممارسات السائدة في المسجد والدولة. واحتج بشكل خاص على عبادة الأولياء، التي استشرت بين المسلمين، وعلى حَجِّهم إلى الأماكن المقدسة المزعومة، وعلى تساهلهم في العديد من الملذات التي يحظرها القرآن، لا سيما ذلك الشكل الكريه من المجون، الذي أصبح سائدًا إلى حدٍّ كبير بين الأتراك وغيرهم من شعوب الشرق. في البداية قوبل بالسخرية والاضطهاد من أولئك الذين نصحهم، لكنه تدريجيًّا كان سببًا في وجود مهتدين. وفي النهاية تبنَّى مذهبَه محمد بن سعود، شيخ قبيلة المصاليخ القوية، الذي تزوَّج في الوقت نفسه بابنة عبد الوهاب. وهكذا أصبحت حينذاك الطائفة الجديدة هيئة سياسية وعسكرية كبيرة. واستمر عبد الوهاب قائدًا روحيًّا، إلا إن واجبات القيادة العسكرية الفعلية تعهَّد بها ابن سعود، الذي طبَّق المذهب الجديد بالسيف، كما حدث سابقًا من قِبَل النبي والخلفاء الأوائل. واصل ابنه عزيز، وسعود، حفيد محمد بن سعود، الدعوة المسلحة نفسها مع زيادة الحماس، فانتشرت الطائفة الوهابية في كل مناطق الجزيرة العربية. وذهبت المحاولات المتوالية للسلاطين والباشوات من أجل قمع هذه البدعة وهذا التمرد أدراج الرياح، حتى اضطلع بهذه المهمة باشا مصر السابق، محمد علي، الذي أطاح بالسيطرة الزمنية للوهابيين، وأرسل أميرهم الأخير في القيود إلى القسطنطينية، حيث قُطع رأسه عام 1818م، لكن التعاليم الوهابية لا تزال سائدة بين العديد من القبائل البدوية[1].

(1) لجأ محمد بن عبد الوهاب إلى الدِّرْعِيَّة في نجد عام 1744م، وتحالف مع أميرها محمد بن سعود (ت 1765م)، وأسَّسا ما سُمي بـ«الدولة السعودية الأولى» (1745-1818م)، وعاصمتها الدِّرْعِيَّة. وظلت هذه الدولة الجديدة تتوسع على حساب الوجود العثماني في شبه الجزيرة العربية. فقام الوهابيون أولًا بالتوسع داخل نَجْد، فسَلبوا ونهبوا القبائل المحيطة، وصاروا يشنون الغارات المتواصلة على أطراف الحجاز والعراق، ثم سيطروا على القصيم، وتوجهوا إلى الأحساء عام 1792م، التي سيطروا عليها بالكامل بعد =

إن السياسة السِّلمِية التي حافظت عليها تركيا تجاه النمسا بعد وفاة الإمبراطور شارل السادس عام 1740م، هي الأكثر نبلًا بالنسبة إلى الأمة العثمانية، وذلك بسبب التباين بينها وبين الجشع الفوضوي، الذي أظهره تقريبًا جميع الجيران المسيحيين لسُلطة العاهلة النمساوية الشابة، «ماريا تيريزا» (Maria Theresa)؛ حيث وافق كلٌّ من ملك «بروسيا» (Prussia)، وأمير بافاريا، وأمير «ساكسونيا» (Saxony)، وملوك فرنسا، وإسبانيا، وسردينيا، على تقطيع أوصال الإمبراطورية النمساوية. وبدأت حرب التفتيت (التي تُسمَّى «حرب الإرث النمساوي»)، التي انتهت بسلام «إيكسلا-شابيل» (Aixla-Chapelle)، في 1748م. وفي ذلك الوقت لم يمتنع السُّلطان محمود فقط عن احتلال أي جزء من النمسا، العدو القديم لبيته، بأي شكل من الأشكال، لكنه أيضًا عرض وساطته لإنهاء الأعمال العدائية التي اندلعت بين القوى المسيحية. وبقدر متساوٍ من العدالة والحكمة، حرص الأتراك على عدم الانخراط في التنافس الأوروبي الكبير الآخر، الذي أعقب ذلك المتعلِّق بالإرث النمساوي بعد فترة ليست بالطويلة، والذي عُرف في التاريخ بـ«حرب السنوات السبع»، من المدة التي شغلها بين عامَي 1756 و1763م.

تُوفِّي السُّلطان محمود الأول (1754م) قبل اندلاع هذا الصراع الأخير المذكور آنفًا، لكنَّ أخاه وخليفته عثمان الثالث، التزم بسياسة الاعتدال وعدم التدخل نفسها التي أقرها سلفه، وبالتالي حافظ على السلام للإمبراطورية العثمانية خلال فترة حكمه التي استمرت ثلاث سنوات (1754-1757م). خلفه السُّلطان مصطفى الثالث، ابن السُّلطان أحمد الثالث. وقد كان اسم مصطفى دائمًا مصحوبًا بالكوارث والهزيمة في التاريخ التركي. وها نحن نقترب الآن من

= ثلاث سنوات، وحَوَّلوها إلى قاعدة عسكرية انطلقوا منها نحو الكويت والبحرين وقطر وأطراف عُمان. وبين عامَي 1800 و1803م، استطاعوا إخضاع البحرين ومسقط لطاعتهم، واستولوا على الطائف غربي الجزيرة عام 1802م، ثم مكة في العام التالي، وهو ما عَطَّل تقريبًا شعيرة الحج عام 1804م. واستطاعوا بعدها إحكام سيطرتهم على الحجاز، مما أضر بأمن الحج بشكل كامل. بعدها زحفوا على الشام، محتلين الكرك عام 1806م، وحوران عام 1809م. وعند استفحال الخطر إلى هذه الدرجة لجأ الباب العالي إلى محمد علي باشا في مصر، فقام بعد قضائه على المماليك عام 1811م بتسيير الحملات إلى الجزيرة العربية، أولًا بقيادة ابنه أحمد طوسون باشا، ثم بنفسه عام 1813م، ثم ابنه الآخر إبراهيم باشا عام 1816م، الذي استولى على الدِّرْعِيَّة عام 1818م، مُنهيًا بذلك الجولة الأولى من المسألة الوهابية لصالح الدولة العثمانية.

وجدير بالذكر أن المؤلف حاول هنا مجافاة الحقائق التاريخية بمقارنة ما فعله الوهابيون من فرض لمذهبهم بالسيف، بما فعله النبي صلى الله عليه وسلم وخلفاؤه الأوائل، في تلميح لانتشار الإسلام بحدِّ السيف، كما رأى بعض المستشرقين. انظر: زكريا قورشون، العثمانيون وآل سعود في الأرشيف العثماني (1745-1914م) (بيروت: الدار العربية للموسوعات، 2005م): 45-93. (المترجم).

تلك الفترة، التي استؤنف فيها الصراع تحت حكم السُّلطان الثالث لذلك الاسم المنذر بالسوء، بين الباب العالي وروسيا، بكوارث أثقل على تركيا من تلك التي تحمَّلتها عندما جاهدت ضد النمسا والأمير يوجين في عهد السُّلطان مصطفى الثاني.

مع ذلك لم تكن السنوات الأولى لمصطفى الثالث غير مبشرة أو غير مواتية؛ حيث كانت إدارة شؤون الإمبراطورية موكلة للوزير الأعظم راغب باشا[1]، ذلك الوزير الذي ربما لا يعادل رجال الدولة العثمانيين العظماء، صقوللي وكُبرولي الثاني والثالث، لكنه كان رجلًا صاحب نزاهة، وقدرات دبلوماسية رفيعة. لفت انتباه السُّلطان (الذي أظهر روحًا قلقة بشكل خطير) إلى فائدة وروعة إقامة المشروعات العامة. وأهم هذه المشروعات ذلك الذي كثيرًا ما بُدئ فيه، وكثيرًا ما أُهمل، وهو إنشاء قناة تصل بين البحر الأسود وخليج نيقوميديا، في بحر مرمرة، من دون المرور عَبْر مضيق البسفور. ولهذا الغرض، اقتُرح حفر قناة من الطرف الشرقي لخليج نيقوميديا إلى بحيرة «سبانجا» (Sabandja)، وإقامة أخرى من بحيرة سبانجا إلى نهر سقاريا الذي يصب في البحر الأسود. كانت المزايا التجارية لمثل هذه القناة ستصير كبيرة، وسيتمكن الأتراك من استخدام بحيرة سبانجا كمحطة بحرية آمنة تمامًا، وذات قدرة كبيرة على استيعاب أساطيل من أكبر الأحجام، يمكن أن تُطلَق بسرعة من ذلك المكان عند أي ضرورة ملحة في البحر الأسود أو بحر مرمرة. وقد جرت محاولة الجمع بين البحرين قبل افتتاح بثينيا، ومرة من قِبَل الإمبراطور تراجان. وقد بدأ المشروعَ نفسه قبل مصطفى الثالث ثلاثةُ سلاطين، هم: سليمان العظيم، ومراد الثالث، ومحمد الرابع، لكنه لم يكتمل قَطُّ، على الرغم من أن المسافات التي يجب حفرها كانت بسيطة، والصعوبات الهندسية التي تُسببها طبيعة التربة وارتفاعها قيل إنها قليلة وتافهة. تخلَّى السُّلطان مصطفى عن المشروع عام 1759م، بعد أن أثار اهتمامًا كبيرًا وحماسًا بين الفرنسيين والإنجليز المقيمين في القسطنطينية، الذين كانوا توَّاقين لإنجاز المشروع، والذين حثوا الأتراك، بلا جدوى، على المثابرة. ويذكر فون هامر

(1) هو محمد راغب باشا (1698-1763م)، عُين واليًا على مصر بين عامَي 1746 و1748م، فاستطاع قمع المماليك. ثم واليًا على الرقة، ثم على حلب سنة 1755م، وأميرًا للحج عام 1756م. تولَّى منصب الوزارة العظمى لست سنوات (1757-1763م) أظهر فيها كفاءة واقتدارًا، وتزوج بصالحة سلطان أخت السُّلطان مصطفى الثالث. كان عالمًا، له مؤلفات منها: «سفينة الراغب ودفينة الطالب»، وشاعرًا ينظم بثلاث لغات، هي العربية والفارسية والتركية، وله في كلٍّ منها ديوان. انظر، خير الدين الزركلي، الأعلام.. قاموس تراجم لأشهر الرجال والنساء من العرب والمستعربين والمستشرقين، مج.6 (بيروت: دار العلم للملايين، 2002م): 123. (المترجم).

أن تحقيق هذا العمل العظيم لا يمكن أن يُرتجى بعد ذلك إلا عندما تتولى مسؤوليته المقدرة والمهارة الأوروبية[1].

وجَّه راغب باشا جهوده الرئيسية إلى تقوية تركيا أمام العداء المتأصِّل لبلاطَي فيينا وسان بطرسبرج، من خلال التحالفات مع الدول المسيحية الأخرى. وكانت حصيلة حرب الإرث وحرب السنوات السبع، هي الصعود ببروسيا وجعلها قوة جديدة من الدرجة الأولى في أوروبا[2]. لم يكن لدى بروسيا ما تكسبه من موقعها الجغرافي، عن طريق أي خسائر يمكن أن تصيب تركيا، وكانت كلٌّ من النمسا وروسيا خصمين عنيفين لدودين إلى حدٍّ كبير للعاهل العظيم لبيت «براندنبرج» (Brandenburg)، «فريدريك الثاني» (Frederic II). ولذلك يبدو أن عقد معاهدة بين بروسيا وتركيا كان مرغوبًا فيه لمصالح كلتا الدولتين، وقد بُذل العديد من المحاولات لإبرام واحدة، قبل أن يحمل راغب باشا الأختام بوصفه وزيرًا أعظم. وفي النهاية، وَقَّع مبعوث فريدريك الثاني إلى القسطنطينية عام 1761م معاهدة تفاهم بين بروسيا والباب العالي، على غرار المعاهدات التي أبرمها بالفعل البلاط التركي مع السويد ونابولي والدانمارك. ولكن كان تخطيط راغب باشا أن يُحَوِّل هذه المواد الأولية إلى معاهدة للتحالف الهجومي الدفاعي. سعى السفير الإنجليزي بجدية إلى دفع هذا المخطط إلى الأمام، بينما سعى وزراء النمسا وروسيا إلى تأخيره وإرباكه. وقد أُحرز تقدم كبير في المفاوضات، عندما أدت وفاة راغب باشا عام 1763م إلى وضع حدٍّ لمشروع كان من شأنه إذا تكلَّل بالنجاح أن يؤدي بشكل أكيد إلى حرب مع النمسا، وفي تلك الحرب كان من شأن البروسيين أن يتعاونوا مع الأتراك، وربما كان قد اختلف مجرى التاريخ العثماني اللاحق بشكل ملموس.

---

(1) Von Hammer, vol. iv. p, 517.

(2) لم يَبدُ على ملامح السياسة الألمانية حتى النصف الثاني من القرن السابع عشر ما يُعلن عن ظهور دولة بروسيا القوية، حتى أنجبت أسرة «هو هنزلرن» (Hohenzollern) التي كانت تحكم براندنبرج منذ عام 1417م، رجلًا عظيمًا للمرة الأولى هو الدوق «فريدريك وليم» (Frederick William) (حَكَمَ: 1640-1688م)، المعروف بالمنتخب الأعظم، الذي استطاع صنع نواة دولة حديثة، ثم تُوِّج خلفه فريدريك (حَكَمَ: 1688-1713م) ملكًا على بروسيا، كمملكة بروتستانتية جديدة عام 1701م، وخلفه ابنه فريدريك وليم الأول (1713-1740م)، ومن بعده فريدريك الثاني (1740-1786م) المعروف بـ«فريدريك الأكبر»، الذي وصلت الدولة في عهده إلى مصاف الدول الأوروبية الكبيرة، فأحدثت تغييرًا في ميزان القوى الأوروبي، ونازعت النمسا سيادتها على الأراضي الألمانية. انظر مزيدًا عن بروسيا وحرب السنوات السبع: فيشر، أصول التاريخ الأوروبي الحديث: 390-418. (المترجم).

الفصل العشرون

الهجوم الروسي على بولندا - الاحتجاجات التركية - الحرب مع روسيا - وجهات النظر الأوروبية - هزائم الجيش التركي - الأسطول الروسي في البحر المتوسط - معركة تشيسمي - مآثر حسن جزايرلي - فقدان القِرْم - المفاوضات - تجدد الحرب - دفاع سلستره وشُملى - وفاة مصطفى الثالث - السُّلطان عبد الحميد - معاهدة قينارجه.

الفصل العشرون[1]

عقب وفاة راغب باشا عام 1763م، حكم السُّلطان مصطفى الثالث بنفسه. كان أميرًا صاحب موهبة ومثابرة كبيرتين، ورغبة صادقة في تعزيز مصالح الإمبراطورية العثمانية، لكن ثبت أنه سيِّئ الحظ في اختياره للمستشارين والقادة خلال الجزء الأخير من عهده. وقد قبضت آنذاك «كاترين الثانية» (Catherine II)، على صولجان السُّلطة الأكثر عداءً وصعوبة بالنسبة إلى تركيا، وهي من أكثر الحُكَّام طموحًا، وانعدامًا للضمير، وكذلك الأقدر من بينهم؛ ذلك لأنها سيطرت أكثر من أي وقت مضى على الموارد الكبيرة للإمبراطورية الروسية. هكذا تولَّت كاترين الثانية المُلْك في سان بطرسبرج، وكانت تُدعى «سميراميس الشمال» (Semiramis of the North)، لانضباطها الشديد، سواء فيما يتعلق بطابعها العام أو الخاص. وضعتها ثورة عسكرية على العرش بدلًا من زوجها الضعيف المسالم، وكان ذلك فقط من خلال الحفاظ على تأييد الجيش الروسي، وتشجيع عصبية الشعب الروسي، على أمل الحفاظ على مُلْكِها وحياتها. حرص القادة العسكريون، الذين قتلوا زوجها، وكانوا مفضَّلين لديها، وهم «الأورلوف» (Orloffs) ومساعدوهم، على الأعمال العدائية التي يمكن أن يُشبعوا من خلالها غرورهم وجشعهم، ويظهرون الشجاعة التي تُعد ميزتهم الوحيدة. شاهد الباب العالي، بقلق وانزعاج، السياسة العدوانية الغادرة التي اتُّبعت نحو كل دولة ضعيفة دخلت في نطاق النفوذ الروسي. وتمثَّلت هذه السياسة في إثارة الاضطرابات والحرب الأهلية، تظاهرًا بالتدخل كصديق لصالح الطرف الأضعف؛ بهدف نثر بذور شقاق جديد أسوأ، ثم التَّذَرُّع بالمعاناة والفوضى التي أنتجتها الأساليب الروسية، لإخضاع الدولة المنهكة بالسلاح الروسي. مُورست المكيافلِّية الروسية بشكل أساسي في بولندا، «تلك الأمة ذات المحنة المشتركة»[2]، خلال السنوات الأولى من حكم كاترين. وأصبحت بروسيا، لسوء حظها وحظ أوروبا، شريكًا لروسيا ضد بولندا. لم يعد فريدريك الثاني يسعى إلى التحالف مع تركيا ضد أعدائه القدامى في فيينا وسان بطرسبرج، وبدلًا من ذلك أُبرمت معاهدة مع كاترين عام 1764م، تعهَّد بموجبها الطرفان أن يحافظ كلٌّ منهما على حيازة الأراضي الخاصة به،

---

(1) Von Hammer, books 70-72.

(2) هذه عبارة السير «والتر راليغ» (Walter Ralegh)، التي يُطلقها على أيرلندا.

واتفقا على أنه إذا هُوجم طرف يجب على الطرف الآخر تقديم مساعدة قدرها عشرة آلاف من المشاة، وألف من الخيَّالة. غير أنها نَصَّت صراحة على أنه إذا هُوجمت روسيا من قِبَل الاتراك، أو بروسيا من قِبَل الفرنسيين، يجب أن تُرسل المساعدات بالمال. كانت هناك أيضًا مادة سرية في هذه المعاهدة ضد استقلال بولندا، هي التي منحت لهذا الاتحاد بين روسيا وبروسيا، اسم «التحالف غير المقدس لعام 1764م، الذي انبثقت عنه - مثل صندوق باندورا - كل الشرور التي أصابت أوروبا وخربتها من ذلك الوقت حتى يومنا هذا»[1].

اعترض البلاط العثماني باستمرار، لكن بلا جدوى، على احتلال بولندا من القوات الروسية والبروسية، وعلى ملابسات الخداع والاضطهاد المشينة، التي بموجبها اختير مفضَّل كاترين، «ستانيسلاوس بونياتوسكي» (Stanislaus Poniatowski)، ملكًا على البولنديين، كما اعترض على الديكتاتورية التي مارسها القائد الروسي «ريبنين» (Repnin) في «وارسو» (Warsaw). وقد جرى التهرب من الاعتراضات التركية بأعذار واهية للغاية، وذلك لإظهار الازدراء الذي كان يتعيَّن على الروس حينذاك أن يتعلموه تجاه جيرانهم العثمانيين، سواء على المستوى الدبلوماسي أو الحربي. كتب فون هامر صراحة أن «تبادل المذكرات بين الوزراء التركي والبروسي والروسي بشأن بولندا حتى يناير 1768م، هو دليل فريد على بساطة الدبلوماسية العثمانية، وازدواج نظيرتها الروسية والبروسية خلال هذه الحقبة. وقد استمرت الحكومة التركية، من خلال مترجميها، من وقت إلى آخر في طرح الأسئلة الأكثر إلحاحًا على وزراء هذه البلاطات، سعيًا إلى تفسير أعمال العنف التي وقعت في بولندا. وادعى المندوب السامي الروسي بشكل دائم أنه لم يسمع شيئًا عن هذه الأحداث، أو أعلن أن هذه مجرد تدابير لحماية حرية الدولة، وللحفاظ على التعهدات الرسمية».

---

(1) «كان هذا هو التحالف غير المقدس الذي أثبت منذ عام 1764م وحتى يومنا هذا، أنه مصدر جميع مصائب الدول الأوروبية، لأنه كان نموذجًا لجميع المعاهدات التي أُبرمت منذ ذلك الحين، والتي من خلالها أصبح مصير الدول الأضعف وإدارتها الداخلية يعتمد كليًا على اتفاقيات وأسلحة ودبلوماسيي الدول القوية. كانت هذه المعاهدة الأولى ضد البولنديين، وتلك التي تبعتها، والتي وُضعت وفقًا لنموذجها، قد عُقدت ضد حريات الأمم. وبهذه الطريقة واصلت بذور السخط والخلاف بين الحاكمين والمحكومين نموها وإثمارها حتى يومنا هذا. وبمجرد أن صارت حقوق الطعن بالحربة جيدة ضد بولندا وتركيا، أصبحت تُعدُّ أيضًا جيدة ضد حرية وحقوق الشعب. قام المظلومون بالكزِّ على أسنانهم في يأس، وانتظروا الانتقام الإلهي الذي اتبع خُطى هؤلاء المتغطرسين، الظالمين المستبدين، لمدة خمسة وعشرين عامًا، وذات يوم سيقومون بالتأكيد بالتغلب عليهم، كما يقع العالم تحت سلطان التدبير الإلهي». - Schlosser's "History of the Eighteenth Ceatury".

شعر السُلطان مصطفى ووزراؤه في النهاية أنهم كانوا يُعامَلون كمغفلين وحمقى، فكان الاستياء الذي أُثير تجاه روسيا في القسطنطينية عنيفًا. وقد زاد ذلك من الهجمات التي شنتها القوات الروسية على البولنديين الهاربين من الفريق المستقل الذين لجأوا إلى داخل الحدود التركية، والذين قاموا من ذلك المكان بالهجوم عَبْر حرب غير نظامية على أعدائهم، والذين انتقم منهم الروس في كل فرصة، من دون مراعاة لوجود المجموعات البولندية خارج أو داخل السيادة العثمانية. وفي النهاية، تبع القائد الروسي «وايسمان» (Weissman) حشدًا من البولنديين المتحالفين إلى مدينة «بالتا» (Balta)، على حدود بيسارابيا، التي تنتمي إلى تابع السُلطان، خان تتر القِرْم. حيث حاصر الروس المدينة، ثم استولوا عليها بالاقتحام، ونهبوها ودمروها تمامًا. هذا وتلقَّت تركيا أدلة على العداء الروسي في مناطق أخرى، فقد حدثت ثورات في الجبل الأسود وجورجيا، وكانت هناك اضطرابات في القِرْم، وكلها تفاقمت - إن لم تكن نشأت - عن طريق التدخل الروسي. قرر الديوان، في الرابع من أكتوبر 1768م، أن روسيا خرقت السلام بين الإمبراطوريتين، وأن الحرب ضدها ستكون عادلة ومقدسة، غير أنه تقرَّر أن يُجري الوزير الأعظم مقابلة أخيرة مع «دي أوبريسكوف» (d'Obresskoff)، الوزير الروسي في القسطنطينية، ويبلغه بإمكانية الحفاظ على السلام، شريطة أن تلتزم روسيا بضمانة حلفائها الأربعة، الدانمارك وبروسيا وإنجلترا والسويد، بعدم التدخل المستقبلي في اختيار ملك بولندا، أو في الخلافات الدينية في تلك المملكة، وأن تسحب قواتها من بولندا، ولا تعوق البولنديين بعد ذلك في التمتع بالحرية الكاملة والاستقلال.

استُدعي أوبريسكوف لإجراء مقابلة مع الوزير الأعظم، الذي قطع الحديث المجامل للدبلوماسي الروسي، بعرضه ورقة يتعهَّد من خلالها أوبريسكوف نيابة عن التسارينة، قبل أربع سنوات، بتخفيض رقابة الجيش الروسي في بولندا إلى سبعة آلاف رجل، في حين أنها زادت إلى ثلاثين ألفًا. فأجاب أوبريسكوف بأن هذا العدد الأخير مبالغ فيه، لكنه يُقر بأن هناك ثمانية وعشرين ألف جندي روسي في بولندا. صاح الوزير: «أيها الخائن الحانث، هل تُقِر بخيانتك؟ ألا تخجل أمام الله والناس من الفظائع التي يرتكبها مواطنوك في أرض ليست لهم؟ أليست المدافع التي أطاحت بقصر خان التتر مدافع روسية؟». وطَلب منه الوزير التوقيع الفوري على ورقة تحوي التعهد الذي حدَّده الديوان. فأجاب أوبريسكوف بأنه ليس لديه سلطة كافية للقيام بمثل هذا العمل. وحينذاك أُعلنت الحرب، وأُرسل الوزير الروسي إلى سجن الأبراج السبعة، وهو عمل من أعمال العنف الأخرق غير المبرَّر من جانب الأتراك، وهو ما مكَّن الإمبراطورة الروسية من أن تُظهر نفسها للعالم على أنها الطرف المتضرر، على الرغم من أنها هي التي

سعت إلى الحرب، وأن جميع الأعمال العدائية التي تسببت فيها قد دُبرت عمدًا من جانب الحكومة الروسية.

كان المناخ العام لأوروبا في ذلك الوقت مناسبًا للإمبراطورة؛ إذ إن إنجلترا على وجه الخصوص في هذه الفترة ولسنوات عديدة بعد ذلك، على الرغم من أنها عرضت وساطتها لمنع الحرب التركية، كانت ترغب في مشاهدة القوة الروسية تزداد وتنضم إلى بروسيا والدانمارك والسويد وهولندا وإنجلترا نفسها، في تحالف شمالي كبير، في مقابل اتحاد فرنسا وإسبانيا تحت بيت البوربون. لقد وضع هذا التخطيط اللورد «شاثام» (Chatham) (ثم السيد «بيت» (Pitt)) خلال حرب السنوات السبع، واستمر لكونه مشروعًا مفضلًا لدى رجال الدولة الإنجليز. أما الوزير الفرنسي «شويسول» (Choiseul)، فقد نظر بطبيعة الحال إلى روسيا بمشاعر مختلفة تمامًا. إلا إن رجل الدولة العظيم هذا، أدرك أيضًا مدى ضرورة مراقبة نمو قوة موسكو بيقظة شديدة، ليس فقط من أجل المصالح الفرنسية، بل من أجل المصلحة المشتركة لأوروبا. عمل شويسول بقلق عند اندلاع الحرب بين روسيا وتركيا عام 1763م، لجعل الحكومة الإنجليزية تتفهَّم الطابع الحقيقي للسُلطة والطموح الروسي. وقد ذهبت جهوده أدراج الرياح، إلا إن واحدة من أوراق الدولة حول هذا الموضوع تستحق الذكر؛ حيث قال شويسول حول رغبة إنجلترا المعلومة في تحالف الشمال: «إن وزير الخارجية الإنجليزي قد جانبه الصواب، فهو لا ينظر إلى هذه الموضوعات من وجهة النظر العليا، التي يجب أن تسترعي انتباه وزير عظيم. فلا شيء يمكن أن يكون أكثر خطورة على سعادة وراحة الإنسانية، ولا أكثر خشية على القوى الرئيسية في أوروبا، من نجاح قوات روسيا ومشروعاتها الطموحة. وبعيدًا عن السعي - بناءً على مثل هذا الافتراض - إلى صداقة الإمبراطورة والتحالف معها، سيصبح من مصلحتهم الأساسية الاتحاد لإضعاف قوتها وإنهاء تفوقها. إذا كان توازن القوى؛ ذلك المصطلح الذي لا معنى له، والذي اخترعه «ويليام الثالث» (William III) بعد أن أصبح ملكًا لإنجلترا في سبيل إثارة عموم أوروبا ضد فرنسا، يمكن أن يكون له تطبيق منصف، وإذا كان هذا التوازن المزعوم للقوى يمكن أن يتم الإخلال به، فسيكون ذلك بسبب الزيادة المذهلة في القدرة المادية والمعنوية لروسيا؛ فهي تعمل الآن على استعباد الجنوب، وبعدها سوف تتعدى على حرية الشمال، ما لم يجرِ في الوقت المناسب وضع حدٍّ فعلي لشغفها المفرط بالطغيان. وبدلًا من المساهمة في تعظيم روسيا، يجب على البلاطات الرئيسية أن تعمل معًا لكبح طموحها وجشعها، الذي قد يُؤدي في بعض

المناحي إلى الفكرة الخاطئة، التي نُسبت ذات مرَّة إلى فرنسا، وهي تلك الفكرة التي تهدف إلى مَلَكية عالمية»[1].

مع ذلك، سرعان ما بدأ الأتراك الحرب. وعندما أصدر السُّلطان مصطفى إعلانه للحرب على روسيا في خريف 1768م، كان غضبه قد غلب على حكمته. لقد كان عليه أن يتحمَّل الإهانات التي أُلحقت به لفترة أطول قليلًا، ولا يشرع في القتال قبل صيف العام التالي، فربما يكون وقتها قد حاز القوة الكاملة لإمبراطوريته استعدادًا لإنفاذ تهديداته؛ لكن كان من المستحيل حشد قواته الآسيوية معًا خلال فصل الشتاء، وبالتالي تأخَّر افتتاح الحملة على الدنيستر والدانوب حتى ربيع 1769م، وهو تأخير مَكَّن الروس من القيام باستعدادات واسعة للهجوم على تركيا تقريبًا في كل جزء من أجزاء حدودها الشمالية، سواء في أوروبا أو آسيا. لم تكن الحصون التركية في حالة مناسبة، أو لديها مؤن كافية، عندما أُعلنت الحرب في القسطنطينية؛ هكذا سعت الحكومة العثمانية إلى إصلاح هذه العيوب خلال فصل الشتاء، لكن عند قدوم الربيع وُجد أن التجهيزات التركية لا تزال بعيدة عن حالة الكفاءة المناسبة.

قام أحد القادة البواسل على الجانب الإسلامي، وهو الوحيد تقريبًا الذي أبرز قدرات حربية لدعم الهلال خلال السنوات الأولى من هذه الحرب الكارثية، بهجوم قوي على المقاطعات الجنوبية من إمبراطورية التسارينة، قبل أن يفكر القادة الآخرون على كلا الجانبين بوقت طويل في إمكانية إحضار قوات إلى الميدان. كان هذا هو خان تتر القِرْم، كريم جيراي. قام زعيم التتر، قبل نهاية يناير 1769م، بحشد مائة ألف فارس عند أنقاض بالتا، التي دمرها الروس في الصيف السابق. وبهذه القوة الكبيرة من الغزاة الأشداء، عَبَر كريم جيراي نهر بوج، ثم أُرسلت مفرزة نحو «دونيك» (Doneck)، وأخرى نحو أوريل، في حين اجتاح القسم الرئيسي تحت قيادته مقاطعة الصرب الروسية الجديدة. رافق خان جيراي في هذه الحملة، «بارون دي توت» (Baron de Tott)، وهو واحد من أقدر الضباط والوكلاء الكثيرين (وإن لم يكن الأقل تبجحًا)، الذين أرسلهم الوزير الفرنسي شويسول إلى تركيا لتشجيع العثمانيين ومساعدتهم. وقد وصف دي توت المهارة والنشاط الشديدين لذلك الحشد البري الذي سار معه، والانضباط الصارم الذي حافظوا عليه وسط الحرية الكاملة التي ظهرت في الحملة بسبب العبقرية العسكرية لقائدهم. ولمدة أربعة عشر يومًا ارتحل كريم جيراي وفق إرادته خلال الجنوب الروسي، يصاحبه ضرب الطبول وخفق الرايات، بينما اجتاح الفرسان الجامحون الأرض يصاحبهم تيار متزايد من الدمار.

---

(1) Choiseul to Chatelet, April 16, 1769, cited in Bancroft's "America," vol. iii. p. 298.

كان ارتحال الخان وضيفه البارون لا يمتاز عن بقية التتر؛ فقد كان طعامهم من اللحم المخضل والمكدود بين السرج وظهر الخيل، ومقدارًا من حليب الخيل المُخَمَّر، ولحم الخيل المدخن، والكافيار، و«البوتارجو» (boutargue)، وغير ذلك من الأطعمة التترية، ولكن قُدِّم نبيذ توكاي إلى الضيف في آنية من الذهب. عسكر الخان، وسار في وسط جيشه، الذي نظَّمه في عشرين صفًّا. تخفق أمامه جنبًا إلى جنب مع الرايات التركية والتترية، رايات قوزاق «يناد» (Ynad)، الذين هجروا الإمبراطورية الروسية في زمن بطرس الأكبر، تحت قيادة القوزاقي «إجناسيوس» (Ignacius)، الذي كان يُدعى منذئذ «يجناد» (Ygnad)، أو يناد، وهو ما يعني: «المتمرد». ومن خلال قوتهم، انتصر كريم جيراي على قوزاق الزابوروج عند تمردهم على سلطة قائد قلعة «إليزابيثجرود» (Elizabethgrod). كما انضم أمير «ليزغيز» (Lezghis) إلى خان القِرْم، وقدَّم إلى جيوش السُّلطان دعمًا قوامه ثلاثون ألف رجل، شريطة أن يُكَرِّمه السُّلطان والوزير الأعظم تكريمًا مُعيَّنًا، وأن يحتفظ عند السلام بكل الأراضي التي يمكن أن يُطرد منها الروس. لو امتد الأجل بكريم جيراي بضع سنوات أخرى، أو حتى بضعة أشهر، لكان من المرجَّح أن سطوته على المحاربين الوحشيين لهذه المناطق، ومهارته الرائعة في التعامل مع القوات غير النظامية، ستغيران جوهريًّا مسار الحرب. لقد أُعجب دي توت بالانضباط الشديد الذي حافظ عليه، بينما يسمح ويشجع أتباعه على إظهار أقصى ما لديهم من موهبة مذهلة أمام العدو، سواء للحصول على الغنائم، أو الحفاظ عليها عند أخذها؛ لكن الويل كل الويل للتتري الذي يقوم بالنهب من دون إذن من الخان، أو من يقوم بأي انتهاك لأوامره. بعد أن قام بعض تتر النوجاي في الجيش بإهانة الصليب، تلقَّى كلٌّ منهم مائة ضربة بالعصا أمام الكنيسة التي ارتكبوا فيها هذه الإساءة، ورأى دي توت آخرين قاموا بنهب قرية بولندية من دون أوامر، فقُيِّدوا إلى ذيول خيولهم وسُحبوا إلى أن لفظوا أنفاسهم الأخيرة.

تُوفِّي كريم جيراي في غضون شهر بعد عودته من هذه الحملة على روسيا. ويُعتقد أنه جرى تسميمه من قِبَل طبيب يوناني يُدعى «سيروبولو» (Siropulo)، عميل أمير والاشيا، الذي كان دي توت قد حذَّر كريم جيراي منه، بلا جدوى. عيَّن الباب العالي خلفًا لذلك الخان، هو «دولت جيراي» (Dewlet Ghirai)، الذي كان أميرًا تعوزه الروح والمقدرة، ويُشبه إلى حدٍّ كبير في أوجه قصوره هذه، الوزير الأعظم وغيره من قادة قوات السُّلطان. وفي الوقت نفسه، كانت الإمبراطورة كاترين وقادتها يستعدون للحرب بمقدرتهم المميزة، وقد حُشد أول جيش روسي، قوامه خمسة وستون ألف شخص، في بودوليا، بقيادة الأمير «ألكسندر ميشيلوفيتش جالتزن» (Alexander Michailovitsch Gallitzin)، وكان موجَّهًا لمحاصرة مدينة خوتين والاستيلاء

عليها، ثم احتلال مولدافيا. وحُشد الجيش الثاني، تحت قيادة الكونت «بيتر ألكسندرويتش رومانزوف» (Peter Alexandrewitsch Romanzoff)، لحماية حدود روسيا بين الدنيبر وبحر آزوف، وإعادة بناء حصني آزوف وتجانروك، اللذين دُمِّرا عملًا بمعاهدة بلجراد. وكان الجيش الثالث الذي يتألف من عشرة آلاف إلى أحد عشر ألف رجل، لاحتلال بولندا، ومنع البولنديين من تقديم أي مساعدة لتركيا. وتقدَّم جيش رابع، بقيادة القائد «ميديم» (Medem)، من «زاريزين» (Zarizin) إلى كبارتس وكوبان. ووُجِّه الجيش الخامس، تحت القائد «تودلبن» (Todleben)، إلى «تفليس» (Tiflis)، من أجل مهاجمة أرضروم وطرابزون، بالتنسيق مع الأمراء الجورجيين، لـ«كارثلي» (Karthli) ومنجريليا وجوريل وإمريتيا، الذين خضعوا للسيادة الروسية. وفي الوقت نفسه، أُرسلت الأموال والأسلحة والذخائر والضباط إلى الجبل الأسود، حيث وُضع أولئك المقاتلون من ساكني الجبال في مواجهة مع القوات التركية في البوسنة. وفي حين كان الوزير الأعظم يتحرك ببطء مع جيش السُّلطان الرئيسي من القسطنطينية إلى نهر الدانوب، عَبَرَ جالتزن الدنيستر، وقام بمحاولة فاشلة في خوتين، وبعد ذلك تراجع عبر الدنيستر. وفي واقع الأمر، بقدر ما كان جالتزن مسؤولًا، كانت سخرية فريدريك الثاني حاكم بروسيا مستحقة فيما يخص القيادة في هذه الحرب؛ إذ وصفها بانتصار الأعور على الأعمى. لكن من بين القادة الروس الآخرين وآمري الأقسام، وجد فريدريك نفسه أن رومانزوف وايسمان و«باور» (Bauer) و«كامنسكي» (Kamenski)، وقبلهم سوارو، كانوا خصومًا هائلين.

كان الوزير الأعظم التركي، أمين محمد[1]، صهرًا للسلطان. ويمكن معرفة إلى أي مدى كان مؤهلًا لواجبات القيادة العامة من خلال تقرير اجتماعات مجلس الحرب، الذي حفظه المؤرخ التركي «واصف» (Wassif). وصل الوزير إلى إيساقجي (في الجزء الأدنى من نهر الدانوب، بالقرب من إسماعيل)، في أوائل مايو، وتوقف هناك عشرين يومًا، لاستكمال مخزونه من المؤن والذخيرة العسكرية. بعدها استدعى قادته ووجه إليهم هذه الكلمات: «إلى أي مكان تعتقدون أنه عليَّ توجيه سير الجيش؟ ليس لديَّ أي خبرة بالحرب، لذا عليكم تحديد كنه العمليات التي من المناسب لنا القيام بها، وتُمثِّل أفضل الفرص لإعمال أسلحة الباب العالي. تكلموا من دون تحفظ، وأنيروا لي الطريق بمشورتكم». جلس جميع القادة صامتين لبعض الوقت، يحدقون بدهشة في الوزير الأعظم وفي بعضهم البعض. وفي النهاية بدأ الشيخ عثمان أفندي حديثًا طويلًا، كانت خلاصته أنه نظرًا لقيام العدو بمحاولة فاشلة جهة خوتين، فإنه من المحتمل أن يظهر بعد

(1) تولَّى الوزارة العظمى من أكتوبر 1768م، إلى أن أُعدم في أغسطس 1769م. (المترجم).

ذلك على جهة بندر. وعندما استوعب الوزير الأعظم ما يرمي إليه المتكلم، قطع خطابه صائحًا: «كفى، كفى! يجب أن يكون لكل شخص وقت للتحدث». بعد ذلك أوصى بعض الضباط بالسير إلى خوتين، معتقدين أن أوزاكوف وبندر قويتان بما يكفي لتُتركا لمواردهما الخاصة. وارتأى آخرون أن الخطة الأكثر حكمة هي عبور نهر الدانوب أولًا، ثم التصرف بعدها وفقًا للظروف. وافق الوزير الأعظم على هذه الخطة، فعبر الجيش التركي نهر الدانوب وتقدَّم إلى «خانديبي» (Khandepe) على بروت، بين خوتين وجاسي، إلا إن نقص المؤن، وأسراب البعوض والناموس التي عانى منها الأتراك في تلك المنطقة، جعلت الوزير الأعظم يُغيِّر خط عملياته ويسير نحو بندر. توقفوا في «جاسيبيدي» (Jassipede) (9 يونيو 1769م)، حيث وجدوا هناك أيضًا شُحًّا في إمدادات الغذاء، فضلًا عن وفرة البعوض والناموس كما في خانديبي. وفي غضون ذلك، أعاد جالتزن تنظيم جيشه، وحصل على تعزيزات كبيرة في بودوليا. وكانت الحكومة البائسة لبولندا قد أجبرها الروس على إعلان الحرب على تركيا، وأصدر السُّلطان مصطفى ومفتيه فتوى، فرضت على القوات التركية مهاجمة بولندا ومعاملتها بوصفها دولة معادية. وتبعت ذلك سلسلة من العمليات والمناوشات بجوار خوتين، تنافس فيها الأمير جالتزن والوزير الأعظم مع بعضهما البعض بحماقة. وأخيرًا، فإن الشكاوى العديدة التي تلقَّاها السُّلطان ضد صهره، جعلته يقوم بعزل أمين محمد، وقطع رأسه في أدرنة في أغسطس. خلف أمين محمد في الوزارة العظمى، «علي مُولدوانجي» (Ali Moldowandji)[1]، الذي برز في بعض الاشتباكات بظاهر خوتين. كان علي بستانجيًّا، أي: «بستاني في القصر»، وقد أرسل حملة ضد بعض العصابات التي أصابت الاتصالات بين الأقاليم الأوروبية الشمالية والعاصمة بالضرر. وفي تلك الحملة، قبض علي على عدد من النساء المتشردات المولدافيات، وباعهن مع أطفالهن عبيدًا، ومن هذا الحادث حاز لقبه، «علي المولدافي». حصل على القيادة العامة للقوات العثمانية، وقام بعدة هجمات جريئة على الروس بالقرب من خوتين، وسعى إلى اختراق بولندا. وفي نهاية المطاف، أخفق الأتراك، واستسلمت خوتين في 18 سبتمبر 1769م. كان الجيش التركي آنذاك مضطربًا تمامًا، وسارع بالعودة إلى الضفة اليسرى لنهر الدانوب، وأعاد عبور هذا النهر عند إيساقجي، عن طريق جسر القوارب نفسه الذي بُني لمرورهم في بداية الحملة. استدعت الإمبراطورة حينذاك جالتزن، ومنحت القيادة الرئيسية لرومانزوف. وتحت قيادة هذا القائد الجريء القادر، اجتاح الروس بسرعة مولدافيا، وهزموا الأتراك في جالاتز وفي جاسي. ودخل رومانزوف عاصمة المقاطعة،

---

(1) أو علي باشا المولدافي. تولَّى الوزارة العظمى في أغسطس 1769م وحتى شهر ديسمبر من العام نفسه. (المترجم).

وتلقَّى هناك، باسم الإمبراطورة كاترين، بيعة النبلاء المولدافيين. وامتد النفوذ الروسي سريعًا إلى والاشيا. وعند سماع هذه الأحداث، أصدر السُّلطان مصطفى، ومستشاره المتهور العنيف، المفتي الرئيسي، فتوى تأمر بقتل جميع المولدافيين والوالاشيين الذين خضعوا للعدو، وتعطي الحق أيضًا في مصادرة ممتلكاتهم، وبيع زوجاتهم وأطفالهم عبيدًا. وكانت النتيجة الرئيسية لهذا المرسوم التعسفي الأحمق - كما يقول المؤرخ التركي واصف نفسه - هي ربط المولدافيين والوالاشيين بالقضية الروسية بشكل أكبر، وكان من بعض نتائجه المباشرة، أن النبلاء الوالاشيين في بوخارست، وضعوا رسميًّا شارة الحكم في أيدي المفوضين الروس، وأَدُّوا يمين الولاء للإمبراطورة كاترين، وأرسلوا مفوضًا إلى سان بطرسبرج لإعلان ولائهم، ومناشدتهم حمايتهم الإمبريالية. وقد سعى كذلك المفتي نفسه، «بيريزادي» (Pirizadi) عثمان أفندي، الذي أصدر الفتوى ضد البولنديين والمولدافيين والوالاشيين، بتعصبه العنيف، لاستثارة السُّلطان من أجل إجراء مذبحة عامة لجميع النصارى في الإمبراطورية. نُوقش هذا المشروع الوحشي مرتين من قبل، في عهد سليم الأول ومحمد الثالث، وجرى إحياؤه حينئذٍ للمرة الأخيرة. إلا إن المفتي لم يجد في الديوان أي مؤيد أو متعاطف؛ فقد كان مكروهًا من الجميع بسبب أعمال عنفه وقسوته. وكانت وفاته في نهاية السنة الأولى من الحرب مبهجة بشكل عام لإخوته في الدين، وللقسم الكبير من المسلمين، وللرعايا المسيحيين في الإمبراطورية.

نجح القائدان الروسيان تودلبن وميديم بشكل متماثل عَبْر القوقاز وأرمينية، وتلقيا البيعة ويمين الولاء باسم الإمبراطورة من أعداد كبيرة من السكان، لكن كاترين عقدت العزم على تنفيذ مشروعها لغزو تركيا من خلال سكانها المسيحيين، على نطاق أوسع وأكثر جرأة في جزء آخر من الممتلكات العثمانية. لم يتم التغافل قَطُّ في سان بطرسبرج عن مخططات بطرس الأكبر والقائد مونيتش لإثارة اليونانيين ضد سيدهم التركي، وقد عملت كاترين آنذاك على إثارتهم عن طريق التعصب الديني. كان القائد مونيتش (الذي نُفي إلى سيبيريا في عهد الإمبراطورة إليزابيث) في بلاط كاترين، وشجَع التسارينة بحماس على تجديد ما أُطلق عليه «المشروع الشرقي». كان المبعوثون الروس يعملون بنشاط منذ فترة طويلة في المورة، وأجزاء أخرى من جنوب تركيا الأوروبية، وتلقت الإمبراطورة العديد من التأكيدات على إخلاص اليونانيين للتاج، وتوقهم للثورة على مضطهِديهم المسلمين. فقررت الإمبراطورة ومفضَّلوها الأورلوف، عدم الانتظار حتى تقوم جيوشهم البرية بزحف غير مضمون ومحفوف بالمخاطر من الدنيستر إلى المنطقة المجاورة لليونان، بل قامت بإرسال أسطول روسي تصاحبه قوات إلى البحر المتوسط، ثم الهجوم على السُّلطان في قلب سلطته، في الوقت نفسه الذي يجري فيه الضغط

بقوة على الدانوب، والقِرْم، وصعيد آسيا. وفي ولاية مصر، كان علي بك[1] قد جعل من نفسه عاهلًا فعليًا، وتجاهل حتى إظهار الولاء للباب العالي، مما وفر حافزًا إضافيًا لهذه الحملة. كان يُعتقد أن اليونان ومصر والشام يمكن أن تَنْشق عن البيت العثماني في صَيفٍ واحد، وكان من المفترض أن تكون القسطنطينية نفسها غير آمنة إذا حدث الهجوم المفاجئ الجريء من خلال قناة الدردنيل وبحر مرمرة ضعيفي التحصين. وقرب نهاية صيف عام 1760م، غادر ميناء «كرونشتات» (Cronstadt)[2] إلى البحر المتوسط، أسطول روسي مؤلَّف من اثنتي عشرة «سفينة خَطِّيَّة» (Ship of the line)[3]، واثنتي عشرة فرقاطة، وعدد كبير من وسائل النقل التي تحمل القوات. كان الكونت «ألكسيف أورلوف» (Alexif Orloff) قائدًا رئيسيًّا للحملة، ورَشَّحَته كاترين قائدًا عامًّا للجيوش الروسية، وأميرالًا أعلى للأساطيل الروسية في البحر المتوسط. وقاد الأميرال «سبريدوف» (Spiridoff) الأسطول تحت إمرة أورلوف، إلا إن القادة الفعليين في جميع العمليات البحرية كانوا هم: الأميرال «إلفينستون» (Elphinstone)، والربان «جريج» (Gregg)، وغيرهما من الضباط الإنجليز، الذين كان يمكن العثور على بعضهم في كل سفينة تقريبًا من سفن أسطول التسارينة[4]. شهد تجهيز هذه الحملة تفاخرًا وتباهيًا عظيمين في البلاط

---

(1) عُرف بـ«علي بك الكبير» (1728-1773م). كان مملوكًا للأمير إبراهيم كتخدا القازدغلي، الذي أعتقه وهو لم يتجاوز العشرين من عمره عندما ظهرت عليه سيماء التفوق العسكري، وأسند إليه بعض المناصب الإدارية، ثم أصبح أميرًا عام 1749م، وبدأ في الصراع على منصب شيخ البلد (الحاكم الفعلي للبلاد)، بعد أن تُوفِّي إبراهيم كتخدا عام 1754م، وبالفعل استطاع إحرازه عام 1763م، لكنه لم يستطع الحفاظ عليه، ففر من القاهرة حتى استطاع العودة من جديد للمنصب عام 1767م، فاستتب له الأمر. وفي العام التالي استغل فرصة انشغال الدولة العثمانية في حروبها وقام بعزل الوالي العثماني محمد الأورفلي، وامتنع عن دفع الخراج للسلطان، ثم أرسل قائده محمد بك أبو الذهب إلى الحجاز فأخضعها عام 1770م، ثم استولى بعدها على الشام، إلا إن محمد بك انقلب على سيده، على الأرجح بسبب استقوائه بروسيا التي كانت في حالة حرب مع الباب العالي، واستطاع في النهاية هزيمته في الصالحية وأسره. ومات علي بك في سجنه عام 1773م. انظر مزيدًا عنه وعن حركته: محمد رفعت رمضان، علي بك الكبير (القاهرة: دار الفكر العربي، 1950م)؛ أنور زقلمة، ثورة علي بك الكبير 1768م (القاهرة: مكتبة الأنجلو المصرية، 1952م). (المترجم).

(2) أو كرونستدت. هو ميناء روسي يقع على الخليج الفنلندي التابع لبحر البلطيق، على بُعد ثلاثين كيلومترًا غربي سان بطرسبرج، أقامه بطرس الأكبر عام 1704م. (المترجم).

(3) نوع من السفن الحربية التي أُنشئت في القرن السابع عشر، وظلت تستخدم حتى ظهور السفن البخارية أواسط القرن التاسع عشر. وسُميت بذلك لأنها صُممت كي تأخذ دورًا قتاليًّا في التكتيك البحري المعروف باسم «خط المعركة»، والذي تكون فيه السفن الحربية مصطفة على شكل خط لمواجهة السفن المعادية. (المترجم).

(4) Schlosser, "Hist. Eighteenth Century," vol. iv. لم يكن للأسطول الروسي أن يصل إلى البحر =

الروسي، وفي العديد من دوائر رجال الأدب في ذلك العصر، الذين كانت كاترين تحب أن تتآلف معهم، والذين أهانوا عبقريتهم ومهنتهم من خلال كثرة الإطراء على شخصها، والتحدث بحماسة عن مجد جيوشها. انتشر الخبر حتى القسطنطينية، بأن هناك أسطولًا روسيًّا يشق عباب المحيط الأطلسي في طريقه لتحرير اليونان، لكن رجال الدولة الأتراك أنكروا أي مصداقية لهذه الشائعات، ولم يعتقدوا إمكانية أن يكون هناك أي اتصال بين بحر البلطيق والبحر المتوسط.

يشهد المؤرخ التركي واصف نفسه على حقيقة هذا الجهل المدهش. فعندما وصلت بعد ذلك الأنباء التي لا شك فيها إلى الديوان أوائل عام 1770م، بأن السفن الروسية تقترب بالفعل من اليونان، قَدَّم الوزراء العثمانيون شكوى رسمية لممثل البندقية بأن حكومته سمحت للأسطول الروسي بالمرور إلى البحر المتوسط عن طريق الأدرياتيكي. ويذكر فون هامر، في تسجيله لهذا، أن مثالًا مشابهًا للجهل التركي حدث تحت ناظريه في عام 1800م، عندما كان يعمل مترجمًا للسير «سيدني سميث» (Sidney Smith)، في مقابلة مع الوزير الأعظم «يوسف صيا» (Yousouf Sia)، فيما يتعلق بطرد الفرنسيين من مصر؛ حيث نفى العظيم العثماني إمكانية وصول المساعدات الإنجليزية من الهند إلى مصر عن طريق البحر الأحمر. كم كان من المؤسف انحطاط أتراك القرن الثامن عشر عن أسلافهم في زمن سليمان العظيم، عندما كان أمراء البحر الأتراك يقومون بدراسة الأرخبيل والبحر المتوسط والبحار الهندية، وينشرون أطروحات علمية وعملية عن جغرافيتها، وكل مسألة تتصل بالملاحة فيها.

في نهاية فبراير 1770م، كان الأسطول الروسي قبالة المورة، وهبط أورلوف وسط المانيوت، الذين ثاروا بالسلاح بشكل عنيف ضد أسيادهم الأتراك. كانت القوات الروسية التي أنزلها أورلوف غير كافية تمامًا للحفاظ على النظام أو الانضباط بين ساكني الجبال الوحشيين هؤلاء، ومواطنيهم من باقي الأراضي اليونانية، الذين انضموا إليهم كذلك بأعداد كبيرة. لقد مارسوا أكثر أشكال الوحشية الثورية على جميع الأتراك الذين يمكن أن يتغلبوا عليهم في الأماكن المفتوحة من البلد أو المدن التي يمكن الدفاع عنها. وكانت «ميسيترا» (Misitra)، المكان الرئيسي في ماينا، على وجه الخصوص، مسرحًا للأعمال الوحشية الرهيبة، وبعد ذلك لأعمال الانتقام الرهيب بدرجة أكبر. قُتل هناك أربعمائة من الأتراك بدم بارد، وكان الأطفال العثمانيون، الذين انتُزعوا

= المتوسط، من دون المساعدة التي تلقاها في الموانئ الإنجليزية. انظر الرواية الكاملة للحملة في: Emerson Tennent's "Modern Greece," vol. ii., and see the Oczakof debates in the House of Commons in 1792.

من صدور أمهاتهم، يُرفعون إلى قمم المآذن، ثم يلقون إلى الأرض. وفي «أركاديا» (Arkadia) استسلمت الحامية التركية إلى القائد الروسي «دولجوروكي» (Dolgorouki)، على ثقة من شروط الاستسلام التي ضمنت حياتهم، إلا إن أتباع دولجوروكي اليونانيين قتلوهم جميعًا، وأحرقوا المدينة حتى سُوِّيت بالأرض. وفي المدن الأقوى، قام الأتراك بمقاومة جميع الاعتداءات التي ارتكبها أورلوف وقطاع طرقه من اليونانيين. وقد اضطر إلى رفع الحصار عن مودون وكورون. وفي الثامن من أبريل، واجهت القوات الألبانية، التي جمعها العديد من البكوات الأتراك من خارج البرزخ، الحشد الرئيسي للقوة الروسية اليونانية بالقرب من «تريبوليتزا» (Tripolitza). وتيقنًا من اليونانيين في النصر، جلبوا النساء معهم بجوالق جاهزة لتحميلها بغنائمهم من المسلمين، لكنهم هُزموا تمامًا، وقُتلوا بلا رحمة أثناء هروبهم. وبعد إصداره بعض البيانات الرسمية المتبجحة التي دعا فيها اليونانيين إلى محاكاة زملائهم من نصارى الكنيسة الحقة في مولدافيا ووالاشيا، الذين - كما قال - وصل عدد من ثار منهم للدفاع عن إيمانهم وحريتهم زهاء الستمائة ألف، شرع أورلوف في مغادرة قواته، وحصل سِرْعَسْكَر التركي، «محسنزادي» (Mouhinzadi)، الذي كان قد تولَّى القيادة في تريبوليتزا، على لقب «فاتح المورة»، مما يشير إلى استعادته لها.

في البحر، كانت المشروعات الروسية أكثر نجاحًا، لأنها كانت (وفقًا لما أدلى به مؤرخ ألماني) تحت إشراف الإنجليز. في السابع من يوليو 1770م، جاء أسطول أورلوف على مرأى من الأتراك بالقرب من جزيرة خيوس. وقد أولى السُّلطان مصطفى، طوال فترة حكمه، اهتمامًا خاصًّا بالبحرية. وكان القبودان باشا التركي، حسام الدين، تحت قيادته آنذاك قوة وصفها الكُتَّاب الأتراك بأنها مكوَّنة من «حَرَّاقتين» (corvette)[1]، وخمس عشرة جاليون، وخمس «زيبك» (xebecque)[2]، وثماني جاليوت: من بينها سفينة واحدة بها مائة مدفع، وواحدة بها ستة وتسعون، وأربع بها أربعة وثمانون، وواحدة بها أربعة وسبعون، وواحدة بها سبعون، وست بها ستون. وكان لدى الروس ثماني سفن خَطِّيَّة، وسبع فرقاطات. كان الأتراك أسوأ في هذه المعركة، التي تميَّزت بشكل رئيسي بالشجاعة المستميتة التي أظهرها أحد أمراء بحر السُّلطان، المدعو

---

(1) الحَرَّاقة أو الفرقيطة، وهي أصغر من الفرقاطة، وتمتاز بالسرعة والقدرة على المناورة. (المترجم).

(2) هي من السفن القتالية الصغيرة سهلة المناورة سريعة الحركة. أطلق عليها العثمانيون: «سونبيكي» (sunbeki)، والعرب: «شَباك». كان يقتصر استخدامها على البحر المتوسط، بين القرنين السادس عشر والتاسع عشر، بها ثلاثة صواري، فضلًا عن مجاديف للدفع تُستخدم أثناء الاشتباك. ولا تتجاوز حمولتها المائتي طن، ويتراوح عدد المدافع التي تحملها ما بين ستة عشر إلى ثلاثين مدفعًا خفيفًا ومتوسطًا حسب حجمها. (المترجم).

حسن جزايرلي[1]. وُلد هذا الرجل على حدود بلاد فارس، وأثناء طفولته بِيع مملوكًا. كان ملّاحًا وجنديًا وقرصانًا، وحصل على مكانة مرموقة في الأساطيل الجزائرية، كما أنه ارتقى إلى رتبة قبودان ميناء الجزائر، لكن أدى خلافه مع الداي إلى لجوئه إلى إيطاليا، ومن هناك وجد طريقه إلى القسطنطينية، وحصل على رعاية رجب باشا. وفي معركة خيوس، بينما أبقى ضابطه الأعلى على مسافة بينه وبين العدو، أسرع حسن بسفينته جنبًا إلى جنب مع سفينة الأميرالية الروسية، وخاض قتالًا على طرفي السفينتين، حتى اشتعلت النيران في كلتيهما عن طريق قذائف يدوية روسية، وانفجرتا معًا. فر سبريدوف وتيودور أورلوف في قوارب سفن روسية قبل الانفجار، وقُتل سبعمائة من رجالهم. وحافظ حسن على سطح السفينة حتى النهاية، وعلى الرغم من إصابته بجروح خطيرة، فقد نجا بحياته، وسبح إلى الشاطئ. لجأت السفن التركية المهزومة إلى ميناء «تشيسمي» (Tchesme)[2]، وهو «كيسوس» (Cyssus) القديم، حيث هَزم أسطول الرومان، الملك «أنطيوخوس» (Antiochus) عام 191 ق.م. برؤية السفن التركية محبوسة معًا في هذا الخليج الضيق، قام الضباط الإنجليز على متن أسطول أورلوف بوضع وتنفيذ خطة جريئة لمهاجمتها وحرقها وهي راسية في الليلة نفسها بعد المعركة. يصف المشهدَ المؤرخُ الألماني، «شلوسر» (Schlosser) بقوله: «إن الفضل الكامل لتنفيذ هذه الخطة يرجع إلى الإنجليز، فقد قام ثلاثة منهم بكامل العمل البطولي في تشيسمي؛ حيث حاصر إلفينستون السفن التركية، ووجَّه جريج

(1) هو جزايرلي غازي حسن باشا بلابيك (أبو شنب) (1713–1790م). انخرط منذ حداثته في العسكرية، وشارك في حرب النمسا، ثم ذهب إلى شمال إفريقيا، حيث أظهر كفاءة كبيرة أهَّلته لأن يكون قبودانًا لميناء الجزائر، الذي استمد منه لقبه. التحق بالبحرية في القسطنطينية عام 1761م، وبرز بشدة في المعارك ضد الأسطول الروسي في البحر المتوسط، مما أهَّله لأن يتسلم قيادة البحرية بوصفه قبودان باشا عام 1770م. وبين عامَي 1774 و1775م قمع العصيان الذي حدث في الشام من قِبَل محمد أبي الذهب وظاهر العمر. وفي عام 1786م ذهب إلى مصر لقمع عصيان إبراهيم بك ومراد بك، وتولَّى الأمر بوصفه حاكمًا عثمانيًا على الولاية لمدة عام. تولَّى بعدها عام 1788م قيادة أسطول البحر الأسود، وفي نهاية حياته تولَّى الوزارة العظمى عام 1789م وحتى وفاته في 19 مارس 1790م. انظر: فيصل حبطوش خوت أبزاخ، «الشراكسة ومنصب رئاسة الوزراء (الصدارة العظمى) في تركيا العثمانية والحديثة»، مجلة نارت (عَمَّان، الأردن: الجمعية الخيرية الشركسية)، العدد 87 (آذار 2006م): 28–33. (المترجم).

(2) أو «جشمه» (Çeşme) الواقعة غربي الأناضول على بحر إيجة على طرف شبه الجزيرة التي تحمل الاسم نفسه، على مسافة 85كم تقريبًا غربي إزمير. وقد أُطلق على هذه المعركة البحرية التي وقعت في بحر إيجة بين شبه الجزيرة تلك وجزيرة خيوس: معركة «تشيسمي» أو «تشيسما». انظر مزيدًا عن المعركة: Ali Riza Isipek and Oguz Aydemir, *Battle of Çesme 1770: 1768-1774 Ottoman - Russian Wars* (Istanbul: Denizler Kitabevi, 2010). (المترجم).

المدافع، واضطلع الملازم «دوجديل» (Dugdale) بالمهمة الخطيرة وهي قيادة السفينة التي كان من المقرر أن تضرم النيران في الأسطول. وفي لحظة المغادرة نفسها، قام الروس الذين كانوا مع دوجديل على متن سفينة النار بتركه معرضًا للخطر، وقفزوا في الماء وسبحوا بعيدًا، فقام وحده بتوجيه السفينة، وأشعل النار في إحدى السفن التركية، التي سرعان ما نقلت النيران إلى سفن الأسطول الأخرى. سفينة واحدة فقط من ذوات الخمسين مدفعًا، وخمس سفن زيبك، ظلت باقية لم تُلتهم، وهذه جرى الاستيلاء عليها من قِبَل الروس، الذين أخذوا كذلك مدينة تشيسمي الصغيرة، بحصنها وبطارياتها ومدافعها».

بعد هذا الانتصار البارز (الذي منح الكونت أورلوف لقب «تشيسمسكي» (Tschesmeski))، اقترح إلفينستون إبحار الأسطول الروسي فورًا إلى الدردنيل، والمرور بالقوة، ثم التحرك بشكل متزامن لقصف القسطنطينية[1]. ربما كان مثل هذا العمل الجريء سيلقى نجاحًا؛ بما أن الذعر الذي حدث في القسطنطينية بسبب الأنباء الآتية من تشيسمي كان بالغًا، وكانت التحصينات في كلٍّ من المضيق والعاصمة مهملة، إلا إن أورلوف تردد وضيَّع الوقت، في حين أوفد السُّلطان وزيره السابق، مولدوانجي (الذي استُدعي من الدانوب وجُرِّد من الأختام)، جنبًا إلى جنب مع بارون دي توت، لتقوية الدردنيل والدفاع عنه. كانت إجراءات الضابطين مميزة، فقد بدأ مولدوانجي بطلاء الجدران القديمة للحصون، لجعل الروس يعتقدون أن التحصينات، التي تبدو في غاية البهاء والنظافة، لا بدَّ أن تكون جديدة أو جرى إصلاحها حديثًا. وأقام المهندس فرانك أربع بطاريات: اثنتان منها على الجانب الأوروبي، واثنتان على الآسيوي، لوضع أي سفينة تحاول المرور تحت نيران متقاطعة. وفي النهاية كانت محاولة أورلوف لتدمير أول حصن تركي غير مجدية، فقرر القائد الروسي أن يجعل من نفسه سيدًا على ليمنوس، وفرض حصارًا على قلعة تلك الجزيرة. وبعد حصار ستين يومًا، عرضت الحامية التركية الاستسلام. وطبقًا لبعض الروايات، كانت الشروط قد أُعدت بالفعل، وقُدِّم الرهائن لإعدامهم، عندها قام حسن جزايرلي بإنقاذ ليمنوس بعمل بطولي جريء، وقاد أورلوف مرتبكًا بعيدًا عن فريسته. فبعد القتال البحري قبالة خيوس، ذهب حسن إلى القسطنطينية ليتلقى علاجًا لجراحه، وبمجرد أن أصبح قادرًا على بذل المجهود، قابل الوزير الأعظم الجديد، وعرض عليه رفع الحصار عن ليمنوس. لم يطلب قوات أو سفنًا أو مدفعية، لكنه طلب فقط الحصول على إذن لجمع المتطوعين من بين سكان القسطنطينية، وسيوف وطبنجات لتسليحهم، وبعض السفن الخفيفة

(1) Eton, 186. Emerson Tennent, vol. ii. p. 367.

لنقلهم إلى ليمنوس. وذكر أنه بأربعة آلاف من هؤلاء المتطوعين سيقوم بإنقاذ الجزيرة. كانت مكانة حسن عالية بين الأتراك من جميع المراتب، فانخرط سريعًا رعاع العاصمة المتعصبون في هذه الخدمة ضد الكفار، تحت قيادة هذا الباسل قائد المؤمنين الصادقين. وقد رأى القائد الفرنسي دي توت أن من واجبه أن يعترض عند الوزير الأعظم على هذا الإجراء الذي بدا جنونيًّا للغاية، ويخالف بشكل واضح جميع قواعد الحرب. فأجاب الوزير أنه يعتقد أيضًا أن مخطط حسن لامعقول، لكن من المؤكد أن فيه الخير؛ فإذا نجح سينقذ ليمنوس، وإذا فشل فسيخلص القسطنطينية من أربعة آلاف من الأشقياء والهمج. أظهر هذا الحدث أن القرصان الجزائري يعرف تمامًا كيف يجب أن يتم هذا العمل أفضل من الوزير والبارون، فقد هبط حسن مع أربعة آلاف فدائي خاصته على الجانب الشرقي من ليمنوس مع بداية صباح يوم العاشر من أكتوبر من دون أن يدرك المحاصِرون، وهاجم فجأة خطوط أورلوف، وبالسيف والطبنجة أطاح بطوبجية المدفعية الروسية والجنود والبَحّارة في الخنادق، ودفع الباقين في حالة من الذعر إلى سفنهم، التي أبحروا على متنها مرّة أخرى متخلين عن مشروعهم.

بتولي حسن القيادة الرئيسية لما تبقى من البحرية التركية، خاض في غضون فترة وجيزة من إنقاذ ليمنوس، قتالًا شديدًا ضد أورلوف بالقرب من ميناء «مونديروس» (Monderos)، حيث زعم كلا الأميرالين النصر. ولكن، كما لاحظ فون هامر، من الواضح أن التفوق كان على الجانب التركي، بما أن أورلوف قد أبحر بعيدًا بعد المعركة، بعد أن تخلّى أولًا - بناءً على طلب حسن - عن الرهائن الذين وُضعوا بين يديه من قِبَل حامية ليمنوس. لم تُسفر العمليات الروسية في البحر المتوسط إلا عن القليل خلال ما تبقى من الحرب، على الرغم من أنهم استولوا على إحدى الجزر اليونانية، وكثيرًا ما استولوا على السفن التجارية التركية، وأعاقوا الاتصال بين الباشالِكات البحرية والعاصمة. وسعى أورلوف إلى مساندة تمرد علي بك في مصر، والشيخ ظاهر[1] في عكا، ضد الباب العالي. وأبرم معاهدة مع المتمردين المصريين، الذين لم يصبحوا أسيادًا فقط على مصر وجزء من شبه الجزيرة العربية، لكنهم احتلوا غزة ويافا والقدس ودمشق. وكان علي بك يستعد للدخول إلى آسيا الصغرى لمواجهة العثمانيين، عندما قام زوج أخته

---

(1) هو ظاهر العمر الزيداني (1688-1775م). كان في بدايته حاكما محليًّا في فلسطين، وقويت شوكته في الشام، وظل حاكمًا على عكا زهاء الأربعين عامًا. حاول الاستقلال عن الدولة إبان حربها مع روسيا، وتحالف مع الروس وعلي بك الكبير في مصر لضمان سيطرته على الشام، وبعد انتهاء الحرب الروسية عام 1773م أرسل إليه السُلطان عبد الحميد الأول في العام التالي قائده حسن باشا الجزايرلي، فقتله وقضى على تمرده. انظر مزيدًا عنه وعن حركته: كرد علي، خطط الشام، مج.2: 300-310. (المترجم).

أبو الذهب، بخيانته والثورة على سُلطته، لأنه تمرد على السُّلطان. هُزم علي بك في مصر من قِبَل أبي الذهب، ثم لجأ إلى الشام، حيث حافظ لبعض الوقت على النضال ضد ضباط السُّلطان بمساعدة الأساطيل الروسية وصديقه الشيخ ظاهر في عكا، لكنه هُزم في النهاية وأُخذ أسيرًا في معركة بالقرب من الصالحية، حيث قُتل أربعمائة روسي في جيشه، باستثناء أربعة ضباط جرى أسرهم.

وعليه، مضت الحرب في الجنوب. لكن على الخط الطبيعي للصراع بين روسيا وتركيا، تقرر مصير المتحاربين في الأراضي الحدودية للأضعف من الإمبراطوريتين. أعقبت حملة عام 1769م المشؤومة هناك، حملات أخرى لا تزال أكثر كارثية للقوات العثمانية. لقد كانت مولدافيا مسرحًا للعمليات المبكرة في 1770م، وقبل وصول الوزير الأعظم الجديد، خليل باشا، إلى تلك المقاطعة، هَزم القائد الروسي رومانزوف المجموعات المتقدمة للأتراك والتتر، ودفعهم للارتداد المرتبك إلى الجيش الذي يتقدم به الوزير. جاء خليل باشا في وجود العدو بالقرب من «كارتال» (Kartal). وكان الوزير قد حشد وقاد قوة قوامها ثلاثون ألف جندي فعَّال تقريبًا، وبهؤلاء حَصَّن نفسه أمام الموقع الروسي، في حين جُمع حشد كبير من التتر على الجانب الآخر، تحت قيادة «كابلن» (Kaplin) جيراي، الخان الجديد للقِرْم. شجعت الانتصارات المتكررة قوات رومانزوف، الذي يعلم مدى السخط والإحباط الذي خلَّفته الهزائم السابقة بين خصومه، فقاد جيشه في ثلاثة صفوف أمام معسكر الوزير (1 أغسطس 1770م)، واقتحمه بخسائر قليلة، واستولى على ثروات ومؤن هائلة، كان العثمانيون قد أثقلوا أنفسهم بها، وكامل مدفعيتهم البالغة مائة وستين قطعة. كان عدد القتلى على الجانب التركي ضئيلًا، نتيجة للذعر الذي سرعان ما هربوا بسببه. أعاد الوزير تجميع جزء من قواته على الجانب الجنوبي من نهر الدانوب، وتولى خان التتر توفير السلامة للحصون التركية في دوبروسكا وبيسارابيا. لكن لم يكن كابلن جيراي مؤهلًا كما كان سلفه دولت، فسقط حصن تلو حصن أمام الروس. استسلمت كيليا وآقرمان وإسماعيل بعد حصار قصير، لكن في بندر الواقعة في بيسارابيا، قاوم السكان التتر بشكل مستميت، حيث استمر الحصار شهرين. وحدث الهجوم النهائي (27 سبتمبر 1770م)، على الرغم من أن الروس نجحوا في ارتقاء الجدران على حين غرة، بفضل ليلة مظلمة وتراخي الانضباط التركي، إلا إن الصراع في الشوارع ظل ضاريًا على كلا الجانبين لمدة عشر ساعات، وهلك ثلثا السكان قبل أن يفوز الروس بالمدينة. ويُقال إن الخسارة التي ألمت بهم كانت شديدة جدًّا، بسبب تحذير الإمبراطورة للكونت «بانين» (Panin)، أن الأفضل ليس الاستيلاء على مثل هذه المدينة، وإنما الفوز بها بمثل هذا الثمن. قدمت «برايلو» (Brailow) (أو إبرايل)،

على نهر الدانوب، كذلك دفاعًا باسلًا لمدة ثمانية عشر يومًا، وَصدَّت هجومًا للروس بخسائر فادحة، لكن لم يكن هناك أمل في إغاثة أي من الحاميات التركية على الدنيستر أو الدانوب. وقد تشتت جيش الوزير الأعظم، وتُرك القائد الأعلى مع ثلاثة آلاف رجل تقريبًا يعانون من الجوع لتلقي أنباء السقوط المتتالي لحصون الإمبراطورية. وفي ختام الحملة كانت جميع الحصون التركية على نهر الدانوب الأدنى تحت سيطرة الروس، وصار خط التقدم على طول ساحل البحر الأسود مفتوحًا.

جاء بريق من المواساة في هذا العام من القِرْم، حيث هُزم الروس في محاولتهم التغلب على خطوط بريكوب؛ لكن في الصيف التالي توجهت جيوش الكفار مرَّة أخرى إلى شبه جزيرة القِرْم بفعالية كارثية؛ حيث سَلَبَت كاترين الثانية من البيت العثماني، ذلك الفتح الباهر الذي قام به محمد الثاني. عُيِّن خان آخر من قِبَل الباب العالي اسمه «سليم جيراي»، وقضى مجلس الحرب التركي أن وجوده في بلده سيكون أكثر أهمية مما عليه في جنوب الدانوب. وبناءً على ذلك غادر سليم جيراي معسكر الوزير الأعظم، وذهب إلى بخشي سراي، عاصمة التتر في القِرْم، والمقر الموروث لحكامها. وهناك انغمس سليم في أبهة وملذات الولاية، حتى أيقظته الأنباء المروعة بأن الأمير دولجوروكي كان قبيل بريكوب بجيش روسي من ثلاثين ألفًا من القوات النظامية، وستين ألفًا من تتر النوجاي، الذين اضطلعوا بخدمة الإمبراطورة. سارع سليم للدفاع عن البرزخ، لكن اقتُحمت الخطوط، وهُزم قسم من الجيش التتري من الأمير «بروسوروفسكي» (Prosorofski)، وحُوصرت مدينة بريكوب وجرى الاستيلاء عليها. وبينما تَواصل حصار هذا المكان، تلقَّى سليم جيراي معلومات استخباراتية تفيد بأن جيشًا جديدًا قوامه عشرة آلاف جندي استولى على تامان، الواقعة على الجانب الآسيوي من مضيق كِرتش، وأنهم دخلوا القِرْم من الناحية الشرقية، وكانوا في طريقهم إلى كافا. مشدوهًا من هذه المخاطر المضاعفة، فضَّ الخان التعس المعسكر المحصن الذي أقامه في «توزلا» (Tuzla)، وسارع إلى بخشي سراي، فدخل عاصمته بمفرده تقريبًا، وفي مثل هذه الحالة من الإثارة والذعر، كان غير قادر على إعطاء أي أوامر للدفاع. وسرعان ما ظهر الروس أمام الأسوار، فهرب سليم إلى جبل قره داغ[1]، حيث جمع العديد من أفراد عائلته مع أتباعهم، وشَكَّلوا موقعًا محصنًا. وخوفًا من الوقوع في أيدي أعدائه، تخلَّى الخان عن هذا الملجأ أيضًا من دون قتال، ووصل إلى الساحل، وأبحر مع عدد قليل من الأصدقاء في سفينة نقلتهم إلى القسطنطينية. هذا الهروب المخزي للأمير حرم التتر

(1) مركز لواء بإيالة بغداد. (المترجم).

من شعاع الأمل الأخير. وسعى الكثير إلى وسائل تُمَكّنهم من مغادرة موطن أسلافهم، الذي رأوا أنه على وشك الخضوع للكفار، وشرعت أعداد كبيرة في الإبحار إلى الأناضول، وسعى آخرون إلى إقرار السلام مع الغزاة. وعمل دولجوروكي ببراعة كاملة، ووعدهم بالاستقلال تحت حكم أمير من بيت جيراي الحاكم، وكذلك تحت حماية الإمبراطورة الروسية. ووفقًا لذلك أقسموا يمين الولاء للإمبراطورة، وأرسلوا ثمانية وأربعين ممثلًا عن شعبهم، واثنين من أبناء سليم جيراي إلى سان بطرسبرج، لطلب دعم كاترين الإمبريالي. فتحت حينذاك كلٌّ من كافا وكِرتش وينيكال أبوابها للروس. وجرى الاستيلاء على يوباتوريا، وهزيمة وأسر سِرْعَسْكَر التركي في القِرْم، الذي سعى، بلا جدوى، بقواته النظامية العثمانية الضعيفة لوقف تيار الكارثة والسخط، وأُرسل إلى سان بطرسبرج. وأثناء انتظار إجابة كاترين الكريمة على مناشديها من القِرْم، قام دولجوروكي بتنصيب شاهين جيراي خانًا. وتلقَّى القائد الروسي لقب «كريمسكي» (Krimski) لهذا الفتح المهم. وقد ابتهج الروس حينذاك باستكمالهم الانتقام من الظلم والعار القديم الذي قاسى منه جنسهم في السابق تحت نير التتر. ومن بين خانات التتر الثلاثة الكبار، الذين أصابوا روسيا بالنكبة لأمد طويل، أُطيح بخان قازان وخان أستراخان على يد إيفان الرهيب. وكان لكاترين الثانية إسقاط آخر فرع من فروع السلالة التترية، بإخضاعها خانات القِرْم[1].

جرى تعويض هذه الضربة الشديدة التي لحقت بالبيت العثماني على نحو ضئيل بالمقاومة الناجحة التي قامت بها كلٌّ من أوزاكوف وكلبورن، للقوات الروسية التي حاصرتهما في العام نفسه. وعلى نهر الدانوب أحرز الأتراك بعض التقدم في بداية حملة عام 1771م، فقد استعادوا «جيورجيفو» (Giurgevo)، التي استولى عليها الروس في الشتاء السابق. وقَدَّم محسنزادي محمد، الذي برز أمام الروس واليونانيين في المورة، مقدرة وشجاعة مماثلتين بوصفه حاكمًا على ويدين، ذلك المنصب المهم الذي عُهد به إليه آنذاك. عَبَر نهر الدانوب، وعسكر في «كلافات» (Kalafat)، ومن هناك دفع بقواته وصولًا إلى «كراجوفا» (Crajova) و«كالي» (Kalle)، وهَزم القائد الروسي «إيسِّن» (Essen) الذي سعى لاستعادة جيورجيفو، لكنه تعرَّض للهزيمة في هجوم قام به على بوخارست. وهَزَم القائدان الروسيان: «ميلورادوفيتش» (Miloradovitch)، ووايسمان، حشود الأتراك في «طُلجا» (Tuldja). وعلى الرغم من أن الروس حافظوا على تفوقهم، فإن القائد الروسي رومانزوف، لم يضغط على الأتراك بالقوة التي عادةً ما ميزت تحركاته؛ إذ ربما كان إرسال جيش دولجوروكي إلى القِرْم قد أضعف الروس في بيسارابيا والمقاطعات، ومن

(1) See Levesque, "Histoire de Russie," vol. v. p. 357.

المؤكد أيضًا أن رومانزوف كان يراقب التقدم المُحْرَز في المفاوضات من أجل السلام التي كانت قد بدأت في ذلك الوقت.

إن التقدُّم السريع لجيوش التسارينة، والانهيار الذي بدا قريبًا من الإمبراطورية العثمانية، وترسيخ السُّلطة الروسية في بيسارابيا ومولدافيا ووالاشيا، جعلت النمسا ترغب في التدخل لصالح عدوها الإسلامي القديم، وإنقاذ نفسها من جوار محفوف بالمخاطر لأصدقائها الروس الطموحين. عرضت فرنسا وإنجلترا وبروسيا الوساطة بين الأطراف المتنازعة في وقت مبكر من الحرب، لكن الإمبراطورة كاترين جعلت مسألة السماح لأحد بالتدخل بينها وبين العدو العثماني، مسألة شرف شخصي ووطني. وكان رومانزوف قد أبلغ الحكومة التركية، أن السلام يمكن الحصول عليه بشروط أسهل بكثير من خلال الطريق المباشر إلى الإمبراطورة نفسها، مما يمكن منحه في حالة استخدام وساطة أي طرف ثالث. لكن شبكة الدبلوماسية المتشابكة كانت لا تزال مستمرة، وكانت النمسا وبروسيا وفرنسا هي الأكثر نشاطًا في عقدها. ويبدو أن السفير الإنجليزي في القسطنطينية، السيد «موراي» (Murray)، أغضب الحكومة التركية وحكومته على حدٍّ سواء من خلال بعض المحاولات الخرقاء التي قام بها للحصول على محاباة خاصة من الرَّيس أفندي، والتعبير عن أنه لم يكن مقتنعًا بما فيه الكفاية بأن «روسيا كانت الحليف الطبيعي للتاج البريطاني»[1]. وكذلك لسوء حظ مصلحة وشرف السُّلطان مصطفى وإمبراطوريته، اعتقد في كفاءته السياسية بدرجة مبالغ فيها، واتبع سياسة ملتوية غريبة، تتنافى مع أي مبدأ سام أو حساب سليم سواء بسواء. في الواقع، يبدو أن روح الجشع الأنانية المسيطرة كانت تحركٍ روسيا والنمسا وبروسيا والسُّلطان التركي في هذه المفاوضات، وكانت بولندا هي الضحية التي اعتبرتها جميع الدول الأربع ضعيفة بما يكفي لنهبها من دون حساب. وبالطبع نتذكر أن تركيا كانت في حالة حرب مع الحكومة الشكلية في بولندا، الأمر الذي جعل سياسة السُّلطان تجاهها أقل سوءًا من تلك المتعلقة بالقوى المسيحية الثلاث، التي كانت ترتبط معها بصداقة اسمية.

قرر كلٌّ من فريديريك الثاني حاكم بروسيا، وجوزيف الثاني حاكم النمسا (الذي كان آنذاك مشتركًا مع والدته، «ماريا تريزا» (Maria Theresa)، في حكم تلك الإمبراطورية)، في

(1) See Von Hammer, and see Lord Rochford's despatch, censuring Mr. Murray, in the appendix to Lord Stanhope's "History of England," vol. v.

مقابلة شخصية وقعت بينهما، التدخل لصالح تركيا[1]. لكن نظرًا لعدم اتفاقهما على أي خط من العمل المشترك، قَدَّم ممثلو كلٍّ منهما في القسطنطينية، «زيجيلن» (Zegelin) و«ثوجوت» (Thugut)، عروضهما للوساطة في مقابلات منفصلة مع الرَّيس أفندي. وفي محادثة جرت بين هذا الوزير والسيد دي ثوجوت، اقترح الأتراك على نحو مفاجئ أن تدخل النمسا والباب العالي في تحالف هجومي دفاعي ضد روسيا. وأضاف الرَّيس أفندي: «عندما يتم إخراج الروس من بولندا، سيعتمد الأمر كليًّا على رغبة البلاط الإمبريالي، ما إذا كان سيضع مَلِكًا من اختياره على عرش بولندا، أو أنه سيقتسم أراضي تلك المملكة مع الباب العالي». أجاب ثوجوت عن هذا المشروع المتعلِّق بتقسيم بولندا (الذي وضعه السُّلطان مصطفى نفسه) بأن الوقت غير مناسب لبحث مشروع كبير إلى هذا الحد، ولا يمكن أن يتم إلا من خلال إراقة الكثير من الدماء، في حين أن الهدف من اتصالاته مع الباب العالي هو وضع حدٍّ للحرب التي كانت دموية للغاية. وفي الوقت ذاته الذي كان السُّلطان يُقدِّم فيه هذه العروض للنمسا، كان يتباحث مع فرنسا من أجل تحالف فعَّال ضد روسيا. وقد عرض البلاط الفرنسي على الباب العالي أن يضع تحت تصرفه أسطولًا مكونًا من أربع عشرة أو خمس عشرة سفينة حربية، في مقابل أن تدفع تركيا إعانات سنوية معينة. وتعهَّدت فرنسا كذلك بالحصول على مساعدة مماثلة للسلطان من إسبانيا. لم يقبل الباب العالي بهذا المشروع الذي أُطلق عليه اسم «مشروع التحالف البحري»، على الرغم من طلب السفير الفرنسي، ووعد بالحصول على سفن الحرب والمؤن ورجال المدفعية الفرنسية، التي كان من المقرر شراؤها واستئجارها بسعر ثابت. وحصل الوزير النمساوي، ثوجوت، على معلومات عن هذا المشروع، وسعى إلى إبرام تعهُّد على المبدأ نفسه بين النمسا والباب

---

(1) وفقًا لـ«أرشديكون كوكس» (Archdeacon Coxe)، اقترح فريدريك على جوزيف في هذه المناسبة تقسيم بولندا. وقد جعل مكان هذه المشاورات الملكية في المعسكر النمساوي في «نيوستات» (Neustadt) في مورافيا عام 1770م. وذكر أن رجل الدولة النمساوي، الأمير «كونيتز» (Kaunitz)، الذي كان حاضرًا، بذل جهودًا حثيثة لإقناع المَلك البروسي بالانضمام إلى البيت النمساوي في معارضة المخططات الطموحة لروسيا بقوة السلاح، ونبَّه على أن مثل هذا الاتحاد هو العائق الوحيد القادر على الوقوف أمام التيار الجارف الآتي من الشمال، مما يهدد بسحق أوروبا بأكملها. فما كان من فريدريك إلا أن تهرَّب من هذا الطلب، ونصح بأن عليهم بالأحرى دعوة روسيا إلى الانضمام إليهم في تقسيم بولندا، أو إقناعها أو إجبارها على قبول جزء من ذلك البلد بدلًا من الاحتفاظ بمولدافيا ووالاشيا. انظر: Coxe's "House of Austria," vol. iii. pp. 446, 447 (Bohn's Edition), and note. ويذكر «شلوسر» (Schlosser) أيضًا (المجلد الخامس ص525) أنه جرت مناقشة الشؤون البولندية، وكذلك التركية، في نيوستات. ومع ذلك، أعتقد أن تقرير فون هامر، الذي اتبعته، وهو أن مخطط تقسيم بولندا لم يقترحه فريدريك حتى عام 1771م، تُعززه التواريخ ومحتوى الوثائق، التي استشهد بها فون هامر وأشار إليها.

العالي. وقد جرى بالفعل التوقيع على اتفاقية (6 يوليو 1771م) يلتزم من خلالها الباب العالي بدفع إعانة تُقدَّر بعشرين ألف كيس من النقود (تساوي أحد عشر مليونًا ومائتين وخمسين ألف «فلورين» (florins))، والتنازل عن والاشيا الصغيرة إلى النمسا[1]، وإعفاء التجارة النمساوية من جميع الضرائب، وحفظ سفنها التجارية من هجمات قوى البربر. وتعهَّدت النمسا في المقابل بتدبير إعادة جميع الأراضي التي غزتها روسيا في الحرب إلى الباب العالي. وقد دُفع قسط من المال إلى النمسا، وبدأت القوات في التحرك نحو الحدود، حيث عملوا على إرهاب الأتراك والبولنديين بشكل أكبر من الروس.

سعت روسيا من جانبها مرَّة أخرى إلى فتح مفاوضات من أجل السلام مع الباب العالي على أساس أنه لا يجب السماح بتدخل أي سلطة أخرى، وأُبلغ البلاط النمساوي (سبتمبر 1771م) بشكل صريح بأن الإمبراطورة كاترين قررت جعل القِرْم مستقلة عن تركيا، ووضع أمير مستقل على عرش مولدافيا ووالاشيا. وبعد ذلك بفترة وجيزة، أخطر فريدريك حاكم بروسيا، النمسا، بأنه قرر الاستيلاء على أجزاء معينة من بولندا، خصوصًا «بومِرليا» (Pomerelia)، وأنه يدعو بلاط فيينا إلى أخذ جزء مماثل من المملكة البولندية. كان ذلك في أكتوبر، وفي الوقت نفسه طرحت الإمبراطورة الروسية أمام البلاط النمساوي مشروعًا مكتوبًا يهدف إلى تفكيك الإمبراطورية العثمانية، حيث خُصصت والاشيا ومولدافيا لروسيا، في حين أشير إلى أن النمساويين مدعوون إلى أخذ البوسنة ودالماشيا[2].

نجح السفير الإنجليزي في الحصول على نسخة من الاتفاقية السرية بين النمسا والباب العالي، وأوصلها إلى بلاطَي سان بطرسبرج وبرلين. وكان فريدريك يرغب في السلام بين روسيا وتركيا، سواء بسبب خططه ضد بولندا، أو بسبب ما يدفعه بشكل سنوي إلى روسيا، بموجب معاهدة عام 1766م (التي ألزمته بتقديم مبالغ معينة بدلًا من القوات إلى روسيا في الحرب ضد تركيا)، وهو ما أصبح مرهقًا بالنسبة إليه. لقد رأى في هذه المعاهدة السرية بين النمسا والسُّلطان أداة لدفع روسيا إلى تحقيق السلام مع الباب العالي. ومن ناحية أخرى، كانت الإمبراطورة كاترين، توَّاقة أكثر فأكثر إلى الأموال البروسية. ولكن قبل يناير 1772م، على الرغم من عدم إحراز أي تقدم نحو السلام مع تركيا، جعل الجشع المشترك بين روسيا وبروسيا لتقطيع أوصال بولندا، هاتين القوتين أقرب إلى بعضهما البعض، وأُبرمت اتفاقية

(1) Von Hammer, vol. iv. p. 629: Coxe's "House of Austria," vol, iii. p. 457.

(2) Von Hammer, vol. iv. p. 616.

سرية، التزم من خلالها فريدريك بحمل السلاح ضد النمسا، إذا تعرضت روسيا إلى هجوم من تلك السُلطة، مقابل وعد بجزء من الأراضي البولندية. لكن الرشوة الآثمة نفسها كانت تعمل آنذاك في بلاط فيينا؛ حيث انضمت النمسا إلى التآمر المُتوَّج ضد بولندا، وغيَّرت تمامًا موقفها الراعي للبلاط العثماني. ولم تعرض إعادة الأموال التركية التي تلقت جزءًا منها نظير وعدها بالتعاون ضد روسيا، لكن صدرت الأوامر لسفيرها بأن يُذكِّر الباب العالي بالتنسيق مع الوزير البروسي، وأن يحث على ضرورة الدعوة إلى عقد مؤتمر لتسوية بنود السلام. قامت كاترين حينذاك، بالترتيب مع حلفائها المفسدين في بولندا، بالتخفيف بعض الشيء من حدة ذرائعها المتغطرسة للعمل الفردي، وأعلنت أنها مستعدة لقبول المساعي الحميدة للبلاط الإمبريالي. واتُّفق على هدنة في البر والبحر بين القوات التركية والروسية، وأثناء الفترة المتبقية من العام 1772م، أُجريت مفاوضات في «فوكشاني» (Fokschani) وبوخارست. وامتدت هذه المفاوضات إلى الربيع التالي حينما انقطعت واستؤنف القتال. سَلَّم المفوض الروسي، أوبريسكوف (الذي أُطلق سراحه من الأبراج السبعة بالوساطة القوية والمتكررة للسفراء الأوروبيين الآخرين) إنذار الإمبراطورة في 15 فبراير 1773م، والذي تضمن سبع مواد: أولًا: لكي تعترف روسيا بحمايتها استقلال التتر، يجب أن يبقى حصنا كِرتش وينيكال في أيدي الروس. ثانيًا: يجب أن تكون للسفن التجارية الروسية وسفن الحرب حرية الملاحة في البحر الأسود والأرخبيل. ثالثًا: يجب التنازل عن جميع الحصون الأخرى في القِرْم لصالح التتر. رابعًا: يجب أن يُعاد فويفودا مولدافيا، «جريجوري غيكا» (Gregory Ghika)، بعد أن صار في أيدي روسيا، إلى ملكيته بوصفه أميرًا وراثيًّا، مع التزامه بإرسال دخل سنة واحدة مرَّة كل ثلاث سنوات كجزية إلى القسطنطينية. خامسًا: يجب أن يكون لروسيا ممثل دائم في القسطنطينية. سادسًا: يجب التنازل عن كلبورن لروسيا بسيادة كاملة، وهدم قلعة أوزاكوف. سابعًا: يجب على الباب العالي أن يسمح للعاهل الروسي بحمل لقب باديشاه، وأن يكون له الحق في حماية سكان الإمبراطورية العثمانية الذين يدينون بدين الكنيسة اليونانية.

عرض الرَّيس أفندي والوزير هذه البنود على كبار الشخصيات والقادة الذين كانوا بصحبة القوات التركية. فكان ردهم بالإجماع، أن الهدف الرئيسي لروسيا هو امتلاك موقعي كِرتش وينيكال، وأن بقية المذكرة ما هي إلا مجرد لغو وسفسطة، وأنه سيكون من السهل التوصل إلى تفاهم بشأن المادة التي تحترم الملاحة في البحار العثمانية، وأنه سيكون من الأفضل الاعتراف بالاستقلال المطلق للتتر بدلًا من ترك الأمور على وضعها الحالي، خصوصًا أنه في الوقت المناسب سيُصبح من الممكن الاستيلاء مرَّة أخرى على ما جرى التنازل عنه، وأن

مبلغ الخمسين ألف كيس من النقود، التي هددت روسيا بالمطالبة بها ككلفة للحرب إذا لم تُقبَل البنود، فقد جرى توفيره. ولكن حتى لو استمرت الحرب لمدة سبع سنوات، فسيكون من المستحيل كسب سلام ملائم.

أُرسل عطا الله بك إلى القسطنطينية بقرارات مجلس الحرب هذه. وبعد مناقشة طويلة في ديوان الإمبراطورية تقرر رفض الشروط. سعى المفوضون الأتراك إلى إطالة أمد المفاوضات وحث الروس على التخفيف من بعض مطالبهم. وأرسل السُلطان (الذي كان راغبًا بإخلاص في السلام) رسالة مُوَقَّعة إلى الرَّيس أفندي، يأذن له فيها بأن يُقدِّم لروسيا مبلغ سبعين ألف قرش إذا تنازلت عن حيازة كِرتش وينيكال. أجاب أوبريسكوف: «أنتم تفترضون تقريبًا أن بلاطي في حالة من الإفلاس، لكنني أتعهد بنفسي بأننا سندفع لكم فورًا المبلغ نفسه، من دون مزيد من الصعوبات، إذا قبلتم البنود». وكان التنازل المطلوب عن حصنَي القِرْم المتطرفين إلى روسيا هو الصعوبة التي لا يمكن التغلب عليها في المفاوضات. واعترض جميع العلماء الأتراك على هذه التضحية، مهما كان المقابل. أما السُلطان فقد رغب في التنازل لروسيا، لكنه خشي أن يقوم العلماء بإثارة تمرد ضده، فأمر بإبلاغ المفوض التركي في بوخارست، الرَّيس أفندي عبد الرزاق، بأنه سيُقدِّم خدمة جليلة للدولة، إذا أخذ على عاتقه الموافقة على جميع المواد وتوقيع معاهدة سلام. إلا إن السُلطان مصطفى اعترف في الوقت نفسه، أنه إذا أعقبت هذه المعاهدة اضطرابات في القسطنطينية، فإنه سيتنصل علانية من فعل الوزير، ويقوم بنفي عبد الرزاق وجميع عائلته. وعليه، رفض الرَّيس أفندي أن يأخذ على عاتقه مسؤولية محفوفة بالمخاطر إلى هذا الحد، وأُنهي المؤتمر في بوخارست.

استُخدمت فترة الراحة للقوات التركية التي تسببت فيها هذه المفاوضات بشكل جيد. كان السُلطان مصطفى قد مَنح الوزارة العظمى مرَّة أخرى إلى محسنزادي محمد باشا[1]، في نهاية عام 1771م، وهو الذي برز عبر استرداد المورة عام 1770م، وبعد ذلك من خلال نشاطه حين نُقل من القيادة العليا في اليونان، إلى حكومة الدانوب المهمة في ويدين. وكان محسنزادي هو الوزير الأعظم قبل الحرب، لكنه أثار استياء السُلطان بإسداء المشورة له بعدم بدء الأعمال القتالية ضد روسيا قبل أن تكتمل تجهيزاته للحرب. وبسبب هذه النصيحة السديدة، أُزيح محسنزادي من منصبه الرفيع، لكن التجربة المريرة لثلاث حملات عَلَّمت السُلطان كيف أنه

(1) تولَّى الوزارة العظمى مرتين: الأولى من مارس 1765م حتى أغسطس 1768م. والثانية من ديسمبر 1771م حتى أغسطس 1773م. (المترجم).

تسرَّع وافتقر إلى الحكمة، سواء في مهاجمة التسارينة، أو في تهميش دور وزيره. وفي المنصبين الأدنى، سِرْعَسْكَر المورة، وسِرْعَسْكَر ويدين، كان محسنزادي استثناءً حميدًا مؤهلًا، بالقياس إلى عدم الكفاءة العامة للقادة الأتراك. وقد اتجه إليه السُّلطان لإنهاء الحرب الكارثية، أو الإبقاء عليها مع حظوظ أفضل للإمبراطورية، بوصفه أفضل الرجال المناسبين تحت سيادته، سواء بسبب مقدرته في الميدان، أو حكمته في المجلس. وقد سعى محسنزادي جاهدًا للحصول على تهدئة في مؤتمر فوكشاني وبوخارست، لكنه كذلك لم يُهمل طوال الشهور الخمسة عشر من المفاوضات، أي وسيلة متاحة لاستعادة روح القوات العثمانية، ومنع المزيد من التقدم للروس نحو القسطنطينية. عاقب على كل أعمال النهب بشدة لا هوادة فيها، وقطع رأس عدد من الضباط الذين قَدَّموا مثالًا للجُبن أمام العدو، وأعاد تنظيم حطام الجيوش المهزومة، وشَكَّل قوات جديدة، خصوصًا من بين البوسنيين وغيرهم من السكان المسلمين للإمبراطورية، الأكثر ولعًا بالحرب، وعزَّز حاميات ومؤن الحصون التي ما زالت في أيدي الأتراك على الدانوب، خصوصًا في سِلستره، لكنه توقَّع ضرورة الاستعداد للدفاع عن الحاجز الداخلي للبلقان ضد الروس، ومن وجهة النظر هذه جعل شُملى مقر قيادة قواته.

تقع مدينة شُملى (تُسمَّى بشكل أصوب «شُمنى» (Schoumna))، التي أصبحت شهيرة للغاية في الحروب الحديثة بين الأتراك والروس، على السفح الشرقي من مجموعة تلال ترتفع قليلًا قبالة الجانب الشمالي من البلقان. هذه التلال تنحني إلى الأمام نحو الشمال الشرقي، وتخرج منها حافتان بارزتان مثل طرفي حدوة الفرس. وتقع مدينة شُملى في الحوض الذي يُشكِّله هذا الانحناء من الأرض المرتفعة. وتُعدُّ مقاومتها ضعيفة في حدٍّ ذاتها، على الرغم من أنها مزوَّدة بتحصينات، وتحتجب جزئيًّا عن العدو المتقدم نحوها من نهر الدانوب من جهتها الأمامية، بنطاق صغير من الأرض المرتفعة بارتفاع أقل من التلال التي سبق ذكرها، والتي تحدها من الخلف والجانبين. وتُشكِّل هضبة هذه التلال موقع شُملى. وهذه الهضبة تمتد من ثمانية عشر إلى عشرين ميلًا، وجوانبها تنحدر في بدايتها جدران وعرة من الصخور، ثم تغور أكثر بشكل تدريجي. وتتلاقى الطرق الجنوبية من جميع مدن الدانوب الأدنى تقريبًا عند شُملى. ومن شُملى تتشعَّب الطرق أو الممرات، التي تقود جنوبًا عبر ممرات البلقان الرئيسية. ولا تُغلِق شُملى أيًّا من هذه الممرات بشكل طبيعي. ويمكن الوصول إلى تلك الممرات بتطويقها، لكن سيكون من الخطير جدًّا للجيش الغازي أن يحاول ذلك في وجود قوة كبيرة معسكرة على الهضبة. ومن مساحة الموقع، وطبيعة البلاد في المنطقة المجاورة، يكاد يكون من المستحيل حصار شُملى. وإذا تعامل جيش الدفاع القوي المتمركز هناك بقوة، فلا يمكنه فقط جعل الاستيلاء على المكان

مستحيلًا، ولكن يمكنه أن يُوجِّه ضربات قوية لأي قوات معادية تعمل في جوارها، ويمكن قطع خطوط اتصالهم، التي يجب أن تجتاز شُملى، وتتقدَّم جنوبًا عبر البلقان[1]. وإذا حاولت القوات الغازية الروسية تفادي وصول الجيش التركي الذي يسيطر على شُملى، والمرور عبر أجزاء بعيدة من البلقان، فيجب أن يخرجوا (بسبب صعوبات الأرض) من انحراف تلك السلسلة الجبلية في سرايا منفصلة عن بعضها البعض، وهكذا يمكن أن يجري سحقهم بسهولة قبل أن يتمكنوا من إعادة التوحد، عن طريق دعم الجيش التركي، الذي من المتوقَّع أن يجدوه متمركزًا في «آيدوس» (Aidos)، أو غيرها من المواقع المناسبة خلف الحاجز الجبلي. هذه هي شُملى، الموقع الذي عزَّزه الأتراك بالتحصينات الميدانية والمتاريس كلما أمكن، والذي كان بالنسبة إليهم في القرن الماضي موقعًا ذا أهمية قصوى للدفاع عن عاصمتهم ضد الروس، ومحورًا كبيرًا لخط العمليات على نهر الدانوب[2].

ثمة مكانان آخران اكتسبا شهرة مساوية تقريبًا لشُملى في الحملات الروسية التركية في عصرنا، وكانا مسرحين للعمليات المهمة التي وقعت في عامَي 1773 و1774م، وهما سِلستره وفارنا.

تقع سِلستره على الضفة اليمنى لنهر الدانوب، تقريبًا عند بداية دلتا هذا النهر. وبُنيت المدينة تقريبًا على شكل نصف دائرة، يتوافق النهر معها. وهناك أراضٍ مرتفعة بجوارها على الجانب البري (أو البلغاري)، مثَّلت أهمية عسكرية على نحو خاص في الحصارات الأخيرة. وعندما أصبحت سِلستره هدفًا للهجوم عام 1773م، كانت دفاعاتها الرئيسية خنادق عميقة تحيط بالبلدات، وكانت تضم أيضًا الضواحي، وحقول العنب الفسيحة، وحدائق أشجار الورد الرائعة. وتُعَدُّ حيازة سِلستره لا غنى عنها لغزو ناجح لتركيا من والاشيا عبر بلغاريا، لأنها تقع مباشرة بجانب أي عملية يمكن القيام بها على جبهة البلقان[3].

أما فارنا (مسرح الهزيمة العظيمة التي تلقَّاها التحالف المسيحي على يد مراد الثاني عام 1444م)، فتقع على الساحل الغربي للبحر الأسود، على بُعد ثمانية وأربعين ميلًا شرقي شُملى تقريبًا، وهي الثانية في الأهمية بالنسبة إلى هذا الموقع؛ حيث لا يمكن لأي جيش معادٍ التحرك بسلام عبر الممرات الشرقية للبلقان، في حين تكون فارنا غير مسيطر عليها في الخلف.

---

(1) Moltke, p. 118. Chesney, p. 86.

(2) Von Hammer, vol. iv. p. 625.

(3) Moltke, p. 285.

يُعَدُّ اهتمام محسنزادي بتأمين فارنا وسِلستره وشُملى عام 1773م، خير دليل على المواهب الاستراتيجية لهذا الوزير، كما أن تحركات رومانزوف تثبت أن القائد العام الروسي يفهم قيمة هذه المواقع، مثلما قَدَّر خلفاؤه قيمتها في الحروب الأحدث.

من خلال وضع مقرِّه في شُملى، تمكَّن محسنزادي ليس فقط من الإعداد بشكل أفضل للدفاع عن البلقان، لكن تمكَّن أيضًا من مباشرة أكبر العمليات كفاءة، سواء من حيث الدفاع أو الهجوم على طول نهر الدانوب، حسبما اقتضى الوضع. وعندما بدأت الأعمال القتالية عام 1773م، أشارت استعدادات الفيالق الروسية في والاشيا إلى اعتزامهم عبور نهر الدانوب بالقرب من «تولجا» (Touldja). كانت هناك قوة تركية تحت إمرة شركس باشا في «باباتاغ» (Babatagh) الواقعة في دوبروسكا، فأمرهم الوزير الأعظم بمراقبة أي تحرك للعدو بأكبر قدر من الحرص، لكن القوات في باباتاغ هجرت مواقعها في ذعر فاضح، فتقدَّم الروس حتى كاراسو، ودمروا تحصينات «قره قِرمان» (Karakerman). لم ينزعج الوزير من هذه الهزيمة، وواصل توجيه وتحريك قادة حامياته والمواقع المتقدمة، وكان الانتصار بالقرب من روسجوق[1] أولى ثمار هذه الحملة بالنسبة إلى القوات التركية. لقد نمت لدى الروس ثقة كبيرة من نجاحهم، وتقدموا بجرأة إلى ذلك المكان، لكن قوة عثمانية تحت إمرة «داغستاني» (Daghistani) انضمت جميعها إلى الحامية، فهزموا الفيالق المهاجمة هزيمة تامة، وأخذوا ألفًا وخمسمائة أسير، واستولوا على ثلاثة من المدافع الروسية. من ناحية أخرى، فاجأ القائد وايسمان، الأتراك تحت قيادة «بخت جيراي» (Bakht-Ghirai) وشركس باشا في كاراسو وهزمهم، وأخذ منهم ستة عشر مدفعًا (7 يونيو 1773م). ومن كاراسو، سار ذلك القائد الروسي إلى سِلستره لدعم العمليات التي قام بها القائد العام، رومانزوف، ضد تلك المدينة.

عبر رومانزوف نهر الدانوب عند «باليا» (Balia) مع الجيش الروسي الرئيسي، الذي كان يقوده تحت إمرته القائدان: «ستوبسشن» (Stoupischin)، و«بوتِمكين» (Potemkin). سعى عثمان باشا، سِرْعَسْكَر سِلستره، إلى منع عبورهم النهر، لكن تحركات جناح القائد وايسمان قامت بحماية العملية، وصُدَّت قوات سِرْعَسْكَر ودُفعت إلى سِلستره، بعد قتالها بشجاعة. شعر السُّلطان بشدة

---

(1) هي مدينة «روسه» (Ruse) البلغارية الحالية، الواقعة على الضفة اليمنى لنهر الدانوب على الحدود الرومانية على مسافة ثلاثمائة كيلومتر تقريبًا شمالي العاصمة البلغارية صوفيا، وخمسة وسبعين كيلومترًا جنوبي العاصمة الرومانية بوخارست. انظر: شمس الدين سامي، قاموس الأعلام، مج.3: 2323؛ موستراس، القاموس الجغرافي: 281. (المترجم).

بأهمية هذا الموقع، وكذلك القادة الروس. وتلقَّى إبراهيم باشا، الذي كان يقود الطليعة التركية في الهجوم الفاشل الأخير على العدو، رسالة من السُلطان مصطفى نفسه، تتضمن أوامر مقتضبة لكنها مشددة: «إذا كانت حياتك عزيزة لديك، فاجمع فرسانك المهزومين، وانطلق لنجدة سِلستره».

ضرب رومانزوف المدينة بسبعين مدفعًا وعدد كبير من مدافع الهاون. وسرعان ما خُرقت الجدران، وتقدَّمت الصفوف الروسية إلى الاقتحام. وقد توفَّرت مائة حمولة من حزمات العيدان لملء الخنادق الخارجية. وحدث نزاع قاتل، هاجم فيه الروس بصلابتهم المميزة، وقاومت الحامية العثمانية ببسالة حاسمة. أرسل رومانزوف قوات جديدة إلى الأمام بشكل مستمر، وتجدَّدت الهجمات مرارًا وتكرارًا لمدة ست ساعات، حتى استسلم الأتراك أخيرًا، ونجحت الصفوف الخارجية في المرور، وتدفق الروس إلى الضواحي، مبتهجين بفوزهم بسلستره. وهنا قامت قوات عثمان باشا، معزَّزة بجميع السكان الذكور، بالتجمع والقتال بضراوة مضاعفة. كانت هناك خصوصية في حصار المدن التركية (كثيرًا ما لاحظها الكُتَّاب العسكريون)، وهي أن المقاومة الحقيقية في تلك المدن، تبدأ في أحرج أوقات الأزمة التي تنتهي فيها عادةً المقاومة بالكامل في أي حصار، وقد تجلَّى ذلك تمامًا في سِلستره عام 1773م[1]. ومُنِيَت الصفوف الروسية في النهاية بهزيمة مضادة، وتخلَّى رومانزوف عن الحصار بخسارة كبيرة. كان هذا الانتصار الذي قام به عثمان باشا، والذي يرجع أساسًا إلى شجاعته الخاصة، وإلى بسالة «إسِّود» (Essud) حسن باشا، آمر ذلك المكان، أكثر الأعمال البطولية براعة على الجانب العثماني أثناء حملة 1773م.

قَسَّم رومانزوف جيشه المنسحب إلى ثلاث فرق، قاد اثنتين منها رجوعًا عبر نهر الدانوب، في حين وضع الثالثة تحت أوامر القائد وايسمان، وأمره بالتراجع إلى باباتاغ في دوبروسكا. حاولت القوة التركية تحت قيادة نُعْمَان باشا اعتراض هذا الرتل عند قينارجه، فقام الروس

---

(1) في ختام وصفه لحصار برايلو عام 1828م، يُعلِّق «بارون مولتك» (Baron Moltke) قائلًا: «إن القادة الأتراك يتمعون بالخاصية البارزة المتمثلة في أن يكونوا عميانًا عن نقاط ضعف المواقع. لم يكن الاستسلام مستساغًا عند الديوان، وأولئك الذين جعلوهم يخاطرون برقابهم. وكان رجال الحاميات كذلك يدافعون عن زوجاتهم وأطفالهم ومتاعهم من داخل أسوارهم، ويقاتلون من أجل إيمانهم وسيادتهم على الرعايا. إنهم يعوضون الحاجة إلى العمل الخارجي عن طريق الاستخدام الماهر للخندق الجاف، وعادة ما يبدأ دفاعهم الأكثر قوة عند النقطة التي تنتهي عندها القوات الأوروبية في المعتاد، منذ اللحظة التي يحدث فيها خرق فعلي. يُشكِّل عندنا عدد كبير من أصحاب المنازل الأثرياء عائقًا خطيرًا لاستمرار الدفاع عن المَعْقِل، ولكن في تركيا الأمر عكس ذلك تمامًا، ذلك أن كل رجل قادر على حمل السلاح هو جندي، يظهر على الأسوار بشكل يومي. وهكذا، فمن المدن الكبيرة، ومنها فقط، يُنتظر أن تكون هناك مقاومة قوية جدًّا». See .. p. 44.
Ibid., pp. 102-104

كالمعتاد بالاصطفاف بنظام المربعات، لكن إنكشارية نُعمَان هاجموا بروح عالية مكَّنتهم من اختراق المركز الروسي. وكان يمكنهم تدمير القوة الروسية بأكملها، لولا حُسْن تصرف مُدافعي المؤخرة، الذين هاجموا الإنكشارية المنتصرين في وقت الارتباك، ودفعوهم إلى الوراء، مستعيدين تشكيل جيشهم. وفي نهاية المطاف أحرز الروس النجاح، واستولوا على ثمانية وعشرين مدفعًا تركيًا، لكنهم دفعوا ثمن نجاحهم خسائر فادحة، بمن في ذلك قائدهم الشجاع البارع، الذي قُتل بالرصاص في بداية المعركة. وسرعان ما جرى تعزيز الجيش التركي المهزوم، فقام بمحاولة لاستعادة هِرسوفا، لكنه رُدَّ بخسارة فادحة عن طريق سوارو، القائد هناك. وبعد هذه الهزيمة الثانية، عُزل نُعْمَان باشا من قِبَل الوزير الأعظم، وأُسندت قيادة قواته إلى داغستاني علي، المنتصر في روسجوق. وفي الوقت نفسه أُغدقت الترقيات والمكافآت على عثمان باشا، وإسِّود حسن، وغيرهما من الضباط الذين كان سلوكهم الجيد بارزًا.

حرص القائد العام الروسي رومانزوف، المنزعج من فشله في سِلستره، على تحقيق بعض النجاح على يمين نهر الدانوب، قبل أن يضع قواته في مآويها الشتوية. وبناءً على ذلك، أرسل رتلًا تحت قيادة الأمير دولجوروكي عبر نهر الدانوب إلى هِرسوفا، وأمر القائد «أونجرن» (Ungern) (الذي كان قد نجح تحت قيادة وايسمان) بالتحرك من باباتاغ، والتعاون في هجوم على القوات العثمانية، التي حُشدت مرَّة أخرى في كاراسو. وقد أثبت ذلك نجاحًا تامًّا؛ حيث تشتت الجزء الأكبر من القوات التركية وهرب نحو شُملى. وبفضل هذا الانتصار، فَرَّق القادة الروس قواتهم، فسار أونجرن، مع نحو ستة آلاف من المشاة وثلاثة آلاف من الخيَّالة نحو فارنا، على أمل الاضطلاع بهجوم مفاجئ على هذا المكان المهم، بينما تحرك بقية الروس إلى شُملى. لم تمنع سهولة الغزو الذي قام به الروس من ممارسة أكثر الفظائع الوحشية على بقية السكان، الذين يتألفون بشكل كامل تقريبًا من كبار السن الضعفاء، والنساء، والأطفال، الذين لا حول لهم ولا قوة. غير أن هذه الأعمال الوحشية لم تمر بلا عقاب.

عندما عُرف في معسكر شُملى أن الجيش في كاراسو جرى توجيهه، وأن ذلك العدو كان يسير نحو البلقان، جمع الوزير الأعظم مجلس الحرب، وسأل عما إذا كان هناك أي ضابط لديه شجاعة وإقدام، يتولى جمع الفارين من كاراسو و«بازارجك» (Bazardchik)[1]، وإصلاح

(1) هي مدينة تقع جنوبي بلغاريا الحالية على الضفة اليمنى لنهر ماريتزا (مريج). أسسها التتر المسلمون في نهاية القرن الخامس عشر الميلادي، بالقرب من السوق التجارية لهذه المنطقة، لذا أطلقوا عليها «تاتار بازارجغي»، أي: «سوق التتر الصغيرة». وصارت منذ ذلك الحين مركزًا تجاريًا مُهمًّا. انظر: شمس الدين سامي، قاموس الأعلام، مج.3: 1605. (المترجم).

الكارثة التي حدثت. تطوع الرَّيس أفندي عبد الرزاق، بأداء تلك المهمة المحفوفة بالمخاطر، فقُبل عرضه بسرور من الوزير والأعضاء الآخرين في المجلس. انطلق وزير الشؤون الخارجية الشجاع يرافقه واصف أفندي (المؤرخ التركي)، ومفتي فيليبوبوليس، وأربعمائة رجل (كلهم تقريبًا من خدمه المنزليين). وعلى الطريق إلى «كوزلجه» (Kozlidje) نجح في إعادة توحيد شتات مختلف الفيالق التركية التي كانت مبعثرة في الجوار. وفي كوزلجه هاجم الطليعة الروسية وهزمها، ثم هرع إلى الأمام، وانقض على الروس في بازارجك، فما كان منهم إلا أن فروا أمامه على عجل، معتقدين أن الجيش العثماني بأكمله يهاجمهم، وتركوا جزءًا من أمتعتهم ومؤنهم غنيمةً للعمل البطولي الجريء الذي قام به عبد الرزاق.

في غضون ذلك تلقَّى القائد أونجرن هزيمة شديدة في فارنا، حيث كان القائد التركي في البحر الأسود، «كيلجي» (Kelledji) عثمان باشا، يبحر بأسطول صغير بالقرب من فارنا عندما اقترب الجيش الروسي من الأسوار. فقام على الفور بجعل الكخيا خاصته يهبط بستمائة من مشاة البحرية لنجدة ذلك المكان. كانت التحصينات ضعيفة، فقام الروس بعد ضرب قليل بالمدافع بالتقدم من أجل الاقتحام، لكنهم دُفعوا للعودة في اضطراب من جزء حاولوا الاستحواذ عليه من دون أن تكون لديهم حزمات من العيدان للخنادق، أو سلالم لتسلق الأسوار. أما القسم الذي دخل بشكل جيد من ناحية أخرى واحتل الحي المسيحي للمدينة، فقد هُوجم هناك بدوره، وطُرد ثانية من الأتراك. تراجع الأمير دولجوروكي، بجزء من القوة الروسية إلى باباتاغ، والبقية تحت إمرة القائد أونجرن، تراجعوا إلى إسماعيل. بلغت الخسائر الروسية في فارنا ما يقرب من ألفي قتيل وجريح، وتركوا وراءهم مائة عربة من عربات الأمتعة، وعشرة مدافع. كان الدفاع الناجح عن فارنا، واستعادة بازارجك، آخر أحداث حملة عام 1773م، وهي حملة كان ميزان الأفضلية فيها للجانب التركي إلى حدٍّ كبير.

غير أن ذلك لم يقدم ترضية كافية للسلطان وسط التراجع العام في حظوظ الإمبراطورية منذ بدء الحرب، وخيبة الآمال التي كانت تستند إلى تفوقه المزعوم في سياسة الدولة. وكان أيضًا، مثل الكثير من بني جنسه، متحمسًا للعلوم الغامضة المزعومة: سحر «الكابالا» (kabala) لدى المغاربة، وعلم التنجيم لدى المصريين. وكانت تلك بالنسبة إليه - كما يعتقد - مصادر للثقة يجب أن تنجح في الحرب، ولا بدَّ أنه شعر آنذاك، في مرارة، إما أن كيده كان حماقة، أو كان وهمًا وغفلة، أو أن النجوم كذبت عليه. ومعتلًا في الجسم كما في العقل، شكا أنه ضجر من الأسلوب الذي كان سِرْعَسْكَره يُسَيِّر به الحرب. وعندما وصلت أخبار الهزيمة الثانية في

كاراسو إلى القسطنطينية، صاح مصطفى بأنه سيعمل على إصلاح الجيش بنفسه. فشرح له وزراؤه أن هذه الخطوة المهمة يجب ألَّا تؤخذ بغير استشارة الديوان، وصَرَّح العلماء أن ذهاب السُّلطان للجيش قد تكون له عواقب وخيمة في الظروف الراهنة، خصوصًا بالنظر إلى الحالة السيِّئة لصحته. وعليه أرجأ السُّلطان سفره إلى المعسكر حتى استعادة صحته، وهو ما لم يحدث مُطلقًا؛ حيث كانت يد المنية أسبق إليه، ففي 25 ديسمبر 1773م، بعد عدة أسابيع من المعاناة الشديدة، قضى السُّلطان مصطفى الثالث نحبه.

خلفه شقيقه عبد الحميد، الذي احتُجز في السراي لمدة ثلاثة وأربعين عامًا، حتى دُعي من الرتابة المملة للسجن السُّلطاني، إلى حذر ومخاوف العرش السُّلطاني. أجرى تعديلات قليلة في الحكومة، وكان لديه حس جيد لتقديره مزايا وزيره محسنزادي، وقبودانه الباشا حسن جزايرلي. قبل كل شيء، كان يرغب في السلام بإخلاص، وكذلك وزراؤه وقادته، وكل الفئات في إمبراطوريته باستثناء العلماء، الذين أثاروا اعتراضات دينية لدى السُّلطان بوصفه خليفة، بسبب التخلي عن سيادته على التتر، فضلًا عن التنازل عن الحصنين العثمانيين كِرتش وينيكال للكفار الروس. لكن الحملة الجديدة سرعان ما تميزت بانتكاسات ومهالك، أسكتت هؤلاء المعترضين التقليديين. وغلب كبار رجال السيف، الذين كانوا يتوقون إلى السلام، على كبار رجال الشريعة، الذين طالبوا بالحرب.

في الرابع عشر من أبريل، عرض الوزير الأعظم ذيول الخيل أمام معسكره في شُملى في موكب عظيم، وأُلقي نشيد عن ولادة النبي صلى الله عليه وسلم، وعُقد مجلس كبير تقرر فيه الهجوم، ودَفْع الروس عن هِرسوفا. لكن القائد الروسي في ذلك المكان كان سوارو، وبدلًا من أن ينتظر الهجوم عليه، تقدَّم نحو الأتراك، والتقى بالفصيل الذي تحت إمرة القائد كامنسكي. وأحضر الجيش التركي خمسة وعشرين ألف جندي قوي للدخول في معركة عند كوزلجه. تمكَّن سوارو من هزيمتهم تمامًا، والاستيلاء على معسكرهم وأمتعتهم ومخازنهم العسكرية وتسعة وعشرين مدفعًا، ثم تشتت الجيش المهزوم عبر البلد. وعندما تقدم القائدان كامنسكي وميلورادوفيتش إلى شُملي بعد المعركة، وجد الوزير الأعظم أنه كان لديه ثمانية آلاف جندي تحت يده للدفاع عن هذا المكان الفسيح. وحتى أثناء نشوب المعركة بين هذه الفصائل، انتقلت سرايا الروس إلى الجنوب من شُملى، إلى ممرات البلقان. وفي هذا الوضع الطارئ، أرسل الوزير الأعظم ضابطًا إلى المعسكر الروسي لطلب الهدنة، حيث كان القائد العام، الكونت رومانزوف، يتولى القيادة شخصيًا. رُفض ذلك، ولكن دُعي الوزير لإرسال مفوضين للتفاوض

من أجل السلام. وبعد تأخير قصير، حصل خلاله محسنزادي على موافقة السُلطان، وأُرسل المفوضون للتفاوض مع الأمير ريبنين، الذي تصرف بالنيابة عن روسيا، وعقد التشاور الأول في السادس عشر من يوليو في قينارجه.

أُجريت المفاوضات بخفة عسكرية؛ لأن الجانبين كانا حريصين بشدة على إنهاء الحرب. وعلى الرغم من الفتوحات والمجد الذي حققته روسيا، فإنها كانت تعاني بشدة أكثر من عدوها المهزوم[1]. كانت خسائرها في المعركة ثقيلة، وكما هو معتاد مع الجيوش الروسية، فإن عدد الجنود الذين لقوا حتفهم بسبب المرض والفاقة، تجاوز بكثير عدد القتلى والجرحى. وفي داخل وطنهم، خَرَّب الطاعون العديد من المقاطعات. وهناك منطقة بالقرب من أستراخان هُجرت بالكامل تقريبًا بعد أن تركها أربعمائة ألف من القلميق، الذين أزعجهم التدخل القمعي من الحكومة الروسية في حرية تقاليدهم، وغادروا أراضي التسارينة عام 1771م، وانسحبوا إلى داخل حدود الإمبراطورية الصينية. وظل الأصعب لسلطة كاترين، تلك الحرب الأهلية التي قامت ضدها من قِبَل المحتال الشهير «بوجاتشيف» (Pugatcheff)، والتي نشرت الخراب في جميع أنحاء جنوب روسيا، خلال عام 1773م والجزء الأكبر من 1774م. إضافةً إلى كل هذا، إذا تذكرنا أول معاهدة كبيرة لتقسيم بولندا، أُجريت عام 1773م، وأنه كانت هناك حاجة ماسة لأن تقوم القوات الروسية بقهر السكان الفوضويين الذين يمتلكون مع ذلك روحًا معنوية عالية في تلك الأرض سيِّئة الحظ، فربما نُقدِّر القيمة الحقيقية للجود الذي تفاخرت به روسيا، لعدم مطالبتها تركيا بشروط أكثر قسوة لعقد السلام عام 1774م، أكثر مما تمت الموافقة عليه تقريبًا في عام 1772م.

بعد مناقشة لمدة سبع ساعات فقط، وافق المفوضون في قينارجه، في 17 يوليو 1774م، على محضر المعاهدة الجديدة، التي كان من المقرر أن تتم بين الإمبراطوريتين. لكن القائد العام، كونت رومانزوف، أَجَّل التوقيع لمدة أربعة أيام، بهدف جعل تاريخ المعاهدة في 21 يوليو، الذكرى السنوية لمعاهدة بروت، ليصبح ذلك اليوم من ذلك الحين فصاعدًا يوم الذل والهوان، ليس للروس وإنما للعثمانيين. كما لم يكن من قبيل المصادفة اختيار مدينة قينارجه مكانًا لعقد المشاورات؛ حيث قُتل هناك القائد الروسي وايسمان على يد الأتراك في العام السابق، فقرر رومانزوف أن تكون المعاهدة وفاءً لذكرى رفيقه الشجاع في السلاح.

كان سلام قينارجه يتألف من ثماني وعشرين مادة معلنة، أضيفت إليها مادتان سريتان،

---

(1) Levesque, "Histoire de Russie."

يلتزم من خلالهما الباب العالي بدفع أربعة ملايين «روبل» (roubles) لروسيا، في غضون ثلاث سنوات، وتلتزم الإمبراطورة بسحب أسطولها من الأرخبيل بلا تأخير. كانت المواد المعلنة الثماني والعشرون هي الأكثر أهمية. خلصوا إلى أن تتر كوبان، والقِرْم، والمناطق القريبة بين نهرَي «بيردا» (Berda) والدنيبر، وكذلك ما بين بوج والدنيستر، وصولًا إلى حدود بولندا، هي دولة مستقلة سياسيًّا، يحكمها عاهل خاص بها من سلالة جنكيز خان، يجري اختياره وارتقاؤه إلى العرش من قِبَل التتر أنفسهم. ونصت صراحة على أنه «لا يجوز للبلاط الروسي أو العثماني التدخل بأي حال من الأحوال، وبأي ذريعة من الذرائع، في اختيار الخان المذكور، أو في الشؤون المحلية والسياسية والمدنية والداخلية للدولة المذكورة، بل على العكس، يعترفون بأمة التتر المذكورة ويحترمونها، في دولتها السياسية والمدنية، على قدم المساواة مع القوى الأخرى، التي تحكم نفسها، ولا تعتمد إلا على الله وحده».

لكن خارج الأراضي الطبيعية لدولة التتر هذه المقامة حديثًا، احتفظت روسيا لنفسها بحصنَي كِرتش وينيكال في القِرْم، بموانئهما والمناطق التابعة لهما، وكذلك مدينة آزوف والمناطق التابعة لها، وقلعة كلبورن في شمال الدنيبر، والمنطقة الواقعة على طول الضفة اليسرى لنهر الدنيبر. وكان من المقرر أن يبقى حصن أوزاكوف المقابل، تصاحبه منطقة مماثلة، في حوزة الأتراك. ومنطقتا الكبارتس كانتا تابعتين أيضًا لروسيا، إلا إن التنازل الرسمي عنهما كان من الخان وكبار دولة التتر المستقلة الجديدة. وكانت روسيا ستسحب قواتها من الحصون التي غزتها في جورجيا ومنجريليا؛ حيث كانت هذه المقاطعات «تعتبرها روسيا منتمية إلى أولئك الذين خضعت لهم في السابق؛ حتى إذا كانت قد خضعت بالفعل للباب العالي قديمًا أو لفترة طويلة جدًّا، فإنها ستُعتبر منتمية إليهم». وباستثناء آزوف وكلبورن وكِرتش وينيكال وكبارتس، تخلَّت روسيا عن كل ما غزته. وأقر الباب العالي بأنه استرجع منها مولدافيا ووالاشيا على الشروط التي وعد مخلصًا بالحفاظ عليها. وخلاصة هذه الشروط: «العفو عن جميع الجرائم التي ارتُكبت أثناء الحرب، وحرية ممارسة الدين المسيحي، وحكم إنساني كريم في المستقبل، والإذن من الباب العالي وفقًا لظروف هاتين المقاطعتين، بأن الأمر قد يتطلب أن يقوم وزراء البلاط الإمبراطوري الروسي المقيمون في القسطنطينية بالاعتراض لصالحهم، والوعد بالاستماع إليهم بكل الاهتمام الذي تستحقه القوى الصديقة والمحترمة».

ثمة بند مهم في المعاهدة (المادة السابعة) يتعلَّق بالرعايا المسيحيين للسلطان، يُصرِّح بشكل عام بأن «يتعهد الباب العالي دائمًا بحماية الدين المسيحي وكنائسه، ويسمح كذلك

لوزراء البلاط الإمبراطوري الروسي، أن يقوموا بالإنابة في جميع المناسبات، فضلًا عن رعاية الكنيسة الجديدة في القسطنطينية، والتي سيتم ذكرها في المادة الرابعة عشرة، نيابة عن وزرائها المنوطين، واعدًا بأن يأخذ مثل هذه التمثيلات بعين الاعتبار، بوصفها تجري من قِبَل مسؤول موثوق لقوة صديقة ومخلصة مجاورة»[1].

كانت كلمات المادة الرابعة عشرة (المشار إليها في المادة السابعة) هي: «وفقًا لوضع السُلطات الأخرى، يُمنح الإذن للبلاط الروسي العالي، إضافةً إلى الكنيسة الصغيرة التي بُنيت في مقر إقامة الوزير، بإقامة أخرى في أحد أحياء جلطة، في الشارع الذي يُسمَّى «باي أوغلو» (Bey Oglu)، وهي كنيسة عامة، يمكن أن يقوم فيها المسيحيون بالعبادة وفقًا للطقوس اليونانية، التي ستكون دائمًا تحت حماية وزراء تلك الإمبراطورية، وحفظها من أي إساءة أو إكراه». كما نصت المادة الثامنة على أن تكون للرعايا الروس حرية كاملة في زيارة مدينة بيت المقدس المقدسة من دون أن يخضعوا لضريبة الرؤوس أو غيرها من الرسوم، وأن يكونوا تحت حماية القوانين الصارمة. وتنص مواد أخرى على أن تتمتع السفن التجارية التابعة للسُلطتين المتعاهدتين بحرية الملاحة من دون عوائق في جميع البحار التي تصل إلى شواطئهما، وأن يكون للتجار الحق في الإقامة المؤقتة حسبما تتطلب شؤونهم، وكما جاء في المادة الحادية عشرة من المعاهدة: «لمصلحة ورفاهية الإمبراطوريتين، تكون هناك ملاحة حرة من دون عوائق للسفن التجارية التابعة للسُلطتين المتعاهدتين، في جميع البحار التي تصل إلى شواطئهما».

أعطت المادة نفسها الحق لروسيا صراحةً في وجود قناصل مقيمين في جميع أنحاء الإمبراطورية التركية، في أي مكان ترى أنه مناسب لتعيينهم، ولكن لم يُمنح أي حق مقابل لتركيا في أن يكون لها قناصل في روسيا. تقول المعاهدة فقط إنه سيُسمح لمواطني الباب العالي بالتجارة في روسيا عن طريق البر والبحر، بكل المزايا الممنوحة للدول الأكثر حظوة.

وصرّحت المادة الرابعة رسميًا أنه «طبقًا للحق الطبيعي لكل سُلطة، يمكنها أن تتخذ في بلدها ما تراه مناسبًا من أمور، وفي هذه الحالة تتمتع الإمبراطوريتان بحرية كاملة وغير مقيدة في دولتيهما، وداخل حدودهما، في المناطق التي يُرى أنها مناسبة، في إقامة أي نوع من الحصون والمدن والمستوطنات والصروح والمساكن، فضلًا عن إصلاح وإعادة بناء الحصون القديمة، والمدن، والمستوطنات، إلخ».

---

(1) هذا هو الشرط الذي بنى عليه الأمير «مينشيكوف» (Menschikoff) مطالبة روسيا عام 1853م بالحماية العامة لجميع سكان الأقاليم التركية المنتمين إلى الكنيسة اليونانية.

وبموجب بنود أخرى كان السُلطان مُلزمًا بالسماح الدائم بإقامة وزير روسي لدى الباب العالي، ومنح عاهل روسيا لقب «باديشاه»، الذي كان قد رُفض منحه حتى ذلك الحين. وأُعلن كذلك أن «الإمبراطوريتين اتفقتا على إبطال جميع المعاهدات والاتفاقيات التي أُبرمت بين الدولتين، بما في ذلك اتفاقية بلجراد، وكل ما يليها، وعدم الترويج لأي ادعاء يستند إلى الاتفاقيات المذكورة، باستثناء تلك التي أُقرت عام 1700م بين الحاكم تولستوي وحسن باشا، حاكم «أتشوج» (Atschug)، بشأن حدود منطقة آزوف وخط ترسيم حدود كوبان، والتي ستبقى كما كانت عليه بلا تغيير».

أخيرًا، وُضعت المعاهدة برُمَّتها واختُتمت من دون إدراج مادة تتعلَّق ببولندا، على الرغم من أن تصدي روسيا لبولندا كان أحد الأسباب الرئيسية للحرب. واعتُبر هذا نفيًا ضمنيًّا لكل حقوق تركيا في التدخل في الشؤون البولندية. وكذلك وَضْع المعاهدة التي أُبرمت من دون السماح لأي سلطة ثالثة بأن تكون طرفًا فيها كوسيط بين الإمبراطورة الروسية وعدوها المهزوم، لم يكن أقل الانتصارات التي تحققت لكاترين في ختام هذا الصراع.

كان هذا فحوى معاهدة قينارجه[1]، التي يراها أحد أفضل دبلوماسيي هذا العصر، لا تُمثِّل تدمير إمبراطورية الإسلام في الشرق فحسب، بل تُمثِّل كذلك مصدر الشر والمتاعب التي لا نهاية لها لجميع الدول الأوروبية الأخرى[2]. أما المؤرخ الألماني للبيت العثماني (الذي

---

(1) انظر نص المواد الثماني والعشرين، التي تتضمنها المعاهدة عند: محمد فريد المحامي، تاريخ الدولة العلية العثمانية (القاهرة: مؤسسة هنداوي للتعليم والثقافة، 2012م): 234-247. (المترجم).

(2) “La position des denx empires a ete totalement changee par le traite de Kainardje, et par consequent, s’il etait encore possible de sauver la Porte, il conviendrait de trouver des mesures toutes nouvelles… Par l’adroite combination des articles de ce traite, l’Empire Ottoman devient dea aujourd’hui une sorte de province russe, d’ou la cour de Saint- Petersbourgh peut tirer de l’argent et des troupes, &c. ; enfin, comme a l’avenir la Russia est a meme de lni dicter ses lois et qu’elle a entre ses mains les moyens de forcer la Sultan a les accepter, elle le contentera peut-etre, pendant quelques annees encore, de regner au nom du Grand Seigneur, jusqu’a ce qu’elle juge le moment favorable d’en prendre possession definitivement… Si a ces exemples d’une frenesia incroyable, on ajoute la mauvaisa administration da la Porte, qui viciee dans les fondemens prepare depuis quelque temps, comme a dessein et mieux que ne l’ont pu faire les armes de la Russia, la destruction de cet Empire d’Orient, on sera convaincu que jamais une nation prete a disparaitre de la scene politique n’aura moins merite la compassion des autres peuples que les Ottomans ; malheureusement les evenemens qui se passent en ce moment dans =

استمتعت بتوجيهاته لفترة طويلة أثناء هذا العمل، بينما سأتوق إليه من الآن فصاعدًا) فيَعتَبرُ أن هذه المعاهدة وَضَعت الإمبراطورية العثمانية تحت رحمة روسيا، وأنها مؤشر على بدء انتهاء تلك الإمبراطورية، على الأقل في أوروبا. ويرى في بنود معاهدة قينارجه «بذور تلك الخاصة بمعاهدة أدرنة».

= cet empire exercaront a l'avenir la plus grande influence suv la politique de tous les autres etats, et feront naitre des maux et des troubles sans fin." - Extraits des rapports de M. de Thugut, dates du 3 Septembre, 1774, et du 17 Aout, 1774.

الفصل الحادي والعشرون

محاولات غازي حسن إحياء الإمبراطورية - انتهاكات جديدة لروسيا - اتفاقية عام 1779م - روسيا تضم القِرْم - محاولات فرنسا العقيمة لحث إنجلترا على العمل معها ضد روسيا - اتفاقية عام 1783م - مخططات النمسا وروسيا لتقطيع أوصال تركيا - حرب - مقاومة الأتراك للنمسا - النمسا تصنع السلام - الكوارث التي تكبدها الأتراك في الحرب مع روسيا - تولي السُّلطان سليم الثالث - تدخل إنجلترا وبروسيا - معاهدة جاسي.

الفصل الحادي والعشرون

اعتَبر رجال الثقافة في غرب أوروبا وعلماء تركيا على حدٍّ سواء، أن معاهدة قينارجه تُكْمِل مجد روسيا وتراجع البيت العثماني. وكتب «الموسوعيون» (Encyclopaedists)[1] في باريس[2] تهنئة للإمبراطورة كاترين، وقائدها العام، كونت رومانزوف، رددها كل مُدَّعٍ للآراء المستنيرة في أجزاء أخرى من أوروبا، ممن اعترفوا بتمركز القوة الثقافية وسط دوائر العاصمة الفرنسية[3].

---

(1) الموسوعيون، هم كُتَّاب الموسوعة الفرنسية الكبيرة، التي ظهرت بين عامَي 1751 و1772م، وكانت من تحرير «ديديروت» (Diderot) و«داليمبيرت» (D'Alembert)، وكان من بين المساهمين فيها كلٌّ من «فولتير» (Voltaire) و«روسو» (Rousseau). (المترجم).

(2) انظر: Capefigue, "Louis XVI.," pp. 13, 14, 93 هناك كثير من الإشادة بتعليقه اللاذع في ص14 حول تأثير الموسوعيين ومعجبيهم على السياسة الخارجية للبلاطات الغربية:

"Il faut reconnaitre cette triste verite, que si un gouvernement veut se perdre, il n'a qu'a suivre l'opinion des ecrivains, gens de lettres, societes savantes ef litteraires."

(3) يستحق أحد الكُتَّاب الإنجليز في هذه الفترة أن يُذْكَر كاستثناء شريف من بين عموم المتملقين لروسيا؛ فقد كتب «أوليفر جولدسميث» (Oliver Goldsmith) عن روسيا في كتابه «مواطن العالم» (Citizen of the World)، الذي نُشَر عام 1758م، حتى قبل انتصارات كاترين الثانية في الحرب بين عامَي 1765 و1774م، ما يلي: «لا أستطيع تجنُّب النظر إلى الإمبراطورية الروسية بوصفها العدو الطبيعي لأغلب الأجزاء الغربية من أوروبا، لأن العدو يمتلك بالفعل قوة كبيرة، ومن طبيعة سُلطته الحاكمة أن يُهدِّد كل يوم بأن يصبح أكثر قوة. هذه الإمبراطورية الشاسعة، التي تحتل في كلٍّ من أوروبا وآسيا ما يقرب من ثلث العالم القديم، كانت منذ نحو قرنين من الزمان، مقسَّمة إلى ممالك ودوقيات منفصلة، وكانت ضعيفة بناءً على هذا التقسيم. غير أنه منذ ذلك الوقت، كان «يوهان باسيليدس» (Johan Basilides) يزداد في القوة والتوسع. وهذه الغابات التي لم تُطأ، وتلك الحيوانات الوحشية التي لا حصر لها، والتي كانت تغطي سابقًا وجه البلد، جرت الآن إزالتها، وفي مكانها زُرعت مستعمرات بشرية. وبالتالي فإن مثل هذه المملكة التي تتمتع بالسلام في الداخل، وتملك مساحة غير محدودة من الأراضي، وتعلمت الفن العسكري من الآخرين في الخارج، يجب أن تنمو كل يوم بشكل أكثر قوة، ومن المحتمل أن نسمع أن روسيا في المستقبل، كما في السابق، يُطلق عليها «أوفثينا جينتيوم» (Officina Gentium).

كان لدى ملكهم العظيم بطرس رغبة لفترة طويلة في أن تكون له قدم في بعض الأجزاء الغربية من أوروبا، ووجَّه العديد من مخططاته ومعاهداته لتحقيق هذه الغاية، ولكن لحسن حظ أوروبا، أنه فشل فيها جميعًا. هناك حصن في سُلطة هذا الشعب من شأنه أن يكون مثل امتلاك بوابة نهر، متى دخل الطموح أو دفعت =

في القسطنطينية، بدا أن أتباع الإسلام المتدينين أصابهم الحزن على آسيا، بوصفها ملاذهم من الكفار الكبار، كما أطلقوا على الروس. وتذكروا بأسف التراث القديم القائل: إن المدينة التي تزخر بالإيمان مُقدَّر أن يأخذها بنو الأصفر[1]. لكن لا يزال العديد من بين العثمانيين متغلبين على الخوف من المصير اليائس. لقد أدركوا على نحو أفضل واجبهم تجاه إمبراطوريتهم وتعاليم نبيهم صلى الله عليه وسلم، الذي حث أتباعه على ألَّا يفقدوا روحهم عند هزائم الحروب، وإنما ينظرون إلى ذلك على أنه ابتلاء من الله، حتى يتبين المؤمنين الصادقين، ومن منحهم أقصى قدر من الثبات في الشدائد، وكبح النفس في الرخاء. «**فَلَا تَهِنُوا وَتَدْعُوا إِلَى السَّلْمِ وَأَنتُمُ الْأَعْلَوْنَ**» [محمد: 35]، «**وَاللهُ يُحِبُّ الصَّابِرِينَ**» [آل عمران: 146]، «**ثُمَّ صَرَفَكُمْ عَنْهُمْ لِيَبْتَلِيَكُمْ**» [آل عمران: 152]، «**وَاللهُ يُحْيِي وَيُمِيتُ وَاللهُ بِمَا تَعْمَلُونَ بَصِيرٌ**» [آل عمران: 156]، «**يَا أَيُّهَا الَّذِينَ آمَنُوا اصْبِرُوا وَصَابِرُوا وَرَابِطُوا وَاتَّقُوا اللهَ لَعَلَّكُمْ تُفْلِحُونَ**» [آل عمران: 200][2].

كان من بين أفضل هؤلاء، القبودان باشا حسن جزايرلي، الذي أُطلق عليه عادةً في ذلك الوقت: «غازي حسن»، لمعاركه المجيدة أمام الكفار. وضع السُلطان عبد الحميد في يديه سُلطة غير محدودة على وجه التقريب، فحرص حسن على إعادة تنظيم القوات العسكرية والبحرية لتركيا، وتجهيزها لمعاودة النضال ضد روسيا، وهو ما علم الجميع أنه أمر لا مفر منه. وسعى إلى انضباط القوات، لكنه حين وجد جميع المحاولات لإدخال تطوير على الأسلحة والتدريب، أو لاستعادة الخضوع بين الإنكشارية والسباهية، عديمة الجدوى، تخلَّى عن هذه المخططات. غير أنه اقترح نظامًا جديدًا للمعركة، كان من شأنه أن يعطى المزيد من التأثير لضراوة الهجوم التركي البري: «قَسِّم الجيش المكوَّن من مائة ألف رجل إلى عشرة فيالق مختلفة، عليها أن تهاجم بشكل منفصل، وهكذا فإن تراجع الفيالق المنهزمة لا يتسبب في هزيمة الفيالق الأخرى

= الحاجة، فإنهم قد يكونون قادرين حينذاك على غمر العالم الغربي كله بطوفان بربري. صدقني يا صديقي، لا أستطيع أن أُدين بما فيه الكفاية السياسيين في أوروبا، الذين يجعلون هذا الشعب القوي وسيطًا في خلافاتهم إلى هذا الحدِّ. إن الروس الآن في تلك المرحلة بين التهذيب والهمجية التي تبدو ملائمة أكثر للإنجاز العسكري، وإذا ما حصلوا على موطئ قدم في الأجزاء الغربية من أوروبا، فإنه من غير الممكن للجهود الضعيفة التي يبذلها أبناء الخلاف والشقاق أن تؤدي إلى إخراجهم. سيكون الوادي الخصب والمناخ المعتدل حافزين كافيين تمامًا لاستقطاب الأعداد الكبيرة من صحاريهم المحلية، أو براريهم غير المطروقة، أو جبالهم الثلجية. إن التاريخ والخبرة والعقل والسجية، تبسط كتاب الحكمة أمام أعين البشرية، لكنها لن تقرأ».

(1) Eton, 193. Thornton, 78.

(2) See the 3rd chapter of the Koran.

أو يضعها في حالة اضطراب. وجزم بأنه على الرغم من أن مدفعية الجيش الأوروبي من شأنها أن تقوم بمقتلة كبيرة، لكن ليس بإمكان أي جيش أن يصمد أمام عشر هجمات تركية، عنيفة غاضبة، على الرغم من كونها قصيرة، إذا لم تنجح، وأن هجوم عشرة آلاف يكون مماثلًا في الخطورة لهجوم مائة ألف في كتلة واحدة، فبالنسبة إلى الأوائل يقومون بالتصدي، والبقية، الذين سقطوا إزاءهم، يفرون على الفور»[1].

لا يوجد استخدام عملي لتفصيلات نظام الهجوم هذا، وربما كوَّن القبودان باشا رأيه في هذا المقترح من خلال تجربته المتعلقة بقدراته الخاصة بأساطيل السفن، بشكل أكبر من أي معرفة سليمة بالمناورات الممكنة للقوات في مواجهة العدو. كان حسن قد أمسك بزمام القوة البحرية بشكل أفضل بكثير، وكانت جهوده لتحسين البحرية التركية حيوية وحكيمة، على الرغم من أن بعض تدابيره العملية أظهرت الشدة الحقيقية التي لا ترحم للقرصان الجزائري القديم. لم يمتلك حسن إلا القليل من العلم، لكنه احترمه في الآخرين. وعَلَّمَته قدراته الطبيعية الكبيرة، وحسه القوي السليم، كيفية الاستفادة من المهارات الأوروبية، فضلًا عن الكفاءات الأكثر منفعة، التي كان من المعروف امتلاكها من قِبَل مختلف السكان المشتغلين بالبحر تحت سيادة السُلطان. امتدت الإصلاحات والتحسينات التي سعى إلى تنفيذها في البحرية التركية، إلى تشييد السفن، وتعليم الضباط، وتجهيز البَحَّارة. وبمساعدة من بناة السفن الإنجليز، قام حسن بتغيير كلي في المعدات الثقيلة الخاصة بالسفن التركية، وجرى تجهيزها وفقًا للنظام الإنجليزي. وخفَّض المؤخرة العالية غير العملية، ووضع بها صفوفًا منتظمة من المدافع. وجمع البَحَّارة الجيدين الذين استطاع أن يضمهم من الجزائر والأقاليم المغربية الأخرى، وكذلك من الموانئ البحرية على الساحل الشرقي للبحر الأدرياتيكي، على الرغم من أنه لا يزال مُلْزَمًا بالاعتماد بشكل رئيسي على أطقم الملاحة اليونانية على متن أساطيله، كما رفض الأتراك القيام بأي مهام على متن السفن بعيدًا عن العمل على المدافع. وأجبر قادة السفن على الاعتناء شخصيًّا بالنظام الجيد، وكفاءة سفنهم وأطقمهم[2]. ومن خلال إجراء أكثر أهمية، سعى للحفاظ على مجموعة

(1) Eton, "Survey of Turkish Empire," p. 68.

(2) «في عام 1778م، غرقت أفضل سفينة في الأسطول في البحر الأسود؛ حيث كانت ضعيفة للغاية، وأُجريت لها أعمال جلفطة ومواد عازلة، فتسربت من بين جميع ألواحها. وعزا القبودان باشا الشهير حسن، ذلك، إلى سوء أعمال الجلفطة. وعندما عاد الأسطول إلى ميناء القسطنطينية، أمر جميع ربابنة سفن الحرب بحضور أعمال الجلفطة الخاصة بسفنهم شخصيًّا، ولو تحت طائلة الموت. وذات يوم تعب واحد منهم من الجلوس بجانب سفينته، فذهب إلى بيته، الذي لا يبعد أكثر من ربع ميل. وحدث أن ذهب القبودان باشا بنفسه إلى =

كافية من البَحَّارة المؤهلين على استعداد دائم في القسطنطينية، لتزويد الأسطول بالرجال في حالة الطوارئ. وكان من المعتاد إرساء السفن من الخريف حتى الربيع، وصَرْف البَحَّارة طوال فصل الشتاء، لذا أشار حسن إلى خطر ترك العاصمة بلا حماية، وإلى السهولة التي يمكن بها للروس في أي وقت خلال أشهر الشتاء أن يبحروا من موانئهم الجديدة في البحر الأسود، وأن يقوموا باحتلال البوسفور وتدمير البحرية التركية في موانئها. فاقترح بناء منزل شتوي للبحارة في القسطنطينية؛ حيث لا بدَّ من إيوائهم في ثكنات، كغيرهم من القوات. قابل هذا المخطط معارضة سرية من الوزير الأعظم، وغيره من المسؤولين الكبار، الذين أصابتهم الغَيرة من السُّلطة التي سيكتسبها القبودان باشا من خلال وجود قوة كبيرة تحت تصرفه في العاصمة. وبما أن توفير الأموال اللازمة لهذا المشروع قد أُعيق باستمرار تحت ذرائع مختلفة، فقد شَكَّل حسن مؤسسة على نفقته الخاصة، مثلما كان يتصور، لكن على نطاق أصغر. كما أسس مدرسة بحرية من أجل تعليم علمي لضباط الأسطول. لكن كل هذه المخططات التي وضعها أمير البحر الفطن الشجاع، جرى التصدي لها، وإلغاؤها في نهاية المطاف، حسدًا وتحاملًا من المسؤولين الآخرين في الدولة[1]. كما لم يكن حسن أكثر نجاحًا في المحاولة التي قام بها من أجل إصلاح شامل لتفاقم المفاسد القديمة المتزايدة للنظام الإقطاعي التركي، والتي مَنحت الزعامت والتيمارات إلى المقربين، الذين تاجروا في بيعها، وحرموا الباب العالي في وقت الحرب من الجزء الأكبر من موارده العسكرية.

إن ضرورة استرجاع السُّلطان لبعض الأقاليم التي نبذت الولاء خلال الاضطرابات الأخيرة في الدولة، جعلت إقامة حسن بصفة منتظمة في العاصمة أمرًا مستحيلًا، مما أتاح فرصًا متكررة لأعدائه لمواجهة سياسته أثناء غيابه. أما أمام الخصوم الواضحين في الميدان فقد قاد باقتدار ونجاح؛ حيث هزم قوات الشيخ ظاهر في الشام، وحاصره في عكا، واستولى على تلك المدينة المهمة، وأخضع المنطقة المحيطة للطاعة المؤقتة للباب العالي. وفي عام 1778م استعاد المورة، وأباد أو طرد المتمردين الألبان، الذين أتوا إلى شبه الجزيرة تلك عام 1770م لمحاربة أورلوف

= الترسانة لرؤية العمل، فقام بفحص أعمال الجلفطة، ووجد خطأً، فطلب الربان. كان من اللازم إخباره بالحقيقة، فجلس على سجادة صغيرة، وأرسل رجلًا ليأتي إليه ببندقيته، وآخر لدعوة القبودان. وبمجرد أن جاء الرجل المأسوف عليه بالقرب منه، أخذ البندقية وأطلق عليه النار فأرداه قتيلًا، من دون أن يكلمه كلمة واحدة. ثم قال: «خذوه وادفنوه، واجعلوا الربابنة الآخرين يحضروه إلى القبر، وتُوقف أعمال الجلفطة حتى عودتهم»». - Eton, p. 77.

(1) Ibid., pp. 66, 89.

والمتمردين اليونانيين، وبعد رحيل الروس استقلوا هناك بشكل غير قانوني، وقاموا بقمع ونهب وقتل السكان اليونانيين والأتراك على حدٍّ سواء، بضراوة غير متحيزة[1].

بعد تحرير المورة من أسوأ البلايا، وهي طغيان الجند الجامحين، الذين قتلوا أو عزلوا ضباطهم، ولم يعرفوا الخضوع لسيطرة القانون المدني، وزعزعوا جميع قيود الانضباط العسكري، عُيِّن حسن حاكمًا لذلك الإقليم المحرر، فبذل كل جهده بقوة وحكمة في سبيل استعادة النظام الاجتماعي، وإنعاش الزراعة والتجارة[2]. ثم قام بعد ذلك بقيادة قوة كبيرة إلى مصر ضد المماليك المتمردين. وهناك جعل نفسه حاكمًا للقاهرة، وفعل الكثير من أجل استعادة سُلطة السُلطان في ذلك الإقليم المهم[3]، حتى استُدعي لمجابهة الروس في الحرب المصيرية بين عامَي 1787 و1792م، والتي شكَّلت صراعًا أكثر كارثية من ذلك الذي انتهى بمعاهدة قينارجه.

اتسمت الفترة الفاصلة بين الحربين على مدار أربعة عشر عامًا بتدابير مَثَّلت طموحًا من الجانب الروسي، كما أنها كانت معادية للأتراك، كغيرها من الأعمال التي تقوم بها أثناء القتال المفتوح. حتى الكُتّاب الذين كانوا أكثر تجردًا من المبادئ في مديحهم للإمبراطورة كاترين، وأكثر عنفًا ضد الأمة العثمانية، أقروا بأن الإمبراطورة منذ بداية عهدها كانت تهدف باستمرار إلى طرد الأتراك من أوروبا، وأن المشروع الضخم الذي سعت إلى تحقيقه، هو نفسه الذي سعى إليه بطرس الأكبر أولًا، ثم لم يتخلَّ عنه مجلس سان بطرسبرج خلال العهود المتعاقبة إلى يومنا هذا[4]. كان السلام المؤقت ضروريًّا لروسيا عام 1774م، ولكن بعد أن أُخمد تمرد بوجاتشيف، وقبضت روسيا بشدة على الأقاليم التي مزقتها من بولندا، سعت كاترين بجهد إلى إخفاء أنها كانت عازمة تمامًا على تحقيق «المشروع الشرقي». وُلد حفيدها الثاني عام 1778م، وكان يُدعى «قسطنطين». «أُعطي إلى نساء يونانيات لإرضاعه، فتلقَّى مع حليبه اللغة اليونانية، التي أجادها بعد ذلك على يد المُعلِّمين اليونانيين. باختصار، كان كل تعليمه من أجل أن يكون مناسبًا لعرش القسطنطينية، ولم يشك أحد حينذاك في قصد الإمبراطورة». هذه هي شهادة السيد

---

(1) Emerson Tennent's "Greece," vol. ii. p. 376.

(2) Ibid., vol. ii. p. 378.

(3) Ibid., vol. ii. p. 379. Eton, pp. 88, 383.

(4) انظر: Eton, p. 407. إن المركز الذي كان يشغله السيد إتون في بلاط سان بطرسبرج، وحميميته مع كونت بوتمكين، وغيره من الرجال البارزين في المجالس الروسية، وتحيزه القوي لصالح روسيا، تجعل شهادته غير مقبولة فيما يتعلق بالخطط الطموحة للإمبراطورة كاترين، لذا يجب استقبال طعنه في الأتراك بحذر شديد.

إتون، وهو رجل إنجليزي أقام آنذاك في سان بطرسبرج، ويحظى بتقدير كبير من الإمبراطورة والعديد من رجال الدولة والقادة المفضَّلين لديها، ومخلص بقوة للقضية الروسية. وعلى عهدته علَّمنا أيضًا أنه في العام التالي (1779م) وضعت الإمبراطورة والأمير بوتمكين مخططًا لإعطاء ملك إنجلترا مساعدة فَعَّالة ضد المستعمرين في الحرب الأمريكية، شريطة أن تُقدِّم إنجلترا المساعدات للإمبراطورة في تجديد الهجوم على الأتراك، ويتم التنازل عن جزيرة «مينوركا» (Minorca) (التي كانت حينذاك في حوزة الإنجليز) من هذا البلد إلى روسيا، لتكون محطةً للأسطول الروسي في البحر المتوسط، وملتقى للمتمردين اليونانيين. ووفقًا للسيد إتون، فإن تفاصيل هذا المشروع أعدها الأمير بوتمكين، استعدادًا لتقديمها إلى السفير البريطاني في سان بطرسبرج، لكن براعة كونت بانين، وزير الخارجية الروسي (الذي يُفضِّل المصالح الفرنسية على نظيرتها الإنجليزية)، منعت المضي قدمًا نحو المزيد، وأدت إلى تبني الإمبراطورة نقيض سياسة الحياد المسلح البريطانية. ويضيف أن الأمير بوتمكين، أسف لفشل هذا المخطط حتى آخر يوم في حياته، وكان يؤكد باستمرار أن نجاح المشروع الروسي ضد تركيا يعتمد على التحالف مع بريطانيا العظمى [1].

جرى الانتهاء رسميًّا من ضم القِرْم إلى السُّلطة الروسية في عام 1783م، ولكن مؤامرة إخضاع شبه الجزيرة تلك كانت تسير منذ تاريخ معاهدة قينارجه نفسها، التي من خلالها التزمت روسيا رسميًّا بمعاملة القِرْم بوصفها دولة مستقلة مسؤولة أمام الله فقط فيما يتعلق بحكمها الداخلي، والامتناع عن أي تدخل في اختيار ملكهم، أو في أي أمور أخرى تخص حكمهم المدني. وتحت الذرائع القديمة للتدخل الودي، وحماية حدودها من فوضى الجوار المحفوفة بالمخاطر، سرعان ما جعلت روسيا شبه جزيرة القِرْم بولندا الثانية؛ باستثناء أنه في هذه الحالة لم يكن هناك شركاء تضطر إلى مشاركتهم في الغنيمة. وكان التتر قد اختاروا خانهم، دولت جيراي، الذي لم يُثْبِت بما فيه الكفاية تبعيته لنفوذ سان بطرسبرج. وبناءً عليه، أثار الروس السخط والثورات ضده، وجعلوا هذه الاضطرابات ذريعة لسير جيش إلى شبه الجزيرة بهدف ظاهري هو استعادة النظام. لقد تخلوا بشكل متواصل عن كل مخططات الغزو، لكنهم نجحوا في إقصاء دولت جيراي، واختيار شاهين جيراي بدلًا منه، ذلك الذي كان رهينة في سان بطرسبرج، والذي عُرف أنه غير محبوب إلى حدٍّ كبير من غالبية مواطنيه. وجاءت النتائج المتوقَّعة في وقت قريب؛ حيث أرسل الخان الجديد، المهدَّد، سواء من رعاياه، أو من الأتراك (الذين اعتبروا اختياره عن طريق

---

(1) Eton, p. 409.

التدخل الروسي، خرقًا للمعاهدة الأخيرة) وفدًا يضم ستة من الميرزا خاصته إلى سان بطرسبرج (1776م) ليلتمسوا حماية الإمبراطورة. وُعد هؤلاء بكرم، وصدرت الأوامر لرومانزوف بجمع القوات على الدنيبر، للعمل ضد الأتراك إذا لزم الأمر. لكن السُلطان شعر بأنه أضعف من أن يُجدِّد الحرب. وقد قمع سوارو بشدة بعض الانتفاضات التي قام بها تتر كوبان على روسيا. وفي عام 1779م، وُقِّعت اتفاقية بين روسيا وتركيا، تم بموجبها الإقرار بشروط معاهدة قينارجه وتجديدها بشكل رسمي، مع إضافة بنود تفسيرية اعترف فيها السُلطان بالخان الجديد باعتباره حاكمًا قانونيًا للقِرْم، وألزم نفسه بأداء فوري للإجراءات الدينية؛ التي كانت تُلزمه - بوصفه خليفة للمسلمين السُنة - بإعطاء الموافقة الدينية الواجبة لسيادة التتر[1].

أما شاهين جيراي، موضع القدرة السياسية الروسية وأداتها البائسة، فلم يتحمَّل طويلًا حتى للتمتع بمظاهر المُلْك؛ فقد قام الأمير بوتمكين (الذي يبدو أنه اعتبر الاستحواذ على القِرْم بالقوة أو عن طريق الاحتيال هو مهمته الخاصة) بوضع عملاء حاذقين في البلاط التتري، أقنعوا الخان الضعيف بتبني الأعراف والأزياء الروسية (مما يسيء إلى الفخر الوطني والهوية الدينية لشعبه)، وكذلك بارتكاب العديد من السخافات المكلفة، التي جلبت له كراهية وازدراء العامة أكثر فأكثر. وفي الوقت نفسه، قاموا سرًّا بتشجيع سخط رعاياه بشكل متواصل. وسرعان ما اندلعت الثورة، وأُقنع الخان المذعور من أصدقائه الروس بدعوة قوات الإمبراطورة لمساعدته. احتل الجنود الروس القِرْم مرَّة أخرى تحت ستار إقرار السلام، لكن بوتمكين وعشيقته الإمبراطورة اعتقدا آنذاك أنهما في مأمن، وأنهما استوليا على تلك الغنيمة المرغوب فيها منذ زمن طويل. أما التتر، الذين عارضوا التدابير الروسية، فقد قُتلوا أو طُردوا بلا رحمة. وعن طريق التهديدات من ناحية، والرشاوى من ناحية أخرى، قنع شاهين جيراي بالاستقالة من تاج القِرْم وكوبان لصالح الإمبراطورة، والتصديق على أن أفراد عائلته، التي ترث العرش، عُزلوا بشكل شرعي إلى الأبد[2].

في بيان رسمي للإمبراطورة بخصوص ضم القِرْم وكوبان والأراضي المتاخمة لروسيا (نُشر في أبريل 1783م)، جرى الحفاظ على روح الزيف المقيت نفسها التي كانت تعرفها أوروبا بالفعل من خلال أقوال وأفعال التسارينة وحلفائها في حالة بولندا. لقد زعمت أن السُلطة الروسية تسعى فقط إلى مصالح أمة التتر، وإنقاذها من مآسي الحرب الأهلية والفوضى الداخلية، ونجدتها

(1) Schlosser, vol. vi. pp. 124–127. يمكن الاطلاع على اتفاقية 10 مارس 1779م، في: Martens et Cussy's "Recueil des Traites," &c., vol. i.

(2) Clarke's "Travels," vol. ii. pp. 174-177.

من سوء وضعها السابق بين حدود السيادة التركية والروسية، والذي يُعَرِّضها للخطر في حال وقوع أي اصطدام بين هاتين القوتين. هذا التأنق البياني للوجود الروسي أَمَدَّ السوفسطائيين والمُدَّعين من غرب أوروبا بما يلزم لإطراء جديد على شهامة الإمبراطورة كاترين[1]، لكن التتر أنفسهم شعروا بطغيان الغزو الروسي في مجمل واقعهم المرير[2]؛ فحمل بعضهم السلاح في سبيل استقلال بلادهم، ولم يسعَ كبار رجال الدولة إلى إخفاء سخطهم تحت الحكم الروسي. وقد وضع الجنرال بول بوتمكين (ابن عم الأمير) المتذمرين على حافة السيف في مجزرة قَتل فيها ثلاثين ألفًا من التتر من كل سن وجنس[3]. واضطر آلاف آخرون إلى مغادرة البلد. وكان من بين الفارين من الطغيان الروسي خمسة وسبعون ألف مسيحي أرمني، وجميعهم باستثناء سبعة آلاف، هلكوا من البرد والجوع والإعياء، بينما كانوا يسعون لعبور السهوب على الجانب الشرقي من بحر آزوف[4]. قام بول بوتمكين بهذه المذبحة، فضلًا عن غزواته، بفضل مركزه كأميرال

(1) Schlosser, vol. vi. p. 128. في دفاعه عن إجراءات الإمبراطورة الروسية، وضع السيد «فوكس» (Fox) المسألة في نطاق أوسع وأكثر وضوحًا؛ حيث قال (في خطابه في مجلس العموم، 29 مارس 1791م): «بعد أن تم إقرار استقلال القِرْم بسلام قينارجه، أبلغت الإمبراطورة الباب العالي والسلطات الأخرى التي وجدتها، أنه من المستحيل تأمين ممتلكاتها القديمة إذا لم تكن سيدة كاملة السيادة على تتر كوبان والقِرْم، وكما قالت: بنوع من القياس الملكي المنطقي، يجب أن أمتلكهم».

(2) كان الجنس التتري المسلم يُشكِّل الأغلبية في شبه جزيرة القِرْم والمناطق المجاورة لها، فحاول الروس منذ ضمهم للقِرْم التضييق عليهم بشتى الطرق، لدفعهم إلى الهجرة وتوطين العناصر السلافية مكانهم. وكان من بين أشكال الضغط، الاستيلاء على الأراضي بالقوة، وطرد التتر من أراضي أسلافهم بشكل منتظم، علاوة على ذلك كان التتر الذين بقوا للعمل في أراضي أسيادهم الجُدد ضحية رسوم إضافية ومصادرات وعمل عَسِر. هذا وقد رفعت الحكومة الروسية ضرائب التتر باستمرار، إضافةً إلى الابتزازات غير الرسمية. وقد أوصلت حرب القِرْم (1854-1856م) وضع التتر إلى ذروة المعاناة، بعد أن افترض الروس أن تعاطف التتر كان مع العثمانيين. لذا أرسل الروس وحدات مسلحة بين التتر لإحباط أي ثورة، وأغار القوزاق وغيرهم من الجنود على قرى تترية مهددين بإبادتها، فقُتل الكثير، وأُجبر آخرون على الفرار. ومنذ ذلك الوقت بدأ الضغط عليهم بوسائل أخرى، منها إطلاق الشائعات بترحيلهم الجماعي، وإجراءات فرض اللغة الروسية في التعليم والإدارة، وزيادة الاستيلاء على الأراضي بشكل قسري؛ وعليه استمرت هجرتهم إلى أراضي الدولة العثمانية حتى عام 1860م. ومنذ ذلك الحين لم تعد القِرْم أرضًا إسلامية بعد أن هاجر أكثر من ثلاثمائة ألف تتري، تاركين أرضهم ليشغلها سلاف ومسيحيون آخرون، فضلًا عمَّن قُتل أو فُقد. انظر: جستن مكارثي، الطرد والإبادة مصير المسلمين العثمانيين (1821-1922م)، ترجمة فريد الغزي (دمشق: قَدْمُس للنشر والتوزيع، 2005م) 39-42. (المترجم).

(3) Schlosser, p. 129.

(4) Clarke, vol. ii. pp. 179 n., 184.

كبير للبحر الأسود، وحاكم لمقاطعة «توريس» (Tauris) الروسية الجديدة، وهو الاسم الذي أُطلق في ذلك الوقت على القِرْم والأراضي المجاورة لها على البر الرئيسي. وأُطلق على الأمير بوتمكين (الذي كان القائد يعمل في إطار توجيهاته) لقب «توريان» (Taurian)[1]. كانت نتيجة ما قامت به كاترين من أذى وانتهاكات، أن زادت ممتلكات روسيا بحيازة جميع البلدان التي شكَّلت مملكة التتر المستقلة، لذلك اعترفت بها وكفلتها رسميًّا في معاهدتَي 1774 و1779م. لم تكن هذه البلدان تقتصر على شبه جزيرة القِرْم نفسها، بمرافئها الرائعة ومواقعها القوية، بل أيضًا على مناطق ممتدة على طول الساحل الشمالي للبحر الأسود، وجزيرة تامان في آسيا، وأراضي كوبان المهمة، حيث أُنشئت القواعد الأمامية للقوة الروسية في ذلك الوقت، استعدادًا لمزيد من التقدم تجاه الممتلكات التركية أو الفارسية في صعيد آسيا.

أثار التمادي في هذا السَّلْب التعسفي سخطًا شديدًا في القسطنطينية، كما أن أوروبا الغربية راقبت هذا التغيير المفرط للقوة الروسية بلامبالاة. كانت الحرب الأمريكية قد انتهت، وكان بيت البوربون يُرضي مشاعر العداء القديمة مع إنجلترا من خلال المساعدة في الإذلال الذي تسببت فيه أحداث تلك الحرب لهذا البلد. وكانت فرنسا لفترة وجيزة قبل الثورة متفرغة للنظر في المصالح العامة للعالم المتحضر؛ حيث كان «لويس السادس عشر» (Louis XVI) ووزيره، السيد «دي فرجنس» (de Vergennes)، راغبين بصدق في وقف مسيرة كاترين الطموحة، وإنقاذ الإمبراطورية التركية من التمزق. وُجد أن النمسا واقعة تحت التأثير الروسي أكثر من اللازم حتى يتم الوثوق بها. وخاطب البلاط الفرنسي نفسه نظيره الإنجليزي حول موضوع القِرْم، حتى قبل التوقيع الرسمي على معاهدة السلام النهائية بين فرنسا وإنجلترا. وفي يونيو 1783م، أبلغ «م. دي أدهيمار» (M. d’Adhemar) ممثل فرنسا في لندن، السيد «فوكس» (Fox) (وزير الدولة لشؤون الخارجية آنذاك) أن «معظم الملوك المسيحيين تلقوا للتوِّ من مجلس سان بطرسبرج إخطارًا رسميًّا بأن روسيا استولت على القِرْم وكوبان، فهل ستنظر إنجلترا بعدم اكتراث لنشاط الغزو هذا؟». فأجاب الوزير الإنجليزي بالإعراب عن شكه في حقيقة الحيازة المؤكدة لتلك الأقاليم التي استولت عليها روسيا، وقال إن فريدريك حاكم بروسيا سيُعجِّل بالحرب قبل السماح بذلك. وقد خاطب دي أدهيمار، فوكس، حول هذا الموضوع، بأوامر من بلاطه، مرارًا وتكرارًا، وسأل: «هل ترى إنجلترا عدم أهمية وجود أسطول روسي في مضيق البوسفور؟ هل ترغب في أن تُسَلِّم القسطنطينية لكاترين؟ عند أي درجة يمكن فرض حدٍّ معين على نشاط

(1) Schlosser, p. 129.

الإمبراطورة في الغزو؟ قد لا تُسلِّم كوبان لها، لذا هل يمكن بناءً على هذا التنازل أن تُطالَب بترك القِرْم؟ إذا كان على كلٍّ من فرنسا وإنجلترا أن تشتركا في القيام بالاعتراض، فيجب أن يَحْضُر صوتهما في سان بطرسبرج. أما العمل المنفرد، فلن تكترث له فرنسا». أجاب فوكس ببرود بأن الوقت أصبح متأخرًا جدًّا للتدخل، و«أن ضم القِرْم أصبح الآن أمرًا واقعًا. إلى جانب ذلك، فإن إنجلترا لديها اتفاقات مع الإمبراطورة من الصعب خرقها». بعد رفض الوزير، سعى دي أدهيمار لمقابلة مع ملك إنجلترا، وحصل عليها، ومن ثَمَّ أوضح لجورج الثالث أهمية ما قامت به روسيا من غزو، وأشار إلى الأُلفة السياسية التي كانت تتشكَّل بين «جوزيف الثاني» (Joseph II) حاكم النمسا، والعاهل الروسي، ونيتهما الواضحة في تمزيق تركيا، حيث إن الجزء الأكبر من بولندا جرى الاستيلاء عليه بالفعل وتقسيمه. تحرك الصدق والحس السليم القوي لدى جورج الثالث، فهتف: «إذا كانت الأمور ستستمر على هذا المنوال، فإن أوروبا ستكون قريبًا مثل الغابة، حيث يقوم الأقوى بسلب الأضعف، ولن يكون هناك أمن لأحد». لكن ملك إنجلترا لا يمكنه أن يتصرف إلا بشكل دستوري من خلال وزارته وبرلمانه. استمر فوكس في عدم اهتمامه بتركيا، أو بالأحرى، في تحيزه لروسيا. أو ربما، في الواقع، كان الشعب الإنجليزي منهكًا من حرب طويلة غير ناجحة، وإلا لتعاون في تلك الفترة مع فرنسا في أعمال قتالية جديدة عن طيب خاطر. إن الغضب الذي شعر به هنا من ذلك البلد بسبب الدور الذي لعبه ضد إنجلترا في الصراع الأمريكي كان مريرًا للغاية، وذكرى قيادة الأساطيل المجتمعة التابعة لبيت البوربون أعلى القناة كانت جديدة ومؤلمة إلى حدٍّ بعيد.

أكد الوزير الفرنسي لبلاطه آسفًا، عن طريق رسالة أرسلها في الثامن من أغسطس 1783م، أنه ليس هناك أمل في كسب تعاون إنجلترا، وأن السيد فوكس يبدو ملزمًا بترتيب خاطئ. لكن دي أدهيمار أضاف عبارة تنبؤية لرأيه، هي أن نقض سياسة إنجلترا أمر جِد خطير، ولا يمكن أن يكون دائمًا، وأن إنجلترا ستتوصل عاجلًا أم آجلًا إلى تفاهم مع فرنسا بهدف وقف التقدم الذي أحرزته القوات العسكرية والبحرية الروسية، وهو ما يُهدِّد بابتلاع الشرق[1].

عندما سعى دي فرجنس لدى الملك البروسي، للعمل في المسألة الشرقية بالتنسيق مع

---

(1) قدَّم «م.كابيفيجو» (M.Capefigue) سردًا دقيقًا مثيرًا للاهتمام لهذه المفاوضات في عمله التاريخي الأخير بعنوان: "Lonis XVI., ses relations diplomatiques avec I'Europe, I'lnde, I'Amevique, et I'Empire Ottoman," pp. 195-209. انظر أيضًا خطاب السيد فوكس في مناقشات أوزاكوف عام 1791م، في «تاريخ البرلمان الإنجليزي» "Parliamentary History of England," vol. xxix. p. 63.

فرنسا، أجابه فقط بشكاوى من تحالف عام 1756م بين بيتَي الهابسبورج والبوربون، فضلًا عن مطالبة فرنسا بالتخلي عن علاقتها بالنمسا قبل أن تطلب من بروسيا مشاركتها[1]. ووجد لويس السادس عشر ووزيره اللامبالاة والأنانية نفسها سائدة، سواء في بلاط «تورينو» (Turin) أو في بلاط فيينا[2]. وكان من المعروف بالفعل أن النمسا تتآمر مع روسيا لسلب تركيا، وأن سياستها تتمثل في تعويض نفسها أمام ازدياد القوة الروسية من خلال الاستيلاء على الأراضي لنفسها. ووجَّه السيد دي فرجنس نداءً بلا جدوى لحاستها النفعية، حيث أعرب عن أسفه الشديد، لأنه وفقًا للنظام الجديد للسياسة الدولية الأوروبية، لا جدوى من الحديث عن العدالة، وأن المصلحة الذاتية أصبحت الآن معترفًا بها صراحة بوصفها العامل الرئيسي الطبيعي في تدبير شؤون العالم[3]. وصَرَّح سفير فرنسا في فيينا للحكومة النمساوية أنه «لا يمكن أن ترغب النمسا في رؤية مصالحها العسكرية والبحرية تغرق في خضم النفوذ الروسي. وحتى لو صار من الواجب تسليم القِرْم وكوبان للإمبراطورة، فعلى الأقل يجب أن تقبل الإقرار بالمصالح التجارية والبحرية لجميع الأمم. ويجب أن يكون هناك اشتراط أن تقتصر سفنها في البحر الأسود على السفن التجارية، أو سفن حرب بها أقل من عشرين مدفعًا»[4]. وظهر التجاهل نفسه لمقترحات فرنسا في فيينا، كما في عواصم غرب أوروبا الأخرى. ورأى لويس السادس عشر أنه من غير الحكمة التصرف بمفرده. أبلغ السُلطان أنه يجب ألَّا يبحث عن أي مساعدات من الغرب. ولأنه كان يعرف جيدًا قوة خصمه الشمالي وبلاده، فقد توقفت الاستعدادات التركية لاستعادة القِرْم، وجرى التوقيع على معاهدة جديدة في الثامن من يناير عام 1784م بين تركيا وروسيا، اتفقتا من خلالها على أنه لا يجب للوضع الجديد في القِرْم وتامان وكوبان، أن يؤدي إلى تعكير صفو السلام بين الإمبراطوريتين. وجرى رسميًّا تجديد شروط معاهدة قينارجه التي أكَّدَت للباب العالي السيادة على أوزاكوف وأراضيها. ونصت المادة الثالثة من الاتفاقية الجديدة على أنه في حين قبول نهر كوبان كحدود في كوبان، تتخلَّى روسيا عن السيادة على أمم التتر وراء ذلك النهر؛ أي بين نهر كوبان والبحر الأسود[5].

---

(1) Capefigue, p. 203.

(2) Ibid., pp. 204, 206.

(3) Ibid.

(4) Ibid., p. 206.

(5) طُبعت المعاهدة في:
Martens et Cussy, vol. i. p. 315 ; and in Martens' "Recueil des Traites," vol. ii. p. 505.

كانت الكلمات السِّلمية المدرجة في هذه المعاهدة، المشابهة لما ورد في اتفاقية عام 1779م، مجرد شكليات جوفاء؛ فبالنسبة إلى الباب العالي لا يمكن إلا أن يستاء من الأضرار التي بدا أنها تلحق به، والطموح العدواني لكاترين الذي لم يُحفزه سوى ما تقوم به من احتلال وما يُقدَّم إليها من تنازلات. صارت النمسا حينذاك حريصة تمامًا على مصالح روسيا، وتَشكَّل تحالف بين الإمبراطوريتين، التزمت من خلاله كلٌّ منهما بمساعدة الأخرى[1]. وفي مسيرة النصر التي قامت بها كاترين في أوائل عام 1787م إلى مقاطعة توريان الجديدة التابعة لها، انضم إليها الإمبراطور جوزيف عند «خيرسون» (Kherson)، ورافقها إلى القِرْم. ووسط لهو وعبث الرحلة، أحيانًا ما تناقش هذان السائحان الإمبرياليان، وأحيانًا أخرى تَندّرا حول تفاصيل تقطيع أوصال الإمبراطورية العثمانية، وحول ما يتعين القيام به مع اليونانيين، وما سيحدث لـ«أولئك الشياطين الأتراك البائسين»[2]. وكانت بخشي سراي، العاصمة القديمة لخانات التتر المعزولين، مسرحًا للعديد من هذه المخططات والسخريات. وكذلك جرى بابتهاج في «سيباستوبول» (Sebastopol)[3] تدبير مكيدة لإسقاط السُّلطان، كما جرى تحديد مدينة كاترين الجديدة بجانب خليج «أكتيار» (Aktiar) بشكل يتسم بالمباهاة. وشهدت الإمبراطورة وضيوفها هناك، بفخر واعتزاز، إعداد البحرية الروسية الجديدة في أرقى موانئ البحر الأسود، حتى إنها تباهت حينذاك بالوسائل التي من شأن سيباستوبول أن تقدمها لهجوم مفاجئ وحاسم على العاصمة التركية.

كان تخطيط كاترين وجوزيف، مهاجمة تركيا على طول حدودها الشمالية بالكامل، من البحر الأدرياتيكي إلى القوقاز، ولكن لأن رغبة الإمبراطورة اقتضت الحفاظ على شخصيتها سمحة منصفة في الأوساط الأدبية المسيحية، فقد اتخذت وسائل لإثارة الأتراك حتى يكونوا أول مَن يعلن الحرب. هكذا أثار الجواسيس الروس اضطرابات في مولدافيا ووالاشيا واليونان، وأجزاء أخرى من الإمبراطورية العثمانية. وأثارت الإمبراطورة مطالبات عدوانية بمقاطعة بيسارابيا،

---

(1) Coxe, vol. iii. p. 477.

(2) "Leurs Majestes Imperiales se tatoient quelquefois sur les pauvres diables de Tures. On jetait quelques proposes en regardant. Comme amateur de la belle antiquite, et un peu de nouveautes, je parlais de retablir les Grecs ; Catherine, de faire renaitre les Lycurges et les Solons: moi, je parlais d'Alcibiade ; mais Joseph II., qui etait plus pour l'avenir que pour le passe, et pour le positif que pour le chimere, disait: 'Que diable faire de Constantinople?' " - Prince de Ligne, Lettres, &c., p. 55)ed. 1810).

(3) أسستها الإمبراطورة الروسية كاترين في شهر يونيو عام 1783م، أقصى جنوب غرب شبه جزيرة القِرْم، لتكون مقرًّا للأسطول الروسي في البحر الأسود، وظلت كذلك حتى الآن. (المترجم).

ومدينتَي أوزاكوف وآقرمان، بذريعة أنها كانت خاضعة سابقًا لخانات توريان الجديدة التابعة لها[1]. أثارت هذه التدابير وما شابهها غضب الروح العثمانية الأبيَّة، أكثر فأكثر، والتي تعرضت بالفعل للضغط الشديد من الإهانات الصريحة التي فُرضت على تركيا من قِبَل عاهلَي روسيا والنمسا أثناء تقدمهما إلى القِرْم، واللذين كان عداؤهما لتركيا مستترًا قليلًا من قَبْل؛ ذلك أنه حين مرت كاترين وجوزيف من خلال البوابة الجنوبية لمدينة خيرسون الجديدة، نُصِب نقش احتفالي باللغة اليونانية، يعلن أن هذا هو الطريق إلى بيزنطة[2].

لو كان غازي حسن في القسطنطينية في صيف عام 1787م، لربما تأجَّلت الحرب، حتى تستعد تركيا لمواصلتها بقدر أكبر من القوة؛ حيث كانت سياسته تتمثَّل في استكمال إخضاع أقاليم السُّلطان المتمردة الساخطة، قبل تجديد الصراع مع العدو الأجنبي. وتعزيزًا لهذه الخطة، قام عام 1787م باسترداد مصر وإخضاعها لسلطة عاهله[3]. لكن بسبب النظرة التنافسية التي تطلَّع بها الوزير الأعظم يوسف، وغيره من كبار الشخصيات العثمانية إلى غازي حسن، من ناحية، وبسبب الاستياء الشعبي في القسطنطينية، الذي أثارته الإهانات والاعتداءات المصطنعة من روسيا، من ناحية أخرى، أُعلنت الحرب من قِبَل الباب العالي على ذلك البلد، في 15 أغسطس 1787م[4]. ونشر السُّلطان الراية المقدسة للنبي صلى الله عليه وسلم، معلنًا حربًا مقدسة، وداعيًا المؤمنين الصادقين للاحتشاد حول راية نبيهم.

كان الهدف الأول للأتراك هو استعادة معقل كلبورن (الذي جرى التنازل عنه للروس بمقتضى معاهدة قينارجه)، واستعادة السيطرة على المصب المهم لنهرَي بوج والدنيبر. ولهذا الغرض، استُدعي غازي حسن من مصر، ووُضع على رأس قيادة القوات البرية والبحرية للسلطان في البحر الأسود وبالقرب منه. وعلى الجانب الروسي، أرسل الأمير بوتمكين (الذي باشر عمليات الحرب بشكل رئيسي)، سوارو للدفاع عن المعقل المهدَّد. تمركزت فرقة من الجيش التركي في أوزاكوف، على الساحل مباشرة مقابل كلبورن. وكان تخطيط غازي حسن هو إنزال جزء من هذه القوات على جانب كلبورن، وكذلك القوات التي نقلها أسطوله من القسطنطينية، بغرض الهجوم على ذلك المعقل عن طريق البر، بينما يقوم الأسطول التركي

(1) Schlosser, vol. vi. p. 141 ; "Parliamentary History," vol. xxix. p. 193; Emerson Tennent's "Greece," vol. ii. p. 401.

(2) Coxe, vol. iii. p. 515.

(3) Eton, p. 423.

(4) Ibid., p. 423 ; Coxe, vol. iii. p. 515 ; Schlosser, vol. vi. p. 141.

بقصفها عن طريق البحر. أما قوات سوارو فكانت قليلة العدد، وكان كلبورن حينذاك سيِّئ التحصين، إلا إن براعة سوارو في القيادة وجرأته لم تقوما فقط بحمايته، وإنما أدتا إلى إبادة المهاجمين على وجه التقريب. هكذا أُطلق على كلبورن حتى وقتنا الحاضر: «مجد سوارو»[1].

نصب سوارو بطارية عند مدخل «ليمان» (Liman) (وكذا عند مصب النهرين، الذي وُصف بأنه يتسع بعد المرور بين أوزاكوف وكلبورن)، ووجَّه في الوقت نفسه قوة قوية من الزوارق الحربية الروسية من «نيكولايف» (Nicolaieff) تحت قيادة أمير «ناساو سيجن» (Nassau Siegen). سمح سوارو للأسطول التركي بالدخول إلى ليمان من دون أن يتحرش به، وظل ساكنًا حتى أنزل الأتراك من ستة آلاف إلى سبعة آلاف رجل على شاطئ كلبورن، ثم شن عليهم هجومًا مفاجئًا ومستميتًا بكتيبتين من المشاة، قادهما مع «الحراب المُثبَّتة» (fixed bayonets). وعندما كسرهم بهذا الهجوم، قَدَّم بعض أفواج القوزاق لاستكمال هزيمتهم. وقد قُتلت جميع القوات التركية التي هبطت على شاطئ كلبورن. وفي الوقت نفسه، فتحت البطارية الروسية في نهاية النتوء البري نيرانها على السفن التركية، وهاجمهم أسطول قوارب نيكولايف الحربية في ليمان. دُمِّر الجزء الأكبر من تسليح حسن، وبالتالي صارت حظوة النجاح (دائمًا مهمة في الحرب، ولكن تصير مضاعفة إلى حدٍّ بعيد عندما يكون الصراع مع المشرقيين) راسخة عند بدء الحرب على الجانب الروسي[2].

أوقف اقتراب موسم الشتاء سير العمليات القتالية خلال الفترة المتبقية من عام 1787م. وفي العام التالي، حدث تحول ملائم لصالح تركيا بسبب الحرب التي اندلعت بين السويد وروسيا، والتي احتجزت أفضل أساطيل الإمبراطورة والعديد من قواتها في بحر البلطيق وبالقرب منه. لم تُعلن حتى ذلك الوقت الحربُ بين النمسا وتركيا، وصدرت الأوامر لسفير الإمبراطور جوزيف في القسطنطينية لعرض وساطة عاهله لمنع المزيد من إراقة الدماء[3]. وكان سبب هذا التأخير من جانب جوزيف، هو الحالة المضطربة لممتلكاته في هولندا، ولكن بمجرد أن توقفت هذه الاضطرابات مؤقتًا، استأنف العاهل النمساوي استعداداته العدائية ضد تركيا، بل إنه سعى إلى إحراز تقدم غادر من خلال مداهمة قلعة بلجراد المهمة على حين غرة، في حين أنه لا يزال يتصنَّع شخصية صانع السلام. وقد قام بهذا العمل المخزي في ليلة الثاني من ديسمبر عام

---

(1) «آه! كلبورن، كلبورن، يا مجد سوارو، وعاري أنا!». كان ذلك هو هتاف القائد الروسي، حين سلَّم ذلك الحصن إلى الجيش الفرنسي الإنجليزي المشترك عام 1855م.

(2) Schlosser, vol. vi. p. 142; Eton, p. 91.

(3) Coxe, vol. iii. p, 516.

1787م. لكن القوات النمساوية، التي أُرسلت تجاه المدينة التركية عبر نهر الدانوب وسافا، تأخرت بسبب العقبات الطبيعية، وبسبب الحاجة إلى التناغم الكافي بين قادتها. وفي الصباح وُجدت سرية منها تحت أسوار بلجراد، كانت ستتعرض لهلاك محقَّق إذا هاجمتها الحامية التركية، لكن الباشا، الذي يحكم هناك، تظاهر بأنه راضٍ عن اعتذار مسؤول القيادة النمساوي، وسمح له ولرجاله بالانسحاب من دون تدخل. وقد قابل العثمانيون هذا الانتهاك المشين للمعتقد العام والقانون الأُممي من جانب النمسا، بمجرد مناشدة كريمة بأن يُقِرَّ الإمبراطور بالفضل، وذكَّروه بتسامح تركيا في وقت محنة النمسا بعد وفاة شارل السادس، وبالوفاء التام الذي التزم به السلاطين المتعاقبون في المعاهدات بين الإمبراطوريتين[1]. لكن الجشع والطموح كان لهما تأثير أكبر على النمسا من مشاعر مثل المروءة، أو العرفان بالفضل، أو الإخلاص، أو الشرف. وفي يوم 17 فبراير 1788م، أصدر جوزيف إعلان الحرب، الذي حاكى فيه الوثيقة التي استهل بها الإمبراطور شارل السادس حرب عام 1737م. كان يُقلِّد غدر سلفه في مهاجمة ممتلكات أحد جيرانه، في حين أنه لا يزال يمارس السلام وحسن النية[2].

أمل جوزيف في زيادة ممتلكاته بغزو وضم، ليس البوسنة والصرب فقط، بل أيضًا مولدافيا ووالاشيا. بدأ الحرب بجيش قوامه مائتا ألف رجل، وطاقم من ألفي قطعة مدفعية. ولكن ما قام به عام 1788م بهذه القوة الهائلة، يتناسب مع ضعف عدالة قضيته، أكثر من عظمة استعداداته. وكان مقررًا أن يدخل الجيش الروسي إلى مولدافيا، ويسير من هناك للتعاون مع النمساويين، لكن اندلاع الحرب السويدية أجبر الإمبراطورة على تقليص الفيالق الروسية التي كانت ستعمل مع قوات جوزيف، إلى كتيبة من عشرة آلاف رجل تحت إمرة القائد «سولتيكوف» (Soltikoff). وقد أدى السبب نفسه إلى منع إبحار القوات الروسية المرادة إلى الأرخبيل. لكن أسطول الإمبراطورة في البحر الأسود أصبح آنذاك معززًا ومجهزًا تجهيزًا جيدًا، وكان كل ضباطه تقريبًا من الأجانب. تقدَّمت القوات الروسية حثيثًا، تحت إمرة القائدين: «تاليزين» (Tallizyn)، و«تمارا» (Tamara)، في المناطق بين البحر الأسود وقزوين. وكان الجيش الرئيسي الذي حُشد بالقرب من نهر بوج، تحت إمرة المفضَّل، الأمير بوتمكين، كبيرًا وفعالًا، على الرغم من أن عمليات القوات الروسية شهدت نشاطًا بسيطًا خلال الجزء الأكبر من السنة[3].

---

(1) Ibid., vol. iii. p. 516.

(2) Ibid., vol. iii. p. 516.

(3) Coxe, vol, iii. p. 517 ; Schlosser, vol. vi. p. 143.

على الجانب التركي كانت أوزاكوف محمية بقوة؛ حيث تُعَدُّ حصن الإمبراطورية أمام جيش بوتمكين. كان غازي حسن هو القائد في البحر الأسود، وحشد الوزير الأعظم قواته في بلغاريا، للعمل عند الضرورة اللازمة، إما ضد الروس، الذين كان من المتوقَّع أن يتقدموا في اتجاه خط غزوهم القديم، خلال بيسارابيا ووالاشيا. وإما ضد النمساويين، الذين هددوا تركيا من الشمال الغربي. أضاع جوزيف أول جزء من السنة في انتظار الروس، وفي مؤامرات غير ناجحة مع باشا سكوتاري، وقادة أتراك آخرين كان يُعتقد خطأً أن تمردهم المألوف تجاه السُلطان قابل للتحول إلى تعاون غادر مع أعداء جنسهم ودينهم. عندما بدأ العاهل النمساوي في نهاية المطاف تقدُّمه، خَجِلًا من السخرية التي لحقت به بسبب تردده، واجه مقاومة عنيفة من السكان المسلمين في البوسنة، على الرغم من أن الرعايا في الصرب رحبوا مرَّة أخرى بالإمبرياليين، وشكَّلوا العصابات المسلحة التي قاتلت بشجاعة أمام الأتراك[1]. لكن الوزير الأعظم، الذي وجد أنه لم يكن هناك خطر جدِّي من التقدم الروسي على البلقان خلال تلك السنة، نقل كامل قواته على جانب خط العمليات النمساوية. تراجع جوزيف على عجل، فعَبَر الأتراك نهر الدانوب، وهزموا الجيش النمساوي تحت إمرة «وارتيرسليبن» (Wartersleben) في ميديا، وخربوا بانات، وهددوا بغزو المجر. حينذاك أعطى جوزيف قيادة جزء من قواته - أُطلق عليه «جيش كرواتيا» - إلى الماريشال «لاودون» (Laudohn)، البطل المخضرم لحرب السنوات السبع، والذي قام على الفور بالهجوم[2]، هازمًا الأتراك الذين اعترضوه عند «دوبيتزا» (Dubitza). وقبل نهاية الحملة، تقدم إلى قلب البوسنة، وحاصر مدينة نوفي واستولى عليها. وكان جوزيف نفسه قد سار بأربعين ألف رجل لمساعدة القائد وارتيرسليبن وحماية المجر. ولهذا الغرض، تمركز بالقرب من «سلاتينا» (Slatina)، في وادي «كرانسيبس» (Karansebes)[3]، حيث أنهى حياته العسكرية بتلقي واحدة من أبرز الهزائم التي سُجلت في التاريخ.

بلغت القوات تحت قيادته ثمانين ألف رجل، وتمركز جيش الوزير قبالته على مسافة قصيرة. وجذلًا بأعداد قواته وحالتها الممتازة، عقد جوزيف العزم على مهاجمة الأتراك، ونَقْل الحرب

(1) Coxe, vol. iii. p. 518. Eanke's "Servia," p. 91.

(2) «رفض لاودون دائمًا الحرب الدفاعية؛ حيث كانت رؤيته أن المزيد من الرجال يُفقَدون نتيجة المرض أو الفرار وقت التراخي عن النشاط، أكثر من سقوطهم على يد العدو في أكثر المعارك دموية». - Coxe, vol. iii. p. 518, note.

(3) هي مدينة «كرانسيبش» (Caransebeș) الواقعة جنوب غرب رومانيا الحالية، عند التقاء نهرَي «تيمش» (Timiș) و«سيبيش» (Sebeș)، وقد سُمِّيت هذه المعركة باسمها. (المترجم).

إلى والاشيا. وافق قادته على هذه الخطة، وكان المتوقع انتصارًا سهلًا على حساب ثلاثة آلاف أو أربعة آلاف رجل على الأكثر. وفي العشرين من سبتمبر استعد الجميع للهجوم، واجتمع القادة في خيمة الإمبراطور لتلقي الأوامر النهائية. تمتعت القوات بروح معنوية عالية، وبدا أن كل شيء يَعِدُ النمسا بانتصار باهر. وفجأة شعر الإمبراطور بالتوتر والقلق، وسأل الماريشال المخضرم «لاسي» (Lacy) عما إذا كان متأكدًا من هزيمة العدو، فأجاب الماريشال (كأي رجل عاقل في ظل هذه الظروف)[1]، أنه يتوقع النصر، لكنه لا يمكن أن يضمنه على الإطلاق. أدت هذه الإجابة إلى تثبيط همة جوزيف، فتخلَّى على الفور عن نية الهجوم، وعزم على التراجع إلى تمسوار. وُضعت خطة الانسحاب، وكأمان إضافي، أُعطيت أوامر بأن يبدأ التراجع في منتصف الليل. كانت القوات قد سارت قليلًا، عندما اكتشف الماريشال لاسي عدم انسحاب سرايا الجناح الأيسر، فأمر بذلك على الفور، وأمر بتوقف الحشد الرئيسي، حتى تلحق به تلك السرايا. انتقل الأمر بالتوقف خلال الصفوف، وتكرر بصوت عالٍ، فاعتقد بعض الجنود النمساويين أثناء الظلام والارتباك، أن صيحة الحرب التركية «الله» هي التي سمعوها، وأن العدو يهجم عليهم، فانتشر الذعر بسرعة. دفع سائقو عربات الذخيرة خيولهم بأقصى سرعة على أمل الهروب، وظن المشاة أن الضجيج الناتج عن ذلك بسبب هجوم الفرسان الأتراك، فتجمعوا معًا في مجموعات صغيرة، وفتحوا نيران البنادق في جميع الاتجاهات. وفي ضوء النهار اكتشفوا خطأهم الفادح، وتوقفت الفوضى، لكن ليس قبل سقوط عشرة آلاف نمساوي بأسلحة رفاقهم. بعد ذلك استُعيد النظام، وواصل الجيش تراجعه إلى تمسوار. لكن الأتراك، الذين كانت تُثار شجاعتهم بما يتناسب مع انهيار خصومهم، استولوا على جزء من الأمتعة والمدفعية النمساوية. وقبل انتهاء الحملة في نوفمبر بهدنة لمدة ثلاثة أشهر، كان أكثر من عشرين ألفًا من أفضل جنود جوزيف قد لقوا حتفهم بسبب المرض، نتيجةً لاحتلاله بلدًا غير صحي لفترة طويلة[2].

لم يقم الروس إلا بالقليل أثناء الجزء الأكبر من السنة على الساحل الشمالي الغربي للبحر الأسود، حيث تولَّى القيادة الأمير بوتمكين؛ على الرغم من محاصرة أوزاكوف في بداية أغسطس. وفي النهاية قام بوتمكين باستدعاء ذلك المنتصر في كلبورن لمتابعة الحصار، فأحرزت القوات الروسية تقدمها المعتاد تحت قيادة سوارو، على الرغم من أنه كان مجبرًا

(1) الكلمات للماريشال مارمونت.

(2) See Marshal Marmont's account of the havoc of Karansebes at p. 11 of his Memoirs)Sir F. Smith's translation): see too Coxe, vol. iii. p. 520.

على الانسحاب من المقر الرئيسي قبل القيام بالهجوم النهائي بسبب الإصابة. حدث ذلك في 16 ديسمبر 1788م. ظهرت البسالة التي ثارت إلى حدِّ الشراسة على كلا الجانبين. وكان أتراك أوزاكوف، قد فاجأوا قبل الحصار قرية روسية في الجوار، وقتلوا جميع سكانها بلا رحمة، فأمر بوتمكين وسوارو بأن تقوم الحشود الروسية التي أُعدت للهجوم على المدينة، بالذهاب أولًا عبر هذه القرية لأنها تعرضت للدمار، ولا تزال شوارعها حمراء بدماء مواطنيهم. تقدَّم الروس بشجاعتهم الوحشية الطبيعية العنيدة، التي تأججت بالتالي برغبة الانتقام، في 16 ديسمبر إلى ليمان المتجمدة، تجاه الجانب الأقل تحصينًا من المدينة. اجتاحت نيران المحاصَرين جميع الصفوف، لكن الصفوف الداعمة ظلت تأتي إلى الأمام بلا تردد بين القذائف ونيران البنادق، فسقط أربعة آلاف من الروس، إلا إن الناجين انقضوا على المقاومة بالكامل، وشقوا طريقهم بالقوة عبر المدينة، حيث أشاعوا القتل والنهب لمدة ثلاثة أيام. لم يُظهروا الرحمة لسن أو جنس، ولم يَنجُ سوى بضع مئات (معظمهم من النساء والأطفال) من السكان والحامية البالغ عددهم أربعين ألفًا من البشر، بعد أن أنقذتهم مجهودات الضباط المنخرطين في الخدمة الروسية من الغضب العشوائي للجند[1].

---

(1) Eton, p. 424 ; Schlosser, vol. vi. p. 164. يصف السيد إتون، الذي كان مع الأمير بوتمكين في أوزاكوف، مشهدًا مؤثرًا شهده هناك، يستشهد به كدليل على «الصمود والتسليم المصاحبين للَّامبالاة»، الذي يتحمل به الأتراك أكبر قدر من المصائب. يقول (ص115): «إن النساء والأطفال الأتراك (وعددهم أربعمائة تقريبًا) الذين أُخرجوا من أوزاكوف عندما جرى الاستيلاء على المدينة، إلى مآوي الجيش الروسي، وُضعوا أول ليلة معًا، جميعًا، تحت إحدى الخيام. فلا يمكن للمأوى بالنسبة إليهم أن يكون أفضل تحت وطأة الظروف، على الرغم من البرد الشديد، فعانوا بشكل رهيب من البرد والعراء، والكثير من الإصابات. ولكوني أتحدث التركية، كانت لي حراسة هذا الموقع والرقابة عليه في تلك الليلة؛ فلاحظت أن هناك صمتًا تامًّا بينهم، ولا توجد امرأة واحدة تبكي أو تنوح بصوت عالٍ على الأقل، على الرغم من أن كل واحدة منهن ربما فقدت أحد الوالدين أو طفلًا أو زوجًا. وتحدثن بصوت هادئ ثابت، وأجبن عن الأسئلة التي طرحتها عليهن بوضوح وبلا هياج؛ فأصابتني الدهشة جراء ذلك، ولم أكن أعرف ما إذا كان ذلك راجعًا إلى عدم الإدراك، أو الاعتياد على رؤية وسماع عظيم تقلبات القدر، أو إلى الصبر والتسليم اللذين يعمل دينهن على غرسهما. وفي هذا اليوم كنت أنا أيضًا غير قادر على فهم ذلك. كانت هناك إحدى السيدات التي تجلس في صمت، ولكن في حالة حزن ملحوظ، حتى إن ذلك دفعني لأقدِّم لها بعض المواساة. فسألتها لماذا لا تتشجع وتتحمل المحنة كمسلمة، كما يفعل رفاقها، فأجابتني بهذه الكلمات اللافتة: «لقد رأيت والدي وزوجي وأطفالي يُقتلون، ولم يتبقَّ لي سوى طفل واحد». فسألتها بسرعة بعض الشيء: «أين هو؟». فأجابت بهدوء: «هنا!»، وأشارت إلى طفل بجانبها، كان قد لفظ أنفاسه الأخيرة لتوِّه. فانفجرتُ في البكاء أنا ومَن معي، لكنها لم تبكِ على الإطلاق. أَخَذْتُ معي في تلك الليلة إلى غرفتي الدافئة تحت الأرض، العديد من هؤلاء النسوة والأطفال البائسين، الذين أُصيبوا أو ضعفوا بسبب البرد، بالقدر الذي يسمح به اتساعها. ظلوا معي اثني عشر يومًا، =

في مارس من عام 1789م، بدأ الوزير الأعظم التركي الحملة ضد النمسا بنشاط غير عادي؛ فقد ترك قوات على الدانوب الأدنى لمراقبة العدو في والاشيا ومولدافيا، وعَبَر النهر عند روسجوق، بصحبة تسعين ألف رجل، قادهم بنفسه. وتقدَّم بسرعة نحو هرمانستاد في ترانسلفانيا، بقصد الضغط إلى الأمام ونقل الحرب إلى الأقاليم المتوارثة للإمبراطور. لسوء حظ تركيا، أدت وفاة السُّلطان عبد الحميد خلال هذه الأزمة إلى تغيير الوزير الأعظم، ليحل محلَّ هذا القائد القدير للأتراك، باشا ويدين، وهو رجل يفتقر تمامًا إلى الكفاءة العسكرية. وتمثَّل تأثير هذا التغيير في التخلي عن خطط الوزير الأخير في سبيل استعادة القوات التركية جنوبي نهر الدانوب[1].

ارتقى السُّلطان سليم الثالث - خليفة عبد الحميد - العرش التركي، في السابع من أبريل 1789م، وهو في السابعة والعشرين من عمره. كان شابًّا ذا قدرات كبيرة وروح عالية، فرحَّب شعبه مسرورًا بتولي الأمير الشاب، النشط في شخصه، والمفعم بالحيوية في أدائه؛ حيث أملوا أن يروا تحت حكمه تحولًا مُبَشِّرًا لتراجع حظوظ الإمبراطورية الذي طال أمده. عُومل سليم مِن قِبَل عمه السُّلطان الراحل، بقدر أكبر من العطف، وسُمح له بحرية أكثر - جسديًّا وعقليًّا - مما يُسمح به عادةً من المتعة للأمراء غير الحاكمين من ذوي الدم السُّلطاني. كان أحد أتباعه المقربين طبيبًا إيطاليًّا يُدعى «لورينزو» (Lorenzo)، فسعى سليم بشغف للحصول منه، ومن غيره من الفرنجة، على معلومات عن دول أوروبا الغربية ومؤسساتها المدنية والعسكرية، وأسباب ذلك التفوق الذي حازته آنذاك بلا شك على العثمانيين. وفتح سليم مراسلات (من خلال وكيل سري، هو إسحاق بك) مع الملك الفرنسي، ووزيريه فرجنس و«مونتمورين» (Montmorin)، سعى من خلالها للحصول على إرشادات سياسية من قادة ذلك البلد الذي كان يَعلم أنه يُعَد أول دولة إفرنجية[2]. شعر سليم بالمساوئ التي سادت في بلده بشدة، ويُقال إن والده السُّلطان مصطفى الثالث ترك له مذكرة (دُرست بجد واحترام من سليم الشاب)، جرى فيها استعراض الأحداث الرئيسية لعهد مصطفى غير السعيد، ومناقشة تراجع الأمة التركية، فضلًا عن الإشارة إلى المساوئ العظيمة التي سادت في الدولة، مع توجيهات لاستئصالها بشكل كامل. وهكذا،

= لم تشتكِ واحدة منهن في أي وقت من الأوقات بصوت عالٍ، أو تُظهر أي علامات على الحزن الداخلي المفرط، ولكن روت لي كل واحدة قصتها (سواء كانت شابة أو كبيرة) كشخص غير مبالٍ، بلا صراخ، أو تنهُّد، أو دموع».

(1) Coxe, vol. iii. p. 521.

(2) Aleix. “Precis d’Histoire Ottoman,” vol. ii. Article Selim III., “Biographie Universelle.”

مُدَرَّبًا ومتأثرًا، جاء سليم إلى العرش العثماني مُصلحًا متحمسًا؛ لكن الحرب التي وجدها مستعرة بين إمبراطوريته وقوى التحالف النمساوي الروسي، تطلَّبت كل اهتمامه في بداية عهده، ذلك العهد الذي افتُتح بأحلك مشاهد الكارثة والهزيمة.

وُضع حشد كبير من القوات النمساوية عام 1789م، تحت القيادة البارعة للماريشال لاودون. وقاد أمير «كوبورج» (Coburg) الفيلق الذي كان متعاونًا مع الروس. وقام جيش بوتمكين، بعد تدمير أوزاكوف، باحتلال البلاد من الدنيبر إلى دلتا نهر الدانوب. وأُرسل سوارو (الذي كان قد تعافى آنذاك من إصابته) إلى مولدافيا بفرقة روسية، لمساعدة أمير كوبورج[1]. كان السُّلطان سليم قد استدعى غازي حسن من قيادة الأسطول في البحر الأسود، حيث عانى العديد من الهزائم، ووُضع أمير البحر القديم حينذاك على رأس الجيش التركي، للعمل ضد قوات كوبورج. تقدَّم حسن نحو النمساويين، الذين تمركزوا في فوكشاني، عند أقصى نقطة من مولدافيا. ربما كان في مقدوره هزيمتهم إن لم تتم نجدتهم من قبل سوارو، الذي سار بجيشه ما لا يقل عن ستين ميلًا إنجليزيًّا فوق منطقة جبلية وعرة في ست وثلاثين ساعة[2]. وصل سوارو إلى الموقع النمساوي في الساعة الخامسة من مساء يوم الثلاثين من يوليو. وبدلًا من انتظار هجوم حسن، أصدر أوامره للمعركة في الساعة الحادية عشرة من الليلة نفسها. وقبل ساعتين من فجر اليوم التالي، قاد الجيوش المتحالفة إلى الأمام تجاه المعسكر التركي المحصن، في واحدة من تلك الهجمات الحربية الجريئة التي أصبحت قومية وطبيعية للجندي الروسي تحت قيادته[3]. مُني الأتراك بالهزيمة التامة، وجرى الاستيلاء على جميع مدفعيتهم وأمتعتهم. وبناءً على أوامر سليم وجهوده، حُشد جيش آخر أكبر، واجه سوارو في 16 سبتمبر، وحصل على النتيجة نفسها، على الرغم من أن الصراع هذه المرَّة كان أكثر عنادًا. هذا النصر العظيم حققه القائد الروسي بالقرب من نهر ريمنيك، ومن هنا جاء اللقب المستحق «ريمنيكسكي» (Rimnikski)، الذي مُنح لسوارو من قِبَل الإمبراطورة[4].

كان انفعال وذعر الأتراك قد بلغا مداهما آنذاك، فقام سليم، من أجل احتواء الاضطرابات الشعبية في القسطنطينية، بوصم نفسه من خلال إعدام ذلك المحارب القديم الباسل، غير الناجح

(1) Coxe, vol. iii. p. 521. Schlosser, vol. vi. p. 166.

(2) Marmont, p. 32.

(3) Schlosser, vol. vi. p. 167, n.

(4) Coxe, vol. iii. p. 521. Schlosser, vol. vi. p. 168. "Biographie Univereelle," tit. Souwarof.

في الآونة الأخيرة، غازي حسن. شهدت القوات العثمانية في البوسنة والصرب هزائم قاسية إلى حدٍّ ما من الإمبرياليين تحت إمرة لاودون. وجرى الاستيلاء على بلجراد وسِمندره. وبدا أن تقدم الجيوش الروسية والنمساوية المتقاربة على العاصمة التركية لا يمكن مقاومته، ولكن الإمبراطور جوزيف اضطر، بسبب الاضطرابات والثورات التي اندلعت في كل جزء تقريبًا من ممتلكاته، أن يوقف تقدم قواته في تركيا، لاستخدامها ضد مواطنيه. وقد أعفت وفاة العاهل النمساوي عام 1790م، السُّلطانَ من أحد أكثر الأعداء والخصوم للسُّلطة العثمانية، إن لم يكن أكثرهم عزمًا[1]. شعر الإمبراطور التالي، «ليوبولد» (Leopold)، بالجزع إزاء الحالة الخطيرة التي تشهدها العديد من مقاطعاته الأكثر أهمية، فضلًا عن التهديد بالحرب من قِبَل بروسيا، لذا كان حريصًا على إبرام سلام آمن ومشرف مع تركيا. وبعد بعض العمليات الأخرى على نهر الدانوب، في غضون استيلاء النمساويين على أورسوفا، وهزيمتهم على يد الأتراك بالقرب من جورجيفو، جرى الاتفاق على الهدنة، وأعقبها السلام في نهاية المطاف، على الرغم من أن المفاوضات امتدت إلى منتصف عام 1791م. وجرى التوقيع على معاهدة «سيستوفا» (Sistova) (كما أُطلق على هذا السلام) في الرابع من أغسطس من ذلك العام. تخلَّى الإمبراطور عن كل ما غزاه باستثناء بلدة أورسوفا القديمة، ومنطقة صغيرة في كرواتيا على طول الضفة اليسرى لنهر أونا. ومع هذه التغييرات الطفيفة، أُعيد تشكيل الحدود بين النمسا وتركيا عام 1791م، على نفس ما حددته معاهدة بلجراد عام 1739م[2].

كانت روسيا عدوًّا أكثر عدوانية وأكثر فتكًا بكثير بالنسبة إلى العثمانيين. عقدت الإمبراطورة كاترين السلام مع السويد في أغسطس من عام 1790م، لكنها تعاملت لفترة طويلة باستخفاف متغطرس مع الجهود الدبلوماسية لإنجلترا وبروسيا لصالح الأتراك[3]. وقد كانت القسطنطينية هي الغنيمة الكبرى التي سعت للفوز بها بأي ثمن، وعبر جميع المخاطر. وتفاخرت بأنها سوف تجد هناك عاصمة لإمبراطوريتها، حتى لو كانت القوى الغربية تعمل على دفعها من سان بطرسبرج. وبشكل عام، كان هذا التخطيط مستترًا خلف ذريعة مُزَيَّفة هي تحرير اليونانيين من النير العثماني، وإحياء الأمجاد الكلاسيكية لليونان. وكما في الحرب السابقة، استخدمت روسيا آنذاك كل الوسائل المتاحة التي قد تجعل السكان اليونانيين للإمبراطورية التركية يحاربون في

(1) Coxe, vol. iii. p. 541.

(2) Coxe, vol. iii. p. 550.

(3) Schlosser, vol. vi. p. 170.

معاركها ضد السُّلطان. وقبل بدء الأعمال القتالية عام 1787م، أرسلت كاترين بيانًا رسميًّا إلى جميع أنحاء الأراضي اليونانية، دعت فيه السكان «إلى حمل السلاح والتعاون معها في طرد أعداء المسيحية من البلدان التي اغتصبوها، واستعادة استقلال اليونانيين وحريتهم الغابرة»[1]. كان «السوليوت» (Suliotes) والعشائر الجبلية الأخرى في شمال اليونان (أو بالأحرى إبيرس) قد اتحدت عند إثارتها للتمرد الفعلي ضد الأتراك. وتسببت الحرب السويدية في البداية، ثم بعد ذلك الموقف المُهَدِّد الذي اتخذته إنجلترا تجاه روسيا، في احتجاز السفن التي أعدتها الإمبراطورة للأرخبيل وبحر مرمرة في بحر البلطيق. لكن بناءً على أوامرها، جُهِّز سرب يوناني من اثنتي عشرة سفينة في موانئ مختلفة من البحر المتوسط. وأبحر لقيادة هذه القوة الصغيرة، ضد أعداء التسارينة، ذلك الوطني اليوناني، «لامبرو كانزاني» (Lambro Canzani)، في أوائل عام 1790م. طاف لامبرو لعدة أسابيع في الأرخبيل، حيث استولى على العديد من السفن التركية، وكثيرًا ما حَطَّ بجرأة على البر الرئيسي، وغزا جزيرة «زيا» (Zea)، التي احتلها بجزء من طاقمه. فاضطر السُّلطان إلى سحب جزء من البحرية التركية المستقرة في البحر الأسود لمقاومة هؤلاء الأعداء النشطين، وسعى كذلك لمساعدة أكثر فعالية لأسطول من الجزائر، وحصل على ذلك. دخل الأسطول العثماني المغاربي المتحد في معركة مع لامبرو، في الثامن من مايو، ونجحوا من خلال تفوق أعدادهم ومدفعية الجزائريين البارعة، في تدمير كل سفنه[2]. وعلى الأرض تواصل التمرد، وتلقَّت قوات الباشا (علي، الشهير بـ«علي يانينا») التي هاجمت السوليوت، هزائم متكررة. وقد أُرسل وفد عام من اليونانيين في أوائل عام 1790م إلى سان بطرسبرج، لاستجداء المساعدات من «أكثر الملكات نُبلًا»، واستعطافها من أجل أن تمنح حفيدها قسطنطين[3] السيادة على اليونانيين. فما كان من الإمبراطورة إلا أن استقبلت هذا الخطاب برحابة صدر ووعد بالمساعدة التي طلبوها. بعد ذلك ذهبوا إلى حيث يسكن حفيدها، وهناك بايعوا الدوق الأكبر قسطنطين، وحيوه بوصفه إمبراطورًا لليونانيين. ثم نُوقشت خطة من أجل التعاون العسكري للمتمردين اليونانيين مع التقدم المتوقَّع للروس على أدرنة، وأُرسل الوفد مع القائد الروسي تمارا إلى مقر قيادة الأمير بوتمكين في مولدافيا.

كان الحدث العسكري الأكبر لعام 1790م، هو الاستيلاء على مدينة إسماعيل من قِبَل

(1) Eton, p. 323. Emerson Tennent's "Greece," vol. ii. p. 401.

(2) Emerson Tennent, vol. ii. p. 407.

(3) Ibid., vol. ii. p. 405. يذكر إتون (ص344) التسمية اليونانية نفسها.

سوارو. تلك المدينة المهمة التي تقع على الضفة اليسرى من كيليا، أو الناحية الشمالية من نهر الدانوب، على بُعد نحو أربعين ميلًا من البحر الأسود[1]. وقد حصَّنها الأتراك بقوة، وأقاموا حاجزًا لا يمكن تقريبًا التغلب عليه بتقدم الروس عبر المناطق الساحلية في بيسارابيا وبلغاريا. حاصرها بوتمكين بنفسه لعدة أشهر، من دون نجاح، ثم تراجع إلى بندر، ليتمتع بحياته المعتادة بشكل أكبر من أبهة وترف نائب العاهل، مُرْسِلًا بطل كلبورن وفوكشاني وريمنيك لإخضاع تلك المدينة العنيدة. كانت أوامره المقتضبة إلى سوارو: «ستستولي على إسماعيل، مهما كان الثمن»[2]. انضم سوارو إلى الجيش المحاصِر في السادس عشر من ديسمبر، وفي الثاني والعشرين احتُلت إسماعيل، ولكن بتكلفة من المجازر والإجرام، نادرًا ما يمكن لتاريخ الحصار - قديمًا أو حديثًا - أن يُقَدِّم نظيرًا لها.

اتخذ ذلك العالِم، واللُّغوي البارز، والتكتيكي البارع، والمحاسب الذكي المتبحِّر، سوارو، حتى ذلك الوقت أخلاق ومظهر المَرِح غير المثقف، وشَجَّع على الاعتقاد بأن كل نجاحاته نتجت عن الإلهام اللَّحظي السعيد، بدلًا من التوافقيات المتقنة والمهارات العسكرية البارعة[3]. لقد مَثَّل هذا الدور من خلال رؤيته العميقة للطبيعة البشرية، ومن خلال فهمه المطلق لنزعات ورغبات مَن حوله، خصوصًا معرفته بشخصية وقدرات الجنود الروس. ولو أبرَزَ مؤهلاته العالية التي يمتلكها، فإن الرجال الذين أساءوا فهمه، وربما ارتابوا منه، كانوا سيُولعون به مع صراحته الفجة وفظاظته الهزلية التي تكلَّفها. كان «الأخ» هو اللقب الذي تحدَّث به سوارو مع الجندي الروسي العادي، الذي كانت المعاملة الدمثة من الأرفع رتبة أمرًا جديدًا عليه، وكان هناك وِدٌّ عميق في هذه الأخوة العسكرية. كان مستعدًّا دائمًا للفظاظة، ولكن بدعابة مرحة، لأنه اختلط بحميمية مع الصفوف، في التدريب والسير، أو في المعركة. وقد شاركهم أيضًا في جميع المخاطر والفاقة التي طَلب منهم تحملها، وكان يعرف كيف يخاطبهم بشكل عائلي، وبعبارات روحية أثارت

---

(1) تقع مدينة «إسماعيل» (Izmail أو Ismail)، في جنوب غرب أوكرانيا الحالية، وهي أكبر ميناء أوكراني على دلتا نهر الدانوب، وتقع على فرع كيليا أحد فروع هذا النهر، شمال غرب البحر الأسود. عُرفت في البداية باسم «إسماعيلية» (Ismailiye)، اشتقاقًا من اسم وزير عثماني. ودخلت تحت الحكم العثماني المباشر عام 1538م. وفي عام 1569م وَطَّن فيها السُلطان سليم الثاني، تتر النوجايي من شمال القوقاز، وخرجت نهائيًا عن السيطرة العثمانية عندما احتلها الروس في الحرب الروسية التركية بين عامَي 1877 و1878م. انظر: شمس الدين سامي، قاموس الأعلام، مج.2: 944. (المترجم).

(2) Schlosser, vol. vi. p. 173. Castera, “Histoire de Nouvelle Russie,” vol. ii. p. 205.

(3) See Marshal Marmont’s account of Suwarrow, p. 29 of his Memoirs.

في آنٍ واحد الوطنية والإخلاص المتعصب لعقيدته وعاهله، الذي يجلبه المجند الروسي معه من منزله القروي، والفخر العسكري الذي سرعان ما يحرزه الجندي الروسي تحت راياته[1].

مع أن التدقيق في العمل قد يكون استراتيجية سوارو، إلا إن طريقته في التعامل مع قواته في المعركة كانت غاية في البساطة. كانت قاعدته المفضَّلة هي: «تَقَدَّم وهاجِم» (Stuppai e Be). علم أن الروس خاصته يعانون من نقص الخفة والشجاعة المتسمة بالذكاء، التي تمتلكها قوات بعض الدول الأوروبية الأخرى، لكنه علم أيضًا أنه يمكن أن يعتمد على المكابرة العنيدة نفسها التي جعلت فريدريك الثاني يعلن أن «الروس قد يُقتَلون، لكنهم لا ينهزمون». لذا قاد سوارو رجاله في حشود، تعلمت دائمًا أن تُهاجِم، وأن يكون الهجوم فوريًّا وعلى نحوٍ حاسم. لم يُشجِّع إطلاق النار من البنادق طويلًا، وكذلك المناورات الحربية في وجود العدو. وكانت قواعده هي: «ارسم طريقك مباشرةً، واهجم على الفور بالسلاح الأبيض»، «أطلِق النار قليلًا، أطلِق النار واثقًا»، «ادفع الرُّمح بقوة، فالقذيفة ستفقد طريقها، أما الرُّمْح فلا»، «القذيفة حمقاء، أما الرُّمح فبطلٌ»[2]. كاد الجند الروس أن يؤلهوه؛ فطيلة حياته العسكرية الطويلة لم يتلقَّ هزيمة واحدة. وفي إسماعيل، عاد الجيش، الذي كان يستعد للتخلِّي عن الحصار محبطًا، إلى القيام بواجبه بحماسة متقدة بمجرد أن رأى الرجال سوارو بينهم. درَّب الجنود الشباب بنفسه، وعَلَّمهم كيفية استخدام الرُّمح في مواجهة السيف التركي. تخلَّى سوارو عن العمليات الشاقة للحصار المنهجي، وأمر بهجوم عام على الدفاعات التركية، التي على الرغم من عدم خرقها بشكل نظامي، فإنها لم تكن مستعصية على التخطِّي. وبقدر ما كان مُهتمًّا بالخسائر في الأرواح بين قواته، كان تقديره على الأرجح جيدًا، لأن إطالة أمد الحصار خلال فصل الشتاء من شأنه أن يتسبَّب في وفاة رجال في الصفوف الروسية، نتيجة البرد والفاقة والمرض، أكثر حتى من الآلاف الذين سقطوا في الاقتحام. إلا إن قَتْل المدافعين الشجعان، وكذلك الجزء المغلوب على أمره من سكان إسماعيل، الذي وصم انتصار سوارو، كان فظيعًا، ويتجاوز المقدرة على الوصف. نُفِّذ الهجوم في الليل، وحتى بعد أن حدثت خسائر فادحة، وارتدادات متكررة، استطاع الروس النفاذ من الأسوار، لكن كانت أعنف مراحل الصراع داخل المدينة نفسها. كان كل شارع ساحةً للمعركة، وكل بيت حصنًا؛ دافع بكل طاقته الوحشية اليائسة. وقُرْب الظهر كانت الصفوف

(1) انظر أمثلة من هذه العبارات في الوثيقة الاستثنائية: "Suwarrow's Catechism, or the Discourse under the Trigger." التي طُبعت في نهاية المجلد الثاني من رحلات «كلارك» (Clarke)، وأيضًا في نهاية عمل السيد «دانبي سيمور» (Danby Seymour) القيِّم عن القِرْم.

(2) See the "Military Catechism," *ut supra*.

الروسية تقتل وتطلق النار على كل مَن يقابلها، متجمعة في مكان السوق، حيث احتشدت مجموعة من أتراك وتتر الحامية. وهناك احتدم الصراع لمدة ساعتين، ولم يتطلب الأمر حتى رُبع ذلك، ليتم القضاء على آخر مسلم. واصلت قوات جديدة من المعسكر الروسي التدفق إلى المدينة الخاضعة، حرصًا منهم على المشاركة في الغنائم وإراقة الدماء، واستسلم مَن تبقى منها لمدة ثلاثة أيام لفجور الجند. ووفقًا لتقرير سوارو الرسمي إلى بوتمكين، فإن ثلاثة وثلاثين ألف تركي إما قُتلوا أو أُصيبوا إصابات قاتلة، وأُسر عشرة آلاف، وذلك في غضون أربعة أيام. ووفقًا لتقديرات أخرى، أباد الروس ما يقرب من أربعين ألفًا من المدافعين في إسماعيل، ولم ينجُ سوى بضع مئات من الأسرى. ويبدو أنه لم يؤخذ في الحسبان الآلاف من الرجال المُسنين الضعفاء، والنساء، والأطفال، الذين أصابهم الموت وما هو أسوأ من الموت في المدينة التي دُمِّرت. وبينما لا يزال الدخان ينبعث من الأطلال، كتب سوارو رسالة إلى الإمبراطورة، أعلن فيها متهللًا في مقطع من الشعر الهزلي، أن إسماعيل تم الفوز بها. ومن المرجَّح أن هذا الهزل الفظ كان متكلفًا؛ حيث أخبر رحالة إنجليزي بعد ذلك أنه عندما انتهت المجزرة، عاد وبكى في خيمته. حتى سيبيو بكى على احتراق قرطاج، لكن هيهات أن تغسل الدموع مثل هذه الدماء[1].

قُتل العديد من أقدر القادة والضباط الأتراك في إسماعيل، وكان الجزء المتبقي من الحرب سلسلة متواصلة من الكوارث للإمبراطورية العثمانية. لم يَعدم السُلطان سليم الوسائل لإرسال جيوش جديدة إلى الأمام، إلا إن هذه القوات المُجَنَّدة المُحبطة وغير المنضبطة عملت فقط على توفير مزيد من الانتصارات للقادة الروس. هزم «كوتوسوف» (Kutusoff) جيشًا تركيًّا بالقرب من باباتاغ في يناير من عام 1791م. وفي يوليو التالي، شُتِّت حشد من مائة ألف رجل تجمعوا تحت قيادة الوزير الأعظم، على يد أربعين ألف روسي تحت إمرة القائد ريبنين. إلا إن وفاة بوتمكين في أكتوبر من العام نفسه، أقصت أكثر المروجين عنفًا للحرب على الجانب الروسي، وبدأت اعتراضات بروسيا وإنجلترا في آخر الأمر تحظى باهتمام كاترين. كان «وليام بت» (William Pitt) آنذاك رئيسًا لوزراء إنجلترا، وكان مدركًا بشكل أكثر ذكاءً من معظم معاصريه، المصلحة الحقيقية لإنجلترا فيما يتعلَّق ببروسيا وتركيا. فشُكِّل تحالف ثلاثي عام 1783م، بين إنجلترا وهولندا وبروسيا، الهدف الفوري منه هو إنهاء الخلافات الداخلية للأقاليم المتضامنة، لكن

(1) يرد وصف حصار إسماعيل في «التسجيل الحولي» (Annual Register) لعام 1791م، بواسطة الدكتور «لورانس» (Lawrance)، ومن قِبَل «كاستيرا» (Castera) في "Nouvelle Russie Histoire de". وترد مقتطفات كبيرة من هذه المصادر وغيرها في ملاحظات السيد موراي في آخر طبعات بايرون.

جرى الحفاظ على التحالف بعد الوصول إلى هذا الهدف. وقد تناقشت القوى التي كانت طرفًا فيه في مؤتمر «لاهاي» (Hague)، عام 1790م، حول النزاعات بين الإمبراطور جوزيف ورعاياه البلجيكيين، كما أجبروا الدانمارك على سحب الدعم الذي قدَّمته إلى روسيا ضد السويد عام 1788م[1]. وعندما اندلعت الحرب النمساوية التركية عام 1788م، عرضت بروسيا، بسبب غَيرتها الشديدة من قوة البيت الهابسبورجي، إبرام معاهدة تحالف - هجومية دفاعية - مع الباب العالي؛ حيث أُعدت بنود يضمن من خلالها الملك البروسي استعادة القِرْم[2]. مع ذلك لم يجرِ تنفيذها قَطُّ، لكن التحالف الثلاثي توسَّط بين النمسا والباب العالي في المؤتمر المنعقد في «ريتشنباخ» (Reichenbach) عام 1790م، وكانت النتيجة سلامًا بين النمسا وتركيا، وُقِّع في سيستوفا عام 1791م[3][4]. وبالنجاح في حالة النمسا، سعت بروسيا وإنجلترا إلى حث البلاط في سان بطرسبرج على التفاوض مع الباب العالي على الأساس نفسه الذي وافقت عليه النمسا، وهو ما يُسمَّى في المصطلحات الدبلوماسية بـ«مبدأ الوضع الراهن» (statu quo)، ويشتمل على مبدأ استعادة ما جرى احتلاله بشكل كامل. إلا إن ذلك كان مرفوضًا على الجانب الروسي، وأَصَرَّ وكلاء كاترين على إدخال تعديلات مختلفة على مبدأ الوضع الراهن. وكان أحد المشروعات التي نُقلت إلى بلاطَي برلين ولندن، مشروعًا لإقامة ملكية مستقلة في مولدافيا ووالاشيا وبيسارابيا، يحكمها أمير مسيحي، كما عُرض الاقتراح الروسي بشكل غير واضح. زعم البعض أن هذا المُلْك سيصير من نصيب الأرشدوق قسطنطين، وزعم آخرون أن التاج الجديد كان مُعدًّا لأثير الإمبراطورة، الأمير بوتمكين، الذي كان بالفعل يحكم هذه المناطق بكامل السُّلطة والأبهة الملكية[5]. لكن أيًّا كان مَن سيحصل على لقب «ملك مولدو-والاشيا»، فإن مصير القِرْم الأخير أظهر أن إقامة مثل هذه الدولة كانت مجرد تمهيد لضمها من قِبَل روسيا. هكذا رفضت إنجلترا وبروسيا الاقتراح، فكانت الإمبراطورة مجبرة على التخلِّي عن ذلك الذي لا يُعَدُّ أقل مما رعته من مخططاتها. لكنها كانت حاسمة في استثناء أوزاكوف وأراضيها من القاعدة المقترحة للتفاوض، فضلًا عن

---

(1) Wheaton's "History of Modern Law of Nations," p. 286.

(2) Schlosser, vol. vi. p. 170, and note.

(3) Wheaton, p. 280.

(4) وُقِّعَت معاهدة «زشتوي» كما أطلق عليها الأتراك، في الرابع من أغسطس عام 1791م. انظر بنودها عند: محمد فريد، تاريخ الدولة العلية: 252-257. (المترجم).

(5) Adolphus› "Hist. of England," vol. v. p. 5. Tomlin's "Life of Pitt," vol. ii. p. 236. "Parliamentary History," session 1791.

اشتراط يقضي بامتداد الحدود الروسية إلى الدنيستر[1]. ولدينا وسائل أفضل مما كان يمتلكه أغلبية مواطنينا قبل ثمانين عامًا لتقدير السياسة الحكيمة للوزير الإنجليزي، الذي كان يرغب في منع الإمبراطورة من تحويل ليمان بوج والدنيبر إلى بحيرة روسية، حيث يمكن حشد السلاح الذي أُعد في نيكولايف وغيرها من الأماكن على هذين النهرين في سرية وأمان، ومن هناك يمكن أن يُرسَل فجأة إلى البحر الأسود للقيام بعملية حاسمة ضد القسطنطينية نفسها. فقرر بت دعم اعتراضاته الدبلوماسية بمدافع الأسطول الإنجليزي في البلطيق. ووفقًا لذلك أُعدَّت القوات اللازمة في الموانئ الإنجليزية لحملة بحرية نهاية عام 1790م، لكن لم يحظَ مشروع الحرب على روسيا بشعبية في إنجلترا بسبب المجهودات العنيفة المجردة من المبادئ لفوكس وغيره من المعارضين لوزارة بت. وفي المناقشات العديدة حول هذا الموضوع، التي جرت في البرلمان الإنجليزي في دورة عام 1791م، ندَّد المتحدثون المعارضون بتركيا بوصفها بلدًا بربريًّا، ليس له دور في نظام الدولة الأوروبية، ولا يمكن أن يؤثر مصيره على ميزان القوى. كانت الإمبراطورة تُمتدح كأكثر الملوك سماحةً، وكانت فكرة أي خطر يعود على أوروبا الغربية من تعاظم روسيا يُقابَل بسخرية بوصفه وهمًا. وقد أكد السيد فوكس أن الإطاحة بالإمبراطورية العثمانية أمر غير محتمل، وأنه إذا حدث، فسيكون من قبيل المصلحة. وقال السيد «وايتبرد» (Whitbread): «لنفترض أن الإمبراطورة يمكن أن تحقق جميع طموحاتها، واستولت على القسطنطينية، وطردت الأتراك من جميع أقاليمها الأوروبية، فهل لأي إنسان غير متحامل أن يؤكد عدم استفادة البشرية على وجه العموم من هذا الحدث؟». أجاب المتحدثون التابعون للوزارة بالإشارة إلى بواعث إنجلترا لمقاومة العدائية المفرطة للإمبراطورة، والحذر من أن تكتسب القوة البحرية الروسية الغلبة أولًا في البحر الأسود، المتاخم للدردنيل، ثم في البحر المتوسط كنتيجة طبيعية، حيث ستظهر بمظهرها الحقيقي والأكثر هولًا. لقد كشفوا عن الأسلوب الحقيقي لكاترين في سلوكها تجاه الدول الأجنبية الضعيفة، واحتجوا بشدة على عرقلة تأثير بريطانيا العظمى في المفاوضات المُعلَّقة بسبب الهجمات الحزبية، كتلك التي لجأت إليها المعارضة البرلمانة البريطانية. بعد ذلك، في مناقشات الدورة اللاحقة عام 1792م، عندما تمتع الوزير الإنجليزي بحرية التحدث بشكل أكثر صراحةً، مما كان عليه الأمر عندما وجب عليه التحدث بحكمة وقت أن كانت علاقاتنا مع روسيا لم تُحدَّد بعد، شرح السيد بت والسيد «جينكنسون» (Jenkinson) (بعد ذلك لورد ليفربول) بوضوح أن المبدأ الذي يجب من خلاله توجيه السياسة الخارجية لهذا البلد،

---

(1) "Parliamentary History," vol. xxix. passim. انظر أيضًا الملاحظات المختلفة بشأن هذا الموضوع في: Martens' "Recueil des Traites," vol. v. p. 55.

هو المبدأ الأساسي للحفاظ على توازن القوى في أوروبا، وأن المبدأ الحقيقي لتوازن القوى يتطلب عدم السماح للإمبراطورية الروسية - إن أمكن - بالتعاظم، ولا أن تتقلص قوة تركيا[1].

كانت فرنسا في ذلك الوقت (1790-1791م) في بداية كفاح ثورتها، ولم يكن من المأمول آنذاك القيام بأي عمل مشترك ضد روسيا، كالذي اقترحه دي فرجنس عام 1783م. لكن على الرغم من مَنْع ما كان يمكن أن يصير تعاونًا أكثر فعالية في الخارج، وبالتالي عرقلة الطرف النزَّاع إلى الحرب داخل الوطن، واصل بت تدخله لصالح تركيا. لم يُرسَل في الواقع التسلُّح المراد إلى بحر البلطيق، مع ذلك اعتقدت الإمبراطورة أنه من الحكمة عدم الإثارة والاستفزاز بوجودها هناك، من خلال زيادة مطالبها بالتنازل عن الأراضي التركية. وعلى الرغم من الانتصارات التي استمرت جيوشها في إحرازها خلال المفاوضات بين بلاط سان بطرسبرج وبلاطَي لندن وبرلين، فقد ترددت لبعض الوقت، وعزمت على تحدِّي إنجلترا وبروسيا، ووضع حفيدها على عرش القسطنطينية[2]. لكن في نهاية المطاف، تغلبت خططٌ أكثر تعقلًا، من المرجح أنها لم تكن في حدِّها الأدنى تحث على اتخاذ مظهر الاعتدال تجاه تركيا، بسبب الأوضاع في بولندا. أجرى «كوسيوسكو» (Kosciusko) ورفاقه إصلاحات مهمة في ذلك البلد، وأعربت الإمبراطورة صراحةً عن رفضها، حيث رأت بعين القلق ذلك التقدم الذي أُحرز في إعادة تنظيم القوة العسكرية والموارد العامة للأقاليم البولندية التي لم تفقد بعد استقلالها، وشعرت أنها بحاجة إلى قائدها سوارو ومحاربيها المخضرمين في الحروب التركية لاستكمال الغزو النهائي وتمزيق بولندا، وهو ما كانت قد قررته بالفعل.

جرى الاتفاق على مواد أولية للسلام بين القائد ريبنين والوزير الأعظم، في خريف عام 1791م. وأُطلقت مشاورات منتظمة في جاسي، انتهت في التاسع من يناير 1792م، بمعاهدة سلام بين روسيا وتركيا تحمل اسم المدينة.

بمقتضى معاهدة جاسي، امتدت سيطرة روسيا حتى الدنيستر، وصار هذا النهر خط الحدود للإمبراطوريتين. وأُدرجت مادة (الخامسة) اشترطت في عبارات غامضة إلى حدٍّ ما، ألَّا يتسبب القادة الأتراك على الحدود الشمالية الشرقية للإمبراطورية العثمانية في مضايقات أو إزعاج تحت

---

(1) تستحق المناقشات، حول التسلُّح الروسي في دورة 1791م، ومناقشات أوزاكوف (كما أُطلق عليها) في دورة 1792م، دراسةً متأنية في الوقت الحاضر. وقد وردت في المجلد التاسع والعشرين من «تاريخ إنجلترا البرلماني».

(2) Eton, pp. 539, 560.

أي ذريعة، في الخفاء أو العلن، للبلدان والشعوب الواقعة تحت حكم تسار تفليس و«كارتالينيا» (Kartalinia)، ولا يُجبَى منهم شيء. من أجل إظهار الهدف الكامل لروسيا في وضع هذه الفقرة الماكرة، من الضروري أن نوضح أن كاترين طمعت - مثل سلفها بطرس الأكبر - في الأقاليم الواقعة بين البحر الأسود وبحر قزوين، ليس فقط لقيمتها الجوهرية كمكتسبات للإمبراطورية الروسية، ولكن بسبب الفوائد التي بدا أنها تُتاح من امتلاكها في سبيل القيام بهجمات على الممتلكات التركية في آسيا، وكذلك في حروب غزو بلاد فارس. أنشأت كاترين خطوطًا من الحصون بين البحرين، وحافظت على وجود أسطول في بحر قزوين. وقد تلاعب المبعوثون الروس باستمرار بالأمراء المسيحيين لجورجيا وإمريتيا ومنجريليا، وغيرها من الإمارات الأصغر حجمًا، لحملهم على التخلّي عن ولائهم القديم للسلطان أو الشاه، ووضع أنفسهم تحت سيادة الإمبراطورة الروسية. وكانت هذه الممارسات ناجحة بشكل خاص مع هيراكليوس حاكم جورجيا، الذي كان على غرار تسار تفليس و«خارتيل» (Khartil)؛ حيث أصبح تابعًا، واعترف بتبعيته لروسيا أوائل عام 1785م. وكانت نتيجة المادة الخامسة من معاهدة جاسي، اعتراف تركيا بحماية روسيا لهذه المناطق المهمة. وقد أملت، على ما يبدو، السياسة نفسها، والتخطيط الروسي نفسه، للاستيلاء على الأقاليم القوقازية، المادة التاسعة عشرة الغامضة من معاهدة قينارجه، والتي سندرك مغزاها فيما بعد بشكل أكثر وضوحًا في بنود معاهدة آقرمان[1].

لم تَنْظر الإمبراطورة الروسية مطلقًا إلى تهدئة جاسي، إلا على أنها توقُّف مؤقت في عملياتها ضد القسطنطينية، حتى يتم إخضاع البولنديين تمامًا، وحتى تنخرط القوى الغربية بشكل أكبر في عمليات أخرى لتكون غير مستعدة أو قادرة على التدخل في مخططاتها الشرقية. كانت هذه هي الحال في عام 1796م. ثم كانت بعد ذلك على وشك إنجاز ما أطلق عليه معجبوها «المشروع العظيم»، عندما أنقذت وفاتها، الإمبراطورية العثمانية من هجوم أكثر صعوبة مما واجهته على الإطلاق.

نعلم من صفحات السيد إتون كيف كانت تنوي استئناف الحرب، وكيف تقرّر التغلُّب على السُّلطان عن طريق العمليات المشتركة للجيوش الروسية في أوروبا وآسيا، وعن طريق قيام أسطول وسرب صغير من نيكولايف وسيباستوبول بنقل قوة عبر البحر الأسود، لضرب العاصمة التركية نفسها. تستحق كلماته أن تؤخذ بعين الاعتبار انطلاقًا من معرفته للحقائق في سان بطرسبرج. يقول بشأن كاترين قبل وفاتها مباشرة: «كانت تمتلك كل الوسائل التي تحتاج

(1) Chesnay, p. 2. "Progress of Russia in the East," p. 80.

إليها لجيشها في بولندا، في سبيل عمل ضد الأتراك في القارة الأوروبية. وقد رَسَخ بشكل قاطع حُكم الأقاليم التي أحرزتها، فلم تخشَ من اضطرابات. أما جيشها فكان هائلًا لدرجة أنه صار بإمكانها السير على الحدود بما لا يقل عن ثلاثمائة ألف رجل فعَّال. وقد حشدت مائة وخمسين ألف رجل لتعزيزه. وتفوَّق أسطولها في البحر الأسود كثيرًا على البحرية التركية بأكملها، وهناك أسطول من السفن الصغيرة التي أُنشئت لغرض هبوط القوات في ماء بعمق ثلاث أقدام، وكان باستطاعته في غضون ثلاثة أيام، نقل ستين ألف رجل إلى بُعد أميال قليلة من عاصمة الإمبراطورية التركية. كان من شأن الضربة الأولى أن تُدمِّر الأسطول العثماني في مينائه، وتهجم على القسطنطينية برًّا في الوقت نفسه. كان هناك جيش كبير قد اجتاز دربند، ومن المفترض أن يكون هناك ترتيب مباشر مع خانات الفرس، الذين تدخلت في نزاعاتهم بلا أي مصلحة واضحة. وكان من شأن هذا الجيش أن يهبط على الأقاليم الآسيوية التركية، فيكون من نتائج ذلك، أن تقوم جميع القوات الآسيوية التي شكَّلت حامية حصونهم في أوروبا بمغادرتها، والمسارعة لدعم بلادهم، وترك الطريق إلى القسطنطينية بلا دفاع»[1].

نقترب الآن من الوقت الذي انخرطت فيه تركيا في الحروب العظيمة للثورة الفرنسية، وكذلك بدء الإصلاحات التي كلَّفت السُلطان سليم حياته، لكنها استؤنفت بشكل فعَّال على يد السُلطان محمود الثاني. ربما يكون من المناسب التوقف وإجراء دراسة موجزة عن حالة الإمبراطورية التركية كما كانت في منقلب القرن الماضي، وقبل التغييرات التي طرأت على سكانها ومؤسساتها بسبب النظام الجديد وغيره من المستحدثات.

---

(1) Eton, p. 438.

الفصل الثاني والعشرون

إطلالة على الإمبراطورية العثمانية قبل بدء إصلاحات سليم الثالث - التقسيم الإقليمي، إيالات، لواءات، أقضية - تعيينات الباشوات - الأعيان - امتداد الإمبراطورية - اضطرابها ومعاناتها - ضعف سلطة السُلطان - الوهابيون، الدروز، المماليك، السوليوت - ثورات الباشوات - إساءة استخدام النظام الإقطاعي - طغيان ملتزمي الدخل - الضعف العسكري للإمبراطورية - الإنكشارية وغيرهم من القوات - البيت العثماني في أسوأ حالاته.

الفصل الثاني والعشرون

حَكَمَ السُّلطان سليم الثالث ستًّا وعشرين إيالة (كما أُطلق على أكبر الأقسام الإدارية في الإمبراطورية العثمانية) في أوروبا وآسيا وإفريقيا، قُسِّمت إلى مائة وثلاث وستين إدارة أصغر تُدعى «لواءات»، وكل لواء قُسِّم مرَّة أخرى إلى أقضية، أو دوائر مجتمعية[1]. ولكل قضاء نطاقه القضائي المحلي، وهو يتألَّف عادة من إحدى المدن والمناطق التابعة لها، أو «إقليم» (canton) ريفي («ناهيا» (Nahiya))، غالبًا ما يتألف من بلدات صغيرة وقرى. ويقوم بإدارة الإيالة، باشا بثلاثة أطواخ، يحمل رتبة وزير. يُخصَّص له واحد أو أكثر من الألوية الرئيسية لإيالته كنطاق خاص لحكومته، ويمارس سلطة متفوقة عامة على الحكام المحليين للبقية. وكان اثنان وسبعون لواءً تحت القيادة المباشرة لباشوات بطوخين، وهذه اللواءات فضلًا عن الإيالات، أُطلِق عليها عمومًا بشكل دارج «باشالِك»، على الرغم من عدم دقة ذلك. بشكل عام كان التعيين على الباشالِك يحدث سنويًّا، على الرغم من أن الشخص نفسه كثيرًا ما يحتفظ بمنصبه لسنوات عديدة، وأحيانًا مدى الحياة، إذا كان قويًّا جدًّا يستعصي على العزل من قِبَل الباب العالي، أو إذا قَدَّم مبلغًا كافيًا من المال من وقت إلى آخر لشراء إعادة تعيينه من الوزراء القابلين للرشوة في ديوان الإمبراطورية. وقد جرى تولِّي اثنين وعشرين لواءً من قِبَل بعض الباشوات بتعيينات مدى الحياة.

كان من المفترض أن يُساعِد الحاكم التركي في إدارته، شخصان أو ثلاثة يختارهم سكان ولايته، ويجري التصديق على وظائفهم من الباب العالي. هؤلاء يُطْلَق عليهم «أَعْيَان»، أي: «نُخْبَة». في بعض الأحيان كان منصب الأعيان وراثيًّا، لكن كان من الضروري كذلك أن يجري التصديق على خلافة الأعيان الجُدد من غالبية السكان. كان الرعايا كذلك، أو دافعو الجزية التابعون للباب العالي، لديهم مسؤولون يُدعَون «الكوجي باشية» (Codji Bachis) من شعوبهم نفسها، وكانوا يقومون بتقييم الضرائب المفروضة على الأفراد في مناطقهم.

كانت القائمة التي تضم الإيالات الست والعشرين، كما يلي: الرُّوملي، البوسنة، سِلستره،

---

(1) هذا الوصف للإمبراطورية التركية مأخوذ من الجزء السابع من عمل «موراجيا دوسُّون».

جزائر (التي تضم الجزء الأكبر من اليونان)، كريت، الأناضول، مصر، بغداد، «ريكا» (Ricca)، سوريا، أرضروم، سيواس، سَيْد، «جلدر» (Tchildeir)، «جِدَّار» (Djiddar)، حلب، قرمانيا، ديار بكر، أضنة، طرابزون، الموصل، طرابلس، البستان، «قارص» (Kars)، «شهرزور» (Scherzroulm)، فان. وكانت هناك أيضًا عدة مقاطعات ومدن لا تدخل ضمن أيٍّ من الباشالِكات أو الإيالات، مثل مقاطعتي والاشيا ومولدافيا الواقعتين فيما وراء الدانوب، وكذلك مثل مدينتي مكة والمدينة. والعديد من مقاطعات كردستان كانت تحت إمرة زعمائها بالوراثة، وكانت مُلْزَمة فقط بأن تزود السُلطان بعدد معين من الجنود. وكانت الحالة السياسية لست من المقاطعات التركمانية تماثل ذلك. واستمرت الأقاليم المغربية بالاحتفاظ بوضعها نسبيًا لدى الباب العالي، ذلك الوضع الذي سبق وصفه عندما كنا نقتفي أثر حُكم السُلطان محمد الرابع.

هكذا، على الرغم من أن السُلطة التركية كانت قد سُلب منها العديد من الأقاليم الجيدة قبل نهاية القرن الماضي، وعلى الرغم من أن الباديشاه لم يعد المهيمن في المجر وترانسلفانيا وشبه جزيرة القِرْم، أو على طول السواحل الشمالية للبحر الأسود وبحر آزوف، فلا تزال الإمبراطورية التي يَدَّعي البيت العثماني السيادة عليها، تُعَدُّ واحدة من أوسع وأغنى الإمبراطوريات في العالم، إذا وُضِعت في الاعتبار فقط مزاياها وقدراتها الطبيعية. إلا إن سلطة السُلطان سليم الثالث لم تكن معترفًا بها - حتى اسميًا - في العديد من أفضل الأقاليم التي نَصَّب نفسه حاكمًا عليها. وكانت كل تركيا على وجه التقريب في حالة من العصيان الرسمي والاستبداد المحلي، التي يتساوى فيها ضعف السيادة مع معاناة الشعب. كان الوهابيون سادة على بلاد العرب، باستثناء مدينتي مكة والمدينة، اللتين لم يغزوهما بعدُ. وفي مصر، تعامل المماليك مع الباب العالي ومسؤوليه بازدراء صريح، على الرغم من السماح برفع الراية السُلطانية في القاهرة. وفي الشام، كان الدروز و«المتوالية» (Metualis)[1] في جبل لبنان والهضبة الفلسطينية عشائر مستقلة عمليًا. وكذلك كان السوليوت وغيرهم في شمال اليونان وإبيرس. ومثلهم كان سكان الجبل الأسود والهرسك. ومولدافيا ووالاشيا، على الرغم من إعادتهما إلى تركيا شكليًا، فقد كانتا في الواقع أقرب بكثير إلى السيادة الروسية منهما إلى السُلطة العثمانية. ولم يحدث ذلك فقط من خلال هذه الأجناس (التي على الرغم من أنها ضمن السكان الخاضعين للبيت العثماني، فقد كانوا أجانب عن هذا البيت في العقيدة واللغة والدم)، ولكن قام أيضًا أقوى الرعايا المسلمين بتجاهل حكم السُلطان بشكل منتظم، على الرغم من أن أشكال الولاء والتبجيل الظاهري قد لا تزال

(1) فرقة من فرق الشيعة المتشددة، يتركز انتشارها في لبنان. (المترجم).

مصونة. كانت الثورات والحروب الأهلية هي الممارسات الشائعة للباشوات الرئيسيين. ففي عكا، رفض جزار باشا الضرائب والجزية، وأعدم رسل السُلطان، واعتدى على البلد المجاور بوحشية أضفت عليه لقبه «الجزار». وكان الباشا في بغداد متمردًا على نحو مماثل، ولسنوات عديدة لم يحصل الباب العالي على عائدات من الأراضي الغنية التي هيمن عليها. وكانت الحال نفسها مع باشا طرابزون، وباشا «أخالزيك» (Akhalzik)[1]. وفي ويدين، تحدَّى «باسوان أوغلو» (Passwan Oglou) الشهير، لسنوات عديدة، القوة الكاملة للسلطان، وقام بغزو المقاطعات المجاورة، مثل عدو أجنبي مستقل معترَف به. هذه ليست سوى بعض من أكثر الحالات بروزًا لتمردات الولاة. وسيكون من المستحيل سرد جميع حالات التمرد المحلي والحرب الأهلية التي تسبَّب فيها الباشوات أو كانوا ضحايا لها، أو كلاهما. وسيكون من الصعوبة بمكان على الخيال أن يفهم طابع أو مقدار المعاناة التي لا بدَّ أنها أرهقت وأضنت سكان الإمبراطورية مع هذه الكوارث.

حتى عندما كانت أوامر الحكومة المركزية تُجاوَب بالطاعة، كانت معاناة الشعب شديدة. وقد سبق ذكر أن تعيينات الباشوات (مع بعض الاستثناءات) كانت تجري بشكل سنوي، وجرى الحصول عليها مقابل المال بشكل عام ومُسَلَّم به. ونادرًا ما كان يملك ذلك التركي الذي يتآمر وسط المسؤولين ومفضلي البلاط في القسطنطينية في سبيل الحصول على باشالِك، ما يلزم من أموال للشراء أو الرشوة؛ لذا عادةً ما اقترض المبالغ المطلوبة من أحد يونانيي الفنار الأثرياء، أو من أحد المصرفيين الأرمن. وأصبح مُقْرِض المال في الواقع دائنًا للباشالِك، ويمكن أن يُقال إن الباشالِك أصبحت رهن حيازته، بحيث إن وكيله السري يرافق الباشا كأمين له، وكان في كثير من الأحيان يصير الحاكم الفعلي للمقاطعة. وكما يحدث عادة عندما يقوم عدد قليل من أعضاء الفئة المضطَّهدة بشراء السُلطة تحت حكم الطغاة، صار وكلاء الرعايا لدى السُلطة الإسلامية هم الأكثر إزعاجًا وانعدامًا للرحمة في سياستهم تجاه مواطنيهم. إن الضرورة التي كانت تُحتِّم على الباشا شراء تعيينه في نهاية كل عام، منعته - في الحالات العادية - من التخلص من هذه العبودية المالية. ففي بعض الأحيان، قبل أن يجري الحصول على التعيين من قِبَل الباب العالي، كان الأمر يستلزم أن يصبح أحد الصَّرَّافين، أو المصرفيين الأرمن، ضامنًا لتسليم الدَّين الخاص بدخل الدولة. وبالتالي فإن السُلطة التي أُعطيت للمُقْرِضين كانت مصدرًا جديدًا لابتزاز سكان الباشالِك، إذ من خلال رفض المُقْرِضين

(1) Eton, p. 280.

مواصلة ضمانتهم، كان بإمكانهم إنزال التركي من منصبه الرفيع إلى حالة الفرد العادي. وبسبب هذه المفاسد وما شابهها، جرى الجمع بين أكبر قدر ممكن من الابتزاز والقسوة تجاه الرعية، وأقل استفادة ممكنة تعود على حكومة الدولة؛ إذ إن كلًّا من الوكلاء والوكلاء الفرعيين الذين جرى توظيفهم في نظام الرشوة والربا والسرقة هذا، سعى إلى انتزاع كل ما يستطيع ممن دونه، فضلًا عن القيام بأقل قدر ممكن من التوضيح لرؤسائه. لقد أصبح الأعيان، أو النخبة الإقليمية، الذين يجب عليهم أن يقوموا بحماية مواطنيهم من الباشا والأفاكين المصاحبين له، شركاءه في كثير من الأحيان. أما إذا كان أحد الأعيان صادقًا ونزيهًا، فمن السهل تدميره من خلال تهمة كاذبة أمام القاضي، الذي كان عادة يَشتري تعيينه بالوسائل نفسها مثل الباشا، فكان بالتالي مماثلًا له في قسوته وقابليته للرشوة.

وكما أن الباشا له سُلطة على الحياة والموت في المناطق الخاضعة له، وعلى كل ما يحافظ على أبهة وترف البلاط الشرقي، فضلًا عن قوة المعسكر، صار مَن يجب عليه دفع ثمن كل هذا هم أبناء الإقليم. وكانت دوافع الاستبداد من جانب الوالي تتضاعف بلا حدود، في حين أن مراجعة ذلك كانت غائبة تمامًا على وجه التقريب. فإذا ما أُحيل المبلغ المطلوب من الإيرادات بانتظام إلى القسطنطينية، لم تُطْرَح أي أسئلة عن كيفية جمعه. وربما رُفعت شكاوى شديدة وطويلة الأجل إلى الباب العالي ضد قسوة الباشا لمعاقبته، خصوصًا إذا كان غنيًّا، ولكن في هذه الحالات لا يَحصل أبناء مقاطعته على أي تعويض عن جوره السابق. وكان السُّلطان يستولي على ثروات الباشا الذي يأمر بإعدامه، أما أولئك الذين تعرضوا للابتزاز، فلا يحصلون إلا على حاكم جديد، غالبًا ما يكون أكثر جشعًا، لأنه يكون أكثر احتياجًا من سلفه.

كانت سلطة المسؤولين الأتراك الأقل مَنْزِلَة، والبكوات والآغوات، مثل سلطة الباشا في طبيعتها، سواء من حيث إحرازها أو ممارستها، وإن كانت أقل من حيث القَدْر. وكان هناك أيضًا في جميع أنحاء الإمبراطورية حشد كبير من الطغاة المحليين الصغار، الذين عَهِد إليهم الباب العالي بعائدات المقاطعات الصغيرة التي تتكوَّن الواحدة منها من أربع أو خمس قرى، في إطار المنح التي تسمَّى «مقاطعات» إذا كانت مدة الإيجار مدى الحياة، أما إذا كانت لعدد معين من السنوات فتسمَّى «التزامًا»[1]. إن الشقاء الذي قاسى منه سكان الباشالِكات التركية، يمكن أن يتشابه كثيرًا مع ما لدينا من وصف للمعاناة التي لحقت بالمناطق نفسها منذ ما يقرب

(1) See Browne's Travels, published in Walpole's "Turkey."

من ألفي عام، من الولاة ووكلاء جمع الضرائب الرومان، في عصورهم المتأخرة المتسمة بالفساد[1].

وقد ازداد الضعف والاضطراب في الإمبراطورية التركية بشكل خطير بسبب المساوئ الهائلة لنظامها الإقطاعي، والعدد غير المحدود والمتنوع من السيادات والإمارات والسُّلطات، التي عانت الدولة من استفحالها في العديد من أقاليمها الأكثر أهمية. وفي وصف حالة الإمبراطورية العثمانية عندما كانت في أوج مجدها تحت حكم سليمان العظيم، لَفَتُّ الانتباه إلى أهم ما يميز الإقطاع بين الأتراك في أفضل عصورهم، فضلًا عن الأسباب التي حالت دون ازدهار النَّبَالة المتمردة، مثل تلك التي تحدَّت العرش واضطهدت العامة في جميع أنحاء العالم المسيحي على وجه التقريب، إبَّان العصور الوسطى. لكن قبل نهاية القرن الثامن عشر كان كل هذا قد تغيَّر على نطاق واسع؛ فقد عزَّزت تركيا (خصوصًا في مناطقها الآسيوية) الإقطاعيين بالوراثة، النزَّاعين إلى التمرد، الذين كانوا عمومًا على غرار الدِّره بكوات أو أمراء السهل. هكذا ضاهى ادعاؤهم غير القانوني نحو عاهلهم وظلم الخاضعين لهم، أسوأ انتهاكات البارونات والنبلاء التي شهدتها ألمانيا أو فرنسا على الإطلاق. قد يكون هناك إذعان اسمي للسلطان والباشا خاصته، إلا إن مسؤول القسطنطينية الذي يسعى إلى فرض أي أمر من الباب العالي في معقل أحد الدِّره بكوات، كان سيلقى المعاملة نفسها المتوقعة لمبعوث الإمبراطور فريدريك الثالث في قلعة بارون ألماني على الراين، أو رُسل «شارل البسيط» (Charles the Simple)، إذا حملوا تهديدًا أو أمرًا رسميًّا إلى «بريتاني» (Brittany) أو «روان» (Rouen).

من المستحيل تقديم أي وصف مناسب لعدد وطبيعة القوى المحلية الثانوية التي تتصارع مع بعضها البعض، ومع الحكومة المركزية التركية، خلال هذه الفترة من «سوء الحكم الهمجي للفوضى السياسية». فالتقرير الذي قدَّمه السير «جون كام هوبليوس» (John Cam Hobliouse) (بعد ذلك «لورد بروتون» (Lord Broughton)) لإقليم واحد، هو ألبانيا، كما رأى بعد سنوات

(1) «يحيط بهم جيش من المسؤولين الذين يشاركون جميعًا في العمل نفسه المتمثل في تكوين ثروات لأنفسهم، والتحريض على زملائهم، ولم يكن لدى الولاة الطغاة سوى القليل من الشعور بالمسؤولية تجاه الحكومة المركزية، فأشبعوا جشعهم من دون تحفُّظ. وقد تولَّى جمع العشور والجبايات وغيرهما من رسوم الدخل العام، الملتزمون الرومان، المنتمون عمومًا إلى مرتبة الفرسان، والذين كانت لديهم فرص قليلة للارتقاء إلى أعلى المناصب السياسية في الوطن. وتواطأ رؤساؤهم في المقاطعة، مدعومين بحالة الفساد العام في روما، مستترين خلف الطرق الدنيئة واسعة الانتشار، التي يخدعون بها الدولة ورعاياها». &c.- Merivale, vol. i. p. 25.

قليلة من نهاية القرن الماضي، قد يكون مثالًا يُحتذى به، يقول: «توجد تقريبًا نماذج من كل أنواع الحكم في ألبانيا. بعض المناطق والبلدات يترأسها رجل واحد، باللقب التركي «بولو باشي» (Bolu Bashee)، أو مسمَّى «كابتن» (Capitan) اليوناني، الذي اقتبسوه من العالم المسيحي. البعض يُطيع زعماءه، والبعض الآخر لا يخضع لأحد، وإنما كل رجل يحكم عشيرته. السُّلطة في بعض الأماكن مُعلَّقة، وعلى الرغم من عدم وجود فوضى ظاهرة، فإنه لا يوجد حُكَّام. كانت هذه هي الحال في عصرنا، في المدينة الكبيرة، «أرجيرو كاسترو» (Argyro Castro). وهناك أجزاء من البلاد يكون فيها كل آغا أو بك - وهو ما يقابل ربما «الإقطاعي» (squire) القديم في بلدنا - حاكمًا ثانويًّا يؤدي كل حق من حقوق رجال القرية. أما الباب العالي، الذي قام في أيام العظمة العثمانية بتقسيم البلاد إلى عدة باشالِكات وقيادات صغيرة، فهو الآن لا يُرَاعَى احترامه إلا قليلًا، وقد أصاب حدود مقاطعاته المختلفة الاضطرابُ والإهمالُ».

في الحكومة المركزية اسميًّا في القسطنطينية، كان الوزير الأعظم لا يزال المسؤول الرئيسي لدى السُّلطان فيما يخص الشؤون الزمنية، سواء المدنية منها أو العسكرية، وظل المفتي بصفته رئيسًا للعلماء تاليًا في المنزلة الدينية للسلطان، الذي بوصفه الخليفة، كان ولا يزال الزعيم الديني لجميع المسلمين السُّنَّة. وتحت الوزير الأعظم، إلى جانب القائمقام أو المساعد، يوجد «الكخيا بك» (Kehaya Bey)، الذي يتولَّى الإدارة الداخلية، وكذلك مهمة الحرب. وكانت الشؤون الخارجية تقع على عاتق الرَّيس أفندي. وكان «الجاوش باشي» (Tchaoush Baschi) نائبًا للمجلس العدلي للوزير الأعظم، وقائدًا لقوات شرطة العاصمة، كما كان في مرتبة الماريشال الأعلى. إلى جانب هؤلاء، كان هناك النيشانجية أو الأمناء، والدفتردارية أو أمناء الخزانة. أما من يتولَّى المناصب القديمة الأخرى فقد جرى وصفهم عندما قمنا بدراسة النظام التركي للحكومة في زمن محمد الفاتح. ومن دون محاولة لسرد أو تحليل القائمة المسهبة لرجال البلاط الرسميين، الذين وصفهم مَن كَتَبَ قبل سبعين أو ثمانين عامًا بشأن المسائل التركية، يمكن القول بشكل عام، إنهم كانوا بهذا الشكل وغاية في الكثرة، سواء من حيث الكم أو الكيف، كما اتضح عادة من تضاعُف أعدادهم في الإمبراطوريات المضمحلة، خصوصًا في إمبراطوريات المشرق.

كان الديوان السُّلطاني آنذاك لا يُعقد عمومًا إلا مرَّة واحدة تقريبًا كل ستة أسابيع. أما الديوان العادي للوزير الأعظم فكان أكثر انعقادًا. وجرى تشكيل مجلس عدلي، يحضر فيه إلى جانب الوزير، القبودان باشا، وقاضيَا العسكر، والنيشانجية والدفتردارية. وفي مناسبات مهمة، يُعقد مجلس كبير يتألف من أربعين عضوًا تقريبًا، يتضمن رؤساء جميع الأنظمة في الدولة. وفي

حالات الطوارئ القصوى، يُستدعى الأعضاء معًا إلى ما كان يُسمَّى «الديوان الدائم»، حيث يقومون بالتداول بلا جلوس على مقاعد.

ازدادت قوة العلماء، خصوصًا رئيسهم المفتي (الذي سبق أن أشرنا إليه)، وظلت آخذة في الازدياد، وكذا مقدار المِلْكيَّة الدينية، الأوقاف. وعلى الرغم من أن نظام السماح بحيازة هذا القدر الكبير من الملكيات العقارية في الإمبراطورية لصالح الأوقاف كان سيِّئًا بلا شك، فقد أُخذ به إلى حدٍّ ما للتخفيف من مساوئ أخرى، أثَّرت بشكل عام على حائزي الملكيات في ظل سوء الحكم الشديد في تركيا. ليس فقط الملكيات الخاصة، بل جميع المقاطعات والمدن التي كانت مملوكة لمساجد أو غيرها من المؤسسات الدينية الأخرى؛ إذا قام مَن يشغلها بدفع الإيجارات المحددة (والتي عادة ما تكون خفيفة)، عاش في ملكيته بلا معوقات، وفي حصانة من رسوم الحكومة المركزية، ومن ابتزاز الموظفين المحليين. وتمتع بامتيازات مماثلة في كثير من الأحيان أولئك الذين سكنوا في المقاطعات التي كانت ملكية خاصة للسلطانة الوالدة وغيرها من الأفراد من ذوي المكانة الرفيعة. وكان هناك أيضًا العديد من الأماكن عاش فيها - من خلال عُرف قديم أو منحة سلطانية - الرعايا أحرارًا إلى حدٍّ كبير من تدخل أي عنصر مسيطر؛ حيث كان ممنوعًا تمامًا إقامة أي تركي. كانت تركيا مدينة بالثروة والنشاط التجاري القليل الذي كان موجودًا فيها إبان الفترة التي نتحدث عنها، لوجود هذه المناطق ذات الامتيازات وما يماثلها في الإمبراطورية، والحماية التي يتمتع بها السكان الإفرنج بموجب قوانينهم وقناصلهم، والحكم الاستثنائي الجيد لرجال قادرين متسمين بالعدل أصبحوا من الباشوات في بعض الأحيان، وكذلك النظام الصارم الذي فُرض أحيانًا في مقاطعاتهم من قِبَل بعض الباشوات الأكثر شدة، الذين لا يتسامحون مع أي جرائم عدا جرائمهم.

إذا نظرنا إلى الوسائل التي يمتلكها السلطان لتأكيد سلطته ضد المتمردين المحليين أو الغزاة الأجانب، فسنجد أن النظام العسكري للإمبراطورية كان رثًّا للغاية، وبدلًا من التساؤل عن نجاح القوى المسيحية ضده، يبدو أن هناك ما يدعو للدهشة من عدم استكمال الروس والنمساويين الإطاحة به. يبدو أن تصنيف القوات التركية التي اعتمدها ثورنتون في كتابه «دراسة عن الإمبراطورية العثمانية» (Treatise on the Ottoman Empire) (الذي نُشر في عام 1807م) أصيل وملائم. كانت هناك قوات مدفوعة الأجر، تُسمَّى عمومًا «كابيقولي» (Kapikouli) (وهو ما يعني حرفيًّا: «عبيد الباب»)، وقوات غير مأجورة، تُسمَّى «طوبراكلي» (Toprakli). وكان أكبر وأهم جزء من القوات المأجورة هو فيلق الإنكشارية الشهير.

في أحد الفصول السابقة من هذا الكتاب، تتبعنا أثر مؤسسة هؤلاء الإنكشارية عبر مشورة الوزير علاء الدين وقره خليل جندرلي في عهد أورخان، ثاني حكام البيت العثماني. ورأينا زيادة أعدادهم وتميُّز انضباطهم في ظل محمد الفاتح وسليمان سيد عصره، وتمردهم المتنامي في ظل السلاطين اللاحقين، والتغيُّر الذي شهده النظام الذي كانوا يجنَّدون من خلاله، وازدياد أعدادهم، وانخفاض كفاءتهم العسكرية. وفي ختام القرن الثامن عشر جرى إحصاء أعدادهم التي بلغت مائة وخمسين ألف عضو مسجَّل، استقروا في مختلف مدن الإمبراطورية، حيث استولوا على السُّلطة ومصدر التفوق العسكري، وفي الوقت نفسه مارسوا مختلف الحرف. غير أن العدد الكبير من أولئك الذين اشتروا تسجيل أسمائهم كإنكشارية، من أجل الامتيازات والحصانات التي كانوا يحصلون عليها، كان دليلًا على أن الدولة لا يمكنها الاعتماد على أي عدد مماثل من القوات في سبيل الخدمة الفعلية. وقد مارس الإنكشارية العسكريون أنفسهم أشد عمليات التزوير فيما يتعلق بشخصية وكفاءة الأفراد الذين وُضعوا على قوائم الحشد، وظل ذلك يحدث بشكل مُوسَّع من قِبَل الضباط، الذين أَثْروا أنفسهم كذلك عن طريق دفع رسوم المئات والآلاف من غير الموجودين. ومع ذلك، شَكَّل الإنكشارية مجتمعًا كبيرًا في الإمبراطورية، كان من بين أعظم المجتمعات شأنًا، سواء في الحرب أو السِّلم. كانوا بارزين في تعصُّبهم كمسلمين، ولأنهم عرفوا ذلك الارتياب الذي نظر به السلاطين المتعاقبون إليهم وإلى أسلافهم، فقد كانوا بدورهم ينظرون إلى كل تجديد وإصلاح بغَيرة وكراهية، وكانوا مستعدين حتى للثورة بمساعدة بعضهم البعض لممارسة حق قمع الرعايا الخاضعين لهم، والتمرد على السُّلطات التي تفوقهم، وهو ما اعتبروه بشكل أكبر حقهم المقدس[1].

إلى جانب الإنكشارية، كانت هناك قوة من رجال المدفعية، تُدعى «طوبجية» (Topidjis). بلغ عدد أفرادها ثلاثين ألفًا، وُزِّعوا - مثل الإنكشارية - على المدن الرئيسية في الإمبراطورية، والتزموا بالالتحاق براياتهم عند تلقِّي الأوامر[2]. وكان بستانجية القصور السُّلطانية في أدرنة والقسطنطينية، لا يزالون مجنَّدين ومسلَّحين، ويُشَكِّلون نوعًا من الحرس الشخصي للسلطان. وكانت هناك مجموعات أخرى صغيرة من المشاة النظاميين. وكان سلاح الفرسان القديم من السباهية والسلحدارية لا يزال موجودًا، على الرغم من تواضع قوته العددية أو كفاءته.

---

(1) انظر أعداد قوات الإنكشارية وتكوينها (إلى جانب دوسُّون): Ranke's "Servia," pp. 41, 100; Thornton's "Turkey," p. I80; Eton, pp. 27, 66 ; Porter, vol. i. p. 273.

(2) Thornton, p. 183.

وكانت القوات غير النظامية، طوبراكلي، تتألَّف أساسًا من الوحدات الإقطاعية القديمة التي كان أفرادها حائزي الزعامات والتيمارات المُلْزَمَة بتوفير الدَّعم، ولكن بسبب المفاسد في هذه المؤسسات، أصبحت الآن غير موثَّقة من حيث الحجم، وأقل من حيث الكفاءة، ولا يمكن حتى الاعتماد على خدمات أولئك الذين حضروا تحت ذيول الخيل من أجل عمليات الحرب المستمرة. وكانت هناك أيضًا في وقت القتال، قوات مجنَّدة تُدعى «عساكر الميري» (Miri-Askeris)، تتلقَّى أجرًا أثناء وجودها في الميدان. وعندما تُحاصَر مدينة تركية، يجري تجنيد السكان المسلمين كنوع من الدفاع الشعبي للخدمة ما دام الخطر مستمرًّا، وأُطلق على هؤلاء «يرلي نفرت» (Yerli Neferats). وكان يُطلق على المتطوعين غير النظاميين الآخرين الذين انضموا إلى الجيش التركي مسمَّى «جونولوز» (Guenullus).

إلى جانب قوات السُلطان النظامية وغير النظامية التي جرى ذكرها، كانت هناك أيضًا كتيبة من قوات الأقاليم تُدعى «سيراتكولي» (Serratkuli)، يقوم الباشوات بتجنيدها وجلبها، وهي لا تظل محتشدة بشكل دائم، ولكن يجري فقط استدعاؤها معًا في وقت الحرب، أو أثناء زحف الجيش. وكانوا يتألفون من العزب أو الطلائع، ومن اللُّغْمَجيَّة أو زارعي الألغام، ومن «الحِصارليَّة» (Hissarlis)، الذين يساعدون الطوبجية في خدمة المدفعية[1].

جرى في بعض الأحيان جمع حشود كبيرة من المسلَّحين من هذه المصادر المختلفة تحت الرايات العثمانية، خصوصًا في الجزء المبكر من الحرب. فعند افتتاح الحملة الأولى، يمكن للباب العالي أن يقوم بإطلاق ثلاثمائة ألف من حملة السيوف، وإذا كانت الحرب ناجحة، لا يكون هناك نقص في المتطوعين لتعبئة الجيوش. لكن هذه الحشود الكبيرة كانت في معظمها مجرد جموع من القوات غير النظامية، وغير القادرة على الانضباط، والمفتقرة إلى الخبرة. ونادرًا ما كان يجري تجنيدهم اسميًّا لأكثر من ستة أشهر، وعند أول هزيمة خطيرة تُقَابِل الجيش، يَنْفَض الآلاف منهم، ويتفرقون نحو ديارهم، وعادةً ما يقومون بنهب المقاطعات الواقعة في طريقهم، سواء كانت معادية أو صديقة، مسيحية أو مسلمة. خلف الأسوار أو التحصينات، وفي الاشتباكات المضطربة في البلدان المحطَّمة، جعلت البسالةُ الفطرية، والمهارةُ في استخدام السيف، الفردَ التركيَّ خصمًا عظيمًا، وكان الهجوم العاصف للفارس العثماني، عَبْر الأرض التي لا يجرؤ في الغالب فارس آخر على اجتيازها، لا يزال أكثر تدميرًا للعدو المهتز أو غير المستعد. لكن بالمقارنة مع التحركات الدقيقة، والتنظيم الذكي للقوات المسيحية الأوروبية،

(1) Ibid., p. I86.

كان الجيش التركي (كما وصفه نابليون) مجرد حشد من الرعاع الآسيويين. اثنتان من الحقائق المذهلة، لا جدال فيهما، تشهدان وتُقرّان بذلك. لم يكن للمشاة والفرسان الأتراك في جميع الأنحاء في ذلك الوقت أي قواعد فيما يتعلق بالأسلحة التي يجب عليهم استخدامها، ولم يكن أيٌّ منهم قد تدرَّبوا معًا على الإطلاق، أو تلقَّوا أمرًا بالعمل في مجموعات في تقدُّم عسكري مشترك[(1)]. وكان كلٌّ يُسَلِّح نفسه كما يحلو له، وعندما يبدأ القتال، يُقال إن كل واحد منهم يمكنه أن يحارب كما يشاء. ويصف القائد الفرنسي «بوير» (Boyer)، الجنود الأتراك في ذلك الوقت بأنهم «بلا أمر أو حزم، غير قادرين حتى على السير في فصائل، يتقدمون في مجموعات مضطربة، ويحملون على العدو في انطلاقة مفاجئة من ضراوة وحشية جامحة»[(2)]. إن تلك العادة الوحشية التي تقضي بتلقِّي أجور مقابل رؤوس الأعداء الذين سقطوا، وما يترتب على ذلك من حرص الجنود الأتراك على الحصول على «هذه الشهادات الدموية»[(3)]، أسفرت عن عدم إبداء الاهتمام لزيادة الاضطراب، وإهمال المساعدة المتبادلة في المعركة التي قاتلوا فيها. وقد ضاع التقدم الذي أحرزته الجيوش العثمانية في بداية المعركة أكثر من مرَّة نتيجةً لتَفَرُّق الرجال لجمع هذه الغنائم البشعة، والحصول على المال مقابل هذه الرؤوس في خيمة سِرْعَسْكَر.

وكانت حالة البحرية أسوأ من حالة الجيش، على الرغم من جهود غازي حسن، والقبودان باشا حسين، الذي خَلَفَه. وعلى وجه الإجمال قد يكون من المؤكد تمامًا أن الإمبراطورية التركية وصلت إلى حضيض بؤسها وضعفها على مدى ثلاثة أرباع قرن من الزمن الحاضر. ومع بدء إصلاحات السُّلطان سليم، افتُتِح عهد جديد. صحيح أن تركيا عانت منذ ذلك الحين من الهزائم والثورات، وفقدت الجيوش والأساطيل والمقاطعات، لكن روحًا جديدة غُرست في حُكَّامِها ورجال دولتها، تلك الروح التي على الرغم من كبحها أحيانًا كثيرة، فإنها لم تُطفَأ قَطُّ، والتي مهما تكون خسارتها في نهاية المطاف، فإنها دَحَضَت التنبؤات الواثقة لـ«فولني» (Volney) وغيره من الكُتَّاب في نهاية القرن الماضي. فوفقًا له «أصيب السُّلطان بالجهل على قدم المساواة مع شعبه، مواصلًا حياة البلادة في قصره، واستمر الحريم والخصيان يُعَيِّنون المناصب والمراكز، واستمر عرض مناصب الحكم للبيع علنًا. وكان الباشوات يقومون بنهب الرعية، وإفقار المقاطعات. والديوان يَتَّبِع قواعده من التعصب والغطرسة، وتحريض الشعب

(1) D'Ohsson, vii. pp. 345-370.

(2) "Intercepted Correspondence from Egypt," p. 183. Adolphus' "History of England," vol. v. p. 112.

(3) See Sir Walter Scott's observation, "Life of Bonaparte," vol. iv. p. 126.

عن طريق العصبية الدينية. وكان القادة يواصلون الحرب بلا فهم، مستمرين في خسارة المعارك، حتى اهتز صرح السُلطة المفكك هذا من قواعده، وحُرم من دعمه، وفقد توازنه، لذا وجب عليه أن يسقط، ويُذهل العالم بنموذج آخر من نماذج الانهيار العظيم»[1].

يمكن مقارنة هذا التَكَهُن الذي قام به فولني، بذلك الخاص بالسير توماس رو، عام 1622م، وغيره الكثير في الوقت الحاضر. إن الدول المُهَدَّدَة، مثل الرجال المُهَدَّدِين، تعيش أحيانًا لفترة طويلة، لا سيما إذا كانت التهديدات تجعلهم في حذر واستعداد.

---

(1) Volney, “Considerations sur la Guerre actuelle dea Turcs.”

الفصل الثالث والعشرون

إصلاحات سليم - القوات الجديدة - نابليون يهاجم مصر - الحرب بين تركيا وفرنسا - التحالف بين روسيا وإنجلترا - الدفاع عن عكا - جلاء الفرنسيين عن مصر - السلام العام - اضطرابات في الصرب - الدَّايات - قره جورج - الحرب مع روسيا وإنجلترا - عبور الدردنيل - الهدنة مع روسيا - سليم الثالث، وعَزْله من قبل الإنكشارية - السُلطان مصطفى الرابع - عَزْله من قبل مصطفى بيرقدار - محمود الثاني - وفاة بيرقدار - انتصار الإنكشارية، والنهاية الظاهرية للإصلاحات - استمرار الحرب الروسية - معاهدة بوخارست.

الفصل الثالث والعشرون

التزم السُلطان سليم بواجب الإصلاح الداخلي الصعب والخطير، عند تخلُّصه من الضغط المباشر للحرب الروسية بسلام جاسي، ومن الخطر الوشيك لتجددها بوفاة الإمبراطورة كاترين. ولمواجهة العديد من المساوئ التي تعمل على تشتيت الدولة، خطَّط لتغييرات متعددة وشاملة في جميع قطاعاتها على وجه التقريب. فكان من المقرر معالجة انتهاكات النظام الإقطاعي بإلغاء الإقطاع نفسه، وعليه يسترد السُلطان الزعامات والتيمارات عند وفاة أصحابها. أما إيراداتها فتُسَدَّد من ذلك الحين فصاعدًا للخزانة السُلطانية، حيث تُخصَّص لإعالة قوة عسكرية جديدة. وقد تقرَّر تحسين إدارة المقاطعات من خلال الحد من سلطات الباشوات؛ فيُعيَّن حاكم الإيالة أو اللواء لمدة ثلاث سنوات، وعند انتهاء هذه المدة يكون تجديد منصبه اعتمادًا على جهوده لإرضاء المواطنين الذين حكمهم. وتقرَّر إلغاء جميع التزامات جمع الضرائب، حيث تُجمع الإيرادات من قِبَل مسؤولي خزانة الدولة. وفي الحكومة المركزية العامة، كان يتعين تقييد سلطة الوزير الأعظم من خلال إلزامه باستشارة الديوان بشأن جميع التدابير المهمة. وكان الديوان يتألف من اثني عشر وزيرًا أعلى؛ يلتزم أحدهم بصفة خاصة بجمع الأموال التي ستجعل القوات الجديدة تقف على قدميها[1]. وشجَّع سليم الثالث انتشار المعرفة، والنهوض بالتعليم بين جميع فئات رعاياه. وجرى إحياء مؤسسة الطباعة التي تأسست في عهد أحمد الثالث، وتُرجم العديد من الأعمال الأوروبية عن الفرنسية في التكتيكات الحربية والتحصين، ونُشِرت بناءً على أوامر السُلطان، تحت رعاية عَالِم الرياضيات التركي، عبد الرحيم أفندي[2]. كما أبدى سليم تأييدًا ورعاية لإنشاء المدارس في جميع أنحاء سيادته. وقد نشأت المؤسسات التعليمية الجديدة خصوصًا بين اليونانيين، واستعادت القديمة حيويتها ونشاطها تحت رعاية السُلطان[3]. وعندما تَبَيَّن أن الحزب الثوري بين اليونانيين استفاد من هذه الحركة الفكرية لإثارة مواطنيه ضد الأتراك، فبدلًا من أن يغلق سليم المدارس اليونانية ومراكز الطباعة، أنشأ صحافة يونانية في

(1) انظر: Ranke's "Servia," p. 100، وما به من مصادر.

(2) White's "Three Years in Constantinople," vol. ii. p. 205.

(3) Emerson Tennent, vol. ii. p. 423.

القسطنطينية، وسعى لمواجهة جهود من يعارضون الحكومة التركية، من خلال توظيف أقلام رجال الدِّين اليونانيين في العاصمة لصالحها[1]. وقرَّر تزويد عدد معين من مواطنيه العثمانيين بتعليم سياسي أفضل مما يمكن الحصول عليه في القسطنطينية، من خلال إلحاقهم بالسفارات الدائمة التي سعى إلى إنشائها في البلاطات الأوروبية الرئيسية. وقد استُقْبِلت بعثات تركية في لندن وباريس وفيينا وبرلين، إلا إن مجلس سان بطرسبرج تجنَّب بصرامة اقتراح سليم اعتماد سفير دائم في الإمبراطورية الروسية[2].

على الرغم من أنه كانت هناك حاجة إلى هذه التدابير وغيرها لتحسين الحالة المدنية والاجتماعية لسكان الإمبراطورية التركية، فإنه مهما كانت قيمة ما يمكن أن تُقِرَّه إذا دخلت حيز التنفيذ، فقد علم سليم جيدًا أنه لا غنى عن قوة مسلحة منضبطة ومخلصة بشكل تام لتطبيق الإصلاح الداخلي والمحافظة عليه، وكذا من أجل الحفاظ على سلامة الإمبراطورية إذا ما تلقَّت المزيد من الهجمات من الخارج. وكان سليم دائمًا ما يَضع نُصْب عينيه مثال بطرس الأكبر حاكم روسيا، الذي قام من خلال القوات الجديدة، التي درَّبها له «ليفورت» (Lefort) على نموذج جيوش أوروبا الغربية، بالإطاحة بأعداء الداخل والخارج على حدٍّ سواء. وقد يكون العاهل التركي الذي يتقصَّى، على علم بأن أعلى سلطة سياسية في الغرب على وجه التقريب، أعلنت عَمْدًا أن «كل مَن يَدرس بعناية التحسينات التي أدخلها بطرس الأكبر في الإمبراطورية الروسية، سيجدها تقريبًا تتوطد من خلال تأسيس جيش جيد التنظيم»[3]. ومن بين الأسرى الذين أخذهم الأتراك أثناء الحرب الأخيرة، كان هناك تركي بالولادة، لكنه ظل لفترة طويلة في الخدمة الروسية، وبلغ فيها رتبة ملازم، ونال سُمعة جيدة بوصفه ضابطًا. كان الوزير الأعظم يوسف باشا (الذي أُسِرَ سالفُ الذكر بواسطة قواته)، مولعًا بالتحدث معه بشأن الأنظمة العسكرية للبلدين، حتى اقتنع في النهاية بالسماح لفيلق صغير (يتكون أساسًا من المرتدين) بأن يتسلَّح ويتدرَّب على النظام الأوروبي. وقد اعتاد الوزير على التَّسلي برؤيته أثناء تدريباته. وعندما غادر المعسكر في نهاية الحرب، أخذ مجموعته الصغيرة معه، ووضعهم في قرية على بُعد مسافة قصيرة من القسطنطينية. فأعرب السُّلطان، الذي سمع عنهم، عن رغبته في رؤية «كيف يخوض الكفار المعارك»، وذهب إلى أحد عروضهم، حيث رأى على الفور تفوق نيرانهم على القوات التركية

(1) Ibid., vol. ii. p. 521, note.

(2) D'Ohsson, vol. vii.

(3) Adam Smith.

الاعتيادية، وأعرب عن تقديره، أكثر من أي وقت مضى، للتقدم الذي أحرزته أسلحة وانضباط أعدائه المسيحيين طويلًا على القوات العثمانية. ظلت الفرقة الصغيرة تخطو إلى الأمام، وتمكَّن عمر آغا - كما أُطلق على قائدها - من تعزيزها عن طريق تجنيد مرتدين آخرين، وكذلك عدد قليل من الأتراك المعوزين، الذين وافقوا على تعلُّم استخدام أسلحة الكفار[1]. وطلب السُّلطان من الديوان النظر في خطة إدخال النظام الجديد بين الإنكشارية، ولكن أدى هذا إلى تمرد، استرضاه السُّلطان في ذلك الوقت عن طريق وعود منصفة، وعن طريق الامتناع عن أي تدابير أخرى، على الرغم من أن فرقة عمر آغا كانت لا تزال مُشَكَّلَة[2]. وفي عام 1796م، وصل القائد «ألبرت دوبايت» (Albert Dubayet) إلى القسطنطينية بوصفه سفيرًا لجمهورية فرنسا، وأحضر معه - كهدية جديدة وملائمة للسلطان - عدة قطع من المدفعية، مع تجهيزاتها وذخائرها، لتكون نماذج، وعددًا من رجال المدفعية والمهندسين الفرنسيين، ليقوموا بإرشاد الطوبجية الأتراك، والمساعدة في إرساء الترسانات العثمانية والمسابك. ورافق السفير أيضًا «رقباء تدريب» (drill-sergeants) من أفواج الفرسان والمشاة الفرنسية، لإعطاء دروس للسباهية والإنكشارية. وقد حظيت جهود رجال المدفعية الفرنسية بقبول حسن، وتحققت عن طريقهم تطورات ملحوظة في بنية وتجهيزات وعمل المدافع التركية. وقد أُحرز بعض التقدم في تسليح وتدريب سَريَّة خيَّالة على النظام الأوروبي، لكن الإنكشارية رفضوا مرَّة أخرى وبشكل غاضب اعتماد أسلحة المشاة الإفرنج أو تعلُّم مناوراتهم. ولم يتمكن رقباء تدريب دوبايت من خدمة السُّلطان إلا بتحسين انضباط رجال عمر آغا. وقد تُوفِّي ألبرت دوبايت في غضون بضعة أشهر من وصوله إلى القسطنطينية، بعدها غادر العديد من ضباطه تركيا. لكن القبودان باشا، حسين، الذي رأى مثل السُّلطان قيمة النظام الجديد، أخذ بعضًا منهم في إدارته، وبفضل الأجور العالية والرعاية استمال عددًا قليلًا من المسلمين للدخول في فيلق عمر. وكانت هذه القوات الجديدة ستمائة جندي تقريبًا، عندما اندلعت الحرب بين فرنسا وتركيا عام 1798م، نتيجة الهجوم الذي شنته الجمهورية الفرنسية، أو بالأحرى «نابليون بونابرت» (Napoleon Bonaparte) على مصر[3].

حرص السُّلطان سليم على الابتعاد عن الصراعات التي وَلَّدَتها الثورة الفرنسية في أوروبا. وقد أدرك الضرورة الملحة لإعادة تنظيم إمبراطوريته، واستحالة حدوث ذلك في الوقت الذي

(1) Eton, p. 92 ; Ranke, p. 99.

(2) Ranke, p. 168; Eton, p. 93.

(3) Juchereau de Saint Denis, “Revolution de Constantinople.”

تتورَّط فيه في مخاطر الحرب. لكن الأنباء التي وصلت إلى القسطنطينية في يوليو 1798م، بأن جيشًا فرنسيًا قوامه ثلاثون ألف جندي، تحت إمرة أكثر قادة الجمهورية شهرة، هبط فجأة في مصر، واقتحم مدينة الإسكندرية، لم تترك للسلطان أي خيار. صحيح أن السُلطة التركية في مصر كانت أكثر بقليل من أن تكون اسميَّة، وأن المماليك، وهم الأمراء والطغاة الحقيقيون لهذا البلد، كانوا يكرهون الباب العالي بشدة، مثلهم مثل الأقباط والفلاحين الذين يتم قمعهم. وصحيح أيضًا أن نابليون زعم أن عداءه تجاه المماليك فقط، ونشر تصريحات ادعى فيها صدق التحالف بين الأتراك والفرنسيين[1]، في الوقت الذي كان يأمر فيه باتخاذ الإجراءات العسكرية الصارمة ضد الإنكشارية الأتراك الذين دافعوا عن الإسكندرية. لكن نِيَّة القائد الفرنسي غزو مصر والاحتفاظ بها لصالح فرنسا، أو بالأحرى لصالح نفسه، كانت واضحة وبديهية، ولم يكن للباب العالي أن يتخلَّى عن حقوقه في السيطرة على ذلك الإقليم، حيث كان الباشا التابع له لا يزال اسميًّا وهو الحاكم الأعلى، وحيث بُذلت مؤخرًا جهود قوية لإخضاعه للطاعة الفعلية عام 1787م، عندما أدى اندلاع الحرب الروسية، إلى الحيلولة دون أداء غازي حسن الناجح لهذه المهمة. ونعلم من مذكرات نابليون الخاصة أنه كان يتوقَّع إرهاب القسطنطينية بالأسطول العظيم الذي جلب الجيش الفرنسي إلى مصر[2]. وبدا أن انتصاره على المماليك في معركة الأهرام في 21 يوليو، وخضوع القاهرة بعد ستة أيام من تلك المعركة، يضمن تحقيق الرؤى الباهرة التي قادته عبر البحر المتوسط. لكن في الأول من أغسطس دمر نيلسون، الأسطول الفرنسي في معركة النيل، فأدى ذلك على الفور إلى محو جميع اعتبارات الذعر، وربما جعل السُلطان يأخذ موقفًا. فقد جرى التوصل إلى تحالف بين تركيا وروسيا وإنجلترا، وأُعلنت الحرب رسميًّا على فرنسا. وصدرت الأوامر على الفور بحشد جيش وأسطول عثماني في رودس، وحشد جيش آخر في الشام. وقد وافق الباشا العظيم لعكا، جزار باشا، على الرغم من استقلاله باستخفاف عن سلطانه في وقت السلم، على العمل كَسِرْعَسْكَر ضد كفار الإفرنج، وتولِّي قيادة القوات الشامية. وتقرر

---

(1) جاء في المنشور الذي أذاعه نابليون: «الفرنساوية في كل وقت من الأوقات صاروا المحبين الأخلصين لحضرة السُلطان العثمنلي وأعداء أعدائه أدام الله ملكه، وبالمقلوب المماليك امتنعوا من إطاعة السُلطان غير ممتثلين لأمره فما أطاعوا إلا لطمع أنفسهم»، وهذا إن دل فإنما يدل على معرفة الفرنسيين بالولاء التام الذي يُكِنُّه المصريون للسلطان العثماني، والكُرْه الشديد الذي يضمرونه للمماليك، فحاولوا كسب تعاطفهم من هذه الناحية. انظر: النص الكامل للمنشور: عزت حسن أفندي الدارندلي، الحملة الفرنسية على مصر في ضوء مخطوط عثماني: مخطوطة ضيانامه للدارندلي، دراسة وترجمة جمال سعيد عبد الغني (القاهرة: هيئة الكتاب، 1999م): 139-140. (المترجم).

(2) Montholon's "History of the Captivity of Napoleon," vol. iv. p. 195.

أن يقوم هذا الجيش بعبور الصحراء ومهاجمة الفرنسيين في مصر أوائل عام 1799م، وأن يقوم جيش رودس بالعمل معه بشكل متزامن بهبوط ستة عشر ألفًا من أفضل القوات التركية تحت قيادة مصطفى باشا في أبي قير. وقد أدى نشاط نابليون إلى إرباك هذه المشروعات؛ فبدلًا من انتظار التعرض لهجوم داخل مصر، استبق أعداءه بعبوره الصحراء إلى الشام أثناء فصل الشتاء، وشن حربًا هجومية داخل ذلك الإقليم المهم. في كلامه الخاص توقَّع أنه «وفقًا لهذه الخطة، سيضطر جيش رودس للإسراع لمساعدة الشام، وستظل مصر هادئة، ما من شأنه بالتالي أن يسمح لنا باستدعاء الجزء الأكبر من قواتنا إلى الشام. ويمكن أن ينضم إلى الجيش عندما يسيطر على ذلك الإقليم، المملوكان مراد بك وإبراهيم بك، وعرب الصحراء المصرية، ودروز جبل لبنان، والمتوالية، ومسيحيو سوريا، والجزء الأكبر من شيوخ «آزور» (Azor) في سوريا، ومن شأن هذا أن يعم الاضطراب أنحاء الإقليم العربي. إن هذه الأقاليم العثمانية التي تتحدث اللغة العربية، تنشد تغييرًا كبيرًا، وتنتظر فقط من يعمل على تحقيق ذلك. إذا كانت حظوظ الحرب مواتية، يمكن للفرنسيين بحلول منتصف الصيف أن يصلوا إلى الفرات مع مائة ألف من القوات المساعدة، التي سيكون لديها احتياطي من خمسة وعشرين ألف جندي فرنسي مخضرم من أفضل القوات في العالم، والعديد من طواقم المدفعية. وحينذاك ستصبح القسطنطينية مهددة. وإذا نجح الفرنسيون في إعادة العلاقات الودية مع الباب العالي، يمكنهم حينئذٍ عبور الصحراء، والسير إلى الهند قرب نهاية الخريف»[1].

تبدَّدت في النهاية أحلام الغزو الشرقي قبالة مدينة «القديس جان دي عكا» (St. Jean d'Acre). وأثبت جزار باشا نفسه بتأهب ومقدرة خصم يستحق منافسة ذلك المنتصر الكبير في إيطاليا ومصر، فتعاونت آنذاك المهارة والبراعة الإنجليزية مع البسالة العنيدة للأتراك. قام جزار بإرسال عبد الله، باشا دمشق، إلى الأمام مع الحرس المتقدم للقوات الشامية في أوائل يناير 1799م، فحصَّن عبد الله غزة ويافا، وتقدَّم باتجاه العريش، التي تُعَدُّ مفتاح مصر على الجانب الشامي. وبدأ نابليون مسيرته في فبراير، واستولى على العريش بلا صعوبة في الخامس عشر من فبراير، ثم غزة في غضون أيام قليلة بعد ذلك. وقاومت يافا بعناد أكبر، ولكن جرى اختراقها واقتحامها في الثالث من مارس. وفي اليوم التالي قُتل ألفا جندي تركي بدم بارد كانوا قد أُسروا هناك. هكذا عَلَّق أفضل كاتب لسيرة نابليون على هذا المشهد الرهيب: «سار حشد الأسرى إلى خارج يافا، وسط كتيبة مربعة كبيرة. وتوقَّع الأتراك مصيرهم، لكنهم لم يقوموا بالتوسل أو

---

(1) Montholon'a "Hisiiory of the Captivity of Napoleon," vol. iv.

الشكوى لتجنبه، وساروا في صمت ورباطة جأش. وقد جرى اصطحابهم إلى التلال الرملية الواقعة إلى الجنوب الشرقي من يافا، حيث قُسِّموا هناك إلى مجموعات صغيرة، وأُعدموا رميًا بالبنادق. وقد استمرت عملية الإعدام وقتًا طويلًا، وقُتل الجرحى بواسطة الحراب، وكُدِّست الجثث لتُشكِّل هرمًا لا يزال مرئيًّا، إلا إنه يتكون الآن من عظام بشرية، كانت في الأصل جثامين دامية»[1].

تقدَّم نابليون بعد ذلك إلى عكا، المكان الوحيد الذي يمكن أن يمنعه من السيطرة الكاملة على الشام. بدأ الحصار في العشرين من مارس، واستمر بأكبر قدر من العزيمة والإصرار على كلا الجانبين حتى العشرين من مايو، عندما تخلَّى نابليون على مضض عن التقدُّم الإمبريالي إلى ما وراء نهرَي الفرات و«السند» (Indus)، وتراجع مع بقايا قواته إلى مصر. وفي هذا الحصار، قام الفرنسيون بما لا يقل عن ثماني هجمات، أما المدافعون فقاموا بأحد عشر هجومًا مستميتًا. وقد تأخرت عمليات نابليون كثيرًا في الأسابيع الأولى بسبب نقص في المدفعية الثقيلة؛ حيث قام السير «سيدني سميث» (Sydney Smith)، الذي كان يجوب سواحل الشام بسفينتين إنجليزيتين خَطِّيَّتين، بالقبض على الأسطول الذي ينقل طاقم البطاريات الفرنسي على طول الساحل، وساعد المدافعين عن عكا بشكل أكثر فعالية عن طريق إنزال مدفعجية ومشاة بحرية من سفنه، وكذلك ضابط فرنسي مهاجر، هو العقيد «فيليبيو» (Philippeaux)، تولَّى قيادة القوة الهندسية في المدينة. لقي فيليبيو والعديد من الرجال الشجعان حتفهم أثناء الدفاع، وحصل الفرنسيون في أبريل على بعض مدافع الهاون والمدافع الثقيلة التي أنزلها العميد البحري، «بيريه» (Perree)، بالقرب من يافا. وقام نابليون كذلك ومعه كتيبتان من قواته، بهزيمة وتشتيت جيش كبير حشده باشا دمشق في الشام لإغاثة عكا، في معركة جبل طابور، بينما حافظت قواته الباقية على موقعها أمام المدينة المحاصَرة. لكن كان من المستحيل عليه منع جزار باشا من تلقِّي التعزيزات عن طريق البحر. وفي السابع من مايو أنزل أسطول تركي اثني عشر ألف رجل في الميناء، من بينهم القوات الجديدة، مسلَّحة بالبنادق والحراب، ومدرَّبة على النظام الأوروبي الذين سبق وصفه. وقد تميزت هذه المجموعة بالبسالة والثبات أثناء ما تبقَّى من الحصار، وجذبت انتباه القائد المحاصِر وكذلك الأتراك. وكان نابليون قد تلقى إمدادات إضافية من المدفعية، فأصبح الجزء الأكبر من دفاعات عكا كتلة من الأنقاض الملطخة بالدماء، إلا إن كل محاولة قام بها الفرنسيون للهجوم خلال الحواجز البشرية لجنود الحامية ورفاقهم الإنجليز، جرى صدُّها بخسائر فادحة.

---

(1) Scott's "Life of Xapolcon."

هكذا بلغ عدد جرحى نابليون الذين كانوا يرقدون في يافا وفي المخيم اثني عشر ألف جريح. وحل الطاعون في مستشفياته[1]، فقام بالتراجع بخفة ومهارة رائعتين. وسرعان ما وجد نابليون أن وجوده في مصر ضروري بشدة لقمع روح التمرد التي نشأت هناك، ومواجهة الجيش التركي القادم من رودس.

هبط هذا الجيش في أبي قير في الحادي عشر من يوليو، بقيادة مصطفى، باشا الرُوملي، يرافقه أسطول السير سيدني سميث. وكان يتألَّف من نحو خمسة عشر ألفًا من المشاة، مع قوة كبيرة من المدفعية، لكن بلا خيَّالة. هاجم مصطفى باشا وحمل على المتاريس التي أقامها الفرنسيون بالقرب من قرية أبي قير، وأعمل السيف في مفرزة من فيلق مارمونت وجدها هناك. وبعد ذلك، متوقعًا هجومًا من الجيش الفرنسي الرئيسي، شرع في تعزيز مركزه بخط مزدوج من التحصينات. جمع نابليون قواته بسرعة مميزة، وفي 25 يوليو كان قبالة شبه جزيرة أبي قير، مما قاد إلى نزاع حافل لكنه حاسم. قطع نابليون بعض مجموعات مستقلة من الأتراك، دافعًا خطهم الأول بلا صعوبة كبيرة، لكن وراء الخط الثاني قاومت قوات الباشا بشكل مستميت. وبمساعدة نيران سفن المدفعية الإنجليزية في الخليج، ردوا أرتال الفرنسيين مرَّة أخرى مصحوبة بخسائر كبيرة. وفي هذه اللحظة الحرجة، ترك الأتراك تحصيناتهم وتفرقوا حول الميدان لقطع رؤوس أعدائهم الذين سقطوا. اقتنص نابليون على الفور فرصة اضطرابهم، فأرسل احتياطييه إلى الأمام، فاندفع مراد مع الخيَّالة الفرنسية عبر ثغرة بين المتاريس وسط الموقع العثماني، وشق طريقه إلى خيمة مصطفى باشا، وتبادل الضربات مع القائد التركي، فأصيب كلٌّ منهما بجروح طفيفة، قبل أن يشاهد الباشا الدمار المحتوم لجيشه، ويوافق على الاستسلام[2]. دُفع حشد الأتراك برؤوس حراب الفرنسيين المنتصرين إلى البحر، حيث جرى طعنهم، فبدا الخليج لبضع دقائق مغطى بعمائمهم، حتى غرقوا بالآلاف، وهلكوا تحت الأمواج. وبعد هذا الانتصار، الذي أعاد سيطرة الفرنسيين على مصر بلا منازع لبضعة أشهر، غادر نابليون هذا البلد للفوز بالإمبراطورية في الغرب، على الرغم من أنها أُفلتت منه في عالم الشرق.

دخل الجنرال «كليبر» (Kleber)، الذي تُرك في قيادة القوات الفرنسية في مصر، في اتفاقية

---

(1) Montholon, vol. iv. p. 286.

(2) أُخذ مصطفى باشا، واقتيد في انتصار، قبالة بونابرت، حيث لم يفقد ذلك التركي الأَنُوف كبرياءه مع حظوظه التي فقدها. قال المنتصر على سبيل المجاملة: «سأحرص على إبلاغ السُلطان بالشجاعة التي أبرزتها في المعركة، على الرغم من حظك العثر الذي جعلك تخسرها». فأجاب الأسير بكبرياء: «لا تُكَلِّف نفسك العناء، فسيدي يعرفني أفضل مما يمكنك أنت». - Scott.

مع السير سيدني سميث، «الكومودور» (Commodore) الإنجليزي، للجلاء عن الإقليم، إلا إن الأميرال الإنجليزي، اللورد كيث، رفض التصديق على الشروط. ودخل جيش تركي كبير، تحت قيادة الوزير الأعظم، إلى مصر أوائل عام 1800م. لكن كليبر هَزم هذا الحشد بشكل تام في معركة هليوبوليس، في العشرين من مارس. وفي نهاية المطاف انتُزعت مصر من الفرنسيين بواسطة الحملة الإنجليزية التي كانت تحت قيادة «أبركرومبي» (Abercrombie) و«هتشينسون» (Hutchinson).

جرت على الحدود الغربية للممتلكات العثمانية في أوروبا، بعض عمليات الاستيلاء على الأراضي نتيجة للحرب بين الباب العالي وفرنسا، وتحالف السُلطان مع روسيا وإنجلترا، كنتيجة لتلك الحرب. كانت فرنسا قد حصلت بموجب معاهدة «كامبو فورميو» (Campo Formio)، بينها وبين والنمسا، عام 1797م (عندما اتفقت هاتان القوتان على حتمية زوال جمهورية البندقية)، على الجزر الأيونية وما تتبعها في تلك القارة: بريفيزا، وبارْجَه، و«فونيتزا» (Vonitza)، و«جومينيتزا» (Gomenitza)، وبوترينتو، التي شكَّلت أجزاءً من ممتلكات البندقية. وفور إعلان الحرب على فرنسا من قِبَل الباب العالي عام 1798م، قام علي باشا، وزير إبيرس الشهير، بتسيير قوات إلى بريفيزا وفونيتزا وبوترينتو، واستولى على هذه المدن من فرنسا. وبعد ذلك بوقت قصير، أبحر أسطول روسي من البحر الأسود إلى مضيق البوسفور، حيث انضم إليه سرب تركي، ودخلت القوات المشتركة إلى البحر المتوسط، حيث قامت بغزو الجزر الأيونية، وسعت بعد ذلك لمساعدة أعداء الفرنسيين على سواحل إيطاليا، التي شهدت بعد ذلك مشهدًا غريبًا لقوات السُلطان والتسار يتعاونان لدعم بابا الفاتيكان[1].

وُضعت الجزر الأيونية في البداية (1801م) تحت الحماية المشتركة للروس والأتراك. تبع ذلك بالطبع نزاعات، وقع بعدها الاتفاق عام 1802م على استقالة أحد هذين الوصيين المتنافرين، على أن يُترك الاختيار للسكان اليونان لتلك الجزر، فاختاروا الإبقاء على الإمبراطور الروسي حاميًا لهم، وانسحب الأتراك وفقًا لذلك. كان الحصول على هذه الجزر هو المشروع المفضَّل لعلي باشا على الدوام، بهدف تعظيم نفسه أكثر من أي رغبة في تعزيز سيده. لكنه لم ينجح مطلقًا في الحصول عليها، حيث انتقلت عام 1807م، من السيادة الروسية إلى الفرنسية، وبعد ذلك استولى عليها الإنجليز، الذين كانت لديهم لسنوات عديدة السيادة العليا لما كان يُسمَّى بـ«جمهورية سبتنسولار» (Septinsular republic).

---

(1) See Ranke's "Servia," p. 210.

أُقرَّت حيازة تركيا لمقاطعات البندقية القديمة على البر، بالاتفاق بينها وبين روسيا عام 1800م. هكذا احتفظ علي باشا، ببوترينتو وبريفيزا وفونيتزا، التي كان قد استولى عليها من قبل. لكن بارجه، التي تحصَّن بها حشد من السوليوت الأقوياء، رفضت الخضوع، وحافظت بشرف على استقلالها لمدة أربعة عشر عامًا، ثم صارت طوال أربع سنوات أخرى تحت الحماية الإنجليزية. وعندما انتهت هذه الحماية، وخضعت المدينة للباشا، هجر السكان (مثل المواطنين القدماء لـ«فوكاية» (Phocaea)) منازلهم بدلًا من أن يصبحوا رعايا لمستبد شرقي.

ألقينا نظرة عابرة على أحداث بعيدة ونحن نتحدث عن مصير ما تبقَّى من إمبراطورية البندقية القديمة في اليونان، لعلها لا تتطلب منا الإشارة مرَّة أخرى. لكن يجب علينا الآن العودة إلى مستهل القرن التاسع عشر. ذكرنا أن الأتراك في عام 1802م، منحوا روسيا حصتها في حماية الجزر السبع. وفي أكتوبر من ذلك العام، حصلت السُلطة الروسية على خط شريف من السُلطان لصالح سكان مولدافيا ووالاشيا، تعهَّد فيه الباب العالي نفسه بعدم إزالة حكم الهسبودارات من هذين الإقليمين من دون الرجوع المسبق إلى روسيا، وعدم السماح لأيٍّ من الأتراك، باستثناء البائعين والتجار، بالدخول إلى أيٍّ من الإقليمين[1]. وكان نوفمبر من العام السابق، 1801م، فترة لا تزال أكثر أهمية، حيث جرت آنذاك عملية تهدئة عامة في جميع أنحاء أوروبا، شملت الإمبراطورية العثمانية، كما رأت القوى الخارجية، حتى ذلك الوقت على الأقل. ومن خلال معاهدة أُبرمت بين فرنسا وتركيا (كان التفاوض متزامنًا مع سلام «أميان» (Amiens)[2] بين فرنسا وإنجلترا)، اعترف نابليون، الذي كان آنذاك القنصل الكبير، بسيادة الباب العالي على مصر وأقاليمه الأخرى بصدق تام. وجدَّد السُلطان من ناحيته الامتيازات القديمة التي كان يتمتع بها الفرنسيون في تركيا تحت حكم ملوكهم[3]. وقد جرى آنذاك إحياء السياسة القديمة لفرنسا، التي تسعى للحصول على صداقة البلاط العثماني، وسرعان ما

(1) Ibid., p. 145.

(2) أميان هي مدينة فرنسية تبعد عن باريس نحو 133كم. عُقدت فيها المعاهدة الشهيرة في 25 مارس عام 1802م، بين كلٍّ من فرنسا وإنجلترا وإسبانيا وهولندا، والتي حفظت لفرنسا جميع ما استولت عليه من الأراضي ما عدا مدينتي روما ونابولي وجزيرة ألبه. أما إنجلترا فقامت بإعادة جميع ما استولت عليه من مستعمرات فرنسا وإسبانيا وهولندا، ما عدا جزيرة سيلان جنوبي الهند وجزيرة ترينتي بأمريكا الوسطى. وكانت إنجلترا تريد إدخال الباب العالي في هذا الصلح حتى تثبت اشتراكها وتحالفها معه بصفة دولية، إلا إن الدولة العثمانية وفرنسا أصرتا على الاتفاق بينهما بشكل مباشر. انظر: محمد فريد، تاريخ الدولة العلية: 266. (المترجم).

(3) انظر نص المعاهدة التي وُقِّعت في التاسع من أكتوبر عام 1801م، في المرجع السابق: 265-266. (المترجم).

استعادت مهارة سفيري نابليون، القائدين: «برون» (Brune)، و«سيباستياني» (Sebastiani)، النفوذ الفرنسي في القسطنطينية.

حصل سليم آنذاك على فترة راحة ثانية من الحرب مع أي قوة أوروبية، حتى تعرَّض لهجوم من روسيا عام 1806م. إلا إنها لم تكن فترة هدوء للإمبراطورية التركية، فقد جدَّد الوهابيون هجماتهم على الشام، وفي عام 1802م استولوا على مدينتي مكة والمدينة، حتى أصبح الإقليم العربي كله في حوزتهم. كان فقدان المدن المقدسة، والإهانات التي تعامل بها الوهابيون مع المقامات والآثار الإسلامية، والقسوة التي مارسوها تجاه الحجيج، خصوصًا من أهل السنة، قد تركت أثرًا عميقًا في جميع أنحاء الإمبراطورية العثمانية، وميلًا إلى تحامل الجزء التركي من السكان على سلطانهم المُجَدِّد، الذي تميَّز عهده بمثل هذه المحن. وفي مصر، ظل بقايا المماليك متحفظين طويلًا على قائد القوات التي سعى سليم من خلالها إلى السيطرة على ذلك الإقليم. وفي سوريا، استأنف جزار باشا سلوكه القديم من العصيان المتغطرس تجاه الباب العالي، ومارس استبدادًا مستقلًّا حتى وفاته في 1804م. وعلى نهر الدانوب، حافظ باسوان أوغلو على نفسه أمام جميع القوى التي كان يمكن للسلطان توظيفها للحدِّ من قوته، حتى قام الباب العالي في النهاية، عام 1806م، بعقد السلام مع متمرده العنيد، مقرًّا إياه في كل السُّلطات التي اغتصبها، ومرسلًا له شارة باشا من أعلى رتبة.

تستحق المشكلات في الصرب مزيدًا من البحث المتأني، ذلك لأن نتيجتها النهائية هي سحب تلك المقاطعة المهمة من السُّلطة الفعلية للبيت العثماني، وتحويلها إلى دولة مسيحية مستقلة. ويرتبط سرد هذا أيضًا ارتباطًا وثيقًا بالصراع بين الإنكشارية والسُّلطان، ويبرهن بشكل قاطع على الضرورة الشديدة التي تصرَّف تحت ضغطها كلٌّ من سليم ومحمود في جميع تدابيرهما تجاه تلك القوة.

ذكرنا أثناء تعقبنا لأحداث حرب الإمبراطور جوزيف الثاني ضد تركيا، أنه قد جرت مساعدة القوات النمساوية التي دخلت الصرب، بفعالية من قِبَل رعايا ذلك الإقليم. كان الصربيون قد شَكَّلوا قوات كبيرة، سواء من الخيَّالة أو المشاة، وهو ما قَدَّم خدمة ممتازة للإمبراطور، ودافع عن العديد من المناطق المهمة التي حاول الأتراك إعادة الاستيلاء عليها. وعندما أرجع سلام سيستوفا، الصرب إلى الباب العالي، مع مجرد بند بالعفو العام لصالح السكان الذين وقفوا ضد السُّلطان، أُرسل مفوضون أتراك من القسطنطينية لحيازة هذه المقاطعة، فكانت دهشتهم بالغة، وأصابهم القلق، عندما وجدوا التغير الطارئ على رعاياهم المسيحيين، الذين اعتادوا على اعتبارهم «قطيعًا منقادًا أعزل». فصاح واحد منهم للمسؤولين النمساويين، عندما خرجت

قوة صربية في نظام عسكري من أحد الحصون وهي مسلحة ومجهزة بالكامل: «ماذا فعلتم أيها الجيران لرعايانا؟»[1]. تم حلُّ الأفواج الصربية، وعاد الأتراك إلى سيطرتهم القديمة، إلا إن الروح العسكرية التي جرى استدعاؤها للعمل بين الرعايا كان لا يمكن إخمادها بسهولة.

مع ذلك، لم يكن الظهور التالي للصربيين في أسلحتهم ضد السُّلطان وإنما لمساعدته. وكان الطغيان العنيف للإنكشارية سببًا في هذه الظاهرة الغريبة. قام أعضاء تلك الهيئة بجميع الانتهاكات الخارجة على القانون في كل مكان، كما في بلجراد، حيث قام قادتهم فعليًّا بتلقيب أنفسهم بـ«الدَّايات»، في محاكاة لحكام الولايات المغربية، الذين نهضوا في الأصل من بين الجنود المتمردين في سبيل إحراز سلطة مستقلة[2]. وقام إنكشارية بلجراد، وغيرها من المدن الصربية بالسلب والقتل، ليس فقط للرعايا، وإنما لمواطنيهم من السباهية إقطاعيي الأراضي. وكانت سلطة الباشا متواضعة للغاية، حتى إن النمساويين خلال الحرب، تعاملوا مع آغا الإنكشارية بدلًا من النائب الشرعي للسلطان. وعندما تجددت حالة العصيان والعنف هذه في الصرب بعد إقرار السلام، عزم سليم على العمل بقوة ضد هؤلاء المتمردين، فأرسل أبا بكير ليصير باشا لبلجراد، مع فرمان يأمر الإنكشارية بالانسحاب من تلك المدينة وكامل الباشالِكات. ووفقًا للسياسة الشائعة إلى حدٍّ كبير في الشرق، والمتمثلة في استخدام أفظع الجرائم لمعاقبة المجرمين، أُزيح القائد الأعلى للإنكشارية بالاغتيال، ثم بعدها أُعلن الفرمان ووُضع قيد التنفيذ. انضم الإنكشارية المطرودون إلى باسوان أوغلو، متمرد ويدين، وبناءً على تحريضهم، قامت قوات باسوان بغزو الصرب. وفي هذه الحالة الطارئة، دعا حاجي مصطفى (الذي خلف أبا بكير، بوصفه باشا بلجراد) الصربيين لحمل السلاح للدفاع عن المقاطعة. لقد حكم كلٌّ من حاجي مصطفى وأبو بكير، الصرب بالعدالة والإنسانية، وازدهرت البلاد تحت حكمهما، وأصبحت غنية بالتجارة مع النمسا. ولبى الصرب دعوة الباشا بكل سرور ضد طغاتهم القدماء، ودافعوا منتصرين عن الباشالِك. لكن الإنكشاريه الآخرين في الإمبراطورية، خصوصًا في القسطنطينية، تلقوا أنباء الأحداث في الصرب باستياء كبير، وكان العلماء والسكان المسلمون عامة متعاطفين معهم إلى حدٍّ كبير. «ثارت كبرياء المسلمين من فكرة نفي المسلمين القدامى أصحاب الإيمان الحق من الباشالِك، وتسليح الرعايا والكفار للوقوف ضدهم»[3]. هكذا وَجد

---

(1) Ranke's "Servia," p. 84.

(2) Ibid., p. 104.

(3) Ranke, p. 112.

سليم أنه من الضروري التراجع، فتلقّى حاجي مصطفى أمرًا من الديوان بإعادة الإنكشارية إلى بلجراد. وقاموا باستعادتها وفقًا لذلك، ثم استأنفوا سطوتهم هناك من جديد بقتل أحد مسؤولي الصرب الرئيسيين، وسرعان ما شرعوا في التغلب على الباشا وقتله. وقد تنازلوا لطلب باشا جديد من الباب العالي، ولكن نيتهم في الحفاظ على السُلطة السيادية بأيديهم كانت واضحة، فقد اتخذ أربعة من زعمائهم لقب «داي»، وقَسَّموا البلاد بينهم، فصار كلٌّ منهم حاكمًا على رُبع المقاطعة، إلا إن بلجراد كانت هي عاصمتها المشتركة، حيث يجتمعون ويتداولون. وبما أن عدد الإنكشارية في بلجراد بدا غير كافٍ لدعم سلطتهم، فقد شكلوا قوة مسلحة أخرى من مسلمي البوسنة وألبانيا، الذين توافدوا معًا لنهب الصرب. ولم يكن الرعايا فقط هم مَن مارسوا عليهم الطغيان، فقد طردوا السباهية، وهم أصحاب الإقطاعيات التركية القديمة، من المقاطعة، ومن ثَمَّ نصَّب الإنكشارية أنفسهم حكامًا مُطْلَقِين على الأرض.

وفي البوسنة، جعل علي بك «ويدايتش» (Widaitsch)، حاكم «شومنيك» (Sumnik)، من نفسه سيدًا على منطقة واسعة بالطريقة نفسها، ودخل في تحالف وثيق مع دَايات بلجراد. وكان باسوان أوغلو كذلك (الذي لا يزال في تمرد ضد الباب العالي) ضمن تحالفهم، وبالتالي تَشكَّل تحالف من المسلمين المتمردين، عبر معظم شمال أراضي التتر الأوروبية، دخل في عداء مباشر مع البيت العثماني. ناشد السباهية المنفيون من الصرب مساعدة السُلطان، واستنجد به كذلك الرعايا - الذين تضاعفت آنذاك معاناتهم بلا حدود - بوصفه عاهلهم لإنقاذهم من هؤلاء الطغاة. أرسل «الكنيس الصربيون» (Servian Kneses) (كما أطلق القضاة المحليون على المسيحيين) خطابات إلى القسطنطينية، ذكروا فيها باختصار بعض المظالم التي قاسوها. قالوا إنهم لم يتردوا فقط إلى الفقر المدقع على يد الدَّايات، بل «تعرضوا للهجوم في دينهم وأخلاقهم وشرفهم، فلم يعد هناك زوج آمن على زوجته، ولا أب على ابنته، ولا أخ على شقيقته. وأهانوا الكنيسة والدير والرهبان والقساوسة». ثم طلبوا من السُلطان: «إذا كنت لا تزال سلطاننا، فائت وحررنا من هؤلاء الأشرار، أما إذا كنت لن تعمل على إنقاذنا، فعلى الأقل أخبرنا بذلك، لكي نقرر ما إذا كنا سنهرب إلى الجبال والغابات، أو نسعى لإنهاء حياتنا البائسة في الأنهار»[(1)].

كان الباب العالي في ذلك الوقت مفتقرًا لوسائل سحق الدَّايات، فلم يكن باستطاعته سوى التهديد فقط. هكذا أرسل إلى بلجراد: ما لم يُعَدِّل الإنكشارية سلوكهم، فإن السُلطان سيرسل جيشًا ضدهم، «لكن ليس الجيش العثماني هو الذي سيُحدث أمرًا سيِّئًا ويتسبب في

---

(1) Ranke, p. 118.

قتال المؤمنين فيما بينهم، بل إن واجبه هو مواجهة جنود من أمم وعقائد أخرى، وعليه يجب تجاوز هذا الشر مثلما كان لا يمس عثمانيًا أبدًا»[1].

عند سماع هذا، قال الدَّايات لبعضهم البعض: «ما الجيش الذي يقصده الباديشاه؟ هل هو من النمساويين أم الروس؟ كلَّا، لن يجلب هؤلاء الأجانب إلى إمبراطوريته». ثم هتفوا: «والله، إنه يعني الرعايا». لقد اعتقدوا أن السُلطان سيرسل قائدًا لتسليح وقيادة الصربيين تحت إمرة الكنيس ضدهم، فعقدوا العزم على منع ذلك عن طريق إجراء مذبحة لكل الرعايا الذين يمكن أن يمثلوا خطورة من مركزهم أو نشاطهم. أعدَّ كل داي لهذا الأمر في منطقته. وفي فبراير 1804م، بدأوا ذلك العمل المُرَوِّع في وقت واحد. في البداية جرت مفاجأة أعداد كبيرة من زعماء الصربيين، وقتلهم، لكن تلقى بعضهم التحذير في الوقت المناسب فقاموا بالهرب. وواصل الدَّايات ومبعوثوهم القتل، وازداد الاعتقاد العام في الصرب بأن المقصود هو استئصال شأفة جميع السكان المسيحيين[2]. ولكن كان لا يزال هناك رجال بواسل وقادرون من بينهم، فضلًا عن أن الأحداث الأخيرة بَثَّت روحًا عسكرية عالية جدًّا في الرعايا الصربيين، جعلتهم لا يُسَلِّمون للموت بلا مقاومة. في البداية، كان الرعاة والفلاحون الذين فروا من منازلهم وانضموا إلى «الهايدوك» (Heyducs) أو عصابات اللصوص في الجبال، يفعلون ذلك فقط لإنقاذ حياتهم أو للحصول على فرصة للحياة. وكان تفكيرهم التالي هو كيف يمكنهم العودة إلى ديارهم في أمان. لكن سرعان ما جاءتهم فكرة أنه من أجل أن يبقوا آمنين يجب عليهم إنهاء اضطهادهم، وأن هذا لا يتأتى إلا عن طريق حرب وطنية في جميع أنحاء البلاد. وما لبثت هذه الحرب أن نُظِّمت سريعًا في الصرب، وتقدَّم زعماء الهايدوك بحماس في قضيتهم الوجيهة. وكان هناك الكثير من الرجال الآخرين من ذوي المقدرة والشجاعة، الذين تجمعوا بين الفلاحين من مختلف المناطق في ثورة عامة. وسرعان ما دُفعت عصابات الدَّايات من المناطق المفتوحة بالبلاد، ومن القرى، ومن جميع المدن الصغيرة. وفي غضون بضعة أسابيع، عادت الصرب بالكامل في أيدي الصربيين، باستثناء بلجراد وبعض الأماكن الأخرى المحصنة القوية.

قرر الصربيون حينذاك اختيار القائد الأعلى لأمتهم. فعرضوا المنصب الرفيع على «جورج بتروفيتش» (George Petrowitcsh)، الذي أَطلق عليه مواطنوه «تشيرني جورج» (Czerny

(1) Ibid., p. 119.

(2) Ibid., p. 121.

George)، وأطلق عليه الأتراك «قره جورج» (Kara George)، وكلاهما يعني: «جورج الأسود»، لكنه برز بشكل أكبر من خلال اسم قره جورج بين أبطال الحرب الثورية.

كان قره جورج ابن فلاح صربي يُدعى «بتروني» (Petrowni). ولد في «فتشيسي» (Vischessi) بين عامَي 1760 و1770م. وخدم في فيلق المتطوعين الصربيين ضد الأتراك في الحرب النمساوية بين عامَي 1788 و1791م، وبعد سلام سيستوفا، تاجَر لبعض سنوات في الخنازير، وهي واحدة من أكثر الوظائف المربحة والمعتبرة في الصرب. عندما بدأ الدَّايات انتهاكاتهم، غادر قره جورج غاباته وقطعان خنازيره، والتجأ إلى الجبال، حيث أصبح واحدًا من أخطر الهايدوك. وعندما اندلعت حرب الاستقلال، برز بتفوقه في المهارة القيادية، فضلًا عن الشجاعة الشخصية في القتال. كان يزدري الأبهة والمواكب. وفي أفضل أيام ازدهاره، عندما كان عاهلًا للصرب، وأكثر من الصرب، كان يُشاهَد دائمًا في ملابسه القديمة الخاصة بالرعاة، وغطاء رأسه الأسود المعروف. وكان يسوس الأمور عمومًا بشكل جيد، لكنه بدا سريع الغضب، ورهيبًا في غضبه. فقد كان يجهز على المذنب أو يطلق عليه النار بيده. ولم يفرق بين الصديق والعدو، أو الغريب والقريب. لكن على الرغم من قساوته، لم يكن محبًا للانتقام، فإذا قدَّم ذات مرَّة وعدًا بالعفو، فإنه يعفو بقلبه مثلما يعفو بلسانه. وسُجلت عليه حقيقة أنه أطلق النار على والده وشنق شقيقه، لكن يجب إضافة أنه أطلق النار على الرجل العجوز من أجل منع سقوطه في يد الأعداء، الذين كانوا سيعدمونه عن طريق التعذيب الطويل. أما شقيقه فقد تصرَّف ببطش وفجور، مستغلًّا علاقته بزعيم الصرب، فتغافل عنه قره جورج لبعض الوقت، لكن في النهاية ارتكب الشاب انتهاكًا جسيمًا بحق شرف إحدى العائلات، التي تذمَّرت على الملأ، قائلة إنه لمثل هذه الجرائم ثارت الأمة ضد الأتراك، فما كان من قره جورج إلا أن قام على الفور بشنق الجاني على باب المنزل، وحَرَّم على أمه ارتداء ملابس الحداد على ابنها[1].

كان قره جورج يعلم شدة شخصيته، وكذا الشعب الصربي قبل أن يختاروه حاكمًا عليهم. وعندما اقتُرح اسمه في الاجتماع، اعترض في البداية على أساس أنه لا يعرف كيف يحكم، فأجاب الكنيس أنهم سيسدون إليه المشورة، فقال عند ذاك: «أنا مُتسرِّع جدًا بطبعي، ولا أستطيع التوقف لأخذ المشورة. سأنزع إلى القتل مباشرة». فأجابوا أن «مثل هذه الشدة ضرورية في هذا الوقت»[2].

---

(1) Ranke, p. 206.

(2) Ibid., p. 127.

هكذا كان قره جورج، وهكذا أصبح قائدًا للصرب. لَقَّب نفسه بعد ذلك بـ«الحاكم الأعلى». ومع التعسف الذي قد نظنه في أفعاله، فضلًا عن طاقته الشرسة، فقد أنقذ بلاده بلا شك، ولسنوات عديدة حافظت على استقلالها بقراره ومقدرته منقطعي النظير. مع ذلك، فإن تناقض العبقرية، التي تُعَدُّ جوهر هذا الرجل، يجعله وهو لا يزال في قمة الحيوية، يتردد ويزداد ضعف قلبه على نهو مُهلِك، عند وجود أزمة أو في موقف يمكن حتى للرجال العاديين الثبات فيه. لكن في عام 1804م، لم يكن في استطاعة أحد أن يتنبأ بالنهاية الشائنة لحياته المهنية، فقد توجَّهت كل الأنظار إليه بصفته الوطني المنتصر، وبوصفه مؤسسًا لمبدأ تحرُّر أجناس الرعايا المسيحيين الخاضعين لحكم وسلطة المسلمين.

لم يتم تحرير الصرب في سنة واحدة. صحيح أنه جرت مفاجأة الدَّايات، ودفعهم عن المناطق المفتوحة بالبلاد عند الانتفاضة الأولى للوطنيين، لكن لم يتم التغلب عليهم من دون صراع هائل؛ فقد طلبوا مساعدة حليفهم علي بك، حاكم البوسنة، وانخرط في مساعدتهم العديد من العصابات التي تُدعى «كريتجالي» (Kridschalies)، والتي تشكَّلت من مغامرين من كل نوع وعقيدة وطبقة، ممن قاتلوا في الحروب الأخيرة، واتحدوا معًا، مثل الفِرَق الحرة في العصور الوسطى.

من ناحية أخرى، تلقَّى الصربيون مساعدة من حليف غير متوقَّع؛ فقد جاء باشا البوسنة لمساعدتهم مع قوات السُّلطان من ذلك الإقليم، وظهر الجند الأتراك في المعسكر الصربي. وقد قرر الباب العالي آنذاك بحزم أنه يجب - إن أمكن - سحق إنكشارية بلجراد، بوصفهم أشد المتمردين في تلك الهيئة المشاغبة، واستخدام أسلحة الصربيين جنبًا إلى جنب مع تلك الخاصة بالمسلمين الموالين من أجل هذا الغرض. كان الاتحاد ناجحًا مرَّة أخرى، لكن الصربيين أصروا هذه المرَّة على أن القضاء على طغاتهم يجب أن يكون مؤكدًا، فلا يُنْفَى الدَّايات وأتباعهم، بل يُقتلون. شعر الباشا ببعض القلق من التدخل لصالحهم. فعلى سبيل المثال، كان هناك أربعة من الدَّايات لم يستطيعوا الهروب إلى باسوان أوغلو، فقُتلوا بلا رحمة، وعُرضت رؤوسهم في المعسكر الصربي. وأعلن الباشا آنذاك أنه قد تحقَّق الهدف من الحرب، وعُوقب أعداء السُّلطان المتمردون، وتقرَّر إعادة النظام القديم الذي يخضع من خلاله الرعايا للأتراك؛ وأمر الصربيين بنزع سلاحهم، والعودة إلى أسرابهم وقطعانهم، إلا إن هذا الأمر لم يصدر للرعايا الذين لا حول لهم ولا قوة، أمثال مَن كانوا بالماضي وكان الخنوع قد صار من طبيعتهم أمام المسلمين، بل لجنود متمرسين منتصرين قاتلوا وهزموا أكثر القوات العثمانية القديمة شهرة، واقتحموا الحصون التركية، ومزقوا الرايات الإسلامية. لم ينظر الصربيون للباشوات والسباهية

باعتبارهم قادتهم الحقيقيين، بل لقره جورج والزعماء الآخرين من جنسهم وعقيدتهم، أولئك الرجال الذين شاركوهم على الأرض في أقسى الشدائد، وقاتلوا للخروج من ذلك في المقام الأول. هؤلاء هم القادة الذين لم يستمعوا إلا إلى كلامهم الذي لم يكن كلام إذعان. كان زعماء الصرب رجالًا صَنعوا قوتهم وقدرتهم، وكان كلٌّ منهم محاطًا بعصبته من الأنصار الحازمين، الذين يُدعون «مومكيس» (Momkes)، وهم مستعدون لتقديم أي خدمة؛ لذا لم يقتنعوا بالاستقالة من شهوة القيادة التي تمتعوا بها مؤخرًا[1]. كانت الأهداف الأصلية للانتفاضة في الصرب هي مجرد الحصول على الحماية في سبيل الحياة والشرف ضد الدَّايات الوحشيين المتعطشين للدماء؛ لكن في خضم هذا الكفاح أُثير الشعور الوطني ونمت القوة الوطنية، مما جعل من المستحيل على الصرب ألا تطمح آنذاك إلى مصير أسمى مما عرفته منذ أطاح السُّلطان مراد الثاني بالأمير جورج برانكوفيتش والحلف المسيحي في فارنا.

إن النضال الذي قام به الصربيون حتى ذلك الوقت ضد المتمردين المسلمين على السُّلطان، كان من شأنه أن يستمر بعد ذلك، لكن ضد السُّلطان نفسه. لقد عقدوا العزم على التماس مساعدة إحدى القوى العظمى في العالم المسيحي. فرأوا في البداية أن العديد منهم قاتَل تحت راية النمسا، وأن الكثير من عشائرهم الأقارب كانوا بالفعل تحت سيادة «قيصر» (Kaiser) فيينا؛ لكنهم تذكروا أنه على الرغم من أن النمساويين احتلوا الصرب أكثر من مرَّة، فإنهم كانوا دائمًا يقومون بإعادة البلاد والشعب إلى الأتراك. علاوة على ذلك، كان من المعروف آنذاك أن النمسا تُوجِّه جميع طاقاتها إلى الصراع الذي يقترب من حدودها الغربية بينها وبين الفرنسيين، والذي هُزمت فيه مرتين خلال السنوات القليلة الماضية. لكن كانت هناك إمبراطورية مسيحية كبيرة أخرى بالقرب من الصرب، ألا وهي روسيا القوية النشطة، التي لم تُهزم، سواء من الأتراك أو الفرنسيين، اللذين هُزما مرارًا وتكرارًا على يد القائد الشهير سوارو. وعلاوة على ذلك، كان الروس مثل الصربيين، مسيحيين تابعين للكنيسة اليونانية، وقد أبدوا حماسهم لإخوانهم في الدين من خلال وساطتهم الكبيرة والمتكررة لدى الباب العالي لصالح المولدافيين والوالاشيين. هكذا أرسل الصربيون وفدًا إلى سان بطرسبرج، في أغسطس 1804م، عاد في فبراير 1805م بإجابة مُبَشِّرة. لكن الإمبراطور الروسي نصح الصربيين بتقديم طلباتهم في القسطنطينية أولًا، واعدًا بدعمهم بكل تأثيره لدى السُّلطان[2].

---

(1) Ranke, p. 141.

(2) Ranke, p. 146.

أرسل الصربيون - امتثالًا لهذا التوجيه - سفارة إلى القسطنطينية في صيف عام 1805م، أُمرت بأن تطالب بإقامة حاميات في المستقبل من القوات الصربية في جميع حصون البلاد، وأنه مراعاة لمعاناة الإقليم خلال الاضطرابات الأخيرة، يجري إسقاط جميع المتأخرات من الضرائب والجزية. كانت المادة الأولى هي الأكثر أهمية، وكان من المتوقَّع أن تكون مراعاتها أكثر صعوبة، خصوصًا في الوقت الذي كانت فيه بلجراد وغيرها من الأماكن القوية في الصرب لا تزال تابعة لسلطة المسلمين.

شكَّلت الفترة التي عُرضت فيها هذه المطالب أمام الباب العالي، أزمة مهمة في عهد سليم. فقد انخرط آنذاك في المنافسة على القوة، النفوذان الفرنسي والروسي في الديوان، وكذلك الروح المتضاربة لكلٍّ من الإصلاح والمحافظة في الأُمة العثمانية، وهو ما أصبح مرتبطًا ارتباطًا وثيقًا بالمسألة الصربية[1].

كانت روسيا في هذا الوقت في حرب مع فرنسا، وتقوم بمضاعفة المحاولات التي بذلتها منذ عدة سنوات من أجل الحصول على نفوذ أساسي في تركيا، مثلما كان يتوجَّب عليها جعل سكان وموارد الإمبراطورية العثمانية خاضعة لمخططات التسار للتوسع تجاه أعدائه الغربيين، وكذلك في العالم المشرقي. وقد قدَّم سليم تنازلات كبيرة لروسيا منذ أن أصبحا حليفين في عام 1798م؛ تلك التنازلات التي نَظرت إليها الأمة التركية بالغضب والذعر. فقد سُمح لأساطيلها بالمرور والعودة من البوسفور والدردنيل، قبل وبعد التهدئة العامة عام 1801م، مما تسبَّب في سخط كبير بين الأتراك في القسطنطينية، وكان السُّلطان مجبرًا على إعلان عدم تكرار منح مثل هذا الإذن إذا كانت روسيا في حالة حرب مع أي دولة صديقة للباب العالي. ومن خلال الأساطيل التي أرسلتها من البحر الأسود إلى البحر الأدرياتيكي، زادت روسيا إلى حدٍّ كبير من قوتها في الجزر الأيونية، وطوَّرت هذه القوة من خلال تجنيد قوات من بين الألبان الموجودين على البر الرئيسي، على الرغم من اعتراض السُّلطات التركية[2]. لاحظنا بالفعل مطالباتها الناجحة بشأن مولدافيا ووالاشيا عام 1802م، وفي أوائل عام 1805م كان تأثير روسيا على السُّلطان لا يزال أكثر وضوحًا على السواحل الجنوبية الشرقية للبحر الأسود، فقد وافق الباب العالي على أن تكون للروس حرية الملاحة في نهر «فاسيس» (Phasis) في منجريليا، وعلى أن ينشئوا حصونًا ويضعوا حاميات على ضفافه من أجل أمان أفضل لأسطولهم. وصدرت الأوامر لباشا أرضروم

(1) Ibid., p. 150.

(2) Alix. vol. iii. pp. 154, 169.

بمساعدة الروس في إنشاء هذه المواقع، وفي أي عمليات أخرى قد تكون مفيدة لهم لأغراض الحرب على بلاد فارس، التي كانت روسيا منخرطة فيها آنذاك.

نال الروس أكثر من الاستفادة الكاملة بهذا السماح، باحتلالهم مناطق على مسافة من فاسيس، والاستيلاء على قلعة «أناكريا» (Anakria)، وبناء أخرى على ساحل البحر الأسود. وأخيرًا، عندما كانت روسيا على وشك الانضمام إلى النمسا وإنجلترا ضد نابليون عام 1805م، أعلن سفيرها، «م. إيتالينسكي» (M. Italinski) (ابن سوارو) رسميًّا للرَّيس أفندي، أن حكومته وجدت أنه من الضروري - نظرًا للوضع في أوروبا - مطالبة تركيا بالدخول فورًا في تحالف هجومي دفاعي مع روسيا، وأنه يجب اعتبار جميع رعايا السُّلطان، الذين يدينون بدين الكنيسة اليونانية، من الآن فصاعدًا تحت حماية إمبراطور روسيا، وأنه متى يتم التحرش بهم من الأتراك، يكون الباب العالي مُلْزَمًا بالقيام بالصواب بناءً على توضيحات السفير الروسي[(1)]. وقُدِّمت هذه المطالب من م. إيتالينسكي، في الوقت نفسه الذي وُضعت فيه مطالب الوفد الصربي أمام السُّلطان بناءً على توصية صريحة من روسيا.

قيل إنه عندما سمع السُّلطان سليم أن روسيا تطالب بحماية جميع سكان الإمبراطورية التركية الذين يدينون بدين الكنيسة اليونانية، ذرف دموع الغضب والخزي، وظل لعدة أيام مغتمًّا في صمت، ثم دعا إليه أعضاءً من الديوان لم يشتهروا بوقوعهم تحت تأثير الرشوة الروسية، وأخذ مشورتهم في هذه الحالة الطارئة. فاتفق الجميع على أنه من الأفضل دفن أنفسهم تحت أنقاض القسطنطينية، بدلًا من التوقيع على معاهدة من شأنها أن تقضي على السُّلطة العثمانية. لكن عندما تبيَّن أن القوات الروسية التي يجري حشدها آنذاك في موانئها على البحر الأسود، يمكن أن تكون في ثمانية أيام دون السراي، وأن القوات التي حشدتها في الجزر الأيونية يمكن أن تهبط على الفور في ألبانيا، حيث ينضم إليها المتمردون الأرناؤوط واليونان، وتسير من دون مقاومة على أدرنة، وأن جيشها في جورجيا، الذي حقَّق الانتصار على الفرس، يمكن أن يتقدم على العاصمة التركية من خلال آسيا الصغرى، وأنه على نهر الدانوب يمكن أن تلحق قواتها بالصرب الثائرين، وتجتاح بلغاريا مرَّة واحدة؛ أعمل سليم ومستشاروه العقل في هذه الأشياء، وفي قوة العدو الذي أطبق عليهم بهذا الشكل، وفي ضعفهم، وقرروا أنه يجب عليهم عدم المغامرة بالرفض المباشر لمطالب روسيا، ولكن عليهم المماطلة والتفاوض، وتقديم أي تضحية من المال أو الأرض، إذا لزم الأمر، بدلًا من الموافقة على شروط كارثية[(2)].

(1) Ibid., 170.

(2) Alix. vol. iii. pp. 168-171.

نجح الوزراء الأتراك في كسب الوقت في مداولاتهم مع إيتالينسكي، ولكن كان من الضروري التوصل إلى قرار عاجل بشأن الخطة التي سيتبعها الباب العالي في تعامله مع الصربيين. كان هناك باعث قوي لمحاولة الفوز بإخلاصهم للسلطان من خلال تنازل واضح لرغباتهم. وقد أحرز سليم تقدمًا كبيرًا في إصلاحاته العسكرية. حيث جرى تدريب الطوبجية (رجال المدفعية) من قِبَل الضباط الفرنسيين حتى بلغوا درجة مرجوة، محتلين مكانة أسمى من الإنكشارية. وكان الفيلق الصغير لعمر آغا، الذي كان له فضل كبير في الدفاع عن عكا، قد برز كذلك في القضاء على بعض العصابات صعبة المراس من قُطَّاع الطرق أو الفِرق الحرة، التي خَرَّبت بلغاريا والرُّوملي، وهَزمت الإنكشارية، الذين قام باشوات تلك الأقاليم بقيادتهم ضدهم. زاد سليم عدد القوات الجديدة، وقد شوهد آنذاك فوجان من النظام الجديد، مسلَّحان ومجهَّزان بشكل موحَّد، وفقًا للنماذج الفرنسية الأكثر موافقة، يُقدِّمان الأداء المتطور نفسه لأفضل القوات الأوروبية. وقد دُفعت رواتبهم من موارد خاصة. تبنَّى عدد قليل من الباشوات - خصوصًا عبد الرحمن حاكم قرمانيا - آراء السُّلطان بحماس. وفي عام 1805م، غامر سليم بجرأة بإصدار مرسوم يُعلن فيه أنه يجب في المستقبل اختيار أقوى وأفضل الشبان من بين الإنكشارية والقوات الأخرى في الإمبراطورية، من أجل الخدمة في النظام الجديد[1].

كان ذلك في الوقت الذي كُسرت فيه سلطة الإنكشارية في بلجراد بواسطة الرعايا، ولكن في أجزاء أخرى من الإمبراطورية أعطوا براهين مريعة على قوتهم. ففي أدرنة احتشدوا معًا حتى بلغوا عشرة آلاف لمقاومة مرسوم السُّلطان، حيث ضبطوا القاضي الذي سعى إلى إنفاذ الأوامر السُّلطانية، وقاموا بخنقه. وفي الجزء الأكبر من الإمبراطورية، وُجد أنه من المستحيل تنفيذ الإصلاحات التي فُرضت، على الأقل في الوقت الراهن. يمكن لخدمات الرعايا البواسل المسلحين جيدًا، مثل الصربيين، أن تكون ذات قيمة لا تُقدَّر بثمن بالنسبة إلى سليم، إذا استطاع التأكد من أنهم يُفَضِّلون الولاء لقضية السُّلطان عن الولاء للقضية الروسية، وإذا استطاع أن يستخدمهم ضد إنكشارية أدرنة والعاصمة من دون أن يثيروا تمردًا في الكتلة الكبيرة للرعايا المسلمين، الذين كانوا ساخطين فعليًّا بشدة بسبب الوسائل التي تُستخدم ضد دَايات بلجراد. وبتهديد روسيا لسليم في هذا الوقت بالتحديد، وبتوقُّعه بين لحظة وأخرى أن يُجبَر على إثارة الطاقة المتعصبة للسكان المسلمين في إمبراطوريته في محاولة نهائية يائسة ضد الكفار

(1) Ranke, p. 151. Juchereau St. Denys.

الغزاة، تخلَّى عن فكرة الفوز بصداقة الرعايا الصربيين، وعزم على التعامل معهم بوصفهم أعداءً يجب أن يحرمهم من الوسائل التي تُسبِّب له الضرر. فأُلقي القبض على المندوبين الصربيين في القسطنطينية، وصدرت الأوامر لحافظ، باشا نيش، بالدخول إلى الصرب ونزع سلاح الرعايا. إلا إن قره جورج التقى به على حدود الإقليم وهزمه. وعندما تعرضت الصرب لهجوم من جيشين من جيوش السُّلطان على جانبين مختلفين من الإقليم عام 1806م، دافع الصربيون (الذين أصبحوا آنذاك شعبًا حربيًّا، يحمل كلٌّ منهم السلاح) عن أنفسهم ببطولة. لقد ردوا الغزاة بخسائر كبيرة، وعن طريق استيلائهم على بلجراد وغيرها من المعاقل، التي كانت محمية حتى ذلك الوقت من قِبَل الأتراك، جعلوا أنفسهم سادة على بلدهم بشكل كامل. وكانت البراعة العسكرية التي قدَّمها قره جورج خلال هذه الحملة ذات مستوى رفيع للغاية. وتحت إمرته أحرزت الصرب استقلالها بالكامل عام 1806م، من دون تدخل أجنبي، وبأسلحة أبنائها وحدهم. ولكن قبل بدء الحرب في عام آخر، حصلت على مساعدة مهمة عَبْر اندلاع الأعمال العدائية بين روسيا والباب العالي.

بينما قام السفير الروسي إيتالينسكي، بالضغط على الباب العالي بالمطالب التي إذا جرى الامتثال لها فمن شأنها أن تجعل السُّلطان مجرد تابع للتسار، كان الوزير الفرنسي جادًّا بالقدر نفسه في تشجيع سليم على المقاومة، وحثِّه على أن يعترف بنابليون بوصفه باديشاه، أو إمبراطورًا لفرنسا. وقد عارض بشدة السفير البريطاني، فضلًا عن الروسي، هذا الاعتراف باللقب الإمبراطوري الجديد لعدوهم الكبير، وهددت هاتان القوتان بالحرب صراحةً في حالة وجود علاقة أوثق بين فرنسا وتركيا. وقد أدت النجاحات التي حققها نابليون على النمساويين والروس، في خريف وشتاء عام 1805م، إلى زيادة نفوذ الوزير الفرنسي في القسطنطينية، وقلَّلت من الرهبة التي كان يُنظر بها إلى روسيا. كان تأثير الانتصارات الفرنسية في أولم ومورافيا، قد شُعر به عمليًّا في البحر الأسود والبوسفور؛ فقد سُحب خمسة عشر ألف روسي حُشدوا في سيباستوبول لإرهاب تركيا أو مهاجمتها، إلى وسط روسيا، ليحلوا محل القوات التي كان من الضرورى أن تسير ناحية الغرب تجاه الفرنسيين المتقدمين[1].

ذهب إيتالينسكي نحو الاعتدال بدرجة أكبر في مطالبه من الباب العالي، الذي استمع إليها بلامبالاة متزايدة، في حين استمع إلى نظيرتها الفرنسية بالمزيد والمزيد من الاهتمام.

---

(1) Alix., vol. iii. p. 174.

أدت معاهدة «بريسبورج» (Presburg)[1]، التي تمّم بها نابليون انتصاره على النمسا في 26 ديسمبر 1805م، إلى نقل دالماشيا وجزء من كرواتيا ضمن مناطق أخرى إلى السيادة الفرنسية، حتى أصبح الفرنسيون على اتصال مباشر بالإمبراطورية العثمانية. ويُقال إن نابليون جعلها بالتالي نقطة ذات أهمية أساسية لمد سيطرته إلى الحدود التركية، وإحراز وسائل للحفاظ على قوة مستعدة للعمل فورًا وبفعالية، سواء في دعم تركيا، أو الاستيلاء على جزء من أقاليمها، حسبما سمحت الظروف[2]. وقد وُضعت نسخة من معاهدة بريسبورج على الفور أمام الوزير الأعظم عن طريق السيد «روفين» (Ruffin)، الوزير الفرنسي، الذي أسهب في فائدة أن يضمن السُلطان صداقة الفاتح العظيم، الذي أصبح الآن جاره. ظهر تأثير ذلك بسرعة في خطٍّ شريف، جرى من خلاله رسميًّا إضفاء لقب إمبراطور وباديشاه على حاكم الفرنسيين. وفي صيف عام 1806م وصل الجنرال سيباستياني إلى القسطنطينية بوصفه سفيرًا فوق العادة من نابليون إلى سليم، حيث أقنع ذلك الدبلوماسيُّ العسكريُّ القديرُ، السُلطانَ، باتخاذ التدابير التي من شأنها أن تؤدي بشكل مؤكد إلى حرب بين تركيا وروسيا. كانت مثل هذه الحرب مطلوبة حينذاك، من أجل أهداف نابليون؛ حيث أراد فصل جزء مهم من القوات الروسية عن ميدان الصراع الكبير في بولندا البروسية، حيث كان التسار ألكسندر يسعى لدعم فريدريك وليام، ملك بروسيا، ضد جيوش فرنسا المنتصرة.

عند تحريض سيباستياني، قام السُلطان بعزل هسبودار كلٍّ من والاشيا ومولدافيا، الأمير «موروتزي» (Moroutzi)، والأمير «إبسيلانتي» (Ipsilanti)، اللذين كانا يُشتبه كثيرًا في كونهما عميلين يتقاضيان نفقة من البلاط الروسي. فكانت هذه الإقالة من دون إخطار مسبق لسان بطرسبرج، انتهاكًا للتعهد الوارد في الخط الشريف الصادر عام 1802م، وهو ما أدى إلى احتجاج السفير الروسي في القسطنطينية بغضب ضده. وانضم إليه في احتجاجه سفير إنجلترا، وأبلغا الباب العالي أن «جيوش وأساطيل الحلفاء على وشك الحصول على دافع جديد»، مما يعني أن

---

(1) هي معاهدة وُقِّعت بين نابليون والإمبراطور النمساوي «فرانسيس الثاني» (Francis II)، في مدينة بريسبورج، الواقعة آنذاك في المجر، وهي مدينة «براتيسلافا» (Bratislava)، عاصمة سلوفاكيا الحالية. وكانت نتيجةً لانتصار نابليون على النمسا في أولم و«أوسترليتز» (Austerlitz). ومن أبرز نتائجها غير المكاسب الإقليمية لفرنسا، إنهاء ما كان يُسمَّى بـ«الإمبراطورية الرومانية المقدسة»، بعد أن تنازل فرانسيس الثاني عن لقب الإمبراطور الروماني، ليصبح فرانسيس الأول إمبراطور النمسا. (المترجم).

(2) Ibid., p. 175, and note. Marmont's "Memoirs," pp. 85, 148.

الجيش الروسي سوف يسير إلى مولدافيا، ونظيره الإنجليزي سوف يُبحر نحو القسطنطينية[1].

عرض سليم إصلاح خرق التزامه فيما يتعلق بحكم المقاطعتين، وأصدر أمرًا بإعادة موروتزي وإبسيلانتي إلى منصب الهسبودارية. لكن قبل أن يحدث ذلك، وصلت الأنباء إلى القسطنطينية بأن القوات الروسية دخلت مولدافيا وتقدَّمت وصولًا إلى جاسي، حيث حصل الإمبراطور ألكسندر على ذريعة للهجوم على تركيا، فور علمه بإقالة هسبودار كلتا المقاطعتين، فأمر بدخول خمسة وثلاثين ألف رجل تحت إمرة القائد «ميشلسون» (Michelson) إلى مولدافيا ووالاشيا، حتى من دون إعلان شكلي للحرب. قام الروس سريعًا باجتياح المقاطعتين، وردِّ القوات الهزيلة التي سعى بها القادة الأتراك من الباشالِكات المجاورة إلى وقف تقدمهم. وفي 27 ديسمبر، دخل ميشلسون، بوخارست، وأُذيع أن قواته سوف تعبر نهر الدانوب بسرعة.

كان إعلان الباب العالي الحرب على روسيا هو النتيجة الطبيعية والحتمية للسخط الذي أثارته هذه الأشياء في القسطنطينية، كما لم تخشَ الحكومة التركية من تهديدات الوزير البريطاني، السيد «أربوثنوت» (Arbuthnot)، الذي طلب من الباب العالي أن يُجدِّد على الفور تحالفه مع روسيا وإنجلترا، وأن يطرد السفير الفرنسي، مهددًا تركيا بهجوم من الأساطيل الإنجليزية والروسية مجتمعة، وكذلك من قِبَل الجيوش الروسية، في حالة عدم الامتثال لمطالبه. وقد أجاب الرَّيس أفندي بالكثير من التعقل والوقار، حيث أوجز ما بذلته تركيا من جهود للحفاظ على السلام، وأشار بصفة خاصة إلى الخزي الأخير الذي خضع له السُّلطان سليم طوعًا في إعادة الخائنين من الهسبودارات إلى منصبيهما، وذكر أن السُّلطان لم يقم إلا بصد القوة بالقوة عندما شن الحرب على روسيا بعد هجومها على المقاطعات والقوات التركية، وأعرب عن أمله في أن أمة عظيمة ومستنيرة مثل الأمة البريطانية، ستُقدِّر التضحيات التي قدمها الباب العالي من أجل التفاهم، والروح التي دفعته الآن للدفاع عن نفسه، وأضاف رجل الدولة التركي: «ولكن إذا كانت بريطانيا العظمى مصممة على مساعدة روسيا في مهاجمة السُّلطان، فإنه سوف يصد القوة بالقوة، وسيثق بالله للخلاص من أكثر الاعتداءات ظلمًا. وبعد كل شيء، إذا كانت تركيا ستنهار، فإنها ستنهار وهي تدافع عن عاصمتها، أما الأمة الإنجليزية، فإنها قبل كل شيء، ستعاني من الأذى غير القابل للإصلاح الذي سيعقب سقوط الإمبراطورية العثمانية»[2].

عند تلقِّي هذا الرد، لاذ الوزير الإنجليزي بالأسطول، الذي كان راسيًا آنذاك قبالة تينيدوس،

(1) Lord Broughton's "Travels," vol. ii, p. 390.

(2) Alix., vol. iii. p. 229.

تحت قيادة الأميرال «داكورث» (Duckworth). وكانت تعليمات الأميرال التقدم فورًا إلى القسطنطينية، والإصرار على استسلام الأسطول التركي، أو حرقه وقصف المدينة[1]. وفي 19 فبراير 1807م، أبحر الأسطول (يتكوَّن من سبع سفن خَطِّيَّة وفرقاطتين) خلال مضائق الدردنيل الصعبة بخسارة ضئيلة أو معدومة، مدفوعًا بالرياح القوية الآتية من الجنوب. وقد دمَّر الإنجليز سربًا تركيًا من سفينة مسلَّحة بأربعة وستين مدفعًا وأربع فرقاطات وبعض الحراقات، في بحر مرمرة. لو كانت القسطنطينية قد هُوجمت على الفور، لكان الأمل منعدمًا في نجاح الدفاع عنها؛ حيث إن التحصينات معيبة بشكل كبير، لذا كان هناك ذعر ناجم عن اغتصاب المضايق. إلا إن الإنجليز أضاعوا الوقت في المفاوضات، في حين أن الأتراك، الذين أصابهم النشاط من قلقهم المؤقت، وجرت إثارتهم وتوجيههم من السُلطان سليم والجنرال سيباستياني، عملوا بقوة على دفاعات العاصمة، حتى أصبح القائد الإنجليزي متيقنًا من أنه سيكون من المتعذَّر عليه التأثير عليهم[2]. وبناءً على ذلك، انسحب الأسطول الإنجليزي من بحر مرمرة، وفي الثالث من مارس عاد من الدردنيل، ولكن ليس من دون صراع خطير وخسارة فادحة. كان الأتراك في المرَّة الأولى متهاونين، مُفاجَئين فزعين، لكنهم صاروا الآن مسلحين جيدًا ومستعدين. وتحت إشراف المهندسين الفرنسيين الذين أرسلهم سيباستياني من العاصمة، قاموا بإصلاح البطاريات القديمة، وأقاموا بطاريات جديدة. وحتى مدافع قذائف الجرانيت الضخمة، التي كانت لقرون غير نشطة تواجه بعضها البعض على الشواطئ الأوروبية والآسيوية، جرى توظيفها الآن، وبتأثير لا يمكن تصوره. فقد أُصيبت عدة سفن إنجليزية ولحقت بها أضرار جسيمة جراء الكرات الحجرية التي قذفتها هذه المدافع، والتي بلغ وزن الواحدة منها ثمانمائة رطل. كانت إحدى نتائج الحملة هدم الاعتقاد الذي ساد لفترة طويلة، بأن الدردنيل منح حماية لا تُقهر للمدينة المقدسة أمام أساطيل الكفار من الجنوب، لكن، إجمالًا أثار مظهر التراجع النهائي للقوة الإنجليزية، إلى حدٍّ كبير، روح السكان المسلمين في القسطنطينية والأقاليم المجاورة. ولسوء حظ السُلطان سليم، أثارت كذلك هذه الأحداث نفسها، الكراهية المتعصِّبة لهؤلاء السكان تجاه كلِّ مَن يُفترض أنه يدعم الكفار، والذين قيل إنهم كانوا خونة للعقيدة والمؤسسات القديمة الصالحة الخاصة بالمؤمنين الصادقين.

---

(1) Lord Broughton, vol. ii. p. 515, n.

(2) See the Appendix to Lord Bronghton's "Travels," vol. ii. p. 510.

انطلقت بعد حملة القسطنطينية مباشرةً حملة إنجليزية[1] تجاه مصر، كانت أكثر نجاحًا؛ حيث هبطت قوة بريطانية صغيرة، غير كافية تمامًا لمثل هذا المشروع، بالقرب من الإسكندرية، واحتلت تلك المدينة، وسعت كذلك لإخضاع رشيد، لكنها أُجبرت في نهاية المطاف على الانسحاب من مصر، بعد خسارة كبيرة سواء في الرجال أو السُّمعة.

وفي الأرخبيل، أحرز سرب روسي تحت قيادة الأميرال «سينيافين» (Siniavin)، بعض التقدم على الأسطول التركي، إلا إن قبودان باشا التركي استطاع التراجع إلى الدردنيل وحماية العاصمة. وفي الجنوب كانت حظوظ الحرب عام 1807م على وجه الإجمال غير مواتية بالنسبة إلى العثمانيين. وفي الشمال، تصارعت القوات الروسية والتركية على نهر الدانوب من دون أن يحرز أي من الجانبين تفوقًا حاسمًا على الآخر. وفي الواقع كانت الحرب التي بدأت نهاية عام 1806م، وانتهت بمعاهدة بوخارست عام 1812م، أقل إثارة للانتباه، وأقل أهمية، من جميع الصراعات التي حدثت بين تركيا وروسيا؛ حيث لم يَضع أيٌّ من الطرفين كامل قوته أمام الآخر. وجرى وقف الأعمال العدائية لفترة طويلة بهدنة «سلوبوزيا» (Slobosia)، وحتى في الوقت الذي كانت تجري فيه، اضطرت روسيا إلى استخدام قوتها الرئيسية إما للقتال وإما لمراقبة عدو أبعد وأكثر صعوبة. فلم يكن في إمكانها سوى استخدام يدها اليسرى ضد الأتراك. وعلى الجانب العثماني، كانت التمردات والحروب الأهلية والثورات متواصلة أثناء هذه الفترة. في بداية الأعمال القتالية، بينما كان باشا قرمانيا (الذي كان مناصرًا لإصلاحات السُّلطان سليم) يقود قوة مدربة على النظام الجديد نحو مركز الحرب على نهر الدانوب، جرى اعتراضه عند «بابيسكا» (Babaeska) على «يينا» (Yena)، من قِبَل قوة كبيرة من الإنكشارية والقوات الأخرى المعارضة لتغيير النظام. وتبع ذلك معركة هُزم فيها القِرْمانيون تمامًا.

كان من الواضح أن سليمًا هو الأضعف في توازن القوى المادي بينه وبين رعاياه الساخطين، وأن صراعًا حاسمًا كان يقترب في الأفق بسرعة. لم تكن لديه القدرة العسكرية ولا الشدة التي كان يحتاج إليها مَن كان بجانب «كليومينيس» (Cleomenes)؛ لذا سرعان ما قُدِّرت له معاناة مَن كان بجانب «آجيس» (Agis). كانت وفاة المفتي (أوائل عام 1807م)، الصديق المخلِص لسليم، وساعده في كل مهماته، ضربة قوية للسلطان. كان العلماء كهيئة، أكثر عدو لإصلاحاته،

---

(1) سُميت حملة «فريزر» (Fraser)؛ نسبةً إلى الجنرال الإنجليزي الذي قاد جنودها. وقد استطاعت هذه الحملة احتلال الإسكندرية في 20 مارس 1807م، وحصار رشيد في أبريل من العام نفسه، لكنهم لم يستطيعوا فتحها بسبب المدد الذي أرسله محمد علي. ورحلت الحملة تمامًا عن مصر في 13 سبتمبر 1807م. (المترجم).

ودخل رئيسهم الجديد في تحالف نشط مع كبار الإنكشارية ضد العرش. لكن الشخص الذي فعل الكثير من أجل الإطاحة بسليم، كان القائمقام، موسى باشا. كان هذا الرجل، خلال عشرين عامًا من مكائد البلاط، أداة طيعة على ما يبدو لطموح الآخرين، وكان مزدرًى بشكل عام بوصفه عاملًا منقادًا لمنصبه. وقد اكتشف جزار باشا حاكم عكا وحده تلك الضغينة الخبيثة المستترة خلف مظهر الخنوع الحليم لموسى، وتنبأ جزار أنه سيتسبب في العديد من المشكلات للدولة. منح سليم منصب قائمقام المهم لموسى باشا، على أمل أن صلاحياته الحقيقية ستكون ساكنة في راحة يده، وأنه من شأنه أن يقنع تمامًا بأبهة المنصب السامي فحسب، غير أن موسى استغل فرصة منصبه لإثارة الروح المتمردة للإنكشارية، وغيرهم من الساخطين، في حين حافظ في الوقت نفسه على ثقة السُلطان من خلال إبداء الولاء الظاهري المنساق. وكان الأمر الذي أصدره سليم في شهر مايو (بعد شهرين من رحيل الأسطول الإنجليزي) ببعض التغييرات في تجهيزات حامية الحصون على مضيق البوسفور، إشارةً فورية للثورة الكارثية؛ فقد تمردت الحامية، وذهب إنكشارية العاصمة، الذين كانوا في تعاون معهم، إلى «آت ميدان» (Etmeidan)[1] (المكان الرئيسي لعصيان الإنكشارية لعدة قرون)، وهناك قلبوا آنية المعسكر، كإشارة على أنهم لن يقبلوا الطعام من السُلطان سليم. تحت تأثير القائمقام الخائن، وبناءً على تأكيداته الكاذبة، حاول السُلطان تسكين العاصفة عن طريق التنازل والتضحية بأفضل وزرائه، بدلًا من إرسال قواته الجديدة التي كانت بالقرب من العاصمة، والدفاع عن السراي مع حارسه حتى وصولهم. وكانت النتيجة الطبيعية هي قرار المتمردين بعزل عاهلهم، وحصلوا على فتوى من المفتي تُقرُّ إجراءاتهم. وترأسهم الخائن موسى، الذي ألقى حينذاك القناع. فشق الإنكشارية طريقهم إلى القصر، وعلى العرش وضعوا مصطفى، الابن الأكبر للسلطان السابق عبد الحميد. واعتزل سليم بكرامة في منازل الحبس، وشغل البقية المقتضبة من حياته - ليس دون جدوى - في توجيه ابن عمه الشاب الأمير محمود، الذي، صار بعد ذلك، السُلطان محمود الثاني، إلى كيفية حكم الإمبراطورية، وإلى الصمود أمام مصيره، كتحذير يقابل الضعف الذي يجب على مَن يصلح تركيا من السلاطين التغلُّب عليه لإنقاذها وإنقاذ نفسه على حدٍّ سواء.

كان مصطفى الرابع، الذي جعله حينذاك الإنكشارية وشركاؤهم باديشاه للإمبراطورية العثمانية (29 مايو 1807م)، في الثلاثين من عمره تقريبًا حين تولَّى. وكان أميرًا ناقص التعليم،

---

(1) هو الآن ميدان السُلطان أحمد، أمام جامع السُلطان أحمد بإستانبول. انظر: شمس الدين سامي، قاموس الأعلام، مج1: 29. (المترجم).

وذا مقدرة ضعيفة. وخلال الأشهر القليلة التي كان فيها عاهلًا اسميًا لتركيا، كان الحشد المسلَّح الذي عينه هو المتصرف الحقيقي في الحكم. لكن السُّلطان المخلوع كان لديه أصدقاء، بذلوا جهدًا واضحًا لإعادته أو على الأقل الثأر له بسرعة وشدة. فسار إلى القسطنطينية، باشا روسجوق، مصطفى بيرقدار، الذي يدين بِتَرَقِّيه لسليم، بمجرد أن مكَّنته هدنة سلوبوزيا مع الروس (أغسطس 1807م) من تحريك قواته من الحدود. وفي نهاية عام 1807م كان على رأس أربعين ألف جندي، معظمهم من البوسنيين والألبان، يعسكرون في سهول داود، على بُعد نحو أربعة أميال من العاصمة؛ حيث استدعى إلى معسكره العديد من كبار رجال الإمبراطورية، الذين تجمعوا عند دعوته، وأقسموا على المساعدة في القضاء على الإنكشارية، واستعادة سلطة الحكم الجيدة للإمبراطورية. ظل السُّلطان مصطفى في قصره، حيث لم يلقَ سوى القليل من الاهتمام والحفاوة، حتى من حيث الشكل، لمدة ستة أشهر، مارس خلالها مصطفى بيرقدار من خيمته على سهول داود السُّلطة الرئيسية في الإمبراطورية العثمانية. وفي نهاية المطاف قاد مَن معه مِن الألبان إلى العاصمة نفسها، بقصد خلع مصطفى وإعادة سليم الثالث، فقام أتباع مصطفى (أو بالأحرى المشايعون من الإنكشارية والعلماء) بغلق أبواب السراي أمامه. وكان بيرقدار قد جلب معه من مقر قيادة الجيش على الدانوب، الراية المقدسة للنبي محمد صلى الله عليه وسلم، فنشرها قبالة السراي، مطالبًا بفتح الأبواب والسماح له بالدخول هو ومَن معه من الجنود الشجعان الذين استعادوا الراية المقدسة من الحروب. فأجاب رئيس البستانجية من الأسوار، أنه لا يمكن فتح الأبواب إلا بأمر السُّلطان مصطفى، فصاح بيرقدار بغضب: «الحديث ليس للسلطان مصطفى، دعنا نرَ السُّلطان سليمًا، الباديشاه خاصتنا وخاصتك، أيها العبد الخائن». وأصدر الأوامر بهجوم فوري، سرعان ما حدث على إثره الدخول إلى القصر، غير أن قليلًا من التواني تسبَّب في مقتل سليم. فعند سماع طلب بيرقدار، أمر مصطفى بالإمساك بشقيقه محمود، وبسليم، وخنقهما على الفور؛ فبوفاتهما سيُصبح الممثل الوحيد للبيت العثماني، ولا يجرؤ عثمانلي على القضاء عليه أو عزله. وجد الجلادون سليمًا وقتلوه، لكن بعد مقاومة مستميتة وطويلة من ذلك الأمير التعس في محاولة لإنقاذ حياته. في الوقت الذي كان يُسْلم فيه الروح على يد بُكْم مصطفى، اقتحم الألبان التابعون لبيرقدار، البوابة الخارجية، واندفع بيرقدار متقدمًا إلى البوابة الداخلية، ففُتحت فجأة، حيث ألقى خصيان مصطفى بجثة سليم أمامه، قائلين: «ها هو السُّلطان الذي تبحثون عنه». جثا بيرقدار على جثة مُنْعِمِه، وبكى بمرارة. لكن حليفه، القبودان باشا، سيد علي، هزَّه من كتفه صائحًا: «هذا وقت الانتقام، وليس وقت الدموع». فما كان من بيرقدار إلا أن استنهض نفسه، وهرع إلى غرفة الحَضْرَة، حيث يجلس السُّلطان مصطفى على

العرش، على أمل إرهاب المتمردين من خلال إظهار ملكيته الشرعية؛ لكن بيرقدار سحبه إلى أسفل هاتفًا: «ماذا تفعل أنت هناك؟ فلتُفسح هذا المكان لمَن هو أكثر جدارة».

استمد مصطفى أمنه إلى حدٍّ كبير من كونه آخر الأمراء العثمانيين؛ فقد سعى البُكْم والخصيان الذين قتلوا سليمًا، بفارغ الصبر، وراء الصغير محمود، الذي جرى إخفاؤه في فرن الحمام من قبل أحد العبيد المتسمين بالإخلاص واليقظة. وفي حين كان وزراء الموت يبحثون في المسكن نفسه الذي كان مختبئًا فيه، دوَّت صيحات الألبان المنتصرين عَبْر القصر، شاهدةً ليس فقط على الحفاظ على حياة محمود، وإنما كذلك على المُلْك الذي ناله. وقبل أن ينتهي الليل، أعلن مدفع السراي لسكان القسطنطينية انتهاء حُكْم مصطفى، وتولِّي محمود الثاني باديشاه للعالم العثماني (28 يوليو 1808م).

تولَّى بيرقدار السُّلطة وزيرًا أعظم للسلطان الجديد، وعمل لفترة من الوقت بقوة ونجاح ضد الحزب الذي عزل سليم؛ فأُعدم موسى باشا وخونة آخرون، وبدأت خطة لوضع قوات مسلحة جديدة تحت اسم قديم، مكان قوات الإنكشارية. وكان من المقرَّر أن يُطلَق على القوات التي صمَّم بيرقدار على تسليحها وتدريبها على النظام الأوروبي، «سكمان» (Seymens)، وهو لقب الفيالق القديمة في الخدمة العثمانية. استُقبلت تدابير الوزير بالإذعان الكاذب من قِبَل الإنكشارية والعلماء، وهو ما أساء الوزير فهمه، وظن أنه حقيقي. وفي ثقة كارثية نبذ جيشه الإقليمي، وأبقى في العاصمة على ما لا يزيد على أربعة آلاف جندي أوروبي يمكن أن يعتمد عليهم؛ لكن صديقه قاضي باشا، كان معسكرًا بالقرب من سكوتاري مع ثمانية آلاف من القوات الآسيوية. وفي الليلة الثانية بعد رحيل القوات البوسنية والألبانية، حاصرت مجموعة كبيرة من الإنكشارية قصر الباب العالي، حيث أقام الوزير، وأضرموا النار في المبنى. هرب بيرقدار إلى برج حجري يُستخدم مخزنًا للبارود، وهناك دافع عن نفسه بشكل مستميت، لكن انفجر البرج مصادفةً أو قصدًا، وهلك الوزير قبل أن يتمكَّن من جمع أتباعه أو التواصل مع السُّلطان محمود. هاجمت آنذاك جميع قوات الإنكشارية الخاصة بالعاصمة قوات السكمان، لكن هؤلاء تلقوا مساعدة من قاضي باشا، الذي قاد الثمانية آلاف آسيوي خاصته من سكوتاري، وشرع في الاشتباك مع الإنكشارية بشكل قوي، احتدم لمدة يومين في شوارع القسطنطينية بحظوظ متفاوتة. وأمر القبودان باشا، سيد علي، بالتعاون مع قاضي باشا، سفينة خَطِّيَّة تقف في الميناء، بإطلاق النار بشكل مركز ومتكرر على ذلك الجزء من المدينة الذي تقع فيه ثكنات الإنكشارية. وقد اشتعلت النيران في عدة مناطق واسعة من القسطنطينية، ومخازن واسعة للذخيرة العسكرية، أثناء هذا

الصراع المريع الذي كان لا يزال قائمًا في صباح 17 مارس 1809م، عندما أعلن الجاليونجي ورجال المدفعية، الذين التزموا الحياد حتى ذلك الوقت، انحيازهم لصالح الإنكشارية، وهو ما حدَّد الجانب المنتصر. أبقى السُّلطان وأتباعه أبواب القصر مغلقة، وأُعدم السُّلطان المخلوع مصطفى في مكان سكنه، بينما كانت نتيجة الحرب الأهلية في الشوارع لا تزال ملتبسة. لم يتأكد أحدٌ من معرفة صاحب أمر إعدام مصطفى، لكن من المؤكد أنه إذا تُرك على قيد الحياة، فإن الإنكشارية المنتصرين سيعيدونه إلى العرش، ويقتلون محمودًا. وبصفته السليل الوحيد للبيت العثماني، عرف محمود أنه يملك حياة يحالفها الحظ. لكنه اضطر إلى أن يوافق على مطالب المنتصرين، على الأقل في الظاهر، فأصدر مرسومًا سلطانيًا لصالح الإنكشارية. جرى سب كل العادات الإفرنجية، وكل ما طرأ من مستحدثات، ونُبذت بشكل رسمي. وبدا أن النظام القديم، مع كل ما يرتكبه من انتهاكات، أُعيد توطيده أكثر من أي وقت مضى. لكن كان هناك رجال حُكْم وتَصَرُّف من بين الأتراك، اطلعوا على كل هذه الأمور، ولم يروا فيها سوى دليل أكثر قوة على ضرورة إجراء تغييرات شاملة. كانوا مضطرين للتفكير في صمت، لكنهم يستعدون للوقت الذي يمكنهم فيه تجسيد فكرهم على أرض الواقع. وقبل كل شيء، كان السُّلطان نفسه يراقب من سنة إلى أخرى، كما فعل مراد الرابع في ظروف لا تختلف[1]، حتى تحين الساعة، وتتوفر الوسائل التي يستطيع من خلالها تخليص نفسه وبلده من طغاة الوطن من جنسه، أسوأ الرجال هؤلاء.

علينا الآن أن ننتقل مرَّة أخرى إلى المقاطعات القريبة من نهر الدانوب، حيث مشاهد القتال بين الباب العالي وروسيا. لم تحرز قوات التسار تقدمًا كبيرًا على نظيرتها التابعة للسلطان، ولم ينجح قره جورج في محاولة الاستيلاء على البوسنة، على الرغم من انتصاره في الدفاع عن الصرب، في حين تفاوض الجنرال الفرنسي، «جيليموت» (Guillemot)، على وقف الأعمال القتالية بين الأتراك والروس، الذي جرى الاتفاق عليه في سلوبوزيا في أغسطس من العام نفسه، كنتيجة لسلام «تيلسيت» (Tilsit) بين ألكسندر ونابليون في 7 يونيو 1807م. أحد بنود معاهدة تيلسيت التي أُعلن عنها، ينص على أن الروس يجب أن يقوموا بإخلاء مولدافيا ووالاشيا، لكن يجب على الأتراك ألَّا يعودوا إلى هاتين المقاطعتين حتى يجري التوصل إلى سلام بينهم وبين الإمبراطور ألكسندر. وكان هناك عرض لمحاولة جعل هذا أساسًا لمعاهدة في سلوبوزيا، لكن لم تتم تسوية أي شيء بشكل حاسم، على الرغم من الاتفاق على هدنة تضمَّنت الصربيين. كانت الأعمال القتالية قد عُلِّقت في الواقع لمدة عامين تقريبًا، عندما أُثير غضب بين الأتراك جرَّاء

---

(1) الكلام عن الثورات مأخوذ بشكل رئيسي من: Lord Broughton و Juchereau St. Denis.

التصميم الواضح لروسيا على الاحتفاظ بمولدافيا ووالاشيا، معتقدين أن مصالحهم التي ضَحَّى بها الإمبراطور الفرنسي تقود إلى تجديد الحرب. لم يكن التشكك في صدق إعلان نابليون لصداقته للباب العالي بلا سبب؛ ففي المقابلات التي أُجريت بينه وبين الإمبراطور ألكسندر، جهر هذان العاهلان الكبيران لبعضهما البعض بمخطط تشكيلهما إمبراطورية عالمية ثنائية بينهما، وتخلي كلٍّ منهما عن حلفائه الأضعف. ومِثْل الرجال الثلاثة الذين قَسَّموا العالم الروماني، عندما التقوا على الجزيرة الصغيرة في نهر الراين، حيث ضحى كل واحد بأصدقائه في سبيل طموح وسخط الآخرين؛ قام ألكسندر ونابليون، على طوافتهما في نهر «نايمِن» (Niemen)، بالتضحية بالدول الصديقة؛ حيث تقرَّر التخلي عن إسبانيا للإمبراطور الفرنسي مقابل ترك تركيا تحت رحمة موسكو. ونُصَّ رسميًّا في مادة سرية من معاهدة تيلسيت، على أنه إذا لم يمتثل الباب العالي للتوصيات السرية لفرنسا وروسيا، فيجب سحب المقاطعات الأوروبية - باستثناء الرُّوملي والقسطنطينية - من قبضة السُّلطة التركية[1]. وجرى التنسيق بين الإمبراطورين، على التجاهل العملي لبنود المعاهدة العلنية التي تنص على جلاء الروس عن مولدافيا ووالاشيا. وبعد ذلك، سعى نابليون في مفاوضات وزرائه مع ألكسندر، وفي مقابلاتهم اللاحقة في «إرفورت» (Erfurt)، إلى تقطيع أوصال تركيا، حيث يجب أن تقع من نصيبه بعض أفضل مقاطعاتها. وجرت مناقشة خطتين: في الأولى يُسمح للأتراك بالاحتفاظ بأراضيهم الآسيوية، وجزء من الأراضي الأوروبية. وفي الأخرى، كانت الإمبراطورية العثمانية ستُدمَّر تقريبًا. كان من المقرر تبعًا للمشروع الأول منح روسيا الإمارة الدانوبية وبلغاريا، وتكون البلقان حدودًا. وتحصل فرنسا على ألبانيا واليونان وكريت. وتُمنح البوسنة والصرب للنمساويين تعويضًا لهم عن رؤية الروس وهم يستقرون عند مصب نهر الدانوب. ووفقًا للمشروع الثاني، كان من المقرَّر أن تكون رشوة النمسا من خلال منحها ليس فقط البوسنة والصرب، بل مقدونيا أيضًا، باستثناء مدينة وميناء سالونيك. وكان لفرنسا أن تأخذ - إلى جانب ألبانيا واليونان وكريت - جميع جزر الأرخبيل وقبرص وسوريا ومصر. أما حصة روسيا فتكون والاشيا ومولدافيا وبلغاريا وتراقيا، والأقاليم الآسيوية الأقرب إلى مضيق البوسفور. وبدفع الأتراك إلى ما وراء جبال طوروس، ربما ظلوا يتعبدون وفقًا للعقيدة المحمدية على ضفاف نهر الفرات.

انطوى مشروع السطو الأُممي الضخم الأخير على التنازل عن القسطنطينية لروسيا، وهو

---

(1) كان النص: "Sonstraire les provinces d'Europe aux vexations de la Porte, excepte Constantinople et la Roumilie". انظر: Thiers, "Histoire du Cousulat et de I'Empire," vol. vii. p. 668.

ما لم يوافق عليه نابليون. واقترح وزيره، «م. كولينكورت» (M. Caulaincourt)، تجنُّب الحرج عن طريق جعل القسطنطينية وشواطئ المضايق منطقة محايدة، نوعًا من «الدولة الهانزية الحرة» (Hanseatic free state)، مثل هامبورج أو «بريمن» (Bremen). كان المفاوض الروسي «م. دي رومانوف» (M. de Romanoff) متمسكًا بالقسطنطينية، مدينة القديسة صوفيا، والمدينة الأصلية للكنيسة اليونانية، والعاصمة الطبيعية لإمبراطورية الشرق. وأشار كولينكورت إلى أن فرنسا ربما تتخلَّى عن القسطنطينية، لكن بشرط أن تحتل الدردنيل وسواحل تلك المضايق، كوسيلة مناسبة لجيوشها للمرور إلى الشام عن طريق المسار القديم للصليبيين. إلا إن الروس أرادوا عدم التنازل عن الدردنيل، وقيل إن التسار كان يفضل المخطط الأول المقصور على التقسيم، عن أي تسوية من شأنها أن تعطي فرنسا مفاتيح المرور بين البحر الأسود والبحر المتوسط[1]. هكذا تشاحنوا فيما يخص العائدات الخيالية لجريمة لم تُرتكب، ولم يفكروا قليلًا في أن موسكو كانت تحترق منذ وقت قريب بسبب الغزاة الفرنسيين! وأن باريس، في بضع سنوات أخرى، خضعت للقصف الروسي! في حين أن البيت العثماني يشرع في إكمال القرن الرابع من الهيمنة المتواصلة على القسطنطينية!

على الرغم من أن ألكسندر ونابليون اختلفا كثيرًا في الرأي فيما يتعلق بمستقبل تركيا عامَي 1807 و1808م، فقد أحرز الإمبراطور الروسي تقدمًا عمليًّا، وهو احتفاظه بحيازة والاشيا ومولدافيا. وأصبح جليًّا للبلاط النمساوي، وكذلك للبلاط العثماني، أنه ليس لديه نية للانسحاب منهما. نظرت النمسا إلى سيطرة التسار على هاتين المقاطعتين الدانوبيتين بقلق وذعر شديدين. وبسبب الاعتقاد بأن كلًّا من فرنسا وروسيا قد دخلتا معًا في تحالف ضد سلامة تركيا، استخدمت النمسا وساطتها للتوفيق بين الباب العالي وإنجلترا، بوصفها القوة الوحيدة التي يمكن أن تقاوم بفعالية مشروع بلاطَي «تويلريه» (Tuileries) وسان بطرسبرج[2]. وبناءً على هذا العامل المؤثر، أبرم السير «روبرت أداير» (Robert Adair)، السفير الإنجليزي، معاهدة الدردنيل مع تركيا، في يناير 1809م. لم تفعل التهديدات المتسلِّطة، التي حاولت من خلالها فرنسا وروسيا منع الباب العالي من تحقيق السلام مع إنجلترا، سوى إثارة سخط الشعب التركي أكثر فأكثر ضد روسيا؛ فكانت صيحة الحرب عالية، وطالب العثمانيون بأن تكون حربًا جدية، وألَّا تقطعها هدنة من

(1) Thiers, vol. viii. p. 440. See also "Montholon," vol. iv. p. 229, and De Garden, "Histoire des Traites," vol. x. p. 243, *et seq*.

(2) Schlosser, vol. viii.

أجل التماس الراحة للأعداء المخادعين والأصدقاء الزائفين. وجاء المتطوعون للحملة بلا تردد من السكان المسلمين من كل جزء من أجزاء الإمبراطورية. ولكن كان هناك نوع من الاضطراب الشديد الذي تسبَّبت فيه الثورة الأخيرة، أحدث عدم انسجام، فضلًا عن عدم امتثال للطاعة، وأحيانًا لم تكن هناك مظاهر التفوق في السُلطة بين القادة الأتراك. قَدَّم السير ر. أداير، السفير الإنجليزي في القسطنطينية، في رسالة إلى حكومته، بتاريخ 3 يونيو 1809م، صورة واضحة عن الاضطرابات التي سادت آنذاك لعدة أشهر، والتي على الرغم من انحسارها في الوقت الذي قام فيه بالكتابة، فإنها سرعان ما انتعشت. فقد رفض الإنكشارية، لوقت طويل، قبول الوزير الأعظم الذي رشَّحه السُلطان، وإلى أن جرى الحصول على موافقتهم، لم يجازف ذلك المسؤول الكبير بالظهور في القسطنطينية. يذكر السير ر. أداير أنه «أثناء هذه الفترة الطويلة، منذ وفاة مصطفى، ربما يُقال إن الإمبراطورية العثمانية كانت بلا حكومة؛ حيث انحصر عمل رؤساء الإدارات المختلفة في تفاصيل مهامهم المتعددة، ولم يتولَّ أي شخص مسؤولية التدبير العام. وكانت جميع الأجزاء الأساسية للأعمال العامة في حالة توقف. واستمرت الاضطرابات في المقاطعات مع انقطاع لفترات قليلة. وفي الواقع، ظهرت الحكومة في كل مكان في حالة من الاسترخاء، كما أنها فقدت وسائل الأداء السليم، حتى عندما كانت مدعومة من الرأي العام. لا شيء يمكن أن يميز حقًّا طبيعة ومصدر هذه الاضطرابات، مثل التي كانت تسير على الحدود نحو تجديد الأعمال القتالية مع روسيا. وقد تَشَرَّفْتُ سابقًا بإبلاغكم إلى أي درجة كانت روح الشعب مثارة بسبب الطلب المتغطرس الذي أبدته تلك السُلطة السالفة في نهاية مارس. وبدت كذلك في تلك المناسبة درجة من النشاط كان قد جرى استلهامها داخل الحكومة، وساد نشاط كبير في جميع إدارات الحرب، وأُصدرت الأوامر بتجهيز الأسطول. وفي الواقع جرى تجهيز عشر سفن خَطِّيَّة مع حملة استثنائية. هذا غير الأمر بتزويد الحصون بالقوات والمؤن؛ فشوهد الكثير من الرجال وهم يعبرون البوسفور يومًا بعد يوم، آخذين طريقهم نحو الحدود، ولسوء الحظ، عندما وصلوا إلى نهر الدانوب، بدلًا من أن يجري حشدهم في جيش لمجابهة العدو، لم يجدوا أي قائد يتولى قيادتهم، فدخلوا في خدمة أحد القائدين المتوحشين، اللذين كانا يقومان بتدمير بلديهما من خلال الحرب الأهلية، على مرأى من الخيام الروسية. كان هناك أحد أعيان شُملى، زعيم يُدعى «بهلوان آغا» (Pehlivan Aga)، اندرج تحت راياته جميع القادمين الجُدد، وكان لديه بالفعل العديد من المواجهات المتهورة، تتعلَّق بالضرر الذي لا يُوصف الخاص بالمسألة العامة»[1].

(1) Adair, “Mission to Constantinople,” vol. i. p. 206-7.

في الوقت نفسه الذي بدأت فيه الأعمال القتالية بين الأتراك والروس على نهر الدانوب، بدأت الإمبراطورية النمساوية حربها الكارثية عام 1809م مع فرنسا؛ وهي حرب شاركت فيها روسيا ضد النمسا، في إطار تحالفها مع نابليون. صحيح أن قوات الإمبراطور ألكسندر دخلت هذا الصراع، لكن كان ذلك بفتور؛ إذ إن الشعور العام بين الروس نحو نابليون كان في الواقع شعورًا بالغل والكراهية. لكن غلبة تلك المشاعر، التي شارك فيها التسار نفسه على نحو كامل، جعلت اهتمام روسيا ينصب على مخاوفها من الغرب، أكثر مما يتعلق بآمالها في الجنوب؛ ولم يجرِ سحب أيٍّ من أفضل جيوشها أو أكبرها من المقاطعات البولندية إلى نظيرتها الدانوبية. مع ذلك، قبل نهاية عام 1809م، كان قائدها الأمير «بجراشون» (Bagration)، قد أخذ «إسكاتجا» (Isaktja) و«تولوش» (Tulosch) وهِرسوفا، على الضفة اليمنى من الدانوب السفلي. وقد تقاتل الصربيون وأتراك البوسنة مرَّة أخرى بنجاحات متفاوتة، ولم يتمكن طرف منهما من أن يكون له تأثير خطير على أراضي الطرف الآخر.

في العام التالي استولى الروس على سِلستره، في العاشر من يونيو. لكنهم فشلوا في سلسلة من العمليات على معسكر الوزير الأعظم في شُملى. وفي الثالث من أغسطس تكبَّدوا هزيمة دموية في هجوم قاموا به على روسجوق؛ حيث خسر الروس في هذا الصراع العنيف ثمانية آلاف بين قتيل وجريح. ولو تابع القائد التركي، «بوسنياك آغا» (Bosniak Aga)، نجاحه بهجوم قوي على عدوه المهزوم، لكان من الممكن تدمير جيش المحاصِرين بأكمله[1]، إلا إن بوسنياك آغا، على غرار العديد من القادة العثمانيين خلال الحرب، كان في الواقع عاهلًا مسلمًا مستقلًّا، أكثر من كونه ضابطًا لدى السُلطان. كان قد خلف مصطفى بيرقدار بوصفه حاكمًا لروسجوق. وبعد موت بيرقدار، تجاهل جميع الأوامر الآتية من القسطنطينية، وحَكَمَ روسجوق والأراضي التابعة لها، كحاكم مطلق صغير. وعندما تقدَّم الروس إلى المدينة، قاومهم بوسنياك آغا ببطولة؛ لكن عندما أنقذ روسجوق من الكفار، تذكَّر أنه يجب عليه إنقاذ نفسه من الوزير الأعظم، الذي كان يعتبره متمردًا. وبناءً على ذلك، تجنب خطر إضعاف قوته من خلال القيام بأي عمليات ضد الروس في الميدان المفتوح. وبعد ذلك، عندما تصالح مع الباب العالي، قاتل بحماس وشجاعة في الحملات الأخيرة من الحرب. ويُعَدُّ هذا الحادث مثالًا جيدًا على الطريقة التي جرى بها الصراع في كثير من الأحيان على الجانب التركي. في خريف عام 1810م حصد الروس بعض النجاحات المهمة؛ فقد هُزم جيش تركي كبير في «باتين» (Battin) بشكل كامل، في السابع من

(1) Valentini, p. 104.

سبتمبر، مع خسارته للمعسكر والمدفعية والأمتعة. وخضعت سيستوفا وروسجوق وغيرهما من الأماكن القوية للروس. لكن كل محاولاتهم لاختراق البلقان عبر شُملى، باءت بالفشل. وفي العام التالي، صدر أمر للقادة الروس على نهر الدانوب بالعمل فقط على الدفاع؛ حيث كان من الواضح أن هناك انقضاضًا على وشك الخروج من الغرب تجاه روسيا. نقل الأتراك الحرب بجرأة إلى الضفة اليسرى من نهر الدانوب، وقاتلوا ببراعة كبيرة في العديد من الاشتباكات. ولكن بسبب عدم كفاءة قادتهم، تعرَّضت مفارزهم للهزيمة بشكل مستقل، فاضطر الجيش بأكمله إلى التسليم للقائد الروسي «كوتوسوف» (Kutosoff)، كأسرى حرب. كانت روسيا حينذاك أكثر حرصًا على إبرام السلام مع الباب العالي، من أجل الحصول على الوسائل الكاملة للدفاع عن نفسها ضد نابليون. وقد بُذلت عدة محاولات للتفاوض بشأن إبرام معاهدة في عام 1811م، لكن من دون نجاح. كما طَلب الإمبراطور ألكسندر أن يضم إلى إمبراطوريته ليس فقط بيسارابيا، ولكن مولدافيا ووالاشيا. تلك الشروط التي رفضها السُّلطان محمود. إلا إن الضغط المتزايد لخطر فرنسا جعل الروس يخففون من مطالبهم، ويوافقون على إعادة مولدافيا ووالاشيا، لكن بشرط أن تبقى بيسارابيا في حوزتهم. اعترف نابليون بعد فوات الأوان آنذاك بالخطأ الذي ارتكبه في التضحية بصداقة تركيا، على أمل استرضاء روسيا أو خداعها. ووجَّه سفيره لحث السُّلطان على التقدم بقوة إمبراطوريته على نهر الدانوب. ووعد في المقابل، ليس فقط بتأمين مولدافيا ووالاشيا، ولكن كذلك بإرجاع القِرْم المأسوف عليها إلى تركيا. إلا إن هذه الرسالة التي تحث على الحرب وصلت متأخرة للغاية[1]؛ فقد كان الباب العالي قد عزم بالفعل على وقف الأعمال العدائية مع روسيا. ووجد مبعوث الإمبراطور ألكسندر والوزراء الإنجليز (الذين كانوا يعززون بحماس التهدئة بين التسار والسُّلطان) وسائل لمنح الأتراك معلومات كاملة عن المشروعات التي شجَّعها نابليون ودعمها لتقطيع أوصال إمبراطوريتهم؛ بحيث يتجاهل السُّلطان محمود بطبيعة الحال مصالح الفرنسيين، ولا يسعى إلا إلى التخفيف من المعاناة التي تعاني منها أمته. وبموجب معاهدة بوخارست، التي جرى التوقيع عليها في 28 مايو 1812م، صار نهر بروت هو الحد الفاصل بين الإمبراطوريتين الروسية والتركية، من النقطة التي يدخل منها إلى مولدافيا حتى التقائه بنهر الدانوب. ومُنحت كل أراضي مولدافيا الواقعة على اليمين من بروت، وكامل والاشيا، إلى السُّلطان، الذي التزم بالحفاظ على جميع الاتفاقيات والشروط السابقة لصالح سكان الأراضي المستعادة، واحترامها. وتعلقت المادة الثامنة من المعاهدة بالصرب، ونصت

---

(1) Scott.

على: «مع أنه كان من المستحيل الشك في أن الباب العالي - وفقًا لمبادئه - سوف يتعامل بالدماثة والشهامة مع الصربيين بوصفهم شعبًا وقع فترة طويلة تحت سيادته، فلا يزال عادلًا، مع مراعاة المشاركة التي قام بها الصربيون في الحرب، التوصل إلى اتفاق رسمي يحترم أمنهم». وبناءً عليه مُنح عفو شامل للصربيين، مع وجوب ترك تنظيم شؤونهم الداخلية لأنفسهم، ولا تُفرض عليهم سوى رسوم معتدلة؛ لا تُجبَى، بل يتسلمها أمناء خزانة الباب العالي بشكل مباشر. لكن تقرَّر أن تُعطى حصون الصرب للسلطان، وأن تحتلها الحاميات التركية مرَّة أخرى. ويُعلِّق بإنصاف رجل الدولة الصربي، «كونيبرت» (Cunibert)، الذي أصبح مؤخرًا مؤرِّخ بلده المعتمد، على الأنانية التي تصرَّفت بها روسيا في هذه المفاوضات، فيما يتعلَّق بحرصها على الحصول على بيسارابيا لنفسها، وعدم مبالاتها بمصير حلفائها الصربيين. ويلاحظ أن غموض البنود الواردة في المعاهدة، فيما يتعلَّق بالوضع المستقبلي غير المستقر للأتراك والصربيين، ربما كان مقصودًا من جانب الروس، الذين كانوا على دراية جيدة بأن هذا الوضع سيترتب عليه نزاعات وخلافات من شأنها أن تُقدِّم ذرائع للتدخل الروسي في وقت أكثر ملاءمة. «قد يُعزِّز هذا السلوك المخططات الخفية لروسيا في الشرق، لكنه لم يُبدِ سوى القليل من العدالة والكرم للصربيين»[1].

---

(1) "Essai Historique sur les Revolutions et l'Independance de la Serbie," vol. i. p. 46.

الفصل الرابع والعشرون

شخصية محمود الثاني - محمد علي - الإطاحة بالمماليك والوهابيين - اضطرابات جديدة في الصرب - ميلوش أوبرينوفيتش - اضطراب عام بين الرعايا - الهيتاريا - الثورة اليونانية - محمود يقضي على الإنكشارية - روسيا تحت حكم نيكولاس الأول، فرض معاهدة آقرمان على تركيا - فرنسا وإنجلترا وروسيا تتدخل لصالح اليونانيين - معركة نافارين - الحرب مع روسيا - معاهدة أدرنة - تمرد محمد علي - معركة قونية - القوات الروسية تحمي السُّلطان - معاهدة هُنكيار إسكله سي - حرب جديدة مع محمد علي - وفاة محمود - هزيمة الأتراك - مساعدة إنجلترا للسلطان عبد المجيد ضد محمد علي - تسوية النزاعات مع مصر.

الفصل الرابع والعشرون

مثَّل خطر روسيا وإنجلترا وفرنسا، وخطر الإنكشارية المتمردين والعلماء المثيرين للشقاق، وخطر التمردات المختلفة بين الوهابيين والمماليك والصربيين والألبان واليونانيين والدروز والأكراد والشوام والمصريين، وخطر الباشوات الثائرين، الذين يرغبون في تأسيس ممالك جديدة على أنقاض البيت العثماني، بعضًا من الغيوم التي خيَّمت على عهد محمود؛ السُّلطان الثاني الحامل لهذا الاسم، والعاهل الثلاثين من سلالته الحاكمة. واجه كل ذلك، وعلى الرغم من أن حظوظه كانت قليلة في كثير من الأحيان، فإنه لم يتخلَّ قَطُّ عن النضال. وتستحق ذكراه احترام أولئك القادرين على تقييم الشخصيات التاريخية وفقًا للقاعدة التي وضعها رجل الدولة العظيم والخطيب القديم[1]، ووفقًا لأساس مَنْح الاحترام للتدبير الحكيم والأداء الحيوي، سواء كان مؤيَّدًا بالنجاح أو مُعاقًا بالظروف المناوئة. لم يحن الوقت بعدُ لكتابة السيرة الكاملة لمحمود، لنقص في اطلاعنا (في غرب أوروبا على الأقل) على تفاصيل أجزاء كثيرة من سيرته؛ لكن الملامح العامة لشخصيته يمكن تمييزها بوضوح. لم يكن جبانًا ولا مغفلًا، كما لم يكن شهوانيًا محبًّا للملذات مثل لويس الخامس عشر؛ الذي كان مُدركًا لتزايد معاناة دولته، وقرب الإطاحة بالنظام الملكي، ومع ذلك ظل راضيًا عن الحسابات التي تضمن له وسائل وأدوات الرفاهية والانغماس في الملذات، طيلة حياته على الأقل، ومن بعده فليأتِ الطوفان. كانت الشرور التي رآها محمود من حوله هائلة، وقد تخلَّى عن الراحة في قصره ليتصدى لها بروح بطولية حقيقية. سيكون من العبث التأكيد على أنه لم يقع في أي أخطاء، وسيكون من الصعوبة فسان أنه لم يقترف أي جريمة، لكنه كان على وجه الإجمال رجلًا عظيمًا، أدَّى واجبه وسط الصعوبة والإحباط والكوارث بنُبل تجاه بيته الحاكم حيث نشأ، وتجاه الإمبراطورية العظيمة التي قدَّر له مصيره الصعب أن يحكمها.

جرى في أوائل عهد محمود قمع فئتين هائلتين من أعدائه بواسطة مسؤول رفيع، أصبح بعد ذلك هو نفسه يُمثِّل العدو الأكثر صعوبة من بين جميع الخصوم الذين اعترضوا طريق السُّلطان.

---

(1) Demosthenes, "De Corona," vol. i. p. 292, 1. 18. Ed. Reiske.

فقد جرى القضاء على المماليك، والانتصار الكامل على الوهابيين، بواسطة محمد علي، باشا مصر التابع لمحمود، والذي يُعَدُّ واحدًا من أبرز الرجال الذين أفرزهم العالم الإسلامي في العصر الحديث.

وُلد محمد علي في مقدونيا عام 1765م تقريبًا. وخدم في الجيش التركي في مواجهة الفرنسيين في مصر، واطلع هناك على تفوُّق الأسلحة والتكتيكات الغرب-أوروبية، على نظيرتها الخاصة بالأتراك والمماليك. بعد ذلك برز كثيرًا في صد الحملة الإنجليزية على مصر عام 1807م. وبعد أن حصل على رتبة باشا الولاية، سعى جاهدًا لتحرير البلاد، وتحرير نفسه، من استبداد المماليك الخارج على القانون. وقام بذلك عام 1811م من خلال عمل غادر خسيس، بلغ من الوحشية منتهاها؛ ففي إطار من المصالحة والصداقة وحُسن الوفادة، جلب هؤلاء الفرسان صعاب المراس إلى قصره، ثم أمر حرسه الألبان بإطلاق النار عليهم وهم مزدحمون بلا حول ولا قوة في ممر ضيق بين أسوار عالية[1].

أُبيد المماليك بشكل أساسي أثناء هذه المذبحة الشنيعة. وسرعان ما عزَّز محمد علي سلطته داخل إقليمه، ووسعها كذلك خارج الأراضي المصرية. فقد واصلت جيوشه تحت قيادة أبنائه سلسلة من الحملات ضد الوهابيين في الجزيرة العربية، بنجاح متفاوت في البداية، لكن

---

(1) التقرير التالي عن مذبحة المماليك (في: "Walpole's Travels," p..32) كتبه رجل إنجليزي كان في القاهرة آنذاك:

«لا يمكن أن يُتصوَّر شيء أكثر رعبًا من مشهد القتل هذا. لقد غادر المماليك الديوان، ووصلوا إلى أحد الممرات الضيقة في طريقهم إلى أبواب القلعة، حيث أُمطروا بوابل من الرصاص من ألفي ألباني يعتلون الأسوار، من كل الاتجاهات. ولأنهم غير مستعدين لشيء مثل هذا، ومرتبكون لعدم وجود مجال، لم يستطيعوا تقديم أي مقاومة؛ فكان كل ما حاولوا القيام به تقريبًا متمثلًا في ضربات قليلة غير ضارة. أما أولئك الذين لم يُقتلوا بإطلاق النار، فقد سُحبوا من فوق خيولهم، وجُرِّدوا من ملابسهم، وقُيِّدوا من أعناقهم وخواصرهم، ثم اقتيدوا إلى قبالة الباشا وأبنائه، الذين أصدروا الأوامر بإعدامهم على الفور. وحتى هناك تفاقمت معاناتهم، فبدلًا من قطع رؤوسهم على الفور، تلقَّى العديد منهم إصابات غير قاتلة؛ بعد أن أُطلقت النار عليهم في أجزاء مختلفة من أجسادهم بواسطة طبنجات، أو طعنهم بواسطة خناجر. وكافح كثيرون للهرب من أولئك الذين قبضوا عليهم، فنجح بعضهم، إلا إنهم قُتلوا في أركان القلعة، أو أعلى حرملك الباشا. وآخرون كانوا بالفعل صبيانًا من اثني عشر إلى أربعة عشر عامًا، بكوا استجداءً للرحمة وهم يعلنون حقيقة واضحة أنهم أبرياء من أي مؤامرة، وعرضوا أنفسهم عبيدًا. كل هؤلاء، وباختصار، كل واحد، مهما كان صغيرًا وغير قادر على اقتراف الذنب، أو كبيرًا ومجتهدًا في إخلاصه، رفيع المقام أو مغمورًا، سارعوا واحدًا تلو الآخر أمام الباشا، الذي رفض بقسوة أن يرحمهم بنفاد صبر، حتى تأكد له اكتمال القضاء عليهم. ها هنا كانت نهاية المماليك، وهذا هو الباشا الذي يستاء من منح العفو».

في النهاية كُسرت شوكة هؤلاء الأشداء المنتمين إلى تلك الطائفة تمامًا. استُعيدت المدينتان المقدستان وبقية الجزيرة العربية، ووقع في الأسر آخر أمراء الوهابيين، عبد الله بن سعود، الذي أرسله محمد علي إلى القسطنطينية، حيث قُطع رأسه في 19 نوفمبر عام 1819م. بعد ذلك قام باشا مصر بغزو النوبة وسِنَّار، وضم تلك المناطق إلى سلطته. كان قد شَكَّل جيشًا على الطراز الأوروبي، مُدَرَّبًا ومزوَّدًا بضباط من المغامرين العسكريين الأوروبيين - خصوصًا من فرنسا - الذين سُرِّحوا بعد أن توقفت الحروب العظيمة في العالم المسيحي عام 1815م، وأتوا إلى مصر بسبب ارتفاع الأجور والرعاية التي عمل محمد على تقديمها. وبرعاية مماثلة قام بإعداد قوة بحرية وتزويدها بالرجال، وتحسين المرافئ، وبناء الطرق وأحواض السفن، وجميع التحسينات الإقليمية الأخرى التي ترمز وتُحرك ما يُسمَّى بـ«الاستبداد المستنير». عانى شعب مصر بمرارة من الضرائب التي فرضها محمد علي، وعانى بشكل أكبر تحت وطأة قوانين التجنيد القاسية التي شغل من خلالها صفوف جيشه. لكنَّ التعسف والقمع اللذين اتصف بهما نظام محمد علي، نجحا في إحراز الهدف الكبير لفؤاده، ألا وهو إنشاء قوة عسكرية مستمرة وفعَّالة؛ وهو ما جرى إثباته جيدًا عندما ساعد السُّلطان ضد اليونانيين، وإثباته لاحقًا بشكل أفضل، في الحملات التي قام بها ابن محمد، إبراهيم باشا، ضد قادة السُّلطان نفسه.

مع ذلك، وقبل النظر في الأحداث الأخيرة المذكورة، لا بدَّ لنا من العودة إلى شؤون الصرب، والأقاليم الشمالية الأخرى لتركيا الأوروبية. لُوحظ كيف كانت الاشتراطات المتعلِّقة بالصربيين، التي أُدخلت في معاهدة بوخارست، غامضة وغير مُرضية. فكانت إحدى النتائج الطبيعية لذلك، أن رغب قره جورج وزعماء الصرب الآخرون في وجود بعض البنود المحددة التي تضمن أمن شعبهم قبل أن يأخذ الأتراك الحصون، في حين أَصَرَّ مسؤولو السُّلطان في بلجراد والمعاقل الأخرى على أن يتم التخلِّي عنها فورًا. وبينما كانت هذه الخلافات وغيرها عالقة، قدَّم «مُلَّا» (Molla)، باشا ويدين، الذي كان (مثل الحاكم السابق لتلك الباشوية، باسوان أوغلو) في تمرد نشط ضد السُلطان، اقتراحًا إلى الصربيين بالتحالف معه ضد الباب العالي. رفض الصربيون هذا العرض وفقًا لنصيحة الروس، الذين كانوا يسعون إلى حث تركيا للانضمام إلى التحالف ضد فرنسا (حيث لم تحدث الإطاحة الكاملة بنابليون بعدُ)، وبالتالي كانوا راغبين آنذاك في إنقاذ الباب العالي من الارتباك[1]. استمرت النزاعات بين الأتراك والصربيين في الازدياد، وفي عام 1813م هاجمت الجيوش التركية الصرب واجتاحتها. قام قره جورج (الذي

(1) Gunibert, vol. i. p. 47.

جعل نفسه حاكمًا مُطلقًا للصربيين، والذي كان متوقعًا منه على الأقل أن يكون مثالًا للشجاعة) آنذاك بخيانة الثقة المفترضة فيه؛ حيث دفن كنزه الكبير، وهرب عَبْر الحدود إلى النمسا. مرَّة أخرى بدا أن الصرب خضعت بيأس للنير التركي، لكن بسالة واحد من الكنيس خاصتها، وهو «ميلوش أوبرينوفيتش» (Milosch Obrenowitch)، حافظت عليها مرَّة أخرى. وبناءً على توجيهه وإرشاده ثار الصربيون حاملين أسلحتهم عام 1815م، وقبل نهاية العام هُزمت القوات التركية التي كانت قد احتلت البلاد، وتفرقت، على الرغم من أن الحصون ظلت محتلة من حاميات السُلطان. تقدم جيشان عثمانيان كبيران تجاه الصرب في العام التالي، لكن بدلًا من اجتياحها، توقفا على الحدود وعرضا التفاوض. كان هذا التردد من الجانب العثماني سببه الإثارة العامة التي كانت منتشرة آنذاك بين جميع السكان المسيحيين لتركيا، الذين توقعوا التدخل لصالحهم من قِبَل تحالف ملوك الحِلف المقدس، وكانوا مستعدين للثورة في جميع أنحاء الإمبراطورية عند أول إشارة تشجيع لهم. وكان الباب العالي قد شاهد كذلك، بقلق وذعر، أعمال المؤتمر في فيينا، الذي لم يسمح بوجود ممثل عن الإمبراطورية العثمانية، وبدا أن تحالف السُلطات الثلاث لروسيا والنمسا وبروسيا، بوصفهم «حلفاء مقدسين»، يُهدِّد بشكل واضح العثمانيين المستبعدين. في ظل هذه الظروف لم يرغب السُلطان في الاشتباك والمخاطرة بكامل قوته العسكرية المتاحة في حرب ضد الرَّعايا الصربيين. هذا ولم تُبذَل أي محاولة حازمة للتغلب على الصرب. لكن خلال عدة سنوات جرت فيها سلسلة من السفارات والمعاهدات، استطاع ميلوش جعل نفسه حاكمًا مطلقًا للصربيين، بعد ما قام به سلفه، قره جورج، الذي غامر بالعودة إلى بلده، فاحتجزه ميلوش وأطلق عليه الرصاص، بناءً على طلب الأتراك. تظاهر ميلوش بالطاعة للباب العالي، وهو ما تسبَّب في ضمان حكم ذلك القائد للصربيين في تلك الفترة، والذي من شأنه أن يُبقيهم تحت السيطرة، وقد حالت مصلحته الشخصية دون الانضمام إلى مشروعات ثورية في سبيل الإطاحة الكلية بالإمبراطورية العثمانية[1]. لكن لم يكن محتملًا، بعد أن أظهر الحلف المقدس بوضوح عدم ميله للتدخل في شؤون الشرق، أن يذعن محمود للاستقلال الفعلي للكنيس الكبير للصرب، لولا الصعوبات الخطيرة التي لاقاها السُلطان بسبب التمرد اليوناني، وغيره من الظروف المتصلة بهذا الحدث المعروف.

اجتمع العديد من الأسباب لنشوب وتواصل حرب الاستقلال اليونانية. كان أولها وأكثرها استمرارًا بلا شك، تلك المشاعر التي من بين أنبل ما في طبيعتنا، والتي يشير إليها المؤرخ

(1) Ranke, p. 365.

القومي لليونان الحديثة، عندما يطالب بالمجد المميز لبلاده: «لأنه منذ بداية النضال، كان هدفها المعلن أمام الله والناس، هو كسر نير الدخيل الأجنبي، والنهوض مرَّة أخرى من ممات قوميتها واستقلالها. لقد حملت السلاح الذي بقوته يمكن لليونان أن تطرد ذلك الجنس الأجنبي عنها في «الدم والعقيدة»، وهو الجنس الذي أسرها لعصور بقوة السلاح، واعتبرها حتى النهاية أسيرًا وتابعًا خاضعًا لحدِّ السيف»[1]. أُضيف إلى هذه المشاعر العامة في صدور الكثيرين، ذلك التذكر والشعور بالضرر الشخصي الذي لا يُحتمل. وعلاوة على ذلك، فإن انتشار المعرفة بين اليونانيين، والدفعة التي مُنحت للتعليم والممارسات الأدبية منذ زمن سليم الثالث، ساهما بقوة في إثارة الشجاعة فضلًا عن إدراك الشعب الذي اضطُهد طويلًا وبشكل متواصل[2]. وقد اكتسب العديد من اليونانيين كذلك ثروة وطرق مشروعات نشطة من خلال التجارة المتقدمة لأمتهم. وقد أظهر بشكل عام سكان البلد المتعلقون بالبحر وجزره أكبر نشاط ومهارة في الاستفادة من الفرص التي أولتها دول أوروبا لأول خمسة عشر عامًا من القرن، لضمان حصة كبيرة من تجارة بلاد الشام. ومع أن اليونان تمتلك مواد ممتازة من أجل قوة بحرية وطنية، فإنها تتمتع أيضًا بموارد أفضل لنضال عسكري مباشر على الأرض، أكثر مما يمكن أن تحظى به عادة تلك الأمم التي خضعت لآخرين عدة قرون. كانت عصاباتها من «الكليفتي» (Klephts)[3] أو اللصوص، كثيرة ومسلحة بشكل جيد، وتتسم بالشجاعة. ومثل هذا العمل في بلد في وضع اليونان قبل الثورة، يعني ضمنًا قدرًا من انعدام الثقة أكبر مما كان عليه الأمر في إنجلترا خلال عصور النورمان المبكرة فيما يتعلق بـ«الخارجين على القانون المتسمين بالجسارة» في «شيروود» (Sherwood)، أو في اليونان نفسها من عصور هوميروس إلى لصوص البحر والقراصنة المعترف بهم[4]. وكان هناك أيضًا في وسط وشمال اليونان فئة مهمة أخرى من المواطنين المسلحين، تُشكِّل نوعًا من الميليشيات التي أُنشئت في الأصل وأُقرَّت من الأتراك أنفسهم حفاظًا على النظام وقمع عصابات الكليفتي. كان هؤلاء الحرس الوطني (كما يمكن تسميتهم) يتألفون حصرًا من اليونانيين، وضباطهم من اليونانيين كذلك، لكنهم اعترفوا بسلطة باشوات مقاطعاتهم. وكثيرًا ما

---

(1) Tricoupi, tom. A. p. 2 and p. 1.

(2) See Emerson Tennent, vol. ii.p. 561.

(3) من الكلمة اليونانية «kléptein»، وتعني: «سارقًا أو قاطع طريق». وقد أُطلقت هذه الكلمة منذ القرن الخامس عشر على المناهضين للحكم العثماني في اليونان، ممن سكنوا الجبال وحملوا السلاح في جماعات، وقد ازداد نشاطهم في القرن التاسع عشر، وكان لهم دور كبير في حرب الاستقلال اليونانية. (المترجم).

(4) Tricoupi, vol. A. p. 15 ; and Thucydides as there cited.

كانوا يتألفون من الكليفتي الذين جاءوا من الجبال، وعقدوا شروطًا مع الحكومة، ليصبحوا منذ ذلك الحين فصاعدًا «كليفتي مُرَوَّضين». لكن الاسم الاعتيادي للقوات الدفاعية كان «أرماتولي» (Armatoli). تَخَوَّف الباب العالي قبل الثورة اليونانية ببضع سنوات من أعداد وتنظيم الأرماتولي، وبذل جهودًا عنيفة للحد من قوتهم، مما أدى في الأغلب لدفعهم إلى تمرد مفتوح، وزاد من قوة الكليفتي المسلحين، أو الوحشيين. وكان هناك ظرف آخر يدعم تمرد اليونان بشكل أكبر، ألا وهو كثافة وتجانس سكانها المسيحيين، وهو ما يتجاوز بكثير القدر المعتاد الذي يمكن العثور عليه في الإمبراطورية التركية. وقد أبدى نابليون ملاحظة، في إحدى محادثاته في «سان هيلانة» (St. Helena)[1] بشأن موضوع الشرق، وهي أن السلاطين ارتكبوا خطأً فادحًا بالسماح لكتلة كبيرة من المسيحيين من العرق نفسه بالتجمع معًا، وبهذا التفوق العددي على ساداتهم، كما في اليونان. وتوقَّع أنه «عاجلًا أم آجلًا سيتسبب هذا الخطأ في سقوط العثمانيين»[2].

هذه هي البواعث والموارد التي كانت اليونان تمتلكها في الداخل لحرب استقلالها، التي مع ذلك لم تكن لتُكلَّل بالنجاح في نهاية المطاف (على الرغم من البسالة التي شُنت بها) لولا التعاطف الذي أثارته القضية اليونانية بين جميع دول أوروبا: «تعاطف لم يكن معروفًا من قبل، حيث تكاتفت ذكريات العصور الكلاسيكية، والنزعات الليبرالية، والشعور المسيحي العالمي»[3]. ومع الأسف لم تنزع دوافع أخرى، دوافع أنانية دنيئة، لرمي سيف أوروبا المسيحية إلى مداه تجاه الأتراك في الحرب اليونانية[4]. كان طموح قوة كبيرة واحدة هو المسيطر، واستُخدم على نحو أكثر فعالية، على الرغم من أن الأداة كانت غير مدركة، تلك الأداة التي تمثَّلت في الفتوة المتحمسة لآخرين.

منذ الثورة غير المجدية التي وقعت بمساعدة روسيا عام 1770م، واليونانيون يخططون باستمرار لمحاولات جديدة. وضع شاعرهم الوطني، «ريجا» (Rhiga) (الذي ساهمت كلماته بقوة في الحفاظ على لهب الحرية في قلوب مواطنيه)، مشروعًا قرب نهاية القرن الماضي يهدف إلى توحيد الأمة اليونانية بأكملها في تحالف سري للإطاحة بساداتهم الأتراك. هكذا نشأ أول

---

(1) هي الجزيرة التي نُفي إليها نابليون عام 1815م حتى وفاته عام 1821م، وتقع في المحيط الأطلسي. (المترجم).

(2) Montholon, vol. iv. p. 229.

(3) Ranke, p. 365.

(4) قال «ويليام كوبيت» (William Cobbett)، ذلك الرجل قوي العقل محكم اللفظ: إن الثورة اليونانية كانت «حربًا قام بها الشعراء والسماسرة المارقون لصالح روسيا».

تنظيم، وهو تنظيم «هيتيريا» (Hetaeria) الشهير، الذي جعل ريجا انتشاره سريعًا وممتدًّا، لكنه تلاشى بعد وفاته عام 1798م، وجرى إحياؤه بعد ذلك بين اليونانيين في «أوديسا» (Odessa) عام 1814م، بواسطة «نيكولاس سكوفاس» (Nicholas Skophas)، الذي أطلق عليه جمعية (أو هيتيريا) «فيليكوي» (Philikoi)[1]، ومن خلال ربطه بجمعية أدبية ازدهرت في أثينا، حصل على وسائل نشره بسرعة بين اليونانيين الأكثر امتلاكًا للعقل، وإخفائه، في الوقت نفسه، عن ارتياب الأتراك. ضمَّت هذه الجمعية سريعًا عدة آلاف من الأعضاء، والتحق بها عدد كبير من الضباط في الخدمة الروسية، وكان من المفترض أن تربط السياسة الروسية بالمصالح اليونانية بشكل أوثق مما كان عليه الأمر بالفعل، وهي فرضية مناسبة للغاية لترقيتها، وكذا الاعتقاد بأنها تعمل تحت سلطة روسية، فضلًا عن التأكد من الحصول على مساعدات روسية في وقت الحاجة، وبطبيعة الحال زيادة القوة العددية والجسارة الخاصة بالتحالف. وكان للجمعية تسلسلها الهرمي، ورموزها السرية، وإجراءاتها الشكلية الغامضة والمثيرة. ويمكن الحكم على طابعها العام عن طريق القَسَم الذي يُقسمه العضو عند ارتقائه إلى الدرجة الثالثة من درجاتها السبع: «عليك أن تكافح من أجل عقيدتك ووطن أسلافك، عليك أن تكره وتضطهد وتُبيد أعداء دينك وجنسك وبلدك». وكان لهيتيريا فروعها ووكلاؤها في كل إقليم من أقاليم تركيا الأوروبية، وفي المدن الرئيسية لآسيا الصغرى، وفي كل دولة أجنبية يستقر بها أي عدد من اليونانيين. وفي أوائل عام 1820م استعد قادتها لعصيان عام، لم يكن تأجيله ممكنًا أكثر من ذلك. لكن الحدث الذي تسبَّب بشكل مباشر في اندلاع الثورة كان الحرب بين السُلطان وعلي باشا التي اندلعت في ربيع ذلك العام، وقَدَّمت لليونانيين فرصة البدء في ثورتهم بينما كانت أفضل قوات الباب العالي مشتبكة مع عدو كبير، عدو يُعَدُّ هو نفسه لفترة طويلة أحد أقوى وأقسى من اضطهد الجنس اليوناني، لكنه بدا حينذاك منقادًا للمصلحة الشخصية التي صارت أثمن حليف له

لم يكن هناك شيء محدَّد معروف آنذاك لدى الديوان في القسطنطينية عن الخطر الذي كان يحتشد ضد السُلطة العثمانية في هيتيريا اليونانيين. وكان السُلطان محمود قد قرر البدء في واحدة من المهام الصعبة في عهده، التي من شأنها أن تُخضع بفعالية، أكثر التابعين قوةً وتمردًا، بعد أن حافظوا لفترة طويلة على سلطاتهم داخل إمبراطوريته، وظللوا سلطان عرشه. لم يكن أيٌّ من هؤلاء أكثر وقاحة في استقلاله، أو تسبَّب في الذعر أو الإساءة إلى الباب العالي، من

---

(1) يبدو أنها تعني: «جمعية الأصدقاء».

علي إبيرس، باشا يانينا[1]، الذي عرض لنا اسمه بالفعل مرارًا، لكنه يتطلب هنا تسليط الضوء عليه بشكل أكبر إذا نظرنا بعين الاعتبار إلى تاريخ العثمانيين وأجناسهم في الآونة الأخيرة.

كان علي باشا ألبانيًّا، وتنتمي عائلته إلى إحدى العشائر التي اعتنقت الإسلام منذ فترة طويلة. وكان أسلافه لعدة أجيال زعماء وراثيين لقرية «تيبلين» (Tepelene) المحصَّنة الصغيرة، حيث وُلد عام 1750م تقريبًا. وقد جُرِّد والده (الذي تُوفِّي قبل أن يبلغ عليٌّ أربعة عشر عامًا) من جميع ممتلكات الأسرة تقريبًا، في سلسلة من الصراعات الفاشلة مع زعماء العشائر المجاورين. رَبَّت «خانيكو» (Khaniko)، والدة علي، الفتى حتى ينتقم، ويقوي دوافع بقائه. فشكَّل فرقة من قاطعي الطُّرق، والتي على رأسها فاز في بعض الأحيان بالغنيمة والصيت، وأحيانًا أخرى شهد هزائم بالغة ومخاطر. لاذ في بعض المناسبات بالجبال، حيث تجوَّل بمفرده بصفته كليفتيًّا أو لصًّا، ريثما يجتمع مرَّة أخرى برفاقه، ويضرب في سبيل السُّلطة والبقاء. وبعد بضع سنوات من المغامرات الرومانتيكية الضارية، استرد عليٌّ الجزء الأكبر من أراضي عائلته، واكتسب شهرة في جميع أنحاء ألبانيا بوصفه قائدًا باسلًا ناجحًا. خدم خدمة جيدة في جيوش الباب العالي ضد النمساويين عام 1788م، وحصل من الديوان على باشوية «تريكالا» (Tricala)، في تِساليا، عن طريق السُّمعة التي اكتسبها إلى حدٍّ ما، وعن طريق الرشوة بشكل أكبر. ومن خلال براعته الجريئة منعدمة الضمير، فضلًا عن إجرامه، جعل نفسه بعد ذلك باشا ليانينا، في إبيرس، التي صارت منذ ذلك فصاعدًا عاصمة لسيادته. ومن خلال ما وُهب من فطنة عظيمة، وبلا أي ندم أو خوف، انتصر عليٌّ على منافسيه من البكوات والباشوات، وأكمل تقريبًا إخضاع القبائل الجبلية المجاورة، على الرغم من معاناته من مقاومتهم الطويلة العنيدة، خصوصًا من السوليوت البواسل. كانت كل خطوة يخطوها عليٌّ إلى الأمام في مسيرته، موصومة بالغدر الكريه والقسوة الأكثر شراسة، لكن حازت المدن والأراضي الواقعة تحت حكمه السلامَ والأمن والازدهار التجاري. راقب عليٌّ بحرص الصراعات والتغيرات، التي كانت كل أوروبا تقريبًا مسرحًا لها لسنوات عديدة عقب اندلاع الثورة الفرنسية الأولى. وقد أجرى مفاوضات متكررة مع نابليون وغيره من حكام الغرب، الذين اعترفوا به بشكل فعلي بوصفه عاهلًا مستقلًّا، وإن لم يكن ذلك بشكل رسمي. ويُقال[2] إن «مخططه تَمثَّل في جعل نفسه سيدًا لجميع ألبانيا وتِساليا واليونان والجزر الأيونية. أما خليج «آرتا» (Arta)، ذلك الخليج ذو المدخل الضيق، مع كونه فسيحًا بما

(1) أو «يانيه». انظر: موستراس، القاموس الجغرافي: 495. (المترجم).

(2) "Biographical Dictionary" of Useful Knowledge Society; title, "Ali Pacha."

يكفي لاحتواء الأساطيل الأوروبية المتحدة، فكان من شأنه أن يصبح مركزًا لهذه الإمبراطورية الجديدة. كان الألبان خاصته أفضل الجنود في تركيا، وعملت غابات يانينا و«ديلفينو» (Delvino) على إمداده بالأخشاب الممتازة، وزوّدته اليونان بالبَحّارة الأكثر إقدامًا في البحر المتوسط»[1]. لم يكن باستطاعة عليٍّ تحقيق هذا المشروع، لكنه حافظ على سيادته حتى عام 1819م، حين صار استحواذه على بارْجَه هو انتصاره الأخير.

عزم محمود طويلًا على قمع هذا الباشا المتمرد، الذي ذاع صيت استقلاله المستبد في جميع أنحاء أوروبا. وقد منحت جريمة متهورة ارتكبها عليٌّ، في فبراير 1820م، ذريعةً فورية لتدميره؛ فقد جرى الكشف عن اثنين من عملاء عليٍّ في القسطنطينية في محاولة لاغتيال إسماعيل باشا، الذي هرب من يانينا لتجنب آثار عدائه مع الباشا، وجرى توظيفه في بلاط السُّلطان الخاص. فأُصدرت فتوى على الفور أُعلن فيها أن عليًّا ما هو إلا «فرمانلي» (Fermanli) (أو خارج على القانون)، وصدر أمر إلى جميع الوزراء الموالين وغيرهم من الخاضعين للباديشاه بشن الحرب على ذلك المتمرد. وفي الصراع الذي أعقب ذلك، حقَّق عليٌّ في البداية بعض النجاح، لكن ما لبث محمود أن ألهم قادته بعضًا من مقدرته. وبإعلانه الشديد أنه سيقوم بإعدام أي شخص يجرؤ على الكلام لصالح ذلك الخارج عن القانون، كبح السُّلطان الفعالية المعتادة للرشاوى التي وزَّعها عليٌّ بين العديد من أعضاء الديوان. حُوصر عليٌّ في يانينا، واستمر في مقاومته حتى بداية عام 1822م، إلى أن استُدرج للوقوع في قبضة أعدائه من خلال التظاهر بعبارات الاستسلام، وأعدمه خورشيد باشا، الذي كان يقود الجيش المحاصِر.

لكن بينما كان «الأسد العجوز ليانينا» (كما كان يُسمَّى عليٌّ)، يقاوم قوات السُّلطان في

(1) كان علي باشا في بدايته رئيسًا لإحدى العصابات التي تكونت بإيعاز من روسيا لقطع السُّبل وإيقاف حركة التجارة في جبال اليونان وألبانيا، لكن ما لبث أن رأى النفع في موالاته للعثمانيين، فطلب من الباب العالي تعيينه على مسقط رأسه في إبيرس، فقبل الباب العالي، واستخدمه في محاربة بعض الخارجين، ثم عُين عام 1787م «دربندباشي» أو محافظًا على الطرق من اعتداء العصابات المسلحة. وفي عام 1788م عُين واليًا على يانيه. وفي عام 1797م عندما استولت فرنسا على جميع السواحل التابعة للبندقية، راسلهم علي باشا مؤكدًا على ولائه لهم، لكن لم يكن ذلك إلا حفاظًا على الأراضي العثمانية من تعديهم. وعندما أعلنت الدولة العثمانية الحرب على فرنسا، قام علي باشا باحتلال بترنتو، وقاتل الفرنسيين وانتصر عليهم ودخل مدينة بروازه عنوة. ومنذ عام 1802م كلَّفه الباب العالي بالقضاء على أكثر من تمرد، وهو ما استطاع القيام به، مما جعل الباب العالي يعينه واليًا على الرُّوملي، فأدى ذلك إلى زيادة نفوذه وقوته وأغراه بالاستقلال. انظر: محمد فريد، تاريخ الدولة العلية: 269-270. (المترجم).

الخليج لفترة طويلة، متسببًا في استبقاء واحد من أقدر وأشرس قادة السُلطان[1]، قام جميع اليونانيين تقريبًا بالثورة وضرب العثمانيين من الخلف. ونجحت محاولة تمرد مماثل لفترة من الوقت في الأقاليم الواقعة عبر الدانوب. ففي فبراير 1821م، قام «إبسيلانتي» (Ipsilanti) - وهو يوناني حاز مقامًا رفيعًا في الجيش الروسي، وكان آنذاك رئيس الهيتيريا - بعبور نهر بروت إلى مولدافيا مع فرقة صغيرة، ودعا مواطنيه في جميع أنحاء الإمبراطورية التركية لحمل السلاح. ولسوء الحظ، تمثَّل أول أعمال المحررين اليونانيين (على الرغم من أن إبسيلانتي لم يكن مسؤولًا بشكل شخصي عنه) في جرائم القتل الوحشية الجبانة للتجار الأتراك، في مدينتي جالاتز[2] وجاسي. وسرعان ما وصلت أنباء هذه الأفعال إلى القسطنطينية، مضافًا إليها مبالغات كثيرة، فضلًا عن الشائعات الكاذبة، فأدى السخط الناتج عن ذلك، وذعر المسلمين من المؤامرة الكبيرة للرعايا ضدهم، والتي اتضحت فجأة آنذاك، إلى سلسلة من المذابح الوحشية للسكان اليونانيين في العاصمة، التي جرى تقليدها أو الزيادة عليها في سميرنا وغيرها من المدن، من قِبَل السكان الأتراك، لا سيما الإنكشارية. في الواقع، ظهرت خلال الحرب التالية لذلك، والتي دامت ست سنوات، القسوة البالغة التي غالبًا ما اتسمت بالغدر على كلا الجانبين، إلا إن العديد من البطولات التي تستحق الانتماء إلى أفضل أيام اليونان القديمة، أضفت بريقًا على قضية المتمردين، وجعلت شعوب أوروبا المسيحية تنظر بعين العطف إلى جهودهم. وقد ظهر هذا التعاطف في الانضمام المتكرر للمتطوعين إلى الجيوش اليونانية، والمساهمات المالية السخية من الأفراد والجمعيات الخاصة، قبل أن يتدخل ملوك العالم المسيحي في الصراع. فتك الأتراك بقوةِ إبسيلانتي في مولدافيا ووالاشيا، ووضعوا حدًّا للتمرد في معركة «دراجشان» (Drageschan)، التي وقعت في 19 يونيو 1821م. لكن في اليونان، وفي البحار اليونانية، كانت الفِرق والأساطيل الخفيفة للمتمردين منتصرة بشكل عام على الجيوش والأساطيل التركية، حتى عام 1825م، حين استدعى السُلطان محمود قوات باشا مصر، محمد علي، إلى اليونان. فظهر على الفور تأثير الانضباط والأسلحة المتفوقة، واستطاع إبراهيم باشا، على رأس كتائب والده النظامية، هزيمة اليونانيين في جميع المواجهات، جاعلًا ضِياع أراضيهم رهن إرادته، واستعاد تدريجيًّا المدن والقلاع التي أُخذت من أيدي الأتراك. وسقط «ميسولونجي» (Missolonghi) (الذي كان يُعَدُّ الحصن العظيم لغرب اليونان) بعد مقاومة باسلة، في 22 أبريل 1826م، واستسلمت أثينا في يونيو من العام التالي.

---

(1) انظر التصوير القوي لشخصية خورشيد باشا في: Tricoupi, vol. A. p. 67.

(2) يتحدث تريكوبي صراحةً عن مقتل الأتراك في جالاتز. Tricoupi, vol. A. p. 53.

في حين حافظت القوات المصرية على تفوق واضح على البر، اتحد أسطولٌ أرسله محمد علي مع نظيره التركي، وعليه حُشد أسطول قوي من سفن مدججة بالسلاح وعامرة بالرجال تحت راية السُّلطان في المياه اليونانية، عجزت سفن المتمردين الخفيفة تمامًا عن التعامل معها. إن البلاء المعتاد لقضية التحرر، عندما تجافيها حظوظ الحرب، هو حدوث الانشقاق والحرب الأهلية، التي اندلعت آنذاك بين الزعماء اليونانيين. وعلى الرغم من البسالة العامة التي تحلَّت بها الأمة، والقدرات العالية، والتفاني بلا حدود الذي أظهره بعض القادة، كان لا بدَّ أن تنهار اليونان عام 1827م، إذا لم تكن القوى العظمى الثلاث لأوروبا المسيحية قد ظهرت في المشهد بتأثيرها المذهل.

لكن قبل النظر في الكارثة النهائية للحرب اليونانية، يجب أن نعود إلى المعاملات المتداخلة بين الباب العالي وبلاط سان بطرسبرج بشأن موضوع الصرب، والمقاطعات، وأيضًا إلى التدابير الجريئة التي اتخذها السُّلطان، في عام 1826، لإسقاط تلك القوة البغيضة المرهبة منذ فترة طويلة للإنكشارية، وإحداث تغيير جذري في النظام العسكري لإمبراطوريته. كان تدمير الإنكشارية أكبر حدث في عهد محمود. إذا نظرنا إلى حالة تركيا في السنوات الأولى لسليم الثالث، سنرى كيف كان لزامًا أن يكون هناك تغيير شامل في البنية والتنظيم والانضباط، وأسلحة القوات النظامية، من أجل التطوير الداخلي للإمبراطورية، وتعزيزها أمام الهجمات الخارجية، على حدٍّ سواء. ورأينا كيف قاوم الإنكشارية أي تطوير، وتلك الضراوة الوحشية التي دمروا بها العاهل ورجال الدولة الذين سعوا إلى إحداث التغييرات المطلوبة. ومنذ تلك الأحداث، ثبت عدم جدوى الإنكشارية في الميدان، ليس فقط في الحملات على نهر الدانوب، عامَي 1810 و1811م، لكن بشكل أكثر حسمًا في إخفاقاتهم المتكررة ضد المتمردين اليونانيين. من ناحية أخرى، أثبت التقدم الذي أحرزته القوات المصرية في اليونان أن الانضباط الأوروبي يمكن الحصول عليه عن طريق المسلمين، مثلهم مثل المواطنين الأصليين للعالم المسيحي، وأن البندقية والحربة يمكن أن تكونا فعَّالتين في يد القبطي أو العربي، كما هي في يد الروسي أو الإفرنجي. وكان عقد المقارنة بين القوات التي جرى إرسالها من إقليمه المصري، وبين نظيرتها التي وفرتها أجزاء أخرى من إمبراطوريته، ملهمة ومزعجة للسلطان في آنٍ واحد؛ فقد رأى أن محمد علي اضطلع في مصر بالمشروعات ذاتها التي كانت حتى ذلك الوقت بعيدة عن سلطته، وعن جسارة سلاطين العالم العثماني إلى حدٍّ كبير. قرر محمود أن هذا التفاوت يجب ألَّا يجلب العار عليه، وأنه يجب عدم بقاء الإنكشارية أكثر من ذلك مثلهم مثل المماليك، لكنه كان يعرف جيدًا القوة العددية والعنف منعدم الضمير للجماعة التي كان على وشك الاعتداء عليها. نادرًا ما مرت سنة

من حكمه، لم يُدمَّر فيها جزء من عاصمته بسبب الحرائق التي سبَّبها الإنكشارية الساخطون، أو لم يكن من الضروري فيها تقديم بعض التنازلات لمطالبهم المتمردة. كان من المستحيل جمعهم والقضاء عليهم بأي خدعة، مثلما فعل محمد علي مع المماليك. وفي الواقع، ليس هناك عمل من الأعمال التي قام بها محمود في حياته يمكن أن يبرر لنا الاشتباه في أنه كان على استعداد لاستخدام هذه الطرق الغادرة، حتى لو استطاعوا الاستفادة منها. وتوقَّع محمود أن معركةً في شوارع القسطنطينية هي التي ستحسم المسألة بينه وبين الإنكشارية، فعزَّز نفسه بجدٍّ بأسلحة الحرب الأكثر فعالية في صراعات الشوارع. ويُقال إنه عندما سمع عن الطريقة التي استخدم بها «مورات» (Murat)، مدفعًا لتطهير شوارع مدريد من جماعات المتمردين عام 1808م، ترك هذا انطباعًا على عقله، لم ينسه قَطُّ[1]. فثابر على تطوير قوة مدفعيته، وإمدادها برتب من الضباط الذين يمكن أن يثق في ولائهم وقرارهم. وفي السنة الثامنة عشرة من حكمه، عندما استعد للصراع النهائي مع الإنكشارية، زاد قوة الطوبجية، أو القائمين على المدفعية، في القسطنطينية وبالقرب منها، إلى أربعة عشر ألفًا، ووضع على رأسهم ضابطًا مخلصًا مخلصًا لإرادته السيادية. كان قائد المدفعية التركية يُدعى «إبراهيم»؛ إلا إن سلوكه يوم الصراع، ولون بشرته الداكن، جعلاه بعد ذلك يُعرف باللقب المروع «قره جهنم» أو «الجحيم الأسود». وكذلك انتهز محمود فرصة، وقام بتعيين آغا للإنكشارية أنفسهم، يُدعى «حسين»، كان مستعدًّا لتنفيذ جميع مخططات السُّلطان. وكان الوزير الأعظم مخلصًا لسيده، ويمتلك شخصية. ووُضعت مجموعة كبيرة من الجنود الآسيويين الجديرين بالثقة في أسكودار، يمكن أن يُزج بهم في المعركة في الوقت المناسب. كما برر محمود بنجاح للعلماء البارزين، حماقة مشاركتهم في الجريمة بسبب تأثير الخيانة المستعصية لهؤلاء الإنكشارية، الذين ربما كانوا ذات مرَّة أبطالًا صادقين، لكنهم أصبحوا الآن أسوأ أعداء الإسلام. وقبل فترة قليلة من ذلك قام بترقية رجل يثق في دعمه إلى منصب المفتي الرئيسي، وقرر المُضي قُدمًا في التقيُّد الصارم بالقانون والإجراءات الشكلية المعروفة، وذلك لإلحاق الكراهية بالإنكشارية حين يصبحون أول مَن ينادي باستخدام القوة الغاشمة. وفي مجلس كبير من الوزراء والعلماء، عُقد في يونيو 1826م، تقرَّر أنه من الممكن للمسلمين استعادة الأفضلية على الكفار فقط من خلال مواجهتهم بجيش نظامي منضبط، وصدرت فتوى وُقِّعَت من جميع أعضاء المجلس، جرى من خلالها توجيه الأوامر لعدد معين من كل أورطة من أورطات الإنكشارية بممارسة التدريبات العسكرية المطلوبة[2]. بعد بعض

(1) Ranke, p. 369.

(2) Ranke, p. 369.

التذمرات والاضطرابات الجزئية، احتشد جميع إنكشارية العاصمة في آت ميدان، في الخامس عشر من يونيو عام 1826م، حيث قلبوا آنية المعسكر (إشارة الثورة المعروفة)، متقدمين نحو القصر يصيحون صيحات عالية تطالب برؤوس كبار وزراء السُلطان، إلا إن محمودًا كان مستعدًّا لهم تمامًا. فقد قام بنفسه بنشر الراية المقدسة للنبي صلى الله عليه وسلم، ودعا جميع المؤمنين الصادقين للاحتشاد حول سلطانهم وخليفتهم، مما أثار حماس الشعب فاصطف إلى جانبه، على استعداد لدعم أكثر فعالية من الطوبجية والقوات الآسيوية. ومع ازدحام الإنكشارية عبر الشوارع الضيقة نحو السراي، أمطرهم «الجحيم الأسود» ورجال مدفعيته بالقذائف، التي قَطَعَت كراتها المستديرة الأزقة عبر صفوفهم التي تشق طريقها بصعوبة، وهو ما ردهم مرَّة أخرى إلى آت ميدان، وهناك دافعوا عن أنفسهم بالبنادق لبعض الوقت بثبات وشجاعة كبيرة. وبعد أن هلك كثيرون، تراجع بقايا أبناء حاجي بكتاش بنظام جيد إلى ثكناتهم التي حصَّنوها، وأعدوا أنفسهم لأقصى مقاومة مستميتة للهجوم المرتقب. لكن محمودًا وضباطه لم يخاطروا بأي قوات في مثل هذه المواجهة، حيث وُضعت مدفعية السُلطان قبالة الثكنات، وصَبَّت وابلًا متواصلًا من الرصاص والقذائف على المتمردين الموقوفين. هاجم أكثرهم جرأة والسيف في يده، لكن أُطلقت النار عليهم جميعًا، أو صُرعوا وهم يحاولون الهرب. وسأل بعضهم الرحمة، وهو ما رُفض بشدة. وواصلت مدفعية «قره جهنم» الدوي على المباني حتى أُضرمت فيها النيران ودُمِّرت تمامًا، فهلك آخر إنكشارية القسطنطينية بين أنقاض مشتعلة ملطخة بالدماء.

تباينت تقديرات الذين سقطوا في هذا اليوم الذي لا يُنسى[1]. ويبدو أنه حسب أكثر التقديرات دقة بلغ عدد الإنكشارية الذين قُتلوا في المعركة أربعة آلاف. وقد أُعدم آلاف آخرون بعد ذلك في مختلف مدن الإمبراطورية؛ ذلك لأن محمودًا تابع انتصاره بقوة وشدة مطردة. وأُلغيت قوات الإنكشارية في جميع أنحاء الأراضي العثمانية، وحُظِر اسمهم، وحُطمت راياتهم. وصدرت الأوامر بتجميع قوات جديدة، على نظام جديد، كانت (على حدِّ تعبير بيان السُلطان) من أجل الحفاظ على قضية الدين والإمبراطورية، تحت مسمى «العساكر المحمدية المنصورة». في هذه المرحلة من مسيرة السُلطان محمود، «أثار شجاعةً وثقةً بالنفس، وأثار آمالًا كبيرة وواعدة»[2]، ليس من دون سبب. لقد أسفر الثبات والاستعدادات لثمانية عشر عامًا عن إنجاز المهمة التي عجز عنها الكثير من أسلافه؛ فأطاح بالطغيان العسكري الذي عانت من

(1) See Marshal Marmont’s remarks on this, p. 77.

(2) Ranke, p. 371.

نيره الإمبراطورية لعدة قرون. وأخيرًا شعر السُلطان بحرية حقيقية، وسيادة فعلية على مملكته. وقام آنذاك بتشكيل جيش قوامه أكثر من أربعين ألف رجل، بملابس وأسلحة وانضباط وفقًا للنظام الأوروبي، مع توقعات بارتفاع تدريجي لهذه القوة إلى مائتين وخمسين ألفًا. بالفعل، لم يجد محمود أي مساعدة كافية من بين أعضاء أمته المستنيرين، فكل شيء تقريبًا يجب القيام به كان «بإرادة السُلطان الحديدية»[1]. إلا إن ذلك قد فعل العجائب، ومنحه كل نجاح عشرة أضعاف السُبُل لتحقيق نجاحات أخرى. وفي الأقاليم، صار آنذاك أكثر الباشوات المتمردين صعوبة، ممن استهانوا بسلطة العرش في بداية حكمه، إما موتى وإما معزولين. وقبل كل شيء، قام محمود نفسه بعرض رأس عليٍّ حاكم يانينا، أمام ديوانه الخاضع، في انتصار شديد اللهجة. وسُحق الوهابيون، وأُبيد المماليك. وحتى ذلك الوقت لم يكن محمد علي قد قام بأي عمل صريح ينبئ عن العصيان. وسُحق التمرد في مولدافيا ووالاشيا. وعلى الرغم من أنه اشتعل بشكل أكثر شراسة واستدامة في اليونان، فإنه بدا على وشك الانطفاء هناك أيضًا على يد القوات التركية المصرية المظفرة لإبراهيم باشا. كان كل ما يحتاج إليه محمود الآن من الحظ، هو المنعة من هجوم القوى الأجنبية خلال الفترة الانتقالية التي كان من الضروري لتركيا أن تعبرها بين المؤسسات القديمة الملغاة وبين الجديدة التي لم تُعد أو تنضج بعد، تلك التي قام بوضعها لتزدهر. ويرى أحد أقدر المؤرخين في عهد محمود[2] أنه «لو كانت تركيا قد استمتعت بعشر سنوات من السلام بعد القضاء على الإنكشارية، فلربما كانت الإصلاحات العسكرية للسلطان محمود قد اكتسبت في ذلك الوقت بعض القوة. وبدعم من الجيش الذي يمكن الاعتماد عليه، كان يمكن للسلطان إنجاز الإصلاحات اللازمة في إدارة بلاده، وغرس حياة جديدة في الأفرع الميتة من الإمبراطورية العثمانية، وجعل نفسه مرعبًا لجيرانه. لكن كل ذلك منعته روسيا، التي قضت على الإصلاحات العسكرية للسلطان في مهدها». وأقوى دليل ممكن على الحكمة التي خُططت بها تدابير محمود، والآثار المفيدة التي أنتجتها في واقع تركيا، والفوائد الجمَّة التي كانت ستمنحها إذا لم تسارع روسيا لمهاجمتها في وقت كانت هذه التدابير في طريقها إلى النضوج، ما وُجد في برقيات كبار رجال الدولة في روسيا خلال حرب 1828-1829م، الذين وثقوا في حكمهم على إصلاحات محمود، بضرورة قيام الجانب الروسي بالأعمال العدائية بشكل فوري، معترفين أن تركيا أظهرت تحت القيادة الصارمة لمحمود، درجة من الفعالية والقوة تتفوق على ما حازته طويلًا في السابق؛ وهم يُمَنُّون أنفسهم

---

(1) Moltke, p. 13.

(2) Moltke, p. 456.

بعدم الانتظار حتى تكتسب القوات التركية الجديدة القوة الراسخة الناضجة، وهي التي كانت مستعصية على القهر حتى في بدايتها[1].

كان من المؤسف بشكل كبير للسلطان محمود، أنه قبل بضعة أشهر فقط من ضربه الضربة الحاسمة التي دمرت القوة العسكرية الرئيسية القديمة لتركيا، كان هناك تغيير للأباطرة في سان بطرسبرج. في عهد ألكسندر الأول، كان بُغْض الثورة سائدًا على ما عداه من المشاعر الأخرى، لذا ظل بمعزل عن جانب المتمردين اليونانيين. وكان في الجزء الأخير من حياته (الذي غشيته الكآبة والمرض) غير قادر على العمل النشط الذي تتطلبه حروب الغزو من العاهل. لكن في 24 ديسمبر 1825م، خلفه على العرش الروسي «نيكولاس» (Nicholas)، وهو أمير لديه العديد من المزايا العالية، وممثل حقيقي للشعور الوطني الروسي، وعلى هذا النحو مستعدٌّ وراغبٌ في الحرب في سبيل دعم مسيحيي الكنيسة اليونانية، ضد «العدو اللدود القديم» للروس[2]. علاوة على ذلك، فإن الصراع الأهلي الذي اندلع في سان بطرسبرج عند تولِّي نيكولاس في نهاية عام 1825م، والقلق الذي لم يتوقف عن الانتشار بين الأمة الروسية، خصوصًا الجيش، جعل رجال الدولة في سان بطرسبرج ينظرون إلى الحرب التركية برغبة كبيرة لأمن إمبراطوريتهم الداخلي[3]. استؤنفت المفاوضات التي طال انتظارها بين روسيا والباب العالي فيما يتعلق بالصرب والمقاطعات وغيرها من المسائل، بلهجة أكثر حسمًا من قِبَل وزراء نيكولاس، مما كان يُستخدم سابقًا مع العثمانيين. وفي أغسطس من عام 1826م (بعد شهرين من القضاء على الإنكشارية) أصر الروس على تخلِّي الباب العالي عن بعض الحصون في آسيا بشكل فوري، بزعم أنه تنازل عنها بموجب معاهدة بوخارست، وعلى استعادة المولدافيين والوالاشيين امتيازاتهم الكاملة، كما كانت الحال قبل ثورة 1821م، وعلى عدم التواني في إقرار الحقوق السياسية للصربيين. تلقَّى الأتراك في البداية هذه المطالب بسخط معلن، لكن في حالة عدم الاستعداد التي كانت عليها تركيا إثر أزمة التغيير الداخلي تلك، شعر السُلطان نفسه أنه مضطر للانقياد. وفي السابع من أكتوبر 1826م (في اليوم الأخير الذي سمحت فيه روسيا بالتشاور)، جرى التوقيع على معاهدة أو اتفاقية آقرمان[4].

---

(1) انظر رسائل كونت «بوزو دي بورجو» (Pozzo di Borgo)، والأمير «دي ليفن» (Prince di Lieven)، المذكورة فيما بعد.

(2) Moltke, p. 3.

(3) Ibid., p. 3.

(4) انظر نص بنود هذه المعاهدة: محمد فريد، تاريخ الدولة العلية: 299-307. (المترجم).

صَدَّقت هذه الاتفاقية على معاهدة بوخارست، وقضت بأن يتمتع المولدافيون والوالاشيون من ذلك الحين فصاعدًا بجميع الامتيازات التي تمنحها المادة الخامسة من تلك المعاهدة، وكذلك تلك التي منحها الخط الشريف الصادر عام 1802م. هكذا يُنتخب الهسبودارات المستقبليون للمقاطعتين لمدة سبع سنوات، بواسطة النبلاء من بين المجلس الخاص بهم. ولا يتم عزل هسبودار من قِبَل الباب العالي من دون موافقة روسيا. ويتمتع منذ ذلك الحين مَن تورط من النبلاء المولدافيين في تمرد عام 1821م وأُجبر على اللجوء إلى روسيا، بحرية العودة، واسترداد مكانته ووضعه وممتلكاته. وفيما يتعلق بالصرب، يقوم الباب العالي ومجموعة من المندوبين من الشعب الصربي بتسوية اللوائح اللازمة للحكومة المقبلة الخاصة بالمقاطعة، ويجري نشرها فورًا في خط شريف سلطاني، وتصبح جزءًا من المعاهدة بين روسيا وتركيا. وذُكر أن من بين الامتيازات التي كانت بالتالي مكفولة للصربيين، الحرية الدينية، وحرية اختيار زعمائهم، والحكم الذاتي الداخلي المستقل، وإعادة توحيد المناطق التي انفصلت عن الصرب، وتوحيد مختلف الرسوم المفروضة في ضريبة واحدة، وحرية التجارة، وإنشاء المستشفيات والمدارس ومكاتب الطباعة، وعدم السماح للمسلمين بالإقامة في الصرب، باستثناء أولئك الذين ينتمون إلى حاميات الحصون. وتحتوي معاهدة آقرمان على العديد من الاشتراطات الأخرى، كلها تُمثل ضررًا لتركيا. فعلى سبيل المثال، يجب على الباب العالي أن يكون ملزمًا بتعويض التجار الروس عن عمليات التخريب التي ارتكبها القراصنة البرابرة، وأنه في حالة منح حرية الملاحة في البحر الأسود إلى الدول التي لم تحصل بعدُ على هذا الحق، فإن الباب العالي يفعل ذلك بطريقة لا تسبب أي ضرر للتجارة الروسية.

كما كان الهوان ضرورة لقبول معاهدة آقرمان التي فُرضت على محمود، سرعان ما واجه ضربات أشد من الجانب نفسه، وكذلك من القوى التي كان يعتبرها حتى ذلك الوقت أصدقاء مؤكدين. ففي السادس من يوليو عام 1827م، وُقِّعت معاهدة في لندن بين روسيا وإنجلترا وفرنسا، أُعلن أنها تهدف إلى وقف إراقة الدم، وتحقيق المصالحة بين الأتراك واليونانيين.

عُرضت وساطة السُلطات الثلاث السامية المتفقة لهذا الغرض، وكان الأساس الذي تقوم عليه التهدئة هو الاستقلال العملي لليونان، وألا يحتفظ السُلطان إلا بسيادة اسمية، ويحصل على جزية سنوية ثابتة، يجمعها اليونانيون أنفسهم. وجرى الإصرار على الهدنة قبل مناقشة البنود. وإذا رفض الباب العالي هذه الوساطة، فإن من شأن القوى الثلاث أن تقيم علاقات دولية مع اليونانيين عن طريق إرسال واستقبال القناصل، وبالتالي يتم الاعتراف بهذا الإقليم

المتمرد بوصفه دولة مستقلة. قَبِلَ اليونانيون هذه الشروط بشغف آنذاك في محنتهم البالغة، إلا إنها رُفضت بسخط من السُلطان محمود، الذي ذكر أن ذلك البلد الذي تقرر أن يخرج من حكمه، كان لعدة قرون يُشكِّل جزءًا لا يتجزأ من الإمبراطورية العثمانية، وأن أولئك الذين كانوا يعلنون صداقتهم للباب العالي، وقرروا التعامل كسلطة حكم يونانية معترف بها، هم قُطَّاع للطرق ومتمردون على عاهلهم الشرعي. واحتكم السُلطان إلى التاريخ الذي لا يُقدِّم أي مثال على هذا التدخل في انتهاك لجميع قواعد السُلطة الشرعية، وكذلك للقانون الأُممي، الذي بموجبه يحق لكل سلطة مستقلة أن تحكم رعاياها من دون تدخل أي قوة أجنبية مهما كانت. وأعلن أخيرًا قراره المتعنت أنه أبدًا لن يتنازل عن حقوقه.

واجه رجال الدول المسيحية، الذين تدخَّلوا لصالح اليونانيين، صعوبة كبيرة في تبرير تدخلهم وفقًا لأي مبدأ عام معترف به من مبادئ القانون الأُممي، خصوصًا بعد الطريقة القسرية التي اتفق من خلالها الحكام الأساسيون لأوروبا المسيحية في الآونة الأخيرة على التمسك بالحق الشرعي للسيادة القديمة ضد ثوار إيطاليا وإسبانيا. فما كان منهم إلا أن تخلصوا من ذلك عن طريق تَبَنِّيهم الصريح لمبدأ عام واضح يقضي بأنه من الشرعي والجدير بالثناء مساعدة المضطهد أمام الظالم. وربما كانوا قد استشهدوا أمام الأتراك بما فعله حاكمهم الكبير الشهير أحمد كُبرولي، الذي برر (كما رأينا) في عام 1672م تدخل تركيا لصالح الرعايا القوزاق لبولندا. غير أن هذا ليس إلا مجرد حجة قليلة القيمة، ومبدأ تدخُّل الأجانب في سُلطة حُكم معترف بها قانونًا بسبب اعتقادهم بأن سلوك تلك السُلطة تجاه جزء من رعاياها قاسٍ وظالم، يكون بالتأكيد عرضة لإساءة الاستعمال الجسيم، ومن المحتمل أن يكون مفضلًا لدى الحكام المستبدين، أو الدول التي يهيمن فيها جنس واحد على أجناس أخرى[1].

نجد وفقًا لذلك أن اتِّباع دبلوماسيي القوى العظمى لمبدأ التدخل هذا كان ضعيفًا ومترددًا

(1) عن التدخل من قِبل دولة أجنبية نيابة عن الرعية المضطهدين انظر:
Grotius, lib. 2, xii. 40; lib. 2, xxv. 8; Wheaton's "Elements," vol. i. p. 87; Kent's comment., vol. i. p. 25; Phillimore, vol. i. p. 441; Count Mamiami, p. 359; Mackintosh's "Review of the Causes of the Revolution of 1688," c. ix. ; Vattel, livre i. c. 4, secs. 51-54, and livre iii. c. 18, sec. 296.
يفتخر المؤرخ الوطني لليونان الحديث، «سبيريديون تريكوبي» (Spiridion Tricoupi)، بشكل طبيعي، بالظروف الخاصة التي من خلالها أنقذت الدول العظمى المسيحية بلاده. وهو يفتخر بأن التدخل وضع نهاية لمبدأ التحالف المقدس الذي يدين جميع التغييرات السياسية إذا ما جرى السعي إليها عن طريق التمرد وقوة السلاح، وهو ما يخل بتوازن القوى في أوروبا، ويخدم تدمير الإمبراطورية القديمة، والذي كما هو متوقع، يؤدي إلى نتائج خطيرة.

جدًّا في عام 1827م. وفي الواقع، لقد صرحوا أن أحد أسباب إجراءاتهم هو وقف إراقة الدم، لكن هذا قد يُفَسَّر على أنه ليس أكثر من صيغة مشتركة للتفاوض[1]. واحتكموا إلى تبرير آخر، هو حقيقة أن وساطتهم قد التُمست من أحد الأطراف المتنازعة. لكن طلب أحد المتنازعَين فقط لا يُشكِّل سببًا كافيًا للتدخل، خصوصًا إذا كان هذا الطرف يتألف من الرعايا الثائرين. وكان السبب الرئيسي الذي برر التدخل هو الحاجة المزعومة إلى توفير الحماية لرعايا القوى الأخرى الذين يجتازون مياه شرق المتوسط، التي تُمارَس فيها أعمال القرصنة الوحشية لقرون عديدة، بينما لم تكن تركيا أو الثوار اليونانيون - في الواقع - قادرين أو راغبين في منع التجاوزات الناشئة عن حالة الفوضى هذه. وبسبب شرعية هذه الذريعة، لسوء الحظ، تدخَّلت القوى الثلاث في الأزمة ذاتها، عندما كانت كفة السُّلطان في الحرب قد رجحت بشكل حاسم، وعندما بدا أن الصراع في طريقه إلى الانتهاء خلال وقت قصير، وأن حالة منطقة شرق المتوسط ستعود إلى ما كانت عليه منذ قرون. علاوة على ذلك، إذا كان قمع القرصنة في المياه التركية هو الهدف الحقيقي لإنجلترا وفرنسا وروسيا، فقد كان يمكنهم تنفيذه بِعُشْر القوة المستخدمة في نافارين. ومن أجل تحقيق ذلك، لم يكن هناك أي داعٍ بالنسبة إليهم لحرق السفن التابعة للسلطان، أو إنزال القوات البرية لإخضاع حصونه في المورة.

---

(1) في إحدى فترات الحرب كان دوق «ويلنجتون» (Wellington) يستعد لتزكية التدخل القسري لوقف الانتهاكات الوحشية لقوانين الحرب، كما يُدَّعى ضد الأتراك. «في عام 1826م، عندما كان إبراهيم باشا يستعيد المورة سريعًا، وتواصلت الروح الوحشية نفسها فيما بينه وبين خصومه المسلحين، والتي اتسمت بالتصارع من بدايتها، كان قد نُسب إلى القائد المصري أنه يقوم في كل منطقة أو مدينة يفوز بها من اليونانيين، بأخذ الأطفال اليونانيين الذكور، وختنهم، وتحويلهم قسريًّا إلى العقيدة الإسلامية، وأنه أعلن وبدأ في مشروع يقضي بنقل بقايا السكان اليونانيين إلى مصر، وإعادة إعمار المورة بجاليات من الأقباط والعرب. يمكن العثور على الفظائع ذات الطابع المماثل في تاريخ الفاتحين المشرقيين للقرون الوسطى والقديمة، لكن حتى لو مُورس شيء من هذا القبيل من قِبَل أيٍّ من الدول المتحضرة في الغرب، فبالتأكيد قد مر العديد من القرون دون أن تتلطخ الحرب الأوروبية بمثل هذه الأعمال المقيتة. ومن الجدير بالذكر أن الأتراك العثمانيين قبل فترة طويلة من حرب الاستقلال اليونانية، راعوا في أكثر من مناسبة قوانين الأمم الأوروبية، واعترفوا بالمبادئ والأعراف التي وضعتها تلك القوانين. وحتى لو لم يكن الأمر كذلك، فمن غير المرجح أن تتسامح المجتمعات الأوروبية المتحضرة مع التدخل في قارتها باستخدام هذه البربرية البشعة، أو في أي جزء من العالم يتسيدون فيه. وحث دوق ويلنجتون على التحقق من هذه التهم الموجهة إلى إبراهيم باشا، وأكد الدوق أنه إذا كانت صحيحة، فقد منحت الدول الثلاث الحق في التدخل في الحرب». (انظر: the Wellington Despatches, 3rd series, vol. iii. p. 75). «لكن القائد المصري نفى صحة هذه التهم، ولم يُعثر على أي دليل على ذلك، وعليه كانت هناك أسباب أخرى للتدخل، إلى جانب بيان عام قدمته إنجلترا وحلفاؤها عندما حدث التدخل فعليًّا في أكتوبر 1827م، بأن الأتراك قاموا بالحرب بطريقة متوحشة». - ("First Platform of International Law," p. 439).

في 20 أكتوبر 1827م، دخلت أساطيل إنجلترا وفرنسا وروسيا مجتمعة إلى خليج نافارين، الذي كان يرسو فيه الأسطول التركي المصري. وكان الهدف المعلن للحلفاء هو إجبار إبراهيم باشا على الكف عن المزيد من الأعمال العدائية تجاه اليونانيين. وقد بلغت قوتهم عشر سفن خَطِّيَّة، وعشر فرقاطات، وبعض السفن الصغيرة. كانت تلك القوة متفوقة بكثير على نظيرتها التابعة للسلطان، التي كانت على الرغم من احتوائها على سرب كبير من سفن «البارك» (bark)[1] الصغيرة، وتسع عشرة فرقاطة، فإنها قَدَّمت فقط خمس سفن خَطِّيَّة. ومن المحتمل أن وزيرَي إنجلترا وفرنسا (اللذين لم تكن لديهما رغبة في رؤية تركيا ضعيفة بسبب أهداف الطموح الروسي) يأملان في النهاية أن يُثير مثل هذا الإظهار المهيب للقوة الرعب لدى السُّلطان أو مسؤوليه فيتم الخضوع، وهكذا يمكن إنقاذ اليونان من دون إصابتها بأضرار أخرى[2]. إلا إن الروح القوية غير المتزعزعة التي شجعت السُّلطان محمودًا، تشارك فيها أمراء بحره، قبودان باشا، وظاهر باشا، ومحرم بك. وكان الاشتباك نتيجة حتمية لدخول أسطول الحلفاء إلى نافارين. وقاتل في هذا الاشتباك المصريون والأتراك لمدة أربع ساعات ببسالة مستميتة، حتى جرى تدمير كامل السلاح العظيم للسلطان، باستثناء بعض سفن البارك المتواضعة، التي تُركت لتتقطع بها السبل على الشاطئ. كانت نتائج المعركة هائلة، أبعد في الواقع مما خطَّط له أو رغبه أفضل الأطراف المنتصرة؛ حيث لم يقتصر الأمر على حسم المسألة اليونانية بشكل فعلي، لكن انسحب إبراهيم عن طيب خاطر من المورة إلى مصر بالجزء الرئيسي من جيشه، واستكمل قسم من القوات الفرنسية، بقيادة الماريشال «مايزون» (Maison)، تخليص الأراضي اليونانية. كانت تركيا بهذا «الحدث غير المألوف» - كما وصفها الدوق ويلنجتون عن حق - قد تُركت بلا حماية أمام روسيا. وقال الرجال: إن «السُّلطان دمَّر جيشه، والآن دمَّر حلفاؤه بحريته»[3]. مع ذلك لم يرضخ محمود وشعبه للدخيل والمتمرد، كما لم يقبل الديوان - حتى بعد نافارين - بمعاهدة لندن، التي ضغط بها آنذاك وزراء القوى الثلاث، خصوصًا روسيا، بلهجة حاسمة أكثر فأكثر. لكن رجال الدولة الأتراك أدركوا خطر ذلك، فسعوا لإقناع السفراء بالبقاء في مناصبهم، وإبلاغ بلاطاتهم بعروض الباب العالي فيما يتعلق بالمعاملة المستقبلية لليونان. وكان ذلك يتضمن العفو والصفح الكامل، والإعفاء من جميع متأخرات الضرائب والجزية، وإعادة الممتلكات

---

(1) نوع من السفن أو الزوارق الشراعية، بثلاثة صوارٍ أو أكثر. (المترجم).

(2) See Moltke, p. 6.

(3) Moltke.

المصادَرة، وإعادة جميع الامتيازات، وأخيرًا، الالتزام بحكم معتدل[1]. رفض السفراء قبول أي شروط غير شروط المعاهدة، وفي الثامن من ديسمبر، غادروا القسطنطينية. وقد بذل الرَّيس أفندي محاولة لإعادة فتح المفاوضات، لكن الوزير الروسي (الذي أُرسل إليه البلاغ) لم يرد بأي جواب. وأظهرت استعدادات الحرب على الحدود الروسية بوضوح أن قصد الإمبراطور نيكولاس لم يكن تحقيق المصالحة، وإنما فرض النزاع. وعلى الرغم من أن روسيا كانت شكليًّا في سلام مع العالم أجمع (انتهت حربها مع فارس باتفاقية في نوفمبر)، فقد قامت باستدعاء مجندين جدد للخدمة، وحشدت قوات في بيسارابيا، وجمعت المؤن العسكرية ووسائل النقل في مرافئها على البحر الأسود، استعدادًا لغزو الأراضي العثمانية. كانت هناك أيضًا نقاط نزاع كثيرة بين السُّلطان والتسار فيما يتعلق ببعض الحصون الآسيوية التي احتفظت بها روسيا بشكل غير مشروع، وهو ما لم يُخِل بأصول النزاع، وشؤون المقاطعات والصرب. واقتناعًا منه أن عدوه الكبير يعتزم مهاجمته في الربيع، اتخذ السُّلطان الخطوة الجريئة، فكان أول مَن أعلن الحرب، وأصدر خطًّا شريفًا في 20 ديسمبر، خاطب فيه الباشوات والأعيان في إمبراطوريته، وسرد المظالم التي قاساها من روسيا، ومن بينها الابتزاز الظالم لمعاهدة آقرمان؛ داعيًا جميع المسلمين الصادقين أن يُظهروا مرَّة أخرى البسالة الحازمة، التي أقر بها العثمانيون الدين الحق في العالم قديمًا، وأن يقاوموا العدو، الذي كان هدفه مَحْق الإسلام، ودعس هذه الأمة تحت الأقدام.

في الحرب التي تلت ذلك، أدهشت القوة التي أظهرها محمود كلًّا من الأصدقاء والأعداء. وقد استخدمت روسيا في الحملة الأولى نحو مائة ألف جندي من جميع الأسلحة، في تركيا الأوروبية. كان يمكن أن يكون العدد أكبر بكثير، لكنها رأت أنه من الحكمة الإبقاء على جيوش كبيرة في بولندا وفنلندا وأوكرانيا؛ حيث كان من المتوقَّع مقاومة أقل حيوية من جانب الأتراك، من تلك التي جرت مواجهتها بالفعل. وفي آسيا، قاد القائد، كونت «باسكيفيتش» (Paskievitsch)، جيشًا قويًّا قوامه ثلاثون ألف جندي إلى داخل الأقاليم التركية، إلى جانب احتياطي يبلغ ستة عشر ألف جندي إضافي. وفي البحر كان تفوقها لا جدال فيه؛ فقد كانت لديها ست عشرة سفينة خَطِّيَّة في البحر الأسود، إلى جانب الفرقاطات والسفن الصغيرة. وفي الأرخبيل كان لديها الأسطول الذي ساعد في تدمير البحرية التركية في نافارين. وطوال الحرب كانت هذه السيطرة على البحر ذات أهمية مطلقة لها، خصوصًا في العمليات ضد فارنا عام 1828م، وتحركات دِيبيتش الحاسمة

(1) Chesney, p. 15.

عام 1829م، التي لم تتحقق إلا من خلال السيطرة المطلقة على البحر الأسود. وكان محمود قد تمكَّن فقط من جمع جيش قوامه ثمانية وأربعون ألف جندي تقريبًا، مدرَّبين على النظام الجديد. وكان هؤلاء في الغالب مجرد فتية، اختيروا على أمل ألَّا يكون تحاملهم على الابتكارات الإفرنجية شديدًا، كما ساد عمومًا بين الأتراك الأكبر سنًّا. ويصف بوضوح القائد البروسي، بارون مولتك، الذي خدم مع الأتراك طوال الحرب، ومُواطننا الكولونيل شيسني، ذلك المشهد المثير للإحباط الذي عرضته هذه القوة المكوَّنة من الجنود الصغار، واختلافها عن القوات العثمانية القديمة: «إن المظهر الرائع، والأسلحة الجميلة، والشجاعة المتهورة، للحشد المسلم القديم قد اختفت». لكن الكاتب الألماني يضيف: «إلا إن هذا الجيش الجديد كانت لديه كفاءة تتفوق على ذلك الحشد الغفير الذي كان يستدعيه الباب العالي إلى الميدان في السابق، فيمتثل». وإلى جانب هذه القوات، اضطر السُّلطان إلى استدعاء القوات الإقطاعية وغير النظامية في إمبراطوريته، خصوصًا من آسيا؛ لأنه قد انتشر أعمق السخط بين العثمانيين في أرجاء تركيا الأوروبية من إصلاحات عاهلهم. لم تُرْسِل البوسنة، ذلك الإقليم الإسلامي القوي المولع بالحرب بشكل ملحوظ، أي قوات على الإطلاق. وكان العديد من الضباط، الذين أُجبر على استخدامهم، مرتبطين بالنظام القديم، واستياؤهم من السُّلطان يماثل كراهيتهم من الكفار الروس. لكن قوات المدفعية كانت كثيرة ومخلصة. وأظهر، كالمعتاد، السكان الأتراك المسلحون في المدن التي هاجمها العدو، أعظم روح في الدفاع، وساهموا إسهامًا كبيرًا في إطالة أمد الحرب، التي كانت أساسًا (في حملتها الأولى، على الأقل) حرب حصار. في أوروبا، احتل الروس في عمليات 1828م، مقاطعتَي مولدافيا والاشيا بعد مقاومة قليلة، وعبروا نهر الدانوب في أوائل يونيو. وجرى الاستيلاء على برايلو (أو إبرايل) في 15 يونيو، لكن بعد دفاع طويل وعنيد وغير متوقَّع، وهو ما كَلَّف الغزاة أربعة آلاف رجل، والكثير من الوقت الثمين. تقدَّم الروس بعد ذلك تجاه شُملي وفارنا. فلم يُحرزوا أي تقدُّم قبالة شُملي، وتكبَّدوا عدة هزائم قاسية. أما فارنا فسقطت بعد دفاع باسل، تلطَّخ في نهاية المطاف بخيانة يوسف باشا، الثاني في القيادة، الذي ذهب إلى العدو مع ما يقرب من خمسة آلاف رجل. وصَدَّت سِلستره الفيلق الروسي الذي حاصرها. وإجمالًا، كان موقف المتقاتلين في ختام الحملة الأوروبية، على حدِّ تعبير كلمات أقدر النقاد العسكريين لهذه الحرب[1]: «إذا نظرنا إلى التضحيات الهائلة التي كلَّفت الروس كثيرًا في حرب عام 1828م، فمن الصعب القول مَن فاز أو مَن خسر، هُم أَم الأتراك؟ وأُرجِئ الإقرار بمن المتصدِّر إلى حملة ثانية».

(1) Moltke.

في آسيا، أحرزت عبقرية باسكيفيتش تقدمات مختلفة أقل بكثير للإمبراطور الروسي. إلى جانب «أنابا» (Anapa) (التي استولى عليها الجيش الروسي الذي تعاون بعد ذلك في حصار فارنا) فقدَ الأتراك في آسيا خلال عام 1828م: قارص، و«أخالخاليكي» (Akhalkhaliki)، و«هرتويتز» (Hertwitz)، و«أخالتزيخ» (Akhaltzikh)، وغيرها من الحصون المهمة. وتعرَّضوا للهزيمة أيضًا في معركة ضارية. وحصل باسكيفيتش على مركز رائع في سبيل إحراز تقدم في آسيا الصغرى في العام التالي. إلا إن رجال الدولة في أوروبا نظروا إلى الدانوب والبلقان بأكبر قدر من الاهتمام. وكان الشعور العام (خصوصًا في النمسا) أن روسيا بالغت في التقدير، وأن السُّلطان كان قويًّا بشكل غير متوقَّع، وأن الحرب قد تطول من دون أن تلحق بالإمبراطورية التركية أي نكبة ثقيلة. وشعرت روسيا نفسها بحاجتها الشديدة إلى استعادة هيبتها عن طريق تحقيق المزيد من النجاح البارز في حملة أخرى، عزمت على أن تكون حاسمة. وارتقب المفوضون الروس في بلاطات السُّلطات الأوروبية الأخرى بقلق احتمالات إجراء أي وساطة. كان يُعتقد أن فرنسا ستبقى هادئة بسبب الميل المعروف لملكها، «شارل العاشر» (Charles X)، إلى روسيا. وأن المشكلات الداخلية، التي كان على دوق ويلنجتون، رئيس وزراء إنجلترا آنذاك، أن يتعامل معها في المسألة الكاثوليكية وغيرها من المسائل، قللت من المخاطرة بأي نشاط في السياسة الخارجية من جانب إنجلترا. أما بروسيا فكان من المؤكد عدم نشاطها. ومن المعروف أن النمسا كانت نزَّاعة إلى الشك والغَيرة من روسيا بشكل أكبر، لكنها كانت ثقيلة في الإدراك، وبطيئة في العمل. وإذا كان الروس سيحصلون على مثل هذا التفوق المفاجئ في الحرب على الأتراك، بالضغط عليها والإسراع بها إلى النتيجة، وهي عقد مفاوضات بين البلاطين المتحاربين فقط، فقد رأى البلاط الروسي أن بقية أوروبا، مهما كانت لا تُحبِّذ شروط هذه المعاهدة، لن تحمل السلاح لإقصائها جانبًا[1].

---

(1) انظر الرسالة اللافتة من الكونت بوزو دي بورجو، إلى الكونت «نيسولرود» (Nessolrode)، في 28 نوفمبر 1823م، والرسالة الأخرى من الأمير دي ليفين في 16 يناير 1829م، في المجلد الثالث من: Murhard, Nouveau Supplement, pp. 340, 383. والمقطع التالي من رسالة الكونت بوزو دي بورجو جدير بالملاحظة لما يمنحه من إثبات يؤيد إصلاحات السُّلطان محمود بشكل غير مقصود، ولإقراره بالدوافع التي جعلت روسيا تفرض الحرب:

"Lorsque le cabinet imperial a examine la question si le cas etait arrive de prendre les armes contre la Porte a la suite des provocations du Sultan, il aurait pu exister des doutes sur l'urgence de cette mesure aux yeux de ceux qui n'avaient pas assez medite sur les effets des reformes sanglantes que le chef de l'Empire Ottoman venait d'executer avec une force terrible, et sur =

وبناءً على ذلك، في عام 1829م، عَبَرت نهر الدانوب قوات أكثر عددًا وأفضل تجهيزًا، يقودها الماريشال ديَبيتش، ذلك القائد الذي دخل بشكل كامل في الروح التي يرغب فيها سيده الإمبراطور، في إطار إجراء الحرب وإتمامها. «حاصر قلعة واحدة، وخاض معركة واحدة، إلا إن هذا نقله إلى قلب الإمبراطورية المعادية، يتبعه ظل الجيش، لكن بسُمعة نجاح لا تقاوم»[1]. هذه هي العبارة التي عَبَّر بها بارون مولتك عن الحملة التركية للماريشال ديَبيتش، والتي لُقِّب بعدها بلقب «سبالسكانسكي» (Sabalskanski)، أي: «جِلْف البلقان». وفي آسيا كانت الخدمة كذلك تُقدَّم بشكل جيد للإمبراطور نيكولاس بسبب عبقرية وشجاعة الماريشال باسكيفيتش، المنتصر في ميدان المعركة في أخالتزيخ، والذي استولى على مدن: «بايزيد» (Bayezid)، و«خارت» (Khart)، وأرضروم.

متشجعًا بالنجاح الجزئي في العام الماضي، بدأ الجيش التركي الرئيسي في شُملى، عملياته عام 1829م، بمحاولة (17 مايو) لاستعادة برافادي من الروس. وبينما كان جيش الوزير الأعظم منخرطًا في هذا المشروع (الذي أُجري ببسالة كبيرة ولكن بمهارة قليلة، واعترضه بشكل رائع كلٌّ من القائدين الروسيين: «روث» (Roth)، و«روديجر» (Rudiger))، تحرك الماريشال ديَبيتش، الذي بدأ حصار سِلستره في 18 مايو، بالجزء الأكبر من القوة الروسية من أمام ذلك الحصن. ومن خلال سلسلة من التحركات السريعة الرائعة، اتحد مع روث وروديجر في موقع بين برافادي وشُملى، مما أدى إلى معركة «كوليوتشا» (Kulewtsha)، في 11 يونيو، التي هُزم فيها الأتراك تمامًا، بعد تأرجح الحظوظ عدة مرَّات. إلا إن الانتصار الروسي كان بسبب تفوق ديَبيتش كقائد، على رشيد باشا، الوزير الأعظم التركي، أكثر من أي تفوق للروس على القوات

---

l'interet que la consolidation de cet empire inspirait aux cabinets de l'Europe en general, et notamment a ceux qui sont moins bien disposes envers la Russie ; maintenant l'experience que nous devons faire doit reunir toutes les opinions en faveur du parti qui a ete adopte. L'Empereur a mis le systeme turc a l'epreuve, et sa majeste l'a trouve dans un commencement d'organisation phisique et morale qu'il n'avait pas jusqu'a present. Si le Sultan a pu nous opposer une resistance plus vive et plus reguliere, tandis qu'il avait a peine reuni les elements de son nouveau plan de reforme et d'amelioration, combien l'aurions-nous trouve formidable dans le cas ou il aurait eu le temps de lui donner plus de solidite et de rendre impenetrable cette barriere que nous avons tant de peine a franchir, quoique l'art ne soit encore venu qu'imparfaitement au secours de la nature." - Murhard, Kouv. Rec. de Traites, Nouv. Supp., vol, iii. p. 342.

(1) Moltke, p. 476.

التركية. وقد أعاد الوزير الأعظم تجميع بعض الفارين في شُملى، لكن قوته كانت في رأيه غير كافية للدفاع عن المكان. وباعتقاده أن القائد الروسي يستهدف الاستيلاء على شُملى قبل محاولته التقدم إلى الأمام، دعا القائد التركي الجزء الأكبر من السرايا التي كانت تراقب معابر البلقان، مرتكبًا خطأً فادحًا، بتركه لديَبيتش الحرية لاختراق الحاجز الذي لم يُخترق حتى ذلك الوقت. وبمجرد سقوط سِلستره، في 26 يونيو، انضم ديَبيتش إلى القوات الروسية، التي كانت محتجزة في السابق أمام ذلك الحصن المهم، وصار مستعدًّا حينذاك للزحف الجريء الذي حسم الحرب. لكن حتى مع التقدم الذي أحرزته البراعة العسكرية للماريشال الروسي، كان من شأن الزحف عبر البلقان أن يتعرض للخطر، إذا لم يكن البحر الأسود آنذاك بحيرة روسية، وإذا لم تكن الأساطيل الصديقة المتمركزة في كلٍّ من ذلك البحر وفي بحر إيجة، مستعدة للتعاون مع قوات كقوات قادة الإمبراطور نيكولاس إذا تقدَّموا عبر الجبال إلى أحد الساحلين. فاجأت القوات الروسية، «سيزيبولي» (Sizeboli)، الواقعة على الشاطئ الغربي للبحر الأسود وإلى الجنوب من سلسلة البلقان، واحتلتها في فبراير. وفي يوليو، رسا سرب من أسطول التسار، تحت قيادة الأميرال «جريج» (Greig)، بعدد كبير من السفن التي تحمل مؤنًا وذخائر، في خليج بورجاس؛ بحيث يمكن لجيش ديَبيتش أن يتحرك بخفة غير مثقل بالعربات عَبْر الجبال، وعندما ينزل منها، يجد كل ما هو ضروري لدعمه، وقاعدة آمنة لمزيد من العمليات. كانت خسائر الروس خلال الحملة هائلة (الهلاك بسبب الفاقة والمرض أكثر بكثير من المعركة). وبعد أن ترك عشرة آلاف رجل لمراقبة الوزير الأعظم في شُملى، لم يستطع ديَبيتش إحضار أكثر من ثلاثين ألفًا لتقدمه عبر البلقان تجاه العاصمة التركية. لكنه اعتمد تمامًا على الأثر المعنوي الذي نجم بالفعل عن معركة كوليوتشا، والاستيلاء على سِلستره، وعلى الذعر الخامد الذي سيُثار عند رؤية الجيش الروسي إلى الجنوب من الحاجز الموثوق به. وكان من المعروف أن أكبر إثارة واستياء قد سادا في القسطنطينية والمدن التركية الكبرى الأخرى، وبين قادة القوات في ألبانيا والرُّوملي. وبتشجيع من هذه الاعتبارات، قام ديَبيتش فجأة وبسرية بتحريك صفوفه، في 11 يوليو، من جوار شُملى إلى ممرات البلقان، وخلال تسعة أيام أعاد توحيد قوته إلى الجنوب من جبالها. أما السرايا التركية الضعيفة التي جرت مواجهتها أثناء المرور، فقد قدَّمت مقاومة تافهة مشتتة. وعندما نزل الجنود الروس من مرتفعات البلقان الشرقية، وشاهدوا «أعلام سفنهم تُحلِّق فوق السطح البراق الفسيح لخليج بورجاس»[1]، انطلقت من الصفوف صيحة فرح عارمة.

(1) Moltke.

كان تقدمهم آنذاك مسيرة انتصار متواصلة؛ لكنه كان انتصارًا محفوفًا بالمخاطر، بسبب ويلات الزحار والطاعون التي جلبها الغزاة معهم، وتسبَّبت في خفض أعدادهم بالمئات والآلاف. إلا إن هذا الضعف لم يكن معلومًا لدى الأتراك، الذين اعتقدوا أن ما لا يقل عن مائة ألف رجل عبروا البلقان، وأنهم لا بدَّ أن يكونوا قد قضوا على جيش الوزير الأعظم قبل مغادرتهم شُملى. رجع ضابط بعثه باشا «ميسيفري» (Missivri) إلى الأمام لاستطلاع قوة ديَبيتش، بهذه الكلمات: «كان من الأسهل حساب أوراق شجر الغابة عن حساب رؤوس العدو». وقد جرى احتلال ميسيفري وبورجاس، والموقع المهم لأيدوس، من قِبَل الروس، من دون معارضة تقريبًا. وذهب ديَبيتش إلى الداخل في اتجاه أدرنة، وتابع مسيرته الحازمة. وفي العشرين من أغسطس، استسلمت عاصمة تركيا الأوروبية إلى جيش منهك مصاب بالوباء، يقل عن عشرين ألف روسي. وبقرار، وإنسانية مثيرة للإعجاب، اتخذ ديَبيتش التدابير الأكثر فعالية في احتلاله للمدن التركية، وطوال زحفه في الرُوملي، لحماية السكان من أقل عنف عسكري. تلقَّى السكان المسيحيون الروسَ بحماس، وحتى المسلمون عادوا إلى أشغالهم السلمية، عندما وجدوا أن هناك حماية كاملة للممتلكات والأشخاص والشرف، وأن حُكمهم الذاتي المحلي وشعائرهم الدينية لم يتعرَّضا للإعاقة أو الإهانة. وهكذا حفظ ديَبيتش جيشه الهزيل المريض من الانخراط في حرب عصابات كان من المؤكد أن يهلك فيها. وواصل خداع العدو المذعور من خلال الظهور بمظهر القوة، وبثقة مصطنعة، وسط الضعف المتزايد بسرعة، فضلًا عن أعمق وأخطر رهبة. لم يكن يحدوه الأمل في الاستمرار في خداع أعدائه حول عدد جيشه إذا تقدَّم أكثر قرب العاصمة. وكان مقدار القوات التركية التي حُشدت حينذاك في القسطنطينية، وقوة تحصينات تلك المدينة، والشجاعة المتعصِّبة لسكانها المسلحين (التي من المؤكد إثارتها عند ظهور جيش روسي)، قد جعلت أي أمل في نجاح نهائي باستخدام القوة الرئيسية ضربًا من ضروب الخيال. وعلاوة على ذلك، كان خلفه جيش الوزير المسيطر على شُملى، بعد أن تفوَّق على السرايا الروسية المراقبة التي تُركت أمامها. وعلى جانبه كان هناك مصطفى، باشا أسكودار، بصحبة ثلاثين ألفًا من القوات الألبانية الممتازة. كان هذا المسؤول رافضًا حتى ذلك الوقت طاعة أوامر الباب العالي، ولكن كان من المستحيل لديَبيتش الاعتماد على استمرار هذا العصيان وعدم النشاط. فكان البديل الوحيد لديَبيتش هو إحراز السلام، أو سيجري سحقه. ومن أجل حصوله على السلام، صار من الضروري الحفاظ على أجرأ مظاهر شن الحرب. ولحسن حظه، لم يقتصر الأمر في القسطنطينية على الذعر والاضطراب اللذين بلغا منتهاهما، وإنما لم يكن رجال الدولة التركية ووزراء القوى الأوروبية هناك على حدٍّ سواء يدركون شيئًا عن الحالة الحقيقية لجيشه. جرى تنظيم تمرد من

قبل أنصار الإنكشارية، إلا إن السُّلطان محمودًا كان لديهم قبل أن يبادروا بالتحرك؛ حيث قام «خُسرف» (Chosreef) باشا، رئيس شرطته، بقمع التمرد وتنفيذ إعدامات بالجملة، من دون مراعاة لمعاناة المئات من الأبرياء، شريطة ألّا يهرب المذنب[1]. لكن على الرغم من إسكات السخط، كان من المعروف أنه حادٌّ وواسع الانتشار، وكان من المتوقَّع يوميًّا حدوث انفجار عام، من الممكن جدًّا أن تُدمَّر فيه القسطنطينية على يد شعبها بمساعدة من عصابات الجنود المتمردة التي هربت إلى العاصمة من الجيوش المهزومة والحصون الساقطة. حتى السفراء الأوروبيون في منطقة بيرا اعتقدوا أن ديَبيتش كان على رأس ستين ألف جندي قوي، فانضموا إلى وزراء السُّلطان في حثِّه على إنقاذ الإمبراطورية آنذاك من الدمار الشامل، من خلال التفاوض فورًا مع القائد الروسي، والحصول على السلام بأي تضحية على وجه التقريب. وقيل إن محمودًا قاوم طويلًا مشورتهم الجبانة؛ وهو ما كان سيصبح جيدًا بالنسبة إليه وإلى إمبراطوريته إذا كان بالقرب منه آنذاك صديق مخلص واحد، يدعم سيادته بنصيحة قوية. وفي نهاية المطاف أذعن السُّلطان لإلحاح كلٍّ مَن حوله. وأُرسل المفوضون إلى المعسكر الروسي، الذي عقد معاهدة أدرنة مع الماريشال ديَبيتش، في 28 أغسطس 1829م[2].

بموجب هذه المعاهدة حصلت روسيا على سيادة جزء من الضفة اليسرى من نهر الدانوب الأدنى، فضلًا عن «فم سولينا» (Sulina mouth) من هذا النهر. وهكذا تمكَّنت من السيطرة على هذا الشريان المهم لتجارة أوروبا الوسطى، خصوصًا النمسا. وقد أُعيد ما اكتسبته من غزواتها الأوروبية الأخرى، وكذلك في آسيا، مع استثناء جوهري هو أن الإمبراطور الروسي قد احتفظ - كجزء من ممتلكاته - بالحصون المهمة في «أنابا» (Anapa) وأخالتزيخ وأخالخاليكي والعديد من المناطق المهمة. وأقرت المعاهدة، عن طريق السرد، أن «جورجيا، وإمريتيا، ومنجريليا، وجوريل، والعديد من المقاطعات الأخرى في القوقاز، جرى ضمها نهائيًّا إلى الإمبراطورية الروسية». وهناك مادة منفصلة (ولكن قُرئت كجزء من المعاهدة) وُضعت لصالح المولدافيين والوالاشيين، تقضي بوجوب انتخاب الهسبودارات مدى الحياة من ذلك الحين فصاعدًا، وأنه لا يجوز لأي مسؤول تركي التدخل في شؤونهم، ولا يجوز السماح لأي مسلم بالإقامة في أي جزء من أراضيهم، ولا يحتفظ الباب العالي إلا بسيادة رمزية، وجزية سنوية، ولا يحق جباية الجزية لسنتين بعد الحرب. وقد نصت المادة السادسة من معاهدة أدرنة على

(1) Moltke.

(2) انظر نص هذه المعاهدة: محمد فريد، تاريخ الدولة العلية: 313-324. (المترجم).

أن جميع البنود الخاصة بالمرسوم المنفصل لاتفاقية آقرمان فيما يتعلّق بالصرب يجب أن تُفعَّل على الفور، وأن يُصادق عليها السُلطانُ بخطٍّ شريف، يجري إيصاله إلى بلاط سان بطرسبرج في غضون شهر. وأن يُفتح المرور في الدردنيل أمام السفن التجارية الروسية، ويجري دفع تعويض عن الإصابات التي لحقت بالتجارة الروسية خلال ثمانية عشر شهرًا، ويُدفع مبلغ آخر يصل إلى خمسة ملايين جنيه إسترليني تقريبًا إلى الحكومة الروسية لتغطية تكاليف الحرب. وعلاوة على ذلك، أعلن السُلطان بموجب المادة العاشرة من المعاهدة، انضمامه إلى شروط معاهدة لندن، وإلى اتفاق ملحق للدول الثلاث يتعلّق باليونان. وكانت نتيجة هذا الجزء من المفاوضات جعل اليونان مملكة مستقلة، تضم كل أراضي اليونان القارية جنوبي خط يمتد من خليج آرتا إلى خليج «فولو» (Volo)، مما يجعل تِساليا وألبانيا مقاطعات حدودية تابعة للسلطان. كما أصبحت جزر: يوبيه، و«سبورادس الشمالية» (the northern Sporades)، و«سيكلادس» (Cyclades)، أجزاء من الدولة الجديدة. ووقعت الجزر الأيونية المتبقية تحت الحكم البريطاني، في حين سُمح أن تبقى كريت والجزر الواقعة قبالة السواحل الآسيوية وساحل تراقيا، تابعة لتركيا.

يُقال إن ثبات السُلطان محمود خذله لفترة من الوقت عندما قام بالتوقيع على معاهدة أدرنة؛ فقد ذرف دموع المرارة، وحبس نفسه أسابيع في قصره في «ثيرابيا» (Therapia)، وهو يتقطع فؤاده[1]. ولا بدَّ أن بؤسه زاد بشكل كبير عندما سمع الحقيقة عن مقدار القوة الحقيقية التي كان يمتلكها المنتصرون في أدرنة. كان المرض يتفشى سريعًا بين الصفوف الروسية، حتى إذا جاء الوقت الذي اكتمل فيه عقد السلام لم يستطع دِيَبيتش قيادة أكثر من خمسة عشر إلى سبعة عشر ألف محارب[2]. وفي استعراض كبير للجيش الغازي في نوفمبر، قبل أن ينسحب من أدرنة، جُمع بصعوبة ثلاثة عشر ألف رجل معًا من جميع الأسلحة[3]. وكان معدل الوفيات بين بقية القوات الروسية المستخدمة في الحملة الأوروبية لعام 1829م مريعًا إلى حدٍّ كبير؛ فقد أُحصي ما لا يزيد على عشرة آلاف أو خمسة عشر ألفًا من الروس عبروا نهر بروت عائدين مرَّة أخرى. وهكذا فإن جيشهم في الواقع هلك تقريبًا أثناء الحملة الثانية[4]. بعد إبرام السلام، كان باشا أسكودار (الذي كان إنكشاريًا، يأمل عبثًا أن الضرورات الملحة للسلطان ستجعله يلتمس مساعدة من رعاياه في حالة عودة الانتهاكات القديمة)، قد رفض لبعض الوقت الاعتراف بالمعاهدة، وهدَّد

(1) Moltke, p. 770.

(2) Colonel Chesney, p. 255.

(3) كولونيل تشيسني. وكان حاضرًا في هذا الاستعراض.

(4) Moltke, Appendix.

الروس بقوة قوامها ثلاثون ألف ألباني، من شأنها أن تُدمِّرهم إذا ما وُظِّفت بسرعة أكبر. لو كان هذا الرجل مخلصًا، ولو لم تُفتح أي مفاوضات، ولم يُقاتَل جيش ديَبيتش، وتُرِكَ الروس للموت جراء المرض، لانتهت الحملة بانتصار لتركيا أكبر حتى من انتصار بروت، وبدافع من هذا النجاح، ستتمكن (على الرغم من المآثر الآسيوية لباسكيفيتش) من الحفاظ على النضال ضد روسيا خلال عام 1830م. وقبل نهاية تلك السنة، اندلعت الثورة الفرنسية الثانية، وثارت بولندا ضد الإمبراطور نيكولاس، وبدأ الصراع العنيف الذي هلك فيه ديَبيتش، والذي أُنهكت فيه القوة الروسية إلى أقصى حد، حتى من قِبَل البولنديين غير المدعومين.

كان مجرى تاريخ العالم سيتغير بالكامل، وربما أصبحت بولندا دولة مستقلة، وربما لم تحدث ثورات مصرية، وربما صار اسم «هُنكيار إسكله سي» (Hunkiar Iskelessi) غير معروف لدى الغرب، وربما لم يكن هناك ما يتطلَّب انخراط إنجلترا وفرنسا في حرب روسية، إذا جرى الاستماع إلى رسول الحقيقة من أدرنة في الديوان، أو في بيرا، في أغسطس عام 1829م، أو إذا قاوم السُّلطانُ محمود في صلابة جذلة لفترة أطول قليلًا، تَوَسُّلَ أولئك الذين يلحون عليه طالبين «السلام، السلام»، عندما يجب ألا يكون هناك سلام.

في السنة التي تلت معاهدة أدرنة، استولت فرنسا على الجزائر، وقامت باحتلالها (4 يوليو 1830م)، وعلى الرغم من أن الجزائر كانت مستقلة من الناحية العملية، فإنها كانت لا تزال تعترف بالسيادة الاسمية للسلطان، وكان يحكمها داي، يزعم أنه مسؤول تابع للسلطان. زاد الضرر الذي ألحقه الفرنجة الكفار بسلطة محمود العامة في العالم الإسلامي من خلال إخضاعهم هذا الإقليم الإسلامي، بإعلان الجنرال الفرنسي الماريشال «بورمونت» (Bourmont)، أنه جاء لإنقاذ الجزائر من نير الأتراك. لم يكن السُّلطان في حالة تسمح له بالتدخل أو حتى الاعتراض، بسبب كوارث واضطرابات أسوأ في أجزاء لا تتجزأ من الإمبراطورية العثمانية، أظهرت كيف أن الصدمة من الحرب الروسية كانت عنيفة، وكيف أن روح الاستياء والثورة قد زادت بسبب قضية هذا الصراع. كان سيِّئُ الحظ هذا لا يحظى عمومًا بشعبية، وقد أدت كبرياء الأتراك إلى جعلهم يعزون كوارث سلطانهم إلى مستحدثاته الإفرنجية، وتخلِّيه عن الأعراف القديمة للإمبراطورية. وازداد ضعف الولاء لرأس البيت العثماني بما يتناسب مع قوة شعور المسلمين. وفي التمردات العديدة التي اندلعت في تركيا الأوروبية عام 1830م، وفي العامين التاليين، لم يكن هناك أي عنف أكثر من ذلك الذي قام به البوسنيون المتحمسون المتميزون بالقتال، والقبائل المسلمة في ألبانيا. وهو ما جرى قمعه بحزم من قِبَل محمود، وقدرات وزيره رشيد باشا، لكنه استنفد أكثر فأكثر موارد

الدولة المثقلة بالعبء. ولم تكن آسيا أقل تمردًا. ولكن في مصر كانت العاصفة الأكثر فتكًا في طريقها للاحتشاد؛ حيث قرر محمد علي تأسيس ملكية وراثية على أنقاض إمبراطورية السُلطان المحكوم عليها على ما يبدو بالسقوط. كان قد أصلح سلاحه البحري بعد تدميره في نافارين، وامتلك جيشًا مخضرمًا ومنضبطًا على نحو رائع، مزودًا بشكل رئيسي بضباط فرنسيين. وقبل كل شيء، كان لديه عموم العلم والخبرة والحكمة والنشاط متمثلة في ابنه الشهير إبراهيم باشا. كان قد حصل على باشوية جزيرة كريت من الباب العالي، لكن رُفض ذلك فيما يخص الشام، فقرر أخذها بالقوة. وقد منحه خلافٌ شخصي مع باشا عكا ذريعةً لمهاجمة هذا المسؤول، فأمر السُلطان بأن تتوقف هذه الحرب الأهلية بين مستخدميه، إلا إن إبراهيم حاصر عكا بجيش مكوَّن من أربعين ألف رجل، وأسطول من خمس سفن خَطِّيَّة، والعديد من الفرقاطات. واستطاع الاستيلاء على مفتاح الشام في 27 مايو 1832م. ولسبع سنوات صار محمد علي الحاكم الفعلي لهذا القطر المهم. وتعرَّضت الجيوش غير الموفقة للمجندين قليلي الخبرة، المزودة بضباط وقيادة سيِّئة، التي أرسلها السُلطان ضد القائد المصري المتمرد، للهزيمة من إبراهيم في ثلاث معارك كبيرة: في «إمس» (Ems) شمال سوريا، في 6 يوليو 1832م. وفي «بيلان» (Beylan) (في كليكيا، بالقرب من ساحة معركة «إيسوس» (Issus) القديمة) في 29 من الشهر نفسه. وفي قونية، في آسيا الصغرى، في 29 أكتوبر. وتشير مواقع هذه الأماكن إلى التقدم السريع والتخطيط الجريء للقائد المصري، الذي بدا أنه ضم آسيا الصغرى إلى سيادة أبيه بالسهولة نفسها التي شهدتها الشام، وأن تقدُّمه على القسطنطينية في الربيع التالي حتمي ولا يمكن مقاومته. في خضم هذا الكرب الذي ينتاب بيته وإمبراطوريته، التمس السُلطان المساعدات أولًا من إنجلترا، لكن مع الأسف لم يُمنح شيئًا. فالسياسة الرديئة المتمثلة في خفض قواتنا العسكرية والبحرية، من أجل تحقيق اقتصاد مؤقت في الإنفاق، والمشاركة في النفقات الأساسية بملايين الجنيهات، إلى جانب التضحيات والمخاطر ذات الطابع الإمبريالي التي لا يمكن تعويضها بالمال، كانت سائدة آنذاك في هذا البلد، وعليه كانت الإجابة التي قابلت الطلب التركي هي تعبيرًا عن الأسف، لأن إنجلترا ليس لديها الوسائل لتوفير المساعدة المطلوبة. وكانت روسيا تراقب بشغف تلك الفرصة التي ألقت بها الحماقة الإنجليزية في طريقها، فكانت قواتها ووسائل نقلها وسفنها الخاصة بالحرب جاهزة في سيباستوبول وأوديسا. وعندما حطَّ محمود من قَدْر نفسه ليُعَبِّر لعدوه القديم عن رغبته في قوة للحماية، أُرسل الرسل بشكل فوري إلى القِرْم، ذلك المستودع العظيم للقوة الروسية، وأبحر سرب روسي من أربع سفن خَطِّيَّة من سيباستوبول، وأُنزل ستة آلاف من قوات الإمبراطور بالقرب من مدخل البوسفور، في 20 فبراير 1833م. وفي غضون ذلك، توقف

الزحف المتقدم لإبراهيم مؤقتًا، بواسطة مبعوث من الأميرال «روسين» (Roussin) الذي أرسلته الحكومة الفرنسية بأسطول لمساعدة السُّلطان. وجرى الدخول في مفاوضات، لكن توقفت بعد بضعة أيام. وفي بداية مارس، وجَّه إبراهيم صفوفه مرَّة أخرى نحو مضيق البوسفور. لكن القوة الروسية الثانية وصلت آنذاك من أوديسا إلى المضايق. وفي الخامس من أبريل، كان اثنا عشر ألف جندي تابعون للتسار نيكولاس، معسكرين على «الجبل العملاق» (Giant's Mountain)، بالقرب من سكوتاري. رأى إبراهيم أن أي تقدم آخر من جانبه سيكون من قبيل الجنون، وشغل نفسه بإحراز أكبر قدر ممكن من الفائدة لقوة والده في المفاوضات التالية، حيث شاركت إنجلترا وفرنسا (اللتان انزعجتا تمامًا من التقدُّم الذي أحرزته روسيا) بحماس توَّاق.

تجسَّدت شروط المصالحة الإجبارية بين السُّلطان وتابعه فائق القوة، في فرمان السادس من مايو عام 1833م، الذي أقرَّ الباب العالي من خلاله، محمد علي في حكم كريت ومصر، مضافًا إليهما القدس وطرابلس وحلب ودمشق وأضنة. كان هذا بالفعل تنازلًا للمصريين تقريبًا عن جميع البلدان التي أدَّى انتصار سليم الأول إلى ضمها إلى تركيا، إلى جانب جزيرة كريت المهمة، التي كلَّفت الباب العالي عشرين عامًا من الحرب في سبيل انتزاعها من البندقية. بمثل هذه الكلفة المريرة كان محمود مضطرًّا لشراء إبعاد الباشا المتمرد خاصته عن آسيا الصغرى. وقبل أن يتمكن من تحقيق انسحاب أصدقائه الروس الهائلين، كان عليه أن يُوقِّع على معاهدة هُنكيار إسكله سي، في الثامن من يوليو عام 1833م، والتي ربطته من خلال موادها العامة بتحالف هجومي دفاعي مع روسيا، فضلًا عن مادة سرية أكثر أهمية، نصت على أن يقوم الباب العالي، عند طلب الإمبراطور الروسي، بإغلاق مضيق الدردنيل أمام السفن المسلحة التابعة لجميع القوى الأجنبية الأخرى.

كان الرأي العام في أوروبا في ذلك الوقت يرى أن تركيا انهارت بغير رجعة، وأن محاولات إصلاح سيادتها في سبيل إحياء قوتها، كانت مجرد استثارة لجثة هامدة. في الواقع، اعتقد كثيرون أن محمودًا كان يعمل على تعجيل سقوط الإمبراطورية، من خلال إطفاء الشرر المتبقي للحيوية في النظام القديم، من دون أن يتمكن من تغييره بحياة جديدة. وفي الواقع إن لم يكن محمود رجلًا ذا مقدرة بارزة وعبقرية رفيعة، فلربما انتابه اليأس من بلاده بعد معركة مثل قونية. أولًا الغازي الأجنبي، وبعد ذلك متمرد الداخل، يسحقان جيوشه، ويُخْرِجان ممتلكاته عن سيطرته، ويحنيانه تحت خزي المعاهدات، أسوأ مما حدث في كارلويتز وقينارجه. ربما بدا، حتى لنفسه، أنه «فشل في الهدف الذي كان يسعى إليه طوال حياته. وقد أُريقت أنهار الدم،

وانهارت المؤسسات القديمة والتقاليد المقدسة لبلاده، وقُوض إيمان وكبرياء أمته في سبيل الإصلاح، وأُدين هذا الإصلاح بسبب ما آل إليه الحال»[1]. لكن محمودًا كان حقًّا واحدًا من الرجال العظماء القليلين الذين لا يفقدون الثقة بأنفسهم نتيجة خيبة الأمل في مشروع اضطلع بتنفيذه، ولكن يستثار لبذل مجهود أكبر. كان يعلم أن النهج القديم للحكم التركي هو السبيل المؤكد للهلاك، وعليه رفض مراعاة راحته الخاصة عن طريق السماح لوزرائه بالعودة إليه. كان يعرف أيضًا موارد إمبراطوريته، وأدرك وقدَّر عمق الولاء الصادق والشجاعة والروح الوطنية التي احتوتها قلوب رعاياه المسلمين، حتى في ظل مشهد الاستياء العام. كانت لديه كذلك الحكمة والشهامة لتقدير أهمية استرضاء عاطفة الرَّعايا بشكل صحيح من خلال منحهم قوانين منصفة وعادلة، في مواجهة تحامل جنسه المسيطر منذ فترة طويلة. واصل السُّلطان محمود، وسط سُمعة طيبة وأخرى سيِّئة، إعادة تنظيم قوات وأساطيل ومالية إمبراطوريته، وتشجيع التعليم، وتعزيز التجارة، ومنح الأمن للأشخاص والممتلكات، وقمع العنصرية المتعصبة، وإزالة بعضٍ من أكثر الأعباء والمحظورات المثيرة للحنق التي تضغط على رعاياه المسيحيين. وقد تسببت الشهادة القوية والمتفق عليها تقريبًا التي حملها المسافرون الإنجليز من الشرق لصالح سياسة السُّلطان التركي، وبياناتهم المتعلِّقة بالتحسُّن السريع لسكان إمبراطوريته، في ردة فعل ملحوظة في الرأي العام الإنجليزي تُبدي الاحترام لتركيا. وعندما اندلعت الحرب مرَّة أخرى عام 1839م، بين السُّلطان والباشا المصري، قامت إنجلترا بدعم تركيا، ليس فقط من أجل المصالح الإنجليزية، ولكن لمودة متسمة بالاحترام، لا يُشعر بها إلا تجاه أولئك الذين يشعرون بالاحترام لذاتهم، والذين يثبتون أنهم مستعدون وراغبون في مساعدة أنفسهم. وقد نجمت هذه الحرب الجديدة عن استياء محمود من المخططات العلنية لمحمد علي، والتي تهدف إلى تحويل الأقاليم الشاسعة التي كان يحكمها إلى ملكية وراثية لأسرته. وقد شكَّل رفض محمد مواصلة دفع الضرائب إلى الباب العالي، وصرفه الحراس الأتراك عن حراسة قبر النبي صلى الله عليه وسلم، واستبدال جنوده العرب بهم، إنكارًا أكثر صراحةً لسيادة السُّلطان بوصفه زعيمًا للإسلام. ولم تؤدِ محاولات التفاوض إلا إلى شكاوى متبادلة واتهامات. وفي النهاية أرسل السُّلطان دعوةً أخيرة إلى الباشا طالبًا منه إعادة وضع الحراس الأتراك عند قبر النبي، ودفع ضرائبه بانتظام، والتخلي عن كل سيادته على مصر، إلا إذا قام السُّلطان بمنحها له. وبرفضه الامتثال لهذا، أمر محمود قادته وأميرالاته بمهاجمة تابعه المتمرد. وقد جُمع جيش تركي كبير

(1) Moltke, p. 451.

مجهز جيدًا في «بير» (Bir) على نهر الفرات. ومن خلال المجهودات الشاقة التي بُذلت خلال سنوات عديدة، جرى تشكيل وحشد أسطول منضبط ومجهَّز جيدًا من ست وثلاثين سفينة مختلفة الأنواع، واثنتي عشرة سفينة خَطّيَّة، في ميناء القسطنطينية. لكن الغدر والخيانة أربكا كل استعدادات السُّلطان العثماني؛ فعندما التقى جيشه تحت قيادة حافظ باشا بالمصريين تحت قيادة إبراهيم، في «نزيب» (Nezib)، في 25 يونيو 1839م، قامت كتائب وأسراب كاملة، كان ضباطها قد تقاضوا الذهب من مصر، بترك رايات السُّلطان، والاصطفاف مع العدو. أما البقية فقد جرت قيادتهم بيأس مع فقدان كامل للمدفعية والمعسكر والأمتعة والمؤن العسكرية من كل نوع. ولحق الفساد كذلك بالأسطول؛ فقد قام القبودان باشا الشهير، أحمد فوزي، في 8 يونيو، بتحية مُنْعِمِه السُّلطان محمود، متلقيًا منه دعاء الرحيل، ومجددًا تعهده بالولاء والإخلاص بقسم رسمي. وفي السادس من يوليو التالي، شُوهد الأسطول السُّلطاني يُبحر بالكامل إلى الإسكندرية، وفي الثالث عشر من الشهر ذهب به الخائن الذي يقوده إلى ميناء تلك المدينة، مُسَلِّمًا إياه إلى محمد علي. ومن المواساة أن نعلم أن السُّلطان محمودًا نجا من معاناة سماع هذه المصائب، خصوصًا جحود أحمد فوزي؛ حيث ضعفت صحته طويلًا بسبب استمرار القَلق والعناء. وفي الأول من يوليو 1839م، قَبْل وصول الرسول من نزيب إلى القسطنطينية، تُوفِّي السُّلطان محمود الثاني، وفاضت روحه تاركةً الأرض بنُبل، كما جاهد دائمًا ضد كيد حظوظه، وكما سعى إلى خير الأُمة من خلال تدبير مصالحها التي لم يُسمح له بمشاهدة ثمارها[1].

قبل أن ننظر في الصفات الشخصية لخلفه السُّلطان عبد المجيد، والثبات الذي حافظ به على سياسة محمود الإصلاحية، سيكون من المناسب أولًا أن نتتبع سريعًا نتيجة الحرب المصرية، التي بدت أنها تُلقي بظلالها، مع مثل هذه الكوارث المهلكة، على مستهل عهد ذلك العاهل الشاب. كان هناك اختلاف في الرأي لفترة حول مقدار السُّلطة التي يجب تأمينها لمحمد علي، بين فرنسا والقوى العظمى الأخرى في أوروبا، وهو ما هدَّد في مرحلة ما بالتسبب في حرب عامة. اتفقت كلٌّ من إنجلترا وفرنسا والنمسا، على ضرورة تنظيم المسألة التركية المصرية، وعدم ترك فرصة التدخل المنفرد لروسيا، كما حدث عام 1833م. لكن فرنسا لم تكن طرفًا في معاهدة 15

---

(1) انتشر خبر بشكل مطرد في الشرق، وكذلك في أوروبا، مفاده أن وفاة السُّلطان محمود كانت بسبب إدمانه على الخمر، إلا إن التقرير الرسمي لطبيبيه المحترفَين الحاضرين: دكتور «ماكارثي» (Macarthy)، و«قسطنطين كاراثيودوري» (Constantine Caratheodeori)، يدحض تمامًا هذا الافتراء. كما أنه يحتوي على أدلة عرضية قوية على الكَدِّ الذي يبذله السُّلطان بشكل مطرد، وقوته الذهنية العالية. انظر: "Relation Officielle de la Maladie, et de la Mort du Sultan Mahmoud II." Paris: J. B. Bailliere, 1841.

يوليو 1840م، بين تركيا وإنجلترا وروسيا والنمسا وبروسيا، التي حدَّدت الشروط التي سيجري على أساسها تسوية النزاعات بين الباشا وسيده. وقد رفض محمد علي (الذي كان على الأرجح ينتظر مساعدة فرنسا) لبعض الوقت قبول طلبات تركيا والقوى الأربع؛ فشرع أسطول إنجليزي، تحت قيادة الأميرالين: «ستوبفورد» (Stopford)، و«نابيير» (Napier)، في انتزاع معاقله على الساحل الشامي. فقُصفت بيروت في 29 أغسطس 1840م، وطُردت حاميتها المصرية، واستولت القوات التركية، التي نُقلت على متن الأسطول الإنجليزي، على حطامها باسم السُّلطان. وفي إنجاز لا يزال أكثر عظمة للبحرية البريطانية، جرى قصف عكا والاستيلاء عليها في الثالث من نوفمبر. وسرعان ما سقطت الحصون الشامية الأخرى. وبمساعدة من البَحَّارة وجنود البحرية البريطانيين فضلًا عن السكان الأصليين (الذين وجدوا أن عبودية المصريين أكثر خطورة من الحكم التركي القديم)، استطاعت قوات السُّلطان، بحلول نهاية نوفمبر، أن تسيطر تمامًا على الشام. وبتهديد تعرُّض الإسكندرية لمصير عكا نفسه، استسلم الباشا في النهاية؛ فأعاد أسطول السُّلطان، وسحب قواته من كريت، ومن المناطق الآسيوية القليلة التي كان لا يزال يحتفظ بها؛ ومن ثَمَّ شرع في المفاوضات، التي شاركت فيها فرنسا (وجَّهتها آنذاك السياسة الحكيمة لـ«م. جيزوت» (M. Guizot))، من أجل التسوية النهائية لهذه الخلافات المستمرة منذ أمد طويل. صَدَّق الفرمان النهائي للسلطان (13 فبراير 1841م) ومنح حُكم باشوية مصر لمحمد علي وسلالته المباشرة، على أن يُدفع رُبع إيراداتها ضريبةً إلى الباب العالي، فضلًا عن توفير بعض الوحدات البحرية والعسكرية عند الطلب. وفي صيف العام نفسه، جرت الموافقة على اتفاقية ذات أهمية كبيرة تتعلَّق بحق تركيا في السيطرة على الملاحة في الدردنيل، من قِبَل ممثلي إنجلترا والنمسا وفرنسا وبروسيا وروسيا والباب العالي. كانت المادتان الأولى والثانية من هذه الاتفاقية، التي وُقِّعت في لندن، في 13 يوليو 1841م، كما يلي:

«مادة 1: من جانبه يُعلن جلالة السُّلطان، أنه يُقِرُّ بشكل قاطع الحفاظ على مستقبل المبدأ الذي جرى إقراره دائمًا بصفته قاعدة قديمة لإمبراطوريته، والذي على أساسه يُحظر على سفن حرب القوى الأجنبية دخول مضيقَي الدردنيل والبوسفور في أي وقت؛ وما دام الباب العالي في سلام، فلن يَسمح جلالته بدخول أي سفن حرب أجنبية في المضيقين المذكورين».

«مادة 2: على الجانب الآخر، يقوم جلالة كلٍّ من ملكة مملكة بريطانيا العظمى وأيرلندا، وإمبراطور النمسا، وملك المجر وبوهيميا، وملك فرنسا، وملك بروسيا، وإمبراطور جميع الروس، باحترام قرار السُّلطان هذا، وإقرار المبدأ المذكور أعلاه».

كان هذا الإقرار الرسمي بأن الدردنيل والبوسفور مياه تركية خالصة، وليست طُرقًا تمر من خلالها أساطيل جميع الدول (مثل البحار بشكل عام)، ذا قيمة كبيرة بالنسبة إلى تركيا. ولكن لم تعمل اتفاقية عام 1841م على تحرير الباب العالي من القيود التي كانت معاهدة هُنكيار إسكله سي قد ربطته من خلالها بروسيا. ولا يمكن أن يتم هذا التحرر من دون مساعدة القوة المسلحة للسلطات الغربية ودبلوماسيتها. وكان من حسن حظ الإمبراطورية العثمانية أن طرأت فترة سلمية مدتها اثنتا عشرة سنة قبل أن يبدأ النزاع من أجل ذلك التحرر، وأن هذا الوقت أفسح المجال لتطوير إجراءات الإصلاح الداخلي.

الفصل الخامس والعشرون

إصلاحات السُّلطان محمود الثاني والسُّلطان عبد المجيد - إلغاء محكمة المصادرة - نَزْع صلاحية الحياة والموت من الباشوات - الأوقاف - إلغاء التيمار والزعامت - الإطاحة بالدِّره بكوات - الإصلاحات المالية - مراسيم في صالح الرعايا - إصلاح الإدارة المركزية - تولي عبد المجيد - إصلاحات الجيش - التنظيمات - الاعتداءات الروسية - حرب القِرْم - معاهدة باريس - خط همايون - تولي السُّلطان عبد العزيز - حرب كريت - رومانيا والصرب دولتان مستقلتان - السُّلطان يزور إنجلترا - روسيا ترفض الاعتراف بمعاهدة باريس فيما يخص البحر الأسود - اضطرابات في الهرسك - إفلاس قومي - خلع عبد العزيز ووفاته - مراد الخامس يصير سلطانًا، عزله - عبد الحميد الثاني، السُّلطان الحالي - الحرب الصربية - تهديدات الحرب مع روسيا - آمال السلام لا تنطفئ.

الفصل الخامس والعشرون

من بين الخدمات العديدة التي قدَّمها السُّلطان محمود الثاني إلى بلاده، تعليمه الدقيق للأمراء الشباب الذين يُرجَّح أن يخلفوه على العرش. وكان أكبر المتبقين سنًّا من بين هؤلاء في وقت وفاة محمود، هو الأمير عبد المجيد، الذي بلغ من العمر آنذاك ستة عشر عامًا فقط. لكن من حُسن مقدرات تركيا، أن عاهلها الشاب لم يمتلك قدرات طبيعية متفوقة فحسب، وإنما كذلك شخصية جادة رصينة تفوق سنوات عمره. وكانت آخر مهمة أوكلها إليه والده، أنه لا بدَّ أن يثابر على استكمال تلك التدابير الإصلاحية التي عَلَّمه مبادئها وأهميتها تعليمًا تامًّا، فضلًا عن تثقيف جميع فئات رعاياه وتحسين أوضاعهم.

من المفترض أن يكون هناك شرح مُفصَّل للتغييرات المختلفة التي أدخلها محمود على كل جزء من أجزاء نظام الحكم في الإمبراطورية التركية، يتجاوز حدود المقرَّر في هذا الفصل. لكن قد يكون من المفيد استطلاع النقاط الرئيسية للتدابير الأكثر أهمية. ومن بين أول هذه التدابير من حيث القيمة وكذلك التاريخ (بجانب إصلاحات الجيش الأكثر أهمية، والتي سيُنظر فيها بشكل منفصل)، الفرمانات التي قام من خلالها السُّلطان محمود، بإغلاق محكمة المصادرة، ونَزْع سلطة الحياة والموت من الباشوات، بعد فترة وجيزة من تحرره من الطغيان العسكري للإنكشارية. وفيما قبل أول فرمان من هذه الفرمانات، كان مصادرة جميع ممتلكات الأشخاص، الذين جرى نفيهم أو إعدامهم، لصالح العرش؛ ومن ثَمَّ ظل الدافع الدنيء لأفعال القسوة يعمل بثبات، فضلًا عن تشجيع مجموعة من أحط الوشاة. وبناءً على الثاني، لم يعد في سلطة حاكم تركي أن يقرِّر إعدام أحد بشكل فوري بمجرد إشارة من يده، ولكن أصبح على الباشوات والآغوات وغيرهم من المسؤولين «ألَّا يفرضوا عقوبة الإعدام على أي شخص، سواء من الرَّعايا أو الأتراك، حتى يأذن بذلك حكم قانوني صادر عن القاضي، ويجري توقيعه بشكل رسمي من القاضي». حتى بعد حدوث ذلك سُمح للمُذْنِب بالاستئناف لدى واحد من قضاة عسكر آسيا وأوروبا، وأخيرًا لدى السُّلطان نفسه، إذا أصر المُذْنِب على استئنافه[1].

(1) Sir G. Larpent, vol. ii. p. 25.

في الوقت نفسه تقريبًا الذي قام فيه محمود بإقرار هذه التغييرات العادلة الإنسانية، ضرب بنفسه مثالًا للإصلاح من خلال انتظامه في حضور الديوان، بدلًا من عزل نفسه عن أعمال الدولة، وفقًا للعادة السيِّئة التي سُنَّت منذ وقت طويل يرجع إلى عهد سليمان القانوني، وهو ما كان أحد أسباب تراجع الإمبراطورية، وفقًا لمؤرخ تركي قبل زمن محمود بما يقرب من قرنين من الزمان. وقام محمود بتدارك بعض أسوأ الانتهاكات التي ارتكبت بالأوقاف، من خلال وضع الإيرادات تحت إدارة الدولة، لكنه لم يغامر بتخصيص هذا المقدار الهائل من الممتلكات للأغراض الحكومية العامة، بينما تعامل مع الإقطاعات العسكرية والتيمارات والزعامت، بشكل أكثر جرأة، بعد أن توقفت عن تقديم القوة العسكرية الفعَّالة القديمة، التي أُنشئت من أجلها. ومن خلال ربطها بالمجالات العامة، عزَّز محمود ماديًّا موارد الدولة، ووَضَع نهاية لمجموعة من المفاسد. ومن أهم الأعمال الحازمة في عهده، قمع الدِّره بكوات، الزعماء المحليين الوراثيين (مَن لديهم السُّلطة لتعيين خلفائهم من الورثة الذكور المفترضين)، الذين جعلوا أنفسهم الأمراء الصغار لكل إقليم من أقاليم الإمبراطورية على وجه التقريب، من خلال أحد أسوأ مفاسد النظام الإقطاعي التركي. ولم يجرِ إخضاع هؤلاء الإقطاعيين المتمردين مرَّة واحدة، من دون صراعات عنيفة وتمردات متكررة. إلا إن محمودًا ثابر بثبات على هذا التدبير العظيم. وفي نهاية المطاف أصبحت جزيرة قبرص، الجزءَ الوحيد من الإمبراطورية الذي سُمح فيه للدِّره بكوات بالاستمرار في السُّلطة التي لا تُستمد من السُّلطان. وقد أظهر محمود أفضل روح كانت لدى أفضل شخص من عائلة كُبرولي، في تعامله مع المسائل المعقدة الناتجة عن ارتباك الموارد المالية لإمبراطوريته، والجور والتعسف اللذين ضغطا على بعض الفئات من خلال فرض رسوم معينة. وفي فرمان 22 فبراير 1834م، ألغى الرسوم المزعجة التي اعتاد الموظفون العموميون منذ فترة طويلة على تقاضيها من السكان عند اجتيازهم المقاطعات. وبموجب الفرمان نفسه، أُدينت كل أشكال جمع الأموال، بوصفها انتهاكات، باستثناء ما كان يحدث مرتين بانتظام بشكل نصف سنوي. قال السُّلطان محمود في هذه الوثيقة: «لا أحد يجهل أنني ملتزم بتقديم الدَّعم إلى جميع رعاياي أمام الإجراءات الضارة، والسعي من دون توقف إلى التخفيف عنهم بدلًا من زيادة أعبائهم، وضمان سلامتهم وهدوئهم، وبالتالي فإن أعمال الظلم هذه تخالف إرادة الله وأوامر الدولة في الوقت ذاته».

كان الخراج أو ضريبة الرؤوس، على الرغم من اعتدال قيمتها وإعفاء مَن يقوم بدفعها من

الخدمة العسكرية[1]، مُحرِّكة للاستبداد الجسيم منذ فترة طويلة، عبر قسوة وسوء سلوك جامعي الضرائب الحكوميين. وقد أبطل فرمان عام 1834م الوضع القديم لجبي الضرائب، وقضى بأنه في المستقبل يجب أن يكون من قِبَل لجنة تتألف من القاضي، والحكام المسلمين، والأعيان أو الزعماء المحليين من الرعايا في كل منطقة. وقد أُدخل العديد من التحسينات المالية الأخرى التي لا يتسع المقام لعرضها. ومن خلال سلسلة من التدابير المهمة الأخرى، جرت تقوية الحكومة الإدارية المركزية وتيسيرها، وأُلغي عدد كبير من الوظائف. وضَرَب السُّلطان مثالًا شخصيًا قيمًا على الحس السليم والاقتصاد، من خلال إعادة تنظيم الأسرة الحاكمة، وإلغاء - بشكل صارم - جميع الألقاب التي لا تترتب عليها أداء مهام، فضلًا عن جميع المسؤولين الرسميين الذين يتقاضون أجورًا من دون القيام بأعمال نافعة.

كنت لا أعتزم إطالة سرد التاريخ المطرد للإمبراطورية العثمانية في هذا الكتاب إلى ما بعد عهد محمود الثاني، لكن القارئ قد يكون راغبًا في تقديم موجز قبل إخطاره هنا ببعض الأحداث المدنية والعسكرية الرئيسية المؤثرة على تلك الإمبراطورية، والتي حدثت خلال عهد خليفتَي محمود التاليين.

في الثالث من نوفمبر 1839م، أصدر السُّلطان عبد المجيد تشريعًا أساسيًا للحكومة العامة للدولة، يُطلق عليه عادة اسم خط شريف «جُلخانه» (Gulhane) (وهو القصر السُّلطاني الذي أُعلن فيه لأول مرَّة)، وأحيانًا يُسمَّى «التنظيمات».

في هذه الوثيقة المهمة للغاية[2] ذكر السُّلطان أنه قرر:

«عن طريق قوانين جديدة، محاولة إحراز منافع الإدارة الجيدة للأقاليم التي تُؤَلِّف الإمبراطورية العثمانية، وهذه القوانين ستشير بشكل أساسي إلى هذه الموضوعات:

1- الضمانات التي تضمن لمواطنينا الأمن التام لحياتهم وشرفهم وممتلكاتهم.

2- طريقة منظمة لتحصيل الضرائب وجمعها.

3- طريقة منظمة للتجنيد، وتعبئة الجيش، وتحديد مدة الخدمة».

---

(1) لا يدفع اليونانيون من الأرماتولي الذين قَدَّموا الخدمة العسكرية، الخراجَ. من ناحية أخرى، فإن أتراك «فولو» (Volo) و«بابا» (Baba)، وبعض الأماكن الأخرى القليلة الذين لا يقومون بالخدمة كجنود وفقًا لعرف خاص، يدفعون الخراج.

(2) موجودة بالكامل في: Hertslet's "Map of Europe by Treaty," vol. ii. p. 1002.

وفيما يلي بعض أهم البنود:

«- لا يجوز بعد الآن إعدام وتسميم أرباب الجُنَح جهارًا أو خفية، من دون أن تُنظر دعاواهم علنًا بكل دقة، بمقتضى القوانين الشرعية.

- لا يجوز مُطلقًا تَسَلُّط أحد على عِرْض وناموس آخر.

- يُصبح كل إنسان مالكًا لماله ومُلْكه، ومتصرفًا فيهما بحرية كاملة، ولا يجوز أن يتدخل في أموره شخص آخر. وإذا فُرض ورُفِعَت تهمة على أحد وكان ورثته بريئي الساحة منها، فبعد مصادرة أمواله لا يُحرَم ورثته من ميراثهم الشرعي.

- تمتاز سائر تبعية دولتنا العلية من المسلمين وسائر الملل الأخرى بمساعداتنا الملوكية هذه من دون استثناء.

- أُعطيت من طرفنا الملوكي الأمنية التامة في الروح والعِرض والناموس والمال بمقتضى الحكم الشرعي لكل أهالي ممالكنا المحروسة.

- سيُعطى القرار اللازم باتفاق الآراء عن الموضوعات الأخرى أيضًا، وسيُزاد أعضاء مجلس الأحكام العدلية على قدر اللزوم، ويجتمع هناك وكلاء ورجال دولتنا العلية في بعض الأيام التي ستُعيَّن، وجميعهم يُبدون أفكارهم وآراءهم بالحرية التامة من دون تحاشٍ، وتتقرَّر القوانين المقتضية المختصة بالأمن على الروح والمال وتعيين الخراج.

- ستُجرى المكالمة اللازمة عنها بدار شورى باب السِّرْعَسْكَرية، وكلما تقرَّر قانون سيُعرض على طرفنا الملوكي لتتويج عاليه بخطنا الملوكي حتى يكون دستورًا للعمل إلى ما شاء الله.

- بما أن هذه القوانين الشرعية ستُوضع لإحياء الدين والدولة والملك والملة، فسيؤخذ العهد والميثاق اللازمان من قِبلنا الملوكي بعدم وقوع أي حركة مخالفة لها»[1].

في يوليو 1840م، جرى التوقيع على اتفاقية بين بريطانيا العظمى والنمسا وبروسيا وروسيا وتركيا، من أجل إعادة السلام لبلاد الشام (انظر «هرتزليت» (Hertslet)، المجلد الثاني، ص1008)، وقد أعقبتها فرمانات السُّلطان التي تُعطي حكم مصر الوراثي لمحمد علي وأسرته، وتُحدِّد الضريبة التي ستُدفع إلى الباب العالي.

ثمة بعض الإصلاحات العسكرية التي قام بها السُّلطان عبد المجيد، لا بدَّ من الإشارة

---

(1) انظر النص الكامل لفرمان الجُلخانه عند: محمد فريد، تاريخ الدولة العلية: 354-357. (المترجم).

إليها. رأينا كيف أن السُلطان محمودًا اضطر إلى شن حروبه الروسية والمصرية بتجنيده مجندين إجباريين، يُؤخذون من بين السكان المسلمين الأصغر سنًّا. وبعد إصدار خط شريف جُلخانه، أُنشئ نظام قياسي للتجنيد في الجيش. وفي عام 1843م، عندما أصبح رِضا باشا هو سِرْعَسْكَر أو القائد العام، كانت إعادة تنظيم القوة العسكرية للإمبراطورية قد اكتملت. وجرى تقسيم الجيش إلى قوات في الخدمة الفعلية، تُدعى «النظام» (the Nizam)، وقوات احتياطية، تُدعى «رديف» (Redif)، تشكَّلت منذ ذلك الحين من أولئك الذين استوفوا شروط الخدمة الفعلية. ويُطلب عدد محدد من القوات من كل منطقة، تجري تعبئته جزئيًّا من المتطوعين، وجزئيًّا من المجندين الإلزاميين الشباب من سن العشرين فصاعدًا. وتكون مدة الخدمة الفعلية في النظام خمس سنوات. يُسمح بعد ذلك للجندي بالعودة إلى دياره، ولكن بعد ذلك يجري دمجه لمدة سبع سنوات أخرى في قوات الرديف التابعة لمنطقته. ويتم استدعاء هذه القوات معًا للتدريب والمناورة في فترات محددة، وتُحشد للخدمة في حالة الحرب أو غيرها من حالات الطوارئ. وقد اتفق جميع من يكتب بشأن الموضوعات التركية في الإشادة برصانة وصبر وطاعة وشجاعة الجنود الأتراك المشتركين، لكنهم استنكروا تواتر الفساد وعدم الكفاءة بين الضباط. إلا إن هذه مفاسد يمكن للإدارة الحكيمة أن تعالجها تدريجيًّا؛ لأنه عندما تكون الشجاعة والكفاءة في سبيل الانضباط العسكري صفات وطنية عامة، وأينما قامت الدولة بتوفير مدارس التعليم العسكري (وكلاهما شرط موجود بالفعل بين العثمانيين)، يجب أن تكون هناك تجهيزات وافية للضباط الجيدين. كل ما هو مطلوب، أن السُلطات العليا يجب أن تراقب الذكاء والجدارة بعناية، وتكافئ على تلك الصفات عندما يُعثر عليها، عن طريق الترقية الكريمة السريعة. لكن التجنيد الإجباري ضغط بشدة على الجزء العثماني من السكان، الذي قام وحده بتوفير الجيوش. ولم يكن المرسوم الذي صدر يخول للمسيحيين الخدمة العسكرية، سوى القليل من العملية الفعلية.

كان السُلطان عبد المجيد أكثر حظًّا من والده محمود في نقطتين مهمتين. لقد وجد في عمر باشا قائدًا ممتازًا، قمع مختلف محاولات التمرد على إصلاحات السُلطان في ألبانيا وكردستان والبوسنة وغيرها من الأقاليم. وفي قمعه لتلك الحركات أظهر عمر، البسالة والمهارة العسكرية، إضافةً إلى الإنسانية والحكم السليم. وحصل عبد المجيد خلال السنوات ما بين انتهاء الحرب المصرية عام 1841م، واندلاع الحرب الروسية عام 1853م، على فترة الهدوء اللازمة من أجل «تعزيز إبداعاته العسكرية وإجراء الإصلاحات الضرورية» التي - كما رأينا - حُرم منها سلفه. وخلال هذه الفترة البالغة اثني عشر عامًا، كان التقدم التجاري والازدهار العام للإمبراطورية ملحوظين وسريعين. وظهر تَحَسُّن مماثل حتى لرجال الدولة الأجانب أثناء الجزء الأخير من

حكم السُلطان محمود. وفي عام 1853م، حمل اللورد «بالمرستون» (Palmerston)، إلى مجلس العموم البريطاني، الشهادة الأكثر تأكيدًا لصالح السُلطانين الأخيرين الإصلاحيين، من خلال إعلان أن تركيا أحرزت تقدمًا وتطورًا خلال السنوات العشرين الماضية أكثر من أي بلد آخر.

كانت الأنظار الأخرى الأقل ودية تراقب إحياء القوة في الإمبراطورية العثمانية. لكن حصافة حُكم عبد المجيد لم تمنح روسيا أي فرصة للنزاع. وعندما امتد الحماس الثوري إلى مولدافيا ووالاشيا عام 1848م، فإن الاعتدال والنزاهة اللذين تَصَرَّف بهما الباب العالي تجاه المتذمرين، قَدَّما تناقضًا صارخًا مع اللهفة التي كان يسير بها الجيش الروسي عبر بروت. واستمرت قوات الإمبراطور نيكولاس، التي يبلغ عدد أفرادها ما بين أربعين وخمسين ألفًا، من أجل احتلال المقاطعتين حتى عام 1850م، إلى أن انسحبت بعد مفاوضات مطولة حول الموضوع مع الحكومتين التركية والبريطانية. كان الباب العالي سِلْميًّا تصالحيًّا في سلوكه العام نحو القوى الأجنبية، وقَدَّم دليلًا نبيلًا لا يُنسى في عام 1849م، على أن السُلطان عبد المجيد لم يَتخلَّ عن الشرف الرفيع والمروءة المتسمة بالشهامة للسلالة القديمة لعثمان وأرطغرل «الرجل نقي القلب». فعندما وضعت القوات المتحدة لروسيا والنمسا حدًّا لحرب الاستقلال المجرية، هرب العديد من الزعماء الذين كانوا أكثر نشاطًا في قضية المجر، إلى تركيا، حيث حصلوا على مأوى كريم في ممتلكات السُلطان. فما كان من بلاطَي فيينا وسان بطرسبرج إلا أن طالبا بشكل قاطع بتسليمهما أولًا، ثم ترحيلهما من تركيا. إلا إن السُلطان عبد المجيد قابل هذه المطالب والتهديدات المرافقة لها برفض كريم وحازم لانتهاك أصول الضيافة، وخيانة المبادئ القديمة لسلالته وعقيدته. فما كان من كلا الإمبراطورين إلا أن توعدا أكثر فأكثر بشكل علني، ولكن من دون جدوى. وعُلِّقت العلاقات الدبلوماسية بين روسيا وتركيا، وظلت الحرب مؤكدة لفترة معينة، لكن إنجلترا أظهرت نيتها لمساعدة الإمبراطورية العثمانية إذا ما هُوجمت، وأصدرت الأوامر للأسطول البريطاني، تحت قيادة سير «ويليام باركر» (William Parker)، بالذهاب إلى خليج «بيسيكا» (Besika) في أكتوبر، وفي الشهر التالي دخل الدردنيل. وعليه رأت كلٌّ من روسيا والنمسا أنه من الحكمة الامتناع عن الأعمال العدائية، وجُدِّدت العلاقات الدبلوماسية التي قُطعت. وعلى غرار السياسة القديمة لبوتِمكين، التي تقضي بألَّا يتم غزوٌ روسي لتركيا إلا بموافقة إنجلترا، سعى الإمبراطور نيكولاس أكثر من مرّة لحث الحكومة الإنجليزية على المشاركة في خططه، وقَدَّم بعض الاقتراحات من هذا النوع خلال زيارته لهذا البلد عام 1844م. لكن الدليل الأكثر وضوحًا على المخططات المستمرة لروسيا لتقطيع أوصال الإمبراطورية العثمانية، يمكن العثور عليه في المحادثات المعروفة للإمبراطور نيكولاس مع السير «هاميلتون

سيمور» (Hamilton Seymour)، السفير البريطاني في سان بطرسبرج، في الجزء الأول من عام 1853م[1]. وفي هذه المحادثات الغريبة دعا العاهل الروسي، ممثل هذا البلد لمناقشته في تقسيم تركيا، عارضًا تقديم مصر وكريت إلى إنجلترا. قال التسار: «إن المقاطعتين (مولدافياووالاشيا)، في الواقع، دولة مستقلة تحت حمايتي، وهو ما يمكن أن يستمر. وقد تحصل الصرب على شكل هذا الحكم نفسه، فضلًا عن بلغاريا».

في جزء آخر من المحادثات نفسها، أشار الإمبراطور إلى أن حيازة القسطنطينية، أصعب مسألة من مسائل التسوية. ونفى أي عزم لروسيا على الاحتفاظ بها بشكل دائم، على الرغم من أن الظروف قد تؤدي إلى احتلالها المؤقت من قِبَل قواته. وذكر بأن حَلَّه النهائي هو ألّا تحتفظ بهذه المدينة إنجلترا أو فرنسا أو أي دولة كبيرة أخرى. وقال: «لن أسمح أبدًا بمحاولة إعادة تشكيل الإمبراطورية البيزنطية مرَّة أخرى، أو بتوسعٍ لليونان من شأنه أن يجعلها دولة قوية. ولن أسمح بتفكيك تركيا إلى جمهوريات صغيرة، لتصبح ملاذات لأتباع «كوشوت» (Kossuth) و«مازيني» (Mazzini)، وغيرهما من الثوريين في أوروبا. بدلًا من إخضاع أيٍّ من هذه التنظيمات، سأذهب إلى الحرب، وسأواصلها ما بقي لديَّ رَجُل وبندقية». وتحدث التسار بشأن النمسا بوصفها مميزة في المصالح مع روسيا، وبطريقة بدت كأنه يعتبرها خاضعة تمامًا لسياسته. وأبدى عدم مبالاة بشأن الدور الذي قد تعتقد فرنسا أنه من المناسب لها أن تلعبه في الشؤون الشرقية، لذا كان هناك تفاهم جيد بين روسيا وإنجلترا. وتعامل مع تركيا طوال هذه المحادثات باعتبارها إمبراطورية تلفظ أنفاسها الأخيرة. وأكد للوزير البريطاني أن حكومته لا بدَّ أنها مخدوعة إذا ما اعتقدت أن تركيا تحتفظ بأي عنصر من عناصر البقاء. «الرجل المريض يموت، ونحن على أيدينا رجل مريض، رجل مريض للغاية، وقد يموت فجأة بين أيدينا». كان تعبيره المتكرر، وملخص وفحوى ما باح به وألمح إليه، يمكن وصفه بشكل واضح بأنه اقتراح يقضي بأن يقوم اثنان من أقوى جيران الرجل المريض بالسير إلى بيته وخنقه، ثم يُقسّمان في التوِّ متاعه وأملاكه فيما بينهما. وقد استقبل السفير والوزراء البريطانيون هذه المقترحات بالإنكار الصادق لأي رغبة في المشاركة في سلب العثمانيين، والتعبير عن الاعتقاد بأن «الرجل المريض» لا يموت (على حدِّ تعبير اللورد «كلارندون» (Clarendon)، في 23 مارس 1853م) «إن تركيا لا تحتاج إلا إلى الرفق من جانب حلفائها، وثبات على عدم الضغط بمطالبهم بطريقة

---

(1) Eastern Papers, part v., laid before the Houses of Parliament in 1854,-House of Commous' Papers, No. 88.

مهينة لكرامة السُّلطان واستقلاله. وباختصار فإن الدعم الودي بين الدول، وكذلك الأفراد، هو ما يحق للضعيف أن يتوقَّعه من القوي، ليس فقط لإطالة بقائه، وإنما كذلك لإزالة كل سبب من أسباب خطر هلاكه». من المستحيل قراءة وقائع هذه الاتصالات بين الإمبراطور الروسي ورجال الدولة الإنجليز، من دون أن نقتنع بأن السير هاميلتون سيمور حَكَم بشكل صحيح عندما قال لبلاطه إنه «من الصعب أن يكون هناك خيار آخر سوى أن العاهل الذي يصر بهذا الإلحاح على السقوط السريع لدولة مجاورة، لا بد أن يكون قد استقر في عقله الخاص بأن الموعد، إن لم يكن موعد سقوطها، مع كل الأحداث المتسببة في ذلك، فمن اللازم الاستيلاء عليها». ربما يكون هناك شك في بداية عام 1853م، في أن التسار قرر الهجوم على تركيا، إلا إن هذا الشك يجب أن يكون قد زال عند العلم التام بضخامة الاستعدادات والمؤن الروسية في ترساناتهم الكبيرة الواقعة بالقِرْم، والتي تفوق بكثير أي شيء يمكن أن يتطلبه دفاع أو احتياطات، ومن الواضح أنها جُمعت استعدادًا لهجوم مفاجئ وساحق على قلب الإمبراطورية التركية[1].

سيكون من غير المجدي وغير المناسب هنا محاولة السرد التقليدي لوقائع الحرب التي اندلعت عام 1853م، وانتهت عمليًّا بالاستيلاء على سيباستوبول عام 1855م. استُمدت الذريعة المباشرة لهذه الحرب من تجدُّد النزاع القديم بين المسيحيين اللاتين واليونانيين في فلسطين، فيما يتعلق بالوصاية على الأماكن المقدسة[2]. وأُسيء في وقت ما تفسير ما قام به الإمبراطور

(1) أحاطني السير «ب. كولكوهون» (P. Colquhoun)، الذي كان يقيم في القسطنطينية، ممثلًا للمدن الهانزية، في ذلك الوقت، بدليل بارز على تخطيط روسيا ضد تركيا، وتأثيرها القمعي على حكومة السُّلطان، وهو كالتالي:
«أرسلت الحكومة الإنجليزية عام 1840م، اثنين من ضباط المدفعية مع أحد صانعي قذائف «كونجريف» (Congreve) وغيرها من القذائف، ومدفعجي وبعض العمال، لمساعدة الباب العالي في تحصين البوسفور. لكن المبعوث الروسي، «م. تيتو» (M. Titow)، تدخل لمنع تنفيذ الأعمال التي صممها هؤلاء الضباط. هكذا وصل التأثير الروسي في الديوان إلى أن الباب العالي لم يجرؤ على تحصين المرور من البحر الأسود إلى العاصمة التركية بما يخالف إرادة الإمبراطور نيكولاس. وظل الضباط والمهندسون الإنجليز لمدة خمس سنوات في القسطنطينية، حيث قاموا خلال هذه الفترة مع سفير بريطانيا بمحاولات متكررة لتنفيذ مشروعاتهم. وأخيرًا، عاد أحد هؤلاء الضباط إلى إنجلترا بطاقم الهندسة والتصاميم غير المُنَفَّذَة، والآخر جرى توظيفه على الحدود التركية الفارسية. وعلم كل شخص في القسطنطينية في ذلك الوقت، وصولًا إلى أصغر تاجر، غاية روسيا في الحفاظ على مضيق البوسفور غير محصن، وأدركوا أن الباب العالي كان مضطرًّا إلى طاعة أوامرها».

(2) يمكن الاطلاع على معلومات كاملة وواضحة للغاية حول هذا الموضوع، وحول مختلف المعاهدات التي عقدتها مختلف القوى المسيحية (خصوصًا فرنسا) مع الباب العالي فيما يتعلق بالأماكن المقدسة، في: Phillimore's "International Law," vol. i. p. 577 *et seq*.

الفرنسي من وساطة لصالح مواطني فرنسا من الروم الكاثوليك المقيمين في الشرق، على أنه مطالبة شاملة بحماية جميع أعضاء الكنيسة اللاتينية، ولكن نُفي هذا الافتراض على الفور وبشكل صريح من قبل «م. دروين دي لويس» (M. Drouyn de Lhuys)، الوزير الفرنسي. إلا إن هذا كان دافعًا لتدخل روسيا، وللمطالبة (من بين أمور أخرى) - التي آثر أن يقوم بها مبعوثها الأمير «مينشيكوف» (Menschikoff) بأكثر الطرق غطرسة واستبدادًا - بحماية عامة من قِبَل روسيا لجميع سكان الإمبراطورية التركية الذين يعتنقون عقيدة الكنيسة اليونانية. هذا هو الطلب نفسه الذي قدَّمته روسيا مرتين من قبل، لكن الباب العالي، حتى تحت ضغط أكبر المصائب، لم يخضع قَطُّ. لقد حاز الأولوية في المفاوضات التي جرت عام 1773م، قبل إبرام اتفاقية قينارجه. وجرى الضغط مرَّة أخرى على السُّلطان سليم بشأن هذا الأمر عام 1805م، قبل قليل من قيام القائد الروسي ميشلسون باحتلال المقاطعات. كل ما سبق قبوله في المعاهدات بين الإمبراطوريتين (كما ذكر القانوني البارز، الدكتور «فيليمور» (Phillimore)) لا يزيد على:

«1- للحُجاج والكهنة والمسافرين، زيارة القدس والأماكن المقدسة، بأمان ومن دون الخضوع إلى ضريبة.

2- يمكن بناء بعض الكنائس الصغيرة الجديدة في جانب معين من القسطنطينية - مثال على ذلك كنيسة «ديس أوتريس» (autres des) - إلى جانب كنيسة السفراء، التي كانت موجودة آنذاك. وهناك بند مماثل في المعاهدة الفرنسية لعام 1740م.

3- إن الباب العالي، وليس إمبراطور روسيا، هو الذي سيستمر في حماية الدين المسيحي. وإن تدخل الإمبراطور في البند نفسه يقتصر على التمثيل لصالح كنيسة معينة ورجال دينها، وهو ما يتعهد الباب العالي بالاستماع إليه، على أساس الصداقة وحدها».

برفض السُّلطان عبد المجيد نقل السيادة على ثلاثة عشر مليونًا من رعاياه إلى الإمبراطور نيكولاس، اجتازت الجيوش الروسية (3 يوليو 1853م) نهر بروت، واحتلت مولدافيا ووالاشيا «كضمان مادي» للوفاء بمطالب التسار. وفي التاسع من الشهر نفسه، صدر بيان رسمي من الإمبراطور نيكولاس إلى الأمة الروسية، أعلن فيه لرعاياه أن القَسَم الرسمي للسلطان قد جرى خرقه بغدر، وناشد مشاعرهم الدينية تجاه خصمهم الإسلامي القديم. وفي الأول من أكتوبر، أعلن الباب العالي الحرب، التي قام بها الجيش التركي خلال فصل الشتاء الذي أعقب ذلك على ضفاف نهر الدانوب، تحت إمرة عمر باشا، بروح ونجاح ملحوظين. فبدلًا من انتظار الهجوم عليهم، كما في الحروب السابقة، عَبَر الأتراك النهر، محققين انتصارات في «أولتينيتزا»

(Oltenitza) (4 نوفمبر) وفي «سيتات» (Citate) (5 نوفمبر). لم تكن الخسارة على كلا الجانبين في هذه العمليات ثقيلة، لكنها كانت ذات أهمية لا حدود لها في إطلاع تركيا وروسيا وأوروبا على حقيقة التحسُّن الذي حدث في النظام العسكري العثماني، وخدمت بشكل أساسي زيادة الثقة بالنفس واحترام الذات في الصفوف التركية، وهو ما يُعد عناصر جوهرية للنجاح في الحرب. كانت مساعدة فرنسا وإنجلترا منذ بداية الحرب، قد منحت حرية وحماسة للسلطان. دخلت أساطيلهم الدردنيل في سبتمبر. وفي ربيع العام التالي، كانت كل دولة من الدولتين الأوروبيتين العظميين في الغرب قد هبطت بجيوش مساعدة في تركيا الأوروبية، واحتلت البلطيق وكذلك البحر الأسود بقواتها البحرية، مما أجبر روسيا على الاحتفاظ بأجزاء كبيرة من قوتها في الشمال الغربي للدفاع عن الوطن ضد حلفاء الباب العالي. وفي تركيا، كانت السمة الكبرى للحرب خلال النصف الأول من عام 1854م، حصار سِلستره من الجيش الروسي الرئيسي تحت إمرة القائد «شيلدرز» (Schilders) أولًا، وبعد ذلك من قِبَل الماريشال باسكيفيتش. ويُعَدُّ الدفاع العثماني عن ذلك المعقل تحت قيادة موسى باشا (الذي قُتل قرب نهاية الحصار)، واثنين من الضباط الإنجليز، هما: «بتلر» (Butler)، و«ناسميث» (Nasmyth)، واحدًا من أنبل الأمثلة على الشجاعة البطولية والتحمُّل التي سُجلت في التاريخ العسكري. وقد صُدَّ الروس مرارًا وتكرارًا في سلسلة من الهجمات المستميتة القاتلة. وأخيرًا عبروا نهر الدانوب عائدين في 15 يونيو، متكبدين خسارة هائلة في الرجال وجميع أنواع العتاد العسكري. فما كان من الأتراك إلا أن عبروا الدانوب لملاحقة الروس المتراجعين، محرزين المزيد من التقدم، عندما توقفت الأعمال العدائية في مولدافيا ووالاشيا بسبب زحف قوات النمسا في هاتين المقاطعتين، وبسبب قبول المتحاربين في اتفاقٍ تركها في احتلالها مؤقتًا. وقد قامت بالهجوم الجيوش الفرنسية والإنجليزية، التي كانت حتى ذلك الوقت مستعدة للدفاع عن فارنا إذا سقطت سِلستره، وفي سبتمبر شرعت في الحملة البارزة إلى شبه جزيرة القِرْم.

أصبحت شبه الجزيرة آنذاك منطقة تستحوذ على الاهتمام المشوب بالقلق لكل أوروبا، لأكثر من اثني عشر شهرًا. نزلت الجيوش المتحالفة بالقرب من يوباتوريا، واستولت على تلك المدينة في الرابع عشر من سبتمبر، وفي العشرين من الشهر فتح لهم انتصار ألما، الطريق إلى سيباستوبول. بدأ حصار هذا المعقل الشهير في الشهر نفسه، وامتد بثبات وشجاعة منقطعة النظير على كلا الجانبين حتى الثامن من سبتمبر 1855م، عندما قام المنتصر بالهجوم، حيث استولى الرتل الفرنسي على برج «مالاكوف» (Malakoff) الذي كان مطمعًا لفترة طويلة، وفي اليوم التالي كانت المدينة في حوزة الحلفاء.

وفي آسيا، منح عدمُ كفاءة القادة الأتراك نجاحات سهلة وعديدة للروس، ولكن شهدت مدينة قارص المهمة دفاعًا نبيلًا من الحامية والمواطنين المسلحين تحت إمرة القائدين الإنجليزيين: «ويليامز» (Williams)، و«تيسدل» (Teesdale)، والمجري «كميتي» (Kmety). وفي 29 سبتمبر، أحرزوا انتصارًا بارزًا على الجيش الروسي تحت إمرة القائد «مورافييف» (Mouravieff)، لكنهم لم يتمكنوا من كسر الحصار، لأن المدد لم يأتهم من أي مكان. وأخيرًا، في 25 نوفمبر، صارت الفرقة المنهكة المرهقة متعطشة للاستسلام.

فُتحت المفاوضات حول تدخُل النمسا، في بداية عام 1855م، بين روسيا والقوى المتحالفة ضدها، التي تتألف من تركيا وإنجلترا وفرنسا وسردينيا. ووافق البلاط الروسي على أن المقترحات الخمسة التالية يجب أن تُتخذ أساسًا لتهدئة الأوضاع:

«1- المقاطعات الدانوبية: إلغاء كامل للحماية الروسية. وتشهد المقاطعات الدانوبية تنظيمًا يتفق مع رغباتها وحاجاتها ومصالحها، وتعترف القوى المتفقة بهذا التنظيم الجديد، الذي يحترم ما يُقر به السكان أنفسهم، ويقبل به السُلطان انطلاقًا من مبادرته السيادية. ولا يجوز لأي دولة، تحت أي ذريعة كانت، وتحت أي شكل من أشكال الحماية، التدخل في مسألة الإدارة الداخلية للمقاطعات؛ حيث إنها ستعتمد نظامًا دائمًا نهائيًا يقتضيه موقعها الجغرافي، ولا يجوز إعاقة تحصينها بالطريقة التي تراها صوابًا، حرصًا على تأمين أراضيها ضد العدوان الأجنبي.

في مقابل الأماكن والأقاليم القوية التي احتلتها الجيوش المتحالفة، توافق روسيا على تعديل حدودها مع تركيا في أوروبا. تبدأ من محيط «شويتم» (Choytm)، وتسير مع سلسلة الجبال، التي تمتد في اتجاه الجنوب الشرقي، وتنتهي عند بحيرة «ساسيك» (Sasik). ويجري تعديل الخط (الرسم) نهائيًا من خلال المعاهدة العامة، وتعود الأراضي المتنازل عنها إلى المقاطعات وإلى سيادة الباب العالي.

2- الدانوب: تكفُل مؤسسات أوروبية استقلال نهر الدانوب ومصبّاته على نحو فعّال، وتكون فيها الدول المتفقة ممثلة على قدم المساواة، وذلك باستثناء المواقع الخاصة بأرباب الأراضي الزراعية على «ضفاف النهر» (des riverains)، التي تنظمها المبادئ التي وضعها قانون مؤتمر فيينا فيما يتعلق بملاحة الأنهار. ويحق لكل دولة من الدول المتفقة أن تحتفظ بسفينة صغيرة أو سفينتين متمركزتين عند مصبات النهر، بهدف ضمان تنفيذ اللوائح المتعلقة بحرية نهر الدانوب.

3- تحييد البحر الأسود: يكون هذا البحر مفتوحًا أمام السفن التجارية، ويُغلق أمام القوات الحربية (القوات البحرية العسكرية)، وبالتالي لا يجوز إنشاء أو الاحتفاظ بترسانات عسكرية

بحرية على سواحله. ويجري ضمان حماية المصالح التجارية والبحرية لجميع الدول في موانئ البحر الأسود بإنشاء مؤسسات تتفق مع القانون الدولي ومع التقاليد الجائزة في هذه المسائل. وتشترك الدولتان اللتان تسيطران على الساحل في الحفاظ فقط على عدد السفن الخفيفة، بقوة ثابتة لازمة لخدمة الساحل. وهذه الاتفاقية، التي أُبرمت بصورة منفصلة بين هاتين الدولتين، ستُشكِّل جزءًا ملحقًا بالمعاهدة العامة بعد الحصول على موافقة الأطراف المتعاهدة. ولا يمكن إلغاء هذه الاتفاقية المنفصلة أو تعديلها من دون موافقة أطراف المعاهدة العامة. وعند إغلاق المضايق سيُسمح بالاستثناء المنطبق على السفن الثابتة المذكورة في المادة السابقة.

4- الرَّعايا المسيحيون للباب العالي: يجب الحفاظ على الحصانة الدينية والسياسية لرعايا الباب العالي، من دون المساس باستقلال ومنزلة التاج السُلطاني. وتتم دعوة روسيا عند إقرار السلام، للمشاورات الجارية بين النمسا وفرنسا وبريطانيا العظمى والباب العالي، من أجل ضمان الحقوق الدينية والسياسية للمواطنين المسيحيين التابعين للسلطان.

5- تحتفظ الدول المتحاربة لنفسها بالحق الذي يُقِرُّ لهم وضع شروط خاصة بالمصالح الأوروبية علاوة على الضمانات الأربع».

جرى اختيار باريس مكانًا للمؤتمر، ومن ثَمَّ اجتمع هناك مفوضون من فرنسا وإنجلترا وروسيا وتركيا وسردينيا. وقد تعاون البلد الأخير المذكور ببسالة أثناء الجزء الأخير من الحرب، مع الدولتين الغربيتين العظميين في القضية المشتركة الخاصة بالعدالة والاستقلال الوطني. وشاركت النمسا، بصفتها قوة الوساطة، بممثليها الدبلوماسيين في مجمل أعمال المؤتمر. وقد أُقنعت بروسيا في نهاية المناقشات بعد أن وقفت في البداية وحدها، بأن تصبح طرفًا في البنود التي ناقشها الآخرون وأقروها. وأخيرًا، جرى يوم الأحد الموافق 30 مارس 1856م، التوقيع على معاهدة مصوغة وفقًا للاقتراحات المذكورة، من قِبَل وزراء الدول السبع، واستُعيد السلام.

يمكن الاطلاع على بنود معاهدة باريس [1] بشكل مطول في «هرتزليت» (Hertslet)، المجلد الثاني، ص1250. وفيما يلي البنود التي تبدو أساسية:

بموجب المادة السابعة، أعلنت السُلطات الموقِّعة السماح للباب العالي بالمشاركة في فوائد ونظام القانون العام (بالاتفاق) في أوروبا. ويشترك الملوك المسيحيون، كلٌّ من جانبه في:

(1) انظر نص بنود المعاهدة: محمد فريد، تاريخ الدولة العلية: 383-392. (المترجم).

«احترام استقلال الإمبراطورية العثمانية وسلامة أراضيها، والتَّكَفُّل جميعًا بالمحافظة على هذا التعهد. وكل أمر يُفضي إلى الإخلال بذلك يعتبرونه مسألة ذات أهمية عامة.

الوساطة في حالة سوء التفاهم بين الباب العالي وواحدة أو أكثر من الدول المتعاهدة:

المادة الثامنة: إذا نشأ بين الباب العالي وواحدة أو أكثر من الدول الموقِّعة الأخرى، أي سوء تفاهم قد يُعرض الحفاظ على علاقاتها للخطر، فإنه يتاح للأطراف المتعاهدة الأخرى، قبل اللجوء إلى استخدام القوة من الباب العالي وأي قوة من هذه القوى، فرصة منع مثل هذا الخطر عن طريق وساطتها.

تحسين حالة السكان المسيحيين في الإمبراطورية العثمانية:

المادة التاسعة: يتفضَّل صاحب الجلالة السُّلطان، في إطار حرصه الدائم على خير رعاياه، بإصدار فرمان غايته تحسين أحوالهم من دون النظر في اختلاف دينهم أو جنسهم، ويبدي نواياه الطيبة تجاه النصارى القاطنين في بلاده، ويُقدِّم إثباتًا آخر على موقفه في هذا الصدد بعزمه على إطلاع الأطراف المتعاهدة بالفرمان المذكور عن طيب نفس منه.

عدم تدخل الحلفاء في الشؤون الداخلية للإمبراطورية العثمانية:

تتلقَّى الدول المتعاهدة هذا الاطلاع بتأكيد ما له من الفائدة، لكن من المفهوم جيدًا أنه لا يُوجب للدول المذكورة - في أي حال - الحق في التدخل، سواء بشكل جماعي أو منفصل، فيما يتعلق بصاحب الجلالة السُّلطان ورعاياه، أو بإدارة سلطنته الداخلية.

إغلاق مضيقَي البوسفور والدردنيل:

المادة العاشرة: جرى تعديل اتفاقية 13 يوليو 1841م، التي تحافظ على القاعدة القديمة للإمبراطورية العثمانية المتعلقة بإغلاق مضيقَي البوسفور والدردنيل، لتصبح بموافقة مشتركة.

يظل القانون المبرم لهذا الغرض، وامتثالًا لهذا المبدأ، بين الأطراف السامية المتعاهدة، مرفقًا بهذه المعاهدة، وتكون له نفس القوة والصلاحية كما لو كان جزءًا لا يتجزأ منها.

تحييد البحر الأسود:

المادة الحادية عشرة: البحر الأسود يكون على الحياد، ومياهه وموانئه تظل مفتوحة للبحرية التجارية لأي دولة، وتكون ممنوعة بشكل رسمي ودائم عن رايات الحرب، سواء للدول التي

تمتلك سواحله، أو لغيرها، مع الاستثناءات المذكورة في المادتين الرابعة عشرة والتاسعة عشرة من هذه المعاهدة.

اللوائح التجارية في البحر الأسود:

المادة الثانية عشرة: خلوًّا من كل مانع؛ لا تكون التجارة في موانئ ومياه البحر الأسود خاضعة سوى للوائح الصحة والجمارك والشرطة، على وجه يُفيد تطوير المعاملات التجارية.

عدم إنشاء ترسانات بحرية عسكرية أو الاحتفاظ بها على سواحل البحر الأسود:

المادة الثالثة عشرة: يجري تحييد البحر الأسود وفقًا لأحكام المادة الحادية عشرة، وعليه فإن صيانة أو إنشاء الترسانات البحرية العسكرية على سواحله تصبح غير ضرورية ولا لزوم لها. ونتيجة لذلك، يتعهد صاحب الجلالة إمبراطور جميع الروس، وصاحب الجلالة السُّلطان، بألا ينخرطا في إنشاء أو الإبقاء على أي ترسانة بحرية عسكرية على ذلك الساحل.

القوة البحرية الروسية والعثمانية في البحر الأسود:

المادة الرابعة عشرة: يُبرِم صاحبا الجلالة إمبراطور الروس والسُّلطان اتفاقًا بغرض تحديد قوة وعدد السفن الخفيفة اللازم إبقاؤها في البحر الأسود لخدمة سواحلهما، ويكون هذا الاتفاق ملحَقًا بهذه المعاهدة، وله نفس العمل والصلاحية كما لو كان جزءًا لا يتجزأ منها. ولا يمكن إلغاؤه أو تعديله من دون موافقة الدول الموقعة على هذه المعاهدة».

وبموجب الاتفاق المبرم في التاريخ نفسه المشار إليه في المعاهدة، والمحال إليه في ذلك، أعلن:

«حظر دخول سفن الحرب الأجنبية إلى مضيقي البوسفور والدردنيل:

المادة الأولى: يُعلن صاحب الجلالة السُّلطان من جهته أنه يُقر بحزم الحفاظ على مستقبل المبدأ المعترف به دائمًا كقاعدة قديمة لإمبراطوريته، والذي يحظر في جميع الأوقات دخول سفن الحرب التابعة للدول الأجنبية إلى مضيقي الدردنيل والبوسفور، وأنه ما دام الباب العالي في سلام، فإن جلالته لن يسمح بدخول أي سفينة حرب أجنبية إلى المضايق المذكورة.

اتفاق الدول الست على احترام هذا الحظر:

وعلى جلالة كلٍّ من ملكة المملكة المتحدة لبريطانيا العظمى وأيرلندا، وإمبراطور النمسا،

وإمبراطور فرنسا، وملك بروسيا، وإمبراطور روسيا، وملك سردينيا، من ناحية أخرى، احترام قرار السُّلطان هذا، والالتزام بالمبدأ المعلن عنه.

السماح للسفن الخفيفة بخدمة بعثات القوى الأجنبية، من خلال فرمان:

المادة الثانية: يحتفظ السُّلطان لنفسه، كما في الماضي، بإصدار فرمانات مرور للسفن الخفيفة تحت راية الحرب، التي ستستخدم، كما هو معتاد، في خدمة بعثات القوى الأجنبية».

وهناك اتفاقية أخرى أُبرمت في التاريخ نفسه، بين روسيا وتركيا، حدَّدت عدد السفن الخفيفة التي ستحتفظ بها كل قوة في البحر الأسود.

وبموجب معاهدة 15 أبريل 1856م، بين بريطانيا العظمى والنمسا وفرنسا، تعهدت هذه الأطراف الثلاثة بالحفاظ على سلامة الإمبراطورية التركية، على النحو التالي:

«ضمان استقلال وسلامة الإمبراطورية العثمانية:

المادة الأولى: تضمن الأطراف السامية المتعاهدة، معًا، وعلى حدة، استقلال الإمبراطورية العثمانية وسلامتها، في المعاهدة المبرمة في باريس في 30 مارس 1856م.

أي خرق لمعاهدة 30 مارس 1856م، سيُعد سببًا للحرب:

المادة الثانية: تُعَدُّ أي مخالفات لأحكام المعاهدة المذكورة من الدول الموقِّعة على المعاهدة الحالية سببًا للحرب. وسوف يتوصلون إلى تفاهم مع الباب العالي بشأن الإجراءات التي صارت ضرورية، ويقررون من دون تأخير فيما بينهم استخدام قواتهم العسكرية والبحرية».

بينما كانت المفاوضات لإنهاء حرب القِرْم جارية، أصدر السُّلطان عبد المجيد وثيقة حكومية مهمة أخرى، تسمى «خط همايون»[1]، موجَّهة إلى وزيره الأعظم عالي باشا[2]، ألزم نفسه من خلالها بالحفاظ على الامتيازات والضمانات التي قدَّمها خط شريف جُلخانه إلى جميع فئات رعاياه، من دون تمييز لطبقة أو دين. وتضمن أوامر عدة لاستدعاء المجالس المحلية لكل طائفة

(1) أو الإصلاحات الخيرية، التي صدرت في 18 فبراير 1856م. انظر النص كاملًا: محمد فريد، تاريخ الدولة العلية: 358-363. (المترجم).

(2) هو محمد أمين عالي باشا، الذي تولَّى الوزارة أو الصدارة العظمى خمس مرَّات: أولها من شهر أغسطس إلى أكتوبر 1852م، ثم من شهر مايو 1855م إلى ديسمبر 1856م، ثم من يناير 1858م إلى أكتوبر 1859م، ثم من أغسطس إلى نوفمبر 1861م، وآخرها من فبراير 1867م إلى سبتمبر 1871م. (المترجم).

مسيحية من أجل الحكم الذاتي المحلي، ولضمان حرية ممارسة الدين، وتوفير محاكم مختلطة في المسائل التي يكون فيها المتقاضون من طوائف دينية مختلفة، وتوفير وحدات من القوات المسيحية، فضلًا عن العديد من التحسينات في إدارة الشؤون القانونية والتجارية.

كان تنفيذ هذه الأوامر لا يضاهي التفوق في وضعها.

وبموجب مرسوم آخر في العام نفسه، حظر السُلطان استيراد المزيد من العبيد إلى إمبراطوريته.

تواصلت مناقشات عديدة بين روسيا وتركيا فيما يتعلق بحكم مولدافيا ووالاشيا. وشاركت إنجلترا وفرنسا ودول أخرى في بعض هذه المناقشات. وفي عام 1858م أُبرمت معاهدة[1] اعتُرف من خلالها باتحاد هاتين المقاطعتين، لكن في الوقت نفسه تخضعان لسيادة السُلطان. وعمليًا، أصبحتا دولة حرة، يحكمها هسبودار مُنتخب.

في عام 1860م، كانت الاضطرابات التي وقعت في الشام، في مقاطعات لبنان، تنمو بشكل خطير، وذلك لجذب الاهتمام المشوب بالقلق للقوى الكبرى في أوروبا. كانت هناك حرب أهلية حقيقية بين الدروز والموارنة. وشاركت قوات الحكومة التركية، بدلًا من قمع هذه الاضطرابات، بجزء من المقاتلين المسلمين في نهب القرى المارونية، وذبح السكان[2]. اندلع كذلك عنف متعصِّب من قِبَل رعاع دمشق، وتغاضت السُلطات هناك، إن لم تكن شجَّعت على النهب والمذابح، التي وقع مسيحيو تلك المدينة ضحايا لها. فعُقدت اتفاقية من قِبَل كلٍّ من بريطانيا العظمى وروسيا وفرنسا والنمسا وبروسيا، ويجب أن نلاحظ أن السُلطان كان طرفًا موافقًا عليها، ووفقًا لها جرى إرسال جيش فرنسي من عشرة آلاف رجل إلى الشام لاستعادة النظام. لكن الباب العالي، الذي أثار جزعه تلك الآثار المحتملة لهذا الاعتراف الواضح باختلاله، اتخذ تدابير فعَّالة. ففي حين أن الحملة الفرنسية كانت لا تزال في طريقها لاستعادة النظام ومعاقبة كبار

---

(1) Herts., vol. ii. p. 1330.

(2) بدأت هذه الاضطرابات عقب انسحاب جيوش محمد علي من الشام عام 1841م. وكانت الدسائس الأجنبية من الأسباب الرئيسية لها؛ حيث قامت فرنسا بمساعدة الموارنة، وآزرت إنجلترا الدروز في مواجهتهم للضغط في سبيل اعتناق الموارنة الكاثوليك للمذهب البروتستانتي، فيدخلون بذلك تحت حمايتهم بدلًا من فرنسا، مما أدى إلى تفاقم الأوضاع في لبنان، وصارت مقتلة عظيمة بين الفريقين، وبالطبع لم يُرجع المؤلف هنا السبب إلى الفتن الغربية، وألقى بالتبعة على الحكومة العثمانية التي وفقًا لزعمه شاركت في المذابح، على الرغم من عدم إثبات ذلك. انظر: محمد فريد، تاريخ الدولة العلية: 351؛ 395-398. (المترجم).

المذنبين، قام فؤاد باشا بتنفيذ هذه المهمة بقسوة شديدة، بحيث وجد الفرنسيون عند وصولهم أن الإقليم يسوده السلام، ومن ثَمَّ عادوا إلى فرنسا بعد احتلالهم للمناصب العسكرية الرئيسية في الشام لفترة قصيرة.

في 25 يونيو 1861م، تُوفِّي السُّلطان عبد المجيد، وخلفه السُّلطان عبد العزيز.

أصبحت جزيرة كريت المهمة آنذاك هي الجزء من الممتلكات العثمانية الذي أحدث قلقًا عامًّا في أوروبا. فقد انتشر تمرد واسع ضد الحكم التركي هناك، وجرت مؤازرته والحفاظ عليه بشكل علني لفترة طويلة من حكومة اليونان. وكان من المعتقد عمومًا أن اليونان نفسها تُشجِّع على هذه السياسة العدوانية من خلال المساعدة والوعود الممنوحة من إمبراطورية أخرى أقوى بكثير. واستمرت الحرب الكريتية حتى عام 1867م، عندما أصر الباب العالي رسميًّا على تخلِّي اليونانيين عن تعاونهم مع المتمردين. وانقطعت العلاقات الدبلوماسية بين اليونان وتركيا، وبدا أن هناك احتمالًا كبيرًا للحرب المفتوحة بين هاتين الدولتين، وهي حرب من المحتمل أن يشارك فيها قريبًا متحاربون آخرون أقوى. لكن الدول العظمى (بريطانيا، والنمسا، وفرنسا، وإيطاليا، وبروسيا، وروسيا) اتفقت في بيان رسمي (20 يناير 1869م. انظر: هرتزليت، المجلد الثالث، ص1864)، يُعرب عن الأسف والاستهجان بشأن سلوك اليونان، ويُعلن أنه «لا شك في أن مبادئ القانون الدولي تُلْزِم اليونان، كغيرها من الدول، بعدم السماح بتجنيد هذه العصابات على أراضيها، أو تسليح هذه السفن في موانئها لمهاجمة دولة مجاورة». وفي امتثال لهذا الطلب من قِبلها، وكذلك من قِبَل الدول الكبرى الأخرى في العالم المسيحي، أصبحت اليونان طرفًا في الاتفاقية، واستُعيدت العلاقات الدبلوماسية بينها وبين تركيا، وقُدِّمت بعض التنازلات من حكومة السُّلطان لمطالب الزعماء الكريتيين، وانتهت الحركات التمردية في تلك الجزيرة[1]. ذُكر آنفًا أن

(1) اندلع التمرد في الثاني من سبتمبر 1866م، معلنًا انضمام كريت إلى اليونان، فما كان من السُّلطان إلا أن لجأ إلى القوة العسكرية، واستطاع قمع التمرد في أكتوبر من العام نفسه في معركة عُرفت بواقعة «أركادي»، لتعود السيطرة العثمانية ويُعيَّن حسين عوني باشا واليًا على كريت. فاتخذ تدابير إصلاحية، وفصل الإدارتين المدنية والعسكرية وجعلهما في تبعية مباشرة للسلطان. وقد حاولت فرنسا من جانبها بعد حسم الأمر التدخل لضم كريت إلى اليونان. وفي مقابلة للسلطان عبد العزيز بنابليون الثالث في باريس، في 22 يونيو 1867م، طلب نابليون صراحةً ترك كريت لليونان، فما كان من السُّلطان إلا أن رَدَّ غاضبًا: «عزيزي، لقد حاربت الدولة سبعة وعشرين عامًا لفتح كريت، وسالت دماء كثيرة للظفر بها، وكل شبر من تراب كريت قد ارتوى بدماء شهدائنا، لذا سأدافع عن هذا الإرث الذي ورثته عن أجدادي ولو لم يبقَ من جيشي سوى جندي واحد، ومن أسطولي سوى زورق واحد». بعدها انعقد مؤتمر لمندوبي الدول الكبرى في باريس، أصدر على إثره السُّلطان في 19 سبتمبر 1869م امتيازات إضافية للجزيرة، فقام بإعفاء سكانها من دفع الضرائب عدا الجمركية منها، وأعفاهم =

تركيا، في عهد السُّلطان عبد المجيد، وافقت على توحيد مولدافيا ووالاشيا تحت سيادة واحدة، مستقلة عمليًا عن الباب العالي. وفي عام 1866م، تغيرت السلالة الحاكمة لهاتين المقاطعتين (اللتين يُطلق عليهما الآن بشكل عام اسم «رومانيا»). وقام السُّلطان بتفويض الأمير «تشارلز» (Charles) من هوهنزولرن، أميرًا ووراثيًا عليهما. إن الصلة الأسرية الوثيقة للأمير تشارلز مع عاهل بروسيا، الذي جعلته حرب الأسابيع السبعة مع النمسا إمبراطورًا لألمانيا، تُعطي قدرًا غير عادي من الفائدة لهذا التغيير الذي حدث في سلالة الأمراء الحاكمة على الضفة الشمالية لنهر الدانوب.

قُدِّمت شكاوى مستمرة من فريق في الصرب، يقع تحت تأثير أعداء السُّلطان، بأن حرية ذلك البلد غير كاملة ما دامت بلجراد وحصون الصرب الأخرى محتلة من جنود السُّلطان. وفي أبريل 1867م، حاول الباب العالي، بناءً على مشورة فرنسا وإنجلترا، تجنُّب الأخطار المترتبة على المزيد من التحريض على الأعمال العدائية في ذلك الجانب، من خلال إصدار فرمان (انظر: هرتزليت، المجلد الثالث، ص1800)، ونتيجة لذلك جرى سحب الحاميات التركية، فأصبحت الصرب بذلك قوة مستقلة تمامًا، بقدر ما كان يَنظر إليها سادتها السابقون.

في حين كانت الاضطرابات المرتبطة بالتمرد الكريتي لا تزال مشتعلة، سافر السُّلطان عبد العزيز خارج حدود سيادته للقيام بزيارة سلمية إلى بعض زعماء الدول المسيحية. فذهب إلى لندن عام 1867م، حيث لم يقم أي سلطان تركي آخر على الإطلاق برحلة مماثلة.

= كذلك من الخدمة العسكرية، وأقر اللغة اليونانية بجانب التركية كلغة رسمية للجزيرة، كما تقرر أن يتناوب على حكمها والٍ مسلم وآخر مسيحي. هذا وقد ظلت المسألة الكريتية محل خلاف خلال فترة حكم السُّلطان عبد الحميد الثاني (1876-1909م)، فظلت القوى الكبرى تتدخل باستمرار في شؤون الجزيرة، فضلًا عن اليونان التي لم تألُ جهدًا لضمها، حتى اعتدت عسكريًا بشكل سافر على الجزيرة عام 1885م، وقتلت الكثير من المسلمين، وهو ما أشعل الوضع بالجزيرة، فاستمرت التمردات وأحداث العنف، وشجعت اليونان منذ ذلك الوقت الهجرة المسيحية للجزيرة بشكل سري لمحاولة تقليص الوجود الإسلامي بها، وإذكاء روح التعصب والحركات الانفصالية وأعمال الشغب، وفي النهاية تسببت مسألة كريت في إعلان الحرب بين البلدين في أبريل 1897م. وخلال شهر واحد استطاع العثمانيون حسم المعركة لصالحهم والتقدم نحو أثينا، لولا استغاثة اليونان بالدول الكبرى مما تسبب في وقف القتال، من دون حل لمسألة كريت. فتصاعد العنف والتقتيل للمسلمين على الجزيرة، في حين جرى الترويج للرأي العام العالمي عمن حاول التصدي لهذه الأعمال بأنهم متشددون يحاولون النيل من المسيحيين على الجزيرة، مما أثار حفيظة الدول الكبرى، فأجبرت العثمانيين على الجلاء العسكري عن الجزيرة عام 1898م. وانتهى بذلك الحكم العثماني الفعلي للجزيرة، وبدأت هجرة أهاليها المسلمين بالآلاف. وخلال سنوات قليلة غلب العنصر المسيحي، حتى أُلحقت الجزيرة رسميًا باليونان عام 1912م. انظر مزيدًا عن هذا الموضوع: علي إبراهيم بكراكي، تاريخ جزيرة كريت والمهاجرين (لبنان - طرابلس: دار المنى، 2004م). (المترجم).

لم يشارك الباب العالي بشكل مباشر أو غير مباشر في حرب عام 1870م، بين فرنسا وألمانيا. لكن المصائب التي حلَّت على فرنسا في هذا الصراع كانت ذات شأن كارثي بالنسبة إلى تركيا؛ فعندما كانت فرنسا قوية، كانت راغبة وقادرة على التعاون مع إنجلترا لضمان التقيد الفعلي بالشروط التي أنهت حرب القِرْم. وأهم هذه الأمور، من أجل سلامة الإمبراطورية العثمانية، اتفاقية تحييد البحر الأسود. وقد رفضت الحكومة الروسية آنذاك فرض هذا القيد على القوة الهجومية لروسيا.

سأُكرِّر هنا بعض الملاحظات التي أُبديت مؤخرًا حول هذا الموضوع في عملي المتعلِّق بالقانون الدولي، كما تبدو لي من انعكاسها، ليكون له ما يبرره تمامًا من الحقائق والعدالة في هذه القضية:

«في عام 1856م، بعد سقوط سيباستوبول، أُقر السلام بين روسيا والحلفاء بموجب معاهدة باريس العامة في 30 مارس 1856م. كانت تلك المعاهدة تتضمن أحكامًا كثيرة تتعلَّق بموضوعات عديدة، لكن كان شرطها الأكثر أهمية هو مشاركة روسيا للحدِّ من قواتها البحرية وأسلحتها في البحر الأسود إلى حدٍّ أدنى محدَّد. وكان هذا التقييد للقوات الروسية في هذا الجانب أحد أهم أهداف الحرب، وجرى التخطيط له والمثابرة عليه من قِبَل فرنسا وإنجلترا من أجل فعالية حملة القِرْم بشكل خاص.

نظرًا لبقاء هاتين القوتين الغربيتين العظميين قويتين، لم تقم روسيا بالاحتجاج على هذه المعاهدة، ولم تطالب بإعفائها من أيِّ جزء منها. لكن قرب نهاية عام 1870م، عندما سُحقت القوة العسكرية الفرنسية بسبب هزائمها في الحرب مع الألمان، وعندما حُوصرت باريس، وبدا واضحًا أن خضوع فرنسا للغزاة ما هو إلا مسألة وقت، قام الوزير الروسي بإبلاغ الحكومة الإنجليزية، باسم الإمبراطور، أن «صاحب الجلالة الإمبراطور لا يمكن أن يُلزم نفسه بأحكام معاهدة 18 (30) مارس 1856م، ما دامت تُقيد سيادته في البحر الأسود». توجد المذكرة الروسية، التي تحتوي على هذا «الاستنكار» لمعاهدة باريس، في المجلد الثالث من عمل هرتزليت: «خريطة أوروبا من خلال معاهدة» (Map of Europe by Treaty)، ص1892. والتي يجب قراءتها، كما يجب أيضًا قراءة: «مذكرة روسية إضافية» (Further Russian Note) التي تلي ذلك، من قِبَل جميع مَن يرغب في الاطلاع بما فيه الكفاية على الطابع الحقيقي لهذه الإجراءات.

سيتبين أن الأمير «جورتشاكوف» (Gortchakoff) يشكو من اشتراطات حول التسلُّح في البحر الأسود لضغطها بشدة على روسيا. لكنه يحبط الذريعة الرئيسية لسلوك روسيا بالكلمات

التالية: «إن معاهدة 18 (30) مارس 1856م، لم تَسْلَم من التعديلات التي عَرَّضت معظم المعاملات الأوروبية للخطر، ومواجهة ما من شأنه أن يكون صعبًا في الحفاظ على ذلك القانون المكتوب، الذي يقوم على احترام المعاهدات كأساس للحق العام، ويُنَظِّم العلاقات بين الدول، ويحافظ على الصلاحية الأدبية التي ربما حازتها في أوقات أخرى». ويستمر في تقديم شكواه، أولًا من بعض التغييرات التي طرأت على الحكم في مقاطعتي مولدافيا ووالاشيا. وثانيًا من رجال الحرب الأجانب الذين عانوا لدخول المضايق والبحر الأسود. وفيما يتعلق بأولى المسائل التي جرى تحديدها على هذا النحو، كان من الواضح أن شؤون المقاطعتين لا علاقة لها بالاشتراطات الخاصة بالبحر الأسود، ولم تكن ذات أهمية حقيقية في حدٍّ ذاتها، لذا كانت الإشارة إلى هذا العذر العابث دلالة على ضعف القضية الروسية. أما فيما يتعلق بسفن الحرب الأجنبية التي تمر بالدردنيل والبوسفور، فقد ظهر، بناءً على تحقيقات أجرتها الحكومة البريطانية، ونُشرت نتيجة ذلك في ورقة برلمانية، أنه خلال ستة عشر عامًا، مرت ثماني سفن حرب فقط بالمضايق، منها واحدة روسية، وثلاث فقط فرنسية أو إنجليزية، لم يحدث انتهاك للمعاهدة إزاء أيٍّ منها.

كانت الحقائق الجديدة المهمة التي وقعت بالفعل بين ربيع 1856م وشتاء 1870م، والتي بالنسبة للرأي الروسي «عَدَّلت الصلاحية الأدبية» لمعاهدة باريس، أولًا: انهيار مؤقت لفرنسا بعد كارثتي: «سيدان» (Sedan) و«ميتز» (Metz)، وما ترتب عليه من عدم مقدرتها على الوقوف بجانب إنجلترا في التمسك بالمعاهدة التي كانت نتيجة لجهودهما المشتركة في حرب القِرْم. ثانيًا: التصميم من قِبَل السُّلطات الألمانية والنمساوية المجرية على عدم التعاون مع إنجلترا في أي مقاومة مسلحة لمشروع روسيا، الذي يهدف إلى إبطال حماية استقلال تركيا، وهو ما أسفرت عنه معاهدة 1856م، عندما قيَّدت الأسلحة الروسية بالقرب من البحر الأسود. وقد تحققت الحكومة الإنجليزية من ذلك. وأبلغ رئيس الحكومة الإنجليزي، مجلس العموم في نقاش حول الموضوع في عام 1871م، أنه «لا يجب أن يكون لدينا حليف واحد من بين الدول المحايدة إذا كنا قد اقترحنا ببساطة الإصرار على تحييد البحر الأسود». ولا يمكن أن يكون هناك شك في أن الأمير جورتشاكوف علم بالضبط ما هي السياسة التي تسعى النمسا ودول أخرى إلى اتباعها إذا ذهبت إنجلترا إلى الحرب من أجل المعاهدة المستنكرة.

في ظل هذه الظروف أرسل وزير الخارجية البريطاني ردًّا على المذكرات الروسية، احتجاجًا على روسيا التي أعلنت - كمعتقد عام - أن طرفًا واحدًا في المعاهدة قد يُدمِّر المعاهدة عن طيب خاطر. لكنه يتضمن الدعوة التالية: «إذا خاطبت الحكومةُ الروسية، بدلًا من هذا التصريح،

حكومةَ جلالتها والدول الأخرى الأطراف في معاهدة 1856م، واقترحت معهم النظر فيما إذا كان قد حدث أي شيء يمكن اعتباره مخالفة للمعاهدة، أو ما إذا كان هناك أي شيء في الشروط، جَرَّاء تغير الظروف، يضغط بشدة لا داعي لها على روسيا، أو في سياق الأحداث، أصبح غير ضروري للحماية الكافية لتركيا، فإن حكومة صاحبة الجلالة لم تكن لترفض النظر في المسألة بالتنسيق مع المُوَقِّعين على المعاهدة»[1].

قُبل هذا التلميح. وعليه تنازلت روسيا وسَلَّمت بأن «من المبادئ الأساسية في القانون الأممي، أنه من غير الممكن لأي سلطة التنصل من الارتباط بإحدى المعاهدات، ولا أن تُعَدِّل أحكامها، إلا بموافقة الدول المتعاهدة، من خلال وسائل تنسيق ودية»[2]. تم هذا القبول الرسمي من خلال توقيع بروتوكولي في لندن في 17 يناير. ومن خلال معاهدة وُقِّعت هناك في 13 من الشهر التالي، أُلغيت مواد معاهدة باريس بشأن الملاحة في البحر الأسود، وأحرزت روسيا هدفها، وتخلَّصت من القيود التي خضعت لها في عام 1856م»[3].

في عام 1875م، اندلعت الاضطرابات والنزاعات المسلحة التي كانت مزمنة منذ قرون في الهرسك، والمناطق القريبة من حدودها غير المعينة، بعنف غير عادي، وسرعان ما صاحبها تمرد مفتوح ضد السُّلطان من الغالبية العظمى من سكان الهرسك. وشاركت عصابات مسلحة أيضًا من الجبل الأسود في هجمات متكررة ونشطة على القوات التركية وفي المناطق الإسلامية. ولم يكن هناك دليل مؤكد على وجود تعاطف كبير مع المتمردين، أو على الأقل عداوة تجاه العثمانيين من جانب قوى أكثر بأسًا. كانت الاضطرابات، التي وصلت إلى حد الحرب الأهلية، مشتعلة في العديد من مقاطعات البوسنة، حيث السكان ما بين مسلمين ومسيحيين. وفي بلغاريا، كان هناك نشاط في عمل الجماعات المتمردة. وواجهت حكومة السُّلطان صعوبات، جرى الاعتراف لأوروبا بكارثيتها، وذلك من خلال إعلان رسمي بأن الفائدة المستحقة للدائنين العموميين لتركيا لا يمكن توفيرها.

كان الدَّيْن الوطني التركي ظاهرة جديدة سيِّئة في مؤسسات الإمبراطورية، وقد ظهر إلى الوجود خلال حرب القِرْم، وسرعان ما نما إلى نسب كبيرة خطيرة. لم يتم اقتراض سوى جزء صغير من المال داخل البلاد. وكان القسم الأكبر من القروض المتتالية متعاقدًا عليه مع

(1) Hertslet, voL. iii. p. 1200.

(2) Ibid., p. 1904.

(3) Ibid., p. 1919.

الرأسماليين في أوروبا الغربية، وبشكل رئيسي في سوق لندن. وبلغت هذه النسبة عام 1876م، 195 مليونًا. وقد وعد المرسوم الأول بشأن هذا الموضوع، في أكتوبر 1875م، بسرعة دفع نصف الفائدة، وتقديم ضمانات للباقي. لكن ثبت أن هذا، مثل معظم الوعود الأخرى من هذا النوع، لا قيمة له. وفي يوليو 1876م، أُعلن بصراحة أن المدفوعات فيما يتعلق بالدَّيْن الوطني يجب أن تتوقف، في وقت تستمر فيه متاعب الدولة. لم يفعل هذا الإعلان عن التعسُّر من جانب تركيا سوى خلق اعتقاد واسع الانتشار بأن السقوط السريع للإمبراطورية العثمانية أصبح مرتقبًا. كما أنه فعل الكثير لخلق ذلك الاستياء الذي يشعر به الأتراك في الآونة الأخيرة في إنجلترا، مقارنةً بالحماس العام لصالحهم، الذي كان يُشعر به هنا عمومًا عندما تعرضت تركيا لهجوم من روسيا في عام 1854م. فالمعتدي دائمًا لا يحظى بشعبية.

في 30 مايو 1876م، خُلع السُّلطان عبد العزيز رسميًّا بشكل قسري. وفي الرابع من يونيو، عُثر عليه ميتًا في مكان حجزه الذي نُقل إليه.

نُصِّب مراد (أو أموراث) الخامس، سلطانًا بدلًا منه، لكن أثبت العاهل الجديد أن لديه خللًا عقليًّا ميؤوسًا منه، فعُزل بدوره في 31 أغسطس. وبعد ذلك نُصِّب شقيقه عبد الحميد الثاني، سلطانًا، وهو لا يزال يشغل ذلك المنصب حتى الآن.

اتخذت الاضطرابات والأعمال العدائية في المقاطعات الشمالية الغربية للإمبراطورية وفي بلغاريا، أبعادًا أكثر إثارة للقلق. فالصرب، التي لم يكن لديها أي أساس للتذمر ضد تركيا بسبب ما حدث خلال الجيل الحالي، من حصولها على الاستقلال التام عندما جرى إجلاء بلجراد وقلاعها الأخرى من العثمانيين، شاركت بشكل علني في مساعدة الهرسك، وحثِّ البلغار على التمرد. وقد قمعت الحكومة التركية التحركات في بلغاريا، إلا إن ذلك جرى من خلال استخدام القوات غير النظامية، التي ارتكبت الفظائع والاعتداءات، وهو ما ملأ الغرب المسيحي بالخوف، وأضر بالقضية التركية أكثر مما يمكن أن ينتج عن أي هزائم في الميدان، أو من خلال فقدان كامل الأقاليم.

في يوليو 1876م، أعلنت الصرب والجبل الأسود الحرب على تركيا. وقد جُنِّدت جيوش الصرب بشكل عام من الجنود الروس، وزُودوا بالقادة من الروس الذين شاركوا في الحملة بمعرفة وموافقة كاملة من حكومتهم. وفي هذه الحرب، كان الأتراك ناجحين بشكل كبير، ولم يُوقَف تقدمهم المنتصر على العاصمة الصربية إلا من خلال التدخل الحاسم لروسيا. وجرى

الاتفاق على هدنة في 31 أكتوبر. ولم يكن الأتراك عمومًا ناجحين في مواجهة الجبل الأسود. كما أُوقفت الأعمال القتالية في هذه المنطقة عن طريق هدنة، في نهاية الخريف.

كان هناك العديد من التغييرات في الوزراء في القسطنطينية، والتي لا حاجة لمناقشتها هنا. كما أنه ليست هناك ضرورة لدراسة تفاصيل المرسوم الدستوري المطروح باسم السُّلطان الجديد، الذي يُزعَم أنه أكثر تحررًا من جُلخانه، وخط همايون. يجب أن يظهر بعد سنوات ما إذا كانت له أي قيمة عملية، وإذا كان سيسمح بالفعل بفرصة لوضعه قيد الممارسة من قِبَل البيت العثماني.

في نوفمبر، ألقى الإمبراطور ألكسندر خطابًا علنيًّا أمام السُّلطات المحلية في موسكو، أعلن فيه أنه إذا لم تُقدِّم تركيا الضمانات اللازمة لحُكم أفضل لرعاياها المسيحيين، فسيفرضه بالقوة، إما بالتنسيق مع حلفائه، وإما بإجراء مستقل. وفي الشهر نفسه أمر بتعبئة جزء من جيشه، وتمركز منذ ذلك الحين حشد كبير من القوات الروسية في بيسارابيا، على استعداد لبدء غزو تركيا عند صدور أمر إمبراطورهم.

مصادر ومراجع التحقيق

أولًا: المصادر العربية والعثمانية

ابن إياس الحنفي، أبو البركات زين الدين محمد بن أحمد:
بدائع الزهور في وقائع الدهور، باعتناء باول كاله ومحمد مصطفى وموريتس سوبرنهيم (إستانبول، 1931م).

بجوي إبراهيم أفندي:
تاريخ بجوي، ترجمة وتقديم ناصر عبد الرحيم حسين (القاهرة: المركز القومي للترجمة، 2016م).

البنداري، أبو إبراهيم الفتح بن علي الأصفهاني:
تاريخ دولة آل سلجوق (القاهرة: مطبعة الموسوعات بمصر، 1318هـ/ 1900م).

ابن تغري بردي، أبو المحاسن جمال الدين يوسف:
المنهل الصافي والمستوفي بعد الوافي، تحقيق نبيل محمد عبد العزيز (القاهرة: الهيئة العامة للكتاب، 1985م).

الجبرتي، عبد الرحمن بن حسن:
عجائب الآثار في التراجم والأخبار، مج.4. (مصر: المطبعة العامرة الشرفية، 1322هـ).

حاجي خليفة:
فذلكة أقوال الأخيار في علم التاريخ والأخبار «فذلكة التواريخ»: تاريخ ملوك آل عثمان، حققه وقدم له وترجم حواشيه سيد محمد السيد (أنقرة: مؤسسة العالي آتاتورك للثقافة واللغات والتاريخ، 2009م).

سلم الوصول إلى طبقات الفحول، تحقيق محمود عبد القادر الأرناؤوط (إستانبول: مركز الأبحاث للتاريخ والفنون والثقافة الإسلامية، 2010م).

تحفة الكبار في أسفار البحار، تحقيق وترجمة محمد حرب وتسنيم حرب (القاهرة: دار البشير للعلوم والفنون، 2017م).

حسين خوجه، ابن علي بن سليمان:
بشائر أهل الإيمان بفتوحات آل عثمان، تحقيق محمد أسامة زيد (القاهرة: دار ابن رجب - دار الفؤاد، 1435هـ/ 2014م).
خير الدين برباروسا:
مذكرات خير الدين بربا روسا، ترجمة محمد دراج (الجزائر: الأصالة للنشر والتوزيع، 2010م).
خير الدين الزركلي:
الأعلام.. قاموس تراجم لأشهر الرجال والنساء من العرب والمستعربين والمستشرقين (بيروت: دار العلم للملايين، 2002م).
الدارندلي، عزت حسن أفندي:
الحملة الفرنسية على مصر في ضوء مخطوط عثماني: مخطوطة ضيانامه للدارندلي، دراسة وترجمة جمال سعيد عبد الغني (القاهرة: هيئة الكتاب، 1999م).
ابن زنبل الرَّمال:
آخرة المماليك أو واقعة السُّلطان الغوري مع سليم العثماني، تحقيق عبد المنعم عامر (القاهرة: الهيئة العامة للكتاب، 1998م).
السيد أحمد بن السيد زيني دحلان:
الفتوحات الإسلامية بعد مضي الفتوحات النبوية (القاهرة، 1323هـ).
سيدي علي:
كتاب «مرآة الممالك» لرئيس البحر سيدي علي: دراسة وترجمة تسنيم محمد حرب، رسالة ماجستير غير منشورة (القاهرة: كلية الآداب - جامعة عين شمس، 2000م).
السيوطي، جلال الدين عبد الرحمن بن محمد:
غزوات قبرص ورودس (فيينا، 1882م).
شمس الدين سامي:
قاموس الأعلام (إستانبول، 1306-1316هـ).
طاشكبري زاده، أحمد بن مصطفى:
الشقائق النعمانية في علماء الدولة العثمانية (بيروت: دار الكتاب العربي، 1975م).
العباسي، عبد الرحيم بن عبد الرحمن:
منح رب البرية في فتح رودس الأبية، تحقيق فيصل عبد الله الكندي (حوليات كلية الآداب - جامعة الكويت، 1418هـ/ 1997م).

عبد الله الشرقاوي:

تحفة الناظرين فيمن تولى مصر من الولاة والسلاطين، تحقيق رحاب عبد الحميد (القاهرة: مكتبة مدبولي، 1996م).

ابن عربشاه، شهاب الدين أحمد بن محمد بن عبد الله:

عجائب المقدور في أخبار تيمور، ترجمة وتحقيق أحمد فايز الحمصي (بيروت: مؤسسة الرسالة للطباعة والنشر، 1986م).

العيدروس، عبد القادر بن شيخ بن عبد الله:

النور السافر عن أخبار القرن العاشر، تحقيق أحمد حالو ومحمود الأرناؤوط وأكرم البوشي (بيروت: دار صادر، 2001م).

القرماني، أحمد بن يوسف:

أخبار الدول وآثار الأول في التاريخ، مج.3، دراسة وتحقيق أحمد حطيط وفهمي سعد (بيروت: عالم الكتب، 1992م).

قانون نامة مصر، ترجمه وقدم له وعلَّق عليه أحمد فؤاد متولي (القاهرة، د. ت).

القلقشندي، أبو العباس شهاب الدين أحمد بن علي:

صبح الأعشى في صناعة الإنشا، مج.5، (القاهرة: المطبعة الأميرية، 1333هـ/ 1915م).

المحبي، محمد أمين بن فضل الله:

خلاصة الأثر في أعيان القرن الحادي عشر (القاهرة: المطبعة الوهبية، 1868م).

مصطفى الصفوي القلقاوي:

صفوة الزمان بمن تولى مصر من أمير وسلطان، دراسة وتحقيق محمد عمر عبد العزيز (الإسكندرية: دار المعرفة الجامعية، 2006م).

المقري التلمساني، شهاب الدين أحمد بن محمد بن أحمد بن يحيى:

أزهار الرياض في أخبار القاضي عياض، مج.1، تحقيق مصطفى السقا وإبراهيم الإبياري وعبد العظيم شلبي (القاهرة، 1939م).

منجم باشي أحمد ده ده:

جامع الدول، دراسة وتحقيق غسان بن علي الرملي، رسالة دكتوراه غير منشورة (مكة المكرمة: كلية الشريعة والدراسات الإسلامية - جامعة أم القرى، 1996-1997م).

نامق كمال:

عثمانلي تاريخي (إستانبول، 1326هـ/ 1908م).

نجم الدين الغزي، محمد بن بدر الدين محمد بن رضي الدين محمد:

الكواكب السائرة بأعيان المائة العاشرة، وضع حواشيه خليل المنصور (بيروت: دار الكتب العلمية، 1997م).

ياقوت الحموي، شهاب الدين أبو عبد الله:

معجم البلدان (بيروت: دار صادر، 1977م).

يوسف الملواني:

تحفة الأحباب بمن ملك مصر من الملوك والنواب، تحقيق محمد الششتاوي (القاهرة: دار الآفاق العربية، 1999م).

ثانيًا: المراجع العربية

أحمد آق كوندز وسعيد أوزتورك:

الدولة العثمانية المجهولة (إستانبول: وقف البحوث العثمانية، 2008م).

أحمد أمين:

ضحى الإسلام، مج.1 (القاهرة: مكتبة نهضة مصر، 1964م).

أحمد توفيق المدني:

حرب الثلاثمائة سنة بين الجزائر وإسبانيا (1492-1792م) (الجزائر، 1984م).

أحمد الخولي:

الدولة الصفوية تاريخها السياسي والاجتماعي - علاقاتها بالعثمانيين (القاهرة: مكتبة الأنجلو، 1981م).

أحمد سالم سالم:

إستراتيجية الفتح العثماني (الإسكندرية: مؤسسة شباب الجامعة، 2012م).

السيطرة العثمانية على الحوض الشرقي للبحر المتوسط منذ فتح القسطنطينية عام 1453م وحتى فتح رودس عام 1523م، رسالة دكتوراه غير منشورة (الإسكندرية: كلية الآداب – جامعة الإسكندرية، 2015م).

«الدولة العثمانية ونقد نظرية الاستعمار عند جمال حمدان»، دورية كان التاريخية، العدد الخامس عشر (مارس 2012م).

«خمسمئة عام على الفتح العثماني»، جريدة القدس العربي، العدد 9015 (الخميس 23 نوفمبر 2017م).

«دراسة لتطور مفهوم الخلافة والسلطة بين المماليك والعثمانيين»، المجلة التاريخية المصرية، المجلد 48 (2012-2013م).

أحمد السيد الدراج:

«جم سلطان والدبلوماسية الدولية»، المجلة التاريخية المصرية، المجلد الثامن (1959م).

أحمد عبد الرحيم مصطفى:

في أصول التاريخ العثماني (القاهرة: دار الشروق، 1986م).

أحمد فؤاد متولي:

الفتح العثماني للشام ومصر (القاهرة: الزهراء للإعلام العربي، 1995م).

أحمد فهد بركات الشوابكة:

حركة الجامعة الإسلامية (الأردن: مكتبة المنار، ١٩٨٤م).

أحمد مختار العبادي والسيد عبد العزيز سالم:

تاريخ البحرية الإسلامية في حوض البحر الأبيض المتوسط (الإسكندرية: مؤسسة شباب الجامعة، 1981م).

إدريس الناصر رائسي:

العلاقات العثمانية-الأوروبية في القرن السادس عشر (بيروت: دار الهادي، 2007م).

أسمت غنيم:

الإمبراطورية البيزنطية وكريت الإسلامية (القاهرة، 1983م).

أنور زقلمة:

ثورة علي بك الكبير 1768م (القاهرة: مكتبة الأنجلو المصرية، 1952م).

آلاء جاد الله نبهان شاهين القاضي:

حملة تيمورلنك على بلاد الشام 803هـ/ 1401م، رسالة ماجستير غير منشورة (بيرزيت: جامعة بيرزيت، 2016م).

جمال كمال محمود:

الأرض والفلاح في صعيد مصر في العصر العثماني، سلسلة تاريخ المصريين، رقم 285 (القاهرة: الهيئة العامة للكتاب، 2010م).

حاتم الطحاوي:

«الفتح العثماني للقسطنطينية 1453م: شهادة الروسي نسطور-إسكندر، دراسة تاريخية مقارنة»، مجلة كلية الآداب - جامعة الزقازيق (2011م).

«اقتحام العثمانيين للقسطنطينية، شهادة المؤرخ البيزنطي دوكاس، مجلة الاجتهاد»، العددان 41 و42 (بيروت: دار الاجتهاد، 1419هـ/ 1999م).

حسن إبراهيم حسن وعلي إبراهيم حسن:

النظم الإسلامية (القاهرة: مكتبة النهضة المصرية، د.ت).

حسن الباشا:

الألقاب الإسلامية في التاريخ والوثائق والآثار (القاهرة: الدار الفنية للنشر والتوزيع، 1989م).

حسن عبد الوهاب:

تاريخ جماعة الفرسان التيوتون في الأراضي المقدسة (الإسكندرية، 1998م).

حسين مجيب المصري:

تاريخ الأدب التركي (القاهرة: الدار الثقافية للنشر، 2000م).

معجم الدولة العثمانية (القاهرة: الدار الثقافية للنشر، 2004م).

حفظ الله ناصر عبد الله مصلح:

تيمورلنك وشخصيته السياسية والعسكرية، رسالة دكتوراه غير منشورة (دمشق، كلية الآداب والعلوم الإنسانية - جامعة دمشق، 2009م).

حميد كاظم رحيم:

الصدر الأعظم إبراهيم باشا 1493-1536م (دمشق: دار صفحات، 2017م).

داليا محمد خيري:

العلاقات الخارجية للدولة العثمانية في عهد السُلطان مراد الثاني (824-855هـ/ 1421-1451م)، رسالة ماجستير غير منشورة (الزقازيق: معهد الدراسات والبحوث الآسيوية - جامعة الزقازيق، 2011م).

درويش النخيلي:

السفن الإسلامية على حروف المعجم (الإسكندرية: جامعة الإسكندرية، 1974م).

زكريا قورشون:

العثمانيون وآل سعود في الأرشيف العثماني (1745-1914م) (بيروت: الدار العربية للموسوعات، 2005م).

زياد أبو غنيمة:

جوانب مضيئة في حياة العثمانيين الأتراك (عمان: دار الفرقان، 1403هـ/ 1983م).

سعيد عبد الفتاح عاشور:

الحركة الصليبية، مج.1 (القاهرة: مكتبة الأنجلو المصرية، 1975م).

«الفلاح والإقطاع في عصر الأيوبيين والمماليك»، في: بحوث ودراسات في تاريخ العصور الوسطى (بيروت، 1977م).

العصر المماليكي في مصر والشام (القاهرة: مكتبة الأنجلو المصرية، 1994م).

قبرص والحروب الصليبية (القاهرة: الهيئة العامة للكتاب، 2002م).

سمية بنت محمد حمودة:

حركة الفتح العثماني في القرن (11هـ/ 17م)، رسالة ماجستير غير منشورة (مكة المكرمة: كلية الشريعة والدراسات الإسلامية – جامعة أم القرى، 2006م).

سهيل صابان:

المعجم الموسوعي للمصطلحات العثمانية التاريخية (الرياض: مكتبة الملك فهد الوطنية، 1421هـ/ 2000م).

سيد محمد السيد:

مصر في العصر العثماني في القرن 16 (القاهرة: مكتبة مدبولي، 1997م).

تاريخ الدولة العثمانية (النشأة – الازدهار) (القاهرة: مكتبة الآداب، 2007م).

شوقي عطا الله الجمل:

المغرب الكبير في العصر الحديث (القاهرة: مكتبة الأنجلو المصرية، 1977م).

صدام خليفة العبيدي:

سياسة الدولة العثمانية تجاه الإمبراطورية الرومانية المقدسة 1520-1566م، الصراع العثماني النمساوي على المجر أنموذجًا (دمشق: دار صفحات، 2017م).

صلاح العقاد:

التيارات السياسية في الخليج العربي (القاهرة، 1947م).

عبد الجليل التميمي:

«رسالة من مسلمي غرناطة إلى السُّلطان سليمان القانوني سنة 1541م»، المجلة التاريخية المغربية، العدد الثالث (تونس، يناير 1975م).

«أول رسالة من أهالي مدينة الجزائر إلى السُلطان سليم الأول عام 1519م»، المجلة التاريخية المغربية، العدد السادس (تونس، يوليو 1976م).
«رؤية منهجية لدراسة العلاقات العثمانية-المغربية في القرن السادس عشر»، المجلة التاريخية المغربية، العدد 29-30 (تونس، يوليو 1983م).
«القضية الدينية للصراع الإسباني العثماني وقضية الموريسكيين»، في: الدولة العثمانية وقضية الموريسكيين بالأندلس (زغوان: مركز الدراسات والبحوث العثمانية والموريسكية والتوثيق والمعلومات، 1989م).

عبد الحميد بن أبي زيان بن أشنهو:

دخول الأتراك العثمانيين إلى الجزائر (الجزائر، 1986م).

عبد العزيز الشناوي:

أوروبا في مطلع العصور الحديثة (القاهرة: مكتبة الأنجلو المصرية، 1975م).
الدولة العثمانية دولة إسلامية مفترى عليها (القاهرة: مكتبة الأنجلو المصرية، 2010م).

عمر محمد الباروني:

الإسبان وفرسان القديس يوحنا في طرابلس (طرابلس: مطبعة ماجي، 1953م).

علي إبراهيم بكراكي:

تاريخ جزيرة كريت والمهاجرين (لبنان - طرابلس: دار المنى، 2004م).

علي خليل أحمد:

«حركة بدر الدين الصماوي وموقف السُلطان محمد الجلبي منها»، مجلة جامعة تكريت للعلوم الإنسانية، مجلد 13، عدد 10 (كانون الأول 2006م).
«جهود السُلطان محمد الأول في إعادة بناء الدولة العثمانية 1413-1421م»، مجلة جامعة كركوك للدراسات الإنسانية، مجلد 3، عدد 1 (2008م).

فايز نجيب إسكندر:

البيزنطيون والأتراك السلاجقة في موقعة ملاذكرد (الإسكندرية، 1983م).

فيصل حبطوش خوت أبزاخ:

«الشراكسة ومنصب رئاسة الوزراء (الصدارة العظمى) في تركيا العثمانية والحديثة»، مجلة نارت (عَمَّان، الأردن: الجمعية الخيرية الشركسية)، العدد 87 (آذار 2006م).

ك. ل. لستارجيان:

تاريخ الأمة الأرمنية (الموصل: مطبعة الاتحاد الجديدة، 1951م).

محمد أحمد محمد:
الغزو التيموري لبلاد الشام وآثاره (القاهرة: دار الهداية، 1986م).
محمد أسامة زيد:
منهل الظمآن لإنصاف آل عثمان (القاهرة: دار الفوائد - دار ابن رجب، 2012م).
محمد جميل بيهم:
فلسفة التاريخ العثماني (بيروت: مكتبة صادر، 1334هـ/ 1925م).
محمد حرب:
المثقفون والسلطة.. تركيا نموذجًا (القاهرة: دار البشير للثقافة والعلوم، 2017م).
محمد رفعت رمضان:
علي بك الكبير (القاهرة: دار الفكر العربي، 1950م).
محمد سالم الرشيدي:
السُّلطان محمد الفاتح (القاهرة: دار البشير، 2013م).
محمد سهيل طقوش:
تاريخ سلاجقة الروم في آسيا الصغرى (بيروت: دار النفائس، 2002م).
محمد عبد الله عنان:
مواقف حاسمة في تاريخ الإسلام (القاهرة: مؤسسة الخانجي، 1962م).
تراجم إسلامية (القاهرة: الهيئة العامة للكتاب، 2000م).
محمد عبد المنعم الراقد:
الغزو العثماني لمصر ونتائجه على الوطن العربي (الإسكندرية: مؤسسة شباب الجامعة، 1972م).
محمد عبد اللطيف البحراوي:
فتح العثمانيين عدن وانتقال التوازن الدولي من البر إلى البحر (القاهرة: دار التراث، 1979م).
محمد عبد اللطيف هريدي:
الحروب العثمانية الفارسية وأثرها في انحسار المد الإسلامي عن أوروبا، (القاهرة: دار الصحوة، 1987م).
محمد فريد المحامي:
تاريخ الدولة العلية العثمانية (القاهرة: مؤسسة هنداوي للتعليم والثقافة، 2012م).
محمد كرد علي:
خطط الشام، ج.2 (دمشق، 1343هـ/ 1925م).

محمد مصطفى زيادة:

«غزوة المماليك لقبرص»، مجلة كلية الآداب – جامعة فؤاد الأول، الجزء الأول (1933م).

مخلف عبد الله صالح الجبوري:

إمارة دلغادر في السياسة المملوكية والعثمانية ٧٣٨–٩٢٨ هـ/ ١٣٣٧–١٥٢١م (عمان-الأردن: دار الحامد، 2014م).

مصطفى بركات:

الألقاب والوظائف العثمانية (القاهرة: دار غريب، 2000م).

نادية محمود مصطفى:

العصر العثماني من القوة والهيمنة إلى بداية المسألة الشرقية (القاهرة: المعهد العالمي للفكر الإسلامي، 1417هـ/ 1996م).

نعيم زكى فهمي:

طرق التجارة الدولية ومحطاتها بين الشرق والغرب أواخر العصور الوسطى (القاهرة: الهيئة العامة للكتاب، 1973م).

الهادي التميمي:

مفهوم الإمبريالية من عصر الاستعمار العسكري إلى العولمة (تونس: دار محمد علي الحامي، 2004م).

هناء محمد إبراهيم بركات:

التاريخ السياسي لإمبراطورية طرابيزون البيزنطية منذ منتصف القرن الرابع عشر حتى سقوطها سنة 1461م، رسالة ماجستير غير منشورة (كلية الآداب – جامعة طنطا، 1998م).

ياسر بن عبد العزيز قاري:

دور الامتيازات الأجنبية في سقوط الدولة العثمانية، رسالة ماجستير غير منشورة (مكة المكرمة: كلية الشريعة والدراسات الإسلامية – جامعة أم القرى، 2001م).

ياشار يوجل:

«نتائج إسكان الأتراك في شبه جزيرة البلقان»، في: دراسات حول الكيان التركي في بلغاريا 1 (أنقرة: جمعية التاريخ التركي، 1987م).

ثالثًا: المصادر والمراجع المترجمة

ا. جي. بريل:

دائرة المعارف الإسلامية، ترجمة إبراهيم زكي خورشيد وأحمد الشنتناوي وعبد الحميد يونس وحسن حبشي وعبد الرحمن الشيخ ومحمد عنان، مج.32. (الشارقة: مركز الشارقة للإبداع الفكري، 1988م).

إدهم إلدم ودانيال غوفمان وبروس ماسترز:

المدينة العثمانية بين الشرق والغرب، حلب إزمير وإسطنبول، تعريب رُلي زبيان (الرياض: مكتبة العبيكان، 1424هـ/ 2004م).

إدوارد جيبون:

اضمحلال الإمبراطورية الرومانية وسقوطها، الجزء الثالث، ترجمة محمد سليم سالم (القاهرة، 1969م).

أرنولد توينبي:

«الدولة العثمانية في تاريخ العالم»، ترجمة وتعليق أحمد سالم سالم، دورية كان التاريخية، العدد السابع عشر (سبتمبر 2012م).

أندريه ريمون:

المدن العربية الكبرى في العصر العثماني، ترجمة لطيف فرج (القاهرة: دار الفكر للدراسات والنشر والتوزيع، 1991م).

«الولايات العربية (القرن السادس عشر - الثامن عشر)»، في: تاريخ الدولة العثمانية، الجزء الأول، إشراف روبير مانتران، ترجمة بشير السباعي (القاهرة: 1999م).

أندرو هس:

«الفتح العثماني لمصر (1517م) وبداية الحرب العالمية للقرن السادس عشر»، ترجمة وتعليق أحمد سالم سالم، دورية كان التاريخية، العدد الحادي والعشرون (سبتمبر 2013م).

أيرين بيلديسينو:

«عثمان وأورخان»، في: تاريخ الدولة العثمانية، الجزء الأول، إشراف روبير مانتران، ترجمة بشير السباعي (القاهرة، 1999م).

بول كولز:

العثمانيون في أوروبا، ترجمة عبد الرحمن عبد الله الشيخ (القاهرة: الهيئة العامة للكتاب، 1993م).

بيتر شوجر:

أوروبا العثمانية، ترجمة عاصم الدسوقي (القاهرة: دار الثقافة الجديدة، 1998م).

توماس. و. أرنولد:

الدعوة إلى الإسلام، ترجمه إلى العربية وعلق عليه حسن إبراهيم حسن وعبد المجيد عابدين وإسماعيل النحراوي (القاهرة: مكتبة النهضة المصرية، 1971م).

جستن مكارثي:

الطرد والإبادة مصير المسلمين العثمانيين (1821-1922م)، ترجمة فريد الغزي (دمشق: قَدْمُس للنشر والتوزيع، 2005م).

جوزيف داهموس:

سبع معارك فاصلة في العصور الوسطى، ترجمة محمد فتحي الشاعر (القاهرة: الهيئة العامة للكتاب، 1992م).

جون باتريك كينروس:

القرون العثمانية قيام وسقوط الإمبراطورية التركية، ترجمة وتعليق ناهد إبراهيم دسوقي (الإسكندرية: منشأة المعارف، 2003).

جون. ب. وولف:

الجزائر وأوروبا، ترجمة وتعليق سعد الله أبو القاسم (الجزائر، 1986م).

جونثان سميث:

الإسبتارية: فرسان القديس يوحنا في بيت المقدس وقبرص 1050-1310م، ترجمة صبحي الجابي (دمشق، 1989م).

جيمس واترسون:

فرسان الإسلام وحروب المماليك، ترجمة يعقوب عبد الرحمن (القاهرة: المركز القومي للترجمة، 2011م).

جيل فاينتشتاين:

«الإمبراطورية في عظمتها»، في: تاريخ الدولة العثمانية، الجزء الأول، إشراف روبير مانتران، ترجمة بشير السباعي (القاهرة، 1999م).

خليل إينالجيك:

«العثمانيون النشأة والازدهار»، في: دراسات في التاريخ العثماني، ترجمة سيد محمد السيد (القاهرة: دار الصحوة، 1996م).

تاريخ الدولة العثمانية من النشوء إلى الانحدار، ترجمة محمد الأرناؤوط (بيروت: دار المدار الإسلامي، 2002م).

رضا زاده شفق:
نادر شاه أفشار مؤسس الدولة الأفشارية: وأول مفعل للتقريب بين المذاهب الإسلامية 1100-1160هـ/ 1688-1748م في نظر المستشرقين، ترجمة أحمد الخولي (القاهرة: المركز القومي للترجمة، 2010م).

ستانفورد ج. شو:
يهود الدولة العثمانية والجمهورية التركية، ترجمة وتقديم وتعليق الصفصافي أحمد القطوري (القاهرة: دار البشير للثقافة والعلوم، 2015م).

ستانلي لين بول:
تاريخ مصر في العصور الوسطى، ترجمة أحمد سالم سالم (القاهرة: الدار المصرية اللبنانية، 2014م).

ستيفين هوارث:
فرسان الهيكل، ترجمة إبراهيم محمد إبراهيم (القاهرة: المركز القومي للترجمة، 2013م).

س. موستراس:
المعجم الجغرافي للإمبراطورية العثمانية، ترجمة وتعليق عصام الشحادات (بيروت: دار ابن حزم، 2002م).

عزيز سامح ألتر:
الأتراك العثمانيون في إفريقيا الشمالية، ترجمة محمود علي عامر (بيروت: دار النهضة العربية، 1989م).

عصمت بارما قسزاوغلو:
«الدولة العثمانية خلال القرن 17م/ 11هـ»، في: دراسات في التاريخ العثماني، ترجمة سيد محمد السيد (القاهرة: دار الصحوة، 1996م).

فريدريك وليام بل:
الصراع البحري والقرصنة العالمية، ترجمة فؤاد سيد، الجزء الأول (القاهرة: مطبوعات جامعة القاهرة، 1977م).

فريدون أمجان:

سليمان القانوني سلطان البرين والبحرين، ترجمة جمال فاروق وأحمد كمال (القاهرة: دار النيل، 2015م).

ف. هايد:

تاريخ التجارة في الشرق الأدنى في العصور الوسطى، ترجمة أحمد رضا محمد رضا، مج.3 (القاهرة: الهيئة العامة للكتاب، 1994م).

كارل بروكلمان:

تاريخ الشعوب الإسلامية، ترجمة نبيه أمين فارس ومنير البعلبكي (بيروت، 1968م).

كريتوفولوس:

تاريخ السُلطان محمد الفاتح، ترجمة حاتم الطحاوي (القاهرة: عين للدراسات والبحوث الإنسانية والاجتماعية، 2015م).

كولن ترنر:

التشيع والتحول في العصر الصفوي، ترجمة حسين علي عبد الستار، (بغداد: منشورات الجمل، 2008م).

كي لسترنج:

بلدان الخلافة الشرقية، ترجمة بشير فرنسيس وكوركيس عواد (بيروت: مؤسسة الرسالة، 1985م).

محمد مصطفى زيادة:

«المحاولات الحربية للاستيلاء على جزيرة رودس»، ترجمة جمال الدين الشيال، مجلة الجيش (1946م).

مرثيدس غارسيا أرينال:

الموركسيون الأندلسيون، ترجمة جمال عبد الرحمن (القاهرة: المركز القومي للترجمة، 2003م).

ميخائيل دوكاس:

«التاريخ البيزنطي»، في: الحصار العثماني للقسطنطينية، ترجمة حاتم الطحاوي (القاهرة: عين للدراسات والبحوث الإنسانية والاجتماعية، 2003م).

نصر الله فلسفي:

إيران وعلاقاتها الخارجية في العصر الصفوي، ترجمة محمد فتحي يوسف الريس (القاهرة: دار الثقافة، 1989م).

نللي حنا:
ثقافة الطبقة الوسطى في مصر العثمانية، ترجمة رءوف عباس (القاهرة: الهيئة العامة للكتاب، عام 2004م).

نيقولا فانتان:
«صعود العثمانيين (1451-1512م)»، في: تاريخ الدولة العثمانية، مج.1، إشراف روبير منتران، ترجمة بشير السباعي (القاهرة: 1993م).

نيقولاي إيفانوف:
الفتح العثماني للأقطار العربية 1516-1574م، نقله إلى العربية يوسف عطا الله (بيروت: دار الفارابي، 1988م).

نيقولو باربارو:
الفتح الإسلامي للقسطنطينية: يوميات الحصار العثماني 1453م، دراسة وترجمة وتحقيق: حاتم عبد الرحمن الطحاوي (القاهرة: عين للدراسات والبحوث الإنسانية والاجتماعية، 2002م).

وليام روبرستون:
إتحاف ملوك الزمان بتاريخ الإمبراطور شارلكان، ترجمة خليفة محمود أفندي، ثلاثة أجزاء (القاهرة: مطبعة بولاق، 1260-1266هـ).

هارولد لامب:
تيمورلنك، ترجمة عمر أبو النصر (بيروت، 1934م).

هاميلتون غب وهارولد بوون:
المجتمع الإسلامي والغرب، ترجمة ودراسة أحمد إيبش (أبو ظبي: هيئة أبو ظبي للسياحة، 2012م).

هربرت فيشر:
أصول التاريخ الأوروبي الحديث من النهضة الأوروبية إلى الثورة الفرنسية، نقله إلى العربية زينب عصمت راشد وأحمد عبد الرحيم مصطفى (القاهرة: دار المعارف بمصر، 1962م).

هوما كاتوزيان:
الفُرس.. إيران في العصور القديمة والوسطى والحديثة، ترجمة أحمد حسن المعيني (بيروت: جداول، 2014م).

يلماز أوزتونا:
تاريخ الدولة العثمانية، ترجمة عدنان محمود سليمان (إستانبول: مؤسسة فيصل للتمويل، 1988م).
المدخل إلى التاريخ التركي، ترجمة أرشد الهرمزي (بيروت: الدار العربية للموسوعات، 2005م).

رابعًا: المصادر والمراجع الأجنبية

Albert Howe Lybyer, *The government of the Ottoman empire in the time of Suleiman the Magnificent* (Cambridge: Harvard University press, 1913).

Ali Riza Isipek and Oguz Aydemir, *Battle of Çesme 1770: 1768-1774 Ottoman - Russian Wars* (Istanbul: Denizler Kitabevi, 2010).

Andrew C. Hess, "An Ottoman Fifth Column in Sixteenth-Century Spain", *The American Historical Review*, Vol. 74, No. 1 (Oct., 1968).

Andrew C. Hess, "The Evolution of the Ottoman Seaborne Empire in the Age of the Oceanic Discoveries, 1453-1525", *The American Historical Review*, Vol. 75, No. 7 (Dec., 1970).

Andrew C. Hess, "Piri Reis and the Ottoman Response to the Voyages of Discovery", *Terrae Incognitae 6* (1974).

Anthony Bryer & Heath Lowry (Birmingham: Centre for Byzantine Studies- Washington D.C, 2007).

Arnold J. Toynbee, *A study of history, The Growths of Civilizations*, Vol. III (Oxford University Press, 1934).

Aziz S. Atiya, *The Crusade in the later middle ages* (London, 1938).

Aziz S. Atiya, *The crusade of Nicopolis* (London, 1934).

Cengiz Sisman, *The Burden of Silence: Sabbatai Sevi and the Evolution of the Ottoman-Turkish Donmes* (New York: Oxford University Press, 2015).

Chalkokondyldes, *The Histories of Laonikos Chalkokondyldes*, translated by Anthony Kaldellis (Cambridge: Harvard University Press, 2014).

Charles F. Horne, ed., *The Sacred Books and Early Literature of the East*, (New York: Parke, Austin, & Lipscomb, 1917), Vol. VI: Medieval Arabia.

Claude Cahen, *Pre-Ottoman Turkey: a general survey of the material and spiritual culture and history, 1071-1330*, Translated from the French by: J. Jones Williams (New York: Taplinger, 1968).

Colin Imber, *The crusade of Varna, 1443-45* (USA, 2006); Martin Chasin, "The crusade of Varna", in *A History of the crusades*, Vol. VI (London, 1989).

David Ayalon, *Gunpowder and Firearms in the Mamluk Kingdom* (London, 1956).

David Nicolle, *Knight Hospitaller, 1306-1565* (Osprey publishing, UK, W.D).

Dominique Bouhours, *Histoire de Pierre d'Aubusson* (Paris, 1677).

Doukas, *Decline and fall of Byzantium to the Ottoman Turks 1341-1462*, Tr. by Harry J. Magoulias (Detroit: Wayne state university, 1975).

Frederic Chapin Lane, *Venice, a maritime republic* (Johns Hopkins university, 1973).

Gabor Agoston, *Guns for the Sultan, Military power and the Weapons Industry in the Ottoman Empire,* (Cambridge University Press, 2005).

Geoffrey Parker, *The Thirty Years War* (London, 1997).

George Christos Soulis, *The Serbs and Byzantium during the reign of Tsar Stephen Dusan (1331-1355), and his Successors* (Washington .D .C, 1984).

Gershom Scholem, *Sabbatai Sevi: The Mystical Messiah: 1626-1676* (London, 1973).

Gibbons, *Foundation of the Ottoman Empire* (London, 1938).

Hester Donaldson Jenkins, *Ibrahim Pasha, grand vizir of Suleiman the Magnificent,* (New York: Columbia University, 1911).

James R. Moulton, *Peter the Great and the Russian Military Campaigns During the Final Years of the Great Northern War, 1719-1721* (University Press of America, 2005).

John B. Bury, The Lombards and Venetians in Euboia (1340-1470), *The Journal of Hellenic Studies*, Vol. 9 (1888).

Karl Brandi, *The emperor Charles V: The growth and destiny of a man and of a world-empire* (London, 1939).

Kate Fleet, "Early Turkish naval activities", *Oriente Moderno*, Nuova serie, Anno 20 (81), Nr. 1, The Ottomans and the sea, (2001).

Kenneth M. Setton, *The Papacy and the Levant (1204-1571)* (Philadelphia, 1976-78).

Kenneth M. Setton, *Venice, Austria, and the Turks in the Seventeenth Century* (Philadelphia: The American Philosophical Society, 1991).

Khalil Inalcik, "The Ottoman Turks and the crusades (1451-1522)", in *A History of the crusades*, Vol. VI (London: The University of Wisconsin press, 1989).

Konstantin Nossov, *The Fortress of Rhodes 1309-1522* (Uk: Osprey Publishing, 2010).

Louis Thuasne, *Djem-Sultan Fils de Mohammed II Frere de Bayezid II (1459-1495)* (Paris, 1892).

Ludwig von Pastor, *The History of the Popes from the Close of the Middle Ages: Drawn from the Secret Archives of the Vatican and other original sources*, Translated from the German of Dr. Ludwig Pastor, Vol. VII, (London, 1908).

Matt Goldish, *The Sabbatean Prophets* (Cambridge: Harvard University Press, 2004).

Michael Mallett & Christine Shaw, *The Italian Wars: 1494-1559* (Harlow: Pearson Education Limited, 2012).

Nevra Necipoglu, *Byzantium between the Ottoman and the Latins* (Cambridge University Press, 2009).

R. Mantran, "Topal Othman Pasha, 1. Grand Vizier (1663-1733)"; In *Bearman, P. J.; Bianquis, Th.; Bosworth, C. E.; van Donzel, E.; Heinrichs, W. P. The Encyclopaedia of Islam*, New Edition, Volume X: T-U. Leiden: E. J. Brill (2000).

R. Nisbet Bain, "The Siege of Belgrade by Muhammad II, July 1-23, 1456", *The English Historical Review*, Vol. 7, No. 26 (Apr., 1892).

Salih Ozbaran, "The Ottoman Turks and the Portuguese in the Persian Gulf, 1534-1581", *Journal of Asian history* (Spring 1972).

Salih Ozbaran, "The Ottoman in confrontation with the Portuguese in the red sea after the conquest of Egypt in 1517", *studies in Turkish - Arab relation* (1986).

Speros Vryonis, "The Ottoman Conquest of Thessaloniki in 1430", in *Continuity and Change in Late Byzantine and Early Ottoman Society*, ed. by Mitja Velikonja, *Religious Separation and Political Intolerance in Bosnia-Herzegovina*, transl. Rang'ichi Ng'inga, (Texas A&M University Press, 2003).

Stanford J.Shaw, *History of the Ottoman Empire and modern Turkey*, Vol.I (Cambridge University, 1997).

Stephen Turnubull, *The walls of Constantinople* (UK: Osprey Publishing, 2004).

Sydney N. Fisher, *The Foreign Relations of Turkey, 1481-1512* (Urbana, 1948).

W. P. Blockmans, and Nicolette Mout, *The World of Emperor Charles V* (Edita-the Publishing House of the Royal, 2005).

Yaacov Leved, "Gunpowder weapons at the Siege of Constantinople", in *war and society in the eastern Mediterranean*, 7th-15th centuries, (Leiden, 1997).

تم بحمد الله وتوفيقه.

نبذة عن المترجم

د. أحمد سالم سالم، كاتب وباحث ومترجم في مجال التاريخ والحضارة.

تخرج في كلية الآداب، جامعة الإسكندرية، عام 2002م.

حاصل على الدكتوراه في الآداب من الجامعة نفسها عام 2015م.

من أبرز أعماله:

- كتاب: استراتيجية الفتح العثماني (مؤسسة شباب الجامعة - الإسكندرية، 2012م).
- ترجمة وتحقيق كتاب: تاريخ مصر في العصور الوسطى، تأليف: ستانلي لين بول (الدار المصرية اللبنانية - القاهرة 2014م).
- ترجمة وتحقيق كتاب: القاهرة منتصف القرن التاسع عشر، تأليف: إدوارد وليم لين (الدار المصرية اللبنانية - القاهرة 2017م).
- تحقيق الجزأين الأول والسادس من كتاب: المزارات الإسلامية والآثار العربية في مصر والقاهرة المعزية، تأليف: حسن قاسم (مكتبة الإسكندرية - الإسكندرية، 2018م).
- له عديد من الأبحاث والمقالات والترجمات المنشورة في الجرائد والمجلات والدوريات المتخصصة وغير المتخصصة.

Salem5342@yahoo.com